8673
H

HISTOIRE DE PROVENCE,

PAR

MESSIRE JEAN-FRANÇOIS

DE GAUFRIDI,

Chevalier, Baron de Trets, Conseiller du Roy en la
Cour de Parlement de la même Province.

TOME SECOND.

Imprimé à Aix, & se vend

A PARIS,

Chez CHARLES OSMONT, Libraire-Imprimeur,
ruë Saint Jacques, à l'Olivier.

MDCCXXIII.
AVEC PRIVILEGE DU ROI.

SECONDE RACE DES COMTES DE PROVENCE DITE DES BERENGERS.

GENEALOGIE DES BERENGERS COMTES
DE BARCELONE ET DE PROVENCE.

884. Geoffroy le Velu premier Comte de Barcelone, mourt 914.
{
— 914. Miron Comte de Barcelone, mourt 926.
{ Marie Infante de Navarre, fille de Sanche Abarca Roy de Navarre.
— Oliva surnommé Cabrera Seigneur de Cerdagne.
— Miron Evêque de Girone.
— Seniofred Comte d'Urgel fût tueur de ses neveux.

— 950. Seniofred Comte de Cerdagne.
— Bernard surnommé Billé, fût Côte de Besalu.
{ Geoffroy Comte de Cerdagne, mourt 1045.
— Oliban Evêque de Vicoulens.

— 967. Raimond Borel Comte de Barcelone.
{
— 993. Raimond Borel Comte de Barcelone.
{
— 1017. Berenger Raimond Comte de Barcelone.

— Geoffroy Comte de Cerdagne.
— Guifred Archevêque de Narbonne.
{ Berenger Geoffroy Evêque de Girone.
— Guillaume Geoffroy Evêque d'Urgel.
— Geoffroy Comte de Bergues.

— Guillaume Raimond.
— Henri.
— 1035. Raimond Berenger dit le Vieux Comte de Barcelone.
— Raimondi.

— Pierre Raimôl.
{ Berenger Raimond, tua son frere Raimond Berenger, parce qu'on l'avoit fait preferer son cadet en la succession de Barcelone. Puis touché de repentir de cette action, il en alla faire penitence à Jerusalem, où il mourut aveugle.

— 1077. Raimond Berenger dit Tête d'Étoupes & cause de sa chevelure blonde & crepûe, Côte de Barcelone.
{ Amalri.
— Guillaume Berenger Comte de Manusle.
— Sanche Berenger Prieur de S. Benoît de Baïgues.

— Raimond Berenger Arnaud Comte de Barcelone, & par le decès d'Aymeric Côte de Provence.
— Almodi, fille de Robert Guichard Duc de Pouille, & selon d'autres fille de Bernard Comte de la Marche veuve de Pons, troisième Comte de Toulouse.

— Douce Comtesse de Provence.

— Raimond Berenger Comte de Barcelone, & par sa femme Prince d'Aragon.
— Petronille fille de Ramir, Roy d'Aragon.

{ 1131. Berenger Raimond divisant Comte de Provence.
— Beatrix Comtesse de Melgueil.
— Berengerle femme d'Alfonse Roy de Castille.
— Cecile Ximene femme de Roger Bernard Comte de Foix.
— Mahaut femme de Pons de Cervera.

{ 1145. Raimond Berenger II. cinquième Comte de Provence.
— Richilde niéce de l'Empereur Frideric, seconde femme d'Alfonse Roy de Castille.
— Douce promise en mariage à Raimond Comte de Toulouse, mourut avant que de se marier.

— 1162. Ildefons Roy d'Aragon, & Comte de Barcelone.
— Sance fille de Guillaume, heritière de Montpellier.
{ Pierre Comte de Cerdagne, Carcassonne & Narbonne, prit le titre de Comte de Provence.
— Fernand Moine de Citeaux à Pobelet.
— Constance Reine de Hongrie, & en secondes noces femme de l'Empereur Frideric II.
— Eleonor femme de Raimond VI. Comte de Toulouse.
— Huno ou Unio.
— Sancie femme de Raimond VII. Comte de Toulouse.

— Pierre Roy d'Aragon, & Comte de Barcelone.
— Marie fille de Guillaume, heritière de Montpellier.
{ 1196. Ildefons II. sixième Comte de Provence.
— Guernele Comtesse de Forcalquier.
— Beatrix de Savoye.

{ 1209. Raimond Berenger III. du nom, tresième Comte de Provence.

— 1213. Jacques Roy d'Aragon.
— Yoland fille d'André Roy de Hongrie.
{ Marguerite femme de S. Louis Roy de France.
— Eleonor femme de Henry Troisième Roy d'Angleterre.
— Beatrix Comtesse de Provence.
— Charles Comte d'Anjou.

— 1213. Pierre Roy d'Aragon.
{ Constance fille de Mainfroy, bâtard de l'Empereur Frideric II. par moyen de laquelle son mari devint Roy de Naples.
— Jacques Roy de Majorque, Comte de Roussillon & de Montpellier.
— Sancie femme de Richard Empereur, & frere de Henry Troisième Roy d'Angleterre.

— Alfonse Roy d'Aragon mort sans enfans.
— Jacques Roy de Sicile, puis Roy d'Aragon.
— Blanche fille de Charles d'Anjou, Roy de Naples.
— Frederic Roy de Sicile.
— Yoland femme de Robert Roy de Naples, Comte de Provence.

Genealogie du quatrième Livre.

443

ARGUMENT
DU ONZIEME LIVRE.

I. L'EMPEREUR *entre en Provence. La Noblesse & les Païsans lui défont quelques troupes. Il s'en venge inhumainement.* II. *Quelques particuliers conjurent contre sa personne. Ils s'enferment dans la Tour du Muy pour le tuër quand il passera. Ils sont tuëz eux-mêmes, & les lieux d'alentour ravagez.* III. *L'Empereur s'avance dans la Provence. Ses troupes sont attaquées par un détachement des François qui sont défaits, & les chefs faits prisonniers.* IV. *L'Empereur s'enfle de cette victoire. Il se croit maître de la Province. Il en change la face par de nouvelles loix, par de nouvelles charges, par de nouvelles érections de fiefs.* V. *Il pense à assieger Marseille, & surprendre Arles; ni l'un ni l'autre dessein ne lui réüssit. Il lui survient plusieurs autres pertes.* VI. *Cela l'oblige de se retirer. Il prend le chemin d'Italie. Il est batu dans sa retraite. Il arrive à Nice aprés avoir perdu plus de la moitié de son armée. Le Pape moyenne une trève de dix ans. L'Empereur & le Roi font une entrevuë à Aiguesmortes.* VII. *Les Heretiques de Provence se fortifient. Le Roi craint que l'exemple d'Angleterre, où l'heresie s'établissoit, ne les enfle davantage.* VIII. *Il envoye ordre au Parlement de les contenir. Le Parlement fait un Arrest severe contre le lieu de Merindol. Il exhorte le Comte de Tende Gouverneur de lui donner main forte. Sur cela le Parlement & le Gouverneur se broüillent. Le Roi s'adoucit, puis s'irrite contre les Heretiques. Creation des Offices de Viguier.* IX. *Le Roi & l'Empereur se rebroüillent. Cette rupture fait qu'en Provence y sont executez mollement. Les Heretiques s'en enorgueillissent. Le Duc d'Anguien arrive en Provence. Le Corsaire Barberrousse y arrive aussi. Ils essayent de prendre le château de Nice. La tentative ne réüssit pas.* X. *Separation du Parlement en grand Chambre, & Chambre Criminelle. Reglement fait par les Consuls d'Aix, pour reprimer le luxe des habits.* XI. *Jean Maynier Seigneur d'Oppede devenu premier President, fait des informations contre les Heretiques. Les Heretiques se plaignent au Roi, &*

K K K

444

du premier Préſident, & du Parlement. Le Roi envoye en Provence un Docteur en Theologie, & un Maître des Requêtes. XII. *Le Parlement envoye un courrier au Roi, pour empêcher la venuë des Commiſſaires. Il obtient la permiſſion d'executer ſes Arreſts. Il fait un nouvel Arreſt contre les Heretiques.* XIII. *Le premier Preſident s'arme. Il part pour aller executer cet Arreſt. On pille, on brûle pluſieurs villages, entre les hoſtilitez du fer & du feu.* XIV. *On va faire la même choſe à Cabrieres, village du Comtat Venaiſſin. Cruautez exercées dans ce lieu, puis continuées en Provence. Le premier Preſident fait ſçavoir ſes exploits au Roi. Il en eſt felicité. Le Pape même lui en témoigne de la reconnoiſſance.* XV. *La Dame de Cental ſe plaint au Roi des violences du premier Preſident. Il part pour s'aller juſtifier. La mort du Roi qui ſurvient l'empêche de le faire. Eloge du Roi.* XVI. *Henri Second Roi de France, de Jeruſalem, de Sicile, vingt-huitiéme Comte de Provence, rétablit le Comte de Tende dans le Gouvernement de Provence. Le premier Preſident d'Oppede eſt fait priſonnier. Il eſt renvoyé à des Commiſſaires. La Guienne & pluſieurs Provinces ſe ſoulevent à cauſe de l'établiſſement de la Gabelle du ſel.* XVII. *Le Baron de la Garde, & le Seigneur de Grignan faits priſonniers pour avoir eû commerce avec les ennemis de l'Etat, ſont déclarez innocens. Le Seigneur d'Antibe qui avoit été fait priſonnier avec eux, eſt différé à une autre fois.* XVIII. *La cauſe du Preſident d'Oppede eſt renvoyée au Parlement de Paris. Elle y eſt plaidée en l'audiance. Le Roi abſout ce Preſident de ſa propre autorité. L'Avocat General Guerin eſt condamné à mort. Le Seigneur d'Antibe eſt déclaré innocent.* XIX. *Le premier Preſident vient en Provence. Il y reprend ſa premiere autorité. Il fait verifier l'Edit de création d'une Chambre d'Enquêtes. Les Grands Jours de Marſeille ſont rétablis.* XX. *La Chambre des Comptes releve ſa Juridiction. Elle obtient auſſi la Juridiction des Aides. Diverſes contentions pour cela entre le Parlement & la Chambre des Comptes.* XXI. *Tréve entre la France & l'Eſpagne pour cinq ans. Rupture de cette Tréve. Renouvellement de la guerre en Italie & en Picardie.* XXII. *Mort du premier Preſident d'Oppede. Divers Jugemens faits ſur ſes actions. Le Preſident de Trets ſuccede à ſa charge. Mort du Roi. Son éloge.* XXIII. *François Second Roi de France, de Jeruſalem, de Sicile, vingt-neuviéme Comte de Provence, eſt gouverné par la Reine mere, qui aſſocie à ſon autorité le Duc de Guiſe, & le Cardinal ſon frere. Le Prince de Condé s'offenſe de ſe voir la maiſon de Guiſe preferée. Il ſe jette dans le parti des Huguenots.* XXIV. *Entrepriſe des Huguenots pour enlever le Roi à Blois. Mauvans y doit conduire les Provençaux. Il en eſt détourné par la negociation du Comte de Tende.* XXV. *La conjuration des Huguenots eſt découverte. Les Catholiques en deviennent plus hardis ſur tout en Provence. Le Prince de Condé eſt fait priſonnier, & condamné à mort. La condamnation eſt renduë inutile par la mort du Roi.*

HISTOIRE DE PROVENCE.

LIVRE ONZIEME.

PENDANT qu'on fait le dégât par tout, qu'on démantele les villes foibles, les villes fortes redoublent leurs fortifications. On voit à Marseille & à Arles tout le monde se presenter au travail, & les Dames même prendre la hotte. Sur ces entrefaites on eût nouvelles que l'Empereur étoit entré dans le païs. Alors le Parlement qui jusques-là n'avoit pas voulu bouger d'Aix, pour contenir le peuple par sa presence, & pour obliger les principaux habitans à s'arrêter, en sort, & s'en va dabord à Avignon. Comme neanmoins il vit qu'il ne pouvoit honnêtement resider dans cette ville étrangere, il s'alla retirer au Saint Esprit. Il choisit cette ville pour sa retraite, parceque cela lui donna moyen d'exercer la Justice en Provence même. Car on ne faisoit que passer sur le pont du Rhône, de-là on entroit dans le terroir de Mondragon, village de Provence. Ce quartier du terroir se nomme Nôtre-Dame du Plan. Le Parlement alloit tenir ses audiances en cet endroit, où sans être interrompu du bruit de la guerre, il faisoit tranquilement ses fonctions de paix, & distribuoit aux sujets du Roi la justice toûjours si necessaire. Cependant l'Empereur aprez avoir bien étudié les chemins de Provence, sur la carte dont le Marquis de Saluces lui avoit fait present, s'en aproche tout plein de l'esperance que ses courtisans lui avoient donnée, que l'entreprise lui réüssiroit. Mais ce n'étoit pas tout que d'en être persuadé lui seul. Il faloit que la même esperance passât à ses troupes. Pour leur donner cette con-

I. L'Empereur entre en Provence. La Noblesse & les Païsans lui defont quelques troupes. Il s'en venge inhumainement.

KKK ij

fiance, voici le ftratagême dont il s'avifa. Comme il voit que la fête de Saint Jacques aprochoit, fête du grand Patron de l'Efpagne, fort reveré même des Allemands, il preffe fa marche pour pouvoir entrer en Provence ce jour-là. Son deffein lui réüffit comme il defiroit. Il paffe le Var ce même jour. Il arrive à Saint Laurens premier village qui fe rencontre de la Province. Sur cela il commence à dire aux foldats, combien la chofe étoit de bonne augure. Il les fait fouvenir du bonheur qu'ils eurent l'année derniere en Afrique, pour avoir abordé en ce même jour. De-là il prend fujet de parler de fes expeditions. Il en parle d'une maniere éclatante, & pour les élever davantage, il fe porte à déprimer les actions du Roi. Il crût de bien animer fes foldats par-là, ne confiderant pas qu'il faifoit une double faute. Il s'arrête huit jours en ce lieu, pour attendre le canon, & toutes fes troupes. Durant tout ce tems, il ne fait qu'entretenir fes Officiers des avantages que leur alloit donner cette entreprife. Il leur montre pour premier prix de la victoire, toutes les charges des François vaincus. Il leur promet à tous des établiffemens fixes & honnorables. Il les affure qu'aprez fa conquête, ce fera-là le premier de fes foins. Pendant qu'il repait ainfi fes Officiers de belles efperances, André Doria General de l'armée navalle arrive. Il met à terre les troupes & le canon. Aprez cela il s'en va du côté de Lerins. Il prend l'Ifle & toutes les Ifles voifines. Surquoi toute la côte depuis Nice jufqu'à Marfeille, plie avec la même facilité. Un fuccez fi heureux l'obligea d'aller promptement en Efpagne, pour en raporter des troupes & de l'argent. Cependant l'Empereur fur un fi beau commencement, difpofe la marche de fon armée. Il détache deux corps pour s'avancer. Fernand Gonfague General de la Cavalerie, eût le commandement d'un de ces corps. Il prend à droite du côté de Graffe. Comme il s'avance dans ce chemin montueux, il aperçoit quelques troupes qui marchent au travers de quelques côtaux. C'étoit un gros d'environ deux mille hommes, conduits par la Nobleffe du païs, aufquels s'étoient joints les habitans des Alpes, qui déja s'étoient fignalez contre l'Empereur, par l'opofition qu'ils lui firent à fon paffage. A cette vûë Fernand s'imagine que c'eft l'armée entiere qui aproche. Cela l'oblige de rebrouffer chemin. Dans cette retraite, les coureurs donnent fur fa queuë. Ils lui tuënt ceux qu'ils trouvent les derniers. Mais l'autre corps d'Efpagnols qui prit à gauche vers Antibe, tira bien-tôt raifon de cette attaque. Car trouvant les Legionaires du païs poftez pour l'arrêter, il va les forcer & les combatre. Cela fe fait fi heureufement, qu'encore qu'il perdit dans cette attaque plus de trois cens hommes, & qu'il n'y reftât que vingt Provençaux, il fe rendit neanmoins maître de ce pofte, d'où les Legionaires lâcherent le pied, quelques efforts que fiffent les chefs pour fe défendre de cette honte. Mais la fortune fe laffa bien-tôt de favorifer les armes Efpagnoles. Elle les abandonna dés le lendemain, que Fernand entrant dans le bois de l'Efterel, fût vigoureufement repouffé par la Nobleffe, qui avoit occupé les paffages, & qui lui enleva grand nombre des fiens. Cette refiftance obligea le Duc d'Albe & le Comte de Horne de s'avancer pour le foûtenir. Mais à peine font-ils entrez

1536.

dans le bois, qu'un gros de Païsans va fondre sur eux, & ajoûte un nouveau carnage à la défaite des premiers. Ces Païsans s'étoient attroupez pour conserver le reste de leurs biens, qu'ils avoient sauvé du dégât & du pillage. Ils avoient porté le tout dans les montagnes voisines, où ils s'étoient fortifiez. Ils y avoient aussi laissé leurs femmes & leurs enfans, sous la garde de ceux que leur âge exemtoit des plus penibles fonctions. Pour eux ils battoient la campagne en troupe. Quelques-uns suivoient les Gentilshommes qu'ils avoient pour Seigneurs. L'Empereur irrité des insultes de ces gens, fait attaquer la montagne qui leur servoit de retraite. Gaspard de Fronsberg en reçoit le premier commandement. Ce Capitaine conduit ses Lansquenets à l'attaque. Il y va plein de confiance d'emporter le fort défendu par des gens non disciplinez. Mais il reconnut bien-tôt à ses dépens, que rien n'instruit si puissamment, que le desir de conserver les biens & la vie, & que les ignorans & les plus rustiques, sont les plus capables de ces instructions. Car il ne se mit pas plutôt en état de forcer le lieu, qu'il vit le sommet de la montagne bordé d'armes. Les hommes font leurs derniers efforts pour repousser l'attaque. Les jeunes enfans roulent de grands quartiers de pierres sur les assaillans. Les femmes versent sur eux des chaudieres d'eau boüillante; & par ce nouveau genre de défense, les reduisent à lâcher le pied. L'Empereur qui les voit reculer, envoye aussi-tôt le Capitaine Marc de Bestein avec ses autres Lansquenets, pour leur faire recommencer l'attaque. Mais il n'avance pas davantage. Bestein trouve la même resistance. Il est lui-même attaqué par les flancs. Une partie de ces Païsans qui tenoient la campagne, accourt au secours de ses camarades. Bestein est contraint de plier. Sur cela l'Empereur s'irrite encore plus fort; il ne peut voir sans un grand chagrin ses meilleurs soldats repoussez par des Païsans & par des femmes. Pour se venger d'une si grande injure, il fait mettre le feu au bois qui étoit tout autour de la montagne, & fait perir miserablement ces braves défenseurs de leurs familles. En quoi ce Prince a ce me semble plus merité de blâme, qu'il ne crût emporter d'honneur. Car pour ne rien dire de la cruauté qu'il exerça mal à propos, il signala par un si memorable ressentiment l'action de ces Païsans, qu'il devoit plutôt suprimer, & pour son honneur, & pour celui de ses troupes.

Quoiqu'il en soit, l'inhumanité pratiquée en cette occasion contre des enfans, des vieillards & des femmes, attira une grande indignation contre lui. Mais sur tout ceux que l'incendie avoit touchez, ou par la perte de leurs biens ou de leurs proches, en firent paroître tant de colere, que dés-lors ils firent main basse sur tout ce qu'ils rencontrerent sans exception. Le ressentiment alla si avant, qu'il y eût même trente de ces Païsans, qui sur l'avis qu'il se tramoit une conjuration contre l'Empereur, furent s'offrir pour être de la partie. La conjuration étoit tramée par cinq Gentilshommes, Albod, Châteauneuf, Balb, Escragnole & Boniface. Ceux-ci s'assurent de quinze Legionaires, aprez quoi ils s'allerent tous enfermer dans la Tour du Muy, pour attendre l'Empereur dans sa marche, & pour s'en défaire quand il passera. Car tous le de-

II.
Quelques particuliers conjurent contre sa personne. Ils s'enferment dās la Tour du Muy pour le tüer quand il passera. Ils sont tuez eux-mêmes, & les lieux d'alentour ravagez.

voient mirer avec leurs mousquets. Quand les trente Païsans eurent vent de ce dessein, ils s'allerent offrir aux conjurez; & s'étans tous jettez dans la Tour, ils rendirent la conjuration plus hardie. Ces cinquante donc ainsi enfermez, s'animent dans la resolution par la gloire que le succez leur acquerroit, & par l'avantage qu'en recevroit leur patrie. Comme ils se tenoient en haleine par ces pensées, ils voyent paroître l'armée de l'Empereur. L'Empereur étoit parti de Frejus, où il avoit donné ordre de reparer l'amphiteatre & le port, affectant de conserver ce monument des Romains, en qualité de successeur à leur Empire. Il venoit passer la riviere d'Argens vers le lieu des Arcs. Comme donc l'armée s'avança, les conjurez la voyant filer devant eux, mirent toute leur attention à observer l'Empereur sur son passage. Dans cette attente ils voyent venir un gros de Seigneurs, au milieu desquels il y en avoit un de tres-grande mine, que les autres sembloient escorter. Ce Seigneur c'étoit Pierre de Nassau. Il avoit un manteau d'écarlate tout couvert de galons d'or. Il étoit monté sur un cheval de Naples de grand prix. Tout ce qui se remarquoit dans sa personne & dans sa suite, sembloit assurer que c'étoit l'Empereur. Ceux de la Tour prévenus de cette opinion, & abusez par cette aparence, lui adressent tous d'un commun accord leurs mousquets. Ils tirent si juste, & si à propos, que le pauvre Seigneur est renversé à terre, par trente coups qu'il reçût en même tems. L'Empereur plus irrité de cette action, que de celle des retranchez sur la montagne, commande dabord qu'on attaque la Tour, qu'on prenne morts ou vifs tous ceux qui s'y trouvent, que rien n'échape à l'exemple & à son ressentiment. Aussi-tôt on pointe le canon. La Tour est batuë si vigoureusement, qu'il s'y fait dans peu d'heures une breche raisonnable. En même tems on plante les échelles. On se presse de monter à l'assaut. Ceux de dedans se presentent à la breche. Ils y paroissent en la contenance de gens qui ne se soucient pas de perir, pourvû que leur mort fût cherement achetée. Dans cette resolution ils renversent tout ce qui se presente. Ils tuënt plus de cent des agresseurs; & par cette vigueur à quoi l'on ne s'attendoit pas, ils font reculer même les plus braves. Sur cela le canon recommence la baterie. La breche s'agrandit de moitié. Les assaillans reprennent cœur. Ils montent tout de nouveau sur la breche, il y vont si resolus de ne plus lâcher prise, qu'assurément ils se seroient rendus maîtres de la Tour, si les conjurez n'eussent eux-mêmes resolu de ne la quiter, qu'en s'ensevelissant sous ses ruïnes. Ceux-ci executerent si bien cette resolution, qu'ils repousserent les assaillans pour la seconde fois; & tous percez de coups qu'ils étoient, ils leur firent de nouveau perdre l'esperance d'avoir la place. Mais enfin comme ils se virent reduits au nombre de huit, les quarante-deux ayant été tuez, ou mis hors d'état de se pouvoir défendre, ils jugerent bien qu'il leur étoit impossible de soûtenir un troisiéme assaut qui se preparoit. Pour s'empêcher donc d'être forcez, ils se jettent en bas de la Tour. Ils s'enfoncent parmi les ennemis. Ils tuënt, ils renversent, ils écartent tout ce qui étoit de plus proche. Mais enfin il accourut si grand monde de tous côtez, qu'il falut succomber sous la multitude. Ainsi ces braves, ces intrepides finirent, comme finissent d'ordinaire les Heros, pleins de gloire dans leur défaite même. Une action si éclatante & si illustre, meritoit bien que les noms de tous ces braves parvinssent pour le moins jusqu'à nous; mais la confusion du tems leur a dérobé cet honneur. A peine nous laisse-t'elle celui de faire remarquer en general que les Provençaux ont entrepris de tout tems de grandes choses pour leurs Princes, & pour leur païs. Cependant l'Empereur épouvanté de cette entreprise, se hâte de quiter ce quartier. Les soldats, comme s'ils n'avoient dessein que de le venger, courent & ravagent toute la contrée. Ils n'épargnent rien de ce qui se presente à eux. Le nom de païsan leur devient si odieux, qu'ils vont chercher dans les villages voisins dequoi pouvoir exercer leur haine. Ils portent par tout le fer & le feu. De tous les villages mal-traitez, celui de Trans fût le plus à plaindre. Car il reçût toutes sortes de mauvais traitemens, jusqu'à voir mettre le feu dans l'Eglise. Il se passa neanmoins dans cette rencontre une chose qui donna bien de la consolation aux gens de pieté, comme ce fût un sujet d'imprecation contre la licence de ces impies. Aprez qu'ils eurent exercé-là toute leur rage, ils se retirerent pour aller porter leur fureur ailleurs. Cependant ceux qui s'étoient retirez pour ne pas voir un si grand ravage, reviennent pleins de douleur. Chacun va chez soi pour recüeillir son débris. Entr'autres un des Prêtres qui servoient l'Eglise, y va pour voir le dégât qu'avoit fait le feu. Il trouve le grand autel tout couvert de cendres. Il étend la main pour les remuër, il rencontre le petit cofre où l'on tenoit les hosties consacrées. Dabord il le prend, il l'examine. Il voit la serrure & les ferremens tous noircis du feu. Cela l'oblige de chercher plus avant, pour voir s'il ne trouveroit rien davantage. Dans cette recherche il trouve parmi les cendres une sainte hostie toute entiere. Aussi-tôt il publie le miracle. Tout le village accourt pour le voir. Chacun fait sur cela ses reflexions. Les uns adorent les merveilles de Dieu, qui en manifestant sa presence, a garenti son Eglise de l'embrasement. Les autres voyant l'autel profané s'emportent en invectives contre ces impies. Ils leur augurent de tres-grands malheurs.

Cependant l'Empereur ayant passé la riviere d'Argens, publie qu'il va droit à Marseille. Il s'imaginoit en faisant courir cette nouvelle, que Marseille s'en allarmeroit, & que le Roi s'avançant pour la secourir, il pourroit l'obliger à en venir à une bataille. Mais Marseille n'étoit pas en état de craindre, & le Roi étoit trop resolu de ne point bouger d'Avignon. Car avant que l'Empereur entrât dans le païs, le Roi avoit mis en délibération dans son Conseil, s'il devoit venir lui disputer l'entrée de la Province. Surquoi on trouva tant d'inconveniens à s'avancer, & tant de danger d'en venir à une bataille, qu'on jugea plus à propos de l'attendre, que de lui aller au devant. On dit que comme il ne trouvera pas dequoi subsister dans le païs, assurément il perira de lui-même, ou il sera obligé de se retirer. Ce fût pour cela qu'on ne jetta que peu de troupes dans la Province, & qu'on ne les occupa qu'en escarmouches, afin que l'entreprise se dissipât lentement. Il est vrai qu'il arriva

III.
L'Empereur s'avance dans la Province. Ses troupes sont attaquées par un détachement de François qui sont défaits, & les chefs faits prisonniers.

quelquefois que l'occasion donna sûjet à quelques Officiers de passer les ordres. En voici une qui fût de cette nature. Comme le Seigneur de Montejan battoit la campagne, Vassé son Lieutenant lui vint dire que Fernand s'avançoit avec sa maison, que sa cavalerie étoit bien loin derriere. Sur cet avis Montejan s'échaufe. Il prend dessein d'aller contre Fernand. Neanmoins pour ne rien faire qui pût être blâmé, il va demander au Comte de Tende la permission de s'avancer. Il demanda la même chose à Bonneval. L'un & l'autre pour le divertir de ce dessein, lui remontre qu'il étoit contraire aux resolutions qui s'étoient prises. Qu'il devoit bien prendre garde qu'en y contrevenant, il ne pouvoit acquerir de la gloire, ce qui pourtant étoit son unique but. Montejan qui ne s'attendoit pas à cette remontrance, n'en demeure pas trop satisfait. Aussi ne s'y arrête-t'il point. Il ne laisse pas de poursuivre sa pointe. Il communique son dessein au Seigneur de Boisy Gentilhomme de la Chambre du Roi. Boisy jeune homme qui vouloit se signaler, n'aprouve pas seulement la chose, mais il veut accompagner Montejan. La partie se lie entr'eux-deux. De-là l'envie prend à quelques autres d'en être. Ils associent donc Torines, Sanpetre, la Molle, Vartis. Ils assignent le rendez-vous à Tourves. Le lendemain chacun d'eux s'y trouve. Montejan arrive avec trente Gendarmes, & autant de Chevaux-legers. Boisy s'y rend avec pareil nombre. Torines y va avec vingt chevaux. Il mene aussi vingt Gendarmes de la Compagnie d'ordonnances du Comte de Tende, dont il étoit Lieutenant. Sanpetre, Vartis, & la Molle y menent chacun cent hommes de pied. Là ils conviennent entr'eux de l'ordre qu'ils devoient tenir dans la marche. Aprez quoi ils prennent le chemin du Luc. Car ils avoient avis que Fernand y devoit arriver avec ses troupes. Comme ils aprocherent de ce village, ils aperçûrent de loin l'ennemi qui s'avançoit. Aussi-tôt Torines & Vassé s'avancent avec quelques coureurs. Ils donnent sur les premiers qu'ils rencontrent, & par la vigueur de l'attaque, ils les obligent tous à lâcher le pied. Cette fuite met une si grande allarme parmi les troupes Espagnoles, que tout étoit sur le point de fuïr. Fernand qui ne sçavoit pas au vrai d'où venoit la terreur, fait mettre ses troupes en bataille, & attend de pied ferme qu'on vienne à lui. Mais Montejan qui voit qu'il s'étoit trop avancé, qui se reconnoît trop foible pour faire une attaque, pense à se retirer de ce mauvais pas. Il reprend à la hâte le chemin de Brignole. Il y arrive tout de nuit. Par cette retraite Fernand juge bien qu'il faloit que Montejan fût tres-foible. Il se met en état d'aller aprez lui. Pour cela il détache cinq cens chevaux, & mille hommes de pied, avec ordre de se mettre en embuscade sur le chemin entre Brignole & Tourves. Puis il s'avance avec le reste de ses troupes, composées de cinq cens chevaux, & cinq mille Lansquenets. Comme il s'avance sans rien rencontrer, il juge que Montejan s'étoit pressé pour gagner Brignole. Cela lui fait prendre le dessein de l'y attaquer. Il détache trois cens chevaux pour venir commencer cette attaque. L'attaque est si vigoureusement repoussée, que les assaillans y perdirent beaucoup des leurs. Et toutefois Montejan voyant que la ville n'étoit pas trop en état de se défendre,

dre, il en sort, & dispose ses troupes pour le combat. Ce n'est pas qu'il ne pût se retirer en seureté avec la cavalerie qui étoit bien montée. Mais il ne voulut point abandonner son infanterie, qu'il avoit engagée de son propre mouvement. Il se retire donc avec tous ses gens, soutenant fortement les attaques de l'ennemi qui le suivoit toûjours. Il fit une lieuë de chemin en cet état, quand enfin il tomba dans l'embuscade qui lui avoit été dressée. Comme il se voit dans ce mauvais pas, il se trouve dans une peine extrême. Il ne sçait comment s'en pouvoir tirer. Il ne voit qu'ennemis de tous côtez. En vain il tâche de s'en démêler. Plus il combat, plus il s'avance, & plus il se trouve serré de prez. Il marche plus d'une lieuë en cet état. Il se défend durant cinq heures entieres. Il fait perir six cens des ennemis. Tout cela neanmoins se fait inutilement. On ne pût se démêler de l'embuscade. Presque toute l'infanterie & la cavalerie y sont taillées en pieces, ce qui reste est tout fait prisonnier. Montejan, Boisy, la Molle, & la plûpart des chefs sont remenez à Brignole.

L'Empereur transporté de joye, dépêche d'abord des courriers partout. Il envoye surtout publier ses prosperitez à Rome, en Espagne, en Flandres, en Allemagne. Puis pour signaler cette journée dans tous les siecles, il donne à Brignole le nom de Nicopolis. Cependant il s'avance vers Aix. Il fait son entrée * en triomphateur dans cette ville ouverte & abandonnée. Aprez y avoir reçû les honneurs de Comte de Provence & de Roi d'Arles, le premier acte de souveraineté qu'il fit, ce fût de casser les Magistrats Municipaux, & de faire ajourner par deux fois à son de trompe cent des citoyens les plus notables. Le lendemain il suprime par lettres patentes les Compagnies de Justice. Il crée un nouveau Senat, composé de cinq Gentilshommes de robe, & d'autant de Jurisconsultes de Nice qu'il avoit amenez. Il fait President de cette Compagnie Jean Carle Marseillois, dont le Connétable de Bourbon avoit récompensé la revolte d'une charge de Senateur à Milan. Le lendemain il met en possession ces Senateurs. Il reçoit leur serment en public. Il crée un Vicomte & trois Tribuns du peuple en la place de Viguier & des Consuls. Pour Vicomte il nomme le bâtard de Barras, qu'il fait aussi Baron de l'Empire. Pour Tribuns du peuple, il nomme Jean de Brignole, Jean Martin, & Bos, gens chargez de crimes, quoique le premier fût homme de qualité. Pour élever les personnes de ces trois Tribuns, & pour les rendre dignes de ces charges, il fait Chevalier le premier, il donne des lettres de Noblesse aux deux autres. Aprez cela il cassa les statuts & les privileges du païs. Il crée de nouveaux fiefs, & de nouvelles charges. Il en pourvoit les principaux des siens. Il fait Antoine de Leve Vicaire de l'Empire en France, le Duc d'Albe vice-Roi d'Arles, André Doria Amiral, Granvelle Chancelier, & Canoë sur-Intendant des Finances. Il fait le Marquis du Guast Gouverneur de Marseille, Fernand Gonsague Gouverneur de la partie du païs, qui est au deça de la Durance, le Comte de Horne Gouverneur de celle qui est au de-là. Il érige quatre Duchez, quatre Principautez, quatre Marquisats. Les Duchez furent celui des Isles d'Yeres, sous le nom des Isles d'Autriche qu'il donne à

IV.
L'Empereur s'enfle de cette victoire. Il se croit maître de la Provence. Il en change la face par de nouvelles loix, par de nouvelles charges, par de nouvelles érectiõs de fiefs.

* Le 9. Aoust.

Le 11. Aoust.

L l l

Doria, celui de Frejus qu'il nomme Charleville & qu'il donne au Marquis du Guast, celui de Forcalquier qu'il donne à Fernand Gonsague, & celui de Nicopolis qu'il donne à Horne. Les Principautez furent celles des Baux pour Valere Urſin, de Montelimar pour Eſt, de Sault pour Tamiſe, & du Martigues pour Beſtein. Les Marquiſats furent celui du Muy pour Ileſtin, du Luc pour Guthingbon, de Tourves pour Coſtald, de Trets pour Paul de Saxe. Cependant le Senat à ſon ouverture, prononça l'Arreſt contre les abſens déja proclamez. Il déclara tous leurs biens confiſquez à l'Empire. Aprez que l'Empereur eût ainſi changé la face de la Province, il voulut rendre graces à Dieu d'un ſi beau ſuccez. Il s'en alla entendre la meſſe à la grande Egliſe de Saint Sauveur. La meſſe fût dite par l'Evêque de Nice, qui à l'offertoire le couronna Roi d'Arles, & Comte de Provence. Aprez que la meſſe fût achevée, un Napolitain nommé Capel monte en chaire. Il fait le panegirique de l'Empereur. Il parle de lui ſi magnifiquement, qu'il met beaucoup au deſſous Conſtantin, Juſtinien, Charlemagne. Il le compare enfin à Joſué, & pour rendre l'alluſion plus juſte, il traite le Roi de Philiſtin, de Pharaon, il dit que la Provence étoit la Terre de Promiſſion. Il le prouve par la douceur du climat, des fruits, enfin par tous ſes autres avantages qu'il remarque. Ce diſcours pompeux quoique fait à des Eſpagnols, ne pût être entendu ſans qu'il s'en fit bien des railleries. L'Empereur neanmoins demeure tres-ſatisfait du panegirique; & pour recompenſe de la flaterie, il promet à l'Orateur l'Archevêché d'Aix: puis il acheva la fête par un grand feſtin. Comme il n'eût plus rien à faire dans Aix, il ſe retira vers ſon camp, qu'il avoit fait dreſſer dans un quartier du terroir qui s'apelle le Plan d'Aillane. Là voyant qu'il commençoit à manquer de vivres, il envoye Gonſague avec douze cens chevaux, & quatre mille hommes de pied à Pertuis. Il crût qu'outre qu'il ſoulageroit par-là ſon armée, dailleurs Gonſague auroit moyen de picorer la campagne, & de lui fournir même dequoi ſubſiſter.

V.
Il penſe à aſſieger Marſeille, & à ſurprendre Arles. Ni l'un ni l'autre deſſein ne lui réüſſit. Il lui ſurvient pluſieurs autres pertes.

Cependant pour ne pas demeurer les bras croiſez, il ſe diſpoſe à faire un ſiege memorable, & digne de ſa reputation. Il prend deſſein d'aſſieger Marſeille. Il s'y en va avec quatre mille chevaux, & douze mille hommes de pied. Avant neanmoins que de s'avancer tout à fait, il arrête ſes troupes à la vallée d'Arenc; & prenant trois cens Mouſquetaires, & le Marquis du Guaſt avec lui, il s'en va lui-même reconnoître la ville. Comme il s'avance, il lui vient dans la penſée que cette eſcorte le pourroit faire découvrir, & qu'il ſeroit ſans doute blâmé de hazarder ainſi ſa perſonne. Cela l'oblige de s'arrêter contre une Egliſe à demi ruïnée. Il fait ſeulement avancer le Marquis du Guaſt, le Marquis s'en va reconnoître la ville. En s'en retournant il eſt aperçû de ceux du dedans. Auſſi-tôt on pointe le canon contre lui. Le coup porte à la vieille Egliſe où l'Empereur attendoit le Marquis. Il y fit un ſi grand fracas que quelques ſoldats demeurerent enſevelis ſous les ruïnes. L'Empereur épouvanté de ce ravage, ſe retire à la hâte dans ſon camp. Là il remet le commandement au Duc d'Albe, & au Comte de Horne, il envoye le Marquis du Guaſt, & Paul de Saxe vers Arles, avec trois mille hommes de pied, & mille chevaux. Pour lui il s'en va attendre le fuccez de tout à Aubagne. Cependant auffi-tôt que le canon eût tiré fur le Marquis du Guaft, le Seigneur de Barbefieux qui commandoit dans Marfeille, fait faire une fortie de deux cens foldats, dans laquelle quelques-uns de ceux que l'Empereur avoit avec lui, font faits prifonniers. On aprend d'eux le danger qu'il avoit couru, & le lieu du campement de fon armée. A cette nouvelle le Seigneur de Barbefieux ordonne à Chriftophle Gafque de monter fur des bateaux avec trois cens foldats, & de s'aller montrer aux ennemis. D'autre côté il donne ordre à Saint Blancar de s'aller mettre avec quelques galeres derriere les rochers de Portegalle. Gafque execute ponctuellement la chofe. Il s'avance à deux mille dans la mer feignant de prendre la route du Martigues. De-là il revient vers le lieu d'Arenc ; comme il aproche, Adolphe eft commandé par le Duc d'Albe de s'avancer avec cinquante foldats pour l'amufer, jufqu'à ce qu'il lui arrive plus de monde. Auffi-tôt Adolphe execute l'ordre. Il aproche. Gafque fait fur lui une fi furieufe décharge, qu'il lui tuë plufieurs foldats. Dans ce tems le Comte de Horne arrive avec environ huit cens chevaux, & deux mille hommes de pied. Alors Saint Blancar fort de derriere le rocher qui le couvroit, & faifant tirer le canon, il abat, il diffipe cette multitude. Sur cela Guafque aproche encore de plus prez. Il fait une feconde décharge, qui acheve ce que la premiere avoit commencé. Il met en fuïte ce qui reftoit de ces affaillans, & contraint le Duc d'Albe de fe retirer avec grande perte. Cette perte fût de plus de huit cens des fiens, pardeffus les gens de marque qui y perirent. Le Comte de Horne, Adolphe de Horne, Pierre Caraffe, Jean de Saint Severin, & quelques autres d'auffi grand nom. Ce malheur toucha d'autant plus le Duc d'Albe, que les Marfeillois ne perdirent que deux des leurs. Ainfi l'entreprife fur Marfeille échoüa. Pour celle d'Arles, elle ne fût pas plus heureufe. Car comme le Marquis du Guaft arrive auprez du marais de Montmajor, il y laiffe Paul de Saxe avec fes troupes. Il prend feulement cinquante Gendarmes. Il en met quarante à la garde du pont qui étoit prez de-là, & s'avance avec les dix qui lui reftent jufques fur la hauteur d'Elifcamps pour reconnoître la ville. Dés qu'il arrive fur cette éminence, ceux de dedans l'aperçoivent dabord. On lui tire deux volées de canon. Le Marquis qui avoit l'œil à tout, voyant mettre le feu au canon, fe retire promptement à droite. Son agilité lui réüffit fi bien, qu'affurément elle lui fauva la vie. Car la bale du canon ayant donné dans l'endroit même qu'il venoit de quiter, éleva une fi grande quantité de terre fur lui, que fon cheval en prit la peur, & l'emporta vers le marais où il avoit laiffé fes troupes. Comme donc il reconnut qu'on fe gardoit avec tant de foin, il perd l'efperance de les furprendre. Cela l'oblige de fe retirer. Sa retraite donna beaucoup de joye à cette ville, où cette aproche avoit tout rempli de frayeur. Car il s'y étoit gliffé de la divifion. Même quelques foldats François s'étoient picotez avec les foldats Italiens, ce qui faifoit craindre bien des malheurs, fur tout dans la conjoncture d'un fiege. Quoiqu'il en foit, ces bons fuccez arrivez aux villes principales, en attirerent plufieurs autres en divers endroits. Le Seigneur de Carces chassa Gonsague du château de Lurmarin. Il évita même en se retirant l'embuscade qui lui avoit été faite. Une troupe des Gentilshommes du païs qui avoient occupé la montagne de Nôtre-Dame des Anges, pour ôter au Duc d'Albe quand il alla vers Marseille la communication avec le camp prez d'Aix, incommoda si fort les ennemis par des courses, qu'il se passa peu de jours sans qu'on leur portât quelque coup fâcheux. Un jour ils surprirent environ deux cens chevaux dans les détours de cette montagne. Ils en tuërent trente, & en prirent quarante avec grand butin. Un autre jour comme ils s'avancerent jusqu'à une lieuë prez de Roquevaire, ils rencontrerent cinq cens chevaux qui escortoient du biscuit. Ils leur donnerent dessus avec tant de vigueur, qu'aprez en avoir tué soixante & en avoir fait prisonniers quatre-vingt, tout le reste se mit en fuite. Car comme on ne pouvoit avoir ni bled ni farine, à cause du dégât fait partout, & de la démolition des moulins, l'Empereur étoit reduit à faire preparer du biscuit à Toulon, & à le faire conduire par convois à l'armée. Ces convois étoient d'une si grande incommodité, que pour avoir moyen de subsister, il faloit toûjours être en campagne, toûjours essuyer quelque perte, toûjours recevoir quelque nouveau déplaisir. La défaite de Borromée ne fût pas des moindres que l'Empereur reçût dans ce tems. Borromée s'étoit avancé vers Senas avec cent chevaux. Là il divisa sa troupe en deux. Il en laissa la moitié pour courir dans la plaine de ce quarrier; & lui avec le reste alla faire la même chose à Eiguieres. A cette nouvelle le Seigneur de Carces va couper chemin à ceux de Senas; il les prend, il les ramene avec leur proye: puis il tourne bride contre Borromée, Borromée voyant venir cette troupe, veut se retirer dans le camp. Dans sa retraite il tombe entre les mains de Torines, qui le fait prisonnier. A tant de fâcheux évenemens s'ajoûte une perte encore plus fâcheuse. Antoine de Leve meurt de maladie dans Aix. L'Empereur voyant tant de malheurs lui arriver, ne sentit guere de joye à la vûë du secours qui lui vint d'Espagne & d'André Doria chargé d'argent & de bled. Cette arrivée le touche peu. Il s'imagine que rien ne peut arrêter désormais la mauvaise pente qu'a pris son entreprise. Il y avoit en effet bien des choses qui le confirmoient dans cette opinion. Le dessein fait sur Arles & sur Marseille avoit malheureusement échoüé. Ses courses en divers endroits étoient partout reprimées. Il y avoit perdu plusieurs chefs. Son armée étoit toute déperie. Il lui manquoit plus de vingt-cinq mille hommes. A ces considerations, il s'en ajoûtoit quelques autres. Le camp du Roi se fortifioit à Avignon. Le Dauphin l'avoit encore renforcé par son arrivée. Tout cela fit prendre à l'Empereur le dessein de quiter la Provence, à quoi Antoine de Leve l'avoit exhorté peu avant sa mort. On a crû qu'une des choses qui le porta le plus à se retirer, ce fût la nouvelle qui lui vint de Picardie, que son armée avoit quité ce païs-là. Quoiqu'il en soit, le malheur qui le talonoit en Provence suffisoit assez pour lui faire prendre cette resolution, outre le bruit qui se répandit que le Roi qui s'étoit rendu à Avignon, pensoit à le venir combatre en personne.

Comme donc l'Empereur jugea bien, par l'état pitoyable où étoient ses troupes, que ce seroit imprudence de hazarder une bataille, il prend le parti de se retirer. Il se retire à la sourdine. Il embarque son canon sans bruit; il rapelle la garnison d'Aix, il reprend le chemin d'Italie. Je ne sçai si ce fût dans cette retraite, ou pendant le séjour que cette garnison fit à Aix, que les soldats mirent le feu dans le Palais, à la suscitation du Duc de Savoye. Ce Prince prétendoit par-là de s'assurer Nice & le Piedmont, en suprimant les enseignemens du Roi, qui se trouvent dans ses archives. Mais les titres avoient été portez au château des Baux, par la sage prévoyance du Comte de Tende; du President Chassanée, & de l'Evêque de Vence. Ainsi ce grand incendie ne fit point d'autre dommage, que de consumer des pierres & du bois. Cependant l'Empereur en se retirant ne laissa pas de faire de grandes pertes. Dabord il perdit plus de huit cens hommes; harcelé d'un côté par les Seigneurs de Carces, de Villeneuve, de la Molle, & de l'autre par un gros de Noblesse qui le suivit toûjours. A cette perte que causa le fer, il s'y en ajoûta une autre causée par la famine, & par la maladie. Cette perte fût encore plus pitoyable que l'autre. Car la foiblesse qu'aportoit la faim & la maladie, faisoit que plusieurs restoient demi morts par les chemins. En cet état ces malheureux abandonnez de leurs camarades étoient achevez par les païsans, tandis que l'Empereur étoit lui-même poursuivi par le Comte de Tende, & par la Noblesse qui ne lui laissoient pas un moment pour se reposer. Enfin en soûtenant ces attaques du mieux qu'il pût, il arrive à Frejus tout fatigué. Là il trouve qu'il a perdu par les chemins plus de deux mille hommes, & que ce qui lui reste sont gens demi morts. Il s'arrête quelques jours à Frejus pour se rafraîchir, & pour laisser prendre haleine à ses troupes ruïnées. Durant ce tems le Duc de Savoye & André Doria lui conseilloient de monter en mer, pour éviter par-là les dangers qu'il y avoit à essuyer encore. Mais l'Empereur ne voulut pas qu'il parût de la crainte dans sa retraite. On a dit aussi qu'il ne voulut pas prendre cette route, pour ne pas abandonner ses Lansquenets; qui assurément sans cela n'auroient pas manqué de prendre retraite en France. Il s'en alla donc par terre à Canes, & de-là droit à Nice où il se jetta dans deux jours. Quelque diligence neanmoins qu'il sçût faire, il ne pût éviter d'être attaqué. Surtout en passant par le bois de l'Esterel, il reçût une terrible insulte. Comme il aprocha de la montagne où il avoit fait mettre le feu en venant, les maris & les peres dont les femmes & les enfans avoient peri dans cet incendie, viennent se jetter tous furieux sur lui, & soûtenus de la Noblesse qui le poursuivoit toûjours, ils lui tuënt encore deux mille hommes. Ce fût-là que se signalerent tout de nouveau le Comte de Tende, les Seigneurs de Carces, Martin du Bellay, Jean Paul de Cere. Ils poursuivent leur pointe si vivement, que l'Empereur arrive hors d'haleine à Nice, avec dix-huit mille hommes en tres-mauvais ordre, miserable reste de cinquante mille hommes qu'il avoit amenez, tres-bien équipez. Cette vûë le toucha sensiblement. Elle lui renouvelle le déplaisir de toutes les pertes qu'il a fait en Provence. Mais rien ne le toucha davantage, que les gens de grand

VI.
Cela l'oblige de se retirer. Il prend le chemin de l'Italie. Il est batu dans sa retraite. Il arrive à Nice aprez avoir perdu la moitié de son armée. Le Pape moyenne une trève de dix ans. L'Empereur & le Roi font une entrevûë à Aiguesmortes.

nom qui resterent en ce païs, Antoine de Leve, le Comte de Horne, Adolfe de Horne, Marc de Bestein, Baptiste Costald, Jean de saint Severin, Frideric Gonzague, Estienne Delcamp, Jean Baptiste de Bologne. Cette perte lui fut dautant plus sensible, qu'il aprit que dans toute cette guerre on n'avoit perdu que trois cens François. Voila qu'elle fut l'issuë de cette entreprise, qui au lieu de la gloire que l'Empereur en avoit esperée, tourna toute à l'honneur des Provençaux. Car ils s'y signalerent en toutes manieres, soit en obéïssant ponctuellement aux ordres, soit en executant de fort belles choses de leur propre chef. Du reste ils conçûrent tant de haine contre l'Empereur, que selon la coûtume de la nation, ils tournerent son nom en un nom de raillerie, & de Charles Quint, ils formerent Arlequin, nom qu'ils apliquerent à ceux qu'ils vouloient traiter avec derision. Ainsi a-t'on vû pratiqué de tout tems en ce païs, que les querelles s'y sont terminées par quelque bon mot, ou par quelque chanson. Cependant dés que le Roi eut nouvelle que l'Empereur avoit décampé, il lui prit envie de le poursuivre. Il mit la chose en deliberation. Mais son Conseil ne l'aprouva pas. Aussi seroit-il parti inutilement puisque l'Empereur étoit déja hors de la Province, ainsi que le Comte de Tende le lui alla faire sçavoir. Comme par la retraite de l'Empereur le Roi n'eut plus rien à faire en ce quartier, il visita seulement Marseille & Arles, & fit visiter Aix par le Seigneur de Langey, pour voir de quelles reparations on avoit besoin. Langey trouve cette Ville fort ruinée. Les maisons étoient presqu'abandonnées, les murailles étoient presque toutes à bas. La campagne étoit toute ravagée. On ne voyoit par tout que desolation. Sur cela Langey raporte au Roi l'état de la Ville. Le Roi donne ordre de la faire reparer. On rétablit le Palais & les murailles. Mais cela ne soulageoit pas les particuliers. Ainsi comme chacun retourne dans sa maison, ce ne furent que lamentations & que plaintes, que cris, que gemissemens. On ne voit par tout que des debris, que des pertes, que des sujets de misere. A la veuë de tant de désolation les Etats de la Province s'assemblent. On envoye des députez au Roi, pour obtenir quelque diminution des tailles. Les députez furent Baltazar Gerente Evêque de Vence, Président de la Chambre des Comptes, & Jean l'Evêque Seigneur de Rogiers premier Consul d'Aix. Mais leur voyage se fit inutilement. On ne pût avoir égard au soulagement des sujets, dans les grandes dépenses que demandoit la guerre. Ainsi tout sembla contribuer à nourrir le mal. La terre ne produisoit rien. Le dégât qui avoit été fait par tout, la rendoit encore sterile. L'air ne donnoit que de l'infection, par les corps morts laissez sur les chemins, & à travers champs. Tout cela faisoit cesser le commerce, la Justice n'avoit plus son cours. Elle étoit comme percluse & impuissante, dans l'abatement où tout le monde étoit. Il est aisé de juger par là, que la misere étoit universelle, qu'elle envelopoit toutes les conditions, que personne s'en pût défendre. Mais ce qui agravoit encore le mal, c'est qu'il étoit sur le point d'augmenter, par la guerre du Piemont, que le Roi vouloit aller faire en personne. La chose neanmoins fût empêchée, par l'autorité du Pape Paul Troisiéme, qui entreprit de metre d'accord l'Em-

1537.

pereur & le Roi. Il envoya pour cela des Nonces à l'un & à l'autre. Cette voye ne réüssit pas, il leur propose une conference, il presse tant qu'il les en fait demeurer d'accord. La conference est assignée à Nice. Le Pape s'y rend en diligence. L'Empereur & le Roi s'y rendent aussi. Chacun d'eux visite separément le Pape. Puis se retirent dans un des prochains villages, où ils attendent le succez de la negociation. Ce succez neanmoins ne fût pas tel que le Pape se l'étoit promis de son voyage, il ne trouva pas de la disposition à la paix. Ne voyant pas de jour à y réüssir, il propose du moins une tréve. La proposition en est reçûë. La tréve s'accorde pour dix ans. Cela fait chacun se retira. Le Roi prit la route de Provence. L'Empereur celle de Barcelone. Dans ce retour l'Empereur courut grand risque de se perdre. Car étant vers la mer de Genes, une tempête se leva si furieusement, que ce fût un grand bonheur pour lui de n'être porté qu'en la mer de Provence. Cet accident fût cause d'une nouvelle entrevûë qui se fit entre l'Empereur & le Roy. Car l'Empereur aprenant qu'il étoit dans la mer de Provence, & que le Roi y étoit encore, il envoya sçavoir de lui s'ils ne pourroient point se voir, le Roi reçût la proposition fort agreablement, il part aussi-tôt pour se rendre à Aygue-mortes, où le rendez-vous fût assigné. Là ces Princes se rendirent mutuellement des honneurs tout extraordinaires. L'Empereur vint voir le Roi dans sa maison. Le Roy accompagna l'Empereur dans sa Galere. Ils se donnerent mille témoignages d'une sincere amitié, ils eurent une conference tres-longue, en sorte que l'on croyoit que cette entrevûë produiroit assurément la paix. Mais on vit bien-tôt qu'il s'y étoit parlé de toute autre chose, ce que toutefois on ne sçût point au vrai. Car personne ne pût jamais découvrir quel fût le sujet de la conference. On jugea par la suite qu'il ne fût point tel qu'on s'étoit imaginé, car bien loin de voir les malheurs finir, on les vit au contraire s'augmenter & s'acroître.

1538.

La cause principale de ce surcroît, vint de l'heresie qui prenoit de nouvelles forces. Car bien qu'elle n'osât pas encore se montrer publiquement dans les villes, quelque appui secret qu'elle y eût. Elle ne laissoit pas de regner en certains lieux, & d'y regner avec tirannie. Entr'autres elle s'étoit cantonnée, aux environs du Mont Leberon, d'où elle avoit porté son venin jusques dans les terres de l'Eglise. Comme ce mal parût dans cette contrée, & qu'on vit le Comtat Venaissin infecté, cela donna sujet à quelques-uns de croire qu'il venoit de plus loin. On s'imagina que c'étoient des restes de l'infection que les Vaudois laisserent en ce Païs, ancien Domaine des Comtes de Toulouse. On disoit sur cela que cette fatale heresie, quoiqu'aparemment extirpée dés long-tems en public, s'étoit neanmoins conservée secretement dans quelques familles, qui avoient pris soin de la transmetre de pere en fils. Que ces gens nourris d'ancienneté dans la haine contre les Papes, avoient pris le parti qui s'éleva pour les décrier, & que voyant leurs voisins disposez à les soûtenir, ils les avoient attirez dans leur passion, & dans leur cause. D'autres ont crû que le mal ne venoit point dé-là. Ils ont dit qu'encore que les Vaudois en fussent les auteurs,

VII.
Les Heretiques de Provence se fortifient. Le Roi craint que l'exemple d'Angleterre où l'heresie s'établissoit ne les enfle davantage.

ce n'étoit assurément pas ceux qui pouvoient être restez dans le Comtat, qui n'auroient pû se dérober si long-tèms à la severité de la Justice. Mais que c'étoient d'autres Vaudois, qui chassez depuis environ deux cens ans des montagnes de Savoye, où la guerre de Simon de Montfort avoit obligé leurs ancêtres de se retirer, vinrent chercher un abri en Provence. Ils ont ajoûté que ce qui fit prendre ce chemin à ces gens, ce fût que plusieurs d'entr'eux étoient sujets des Seigneurs de Cental Vicomtes de Demont, qui possedoient aussi de belles terres en Provence, & qu'ils vinrent en cette Province dans l'opinion que ces Seigneurs ne refuseroient pas des vassaux, & d'en voir même augmenter le nombre. Ils virent que deux grandes raisons les y convieroient assurément; l'honneur de proteger des miserables, & l'avantage de fortifier leurs terres par de nouveaux habitans. Ils jugerent que ces deux considerations rendroient leur établissement seur, & que sans doute dans la vûë de l'utile, ces Seigneurs ne manqueroient pas d'exercer un acte de generosité. Ils ne se tromperent pas dans leur attente. Ils furent dabord reçûs nonseulement dans ces villages, mais dans plusieurs autres, où ils s'apliquerent à cultiver la terre avec tant d'industrie, que les Seigneurs en augmenterent considerablement leurs revenus. Mais à mesure que le temporel s'avança, le spirituel reçût de grands dommages. Ces gens imbus de leur fausse doctrine, l'insinuerent à leurs hôtes peu à peu. Ils leur inspirerent insensiblement une haine mortelle contre l'Eglise. Ce venin qu'ils verserent dans les ames, demeura caché jusqu'à ce que la secte de Luther vint à éclater & à se répandre. Alors ces gens commencent à se déclarer hautement. Ils déclament contre l'Eglise, contre ses ceremonies, contre ses dogmes. Ils tournent sa hierarchie en dérision. Ils l'apellent abus introduit par les Prêtres. Ils disent que le Purgatoire est une fable, que la priere pour les morts est une illusion, que l'invocation des Saints, que le culte de leurs images est une foiblesse. Par ces discours libertins & impies, ils s'acquierent tant de credit sur les esprits, que l'heresie naissante prit dessein de s'apuyer sur les mêmes maximes. Pour cela les Lutheriens & les Calvinistes commencerent à loüer leur maniere de vivre, leur désinteressement, leurs lumieres. Ils leurs donnerent par-là un si grand credit, qu'on commença à les consulter comme des oracles sur les points de la Religion. Sur cela ceux du lieu de Merindol prennent occasion de s'ériger en chefs de parti. Peut-être, fût-ce par vanité. Peut-être fût-ce pour choquer leur Seigneur l'Evêque de Marseille. Car on a vû fort souvent en Provence le peuple s'élever contre ses Seigneurs. Quoiqu'il en soit, comme leurs voisins entrerent dans leur erreur, le mal s'étendit bientôt dans la contrée. La Coste, Goult, Gordes, Joucas furent les premiers villages infectez. Leur venin ne tarda pas de s'étendre à Cabrieres terre du Pape. Ce progrez éleva si fort le cœur à cette secte, qu'elle commença dés-lors à se déclarer ouvertement. Jusques-là les exercices de religion s'étoient fait de nuit, les assemblées avoient été secretes. Mais alors ils ne firent plus tant de misteres. Ils se manifesterent au public. Ils exhorterent les Catholiques à recevoir leur doctrine. Ils en attirerent à eux un grand nombre, sous le

prétexte

prétexte de reformation. Dés ce tems on commença à faire des Prêches reglez en divers endroits. On jetta partout cette semence pernicieuse. Mais le siege principal de l'heresie, fût toûjours assigné à Merindol. En effet quoique leurs Barbes fussent dispersez en diverses contrées, on apelloit Barbes les Ministres comme en Savoye, témoignage que l'heresie venoit de-là, c'étoit pourtant à Merindol que les grandes assemblées se faisoient. C'étoit-là qu'on déliberoit des points de leur religion, là se retiroient les plus mutins, là se prenoient les resolutions de se cantonner en cas d'attaque. Pour executer toutes ces choses, ils avoient porté leurs meubles dans les cavernes des rochers voisins, ils avoient construit un fort à Saint Phales dans le bois prochain pour les défendre. Par cette resolution & par cette conduite, le parti grossissoit à tous momens. On couroit-là de toutes parts dans l'esperance d'y être à couvert de toutes insultes. Comme le Roi est averti de ce qui se passe, il se resout d'arrêter ce progrez. Il quite la voye de l'indulgence, & prend celle de la severité. Jusqu'alors il avoit usé d'une grande douceur, sçachant que la religion ne s'insinuë jamais mieux dans les esprits que par cette methode, & que la force n'est pas un moyen de l'y établir ; que la persuasion fait bien plus d'effet en cette matiere, qu'elle seule sçait gagner les cœurs. C'étoit pour cela qu'il avoit usé de toute la condescendence possible. Il avoit fait expedier des lettres de pardon aux devoyez, qui abjureroient dans deux mois leur creance. Il avoit souvent rafraîchi ce délai. Il avoit compris dans la grace les relaps qui en étoient exceptez du commencement. Il avoit écrit aux Evêques de faire redoubler les predications, pour attirer ces gens à resipiscence. Il avoit moyené que le Pape leur écrivit à même sujet. Mais aprenant que les lenitifs aigrissoient le mal, il resolut de changer de remede. Il jugeoit qu'une plus longue tolerance pourroit sans doute le faire empirer, qu'elle pourroit même le rendre incurable. Ces diverses reflexions & les troubles d'Angleterre lui donnoient sujet de craindre. L'Angleterre étoit déchirée par l'heresie de la plus cruelle maniere qu'on peut imaginer. Ce malheur lui étoit arrivé par l'accident du monde le plus imprevû. Henri Huitiéme grand dans toutes ses actions, tomba neanmoins dans cette foiblesse de s'abandonner à un amour injuste & forcené. Cette passion le jetta dans un tel déreglement, qu'il en oublia ce qu'il devoit à son honneur & à son rang. Il fit des choses si honteuses & si basses, qu'on ne pût les raconter sans indignation & sans horreur. Ce fût pour épouser Anne de Boulan, qu'il conçût une passion si désordonnée. Il resolut de l'épouser à quelque prix que ce fût, quoiqu'il dût soupçonner extrêmement qu'elle ne fût sa propre fille, pour l'habitude qu'il avoit euë avec sa mere durant l'absence de son mari ; quoiqu'il fût averti qu'elle avoit mené une vie si libertine qu'en France où elle avoit été, on l'apelloit la haquenée d'Angleterre & la mule du Roi François. Pour l'épouser, il resolut de repudier Catherine d'Aragon sa femme legitime, de laquelle il avoit eû des enfans. Princesse d'une si grande pieté, d'une vertu si exemplaire, que cela seul le devoit obliger d'avoir pour elle tous les égards qu'il auroit dû avoir dailleurs pour sa qualité. Il la repudie au mépris de son propre interest

& de sa conscience. Car en la repudiant il perd ses alliez plus considerables, il rompt avec Rome qui l'avoit comblé d'honneurs, il détruit la Religion Catholique qu'il avoit protegée avec zele, il se fait chef d'une Religion, il renverse l'ordre de son Royaume, il en établit un tout nouveau. Tout cela se fait par le sang répandu, par des meurtres, par des impietez, par des sacrileges. Ce changement fit bien remarquer combien est toûjours dangereux l'amour injuste, puisqu'il renverse le jugement des hommes les plus sensez. Jusques-là Henri avoit passé pour l'un des plus grands Rois de son tems. Il s'étoit rendu également illustre dans la paix & dans la guerre. Il étoit heureux dans sa famille & dans son Etat. Il étoit aimé de ses peuples. Il étoit exalté par les sçavans. Il étoit honnoré par les Ecclesiastiques, autant qu'aucun de ses ancêtres le fût jamais. Le Saint Siege même l'avoit comblé d'éloges. Car comme il composa lui-même un livre des Sacremens contre Luther, & qu'il s'employa pour la délivrance du Pape Clement, que les gens de l'Empereur détenoient prisonnier, il reçût par des Bulles expresses le titre glorieux de défenseur de la Foi, qui étoit justement dû à son zele. Mais dés que cette passion malheureuse se fût emparée de son esprit, il perdit privileges, honneur, reputation. Dieu l'abandonna au sens reprouvé des impies. Il quite sa femme legitime, Princesse chaste, pieuse, autant recommandable par ses vertus, qu'elle étoit illustre par sa naissance. Il prend une femme débordée, de petit nom, dont il fût enfin contraint de publier l'infamie, par la mort à laquelle il la condamna. Il donne atteinte à la Religion Catholique dont il avoit si bien merité, pour favoriser une autre Religion, qui le rendit l'execration de toute la terre. Il quite la qualité de fidele fils de l'Eglise, pour prendre celle du chef de ses ennemis, & s'établit dans ce Pontificat par toutes sortes d'impietez & de crimes. En effet dés qu'il eût déclaré son dessein, il dépoüilla les Ecclesiastiques de leurs revenus, il enleva les thresors des Eglises, il emprisonna les Prelats qui entreprirent de lui resister, il démolit les Monasteres des Religieux qui oserent improuver sa conduite. Enfin il versa par son seul caprice le sang de tant de genereux innocens, que l'Angleterre devint bien plus horrible par cette inhumanité, qu'elle ne le fût jamais par son ancienne barbarie. Chaque jour il s'y voyoit de nouveaux spectacles. La cruauté, la licence, l'avarice en étoient les principaux acteurs. On pilloit les Ecclesiastiques impunément. On violoit les Vierges consacrées. On oprimoit generalement tout le monde, par la rigueur de toutes sortes d'impôts. Mais ce n'étoit rien que cette opression, qui n'attaqua que la seule bourse. Les cruautez exercées sur les personnes, étoient de bien plus justes sujets de douleur. Car nul ordre ne s'en pouvoit dire exemt, Peuple, Noblesse, Ecclesiastique. Cette année même sembla plus funeste aux gens de la premiere qualité. Le Marquis d'Excetre, les Seigneurs de Montagut, de Neuville furent condamnez à mort, malheureuses victimes de l'injustice irritée.

VIII.
Il envoye ordre au Parlement de les con-

Comme donc le Roi voyoit que l'heresie déchiroit l'Angleterre si cruellement, il resolut de prevenir la conséquence que ce progrez pouvoit faire dans son Etat. Pour cela il croit qu'il faut se hâter de couper

De Provence. Liv. XI.

les racines du mal, & n'avoir plus ni confideration ni tendreſſe. Il commence à pratiquer la choſe en Provence, où il a nouvelles que les heretiques ſe fortifioient. Il ordonne au Parlement de les punir de toute rigueur. Il les exhorte à n'épargner contr'eux & leurs adherans, ni les peines perſonnelles, ni la démolition des forts, des châteaux, des villages où ces gens ſe ſeroient cantonnez. Sur cela on voit venir d'autres ordres encore plus preſſants. On reçoit des lettres patentes qui faiſoient défenſes à toutes perſonnes d'aller armez de harnois, & d'autres qui donnoient pouvoir aux Cours Souveraines de connoître comme les premiers Juges du fait des heretiques ou de leurs fauteurs, & d'ajuger à ceux qui les reveleroient la quatriéme partie des choſes qui en feroient confiſquées. Le Parlement n'avoit pas attendu tous ces ordres, pour s'employer à étoufer ce mal naiſſant. Il avoit déja condamné quelques heretiques. Il avoit enjoint aux Gentilshommes d'en purger leurs terres, ſur peine de confiſcation de leurs fiefs. Mais quand il aprit l'expreſſe volonté du Roi, il agit encore avec plus de zele. Il fit paroître tant de vigueur, que dans une ſeule ſeance il decreta contre cent cinquante-quatre prévenus. Les heretiques étourdis de ce coup, ne ſçavent à quoi ſe reſoudre. Ils s'aſſemblent pour prendre quelque reſolution. Dabord ils prennent celle de faire les mauvais. Ils font quelque mine de ſe preparer à ſe défendre. Ils ſe pourvoyent de poudres, & de toutes autres munitions. Ils publient que le Comte de Fuſtemberg eſt parti, pour ſe venir mettre à leur tête. Mais comme ils ne ſe ſentent pas encore aſſez forts pour en venir aux armes, ils prennent le parti de la douceur. Ils envoyent vers le Roi, pour ſe juſtifier & pour ſe plaindre. Leurs plaintes neanmoins réüſſiſſent mal. Le Roi qui ſçavoit que le Parlement n'avoit rien fait que ſelon ſes intentions, n'eût garde de lui lier les mains en cette rencontre. Au contraire il étendit ſon pouvoir juſqu'à lui permettre de ſe tranſporter ſur les lieux, pour rendre plus promptement juſtice. Cette conduite du Roi fût un ſujet au Parlement de redoubler ſa vigueur. Il continuë ſes informations. Il envoye un Huiſſier à Merindol pour executer ſes decrets. Il fait un arreſt fulminant. L'arreſt condamne par contumace dix-neuf heretiques à être brûlez. Il confiſque abſolument tous leurs biens. Il enjoint à tous ceux qui rencontreront quelqu'un de ces gens, de leurs familles, ou de leurs domeſtiques, de les repreſenter à juſtice. Il fait défenſes à toutes perſonnes de leur donner ni aide ni faveur. Des perſonnes l'arreſt paſſe à leur azile principal. Il ordonne qu'attendu que le lieu de Merindol eſt la retraite & le refuge des heretiques, les maiſons & les baſtides ſeront démolies, les antres & les forts des environs ſeront abatus, les bois ſeront dégradez à deux cent pas d'alentour, afin que ce village détruit & inhabité fût un exemple éternel à la revolte. Voilà juſqu'où le Parlement porta ſon zele. Mais on ne pût diſſimuler qu'il le porta trop loin, & que ceux qui firent cet arreſt paſſerent les regles de la Juſtice. Car d'un côté contre l'uſage obſervé dans telles matieres ; l'arreſt fût plus rigoureux que les concluſions des gens du Roi, qui n'alloient qu'à la démolition des maiſons où les Prêches s'étoient tenus, & qu'à la condamnation des prevenus

tenir. Le Parlement fait un arreſt ſevere contre le lieu de Merindol. Il exhorte le Comte de Tende Gouverneur de lui donner main-forte. Sur cela le Parlement & le Gouverneur ſe broüillent. Le Roi s'adoucit, puis s'irrite côtre les heretiques. Creation des Offices de Viguier.

1540.

Le 18. Novem.

Mmm ij

fans parler de leurs enfans ni de leurs familles. D'autre côté tout le village fût envelopé dans la condamnation, & toutefois tous les habitans n'étoient pas accufez. Il y avoit des vieillards exemts de ce crime. Il y avoit des enfans qui ne pouvoient y avoir trempé. Pourquoi les comprendre parmi les coupables? Affurément l'arreft fût trop rigoureux. Il eût même des fuites plus funeftes que les Juges n'avoient prévû. Car il donna prétexte à un carnage le plus horrible qui fe vit jamais, & à la ruïne entiere de vingt villages. Cela fait voir que la moderation eft plus neceffaire aux Magiftrats que le zele, & que dans cette fonction fi délicate, on doit bien diftinguer les maximes de la Juftice, d'avec les maximes de la pieté. Quoiqu'il en foit auffi-tôt que l'arreft fût rendu, on ne penfa qu'à mettre la main à l'œuvre. Les Prelats, & furtout les Archevêques d'Aix & d'Arles, follicitent chaudement cette execution. Ils offrent même de contribuer à la dépenfe. Mais ceux qui en prévoyoient les conféquences, étoient d'avis de temporifer. Plufieurs travaillerent auprez des Juges, pour leur infinuer ce fentiment. Le Seigneur d'Allein Jacques de Raynaud fût un de ceux-là. C'étoit un Gentilhomme fage & moderé, tres-verfé dans les belles lettres, qui s'étoit acquis par-là beaucoup de credit fur l'efprit du Prefident Chaffanée. Ce Gentilhomme travailla fort à détourner le Prefident de faire executer l'arreft. Il lui fait aprehender que l'execution ne tourne à des grandes violences, & que le blâme ne tombe tout fur lui. Comme il effaye de retenir le Prefident par ces remontrances, il furvient nouvelle qu'on s'atroupoit à Merindol, qu'on y portoit des munitions, & qu'il s'y étoit fait une montre à enfeignes déployées. Sur cette nouvelle tout le monde s'échaufe. Le Parlement fait fçavoir au Gouverneur l'arreft qu'il a fait. Il le prie de donner main-forte, afin qu'il foit executé fans fuport. Le Comte eft embarraffé de cette nouvelle. Il ne fçait que répondre au Parlement. D'un côté fa charge l'obligeoit de donner main-forte. De l'autre fon humeur & fa naiffance fembloient y refifter. Pour fe tirer de cet embarras, voici la défaite dont il s'avife. Il envoye un de fes Gentilshommes vers le Parlement, il lui fait dire qu'il eft prêt de faire valoir l'autorité du Roi, qui refide dans l'execution de la Juftice. Qu'il eft neanmoins obligé de leur dire qu'il faudra pour le moins deux mille hommes pour executer l'arreft qu'on a fait. Qu'il prie la Cour de pourvoir aux frais fans lefquels cette levée ne fe pût faire. Le Parlement qui ne s'attendoit pas à cette réponfe, témoigne d'en être fort furpris. Il dit que le Gouverneur doit penfer lui-même à ces moyens, qui font des dépendances de fa charge. Sur cela on s'échaufe de part & d'autre. Chacun porte fes plaintes au Roi. Le Roi voyant par les lettres de chaque côté, que mes-intelligence qui s'élevoit pourroit extrêmement nuïre à fon fervice, donne ordre au Seigneur de Langey fon Lieutenant en Piedmont, de s'informer de ce que c'étoit, & de l'état de la Province. Sur cet ordre le Seigneur de Langey envoye en Provence deux Gentilshommes, qui s'informerent diligemment de tout, qui obfervent la difpofition des efprits dans la Province. Ceux-ci trouvent les Vaudois, (ainfi les apelloit-on encore,) enflez jufqu'à l'infolence, plus altiers que s'il n'y avoit point eû d'arrest contr'eux. Ils aprenent que ces gens s'assembloient toûjours comme auparavant. Que non-seulement ils se tenoient sur leurs gardes, mais qu'ils en venoient à des voyes de fait. Qu'ils avoient saccagé le Convent des Carmes prés de la Coste, & qu'ils menaçoient la Noblesse voisine de lui faire un pareil traitement. Comme ces envoyez eurent pris memoire de tout, ils s'en retournerent vers leur maître. Aussi-tôt le Seigneur de Langey envoyé les memoires au Roi. Le Roi les lit avec étonnement. Il ne pût s'imaginer que des Villageois ayent osé faire une entreprise si hardie, sans être assurez de quelque grand apui. Cette pensée ne lui vient pas sans sujet. Il avoit reçu quelques avis de certaines conferences faites avec ceux de Geneve, & qu'entr'autres des gens de Merindol s'étoient abouchez avec Calvin, qui s'étoit cantonné dans cette ville. Cela lui fit craindre qu'il n'y eût quelque partie liée; que les Calvinistes ne se fussent liguez avec les Vaudois. Dans cette crainte il s'avise d'ôter aux heretiques tous les prétextes qu'ils pourroient prendre pour se lever. Il pense à les gagner par la voye de la douceur. Il envoye de nouvelles lettres patentes au Parlement, par lesquelles il pardonne à toûs Vaudois & dévoyez de la foy, pourvû qu'ils abjurent dans trois mois leur creance. Ces lettres ne sont pas plutôt publiées, que ceux de Merindol presentent une requête à la Cour; dans cette requête ils se justifient des choses énormes qu'on avoit dit d'eux, des accusations qu'on leur avoit fabriquées. Ils déclarent qu'ils ,, n'étoient ni séditieux, ni heretiques, comme on avoit voulu dire, qu'ils ,, étoient obeïssans & fidelles sujets du Roi. Ils ajoûtent qu'ayant toûjours ,, fait cette profession, ils étoient bien malheureux de se voir persecutez en leurs biens & en leurs personnes, & d'être contraints de quiter leur demeure, pour n'habiter plus que dans des cavernes & dans des bois. Que si la Cour eût envoyé des Commissaires vers eux, comme ils le demandoient, on eût vû qu'ils étoient aussi bons Chrêtiens que leurs accusateurs étoient de malicieux faussaires. Que du reste leurs miseres n'em- ,, pêchoient pas qu'ils ne desirassent de rendre toute obeïssance à la Cour. ,, Cette requête aparemment si respectueuse, étoit accompagnée d'un memoire qui gâtoit tout. Car il contenoit quelques articles, qui découvroient assez leur erreur. Surtout au sujet du Saint Sacrement, & touchant le culte des Images. Cela neanmoins n'empêcha pas que le Parlement n'ordonnât, qu'ils envoyeroient six d'entr'eux, pour venir déclarer s'ils prétendoient s'aider de la grace. Sur ce decret ils dépêchent un député seulement, qui vient faire la déclaration ordonnée. En même tems huit des condamnez par l'arrest, en font autant par Procureur. A leur exemple grand nombre de suspects accourent, pour faire la même chose en personne. Mais le Roi ne persista pas long-tems dans ce sentiment de douceur à l'égard des heretiques. Il n'attendit pas même que les trois mois fussent passez. Car il écrivit au Gouverneur de leur courir sus, s'ils laissoient passer le tems porté par les lettres patentes. Il écrivit encore une lettre plus forte au Seigneur de Grignan, nouvellement fait Lieutenant de Roi. Par cette lettre il le pria sur tous les services qu'il lui pouvoit rendre de s'employer à l'extirpation des Vaudois, & d'as-

1541.

M m m iij

sembler des troupes s'il étoit besoin pour nétoyer la Province de cette engeance. Je ne crois pas que ce fût à ce sujet qu'on crea de nouveau les offices de Viguiers en cette année, quoiqu'on prit pour pretexte de la creation, que c'étoit pour maintenir l'ordre dans les assemblées des villes, & pour empêcher les tumultes que la saison pouvoit exciter. Car comme c'étoit un edit bursal, il est probable que ce fût moins la raison d'Etat que la necessité des finances qui le fit revivre. En effet on vit sous ce regne créer, suprimer & rétablir ces mêmes offices, à mesure qu'on eût plus ou moins besoin d'argent, ce qui dans la suite s'est si bien introduit, que de là s'est sans doute formée la maxime dans les finances, de faire, de défaire, de refaire. Quoiqu'il en soit il fût alors créé dans chaque ville un Viguier pour presider aux Conseils, & aux assemblées, & pour tenir par des guets & par des rondes les habitans en repos & en seureté.

IX.
Le Roi & l'Empereur se rebroüillét. Cette rupture fait qu'en Provence, les ordres y sont executez mollement. Les heretiques s'en orgüeillissent. Le Duc d'Anguien arrive en Provence. Le Corsaire Barberrousse y arrive aussi, ils essayent de surprédre le Château de Nice. La tentative ne reüssit pas.

Cependant comme il survint une nouvelle rupture avec l'Empereur, le Roi fût obligé de se relâcher des poursuites commencées en Provence. Cette rupture fût tres-surprenante. Mais il ne se pouvoit éviter qu'elle n'arrivât. Car il étoit impossible que deux Princes de si differente humeur, pussent bien vivre long-temps ensemble. Quel moyen en effet d'accorder deux choses si diverses. L'Empereur n'avoit dans sa conduite que détours, que defaites, que subterfuges. Le Roi n'avoit dans toutes ses manieres que bonté, que franchise, que generosité. Cela venoit de paroître dans deux occasions qui se presenterent. La Ville de Gand se revolta contre l'Empereur. Pour pouvoir châtier cette rebellion, l'Empereur avoit besoin de passer par la France. Il en demanda la permission au Roi. Il promit qu'en reconnoissance de cette grace, il rendroit l'Etat de Milan. Le Roi lui permit ce passage tres-librement. Il fit même rendre à l'Empereur tous les honneurs possibles. Il le fit accompagner jusqu'à la frontiere, par tout ce qu'il y avoit en France de Princes, & de grands Seigneurs. Dans une autre occasion l'Empereur pour se fortifier contre le Turc, eût besoin que le Roi fit quelque semblant d'entrer en ligue avec lui, & la Republique de Venise. Le Roi lui accorda la chose. Il envoya exprez à Venise pour cela. Cependant l'Empereur ne paya toutes ces complaisances, que d'ingratitude & de manquement de foi. Car d'un côté il nia d'avoir promis au Roi l'investiture du Duché de Milan. De l'autre il fit publier dans toute l'Allemagne que le Roy se liguoit avec le Turc. Il fit même dire au Turc, qu'il se liguoit contre lui avec Venise. Ce procedé plein de supercherie, obligea le Roi d'informer ses aliez de la verité du fait. Pour cela il envoye Cesar Fregose à Venise, & Antoine Rincon vers l'Empereur Soliman. Il envoye aussi en Allemagne. Comme Fregose & Rincon s'en vont à Venise, d'où celui-ci devoit passer vers le Turc, ils sont tous deux arrêtez vers le Po par des soldats que le Marquis du Guast envoya pour cela. Ils sont assassinez par son ordre. Cette action si cruelle & si barbare, commise contre le droit des gens, ne fit pas grand honneur à l'Espagne. Le Roi la fit sçavoir à tous les Princes. Il s'en plaignit même à l'Empereur. Il lui demanda justice de cette violence. Comme il vit qu'on ne se disposoit pas à lui faire raison, il se mit en état de se la faire lui-même. Il met sur pied deux grandes armées. Il en donne le commandement à ses deux fils. Charles Duc d'Orleans entre dans le Luxembourg, & le ravage. Henri Dauphin passe en Roussillon. Le Roi vient en Languedoc pour le soutenir. L'Empereur voyant ce grand apareil, se prepare pour s'en aller en Italie, à dessein de faire diversion. Cependant le Marquis du Guast se justifie auprez des Princes d'Allemagne de l'assassinât de Rincon & de Fregose. Le Roi pour empêcher quelque déguisement, qui pourroit rendre l'action douteuse, en demande de nouveau justice à l'Emperreur sur le refus qui lui en est fait, il laisse la voye des menagemens. Il en vient enfin à la guerre ouverte. Durant cette guerre il vient bien quelques ordres au Parlement, pour continuer les poursuites contre les Heretiques. Mais comme on vit la conjoncture peu favorable, les ordres furent mal executez. On se contenta de faire quelques procedures seulement pour la formalité. Entre-autres le Parlement envoya à Merindol George Durand Conseiller. Ce Commissaire s'y en alla avec l'Evêque de Cavaillon Diocesain, & avec un Predicateur pour essayer d'adoucir les choses. D'abord il le témoigne aux plus aparents du lieu. Mais cette déclaration ne fit autre effet que de rendre le peuple plus insolent. Car c'est assez sa coûtume de prendre pour crainte, les soins qu'on employe pour le ramener. En même-temps on voit les plus seditieux murmurer contre le Commissaire, traiter l'autorité de la Cour avec mépris, parler insolemment de la distribution qui se faisoit de la Justice, dire que pour l'avoir favorable, il se faloit mettre en état d'être craint. Ils tenoient ces propos avec tant d'orgüeil, que ceux-là parurent tres-moderez, qui se contenterent de répondre qu'ils n'agiroient en rien que par conseil. Pour l'Evêque il fût encore plus méprisé que le Commissaire. On refusa de le reconnoître pour Pasteur. On ne voulut écouter, ni les exhortations de son Predicateur, ni ses remontrances. On traita l'un & l'autre de supots de Rome, de fauteurs de superstition; & n'ayant rien à leur reprocher dans leurs mœurs, on les apella plusieurs fois Papistes. Le Roi ne manqua pas d'être averti de ces insolences. Il n'ignoroit pas non-plus que cette secte faisoit bien du ravage dans les esprits en plusieurs endroits. Mais il n'étoit pas en état d'user de severité. L'indulgence étoit la seule voye qu'il pouvoit prendre. Tout ce donc qu'il pût faire en cette occasion, ce fût de rafraîchir les lettres de pardon déja données, & d'étendre le terme de l'abjuration encore à deux mois. Quand ces lettres furent publiées dans les lieux suspects, plusieurs se servirent de la grace, mais plusieurs aussi méprisserent de s'en servir. Ils devinrent même plus insolens, s'imaginant que c'étoit par timidité, que toutes ces avances leur étoient faites. Ils s'entêterent si fort de l'opinion qu'on les craignoit, que sur le bruit que le Vicelegat d'Avignon méditoit de châtier ceux de Cabrieres, ils prirent les armes, & allerent à leur secours. Le Seigneur de Grignan averti de ce qui se fait, envoye à Cabrieres. Il fait commander aux sujets du Roi de se retirer. Ces gens au lieu d'obeïr se plaignent avec les autres habitans, de ce que

1542.

1543.

l'Evêque de Cavaillon étoit entré dans le village avec des troupes, qu'il avoit arrêté tous ceux qu'il avoit voulu, & qu'aprez avoir laissé saccager leurs maisons, il les avoit amenez lui-même à Avignon, & jettez dans une prison tres-étroite. Quand la peur de ceux de Cabrieres fût passée, leurs amis qui avoient couru à eux se retirerent. Leur retraite se fit avec orgüeil. Car bien loin de témoigner du repentir de leur faute, ils y ajoûtent mille brigandages, ils courent la campagne, ils volent les passans, ils entrent dans les villages, ils y font prêcher leur heresie, ils saccagent l'Abaïe de Sinanque, ils emportent tout ce qui s'y trouve. Aprez ces beaux exploits, la plufpart d'entr'eux vont se retirer à Merindol. A leur arrivée l'insolence de l'heresie redouble. Ce ne sont que railleries contre les ceremonies de l'Eglise, qu'invectives contre les Ecclesiastiques les plus gens de bien, que dérisions des plus saints misteres du Christianisme. Comme cette licence augmentoit extrêmement le concours du peuple, on fait les prêches en pleine campagne, on apelle Merindol la ville-Dieu, la ville sainte, la ville benîte. Durant que ces choses se passoient, le Duc d'Anguien arrive dans la Province. Il venoit avec ordre du Roi de se joindre au fameux Barberousse, qui devoit arriver au premier jour dans nos mers. C'étoit ce que le Capitaine Paulin avoit negocié auprez de Soliman. Il avoit attiré par cet Empereur ce Corsaire dans les interests de la France. Pour cela Barberousse preparoit un grand armément. Le Duc en attendant qu'il arrivât, s'arrêta quelques jours à Marseille. Dans ce séjour le Seigneur de Grignan lui découvre, qu'il travailloit à une affaire importante pour le service du Roi, qu'il pratiquoit une intelligence dans le château de Nice. Le Duc témoigne d'être ravi de se trouver en ce païs dans cette conjonctûre, il déclare qu'il veut être de l'execution. Pour cela il se met en mer avec quinze galeres. Il en envoye quatre à l'avance conduites par le Capitaine Magdalon. Magdalon part avec ordre d'aller observer la contenance de ceux de Nice, & l'accez qu'on peut avoir dans le château. Comme il s'aproche, il se trouve bien loin de son compte. Janetin Doria vient avec quinze galeres vers lui, à cette vûë Magdalon tourne proüe. Il se retire le plus vîte qu'il peut. Il se jette dans le port d'Antibe. Cette retraite lui fût si malheureuse, qu'il perdit une jambe par une volée de canon, & avec cela ses quatre galeres, qu'il fût contraint d'abandonner à l'ennemi. Le Duc s'étoit mis à l'abri du Cap Roux. Il y attendoit que Magdalon lui donnât de ses nouvelles. Comme il étoit dans cette attante, il découvre au clair de la lune quinze galeres qui venoient à lui. Cela l'oblige de lever promptement l'anchre. Il se retire & gagne Toulon. Janetin demeure court, il ne peut l'atteindre. Il s'en retourne avec son butin. Cependant Barberousse arrive avec cent-dix galeres. Il s'abouche dabord avec le Duc. Ils arrêtent d'aller droit à Nice. L'entreprise s'execute à l'heure même, parceque tout étoit prêt pour cela. Ils partent avec leurs forces communes. Ils abordent, ils remplissent la ville de terreur. Aprez quelques volées de canon elle capitule pour se sauver du pillage. Mais ce n'étoit rien que d'avoir pris la ville. Il faloit avoir le château l'une des plus fortes places de l'Europe. Pour l'é-

tonner

tonner par une forte attaque, ils dreſſent une batterie de tous leurs canons. Ils la font joüer jour & nuit ſans relâche. Ils font mine de ne vouloir point prendre de repos avant que de l'emporter. Le château neanmoins étoit ſi bien muni de tout, que la garniſon defenduë d'ailleurs par de bons murs, ſe mocquoit de toutes ces cannonades. Barberouſſe le reconnut bien-tôt. Il vit bien que la place n'étoit pas prenable. Surtout étant comme il le voyoit mal attaquée par les François. Cela lui fit comprendre que ce feroit perdre tems que de s'y opiniâtrer davantage. Il s'en explique franchement au Duc. Ils reſolvent de quiter l'entrepriſe. Dans cette retraite Barberouſſe fit connoître aux Niſſars, que la foy des Barbares eſt ſurquoi on ne doit jamais compter. Car au préjudice de la capitulation, il pille, il enleve & biens & perſonnes. Il emporte eſclaves & butin. Il s'en vient à Toulon en cet état. On le regale de tous les rafraîchiſſemens de la Province. On lui fait de grands preſens de la part du Roi. On donne même à ſa conſideration la liberté aux Mahometans, qui étoient detenus dans les galeres.

L'Empereur ne manqua pas de ſe prévaloir de cette occaſion, pour décrier le Roi par tout le monde. Il écrit aux Princes que le Roi Tres-Chrêtien avoit joint ſes armes avec celles du Turc. Il leur fait craindre tous les effets d'une ſi funeſte alliance. Il charge ſes Ambaſſadeurs d'exagerer cela vivement. Par cette conduite il tourne ſi bien les eſprits contre le Roi, qu'il lui met à dos les Princes d'Italie & ceux d'Allemagne, outre l'Angleterre qui s'étoit déja armée contre lui. Ainſi dans le tems qu'il blâmoit le Roi de s'être allié avec le Turc, on le vit liguer avec les Proteſtans, & avec l'Anglois, les plus grands ennemis de l'Egliſe. Comme il eût ſuſcité toutes ces puiſſances contre le Roi, il entre en France par la Champagne, il paſſe la Marne. Il fait mine de vouloir tout ravager. Il intimide ſi fort tout le monde, qu'on ſe retire de toutes parts à Paris. On y porte même le threſor de Saint Denis & les reliques. Il y eût encore bien des gens, qui trouvant cette ville peu ſeure, furent ſe refugier plus loin. Le Roi ſurpris de cette irruption, ſe trouve dans une peine extrême. Il ne ſçait comment s'y opoſer. Car quoiqu'il ne manquât pas de troupes pour cela, il manquoit neanmoins d'argent, & il aprehendoit que ſes troupes ne ſe débandaſſent, ou que l'ennemi ne les lui débauchât. Dans le beſoin donc qu'il eût d'argent, il prend le premier expediant qui lui eſt ouvert pour en avoir. Il introduit la venalité des Offices, il fait des cruës dans les Parlemens. Cet expediant fût admirable à la verité pour pourvoir au mal preſent. Mais on ne peut diſſimuler que ce ne fût une introduction tres-nuiſible à la pureté de la Juſtice. Quoiqu'il en ſoit, le Parlement de Provence ne fût point alors ſujet à aucune cruë. Comme il en avoit déja ſouffert pluſieurs, juſqu'à voir les Officiers augmentez du double, il ne ſe fit point d'alteration dans ce corps. Seulement le grand nombre donnât-il lieu à la diviſion qui s'en fit en deux Chambres, Grand Chambre, & Chambre Criminelle. Ainſi dans le tems que les autres Parlemens ſe fortifioient par des cruës, celui d'Aix ſans s'accroître par cette maniere, augmenta neanmoins ſa dignité. On vit même les Officiers avoir plus de luſtre. Je ne

X. Separation du Parlement en Grand Chambre & Chambre Criminelle. Reglement fait par les Conſuls d'Aix, pour repriver le luxe des habits.

1544.

crois pas pourtant qu'il faille raporter à cela le grand luxe qui commença dés-lors à paroître. La robe étoit encore si modeste, qu'elle ornoit seulement la ville sans l'enfler. Elle étoit si pleine de moderation, qu'elle ne fournissoit que des bons exemples. Les Officiers retenus, ou par la consideration de leur devoir, ou par la frequence des mercuriales, étoient si assidus dans le service, qu'à peine pouvoient-ils en être dispensez dans leur plus importantes affaires. S'ils paroissoient dans la vie privée, ce n'étoit jamais qu'en habit long. S'ils se mêloient dans les conversations, c'étoit avec un temperament qui les rendoit encore plus venerables. Pour leurs femmes, elles n'étoient pas moins remarquables qu'eux pour leur modestie. Elles étoient partout sans fasté, & sans bruit. A peine les distinguoit-on des autres femmes. La simplicité qu'elles faisoient paroître, étoit le caractere visible de leur vertu. Cependant je ne sçai par qu'elle fatalité le luxe se glissa si furieusement dans la ville d'Aix, que jamais il ne se vit plus de débordement. Personne n'étoit plus dans son assiete. L'heresie broüilloit les familles, la guerre étrangere épuisoit le public, les impôts faisoient gemir tout le monde. Et neanmoins parmi tant de miseres le luxe alloit toûjours plus avant. On eût dit que la vanité s'augmentoit par ce qui devoit rendre les gens plus humbles. Alexis Gaufridi étoit alors premier Consul. C'étoit un homme qui aimoit extrêmement l'ordre. Il n'avoit pas moins d'amour pour le bien public. Car comme je l'ai remarqué, le bien public étoit la seule passion de ceux qu'on apelloit dans les charges. Ils se faisoient un singulier merite de n'avoir point d'autre vûë que celle-là. Comme donc les Consuls étoient maîtres de la Police, il crût que l'occasion étoit belle de faire valoir ce droit important. Il prend dessein de reformer ce grand abus, reforme si necessaire & si bien-seante. Mais parceque ce coup d'autorité pouvoit recevoir quelques traverses, ou donner de l'ombrage aux autres puissances, il communique sa pensée à ceux qui le pouvoient apuyer. Tous l'aprouvent. Tous lui promettent toute sorte d'assistance, pour l'execution d'un si bon dessein. Aprez avoir pris toutes les précautions, il assemble le Conseil de Ville. Là il expose combien étoit dangereuse une maladie qui commençoit par un si grand excez. Il montre combien aisément on
" pouvoit y remedier, par une déliberation vigoureuse. Cette déliberation
" est si necessaire, Messieurs, leur dit-il, que d'elle dépend assurément tout
" vôtre salut. Depuis le tems que nous sommes contraints de fournir aux
" besoins de l'Etat, nous ne voyons qu'impôts, que contributions, que
" levées, que logemens de troupes qui nous accablent. Cependant dans
" cet épuisement nous conservons l'orgüeil de l'abondance, & au lieu de
" soulager nos miseres par une moderation honnête, nous les agravons par
" nos insuportables vanitez. Qui vit jamais ces vanitez regner plus insolemment qu'elles font? Qui vit jamais le luxe aporter plus de confusion
" qu'il aporte partout, & renverser plus qu'il fait maintenant l'ordre & la
" qualité des personnes? Remarque-t'on aujourd'hui rien de viril dans les
" hommes, eux qu'on voit couverts d'habits mols & effeminez? Trouve-
" t'on rien de modeste dans les femmes, qu'on voit chargées de dorures
" & d'autres ornemens inventez à la ruïne des maisons? Voit-on quelque

distinction de qualitez, quelque difference d'âge dans ces superfluitez honteuses, dans ce déreglement universel ? Distingue-t'on le Marchand du Bourgeois, le Bourgeois d'avec le Gentilhomme ? Ne reconnoît-on pas au contraire que les gens de la qualité la plus basse, sont ceux qui se portent aux plus grands excez ; & que les autres pour ne pas paroître inferieurs, se précipitent aveuglement à leur ruïne ? Qu'est donc devenuë cette ancienne parsimonie, qui faisoit si fort estimer les Provençaux, qui étoit si loüée des autres nations, qui rendoit nos peres si considerables ? On les voyoit à la verité negligez au dehors. Mais le dedans étoit cultivé par plusieurs vertus. On voyoit en eux beaucoup de valeur, de moderation, de justice, vertus que leur conversation & que leur presence imprimoit dans les Princes nourris parmi eux. En effet sur le chapitre de leur moderation, ne devons-nous pas admirer ce qui se trouve encore écrit de ces Princes, qui ne prenoient que douze florins tous les ans pour leurs menus plaisirs, somme qu'aujourd'hui les moindres artisans consument au divertissement d'une journée ? Quel renversement est celui-ci, Messieurs ? Autrefois nos Princes avoient la moderation des particuliers ; aujourd'hui les particuliers ont l'ambition des Princes. Mais remarquez la diversité que ce changement d'humeur produit parmi les hommes. En ce tems-là ce n'étoit que foi, que loyauté dans la vie civile. On ne recevoit point d'autre maxime que celle que prescrivoit l'honnêteté. S'il faloit secourir le Roi, c'étoit par des subventions volontaires. Aujourd'hui on ne voit dans le commerce qu'illusions & que tromperies. On pense à s'avancer par tous moyens quels qu'ils soient. On murmure, on se plaint dés qu'il faut secourir l'Etat dans la necessité la plus pressante. Par cette difference des mœurs de ces siecles, ne jugez-vous pas de tout ce que le luxe doit vous faire craindre ? Ne jugez-vous pas que si l'on voit l'amour de la patrie relâché, si la conscience est souvent trahie, c'est la necessité qui fait ces désordres, & qui ne trouve pas d'ailleurs à satisfaire l'horrible excez de nôtre ambition ? Mais voulons-nous arrêter tous ces maux ? voulons-nous prévenir ceux qui nous menacent, reprenons la moderation de nos peres ? S'ils gouvernoient paisiblement leurs familles, s'ils secouroient agreablement leurs Rois, c'étoit leur honnête frugalité qui leur procuroit ces avantages. C'étoit leur mediocrité bienheureuse qui faisoit leur abondance dans le peu de biens qu'ils possedoient. Ne croyez pas que pour être plus vains qu'eux, nous en soyons pour cela plus riches. Nôtre Province est toûjours la même. Elle est toûjours maigre, toûjours infertile, toûjours pleine de cailloux & de rochers. Que si l'on y remarque du changement, ce n'est que celui qui ont fait nos divisions, & celui qui ont introduit les dernieres guerres. Ayant donc le même besoin de nous moderer qu'ils ont eû, suivons la route qu'ils nous ont marquée. Croyons que Dieu ne nous a donné cette inclination naturelle, que pour nous faire trouver l'abondance dans la sterilité de nôtre païs. Pour nous que le devoir de nos charges engage à vous faire cette proposition, nous croirons l'avoir accompli heureusement si nous pouvons contribuer à faire cesser ce grand désordre. Que si la chose vous paroît impossible, pour le moins aurons-

« nous fait connoître que les confiderations particulieres ne nous touchent
« gueres quand il s'agit du bien public. Qu'il nous importe peu que leurs
« perfonnes fe plaignent de nous, pourvû que la chofe publique foit bien
« reglée. Ce difcours fût fi bien reçû de l'affemblée, qu'on refolut fur le
champ de reprimer l'abus. Sur cela l'on nomme dix-huit de ceux du
Confeil, pour dreffer le reglement qu'il faloit faire. On travaille fi affi-
duëment à la chofe, que dans peu de jours on vit paroître le reglement
qui fixa les habits des gens de toutes les conditions. Mais quelques foins
que les Confuls priffent à faire obferver ce reglement, & quelque apui
que le Parlement donnât à leur zele, le luxe ne laiffa pas de renaître
peu aprez. Surquoi on vit dans les regnes fuivans plufieurs Edits qui fe
firent pour la reformation, & plufieurs Arrefts du Parlement pour la faire
valoir. Mais tout cela fe fit affez inutilement.

XI.
Jean Maynier Seigneur d'Ope- de devenu pre- mier Prefident, fait des infor- mations contre les heretiques. Les heretiques fe plaignent au Roi, & du pre- mier Prefident, & du Parle- ment. Le Roi envoye en Pro- vence un Doc- teur en Theo- logie & un maî- tre de Requê- tes.

Durant que ces chofes fe paffoient, Jean Maynier Seigneur d'Opede devenu premier Prefident du Parlement, qui avoit une haine particu- liere contre les heretiques, fit une nouvelle information contr'eux. Cette information juftifioit qu'ils étoient ennemis de l'Etat comme ils l'étoient de l'Eglife. Car il refultoit qu'ils favorifoient fecretement le parti de l'Empereur, depuis qu'il avoit permis l'exercice de leur religion en Allemagne. Sur cela le Prefident ne manque pas de fe faire honneur de fa procedure, & dans la Province, & auprez du Roi. Ce Prefident étoit un homme d'un grand merite. Il étoit parvenu à cette haute di- gnité, en paffant par tous les degrez de la robe. Car il avoit été fait Confeiller au Parlement en mil cinq cens vingt-deux. Puis fecond Pre- fident en mil cinq cens quarante-un. Le tout arriva par deux cruës qui fe firent fans doute à fa feule confideration, puifque ce furent des cruës fingulieres. Quoiqu'il en foit, quand on le vit monter à la premiere Prefidence, on ne manqua pas fuivant la coûtume de raifonner diver- fement fur les caufes de fon élevation. Il y en eût qui l'attribuerent à la faveur. Ils dirent que les Miniftres en l'élevant, avoient penfé à apuyer les ordres du Roi, par un homme allié à la principale Nobleffe. Car par fa femme Jeane de Vintimille fille de Bertrand Seigneur d'Ollioules, & d'Yoland de Tende, il embarraffoit bien des Gentilshommes. L'al- liance s'étendoit jufqu'au Gouverneur; & par fa fille aînée mariée au Seigneur de Porrieres, il fembloit s'attacher tout le refte, que l'autre al- liance ne comprenoit pas. Il fe pourroit faire à la verité que ceux qui étoient dans ce fentiment, raifonnoient jufte. Car on voit affez fouvent les Miniftres penfer pour le moins autant à s'apuyer eux-mêmes, qu'à apuyer les autres. Du refte ce Prefident avoit de fi belles qualitez, qu'on fe feroit bien fait de l'honneur de ne confiderer dans ce choix que fa perfonne. C'étoit un homme d'un efprit vif & ardent, moderé nean- moins par la longue experience des affaires. Il étoit également verfé dans le Droit & dans le Palais, également ferme & fouple fuivant les occurrences. Sa fermeté fe remarquoit principalement dans la diftribu- tion de la Juftice. Sa foupleffe paroiffoit dans fa relation avec la Cour. Quelques-uns trouvoient à dire fur ce point, qu'il portoit trop avant fa foupleffe. Car ils ont obfervé que tout lui paroiffoit faifable, pour arriver à la domination. Quoiqu'il en soit, il usa si bien de tous les deux, qu'autant que par l'une il merita de reputation parmi le public, autant par l'autre acquit-il de creance auprez des Ministres. Cette creance alla si avant, qu'on la lui donna dans peu de tems toute entiere, jusqu'à joindre à la premiere charge de la Justice celle du commandement dans le païs. Cela se fit par les lettres du Lieutenant de Roi, qu'il reçût dans la premiere année de sa premiere Presidence. Ainsi en l'absence du Seigneur de Grignan qui avoit été fait Gouverneur, on voyoit les armes commandées par un homme de Justice, on voyoit l'autorité suprême de toutes choses resider en la personne d'un seul. Un si grand honneur attira dabord sur le President les yeux & les raisonnemens de tout le monde. Il fût le sujet de tous les discours. On en parla diversement suivant l'ordinaire. Les uns loüoient l'adresse judicieuse par laquelle il se mit en credit à la Cour. Ils disoient qu'il l'avoit employée tres-utile- » ment pour l'élevation de sa personne, & pour le rétablissement de sa » maison. Qu'on sçavoit assez que sa maison avoit failli à perir, faute d'u- » ser de cette politique. Qu'on sçavoit assez que la chûte d'Accurse n'étoit » arrivée que manque d'apui auprez du Roi. Que sa grande rigidité n'a- » voit servi qu'à dégoûter le ministere. Que le fils instruit par cet exemple » domestique, avoit dû reparer par une démarche contraire l'espece de tâ- » che faite à son nom. Qu'il l'avoit dû rétablir dans la bonne odeur, que » la destitution de son pere sembloit lui avoir ôtée. Qu'on avoit pû re- » connoître que le seul merite n'étoit pas capable de soûtenir les premiers » Magistrats. Qu'ils avoient besoin de la faveur du Roi, qui ne se pût ob- » tenir que par le canal de ses Ministres. Que si cette relation étoit ne- » cessaire à tout le monde, elle l'étoit encore davantage aux Provençaux. » Qu'on ne les éloignoit d'ordinaire des emplois, que parcequ'on les trou- » voit peu souples. Qu'aprez tout l'honneur d'être apellé aux premieres » charges, ne coûtoit guere quand la seule complaisance envers le Prince » étoit ce qui le faisoit acquerir. Ceux qui n'étoient pas de cet avis, faisoient un raisonnement tout contraire. Ils disoient que la seule premiere » Presidence avoit dû remplir toute son ambition, puisque c'étoit assez de » cet honneur pour effacer la disgrace de son pere. Qu'il devoit consi- » derer que cette grande charge demandoit tout un homme. Qu'il ne » pouvoit se diviser sans lui faire tort, & sans faire plus de tort encore au » public, qui avoit besoin qu'il s'expliquât tout entier à faire distribuer » la Justice. Qu'au lieu donc de ne bouger de sa place, & de conserver » l'ordre dans le Palais, il alloit exposer, en s'en éloignant, à l'intrigue, à » la chicane, que sa presence seule pouvoit arrêter. Qu'au lieu de demeurer ferme dans son siege pour repousser les nouveautez pernicieuses qu'on » oseroit proposer contre le public, il s'alloit ériger en protecteur des » gens d'affaires, il s'alloit exposer au soupçon d'entrer en part avec eux. » Qu'il alloit faire douter par-là de son integrité, partie si necessaire à un » chef de la Justice. Qu'il alloit prendre parti dans des choses, qui pour » le moins exigeoient la neutralité. Que ce seroit une chose fort nouvelle & fort mal reçuë, que de voir un premier President courir par le païs, » ne s'occuper qu'à des logemens des troupes, qu'en fortifications des pla- »

" ces, qu'en levées sur le peuple, lui qui ne devoit s'employer qu'à culti-
" ver la paix, & à la répandre doucement dans la Province. Que c'étoit
" assurément manquer de politique, que de ne faire qu'un simple acces-
" soire, de ce qu'il devoit faire son métier principal, & pour se vouloir
" mettre bien dans l'esprit du Roi, se décrediter parmi le peuple. Qu'il fe-
" roit mieux de considerer que c'étoit de cette creance qu'il avoit à tirer
" sa plus legitime autorité. Que celle qu'il veut s'acquerir d'autre part, est
" odieuse & messeante à un homme de robe, & qu'enfin vouloir unir
" deux charges si diverses, c'étoit contrevenir à la maxime la plus invio-
" lable de l'Etat. Voilà quels étoient les discours qui se faisoient sur le sujet d'une élevation si extraordinaire. Chacun s'en expliquoit fort ouvertement. Il n'y eût que ceux qui avoient sujet de la craindre, qui n'en
parlassent qu'avec retenuë. Du nombre de ces derniers, les Vaudois seuls
furent ceux qui se découvrirent, & qui firent profession ouverte d'être
ses ennemis. Comme il avoit fait des informations contr'eux, & qu'il
ne perdoit nulle occasion de les pousser dans le Parlement, ils crurent
que la dissimulation leur porteroit trop de préjudice. Ils prirent donc le
parti de se plaindre hautement, & de se précautionner. Pour cela ils
essayent de se le rendre suspect auprez du Roi. Ils disent qu'il avoit une
haine mortelle contr'eux, depuis que ceux de Cabrieres avoient donné
protection à quelques-uns de ses vassaux d'Opede qu'on accusoit d'heresie. Que neanmoins cette retraite n'étoit pas tant la cause de sa haine,
que la facilité que ces gens avoient de se ressaisir de leur biens. Que
cela leur ôtant les moyens de profiter des confiscations, diminuoit les
revenus de sa terre, qui d'ailleurs étoient tres-modiques. Du President
ils passent aux autres Officiers du Parlement, afin que le corps entier
ne pût juger en leurs affaires. Ils disent qu'ils faisoient la même chose
contre leurs vassaux que le President. Que comme lui ils s'enrichissoient
de leurs dépoüilles. Ils disent que c'étoit-là le sujet de ce bel arrest de
l'an mil cinq cens quarante, par lequel tant d'innocens étoient oprimez,
tant de Juges saouloient leur avarice, & les Officiers même des Evêques
souffroient qu'on fit mille pilleries & mille extorsions. Ils disent ces choses si souvent, que le Roi touché de tant de plaintes, veut s'instruire
de la verité. Il fit expedier des ordres pour envoyer sur les lieux un
Maître des Requêtes, & un Docteur en Theologie. Le Maître des Requêtes se nommoit du Pré. Le Theologien étoit un Dominicain nommé Jean le Chat. Celui-là devoit prendre des informations sur les plaintes. L'autre devoit s'éclaircir sur les mœurs & sur la religion de ces gens.
Cependant en attendant que les informations soient achevées, le Roi
fait surseoir à l'execution des arrests du Parlement. Il fait élargir par provision les prisonniers, & les condamnez aux galeres. Il se reserve la connoissance des choses qui pouvoient regarder la Religion.

XII.
Le Parlement envoye un Courrier au Roi, pour empêcher la venuë de ces Commissaires.

Quand on reçût ces dépêches en Provence, on connût bien que les
heretiques étoient fort apuyez, puisqu'on leur avoit accordé tant de
choses favorables. Aussi dit-on qu'elles furent accordées aux instances
des Princes Protestans; car on ne pouvoit s'imaginer que le Roi l'eût
fait de son mouvement, possedé qu'il étoit du Cardinal de Tournon,

grand ennemi de cette nouvelle secte. Quoiqu'il en soit dés que ces expeditions furent arrivées, plusieurs en parurent fort étonnez, & les vrais & les faux zelez en témoignerent un déplaisir extrême. Ils murmurerent de cette conduite. Ils dirent qu'on tenoit peu de compte de l'ancienne & de la vraye Religion. Mais le Parlement picqué de ce qu'on lui retranchoit sa Juridiction, ne s'arrêta pas aux simples murmures. On médite d'empêcher que le Maître des Requêtes ne puisse faire les informations. Ceux qui craignent en leur particulier dans cette occasion, sont ceux qui s'échaufent davantage. Les autres ne s'engagent dans la chose qu'autant qu'ils trouvent l'honneur du corps blessé. Le premier President qui avoit interest qu'on ne vint point censurer ses actions, ne manque pas d'aprouver la chaleur qu'il voit dans sa Compagnie. Il represente combien la venuë d'un Maître des Requêtes étoit injurieuse à tout le corps. Sur ce discours tous prennent également feu, quoique par des raisons differentes. Les uns pensent à maintenir par là leur autorité. Les autres prétendent d'éviter qu'il ne vienne point de censeur de leur vie. Dans ces vûës diverses, on dépêche vers le Roi l'Huissier Courtin. L'Huissier part avec de bons memoires, pour montrer au Roi la necessité qu'il y avoit d'executer l'arrest déja donné. On fait voir que c'étoit par cette execution seulement que l'heresie se pouvoit éteindre. Aprez que ces dépêches furent faites, on engagea la Province à en faire autant. Pour cela le premier President assemble les Etats à Aix. Il y fait resoudre qu'on envoyeroit vers le Roi, pour le suplier de conserver au Parlement sa Juridiction sur les heretiques, & pour lui representer de quelle importance c'étoit à son service, que ces gens-là lui fussent soûmis. Pour donner plus de poids à ces dépêches, il écrit lui-même que les Vaudois sont attroupez: qu'ils sont douze ou quinze mille hommes sous les armes: qu'ils épient de surprendre Marseille pour s'y cantonner. A ces nouvelles le Roi prend l'allarme. Il craint de n'avoir ni le tems ni la force de reprimer ces attroupemens. Et le Cardinal de Tournon voyant l'occasion favorable, ne manque pas de témoigner sa haine contre les heretiques. Il dit au Roi qu'il ne pouvoit mieux faire, que de donner au Parlement les ordres qu'il demandoit pour les pousser. Qu'il n'en pouvoit venir à bout que par cette voye. Le Roi n'eût pas besoin d'une plus longue persuasion. Il fait expedier des lettres patentes adressées au Parlement. Par ces lettres il lui ordonne de mettre à execution ses arrests sans retardement. Il enjoint au Seigneur de Grignan, ou à son Lieutenant d'y donner main forte, d'assembler le ban, l'arriereban, les gens des ordonnances s'il en est de besoin ; enfin il lui ordonne d'agir de façon que la force demeure à la Justice, & que la Province soit bien-tôt dépeuplée de gens mal sentans de la foy. Comme l'Huissier Courtin sçavoit que ces expeditions étoient impatiemment attenduës en Provence, il les envoye par un courrier exprez. On a crû neanmoins que ce qui le fit hâter ainsi, ce fût afin qu'on pût executer l'ordre avant qu'on eût le tems de la revoquer. D'autres ont dit que ce fût pour ôter le moyen de s'apercevoir que ces lettres patentes avoient été surprises. Car on remarqua depuis quand on voulut aprofondir la chose, que ces lettres

Il obtient pouvoir d'executer ses arrests. Il fait un nouvel arrest contre les heretiques.

1545.

étoient fondées sur des faits non prouvez; que le contre-fcel étoit de cire inufitée. Puis comme on voulut penetrer plus avant, on trouva que le Procureur General au privé Confeil, au nom duquel on les avoit demandées, nia de s'y être jamais employé; que le Secretaire d'Etat qui les avoit fignées, défavoüa de les avoir fait dreffer; que le Chancelier qui les fcella, déclara qu'il n'avoit pas été d'avis qu'on les accordât de cette maniere. Cependant le courier arrive en Provence vers le milieu du mois de Février. Le Parlement ravi d'avoir recouvré toute fon autorité, ne fait pas neanmoins éclater fi-tôt fon ordre. Il attend pour cela que des troupes qui devoient paffer par cette Province y arrivent. Ces troupes étoient de vieilles bandes de Piedmont, que le Capitaine Paulin devoit embarquer à Marfeille, pour être menées en Rouffillon. Dans cette attente le premier Prefident va preparer les chofes à Marfeille. Il y tient un confeil de guerre. Dans ce confeil il fait fçavoir qu'il avoit reçû des ordres du Roi. Il fait promettre au Capitaine Paulin de lui fournir des forces pour executer les arrefts contre les rebelles. Cela fait, il écrit à fes amis de lever des troupes. Il les prie de fe tenir prêts. Il fait lui-même de grands preparatifs. Quand il eût nouvelles que les troupes aprochoient, il affemble de nouveau le confeil de guerre. Là il découvre le deffein qu'on avoit de châtier par ordre du Roi les heretiques. Il dit que les troupes qui entroient dans la Province devoient paffer prés de Merindol, où elles faifoient principalement befoin; que celles du Vicelegat s'y devoient rendre avec fon artillerie. Qu'il ne manquoit plus que de mettre à leur tête des chefs pour executer la refolution. Sur cela tout le confeil accorde que le Capitaine Paulin marche à cette execution. Aprez que le Prefident eût obtenu ce point, il s'en vint à Aix. Il affemble le Parlement le jour même de Quafimodo. Il fe trouva preffé de faire en ce jour cette affemblée, parcequ'il avoit nouvelles que les troupes aprochoient. Dans cette affemblée Guillaume Guerin Avocat General du Roi, reprefente que tout étoit preparé pour executer les arrefts contre les Vaudois. Il requiert la Cour d'y proceder avec fon zele ordinaire. Il requiert le premier Prefident en qualité de Lieutenant de Roi, de vouloir donner main-forte aux arrefts de la Cour. A cela le Prefident répond, qu'il étoit prêt d'employer les armes du Roi, pour apuyer fa Juftice Souveraine. Sur cette requifition & fur cette réponfe, la Cour fait arreft qu'il fera procedé à l'extirpation de tous fectateurs d'herefie, fauteurs de ceux de Merindol, & autres rebelles à juftice; & qu'attendu que les prévenus font en tres-grand nombre, ceux qu'on faifira feront mis aux galeres pour y être détenus par forme de prifon. Pour executer l'arreft, on commet un Prefident & deux Confeillers, François de Lafont, Bernard Badet, & Honoré de Tributiis.

XIII.
Le premier Prefident s'arme. Il part pour aller executer cet arreft. On pille, on brûle plufieurs villa-

Auffi-tôt qu'on eût rendu cet arreft, le premier Prefident fit crier par les bonnes villes, que tous hommes capables de porter les armes euffent à les prendre pour fervir le Roi contre les Vaudois. Comme chacun fe preparoit, il fait charger les munitions & rouler l'artillerie, il fe rend à Cadenet, il y trouve le Capitaine Paulin, qui y étoit avec fes troupes. Ce même jour les Commiffaires vont coucher à Pertuis. Le lendemain

comme

comme ils alloient partir pour Merindol, on leur vient dire qu'à Ca- ges, entre les
brieres d'Aigues les Lutheriens étoient sous les armes; qu'à Leurmarin on hostilitez du f.r
avoit refusé de dresser l'étape pour les troupes du Roi; que la plufpart & du feu.
des habitans & des lieux voisins s'étoient retirez avec leurs femmes &
leurs enfans dans le bois, ou dans les montagnes; que ceux de Merindol & de Cabrieres avoient aussi pris les armes, qu'ils s'étoient rendu
maîtres du port de la Durance à Malemort, afin de se donner du secours
mutuellement. A ces nouvelles les Commissaires jugent qu'il n'est pas à
propos de passer outre sans avoir l'avis du premier President; ils le vont
trouver à Cadenet, ils lui font sçavoir ce qui se passe. Sur cela le pre- Le 13. Avril.
mier President assemble les Officiers de Justice, & ceux de guerre. Il
fait deliberer sur le chemin que l'on doit tenir. Les uns sont d'avis d'aller droit à Merindol, comme le siege principal de l'heresie, où l'arrest
se devoit premierement executer. Les autres disent que pour ne se pas
engager entre des villages armez, il valoit mieux se tourner contre
ceux dont les habitans s'étoient sauvez à la montagne; qu'il faloit ôter
à ces gens les moyens d'y revenir. Ce dernier avis fût trouvé le plus
seur. Ce fût aussi celui qu'on suivit. On resolut d'aller vers Cabrieres
d'Aigues, la Mote, Villelaure & Leurmarin. On convient d'attaquer
ces lieux si l'on s'y défend, & de les brûler s'ils se trouvent vuides, afin
d'étonner les rebelles par un grand exemple & par un grand châtiment.
Cette resolution fût vigoureuse à la verité. Mais, on peut dire qu'elle viola
toutes les regles de la Justice. Car on vit par-là les Juges exceder leur
pouvoir, les Capitaines interpreter l'arrest de la Cour, les soldats avoir
la liberté de faire le discernement des Lutheriens d'avec les Catholiques.
Enfin on vit une chose encore plus étrange, des gens condamnez avant
leur conviction, sans être oüis, sans procedure, ni juridique ni militaire.
Cependant la Dame de Cental a qui Cabriéres & la Mote apartenoient,
aprenant qu'on deliberoit de ruïner ses terres, écrivit au premier President pour le detourner de ce dessein. Elle joint à sa lettre, une lettre
que ceux de ces lieux luy écrivoient, la priant d'obtenir cette grace,
qu'ils ne fussent pas traitez hostilement, de moyener qu'on leur envoyât
des Commissaires avec assurance qu'on les recevroit avec tout honneur;
qu'ils treuveroient toute sorte de deference. A cela le President fit réponse qu'on fit retirer ces gens à la Tour d'Aigues, ou aprez qu'ils auroient
quité les armes, il envoyeroit des Commissaires qui separeroient le coupable de l'innocent. Cela fait il donne les ordres pour le lendemain, Le 16. Avril.
il separe en deux corps toutes les troupes. On arrête que le Capitaine
Paulin avec l'un de ces corps, prendra le chemin de la montagne, que
le premier President avec l'autre, dressera sa marche vers Merindol. Le
jour venu, Paulin s'achemina vers Cabriéres, la Mote, saint Martin de
la Brusque & Peipin. Dans ces lieux le soldat fait d'horribles hostilitez.
D'abord il égorge les vieillards qui n'avoient pû se sauver. Puis il met
le feu dans les maisons, afin de punir dans les biens, ceux qu'il ne
pouvoit punir dans leurs personnes. De-là il porte sa fureur à la campagne. Il la remplit de carnage & d'horreur. Il immole à sa brutalité
tout ce qu'il rencontre. Hommes, femmes, jeunes, vieux, tout suc-

Ooo

combe à sa cruauté. Cette cruauté est encore renduë plus horrible, par l'avarice des voisins de ces lieux, qui prenent les armes contre ces miserables. Entre autres ceux de la Bastide des Jourdans, se mettent en campagne, en habits deguisez. Ils pillent, ils tuënt, ils ravagent. Ils commettent bien plus d'hostilitez que les soldats. Tant il est vray que dans les temps des desordres, les voisins sont bien plus à craindre que les étrangers. Cela se remarque mieux encore dans cette occasion, où les voisins enleverent le bêtail que les soldats avoient laissé, où ils emporterent les meubles, les provisions que l'incendie n'avoit pas consumées. Que si l'on vit tant d'infidelité parmi les voisins, on ne remarqua pas plus de loyauté dans les Catholiques. Car sous pretexte de vouloir pousser les Lutheriens, ils pillerent les Eglises, ils enleverent non seulement les cloches, les croix, les calices ; mais ils emporterent jusqu'aux plus simples ornemens. Les gens de qualité voyant que tout cela se faisoit impunement, il leur prit la même envie qu'aux autres. Ils courent au butin avec la même avidité que les païsans. Les Seigneurs d'Ansoüis & de Cucuron sont les premiers qui se détachent, ils commettent mille hostilitez. A leur exemple le reste des voisins se reveille. On court la campagne, on cherche, on foüille dans les bastides, pour pouvoir assouvir l'avarice, qui leur a mis les armes à la main. Comme ils trouvent la campagne épuisée, leur avarice se change en brutalité. Ils brûlent tout les bâtimens des environs. Ils arrachent les filles d'entre les bras de leurs meres. Ils font enfin des actions si lâches, si cruelles, qu'on ne peût s'en souvenir sans indignation & sans horreur. Voilà qu'elle fût la marche de Paulin. Pour celle du premier President, elle ne fût à la verité pas d'abord si sanglante, n'y si inhumaine. Mais selon qu'on le jugea dans la suitte, ce ne fût pas faute de bonne volonté. Car le lendemain de l'expedition de Paulin, il parût tout armé sur un grand coursier gris pomelé, & ayant sur ses armes une écharpe blanche. En cét equipage, il se met à la tête de ses troupes. A voir sa contenance fiére & superbe, on eût dit qu'il alloit contre de grands & redoutables ennemis. Ce n'étoient neanmoins que des païsans desarmez & abatus, ou plûtôt il n'alloit que contre des maisons que les maîtres avoient abandonnées. Car le bruit des meurtres & des brûlemens du jour precedent, effraya si fort les lieux d'alantour, que tout le monde s'enfuit dés l'heure même. Ceux qui n'eurent pas loisir d'aller bien loin, se sauverent dans la montagne voisine. Le President n'eût donc pas grande peine de se satisfaire. Il brûle les lieux de Villelaure, de Tresemines, de Leurmarin, de la Roque. Il envoya aux galeres tous les païsans qu'il peût attraper. Que s'il n'y eût pas de sang versé dans cette première expedition, elle ne laissa pas d'être tres-cruelle. Car pendant que le President commandoit de brûler le lieu de Villelaure, plusieurs soldats se saisissoient des petits enfans & des jeunes filles. Ils les vendoient aux premiers venus. D'autres vendoient tous les hommes qu'ils pouvoient avoir, aux Capitaines des galeres. Aprez que ces beaux exploits furent achevez, le President fait faire alte à ses troupes, comme pour leur donner moyen de se reposer. Le lendemain il prend le

Le 17. Avril.

Le 18. Avril.

chemin de Merindol : il y arrive à œuvre faite. Car il trouve que le Capitaine Paulin, qui l'avoit devancé de quelques heures, avoit fait mettre le feu par tout. Comme donc il n'eût rien a executer, il ne fit qu'ordonner la demolition de quelques maisons, que l'incendie avoit épargnées. Ainsi le soldat ne trouvant pas dequoy s'occuper dans le lieu, va chercher de l'occupation à la campagne. On va foüiller dans les lieux le plus cachez, pour y pouvoir faire quelque butin. Pendant que châcun cherche avidement, un d'entre eux s'avance dans une caverne. Il en retire un jeune païsan qui s'apeloit Maurice Blanc, qui avoit été valet du Baile de Merindol. Aussi-tôt le soldat va se faire fête de sa prise ; il presente le jeune homme au President. Le President témoigne desirer qu'on le luy remette : Le Soldat s'excuse de le faire ; il pretend d'en tirer de l'argent. Il dit qu'il le vendra bien aux Capitaines des galeres. Le President voyant cette resistance, donne trois écus au soldat, & retire en même temps le garçon. D'abord il l'interroge sur sa creance, il l'oblige de dire le *Pater*. Le jeune homme commence cette priére. Mais il ne pût l'achever sans se couper. Aussi-tôt on le traite de Lutherien. Il soûtient constamment qu'il est Catholique. Sur cela les Commissaires se croisent. Ils ne sont pas tout d'un même avis. Le President de Lafont opine qu'on méne ce jeune homme à Aix. L'Avocat General Guerin insiste qu'on le fasse mourir sur le lieu pour l'exemple. Dans cette diversité d'opinions, le premier President confere avec les Capitaines. Aprez quoy il fait attacher ce mal-heureux à un olivier, il le fait arquebuser en sa presence. Cette action si contraire à la justice reglée, fit prendre bien de licence aux soldats. Comme ils voyent les Loix méprisées par celuy qui les devoit apuyer, ils se croyent moins obligez d'y deferer. Ils s'imaginent que sous un tel chef, ils n'ont qu'à tout tenter, qu'à tout entreprendre, & qu'assurément tout leur sera permis. Dans cette pensée ils s'abandonnent à tout. Il n'est point de crimes qu'ils ne commettent. Ils s'en vont dans l'Eglise où ils aprennent que plusieurs femmes s'étoient refugiées, comme dans un azile que des Catholiques n'auroient garde de violer. Ils retirent ces miserables d'auprez des autels. Ils les emmenent au lieu de Lauris, ou aprez avoir assouvi leur brutalité, ils exercent contre la plusspart des inhumanitez inoüies. On precipite les unes du haut des rochers. Celles que leur chute ne fait pas mourir, sont achevées ou à coups de pierres ou à coups d'épées. On traine les autres toutes nuës par tout le village. On ajoûte à cette derision tant de cruautez, qu'une bonne vieille s'alloit jetter dans un four allumé, si le maître du four ne l'en eût empêchée. Mais la compassion que témoigna cét homme n'arrêta, pas les persecuteurs. La pauvre femme est prise & jettée du haut des rochers, comme l'avoient été plusieurs autres. Aprez ces inhumanitez, les larcins, les saccagemens, les pillages paroitront assurément peu de chose. Et toute-fois ils ne furent pas moindres que ceux qui se commirent dans les Terres de Cental. On coûrut generalement tout le terroir. On saccagea sans exception toutes les bastides. On enleva tous les bleds, tous les bestiaux. Des gens de qualité même se mélerent de faire ce

Ooo ij

métier de soldats & de païsans. On peut dire qu'ils avoient perdu & pudeur & honte ; voyant que non seulement la licence étoit permise, mais que le carnage étoit loüé.

XIV.
On va faire la même chose à Cabriéres, village du Comtat Venaissin. Cruautez exercées dans ce lieu, puis en Provence. Le premier Président fait sçavoir ses exploits au Roy. Il en est felicité. Le Pape même luy en témoigne de la reconnoissance.

Quand l'expedition de Provence fût achevée, le premier Président partit pour le Comtat Venaissin. Le Vicelegat l'y attendoit avec grand apareil, pour aller ensemble à Cabriéres. C'étoit le seul lieu de cét Etat, ou l'heresie s'étoit cantonnée, ou même plusieurs Provençaux s'étoient retirez. Pendant que le premier Président prend cette route, les Commissaires le vont attendre dans le Château d'Oppede. Aussi-tôt que ces deux chefs se furent joints, on alla d'abord investir Cabriéres. On somma les habitans de se rendre. Sur leur refus, on pointe le canon contre les murailles. On le fait joüer sans intermission. Cette vigueur devoit, ce semble, étonner ceux de dedans. Cependant ils paroissent intrepides. Non seulement ils se mettent en défense, mais ils tirent sur ceux qui osent s'avancer, & en tuënt même un bon nombre, ils irritent les assiegeans par des invectives, ils les apellent idolatres, adorateurs de pierres & de bois, Papistes, pantouffles du Pape. Il est vray qu'ils ne persistérent pas long-temps dans leur audace. On la vit relâcher dans le même jour. Car dés que la nuit commença à venir, quoyque la batterie continuât toûjours de même, ils ne parurent plus sur les murs, ils n'aporterent plus nulles défenses. Quelques uns ont crû que cette cessation arriva par le dessein qu'ils prirent dés la nuit même de se rendre. Ils ont dit que ce qui les fit si-tôt resoudre, ce fût un billet que le premier Président leur écrivit. Ce billet les assuroit que s'ils le vouloient recevoir, avec le Vicelegat, l'Evêque de Cavaillon, le Capitaine Paulin, il ne leur seroit fait aucun dommage, qu'ils seroient conservez en leur entier, qu'ils auroient pour le moins vies & bagues sauves : qu'aussi-tôt que cette assurance leur fût donnée, ils accepterent le parti : que le lendemain matin ils ouvrirent leurs portes. D'autres ont dit que la baterie ayant été continuée durant la nuit sans relâche, il fût fait breche le lendemain, à sept heures du matin. Que cela obligea les assiegez de capituler, qu'ils se rendroient pour être remis entre les mains de la Justice. Quoy qu'il en soit dés que les troupes furent dans la place, il y eût bien de la peine à les retenir. Le soldat qui avoit conté sur le pillage, sur tout la milice du païs, ne peut se resoudre à s'en voir priver. Il dit qu'il faut executer la sentence d'Avignon, qui condamnoit à mort les habitans, & ordonnoit la destruction du village. Mais les Chefs font tout devoir pour arrêter cette ardeur. Ils emploient ce zele à faire saisir les Lutheriens les plus factieux, qui suivant la capitulation, sont envoyez à Avignon, & livrez à la Justice. Il est vray qu'ils ne peurent si bien veiller à tout, qu'il ne se commit beaucoup de desordres. Car sous pretexte d'arrêter les plus coupables & de les mener à Avignon : on se saisit de dix-huit tout à la fois, on les lia tous ensemble, les mains derriére le dos, on les mena à un pré hors du village, ou quelqu'un ayant crié tue tue, ils furent massacrez en présence du Président. Quelqu'un a dit que ce fût même de son ordre, & que la chose fut commencée par le Seigneur de Pourriéres son gendre, qui fendit la tête à un de ces mal-heureux d'un seul revers de coutelas. Quoyqu'il en soit le soldat échaufé par cét exemple, coupe les têtes de ceux qu'on venoit de tuër; on les porte sur la pointe des épées & des halebardes. De-là on s'en va dans l'Eglise ou les femmes s'étoient refugiées. On en prend sept ou huit des plus vieilles. On va les enfermer dans une grange ou on met le feu en même temps. Dans ce danger ces pauvres femmes, se jettent de la fenêtre. Elles tombent sur la pointe des épées des soldats, qui les attendoient pour les recevoir. Ainsi pour éviter un genre de mort, elles tombent dans un autre genre plus cruel encore. Ces forcenez ne se contentent pas d'exercer leur rage contre des femmes. Ils courent à la sale basse du Château ou les hommes étoient detenus. La sur un mot que lâcha le President, qu'il faloit tuër jusqu'aux chats, on commence à faire main basse, & afin que la tuërie parût moins brutale, on pretexte une revolte. De-là la fureur se tourne de nouveau contre les femmes. On les va forcer dans l'Eglise, on ni les pleurs, ni les priéres les plus toûchantes ne sont pas capables d'arrêter les furieux. De l'impureté l'on passe au carnage. On ôte la vie à ces miserables, qui aussi-bien ne vouloient pas survivre à leur honneur. Les unes sont égorgées prés des autels. On fait monter quelques autres au plus haut du clocher d'où elles sont precipitées. L'Eglise est remplie & environnée de meurtres. Il perit quatre ou cinq cens ames dans ce tumulte, qui paroît encore plus horrible par les cris des assassins, mêlez avec les gemissements des mourans. Et sans doute que rien n'auroit échapé à la rage, si l'avarice n'eût arrêté quelques furieux, & si la brutalité n'eût retenu quelques autres. Car il y en eût qui sauverent quelques jeunes gens pour les vendre aux Capitaines des galeres. Il y en eût qui retinrent quelques jeunes filles, pour satisfaire leur sale passion. Ainsi voyoit-on que ce que la fureur épargnoit, tomboit dans la prostitution & la servitude, malheurs pires que la mort. Mais enfin ces cruautez, ces ravages cesserent, quand il n'y eût plus ni personnes ni matiére sur quoy les pouvoir exercer. Alors le President revient en Provence, ou le soldat renouvelle ses hostilitez. Il en fit d'étranges dans le lieu de Mus. Mais celles qu'il commit au lieu de la Coste furent pires. Voici comment cela se passa. Le Seigneur du lieu aprenant qu'il arrivoit deux compagnies, envoya faire compliment aux Officiers. A leur arrivée il leur fait presenter quelques rafraichissemens. Pendant que les soldats font collation, les habitans aperçoivent de loin venir l'armée. Cette veüe leur donne de la peur. En même temps ils ferment leurs portes. Les Officiers croient qu'on leur veut faire piéce, prennent les armes, & l'un deux tuë les deux hommes qui avoient aporté la collation. Les soldats qui n'avoient pas trop besoin d'être excitez, s'emportent encore d'avantage, ils entrent dans le jardin du Seigneur. Ils arrachent les arbres & les plantes. Ils abatent les colomnes & les autres ornemens. Ils boivent tout le vin de la cave. Ils font manger aux chevaux tout le bled du grenier. Ils enlevent toutes les femmes, toutes les filles qu'ils rencontrent. Ils pillent, ils emportent tout ce qui se trouvoit dans le Château & dans ses en-

Le 20. Avril.

virons. Le lendemain le Président mande aux Consuls du lieu, qu'ils ne manquent pas d'ouvrir leurs portes. Les Consuls obeïssent sur le champ. Les portes ne sont pas plûtôt ouvertes, que les troupes entrent. Les soldats se repandent dans le lieu. Ils pillent tout, ils tuënt tous ceux qu'ils rencontrent, ils mettent le feu jusqu'aux portes du Château. Les femmes sont de nouveau attaquées. On arrache les filles d'entre les bras de leurs meres, qui conjurent inutilement les soldats de leur ôter plûtôt la vie que l'honneur. On a remarqué qu'il y eût des meres, qui sur le refus qui leur fut fait, s'étranglérent elles mêmes de rage. Mais tout cela ne fût pas capable d'arrêter la brutalité des soldats. Au contraire ils sembloient s'en irriter d'avantage, & trouver plus de plaisir dans leur cruauté. Cruauté qu'ils porterent si avant qu'elle alla jusqu'à violer des femmes mourantes, & d'autres à la veüe desquelles on avoit égorgé leurs enfans. Cependant ce renouvellement d'hostilitez, alarma si fort les suspects d'heresie, qu'ils se mirent à fuïr plusque jamais. Leur fuite neanmoins ne les mit pas trop en seureté. Car le premier Président pour couronner ses actions militaires fit faire des cries par tout le païs, que sur peine de confiscation de corps & de biens, personne n'eût à donner vivres, munitions, aide ni faveur à ceux de Merindol, n'y autres suspects d'heresie. Le Senechal & les Commissaires du Parlement, firent publier la même ordonnance. Sur quoy on vît une ingenieuse pauvreté succeder à une cruauté brutale. Car la défense d'assister ceux qui avoient pris la fuite, empêcha leurs amis & leurs proches, de leur donner aucun secours. Ils étoient contraints d'aler chercher à la campagne dequoy vivre, & souvent faute de trouuer de la subsistance, ils perissoient de misere & de faim. Cela fut cause d'une si grande mortalité, que la terre fut couverte de corps morts. Que s'il arrivoit neanmoins que les miserables qui restoient s'attroupassent, pour se pouvoir entre-secourir, on alloit en même temps sur eux, & comme on les prenoit fort aisément, on remplissoit de mourans les galeres. S'ils se repandoient separément par les champs, on leur refusoit la subsistance. Mais ce refus se faisoit avec tant de larmes, qu'il étoit aisé de voir, qu'on refusoit malgré soy, pour ne pas donner prise à la tyrannie. Ainsi les défenses étoient si ponctuellement observées, que les miserables mouroient par tout de faim. On voyoit les uns languissans sur un fumier, les autres étendus sur les chemins, ou à travers champs, qui attendoient la fin de leur vie. Parmi des spectacles si pitoyables, il se vit une chose plus pitoyable que tout cela ; on trouve un homme mort, dans un pré, qui avoit rongé autour de soy toute l'herbe, ou la foiblesse luy avoit permis de se trainer. Enfin la desolation étoit si grande, que plusieurs pour se delivrer de tant de miseres, demandoient qu'on les mit en prison. On en conta jusqu'au nombre de huit cens, qui offrirent de se rendre à la Justice. Il n'y avoit donc dans tout ce parti que foiblesse, & neanmoins le Président ne laissoit pas de l'aprehender. Pour se guerir de cette aprehension, ou pour empêcher que ce parti se reléve, il donne de nouvelles commissions, il fait environner de troupes la montagne, où plusieurs s'étoient allé jetter. Il

Le 24. Avril.

fait ordonner par le Parlement que les biens des convaincus feront vendus, & que les autres qui voudront mettre les armes bas, feront envoyés par provifion aux galeres. Auffi-tôt on execute ces ordres. Mais on les execute avec toute forte d'emportemens. Cela fit renouveller les pillages. Les Officiers de juftice recommencent leurs extorfions. On vend les biens de dix-huit villages, quoyqu'il n'y en eût qu'onze brûlés. Dans fept ou huit jours on conduit plus de fept cens perfonnes aux galeres, dont plufieurs perirent de faim, & de froid. Enfin la chofe alla fi avant, que pour un village nommé dans l'Arreft, pour dix-neuf perfonnes condamnées par contumace, il mourut plus de trois mille perfonnes, il y eût vingt-quatre villages ruïnés. Aprez que l'expedition fut achevée, le Parlement la fit fçavoir au Roy, par le Prefident de Lafont qu'il députa ; ce Prefident donne un fi beau jour à l'affaire, qu'il obtint des lettres patentes qui aprouverent la procedure du Parlement. Mais outre le deputé du Parlement, le premier Prefident envoya une relation particuliére de fa conduite. Il l'envoya par le Seigneur de Pourriéres fon gendre, qui ne manqua pas d'exalter jufqu'au Ciel cette expedition. Cela fe fit avec les couleurs les plus noires dont-il pût peindre les heretiques. On ne manqua pas de montrer, qu'ils étoient ennemis de l'Etat auffi bien que de la religion. On ne manqua pas d'affurer qu'ils eftoient fur le point de s'eriger en republiquains, qu'ils fe preparoient à mettre fur pied pour fe foûtenir plus de trente mille hommes. Sur une relation fi bien concertée, il fût aifé de faire aprouver ce qui c'étoit paffé. Tous ceux de la Cour feliciterent le premier Prefident de fa victoire. Le Cardinal de Tournon luy témoigne la joye qu'il en a. Il luy dit dans fa lettre que la joye du Roy, n'a pas été moindre, quand fon gendre luy a raporté le détail de tout ce qui s'étoit paffé contre les Lutheriens. Que Sa Majefté l'avoit chargé de l'affurer qu'en tout ce qui regarderoit fa perfonne, il luy feroit paroître qu'il étoit fon bon ami. Voilà comment ces nouvelles furent reçeües, à la Cour du Roy & à Paris. Mais la joye ne fût pas toute pour cette Cour & pour cette ville. Rome & la Cour du Pape, y prirent leur part : Car autant que l'Eglife étoit offenfée par cette herefie, autant y témoigna-t'on de fatisfaction de la voir extirpée, comme on le difoit. Ceux-là trouverent le fer & le feu, bien employés, qui pour toutes armes ne devroient connoître que les priéres. On en conferva fi long-temps la memoire, que dix ans aprés le Pape Paul quatriéme, envoya des Bulles au Prefident, par lefquelles il le crea Chevalier de faint Jean de Lattran & Comte Palatin, honneur qu'il fit paffer à fa pofterité & à fa famille.

Cependant tant de chofes faites contre les Lutheriens, n'éteignent pas pour cela l'herefie. Au contraire, elle s'en irrita d'avantage. Car peu de temps aprés Merindol & les autres lieux brûlés, fe repeuplerent, & la memoire de tant d'outrages, les confirma dans l'erreur plufque jamais. Tant il eft vray que la Religion fe doit infinuër dans les efprits, où elle ne fe pût établir par la force. Quoyqu'il en foit, lorfque le Prefident croyoit d'être dans fa plus haute gloire, il aprit

XV.
La Dame de Cental fe plaint au Roy des violences du premier Prefident. Le Prefident part pour s'aller juftifier. La

mort du Roy qui survient l'empêche de le faire. Eloge du Roy.

que l'on commençoit à la Cour à prendre de mauvaises impressions de luy. Cela venoit des plaintes que la Dame de Cental y faisoit de son procedé. Elle se plaignoit des grands ravages que le President avoit fait dans ses terres. Elle disoit que toutes ces violences ne luy avoient été faites, que parce qu'elle l'avoit refusé pour allié. Que tous ces desordres n'étoient arrivez que par son ambition & son avarice : que pour faire une vaine montre de sa puissance ; que pour tourner sa puissance à son interest. Comme donc le President aprit que ces plaintes faisoient grand bruit, il resolut de l'aller dissiper par sa presence. Il sçavoit que la voye des lettres & celle des amis sont assez inutiles dans ces rencontres, que l'apui des Lutheriens prevaudroit à tout s'il n'y remedioit promptement. Cela fit qu'il partit en diligence. Il prend congé du Parlement, que la peste d'Aix avoit fait passer à Pertuis. Il l'exhorte à se signaler toûjours dans le même zele à faire observer les Edits du Roy, de maintenir la Religion Catholique, aprez quoy il part & se rend à la Cour. A son arriuée il trouve les plaintes fort repanduës, & qu'on étoit prevenu contre luy. Aussi-tôt il se met en état d'effacer ces impressions, il se dispose à desabuser les Ministres. Mais il les trouve si occupez aux affaires generales, qu'ils n'avoient point de temps pour donner aux particuliers. Ils étoient tout apliquez aux affaires de l'Etat, à entretenir la paix qui venoit de se faire avec l'Angleterre, à se ménager avec l'Empereur, à luy ôter les moyens qu'il pouvoit chercher de soulever les Princes d'Alemagne contre la France. Comme donc tous ces ménagemens occupoient entiérement les Ministres, le President n'eût pas moyen de se justifier. Il en eût encore bien moins dans la suitte. Car la nouvelle qui survint tout à coup, de la mort du Roy d'Angleterre, broüille furieusement la Cour. Henri Huitiéme étoit un Prince avec qui le Roy avoit toûjours bien vecû ; ils étoient d'un même âge, & d'une humeur tout-à-fait semblable. Cette grande liaison & cette conformité firent que le Roy s'imagina, que la mort de son ami étoit un presage de l'aproche de la sienne. Il se met si avant dans l'esprit cette pensée, que tout à coup il tombe en langueur, rien ne pût arréter sa melancolie. On eût beau pour essayer de le divertir, le faire passer d'une maison de campagne à l'autre. Sa maladie s'en irrita d'avantage. Il meurt dans le Château de Rambouillet. Sa mort fût tres-chrétienne & tres-exemplaire. Car aprez avoir reçû tous les Sacremens de l'Eglise, il eût un soin extreme de ses domestiques & de ceux qui l'avoient bien servi. Il tâcha autant qu'il pût d'assurer leur fortune, il pria le Dauphin son fils de les y maintenir, pour l'amour de luy. Il mourut en la cinquante-troisiéme année de son âge, & la trente-deuxiéme de son regne, plaint & regretté generalement de tous. Parmi ces plaintes & parmi ces regrets, on remarqua principalement ceux de la Noblesse & des gens de lettres qu'il favorisa singuliérement. Car il aima si fort la Noblesse, qu'il fût nommé le Roy noble pour cette raison, & il fit tant de bien aux sçavans, qu'il fût apellé pour cela le pere des lettres. Ces vertus accompagnées de tant d'autres, qui se remarquérent dans ce Roy, meritoient bien que la

fortune

fortune luy fut favorable. Cependant elle luy fut si souvent contraire, qu'il sembla qu'elle eût pris à tâche d'étouffer ses plus belles actions. Cela paroît assez clairement à ceux qui font reflexion sur les incidens de sa vie. On y voit dans la bataille de Marignan, sa victoire affoiblie par la mort d'un nombre infini de Noblesse. Dans la prise du Duché de Milan, une prosperité courte & passagere, par la perte qu'il fit de cét Etat, presqu'en même temps qu'il l'eût acquis. Dans celle du Piemont, de la Savoye, une infinité de seditions, la defection du Marquisat de Saluces. Enfin tout luy reüssit imparfaitement, hormis les choses arrivées en Provence. Ce fût là que ses victoires furent sans ombrage, que tout succeda selon ses souhaits. Ce fût là que le Conêtable de Bourbon, reçût le premier châtiment de son crime ; que l'Empereur dont les vastes pensées alloient à la Monarchie vniuerselle, vit échoüer son orguilleux dessein, que l'un & l'autre plusieurs fois batus, furent contraints de se retirer avec honte. Surquoy sans trop donner au Provençaux, je puis dire que ce Roy leur doit sa plus grande gloire, puisque ce fût par leur zele & par leur courage, qu'il arrêta l'audace d'un grand sujet rebelle qu'il abatit l'orgüeil d'un grand ennemi, qu'il parût plus grand dans la guerre & dans le conseil, que le plus grand Empereur du monde.

Quelques precautions qu'eût sçeu prendre le feu Roy pour ses favoris, leur faveur neanmoins ne se pût étendre aude-là de son regne. Ils éprouverent dés que Henri parvint à la Couronne, le changement ordinaire aux nouvelles Cours. Aussi-tôt le Cardinal de Tournon, & l'Amiral d'Annebaut furent éloignez, le Conêtable de Montmoranci fût rapelé dans les affaires. On vît le Conseil du Roy tout changé. On vît ce changement s'étendre dans les Provinces. La Provence le sentit des premiéres. On ôta le gouvernement au Seigneur de Grignan, parent du Cardinal de Tournon. On le rendit au Comte de Tende. Cette revolution fit prendre courage à ceux qui avoient été persecutez. Ils s'assurent que l'éloignement du Cardinal de Tournon, fera que leurs plaintes seront écoûtées. Ils prenent dessein de profiter de l'occasion. Ils envoyent des deputez à la Cour. Ils se plaignent des cruautez qu'on leur avoit faites. Ils jettent le tout sur le premier President. A ces plaintes que ces gens font par tout, la Dame de Cental ajoûte les siennes. Tous montrent combien sous ombre de justice, on avoit porté loin la persecution. Ils font un portrait si noir du President, que le Roy témoigne de vouloir prendre connoissance de l'affaire. On a dit que ce qui le fit principalement resoudre, c'est que le feu Roy dans les derniers momens de sa vie, luy recommanda de punir le massacre de Merindol. Comme donc il se fit d'autres plaintes en même temps, qu'on decouvrit qu'il y avoit eû dés le regne passé quelques pratiques contre l'Etat, dans le païs Boulonnois & en Provence ; cela donna sujet au Roy d'établir une Chambre de Justice à Melun. Cette Chambre fût tirée de tous les Parlemens. Les Juges furent apellez Commissaires de la Chambre de la Reine. Aussi-tôt qu'ils furent assemblez, ils commencerent à travailler à la decouverte de ces intrigues criminelles. Pour cela Guillaume Guerin Advocat General du Roy dans le Parlement d'Aix,

XVI, Henri Second Roy de France de Jerusalem de Sicile, vingt huitiéme Comte de Provence, rétablit le Comte de Tende dans le Gouvernement de Provence. Le premier President d'Oppede est fait prisonnier. Il est renvoyé à des Comissaires. La Guienne & plusieurs Provinces se soulevent à cause de l'établissement de la gabelle du sel.

reçoit ordre de se rendre instigateur de ceux, qu'on soupçonnoit avoir commis infidelité dans la Province. Dans ce temps le Président d'Oppede est fait prisonnier. Son affaire est renvoyée aux Commissaires. Pendant que ces accusations s'instruisent, le Roy envoye à Rome le Cardinal de Lorraine, pour attirer le Pape dans ses interests. Puis il se prepare pour passer les Monts, & pour aller visiter le Piemont & la Savoye. Comme il faisoit ces preparatifs, il survient une nouvelle qui rompt le voyage. Il aprend qu'en Guienne il y avoit une étrange émotion. Cette émotion étoit arrivée par l'établissement de la gabelle du sel dont la nouveauté & la rigueur des exactions, avoit fait armer jusqu'aux Provinces voisines. En effet on vît presqu'en même temps le Poitou, la Xaintonge, l'Angoumois, le Perigord & le Limousin en armes, & environ quarante mille hommes assemblez. Ce grand nombre sembloit devoir beaucoup faire craindre. Surtout voyant qu'on avoit commencé à courir le païs & à piller. Comme le Roy vît que l'atroupement n'avoit point de chef, qu'il n'étoit apuyé ni des villes ni de la Noblesse, il jugea que ce feu s'éteindroit bien-tôt. Cela fit qu'on ne s'empressa pas trop de l'éteindre. Cette negligence coûta cher à Bourdeaux. Car le peuple s'y souleva si furieusement qu'il entraina les Officiers du Parlement dans sa licence, & fit main-basse sur le Lieutenant de Roy qui vouloit empêcher ces atroupemens. Sur ces nouvelles le Roy ne veût pas laisser croitre le mal. Il envoye dans le païs le Conétable & le Duc d'Aumale. Les troupes du Roy n'arrivent pas plûtôt dans la Province, que Bordeaux & les chefs principaux de la sedition sont chatiez & font voir qu'elle est la fin ordinaire des émotions populaires. Ce châtiment se fit d'une si grande hauteur, qu'il sembla que Bourdeaux devoit être abîmé pour jamais, que la gabelle fût un établissement sans resource. Cependant on vît tout le contraire. Le Roy dont les inclinations étoient toutes bonnes remît les choses dans leur premier état ; il les remît dans l'année même. Bordeaux recouvre tous ses privileges : les Provinces reçeurent l'abolition du passé. Tout cela se fit avec beaucoup de témoignages de repantir, de la part de Bordeaux & des Provinces. Bordeaux s'obligea d'entretenir deux barques, & de tenir toûjours munis le Château Trompete & celuy du Ha. Les Provinces fournirent quatre cens cinquante mille livres, & rembourserent les Officiers des galeres suprimez.

1548.

1549.

XVII.
Le Baron de la Garde & le Seigneur de Grignan sont faits prisonniers pour avoir eû commerce avec les ennemis de l'Etat. Ils sont declarez innocens. Le Seigneur d'Antibe qui avoit été fait prisonnier

Durant que tout cela se passoit l'Avocat General Guerin faisoit ses recherches, suivant l'ordre qu'il en avoit reçû. Il commance l'instigation par le Baron de la Garde & par le Seigneur de Grignan ; il les accuse d'avoir eû intelligence avec les gens de l'Empereur, dans les dernières guerres. Il envelope avec eux Gaspard de Grimaud Seigneur d'Antibe, qui étoit ami & allié du Seigneur de Grignan. Sur cette accusation les trois sont arrêtez prisonniers. On commance à travailler à la procedure. Mais comme les Juges étoient surchargez d'affaires, on ne pût faire la diligence que l'accusateur pressoit qu'on fit. Car il ne tint pas à luy que tous les trois ne fussent traitez comme l'avoient été le Seigneur de Vervins & le Maréchal de Biez par les mêmes Commissaires. Le premier fût condamné à mort pour avoir rendu trop facilement Boulogne à l'Anglois. L'autre à être deposé de sa charge, pour avoir confié de son propre chef cette place à son gendre le Seigneur de Vervins. La condamnation de ces deux Seigneurs me donne lieu de remarquer en passant que la perte de Bologne, qui parût d'abord funeste à l'Etat, fût neanmoins cause de la paix qui se fit entre la France & l'Angleterre. Les deux Roys s'étoient extremement broüillez pour raison de l'Ecosse. Châcun deux pretendoit ce Royaume par l'heritiére qui y avoit succedé. Le Roy avoit fait venir l'heritiére en France, & la destinoit pour femme au Dauphin. L'Anglois piqué de ce transmarchement, menaçoit d'avoir une guerre éternelle avec la France. Et toute-fois lorsqu'on luy offrit quatre cens mille écus d'or, pour la redition de Bologne, il se hâta de faire la paix, & sa colere quelque grande qu'elle fût ceda pour ce coup à son avarice. Cette paix survint fort à propos au Roy, pour pouvoir pousser les heretiques. Cependant on vît en Provence une chose qui devoit bien les desabuser de leur erreur. Un jeune homme de Ferrare passant par Ville-franche, deroba dans l'Eglise le ciboire d'argent & les hosties consacrées. Il s'en vint à Antibe avec son larcin. Il voulût mettre en lingot le ciboire. Pour cela il s'en vâ le presenter à un orfevre. L'orfevre met le ciboire au feu. L'argent se fond hormis l'endroit, qu'avoient touché les hosties. Cependant le Curé de Ville-franche se met en campagne. Il s'informe de village en village. Il rencontre le larron à Frejus. Il le fait arrêter prisonnier. Comme il poursuit l'instruction du procez, on ne trouve point de preuves convainquantes. En cét état on à moyen de recouvrer les piéces du ciboire qui n'avoient peû se fondre. On les presente à ce mal-heureux. A cette veüe l'accusé se trouble. Il confesse le crime qu'il avoit constamment nié jusque-là. Il decouvre l'endroit où il avoit caché les saintes hosties. Il avoüe d'avoir tenté trois fois de se sauver, sans avoir neanmoins jamais pû le faire, arrêté (disoit-il) par un poids qui le tenoit comme immobile, de telle sorte que quelque effort qu'il pût faire, il luy fût impossible d'aller plus avant; Cette avanture devoit assurément toucher ceux qui suivoient la nouvelle secte. Mais comme la passion les engageoit trop fortement dans cette cause, pour les rendre capables de saines reflexions, parmi eux le trouble d'esprit, le remords de conscience, passoit pour betise, & l'impuissance du feu pour un pur hazard. Cependant les Commissaires travailloient toûjours. Mais les instructions les occupoient si fort, qu'ils ne pouvoient vaquer au jugement definitif des affaires. Celle de Merindol ne s'avançoit pas plusque les autres, quand sur les plaintes qu'on fit contre le Parlement de Provence, le Procureur General de la chambre, apella de l'execution des arrests du Parlement. Comme la chose fût portée à ce point, on crût qu'elle excedoit le pouvoir & la juridiction des Commissaires. Pour faire donc que la chose fût traitée devant des Juges legitimes, le Roy la renvoya au Parlement de Paris, aprez avoir suprimé cette Chambre. Puis il évoqua à soy l'autre affaire qui regardoit le Baron de la Garde & le Seigneur de Grignan. Comme l'un & l'autre

avec eux est diferé à une autre fois.

1550.

1551.

étoient des personnes qui avoient tres-bien merité de l'Etat, il crût qu'il leur faloit donner cette satisfaction, d'éfacer la tâche d'une prison de quatre ans par une declaration d'innocence de sa propre bouche. Cela se fit de la maniére du monde la plus solemnelle. Le Roy se fit raporter les procez étant en son Conseil, où se trouverent les plus grands du Royaume. Là aprez une discution tres-exacte, les accusez furent declarez innocens. Il est vray que ces solemnitez n'empêcherent pas que l'innocence ne restât tres-douteuse. Car bien des gens soûtinrent que l'un & l'autre ne furent absous que par faveur. Ils se fondoient sur ce que l'incident des dommages & interests pretendus par la Dame de Cental contre le Baron de la Garde avoit été renvoyé au Parlement de Paris. Ils disoient aussi que le Seigneur de Grignan ne fût absous, que par l'apuy du Duc de Guise, & qu'en reconnoissance d'un si grand office, il avoit fait le Duc son heritier, ses parens ayant puis recouvré ses biens par un present qu'ils firent au Duc de cinquante mille livres. Quoyqu'il en soit l'un & l'autre furent plus heureux que ne le fût le Seigneur d'Antibe. Comme son affaire ne se trouva pas prête, il ne pût en sortir alors. Car il donnoit de grands objets contre les témoins. Il croisoit de faux toutes les lettres. Pour éclaircir donc toutes ces choses, il falut renvoyer l'affaire à une autre fois.

XVIII.
La cause du Président d'Oppede est renvoyée au Parlement de Paris. Elle y est plaidée en Audiance. Le Roy absout ce Président de sa propre autorité. L'Avocat general Guerin est condamné à mort. Le Seigneur d'Antibe est declaré innocent.

Pendant que ces arrests se rendoient au Conseil du Roy, les gens de Merindol poursuivoient au Parlement leur affaire. Quand on sçût le jour assigné pour l'audiance, il y eût un grand concours au Palais. Tout le monde se pressa pour voir plaider une cause la plus celebre qu'on eût jamais veüe, la plus digne du premier des Parlemens. Cette cause étoit si illustre en effet que quelqu'un a dit qu'il ne s'en étoit jamais presenté de cette qualité, depuis la fondation de la Monarchie. Car on voyoit des premiers officiers de la robe & de l'épée accusez de malversations & de cruautez, une Compagnie souveraine blâmée de precipitation & de violence, un Parlement qui ne se justifie jamais à personne, soûmis à donner raison de ses arrests à des Juges qui n'étoient point au dessus de luy. On voyoit un Parlement qui pour la dignité de sa fonction, doit estre aussi reveré que le Roy même, apellé en justice par le Procureur General du Roy, defendu par les Etats de la Province, c'est à dire apellé par celuy qui le devoit apuyer, défendu par ceux qui s'en devoient plaindre. On voyoit en outre dans cette cause quelque chose de plus important & de plus relevé. Car on pouvoit dire que l'honneur du Christianisme, & celuy du feu Roy étoient interessez en ce jugement, veû le bruit qu'avoit fait chez les étrangers une execution si extraordinaire; à laquelle on avoit donné le pretexte du bien de la religion & de l'Etat. Comme donc il n'y eût jamais cause de plus grand éclat, il n'y en eût jamais aussi de plus solemnisée. Il y intervint douze parties. Le Roy, le Parlement de Provence, les gens des trois Etats du païs, le Cardinal Farnese, Jean Maynier Baron d'Oppede premier President, François de Lafont second President, Honnoré de Tributiis, & Bernard Badet Conseillers, Guillaume Guerin Avocat General, & Jean Charrier Procureur General au Parlement, le Baron de la Garde, la Dame de Cental. Châque partie avoit son Avocat. C'étoient tous gens les plus celebres du siécle. Voicy leurs noms que j'ay trouvez, ausquels neanmoins le douziéme manque, Jaques Aubery, la Porte, du Mesnil, Regnard, Pierre Robert, Rochefort, Cousin Christofle de Thou, Millet, N. Dunechin, Jaquelot. Tous parlerent avec tant d'apareil, que la cause tint cinquante audiances. Aubery & Robert en tinrent châcun onze, dans ces audiances, il y presida toûjours deux Maitres des Requêtes, Coutel & Passi, par expresse commission du Roy. Cela se fit afin que l'arrêt fût exempt de tout soupçon de complaisance. Ces preparatifs & ces precautions, redoubloient la curiosité. Châcun s'atendoit à un grand arrest. Mais enfin aprez une longue suspension, l'esperance fût éludée par un apointement au Conseil. Ainsi tout le fruit qui se tira de ces grands discours, ce fût de voir combien les audiances de ce Parlement sont dignes d'une Cour si auguste, ou tout ce que l'éloquence à d'art, tout ce que la science à de solide, s'employe pour la défense des personnes, & pour la conservation de leurs biens. Dans celle-cy tout cela se vit fort amplement pratiqué. Châque Avocat soûtint sa partie avec tant de force, châcun sçeut donner à sa cause un si beau jour, que jamais les esprits ne demeurerent plus en suspens. Jamais on ne balança plus, entre les passions les plus diverses, jamais enfin on eût plus de peine à penêtrer de quel côté le droit se trouvoit. Au reste on pourroit s'étonner en cét endroit, de voir que ceux de Merindol ne sont pas nommez ici parmi les parties, eux que la querelle toûchoit le plus, eux qui porterent les premiéres plaintes. Mais on ne s'étonnera pas quand on sçaura que leur intervention ne fût pas jugée necessaire, parce que le Procureur General du Roy prît leur défense, pour donner plus de poids à l'apellation. Cela se remarque assez évidemment dans le plaidoyé d'Auberi qui se lit encore. Car il s'étend si fort sur l'execution faite par le President d'Oppede, il en raporte si-bien le détail, que ces grandes exagerations, ces circonstances si particuliérement exprimées, ont fait croire à l'Historien du Thou, qu'il plaida pour ceux de Merindol. Cependant il pouvoit aprendre facilement le contraire par ce qui se trouve que le Procureur General du Roy, substitua Auberi à cause de l'empêchement de Pierre Seguier premier Avocat General qui avoit consulté pour les parties, & de l'absence de Gabriel de Marillac second Avocat General, qui étoit aux Grands Jours à Moulins. Il pouvoit encore aprendre cela, dans les regîtres de ces audiances, qui sont foy qu'Aubery plaida devant le barreau des Avocats selon l'usage, dans les causes ou le Roy est partie, qu'il fût assisté des Procureur & Avocat Generaux du Roy, & qu'aprez qu'il eût fini son plaidoyé, il alla s'asseoir avec eux à leur place. Comme Auberi plaida devant le barreau, la Porte qui plaidoit pour le Parlement d'Aix, demanda de plaider de la même place. Il pretendoit d'obtenir la chose, par la consideration du Parlement pour lequel il plaidoit. Mais il fût ordonné qu'il passeroit le barreau, sans prejudice de la dignité des Parlemens, ni que cela pût tirer à consequence. Dans ces plaidoiries l'Avocat du President d'Oppede ne manqua pas d'opofer à l'Avocat General Guerin, qu'il étoit condamné de concuſſion par ſentence. Guerin ſoûtint qu'il en avoit été abſous par arrêt. Sur cela il fût ordonné que Guerin feroit aparoir de ſon abſolution dans un certain terme. Comme il ne ſatisfit pas à cét article, on commença à prendre mauvaiſe opinion de lui. Cela fit qu'on l'arrêta priſonnier. Quand cette nouvelle fût portée dans le païs, elle y fit un fracas terrible. Les eſprits s'échauffent de nouveau. Les amis du premier Preſident publient que ſon innocence va être éclaircie. Ceux de Guerin diſent qu'en vain on a voulu l'ébranler par ce ſtratageme : qu'aſſurement on ne ralentira pas ſa vigueur. Comme chacun tourne la choſe de ſon côté, les diviſions ſe rallument. On voit les caballes ſe renouveller. Le mal ſe répand dans toute la Province. Il ſe gliſſe même dans le Parlement d'où la juſtice ſe bannit tout à fait, où la paſſion ſeule prend ſa place. Ce fût ſans doute à la faveur de ces diviſions qu'on entreprit de ſurprendre Marſeille. L'entrepriſe fût tramée par un nommé Saint Aubin, qui avoit une compagnie entretenuë ſur les galeres. On ne ſçait s'il fût auteur de la choſe, ou ſi l'on ſe ſervit ſeulement de ſon miniſtere pour l'executer. Quoiqu'il en ſoit comme la guerre étoit allumée entre l'Empire & la France, cét homme eût des communications avec Ferrand Gonzague, qui commandoit les armées de l'Empereur. Pour noüer ſa partie plus facilement, il paſſe lui-même à Milan, où étoit Gonzague. De la pour rendre exempt de ſoupçon ſon voyage, il écrit au Maréchal de Briſſac, qui commandoit l'armée de France, qu'il étoit allé incognito à Milan acheter des armes pour les galeres du Roi. Comme donc il coioit d'avoir bien endormi le Maréchal, & que ſur cela il pouvoit traiter ſeurement avec Gonzague, il l'alloit voir ſans façon dans ſon Palais. Là il eſt ſurpris par un trompette François, qui donne auſſi-tôt avis au Maréchal de Briſſac de la contenance que Saint Aubin faiſoit dans ce païs-là. Sur cet avis le Maréchal fait obſerver Saint Aubin. On lui raporte que de Milan il étoit allé vers l'Empereur. Qu'il ſe diſoit ſourdement qu'il tramoit quelque choſe. Auſſi-tôt il donne avis au Roy de ce qui ſe paſſe. Le Roy écrit en Provence en même temps. On veille ſi-bien ſur les Officiers de ſaint Aubin, que le traitre ne peut executer ſon deſſein, & ne revint jamais plus en France. Cependant le premier Preſident s'ennuye de ſa longue priſon. Mais il s'impatiente encore bien plus, de ne voir point d'iſſuë à ſon affaire. Cela l'oblige

" de renouveller ſes inſtances, & de faire agir ſes amis auprez du Roy. Il
" fait repreſenter qu'elle douleur ce luy étoit, de ſe voir priſonnier, &
" de ſçavoir le Baron de la Garde libre. Que ſa cauſe n'étoit pas differen-
" te de celle du Baron de la Garde. Qu'ils avoient executé l'un & l'au-
" tre les ordres de ſa Majeſté. Qu'ils les avoient executez de concert. Que
" cependant il étoit bien étrange de voir, qu'une même action executée
" par deux perſonnes en même temps, produiſit deux effets ſi contraires.
" Qu'il ſembleroit être de l'honneur de ſa Majeſté, de faire ceſſer une
" diference, qui pouvoit faire tort à ſon équité. Dans le temps que le Preſident faiſoit inſinuër ces choſes au Roy, il n'oublioit pas de faire agir ſes amis auprez du Duc de Guiſe. Il fit faire de ſa part tant de ſoû-

missions à ce Prince, qu'enfin il se tira d'affaires par sa faveur. Cela se juge assez facilement, parce qu'au lieu que la cause se terminât pardevant le Parlement de Paris, où elle avoit été renvoyée, le Roy usant de son autorité suprême, declara le President innocent des cas à luy imposez. Il le rétablit par des nouvelles provisions dans sa charge, & le renvoya en Provence. Il n'y eût que l'Avocat General Guerin qui fût laissé à la justice reglée & abandonné à la rigueur des loix. Comme son procez fût veu tres-exactement, il fût trouvé chargé de beaucoup de crimes, entre autres de peculat, de concussion, de calomnie, d'avoir voulu perdre le Seigneur d'Antibe, par quatre lettres qu'il avoit fabriquées, pour prouver qu'il avoit eû intelligence avec le Duc de Savoye, & avec l'Empereur. Ces choses se trouverent si verifiées, que le coupable n'eût pas moyen de s'en laver. Il fût donc condamné par arrest à faire amande honorable sur la pierre de marbre du perron étant au pied du grand escalier du Palais, puis à être pendu aux hâles, & sa tête portée à Aix. Cet arrest executé le même jour qu'il fût rendu, sembloit devoir rendre la liberté au Seigneur d'Antibe, & neanmoins cela n'arriva qu'un an aprez. Il se fit par lettres patentes données à Amboise.

1553.

1554.

Cependant le premier President arrive à Aix. Son arrivée surprend bien de gens. Mais ce qui acheva la surprise, ce fut le faste avec lequel il parût. Le lendemain il va reprendre sa place dans le Parlement. Il presente une lettre du Roi portant creance. Ensuite il expose sa creance. Il dit que le Roi recevoit tous les jours des plaintes du peu de soin que ses Officiers aportoient à rendre bonne justice à ses peuples. Qu'il aprenoit qu'il n'y avoit dans la Cour que partialitez, que suport, qu'avarice. Que l'un rendoit les crimes impunis. Que l'autre rendoit la poursuite des meilleurs procez impossible dans l'excez des épices & des nouveaux droits qui se prenoient. Que tous ces maux étoient agravez, par les grandes alliances des Officiers qui donnoient lieu à des évocations tres-frequentes que le peuple ne pouvoit soutenir. Que ces inconveniens avoient porté Sa Majesté à lui ordonner de prendre soin de les faire cesser, & de donner à Monsieur Remi Ambrois second President le même ordre. Qu'un ordre aussi precis que celuy-là, l'obligeoit aussi bien que le devoir de sa charge à les exhorter de vouloir s'apliquer serieusement à cette reformation. Que le Roi la desiroit avec raison, pour le bien de sa justice, & pour le soulagement de ses peuples. Qu'ils devoient répondre à une volonté si juste, & pour la décharge de leurs consciences, & pour remplir leur devoir. À cette remontrance il fût répondu, que la Cour avoit toûjours fait son devoir. Qu'elle desiroit de prendre soin à le faire de même dans la suite. Il eût été à souhaiter que cette remontrance eût fait son effet dans l'esprit de ceux à qui elle fût faire, ou qu'on eût bien executé ce qu'on promettoit. Mais on s'en souvint si peu, qu'on vit toûjours la même conduite, on vit toûjours la passion regner par tout. Licence qui dans la suite du temps, fût tres-funeste à cette Compagnie. Quoiqu'il en soit quelques grands que fussent les desordres, le premier President ne laissa pas de reprendre d'a-

XIX.
Le premier President vient en Provence. Il y reprend sa premiere autorité. Il fait verifier l'Edit de creation d'une Chambre d'Enquêtes. Les Grands Jours de Marseille sont retablis.

bord sa premiere autorité. Cela parût fort visiblement dans la verification qu'il fit faire de l'Edit portant creation d'une Chambre d'Enquêtes. Cette Chambre fût composée de deux Presidens à Mortier, & douze Conseillers. Tous ces Officiers furent bien-tôt remplis, & les Officiers reçûs dans peu de temps, quelque obstacle qu'on eût fait à leur reception sur divers sujets, entre autres sur les parentez, & les alliances. Il est vray que cette erection ne subsista pas : que six ans aprez cette Chambre fût suprimée. Mais les Officiers furent maintenus. Cette grande augmentation du Parlement, devoit sans doute operer du moins, que la Justice se rendit avec plus d'exactitude, & neanmoins on vît les Officiers se relâcher de nouveau. C'étoit l'ordre d'envoyer tous les ans une chambre de justice à Marseille. Cette chambre se prenoît du corps de la Cour. Elle étoit composée d'un President & de six Conseillers. Elle devoit juger les apellations. Sa seance devoit être de cent jours utiles. Les Officiers trouvoient cette courvée tres-incommode. Ils essayerent de l'abolir. Pour le faire avec quelque couleur, on prit le pretexte de l'incommodité que c'étoit au public que le sceau de la Cour suivit cette chambre. Ainsi on se dispensa d'aller à Marseille, pour ne pas rendre inutile le Parlement. Sur cela les Marseillois qui se voyoient depoüillez d'un de leurs plus beaux privileges, qui les exemptoit d'aller demander justice hors de chez eux, en porterent leurs plaintes au Roy. Le Roy suivant la trace de ses predecesseurs, qui ont toûjours eû pour cette ville des considerations tres-particuliéres, leur fait expedier de nouvelles lettres, pour la confirmation de ce droit ; & afin que le pretexte cessât, il ordonna qu'il seroit fait un sçeau pour les Grands jours qui se tiendroient à Marseille, autour duquel on mettroit cette inscription. *SIGILLVM MAGNORVM DIERVM MASSILIÆ ORDINATORVM.* Ainsi Marseille a toûjours été traitée hors de pair, marque glorieuse de sa fidelité, comme elle l'est de son importance. Il est vray neanmoins qu'outre ces Grands-jours de Marseille, le Parlement tenoit d'autres Grands-jours en divers endroits : que châque année il en alloit tenir dans une Senechausée : qu'on visitoit les Senechausées à tour de role, durant les trois mois des vacations. Mais cela ne se faisoit par aucun privilege particulier. C'étoit seulement pour contenir la Justice subalterne & pour faire reluire par tout la Justice souveraine du Roy.

1555.

XX. La Chambre des Comptes releve sa jurisdiction. Elle obtient aussi la jurisdiction des Aides. Diverses contentions pour cela entre le Parlement, & la Chambre des Comptes.

Comme donc la Justice du Parlement se rendoit avec grand éclat, cét éclat donna dans la veüe de la Chambre des Comptes. Les Maitres Rationnaux se reveillent, ils pensent à élever leur Jurisdiction, ils pensent encore plus à l'étendre. Ils voyent pour cela, la saison tres-propre. Tout étoit alors faisable pour de l'argent. Ils s'étoient eux même avancez par-là, dés le commencement de ce regne. Car comme ils étoient subalternes du Parlement, ils obtinrent alors qu'il n'y auroit plus d'apel de leurs sentences, qu'elles seroient seulement sujettes à revision, que cette revision se feroit par les Commissaires des deux corps en pareil nombre. Comme cela leur avoit si bien reüssi, ils prenent dessein de suivre la même route. Ils demandent la jurisdiction des Aides, ils ofrent trente mille livres pour l'obtenir. Ils l'obtienent par cette finance. Ils sont érigez

en

en corps de Cour. On leur accorde même une extension de jurisdiction, sans grande connoissance de cause. Quand la nouvelle vint dans la Province, que cét Edit avoit été scellé, tout le monde se remua pour en éviter l'execution. Toutes les grandes villes s'en plaignirent. Le païs même en porta ses plaintes au Roy. Le Parlement fit des remontrances. Il deputa pour cela le premier Président, & l'Avocat General Charrier. Mais tout cela se fit inutilement. A la verité l'Edit reçeut bien quelque restriction, toûchant quelque prerogative des charges. Mais dans le fonds l'Edit fût confirmé. Ce corps demeura Compagnie Souveraine établie comme la Chambre des Comptes & la Cour des Aydes de Paris. Cette élevation & ce changement, ont donné commencement à diverses contentions qui se sont meües depuis ce temps entre le Parlement & la Chambre des Comptes & Cour des Aydes. Ces compagnies se sont souvent broüillées entre elles, tantôt pour le rang, tantôt pour la Jurisdiction. Elles ont souvent occupé le Conseil du Roy pour des réglemens sur ce sujet. Elles ont souvent exercé pour cela les Gouverneurs de la Province. Elles n'ont épargné ni soins ni dépenses, pour pouvoir fixer leurs honneurs & leurs pretentions. Mais c'est dequoy l'on n'a pû venir à bout jusqu'ici. Ce point de consistance n'a pû se trouver encore, sans que la parenté qui les lie tous, ni que la raison d'honêteté, qui les devroit toûjours suivre, les ait pû faire absolument convenir de terminer leurs differens. Ce mal étant d'une nature que dans le temps qu'on le croit gueri, on le voit renaître avec plus de violence. Quelques uns voyant la durée, & l'opiniatreté de ces contentions, ont crû que la chaleur des esprits du païs en étoit la cause. Mais dira-t'on que des gens de qualité, que des gens de lettres, soient sujets aux emportemens du commun, qu'ils ayent les mêmes défauts qu'on remarque dans le peuple. N'est-il pas plus raisonnable d'en raporter la cause au desir de conserver aux charges, tous leurs honneurs, tous leurs atributs, dont les Officiers ne sont qu'usufructuaires, & que par consequent ils sont obligez de conserver en leur entier. Pour justifier cette opinion, ne voit-on pas que toutes leurs contentions ne sont que pour des choses honoraires, la robe rouge portée par les Officiers de la Chambre des Comptes, le nom d'arrêt donné à leurs jugemens, sans distinction de Jurisdiction, la marche affectée en parité du Parlement dans les ceremonies, la seance demandée dans les assemblées, dans les Eglises à la gauche, ou vis-à-vis du Parlement. Il est vray que l'obtention de ces honneurs, presque toûjours accordez par finance, a souvent choqué les Officiers du Parlement. D'abord ils s'offenserent de voir à leurs côtez, des gens qui étoient d'origine leurs subalternes. Puis ils s'offenserent encore d'avantage de voir qu'ils grossissoient leur Jurisdiction, par le retranchement de la leur. De-là nâquit une grande irritation entre ces deux corps. Irritation qui depuis ce temps-là, se renouvelle toûjours dans les rencontres, où les uns entreprennent de vouloir abatre, ce que les autres affectent de trop élever. C'est à cette affectation commune qui se remarque souvent dans les uns & dans les autres, qu'on trouve à redire. Car aprez tout, rien n'établit mieux les Magistrats dans le monde que la moderation avec laquelle on les voit agir. C'est par-là qu'ils conservent leur autorité. C'est par-là qu'ils acquiérent de la creance parmi les peuples, voyant la Justice dispensée par des gens qui se font l'aplication des Loix à eux même tous les premiers. Je ne sçay si pour faire cesser tous ces differens, il ne seroit pas à propos que les Officiers des deux corps considerassent qu'elle est leur origine, afin que la voyant partir de la même source, ils en prissent sujet de vivre avec plus d'intelligence qu'ils ne font. Car on sçait assez qu'en France l'ancien Parlement, avoit toute la direction de la Justice. Que dans la suite, la grande affluence des affaires, fit qu'il commit la ligne du compte, à certain nombre d'Officiers de son corps. Que ce fût cela qui donna sujet à l'erection de la Chambre des Comptes. Aprez quoy s'étant fait sur ce modele dans les Provinces, des établissemens de pareils corps, il semble que ceux-cy pour se faire honneur d'une origine si illustre, devroient affecter de vivre en union, quand d'ailleurs ils n'auroient pas l'objet qu'ils doivent avoir d'édifier les peuples, par leurs bons exemples, de les contenir par l'opinion de leur vertu.

XXI.
Trêve entre la France & l'Espagne pour cinq ans. Rupture de cette trêve, renouvellement de la guerre en Italie & en Picardie.

1556.

Cependant l'Empereur voyoit depuis quelques années ses armes s'affoiblir en divers endroits. Le Duc de Guise luy avoit fait lever le siége de Mets. L'apuy de la France luy avoit fait perdre Sienne. Tout cela luy faisoit craindre sur la fin de sa vie, quelque dechet de reputation. Pour éviter un si grand mal-heur, & pour ne pas perdre le grand nom que luy avoient acquis ses victoires, il prend dessein de se retirer. Il n'atend pas que la fortune le quitte. Il pense à la quitter tout le premier. Dans cette resolution, il remet ses Royaumes à Philipe son fils, & l'Empire à Ferdinand son frere, & s'élevant au dessus de tout, par une action si memorable, il assure sa reputation pour jamais. Philippe dés l'année auparavant avoit épousé Marie Reine d'Angleterre. Depuis ce mariage cette Reine toute portée d'inclination pour la France, avoit souvent pressé son mari de moyener la paix entre l'Empereur & le Roy. Comme elle le vît maitre des affaires elle renouvella ses instances, & les continua si souvent qu'enfin elle obtint le pouvoir de faire negocier la paix, par son parent le Cardinal Pole. Aussi-tôt le Cardinal se met en campagne il agit avec tant de chaleur, que ne trouvant pas de disposition à la paix, il fait du moins convenir d'une trêve. La trêve est accordée pour cinq ans. Elle se fait au gré de tout le monde. Car on croyoit que ce long intervale, produiroit asseurément la paix. Cependant on fût bien trompé. On vît de nouveau la trêve se rompre. Ce qui fût cause de cette rupture, c'est qu'on aprit que le Roy d'Espagne en usoit de mauvaise foy. En effet il n'employoit ce temps qu'à nuire à la France. Il luy debauchoit ses meilleurs alliez. Il faisoit des entreprises sur plusieurs de ses places. Sur tout en Picardie où il se porta jusqu'à vouloir empoisonner les eaux de Mariembourg, ville que le Roy avoit nouvellement prise. Comme donc le Roy étoit fort outré de ces voyes de fait, il survint une nouvelle occasion qui acheva de le determiner à rompre la trêve. Ce fut la legation qu'il reçût de la part du Pape, pour luy demander sa protection contre l'Espagnol. Ce Pape c'étoit Paul IV. apellé nouvellement au Pontificat. Comme il étoit de la maison des Caraffes grande famille de Naples, de fort long-temps amie de la France. Les Espagnols n'étoient pas contents de cette élection. Ils craignoient qu'on ne les voulût chasser de Naples ; pour y établir les François & pour élever encore plus les Caraffes. Cela les metoit dans d'étranges deffiances. Ils étoient continuellement aux aguets. Ils faisoient diverses cabales dans Rome, pour faire que le Pape ne pût porter ses pensées ailleurs. Pour cela le Duc d'Albe s'aproche de Rome avec une armée. Il bloque la ville, il court la campagne, il commet par tout mille hostilitez. Il remplit d'épouvante & de terreur les terres du patrimoine de l'Eglise. Un traitement si injurieux obligea le Pape d'envoyer au Roy le Cardinal Caraffe son neveu, pour l'inviter à le deffendre. Pour cela le Legat luy presente l'épée benite. Puis il met la conquête de Naples sur le tapis. Cette proposition fit d'abord comprendre aux gens d'esprit, que la legation avoit été concertée en France, avant que le voyage du Legat s'y fît. Car on reconnût que c'étoit la maison de Guise qui la faisoit faire, pour profiter de la faveur où elle étoit alors, & pour tourner à son avantage l'ancien droit des Princes d'Anjou sur le Royaume de Naples. Ce qui confirma le monde dans cette pensée, ce fût la demarche que le Cardinal de Lorraine avoit fait l'année auparavant. Car il avoit voulu introduire en France une étrange nouveauté, pour se rendre le Pape favorable. Il avoit fait sceller un Edit portant injonction aux Officiers Royaux d'executer nonobstant l'appel les sentences des Juges d'Eglise en fait d'heresie. Il étoit entré dans le Parlement, pour le faire verifier. Et il l'eût fait tres-asseurement si cette sage compagnie toûjours tournée au bien de l'Etat & à sa gloire, ne se fût oposée à ce dessein. Car pour les remontrances qu'elle fit au Roy, elle fit voir si clairement le prejudice que recevoit son autorité dans l'introduction que l'on vouloit faire, que la chose fût rejettée sur le champ. Mais ce qui decouvrit encore mieux d'où venoit ce dessein, c'est que le Duc de Guise fut choisi pour aller commander l'armée qui devoit passer en Italie, quoyque les Marechaux de Brissac & Strozzi y fussent déja pour cela. Quoyqu'il en soit aussi-tôt que le Duc de Guise fût nommé General, il se prepare pour le voyage. Dans peu de jours il se met en chemin. Il arrive, il prend Valence, Ostie & plusieurs autres villes. Il oblige le Duc d'Albe de se retirer. Durant que le Duc de Guise fait ces exploits, la guerre s'allume dans la Picardie. L'armée Espagnole assiége Saint-Quentin. Sur cela le Conétable de Montmoranci, s'avance pour secourir la place. L'ennemi se met en état de l'empêcher. On en vient à une bataille. La bataille reüssit mal aux François. Le Conétable est fait prisonnier avec un grand nombre de Noblesse. Malheur qui se trouve marqué dans l'Histoire sous le nom de journée de Saint-Quentin.

1557.

Dans le temps que les armes du Roy étoient occupées en divers endroits, les Lutheriens de Provence ne manquent pas d'en prendre tous les avantages qu'ils peuvent. D'abord ils multiplient leurs préches, ils bâtissent des Temples dans les lieux où ils sont les plus forts. Ils essayent par tout détendre leur secte sous le nom plausible de reformation. Tout cela se faisoit fort librement. Il n'y avoit plus personne en état de reprimer la

XXII.
Mort du premier President d'Oppede, divers jugemens faits sur ses actions. Le President de Trets

succede à sa charge. Mort du Roy, son éloge.

1558.

1559.

licence. La Justice étoit affoiblie. Les Gentils-hommes étoient impuissants, les villes étoient toutes divisées. Le Gouverneur chanceloit entre l'un & l'autre parti. Le premier Président ne pouvoit rien faire. Il étoit retenu dans le lit par une maladie tres-dangereuse, de laquelle en effet il mourut. Il étoit alors dans la soixante-troisiéme année de son âge. Cette mort fût diversement regardée dans la Province. Les Lutheriens en témoignerent de la joye. Les Catholiques en eurent beaucoup de douleur. Ceux-cy firent paroître leurs regrets, dans les inscriptions qu'ils mirent autour de son tombeau, dans les magnifiques épitaphes dont-ils honorerent sa memoire. Ils n'oubliérent aucuns des éloges qui pouvoient rendre son nom immortel. Ils le traiterent de deffenseur de la Foy, de Heros du Christianisme, de protecteur des fideles persecutez. Dans le temps que les Catholiques insinuoient ces opinions dans le public, les Lutheriens ne manquerent pas de donner par leurs écrits des impressions tout-a-fait contraires. On lit encore qu'ils le firent passer pour un homme avide de carnage, pour un juif, pour un magicien. Mais ceux qui voulurent juger sans passion, en parlerent de toute autre maniére. Ils avoüerent que l'affaire de Merindol, ne pouvoit recevoir nulle excuse : qu'on ne pouvoit couvrir d'aucun pretexte, une si horrible execution. Ils avoüerent que le temps qu'il avoit passé dans les fonctions militaires étoit un temps qui luy faisoit tort, puisqu'en France l'execution & le conseil, sont l'objet de deux professions differentes, & que sur tout la Magistrature de l'importance de la sienne, demande un homme tout entier. Mais aussi à ces deux défauts prés, on n'eût plus de reproche à luy faire. Car jamais on ne vît rendre la justice avec plus de droiture, qu'il la rendit dans les affaires particuliéres. Jamais il n'y eût de Magistrat plus affable, jamais il n'y eût de Président plus patient, jamais il n'y eût de premier Président plus accessible aux moindres parties. On a dit neanmoins que ces qualitez ne se remarquerent, qu'au retour qu'il fit aprés sa prison, & que ce fût le fruit qu'il tira de l'adversité, de changer sa fougue & sa fierté, en une conduite douce & moderée. Quoyqu'il en soit, ce changement le rendit si considerable, que sa mort fût contée parmi les malheurs publics. Il eût pour successeur Jean Augustin de Foresta Baron de Trets. Cét homme eût cela de commun avec son devancier, qu'il parvint à cét honneur aprés avoir passé comme luy, par tous les degrez de la robe. Car il fût fait Conseiller par la crue de mil cinq cens quarante-trois, puis Président par celle de mil cinq cens cinquante-quatre, & enfin premier Président en cette année-cy. Mais sa vie fût bien differente de l'autre. Car jamais homme ne la passa plus tranquilement. Il ne reçût aucun contre-temps en son particulier, durant l'espace de quarante deux ans qu'il fût à la tête de sa Compagnie, quoyque ce fût dans la saison la plus agitée du monde, quoyqu'il eût un Gouverneur favori du Roy pour ennemi, quoyqu'il eût veu sa Compagnie tres-divisée, quoy qu'enfin on vît toute la Province se dechirer en divers partis. Cependant aprés bien de negociations, la paix se conclut entre la France & l'Espagne. Elle est cimentée par deux mariages, qui sembloient la rendre durable à jamais, celuy d'Elizabeth fille du Roy avec Philipe Roy d'Espagne, & l'autre de Philibert Emmanüel Duc de Savoye avec Marguerite sœur du Roy. Mais ce qui devoit combler la France de bon-heur, ce fût ce qui la remplit de tristesse. Car comme le Roy étoit un des meilleurs hommes de cheval de son siécle, il voulut dans les joûtes qui se firent, rompre une lance avec le Comte de Montgomery. Le Comte eût beau se défendre de cét honneur. Le Roy le force pour ainsi dire de joûter avec luy, ils entrent en lice & par un malheur inoüi, la lance du Comte se brise, un éclat entre dans l'œil du Roy. La blessure se trouve mortelle. Le Roy meurt le onziéme jour. La France perd un des plus grands Rois, qu'elle eût jamais veû sur le trône. Roy vaillant, juste, debonnaire, religieux, amateur du bien public. Roy enfin qui à l'âge de quarante deux ans dans lequel il mourut, fit voir que la grande reputation ne s'acquiert pas par la longue vie, mais par le bon usage qu'on en fait.

La mort surprenante du Roy Henri, fit un grand changement dans le Royaume. Elle introduisit plusieurs Gouverneurs, ou plusieurs pretendans au Gouvernement. Car quoyque le jeune Roy fût majeur, il n'avoit neanmoins ni l'âge ni la capacité, pour pouvoir gouverner de luy même. Il n'étoit que dans la seiziéme année. Il étoit d'une tres-petite complexion. De sorte que sans parler de son mediocre genie, son age & son peu de santé, le rendoient incapable des affaires. Cela fit que bien des gens se reveillerent. Sur tout la Reine mere, les Princes du sang, le Duc de Guise & le Conêtable. Les uns pretendoient cette place par leur rang & par leur naissance. Les autres aspiroient à cét honneur par leurs services rendus à l'Etat. Comme donc châcun avoit ses pretentions en particulier, châcun aussi pour les faire reüssir en sa faveur, prenoit de diverses mesures. Les uns écrivoient dans les Provinces, les autres solicitoient leurs amis à la Cour. Mais tandis qu'ils prenent ses precautions, la Reine mere les devance tous, elle s'empare des affaires. Sa diligence éloigna tous les pretendans. Comme neanmoins elle voit qu'il luy étoit impossible de se soûtenir toute seule. Elle pense à s'apuyer quelque part. Elle tourne ses pensées vers la maison de Guise. Elle voit dans cette maison deux Princes tres-propres pour le dessein qu'elle avoit. Le Duc de Guise étoit un Prince de grand cœur, le Cardinal son frere avoit beaucoup d'esprit & d'adresse. Il ne luy en faloit pas d'avantage pour se rendre le gouvernement assuré. Elle trouve ses seuretez à leur égard, en ce qu'ils ne pourroient se passer d'elle, pour se maintenir contre les Princes du sang, & que cette consideration les empêcheroit de rien entreprendre. Fortifiée par ces reflections, elle leur fait sçavoir son dessein. Elle leur dit qu'elle desire d'avoir leur conseil dans toutes les affaires, qu'elle veut se gouverner par leur avis. Sur cette ouverture ces Princes luy font mille protestations de leur zele inviolable pour son service. Aprez cela la Reine mere ne s'aplique qu'à les bien établir dans l'esprit du Roy, qu'à les introduire dans sa confidence. La chose luy étoit assez facile, parce que déja ces Princes étoient devenus oncles du Roy, depuis qu'il avoit épousé Marie Stuard heritiére d'Ecosse leur niéce. Ce fût par cét endroit que la Reine obligea son fils à les considerer. Elle luy fit comprendre, qu'il ne pouvoit mieux faire que de se „ confier absolument à des Princes, qui avec l'honneur qu'ils avoient „ d'être dans son alliance, étoient d'ailleurs interessez à sa conservation. „

XXIII. François Second Roy de France, de Jerusalem, de Sicile vingt-neuviéme Comte de Provence, est gouverné par la Reine mere qui associe à son autorité le Duc de Guise & le Cardinal son frere. Le Prince de Condé s'offense de se voir la maison de Guise preferée. Il se jette dans le parti des Huguenots.

" Que la maxime de ne pas élever les Princes du sang établie par le Roy
" son ayeul, continuée par le Roy son Pere étant aussi utile au bien de
" l'Etat qu'on la voyoit, il faloit l'entretenir avec soin ; mais que comme
" on ne se pouvoit passer de Conseil, il faloit apeller pour cela des gens
" dont on ne pût prendre des deffiances. Qu'elle croyoit que Messieurs
" de Guise, étoient gens de la qualité qu'il faisoit chercher. Qu'ils étoient
" tres-zelez pour la Religion, pour l'Etat, pour sa personne. Qu'assuré-
" ment on ne sçauroit trouver d'autres hommes, en qui l'on peût se con-
" fier autant qu'à eux. Elle en dit tant, que d'abord le Roy se resolut de
" prendre en eux toute confiance. Il executa bien-tôt sa resolution. Car
comme les deputez du Parlement le furent saluër lors de son avenement
à la Couronne, il les renvoya pour les affaires à ses Oncles de Guise.
Ces Princes étant devenus maitres des affaires, penserent aux moyens
de s'y affermir. Ils commencerent par éloigner les personnes qui leur
pouvoient nuire. Ils éloignent de la Cour le Conétable, sous pretexte
que dans sa vieillesse il avoit besoin de se reposer de ses longs travaux.
Ils en usent de même envers le Prince de Condé. ils le font envoyer
Ambassadeur en Espagne & à son rerour ils portent le Roy à luy refuser le Gouvernement de Picardie, afin que ce degout l'obligeât de se
retirer. La chose reüssit suivant son projet. Le Prince se retire mal content. Mais comme il voit qu'on le laisse-là, il se pique, il veût prendre
les armes, il assemble pour cela ses amis. Comme il leur fait sçavoir son
dessein, il leur declare neanmoins que c'est par leur avis qu'il veut se
conduire. Il les prie de les luy donner sincerement. Sur cela châcun luy
parle comme il l'entend. Il y en eût qui ne manquerent pas de luy
parler comme on parle d'ordinaire au Princes, c'est à dire de flater toûjours leurs passions. Mais l'Amiral de Châtillon, sans s'arrêter à tous ces
discours, dit son sentiment avec beaucoup de franchise & le dit fort
" utilement. Il dit au Prince, que dans le dessein qu'il avoit de prendre
" les armes, il devoit éviter de les prendre precipitemment. Qu'il devoit
" craindre s'il le faisoit pour son seul interêt, qu'il ne se rendit odieux à
" toute la France : qu'il ne se jetât le peuple sur les bras. Qu'en cét état
" n'ayant ni places, ni troupes, ni argent, il seroit bien-tôt à la fin de la
" guerre. Qu'il y seroit à sa honte & à sa confusion. Que ses ennemis
" auroient un beau champ de se moquer de son entreprise. Qu'il y avoit
" neanmoins une voye plus seure pour prendre les armes avec succez. Que
" ses ennemis même la luy frayoient par les rigeurs qu'ils exerçoient con-
" tre ceux de la Religion reformée. Que ces gens oprimez par le Duc &
" par le Cardinal de Guise, ne manquoient que d'un chef pour éclater,
" pour se mettre aux champs, pour faire paroître un ressentiment égal
" aux persecutions qui leur sont faites. Que s'ils vouloient prendre leur
" protection, outre l'honneur de défendre les gens oprimez, il auroit la
" disposition d'une Armée, il seroit chef d'un grand parti, qui le rendroit
" tres-puissant en France & tres-considerable chez les étrangers, qui luy
" acquerroit de grands apuis, qui feroit même entrer dans ses interests
" l'Alemagne, l'Angleterre sans parler de bien d'autres puissances, qui se
" declareroient avec le temps. Qu'ainsi il se vengeroit de ses ennemis,

non seulement sans blâme & sans reproche ; mais avec éloges & avec grand honneur. Qu'il les chasseroit avec aplaudissement d'une place, qui assurément ne se doit remplir que par des Princes de son rang & de sa naissance, & qu'on luy usurpoit tres-injustement. Le raisonnement de l'Amiral parût si judicieux qu'il entraina d'abord le Prince dans sa pensée. Aussi-tôt il luy donne charge d'aller traiter avec les Huguenots.

De ce traité que le Prince fit par la mediation de l'Amiral, prirent naissance les plus grands malheurs qui ayent jamais été veus en France & qui la mirent presque aux abois. Car les Huguenots devenus plus nombreux par l'heresie de Calvin, qui succeda à celle de Luther, se voyant apuyez des Princes de la maison Royale, prirent d'extremes resolutions. La première qui parût au jour se prît sur un pretexte bien plausible. Car ils firent courir le bruit, qu'ils vouloient faire une grande assemblée, pour aller demander au Roy la grace de les laisser libres dans l'exercice de leur religion. Mais à la verité ce n'étoit-là que la couverture du dessein le plus hardi qui se fit jamais ; il fût conçû de cette manière. Comme le Roy étoit alors à Blois, plusieurs gens de leur religion assemblez de toutes les Provinces du Royaume, se devoient trouver aux environs de cette ville. On avoit assigné pour cela le quinziéme jour de Mars de l'année mil cinq cens soixante. Ces gens devoient entrer dans Blois en tumulte, se saisir de la personne du Roy, se defaire du Duc de Guise & du Cardinal son frere, & mettre la direction des affaires entre les mains du Prince de Condé. Dés que ce dessein fût ainsi formé, on le fit sçavoir dans les Provinces. On y envoye des personnes de consideration, pour faire qu'on fournit le plus de gens qu'on pourroit. Pour cela le Seigneur de Château-neuf s'en vient en Provence. Il se rend au plûtôt à Merindol. Il y convoque une grande assamblée, où il expose sa commission. Aussi-tôt châcun reveille sa chaleur. Plusieurs s'offrent de faire ce voyage, Mauvans prend la charge de les conduire. Il reçoit l'ordre pour le rendez-vous. Ce Mauvans étoit l'homme qu'il falloit pour cét employ. Car c'étoit un homme de grand cœur, qui avoit long-temps fait la guerre, qui d'ailleurs étoit tres-zelé pour son parti. Voici ce qui l'y avoit engagé si avant. Son frere & luy s'étoient retirez de la guerre. Ils vivoient tranquilement dans leur maison, dans la ville de Castellane. Comme ils professoient la religion nouvelle, les Huguenots alloient de nuit dans leur maison où ils faisoient tous leurs exercices. La chose ne pût être long-temps secrete. Le peuple l'aprend, il s'en irrite, il va d'abord investir la maison. Cela oblige Mauvans de porter ses plaintes au Parlement. Les habitans de leur côté se plaignent de ces assemblées illicites. Le Parlement ordonne qu'il seroit informé sur les deux querelles. Mauvans qui ne sçavoit pas les formalitez de la Justice, se croit fort offensé par cét arrêt. Il agit si puissamment auprez du Roy, qu'il fait renvoyer l'affaire au Parlement de Grenoble. Mais ce renvoy quelque favorable qu'il fût, n'arrêta pas neanmoins sa colere. Il écume toûjours de rage contre le Parlement. Il ramasse des memoires contre les Officiers. Il pretend les convaincre de concussion & de violence. On a dit que tout cela se faisoit aux de-

XXIV.
Entreprise des Huguenots pour enlever le Roy à Blois. Mauvans y doit conduire les Provençaux. Il en est detourné par la negociation du Comte de Tende.
1560.

pens des Huguenots. Quoyqu'il en foit pendant qu'il pourfuit cette récufation, on perfuade à fon frere de s'accommoder avec ceux de Caftelane, on l'oblige d'aller à Draguignan chercher les expediens d'accommodement. Richieu, c'étoit le nom de fa famille qu'il prenoit, fe voyant preffé de tous côtez fe rend à Draguignan. Mais il y trouve tout le contraire de ce qu'il alloit chercher. Car on ne l'aperçoit pas plûtôt, que tout à coup le peuple fe fouleve. Il va l'enlever d'entre les bras du Lieutenant vers lequel il s'étoit refugié. Comme on fe fût faifi de ce pauvre mal-heureux, on luy fit un traitement bien horrible. On fe jette fur luy, on l'égorge ; on luy arrache les entrailles & le cœur. On les traine par toute la ville. On les donne enfin en proye à des chiens, qui refuferent le prefent. Auffi-tot le Parlement envoye deux Commiffaires fur le lieu, Henri Veteris & Efprit Vitalis Confeillers en la Cour. Ces Commiffaires dans l'information qu'ils prenent du meurtre, inferent quelque chofe des mœurs & de la religion du meurtri, & comme on avoit fait faler le corps, on le fait tranfporter à Aix, on le met dans la Conciergerie. Sur cette nouvelle les parens de Mauvans, font infultez par le peuple de Caftelane. On les accable d'injures & d'imprecations. Mauvans avoit toutes ces chofes fur le cœur, quand il fût nommé pour conduire les troupes qui devoient fe rendre au tour de Blois. Cét employ luy fait d'abord juger, qu'il auroit un beau moyen d'exercer fa vangeance. Auffi ne neglige-t'il pas l'occafion. Il fait une partie pour aller faccager Aix. Il ménage d'avoir une porte. Il fait intrigue avec quelques habitans. Il conduit enfin fi bien fon deffein, que fi fes gens y euffent répondu, l'on eût veû fans doute un cruel carnage. Mais ils y aporterent tant de longueurs, qu'enfin l'entreprife fût decouverte, & le Comte de Tende Gouverneur, & le Baron de la Garde Lieutenant de Roy, étant accourus à la ville, Mauvans fût contraint de tourner ailleurs fes deffeins. Comme donc il ne pût fe fatisfaire de ce côté-là, il va courir & ravager la campagne. Il entre dans les villages depourveus. Il pille tout principalement les Eglifes, & comme s'il faifoit une procedure juridique, il fait inventaire de tout ce qu'il prend. Le Comte de Tende ayant avis de ces ravages fe met en campagne pour les reprimer. Comme Mauvans le voit aprocher, il fe jette dans le Monaftere de faint André prés de Trévens, il s'y fortifie. Il fe met en état à ne pouvoir être ataqué fans danger. Cette contenance fait que le Comte s'arrête. Surquoy l'on fait divers jugemens de fon procedé. Les uns l'imputent à fon naturel éloigné de toute violence. Les autres l'atribuent à l'inclination fecrete qu'il avoit avec le parti Huguenot. Car il étoit beaufrere du Conétable, & ataché par-là dans l'intereft du Prince de Condé. Quoyqu'il en foit le Comte fans s'aprocher plus avant, demande à Mauvans une conference. Auffi-tôt Mauvans s'en vient le trouver. Le Comte fe plaint de fon procedé. Il luy demande quel eft le fujet qui luy fait ainfi courir la Province. Mauvans répond que c'éft le maffacre fait de fon frere, les injures faites à fes parens, le peu de juftice qu'on luy fait de tous ces outrages. Que cela l'oblige de prendre garde à foy. Qu'il eft toûjours en doute pour fa perfonne. Que fi on veut qu'il en

ufe

use autrement, on n'a qu'à luy promettre qu'on luy fera justice, qu'on ne le troublera point dans sa religion. Qu'aussi-tôt qu'on luy aura accordé ces deux points, on luy verra mettre bas les armes. Le Comte voyant que la querelle est si facile à accommoder, luy promet toute sorte de satisfaction. Il luy donne parole qu'on executera ces deux choses & qu'on les executera de bonne foy. Sur cela Mauvans congedie ses gens; il n'en retient que deux ou trois auprez de luy pour la seureté de sa personne. Mais il reconnût quelques jours aprez qu'il n'y avoit pas grande seureté pour luy tant qu'il seroit dans la Province. Car le Baron de la Garde luy fit une insulte, qu'il eût bien de la peine à repousser. Comme il vit donc que ce seroit se trop commettre que de demeurer plus long-temps dans le païs, il se retire promptement à Geneve. Cela fût cause qu'en la conjuration generale il ne s'y trouva point de Provençaux. Pendant que ceux des autres Provinces se rendent aux environs de Blois, la conspiration est decouverte au Duc de Guise. Le Duc surpris de cette nouvelle pense d'abord à prevenir le coup. Il fait sçavoir la chose à la Reine Mere. Il consulte avec elle les moyens de la pouvoir éluder. Comme le temps pressoit extremement, il resout de mener le Roy à Amboise. La ville pour être plus petite que Blois en étoit plus seure. Le Château donnoit encore plus de seureté. Pour executer promptement cette resolution, le Duc fait faire au Roy une partie de chasse. Aussi-tôt que le Roy est en campagne, il le méne à Amboise tout droit. Il met une grande garde aux portes de la ville, puis il decouvre au Roy la conjuration. Il luy montre combien à propos on avoit mis à couvert sa personne. Le Roy surpris & tout ensemble épouvanté, remercie le Duc de ses soins, & pour témoigner la confiance qu'il prenoit en luy, il le fait son Lieutenant General par tout le Royaume. Comme le Duc se vit revetu de l'autorité qu'il avoit si long-temps desirée, il témoigne de n'en vouloir user que pour le bien de l'Etat. Pour mieux établir cette opinion, il met des troupes en campagne, pour aller contre les conjurez & pour dissiper l'orage. La chose est si bien executée, que les conjurez attaquez en divers endroits, sont batus, tuez ou fait prisonniers & remis entre les mains de la Justice.

Comme ces nouvelles sont portées dans les Provinces, & que peu de jours aprez on y publia que les prisonniers avoient été executez à mort. Les Catholiques s'en en orgueillirent étrangement. Leur orgueil parût encore plus en Provence. Ils se leverent contre les Huguenots. Ils commencerent à les persecuter, de la maniére du monde la plus terrible. Dans les villes les païsans s'atroupent, ils les insultent par les ruës, ils les vont chercher dans leur maisons, ils les menacent du sac & du pillage. Ils en viennent quelque fois aux effets. Ils se rendent enfin si redoutables, qu'on ne craint rien tant que les Cabans. On apelloit ainsi ces gens, à cause des manteaux de bure qu'ils portoient, que l'on nomme Cabans dans le païs. Cette crainte qu'on témoigne d'eux, les fait agir avec plus d'insolence. Ils redoublent leurs emportemens. Si quelques gens de bien entreprenent de les adoucir, ils les traitent en même temps d'heretiques. Ils les contraignent de penser à leur seureté.

XXV.
La conjuration des huguenots est decouverte. Les Catholiques en deviennent plus hardis, sur tout en Provence. Le Prince de Condé est fait prisonnier, & condamné à mort. La condamnation est renduë inutile par la mort du Roy.

Rrr

Si les Magistrats les veulent reprimer, ils sont brûtalement méprisez. On les apelle fauteurs de rebelles. Enfin jamais on ne vit l'heresie plus abatuë. Jamais elle n'espera moins de se pouvoir relever. Et toute-fois jamais le Duc de Guise ne fût plus sur ses gardes, il n'aprehenda jamais plus les Huguenots. Le sujet de sa crainte venoit de la retraite que le Prince de Condé venoit de faire. Il s'étoit allé jetter dans le Bearn. Cette action à quoy l'on ne s'attendoit pas fit une peine extreme au Duc de Guise. Il craignit qu'il ne se dressât quelque grande partie, & que le Roy de Navarre frere du Prince n'y eût part, quoyqu'il demeurât toûjours auprez du Roy, quoyqu'il protestât fort, que rien au monde ne l'éloigneroit jamais de son devoir. Comme il étoit dans cette aprehension, un prisonnier luy decouvre une chose qui luy montre que son pressentiment étoit bien fondé. Il luy dit que ces deux Princes assembloient bien du monde. Qu'ils devoient paroître auprez du Roy en grand apareil, que le Prince de Condé sur son chemin devoit faire declarer plusieurs Provinces. La Provence étoit infailliblement contée parmi ces Provinces. Car comme elle étoit sous le gouvernement du Comte de Tende le Prince ne manquoit pas de faire fond sur luy. Quoyqu'il en soit le Duc de Guise à cette nouvelle pense à prevenir des desseins qui se faisoient directement contre luy. Pour rompre d'un seul coup toutes les mesures de ces Princes, il prend resolution de les arrêter tous deux. La chose luy paroît assez difficile. Mais enfin il croit qu'il faut tout hazarder pour son salut. Voici le moyen dont-il se sert pour executer son dessein. Il fait publier que pour le bien des affaires du Royaume, on ne peut se passer d'Etats Generaux. Il dit luy même que le Roy y est tout resolu, qu'il veut donner cette satisfaction à ses peuples. Sur cela on envoye la nouvelle aux Provinces. On assigne les Etats à Orleans. Les Princes & les Grands Seigneurs du Royaume sont conviez à s'y trouver. Par-là le Roy de Navarre & le Prince de Condé ne peuvent se dedire d'assister à cette assemblée. Ils s'y rendent, ils sont arrétez prisonniers. Mais comme on n'avoit pas sujet de faire un pareil traitement au Roy de Navarre, on se contenta de le faire observer. On le veille, on le tient de si prés, qu'on empêche qu'il ne s'évade. Pour le Prince il est traité si rudement, que d'abord on luy donne des Commissaires. On luy fait son procez dans peu de jours. On le condamne à perdre la tête. On étoit sur le point de voir executer une condamnation si terrible; quand la mort du Roy divertit le coup : comme elle changea la face de toutes choses. Le Roy mourut d'un abscez dans l'oreille que sa mauvaise constitution avoit formé de longue main. Il mourut dans la dix-septiéme année de son âge. Son regne eût cela de fort remarquable, que l'heresie au lieu de s'avancer, fût au contraire fortement reprimée. Elle le fût à un point, que plusieurs Huguenots de Dauphiné & de Provence se virent contraints de quiter leur païs. Ils s'allerent habiter à Geneve. De-là Mauvans en conduisit une grande troupe en Savoye, lorsque les Vaudois de la valée de Pragela se souleverent contre leur Duc. Par où l'on peut assez juger de la fausseté d'une religion, qui met les armes à la main des sujets, contre leur Prince legitime.

ARGUMENT

ARGUMENT
DU DOUZIEME LIVRE.

HARLES IX. Roy de France, de Jerusalem, de Sicile, trentiéme Comte de Provence, parvient jeune à la Couronne. Sa jeunesse fomente les divisions du Royaume. La Reine sa mere se fait élire Regente. II. Les divisions de Provence s'augmentent. Tout se partage entre les Catholiques & les Huguenots. Le Comte de Tende se rend chef de ceux-cy. Le Seigneur de Carces devient chef des Catholiques. Qualitez du Seigneur de Carces. III. Divers Edits publiez pour & contre les Huguenots. Diverses assemblées faites pour la même chose. Le Roy envoye en Provence le Comte de Crussol & deux Commissaires de la Robe, pour faire executer l'Edit de Janvier, qui s'étoit fait pour les Huguenots. Le Seigneur de Flassans premier Consul d'Aix, fait de la peine à ces Commissaires. IV. Il sort d'Aix. Il se met en campagne. Les Comtes de Tende & de Crussol vont à Aix avec les Commissaires. Ils font publier l'Edit de Janvier. Cela fait ils vont contre le Seigneur de Flassans. Ils le chassent de Barjols. Ils exercent mille cruautez dans cette ville. Ils mettent en deliberation de poursuivre le Seigneur de Flassans. V. Le Comte de Sommerive est fait Lieutenant de Roy dans la Province. Comme il vient pour apuyer le parti Catholique, il est bien en peine d'entrer dans Aix. La fortune luy en donne le moyen, il entre dans Aix, le Parlement verifie ses lettres. VI. Le Comte de Tende se retire à Sisteron. Les Catholiques vont saccager Orange. Le Seigneur de Flassans revient à Aix. On y persecute les Huguenots. VII. Le Comte de Sommerive va assiéger Sisteron. Il leve le siége. Le Comte de Tende le poursuit, le bat, il s'en retourne dans Sisteron. Le Comte de Sommerive y va remettre le siége. VIII. Il prend la ville d'assaut. Le Comte de Tende se retire à Turin. Ceux qui sortent de Sisteron, s'en vont chercher retraite dans les montagnes du Dauphiné. Le Comte de Sommerive passe le Rône pour surprendre saint Gilles. Il est repoussé en chemin par le Baron des Adrets. IX. Le Duc de Guise gagne une bataille. Il est assassiné, comme il assiége Orleans. Cette mort fait emporter les Huguenots jusqu'à l'insolence. En Pro-

Rrr ij

-vence ils font peur même au Parlement. Le Roy fait en leur faveur l'Edit d'Amboise. Il envoye en Provence le Maréchal de Vieilleville pour le faire executer. X. Les Huguenots se plaignent du Parlement au Roy. Ils ont le pouvoir de le faire interdire. Le Roy envoye des Commissaires pour exercer la Justice Souveraine. Il éloigne d'Aix ceux qui pouvoient troubler les Huguenots. Le Seigneur de Vins est fait prisonnier, pour n'avoir pas voulu sortir de cette ville. XI. Le Roy entre en Provence. Il voit Nostradamus à Salon, qui predit secrettement au Duc d'Anjou & au Roy de Navarre, qu'ils seront Roys de France. Diverses opinions de Nostradamus & de son art. Jean Pena Provençal y est aussi habile. XII. Le Roy visite les villes & les lieux saints de Provence. Sur son depart il retablit le Parlement. Les Huguenots continuent à se plaindre du Parlement. Leurs plaintes se trouvent calomnieuses. XIII. Le Roy arrive à Bayonne. La Reine d'Espagne l'y vient visiter. Les Ministres de France & d'Espagne y projettent de detruire les Huguenots. Pour amuser les Huguenots, le Roy faint accommoder l'Amiral de Châtillon avec le Duc de Guise. Les Huguenots ne laissent pas de se tenir sur leurs gardes. Ils entreprenent de se saisir de la personne du Roy. Mort du Comte de Tende. Son fils succede à sa charge. Le Seigneur de Carces est fait Lieutenant de Roy. XIV. Les Huguenots de Provence se soulevent en divers endroits. Le Comte de Tende essaye de les adoucir, suivant l'ordre qu'il en reçoit du Roy. Puis il s'en va pour secourir le Château de Nimes. Son voyage ne luy reüssit pas. XV. Le Comte de Tende assiége Sisteron. Le Seigneur de Cipiéres son frere entre dans la place. Les deux freres font une entre veüe. Le Comte leve le siége de Sisteron. Le Comte de Carces fait une retraite fort honorable. Il bat les Huguenots qui veulent aller aprez luy. XVI. Le Comte de Tende va contre diverses places du Comtat. Le Seigneur de Cipiéres est assassiné dans Frejus. XVII. Les Huguenots remuent en divers endroits. On vend leurs biens pour leur faire la guerre. On les pousse par divers Edits. La Province envoye au Roy trois mille hommes conduits par le Comte de Tende. Les Huguenots perdent deux batailles en France. Ils ne relachent neanmoins rien de leur vigueur. Quelques uns de Provence se retirent dans leurs maisons. Leur retraite est prise pour un augure de paix. XVIII. La paix se fait. On fait tout ce qu'on peut pour attirer le Roy de Navarre, le Prince de Condé, l'Amiral de Châtillon. L'Amiral fait sa paix en particulier. XIX. Le Roy de Navarre se marie avec la Princesse Margueritte sœur du Roy. L'Amiral est blessé revenant du Louvre. Les Huguenots son massacrez à Paris, dans la nuit qui precede la fête de saint Barthelemi. Le massacre est évité en Provence par la prudence du Comte de Carces. XX. Le Roy de Navarre & le Prince de Condé se font Catholiques. Le Roy fait assiéger la Rochelle. Le siége est pressé par le Duc d'Anjou. Comme ce Prince est élu Roy de Pologne, il offre à cette ville de fort honnêtes conditions, sous lesquelles elle se rend. XXI. Les Huguenots de Provence font dessein sur diverses villes. Le Seigneur de Vallavoire surprend Menerbe bonne place du Comtat Venaissin. XXII. Le Duc d'Anjou pretend à la Lieutenance Generale du Royaume. La maladie du Roy le fait encore aspirer plus haut. Il pretend de succeder à la Couronne au prejudice du Roy de Pologne son frere. Son dessein est decouvert, ses favoris en portent la peine. Mort du Roy.

HISTOIRE DE PROVENCE.

LIVRE DOUZIEME.

E regne ouvre la porte à tant de mal-heurs, qu'on n'en vît jamais de plus grands, de plus deplorables. Tout ce qu'à produit d'horrible en divers temps la guerre civile, se trouve ramassé dans celuy-cy. Tout ce que l'entêtement d'une fausse religion inspira jamais à des peuples divers, se voit pratiqué dans la seule France. On juge assez par-là quelles desolations & quelles miseres y vont introduire la guerre civile & la nouvelle religion. L'une va s'armer de toute sa fureur. L'autre va étaler insolemment tout son zele. Celle-cy sous pretexte d'une ridicule reformation, va porter en tous lieux le desordre. L'autre sous couleur de chercher la paix si desirée, va tout remplir de meurtre & d'horreur. Ainsi pour toute reformation & pour toute paix, on ne verra plus d'orsenavant, qu'audace, que licence, qu'émotions, que renversemens. Ces mal-heurs ne manqueront pas de trainer aprez eux leurs suites ordinaires. Provinces soulevées, villes en armes, citoyens bannis assassinez, campagnes ravagées, Chateaux abatus, Eglises demolies, Religieux mal-traitez, vierges violées, Prêtres massacrez. Enfin les choses en seront reduites à ce point, qu'on ne verra par tout que sang que carnage : que la France ne sera plus qu'un theatre où l'heresie, où la sedition vont representer mille tragedies. La Provence sera l'une de ses parties où ces representations y seront les plus cruelles. C'est peu de dire que la Noblesse y sera divisée en factions, que la Magistrature y sera méprisée, que les gens de bien

I. Charles IX. Roy de France, de Jerusalem, de Sicile, trentiéme Comte de Provence, parvient jeune à la Couronne. Sa jeunesse fomente les divisions du Royaume. La Reine sa mere se fait élire Regente.

y seront oprimez, que les villes y seront soulevées, que le plus grand parti sera contre la Royauté. Mais on y verra des Magistrats assassinez par leurs justiciables, des Gentils-hommes meurtris par leurs vassaux, des Consuls des villes assommez par le peuple, des Gouverneurs égorgez par leurs Officiers, l'étranger apellé au lieu du Prince legitime. On verra de plus étranges choses encore. On verra des amis infidelles, des parens se trahir mutuellement, des enfans s'armer contre leurs peres, des femmes conspirer contre leurs maris ; ces infidelitez des personnes les plus cheres, rendront suspects les lieux même les plus inviolables & les plus saints. On craindra dans la societé du lit, dans la communication de la table, dans la frequentation de l'Eglise, dans l'usage des Sacremens. Enfin tout sera si renversé dans cette saison, que ce qu'on fera pour éteindre le feu, sera ce qui l'enflamera d'avantage. La paix sera crûë un piége à plusieurs, la guerre sera funeste à tous. Quelques uns y trouveront à la verité de la gloire. Il s'y remarquera des exemples signalez. On verra des surprises des villes, des siéges, des combats insignes. Mais pourra-t'on celebrer des victoires, qui proprement ne seront que des assassinats, pourra-t'on loüer la valeur, qui donnera lieu à mille crimes. C'est assurément un des plus grands mal-heurs de ce siécle, que les gens de plus grand merite se soient signalez dans de si tristes occasions, qu'ils n'ayent peu faire sentir aux ennemis de l'Etat les traits de leur valeur. Pour le moins verra-t'on combien la Provence produisit alors de grands hommes, à qui il ne manqua que la gloire d'être naîs dans un meilleur temps. Cependant pour revenir à mon sujet, le Roy n'étoit que dans sa onziéme année quand il parvint à la Royauté : Cét âge fomenta beaucoup les factions de l'Etat. Il leur fit prendre de nouvelles forces. Les Huguenots s'en orgueillirent, croyant que la maison de Bourbon alloit refleurir. Ils s'imaginerent qu'il faloit de toute necessité, que la Regence fût deferée au Roy de Navarre. Les Catholiques se promettoient au contraire, que la maison de Guise subsisteroit toûjours, que ces Princes seroient maintenus, par le zele qui paroissoit en eux, pour l'ancienne religion du Royaume. Comme donc ces deux partis se fortifioient par ces reflexions, cela metoit fort en souci la Reine mere. Elle craignoit que les engagemens qui se prenoient à toute heure de part & d'autre, ne portassent les choses trop avant, & que l'un ou l'autre parti devenu trop fort, ne l'exclut tout-à-fait des affaires. Pour éviter que ce mal-heur luy arrive, elle entre secrettement en negociation avec tous. Elle fait esperer à chacun en particulier bonne part en l'autorité qu'elle tiendroit de sa defference. Elle assure les Seigneurs de Guise, que pour s'en remettre à leur conduite, elle affoiblira peu à peu les Bourbons. Elle promet aux Princes du Sang, qu'elle éloignera insensiblement ceux de Guise. Elle ménage avec tant d'art les uns, & les autres, que chacun croyant d'avoir la meilleure part dans sa faveur, tous consentent qu'elle soit declarée Regente. Le Roy de Navarre même qui devoit pretendre seul cette place, la luy cede tres librement. Il est vray que pour en venir à ce point, on luy promit de grands avantages, sur tout qu'on luy laisseroit le Gouvernement General sur toutes les Provinces ; qu'il ne se conclurroit rien dans le Conseil que de son aveu : qu'on l'aideroit au recouvrement de la Navarre. qu'on mettroit en liberté le Prince de Condé. Qu'on permettroit la liberté de conscience.

Comme on eût gaigné le Roy de Navarre par ces conditions, la Reine Mere fût facilement nommée Regente. Aprez quoy les Etats d'Orleans furent congediez. Les deputez s'en retournerent en leurs Provinces. Ce retour decouvrit le secret de la negociation pour la Regence, & quand le secret fût sceu de tout le monde, on vît les gens se diviser plus que jamais. En Provence sur tout personne ne demeura plus neutre. Tout se partagea entre Catholiques & Huguenots. Peuple, Bourgeois, Noblesse tous se declarerent. Les gens même de la première qualité prirent parti, jusqu'au Gouverneur le Comte de Tende. Ce Seigneur devoit sans doute être pour les Catholiques, & par le devoir de sa charge, & par l'honneur qu'il avoit d'être parent du Roy. Et toute-fois un interêt plus proche le fait declarer pour les Huguenots. Comme il voit que le Roy de Navarre & le Conétable étoient tout portez à ce parti-là, il juge que c'est le plus seur de les suivre. Il sçavoit quel est le pouvoir des Ministres, sur tout dans la minorité des Rois. Il n'ignoroit pas que dans ce temps-là, la Royauté reside presque seule dans leurs personnes. Ce fût aussi ce qui le fit resoudre d'entrer dans ce parti sans hesiter. Quelques uns neanmoins on crû qu'il y entra par une consideration de famille : que ce fût sa femme qui l'y entraina. Elle se nommoit Françoise de Foix. Le Comte l'avoit épousée en secondes nopces, & il l'aimoit extremement. Cette Dame pour moyener que le Seigneur de Cipiéres leur fils commun fût preferé par le pere au Comte de Sommerive fils du premier lit, comme celui-ci soûtenoit les Catholiques, elle fit que son mary soûtint les Huguenots. Elle s'imagina que par-là le Comte prendroit de l'aversion pour le Comte de Sommerive, & qu'il tourneroit son affection vers son autre fils. Que cela pourroit luy faire obtenir le droit d'aînesse. Elle jugea d'ailleurs qu'elle acqueroit au Seigneur de Cipiéres un grand apuy que celuy des Huguenots, qui sous le pretexte de Religion, ne manqueroient pas de porter ses interêts dans ses pretentions particulieres. Aussi connu-t'elle si bien qu'il ne se pouvoit jamais trouver d'occasion plus favorable, que rien ne pût l'empêcher de l'embrasser. La Duchesse de Savoye tâcha souvent de l'en detourner. Elle luy écrivit pour cela diverses lettres. Elle luy fit souvent connoître le tort qu'elle avoit d'aliener son mari du service qu'il devoit à l'Etat. Elle luy offrit d'obtenir tout ce qu'elle pourroit desirer de la Reine mere. Mais toutes ces lettres, toutes ces remontrances furent inutiles. Elle étoit trop prevenue par son propre interêt. Ainsi le Comte de Tende devint le chef du parti Huguenot, quoy-qu'il eût été durant assez long-temps protecteur declaré des Catholiques. Mais les Catholiques en perdant le Comte de Tende, ne laisserent pas d'avoir un grand chef. Ce fût le Seigneur de Carces qui prit sa place. Plusieurs grandes qualitez la luy acquirent. Entre autres sa conduite & son cœur, outre l'apui qu'il avoit dans le païs. Car la Noblesse

1561.
I I.
Les divisions de Provence s'augmentent. Tout se partage entre Catholiques & Huguenots. Le Comte de Tende se rend chef de ceux-cy. Le Seigneur de Carces devient chef des Catholiques. Qualitez du Seigneur de Carces.

luy deferoit tout. Le peuple avoit en luy toute creance. Enfin il ne luy manquoit aucune des qualitez, qui donnent d'ordinaire de la reputation & du credit. Il étoit froid & ferieux, il aimoit neanmoins fort le jeu. Mais cette paffion n'empéchoit pas que dans le jeu même il ne penfat aux affaires. Ce fang froid & ce ferieux, faifoit qu'il parloit d'ordinaire fort peu. De-là vient qu'on l'apelloit le muet. Cette qualité le rendit fi fecret qu'on ne fçeut jamais fes deffeins, que par le fuccez de fes entreprifes. Mais nonobftant cette aparance fevere, il ne laiffoit pas d'être tres-affable & de tres-facile accez. On remarquoit même dans ce temperamment une chofe bien agreable. C'eft qu'il ne parloit que fobrement de fes ennemis, & qu'il s'atachoit à payer fes amis beaucoup plus d'effets, que de paroles. Sur tout il parloit de luy avec tant de retenuë, qu'on ne le vit jamais fe venter de rien, quoy qu'il eût fait d'auffi belles actions qu'homme de fon fiécle. Car il s'étoit fort fignalé en Provence à la venüe de l'Empereur Charles V. Il n'avoit pas acquis moins d'honneur dans le Piémont, où il commanda un Regiment de douze compagnies, de cinq cens hommes châcune. C'eft ainfi que je le trouve dans mes memoires. Sans doute il étoit chef d'une des legions, que le Roy François I. avoit inftituées. Quoy qu'il en foit il acquit une grande gloire par tout, auffi-bien fur la mer, que dans les armées de terre. Car ayant reçeu le commandement des galeres, il fit des actions du plus grand éclat qui fe firent jamais. Entre autres il alla enlever dans le port de Barcelone la galere Reale. Il alla prendre & rafer le fort qu'on avoit nouvellement conftruit au port de Palamos : & enfin avec dix-huit galeres feulement, il batit foixante galeres d'Efpagne qui portoient l'Imperatrice. Il enleva tout leur équipage, toutes les munitions. Tandis qu'il fût dans cette fonction, il conferva l'autorité Royale, avec tant de rigidité, qu'il n'eût point d'égard pour les favoris même qui luy pouvoient nuire. Car comme le Cardinal de Lorraine qui paffoit Ambaffadeur à Rome, monta en mer à Marfeille, Nance qui le portoit dans fa galere, ayant arboré le fanal fur fon partement. Le Seigneur de Carces ne voulut pas fouffrir ce fanal à la veüe de la galere Reale. Il commanda à Nance de l'abatre. Nance refufe d'obeïr au commandement. Sur ce refus le Seigneur de Carces s'irrite. Il donne un foufflet à Nance en prefence du Cardinal. Comme cette action fût écrite à la Cour, le Conétable s'en offenfa d'une étrange maniére à caufe que Nance étoit fon parent. Pour cela le Seigneur de Carces eft mandé par le Roy, il fe rend à la Cour accompagné de foixante Gentilshommes. Cét apareil donne dans la veüe du Conétable. Il ne laiffe pas d'en faire des railleries avec fes amis. Il dit que le Seigneur de Carces venoit prendre le Louvre. Mais quoy qu'il pût dire, quoy qu'il pût faire, le Seigneur de Carces fe juftifia fi bien au Roy, qu'ayant fait voir que Nance avoit violé les loix de la mer, dans le temps qu'il avoit bleffé l'autorité Royale, il fût renvoyé avec éloges peu de jours aprez. Tant de belles actions, faifoient un fi grand bruit dans le monde, que les Venitiens effayerent d'atirer le Seigneur de Carces à eux. Il luy offrirent le commandement de leurs armées ; avec de grands établiffe-

mens.

mens. Mais ceux qu'il avoit dans son païs, ne souffroient pas qu'il se laissât aller à ces promesses. Il y possedoit plusieurs belles terres, qui peu d'années aprez furent érigées en Comté, il avoit de tres-puissantes alliances qui luy attachoient plusieurs grandes maisons, son épouse luy acqueroit celle de Brancas. Cinq de ses filles, celles de Trans, de Grignan, de la Verdiére, de saint Julien, de Soliers, ses deux sœurs, celles de Vins & de la Molle. Ces belles alliances se firent sans doute, par la consideration de sa personne. Ces grands biens s'acquirent par les soins ou par le bon-heur de Durand d'Amalric son ayeul. Cét homme cultiva si bien Jean-baptiste de Pontevez Seigneur de presque toutes ces places, que comme celuy-cy fait prisonnier en Catalogne, fût fort negligé par ses proches parens, il se tourna tout-à-fait pour l'autre. Il luy laissa toute sa succession, à la charge de porter son nom & armes. Cette adoption devint si considerable à la famille de Pontevez, que toute ancienne, toute illustre qu'elle est par une suite de plus de quatre siécles, au de-là desquels on la voit sortir par mâles de celle d'Agout, elle a reconnu les Comtes de Carces, pour une de ses plus belles branches & pour l'un de ses plus grands ornemens. Voilà par où s'éleva le Seigneur de Carces. Voilà comme il devint chef d'un grand parti. Voilà comment il se mit dans une si haute consideration, que cela seul auroit rendu sa prosperité tres-illustre, quand elle n'auroit pas acru, comme elle fit cette gloire par plusieurs belles & grandes actions.

Quand ces deux partis eurent à leur tête ces chefs declarez, on vit les esprits s'aigrir extremement de part & d'autre. On n'entend par tout que le nom de Papiste, d'Huguenot. De ces injures on en vient aux mains en plusieurs endroits, & des querelles des particuliers on passe souvent à des émutes. Ce mal ne regnoit pas seulement en Provence. Tout le Royaume en étoit infecté. Comme donc on ne voyoit par tout que seditions, les Ministres penserent à y aporter quelque remede. Le remede fût d'envoyer un Edit dans les Provinces, qui faisoit défenses de s'injurier, de s'entr-apeller Huguenots ni Papistes. Qui ordonnoit d'élargir les prisonniers detenus pour la Religion. Qui permettoit à ceux qui s'étoient retirez hors du Royaume depuis le regne de François I. d'y revenir pourveu qu'ils demeurassent Catholiques, ou de vendre leurs biens en cas qu'ils voulussent embrasser la Religion nouvelle. Mais ce remede ne guerit pas le mal, comme on l'avoit crû. On le vit au contraire s'étendre par la licence qu'on laissoit aux Huguenots. C'est pourquoy l'Edit ne subsista pas long-temps. Il fût même traversé par le Parlement de Paris, qui sous pretexte que l'adresse en étoit faite aux Gouverneurs, contre les loix du Royaume & contre l'usage, refusa de le verifier. A ces traverses le Cardinal de Lorraine ajoûta les siennes, & les fit extremement valoir dans le Conseil du Roy. Il remontra que l'heresie ne devoit pas être ainsi favorisée: qu'il faloit au contraire luy donner à dos; qu'il faloit reprimer, & non pas étendre une faction mortelle à l'Etat, une religion ennemie de la Monarchie. Il en dit tant que cela porta le Roy a entrer en Parlement avec la Reine sa mere, accompagné des Princes & de plusieurs grands. Là non seulement l'Edit

III.
Divers Edits publiez pour & contre les Huguenots. Diverses assemblées faites pour la même chose. Le Roy envoye en Provence le Comte de Crussol & deux Commissaires de la robe, pour faire executer l'Edit de Janvier, qui s'étoit fait pour les Huguenots. Le Seigneur de Flassans premier Consul d'Aix fait de la peine à ces Commissaires.

fût suprimé. Mais on resolut un Edit tout contraire, qui deffendit les assemblées, les atroupemens, les predications turbulantes & l'exercice de la nouvelle religion. Cét Edit fût apellé l'Edit de Juillet. Mais comme il fût mal soûtenu ; que même on convoqua deux mois aprez le fameux Colloque de Poissi, qui permit aux Huguenots de donner raison de leur creance, tout cela ne fit que les rendre encore plus insolens. Ils s'imaginent qu'il n'est pas au pouvoir du Roy de les detruire. Ils s'emportent à plus de desordres qu'auparavant. Ils courent par les champs. Ils abatent les Eglises. Ils disent que leur seule religion doit regner par tout. Comme on ne pouvoit reprimer cette insolence par les armes, on cherche à le faire par quelque autre moyen. Pour cela on convoque une assemblée par deputez de toutes les Cours du Royaume. La convocation se fait à saint Germain. Dans cette assemblée on discute tout ce qui se pouvoit faire. On juge par ce qui s'étoit passé, que la rigueur & que la clemence, étoient également impuissantes à guerir le mal. On delibere de prendre une voye moyenne. On convient qu'il faut faire un Edit qui permette l'exercice de la nouvelle religion, pourveu que les prêches se fassent hors des villes. Aussi-tôt l'Edit est dressé ; c'est l'Edit qu'on nomma l'Edit de Janvier, mais le Parlement de Paris le rejette, parce qu'il permettoit l'exercice de la nouvelle religion, à quoy il s'étoit toûjours oposé. Il souffre pour cela deux jussions. Enfin il ne pût reculer à la troisiéme, qui est portée par le Cardinal de Bourbon & par le Prince de la Rochesur-Yon. Il est donc obligé de verifier l'Edit. Il le verifie mais avec cette clause, que c'étoit pour obeïr à l'ordre exprez du Roy, atandu la conjoncture des affaires, & jusqu'à ce qu'il en eût autrement ordonné. Le même rebut que receut l'Edit dans le Parlement de Paris, il le receût dans le Parlement de Provence. Sur cela le Comte de Crussol vient par ordre du Roy dans le païs avec deux Commissaires, Antoine Fumée Conseiller au grand Conseil, Raporteur en la Chancelerie de France, & André Ponat Conseiller au Parlement de Dauphiné. Leur ordre étoit principalement de tenir la main à l'execution de l'Edit. Les deux Commissaires avoient encore un pouvoir plus ample. Comme les Huguenots faisoient des plaintes continuelles contre le Parlement, ils vinrent avec ordre de juger les affaires, qui concernoient le fait de la religion, & de prendre avec eux dix Conseillers de la Cour ou d'autres gens de robe. Quand ces Commissaires furent arrivez dans le païs, il n'eurent garde d'aller à Aix en droiture. ils craignirent l'humeur du premier Consul qui étoit à la tête des Catholiques. Et qui avoit entraîné ses collegues jusqu'à s'oposer à la verification de l'Edit. Ce Consul se nommoit Durand de Pontevez Seigneur de Flassans, Gentil-homme qui s'étoit fort accredité par son naturel chaud & violent, qualitez toûjours aprouvées en des saisons tumultueuses. Il étoit frere du Seigneur de Carces ; mais d'humeur si diverse à la sienne, qu'on ne vit jamais deux freres se ressembler moins. Car autant que l'un avoit de retenue & de sang froid, autant l'autre avoit d'emportement & de fougue. Homme aimant les troubles & les seditions. Il avoit alors un beau moyen de se satisfaire. Aussi le voyoit-on toûjours

1562.

parmi les atroupemens, toûjours entouré des gens prêts à tout faire. Avec ces gens il faisoit souvent le tour de la ville, ayant une croix blanche sur son chapeau. Il se faisoit apeller le Chevalier de la Foy, nom redoutable à la secte Huguenote, qu'il tenoit renfermée dans les maisons. Comme donc & par sa charge & par son humeur, il étoit maitre absolu de la ville, il pense à se maintenir en cét état. Pour cela il fait exactement garder les portes. Il met de canons sur les murs & sur les clochers. Les Comtes de Tende & de Crussol qui s'étoient arrêtez à Salon avec les Commissaires étoient bien en peine comment ils pourroient entrer dans Aix sans danger, pour y faire executer leurs ordres. Il s'avisent de s'adresser au Parlement. Ils luy envoyent le Vicomte de Cadenet avec une lettre de creance, & avec pouvoir de commander dans Aix. Avec ce pouvoir & avec cette lettre le Vicomte s'en vient à Aix. Il expose sa creance dans le Parlement. Il dit que le Comte de Tende son beau-frere & le Comte de Crussol son ami, aprenant les desordres qui se commetoient dans la ville, l'avoient envoyé pour y commander, comme leur procureur, atendant qu'ils pussent s'y rendre, quand il y auroit calmé toutes choses, avec l'assistance de la Cour. A cela il luy fût répondu que la Cour étoit bien aise que le commandement eût été mis entre les mains d'une personne de son merite, qu'elle l'apuyeroit de tout son pouvoir. Comme le Vicomte eût ainsi été reconnu pour Commandant, il s'en va faire le tour de la ville. Il fait descendre des murs & des clochers les canons que l'on y avoit mis. Il fait ouvrir les portes qu'on y avoit murées.

Sur cela le Seigneur de Flassans voit bien qu'il y avoit peu de seureté pour luy dans la ville. Pour éviter qu'il luy mésarrive, il se retire avec quelques Cavaliers. Comme ses amis ont nouvelles qu'il est aux champs, ils partent de chez eux, ils le viennent joindre. Sa troupe grossit & se renforce dans peu de jours. Alors il commance à marcher à enseignes deployées. Il publie qu'il vouloit combatre pour le soutien de la sainte Foy. Pour cela on voyoit sur ses enseignes les chefs de l'Eglise, ses gens marchoient avec un chapelet au tour du cou. Ils avoient à leur tête un Cordelier apellé frere Guillaume Taxil, qui avec le Crucifix à la main, les exhortoit de tout employer pour la sainte cause. Flassans marchant en cét équipage, arrive à Tourves, où il y avoit quantité d'Huguenots. Il s'y signale par le sang & par le pillage. Cependant les Comtes de Tende & de Crussol, arrivent à Aix avec les Commissaires. Ils entrent dans le Parlement. Ils font publier l'Edit avec apareil par toute la ville, où l'on voyoit marcher à la tête des trompetes, le Seigneur de Senas & Mauvans. Ils assignent deux lieux pour les prêches. L'un à la porte de saint Jean sous un grand pin, qu'il y avoit dans le jardin du Seigneur d'Aiguilles. L'autre hors de la porte des Augustins, sous une tente qui s'y devoit dresser. Cela fait ils introduisent le Capitaine Tripoli dans la ville avec des troupes, ils cassent les Consuls & le Conseil. Ils en mettent d'autres à leur poste, ils desarment les habitans. Ils n'oublient rien enfin de ce qui leur est suggeré pour se pouvoir asseurer de la ville. Ils travaillent si utilement à la chose,

IV.
Il sort d'Aix il se met en campagne, les Comtes de Tende & de Crussol vont à Aix avec les Commissaires, ils font publier l'Edit de Janvier. Cela fait ils vont contre le Seigneur de Flassans. Ils le chassent de Barjols, ils exercent mille cruautez dans cette ville. Ils mettent en deliberation de poursuivre le Seigneur de Flassans.

qu'aussi-tôt on voit les Huguenots maitres du pavé. Leurs livres commancent à se vendre publiquement, & leurs préches à se faire avec concours, même avec audace. Ce changement étonne & afflige les Catholiques. Ils sont contraints de se renfermer dans leurs maisons. Que si quelqu'un ose se montrer, on l'insulte d'abord, on l'outrage, on le traite avec derision & mépris. Entre ceux qui furent ainsi mal-traitez, on remarqua principalement le Seigneur de Colongue. Ce Gentil-homme est rencontré par la ville, ayant ses chapelets passez au cou. Aussi-tôt un gros de gens va sur luy & aprez mille iniures, on luy saute dessus, on le blesse. Le Parlement voyoit tout cela, mais il n'y pouvoit metre aucun ordre. Quand il arrivoit quelque tumulte, il mandoit vers le Vicomte de Cadenet, pour se plaindre à luy, mais les excuses ne manquoient pas, & il faloit bien les recevoir, puisqu'on n'étoit pas en état de faire autre chose. Cependant les Comtes de Tende & de Crussol, aprenant les ravages que faisoit le Seigneur de Flassans, prenent dessein de se mettre en campagne. Ils vont assembler leurs troupes à saint Maximin. Les troupes qui s'y trouvent sont tres-belles & en grand nombre. On y compte dix mille hommes effectifs. Car outre celles que le Comte de Crussol avoit avec luy, le Baron des Adrez, le Seigneur de Cipiéres y en menerent aussi de tres-lestes. Comme ils se virent avec tant de forces, ils ne douterent pas qu'il ne falut s'avancer. Neanmoins sçachant que dans la guerre les évenemens sont toûjours incertains, ils ne voulurent pas se charger seuls de ceux de cette entreprise. Ils voulurent avoir l'avis du Parlement, & luy écrivirent à ce sujet. Ils luy font sçavoir qu'ils recevoient tous les jours mille plaintes des courses & des autres maux que faisoit Flassans. Qu'il ravageoit, qu'il desoloit la campagne. Qu'il remplissoit le monde de terreur. Ils luy demandent s'il ne trouveroit pas à propos, qu'on allât à luy, qu'on reprimât ses courses, ses ravages. A cette lettre qui paroissoit fort honnéte, le Parlement fit une réponse pleine aussi d'honéteté. Il répondit pourtant sans s'expliquer sur la demande, parce qu'il ne pretendoit pas de favoriser en rien les Huguenots. Il écrivit donc que si le service du Roy requeroit que la Cour donnât son avis en cette rencontre, elle le donneroit fort librement. Mais que la matiére n'étant pas de son fait, elle ne pouvoit que s'en remettre à leur prudence : sçachant bien qu'ils se conduiroient de telle maniére, qu'ils n'useroient qu'utilement de leur pouvoir. Comme les Comtes virent cette réponse, ils se determinerent enfin de leur chef. Ils prenent dessein d'aller seuls contre le Seigneur de Flassans. Flassans sçachant la resolution qui vient de se prendre, va se jeter precipitemment dans Barjols. Ils croyoit d'y être fort en seureté, parce que la ville étoit toute Catholique, qu'elle avoit un assez bon château, que cela pourroit détourner ses ennemis de le poursuivre. Mais sur l'avis qu'il à qu'on ne laissoit pas d'aller vers luy, considerant que la ville étoit sans murailles, qu'on y entreroit tres-facilement, que le Château n'étoit pas assez fort, pour pouvoir resister à une armée, il ne juge pas à propos de demeurer là. Il sort, il gagne la campagne. Cela neanmoins n'empécha pas que les Comtes de Tende

& de Cruſſol ne s'en allaſſent droit à Barjols. Leurs troupes y entrérent avec violence. Elles y commirent des hoſtilitez, qui n'ont guere d'exemple dans l'Hiſtoire. D'abord on fait main baſſe ſur tout ce qu'on rencontre avec les armes. Puis on va vers la montagne voiſine, où les gens de metier & les païſans s'étoient retirez. Ce fût là que ſe renouvella le carnage. On precipite les uns au bas de la montagne, on écraſe les autres contre des rochers. On fait ſauter les autres ſur des hallebardes. On fait tout perir par diverſes morts. Aprez qu'il n'y eût plus rien ſurquoy la cruauté ſe pût exercer, on ſe tourne contre la religion, contre les perſonnes & les choſes ſacrées. On jette les prêtres dans des puits. On depoüille les autels, on abat les Egliſes. On emporte les calices & les ornemens. On déchire, on brûle les images. On triomphe ſur tout de la relique de ſaint Marcel. Ce ſaint eſt le patron & le ſaint tutelaire de cette ville. Elle en avoit le corps tout entier. Le ſoldat prend ce corps ſaint, il en fait mille prophanations, puis il le brûle avec riſée. Enfin il ſe fait conceder acte par quatre Notaires de ce qu'il venoit de faire, afin (diſoit-il) que les idolatres, n'euſſent plus occaſion d'idolatrer. Comme il ſembloit ne reſter plus rien à la fureur. Elle ajoûte neanmoins encore une ſcene à la tragedie. Le Viguier & les Conſuls que l'on avoit ſauvez du carnage, ſont conduits à Aix & dans peu de jours condamnez à mort par des Commiſſaires. Sans doute les chefs pretendirent de juſtifier par-là l'excez commis dans une ville, dont les Officiers politiques avoient été jugez digne de mort. Cependant les memoires dont je tiens cecy m'aprenent que Dieu ne tarda pas de tirer vengeance de quelques uns de ces ſacrileges. Car on remarqua qu'un nommé Fournier, qui avoit tiré une arquebuſade à la tête d'une image ſainte, reçût peu aprez à la tête le premier coup d'arquebuſe qui fût tiré lorſqu'on aſſiégea Pertuis : & qu'un autre nommé Baſtier, abſous de divers crimes dont on l'accuſoit, fût condamné neanmoins au feu, pour avoir volé dans le ſac de Barjols la cuſtode de la ſainte hoſtie. Ainſi l'impie trouve le chatiment de ſon crime, lors même qu'il s'en croit le plus à couvert. Du reſte cette journée combla de tant de joye les Comtes de Tende & de Cruſſol, qu'ils s'en glorifiérent par tout. Ils en parlerent comme d'une grande victoire, remportée ſur des rebelles, ſur les plus grands ennemis qu'eût le Roy. Ils en écrivirent en ces termes au Parlement. Ils prient la Cour d'en rendre à Dieu des actions publiques de graces, d'ordonner qu'on faſſe ſur cela des proceſſions. Mais le Parlement qui n'étoit nullement porté pour les Huguenots, ne témoigne rien moins que de la joye à cette nouvelle. Il ne fait pas même réponſe au compliment. Cependant comme tout fût achevé dans Barjols, on mit en deliberation ſi on pourſuivroit le Seigneur de Flaſſans, qui s'étoit retiré dans le château de Carces. Pluſieurs étoient d'avis de le pourſuivre. Ils diſoient qu'on avoit trop bien ,, commencé, pour laiſſer la victoire imparfaite. Qu'il ne faloit pas de- ,, meurer en ſi beau chemin. Qu'on n'avoit pluſque deux lieües à faire. ,, Que la priſe du chef des rebelles, étouferoit entiérement la faction, ,, rendroit abſolument la Province libre, feroit que le Roy ſeroit obeï ,,

„ par tout. D'autres étoient d'un sentiment contraire. Ils dirent qu'il ne
„ faloit pas pousser si loin la chose. Qu'il faloit se contenter d'avoir fait
„ fuïr le Seigneur de Flassans. Qu'il ne faloit pas en poursuivant son en-
„ nemi faire injure au Seigneur de Carces. Qu'il n'avoit fait à l'égard de
„ son frere, que ce qu'il auroit fait pour le moindre homme, qui se se-
„ roit refugié dans sa maison. Qu'aprez tout, quand on voudroit aller
„ jusque-là, l'entreprise seroit inutile. Car le Seigneur de Carces ne man-
„ queroit pas de s'avancer, sous pretexte de rendre honneur aux Comtes
„ & de faire évader son frere dans ce temps-là. Qu'ainsi l'on devoit crain-
„ dre que par ce tour, leur victoire ne devint un sujet de raillerie. Qu'il
„ valoit donc mieux conserver sa reputation entiére en s'arrêtant, que de
„ se mettre en danger de la perdre, en voulant s'avancer sans besoin.
Comme cét avis fût trouvé le plus judicieux, il entraina generalement tout le monde. Aussi-tôt le Comte de Tende reprend sa marche du côté d'Aix, pour rassurer son parti par sa presence. Il n'arrive pas plûtôt en cette ville, que le Seigneur de Carces s'y rend aussi. Il y vint pour faire compliment au Comte, afin que la retraite de son frere, ne fût imputée à quelque complot de sa part. Mais pour éviter que sa venuë en cette ville ne fût attribuée à quelque dessein de reveiller l'ardeur des catholiques, il en sort, dés qu'il eût fait son compliment. Dans le temps qu'il venoit à Aix, le Seigneur de Flassans alla se mettre à couvert dans le château de Porqueroles. Là il atendit quelque conjoncture favorable qui luy donnât moyen de se mettre aux champs. Comme le Comte de Tende eût affermi les choses dans Aix, il alla à Salon pour s'y delasser. Là suivant l'avis du Parlement, il licencie toutes les troupes, soit pour témoigner qu'il deferoit tout à cette compagnie, soit qu'il voulût soulager le Païs.

V. Le Comte de Sommerive est fait Lieutenant de Roy dans la Province. Comme il vient pour apuyer le parti Catholique, il est bien en peine d'entrer dans Aix. La fortune luy en donne le moyen. Il entre dans Aix. Le Parlement verifie ses Lettres.

Cependant la nouvelle de la prise de Barjols portée à la Cour, mit la Reine mere en grande peine. Cette Princesse étoit déja fort alarmée du bruit que faisoient par tout les Huguenots. Car ils s'étoient rendus maitres de Roüan. Ils avoient à eux les meilleures villes de châque Province. Le Prince de Condé s'étoit jetté dans Orleans avec grand nombre de Noblesse. Il avoit fait un manifeste qu'il faisoit repandre de tous côtez. Il en avoit rempli toute la France & toute l'Alemagne. Cela luy avoit acquis bien des partisans. La Reine mere donc craignoit avec raison, que la Provence ne s'infectât comme les autres Provinces. Pour éviter un coup si facheux, elle use de sa politique ordinaire. Elle prend dessein de tenir en balance les deux partis. Elle cherche un contretenant au Comte de Tende. Ce contretenant fut bien-tôt trouvé. Le Comte de Sommerive étoit à la Cour. La Reine mere l'envoye dans le Païs avec des provisions de Lieutenant general pour commander en l'absence de son pere. L'expedient fût proposé à la Reine par le Duc de Guise, auquel le Seigneur de Carces l'avoit insinué. Car il avoit fait partir pour cela le Seigneur de la Verdiére son gendre, qui fit toute cette negociation. On a dit que le Seigneur de Carces en faisant ce grand coup pour les Catholiques eût encores en veüe de faire un plus grand coup pour luy, il pensa qu'en obligeant le Comte de Sommerive, il pourroit s'atirer la Lieutenance Generale , si ce Comte devenoit un jour Gouverneur du Païs. Quoy qu'il en soit , on vit presque plûtôt le Comte de Sommerive dans la Province, qu'on n'aprit l'ordre qu'il avoit d'y commander. La chose s'étoit faite avec tant de celerité, qu'à peine le Seigneur de la Verdiére eût le temps d'en venir porter la nouvelle. Mais ce n'étoit pas tout que le Comte de Sommerive fût dans la Province. Il faloit qu'il pût entrer dans Aix , qu'il fît verifier son pouvoir au Parlement, qu'il fût reconnu dans la ville Capitale. Pour cela il faloit en chasser la garnison huguenote, ce qui paroissoit impossible à executer. Car les Huguenots étoient maitres de la ville. Leurs prêches se faisoient publiquement. Il ne se parloit plus que de leur doctrine. Le Capitaine Tripoli se trouvoit par tout. Il detournoit par sa diligence toutes les surprises qu'on auroit pû faire. Cependant quelque grande que fût son exactitude, le hazard rendit inutiles tous ses soins. Voici qu'elle fût l'occasion qui fit changer de face à la ville, qui remit les Catholiques en credit. Le Seigneur de Carces étoit parti de sa maison, pour aller joindre le Comte de Sommerive à son entrée dans la Province. Comme il passoit au devant de la chapelle de saint Marc, qui est à une lieüe d'Aix, il voit plusieurs gens atroupez qui témoignoient d'être fort en colere. Aussi-tôt que ces gens l'apperçoivent, ils se levent ils s'en vont vers luy. Ils se plaignent d'un outrage que les Huguenots viennent de leur faire avec mocquerie. Comme la plainte est faite en tumulte, un de la troupe luy en dit le détail. Il luy dit que ces gens qu'il voyoit c'étoient des Catholiques qui étoient venu faire leurs devotions à la chapelle de saint Marc dont c'étoit la fête. Qu'ils y étoient venus suivant l'ancien usage en chemise, nuds pieds, sans parler. Qu'en chemin ils avoient rencontré des Huguenots qui jetoient des graines d'épinar, qui par leur piqueures leur métoient les pieds tout en sang. Qu'ils en avoient rencontré d'autres qui en leur donnant de grands coups de foüets sur les jambes, leur faisoient perdre leur devotion, & rompre leur vœu. Que ces gens c'étoient des soldats de la garnison. Qu'ils avoient fait le tout avec mille derisions & mille oprobres à la honte de la Religion. Il ajoute que cette troupe étoit toute resoluë de se venger. Aussi-tôt tous s'empressent à luy demander sa protection. Ils disent que Dieu la envoyé là pour les guider dans l'execution du dessein qu'ils ont pris de chasser cette canaille de la ville. Sur cela le Seigneur de Carces ne manque pas de profiter de l'occasion & la tourner à son avantage. Il leur dit qu'ils pouvoient connoître par les injures qu'ils venoient de recevoir, combien la domination des Huguenots étoit insolente. Qu'ils devoient craindre qu'elle ne devint encore pire, par le redoublement qu'on alloit faire de la garnison. Que pour cela Mauvans amenoit des troupes. Qu'il n'y avoit pas donc un moment à perdre, s'ils avoient quelque chose à executer. Que pour luy il ne les abandonneroit pas ; s'ils avoient besoin de sa personne. Sur cette offre tous prenent la parole. Ils le conjurent de ne les point laisser sans vengeance, ils protestent d'obeïr à ses ordres aveuglement. Le Seigneur de Carces les voyant dans cette disposition, leur dit de se retirer sans rien dire, que pour luy il les suivra de prés, qu'il entrera dans la ville sur la nuit. Qu'alors ils pourront faire sçavoir à leurs amis, le traitement qu'ils ont reçeu des Huguenots, & leur faire connoitre le moyen que sa venuë leur donnoit de les mettre dehors, & de se délivrer par-là de leur tyrannie. Il n'en faloit pas dire d'avantage à des gens outrez qui bruloient d'envie de se venger. Ils partent, ils executent l'ordre ponctuellement. Ils échaufent si bien leurs amis, qu'à peine le Seigneur de Carces est entré dans son logis qu'on luy vient dire, qu'il y à cinq cens personnes à sa porte. Les Huguenots avertis de cet attroupement, commencent à craindre. Leur crainte s'augmente quand ils entendent les cloches sonner de tous côtés. Aussi-tôt pour empêcher qu'ils ne soient surpris, ils s'assemblent en divers quartiers de la ville. Sur tout à la place des Prêcheurs & à la porte de saint Jean. Ils envoyent prier le Capitaine Tripoli de s'y rendre. Mais Tripoli n'étoit plus en état de les assister. Car Melchior Guiran Gentil-homme tres-accredité, s'étant mis à la téte de quatre cens hommes du quartier des Fontetes, l'alla surprendre dans sa maison, le saisit & le mit hors de la ville. A cette nouvelle les Huguenots se troublent. Ils craignent qu'on ne fasse main basse sur tous. Ils demandent quartier à l'heure même. La grace leur est d'abord accordée. On les met dehors comme Tripoli. La ville demeure toute aux Catholiques. Ainsi le Seigneur de Carces par sa presence fit réüssir la journée des épinars, & donna pour ainsi dire au Comte de Sommerive l'autorité de la charge qu'il luy avoit procurée. En effet le Comte de Sommerive entre d'abord dans la Province. Il s'en vient à Aix fort accompagné. Le Parlement verifie son pouvoir. Aussi-tôt le Comte expedie diverses commissions. Il met sur pied six-vingt compagnies de trois cens hommes chacune. Pour l'entretenement de ces troupes, les Procureurs du païs font une levée de deniers. Le Parlement de son côté fait de tres-beaux réglemens pour la police. Enfin tous les corps font paroître qu'ils vouloient aller de concert avec luy, pour la défense des Catholiques.

VI.
Le Comte de Tende se retire à Sisteron. Les Catholiques vont saccager Orange. Le Seigneur de Flassans revient à Aix. On y persecute les Huguenots.

Le Comte de Tende étonné de tout cela, passe promptement la Durance, avec ce qu'il pût ramasser des siens. Il essaye de s'assurer des principales villes de cette contrée. La chose réüssit selon ses souhaits. Tout se declare à sa seule veüe, il n'y eût que Pertuis qui ne voulut point se declarer. Sur ce refus, il prend dessein d'aller dompter cette ville. Il l'assiege, & s'opiniâtre pour la reduire. Mais il n'avoit ni assez de troupes ni assez de canon. Il n'avoit plus avec luy le Comte de Crussol, qui avoit passé dans le Languedoc pour des affaires du Roy plus pressentes. De sorte qu'il étoit souvent repoussé par les assiegez, & n'avoit pas moyen d'avancer le siege. En cet état il craint que le Comte de Sommerive ne survienne, & qu'il ne le contraigne de deloger. Cela le fait resoudre à lever le siege. Il se va cantonner dans Sisteron. Sa retraite quoy que precipitée, fût neanmoins un coup de jugement. Car de cette extremité du païs, il pouvoit tout tenir en cervelle. Sisteron est une ville à la frontiere de la Province limotrophe du Dauphiné Elle est située sur une coline, entre deux montagnes & deux riviéres.

Les

Les montagnes font le Mulart & la Baume. Les riviéres, la Durance & le Buech. Cette ville est riche en fruits & en argent. Son terroir est bon. Son commerce est continuel avec Lion & Geneve. Mais rien ne la rend plus confiderable que l'avantage de fa fituation, qui la fait apeller la clef de Provence. C'est en effet par cét endroit bien plus facilement que par nul autre, que l'étranger fe peut introduire dans le cœur du païs. Aussi le Comte qui fçavoit les avantages de cette place la fortifie en diligence. Il fait fçavoir fon aproche au Baron des Adrets, un des chefs des Huguenots du Dauphiné, il le prie de fe difpofer à le fecourir, en cas qu'on l'ataque. Le Comte de Sommerive étoit averti de ces chofes, mais il ne pouvoit y aller remedier. Il étoit engagé dans d'autres affaires. Le Prefident de Lauris avoit lié pour luy une conference, avec le Seigneur Fabrice Serbellon, General des armes de l'Eglife dans le Venaiffin. Pour cela le Comte étoit preffé de fe rendre à Cavaillon. Il y alla fort accompagné. Il ne manqua pas de mener le Seigneur de Carces. Le Comte de Sufe de Dauphiné s'y rendit auffi. Là fe refolut l'entreprife d'Orange, qui fe meditoit depuis long-temps. Comme cette ville étoit l'apuy des Huguenots de la contrée, elle inquietoit extremement tout ce païs. Sur tout elle nuifoit fort aux fujets du Pape. Il étoit alors bien facile de la furprendre. Car elle fe trouvoit affoiblie par la fortie de quelques troupes, & par l'abfence du Seigneur de faint André. Saint André avoit pris une partie de la garnifon, pour aller delivrer le Prefident Parpaille, qui avoit été pris à Bourg fur fon paffage, comme il revenoit d'achepter des armes à Lion. L'occafion donc de furprendre Orange étoit tres-belle, auffi refolut-on d'en profiter. Sur cette refolution on affemble de tous côtez des troupes. Les Provençales s'y rendirent auffi-tôt. Elles avoient à leur tête le Marquis de Trans, les Seigneurs de la Verdiére, de Merargues, de Mondragon, du Caftelet, de Mejanes, de faint Marc, de Ventabren, de Briançon, de Mirabeau, de Fos, qui les avoient levées. A leur aproche la ville étonnée, demande d'abord à parlementer. Mais comme on connoit que ce n'étoit que pour gagner temps, & pour donner moyen au Seigneur de faint André de tourner tête, on ne s'arrête point à leur offre. On commence à faire joüer le canon. Auffi-tôt que la bréche est faite, on entre dans la ville en confufion. Tout éprouve la rigueur des armes. On emploit par tout le fer & le feu. La maifon même de l'Evêque ne peut fe fauver, quoyque les ravages fuffent faits par des Catholiques. On ne voit par tout que maffacres, qu'embrafemens. Comme le bruit de fe fac d'Orange faifoit trembler tous les Huguenots, le Seigneur de Flaffans fe fert de cette occafion. Il entre dans Aix, il reprend les marques confulaires. Ses amis fe metent fur le pavé. Ils ont le Commandeur de Cuges à leur tête. Ils menaçent les Huguenots qu'ils rencontrent. Ils les chargent d'invectives, d'imprecations. Le peuple qui fe voit apuyé ne s'arrete pas aux fimples paroles. Il en vient d'abord aux voyes de fait. S'il rencontre par les ruës quelque Huguenot, il court hoftilement contre luy. S'il voit quelque maifon de ces gens fermée, il la force, il l'ouvre, il la pille. Le Parlement étonné de ces violences, employe toute son autorité pour les arreter. Quelques mois auparavant il avoit fait publier un arrest, portant défenses à toutes personnes de se quereller, de chanter des chansons diffamatoires, de paroitre en masque, & d'aller la nuit plus de trois hommes assemblez, & donnant permission à tous particuliers d'emprisonner ceux qu'ils trouveroient en flagrant delit, & ceux qui violeroient les Edits & les ordonnances. Comme il voit que cét arrest étoit trop vaste, il en fait un autre plus precis, par lequel il defend le port des armes à toutes personnes, il ordonne une garde plus exacte des portes, il veut qu'on fasse des rondes sans intermission. Mais tous ces remedes se trouvoient impuissants, sur un peuple animé jusqu'à la rage. En effet on voyoit tous les jours quelque spectacle nouveau. On trouvoit tous les jours des hommes pendus au pin, où les Huguenots faisoient leurs préches. On voyoit quelques fois que des femmes même, alloient atacher d'autres femmes à ce pin, tant la fureur étoit generale. Enfin les Huguenots étoient persecutez d'une si horrible maniére, qu'on les insultoit jusqu'à la mort. Car à mesure qu'on les frapoit, on leur disoit, pague Barjols, comme pour leur reprocher le traitement qu'ils avoient fait aux Catholiques de cette ville, & que ce n'étoit que le retour de leurs cruautez. Quoy qu'il en soit ni zele ni ressentiment, ne purent excuser de si brutales actions qui dés-honoroient la justice & la ville capitale. Le Parlement voyoit avec bien du regret ces desordres; il ne sçavoit comment les empécher. Il mandoit souvent le Seigneur de Mantis, qui commandoit dans la ville pour le Comte de Sommerive. Il l'exhortoit de reprimer les frequentes seditions qui s'élevoient, il enjoignoit aux Consuls de luy donner main forte. Mais quelque diligence qu'on aportât pour arréter la populace, l'amour du butin l'avoit emporté sur le respect des Magistrats & des Loix. On avoit beau publier qu'on mettoit sous la sauvegarde du Roy les biens des Huguenots & leurs personnes. On avoit beau faire poser les panonceaux du Roy sur leurs maisons. Rien n'étoit capable d'arréter les seditieux. On les voyoit toûjours plus irritez. Il ne parloient que de sang, que de pillage. Cela fit que plusieurs de ce parti quiterent la ville. Entre autres six Conseillers au Parlement, François de Genas, Honoré Sommat, Charles de Chateau-neuf, André Pena, Jean Ferrier, Jean d'Arcussia & Jean Puget Avocat General. L'evenement montra qu'ils avoient bien fait. Car comme on les croyoit encore à la ville, on les alla chercher dans leurs maisons, & le lendemain de la permission qu'on eût pour cela le Conseiller Salomon fût trouvé mort à la ruë, couvert de blessures. A la verité ce meurtre fit une grande tache au parti Catholique. Mais s'étant commis subitement, & nonobstant la precaution des chefs, il semble que le parti tout entier n'en devroit pas avoir le blâme. Car le Seigneur de Flassans voyant que les gens murmuroient contre le Conseiller, l'avoit fait metre en prison pour les satisfaire en aparance; mais en effet pour empécher qu'il ne pût être insulté. Sur cét ordre les parens du Conseiller le prient de le faire conduire au couvent des Precheurs, avec escorte.

DE PROVENCE. LIV. XII. 517

Le Seigneur de Flaſſans leur accorde ce qu'ils demandent. Le Conſeiller eſt conduit dans ce couvent ſur la nuit. Mais en entrant, il eſt reconnu par une troupe de ſeditieux, qui l'arrachent d'entre les mains de ceux qui l'eſcortoient, le trainent hors du cloitre & le percent de mille coups de poignard. Le lendemain les Officiers allant au Palais, voyent le corps ſur le milieu de la ruë, où le peuple atroupé ſuivant ſa coûtume, inſultoit la memoire du défunt. Auſſi-tôt le Parlement ordonne qu'on enleve qu'on enterre ce corps.

Cependant dés qu'on fût de retour d'Orange, le Comte de Sommerive prit deſſein d'aller vers Siſteron. Sur cette nouvelle le Comte de Tende retire les garniſons qu'il avoit mis dans les principales villes. Sur tout celles de Forcalquier, de Manoſque, de Riez, de Barjols le vont trouver. Comme il aprend que ſon fils eſtoit en chemin, il vit bien qu'il luy faloit quiter cette ville, pour n'avoir pas la honte d'être pris. Aprez donc avoir laiſſé une garniſon de douze compagnies, & le Seigneur de Beaujeu pour gouverneur, il ſe retire vers la valée de Barcelone. Il prit ſa retraite de ce coté-là pour pouvoir dans le beſoin ſecourir la place ou gagner la Savoye, en cas de mal-heur. A peine le Comte de Tende eſt ſorti de la ville, que le Comte de Sommerive ſe preſente à Lurs où on luy ouvre les portes. Delà il va ſe rendre à Caſtél-Arnoux, où il prend les derniéres reſolutions du ſiege de Siſteron. Ce ſiege paroiſſoit aſſez difficile à ceux qui y penſoient atentivement. Car quoy que peuſſent dire quelques uns, que la place étoit mal fortifiée, qu'elle manquoit de canons pour ſe défendre, & de vivres pour fournir à tant de gens, qui s'y étoient retirez, on ſçavoit neanmoins que la ville étoit d'accez malaiſé, qu'elle étoit occupée par des gens reſolus à tout ſouffrir, plûtôt que de ſe rendre, qu'on ne pouvoit rien entreprendre d'utile qu'en diviſant l'armée en trois corps. Qu'il en faloit un ſur le pont du Buech, pour empêcher le ſecours du Dauphiné, un autre ſur le pont de la Durance, pour repouſſer ce qui pourroit venir du côté de la Province, & un autre pour former le ſiege & pour le preſſer. Que dans de ſi penibles fonctions, il faloit craindre que le ſoldat ne refuſât de ſervir. Qu'il murmuroit déjà de n'avoir eu ni rafraichiſſemens ni repos entre cette courvée & celle d'Orange. Ces reflexions quoy que judicieuſes, ne rebuterent pas le Comte de ſon deſſein. Il envoye reconnoître la place par le Capitaine Bouquenegre. Bouquenegre execute l'ordre. Mais en revenant il eſt ſurpris par ceux de Siſteron, mené dans la ville & pendu. Le Comte ne laiſſe pas l'action ſans vengeance. Il fait pendre un homme de Siſteron nommé Coſte, que l'on avoit pris au ſac d'Orange, & qu'on detenoit à Taraſcon. Aprez cela le Comte ſans plus rien ménager, part de Caſtel-Arnoux le dixiéme de Juillet, il ſe rend devant Siſteron, il y forme le ſiege, il ouvre la tranchée à une mouſquetade de la ville, vers le cartier ou étoit autre-fois le couvent des Cordeliers, il y met deux petits canons & deux couleuvrines. Dans le temps qu'il commence la tranchée, il commande deux compagnies qui vont ſe ſaiſir de la montagne voiſine, d'où ſe decouvre tout ce qui ſe fait dans la ville, & bien

VII.
Le Comte de Sommerive va aſſieger Siſteron. Il leve le ſiege. Le Comte de Tende le pourſuit le bat. Il s'en retourne dans Siſteron. Le Comte de Sommerive y va mettre le ſiege.

Ttt ij

loin aux environs. Aprez cela le canon commence à joüer. Les murailles font fortement batuës, il se fait une breche dans peu de temps; aussi-tôt on en vient à l'assaut. On marche avec grande esperance d'emporter la place. Mais la bréche n'étant pas raisonnable, les assaillans sont bien-tôt repoussez. Les assiegez prenent cœur de ce premier succez. Ils sortent de nuit, ils vont ataquer la montagne. Le combat est rude & opiniatre. On se defend vigoureusement jusqu'au jour. Mais enfin il falut lacher prise, quoy que la perte fut égale des deux côtez. Sur le bruit de ces prosperitez, le Comte de Tende prend courage. Il se jette dans la ville avec du secours. Sa venuë comble tout le monde d'allegresse. On repare la bréche sur le champ, & tout se remuë pour delivrer sa patrie, & il n'est pas jusqu'aux moindres femmes qui ne veüeillent avoir part à l'honneur. Toutes portent bois, pierres & tout ce qu'il faloit pour se deffendre. Le Comte de Sommerive aprenant cette ardeur, juge bien qu'il perd sa peine dans ce siege, qu'il y avoit plus à craindre qu'à esperer, que les assiegez ne manqueroient pas de l'incommoder par des frequentes sorties, que le Baron des Adrets le pourroit venir ataquer, comme on l'en menaçoit. Tout cela l'oblige de penser à la retraite. Il part, il va passer la Durance à Castel-Arnoux. Il se saisit du lieu de l'Escale, & se campe en la plaine qui est entre ce

Le 18. Aoust. village & celuy des Mées. Il trouve ce poste si avantageux, qu'il prend occasion de s'y arrêter quelques jours, pour donner quelque relâche à ses troupes. On a dit que ce fût pour empêcher qu'elles ne se debandassent tout-à-fait. Car depuis la levée du siege de Sisteron, il luy manquoit plus de deux mille hommes, il se trouva plusieurs compagnies reduites aux seuls officiers. Comme on ne sçavoit à quoy atribuer cette desertion, le Comte de Sommerive s'avise de tenir le reste dans un camp clos. Ce fût pour cela qu'il s'arrêta en ce lieu, tout entouré de riviéres & de montagnes, hormis un seul côté qu'il ferma par un triple fossé. Cependant la levée du siége & ce depart si precipité, donnerent du cœur au Comte de Tende. Il prend dessein d'aller contre son fils. Il sort tout resolu de le combatre, quelque part qu'il le puisse trouver. Le lendemain de sa marche il le trouve. Il ne s'avise pas de se camper comme luy. Il va droit sans le marchander, il l'ataque. Le Comte de Sommerive le reçoit fierement. Les armes se mélent. Châcun dispute long-temps la victoire. Mais la vigueur de l'ataque est si grande, qu'elle fait enfin plier les ataquez. Ils commencent à se refroidir, voyant que Mauvans a tué le Seigneur de la Verdiére. La perte d'un homme de cette importance fait craindre à chacun un pareil destin. Les soldats lâchent le pied, à leur exemple quelques officiers se relachent. De sorte que si le Comte de Tende eût voulu pousser sa victoire, asseurement la guerre se fut terminée ce jour-là. Mais sa molesse & sa lenteur donnerent moyen au Comte de Sommerive de rallier ses troupes. Il agit, il se remuë, de maniére que châcun revient dans son devoir. Au lieu qu'auparavant ses gens étoient seulement sur la défensive, ils vont alors ataquer l'ennemi. Le Seigneur de la Molle Colonel des Legionnaires se met à leur tête. Tous marchent avec une envie extreme de reparer leur deshonneur. Le Comte de Tende qui les voit venir avec cette ardeur, craint de perdre l'avantage de cette journée. Cela l'oblige de refuser de combatre. Il se retire, il va se jeter dans Sisteron. Le Comte de Sommerive piqué de n'avoir point son retour, dans une si belle occasion, le suit. Il essaye de l'atirer au combat. Comme il ne peut en venir à bout, il va le renfermer dans Sisteron, il remet le siege devant cette ville. Il commance à la bâtre du côté du Dauphiné. Durant que le canon joüe sans intermission, on vient dire au Comte que le Seigneur de Montbrun aproche, qu'il vient au secours des assiegez. Sur cet avis il prie le Comte de Suse qui luy avoit amené quelques troupes, d'aller au devant de Montbrun, & de le combatre. Le Comte reçoit la prière avec joye. Il s'avance il rencontre Montbrun vers le bois de Lagran à une lieüe d'Orpierre. Il l'ataque, il le fait reculer, & enfin il le met en fuite. Les fuyards se sauvent la plus part sur des arbres, à la faveur de la nuit qui survient. Cependant le vainqueur ne laisse pas de pousser. L'obscurité de la nuit qui le surprend, n'empêche pas qu'il ne poursuive sa pointe. Il passe toute la nuit dans le bois, pour voir le lendemain ce qu'étoit devenu l'ennemi. Le lendemain ne trouvant plus personne à qui parler, il revient sur ses pas dans le Siége. En revenant les soldats aperçoivent ceux qui étoient montez sur les arbres. Ils ne manquent pas de tirer sur eux. Ils abatent tous ceux qu'ils voyent, ils emportent leurs casaques jaunes & violetes, & le Comte de Suse revient avec deux piéces de campagne qu'on luy avoit prises à sa defaite de Vauréas. Dans le temps que le Seigneur de Montbrun venoit du côté du Dauphiné, le Baron des Adrets entroit d'un autre côté dans la Province. On aprit tout à coup qu'il étoit vers Apt. Cét aproche à sept lieües d'Aix, donna sujet au Parlement d'aprehender les armes Huguenotes. Il apelle le Seigneur de Porriéres. Le Seigneur de Porriéres se rend d'abord à Aix. Il visite la ville, il asseure qu'avec six cens hommes, il la défendra contre le Baron des Adrets. Le Seigneur d'Oliéres vient offrir aussi son service au Parlement. Le Parlement accepte volontiers son offre. Mais sur la nouvelle que le Baron des Adrets s'étoit éloigné, le Seigneur de Porriéres & luy se retirérent. Avant neanmoins que de quitter la ville, il souhaiterent de faire compliment à la Cour. Cela leur fût accordé fort agreablement. La Cour étoit alors en vaccations. Ils entrérent donc tous deux ensemble dant la chambre. Ils prirent place au bureau. Ils témoignérent à la Compagnie que ce leur étoit une grande gloire d'avoir été jugés capables de la servir. Ils assurérent qu'ils n'avoient rien tant à cœur que de pouvoir luy rendre leur obeïssance en toutes rencontres. Aprez qu'ils furent sortis de la chambre, on deputa deux Conseillers pour les aller remercier au nom du Parlement, & pour les asseurer qu'il conserveroit la memoire d'un si grand service, pour leur en faire paroître sa gratitude dans les occasions.

Le 2. Septembre.

Cependant le siege de Sisteron se pressoit toûjours. Le canon joüoit toûjours d'une force égale. Rien neanmoins n'incommodoit tant que deux couleuvrines, logées en la plaine vis-à-vis de l'hôpital. Cette ba-

VIII.
Il prend la ville d'assaut. Le Comte de

Tende se retire à Turin, ceux qui sortent de Sisteron s'en vont chercher retraite dans les montagnes du Dauphiné. Le Comte de Sommerive va passer le Rône, pour surprendre saint Gilles. Il est repoussé en chemin par le Baron des Adrets.

terie fit non seulement une breche de cent quarante pas ; mais elle empécha les assiégez de la pouvoir défendre. Les assiégeans voyant cette grande ouverture, ne perdent point de temps, ils vont à l'assaut. Ils y vont d'une hardiesse extreme. Il donnent, mais ils trouvent aussi parmi ceux qui se défendent beaucoup de cœur & beaucoup de fermeté. Ils trouvent sur la bréche le Baron de Senas & Mauvans, qui animoient tout le monde par leur exemple. Ils donnoient du courage jusqu'aux femmes, qui sans s'étonner de tant de morts & de tant de mourans, qu'elles voyent par tout, portent de la terre, des fassines, des matelas pour fermer la bréche. Dans ce combat personne ne se relache. On ataque. On se défend d'une égale ardeur, jusqu'à ce que la poudre vient à manquer à tous. Alors on est obligé de se retirer, aprez que le combat eût duré sept heures. Les assiégez étoient si fatiguez de cette courvée, qu'il leur eût été tout-à-fait impossible de soûtenir un second assaut. Les chefs voyant les choses en cét état, jugent bien qu'ils s'opiniâtreroient inutilement dans la place, qu'il valoit mieux penser à s'en retirer. Dés qu'ils eurent pris cette resolution, ils apellerent ceux qui gardoient la bréche. Ils prirent pour pretexte la grande pluye, qu'ils avoient soufferte, qui faisoit qu'ils avoient besoin de se secher. Ils mirent une compagnie des gens de Merindol en leur place. Aprez cela châcun se prepare pour sortir. L'avis se donne à l'oreille de l'un à l'autre. On sort à la faveur de la pluye & de la nuit. Soldats, bourgeois, hommes, femmes avec leurs petits enfans, tous se pressent. Mais la sortie ne fût pas si facile que l'on se l'étoit imaginé. Car il falut forcer le corps de garde du pont du Buech, dont pourtant les soldats lâcherent le pied, aprez avoir fait quelque resistance. Ce bruit éveilla les assiégans, qui s'étoient endormis à la faveur de la pluye. Aussi-tôt ils sautent sur leurs armes. Ils sont commandez d'aller à l'assaut. Cét assaut soûtenu par des gens intimidez, abatus, abandonnez fût leger. Mais il ne laissa pas d'être plein de sang & de carnage. Car on monte fiérement sur la bréche. On entre dans la place, où l'on tuë, où l'on pille tout sans exception. Le Comte de Sommerive entre dans la ville, il voit cette desolation sans s'émouvoir. Aprez quoy il en sort laissant pour garnison sept compagnies, avec le Seigneur de Montagne pour commander. Cependant ceux qui étoient sortis au nombre d'environ quatre mille personnes, vont chercher azile dans les montagnes du Dauphiné. Ils avoient à leur tête le Baron de Senas & Mauvans. Mais ces chefs ne peurent les garantir de bien de miseres qu'ils souffrirent ; ils sont enfin contrains de descendre vers Grenoble, & de-là d'aller atendre à Lion que la paix les pût ramener un jour dans leurs maisons. Pour le Comte de Tende il gagna Turin, & laissa par son éloignement la Province à la disposition des Catholiques. Aussi les Huguenots se ressentirent bien-tôt de cette retraite : Car ils furent persecutez par tout. Le Parlement délibera que les officiers de la Cour & tous autres feroient profession de foy. Il fit arrest contre ceux qui avoient pris les armes, contre ceux qui avoient pillé les Eglises. Cét arrest fût fait à l'imitation de celuy du Parlement de Toulouse, qui avoit ordon-

Le 28. Septembre.

DE PROVENCE. LIV. XII. 521

ne la même chose, & de celuy du Parlement de Paris qui les avoit precedez. Cét arrest du Parlement de Paris donna lieu aux plaintes du Prince de Condé. Il dit que plûtôt que de condamner ceux qui ne le suivoient que pour se défendre, on auroit bien mieux fait de condamner le parti Guisard, qui broüilloit jusqu'aux païs voisins. Et alegua la jonction que le President de Lauris avoit moyenée du Comte de Sommerive avec Serbellon. Cependant le bon succez du siége de Sisteron, donna tant de goût au Comte de Sommerive pour les armes, qu'il prit dessein de les porter au de-là de son Gouvernement. Voici ce qui luy donna cette envie. Le Seigneur de Joyeuse Lieutenant de Roy dans le Languedoc assiégeoit Montpeiller. Les Huguenots s'étoient avancez jusqu'à un village nommé Latet, d'où ils le tenoient comme enfermé dans son camp. Le Comte de Sommerive aprenant ce qui se passoit, creut qu'il seroit à propos de se servir de ce temps, pour aller surprendre la ville de saint Gilles. Cette ville occupée par les Huguenots, incommodoit si fort Arles qui étoit Catholique, que son commerce en étoit absolument interrompu. Cela fit prendre au Comte de Sommerive le dessein, de rendre libre tout son Gouvernement. Il passe le Rône avec le Comte de Suse. Mais comme il marche dans une pleine assurance, il est soudainement ataqué. Le Baron des Adrets averti de son dessein, s'étoit detaché pour le venir surprendre. Il luy donne dessus sans le marchander. Il le traite si rudement que les Provençaux tout épouvantez prennent la fuite. Rien n'est capable de les retenir. Ni les remontrances, ni les menaces ne peuvent rien sur leur crainte. Le Comte de Sommerive est contraint de se retirer. Il perd grand nombre des siens, son canon, son bagage. Quelque mal-heureuse neanmoins que fût sa retraite, il ne laissa pas de conserver tout son jugement. Il fait abatre le pont du Rône. Il laisse des troupes sur le bord pour empêcher les ennemis de passer deça, dans l'occasion que sa retraite leur donnoit de venir ravager la Province.

Dans le temps que la Provence étoit agitée, le reste de la France n'étoit pas fort en repos. On avoit bien essayé de le procurer par diverses propositions qui se firent ; mais elles n'aboutirent qu'à aigrir d'avantage les esprits. Délors aussi les deux armées s'éloignerent. Châcun alla faire son coup en divers endroits. L'armée Huguenote alla se saisir d'Orleans. La Catholique alla saccager Blois & Poitiers, prendre par composition Tours & Bourges. Le Prince de Condé prend ce temps pour faire une grande enrreprise. Il veut aller assiéger Paris. Le Roy reçoit aussi-tôt avis de ce dessein. Il va se jetter dans cette ville. Sa presence rassure si bien tout le monde, dés le commencement de ce siége, qu'on y vecut comme en pleine paix. Le Prince eût beau vouloir les presser, On tint si peu de compte de ses efforts, que la justice ne fût jamais interrompuë, que les écoles ne se fermerent point. Il se mit un si bon ordre par tout, que ses ataques furent inutiles. Cela l'obligea de se retirer. Comme il voit qu'il a manqué son coup, il se tourne vers la Normandie ; il prend dessein de s'aller emparer de cette Province, ou de la ravager en cas qu'elle ne voulut pas ceder. Il y avoit déja un bon

IX.
Le Duc de Guise gagne une bataille. Il assiége Orleans, il est assassiné. Cette mort fait emporter les Huguenots jusqu'à l'insolence. En Provence ils font peur même au Parlement. Le Roy fait en leur faveur l'Edit d'Amboise. Il envoye en Provence le Maréchal de Vielleville pour le faire executer.

pied, étant maitre du Havre de Grace, où il atendoit un secours considerable. La Reine d'Angleterre luy devoit envoyer six mille hommes, & cent mille écus. Il crût qu'en tout cas ce voyage ne seroit pas inutile, où il pourroit fortifier son armée & la rafraichir. Il marcha donc de ce côté-là. Aussi-tôt le Conetable & le Duc de Guise ont avis de sa marche, ils resolvent de l'aller croiser. Ils partent, ils font une si grande diligence, qu'encore qu'ils ne fussent partis que trois jours aprez le Prince, ils le devancerent neanmoins de beaucoup. Ils allerent luy couper chemin auprez de Dreux. Ils le reduisirent à ne pouvoir éviter la bataille. Le Prince ne pouvant reculer, témoigne avoir la même envie que le Conetable & le Duc de Guise. En même temps les armées se mêlent. On combat de part & d'autre d'une égale ardeur. Cela fait balancer long-temps la victoire. La prise du Prince & du Conetable la tient encore plus en suspens. Mais le Duc de Guise qui avoit un corps de reserve, va chercher l'Amiral, il le pousse, il l'oblige de se retirer; cette retraite ne fût pas neanmoins la seule marque de la victoire. Le Duc outre le champ de bataille qui luy demeure, reste aussi maitre du bagage & du canon. Sur cela les Catholiques le pressent de tous côtez de pousser plus loin la prosperité de ses armes, d'entreprendre le siége d'Orleans; ils moyenent que le Roy luy en donne l'ordre. Aussi-tôt le Duc marche vers cette ville. Il y met le siége. Il le presse avec ardeur. Mais son ardeur luy coûta la vie. Il est assassiné par Jean Poltrot. Les Huguenots sont chargez du crime. Les Catholiques en demeurent si abatus, qu'ils commencent à parler de paix. Mais les Huguenots qui croient que la proposition se fait par foiblesse, en deviennent fiers & orgueilleux. Ils s'imaginent d'avoir tout gagné par la mort du Duc de Guise & par la prison du Conétable. Ils s'assurent qu'on n'oseroit plus rien entreprendre contre eux. Dans cette opinion dont ils se flatent, ils s'abandonnent à leurs premiers emportemens. Dans les Provinces ils se font plus craindre que jamais. En Provence sur tout ils s'emportent jusqu'à la rage, jusqu'à se faire craindre du Parlement. Car je trouve que le Parlement ne se croiant pas en seureté dans Aix, resolut d'aller tenir sa seance à Marseille. Mais l'absence du Comte de Sommerive luy donnant le Gouvernement de la Province empêcha la resolution de quiter Aix. Seulement pour retenir les mutins, il apelle le Seigneur de Carces. Il luy donne le pouvoir de commander dans Aix. Il luy permet de s'assembler avec deux Presidens & quatre Conseillers, les Procureurs du Païs apellez, pour chercher de l'argent & pour ordonner des affaires de la Province. Durant que cette Commission s'execute, il vient nouvelle de la reddition d'Orleans & de la conclusion de la paix. La paix produisit la liberté du Prince, celle du Conétable & l'Edit d'Amboise. Cét Edit permit aux Gentils-hommes Huguenots, qui avoient la haute Justice dans leurs terres, d'y faire l'exercice de leur religion; aux autres qui habitoient à la campagne de faire le même exercice avec leur famille dans leurs maisons. Il ordonna qu'en chaque Province on assigneroit des villes pour faire la même chose; & qu'hors de ces villes personne ne pourroit

roit pretendre de profeſſer publiquement cette religion. Quand cét Edit fût porté dans la Province, le Parlement refuſa de le verifier. Sur ce refus le Roy écrit au Parlement. Il luy fait ſçavoir qu'il a été obligé de donner cét Edit pour remettre la ville d'Orleans dans l'obeïſſance, & pour faire ceſſer le pretexte que celle de Lion prenoit de ne point deſarmer qu'on n'eut ſatisfait les Huguenots de Provence. Qu'enfin le bien general de ſon Royaume, demandoit qu'on le verifiat. Aprez que cette lettre fût leüe. Le Parlement s'aſſemble tout de nouveau. Il mande les Procureurs du païs, & leur communique cette lettre. Les Procureurs du païs proteſtent que ſuivant la deliberation des Etats, ils ſont obligez de former opoſition au retabliſſement des prêches. Que la choſe étant ſi contraire aux ſaintes inſtitutions de l'Egliſe Catholique, auſquelles les Provençaux ont toûjours été ſoûmis, ils ne pouvoient aprouver l'execution de l'Edit. Cette proteſtation eſt apuyée de l'adherence des gens du Roy. Cela fait que le Parlement ſans s'arrêter à la lettre du Roy prononce que ſuivant ſon arreſt donné les Chambres aſſemblées le vint-ſixiéme Mars dernier, ni prêches, ni autres exercices de ceux de la nouvelle religion, ne ſeroient permis dans la Province. Tout cela ſe faiſoit à la veüe du Comte de Tende, que le Roy fit retirer dans la Province, afin qu'il tint la main à l'execution de l'Edit. Mais voyant que le Comte n'étoit pas aſſez fort pour pouvoir rien avancer, il envoye dans la Province le Maréchal de Vieille-ville, & le premier Preſident du Dauphiné. Dés que ces deux Seigneurs arrivent à Aix, ils aſſemblent les principaux du Parlement & de la Nobleſſe. Ils leurs font comprendre la neceſſité qu'il y a que l'Edit ſoit reçeu: que le bien de l'Etat demandoit; que dans la diſpoſition ou ſont les choſes, les bons François doivent contribuër à le faire recevoir. Aprez ce diſcours en general, ils entrent dans le détail de l'affaire. Ils les font convenir que tous ceux de la Religion nouvelle, reviendront librement dans leurs maiſons. On leur aſſigne la ville de Seine, & le lieu de Merindol, pour y faire leurs prêches. Dans l'état où étoient les choſes, il étoit impoſſible de faire autrement. Neanmoins le Parlement témoigna bien de la peine à s'y reſoudre. Il ne pouvoit conſentir auſſi de recevoir ceux du corps qui s'étoient abſentez. Cela fit qu'il ne donna point de reponſe ſur cet article. Le Maréchal voyant qu'on ne ſe determine pas à executer la reſolution qui s'étoit priſe, entre dans dans le Parlement avec le premier Preſident du Dauphiné. Il dit qu'ayant eu le bon-heur de pacifier la Province, il ne luy reſtoit plus que l'avantage de voir les officiers rétablis dans le Palais. Que c'étoit la ſeule choſe qui reſtoit à faire, pour l'entiére execution de la volonté du Roy. Que dans l'aſſurance que la Compagnie la voudroit accomplir avec joye, il les avoit amenez, pour luy procurer ce contentement. Cela dit les officiers ſont admis au ſerment, & le Maréchal ſe retire.

Cependant le Roy parvenu dans ſa majorité, témoigne de vouloir conſerver la paix établie par l'Edit d'Amboiſe. Il fait ſçavoir ſon intention par les divers Ambaſſadeurs qu'il envoye à la Reine d'Angleterre,

X.
Les Huguenots ſe plaignent au Roy,

aux Suisses & à tous les Princes protestans. Il la montre aussi par le soin qu'il prend de remedier aux plaintes qui luy sont faites. A ces nouvelles les Huguenots s'éveillent. Ils ne manquent pas de luy porter des plaintes de toutes parts. On voit bien-tôt à la suite de la Cour des deputez de toutes les Provinces. Les Provençaux ne sont pas des derniers à s'y rendre. Ils ne font pas moins de bruit que les autres des contraventions qui se faisoient à l'Edit. Mais ils se plaignirent sur tout du Parlement. Ils disoient que dans le refus qu'il avoit fait de deferer à l'Edit d'Amboise, on voyoit assez qu'il prenoit à tâche de s'oposer aux volontez du Roy. de-là l'on prend sujet de remonter jusqu'à l'affaire de Merindol: de representer en détail les violances, qui leur avoient été faites: de faire remarquer que le Roy n'avoit pas eu assez de pouvoir, ni assez de force pour les mettre à couvert des persecutions: que le Parlement n'avoit pas manqué de proteger toûjours contre eux les Catholiques. Ils font sonner bien haut ces contraventions. ils en portent leurs plaintes aux Ministres. Cela se fait avec des manieres si pathetiques, qu'ils engagent les Princes protestans dans leur interest. Ils les portent à solliciter qu'on leur face justice. Je ne sçay si ce fût aux instances de ces Princes, que le Roy voulut faire un coup de grand éclat, où s'il pretendit de donner aux Huguenots, une marque publique de sa bonne foy pour l'observation des choses qu'il leur avoit accordées, où s'il voulut signaler sa majorité, par une action de vigueur. Quoyqu'il en soit il fit sceller des lettres patentes, portant interdiction du Parlement. Ces lettres neanmoins ne furent pas expediées d'abord. Elles demeurerent quelques temps cachées. Elles ne parurent qu'aprez que la Reine mere eût resolu de faire le tour du Royaume avec le Roy. Quand le voyage fût commancé, l'on depécha le Seigneur de Biron en Provence, il vint avec les expeditions de l'interdiction, & avec ordre de la faire executer conjoinctement avec le Comte de Tende. A son arrivée il trouve une lettre du Roy adressée au Comte de Tende & à luy. Par cette lettre le Roy leur faisoit sçavoir que les Commissaires qu'il envoyoit pour exercer le Parlement étoient en chemin, qu'il desiroit que le Parlement fût interdit avant qu'ils arrivassent, afin qu'on ne leur sçeut point le mauvais gré de l'interdiction. Sur cét ordre le Comte de Tende & le Seigneur de Biron, font signifier les lettres patentes au President Puget, qui se trouvoit le seul President dans la ville, & aux autres officiers du Parlement. Pour faire la chose encore avec plus de formalité, le Comte les fait assembler au Palais où il se rend. Là il leur dit que bien qu'il leur ait fait signifier à châcun en particulier les lettres du Roy, portant suspension de leurs charges, il a neanmoins desiré de convoquer cette assemblée, pour leur faire presenter ces lettres en corps de Cour, afin que tout le corps ait à obeïr. A cela le President Puget repart, que depuis que ces lettres leur ont été signifiées, nul des Messieurs n'étoit entré au Palais, & qu'ils ne seroient pas même entrez ce jour-là, si ce n'eût été pour recevoir les ordres du Roy avec le respect qu'ils doivent. Cela dit le Comte de Tende commande qu'on lise les lettres. Aprez qu'elles furent leües, il les fait mettre fur le Bureau pour les enregiſtrer, puis il ſe retire, & toute l'aſſemblée en fait de même. Cependant les Commiſſaires nommez par le Roy, pour tenir le Parlement arrivent. Ils étoient au nombre de quatorze. Voici leurs noms, leurs rangs, leurs qualitez. Bernard Prevôt Seigneur de Morſan Preſident au Parlement de Paris, Eſtienne Charlot Preſident aux Enquêtes, Nicolas Perrot, Denis Riviére, Jean de la Rouziére, Jean de Monçeau, Nicolas de Berruyer, Achilles de Harlay, Hierome Angenouſt, Arnaud Chandon, Guillaume Abot Conſeillers au même Parlement, Jacques Philippeau, Jeſſé de Bacquemare Conſeillers au Grand Conſeil, & Robert Tignac, autrefois Conſeiller au Parlement de Chambery. Le lendemain de leur arrivée ils vont au Palais en robes rouges. Les Comtes de Tende de Sommerive, & le Seigneur de Biron y vont auſſi. Ils aſſiſtent à l'ouverture qui eſt faite. On y lit les lettres de la Commiſſion. Cela fait les Commiſſaires vont entendre la meſſe. Puis ils ouvrent l'audiance, & font prêter le ſerment aux Avocats & aux Procureurs. De-là ils entrent dans la Chambre du Conſeil. ils font apeller Boniface Pelicot Avocat. Ils le nomment pour exercer par commiſſion la charge d'Avocat General du Roy, puis ils ſe retirent. Aprez cette premiére ſeance, ils s'apliquent à faire des réglemens. Ils commencent par ſe régler eux mêmes. Car on lit encore dans les regiſtres cét arreſt ſi honorable à leur memoire, qui fût prononcé publiquement. La Cour ordonne que l'on ne prendra aucunes épices des procez de quelque qualité qu'ils ſoient, ni pour quelque inſtruction que ce puiſſe être. De-là ils ſe tournent aux autres Miniſtres de la Juſtice. Ils ordonnent aux Huiſſiers d'être aſſidus. Ils enjoignent aux Procureurs de ſuprimer toute ſorte de chicane. Ils exhortent les Avocats à n'avoir point de veüe pour leur interêt; à n'avoir point de complaiſance pour leurs parties, à penſer ſeulement à l'honneur qui ſuit la moderation & la ſincerité. Ils font divers autres réglemens pour la Juſtice en particulier. Enſuite ils s'apliquent à régler la Police. Ils font des réglemens juſqu'au ſujet des pauvres & des cabaretiers. Ils défendent aux cabaretiers de donner à manger aux bourgeois & aux artiſans. Ils enjoignent aux mandians invalides de ſe retirer à l'hôpital. Ils ordonnent qu'il ſera fait des quêtes dans les Egliſes pour ſubvenir à leur entretenement, & que les gens d'Egliſe & les autres ſeroient admonetez de vouloir contribuër à cette bonne œuvre. Ils donnent ordre aux officiers ſubalternes & aux Conſuls, de tenir la main à l'execution de ces réglemens. ils nomment même deux Commiſſaires d'entre eux pour veiller ſur la conduite des autres. Pour ce qui eſt de la Juſtice entre les parties, ils la rendoient ſi exactement, qu'en la premiére audiance le Seigneur de Mazauges Gentil-homme d'une des plus anciennes maiſons du Païs fût condamné en cinq cens livres d'amande, d'où le peuple tira ce bon augure que la juſtice ſeroit diſtribuée à tous ſans diſtinction. La conjecture ne ſe trouva pas fauſſe. Car on obſerva tant de droiture dans les jugemens, qu'on vit peu à peu, le nombre des procez diminuër, & l'eſprit d'iniquité ſe ralentir par le mauvais ſuccez des mauvaiſes cauſes. Que ſi tout le monde étoit à couvert contre la chicane, les Huguenots n'étoient pas moins en seureté pour la religion. Car on travailloit avec aplication à les faire joüir du fruit de l'Edit d'Amboise. On éloignoit tous ceux qui les en pouvoient empécher. Pour cela le Comte de Sommerive & le Seigneur de Carces eurent ordre du Roy, de se retirer en leurs maisons, & les Seigneurs de Flassans, de Beaudinar & le commandeur de Cuges, pour prevenir le commandement quiterent la ville. Si le Seigneur de Vins eût voulu faire la même chose, il n'auroit pas reçû le deplaisir qui luy fût fait. Mais comme il s'obstina de demeurer, on se saisit enfin de sa personne, on le retint prisonnier avec tant de precaution, que dés qu'on eût nouvelle que le Roy venoit à Aix, on le conduisit à Meirueïl, afin qu'il ne pût joüir de la grace dans l'ouverture des prisons qui se fait toûjours. Les Commissaires agissoient avec tant de vigueur pour la manutention de l'Edit, pour le repos de la Province, que le Roy leur témoigne par des lettres expresses, la satisfaction qu'il en recevoit : mais les officiers interdits ne laissoient pas de presser leur retablissement avec instance. Leurs deputez agissoient sans cesse pour cela. Quand le Roy fût arrivé à Avignon, il voulut s'éclaircir s'il y avoit lieu d'accorder la demande. Il envoye à ce sujet deux Maitres de Requêtes à Aix, pour s'informer s'ils n'avoient point fait de contraventions aux Edits & aux Ordonnances.

XI.
Le Roy entre en Provence Il voit Nostradamus à Salon qui predit secretement au Duc d'Anjou & au Roy de Navarre, qu'ils seront Roys de France. Diverses opinions toûchant Nostradamus & son art. Jean Pena Provençal y étoit aussi habile.

Aprez que les Maitres des Requêtes furent partis, le Roy continua son chemin, il vient en Provence. Sa premiére couchée en y entrant fût à Salon. Il y vit avec plaisir Michel Nostradamus. Mais la Reine Mere qui avoit grande creance en l'Astrologie, eût encore plus de joye de le voir. Car elle avoit éprouvé sa sufisance, du vivant du Roy son mari, qu'elle l'avoit fait aller à la Cour. Aussi-tôt qu'elle le vit, elle luy commanda d'examiner particuliérement le Duc d'Anjou, & de luy faire sçavoir qu'elle devoit être sa fortune. On assure qu'il luy raporta, que ce Prince succederoit à la Couronne. Ie trouve aussi qu'ayant atentivement observé le Roy de Navarre, il remarqua quelque chose dans sa physionomie, qui excita sa curiosité. Pour la satisfaire il pria le Gouverneur de ce jeune Prince de luy permettre de le voir tout nud. Le Gouverneur accorde la demande fort volontiers. Il juge bien qu'elle ne se fait pas sans un grand sujet, & qu'il se devoit promettre une grande réponse aprez la visite. Le Prince seul y aporte de la resistance. Sa jeunesse luy fit avoir peur de la grande barbe de Nostradamus. On dit aussi qu'il s'imagina que le Gouverneur prenoit ce pretexte, pour luy pouvoir donner le foüet plus facilement. Mais quand on l'eût rasseuré sur ces deux points, il se rendit facile & se laissa librement dés-habiller. Alors le vieillard le visite, l'examine il fait toutes les observations de son art. Aprez cela il dit au Gouverneur que ce jeune Prince seroit Roy de France quelque jour; qu'il essuyeroit neanmoins beaucoup de traverses. Mais qu'il regneroit enfin assez long-temps. Je remarque cecy pour suivre la foy de mes memoires seulement, non pour élever la gloire de Nostradamus. Car cét homme s'est acquis tant de reputation, que je ne crois pas la pouvoir augmenter, par la singularité de cette remarque. Ses predictions ont tant fait de bruit dans le monde, on les a veu reüssir si heureusement, qu'on les a traitées de propheties, on les a comparées à celles de l'Abbé Joachim. On a dit même que celles-cy se trouvent éclaircies par les autres. On a dit que l'un & l'autre ont été des genies extraordinaires; des esprits pleins de lumiére & de penetration, & enfin été des gens consommez par des meditations tres-profondes. Il est vray que quelques uns n'ont pas aprouvé ces éloges. Ils ont dit que pour rendre juste la comparaison de ces deux hommes, il les faloit croire tous deux magiciens. Ils ont pretendu de justifier leur opinion sur tout au regard de Nostradamus, par ses écris même. Car on y lit que dans le temps qu'il écrivoit ses Centuries, il étoit assis sur une chaire d'airain: qu'il avoit un bassin sous un de ses pieds; qu'il tenoit un bâton garni d'herbes & de fleurs à sa main droite. Ils ajoûtent que du dedans de la manche de son bras gauche, sortoit une voix douce qui articuloit les predictions: qu'il les écrivoit sans les entendre. Ils soûtienent que tout cela sont de grandes preuves, qu'il n'agissoit que par l'inspiration du Demon. Mais certes on peut dire que les uns & les autres se sont également abusez; que les uns ont été trop scrupuleux, que les autres ont été trop simples. Ceux qui l'ont voulu faire passer pour magicien, n'ont pas eu raison de se fonder sur la manière dont-il s'est decrit luy même. Car traitant comme il faisoit ses Centuries d'oracles, ce n'est pas merveille qu'il se soit representé dans le même état qu'étoient ceux qui les prononçoient autrefois. Du reste bien des choses peuvent detruire cette opinion. Sa deferance pour l'Eglise à laquelle il soûmit ses écrits, sa vie tres-chretienne & tres-exemplaire, sa mort accompagnée de tous les Sacremens, ses funerailles publiques & solemnelles, son tombeau qu'on regarde encore avec veneration. Mais aussi ce ne seroit pas se tromper moins visiblement, de prendre sa vertu pour un don de prophetie. Car ceux qu'on a veus apellez à ce ministere, n'ont jamais eu pour toute science, que l'esprit de Dieu qui les remplissoit. Cependant Nostradamus avoit passé ses plus beaux jours, dans une profonde étude de l'Astrologie. Il y avoit fait de grandes observations. Il en avoit même beaucoup receu de ses ancetres. Tout cela marque qu'il n'a dû tout son honneur qu'à luy même: qu'il a été le seul ouvrier de sa vertu. Qu'enfin tout ce que l'on doit croire de luy, c'est qu'il a été un grand, un celebre Astrologue; un homme tres-consommé dans une connoissance, qui semble avoir quelque chose de divin. Je ne sçay neanmoins s'il est permis de traiter de divine une science, qui se trouve decriée par bien des gens. Car plusieurs ont voulu la faire passer pour une connoissance vaine & creuse, pour une profession de charlatan. Entre autres pour n'alleguer que des Provençaux, Phavorin & Gassendi l'ont combatuë. Le premier qui vivoit du temps de l'Empereur Adrien, fit à ce sujet un grand discours à Rome. Il montra que c'étoit une invention de parasites, pour s'introduire, pour s'accrediter auprez des Grands. Il fondoit son opinion sur ce que ces gens se disoient disciples des Caldéens inventeurs de l'Astrologie, qu'ils se servoient de leurs principes, qu'ils s'atachoient à leurs obfervations : Que cependant il y avoit bien des chofes qui les pouvoient convaincre d'erreur. Que le climat où l'on ufoit de ces obfervations, étoit bien different de celuy où on les avoit faites. Que le regard des aftres n'étant pas le même, on n'en pouvoit jamais faire un même jugement. Que quand il feroit vray que les aftres, font le bon ou le mauvais deftin des hommes, on feroit bien en peine d'établir en quel temps il les faut obferver. Eft-ce celuy de nôtre conception, eft-ce celuy de nôtre naiffance ? Peut-on les obferver bien juftement dans leur rapidité, paroiffent-ils également dans tous les lieux, n'eft-on pas fujet à bien des méprifes, n'y a-t'il pas de l'abfurdité de les rendre les maitres de nos actions, de nos mœurs, comme de nôtre temperamment & de nôtre vie ? Que fi les aftres réglent l'état de nôtre vie, pourquoy ceux qui naiffent à une même heure, n'ont-il pas un deftin tout pareil : pourquoy ceux qui meurent en un même moment, font-ils nais à des heures diverfes ? Enfin n'eft-ce pas vouloir trop entreprendre que d'ofer penetrer dans l'avenir ? Dieu ne s'en eft-il pas refervé la connoiffance ? L'homme peut-il pretendre fans une audace extreme d'empiéter fur les droits de fon Createur ? Ne le fait-il pas à fa confufion, quand par des difcours obfcurs, ambigus, il ofe faire parade de cette fcience, qui dans le fonds ne produit autre chofe que des impoftures, des équivoques, des fauffetez ? Pour Gaffendi comme il traite cette queftion en Philofophe, il montre la vanité de cette fcience fort au long & fort en détail. Il fait voir qu'elle eft tres-nuifible, tres-dangereufe, qu'elle ne fert qu'à tromper les hommes, qu'à les feduire, qu'à leur donner de fauffes curiofitez. A la verité j'avoüe que les raifonnemens de l'un & de l'autre font fi forts, ils font fi bien fondez, qu'on auroit tort de ne s'en pas laiffer convaincre, qu'on s'y doit rendre, même quand ce ne feroit que pour empêcher que l'on ne coure aprez des fantomes, que produit une vaine imagination. Cependant on ne fçauroit diffimuler, qu'il ne fe foit quelque fois trouvé des hommes qui ont admirablement reüffi dans l'étude de l'Aftrologie : que Noftradamus n'ait été de ce nombre ; qu'il y a eu d'autres Provençaux dans ce même fiécle qui y ont auffi-bien reüffi que luy. Je trouve que Jean Pena grand & celebre Mathematicien, s'apliqua quelque temps à l'étude de l'Aftrologie judiciaire : qu'il s'y occupa dans fes heures de recreation ; qu'il le fit neanmoins fi fecretement que fes amis n'en eurent jamais connoiffance. Il leur en fit un myftere à tous. Voici pourtant comme la chofe a été connuë. Jean Pena étoit un Gentil homme originaire de la ville de Mouftiers. Ses ayeuls avoient été Seigneurs en partie de cette ville. Comme fa famille manquoit des biens de fortune, luy & fes freres furent obligez d'en chercher par la voye de la vertu. Pour cela ils prirent tous le parti des lettres. André l'aîné des freres étudiâ avec tant d'aplication, qu'aprez avoir apris de luy même les elemens dans fa maifon, il parcourut les principales Univerfitez de France & d'Italie. Il revint plein de merite & d'érudition, tres-verfé dans les langues & dans les fciences. Sur le tout tres-profond dans la Jurifprudence, qui étoit fon objet principal,

Ce fonds qu'il s'étoit fait dans l'étude, éclata merveilleusement dans ses diverses fonctions. Le barreau l'admira quelque temps. Le Siége de Digne qui le vit Lieutenant des Submissions, reconnut quel étoit son bon-heur de posseder un homme si rare. Enfin le Parlement qui l'eût pour un de ses membres dans l'office de Conseiller, qu'il exerça durant trente cinq ans, témoigna qu'elle étoit l'estime qu'il avoit de luy, par la consideration que l'on avoit pour son opinion ; les Conseillers des Enquêtes se levoient, pour l'entendre opiner, afin de ne rien perdre des belles choses qu'il avoit coûtume de dire. En effet dans les questions de droit, il épuisoit si fort les matiéres qu'il ne laissoit rien à ceux qui venoient aprez luy. Ils n'avoient plus en partage que l'admiration d'une doctrine si profonde & si consommée. Pour Jean il alla chercher hors de son Païs, à porter le plus avant qu'il pourroit ses études. Il s'en alla d'abord à Paris, où il s'atacha à étudier la langue Grecque. Comme il connut que cette langue étoit absolument necessaire pour les sciences, il commença à l'étudier avec tant d'aplication, que dans peu de mois il fût capable de lire les bons auteurs, de parler & d'écrire facilement en cette langue. J'ay quelques unes des lettres qu'il écrivoit à son frere, qui rendent témoignage de cette verité. Comme ces deux freres s'écrivoient toûjours en Grec & en Latin, la pureté des deux langues s'y voit encore. Aprez que Jean eût fait un progrez si prompt & si visible, il entra plus hardiment dans les sciences : il entreprit d'étudier l'Astrologie ; il s'apliqua si serieusement dans cette étude, qu'il y devint tres-habile. Mais voyant que la profession d'Astrologue sentoit le charlatan, il se cacha soigneusement à tout le monde. Il ne s'en expliqua qu'à son frere seulement. Entre autres choses il luy fit sçavoir qu'il avoit dressé la nativité de Pierre leur frere, qu'il avoit veu que s'il s'adonnoit à l'étude, les astres luy prometoient beaucoup. Sur cette assurance le Conseiller détourne son jeune frere du metier de la guerre qu'il avoit pris. Il l'envoye à Paris à ses dépens. Là Pierre s'occupe si fort à l'étude, qu'encore qu'il ne commençât qu'aprez l'âge de 20. il s'avança merveilleusement dans les sciences. Son inclination le portant à l'étude de la Medecine ; il s'y rendit si habile, qu'il devint Medecin secret du Roy Henry III. & mourut riche à plus de six cens mille livres & dans une haute reputation. Pour Jean aprez avoir étudié l'Astrologie heureusement, il passa de-là dans les Mathematiques. Il s'y apliqua de si bonne maniére, que dans peu de temps, il fût fait Professeur Royal à Paris. Il traduisit & fit imprimer des traitez d'Euclide, & de Theodose Tripolite, qui n'avoient encore point veu le jour. Il fit d'admirables decouvertes dans l'Opthique. Mais une fiévre qui l'emporta dans la trente deuxiéme année de son âge, luy ôta le moyen de porter ses expériences plus avant. Perte tres-considerable pour les sçavants, & plus facheuse encore pour la Provence, à qui un si grand homme faisoit tant d'honneur. Homme qui par le soin de cacher son art, par la moderation, par la pureté de sa vie ; montre assez que la science de Nostradamus, ne tenoit point de l'art Magique, & n'avoit rien que de naturel. A ces deux Provençaux sçavans dans l'Astrologie, j'en dois ajoûter un troisiéme que nôtre siécle a veu. C'ét François de Galaup Chastueïl, qui dans sa jeunesse, pénétra si avant dans l'avenir par cét art, que quelque temps avant les troubles apellez troubles des Cascaveaux, il predit & fit sçavoir à ses amis, les mal-heurs qui devoient arriver à cette Province, divisions, émutes, châtimens, subversion presqu'entiére du Pais. Cette veüe le toûcha si fort, que pour se derober à tant de funestes évenemens, il passa la Mer, il alla s'enfermer dans une des solitudes du Mont-Liban. Il y passa le reste de ses jours dans la contemplation & dans les priéres, consulté durant sa vie comme un oracle, invoqué aprez sa mort comme un saint.

XII.
Le Roy visite les villes & les lieux Saints de Provence. Sur son départ il rétablit le Parlement. Les Huguenots continuent à se plaindre du Parlement. Leurs plaintes se trouvent calomnieuses.

Cependant le Roy poursuit son voyage. Il s'arrête quelques jours dans châque ville. Il trouve par tout un assez bon ordre, il voit à Aix la Justice tres-bien reglée, à Toulon les vaisseaux en bon état, à Marseille les galeres bien équipées. Par tout il reçoit quelque divertissement particulier. La péche & les combats de mer parurent agreables à un jeune Prince, qui n'avoit jamais rien veu de pareil. Parmi ces divertissemens, les devotions ne furent pas oubliées. On visita les deserts de Nôtre-Dame de Grace & de la sainte Baume. De-là on passa dans un air plus doux. On fût charmé de voir au terroir d'Yéres, les orangers parsemez à la campagne, la grandeur, la grosseur de ces arbres, remplit d'admiration toute la Cour. On en vit un entre autres qui dans une seule saison, avoit porté quatorze mille oranges. Cét oranger étoit d'une grosseur si furieuse, que le Roy, le Duc d'Anjou & le Roy de Navarre s'étant pris par la main, purent à peine l'embrasser. Cette action fût marquée sur l'écorce de cét arbre. On y grava ces mots qu'on lut durant un fort long-temps. *Caroli Regis amplexu glorior* Enfin aprez qu'on eût veu les beaux lieux & les lieux Saints, le voyage s'alla terminer à Arles. Le Roy s'y arrêta quelques jours. Là pour ne pas sortir du País, sans donner des marques de sa clemence, il fit expedier un ordre pour élargir le Seigneur de Vins. Il rétablit le Parlement par lettres patentes. Il est vray que tous les officiers ne joüirent pas de la grace. Quelque uns en furent exceptez, & ceux-cy furent le prémier President, & le President de Vins, les Conseillers de Tributiis, Emenjaud, Rascas, d'Ardillon, Laugier & le Procureur General Rabasse. Aparemment ils ne furent exceptez que pour avoir plus favorisé les Catholiques que les autres. Quoy qu'il en soit, leur interdiction ne fût pas trop longue. Peu aprez ils furent rétablis separément. Quand les lettres patentes du rétablissement du corps furent arrivées, les officiers rétablis se rendirent au Palais. Ils furent admis au serment en presence du Comte de Tende. Aprez cela le President de Morsan leur fit une grave remontrance, sur l'obligation qu'ils avoient de demeurer unis. Il leur representa qu'outre le bien de la Justice, trois choses les devoient obliger à cette union. L'honneur de Dieu, le service du Roy, le bien du peuple. Aprez qu'il eût fini son discours, il fit lire le département des chambres, que le Chancelier avoit envoyé. Comme le Roy l'avoit retenu luy & cinq autres de Commissaires, pour observer sans doute la conduite que tiendroient les nouvellement rétablis, il se trouva nommé pour servir en la grand

grand Chambre, avec Denis Riviére, Jean de Monceau & Hiérome Angenouſt. Jean de la Roſiére & Nicolas de Berruyer, furent diſtribuez en la Chambre Criminelle. Dés que ces officiers furent remis dans leurs ſiéges, ils s'occuperent principalement à retablir leur reputation, que l'interdiction ſembloit avoir bleſſée. Pour cela l'on tenoit ſouvent les mercuriales. On faiſoit de frequentes aſſemblées par Commiſſaires. On veilloit inceſſamment à reprimer les abus. Mais ni ces ſoins, ni ces precautions, ne peurent les défendre de la calomnie. Les Huguenots qui s'étoient ſi bien trouvez de leurs plaintes, continuent à parler de ce même ton. Il ſe plaignent au Roy que le Parlement a ſignalé ſon retour par la condamnation à mort de plus de trois cens perſonnes, & par l'exil de plus de trois mille tous de leur religion. Que ceux qui avoient quité volontairement leurs maiſons, n'avoient garde de revenir, épouvantez qu'ils étoient par de ſi terribles exemples. Sur ces plaintes le Roy qui continuoit ſon voyage, écrit au Parlement qu'il veut être informé de la verité. Le Parlement ſurpris de cette malice, n'eût pas de peine à ſe juſtifier. Il ne fait qu'envoyer au Roy un rôle de tous les abſens, que châque Lieutenant avoit fait dans le reſſort de ſon ſiége. Il ſe trouve que tous ces gens s'étoient abſentez volontairement. Il envoye auſſi des extraits de ſes arrêts, où il ſe voit qu'on n'avoit condamné que neuf Huguenots, pour tout autres crimes que celuy d'hereſie. Ainſi l'accuſation eſt reconnuë calomnieuſe, & les plaintes tombent ſur les plaintifs.

1565.

Comme le Roy pourſuivoit toûjours ſon chemin. Il arrive enfin à Bayonne. La Reine d'Eſpagne ſa ſœur le vient viſiter. Cette entreveuë avoit été concertée de long-temps entre les Miniſtres des deux Couronnes. C'étoit pour convenir enſemble des moyens par lequel l'hereſie ſe pourroit étouffer. Tandis donc que la Reine eſt entretenuë dans les divertiſſemens, ſes Miniſtres s'abouchent avec ceux de France. Châcun propoſe ſelon ſon genie des expediens pour ſe défaire des Huguenots. Mais comme les genies étoient differents, on ne pût demeurer d'accord des voyes qu'il ſeroit bon de prendre. Les uns vouloient qu'on employât la force ouverte, les autres diſoient qu'il valoit mieux uſer de diſſimulation. Ceux-là condamnoient cette voye, comme indigne de la Royauté. Les autres rejetoient les emportemens, comme aprochans de la tyrannie. Enfin comme on voit que châcun s'opiniâtre à demeurer ferme dans ſon ſentiment, on ſe contente de ſe promettre un ſecours mutuel, dans les moyens que châcun prendroit ſuivant les occurrances. On a dit que ce fût dans ces conferances que ſe prît la reſolution du maſſacre qui s'executa le jour de ſaint Barthelemi ſept ans aprez. Quoy qu'il en ſoit quand le Roy eût achevé ſon tour, il voulut montrer que ſon voyage ne s'étoit pas fait inutilement. Dans ce deſſein il convoqua à Moulins une aſſemblée de deputez de tous les Parlemens du Royaume. De leur avis il publie une Ordonnance pour reformer les abus qui s'étoient gliſſez dans la juſtice & dans la police. Il prit auſſi l'occaſion de cette aſſemblée, pour faire embraſſer les Seineurs de Guiſe & de Châtillon, entre lequel le meurtre commis par

XIII.
Le Roy arriva à Bayonne, la Reine d'Eſpagne l'y vient viſiter. Les Miniſtres de France & ceux d'Eſpagne y projettent de detruire les Huguenots. Le Roy fait accommoder l'Amiral de Chaſtillon avec le Duc de Guiſe. Les Huguenots ne laiſſent pas de ſe tenir ſur leurs gardes. Ils entreprenent de ſe ſaiſir de la perſonne du Roy. Mort du Comte de Tende. Son fils ſucede à ſa charge. Le Seigneur de Carces eſt fait Lieutenant de Roy.

1566.

X x x

Poltrot avoit mis une haine mortelle. Mais cét accommodement n'eût pas grand succez. Car comme il ne peût guerir leurs defiances, chacun se tint plus sur ses gardes que jamais : chacun prit encore plus de soin qu'auparavant de tenir ses amis en haleine. Les Huguenots s'y arrêterent si peu, qu'ils entreprirent en même temps de surprendre Lion, Avignon & Narbonne. Leur tentative neanmoins fut mal-heureuse. Le Cardinal d'Armagnac, qui étoit Collegat d'Avignon, n'eût pas plûtôt decouvert la chose, qu'il se saisit des complices en même temps, & fait entrer le secours que le Roy luy envoye de Provence, du Languedoc & du Dauphiné. Dans ces entre-faites le Comte de Tende meurt subitement. Le Comte de Sommerive son fils, succede à son nom & à sa charge, & le Seigneur de Carces obtient celle de Lieutenant de Roy. Comme la Provence changeoit de chefs, le Parlement en changea de même. Le President de Morsan se retira. Dans le congé qu'il prit du Parlement, il ne manqua pas d'exhorter la compagnie à vivre dans l'union qui seule luy pouvoit conserver son éclat. A cela le premier President ne manque pas aussi de luy témoigner combien la compagnie se reconnoissoit luy être obligée du bon ordre & des bons exemples qu'il y laissoit. Aprez quoy le President se retira tres-regreté du Parlement & de la Province. Aussi peut-on dire que jamais personne n'a plus merité d'être regreté que luy. Car il n'employa tout le temps de son sejour, qu'à faire regner l'ordre & la justice dans sa compagnie, qu'à terminer les differens des familles, qu'à maintenir enfin le repos public dans celuy des particuliers. Pour les Huguenots ce depart ne les toucha pas moins, que fit la mort du Comte de Tende. Il voyoient que l'absence de ce President, tournoit contre eux toutes les puissances de la Province. Le nouveau Gouverneur ne pouvoit que leur être contraire, puisqu'il les avoit toûjours poussez jusque-là. Ils n'avoient pas à esperer d'avantage du premier President, qui avoit toûjours éludé les choses qui s'étoient presentées à leur faveur. Pour le Seigneur de Carces ils en pouvoient encore moins esperer, engagé comme ils le voyoient dans le parti Catholique. Ces reflexions qu'ils faisoient sur l'état de leurs affaires, leur donnoient mille aprehensions. Tout leur étoit un sujet de crainte. Comme ils étoient dans cette peine, il survient une nouvelle qui les tire d'embarras. Ils reçoivent ordre de leurs chefs Generaux, de prendre les armes. Cét ordre se devoit executer par toute la France, suivant le projet de l'Amiral de Châtillon. L'Amiral pretendoit de se saisir de la personne du Roy, parmi le trouble que donneroit à la Cour la nouvelle du feu qui s'allumoit dans les Provinces. La chose neanmoins ne reüssit pas comme elle avoit été projetée. Car sur l'avis que la Reine mere reçoit du dessein, elle fait retirer le Roy de Monceaux où il étoit, à Meaux ; & en même temps, elle le fait venir à Paris, au milieu des Suisses, qui donnerent dans cette rencontre, une preuve également insigne de leur valeur & de leur fidelité.

1567.

XIV. Les Huguenots de Provence se souleveut

Cependant en Provence les Huguenots ne reçoivent pas plûtôt leur ordre, qu'ils l'executent dans le même tems. Chacun quite gayement sa maison. On va par troupes à la campagne. On voit plusieurs atroupemens en divers quartiers. Le Gouverneur reçoit avis de toutes parts, que les Huguenots sont aux chams en armes. Les Consuls de Saint Maximin luy écrivent que le Seigneur de Cipieres a parû dans leurs environs : qu'il y est à la tête de six cens hommes ; que son aproche les a contraints de s'armer pour leur défense, ou plûtôt pour la défense des Reliques de Sainte Magdeleine, en cas qu'on eût dessein de les aller insulter. Le même jour il reçoit lettre des Consuls de Tarascon qui luy donnent une semblable nouvelle. Ils luy écrivent que les Huguenots étoient en armes vers leur quartier ; que ceux de Languedoc avoient surpris Nîmes. Tout cela fit d'abord assez connoître qu'il y avoit quelque complot general d'Huguenots. Ce qui acheva de le faire croire ainsi, c'est qu'on s'aperçût que ceux des Villes s'en étoient retirez, & qu'à Aix il y manquoit même jusqu'aux gens de robe. Sur cét avis le Comte de Tende court au remede. Il entre dans le Parlement pour ce sujet. Le Cardinal Strozzi Archevêque d'Aix, s'y rend aussi ; le Baron de la Garde & le Seigneur de Carces s'y trouvent. Pendant qu'on y opine sur cette affaire, le Comte de Tende reçoit une lettre du Roy. Par cette lettre le Roy luy fait sçavoir, qu'il a nouvelle qu'en divers endroits les Huguenots s'atroupent, qu'ils prennent les armes. Il luy ordonne de remontrer à ceux de Provence, qu'ils ne doivent pas suivre un exemple si pernicieux. Que pour luy il n'a point d'autre intention que de leur garder la foy que ses Edits leur ont promise. Qu'il leur donne cette asseurance, qu'il n'y sera pas manqué de sa part. Dés que le Comte eût leu cette lettre, il fût resolu d'envoyer vers les Huguenots. On leur envoye le Baron de la Garde, le President Puget, les Conseillers Geoffroy & Dardillon, pour sçavoir la cause de leurs assemblées, pour les exhorter de rentrer dans leurs maisons, & pour leur promettre toute seureté pour leurs personnes. Dans le tems que la déliberation s'execute, le Seigneur d'Entre-casteaux arrive de la Cour. Il presente au Gouverneur une lettre du Roy portant creance. La creance étoit de faire sçavoir le danger qu'avoit couru le Roy par l'entreprise que les Huguenots avoient fait contre sa personne, l'insolence qu'ils avoient d'être en armes, quoy qu'ils n'en eussent aucun sujet. Qu'un procedé si déraisonnable obligeoit le Roy de ramasser de toutes parts des troupes. Que pour celà Sa Majesté mandoit au Gouverneur de lever trois ou quatre mille arquebusiers, & de les luy faire conduire en diligence. Le Comte n'a pas plûtôt entendu la creance, qu'il ordonne que la levée se fasse promptement. Pendant que la levée se fait, il prend dessein d'aller secourir le Château de Nîmes qui tenoit encore contre les Huguenots, il s'avance pour cela vers Beaucaire, où le Cardinal Strozzy voulût aller avec luy. De là il envoye à l'entreprise les Seigneurs de Cental, D'Oize, de Mus, de Mondragon, de Mejanes, & le Commandeur de Cujes avec leurs compagnies à pied & à cheval. Le voyage neanmoins ne reussit pas. Les Huguenots reçoivent si vigoureusement les assaillans, qu'ils les obligent de se retirer avec perte. Le Seigneur de Mejanes y fût blessé d'un coup d'arquebuse, duquel il mourut peu de jours aprés. Ainsi ce

en divers endroits. Le Comte de Tende essaye de les adoucir suivant l'ordre qu'il en reçoit du Roy. Puis il s'en va pour secourir le Château de Nîmes. Son voyage ne luy reüssit pas.

Xxx ij

voyage fût infructueux. Le seul bon effet qu'il produisit ce fût une entreveüe que le Comte de Tende fit à son retour avec le Cardinal d'Armagnac à Barbentane. Dans cette entreveüe on resolut, que châcun se secoureroit également. La Provence, le Venaissein, le Languedoc & le Dauphiné, dequoy l'on donne avis aux Seigneurs de Joyeuse & de Gordes, Lieutenans de Roy dans ces deux dernières Provinces.

X V.
Le Comté de Tende assiége Sisteron. Le Seigneur de Cipières son frere entre dans la place. Les deux freres font une entreveüe. Le Comte léve le siége. Le Seigneur de Carces fait une retraite fort honorable. Il bat les Huguenots qui veulent aller aprez luy.

Cependant les Huguenots atroupez prenent leur marche vers la haute Provence. Ils vont s'emparer de Sisteron. Le Comte de Tende n'avoit garde de souffrir cela ; sûr tout sçachant le dessein que ces gens avoient de remüer par toute la France. Il quitte donc d'abord toute autre affaire, pour les aller denicher de-là. Il se met en marche avec le Seigneur de Carces. Ils prennent neanmoins des chemins divers. Le jour qu'il arrive à Castel-Arnoux, le Seigneur de Carces se rend à Volonne. Ils s'arrêtent l'un & l'autre quelques jours en ces lieux. Avant que d'en venir à la voye de fait, le Comte envoye les Seigneurs de Buoux, de Valavoire, de Forbin, de Romoles & le Capitaine Levens, pour exhorter ceux qui occupoient la ville de la laisser libre, & de rentrer dans leur devoir. Dans cette negociation il se passe quelque temps en allées & venües inutiles. Les Huguenots ne veulent point relâcher sans être assurez. Le Comte de Tende ne veut rien promettre qu'on n'obeïsse. Tandis qu'on est sur ce point d'honneur, le Comte reçoit plusieurs lettres qui s'adressoient aux chefs Huguenots. C'étoient des lettres que le Roy écrivoit aux Seigneurs de Cipières, de Senas, de Vence, de Cereste, du Bar, de Bormes, pour les obliger de se retirer. Il les asseuroit qu'on leur garderoit la foy des Edits, tant qu'ils demeureroient dans l'obeïssance. Aussi-tôt le Comte donne ordre au Seigneur de Valavoire de porter ces lettres à Sisteron. Valavoire part, il arrive, il demande à rendre les lettres. On refuse de les recevoir. Le lendemain le Comte envoye un Trompette aux portes de la ville qui en fait la lecture tout haut. Aprez cela le Trompette publie le nouvel Edit du Roy, qui enjoignoit à tous Huguenots de se retirer chacun dans sa maison ou dans la ville de sa demeure. A cela ceux de dedans répondent, qu'ils pretendoient pas de quiter. Que ce commandement se devoit faire à des rebelles. Que pour eux ils étoient bons serviteurs du Roy. Le Comte aprenant leur resolution se resout luy-même de faire le siege. Ceux de dedans aussi se preparent à le soûtenir jusqu'au bout. On eût beau pour les intimider leur donner connoissance de la bataille de Saint Denis que leur party venoit de perdre, ils témoignerent plus de fierté qu'auparavant. Peut-être s'imaginoient-ils que la saison ne permettoit pas d'entreprendre un siege. Car l'hyver avoit déja commencé, les grandes pluyes avoient prèque inondé la campagne, la neige couvroit tout le terroir de Sisteron. Il est vray que la rigueur du temps empêcha qu'on ne pressât le siege ; mais on ne laissa pas de le commencer de loin. Comme le Seigneur de Carces commençoit, le Comte de Tende s'en va à Ribiers en Dauphiné, pour recevoir les Seigneurs de Glandage & de Ventavon qui venoient le joindre avec six cens hommes. Il aprend d'eux, que le Seigneur de Saint Martin gouverneur de Sisteron étoit mécontent, & que si ses dégoûts étoient menagez, il pourroit bien se resoudre à quiter la place. Sur cét avis le Comte envoye vers Saint Martin le Seigneur de Saint Marc son parent qui le sonde, qui luy offre la carte blanche, s'il veut se retirer du mauvais pas où il étoit, s'il veut quiter un party peu seur, où il y avoit bien des choses à craindre. Sur cette offre Saint Martin se gendarme. Il témoigne qu'il n'est pas homme à quiter son party, qu'il est prêt au contraire de perir plûtôt que d'abandonner ceux avec lesquels il s'étoit engagé de courir la même fortune. Comme Saint Marc voit que l'avis donné ne se trouve pas veritable, il se retire. Cependant l'air se refroidit si fort tout à coup, qu'il fût impossible d'avancer le siege. Il fallût laisser passer le mois de Decembre. Aprez quoy le temps ayant un peu relâché vers le commencement de Janvier, le Seigneur de Carces s'avance. Il loge le canon vers l'Hôpital. Dans la nuit de ce même jour le Comte de Tende arrive avec les troupes qu'il étoit allé prendre. Il se poste vers la Riviere de Buech. Aussi-tôt le canon commence à joüer. Il se fait une petite brêche. Cette brêche toute petite qu'elle étoit, allarme extrêmement les assiegez. D'abord ils se mettent à faire des chamades, marque qu'ils vouloient parlementer. Sur ce signe le Comte de Tende envoye vers eux. Mais ils font des demandes si peu raisonnables qu'il ne voulût pas les écouter. Cela neanmoins ne rompit pas la negociation. On la continuë dans la nuit même. On promet de se rendre le lendemain. Sur cette foy le Comte fait cesser les travaux. Mais on ne luy tient pas parole. Car cette nuit-là même le Seigneur de Cipieres entre avec un grand secours dans la ville. Sa venuë releve le cœur des assiegez. Ils prennent resolution de se défendre. Comme le Comte n'avoit point été averti que son frere se fût jetté dans la ville. Il s'étonne le lendemain de voir que personne ne venoit pour achever le traité. Cela l'oblige d'envoyer sçavoir des assiegez, qu'elle étoit la cause de leur silence. On luy raporte que son frere est dans la ville. Que bien loin de penser à se rendre, on ne pense qu'à se fortifier, & qu'à faire échoüer son siege. Sur cela ses amis luy representent, que comme l'arrivée de son frere recule extrêmement ses affaires, il falloit joüer d'adresse en cette occasion. Qu'il falloit moyenner une entreveuë avec son frere, & là prendre quelque pretexte pour se retirer avec honneur. Le Comte trouve l'expedient plausible. Il l'acepte pour se tirer d'embarras. L'entreveuë se propose. Elle s'accorde en même temps. On assigne l'heure. On convient du lieu. Les Barons de Trans & des Arcs s'en vont dans la ville pour ôtages. Cela fait le Seigneur de Cipieres prend avec luy douze Gentils-hommes. Il se rend au lieu destiné. C'étoit à un pré en veuë & non loin du camp, assez proche du monastere. Le Comte s'y rend aussi sans se faire attendre. Les deux freres se saluënt avec beaucoup de témoignages d'amitié. Ils commencent néanmoins leurs discours par se faire des reproches l'un à l'autre. Aussi-tôt chacun justifie sa conduite. Chacun allegue les raisons de son procedé. Le Comte releve & fait sonner haut le service du Roy, l'ancien-

1568.
Le 11. Janvier.

Xxx iij

ne Religion, le repos de la province. L'autre s'excuse sur la delicatesse de la conscience, sur la necessité de reformer les abus dans la Religion, sur l'obligation qu'on a de tirer d'oppression le peuple. Aprez ces discours tenus en presence de bien du monde, ils se retirent à l'écart pour conferer. On n'a point sçû ce qui se passa dans la conference. On remarqua seulement qu'ils se separerent assez satisfaits. Mais les soldats ne le furent gueres. Car comme ils jugerent bien par l'état des choses, qu'asseurement le siege se leveroit, qu'ils seroient privez par là du butin dont leur avidité s'étoit repuë, ils commencerent à murmurer contre le Comte, jusqu'à menacer de le quiter. Comme ils s'échauffoient dans leur mécontentement, les assiegez sur l'entrée de la nuit donnent une allarme. Ils tirent quelques arquebusades dans le camp. A ce bruit le Comte qui soupoit se leve de table. Il se fait promptement armer. Il s'avance vers le monastere. Il crie à ceux de la ville de sortir. Personne neanmoins ne bougea : mais les soldats déja mécontens ne laissent pas de prendre l'épouvente, ou de le feindre. Ils disent que ces arquebusades sont le signal donné pour venir contre eux. Sur ce pretexte ils prennent la fuite, ils ne se laissent toucher ny aux remontrances du Comte, ny ne se rebutent pour l'obscurité de la nuit. Dans cette confusion & dans ces tenebres, les uns passent heureusement la riviere de Jauron, mais les autres se vont précipiter dans la Durance, plusieurs s'égarent en divers chemins. De sorte que de quinze mille hommes que le Comte avoit, à peine luy en rest-il quatre mille. Le Comte enrage de voir ce desordre & de n'être pas capable d'y remedier. Le Seigneur de Carces tout aimé qu'il étoit des soldats y perd l'escrime. Il employe & prieres & caresses. Mais il les employe inutilement. Comme il voit qu'il n'avance rien, il s'avise d'user de ce stratageme, pour endormir toûjours les ennemis. Il fait planter de batons tout le long de la tranchée ; il fait atacher une méche alumée à châque baton. A la faveur de cét amusement, le Comte se retire en petite troupe. Il laisse au Seigneur de Carces le soin de l'arriére garde &. du canon. Le Seigneur de Carces avoit tous ses parens avec luy. Il avoit encore un grand nombre de Noblesse à sa suite. Voici ceux que je troûve dans mes memoires. Les Seigneurs de Flassans, d'Oise, d'Entrecasteaux, de Trans, de la Verdiére, de Porriéres, de la Molle, de saint Juers, des Arcs, d'Ollioles, de Tourves, de Cuers, de Baudiment, de Silans, de Janson, de la Barben, de Faucon, de Mirebeau, de Fontenales, de saint Marc, de la Coste, d'Antibe, de Merargues, de Pontevez, de Vauclause, de Beaujeu, d'Oliéres, de la Fare, de Gardane, de Salernes, de Montmeyan, de Buoux, de Ventabren, d'Aups, de Romoles, du Vernegue, le Commandeur de Cuges. Dés que tout fût prêt pour le depart, le Seigneur de Carces met le canon au milieu de ses troupes & marche. Quelque bon ordre qu'il y eût dans cette retraite, elle ne se pût neanmoins faire sans quelque bruit. Ceux de la ville qui l'entendent, sont bien en peine de juger ce que ce peut-être. Ils n'avoient garde de se douter de la chose. Comme ils voyoient des méches alumées, ils ne pouvoient pas s'imaginer que l'on decampât. Pour aprendre donc ce qui se passoit, on envoye un soldat qui pour n'être pas aperçeu, s'avance marchant des pieds & des mains, jusqu'au camp. Il y decouvre le stratageme. Aussi-tôt il s'en retourne à la ville. Il raporte ce qu'il a veu. Sur ce raport le monde se ramasse. On sort pour aller poursuivre les fuyards. On part avec assurance de les bâtre. Comme le Seigneur de Carces les voit venir, il se met en état de les faire repentir de leur venuë. Il defend de cheval, il prend une pique. Il arrête la bravoure des premiers. Son exemple neanmoins ne rassure pas tous les siens. Il y en eût plusieurs qui prirent si bien l'épouvante, qu'ils se mirent à courir à travers champ. On a remarqué que le Seigneur de Carces, vit entre autres un Gentil-homme, qui devoit partir au premier jour, pour aller recevoir le collier de l'Ordre du Roy. Il fût si indigné de le voir en cét état, qu'il ne pût s'empêcher de luy crier, cét ici Monsieur qu'on donne l'Ordre. A ces mots le Gentil-homme se rassure. Il revient, il ramene plusieurs autres avec luy. On repousse vertement l'ataque. Les assaillans se trouvent eux même assaillis, & voyent changer de face à leur esperance. Ils s'étoient imaginez que le Seigneur de Carces, seroit si occupé vers le canon pour le conserver, qu'asseurément ils auroient bon marché du reste. Ils furent bien trompez quand ils virent qu'il donnoit les ordres par tout, avec un admirable sang froid, qu'il combâtoit par tout avec une valeur extreme, qu'il relevoit le cœur de ses troupes, par son exemple & par ses exhortations. Cette veüe leur fait assez comprendre, qu'il n'y avoit rien à gaigner que des coups. Ils quitent donc, ils prenent le devant par des chemins detournez. Il vont occuper la maladerie, par ou le Seigneur de Carces devoit passer necessairement. Ils se saisissent aussi d'une rive, qui étoit vis-à-vis, & devenus maitres de deux postes si avantageux, ils se tiennent tous asseurez de le bâtre. Dans cette asseurance, & même dans l'opinion qu'il faloit peu de gens pour cela, quelques uns se detachent, pour aller sur le Comte de Tende. Ils passent la riviére pleins d'esperance. Mais le Comte averti de leur passage, se met en état de les bien recevoir, il les reçoit si bien en effet, qu'il les contraint de repasser la riviére. Cependant le Seigneur de Carces s'avance. Il aperçoit ses ennemis postez, & à la maladerie & sous la rive. Cela neanmoins n'arrêta point sa marche. Il se serre seulement plus prez du canon. Il passe, il essuye sans grande perte la decharge qui luy est faite. Il va contre ceux qui s'étoient detachez & qui revenoient. Il en tuë partie. Il met l'autre en fuite. Les retranchez le suivent. Ils font mine de luy vouloir enlever son canon. A mesure qu'il les voit venir à luy, il fait avancer contre eux un gros de cavalerie qui les amuse. Il poursuit, il continuë son chemin. Il exhorte si bien les soldats à sauver le canon, qu'ils le roulent à travers la riviére, animez toûjours par sa presence. Car il ne bougea jamais d'auprez d'eux & passa luy même la riviére. Dés qu'il eût mis le canon en seureté, il vient au secours de ses gens qui étoient aux mains. Il s'enfonce si avant parmi les ennemis, qu'il rompit plusieurs épées dans cette mélée, & resta souvent avec le seul tronçon à la main, avec quoy neanmoins il fit fuïr les ennemis. Ils se retirérent avec perte de douze cens hommes. Cette victoire rendit aux armes du Comte de Tende l'honneur que la levée du siége qu'il venoit de faire, sembloit avoir un peu affoibli; mais sur tout le Seigneur de Carces en raporta beaucoup de reputation. Il donna sujet à tout le monde de parler de sa valeur & de sa conduite, vertus qui se trouvent tres-rarement dans un seul homme. Aprez cela le Comte logea quelques troupes vers le voisinage de Sisteron, pour empêcher qu'on ne fût incommodé par les courses.

<small>XVI. Le Comte de Tende va contre diverses places du Comtat. Le Seigneur de Cipiéres son frere est assassiné dans Frejus.</small>

Comme le Comte fût de retour de ce voyage, il n'eût pas grand moyen de se delasser. Car il reçût presqu'en même temps un exprez de la part du Comte de Suse & du Seigneur Fabrice qui le prient de vouloir se joindre à eux, pour metre à la raison les Huguenots du Comtat, suivant le traité de Barbentane. Le Comte qui s'étoit lié par ce traité, ne pût reculer à cette semonce. Il part, il trouve les troupes du Comtat prêtes. On va d'abord assiéger Tullete, petite ville de l'Etat d'Orange. On la prend, on la donne en pillage aux soldats. De-là on se tourne du côté de Mornas. On plante le canon devant ses murailles. On y fait une brêche assez grande. La ville est prise, & peu de jours aprez la garnison abandonne le château. Les chefs voyant que tout leur succede si heureusement, prenent dessein d'aller contre le pont du S. Esprit. On l'ataque. L'opiniâtreté de la défense fait qu'on ôte aux défenseurs la communication avec la ville. On occupe une arcade du pont. Puis on se retire sans pousser plus avant l'entreprise. On s'en va contre le lieu d'Aramon. On y donne l'assaut; les habitans se rendent vies sauves. Ces choses se faisoient à la veüe du Seigneur de Cipiéres, qui étoit en campagne pour secourir les lieux ataquez. Mais il n'osa jamais aprocher, soit qu'il fût étonné de la celerité de l'expedition, soit qu'il se vit moindre en nombre aux troupes unies. Cependant on avoit grand besoin en Provence que le Comte de Tende y retournât. Il faloit convoquer les Etats; il faloit pourvoir à la subsistance des troupes. Il faloit empêcher les courses de ceux de Sisteron. Quoy qu'on peut donner ordre à tout cela pendant son absence; le Parlement neanmoins ne voulut pas y toûcher. Il le pria de s'en revenir sur les instances que les Procureurs du Païs luy en firent. Ce retour donna sujet au Seigneur de Cipiéres de se retirer. Il s'en vint demeurer quelques jours au lieu de Besse. Dans ce temps il aprend que le Duc de Savoye étoit à Nice. Il luy prend envie de l'aller voir. Aprez qu'il eût fait son compliment, il s'en revint. Il passa par Frejus, où se trouvoit le Baron des Arcs & quelques autres du parti Catholique. Ces gens le voyant arriver à l'hôtellerie accompagné de quarante chevaux entreprenent de luy faire piéce. Ils disent à tous ceux qu'ils rencontrent, que ce grand atroupement de gens avec des armes étoit suspect: que cette marche étoit contraire aux Edits du Roy, qui permetoient de donner sur ceux qu'on trouveroit en cét équipage. A ce discours le peuple s'échaufe. Il s'atroupe au devant de ce logis. Le Seigneur de Cipiéres voit cela. On luy dit que le Baron des Arcs étoit dans la ville; qu'il pourroit bien luy faire joüer quelque mauvais tour. Mais il ne peut croire qu'on le veüille supercher. Il croit plûtôt qu'on veut prendre quelqu'un de ses domestiques, qui peut-être

être se trouve criminel. Dans cette opinion il leur dit à tous, que ceux qui se sentiroient coupables pouvoient se retirer, que pour luy il n'avoit rien à craindre, qu'il n'avoit rien à démêler avec le Baron des Arcs. Cependant le peuple s'échaufe toûjours plus fort. On entre dans le logis, on fait main basse sur le Seigneur de Cipiéres & sur sa troupe. Rien n'échape à la fureur des soûlevez. Cette action toute inhumaine qu'elle étoit, demeura neanmoins impunie. Car le Parlement se contenta d'envoyer un Commissaire. Il ne poussa pas la chose plus avant. On dit pour excuser l'action, que la marche du Seigneur de Cipiéres étoit contraire aux Edits du Roy. Que par ces Edits les contreventions pouvoient être reprimées par toute sorte de personnes. Mais autant que ce pretexte étoit vain, autant étoit-il facile aux gens éclairez de trouver la veritable cause. Ils voyoient bien qu'elle se devoit raporter au Comte de Tende. Qu'il n'avoit garde de pousser des gens qui l'avoient delivré d'un competiteur à ses biens, qui le menaçoit à tous momens de faire ouvrir un testament qu'il avoit de son pere. Un Historien a dit que le Baron des Arcs, ayant fait faire la visite des morts, il n'y trouva pas le Seigneur de Cipiéres ; que cela l'obligea de le demander aux Consuls, qui l'avoient caché pour le sauver. Qu'il leur témoigna qu'il vouloit le sauver luy même. Que sur cette foy ils le luy remirent. Mais que le peuple se jeta sur luy & le perça de mille coups de poignard. Un autre a dit que comme le Baron des Arcs, étoit Enseigne de la Compagnie du Comte de Tende, le Comte luy ordonna de faire ce coup. Mais comme je ne trouve pas dans les memoires que j'ay de ce temps-là, ni l'une ni l'autre de ces circonstances, je ne crois pas qu'il se faille trop arrêter à ce qu'on a dit. Ces memoires remarquent seulement que le Seigneur de Cipiéres fût trahi par une femme qui avoit promis de le sauver, & qui le livra neanmoins au peuple. Quoy qu'il en soit, il est certain que le Baron des Arcs obtint quelque temps aprez sa grace.

Cependant la perte de ce chef ne ralentit ny l'ardeur des Huguenots, ny leurs assemblées. Ils s'atroupent plus souvent qu'ils ne faisoient, on raporta même qu'on les avoit vû en armes en divers endroits, à Apt, à Lurmarin, à Merindol, à Besse. Sur ces plaintes plusieurs fois reiterées, le Parlement envoye le Procureur general de Piolenc sur les lieux, pour sçavoir la cause de ses atroupemens, & pour exhorter ceux qui les faisoient à se retirer. Comme on n'avance rien par cette voye des remontrances, on prend celle des informations. Durant que ces choses se passoient, le Comte de Tende reçoit une lettre du Roy qui luy fait sçavoir que les Huguenots s'atroupent en divers endroits du Royaume, luy mande de contenir ceux de son gouvernement, & de luy envoyer quelques troupes. Sur cet ordre, les Etats sont convoquez. On y délibere de lever trois mille hommes que le Comte de Tende conduiroit au Roy. Mais cette levée n'étoit pas la seule necessaire, il en falloit encore faire d'autres pour tenir la Province en seureté. Cependant on n'avoit pas moyen d'y subvenir. Le public & les particuliers étoient épuisez par des dépenses excessives & continuëlles. Pour trouver quelque moyen soulageant en cette rencontre, le Comte de Tende fait diverses conferances avec les Procureurs

XVII.
Les Huguenots remüent en divers endroits. On vend leurs biens pour leur faire la guerre. On les pousse par divers Edits. La Province envoye au Roy trois mille hommes, conduits par le Comte de Tende. Les Huguenots perdent deux batailles en France. Ils ne relâchent rien neanmoins de leur vigueur. Quelques uns de ceux de Provence se retirent

dans leurs maisons. Leur retraite est prise pour un augure de paix.

du Païs. Enfin on s'avise de faire agréer au Parlement, qu'on saisisse, qu'on vende les fruits & les meubles des Huguenots pour la subsistance des troupes. Le Parlement toûjours contraire aux Huguenots, ne manque pas d'aprouver la chose, qui fût d'abord executée avec chaleur. Car il arriva mal-heureusement pour les Huguenots qu'on reçut dans ce temps-là deux Edits qui marquoient qu'on pensoit serieusement à les detruire. Le premier portoit la revocation de l'Edit de Janvier. L'autre declaroit que le Roy ne se vouloit plus servir d'officiers, qui fussent de la religion nouvelle. Dés que ces Edits furent verifiez au Parlement, le premier fût publié dans Aix avec un apareil extraordinaire. La publication en fût faite dans tous les carrefours de la ville. Les Consuls y assistérent en chaperon; le Viguier avec sa famille, les Greffiers de la Cour, & le premier Huissier en robes rouges, accompagnez des autres Huissiers du Parlement. Ce cortege pouvoit à peine passer dans les ruës, tant le peuple se pressoit pour le voir. Ce n'étoient qu'acclamations pleines d'allegresse. La fête fût augmentée par des feux de joye, par des processions & par d'autres actions de pieté, qui montroient qu'on ne desiroit rien avec plus de passion, que de voir l'heresie éteinte dans la Province. Aprez cela le Comte de Tende se mit en chemin, avec les trois mille hommes levez par la Province, pour aller joindre l'armée du Roy. Cette armée étoit commandée par le Duc d'Anjou. Elle étoit alors dans la Saintonge, pour empêcher que l'exemple de la Rochelle n'entrainât cette Province dans le parti Huguenot. Le Comte y arriva presqu'en même temps qu'on s'y rendoit de toutes les autres Provinces. D'abord on le prie de remettre ses troupes au Comte de Brissac Colonel de l'infanterie. Il refuse de le faire. Il pretend de les devoir commander. Son refus luy atire tout à la fois une mortification & une mauvaise affaire. Le Duc d'Anjou ne va point voir ses troupes, comme il avoit coûtume de voir les autres. Le Comte de Brissac le fait apeler en duël. Le Comte de Tende ne s'étant pas trouvé au lieu assigné, il se fait sur cela bien des railleries. Cependant dés que le mois de Mars arriva, le Duc d'Anjou se mit en campagne, sa sortie fût si heureuse, qu'il commença par gagner la bataille de Bassac, où le Prince de Condé fût tué, & son armée mise en deroute. Dans cette bataille le Seigneur de Vins porta la Cornete blanche. Il fût blessé d'un coup d'arquebuse à l'épaule. Cette blessure fût assez facheuse. Mais il en fût bien-tôt gueri. Car je vois qu'il se trouva quelques mois aprez à la bataille de Montcontour. Il porta comme à l'autre la Cornete blanche, comme étant Cornete de la compagnie du Duc d'Anjou. Il se distingua si fort dans ces deux occasions, que le Duc se le voulut atacher par plus d'une charge. Il ne se contenta pas de l'avoir pour Cornete, il le voulut encore avoir pour son Ecuyer. Dans ces deux batailles la victoire demeura si bien aux Catholiques, qu'on croyoit les Huguenots tout-à-fait perdus. Pour se servir de cette occasion, on les pousse par tout dans les Provinces, il vient entre autres un ordre en Provence, de courir sur ceux qu'on trouveroit atroupez au nombre de dix. Mais les Huguenots

1569.

sur cette nouvelle, se tiennent renfermez dans leurs maisons. Ils rendent par-là l'ordre inutile. Ils atendent que le temps se rétablisse pour eux. Cependant leurs chefs pour avoir perdu deux batailles, ne perdent pas le cœur, ni le jugement. Ils rallient leurs troupes dispersées. ils prenent soin de les renforcer, afin qu'on ne les crut pas des gens abimez. Ils donnent connoissance à leurs alliez de ce qui se passe. Ils envoyent pour cela des exprez en Angleterre, en Ecosse, en Danemarc, en Suisse. Le Cardinal de Châtillon étoit alors auprez d'Elizabet Reine d'Angleterre, pour la disposer à fournir quelques secours aux Huguenots. Aussi-tôt que l'exprez arriva dans cette Cour, la Reine fit passer des troupes en France, elle envoya des Ambassadeurs à tous les Princes de sa religion, pour les exhorter à faire la même chose. Enfin elle fit tout son possible pour relever l'honneur de ceux du parti. Mais quelques promesses qu'on leur pût faire, quelques esperances qui leur vinssent de dehors, tout cela neanmoins n'empêcha pas que la pluspart des Huguenots de France ne prissent l'alarme. Plusieurs de ceux qui s'étoient trouvez aux batailles perduës se laisserent abatre à leurs pertes. Ils demanderent à se pouvoir retirer en seureté & vivre sans crainte dans leurs maisons. Aussi-tôt le Roy fait expedier des lettres à tous ceux qui en demandent. Il écrit au Comte de Tende de faire valoir ces lettres dans son gouvernement. Il ajoûte que ce n'a jamais été son intention d'user de rigueur envers ceux qui avoient pris les armes. Qu'il sera bien aise de les remettre dans sa grace, toutes les fois qu'ils le desireront. Qu'il est prêt de faire la même chose à tous ceux qui feront paroître le moindre repentir du monde. Il luy ordonne de faire sçavoir la disposition où il se trouve à ceux de ce parti qu'il verra en état de profiter de l'avis. Il témoigne de desirer qu'ils sçachent qu'il n'a rien plus à cœur que de reünir les volontez de ses sujets à l'obeïssance qu'ils luy doivent pour le bien & pour le repos de l'Etat. Dés que le Comte de Tende eût reçeu cette lettre, il l'alla aporter au Parlement. Le Parlement fait arrest, portant que suivant la volonté du Roy, les Huguenots pourroient revenir dans leurs maisons, à condition neanmoins que les prevenus en justice seroient oüis, puis renvoyez; & qu'au regard de ceux qui se trouvoient dejà condamnez on écriroit au Roy pour avoir ses ordres. Sur la foy de cét arrest, il y eût bien des gens qui se retirerent. Ce qui fit croire à plusieurs que cette retraite étoit un avantcoureur de la paix. Il est vray qu'il en fût fait quelque proposition au commencement de l'année suivante. Que pour cela les Huguenots envoyerent trois deputez vers le Roy. Mais ils se tinrent à de si hautes conditions, qu'on prit de-là sujet de leur reprocher, qu'ils devoient se souvenir des deux dernières batailles. Ils demandoient la liberté de conscience, la permission de s'assembler en tous lieux, une declaration qui avoüât que leur conduite n'avoit eu pour objet que le bien de l'Etat. Sur le tout une amnistie des choses passées. Ces propositions ayant été rejetées, on demeura dans les mêmes termes qu'auparavant. Châcun se fortifia du mieux qu'il pût. Les Huguenots qui s'étoient emparez des meilleures places du Poitou;

1570.

firent sur tout leur fort principal de la Rochelle. Ils la fortifiérent de tous côtez. Les Catholiques essayerent bien souvent de les en empêcher. Tantôt ils aprochoient de cette ville avec une grande armée navale. Tantôt ils ataquoient les Isles de Broüage & d'Oleron. Mais tout cela se faisoit inutilement. Les Huguenots se défendoient par tout. Ils repoussoient les Catholiques de par tout quoyqu'ils le fissent quelques fois avec des pertes considerables. Ces prosperitez éleverent extremement le cœur à ceux des autres Provinces. Ceux du Languedoc levent quelques troupes, qui incommoderent fort leurs voisins. Car aprez avoir surpris Nîmes, elles passerent dans les Provinces les plus proches, par la tolerance du Maréchal Damville gouverneur, qui apuyoit secretement les Huguenots. Il est vray que le passage leur fût disputé par le Seigneur de Gordes Lieutenant de Roy dans le Dauphiné. Mais ce Seigneur ne fût pas assez fort pour les reprimer absolument. Ces gens passerent, & allerent saccager le Forêts, le Bourbonois & toutes les contrées voisines. Aprez que ces troupes furent passées, le Maréchal de Cossé pouvoit les arrêter facilement. Car on luy avoit remis le commandement de l'armée du Duc d'Anjou. Mais il ne les voulut point ataquer parcequ'il avoit une secrete inclination pour la cause Huguenote. Aussi quand on se plaignit de sa conduite, il n'eût point de bonne raison à alleguer.

XVIII. La paix se fait. On fait tout ce qu'on peut pour atirer le Roy de Navarre, le Prince de Condé, l'Amiral de Châtillon. L'Amiral fait sa paix en particulier.

Alors la Reine mere connût bien, que sa politique avoit pris de fausses mesures. Elle s'étoit imaginée qu'apellant ce Maréchal à un honneur extraordinaire, il en serviroit plus fidelement le Roy. Comme elle se voyoit trompée dans son raisonnement, elle pense à reparer sa faute. Elle la repare de telle maniére, que personne ne s'en peut apercevoir. Pour ôter les armes des mains de ceux dont-elle se defioit, elle remet sur le tapis la negociation de la paix. Elle declare qu'elle veut faire pour cela toutes les avances. Les chefs Huguenots étoient si las de la guerre, qu'ils reçoivent cette offre à bras ouverts. D'abord ils envoyent leurs deputez vers le Roy. Dans peu de jours la paix est concluë. Elle est cimentée par un Edit. Cét Edit portoit entre autres choses une amnistie generale du passé. Il permetoit aux Huguenots la liberté de conscience. Il leur donnoit pouvoir de s'assembler pour leurs priéres, aux lieux qu'on leur avoit assignez. Il ordonnoit de recevoir dans les hôpitaux & dans les écoles toutes sortes de personnes, sans difference de religion. Il confirmoit les privileges des villes, qui avoient tenu ce parti. Il declaroit les Huguenots capables de toutes charges. Il annuloit tous les jugemens donnez contre eux. Il leur permetoit de recuser sans expression de cause, trois Juges dans châque chambre des Parlemens de Roüen, d'Aix, de Dijon, de Rennes, de Grenoble. Enfin il leur donnoit pour leur assurance, les villes de la Rochelle, de la Charité, de Montauban, de Coignac. Il est vray que les Princes de Navarre & de Condé, s'obligeoient de restituër ces villes dans deux années. Ces conditions si avantageuses aux Huguenots, remplirent le parti d'allegresse. Mais les chefs n'en demeurerent pas trop satisfaits. Ils virent bien qu'on leur accordoit trop, pour ne pas craindre quelque piége. En effet on prit dessein de gagner par souplesse ces gens que la force n'avoit peu dompter. On n'oublia rien pour les adoucir, pour les amuser. On les défendit dans les Provinces contre les Catholiques. On interpreta favorablement pour eux les clauses ambiguës de l'Edit. On accorda aux Princes de Navarre & de Condé toutes les choses qu'ils demanderent. Tout cela se faisoit de si bonne grace, que les Princes & l'Amiral même commencerent à croire qu'on agissoit de bonne foy. Cette aparente sincerité sembla guerir toutes leurs defiances. Neanmoins ils ne laisserent pas de se tenir toûjours comme cantonnez dans leurs villes. Ils n'osoient pas se hazarder d'aller à la Cour. Ils n'allerent pas même feliciter le Roy lors de son mariage avec la Princesse Elizabeth fille de l'Empereur Maximilien II. Ils craignirent quelque voye de fait, quoyque les Ambassadeurs que les Princes Protestans d'Allemagne y envoyerent, semblassent les asseurer qu'on n'auroit garde de rien entreprendre contre eux. La Reyne mere voyoit tout cela. Mais elle faisoit semblant de n'y pas prendre garde. Elle ne laissoit pas de songer toûjours aux moyens d'attirer ces Princes dans ses filets. Tantôt elle montroit aux amis du Prince de Navarre la Princesse Marguerite sa fille. Elle leur insinuoit de le porter à rentrer par ce mariage dans tous les droits où il pouvoit aspirer. Tantôt elle inspiroit à ceux du Prince de Condé de luy faire comprendre, que ses établissemens les plus asseurez devoient être dans les bonnes graces du Roy son maître. Tantôt elle flâtoit l'Amiral par d'autres vûës qu'elle donnoit à son ambition. Elle luy faisoit dire, que le Roy pour se venger du Roy d'Espagne, avoit pris dessein de porter la guerre dans les Païs-bas. Qu'asseurement pour peu qu'il s'aidât, on luy donneroit le commandement de cette armée. Que pour elle, connoissant parfaitement son merite, elle s'employroit tres-volontiers pour le luy faire avoir. Aprez qu'on leur eut fait pressentir ces choses en general, on les engagea dans une negociation particuliere. On envoye le Seigneur de Biron à la Rochelle, où la Reyne de Navarre se trouvoit. La Reyne de Navarre voit tant d'avantage dans la proposition du mariage de son fils, que non seulement elle l'accepte d'abord, mais elle temoigne un extrême empressement de le voir bientôt achevé. Pour l'Amiral, il parût un peu plus retenu, non qu'il ne desirât fort de rentrer dans les bonnes graces du Roy ; mais quoy qu'on pût faire pour le rasseurer, il étoit toûjours dans d'extrêmes défiances. Cependant le Roy n'oublioit rien pour le guerir de tous ses ombrages. Il témoignoit un grand refroidissement pour la Maison de Guise. Il ne montroit plus tant d'aversion pour les Huguenots : & pour prouver qu'il étoit radouci sur ce chef, il fait proposer le mariage du Duc d'Anjou avec la Reyne d'Angleterre. Enfin il declare, qu'il est fâché de tout ce qu'on avoit fait jusques-là. Qu'il veut desormais gouverner luy-même ; qu'il veut donner luy-même les ordres ; qu'il veut que rien ne se fasse plus de violent. Ces discours raportez à l'Amiral, ne sont pas capables neanmoins de faire cesser ses defiances. Il a bien de la peine à croire qu'un changement si subit vienne du cœur. Mais voyant qu'on pressoit l'accommodement du Prince de

1571.

Navarre, il juge à propos de faire le sien, de peur que le Roy piqué de son obstination, ne tournât contre luy sa haine. Dans cette pensée, il s'empresse luy-même à faire qu'on acheve son traité. Dés qu'il apprend que tout est conclud, il part, il vient se jetter aux pieds du Roy. Le Roy le reçoit tres-honnêtement. Il le releve comme il alloit se mettre à genoux, il le traite de pere. Ce bon accueïl est acompagné de bien-faits. On luy compte cent mille francs, pour reparer ses pertes. On luy donne une année des revenus des benefices du Cardinal son frere, qui venoient de vaquer par sa mort. On luy fait même present de sa depoüille. On accorde enfin à sa priére des graces déja refusées aux Reines & au Duc d'Anjou. Ces faveurs firent grand bruit par tout. Ce bruit se répandit dans toute l'Europe. Il fût la matiére de bien de discours. Le Pape craignant que l'heresie ne prit pied la dessus, envoye d'abord au Cardinal Alexandrin son neveu qui étoit Legat en Espagne, de passer en France. Il luy donne ordre entre autres choses de remontrer au Roy combien le mariage qui se proposoit de la Princesse sa sœur avec le Roy de Navarre aporteroit, de prejudice à la Religion Catholique. Il l'exhorte de le detourner de tout son pouvoir, & de protester en tout cas que sa Sainteté n'en donneroit jamais la dispense. Sur cét ordre le Cardinal vient, il fait hardiment sa commission. Il presse avec tout son zele la rupture de ce mariage. Comme on ne luy donne que des réponses ambigues, il témoigne d'être mal satisfait.

1572.

XIX.
Le Roy de Navarre se marie avec la Princesse Marguerite sœur du Roy. L'Amiral est blessé venant du Louvre. Les Huguenots sont massacrez à Paris dans la nuit qui precede la fête de Saint Barthelemy. Le massacre est évité en Provence par la prudence du Comte de Carces.

Dans ces entrefaites le Pape meurt. Il a pour successeur Gregoire III. qui plus facile que son predecesseur accorde la dispense du mariage. Le mariage s'acheve. Il est celebré le dix-huitiéme du mois d'Aoust, & solemnisé par les bals, les tournois & les autres fêtes ordinaires. Il restoit neanmoins à executer la principale chose, pour laquelle le mariage étoit fait. C'étoit d'exterminer les Huguenots, comme on l'avoit projeté. Mais on ne sçavoit comment s'y prendre. Il faloit donner un beau jour à une action noire & inhumaine. Il faloit enveloper dans une seule ruïne, un nombre infini de gens espars en divers endroits. Il faloit ôter des chefs à un parti, qui pourroit si l'on manquoit le coup se relever plus dangereusement qu'on ne l'avoit veu naître. Il faloit faire encore une chose plus difficile. C'étoit de fixer l'esprit du Roy tres-chancelant dans cette occasion. Comme donc on proposa divers moyens pour cette execution, on s'arrête enfin à celuy qui paroît le plus facile. On resout de se defaire de l'Amiral : on dit qu'aussi-tôt que ce coup sera fait, les Huguenots ne manqueront pas de prendre les armes contre la maison de Guise, qu'on croiroit avoir fomenté cette action. Que les Parisiens ne manqueront pas aussi de se lever en faveur de ses Princes. Qu'ils feront sans grande peine main basse sur leurs ennemis. Qu'ils deferont le Roy sans qu'il s'en mêle, des principaux chefs des Huguenots. Aussi-tôt que ce dessein est fait, on l'execute de cette manière. On observe l'Amiral quand il sort du Louvre. Un jour qu'il retourne à pied en son hôtel, on luy tire un coup de mousquet d'une fenêtre. Mais le coup ne fait pas l'effet defiré. L'Amiral ne fe trouve bleffé qu'à la main & au bras. Cela n'excite que quelques murmures. Les Huguenots feulement fe contentent de fe loger autour de fon hôtel. Cependant le Roy témoigne d'être fort irrité de cette action. Il vifite l'Amiral. Il l'affure qu'il fera feverement punir les coupables : que ce crime le touche plus que luy. Tandis qu'on amufe le parti par cette feinte chaleur, on difpofe tout pour faire le maffacre. On l'entreprend dans la nuit qui precede la fête de faint Barthelemi. On le commence par celuy de l'Amiral. Delà, la fureur fe repand par tout. On fait perir plus de dix mille perfonnes, fans égard de fexe ni de qualité. Paris & plufieurs Provinces fe rempliffent de carnage. Car l'ordre avoit été donné par tout. Il eft vray qu'on refufa de l'executer dans quelques Provinces. La Provence fût une de celles qui le refuferent. Quelques uns en donnent l'honneur au Comte de Tende. D'autres l'atribuent au Comte de Carces, châcun fe fondant fur la vray femblance, où parlant felon fon inclination. Ceux-là difent que le premier fût retenu de faire ce coup, par la confideration de fon alliance avec la maifon de Montmoranci, engagée avec les Huguenots : que fa retenuë luy coûta la vie. Que les Catholiques offenfez de fa clemence, l'empoifonnerent dans Avignon. Les autres affurent que ce fût le Comte de Carces, qui refufa d'executer l'ordre qui luy fût adreffé. Ils ajoûtent qu'il dit lorfqu'il le reçût. J'ay toûjours fervi le Roy de foldat, je ferois bien marri de faire en cette rencontre une autre fonction, & fes fujets pourroient bien luy eftre neceffaires quelque jour. Mais fans rien donner à la complaifance. Voici comment le tout fe paffa. Je le trouve dans de bons memoires d'un de ceux qui eurent part à la negociation. Comme le Roy ne fût jamais plus irrefolu, que dans l'execution de ce maffacre, le Comte de Tende recevoit quelque fois à la même heure, ordre de l'executer, & de ne l'executer pas. Quelques jours avant la faint Barthelemi, le Seigneur de la Molle Jofeph de Boniface arrive de la Cour avec une lettre du Roy au Comte de Tende. Cette lettre portoit creance. Mais l'apoftille detruifoit la creance abfolument. Car il y avoit ces mots. Ne croyez rien, & ne faites rien de ce que la Molle vous dira. La Molle donc eût beau faire fçavoir au Comte la refolution prife dans le Confeil du Roy. Il eût beau l'affurer que le maffacre devoit commencer à Paris, qu'il devoit fuivre dans les Provinces. Il eût beau luy decouvrir aprez cela, tous les fecrets de la negociation, & tout le détail des chofes projetées. L'apoftille étoit fi expreffe, que tous les difcours de la Molle, n'étoient pas capables de perfuader le Comte. Mais la Molle ne laiffoit pas de protefter toûjours que fa lenteur ruïnoit les affaires. Surquoy le Comte pour fe mettre à couvert de tout reproche, depêche fon Secretaire à la Cour. Le Secretaire eft bien-tôt renvoyé avec ordre à fon maitre d'executer le maffacre. Le Comte étoit à Salon fort malade, quand fon Secretaire arriva. Cela l'obligea de prier le Comte de Carces, de vouloir fe rendre au plûtôt à Aix. Pour le faire hâter il luy écrit qu'il y aprendra de grandes chofes. Sur cette lettre le Comte de Carces fe preffe. Il fe trouve à Aix le lendemain. Mais pour toute nouvelle, il aprend que le Comte de Tende venoit de rendre l'ame. Deux heures aprez le Secretaire du Comte de Tende arrive. Il remet au Comte de Carces l'ordre qu'il venoit d'aporter de la Cour. Le Comte de Carces refuse de l'executer. Il prend pour pretexte que l'adresse ne luy en étoit pas faite. Mais aussi pour n'encourir aucun blâme, il depéche le Seigneur de la Molle vers le Roy. La Molle tarde de revenir. Le Comte de Carces s'impatiente. Il depéche le Seigneur de Vauclause. Il le prie de ne le pas faire languir. Vauclause part en toute diligence. Il trouve prés de Paris la Molle, qui revenoit avec ordre d'executer le massacre. La Molle luy dit de s'en retourner avec luy. Il l'assure qu'il n'y avoit plus rien à faire ; qu'il portoit la derniére resolution. Vauclause refuse de rebrousser chemin. Il dit qu'il veût voir le Roy luy même. Il poursuit donc il va coucher à Paris. Le lendemain il se trouve au diner du Roy. Le Seigneur de Vins le presente. Vauclause fait sçavoir au Roy l'état de la Province, & l'incertitude ou le Comte de Carces se trouvoit. Le Roy ne luy répond autre chose si ce n'est que la Molle portoit son intention. Mais le lendemain il demande à Vins, où étoit Vauclause. Il ajoûte sans atendre que l'autre réponde, Vauclause s'en est-il retourné ? A cela Vins répond, que Vauclause n'avoit garde de partir sans avoir l'honneur de recevoir ses ordres. Aussi-tôt le Roy luy commande de le luy mener par tout le jour. En même temps Vins s'en va le chercher. Il le méne sur le soir chez le sieur Dumas Controlleur des postes, où le Roy soupoit avec une vintaine de bourgoises. Le memoire d'où je tire ces particularitez, dit, que le Roy soupoit seul à une table, que les femmes soupoient à une autre table non loin de celle du Roy. Le Seigneur de Vins fait mettre le Seigneur de Vauclause derriére la cheminée. Dés que le Roy voit aprocher Vins, il luy dit tout bas, ne verray je point Vauclause? Il est là, Sire, luy répond Vins. Puis-je bien me fier à luy, dit le Roy ? Vins répond : Sire comme de moy même. Ma tête en répond à vôtre Majesté. Sur cela le Roy fait aprocher Vauclause. Il luy dit qu'il est bien aise du bon raport qu'on faisoit de luy. Il luy ordonne de se trouver à son lever avec Vins. Le lendemain Vauclause & Vins ne manquent pas de se rendre à l'ordre. Le Roy aprez avoir recommandé le secret à Vauclause, ajoûte, dites au Comte de Carces de ne point faire, ce que je luy avois mandé par la Molle. Car il ruïneroit une autre entreprise de moins de bruit & de plus grand effet. Mon memoire porte que cette entreprise se devoit faire aux Tuileries. Qu'on devoit se defaire des chefs Huguenots. Aprez que le Roy eût dit à Vauclause ces mots, il luy recommande la diligence. Faites ensorte, ajoûte-t'il, que l'ordre de la Molle n'ait pas le temps d'être executé. Aussitôt le Seigneur de Vauclause s'en revient. A son arrivée il trouve le Comte de Carces fort pressé par la Molle. Le Comte s'excuse toûjours de rien entreprendre ; que le Seigneur de Vauclause ne soit arrivé. Le retour du Seigneur de Vauclause, fit voir bien évidemment, combien le Comte étoit judicieux dans sa conduite, & combien les

peuples

peuples font en affurance, qui font gouvernez par des têtes de ce poids. Car on pût dire que ce Seigneur en temporifant, comme il fit dans cette rencontre, garantit la Province du carnage dont tout le refte de la France fût foüillé. Mais ce ne fût pas feulement au public, que le Comte rendit ce grand office en conservant les Huguenots comme il fit : le Roy luy deut la conservation de plufieurs fujets fidelles, dont les uns abjurérent leurs erreurs, les autres fe retirérent dans leurs maifons, en atendant que Dieu leur fît la même grace. Entre ceux qui fe firent Catholiques, on compta les Seigneurs des Baux, de Montclar, de faint Martin. Le Comte voyoit ce changement avec joye. Parmi fon indulgence, il ne laiffoit pas de mettre un fort bon ordre, pour empêcher que les Huguenots n'atentaffent rien. Ce fût pour cela que dans un même jour, il fit abatre les ports de la Durance, dépuis Château-Renard jufqu'à Sifteron, enfuite il envoye aux Confuls d'Arles & à ceux de Tarafcon, d'empefcher qu'aucune barque du Languedoc n'entre en Provence. Il avertit tous les Gouverneurs des places de fe tenir fur leurs gardes, afin qu'ils ne puiffent être furpris.

Cependant le maffacre produit ce bon effet, que le Roy de Navarre & le Prince de Condé fe font Catholiques. Le premier cedant adroitement au temps, prît pour pretexte de fa converfion, celle de Sorel Miniftre celebre. L'autre tout fimplement & fans aucun tour, le Roy luy ayant fait dire de choifir l'un des trois, la mort, la prifon, ou la meffe, choifit la meffe fans hefiter. Dés que ces Princes eurent fait leur abjuration, ils envoyerent prêter obedience au Pape. Auffi-tôt le Pape les abfout. Puis il envoye le Cardinal Urfin Legat en France, pour feliciter le Roy de fon triomphe fur les ennemis de la Foy. Ce Legat arrivant à la Cour, croyoit de la trouver toute en joye, pour le moins croyoit-il qu'il n'entendroit plus parler d'Huguenots. Et neanmoins il ne voit que trouble, qu'aprehenfion. Les Huguenots levent la tête plufque jamais. Ils menacent de joüer leur refte pour avoir leur revanche de la journée de faint Barthelemi. Car quoyque grand nombre eût quité l'Etat, qu'on fe fût retiré diverfement en Allemagne, en Suiffe, à Geneve, il y en eût plufieurs qui demeurérent, qui s'allerent jeter dans la Rochelle, dans Nîmes, dans Montauban. Ces villes devenuës l'azile des mécontents, commencerent à donner de l'ombrage. Le Roy prend deffein d'y mettre des Gouverneurs particuliers. Il veut que la Rochelle foit la premiére qui en reçoive. Il y deftine le Seigneur de Biron. Il s'imagine que le penchant que Biron avoit pour les Huguenots, le rendroit agreable à cette Ville. Mais les Rochelois qui avoient refolu de ne fe fier qu'en leur Maire, refuferent abfolument de le recevoir. Ce refus irrite fi fort le Roy, que d'abord il veut qu'on affiége cette ville. Le Seigneur de Biron qui reçoit ce commandement, fait fes aproches du côté de terre. Le Seigneur Strozzi & le Baron de la Garde avec l'armée navale, en aprochent du côté de la mer. Quelques jours aprez que le fiége fût commencé, le Duc d'Anjou fe rend dans le camp,

XX.
Le Roy de Navarre & le Prince de Condé fe font Catholiques. Le Roy fait affiéger la Rochelle. Le fiége eft preffé par le Duc d'Anjou. Comme ce Prince eft élu Roy de Pologne. Il offre à cette ville de fort honêtes conditions fous lefquelles elle fe rend.

1573.

pour hâter les choses par sa presence. Il le fait avec toute l'ardeur que donne d'ordinaire aux jeunes Princes l'amour de la gloire. Il visite les travaux avec une assiduité merveilleuse. Il se trouve par tout. Il donne ordre à tout. Il agit avec si peu de precaution pour sa personne, qu'un jour étant avec le Roy de Navarre dans le fossé, on luy tire de la ville une piéce chargée de cartouches. Ce coup alloit asseurement luy être funeste, si le Seigneur de Vins pour sauver son maitre, ne se fût jeté audevant de luy. Cette adresse garantit le Duc. Le Seigneur de Vins reçeut tout le coup. Sa blessure fût tres-longue & tres-dangereuse. Et le Duc en est quite pour quelque grenaille à la cuisse, à la main & au cou. La chose se publie dans toute l'armée, où l'on en parle avec admiration. Le Duc en parle avec reconnoissance. Il en redouble son estime pour le Seigneur de Vins. Cependant la nouvelle qui arrive que le Roy de Pologne étoit mort, donne sujet au Roy de rechercher cette Couronne pour le Duc d'Anjou son frere. Les agens qu'il avoit envoyé dans le païs, travailloient puissamment à la chose. Ils esperoient de l'emporter sur les brigues des competiteurs. Mais ils avoient sur les bras les Evangeliques. On apelloit ainsi dans ce païs-là ceux qu'en France on apelloit Huguenots. Ces gens aprenant que le Duc d'Anjou s'étoit signalé par de grands exploits contre ceux de leur creance, craignoient qu'il ne portât dans leur païs la même haine contre leur religion. Cela faisoit qu'ils dressoient toutes leurs machines, pour renverser les desseins du Roy. Ils agissoient d'autant plus hardiment qu'ils étoient apuyez par les Princes Protestans d'Allemagne. On ne manquoit pas de leur representer toutes les inhumanitez qui s'étoient pratiquées en France. Le massacre de Paris n'y étoit pas oublié. Les agens écrivirent ces choses au Roy. On trouve bon que le Duc d'Anjou relâche de sa vigueur dans ce siége. Le Roy fait publier des manifestes qui rejetent le massacre sur l'Amiral de Châtillon : qui le font auteur d'une conjuration horrible contre la France. Durant qu'on agit de cette maniére, on reconnoit dans peu de jours, qu'on s'y étoit bien pris. Car on voit arriver presque aussi-tôt le courrier qui aporte la nouvelle de l'élection du Duc d'Anjou pour Roy de Pologne. Le courrier n'est pas plûtôt arrivé qu'on prend dessein de finir le siége, & de le finir par une action de generosité. On offre à la ville assiégée les conditions les plus honétes. L'offre est acceptée. On reçoit le Seigneur de Biron pour Gouverneur. Le Duc d'Anjou plein de gloire va recevoir à Paris les Ambassadeurs. Peu de jours aprez il part pour la Pologne, il va prendre possession de cét Etat.

XXI. Les Huguenots de Provence font dessein sur diverses villes. Le Seigneur de Valavoire surprend Menerbe

Durant que ces choses se passoient, les Huguenots s'imaginent que la conjoncture étoit favorable pour s'établir sans qu'on osât les repousser. Ils meditent de s'emparer de quelques villes. Ceux de Provence jetent les yeux sur Arles, Toulon & Marseille. Le Comte de Carces reçoit cét avis, il en écrit au Seigneur de Meolhon Gouverneur de Marseille, & à la Chambre du Parlement qui y tenoit alors les Grand-Jours. Il les avertit de prendre garde, que sous le

pretexte des procez, ou sous le nom de plaideur, on n'introduise des bonne place du Comtat Venaissain.
gens dans la ville. Dans le temps que ce projet se fait en Provence,
le Seigneur de Montbrun se saisit de Nions en Dauphiné. Dans le
Comtat Scipion Seigneur de Valavoire surprend Menerbe. Voici
comment je trouve dans mes memoires que cela se fit. Le Seigneur
de Valavoire étoit un jour en conversation avec le Vicaire de sa terre de Vaux, ce Vicaire se nommoit Seron. Dans le discours le Vicaire luy raconte, comme il avoit passé sa jeunesse à Menerbe, &
que le Curé du lieu, nommé Jean de l'Isle, l'avoit instruit dans sa
profession. Ce peu de mots donnerent occasion au Seigneur de Valavoire de faire un dessein important. Il se met dans l'esprit de surprendre cette place. Il la voyoit d'une situation si avantageuse, qu'il s'i-
magine qu'il n'en faut pas davantage pour le mettre en grande consideration, & pour luy faire acquerir des grands biens. Car outre
que la place étoit d'un tres-difficile accez, elle donnoit d'ailleurs bien
des moyens de faire des courses dans le Comtat & dans la Provence,
postée qu'elle étoit sur les bornes des deux Etats. Cette place avoit eu
le même avantage qu'Avignon & que Carpentras. Elle s'étoit graran-
tie des surprises des premiers troubles. Cela la rendoit si jalouse de
conserver cette gloire, qu'elle veilloit incessamment à sa seureté. Mais
elle n'y sçeut si bien veiller, que le Seigneur de Valavoire n'y donnât
une ateinte. On a dit que l'ambition, & que l'interest ne furent
pas le seul motif de son entreprise. Qu'une haine mortelle qu'il avoit
contre le parti Catholique, y contribua beaucoup aussi. Car depuis le
massacre de Paris, où il avoit perdu un de ses freres, il eût une si
grande aversion pour ce parti, qu'il fût un des principaux arcboutans
des Huguenots. Comme donc il voit que le Vicaire le pouvoit servir
utilement, il commence à luy faire mille caresses. Il l'asseure qu'il
veût être son protecteur. Il luy fait souvent quelque confidence pour
l'engager encore mieux à le servir. Quand il l'eût mis en état de tout
entreprendre, alors il luy decouvre ouvertement son dessein. Il luy fait
voir combien aisément il se pourroit rendre maitre de Menerbe. Il luy
montre la chose si facile, qu'il luy fait promettre de l'executer. Aprez
qu'on fût convenu des moyens; Seron part accompagné du Capitaine
Fouque Brunet Huguenot de Manosque, qui le suit comme s'il étoit
son valet. Il arrive à Menerbe. Il va loger chez le Curé. Il luy supo-
se que luy & son valet s'étoient trouvez mal-heureusement au meurtre
d'un Huguenot avec trois ou quatre autres. Que ces autres s'étoient
refugiez à Avignon. Que pour luy il avoit voulu prendre azile auprez
de son ancien maitre. Le Curé donne dans ce piége & le reçoit avec
bon visage. Il promet de l'assister de tout son pouvoir. Le Dimanche
suivant Seron dit fort devotement la Messe. Brunet le sert fort devotement aussi. Ce bon exemple oblige les Consuls de dire au Curé,
que puisqu'il n'avoit point de Secondaire, il devoit arrêter cét étranger. Qu'il avoit la mine d'être un fort bon homme. Le Curé se rend
facile à la chose. Seron s'y accorde encore plus facilement. On convient des gages sur l'heure même. Aussi-tôt Seron va querir ses har-

des, ou plûtôt avertir le Seigneur de Valavoire. Deux jours aprez il revient avec les quatre hommes, qu'il avoit dit s'être trouvez au même meurtre du Huguenot. Aprez cela Seron & Brunet cherchent les moyens de faire reüssir l'entreprise. Brunet reconnoit les portes de la ville. Seron persuade au Curé de donner un repas aux premiers du lieu. Le Curé qui aimoit la bonne chere dit qu'il le veut bien. Il convie tous ses amis à souper, pour boire, dit-il, à la bien venuë du Secondaire. On se met à table. On fait de grands brindes. Brunet qui servoit donne à ceux de la ville du vin blanc au lieu d'eau, puis il verse sur cela le vin clairet sans mesure. Il n'épargne pas même le Curé. Pour ses gens il les conserve si sobres, qu'il sembloit que l'eau n'étoit que pour eux. Aprez souper, Brunet dit au Curé, comme par modestie, que pour ne le pas incommoder cette nuit, il va faire coucher ses camarades chez un de ses amis. La maison de cét ami étoit à une des extremitez de la ville. Comme ils passent par le corps de garde, ils le trouvent presque tout degarni. Ils ne voyent que quelques païsans endormis, & quelques jeunes hommes sans armes. Brunet trouve la conjoncture favorable. Il va vers la poterne. Il en fait sauter la serrure. Il introduit le Seigneur de Valavoire qui atendoit d'entrer avec cent cinquante arquebusiers. Dans le temps que Brunet s'occupe à ouvrir, ses compagnons coupent la gorge au corps de garde. Ce bruit met d'abord l'allarme par tout. Mais on n'est pas en état de remedier au mal ; les principaux du lieu se trouvent tous yvres. Le Seigneur de Valavoire qui étoit entré dans la ville, empêche qu'on ne s'assemble durant la nuit. Le lendemain il luy vient un renfort de troupes. Il demeure absolument maitre du lieu. Puis se contentant de l'honneur d'avoir heureusement conduit l'entreprise, il se retire, il laisse dans la place le Capitaine Ferrier pour y commander. Ferrier se fait bien-tôt craindre à tous les voisins. Il ravage également le Comtat & la Provence. Il pille, il detrousse tous les passans. Les femmes sont indifferemment violées. Les Religieux sont barbarement outragez. Rien n'échape à l'impieté jointe à l'avarice. Ces ravages obligent les officiers du Pape d'envoyer des troupes pour les reprimer. Le Seigneur de Crillon se met à leur tête. Il va bloquer Ferrier dans sa place. il le serre de telle maniére que rien ne peut entrer ni sortir. Ferrier se voyant en cét état donne avis au Seigneur de Montbrun de ce qui se passe. Aussi-tôt Montbrun depêche le Seigneur de Stoblon avec trois cens maitres, & cent cinquante. arquebusiers des vieilles bandes du Piémont. Stoblon part. Dans sa marche il use de cette adresse. Le jour il se tient enfermé dans les bois. La nuit il repare si fort le repos du jour, qu'il marche tout d'une halaine, & se jette dans la place. Aprez qu'il eût laissé reposer ses gens durant trois ou quatre heures, il les separe, & les fait aller en divers quartiers. Ils vont brûler les bleds des aires voisines. A la veuë de ces ravages les interessez s'atroupent. Ils vont se joindre au Seigneur de Crillon. Ils se trouvent environ douze cens chevaux à la plaine de Menerbe. Le Seigneur de Stoblon voyant cette troupe, juge bien que c'étoit un defi qu'on luy faisoit.

Il sort avec ses trois cens maîtres suivi de ses arquebusiers. A mesure qu'il aproche de l'ennemi, les premiers de la troupe s'ouvrent. Les Catholiques veulent donner dedans. Ils s'avancent, ils trouvent les arquebusiers, qui avoient déjà mis pied à terre, & qui se faisoient un rampart de leurs chevaux. Aussi-tôt les arquebusiers font leurs décharge fort heureusement. Ceux qui s'étoient separez se rejoignent. Les Catholiques environnés de toutes parts, sont tuez sans merci ? Le Seigneur de Crillon même est laissé sur la place. Sa mort met ses gens dans un grand desordre. Ils prennent la fuite. Ils sont poursuivis jusqu'aux portes d'Avignon. Cette ville prend si fort l'épouvente, que d'abord elle accorde la contribution. Aprez cela le Seigneur de Stoblon fait encore quelques autres courses tres-heureuses. Puis il s'en retourne en Dauphiné.

Cependant dés que le Roy de Pologne fût parti, l'on vit s'élever de nouveaux troubles à la Cour. Le Duc d'Alençon qu'on avoit éloigné des charges jusqu'alors, pretendoit devoir succeder à son frere à celle de Lieutenant general du Royaume. Ses pretentions étoient fomentées par plusieurs grands, qui cherchoient à detruire la maison de Guise. Les principaux étoient le Roy de Navarre, le Prince de Condé, les Marechaux de Montmoranci & de Cossé. Avec ces apuis, le Duc d'Alançon commance à demander la charge. Il proteste en cas qu'on la luy refuse, de se mettre à la tête des Huguenots. La Reine mere qui voit cela, tâche à le divertir par des propositions qu'elle luy fait faire. Elle luy propose le mariage de la Reine d'Angleterre. Et l'acquisition des Païs-bas. Il arrive dans ce temps que le Roy se trouve mal, affoibli par tous les exercices violents, où il s'abandonnoit sans mesure. Cette maladie change le dessein du Duc. Au lieu de se faire chef de parti, il commance à prendre des mesures pour mettre la Couronne sur sa tête. Pour cela il medite de fermer toutes les avenuës au Roy de Pologne, & de s'aquerir les premiers Ministres, & les corps les plus puissants de l'Etat. Ie trouve qu'il avoit attiré tous les grands, hormis la maison de Guise & la Reine Mere. Car les Secretaires d'Etat, le Parlement de Paris, une grande partie des autres, & la plus part des Gouverneurs des Provinces étoient gagnez. Cela se traita si secrettement, que la Reine Mere n'en eût jamais connoissance. Ce n'est pas qu'elle ne se servit de tous les artifices possibles, pour penetrer dans la conduite de son fils. Comme elle voit que rien ne luy reüssit, elle s'avise de mettre un espion auprez du Prince, qui peut veiller à toutes ses actions. Dans ce dessein elle dit à son fils, qu'il luy étoit necessaire de sçavoir la langue Italienne. Elle luy donne pour la luy aprendre un Florentin nommé Cosme Roger. Roger fût tres-fidelle à la Reine durant quelques jours. Il l'avertissoit de tout ce que le Duc faisoit. Mais voyant que tout se tourne en faveur du Duc, il prend dessein de suivre l'exemple des autres. Il luy decouvre le sujet pour lequel on l'avoit mis

XXII. Le Duc d'Anjou pretend à la Lieutenance Generale du Royaume. La maladie du Roy, le fait encore aspirer plus haut. Il pretend de succeder à la Couronne, au prejudice du Roy de Pologne. Son dessein est decouvert; les favoris en portent la peine. Mort du Roy.

auprez de luy. Il promet de luy être fidelle, & de ne rien decouvrir que ce qu'il voudroit. Cette action luy fait acquerir la confidence du Prince. Et neanmoins il se menage en sorte auprez de la Reine, qu'il luy dit toûjours quelque chose. Mais tout cela n'étoit que pour l'amuser. Cependant les affaires reüssissoient admirablement, quand tout fût gâté par une boutade de la Molle. Ce Gentil-homme étoit de la confidence. On l'apelloit toûjours à tous les Conseils. Un jour que le Duc assembla le Maréchal de Montmoranci, la Molle & Roger pour régler la forme de l'entreprise, le Maréchal croisa la Molle dans son avis. Sur quoy la Molle offensé luy dit, quoy pensez vous que si nôtre affaire reüssit, je souffre que vous me devanvanciez ? Il faut que vous sçachiez que je suis le fils aîné de mon Maitre ; que je suis Gentil-homme comme vous, que mon Maitre me pût faire aussi grand & plus grand que vous, & qu'enfin jamais je ne prendray la loy de vous. A cela le Maréchal répond d'abord assez doucement. Mais comme la Molle voulut pousser plus loin le discours ; l'impatience le prend, il se retire. Cette retraite fût tres-funeste à tous ceux de l'entreprise. Car elle donna quelque soupçon de la conjuration & fit prendre le dessein de l'étouffer. En même temps on arrête le Duc & le Roy de Navarre. On met à la Bastille le Maréchal de Montmoranci. On fait prisonnier la Molle, on le met entre les mains de la Justice. Il est condamné à perdre la tête quelques jours aprez, convaincu de la conjuration, & d'avoir usé de sortilege. Car on trouva qu'il avoit sur luy des images de cire avec des caracteres. Pour Roger il évita la mort par sa constance, ayant soûtenu la question sur plus de quatre-vingt chefs, dont-il avoit revelé quelques uns à la Reine Mere. De sorte qu'encore qu'il fût accusé d'avoir fait une medaille enchantée, qu'on trouva sur le Roy, & les deux images de cire que le Duc & la Molle portoient sur leurs chapeaux, pour entretenir leur amitié, ne se trouvant pas assez de preuves pour le convaincre entiérement, il en fût quitte par la condamnation aux galeres. Cette condamnation n'empécha pas qu'il ne fût tres-consideré dans son infortune, par la connoissance qu'il avoit de l'Astrologie judiciaire. Parmi ces troubles il n'étoit gueres possible que le Roy pût recouvrer sa santé. Il sent empirer sa maladie. Les efforts que sa jeunesse faisoit quelque fois, luy donnoient bien de temps en temps quelque esperance. Mais le mal plus fort que la nature, la luy faisoit aussi perdre souvent. La Reine Mere voyant qu'il s'afoiblissoit tous les jours, luy fait insinuër doucement de pourvoir au Gouvernement du Royaume. Le Roy connoit bien ce que cela vouloit dire. Il donne à sa mere tout contentement. Il fait dresser une declaration, par laquelle il la fait Regente, jusqu'à ce que le Roy de Pologne fût arrivé. Quand la declaration fût scellée, il la fit lire hautement en presence du Duc d'Alençon, du Roy de Navarre

& des autres Princes. Il leur remontre que ce qu'il vient de faire n'est que pour le bien de l'Etat. Il les prie de s'y vouloir soûmetre. Aprez cela il ne pense plus qu'à se disposer à bien mourir. Il mourut la vingt-cinquiéme année de son âge, dans la treiziéme & demy de son regne. Ce Prince fût mêlé de bien & de mal. Il avoit un bon naturel. Il étoit prudent. Mais tout cela fût gâté par la méchante éducation qu'il reçût, & par la contagion de la Cour du monde la plus corrompuë. Je dois neanmoins ce témoignage à la verité sur le sujet de son éducation, que dés que le Roy fût dans sa majorité, la Reine sa mere luy écrivit une lettre pleine d'instructions admirables, dont la pratique eût rendu son regne tres-heureux. Elle luy disoit que comme le regne de son pere, & celuy de son ayeul avoient été les regnes les plus glorieux qu'on eût jamais veu, il devoit prendre soin de suivre en tout leur exemple. Témoigner comme eux que rien n'étoit égal au respect qu'il avoit pour la Religion. Qu'aprez ce premier devoir il ne devoit avoir à cœur, que de maintenir dans son Etat un bon ordre, que de le faire regner par tout. Que pour donner cette opinion au public, il devoit commancer par se régler luy même. Que le matin il devoit recevoir à son lever les Princes, & les grands Seigneurs honnétement & avec caresses. Qu'il devoit de là passer aux affaires avec ses Ministres, tenir son Conseil, aller à la Messe, & terminer enfin la matinée dans d'honétes divertissemens. Qu'aprez dîner il devoit donner audiance à ses sujets. Que cela se devoit faire pour le moins deux fois la semaine. Qu'en suite il devoit se retirer quelque temps dans son cabinet. Puis aller voir les Reines, & de là passer à la promenade, ou à quelque autre exercice moderé. Qu'au retour il devoit souper avec sa famille. Qu'environ deux fois la semaine, il devoit avoir le bal, pour entretenir la joye dans sa Cour. Qu'aussi pour se conserver en estime parmi ses peuples, il devoit quelque fois combatre à cheval, ou faire quelques courses de bague. A ces conseils qui étoient pour la Cour, elle en avoit ajoûté d'autres qui regardoient les Provinces. Elle luy disoit qu'aussi-tôt qu'il recevoit des depêches, il devoit les ouvrir luy même, & y faire répondre promptement, pour faire voir qu'il veilloit à tout. Qu'à l'exemple du Roy son ayeul, il devoit avoir un rôle de ceux qui avoient le plus de credit parmi le peuple, la Noblesse, le Clergé. Qu'il devoit avoir un autre rôle des principaux Gentils-hommes de châque Province. Que sans attendre qu'aucuns de ces gens-là luy demandât quelque don, il devoit le luy faire de son mouvement, dés qu'il vaquoit quelque chose qui leur seroit propre. Qu'il s'acquerroit si bien par-là tout le monde, qu'il demeureroit maître de tous les cœurs: qu'il ne se passeroit rien dans les Provinces, dont-il n'eût aussi-tôt connoissance, & où il ne pût mettre ordre d'abord. Que par une conduite si bien reglée, tout se regleroit à son imitation, & que la seule veneration qu'on auroit pour luy, tiendroit asseurément en devoir les peuples. Voilà qu'elles étoient les instructions que la Reine Mere donnoit à ce jeune Prince. Mais elles avoient deux grands ennemis à combatre, la corruption du siécle, & la licence de la Royauté. Aussi quelques salutaires qu'elles pussent être, ne furent-elles pas assez fortes pour le ramener. Ce qui fût d'un grand prejudice à la France.

ARGUMENT

ARGUMENT
DU TREIZIEME LIVRE.

I. HENRI III. Roy de France, de Jerusalem, de Sicile, trente-uniéme Comte de Provence, commence à regner. Il étoit en Pologne quand le Roy son frere mourut. Son absence donna sujet aux Huguenots de remuër en Provence. Ils se saisissent de quelques places. Le Roy arrive. Il vient à Avignon. Il envoye delivrer à Aix le Seigneur de Taneron, que le Parlement avoit condamné à avoir la tête tranchée, comme le Chevalier de saint Esteve avoit déja souffert la même mort. Le Maréchal de Rais est fait Gouverneur de Provence. Il y vient. Il prend quelques places, puis il s'en retourne. Le Parlement traverse l'Edit de retablissement de la Chambre des Enquêtes, puis il le verifie. II. Le Comte de Carces prend divers Châteaux. Le Seigneur de Vins surprend quelques Gentils-hommes. Le Maréchal de Rais vient dans son Gouvernement. Le President des Arches y vient pour Intendant de la Justice. La venuë du Gouverneur fait naître le parti des Rasats & des Carcistes. Chefs, & villes de châque parti. III. Les Huguenots du Languedoc font dessein sur Arles. Le Maréchal de Rais va pour veiller à la seureté de cette ville. Sa maladie l'oblige d'aller aux bains de Luques. Le Comte de Carces va à Arles. Il chasse du Château du Baron les Huguenots, qui s'en étoient emparez. Le Maréchal de Rais est rapellé de Provence. IV. Le Grand Prieur de France vient en Provence en qualité de Commandant. Il va assieger Menerbe. Le siege ne luy reüssit pas. Il fait assassiner le Comte de Montasier. Le Maréchal de Rais traite de son Gouvernement avec le Comte de Suse. Les partis s'échaufent dans la Province. On fait diverses remontrances dans les Etats. Le Grand Prieur refuse un present d'argent de la Province. V. Le Comte de Suse est fait Gouverneur de la Province. Le Grand Prieur est rapellé à la Cour. Il refuse d'y aller. On depute au Roy pour demander que le Grand Prieur demeure. Le Seigneur de Vins se met en campagne, aprenant que le Comte de Suse vient. Il proteste qu'il ne peut quiter les armes. Le Comte de Suſe arrive à Avignon. Tous les ordres luy deputent pour le prier de n'entrer point dans la Province. On ne peut rien obtenir, il vient à Aix. Sa venuë ouvre la guerre entre les Raſats & les Carciſtes. Le Comte de Suſe convoque une aſſemblée des Communes. Il eſſaye de ramener les eſprits. Comme il n'en peut venir à bout, il ſe retire à Aix. VI. Le Capitaine Rainier eſt aſſaſſiné par les Corſes. Les Carciſtes declarent dans une aſſemblée de la Province pourquoy ils ne peuvent metre les armes bas. Le Grand Prieur pourſuit d'avoir le Gouvernement de la Province. Le Cardinal d'Armagnac eſt envoyé pour y commander. Le Capitaine Boyer bat le Seigneur de Vins. Quelques paiſans tuënt leurs Seigneurs. VII. Le Cardinal d'Armagnac ſe retire. La licence augmente dans le païs. Le château de Trans eſt pris. La Reine mere vient en Province. Il ſe fait une partie à Marſeille contre le Comte de Carces. Le Grand Prieur reçoit ſes proviſions de Gouverneur. La Reine mere fait embraſſer la Nobleſſe. Elle ſe retire. Elle mene le fils du Comte de Carces auprez du Roy. VIII. Le Grand Prieur apaiſe une ſedition qui s'alloit lever contre les Corſes. Il va vers la frontière pour en chaſſer quelques Dauphinois. La peſte de Marſeille s'échaufe. Le Parlement accommode avec la Province les procez qu'il avoit pour les tailles. La contagion ſe gliſſe dans Aix. Le Parlement ſort il ſe diviſe en trois Chambres. Châque Chambre va dans une ville pour diſtribuër la Juſtice plus commodement. Le Seigneur de Vins fait aſſaſſiner le batard de Laſcaris. La contagion s'enflame dans Aix. Miſeres de cette Ville. Il y arrive un hermite qui vient ſervir les malades. IX. Le Grand Prieur mene par la Province des Commiſſaires du Parlement pour prendre des informations. La Province moyenne par argent que le Seigneur de Gouvernet ſe retire. Les Etats deputent vers les Gentils-hommes des deux partis, pour les porter à un accommodement. La peſte d'Aix ſe calme. Le Parlement y revient. On y tient les Etats, qui font une nouvelle tentative pour accommoder les choſes. Le Capitaine Ancelme eſt arrêté & tué. Le Comte de Carces tombe malade & meurt. X. Le Seigneur de Vins eſt fait Chef des Catholiques en ſa place. Le Grand Prieur craint ſon élevation. Le Seigneur de Vins ſe jette dans le parti de la Ligue. XI. Il ſe met en campagne. Il eſſaye de ſe rendre maître de Marſeille. Il y fait un grand parti. Le Grand Prieur decouvre ce qui ſe trame. Il va à Marſeille. Il fait faire le procés à Cabanes & à Daries Conſul. Il les fait pendre de nuit. Il tombe malade. Le Cadet de Pontevez eſt tué. Le Grand Prieur fait faire le procez au Seigneur de Vins pour ce meurtre. On publie l'Edit de Juillet, qui defend toute autre Religion que la Catholique. Sur ce ſujet les Huguenots prennent les armes. Ils font des deſſeins en divers endroits. Le Maréchal d'Amville fait une entrepriſe ſur Arles. XII. Les amis du Seigneur de Vins décrient le Grand Prieur dans les aſſemblées Le Grand Prieur s'en irrite. Il prend deſſein de faire un exemple. Il tuë Altouitis qui le tuë auſſi. XIII. Le Parlement prend le Gouvernement de la Province. Il nomme le Seigneur de Vins pour commander les armes ſous deux Commiſſaires de la Cour. Le Seigneur de Vins ſe met en campagne. Les Huguenots s'y mettent auſſi. Mais ils lâchent le pied devant luy. Il aſſiège le château de Lamanon où étoit le Capitaine Cartier. Il le prend, Cartier eſt envoyé à Aix. Il y porte la peine de ſes crimes. XIV. Le Roy fait ſçavoir qu'il à nommé

Le Duc d'Epernon pour Gouverneur de la Province. Le Seigneur de Vins va mettre le siége devant le Château d'Allemagne. Les Huguenots le vont attaquer, ils le batent. XV. Le Duc d'Epernon vient en Provence. Il va assiéger Seine. Il la prend. Il assiége & prend le lieu de la Breole. Il va de-là pour aider le Seigneur de la Valete son frere qui assiégeoit Chorges. On prend cette place. XVI. Le Duc d'Epernon part pour la Cour. Avant que de partir, il visite une partie de la Province. Il convoque les Etats à Salon. Il fait les funerailles du Grand Prieur. Le Seigneur de la Valete vient commander en Provence. Il ne pût obtenir qu'on aille assiéger Montbrun. Il s'en retourne en Dauphiné, où il aprend qu'il étoit entré quatre mille Suisses. Le Colonel Alfonse les defait. XVII. La peste se reveille dans Aix. On se doute que l'Hermite ne la fomente. On l'arrête. On luy fait son procez. On decouvre sa malice & divers autres crimes. Le Parlement le condamne à être brulé. XVIII. Le Seigneur de la Valete essaye d'entrer dans Aix. Il y va fort accompagné. On luy refuse l'entrée. Mais il y entre le lendemain. Aprez y avoir demeuré deux ou trois jours, il va à Marseille. Il en fait sortir le Seigneur de Besaudun. Il va visiter la côte durant son absence. Le Seigneur de Vins vient à Aix. Il se rend maître de cette ville. Le Seigneur de la Valete pour se faire craindre, assiége & prend Lambesc, où il fait une terrible execution. Le Comte de Carces va à Marseille. Sa presence fortifie si bien son parti, qu'on pousse ceux qui tenoient pour le Gouverneur. On tuë même le second Consul qui s'étoit sauvé dans l'Eglise. XIX. Le Seigneur de la Valete fait dessein de se rendre maître des bonnes places. Pour cela il fait arrêter le Capitaine de la Tour de Bouc. Le Seigneur de Vins se declare ouvertement pour la Ligue. Le Roy se declare aussi pour ce parti. Il fait expedier en sa faveur l'Edit de Juillet. L'Edit est reçeu en Provence. Le Seigneur de la Valete fait parler de paix. La chose ne reüssit pas. On fait quelques entreprises de part & d'autre. XX. Le Seigneur de la Valete convoque des Etats ; le Parlement en convoque de contraires. Sur cela le Marquis d'Oraison moyene une entrevüe avec le Seigneur de Vins. L'entrevüe se fait inutilement. Le Marquis de Trans surprend Frejus. Le Seigneur du Muy est tuë dans son Château par ses habitans. On tuë même le Commandeur de Roque-martine. Le Roy prend dessein d'ôter le Gouvernement de la Province au Seigneur de la Valete. XXI. Il vient des Commissaires en Provence, qui luy signifient sa destitution. Cela l'ébranle. Il prend neanmoins resolution de tenir ferme. XXII. Le Seigneur de Vins surprend & saccage Brignolle. La mort du Duc & du Cardinal de Guise irrite les Ligueurs. Ils font du bruit à Aix, à Marseille, à Arles. Ils font diverses entreprises. XXIII. Le Seigneur de la Valete demande à faire une conference. La conference ne produit rien. Des domestiques du Comte de Carces saccagent le Château de Bormes. Le Seigneur & son frere y sont assassinez. Le Comte de Carces entreprend inutilement de surprendre Berre. Montgaillard parent du Seigneur de la Valete est tué prés d'Aix. XXIV. La Grande Duchesse vient s'embarquer à Marseille, pour passer à Florence. Elle offre inutilement d'accommoder tous les differens du païs. Le Parlement de Paris écrit au Parlement d'Aix, pour l'obliger d'entrer dans la ligue qu'on a signée. On la signe en Provence de même façon. Les officiers qui tenoient pour le Roy sortent d'Aix. Ils vont à Pertuis vers le Seigneur de la Valete. Il se forme par la deux Parlemens. On nomme l'un le Parlement du Roy. L'autre le Parlement de la Ligue.

A a a ij

XXV. Le Seigneur de la Valete vient vers Aix. Le Seigneur de Vins échauffe le peuple contre luy. Il fait arrêter des officiers qu'il croit être de son haleine. Il fait quelques sorties contre le Seigneur de la Valete, qui enfin se retire & va s'asfurer de Brignole, d'Yéres, de Toulon. Le Seigneur de Vins qui voit ces prosperitez, accepte le secours du Duc de Savoye. Dans le temps que ce traité s'execute, on a nouvelles de la mort du Roy.

HISTOIRE DE PROVENCE.

LIVRE TREIZIE'ME.

 I les negociations de la Reine mere furent utiles dans l'autre regne, elles furent bien necessaires en celuy-cy. Car pour empécher les broüilleries, il luy falut tenir tous les esprits en suspens, comme elle avoit tenu judicieusement jusque-là toutes les choses en balance. En effet il n'y avoit point de Seigneur qui n'esperat que l'absence du Roy, l'eleveroit encore d'avantage. Il n'y avoit point de particulier qui ne se promit de faire fortune. Il n'y avoit enfin personne en France, qui n'eût plus en veüe son propre interêt que le bien public. Comme donc il n'y eût jamais plus de pretentions, plus d'intrigues. On n'eût jamais besoin de plus d'adresse qu'il en falut alors pour éluder tant de desseins pour rendre vaines tant d'esperances. Aussi la Reine mere employa-t'elle tous ses soins dans cette rencontre. Elle n'oublia rien de tout ce qui pouvoit assurer la paix dans l'Etat. Elle depécha de ses creatures en divers endroits, pour pouvoir adoucir toutes choses. Elle arrêta la mutinerie des Rochelois par une trêve. Elle obtint du Maréchal de d'Amville qu'il ne bougeroit pas, que le Roy ne fût de retour. Dans ces soins qu'elle prit pour mettre ordre à tout, elle n'envoye neanmoins personne en Provence. Elle sçavoit quel étoit le zele du Comte de Carces, pour le parti Catholique. Cela fit qu'elle s'en reposa sur sa foy. Elle luy fit sçavoir simplement par une lettre, la mort du Roy & sa Regence, luy commendant d'avoir toûjours l'œil à tout. Dés que

I.
Henry III. Roy de France, de Jerusalem, de Sicile. Trente-uniéme Comte de Provence, commence à regner. Il étoit en Pologne quand le Roy son frere mourut. Son absence donna sujet aux Huguenots de remuër. Ils se saisissent en Provence de quelques places. Le Roy arrive. Il vient à Avignon. Il envoye délivrer à Aix le Seigneur de Taneron, que le Parlement avoit condamné à avoir la tête tranchée, comme le Chevalier de St. Este-

Aaaa iij

ve avoit déja le Comte eut reçeu cét avis, il entre dans le Parlement. Il y donne
souffert, la mê- cette nouvelle. Il dit qu'on voyoit assez combien l'union de tous les
ne mort. Le
Maréchal de membres de la Compagnie étoit necessaire au repos, & à la seureté
Rais est fait de l'Etat. Il les conjure de demeurer constamment unis, & de vouloir
Gouverneur de
Provence. Il y joindre tous leurs soins aux siens, sur tout pour reprimer les Hugue-
vient il prend nots qui commençoient à lever la tête. Il dit cela parceque quelques
quelques Pla-
ces. Puis il s'en jours auparavant on avoit veu plusieurs atroupemens d'Huguenots en
retourne. Le divers endroits de la Province ; qu'on avoit nouvelles qu'ils s'étoient
Parlement tra-
verse l'Edit de rendus maîtres du Château de Greoliéres, sous la conduite du Sei-
rétablissement gneur de Taneron. Sur cela le Comte de Carces donne ordre au Sei-
de la Chambre
des Enquêtes. gneur de Vauclause d'aller assiéger Taneron avant qu'il pût se fortifier.
Puis il le veri- Vauclause part aussi-tôt. Il fait une telle diligence, que sans donner à
fie.
Taneron le temps, ni le moyen de se reconnoître, il luy suscite les
païsans du lieu, qui se levent, le surprennent & le livrent. Quelques uns ont dit que le Seigneur de Taneron voyant ces gens atroupez se sauva dans le lieu de Sigalle en Terre-neuve. Que là se trouvant
dans les Etats du Duc de Savoye, il se croyoit en toute seureté. Mais
que le Seigneur de Vauclause le poursuivit avec la permission neanmoins du Duc de Savoye. Qu'il se saisit de sa personne, & le fit conduire d'abord à Aix. Le prisonnier ne fût pas plûtôt arrivé que le Parlement commença sa procedure. La chose se fait avec tant de diligence, que le prisonnier s'étonne, s'ébranle, ses cheveux blanchissent dans
une nuit. Ce changement qui le rend meconnoissable, fût pris à mauvais augure. Mais son mal-heur ne touche point les Huguenots, n'y
ne divertit point leurs desseins. Comme ils étoient toûjours aux aguets,
qu'ils atendoient quelque occasion favorable, dés que la nouvelle de
la mort du Roy leur est portée, ils recommencent leurs atroupemens
en divers endroits. Les uns se vont saisir des lieux de Greols, de Puimoisson. Les autres vont s'emparer de Riez, ayant à leur tête le Seigneur de Stoblon & le Chevalier de saint Esteve son frere. Le Comte
de Carces piqué de cette supercherie, se met d'abord en état de s'en
ressentir. Il assemble la Noblesse à Barjols. Il demande du canon à
Marseille. Pour éluder ce grand apareil, les Huguenots ne manquent
pas de joüer d'adresse. Ils publient que le Comte de Carces ne demandoit du canon à Marseille, que pour son interêt particulier. Qu'il ne
vouloit faire tout ce bruit que pour montrer à la Cour, qu'il étoit
maître de la Province, & pour poußer sa fortune par-là dans ce temps
confus. Ce bruit se repend si bien par tout, qu'il y eût beaucoup
de gens qui se refroidirent. Il fit même chanceller les Marseillois.
Le Comte aprenant la defiance où étoient les Marseillois, il leur
fait offrir d'envoyer son fils en ôtage, jusqu'à ce qu'il eût rendu leur
canon. Dans le temps qu'on travailloit à cette negociaton, on à nouvelles que le Roy qui étoit arrivé à Lion, avoit pris dessein de
venir jusqu'à Avignon, afin de pourvoir de plus prés aux affaires du
Languedoc & de Provence. Aussi-tôt le Comte de Carces quite toutes
choses. Il va se rendre à Avignon, accompagné de tous ses amis. Les
parens du Seigneur de Taneron ne manquent pas aussi de s'y rendre.

Ils employent auprez du Roy des personnes si puissantes, qu'ils obtiennent un ordre pour le Parlement, afin de suspendre la procedure. Peu aprez le Prevôt de l'Hôtel part avec ordre, pour venir delivrer le prisonnier. Il arrive à Aix le jour même que l'arrêt de mort avoit été resolu. Cét ordre arriva contre la croyance de bien du monde. Car on tenoit pour chose assurée que le Seigneur de Taneron suivroit le Chevalier de saint Esteve. Ce Chevalier avoit fait de grands desordres aux environs de Riez. Il s'étoit emparé de cette ville & du Monastere qui en étoit proche nommé saint André du Desert. Delà il couroit de tous côtez. Il desoloit toute la contrée. Sur ces ravages tous les voisins s'assemblérent. Ils se mirent en embuscade pour l'avoir. On le prit, on le mena à Aix, où dans peu de jours il eût la tête tranchée. Cette execution devoit arrêter ce semble les armes, & les desseins du Seigneur de Stoblon frere du Chevalier. Et neanmoins elle fit un contraire effet. Stoblon s'en irrite si furieusement, qu'il va d'abord se saisir de Digne. Là il se fortifie dans la maison de l'Evêque. Il fait des courses dans la campagne. Il épouvante tous les environs. Les Huguenots de Dauphiné aprenant que Stoblon occupoit ce poste, qui bridoit la montagne; qui rompoit par ce moyen le commerce avec le païs bas, ils pensent à luy envoyer du secours. Pour cela le Seigneur de Montbrun, de Lesdiguiéres, de Gouvernet, de Champoleon, entrent en Provence avec seize cens hommes, huit cens chevaux & autant d'arquebusiers. Ils prenent leur chemin droit à Digne. A cette nouvelle le Comte de Carces envoye le Seigneur de Vins audevant d'eux. Vins fait une si grande diligence, que les Dauphinois n'ont pas le loisir de se reconnoître. Ils sont attaquez & chassez dans un même temps. Aussi-tôt Vins tourne sa marche du côté de Digne. Il va bloquer Stoblon dans son fort. Il occupe les maisons voisines. Il le serre de si bonne maniére, que Stoblon craignant de tomber en ses mains; fait mine de redoubler ses défenses. Puis il se sauve adroitement dans la nuit. Dans le temps que le Roy receût cette nouvelle, le Maréchal de Rais étoit prés de luy. Ce Maréchal dés l'année auparavant, avoit été fait Gouverneur de Provence. Il y avoit été nommé par la mort du Maréchal de Tavanes, qui n'avoit jamais pris possession de ce Gouvernement. Comme donc il aprit ce qui se disoit de Provence, il crût que ce luy seroit une honte, de ne point prendre l'occasion de s'y en aller. Cela l'obligea de demander au Roy de luy permettre d'aller faire sa charge. Il luy dit qu'il avoit trop de zele pour son service, pour souffrir qu'autre que luy reprimât les Huguenots. Qu'il desiroit de répondre à Sa Majesté d'une Province qu'elle avoit remise à sa conduite. Le Maréchal n'a pas plûtôt fait cette ouverture, que le Roy luy accorde son congé. Il part avec trois mille Suisses. A son arrivée la Noblesse se rend prés de luy. Aprez qu'il a reçeu tous les complimens, il se met en campagne. Il marche vers Riez; il met le siége devant cette ville. Les habitans étonnez de cét aproche craignent de servir d'exemple à tout le païs. Ils n'atendent pas que l'artillerie soit arrivée. Ils demandent d'abord composition, ils l'obtiennent vies & bagues sauves. Ce succez épouvante si fort tout le monde, que le lieu de Puimoisson se rend à l'abord du Seigneur de saint Marc. Greols se rend de la même manière. Aprez cela le Maréchal croit sa reputation assez établie, pour n'avoir pas besoin de pousser ses armes plus avant. Il s'en retourne auprez du Roy, qui étoit encore à Avignon. Le Roy avant que de partir d'Avignon fit sceller un Edit qui regardoit le Parlement d'Aix. L'Edit portoit creation d'une Chambre d'Enquêtes. Je ne sçay neanmoins si cela ne se doit pas plûtôt prendre pour le retablissement de cette Chambre que pour sa nouvelle erection. Car vingt-ans auparavant le Parlement avoit verifié un Edit de creation, de deux Presidans à Mortier & douze Conseillers, pour composer une Chambre d'Enquêtes. Les offices avoient été remplis. La Chambre avoit tenu durant six ans sa seance. Aprez quoy elle fût suprimée & les Officiers reünis au corps. On cût dit à voir cette supression que cette Chambre ne devoit pas revivre. Cependant ce fût le Parlement même qui fût cause qu'on la retablit. Voici comment la chose arriva. Le Parlement étoit composé de quarante Conseillers. Il y en avoit vingt en châque Chambre. Comme il y avoit plus grand nombre de Juges qu'il n'en faloit pour juger un procez à la fois & qu'on étoit fort pressé d'affaires, on s'avisa de faire un troisiéme bureau pour se soulager & pour expedier les parties. On compose ce bureau d'un Président, des cinq derniers Conseillers, & de quatre autres qui se devoient prendre tous les trois mois deux de châque chambre. Cét usage donna sujet au Roy de retablir la Chambre des Enquêtes. Ce retablissement neanmoins se fit sans nulle autre cruë que celle de deux Presidens aux Enquêtes seulement. Car du reste il fût ordonné que les douze Conseillers derniers reçus, serviroient toûjours dans cette chambre. Le Parlement ne recevoit donc dans cette erection aucun prejudice. Il n'en voyoit diminuër ni sa fonction ni son autorité. Cependant il ne laissa pas de la traverser. Il en refusa la verification. Il deputa au Roy. Il fit des remontrances. Il suscita même diverses opositions dans le païs. Mais enfin il falut obeïr aprez trois jussions. Ce retablissement se fit au mois de Mars de l'année mil cinq cens soixante quinze.

1575.
II
Le Comte de Carces prend divers châteaux. Le Seigneur de Vins surprend quelques Gentilshommes. Le Maréchal de Rais vient dans son Gouvernement. Le Président des Arches y vient pour Intendant de la Justice. Sa venüe fait

Cette année eût un fort beau commencement. Le Roy fût sacré à Reims avec toute sorte d'acclamations. Le lendemain de son Sacre il épousa la Princesse Louïse de Vaudemont, niéce du Duc de Lorraine. Cependant les troubles continuënt toujours. Ils s'augmentent même beaucoup en Dauphiné, par la prise du Seigneur de Montbrun, que le Parlement condamne à avoir la tête tranchée. En Languedoc le Maréchal d'Amville se declare pour le parti Huguenot. Aussi-tôt il se saisit de plusieurs places, entr'autres d'Aiguemortes, dont ceux d'Arles sont fort incommodez. En Provence les choses s'alterent de la même manière. Le Comte de Carces assiége le château de Spinouse. Il le prend. Il le fait raser. Cela fait il va contre le château de Gaubert. Le château se defend, le Comte le prend, il fait passer toute la garnison au fil de l'épée. Delà on marche vers le château de Montfort. Il y avoit pour Gouverneur un nommé Verdelet, soldat de fortune, que ce poste avoit

enrichi.

DE PROVENCE. LIV. XIII. 563

enrichi. Verdelet se voyant investi se trouble, & son trouble augmente par le traitement fait à ceux de Gaubert. Il demande d'abord à parlementer. Le Comte envoye vers luy le Seigneur de saint Estienne. Quand Verdelet vit ce Gentil-homme dans la place, il s'imagina que le Comte le craignoit. Cela luy fait faire une rodomontade. Il commande que l'on tire sur les assiégeans. Le Comte offensé de ce procedé, fait bâtre le château sans relâche. Alors Verdelet reconnoît sa faute. Mais il se persuade qu'en tout cas son argent le pourra sauver. Il offre de se rendre & montre sa bourse. Mais son argent ne luy sert de rien. Le Comte qui veut faire un exemple refuse son offre. Il force, il prend le château, il fait pendre Verdelet à un arbre avec les principaux de sa garnison. Cette action de vigueur devoit ce semble intimider les lieux qu'on aborderoit. Et neanmoins ceux de Monjustin & de saint Martin, où l'on fût delà, refuserent de se rendre au Comte. Il est vray que leur resistance leur reüssit assez mal. Car leurs biens furent mis au pillage. Ils resterent plus mal heureux que ceux qu'on avoit tuez. Par-là les garnisons de Lurmarin & de Gignac, aprirent ce qu'elles voient faire. Aussi quiterent elles les places à l'abord qu'on y fit. Quand tout fût reduit dans cette contrée, le Comte monta vers Sisteron. Il y alla sur l'avis qui luy fût donné, que le Seigneur de Gouvernet faisoit dessein de s'emparer de cette ville. Qu'il s'étoit venu loger pour cela dans le Poët, village voisin. Comme il arrive dans Sisteron, il met par tout un si bon ordre, qu'il ne laissa rien à craindre pour le dehors. Mais il ne se contenta pas de cela, il voulut aller chasser Gouvernet de son poste. Il le fit sans nul danger & sans nulle peine. Il se servit de ce stratageme pour y reüssir. Il fit amas de quantité de foüets de charretier. Quand il fût nuit il se mit en campagne. Il dressa sa marche vers le Poët; en aprochant de ce lieu il fait allumer une grande quantité de flambeaux. Il fait faire un si grand bruit avec ses foüets, qu'il sembloit qu'on roulât le canon vers la place. A ce bruit & à la lueur des flambeaux, le Seigneur de Gouvernet prend l'épouvante. Il deloge sur le champ pour n'avoir pas la honte d'être surpris dans une place qu'il ne pouvoit garder. Peu aprez le Comte arrive. Il trouve la place vuide. Il la fait demolir pour la seureté de Sisteron. Il fait demolir aussi le château de Teze. Puis il s'en retourne. Dans le temps que le Comte asseuroit ainsi la frontiére, le Seigneur de Vins reveilloit les Huguenots d'un autre côté. Il fit tout d'une haleine trois actions qui le rendirent fort redoutable. Il alla surprendre à Oraison le Seigneur de Torretes, qui se tenoit bien seur dans cette place, à cause que le port de la Durance étoit rompu. Il fait diligemment retablir le port. Il entre de bon matin dans la place. Il trouve le Seigneur de Torretes endormi. Il luy enleve presque tout son monde. Delà il monte vers le lieu de Majastres. Il surprend de même le Seigneur de l'Isle, qui s'étoit emparé de ce château. Puis avec la même celerité, il marche vers le château de Tartonne. Il en chasse l'Espagnolet, soldat que la licence du temps avoit érigé en grand Capitaine. Ces trois actions subites & surprenantes, firent donner au Seigneur de Vins le nom de mari-

naître le parti des Rasats & des Carcistes. Chefs & Villes de chaque parti.

nier, nom qui devint enfin son sobriquet, mais sobriquet tres-formidable au peuple. Car on n'avoit plus deformais qu'à dire, gare le matinier, pour effrayer les gens par tout, pour les faire fuïr auffi-tôt, ou du moins pour les obliger de se tenir soigneusement sur leurs gardes. Ainsi les Huguenots étoient reprimez, quoyqu'ils eussent des Chefs considerables, gens de la premiére qualité. Cela les fit demeurer rencognez quelques temps. Comme ils étoient dans cét abatement. Il survint tout à coup une nouvelle qui leur releva le cœur. On aprend que le Duc d'Alençon s'étoit retiré de la Cour, & que son mécontentement l'avoit fait jetter en Poitou : qu'il y étoit dans l'armée Huguenote. Qu'on l'en avoit d'abord fait General. Cette nouvelle fit grand bruit par tout. Elle souleva les esprits en Provence. Les Huguenots commencent à se montrer. Ils font de frequentes assemblées. Ils s'uniffent plus étroitement que jamais. Ils resolvent de se mettre en campagne. Mais leurs resolutions s'evanoüissent à la nouvelle qui arrive,

1576. que la paix avoit été publiée à Paris. Cette paix se fit subitement par le ministere de la Reine mere, qui craignant que les Huguenots ne la rompissent, s'en alla elle même dans le camp du Duc d'Alençon, & fit accorder toutes les demandes qui se firent. Les chefs principaux eurent des Gouvernemens. Il y en eût plusieurs ausquels on donna des recompenses excessives. On promit à tout le parti des villes d'asseurance dans châque Province, & des Chambres Miparties dans les Parlemens. Parmy ces villes, Seine fût assignée pour la Provence. Mais dés qu'on eût tiré le Duc d'Alençon des mains des Huguenots, on commença a éluder l'execution des promesses. On y fit naître mille difficultez. Cela fût un grand sujet de plainte aux Huguenots. Ceux de Provence se plaignent comme les autres. Ils envoyent des deputez au Roy. Ces deputez renouvellent les anciennes doleances. Ils disent qu'ils sont persecutez jusque dans leurs propres maisons. Que ces opressions leur sont principalement faites par la Justice. Ces plaintes faites avec vehemence, toûchent les Ministres, quoyque peu favorables aux Huguenots. Le Roy commande au Maréchal de Rais de s'en retourner en son Gouvernement. On luy donne un Surintendant pour la Justice. C'étoit Jean François de Mémes Président au Grand Conseil, apellé le Président des Arches. A l'arrivée que fait le Gouverneur à Tarascon, le Comte de Carces l'y va saluër accompagné de cinq cens Gentils-hommes. Il affecta d'avoir cette suite, pour faire voir qu'il étoit puissant en amis. Le Maréchal excellent homme à dissimuler, fait semblant de ne s'en pas prendre garde. Il oblige le Comte de se retirer sous pretexte de luy faire honneur. Les Huguenots étonnez du grand apareil du Comte de Carces, craignent que cela ne donne dans la veüe du Maréchal. Ils offrent de l'accompagner avec un aussi grand nombre de Noblesse, & d'y ajoûter mille arquebusiers s'il vouloit. Le Maréchal refuse leur offre. Il dit qu'il n'a besoin que de l'autorité du Roy. Il s'en vient à Aix sans aucun bruit. Il n'a pour toute suite que son équipage. Il est vray que le refus qu'il fit, ne fût que pour sauver les aparances. Car on decouvrit bien-tôt par ses maniéres qu'il avoit pris des liaisons avec les Huguenots. Delà vient que du nom de Rais, on deriva le nom de Rasats, nom duquel on apella depuis les Huguenots, comme on avoit déja commencé d'apeller Carcistes les Catholiques du nom du Comte de Carces qui les apuyoit. Aussi-tôt que ces deux noms furent rendu publics, on n'entendit plus parler que de Rasats, que de Carcistes. On se distingua par-là dans les villes, dans les maisons. On se broüilla sous ces noms dans chaque famille. On vît plusieurs fois les femmes Carcistes, quereler leurs maris Rasats. On vît tres souvent les fils Rasats, insulter leurs peres Carcistes. Enfin ces deux noms semblerent rendre la haine plus grande, ou la firent éclater plus visiblement. En sorte qu'on n'étoit ni en repos ni en seureté, ni à table, ni dans le lit même. Les Huguenots avoient à leur tête des chefs de grand nom. Les Seigneurs d'Allemagne, des Arcs, du Bar, d'Oraison, de Torrettes, de Cabris, de Senas, de Flassans, d'Entrecasteaux, de la Molle. Ces chefs ou par leur credit ou par leurs factions, engagerent les villes de Grasse, de Frejus, de Fayance, Draguignan, d'Yéres, de Toulon, de Barjols, de Brignole, de saint Maximin, d'Antibe, de Castellane, de Lorgues. Les autres villes étoient pour les Carcistes, qui comprenoient le plus grand nombre de la Noblesse du païs. Quand le Maréchal fût arrivé dans Aix les Rasats l'y vinrent saluër. Ils luy firent en même temps leurs plaintes. Le Maréchal leur dit de s'adresser au President des Arches, qui avoit pouvoir de les écouter, & ordre de leur rendre justice. Aprez cette réponse ils se retirent. Les Carcistes arrivent aussi-tôt. Ils ne manquent pas de se plaindre comme les autres. Ils traitent leurs plaintes de calomnie. Ils disent qu'ils n'ont pas plus de foy que de religion. Durant que ces plaintes se faisoient on convoque à Aix les Etats de la Province. Les Carcistes qui se trouvent tous portez dans la ville, s'arrétent pour assister aux Etats. Ils s'y trouvent en si grand nombre, que les Rasats n'oserent y venir, quoyque le Maréchal leur eût fait sçavoir, qu'ils pouvoient venir en toute asseurance. Ce qui se fit de plus considerable dans cette assemblée, ce fût de deputer aux Etats de Blois, qui se devoient tenir vers la fin du mois de Novembre.

Cependant le Maréchal voyant que les Carcistes avoient été maîtres des Estats, s'imagina qu'ils avoient fait une nouvelle union, à l'exemple des Catholiques des autres Provinces. Aussi-tôt il donne avis au Roy de ce qui se passe. Puis il part, & va visiter la Province, sous pretexte de dissiper les cabales qui s'y faisoient. Mais à peine s'est-il mis en chemin, qu'il est obligé de rompre son voyage. Les Consuls d'Arles luy envoyent dire que leur ville étoit en grand danger, qu'on faisoit dessein de la surprendre. L'entreprise étoit faite par les Huguenots du Languedoc, qui s'étoient emparez d'Aiguemortes. Ils surprirent si facilement cette place, qu'ils s'imaginerent qu'il seroit encore plus facile de surprendre leurs voisins qui n'y pensoient pas. Ils jettent d'abord les yeux sur Arles. Le nom & l'importance de cette ville les anime, ils croient qu'on ne pût faire un plus grand coup pour le parti. Mais il faloit avant cela faire une autre chose. Il faloit se rendre maî-

III.
Les Huguenots de Languedoc font dessein sur Arles. Le Maréchal de Rais va pour veiller à la seureté de cette Ville. Sa maladie l'oblige de s'en aller aux bains de Luques. Le Comte de Carces va à Arles. Il chasse du Château du Baron les Huguenots qui s'en

étoient empa-
rez. Le Maré-
chal de Rais eft
rapellé de Pro-
vence.

tre de la ville des Maries, qui fe trouvant fur leur paffage étoit le feul obftacle à l'execution de leur deffein. Ils penfent donc à commencer par là. Pendant qu'on fe prepare ceux d'Arles reçoivent avis de l'entreprife. Ils fe mettent d'abord en état de s'y opofer. Le Conful Jean de Sabatier fe met en campagne avec quatre-vingt chevaux. On prie le Seigneur de Beaujeu de fe joindre à luy. Ils s'avancent tous deux vers Pecais. Ils trouvent que les Huguenots venoient vers le Rône, qu'ils étoient fur le point de le paffer. A cette veüe Beaujeu met fes gens en ordre. Il leur dit de tirer au premier fignal qu'il fera. Dans ce temps les Huguenots tirent eux mêmes. Le Conful eft dangereufement bleffé. Ses gens fe troublent. Ils s'ébranlent. Ils fe trouvent engagez dans le marais. Le Seigneur de Beaujeu craint quelque defordre. Cela l'oblige de rebrouffer. Il avertit ceux des Maries de fe tenir fur leurs gardes. Il va s'enfermer dans le château du Baron, pour arrêter les ennemis fur leur paffage. Les Huguenots voyant que l'entreprife étoit decouverte, penfent à l'executer d'une autre façon. Ils employent la negociation au lieu de la force. Ils envoyent aux amis qu'ils avoient dans Arles, de difpofer les chofes, de manière qu'ils peuffent leur ouvrir les portes une nuit. Ils leurs font dire que pour eux ils donneront à leurs armes le pretexte d'aller ataquer le Pont du faint Efprit. Dés qu'ils eurent donné cét avis, ils font courir par tout le bruit de l'entreprife qu'ils veulent faire, afin que ceux d'Arles s'endorment fur cela. Cependant les conjurez fe preparent à faire reüffir le complot. Châcun effaye d'engager fes amis dans la partie. On prend les fêtes de Noël pour l'execution, en atendant que ce temps arrivât, on fe voit fouvent pour s'échaufer toûjours à l'entreprife. On ufe de toutes les precautions poffibles, pour faire que le fecret ne s'évente point. Mais parmi toutes ces precautions, la chofe ne laiffe pas d'être decouverte. Ce fût un enfant de la ville, habitant de Nimes qui le decouvrit aux Confuls, touché du danger qui menaçoit fa patrie. Cét homme s'apelloit Antoine Maffe. Il avoit ouï parler en gros du complot. Mais comme il ne peut rien dire de particulier, les Confuls ne purent que fe tenir fur leurs gardes. Ils veillent à tout ce qui fe paffe. Ils obfervent tous les vifages étrangers. Ils rencontrent un foldat à Trinquetaille. Ils l'arrêtent, ils le metent en prifon. Les conjurez prenent l'allarme. Ils aprehendent d'être decouverts. Quelques uns pour prevenir le mal fortent de la ville. Antoine Icard fût un de ceux-là. Il paffe le Rône. Il gagne Fourques. Auffi-tôt les Seigneurs de Beines, de Beaujeu, de Grille vont vers luy. Ils le conjurent de leur decouvrir la verité de la chofe, de penfer à fes parens, à fes amis : De rendre ce fervice à fa patrie ; d'épargner le fang de fes concitoyens, qui ne pouvoit manquer de fe repandre, fi la conjuration avoit lieu. Icard répond qu'il aimeroit mieux mourir mille fois, que de mettre en danger tant de gens d'un fi grand merite. Qu'ils avoient interet eux mêmes qu'il laiffât leurs plus proches parens en repos. Aprez ces mots il s'obftine à ne plus rien dire. Il n'y eût ni injures ni menaces capables de luy faire prononcer un feul mot. Comme on le voit dans cette refolution : on le méne prisonnier à Arles. Là son silence redouble la consternation de tout le monde. Châcun craint de trouver parmi les traitres, son plus proche parent, son meilleur ami. Châcun pour éviter d'être luy même soupçonné, fuit la conversation, se renferme. On craint tout. On tremble de tout. Les Consuls voyant la ville en cét état, font sçavoir au Maréchal de Rais ce qui se passe. Aussi-tôt le Maréchal s'y en va. Il méne le Président des Arches. A son arrivée le peuple crie par la ville, justice, justice contre les traitres qui veulent livrer la ville aux Huguenots. Le Maréchal témoigne qu'il la veût faire. Il ordonne qu'on léve cinq cens hommes pour la garde de la ville, & cent hommes pour Trinquetaille. Il y fait même tracer un fort. Mais quand il fût question de travailler à la decouverte des conjurez, il agit avec tant de mollesse, qu'il fût bien aisé de reconnoître qu'il apuyoit tout-à-fait les Huguenots. Cependant le Maréchal tombe malade. Il est ataqué d'une paralysie, qui le rend perclus d'un côté, & fait aussi qu'il devient dur d'oreille. Quelques uns neanmoins ont crû que la surdité n'étoit qu'une feinte. Car comme les Carcistes murmuroient hautement contre luy : qu'ils ne l'épargnoient pas même en sa presence ? On a dit que pour n'être pas obligé de leur répondre, il faisoit semblant de ne les entendre pas. Aussi l'apelloit-on par raillerie le sourd. Quoy qu'il en soit sa paralysie l'obligea d'aller chercher quelque soulagement aux bains de Luques. Aussi-tôt le Comte de Carces se rend à Arles, pour empêcher que la conjuration n'éclatât. Il trouve qu'on avoit arrêté deux grands seditieux. L'un se nommoit Fatin, l'autre Gaudi. en même temps il les fait conduire à Aix. Le Parlement les condamne à la corde. Le lendemain de l'arrivée du Comte, on luy vient dire, que le Seigneur de saint Roman, qui commandoit les troupes Huguenotes du Languedoc étoit en campagne : Qu'il avoit quatre mille arquebusiers : Qu'il aprochoit du village de la Motte : Qu'il faisoit dessein de passer le Rône, & de venir surprendre le château du Baron. Sur cét avis le Comte avec sa diligence ordinaire, apelle le Seigneur de Vins prés de luy. Il écrit à ses amis. Il fait aprocher sa compagnie de Gendarmes. Il mande aux Consuls de Tarascon de luy envoyer cent arquebusiers, sous la conduite du Capitaine Gay. Il donne ordre à Donine d'en lever autant à Arles. Il va visiter le château du Baron. Il y fait les fortifications que le temps luy peût permettre. Il y laisse Jean de Sade Seigneur de Gout pour y commander. Il l'assure qu'on n'entreprendra pas plûtôt de l'assiéger, qu'il quitera tout pour le venir secourir à l'heure même. Cela fait il pense à s'assurer par derriére, afin que rien ne le peût obliger de faire diversion. Il jette cinquante Corses dans la ville des Maries. Leur Colonel Alfonse d'Ornano, s'enferme dans cette ville avec eux. Cependant saint Roman avec ses Huguenots passe le Rône. Il se saisit du village du Baron. Il fait son ravelin dans l'Eglise. Mais il n'ose pas hazarder son canon en Provence. Il le laisse au de-là de l'eau. Il le fait amener vers le château de la Mote, qui étoit tout vis-à-vis de celuy du Baron. De-là il commance dés le point du jour à bâtre terriblement la place. La baterie est en effet si terrible, que dans

1577.
Le 5. Janvier.

peu d'heures les murailles sont percées en plus d'un endroit. Ceux du dedans en prenent l'allarme. Mais le Capitaine Robert de Chavari, qui s'y étoit arrêté pour servir sa patrie, les rassure par son exemple, & par ses exhortations. Il rafermit même le Seigneur de Gout, que la peur des soldats avoit étonné. Le bruit du canon n'étonne pas moins ceux d'Arles qui l'entendent. Le Seigneur de Beaujeu premier Consul parcourt la ville, pour faire cesser l'étonnement. Il exhorte tout le monde à prendre les armes, à secourir sa patrie. Il sort par l'ordre du Comte de Carces. Il va reconnoître l'énnemi. A son retour le Comte se fait armer. Il se met aux champs en tête de six cens hommes, moitié cavalerie, moitié gens de pied. En s'avançant il voit de loin que le chemin étoit occupé par un gros d'environ cent arquebusiers. Il aperçoit à leur tête Espitalier un des traitres d'Arles. A cette veüe il fait alte. Il ordonne au Seigneur de Beaujeu d'aller charger cette troupe. Il luy donne vingt maîtres pour cela. Il le fait soûtenir par Donine qui commande cent arquebusiers. Sur cét ordre le Seigneur de Beaujeu part de la main. Il ataque l'ennemi vigoureusement. Il le met en fuite. Il le poursuit jusque dans le village. Delà il crie au Seigneur de Gout que le secours étoit arrivé: qu'il ne craignit rien pour la place. Aprez avoir rasseuré les assiégez par ces mots, il se retire. il trouve que les Consuls d'Arles, avoient envoyé quelques rafraichissemens. Il en distribuë une bonne partie aux soldats. Quand les soldats se furent un peu rafraichis. Le Comte donne ordre au Seigneur de Beaujeu d'aller contre l'ennemi du côté du pont du Rône. Sur cét ordre le Seigneur de Beaujeu méne avec luy Donine. Il aproche, il trouve le pont tout embarrassé par une charrete qu'on avoit renversée, & l'ennemi bien fortifié contre le retranchement. Il juge d'abord qu'il n'avoit pas dequoy forcer ce poste, qu'il valoit mieux conserver ses gens pour un plus grand dessein. Il vient donner raison au Comte du sujet de sa retraite. Le Comte l'aprouve, il luy dit qu'il faloit faire un autre dessein. Qu'il faloit occuper l'ennemi, pour empêcher qu'il ne pensât à donner l'assaut par la bréche qu'il venoit de faire. Cela dit il se prepare à une ataque generale. Mais voyant qu'il n'avoit pas assez de forces, il s'avise d'étonner l'ennemi par quelque stratageme suivant sa coûtume. Il fait paroître de loin une grosse troupe de païsans & de laquais, ayant châcun son épée sur l'épaule. La troupe étoit mélée parmi de la cavalerie, afin qu'on les peût moins distinguer. Il luy fait faire quelque mouvement. Aprez cela il va luy même à l'ataque. Il entretient en escarmouches l'ennemi. L'escarmouche commence le matin à neuf heures, & dure jusqu'à six heures du soir. Le Comte ne se repose point durant ce temps, & ne se donnant pas le loisir de prendre haleine, il est contraint de changer quatre fois de cheval. Cependant comme la nuit aprochoit, on entend en divers endroits le bruit des tambours. A ce bruit l'ennemi prend l'allarme. Il croit que c'est quelque troupe qui vient contre luy. D'autre côté le Comte fait mine de se vouloir ménager. Il environne des charretes son infanterie. Il laisse le commandement au Seigneur de Beaujeu. Il luy dit qu'il va se reposer à Arles, qu'il reviendra le lendemain avant qu'il soit jour. Les ataquez voyant que la nuit commençoit à les rassurer de leur crainte, croient qu'il faloit que la nuit même les en delivrât absolument. Pour cela ils prennent resolution de se retirer. Ils executent la chose sur l'heure : Ils repassent le Rône precipitemment. A ce bruit le Seigneur de Beaujeu fait prendre les armes. Il monte à cheval. Il s'avance jusque sur le bord de l'eau. Il fait main basse sur tout ce qu'il trouve. Il envoye en diligence au Comte de Carces, luy donner avis de ce qui se passoit. Le Comte étoit prêt de monter à cheval. Il s'étoit déjà fait armer, quand cette nouvelle luy fût aportée. Aussi-tôt il part. Il va se conjoüir avec le Seigneur de Beaujeu, de la belle action qu'il venoit de faire. Il le loüe hautement : il luy atribuë tout l'honneur de ce qui s'étoit fait, quoyqu'il pût en avoir luy même sa part, puisque tout s'étoit fait par ses ordres & par sa conduite. Aprez cela il entre dans le château du Baron. Il loüe le Seigneur de Gout. Il loüe aussi le Capitaine Chavari ; puis il ordonne que les fortifications se continuënt, pour empécher qu'on ne pense plus à revenir. Cela fait le Comte s'en retourne à Arles. Il y est reçeu avec grandes acclamations. On l'apelle le liberateur de la ville, le pere du peuple, le défenseur du public. Asseurément on avoit bien de sujet de l'apeller de tous ces noms ensemble. Car jamais on ne rendit de plus grand service à cette ville. Jamais elle ne reçût de secours plus à propos. Il arriva dans un temps qu'elle étoit également exposée à la malice de ses ennemis cachez, à la fureur de ses ennemis decouverts : qu'elle étoit menacée d'une conjuration domestique, & d'une irruption étrangere : qu'au dedans elle étoit pleine de divisions, qu'au dehors elle étoit en bute à toutes sortes de ravages : que si le château du Baron venoit à se rendre, elle n'avoit point de recolte à esperer : qu'elle alloit tomber dans une famine certaine, & qu'infailliblement la famine, luy atireroit les derniers mal-heurs. Comme donc cette ville ne sçavoit en qui se confier, à qui recourir. Le Comte non seulement la vint défendre par son autorité, par sa presence, mais il la servit de sa personne de sa main, & combatît en jeune homme, tout âgé de soixante six ans qu'il étoit, il fit le metier de soldat, quoyque sa qualité luy donnât le rang & la fonction de General d'armée. Il abâtit dans un seul jour tous les ennemis de cette ville. Il chassa les Huguenots d'un poste, qui pouvoit les rendre maîtres de la meilleure partie du païs. Aussi cette action tournat-elle toute si bien à son honneur, qu'il sembla que pour ne luy en rien ôter, ses amis ne vinrent qu'à œuvre faite. Car ce ne fût que le lendemain de la levée du siége, qu'arriverent la Noblesse de la Province, & les troupes qu'on luy envoyoit du Comtat. A l'arrivée de ce secours le Comte pense à pousser plus loin sa victoire. Il prend dessein d'aller ataquer les Huguenots en Languedoc. Peut-être en prenant cette resolution pensa-t'il à les faire repentir de leur insulte. Peut-être voulut-il ôter à ses amis le regret d'être venus trop tard. Quoyqu'il en soit dés qu'il eût resolu la chose, il fait passer le Rône au Baron d'Oise son neveu. Oise part avec sa compagnie, avec les Corses & les troupes du Comtat. Il s'avance suivant l'ordre jusqu'à Montpeiller. Aussi-tôt le Comte part luy même avec la Noblesse. Il ajoûte à ses troupes quatre cens arquebusiers pour le soûtenir. Il va se porter à la plaine de saint Gilles. Sur ce defi les Huguenots n'osent point paroître. Ils se renferment dans les villes qu'ils tenoient. Le Comte ne trouvant personne à qui parler, laisse la campagne. On emporte plus de cinquante mille écus de butin. On se justifie de cette voye de fait, par le nom qu'on luy donne de represailles. Dans le temps que le Comte de Carces passoit en Languedoc, le Seigneur de Vins envoye le Capitaine Raberi l'un des siens, qui se saisit de la Sainte-Baume. Il y établit bonne garnison. A la veuë de ces prosperitez les Rasats redoublent leur jalousie contre les Carcistes. Il prenent dessein de les arrêter. Ils s'assemblent pour cela chez le Baron des Arcs. Ils deliberent d'avoir des munitions, & de faire quelque levée de troupes. Cependant ils deputent pour se plaindre des violences des Carcistes. Les deputez sont le Baron d'Oraison, le Seigneur de Cabris & un bourgeois d'Antibe. Sur les plaintes que font ces deputez, le Roy écrit au Comte de Carces. Il luy dit que le plus grand plaisir qu'il luy puisse faire, c'est d'assoupir ces differens, en manière qu'il n'en entende jamais plus parler. Pour faire voir au Comte que la chose luy étoit à cœur, il envoye en Provence un de ses maîtres d'hôtel nommé Bouriques. Bouriques agit avec toute la chaleur possible pour pouvoir reünir les esprits. Il n'oublie ni priéres ni remontrances, pour obliger les uns & les autres à vivre en paix. Mais ils étoient tous si furieusement irritez, que les exhortations furent inutiles. Elles semblerent même les irriter plus qu'auparavant. Car comme le Seigneur de Stoblon s'étoit emparé du château de Courbons, les Seigneurs de Vins, de saint Martin, de la Verdiére se joignirent pour l'aller chasser de ce poste. Sur cela les Rasats s'atroupent. Les Carcistes s'assemblent aussi de leur côté. Ils étoient en état d'en venir aux mains, quand le Maréchal arrive des bains de Luques. D'abord il commande à tous de mettre bas les armes. Il leur ordonne de se retirer en leurs maisons. Il défend aux villes de recevoir ni les uns ni les autres. Mais ces choses furent fort mal executées. Le Maréchal n'avoit pas plus d'autorité qu'auparavant. Les Carcistes le méprisoient toûjours de même. Les Rasats commencerent a n'avoir pas grande creance en luy.

IV. Le Grand Prieur de France vient en Provence en qualité de Commandant. Il va assiéger Menerbe. Le siége ne luy reüssit pas. Il fait assassiner le Comte de Montafier. Le Maréchal de Rais traite de son

Le peu de credit qu'avoit le Maréchal dans le païs, obligea le Roy d'y envoyer pour Commandant le Grand Prieur de France, Henri d'Angoulême son frere bâtard. Aussi-tôt que le Grand Prieur eût sa commission, il se prepare pour venir en Provence. Il se met en chemin dans peu de jours. Avant que d'entrer dans la Province, il fait compliment au Maréchal. Il luy envoye Vignacourt Gentil-homme de sa chambre. Il luy proteste que si la commission que le Roy venoit de luy donner luy faisoit la moindre peine du monde, il s'en retourneroit dés le moment qu'il l'aprendroit. A cela le Maréchal repond, qu'à la verité il ne se sentoit pas assez fort pour étouffer les mouvemens de la Province. Il suplie le Grand Prieur d'y venir. Il offre de se

demettre

demettre de son Gouvernement en sa faveur, pourveu qu'il luy fasse donner une autre recompense. Aprez ces complimens mutuels, le Grand Prieur s'avance, il entre dans la Province. Il charme le monde par sa bonne mine, il atire les cœurs, par son affabilité. Mais pour se faire considerer encore par un meilleur endroit il entreprend d'abord d'aller assiéger Menerbe. Il avoit conferé sur le sujet de ce siége avec les officiers du Pape, lorsqu'il passa par Avignon. Il les avoit fait convenir que le Pape contribueroit pour le tiers, & que le Roy fourniroit tout le reste. Aussi-tôt donc qu'il fût arrivé, son premier soin fût d'assembler les troupes & la Noblesse, & de s'aller joindre à celles du Comtat. Là il trouve que son armée étoit de dix mille hommes. Aprez cette reveüe il marche contre cette place. Il commence le siége. Il la fait bâtre avec seize canons. Il fait des ataques à toute heure. Dans ces ataques il perd à la verité de fort braves hommes. Entre autres François Gerente Baron de Senas & le Capitaine Seguiran. Mais les assiégez en sont si étonnez, qu'ils desesperent de pouvoir soûtenir un long siége. Pour prevenir le malheur qui les menace; ils demandent à parlementer. Il se passe quelques jours en conferences. Les conferences sont suivies de la capitulation. Les assiégez tirent quelque argent. On leur permet de sortir vies, armes & bagues sauves. Sous la foy de cette capitulation, le commerce s'ouvre, plusieurs du camp vont dans la place pour la voir, plusieurs de la ville viennent voir les travaux du siége. Comme on vivoit dans cette securité de part & d'autre, il survient une chose qui gâte tout. Le Seigneur de Montauban de Dauphiné se glisse dans la place. Il poignarde le Capitaine Ferrier Gouverneur. Il arrête ce qu'il trouve d'Officiers du camp. Il ferme les portes & se met en défense. Le Grand Prieur étonné d'un évenement si contraire à son attente, s'emporte de colere. Il se plaint d'avoir été trahi. Il menace de punir les traitres. Cependant il recommence le siége à nouveaux fraix. Le siége produisit deux avantures bien funestes. Le Grand Prieur avoit pour Lieutenant de sa compaganie de Gendarmes, un jeune Gentilhomme apellé le Comte de Montasier, qui voyant l'inclination que son maitre luy témoignoit, demanda pour un de ses amis le Gouvernement de la place. Il avoit fait cette demande dés le commencement du siége. Il esperoit qu'elle luy seroit accordée, si la consideration du Baron de Senas ne l'empêchoit. Cela l'obligea de rendre suspect le Baron de Senas au Grand Prieur. Il luy dit que Senas donnoit des avis aux assiégez, qu'il entretenoit avec eux un secret commerce. Ces discours dont le Baron de Senas eût connoissance, furent cause de sa mort que j'ay remarquée ci-devant. Car pour témoigner qu'il agissoit sincerement, il alla si avant dans l'ataque, qu'il y signala sa fidelité. Mais la malice du Comte ne s'arrêta pas là. Il la tourna contre son maître même. Comme il voit que la mort de Senas n'avoit rien operé, il se dechaine contre le Grand Prieur. Il tient de luy mille discours insolens, ausquels il ajoûte le mêpris; car il le quite sans demander son congé. Le Grand Prieur aprenant que Montasier s'étoit retiré, commande à Maurilhan son Capitaine des Gardes de le suivre, & de luy passer son

Gouvernement avec le Comte de Suse. Les partis s'échaufent dans la Province. On fait diverses rémontrances dans les Etats. Le Grand Prieur refuse un present d'argent de la Province.

Cccc

épée au travers du corps. Maurilhan n'accepte pas cét ordre. Il dit au Grand Prieur que pour le satisfaire il apellera Montafier au combat, qu'il se coupera la gorge avec luy, que s'il peût il le tuëra. Mais qu'il luy demandoit cette grace de le dispenser de faire le metier d'assassin. Sur ce refus le Grand Prieur s'irrite, il s'adresse à George de Glandeves Seineur de saint Martin, beau-frere du Baron de Senas. Il luy dit que la retraite de Montafier luy donnoit un beau moyen de se venger des discours qu'il avoit tenu contre son beau-frere. Qu'il sçavoit assez que ces discours étoient cause de sa mort. Saint Martin entendoit bien ce que cela vouloit dire. Il prend feu. Il monte en même temps à cheval. Il part. Il s'en va aprez le Comte. Il aprend qu'il s'étoit arrêté à Aix, qu'il dînoit au logis de la cloche. Sur cét avis saint Martin va dans cette hôtelerie. Il avoit avec luy trois de ses amis, Seguiran, Bastier & Bonieux. Il monte à la sale où dînoit le Comte. Il fait avancer un de ses laquais. Le laquais se glisse derriére la chaire du Comte. Il luy lâche un coup de pistolet dans les reins. Aussi-tôt saint Martin entre avec les trois autres. Il trouve le Comte déja fort blessé. Il luy donne un coup de revers d'épée sur la tête, puis se retire. Comme il descendoit les degrez, un cuisinier qui accouroit au bruit, le perce d'un coup de broche, qui le met par terre. En cét état saint Martin est porté dans la sale, on l'étend tout de son long sur le plancher. Le Comte le regarde, & luy dit, que t'avois je fait pauvre Gentil-homme. Quelqu'un t'avoit-il plus honoré que moy ? Mais saint Martin n'étoit pas en état de l'oüir. A peine l'a-t'on mis à bas qu'il expire. Pour le Comte il mourut le lendemain. Aussi-tôt le Parlement ne manque pas d'informer sur les deux meurtres. Le Grand Prieur luy écrit que le Comte avoit trahi le service du Roy : que si on arrétoit ses domestiques on trouveroit qu'ils avoient debauché des Piémontois qui servoient au siége de Menerbe. Mais il eût beau se couvrir de ce vain pretexte. On ne laissa pas de croire que cét assassinat s'étoit fait par son commandement, ou que du moins son artifice en étoit la cause. Aussi en porta-t'il luy même la peine, par un juste jugement de Dieu, qui fait toûjours perir par le fer, ceux qui l'osent employer contre sa défense. Cependant le Grand Prieur continüoit toûjours le siége, mais le siége ne s'avançoit point. Ce retardement luy faisoit assez voir, qu'il ne se faloit pas opiniâtrer d'avantage devant cette place. Il voyoit que l'hyver avoit déja commencé, que ses troupes étoient extremement fatiguées. Cela le fait resoudre à se retirer. Il se retire donc, mais c'est avec cette precaution. Il fait dresser trois forts au tour de la place. Il en donne la garde à trois diverses nations, d'Italiens, de Corses, de François. Il juge que leur émulation les leur feroit garder, avec plus de diligence. Comme les forts furent en état, il retire ses troupes, il revient en Provence. Il fait publier à Aix l'Edit de pacification, qui s'étoit publié par tout le Royaume. Cette paix s'étoit faite des deux côtez avec tant de joye, que le Roy l'apella sa propre paix, & le Prince de Condé la fit publier dans la nuit même que la ratification luy fût aportée. Ainsi l'on esperoit qu'elle seroit de longue durée. Et neanmoins on la vit bien-tôt rompre. Cette rupture fit craindre de grands mal-heurs en Provence; par des signes qui presagent pareils accidents. On vît paroître durant plusieurs jours une comete, qui avoit une longue queüe toute rouge. Dans Aix le tonnerre tomba sur quelques maisons, où il fit des ravages effroyables. Je ne dois pas mettre dans cét ordre le meurtre du Comte de Bar, qui fût assasiné dans sa maison, par un de ses domestiques. Car le siécle étoit si fecond en des actions de cette nature, qu'on ne voyoit rien de plus commun. Quoyqu'il en soit comme le Maréchal de Rais fût à la Cour, il traita de son Gouvernement avec le Comte de Suse. Il luy obtint même l'agrément du Roy, au prejudice du traité resolu, par lequel le Grand Prieur devoit faire avoir au Maréchal l'Abbaye de Clerac, & la survivance de la Generalité des galeres. La cause de cette rupture vint d'un sujet de plainte qu'il croyoit avoir contre le Grand Prieur, qui ne le voulût pas souffrir au siége de Menerbe, où il parût avec sa Cornete-blanche. Ce refus obligea le Maréchal de se retirer, & son ressentiment le porta à faire le coup qu'il fit avec le Comte de Suse. Cette nouvelle ne se sçût pas si-tôt en Provence. C'est pourquoy les Rasats & les Carcistes essayoient toûjours de fortifier leur parti. Comme neanmoins les Carcistes n'osoient pas faire ouvertement des levées, le Seigneur de Baudument en fait en son nom. Il publie qu'il veut les conduire en Flandres: cependant il se saisit du château de saint Paul. D'autre côté les Rasats agissent en secret, pour ne se pas trouver les plus foibles. Le Comte de Carces depuis que le Grand Prieur étoit en Provence, s'étoit retiré dans sa maison. Sa retraite étoit diversement interpretée. Les uns disoient que c'étoit une deference, qu'il vouloit témoigner au Grand Prieur. Les autres assuroient que c'étoit pour le mécontantement qu'il avoit eû des discours qui s'étoient tenus dans la Province, où on le faisoit auteur de la levée qui s'étoit faite de vingt-deux livres par feu. Quoy qu'il en soit sa retraite ne plût point à ses amis. Ils employerent tout pour moyenner, qu'on le rapellât dans les affaires. Je trouve que dans les Etats tenus à Marseille, le Comte de Porriéres agît puissamment pour cela. Il y presenta mêmes des remonstrances. Ces remonstrances contenoient que si l'on vivoit en bonne union dans la Province, le peuple ne seroit pas accablé de miseres comme il étoit. Qu'il ne faloit pas esperer de voir finir ces miseres, tant que dureroient les partis qui la dechiroient, sur tout tant que la Noblesse seroit desunie. Que pour faire cesser cette desunion, le Comte de Carces étoit prêt d'oublier les injures qu'on luy avoit faites, & les calomnies qu'on avoit publiées contre luy. Qu'il sacrificroit volontiers ses propres ressentimens au bien du service du Roy, dans lequel il avoit vieilli, & au repos de sa patrie, qu'il avoit toûjours plus aimée que soy même. Qu'asseurement on verroit qu'il étoit dans cette disposition, pour peu qu'on luy voulut faire d'avances. Ce discours fût leu en pleins Etats. Il fit tout l'effet qu'on en pouvoit atendre. D'abord on nomme des deputez pour aller vers le Comte, & pour negocier un solide accommodement, entre les deux partis. Les deputez furent les Evêques de Senez & de Toulon, le Seigneur de Mondragon

& le Baron de Vence, ceux qui affistoient dans les Etats pour Aix, Draguignan, Forcalquier, Tarafcon & Frejus. Ils eurent ordre en cas que l'accommodement ne reüffit pas, d'aller droit au Roy, pour luy faire fçavoir l'état des chofes, & à qui il avoit tenu qu'on ne fût en paix. Mais les Rafats qui virent que tout cela n'aboutiffoit qu'à relever la gloire du Comte de Carces, traverferent cette refolution de tout leur pouvoir. Pour cela le lendemain le Seigneur du Caftelet, prefenta aux Etats une remontrance toute contraire. La remontrance étoit dreffée au nom de la Nobleffe & des Communautez des quartiers de Draguignan, de Graffe, de Frejus, de faint Paul, de Brignole, de faint Maximin, de Barjols, de Lorgues, qui compofoient leur parti. Car comme les Carciftes avoient tout le bas païs, les Rafats occu-
" poient la haute Provence. On y proteftoit que la refolution qu'on ve-
" noit de prendre n'étoit qu'un effet des partialitez qui regnoient. Qu'elle
" s'étoit prife par le credit des parens du Comte de Carces. Qu'on ne
" pretendoit pas d'y acquiefcer. Qu'on n'avoit peu en ufer ainfi, puifqu'on
" fçavoit bien que leurs differens étoient évoquez au Roy. Que c'étoit au
" Roy feul qu'ils devoient répondre. Qu'ainfi l'on chargeoit la Province
" d'une depenfe inutile, qui ne faifoit que rendre plus connuë la paffion
" de ceux qui vouloient dominer. Qu'ils requeroient qu'on n'eût à tra-
" vailler qu'aux feules affaires du Roy, qui devoient être l'unique objet
de l'affemblée. Cette remontrance foûtenuë avec vigueur, rendit inutile celle du Comte de Porriéres, & fit échoüer la deputation. Le Grand Prieur voyoit ces chofes fans y prendre part. Il penfoit feulement aprez avoir donné l'opinion qu'il avoit donnée de fa valeur, de gagner l'affection du peuple. Il fe prefenta pour cela dans ces mêmes Etats, une occafion bien favorable. Le tiers Etat qui feul fuporte les charges de la Province, refolut de luy donner douze mille livres en prefent, pour le rembourfer des frais du fiége de Menerbe. Le Grand Prieur les refufa genereufement. Les termes avec lefquels il fit ce refus,
" font auffi dignes de memoire, que le refus même. Il dit que pour tou-
" te recompenfe de fes fervices rendus au Roy, il n'avoit befoin que de
" fes bien-faits, & que pour celle des foins employez au repos de fes
" fujets, il fe contentoit de leur bien veillance. Que c'étoit en effet ce-
" la qu'il defiroit feulement du peuple. Car pour l'argent qui luy étoit
" offert, comme il fe tiroit de fa plus pure fubftance, dans un temps
" qu'il avoit plus befoin de s'en foûtenir, il le prioit de trouver bon,
" qu'il le refufât, & qu'il donnât cette premiére preuve de l'inclination
qu'il auroit toûjours pour fon foulagement & pour fa decharge. Le Prefident des Arches, à qui on avoit auffi offert trois mille livres, fit une réponfe pareille à celle-là. Il ajoûta que la plus grande recompenfe qu'il voudroit avoir, ce feroit que tout le monde vecut dans l'union, qu'il leur avoit fi recommandée, autant pour leurs propres avantages, que pour le fervice du Roy.

V.
Le Comte de Sufe eft fait Gouverneur de

Mais tandis que le Grand Prieur travailloit à s'établir dans la Province, il reçoit un ordre du Roy pour s'en aller à la Cour. En même temps il reçoit nouvelle auffi que le Comte de Sufe venoit pour faire fa charge. Cette nouvelle l'étonne d'une étrange manière. Il se résout pourtant de ne point partir, il dit qu'il n'a pas d'argent pour faire ce voyage. Sur cela il se retire à Marseille, aprez avoir remis le Gouvernement de la Province au Parlement. Ce procedé auroit depl û sans doute au Roy, si la mort du Baron de la Garde ne fût survenuë, qui justifia cette conduite. Car comme le Grand Prieur avoit la survivance de la charge de General des galeres, il sembla qu'il s'étoit arrêté pour en prendre possession. Surquoy jamais chose ne vint plus à propos. Car le Grand Prieur étoit pour recevoir bien de mortifications à la Cour, où on luy avoit rendu de tres-mechans offices. Dans le même temps que le Grand Prieur s'en alla à Marseille, le Comte de Carces se retira à Salon. Ils firent cette demarche de concert, comme pour témoigner qu'ils ne vouloient plus prendre de part aux affaires. Cependant ils demeurérent si bien les maîtres, que tout se fit comme s'ils étoient presents. Rien ne se passa que de leur ordre. On vît leur esprit regner toûjours par tout également. Cela parût bien visiblement quand la nouvelle que le Comte de Suse devoit être fait Gouverneur fût publique. Car la Province fit une deputation expresse au Roy, pour l'empêcher. Le Parlement fit sur cela des remontrances. Quand on aprit qu'on n'avoit eû d'égard ni à la deputation, ni aux remontrances, on prie le President des Arches de faire le voyage à la Cour, d'y vouloir aller representer combien les esprits s'aigriroient par la venuë du Comte de Suse. Que cela troubleroit tout le calme où la Province commençoit d'être, par la moderation du Grand Prieur. Mais afin que quelque chose pût faire plus considerer les plaignans, que les plaintes & que les remontrances, le Seigneur de Vins assemble ses amis, se met en campagne. Il prend pour pretexte qu'on l'avoit voulu surprendre dans sa maison: qu'on avoit même apliqué le petard à sa porte. Sur cela bien des gens vont luy faire offre de service. Dans peu de jours il se trouva avoir quatre cens chevaux, & plus de quinze cens hommes de pied. Sa troupe grossit à tous momens. Le Grand Prieur luy envoye ses gardes & sa compagnie de Gendarmes. Les amis du Comte de Carces, y accourent de toutes parts. On vient même des Provinces voisines. Enfin ses troupes grossissent extremement à mesure qu'on aprend que le Comte de Suse aproche. A la veüe de cét atroupement, les Rasats ne manquent pas de se mettre en campagne. Ils sortent ayant à leur tête les Barons d'Allemagne & des Arcs. Ils se mesurent avec les Carcistes. La Province étoit presque toute en armes, quand le Comte de Suse arriva à Avignon. Sur la nouvelle qu'on eût de son arrivée en cette ville, les Procureurs du Païs convoquerent à Aix une assemblée des Communautez, de l'autorité du Parlement. Comme on prenoit dans cette assemblée les resolutions de ce qu'on devoit faire, on y presente un paquet de la part du Seigneur de Vins. Dans ce paquet il y avoit deux lettres, l'une pour l'assemblée, l'autre pour le Parlement. Le Seigneur de Vins y rendoit raison des sujets qui l'avoient obligé de prendre les armes. Il disoit qu'il l'avoit fait pour la juste défense de sa personne, & pour celle des biens de ses amis. Qu'on avoit

la Province. Le Grand Prieur est rapellé à la Cour, il refuse d'y aller. On depute au Roy pour demander que le Grand Prieur demeure. Le Seigneur de Vins se met en campagne. Comme il aprend que le Comte de Suse vient, il proteste qu'il ne peût quitter les armes. Le Comte de Suse arrive à Avignon. Tous les Ordres luy députent pour le prier de n'entrer pas dans la Province. On ne peut rien obtenir. Il vient à Aix. Sa venüe ouvre la guerre entre les Rasats & les Carcistes. Le Comte de Suse convoque une assemblée des Communes, il essaye de ramener les esprits. Comme il ne peut venir à bout, il se retira d'Aix.

" veu l'entreprise qui s'étoit faite de l'aller brûler avec sa famille dans sa
" maison. Que celle du Seigneur de Baudument avoit été saccagée.
" Qu'on les menaçoit tous de leur faire pis à l'arrivée du Comte de
" Suse. Que le choix qui avoit été fait de luy n'étoit qu'une brigue tou-
" te pure. Que c'étoit l'ouvrage du Maréchal de Rais, qui cherchoit à
" faire par autruy ce qu'il n'avoit pû faire par luy même, poussér about
" le Comte de Carces, persecuter tous ses parens, tous ses amis. Que
" c'étoient là les justes motifs qui l'obligeoient luy & ses amis de se tenir
" sur la defensive. Qu'ils étoient en assez grand nombre pour ne rien
" craindre. Qu'ils avoient assez de courage pour resister à tous ceux qui
" voudroient entreprendre de les oprimer. Mais que pour luy il pre-
" voyoit que l'arrivée du Comte de Suse, aporteroit tant de malheurs
" à la Province, qu'il se croyoit obligé de prier l'assemblée de songer
" aux moyens de les divertir, de penser qu'il n'y eût jamais plus de lieu
" de craindre la desolation de la patrie. Ces lettres si pleines de moderation & de justice en aparence, ne laissoient pas de faire comprendre
qu'elles étoient faites dans un esprit d'envie & d'aigreur. On voyoit
bien que la personne du Comte de Suse n'étoit pas agreable. Car on
voyoit les Carcistes se plaindre par tout, qu'il eût été preferé au Grand
Prieur, qu'on eût méprisé jusque là les services du Comte de Carces,
que de mettre au dessus de luy un Gentil-homme qui n'avoit ni
plus de merite ni plus d'âge que luy. Cependant le Comte de Suse
ayant fait sçavoir sous main, qu'il seroit bien aise de conferer avec
quelqu'un, on luy fait une deputation celebre. On deputa les Seigneurs
de Merargues & d'Auribeau, l'un premier Consul, l'autre Assesseur
d'Aix & Procureurs du Païs, le Baron de Vence & le Seigneur de
Château-neuf pour la Noblesse, & les Consuls de Tarascon & de saint
Maximin pour les Communautez. A cette deputation du Païs, le Parlement ajoûte la sienne. Il depute les Presidens Carriolis & Pelicot, les
Conseillers du Castelar & d'Auribeau, & le Procureur general de Piolenc. Le premier ordre qu'eûrent ces deputez, ce fût de prier le Comte
de n'entrer point dans le païs avec des troupes, & de vouloir atendre
qu'on eût des nouvelles plus expresses de la volonté du Roy. Cependant on écrit au Grand Prieur de venir reprendre le Gouvernement de
la Province. On écrit aussi au Comte de Carces pour le prier de faire
retirer le Seigneur de Vins. On envoye faire instances auprez du Roy
pour moyener qu'on rapellât le Comte de Suse. On deputa pour aller
faire cette poursuite le Seigneur de Rogiers & Dolle de Frejus. Quand
le Comte aprît ce qui se faisoit à Aix, il ne pût retenir sa colere. Il
ne pût empêcher de la faire paroître aux deputez. Car sur ce qu'ils le
priérent de vouloir atendre quelques jours dans lesquels ils pussent avoir
les ordres du Roy, il répondit brusquement qu'il donnoit huit jours
aux soulevez pour mettre bas les armes, aprez quoy s'ils n'obeïssoient, il
iroit aussi-tôt leur faire conoître qu'elle étoit la volonté du Roy. Il fit
cette réponse avec tant d'aigreur, que le Cardinal d'Armagnac, & les
Maréchaux d'Amville & de Bellegarde qui se trouvoient à Avignon,
luy firent conoître que sa conduite pourroit être blamée, s'il refusoit

le delay qu'on luy demandoit. Cela fit qu'on accorda la demande. Il ne l'accorde neanmoins que fous certaines conditions. Aprez quoy les deputez s'en retournerent pour moyener que le Seigneur de Vins se retirât. Il n'y eût que le President Carriolis & l'Assesseur d'Aix qui s'arrêterent, soit qu'ils esperassent de pouvoir adoucir le Comte, soit que le Comte pour la seureté de sa personne, fût bien aise de les avoir prés de luy. Quand les deputez furent de retour à Aix, il firent sçavoir tout ce qui s'étoit passé dans la conference. En même temps on envoye prier le Seigneur de Vins de vouloir quiter la campagne & de se retirer dans sa maison. Le Seigneur de Vins répond qu'il ne pût le faire. Il dit qu'il à besoin de se tenir sur ses gardes, qu'il aprend que bien des gens du Dauphiné, sont partis pour venir donner main forte au Comte de Suse. Ainsi sous pretexte qu'il s'agit de la seureté de sa personne, il demeure toûjours armé, & se fortifie de nouvelles troupes. Sur cette réponse le Comte de Suse se resout de faire verifier son pouvoir au Parlement. Il en écrit au President de Lauris son ami. Il luy envoye ses lettres de provision dans un pannier de pommes. Puis il vient luy même à Aix tout d'une traite, avec sa compagnie de Gendarmes. Cette action qui parût une action subite, avoit neanmoins été premeditée quelques jours auparavant. Elle avoit été concertée avec le Colonel Alfonce, qui étoit dans Aix avec ses Corses. Le Colonel y étoit venu dans la creance, qu'on luy remetroit les clefs des portes, parce qu'il y venoit par ordre du Roy. Cependant on refusa de les luy donner, parce que la ville étoit toute Carciste. Ce refus luy fit assez comprendre, qu'il devoit veiller à sa seureté. Dans cette veüe il se retire dans le couvent des Augustins, il devient par là le maître du quartier & de la porte voisine. Cela favorisa l'entrée du Comte de Suse. Son arrivée remplit le monde d'étonnement & la Province de desordres. Car elle donna commencement à la guerre, qui fut apellée la guerre des Rasats. Jusque là on eût dit à voir les uns & les autres, qu'ils songeoient plus à se menager, qu'ils n'avoient dessein de s'aigrir. Le Baron des Arcs & le Seigneur de Vins étoient à deux lieües prés l'un de l'autre, sans qu'ils pensassent à s'insulter. Mais dés que le Comte de Suse fût dans le païs, on en vient aux hostilitez ouvertes. Le Seigneur de Vins part du lieu de Trans, il descend vers Tourves. Le Baron des Arcs quite Draguignan & vient aprez luy, & comme il ne le rencontre pas, il fait ravager ses biens de Brignole, il fait jeter à bas ses maisons. Tout cela s'executa dans un même temps par treize compagnies qu'il envoya sous le commandement de Capitaine Burliére. Le Seigneur de Vins a nouvelles de ces ravages. Il ne demeure pas sans ressentiment. Il détache le Seigneur de Buoux, qui va bloquer le lieu de Correns, où s'étoit jeté la Burliére. La Burliére se voyant en cét état dans ce mauvais poste, croit qu'il n'a rien à faire qu'à fuïr de nuit, il execute son dessein; mais le Seigneur de Vins qui l'attendoit, le charge, luy tuë quatre cens hommes. Si les Rasats sont poussez de ce côté-là, ils ne sont pas mieux traitez d'un autre. Dans le temps que le Seigneur de Clavaisan parent du Comte de Suse, luy amena quelque secours, le Baron de la Roche du Dauphiné qui venoit pour servir le Comte de Carces les rencontre. Il fait mine de luy disputer le passage. A cette veüe Clavaison ne se sent pas assez fort pour combatre. Il demande qu'on luy permette de se retirer, sa demande luy est accordée; mais à condition qu'il ne reviendra plus. Ces prosperitez qui relevoient si fort le cœur aux Carcistes, furent traversées d'un coup facheux. Le Seigneur de Baudument avoit pris le lieu de Cogolin, d'où il incommodoit fort les voisins par des courses. Ces ravages donnerent sujet à ceux de Grimaut & de saint Tropés de s'unir. Ils luy dressent tous ensemble une embuscade. Baudument qui l'ignore veut continuër ses courses. Il reçoit un coup d'arquebuse dans le corps qui le met à bas. Cette perte fût tres-grande pour le parti. Mais n'en perdit rien de sa consideration ni de ses forces. Au contraire on voyoit tous les jours ses troupes s'accroître & la faveur du peuple augmenter. Cependant le Comte de Suse voit bien qu'il s'est jetté dans un grand embarras en venant à Aix. Car il n'entend par tout que des murmures. Et si on affecte de garder le silence, ce silence luy marque encore qu'on n'est pas content de luy. Tout enfin luy fait beaucoup de peine. Comme il voit cette disposition, il essaye de changer les esprits, par des maniéres douces & insinuantes, par des témoignages qu'il donne des soins qu'il veut prendre pour le bien public, pour le repos de la Province.

" Il tâche d'en donner des preuves par la revocation d'une assemblée des
" communes, qu'il fait à Aix. Là il témoigne le deplaisir qu'il a d'être
" entré dans une Province pleine de troubles. Il dit qu'il n'y est pas ve-
" nu de luy même, qu'il ne fait qu'obeïr à la volonté du Roy. Que Sa
" Majesté l'ayant honoré de ce Gouvernement, il avoit crû devoir quiter
" toutes choses, pour venir occuper une place, où il recevoit tant d'hon-
" neur, où il auroit de si beaux moyens d'être utile à la Province, se-
" lon son envie. Qu'il ne pouvoit neanmoins dissimuler, quel avoit été
" son étonnement à son arrivée de voir maintenant refroidis ceux qui
" paroissoient si zelez pour le service du Roy. Qu'il ne sçavoit pas com-
" ment ils ne craignoient point d'étouffer le merite de leurs actions passées.
" Que pour luy il avoit mis tout en œuvre pour les ramener dans le
" bon parti. Qu'il avoit employé pour cela la mediation du Cardinal
" d'Armagnac. Qu'il y avoit ajoûté celle du Grand Prieur de France, des
" Maréchaux d'Amville, de Bellegarde. Qu'il s'en étoit remis aux negocia-
" tions du Parlement, des Procureurs du païs. Que par la voye de tous
" ces Messieurs, il avoit offert de contribuër toutes choses pour le repos
" de la Province. Qu'il avoit offert de donner ses enfans en hotage, pour
" la seureté de ceux qui craignoient. Qu'enfin aprez avoir tout tenté dans
" Avignon, il avoit crû devoir se rendre dans la ville Capitale de la Pro-
" vince. Qu'il y avoit renouvellé ses propositions. Que le nouveau refus
" qu'on avoit fait, l'avoit obligé de convoquer cette assemblée. Qu'il
" protestoit que rien ne l'avoit jamais plus fâché, que la necessité où il
" étoit de lever des troupes, pour faire valoir les ordres du Roy. Qu'il
" sçavoit bien que cette levée incommoderoit asseurément le païs. Qu'il
" devoit neanmoins faire sçavoir que le Roy pretendoit que les depenses
qui

qui se feroient en cette occasion, fussent suportées par ceux qui ont "
pris les armes. Que si ces gens là vouloient r'entrer dans eux mêmes, il "
seroit leur garent auprez du Roy. Qu'il leur promettoit que le Roy les "
conserveroit dans leurs biens & dans leurs charges. Qu'on leur donne- "
roit pour cela toutes les assurances qu'ils voudroient. Mais que s'ils se "
rendoient plus opiniâtres, il avoit ordre de mettre tout en usage, pour "
les reduire & pour les ranger à la raison. Le Comte ayant fini son dis- "
cours, l'assemblée resolut qu'on deputeroit vers les Gentils-hommes qui
étoient en armes, qu'on les exhorteroit à les quiter, & à delivrer par-là
le païs des foules & des miseres de la guerre. Qu'on leur offriroit d'employer la mediation de la Province, pour leur faire obtenir seureté tant
pour leurs personnes que pour leurs biens. Qu'on leur protesteroit qu'à
leur refus, la Province donneroit les mains à telle levée de troupes,
qu'ils en seroient absolument ruinez. Comme le Comte de Suse vit
qu'on prenoit une si forte resolution, il commence à bien esperer de
ses affaires. Il se persuade que les esprits se pourroient r'adoucir, quand
tout à coup survint un incident qui ruïna toutes les esperances. Le
Seigneur de la Verdiére vient surprendre par escalade le château du
Puy, place forte à deux lieües d'Aix. de-là il fait des courses jusqu'aux
portes de cette ville. Il incommode extrémement les habitans. Il demande qu'on luy livre Suse. Sur cela le Comte commence à connoître
qu'il avoit mal fait de s'enfermer dans Aix. Il voit que dans une saison
aussi tumultueuse que celle-là, le Parlement ne pouvoit pas faire grand
chose, quoyqu'il employât tous les soins possibles, pour faire valoir
les ordres du Roy. Il voit que les Corces ne pouvoient pas l'apuyer
non plus. Car ils étoient eux mêmes rencognez dans le quartier des Augustins, afin d'éviter les insultes du peuple. Il voit que le peuple murmuroit sans cesse, qu'on l'animoit contre son Gouvernement, & qu'asseurement à la moindre occasion, il pourroit s'emporter à quelque
emeute. Il voit que les courses du Seigneur de la Verdiére tournoient
tout le monde contre luy. Tout cela luy montre par tout des perils.
Il est bien en peine de ce qu'il doit faire. Il ne sçait comment les éviter. Il voit que tant qu'il seroit enfermé dans Aix, il auroit toûjours
tout sujet de craindre. Qu'enfin il ne sçauroit mieux faire que de s'en
retirer. Pendant qu'il roule toutes ces choses dans son esprit, il luy survient une occasion tres-favorable pour sortir de la ville, sans que personne s'en doutât. Le quatorziéme jour de Janvier fût si doux & si
beau, qu'il parût inviter à la promenade. Sur ce pretexte il sort à pied
avec quelques uns de ses amis. Il dresse sa promenade du côté de l'hôpital. Là il trouve des chevaux tout prêts. Il monte à cheval. Il prend
le chemin de Cadenet. Delà il s'en va à Avignon, laissant dans Aix
tout impuissant qu'il y fût une grande opinion de sa prudence. Car il
s'y maintint avec honneur durant deux mois & six jours qu'il y demeura, quoyque la ville fût toute Carciste, quoyque le peuple fût fort
échaufé contre luy, quoy qu'enfin le plus grand nombre du Parlement
le traversât secrettement en toutes choses.

Ce depart enfla si fort le cœur aux Carcistes, qu'on les vit tous d'a-

1579.

VI.
Le Capitaine

Raynier est assassiné par les Corces. Les Carcistes déclarent dans une assemblée de la Province pourquoy ils ne peuvent mettre les armes bas. Le Grand Prieur poursuit d'avoir le Gouvernement de la Province. Le Cardinal d'Armagnac est envoyé pour y commander. Le Capitaine Boyer bat le Seigneur de Vins. Quelques païsans tuënt leurs Seigneurs.

bord sur le pavé. Ils insultent tous les Rasats qu'ils rencontrent. Ils marchent en troupe ayant à leur tête le Capitaine Reinier. C'est par-là que le Seigneur de Vins se maintenoit maître de la ville. Reinier étoit un soldat en estime, qui aloit toûjours fort accompagné. Cela tenoit si fort en cervele les Corces, qu'ils n'osoient presque plus sortir. S'ils sortoient c'étoit au nombre de quarante ou cinquante. Ces atroupemens qui se faisoient de part & d'autre, firent craindre au Parlement quelque évenement fâcheux. Il craint qu'on ne luy impute la sortie du Comte de Suse, & qu'on ne rejette cette faute sur l'apuy qu'il a donné à ses ennemis. Pour éviter qu'on ne tombe dans ce soupçon ; il ordonne au Capitaine Reinier de s'absenter pour quinze jours de la ville. Reinier obeit. Il se retire. Dans son absence, les Corces commencent à sortir. Mais aprés que les quinze jours sont expirez, Reynier revient, il reprent son train ordinaire, ce genre de vie neanmoins luy fait quelque peine. Il craint qu'à la fin il ne luy arrive quelque grand malheur. Pour prevenir ce malheur qu'il craint, il prend pretexte qu'il a des affaires qui l'obligent d'y aller pourvoir. Avant que de partir, il prepare un repas magnifique. Il donne à souper à ses amis. Pendant qu'on soupoit les Corces prenant ce temps pour luy faire piéce. Ils luy font dire, que le Viguier Bordon qui étoit son amy intime, venoit d'être attaqué à la porte de Saint Jean. Aussi-tôt Reynier se leve de table pour aller secourir son amy. Les conviez ausquels il fait part de l'avis le suivent. On passe par la place de la Magdeleine. Les Corses sortent d'une maison où ils s'étoient cachez. Ils tirent quelques coups d'arquebuzes sur la troupe. Reynier reçoit un coup qui le fait tomber. A ce bruit toute la troupe prend la fuite. Il n'y eût que le fils de Reynier qui s'arrêta & qui vengea le coup que son pere avoit reçû, par la mort de deux ou trois Corces. Mais dans la gloire de cette belle action, le lendemain il a le deplaisir de voir son pere mourir de sa blessure. Cependant dés que Reynier fût blessé le bruit s'en repandit par la ville. Aussi-tôt le peuple se souleve. Il va se saisir du Canon il le roule jusqu'au Convent des Augustins où logeoient les Corces. On le pointe. On se met en état de tirer. Sur cela le Seigneur de Merargues premier Consul arrive. Il fait tant par ses remontrances qu'il oblige le peuple de se retirer. Cette émotion reveille le parlement. Comme il craint qu'on ne l'inculpe auprés du Roy de souffrir les insultes contre ses troupes, il apuye les Corces ouvertement. Cela fait que les Carcistes se renferment, qu'ils n'osent plus paroître sur le pavé. Le Seigneur de Vins craignant de son côté que le bruit de ce qui se passe à Aix n'affoiblisse son party dans la Province, se met en campagne avec ses amis, pour faire que personne ne se démanche. Il prent avec eux de nouvelles resolutions de pousser à bout le Comte de Suse. Pour cela voyant que dans l'Assemblée convoquée à Lambesc les Rasats s'excusent de s'y pouvoir trouver à cause que les chemins n'étoient pas libres, il y envoye de sa part le Seigneur de Goult, pour porter les excuses des Carcistes. Aprés que le Seigneur de Goult eût fait en general ces excuses, il donna raison de ce que les Carcistes demeuroient armez. il dit que le principal sujet qu'ils en avoient, c'étoit les violences du Seigneur d'Allemagne. Qu'il avoit exercé contre le Seigneur de Vins, contre ses plus proches les dernieres indignités. Qu'aprez l'Edit de pacification, il avoit été l'attaquer de nuit dans sa maison avec une troupe d'environ quatre cens hommes. Qu'il s'étoit vanté de le faire perir luy & son pere, de livrer sa femme aux soldats, d'exposer son fils au bout d'une lance, & de le porter en trophée par toutes les villes des Rasats. Que dans le temps que le Seigneur de Vins attendoit le secours de la Justice qu'il avoit reclamée ; l'autre aulieu de se défendre en Justice avoit poussé sa haine plus loin. Qu'il étoit allé sacager la maison du Seigneur de Baudument. Qu'il avoit publié que les Rasats avoient reçû les Ordres du Roy pour exterminer tous les Carcistes ; que dans peu de jours on verroit arriver un grand Seigneur pour cela. Qu'il étoit aisé de juger que celuy dont il entendoit parler c'étoit le Comte de Suse de qui ils se promettoient toutes choses. Qu'il avoit assez fait connoître par sa venuë, qu'il étoit d'intelligence avec les Rasats, puis que contre la parole qu'il avoit donnée au Cardinal d'Armagnac, aux Presidens & aux Conseillers du Parlement, aux Procureurs du païs, & au principaux Gentils-hommes de ne bouger d'Avignon jusqu'au retour du courrier que la Province avoit envoyé, il fût se jetter precipitemment dans Aix. Que là par les levées & par les diverses commissions qu'il expedia, l'on vit assez dans quel esprit il vouloit agir avec les Carcistes : On connût qu'il n'étoit que trop vray ce qui se disoit, qu'il avoit promis au Maréchal de Rais de se défaire des Seigneurs de Vins, de Baudument, & de tous ceux enfin qui luy avoient été contraires. Que tout cela leur avoit fait prendre la resolution de ne point quitter les armes, que le Comte de Suse ne fût dechargé du Gouvernement. Qu'ils prioient l'assemblée d'en vouloir faire instances au Roy : de faire considerer à Sa Majesté, que ces instances se faisoient, pour la seureté d'un grand nombre de Noblesse, qui a versé son sang pour son service dans toutes les occasions, qui étoit prête de verser encore tout celuy qui luy reste. Que si ces remontrances ne pouvoient avoir l'effet qu'on en pouvoit esperer, ils suplieroient le Roy de leur permettre de vendre leurs biens & de se retirer hors du Royaume. Qu'il étoit bien juste d'assurer leurs vies contre la violence de leurs ennemis. Qu'enfin s'ils desiroient de se conserver pour une autre saison, c'étoit pour y mieux faire connoître quelque jour le zele qu'ils avoient pour la Couronne. A cela le President Carriolis, qui avec le President Pelicot, les Conseillers Sommat & d'Arcutia, & le Procureur general de Piolenc, tenoient l'assemblée au nom du Parlement, ayant le Gouvernement en main répondit, qu'on avoit grand sujet de s'étonner que tant de brave Noblesse eût pris les armes sans en avoir la permission du Roy. Qu'on devoit craindre que la chose ne fût blâmée. Que cela étant, leurs concitoyens ne les pouvoient voir en cét état sans les plaindre. Qu'ils se croyoient obligez de leur dire leurs sentimens en cette occasion. Qu'ils devoient leur representer, que leur qualité les aprochant plus de la personne du Roy, que les autres or-

« dres du Royaume, ils en devoient être plus ataché & plus soûmis à ses
« volontez. Qu'on pourroit bien leur imputer quelque jour d'avoir man-
« qué de respect & d'obeïssance. Qu'on avoit neanmoins sujet d'esperer
« que cette reflection qu'on les prioit de faire sur leur conduite, les ra-
« meneroit sans doute dans leur devoir, & qu'ils éviteroient ainsi la re-
« solution que la Cour venoit de prendre, & pour le repos de la Pro-
« vince, & pour la manutention du service du Roy. Ce discours parût
si toûchant, qu'on croyoit que le Seigneur de Goult l'iroit r'aporter
aux Carcistes. Et neanmoins il fit connoître à l'assemblée, qu'asseurément ils ne changeroient point de resolution. Il parle si affirmative-
ment, qu'enfin l'assemblée resout, de deputer vers le Roy, pour obtenir le r'apel du Comte de Suse. Cependant afin que les hostilitez ne
se continuassent, on propose une suspension d'armes aux deux partis.
On depute vers l'un & vers l'autre. Les negociateurs s'adressent même
au Comte de Carces & au Cardinal d'Armagnac. Le Grand Prieur qui
voit ces negociations, juge qu'il n'y eût jamais plus de jour pour obtenir le Gouvernement qu'à cette heure. Il fait sçavoir à la Reine mere qui l'apuyoit tout ce qui se passe dans la Province, il envoye vers
elle Maurelhan son Capitaine des gardes, pour l'instruire de son interêt. Il la suplie par l'honneur qu'elle luy avoit toûjours fait, de luy
donner sa protection en cette rencontre, de ne pas souffrir que ce
Gouvernement luy fût ôté, de vouloir faire effacer les fletris succez
dont sa vie sembloit être tâchée, par le traitement qu'il avoit receu. La
Reine étoit alors en Guyenne, où elle avoit mené la Reine Marguerite sa fille, pour la reconcilier avec le Roy de Navarre son mari. L'é-
loignement où elle étoit du Roy, l'empécha de répondre positivement
sur cette demande. Mais elle envoya Maurelhan vers le Roy. Elle écrivit en faveur du Grand Prieur une lettre fort pressante. Elle s'offrit
d'être sa caution. Cette lettre fit un grand effet dans peu de jours,
Maurelhan retourne vers la Reine. Il luy remet une lettre du Roy,
qui luy donne l'absoluë disposition du Gouvernement. Aussi-tôt Maurelhan vient porter cette nouvelle à son maître. En même temps le
Grand Prieur part accompagné de trente Gentils-hommes. Il va trouver la Reine à Toulouse. Elle l'assure qu'il sera r'établi. Cependant afin
qu'il ne parût quelque affoiblissement dans l'autorité du Roy, par la
destitution du Comte de Suse, on rend le Gouvernement au Maréchal
de Rais. On publie qu'il partira bien-tôt. En atendant qu'il soit en
état, on envoye le Cardinal d'Armagnac en qualité de Commendant
dans la Province. Quand cette nouvelle fût aportée dans le païs, les
deux partis en témoignerent une grande joye. Les Carcistes crûrent
d'avoir fait merveilles de s'être delivrez de leur ennemi. Les Rasats s'i-
maginerent qu'ils ne perdoient rien, puisqu'ils devoient r'avoir le Maréchal à leur tête. Ainsi châcun tourne la chose à son avantage, châcun
s'assure d'avoir gaigné dans ce changement. Le Seigneur de Vins étoit
alors à Cuers. Il y étoit avec toute sa cavalerie & avec presque toute
la Noblesse de son parti. Il atendoit l'occasion de se mettre aux champs,
quand il reçoit avis que le château de Bregançon étoit depourveu de

gens : qu'il n'y avoit presque personne dans cette place. Cela luy donne envie de l'aller surprendre. Il part avec quelques uns des siens. Dans le temps qu'il va faire ce coup, ceux qui étoient restez à Cuers, ne prenoient pas grand soin d'être sur leurs gardes. Leur negligence donna moyen au Capitaine Boyer d'Olioles de les aller ataquer dans ce lieu. Boyer étoit un homme accredité parmi ses voisins. Son cœur & sa conduite la rendoient considerable dans cette contrée. Il étoit chef des braves de ce quartier. Avec cela parmi son naturel fougueux, il usoit de certains ménagemens avec le peuple, qui faisoient qu'on le suivoit volontiers. Tout cela luy vient fort à propos dans cette occasion. Car les païsans se plaignant à luy des courses & des pilleries des Carcistes, il leur dit, qu'il est temps de se venger. Il leur offre son aide & celle de ses amis qu'il a en bon nombre, il promet de les apuyer en tout. Comme il les voit tous disposez à faire ce qu'il leur conseilleroit, il ramasse environ douze cens hommes, il partage cette troupe en deux corps. Il en donne un au Capitaine Sauset son ami. Il luy dit d'aller à Cuers surprendre les Carcistes. Pour luy il tient avec l'autre corps la campagne, pour le soûtenir en cas de besoin. Aussi-tôt Sauset part. Il entre dans Cuers. Il y surprend si bien tout le monde, qu'il tuë, qu'il pille, qu'il enleve tout. Rien ne luy échape que ceux qui se derobent par la fuite. Ainsi le village demeure tout soüillé de sang & deserté, & Boyer pour être l'auteur de l'action, en reçoit une grande gloire. Le lendemain comme le Seigneur de Vins revient de Bregançon, il aprend la triste avanture de ses troupes, & que Sauset étoit demeuré dans Cuers. Cela l'oblige de doubler le pas, pour venir chasser Sauset de la place. Il s'avance. Le Capitaine Boyer va sur luy. Il l'ataque. Il l'ébranle. Ses gens prenent la fuite. Il n'est pas en son pouvoir de les rallier. Ainsi Boyer dans un même temps signala sa valeur & sa conduite. Puis il soûtint cette reputation si glorieuse par la prise des châteaux du Canet & de Pierrefeu. Cette prosperité des Rasats les rendit si insolents dans la Province, qu'il se trouva des païsans même qui oserent porter les mains sur leurs Seigneurs. Entre autres ceux de Calas firent paroître une haine bien horrible. Ils assassinerent leur Seigneur, qui étoit le Seigneur de Borgeme, sans que son âge de quatre-vingt ans les pût toûcher. Ils assassinerent aussi deux de ses fils. En suite ils pillerent le château, puis ils le raserent.

Pendant que la Province étoit dans ces émotions, le Cardinal d'Armagnac y arrive. Il témoigne d'abord de vouloir unir les esprits ; mais il les trouve tous si peu disposez, que les Rasats paroissent plus émeus que les Carcistes. Car comme ils voïent que ceux-cy par leurs rumeurs avoient obtenu l'éloignement du Comte de Suse, ils s'imaginoient que s'ils en usoient de même, ils pourroient obtenir que le Comte de Carces fût éloigné. C'étoit pour cela qu'on voyoit des soulevemens en divers lieux, qu'on voyoit plusieurs embuscades à la campagne. Le Cardinal neanmoins ne s'arrête pas pour tout cela. Il agit avec autant de vigueur, que son grand âge le luy peût permettre. Il fait publier une amnistie que le Roy donnoit par un Edit exprez. Il s'abouche avec le

VII. Le Cardinal d'Armagnac se retire. La licence augmente dans le païs. Le Château de Trans est pris. La Reine mere vient en Provence. Il se fait une partie à Marseille contre le Comte de Carces, Le

Grand Prieur reçoit les provisions de Gouverneur. La Reine mere fait ambrasser la Noblesse. Elle se retire. Elle mene le fils du Comte de Carces auprez du Roy.

Comte de Carces. Il luy fait promettre de rendre les châteaux de saint Paul & du Puy sainte Reparade. Mais les Commendans ne veulent point rendre la place. Ce refus éleve si fort le cœur aux Carcistes, qu'ils font tous les jours quelque nouvelle rumeur dans Aix, jusque-là qu'on insulte le President des Arches sortant du Palais. L'insulte alla bien si avant, que le Président couroit fortune de la vie, si le Colonel Alfonce ne fût survenu. Sur cela le Parlement ne manqua pas de faire des arrêts, pour reprimer les mutineries. Mais rien ne pouvoit arrêter la licence, qui augmentoit même tous les jours, par de nouvelles ligues qui se faisoient à Marseille & à Aix. Le Cardinal voyant que ces malheurs ne pouvoient cesser, quoyqu'il pût faire, prend dessein de se retirer, il part aprez environ un mois de sejour. Il dit qu'il s'en va audevant de la Reine mere. Mais il s'en retourne à Avignon. Le Président des Arches qui le voit partir, juge bien qu'il y a peu de seureté pour luy dans la ville. Cela luy fait prendre aussi le parti de se retirer. Il sort le lendemain tout de nuit. Il suit le Cardinal, il le va joindre. Ainsi le Parlement fût contraint de prendre le Gouvernement de la Province, en un temps où il faloit plus que des Arrêts pour contenir les esprits. Car dans la licence qui regnoit la Justice n'étoit pas assez forte. Personne n'écoute que sa passion. Les plus petites gens étoient ceux qui s'en faisoient plus accroire dans les villes. C'étoient ceux qui exerçoient plus insolemment leurs inimitiez. Il n'y avoit point de petit compagnon, qui n'osât parier avec les principaux d'entre la Noblesse. On vit un bien triste exemple de cette licence, dans le quartier de Draguignan il y avoit un certain Pierre Raphel, dit Peiron Raphelon, qui étoit Viguier de cette ville. Cét homme étoit un insigne Rasat, il avoit contre le Marquis de Trans une haine inveterée. Comme il voit que la saison ne fût jamais plus propre à la vengeance, il prend dessein de faire éclater ce qu'il avoit sur le cœur. Il écrit au Seigneur de Stoblon de le venir joindre. Il assure que son aproche ne sera pas inutile. Sur cette lettre, Stoblon marche vers Draguignan. Il y arrive avec sa Compagnie de Gendarmes. En même temps Raphelon luy propose d'aller assiéger le château de Trans. Il luy montre combien il seroit aisé de prendre la place, depourveüe qu'elle étoit de gens. Il fait venir deux canons de Frejus. Il leve la milice dans sa Viguerie. Il employe tout pour engager Stoblon dans ce dessein. Stoblon l'aprouve. Il part. Il va bloquer la place. Il la bat sans relache durant deux jours. Mais il n'y trouve pas la facilité que Raphelon luy avoit promise. La Dame de Trans, qui étoit fille du Comte de Carces, donnoit tant d'exemples de courage, que les soldats auroient eu honte de ne la pas imiter. Cela fait que Stoblon s'opiniâtre encore d'avantage. Il s'avance pour pointer luy même le canon. On tire sur luy de la place. On le tue. Sur cela Raphelon se trouble. Il craint que ses troupes ne viennent à se debander. Pour les retenir il fait mine de vouloir Parlementer avec ceux de la place. Tandis qu'il amuse les uns & les autres, la plus part des Officiers plantant des échelles pour donner l'assaut. Ils montent sur la brêche, ils repoussent, ils tuënt tous ceux qui se presentent. Le Capitaine Seguiran de Draguignan se signale par dessus tous. Il fait divers coups étonnants, d'une même suite. D'un seul coup il abat la tête au Marquis de Trans. Il en fait autant à cinq ou six autres. Cette action anime si fort ceux qui le suivent, qu'ils tuënt plus de trente personnes, sans qu'aucun d'eux soit blessé. Ceux de la garnison qui restent en prenent l'allarme. Ils n'osent plus s'opiniâtrer. Tout s'enfuit le château demeure à la discretion du vainqueur. La tuerie cesse. On court au pillage. Le soldat se gorge de butin. Un des Gendarmes du Seigneur de Stoblon, trouve un petit enfant du Baron de Trans dans le berceau. Il le prend il le veut aller jetter par la fenêtre. En y allant il rencontre un muletier de Draguignan nommé Trabaud qui l'arrête. Il luy demande qu'est-ce qu'il veut faire de cét enfant. Je va, luy répond le cavalier, le sacrifier à mon maître. A cela Trabaud répond que c'étoit une pauvre vengeance, que de faire perir ainsi ce petit innocent. Le veus-tu r'achepter, dit le cavalier? Je te le remets pour peu que tu me donnes. L'autre met la main dans sa poche. Il en tire cinq sous & les presente au soldat. Le soldat les prend & remet l'enfant. Aussi-tôt Trabaud se retire. Il va porter l'enfant à Draguignan. Il le fait nourrir par sa femme. Sa femme luy donne du lait durant six ou sept mois. Aprez quoy Trabaud rendit l'enfant à ses parens, qui fût depuis Chevalier de Malte. Car il avoit un frere aîné qui par sa bonne fortune, étoit alors page chez le Roy. Son absence fit qu'il ne vit point les hostilitez qui furent exercées dans cette place, & qui furent enfin suivis de la demolition du château. Toutes ces choses se firent avec tant de fureur, que rien ne fût capable d'arrêter les furieux, non pas même l'autorité de la Reine mere. Car cette Princesse avoit envoyé Verac un de ses Gentils-hommes pour faire qu'on mit les armes bas. Mais ce Gentil-homme ne pût rien avancer. Seulement fût-il témoin de l'action heroïque de la Dame de Trans. Il r'aporta que s'il y eût eu dans la place six hommes d'un cœur pareil au sien, les assaillans n'auroient pas poussé si loin la brutalité, & leur ardeur se seroit bien-tôt ralentie. La Reine mere qui venoit en Provence voyant revenir Verac sans avoir rien fait, employe à cette negociation diverses personnes. Elle envoye l'Abbé de Gadagne, pour moyener que tout le monde mette les armes bas, qu'on rende les places occupées. Elle envoye Verac & Maligny vers le Comte de Carces, pour l'obliger de remettre les château de saint Paul & du Puy. Elle envoye le Baron de Gurton vers les Rasats, pour les disposer à une paix sincere. Comme tous luy rendent de bonnes réponses, elle continuë son chemin. Elle entre dans la Province par Arles, d'où elle s'en vient à Marseille. Aussi-tôt le Comte de Carces l'y vient saluër, & pour témoigner qu'il venoit avec un esprit de paix, il n'est accompagné que de peu de ses domestiques. Mais sa moderation faillit à luy rendre un tres-mauvais office. Car les Rasats le voyant en cét équipage, prenent dessein de l'ataquer. Aussi-tôt le Capitaine Boyer se met sur le pavé. On le vit suivi d'une quarantaine de ses amis, ayans tous des chapeaux blancs, faire divers tours par la ville. Il va par tout où il croit de le pouvoir rencontrer.

Le Comte reçoit avis de ce qui se passe. Il s'en moque comme font d'ordinaire les gens de cœur. Ses amis sont au desespoir de son incredulité. Ils luy font parler par le Maréchal d'Amville. Ce Maréchal luy represente qu'en pareilles rencontres, la tête devoit prevaloir sur le cœur, & qu'éviter les insultes de ses ennemis, c'étoit une necessité qu'exigeoit son âge, son rang & sa charge. Sur ces raisons le Comte se resout de se retirer. Un matin donc il dit qu'il veut aller chez la Reine mere qui étoit logée vis-à-vis du port. Il entre dans la fregate de sa galere. Il passe la chaîne. Il se va rendre dans une bastide, où l'on avoit fait preparer des chevaux. Là il monte à cheval & s'en retourne à Salon. La Reine a qui on fait sçavoir son depart, envoye aprés luy l'Abbé de Gadaigne pour l'obliger à s'en revenir. Cependant le Grand Prieur reçoit des mains de la Reine ses provisions du Gouvernement. Pour dedommager le Maréchal de Rais, il se demet en sa faveur de la Generalité des galeres. Aussi tôt il fait verifier ses lettres en Parlement. Sa premotion est si agreable au public, que tous les corps en font des remerciemens à la Reine mere. Aprés cela la Reine vient à Aix. Elle travaille à reconcilier la Noblesse. Mais afin qu'une avanture semblable à celle de Marseille, ne vint à irriter les esprits, elle veut ouïr separement les chefs de châque parti. Elle veut même que ce soit à la campagne où elle les assigne. Sur cette assignation le Comte de Carces se rend à saint Pons maison de campagne du Viguier Bordon. La Reine accompagnée des chefs des Rasats va dîner à Beauvoisin, maison de campagne du Tresorier Borrilli. Aprés dîné le Comte va trouver la Reine en grande compagnie. Il avoit cinq cens chevaux avec luy. Cette veüe irrite les Rasats. Ils disent à la Reine que le Comte les veüt morguer en sa presence. La Reine pour ôter tout sujet de plainte, dit au Grand Prieur d'envoyer au Comte, qu'il ne vienne qu'avec quinze Gentils-hommes seulement. Le Comte obeït à la verité. Il n'entre dans la chambre de la Reine qu'avec ce nombre. Voici ceux qui entrérent avec luy. Les Seigneurs de Vins, de la Verdiére, d'Oise, de Besaudun, de Villar, de Bargeme, de Biosc, de Baudument, de saint Andiol, de saint Marc, de saint Janet, de Buoux, d'Aups, d'Eiguieres, de la Molle. Mais le reste ne laissa pas de l'accompagner jusqu'au pied de la maison. Puis on fit une espece de campement dans la prairie, chose qui parût tres-agreable à tout le monde, hormis aux Rasats, qui en furent tres-mortifiez. Dans cette journée il ne se fit rien qu'ouïr les plaintes de part & d'autre. Le Seigneur de Vins parla pour son parti. Je n'aprens point qui porta la parole pour les autres. Seulement je trouve que le Seigneur de Vins défendit sa cause avec tant d'esprit & de jugement, que la Reine en demeura charmée. Aprés que châcun eût dit ses raisons, la Reine s'en revint à la Ville, & le Comte de Carces & sa troupe s'en allerent coucher à saint Pons. Le lendemain la Reine se rendit au même lieu, où les deux partis se trouverent. Elle leur fit un assez long discours, sur les avan-
" tages qu'aporte l'union. Elle leur dit, que comme rien n'est plus neces-
" saire au service du Roy, il n'est rien aussi qui puisse plus avancer les

Le 17. Juin.

Le 30. Juin.

affaires

affaires de la Noblesse. Car c'est seulement dans la vigueur de l'auto- „
rité Royale, que la Noblesse peût trouver ses veritables établissemens, „
qu'elle peût arriver aux grandes charges, qu'elle peût enfin joindre de „
grands biens à des grands honneurs. Elle ajoûte à cette considération, „
celle du repos de la Province que leurs divisions desolent. Elle les „
asseure que s'ils veulent contribuer par leur intelligence mutuelle, au „
retablissement de la tranquilité publique, & du service du Roy, elle „
employera sa mediation, pour leur faire obtenir tout ce qu'ils pour- „
roient desirer. Qu'ils doivent atendre de là toutes choses. Elle les ex- „
horte cependant à vivre dans une union sincere, afin que le Roy ne „
pût refuser à ses priéres ce qu'elle auroit à luy demander pour eux. „
Cela dit, elle fait lire une declaration qu'elle avoit fait dresser elle
même. Elle leur dit de la signer tous. Le Comte de Carces fit d'abord
quelque difficulté de la signer. Il disoit qu'il n'avoit eu nulle part aux
choses passées, & que cela blesseroit sa charge de Lieutenant de Roy.
Mais la Reine luy dit signez, signez; on sçait bien les choses, & que
vous avez tenu la main à tout. Voici qu'elle fût la declaration que
je trouve dans mes memoires.

Nous sous-signez prometons & jurons sur nos vies & honneurs, par
l'obeïssance que nous devons au Roy, nôtre Souverain Seigneur, que
d'ors-en-avant nous ne ferons aucun port d'armes, ni assemblées illicites, pour quelque cause & occasion que ce soit & puisse être, &
pour éviter aussi que sous pretexte de querelles particuliéres qui pourroient avenir contre quelques uns de nous, il ne se puisse contrevenir
ainsi que dessus : nous promettons & jurons sur nos vies & honneurs,
& par même obeïssance que nous devons au Roy nôtre Souverain
Seigneur, que nous nous retirerons devers Monseigneur le Grand
Prieur de France, & Lieutenant general du Roy en ce païs, pour luy
faire entendre le fait & merite des querelles, afin que s'il y a moyen,
il en puisse faire l'apointement, où il ne se pourroit, que nous n'ac-
compagnerons, ni ne nous fairons accompagner par personnes de quelque qualité que ce soit ; supliant tres-humblement la Reine mere de
Sa Majesté, que puisqu'il luy a plû prendre la peine d'asseurer le Roy
nôtre-dit Seigneur son fils, que nous vivrons d'ors-en-avant en paix
& union les uns avec les autres, d'être assurée, qu'il ne nous aviendra
jamais de prendre les armes pour quelque cause ou occasion que ce
soit, si ce n'est par son exprez commandement, où de Monseigneur le
Grand Prieur de France Gouverneur, & son Lieutenant general en ce
païs. En témoin de ce nous avons ensemblement signé ces presentes
de nos mains. Ce premier Juillet l'an mil cinq cens soixante dix-neuf,
Carces, Cadenet, Vins, Oyse, Valavoire, d'Eiguiéres, du Castelet,
F. de Pontevez, Alens, Cabriez, Calas, d'Oraison, Crose, Ventabren,
de Salernes, le Muy, Baudiment, Monts, de saint Andiol, les Arcs,
la Verdiére, Taneron, d'Aulps, la Beliére, la Forêt, saint Janet,
Cereste, Faucon, la Molle, le Biosc, Pontevez, saint Marc, Torrettes,
Mosteiret, ce present acte a été fait par les sieurs dessusdits, lesquels se
sont embrassez, & ont promis amitié les uns aux autres, en la pre-

fence de la Reine mere du Roy, affiftée des Princes & Sieurs du Confeil privé de Sa Majefté étant prés elle à la baftide de Beauvoifin le premier jour de Juillet audit an, mil cinq cens foixante dixneuf.

Aprez que cette declaration fût leüe & fignée, la Reine commendà au Grand Prieur de faire les accommodemens particuliers. Puis afin que rien ne pût plus aigrir les efprits, elle promet de faire établir des Commiffaires, pour juger les differens furvenus au fujet des troubles. On vît bien-tôt l'effet de cette promeffe. Peu de jours aprez on reçoit des lettres patentes, qui nommoient un Prefident, onze Confeillers en la Cour, & Jean de Bielevre Prefident du Parlement de Dauphiné pour être le chef de cette Chambre. Aprez que la Reine eût ainfi pacifié la Province, elle en partit pour fe rendre auprez du Roy. Le Comte de Carces l'accompagna jufqu'à Avignon. Là il courût le même hazard qu'il avoit courû à Marfeille. Il fe fit une entreprife contre luy. Mais fur l'avis qu'il reçeut du complot, il va toûjours fi accompagné, il fe tient fi bien fur fes gardes, qu'on n'eût pas moyen de rien atenter. La Reine mere à qui on fait fçavoir ce qui fe paffe, donne ordre qu'on decouvre le tout, & juge par tant de conjurations, que le Comte étoit plûtôt armé pour la défenfe de fa perfonne, que pour aucun fentiment qu'il eût dans l'ame de troubler le fervice du Roy. Cela l'obligea de luy témoigner qu'elle voyoit bien, que la plufpart des Provençaux n'agiffoient que par envie : qu'elle vouloit moyener que le Roy eût pour luy une particuliére confideration. Sur cette affeurance le Comte rend mille remerciemens à la Reine de fes bontez, & pour luy faire perdre encore mieux l'opinion, qu'il voulut s'ériger en chef de parti, il offre de remettre fon fils au Roy, pour luy être un gage affeuré de fon zele, & de fa fidelité pour fon fervice. La Reine le prend au mot dans fon offre. Elle méne avec elle le fils du Comte. Elle le met auprez du Roy. Elle le fait recevoir Gentil-homme de la Chambre, & luy fait conferver la penfion que fon pere avoit eüe, dont il fe demit en fa faveur.

VIII.
Le Grand Prieur apaife une fedition qui s'aloit élever contre les Corfes, il va vers la frontiére pour en chaffer quelques Dauphinois. La pefte de Marfeille s'échauffe. Le Parlemét accommode avec la Province le procez qu'il avoit pour les tailles. La pefte fe gliffe dans Aix. Le

Cependant comme le peuple d'Aix voit toûjours les Corfes dans la ville, il s'imagine qu'on pretend fans doute de le tenir en bride par cette garnifon. Cela fait que la veüe des Corfes le choque. On s'avife de faire quelque rumeur. A ce bruit les Corfes peu capables de rien fouffrir, veulent repouffer les bravades. Des menaces on en vient au coups. On ataque, on fe défend d'une ardeur égale. Il ne manque pas d'y avoir des bleffez. Auffi-tôt le Grand Prieur en eft averti. Il part de Marfeille. Il vient apaifer le tumulte. Pour en mieux prevenir les fuites il prend avis du Parlement. Il fe refout à faire ce qu'il luy confeille. Il tire de l'argent de fa propre bourfe. Il paye les Corfes, & les fait retirer d'Aix en même temps. Aprez qu'il eût affeuré dans Aix le repos public, il s'en alla faire le tour de la Province, fuivant la coûtume des nouveaux Gouverneurs, A fon retour il voulut faire fon fejour ordinaire à Marfeille. Mais à peine y fut-il établi, qu'il fe vit obligé de deloger à caufe de la contagion qui fe gliffa dans la ville. Cette pefte avoit été aportée du Levant. Les premiers accez parurent à Canes. Grasse reçeut par son voisinage & par son commerce le second coup. De Grasse la peste fût portée à Marseille. Elle y fit un si grand ravage d'abord, qu'elle emporta un nombre infini de peuple. Dans une malignité si rapide le Grand Prieur va se retirer à Pertuis ; il croît que le plus seur moyen de se garantir, c'est de passer au de-là de la Durance. A son arrivée dans cette ville, on luy vient dire qu'il y avoit une emeute à Manosque, contre le Baron d'Oraison qui en occupoit le château. Aussi-tôt il monte à cheval pour s'y en aller. Il trouve que le Parlement y avoit envoyé des Commissaires, le President de Montral & le Conseiller Suffren. Il calme les choses par sa presence. Les Commissaires cessent leur information. Presque en même temps il survient une autre nouvelle. On vient dire au Grand Prieur que le Seigneur de Gouvernet du Dauphiné s'étoit emparé du lieu de saint Vincens, village au dessus de Sisteron, d'où par des courses, il ravage toute la Contrée. Le Grand Prieur écrit d'abord au Comte de Carces. Il luy mande d'assembler la Noblesse & de l'aller joindre au plûtôt. Cependant il s'aproche de Sisteron, pour r'assurer cette ville allarmée, & pour dissiper les embuscades que les Dauphinois faisoient en divers endroits. Il fait avancer pour cela vers le lieu de saint Vincens le Colonel Alfonse avec ses Corses. Il detache aprez la compagnie de Gendarmes pour le soûtenir. Il croît que cela suffisoit pour contenir les Dauphinois dans le village, jusqu'à ce que la Noblesse arrivât. Mais je n'aprens point quel succez eût la chose. Je trouve seulement que les Dauphinois ne furent point chassez de ce lieu. Car ils exigerent de si grandes contributions, qu'ils ruïnerent tout ce quartier, l'un des plus fertiles de la Province. Cependant la contagion s'allume dans Marseille, & quelque bonne garde qu'on fasse dans le voisinage, les villages voisins ne laissent pas d'en être frapez. Cela neanmoins n'empéchoit pas que le Parlement ne continuât toûjours sa sceance. Il travailloit toûjours à l'expedition des procez. Il termina même dans ce temps le procez qu'il avoit avec la Province pour raison de la taille. Ce procez étoit aussi vieux que le Parlement même. Car il commença dés l'instellation des Officiers. Il étoit fâcheux & par sa nature, & par sa durée. Mais il étoit plus facheux encore, parce qu'il étoit entre deux grands corps, & que l'un & l'autre se soûtenoient par de si fortes raisons, qu'elles paroissoient invincibles. Les Officiers du Parlement pretendoient devoir être exempts de tailles, par leur creation particuliére, & par la disposition generale du droit : ils disoient qu'ils étoient crées en la place des Officiers du Conseil, qui suivoient par tout le Prince. Que comme ceux-là ne payoient nulles tailles, eux ne devoient point en payer aussi : Que la Province sembloit l'avoir avoüé, parce que du commencement elle ne leur en avoit point fait de demande, quoy qu'elle eût intenté des procez à divers particuliers des autres corps. Que par-là, la possession de la franchise leur étoit demeurée inviolable. Qu'aussi jamais chose ne fût mieux fondée que celle-là. Que c'étoit le moins qu'ils d'eussent atendre des grands soins qu'ils prenoient pour le public, auquel ils con-

Parlement sort, il se divise en trois Chambres. Châque Chambre va dans une ville pour y distribuër la justice plus commodement. Le Seigneur de Vins fait assassiner le bâtard de Lascaris. La contagion s'enflame dans Aix. Miseres de cette ville. Il y arrive un Hermite qui vient servir les malades.

1580.

facroient leur repos, & donnoient leurs heures les plus precieuses & leurs veilles. La Province soûtenoit au contraire, que le Parlement étoit mal fondé dans sa pretention. Qu'en Provence les tailles étoient réelles non personelles, que personne ne s'en peût exempter par sa qualité. Qu'en effet cette exemption s'étoit tentée inutilement par les gens d'Eglise, & par la Noblesse. Que le réglement de l'année mil quatre cens soixante onze, les en avoit assez visiblement deboutez, quand il établit que les biens qu'ils acquerront à l'avenir seront sujets au payement de la taille. Que si l'on avoit differé de mettre les Officiers en cause, ce n'est pas qu'on ne l'eût deliberé fort souvent. Mais on esperoit toûjours qu'ils quiteroient volontairement une poursuite si peu fondée en justice. Ces raisons fortement soutenuës de part & d'autre, étoient pour porter la chose à beaucoup d'aigreur. Et neanmoins elle se termina dans cette année. Ce fût par la mediation du Grand Prieur que cela se fit. On trouva ce temperamment pour donner satisfaction aux uns & aux autres, de n'exclurre pas tous les Officiers de la franchise des tailles, mais de ne l'accorder aussi pas à tous. Le Grand Prieur fit donc passer une transaction aux parties. Par cette transaction il fût arrêté, qu'à l'avenir trois Presidens du Parlement, douze Conseillers, un Avocat, un Procureur general du Roy & le Greffier Civil seroient ezempts de tailles, tant des biens qu'ils possedoient, que de ceux qu'ils pourroient acquerir. Que deux Presidens de la Chambre des Comptes, Cour des Aydes & Finances joüiroient aussi du même privilege, avec trois Conseillers, le Procureur general & deux Auditeurs. Que les autres Conseillers de ces Cours ne joüiroient de cette franchise, que pour la moitié des tailles des biens qu'ils possedoient. Cét accord fait avec tant de precaution & tant d'équité, fût autorisé par diverses lettres patentes. Et neanmoins il ne dura pas fort long-temps. Je trouve qu'il y eût souvent des contestations dans les Etats sur ce sujet, & qu'enfin la Province prît rescision de ce contract. Recision qui renouvelle le procez, & qui fit renaître la grande aigreur, que la mediation du Grand Prieur avoit éteinte. Ces aigreurs durérent encore aprez cela plus de vingt-cinq-ans, quand le Roy par l'avis des premiéres têtes de la Province, du Duc de Guise, du premier President du Vair, de l'Archevêque d'Aix de Vallegrand, fit rendre arrêt à son Conseil en l'année mil six cens dix. Cét arrêt ordonna que la Province établiroit un fonds de quarante-huit mille livres pour le Parlement, de douze mille livres pour la Chambre des Comptes; qu'on regaleroit le revenu de ces sommes entre les Officiers compris dans la precedante transaction. Que cependant ceux qui par cette même transaction étoient affranchis de toutes tailles, joüiroient de cent cinquante livres d'exemption. Que les autres qui n'étoient affranchis que pour la moitié seroient exempts jusqu'à soixante-quinze livres. Cét arrêt a reglé jusqu'ici la chose, quoy qu'il n'ait pas été pleinement executé. Car la Province n'a point fait le fonds ordonné, mais on fait joüir de la franchise des tailles jusqu'à cent cinquante livres, trois Presidens du Parlement, douze Conseillers les plus anciens, un Avocat, un Procureur general du Roy, le Greffier Civil, & de celle de soixante quinze livres les douze Conseillers qui viennent aprez. Comme aussi deux Presidens de la Chambre des Comptes, trois Conseillers, deux Auditeurs sont exempts jusqu'à cent cinquante livres, & l'exemption de soixante quinze livres, est pour les trois Conseillers & les deux Auditeurs suivans. Ces choses quoy qu'arrivées en divers temps, ont deû, ce me semble, se joindre ici, pour la clarté de l'Histoire, & pour ne laisser au lecteur une connoissance imparfaite de ce procez qui a fait tant de bruit. Quoy qu'il en soit les soins que prît le Grand Prieur, montrent assez qu'il ne s'apliquoit a rien plus serieusement, qu'à maintenir une bonne intelligence parmi tous les corps de la Province. Ce n'étoit pas là seulement la preuve qu'il en avoit donnée deja deux ans auparavant. Il avoit terminé les grands differens qui étoient entre le Parlement & la Chambre des Comptes. Il leur avoit fait passer un celebre concordat, qui fût le grand ouvrage de son aplication & de sa prudence. Ces deux accommodemens le mirent en grande consideration dans la Province. Ils firent qu'on eût autant d'amour pour la personne, que de respect pour le Gouverneur. Cependant quelque exacte que fût la garde, qu'on faisoit aux portes d'Aix, la contagion ne laissa pas de se glisser dans la ville. Elle fût precedée de la coqueluche, avant-coureur ordinaire de ce mal. Neanmoins quand la coqueluche parût, comme on aime toûjours à se flater, on la traita seulement de rume. Ainsi la contagion couva quelque temps ; peût-être les soins que prît le Parlement ne furent pas inutiles, à la suspension de la maladie. Car il défendit toutes les assemblées. Il permit au peuple de manger de la viande tous les jours. Mais enfin elle vint à éclater terriblement. Elle fit d'abord de grands ravages. Comme la chose ne pût plus être dissimulée, le Parlement se resolut à quiter. Il étoit alors en vacations. La Chambre doncques des vacations avant que de sortir, donne au Viguier Bordon le Gouvernement de la ville. Elle luy permet d'avoir cent soldats pour sa garde & pour contenir le peuple en devoir. Elle luy recommande sur tout de tenir la main à l'execution des réglemens qu'elle laisse. Aprez qu'elle eût donné tous les ordres, on part. On va tenir la seance à Cucuron. Puis quand les vacations eurent fini, le Parlement reprenant sa fonction ordinaire, distribua ses trois Chambres en trois lieux divers pour la commodité publique. Le premier President avec une Chambre, alla rendre la justice à saint Maximin. Le President Carriolis alla à Salon avec une autre Chambre. Et le President de Lauris avec l'autre, fût établir sa seance à Pertuis. Ainsi le Parlement s'étoit partagé, pour empêcher que l'affluence & la communication trop frequente, n'infectassent d'avantage le païs. Mais autant que le Parlement prenoit de precautions pour le bien public, autant la Noblesse paroissoit negligente. Car au lieu de songer à soulager la Province, au contraire on la voyoit exercer sous le nom de la cause publique ses particuliéres inimitiez. Il s'en vit alors un funeste exemple. Le Seigneur de Vins soûtenoit son frere dans un procez qu'il avoit contre Honoré de Lascaris, pour la Prevoté de Pignans. Il n'avoit même rien relâché de sa pretention, quoy qu'il eût eu de la part du Roy une pension de trois mille livres. Ce benefice étoit fort de sa bien seance. Car il étoit tout proche de sa terre de Forcalqueiret. D'ailleurs il avoit interêt qu'il ne tombât plus entre les mains d'un homme apuyé par le Baron des Arcs son ennemi, qui affecta déja par-là de luy faire cette piéce. Lascaris avoit un fils bâtard que l'on apelloit Nicolin, qui avoit été Laquis dans la maison des Arcs. Comme ce garçon avoit beaucop de cœur, le Baron des Arcs conseille à Lascaris de l'envoyer à Pignans. Il luy dit que dans le temps present cela pourroit fort servir à luy faire avoir le benefice, quand on le verroit maître dans ce lieu. Lascaris se resout de suivre ce conseil. Il envoye Nicolin à Paignans. Nicolin marche fort accompagné par la ville. Il est toûjours suivi de cinq ou six mauvais garçons. Avec ces gens il fait par tout le hôla : Aussi-tôt le Seigneur de Vins est averti de ce qui se passe. Il s'imagine que cela se fait pour le morguer. Il souffre neanmoins durant quelques jours ces bravades. Mais enfin il fait connoître à ses ennemis, qu'il avoit plus de credit qu'eux dans ce lieu. Il suscite Antoine de Vintimille Seigneur du Revest qui y avoit maison, il luy dit qu'un homme de sa qualité ne doit pas souffrir que ce bâtard marche avec ce faste & cette insolence. Que cette quanaille devroit du moins avoir quelque respect pour luy. Sur ce discours le Revest s'échauffe. Il prend dessein de se défaire de Nicolin. Un jour que Nicolin l'étoit allé voir, il l'arrête à souper. Il luy dit qu'ils passeront la soirée ensemble. Nicolin s'ariête sans penser plus loin. On sert la table, on lave les mains. Le Revest dit à Nicolin de quiter son épée, qu'il étoit là parmi ses amis. Nicolin répond qu'il avoit pris cette habitude de ne la quiter point dans ses repas. Mais pour témoigner qu'il ne se defioit de rien, il la quite, il se met à table, il commence à souper de grand apetit. Comme on est sur le milieu du repas, un frere du Revest qui étoit Chevalier entre dans la salle. Nicolin veût boire à sa santé. Mais voyant entrer avec luy deux méchans garçons, Lamanon & Louïs de la Potiére, qui viennent à luy l'épée & le pistolet à la main, il se trouble. Il se met à crier je suis mort. Puis il se leve d'une si grande fureur, qu'il renverse la table par terre. Il s'aproche des fenêtres, il en veût ouvrir quelqu'une ; il trouve qu'on avoit ataché les loquets. Cela luy fait juger que la partie étoit faite. Mais il n'y avoit pas moyen de s'en garentir. Aussi-tôt on se jette sur luy, on le saisit, on l'étend sur un banc, on l'égorge ; puis on le jette par les fenêtres. A ce spectacle le peuple qui étoit accoûru au bruit, s'irrite. Il conçoit une horreur terrible de cette action. Il prend les armes pour la punir. Il environne la maison de toutes parts. Il menace d'y mettre le feu, si les assassins ne se rendent. Mais les assassins s'étoient évadez, il ne restoit que le Seigneur du Revest, qui n'ayant plus moyen de se sauver, crie aux Consuls, qu'on envoye querir le Cabiscol, qu'il se mettra sous sa garde. Sur cette offre, on apelle le Cabiscol. Le Cabiscol vient, le Seigneur du Revest se livre à luy. Le Cabiscol le veût mener dans sa maison ; il passe à travers de tout ce peuple. Il fait tout ce qu'il peût pour l'adoucir. Il employe pour empécher qu'il n'arrive rien, & priéres & caresses. Il s'avance heureusement durant quelques pas. Mais comme il arrive à la place, qu'il faloit traverser pour aller chez luy, on luy arrache le malheureux d'entre les mains. Il ne peût empêcher qu'on ne le massacre; de-là le peuple s'en va dans la maison du mort. On y trouva sa femme & sa fille, que les Consuls peuvent à peine garantir d'oprobre. On pille la maison. On y met le feu. Ainsi fût puni sur le champ cét assassinat, dont le Seigneur de Vins porta tout le blâme. Cependant la contagion s'allumoit dans Aix. Elle y faisoit un degat horrible. Tous les quartiers de la ville en étoient infectez. Des familles entiéres en étoient peries. Des gens sans nombre mouroient dans leurs maisons sans secours, d'autres allant chercher du secours expiroient quelque fois par les ruës. On voyoit en des endroits des femmes, qui rendoient l'ame en apliquant des remedes à leurs maris. On voyoit en d'autres des enfans, remplir la fosse destinée pour enterrer leurs peres. Qu'on ne croit pas que je dise rien ici du mien. J'écris sur les memoires d'un témoin de veüe. Il dit qu'il a veu luy même des fils, coudre leurs meres dans leur propre suaire: qu'il a veu des peres & des meres, aller enterrer leurs enfans de leurs propres mains: que luy même fût contraint faute d'ouvriers, de faire des caisses à deux de ses filles. Ces choses ne paroîtront asseurement pas incroyables à ceux qui ont lû les malheurs qu'Athenes souffrit dans une pareille contagion. Ils ne s'étonneront pas de voir les mêmes accidens naître tout semblables d'une même cause. Ces accidens furent en effet si semblables, qu'en lisant l'Histoire de la peste d'Athenes, on pourroit croire, que c'est l'Histoire de la peste d'Aix. L'une & l'autre maladie commença par un grand mal de tête, par un vomissement, par une inflammation dans les yeux, par des éleveures sur la personne. Elle emportoit les malades dans trois jours ou dans sept jours au plus tard. Là comme ici l'art des Medecins étoit aveugle. Car les Medecins mouroient tout les premiers. Dans l'une & dans l'autre la diserte produisit une si grande licence, que l'autorité des Magistrats, ne fût pas capable d'empêcher qu'on ne saccageât plusieurs maisons. Il y avoit neanmoins dans Aix deux hommes excellents pour la police; le Viguier Bordon & l'Assesseur Guiran. Le premier Rigide naturellement, n'obmetoit rien de ce qui étoit de sa charge. La nuit il étoit exact dans ses patroüilles. Le jour il envoyoit incessemment des gens en divers quartiers. Enfin il étoit toûjours aux aguets, luy même. Pour l'Assesseur Guiran, il supleoit si bien à l'absence des Consuls ses Collegues, qu'il soûtenoit toûjours le fardeau de la police luy tout seul. Il étoit par tout. Il veilloit à tout. Il travailloit sans cesse à maintenir en santé ceux qui se portoient bien, & à faire qu'on eût soin des malades. Cependant ses soins & sa diligence n'étoient pas capables d'arrêter le mal. Car les Medecins & même les Chirurgiens connoissant la grandeur du peril, refusoient de voir les malades, ou ne voyoient que ceux qu'ils ne pouvoient pas refuser de visiter. Il n'y avoit d'assidu qu'un Genois, qui alloit par la ville avec un homme qui marchoit devant luy, fonnant une cloche, pour obliger les fains à éviter fa rencontre, & les malades à venir vers luy, ou à fe tenir prêts. Cét homme neanmoins ne reüffiffoit pas trop bien. Peut-être ne s'apliquoit-il pas fort à guerir. Peut-être manquoit-il de remede fpecifique. Quoy qu'il en foit on voyoit le mal empirer fi fort, il y avoit un fi grand nombre de malades, qu'il ne reftoit prefque plus perfonne pour donner la fpulture aux morts. La ville étant dans ce trifte état, pleine d'infection, accablée de miferes, denuée pour ainfi dire de tout fecours, quand on vit fe prefenter pour fervir les malades, un homme que tout le monde crût envoyé du Ciel. Je ne fçay neanmoins fi ce fût le befoin qui donna cette opinion avantageufe de cét homme, plûtôt que fa phyfionomie & fon habit. Car il avoit un air modefte & ferieux. Il portoit un habit aultere & rude. C'étoit un fac de bure, qui luy alloit batre fur le genou. Il avoit pour ceinture une corde, d'où pendoit un grand chapelet & un Crucifix. Il avoit la tête & les jambes nuës. Seulement avoit-il de méchantes fandales aux pieds. Elles étoient de laine à l'efpagnole. Il ne parloit jamais que de Dieu. Ses difcours ne tendoient qu'à penitence. Sa converfation & fa veüe, n'infpiroient aux gens que des penfées de pieté. S'il parloit quelque fois de luy. C'étoit pour donner raifon de fon genre de vie. Il difoit qu'il avoit été ataint de la pefte. Que durant fon mal il avoit fait vœu de ne s'employer deformais qu'à fervir ceux qui feroient frapez de ce mal. Que cela l'avoit obligé de venir en Provence, dés qu'il avoit apris le cruel degat que la pefte y faifoit. Ces difcours étoient accompagnez de tres-grands effets. Il fervoit les malades avec une affection admirable, avec un défintereffement merveilleux. Car il refufoit & recompenfes & prefents. Il étoit fi apliqué prés de fes malades, qu'à force de reflections & d'experience, il devinoit quand on devoit mourir & quand on devoit échaper. Un atachement fi utile & fi efficace, luy acquit bien-tôt une haute reputation. Le peuple ne manque pas de le traiter de faint. On vend publiquement fon image, gravée avec cette infcription au bas, le faint Hermite. Châcun s'en munit comme d'un infaillible prefervatif. Châcun s'imagine qu'avec cela, la pefte ne fçauroit plus luy nuire.

1581.

IX. Le Grand Prieur méne par la Province des Commiffaires du Parlement, pour prendre des informations. La Province moyene par argent que le Seigneur de Gouvernet fe retire. Les Etats députent vers les Gentils-hommes des deux par-

Mais tandis qu'Aix gemit de la pefte, la Province eft accablée d'une autre forte de mal. La guerre & la famine qui y ont regné, font paroître leur fuite ordinaire, une generale pauvreté, ce mal atira bien d'autres fortes de maux. Car le defefpoir jetoit bien fouvent les gens, dans divers crimes. Et ces crimes outre qu'ils defoloient bien du monde, demeuroient prefque toûjours impunis, par l'impuiffance de ceux qui les devoient pourfuivre. Cela fit prendre refolution à la Province de demander qu'une Chambre du Parlement allât dans tous ces endroits. Mais comme on vit que les frais en feroient trop grands, on fe contenta de moyener, que le Grand Prieur mandât des Commiffaires de la Cour, pour prendre les informations neceffaires. Le Parlement commit pour cela le Prefident de faint Jean & le Confeiller Chaîne. Avec ces Commiffaires le Grand Prieur va faire un affez grand tour. Il s'arrête à Brignole, à Brignole, à Pignans, à Toulon, à Yeres, à Frejus, à Draguignan, à Grasse. Les Commissaires prenant des informations par tout. Ils arrêtent même & jettent en prison, ceux que les témoins chargent d'avantage. Par cette vigueur & par cette exactitude, ils rétablissent l'autorité de la Justice par tout. Ensuite on donne à tous les Gentils-hommes de place, & à tous les Consuls des villes un rôle des prevenus des crimes, contre lesquels il y avoit des decrets de prise de corps, afin de les chasser de par tout, & que personne ne se pût excuser de leur avoir donné retraite par ignorance. Cependant dans le temps qu'on travaille à tenir au dedans la Province calme, il survient une nouvelle allarme de dehors. Le Seigneur de Gouvernet qui étoit à saint Vincens s'avance. Il vient surprendre le château de Puipin. Il fait de-là des courses tres-incommodes. La frontiére s'en allarme étrangement. Pour faire cesser ces allarmes & ces aprehensions les Procureurs du païs deliberent d'accommoder la chose. Ils traitent avec le Seigneur de Gouvernet. Pour luy faire connoître qu'ils sont tous portez à un accommodement, ils luy donnent N. de Simiane & deux autres en ôtage, afin que cela l'obligeât de se retirer ou de suspendre les hostilitez. Mais Gouvernet au lieu d'en user de bonne foy, envoye les ôtages en sa maison de Nions, & proteste qu'il ne les rendra jamais, qu'on ne paye ce que luy doit la Province. Il faisoit monter la debte à vingt-deux mille livres. Cette somme étoit alors tres-grande dans l'etat ou la Province se trouvoit. Il faloit neanmoins la chercher de toute necessité, pour pouvoir retirer les ôtages. Comme on étoit dans cette peine, le Colonel Alfonse offre de prêter cette somme, quoyqu'il en eût un fort grand besoin, pour payer ses Corses qui étoient à Valence. Aussi-tôt on accepte l'offre. On achete la paix avec cét argent. Pour affermir encore mieux cette paix, je trouve que les Etats tenus cette année à saint Maximin, firent une deliberation bien utile. On y resolut d'envoyer des deputez aux Gentils-hommes des deux partis, qui étoient en armes, pour les exhorter à les mettre bas, & à vouloir deposer leurs inimitiez, pour le bien qui en reviendroit à la patrie. Pour faire encore mieux reüssir la chose, on prie le Comte de Carces de s'en mêler, on le conjure de porter ses parens & ses amis à une reconciliation veritable. Sur cela le Seigneur de Vins qui étoit dans cette assemblée, protesta que quelque injure qu'il luy eût été faite par le ravage de ses terres & de ses autres biens, & quelque dessein qu'il eût pris d'en poursuivre la reparation en justice, il étoit prêt d'en remettre la decision aux Etats. Il témoigne qu'il sera ravi de donner ses ressentimens au repos de la Province. Pendant qu'on étoit dans cette bonne disposition, la peste d'Aix commence à se calmer, aprez treize mois de ravages. Aussi-tôt le Parlement vient reprendre sa seance, il y vient même bien des gens pour repeupler la ville. Il en vient jusque de l'extremité de la Province. La cessation du mal est atribuée aux soins de l'hermite. Tout le monde le croit l'auteur du salut public. Cela luy donne une si grande autorité, qu'il osa bien delivrer de son propre chef un criminel que l'on menoit au suplice. Mais que n'auroit-on pas permis à un

tis pour les porter à un accommodement. La peste d'Aix se calme. Le Parlement y revient. On y tient des Etats qui font une nouvelle tentative pour accommoder les choses. Le Capitaine Ansel- me est arrêté & tué. Le Comte de Carces tombe malade & meurt.

Ffff

homme, à qui l'on croyoit de tout devoir & de qui toutes les actions étoient estimées plus qu'humaines. Cependant comme on voit que dans Aix la santé s'y étoit parfaitement établie, on prit dessein d'y convoquer les Etats, qui en effet ne se peuvent tenir plus commodement que dans la ville capitale. Les Etats l'ouvrirent au commencement de l'année, parmi les aplaudissemens publics. Car on disoit qu'il s'y devoit traiter de reünir les deux partis, aprez quoy on soûpiroit depuis tant d'années. On esperoit que cette proposition reüssiroit mieux, que les autres qui s'étoient faites, parceque sur la resistance qu'y aportoient quelques Gentils-hommes, le Roy leur avoit écrit qu'il desiroit qu'on donnât les mains à un accommodement. Ainsi l'on s'asseuroit que cette fois la chose se feroit sans obstacle. Les Etats donc commencerent par envoyer des deputez vers les Gentils-hommes, pour les exhorter à une veritable reünion. En même temps ils nommerent des arbitres pour terminer les differens & les procez particuliers. Ces arbitres furent pris dans tous les ordres. Pour le Clergé on nomma l'Archevêque d'Aix, l'Evêque de Riez, pour la Noblesse les Seigneurs de la Coste & de Mirabeau, pour le tiers Etat les Consuls de Tarascon & de Draguignan. On trouve bon que si les differens se terminoient à Aix, les Consuls de cette ville fussent dans le nombre des arbitres. Pour faire que le dessein reüsît, on prend soin qu'il n'arrive rien qui le puisse rompre. Pour cela comme les Seigneurs de la Verdiére & d'Oraison étoient à Aix, que chacun d'eux alloit par la ville fort accompagné, que ces atroupemens pouvoient avoir des suites facheuses, qu'il s'en voyoit même quelque indice, en ce que quelques uns de ces gens, portoient des branches de ciprez sur leurs chapeaux, marque certaine de quelque ligue, le Parlement les obligea de se retirer chez eux. D'autre côté le Grand Prieur, suivant l'ordre qu'il en avoit reçû du Roy arrêta le Capitaine Anselme, qui entretenoit une secrete intelligence avec les seditieux du païs. Anselme étoit un homme qui s'étoit emparé du château de Cental, dans le Marquisat de Saluces. Pour le tirer de-là, le Roy luy avoit donné l'Abbaye de Montmajor, avec une bonne somme d'argent, il luy avoit permis de se retirer en Provence. Quand il fut en Provence, au lieu de garder la foy promise, à quoy les biens faits du Roy le devoient pour le moins obliger, il s'abandonne à son esprit broüillon naturellement, il nourrit d'esperances les seditieux d'Arles & de Marseille. Mes memoires n'en disent pas d'avantage. Ils ajoûtent seulement qu'Anselme voulut engager le Grand Prieur dans ses negociations. Que ce Prince ne s'étant pas trouvé à une assignation qu'il luy avoit donnée, il y envoye son Capitaine des Gardes, pour conferer avec luy. Qu'Anselme ne voyant point le Grand Prieur, dit au Capitaine des Gardes qu'on pouvoit s'ouvrir de bien des choses au maître, qu'on ne pouvoit pas dire au serviteur. Que tout ce qu'il pouvoit luy dire, c'est, qu'il avoit à faire au Grand Prieur une ouverture capable de le rendre plus grand qu'il n'étoit. Cependant le Grand Prieur reçoit ordre du Roy d'arrêter Anselme. Aussi-tôt il apelle le Colonel Alfonse, il luy donne l'ordre à executer. Anselme étoit alors à

Aix. Il logeoit au Faux-bourg de saint Jean dans le logis de la Magdelaine. Le Colonel Alfonse y va. Il fait mettre la main sur Anselme. Anselme fait quelque resistance. Il s'écrie que le Roy luy a donné grace, que depuis il n'a rien fait de nouveau. Sur cela le Colonel Alfonse tire l'ordre du Roy de sa poche. Il en tire aussi quelques billets qui avoient été surpris. A cette veüe Anselme se juge perdu, il demande qu'on luy fasse misericorde. Mais il le demande inutilement. Il est conduit sur l'heure même au château Dif. Le lendemain un valet de chambre du Grand Prieur y arrive. Il le fait étrangler par un forçat Turc. Je ne sçay quel interêt le Maréchal d'Amville prenoit pour Anselme. Mais je trouve qu'il se plaignit de cette action au Grand Prieur. Le Grand Prieur pour se justifier, envoye au Maréchal son Capitaine des Gardes, qui luy porte l'ordre qu'il avoit receu du Roy. Quoyqu'il en soit, il faloit bien que la chose pressât, puisqu'on n'eût pas le temps d'observer les formalitez de la justice reglée. Seulement pour couvrir cette violence, on publia qu'Anselme avoit été tué comme il se sauvoit. Cependant l'esperance qu'on avoit de la paix est arrêtée par un nouvel incident qui survient. Le Comte de Carces tombe malade. Sa maladie parût d'abord tres-facheuse. Elle le prit dans le château de Carces. Les Medecins trouvent bon qu'il aille à son air natal. On le porte donc à Flassans. Mais le malade juge en y allant qu'il ne faloit pas se flater d'une plus longue vie. Car on luy entendit dire ces paroles en abordant la court du château, il faut venir mourir au gite, comme le lievre. Il y mourut aussi quelques jours aprez, avec les sentimens d'un tres-bon Catholique, ainsi qu'il avoit toûjours vecu. Ce fût à l'âge de soixante-dix ans, dans la plus grande reputation qu'ait jamais eû homme du monde. Sa reputation fût en effet si grande, qu'on le comparoit aux plus grands des Grecs & des Romains. Ceux qui remarquoient cette comparaison en détail, jugeoient qu'assurément elle étoit tres-juste. Car ils trouvoient que ce Seigneur possedoit toutes les vertus, dont on a loüé les plus grands hommes. Qu'il étoit vaillant au dernier point. Que sa valeur fût toûjours accompagnée de tant de conduite, qu'il demeura victorieux par tout. Qu'elle fût jointe à tant de moderation, qu'on ne le vît jamais se vanter luy même n'y jamais deprimer ses ennemis. Au reste jamais homme ne fût plus ferme que luy dans l'adversité. Jamais personne ne fût plus modeste dans les prosperitez qui luy arriverent. Il étoit si ennemi de l'enflure & de toute sorte de vanité, qu'il refusa toûjours de se faire peindre. Il ne voulut pas même se laisser tromper sur ce sujet. Il étoit froid dans ses actions, court dans ses paroles, vigilant dans les affaires, infatigable dans les travaux, bon patriote, aussi bon ami, adroit à tourner pour son élevation les services rendus à sa patrie, & à jeter les fondemens de sa puissance, sur le grand nombre de ses amis qu'il s'acqueroit avec beaucoup d'adresse. Il avoit engagé le Comte du Bar son beau frere dans son parti, quoyque tous ceux de sa famille fussent liez à celuy des Rasats. La fortune le favorisa si bien par tout, que dans mille occasions, où il se trouva sur mer & sur terre, il ne fût jamais blessé nulle part. Ce fût pour cette raison sans doute qu'il défendit, qu'on ouvrit son corps aprez sa mort, afin, disoit-il, que personne ne se pût vanter d'avoir jamais veu de son sang, où comme il le disoit luy même fort souvent, pour se rendre à Dieu tel qu'il l'avoit fait & sans diminution de ses graces. Aprez cela qui pourra s'étonner que ce Seigneur, ait poussé si haut sa famille, puisque ses vertus luy auroient ouvert le chemin à bien des conquestes, s'il eût vecû dans les siécles des conquerans. Il fût generalement regreté dans tout le païs. Parmi les siens, le deüil fût extrême. Ses parens & ses amis, quoyque puissants & en grand nombre, furent si abatus de ce coup, qu'ils penserent à se retirer.

X. Le Seigneur de Vins est fait chef des Catholiques. Le Grand Prieur craint son elevation. Le Seigneur de Vins se jette dans le parti de la Ligue.

Neanmoins pour ne pas donner cét avantage à leurs ennemis. Ils élurent le Seigneur de Vins pour leur chef, ou pour mieux dire, ils luy conserverent le poste, où la maladie du Comte l'avoit mis, & il auroit été difficile de l'en ôter étant neveu du Comte, ayant toutes ses instructions, & s'étant acquis par son merite un pouvoir absolu sur les troupes & un grand credit sur la Noblesse. Car il n'y avoit alors personne qui se fût trouvé en plus d'importantes occasions & où il se fût plus distingué. Il avoit lié la bataille de Jarnac, & quoy qu'il y fût blessé à la première charge, il avoit eû autant de part qu'aucun autre à la victoire. Il s'étoit encore fort signalé à Moncontour, où il en étoit venu le premier aux mains avec les ennemis, & dans l'une & dans l'autre occasion, il donna tant de preuves de sa valeur, que le Duc d'Anjou voulût l'attacher à sa personne. Ce Prince n'eût pas lieu de se repentir de l'avoir preferé à beaucoup d'autres qui briguoient cét honneur. Car quelques années aprés ayant accompagné le Duc au siége de la Rochelle, il para de sa personne un coup de canon tiré au Duc & luy sauva la vie en exposant la sienne d'une manière si singuliére. Neanmoins le Duc n'en eût pas beaucoup de reconnoissance. Ce Prince étant parvenu à la Coronne, luy prefera des mignons qui éloignerent d'abord un si brave homme & qui causerent dans la suite la ruïne entiére du Royaume.

Le Seigneur de Vins se retira dans sa Province, où il ne fût pas longtemps sans faire sentir à la Cour la perte qu'on y avoit faite, en recompensant si mal ses services. Comme il avoit de grands biens; qu'il étoit gendre du Comte de Saut, & outre cela allié des plus grandes maisons de la Provence, le credit que sa naissance & sa grande capacité luy donnoit attira bien-tôt toute la Noblesse dans son parti, & commença à se rendre redoutable, & certes il avoit toutes les qualitez necessaires pour se faire aymer & pour se faire craindre. Il avoit l'air haut & fier, une éloquence naturelle qui charmoit tout le monde, & la Reine mere elle même l'admira dans un discours qu'il luy fit, lors qu'elle reconcilia les Carcistes avec les Rasats. S'il avoit des talans merveilleux pour les cœurs, dés qu'il avoit envie de plaire, il sçavoit encore mieux se les conserver. Il étoit doux, honnête, liberal, sensible aux besoins de ses amis, il soûtenoit leurs interêts avec chaleur, de sorte que personne ne se repentit d'avoir suivi son parti, & il étoit dangereux de l'abandonner. Car s'il étoit vif à servir ses amis, il l'étoit encore plus à poursuivre ceux qui ne l'étoient pas. On ne pouvoit ni le surprendre ni l'épouvanter. Sa vigilance étoit extreme, & il s'étoit tellement fortifié contre tous les accidents de la vie, que jamais son esprit & son grand cœur ne paroissoient d'avantage, que dans les perils & dans les extremitez fâcheuses, où l'on croyoit qu'il n'y eût plus de remede. Le malheur des temps fût cause que tant de vertus demeurerent sans recompense. Il étoit d'une noble & ancienne Famille d'Aix, qui avoit passé par les charges de la ville & possedé des Fiefs voisins. Son trisayeul avoit été Seigneur de Colongue & de Venel; il échangea ces terres pour celle de S. Marc. Son bisayeul & son ayeul firent un nouvel échange de cette terre, pour des biens scituez à Brignole, que Bertrand Puget leur donna. Peut-être firent-ils cét échange pour être plus proche de leur terre de Vins entrée dans leur maison par des femmes. Mais son pere impatient de ce sejour, se vint retablir dans la ville Capitale, où prenant la profession de la robe, il fût fait Conseiller, puis President du Parlement, & releva le lustre de sa maison par son mariage avec la sœur du Comte de Carces. Pour luy quoyqu'il eût des qualitez propres pour reüssir dans les lettres, il leur prefera les armes, qui le pousserent fort avant dans les biens & dans les honneurs. Il procura par là son mariage avec Marguerite d'Agout, sœur du Comte de Sault, alliance qui a jetté de belles terres dans sa maison, & qui luy fournit a luy-même des occasions, qui le firent reconnoître par tout pour l'un des plus grands Capitaines de son siecle. Aussi-tôt donc qu'il se vit à la tête de ce party, il mit toute son application à le soûtenir. Il n'oublia rien pour l'accroître. Il employa pour cela toute son addresse & tout son esprit. Il alla à Aix sur le commencement du carnaval. Il se mêla dans les bals & dans les mascarades. Il fût l'auteur de bien de divertissemens. Il donna souvent de grands repas. Tout cela luy gagna si fort la Jeunesse, que tous suivirent aveuglement sa passion. Comme il se fût ainsi rasseuré dans Aix. Voicy ce qu'il fit pour s'authoriser dans Marseille. Il arriva une émeute dans cette ville, sur la difficulté qu'on faisoit de recevoir le Seigneur de Meollon pour Gouverneur. Sur cela le Seigneur de Vins fait offrir toutes choses au Peuple. Il l'assure qu'au moindre signe qu'on luy fasse, il ira soûtenir sa liberté. Le Grand Prieur n'ignoroit pas ce qui se pratiquoit, quoyque ces menées fussent fort secrettes, il voyoit bien que ce party ramassoit des forces, pour se lever quelque jour contre luy. Il connoissoit bien que son interêt autant que celuy du Roy vouloit qu'il cherchât les moyens de l'abbatre. Mais il falloit en trouver un pretexte. Il falloit avoir une occasion d'être armé, & il n'y en avoit nulle alors. Tout apparemment étoit tres-paisible, quoyque sous l'aparence de ce calme il se preparât un orage cruel. Comme donc le Grand Prieur étoit en peine de pouvoir trouver une occasion, la fortune luy en presenta une favorable. Il y avoit un homme apellé le Capitaine Cartier, l'un des plus mauvais garçon de la Province, qui étoit toûjours suivi des gens de son humeur. Cét homme s'empare de

1583.

Colmars. Il y fait entrer dedans trente coupe-jarrêts de son haleine. Il remplit tout le voisinage de terreur. Il ne parle que de ravager tout ; que de mettre tout en cendres. Sur cette nouvelle, le Grand Prieur ordonne qu'on leve des troupes. Il dit qu'il faut aller chasser cette bête feroce de sa taniére, avant qu'elle ait le loisir de s'y fortifier. Mais tandis qu'il fait de grands preparatifs, le seditieux les rend inutiles en quitant la place pour de l'argent. Ainsi le Grand Prieur se voit tomber tout de nouveau dans l'embarras, qui luy faisoit tant de peine. Il ne voit pas plus de jour qu'auparavant d'étouffer la faction qui s'élevoit. Il est vray que quand il auroit eu des forces toutes prêtes, il n'auroit jamais peu reprimer le mal. Car la ligue qui se forma dèlors dans tout l'Etat, se grossit des partis qui étoient dans châque Province, & fomenta les passions les plus injustes des hommes, sous le nom plausible de Religion. Cette ligue fût une invention que la maison de Guise imagina, pour se maintenir dans la faveur. Car ces Princes voyant passer à des favoris l'autorité qu'ils avoient eu sous le regne de François II. prirent dessein de mettre les affaires dans un état, qui obligeât le Roy à les leur remettre, ou qui même les y conservât malgré qu'il en eût. Quelqu'un a dit qu'elle avoit été projetée, dans le regne même de François II. par le vieux Cardinal de Lorraine. Que ce fût durant le Concile de Trente qu'il la projeta. Que la mort du Duc de Guise son frere, & le bas âge de ses enfans en empécherent l'execution. Quoiqu'il en soit quand ce projet auroit été fait de ce temps, il est vray neanmoins, qu'il ne parût que plusieurs années aprez, lorsque la maison de Guise fit courir par toutes les Provinces un écrit que tous les Catholiques signerent. C'étoit une union qu'ils faisoient entre eux. Dans cette union le Duc de Guise ne manqua pas d'y atirer sur tout les chefs principaux des Provinces. Le Seigneur de Vins ne fût pas oublié. Quelques Historiens ont dit que le Seigneur de Vins entra dans ce parti par depit, & que ce depit luy vint de ce que le Roy laissa sans recompense la belle action qu'il avoit fait, pour luy sauver la vie dans le Siége de la Rochelle. Je crois qu'il fût encore porté à embrasser ce parti, par l'interêt des Catholiques à la tête desquels ils se trouvoit alors, & qu'il avoit tous ses engagemens avec eux. Quoyqu'il en soit, à mesure que le Duc de Guise formoit son parti dans l'Etat, il travailloit à le fortifier par l'apuy des armes étrangeres. Il envoya pour cela vers le Roy d'Espagne. Il en obtint promesse d'en être assisté. Aprez qu'il eût jeté les fondemens pour son établissement, il pense à asseurer sa personne. Il s'abouche auec Dom Jean d'Autriche dans le temps qu'il va prendre possession de son Gouvernement des Païs-bas. Ils signent un traité, par lequel ils promettent de se secourir mutuellement, en cas que leurs Rois voulussent entreprendre contre leurs personnes. Ce fût ce traité qui fit éclorre la ligue en cette année, que le Duc de Guise vouloit fort differer à un autre temps. Car la mort du Duc d'Alançon, luy faisoit prendre d'autres pensées, il voyoit que si le Roy venoit à mourir les divisions qui surviendroient dans le Royaume, le pourroient mettre en état de ce passer

1584.

DE PROVENCE. LIV. XIII. 601

du secours d'Espagne. Mais le Roy d'Espagne qui penetra dans sa pensée, l'empécha d'user de retardement. Il se prevalut du traité fait avec Dom Jean, qui s'étoit trouvé parmi les papiers d'Escovedo Secretaire de ce Prince, quand il fût tué par ordre du Roy. Ce Roy donc pour ne pas perdre l'occasion de broüiller la France, & pour luy rendre la pareille de ce qu'elle avoit fait dans les Païs-bas, donne ordre à son Ambassadeur de renoüer le traité fait avec le Duc de Guise pour la ligue, de faire toutes les avances possibles pour l'y engager : de luy offrir jusqu'à deux cens mille écus de pension. L'Ambassadeur ne manque pas d'agir de la maniére qu'il desiroit. Il confere avec le Duc de Guise, il le presse, il l'oblige enfin de conclurre le traité. Quand il fût question de l'executer, l'Ambassadeur s'aperçoit que le Duc differoit la chose, sur de tres-méchantes raisons. Ce procedé l'offense, il se plaint, il témoigne qu'il ne pretend pas qu'on se joüe ainsi du Roy son maître. Il dit que si on ne se dispose à tenir ce qu'on luy a promis, il produira le traité fait avec Dom Jean d'Autriche. A cette menace le Duc s'allarme. Il voit qu'il ne pût plus reculer. Qu'il luy faut necessairement lever le masque. En cét état il tâche de donner un beau jour à ce qu'il va faire. Il se couvre du manteau de la Religion & de celuy de l'Etat, & par un pretexte si specieux, il atire le Cardinal de Bourbon dans sa ligue. Il la luy fait signer & l'en fait chef. Aussi-tôt que le Cardinal eût signé, il se retira de la Cour sans en rien dire à personne. Sa retraite est suivie d'un manifeste qui se publie à son nom, & au nom des Princes liguez. Cela fait que leur faction se souleve dans les Provinces. Il se voit dans châcune combien adroitement on avoit agi pour la grossir. La ligue s'échaufe en Provence, comme dans les autres. Le Grand Prieur y avoit bien reconcilié la Noblesse. Mais le Seigneur de Vins ne laisse pas de se remuër. Il prepare des armes, il leve des troupes. Il retire cinq cens hommes du Languedoc, & de Dauphiné, où l'on faisoit sourdement des levées. Il tient ses gens enfermez dans sa terre de Forcalqueiret, jusqu'à ce qu'il luy vint un ordre precis. Il faisoit dessein quand cét ordre seroit arrivé, de se saisir de Brignole, d'en faire sa place d'armes & de se vanger des grands ravages, qu'on avoit fait dans tous ses biens. Comme au lieu de ce qu'il atendoit, on luy écrit de se donner patience & de temporiser quelques jours, il s'imagine que tout étoit accommodé. Cela fait qu'il congedie ses troupes. Il demeure seul, atendant qu'il se presentât quelque autre occasion.

Son atente ne fût pas trop longue. Car on luy fait sçavoir quelques jours aprez, qu'il étoit temps de se mettre en campagne. A cette nouvelle, il monte aussi-tôt à cheval avec ses amis. Mes memoires en nomment principalement six. Les Seigneurs de saint André, de Merargues, de Rousset, de Greoux, de Monts, de Salernes. Avec eux il va joindre le Comte de Sault son beau-frere. D'abord les principaux du parti vont le trouver. Châcun méne ce qu'il peût d'hommes. De sorte que dans fort peu de jours, ils se trouverent avoir cinq cens chevaux & deux mille arquebusiers. Mais & le Seigneur de Vins & les

XI.
Il se met en campagne. Il essaye de se rendre maître de Marseille. Il y fait un grand parti. Le Grand Prieur découvre ce qui se trame. Il va à Marseille. Il

fait faire le procez à Cabanes & à Daries Conful. Il les fait pendre de nuit. Il tombe malade. Le Cadet de Pontevez est tué. Le Grand Prieur fait faire le procez au Seigneur de Vins, pour ce meurtre. On publie l'Edit de Juillet qui défend toute autre Religion que la Catholique. Sur ce fujet les Huguenots prenent les armes. Ils font des desseins en divers endroits. Le Maréchal d'Amville fait une entreprife fur Arles.

autres chefs, tout habilles qu'ils étoient, ne laifferent pas de faire une faute infigne. Ils oubliérent de fe rendre maîtres de quelque ville, où ils fe peuffent retirer en toute feureté. Ils fe jeterent feulement dans Romoles méchant lieu depourveu de tout. Sur quoy l'on a dit que fi le Grand Prieur eût ufé de diligence, il auroit facilement diffipé cette affemblée, & mis fin à une guerre fi facheufe, qui traina bien des fuites & bien des malheurs ; mais s'étant amufé à vouloir attendre du renfort, il donna loifir aux autres de recouvrer des nouvelles forces. Cependant la fuite fit affez connoître que le Grand Prieur agiffoit de tres-bon fens. Car il affectoit toutes ces longueurs, pour ne fe pas éloigner de Marfeille, que le Seigneur de Vins muguetoit. Il prît donc pretexte, pour ne pas quiter ce quartier, qu'il ne pouvoit partir, fans avoir avec luy toutes les troupes & la Nobleffe. Cela neanmoins n'empêcha pas que le Seigneur de Vins, ne mît tout en ufage pour s'emparer de Marfeille. Il efperoit d'en venir à bout par les grands amis qu'il s'y étoit fait. Les principaux étoient Altouitis, Darene, Daries, Villecrofe puiffants dans cette ville. Sur tout Darene & Daries, qui étoient Confuls & en cette qualité Gouverneurs. Mais comme d'Arene étoit abfent, le Seigneur de Vins fe tourna vers Daries. Il luy fit mille offres mille careffes, pour l'engager dans fon intérêt. Loüis Daries homme d'un petit genie, fût ravi de fe voir confideré du Seigneur de Vins, il fe laiffa facilement entrainer dans la Ligue. Mais c'étoit peu que d'avoir atiré cét homme, il faloit pouvoir debaucher Marfeille, fi fameufe pour fa fidelité, que les Rois avoient coûtume de la traiter, de nôtre bonne ville de Marfeille. Auffi Daries voyant que cela ne fe pût faire en droiture, effaye d'y reüffir par un detour. Il fe fert du nom du Roy même. Il publie qu'il vient de recevoir ordre de pouffer à bout les Huguenots. Il atire par-là trois ou quatre méchans garçons. Il fe les affure par la permiffion de tout entreprendre. Parmi ces gens il y avoit un homme de qualité, nommé Claude de Boniface dit Cabanes, Capitaine du quartier de Blanquerie. Cét homme avoit un frere Huguenot qui n'avoit point d'enfans. Sa religion fût un pretexte à Cabanes, pour envahir impudemment fes biens. Il le fait ataquer dans fa maifon & poignarder en fa prefence. Cette action fût auffi-tôt fuivie d'un pareil maffacre de deux ou trois Huguenots & de l'emprifonnement de plufieurs autres. Ces violences font que les principaux de la ville fe retirent dans le Monaftere de faint Victor. Daries ne s'adoucit pas pour cela. Il fe montre au contraire plus fier. Il marche par la ville avec le chapeau retrouffé, où fe voit une croix blanche, marque de la Ligue. Il traite d'Huguenots tous fes ennemis. Il les menace du même traitement qu'on a fait aux autres. Mais parmi ces fiertez, parmi ces menaces, il ne laiffe pas de craindre quelque émotion. Il aprehende un revers du peuple. Pour fe delivrer de cette crainte il confulte avec fes amis, qu'elle conduite il pourra tenir, il ne trouve rien enfin de plus court, que de mettre le peuple hors de la ville. Il pretend de faire cela par un grand fpectacle qu'il prepare ; il fait dreffer un grand feu en la plaine de faint Michel, efperant qu'aprez que le peuple y feroit accouru

couru de toutes parts, il pourroit le tenir dehors, en fermant les portes. Pendant qu'il medite d'executer ce projet, il survient une occasion favorable. Quatre Galeres de Florence arrivent avec ordre de faire tout ce que Daries voudroit. Le pretexte de leur venuë étoit de prendre le Duc de Nevers, pour l'aller porter aux bains de Luques. Daries qui voit une si belle occasion n'a garde de la laisser perdre. Il écrit au Seigneur de Vins d'aprocher. Il mande aux lieux d'alentour de luy fournir tous les vivres necessaires. Il menace ceux qui refuseront d'obeïr à cét ordre, de les aller foudroyer avec le canon. Tandis que Daries se declare ainsi, le Grand Prieur écrit à François Bouquier, l'un des plus considerables de la ville par son courage & par sa fidelité. La lettre étoit si pleine de confiance, que Bouquier s'en estime fort honoré. D'abord il assemble ses amis & ceux que le service du Roy rendoit contraires à la tirannie. Avec eux il tient de si prés Daries & Cabanes, qu'il leur ôte le moyen de rien executer. Il empêche qu'ils ne se jetent dans les galeres de Toscane. Enfin il se saisit de leurs personnes. En mêmes temps il donne avis au Grand Prieur de ce qu'il a fait. A cette nouvelle le Grand Prieur monte à cheval. Il va à Marseille à toute bride avec le Comte de Carces Grand Senechal. Il arrive de nuit. Il fait faire sur le champ le procez à Daries & à Cabanes. Il fait executer la sentence de mort dans la même nuit. L'execution se fait aux flambeaux à la place publique. Daries & Cabanes expient par la corde leurs crimes compliquez d'assassinat & de rebellion. Le Grand Prieur fait paroître dans sa grande celerité une prudence consommée. Aprez cela il s'en va contre les troupes assemblées. Il les suit jusque vers Sisteron. Il entre dans cette ville, & s'en assure. Delà il envoye le Colonel Alfonse contre les ennemis. Alfonse les talonne de si prés, qu'il les contraint de sortir hors de la Province & se jetter dans le Dauphiné. Le Grand Prieur s'en retourne à Aix. Y étant il tombe malade, sa maladie l'oblige d'aller changer d'air à Salon. Aprez son départ le Parlement réprend le Gouvernement de la Province. Cela fait que le Comte de Sault retourne sur ses pas, & vient occuper les lieux de saint Paul, d'Ansoüis, de la Tour d'Aigues. Le Parlement qui prend ombrage de cét aproche, apelle le Colonel Alfonse dans Aix. Mais il ne laisse pas de casser les troupes, que le Grand Prieur avoit levées. Pendant que le Comte de Sault fait quelque mine de se vouloir cantonner dans ce quartier, le Seigneur de Vins se retire à Forcalqueiret une de ses Terres. Il s'y retire accompagné d'une trentaine de ses amis. Dans son chemin, il arrive une facheuse avanture. Le Chevalier du Revest l'un de ceux qui l'accompagnent rencontre un laquais de Reforciat, cadet de Pontevez son ennemi. L'inimitié venoit depuis la mort du Camerier de Pignans son frere, que ce cadet de Pontevez avoit tué, suite fatale du procez intenté pour la Prevôté de cette Eglise. Comme le Chevalier voit ce laquais, il juge que son maître venoit aprez luy sans doute. Dans cette pensée il s'avance avec quelques uns de ses amis. Sa conjecture se trouve veritable. Il voit venir le cadet de Pontevez. Mais ce Gentil-homme étoit si malade, qu'à peine pouvoit-il se tenir sur son cheval. Cette veüe neanmoins ne fût pas capable d'atendrir le cœur du Chevalier. Il s'en irrite au contraire si fort, qu'il va se jetter sur luy, il le tue. Le Grand Prieur recevant cette nouvelle, prend dessein de rejeter le crime sur le Seigneur de Vins & de le faire accuser en justice. Il voit que l'occasion de le pousser étoit belle, qu'il ne pouvoit pas prendre un meilleur temps que celuy-là, où les affaires du Seigneur de Vins étoient reculées, où l'entreprise de Marseille l'avoit decredité, où ses amis avoient beaucoup diminué de leur zele, & le laissoient rencogné dans sa maison. Voyant donc le temps tres-propre à son dessein, & qu'il ne peût avoir un plus beau pretexte, il ménage auprez du Parlement qu'on luy fasse son procez. Le Parlement y travaille avec aplication, il presse autant que l'ordre judiciaire le peût permettre. Sur cela le Seigneur de Vins s'irrite. Il ne peût souffrir d'être traité comme criminel. Il s'emporte en discours contre le Grand Prieur, & tout moderé qu'il étoit, il ne peût s'empécher de dire, que le Grand Prieur ne luy feroit pas grand mal, de le faire executer en effigie. Mais que s'il luy faisoit cette piéce, elle ne demeureroit pas sans ressentiment. Qu'il le feroit peindre avec un petit enfant entre les jambes, pour designer qu'il étoit bâtard. Qu'il disperseroit de ces portraits par tout le monde. Il ne se contenta pas de dire luy même ces choses, il les fait encore publier par ses amis à Aix & ailleurs : enfin on ne parle d'autre chose dans les compagnies. Tout cela neanmoins n'empéchoit pas que le Parlement ne continuât la procedure. Le Seigneur de Vins à beau dire, qu'il veût faire une cedule évocatoire. Il à beau faire un acte par lequel il declare qu'il poursuivoit son évocation auprez du Roy ; l'on ne s'arrête ni à ce qu'il dit ni à ce qu'il fait. La Justice suit toûjours ses formes. Comme il voit qu'il n'avance rien, il s'avise de donner une requête, par laquelle il declare que le Parlement luy est suspect, à cause que le Grand Prieur y avoit toute libre entrée, & que l'apuy qu'il donnoit aux heretiques, le rendoit son ennemi mortel. Sa requête n'est pas mieux receüe. On n'y à nul égard. Elle sort en blanc. Cela fait qu'il s'altere contre les Officiers. Il les menace d'un terrible ressentiment si l'on ne fait droit à sa requeste, si l'on ne considere pas un compatriote plus qu'un étranger qui le veût oprimer. Il tenoit tous ces discours, & faisoit toutes ces menaces d'un ton si fier, qu'il étoit bien aisé de juger, qu'il avoit de bonnes nouvelles du progrez de la Ligue. En effet la Ligue se renforçoit par tout le Royaume. La plupart des grands, la plupart des peuples, s'étoient declarez pour ce parti. On voyoit presque par tout celuy du Roy le plus foible. La Reine mere voyant le danger qu'il y auroit de pousser plus avant les choses, conseille au Roy de ceder au temps. Elle luy dit qu'il faut faire du moins semblant d'aprouver un parti, qu'il étoit impossible de detruire. Sur ce conseil le Roy delibere de prendre la voye de la douceur. Il témoigne qu'il veût mettre la paix dans son Etat, qu'il veût que toutes les defiances cessent, que châcun vive dans un repos assuré, que cette seureté se prene dans la manutention de l'ancienne Religion du Royaume.

Cela dit il apelle auprez de foy les chefs de la Ligue. Il porte un Edit au Parlement qui revoque tout ce qui s'étoit fait pour les Huguenots, qui defend l'exercice de cette Religion, & qui n'en permet point d'autre dans tout l'état que celuy de la Religion Catholique. Cét Edit qu'on apella l'Edit de Juillet, eft auffi-tôt envoyé dans les Provinces. Il eft publié en Provence tres-folemnelement. D'abord aprez cette publication, le Parlement fait prêter ferment aux Officiers & aux Avocats de profeffer la Religion Catholique. Il depute des Commiffaires pour aller recevoir dans l'Hôtel de ville le même ferment des Confuls & de tous ceux du Confeil. L'Archevêque d'Aix affemble fes Sufragans, pour reparer dans toute l'étenduë de fa Jurifdiction les bréches que l'herefie y avoit faites. Enfin on fe difpofe par toute la Province, à remettre en luftre l'ancienne Religion. Durant qu'on fait tous ces preparatifs, les Huguenots jugent, qu'ils ne peuvent demeurer les bras croifez, fans être eux mêmes complices de leur ruïne. Ils prenent les armes en divers lieux. Le Seigneur de Spinoufe ravage la montagne. Le Seigneur du Muy fait une entreprife fur Draguignan. Les Seigneurs d'Allemagne & de Cerefte vont s'affurer de Seine, il leur vient là un fecours de troupes Dauphinoifes. Le Seigneur de Lefdiguieres ataque Caftelane. Le Seigneur de Montbrun vient furprendre Grambois. Les Seigneurs d'Allemagne & de Cerefte defcendent à Apt, qu'ils effayent auffi de furprendre. Mais tous reüffiffent fi mal dans leurs entreprifes, qu'ils font également repouffez par tout. Je trouve que le Seigneur de Buoux qui commandoit dans Apt, défendit merveilleufement bien cette ville: qu'il fût puiffamment fecondé par les habitans: que comme l'ennemi crût avoir tout gagné, lorfque le petard eût ouvert la porte, il trouva tant de refiftance à fon abord, qu'il fût obligé de chercher fon falut dans la fuite: que le Seigneur de Buoux alla aprez luy: qu'il prît le Seigneur d'Aramon dans cette retraite, qui peu de jours aprez eût la tête tranchée dans Aix: qu'il pourfuivit avec tant de chaleur la victoire, que fans le mal heur qui luy arriva d'avoir un bras caffé dans la mêlée, affurement il auroit refté bien peu d'ennemis. Sur le bruit que fit cette entreprife en divers endroits, le grand Prieur affemble la Nobleffe, il leve des troupes. Il va prendre le lieu du Luc. Il y laiffe le Comte du Bar beau-frere du Baron d'Allemagne Seigneur de la place. Peut-être voulut-il faire paroître que l'hoftilité n'alloit pas jufqu'à detruire les biens. Quoy qu'il en foit fur ce qu'il aprend que les Seigneurs d'Allemagne & du Muy muguetoient Frejus, il fait jetter des troupes dans cette ville. Il munit les places voifines de bonnes garnifons. Pendant que le Grand Prieur eft occupé en ce quartier, le Seigneur de Bargeme courant la Camargue eft furpris & tué par les païfans. Cét accident arrivé à un Huguenot n'empêche pas que le Maréchal d'Amville ne trame une intelligence dans Arles. Auffi-tôt que la partie fût liée, il fe mit en chemin pour faire fon coup. Il paffe le Rône avec trois mille hommes. Dés qu'il fût entré dans la Province, il s'arrêta dans un champ voifin. De-là il fait avancer quelques troupes. Il donne au Capitaine qu'il met à leur tête, l'ordre de ce qu'il falloit executer.

L'ordre étoit de s'en aller droit à Arles, de se saisir de l'une des portes que le Chevalier d'Aiguieres, l'un des Capitaines des quartiers de la ville, leur devoit ouvrir, de tirer deux coups de canon dés qu'ils seroient maîtres de cette porte. A ce signal le Maréchal devoit aprochér avec le reste des troupes. Il avoit conduit si secretement la chose, qu'il n'y avoit que le Capitaine qu'il commanda qui la sçut. Cependant il se trouve dans les troupes deux soldats originaires d'Arles, qui se douterent de ce que c'étoit. Aussi-tôt l'amour de la patrie se reveille. Ils prenent dessein d'aller avertir les Consuls. Ils partent tous deux de nuit. Ils devancent les autres en suivant des chemins detournez, & étant arrivez sur le point du jour, ils demandent à parler aux Consuls. Ils leur decouvrent tout ce qui se passe. Aussi-tôt les Consuls donnent l'allarme par tout. Mais personne ne s'en émut. Comme on sçavoit que les environs étoient nets, on ne se laisse point toucher à cette nouvelle. Les Consuls étonnez de voir que personne ne bouge, font tirer deux coups de canon de la Commanderie de saint Jean. A ce bruit le monde se reveille. On ne doute plus que l'avis ne soit vray. Châcun va se rendre où sur les murailles ou aux portes. Cependant le Maréchal entendant les deux coups de canon, se laisse transporter à la joye. Il dit à ses gens de s'avancer vite, qu'ils trouveront à Arles leur diné tout prêt. Dans cette esperance on hate la marche. Mais comme on s'avance avec cette pensée, il survient une nouvelle qui les arête tout court. Le Maréchal reçoit un exprez, qui luy fait sçavoir que l'affaire est decouverte. Aussi-tôt il repasse le Rône bien plus vite qu'il n'étoit venu. En même temps les Consuls envoyent au Grand Prieur un d'entre eux, pour luy donner connoissance du danger qu'a couru la ville. Le Grand Prieur veût aprofondir la chose. Il part avec les Commissaires du Parlement qui vont pour prendre des informations. Le Chevalier d'Aiguieres se trouve parmi les coupables. On luy fait aussi-tôt son procez. On le condamne à avoir la tête tranchée.

XII.
Les amis du Seigneur de Vins décrient le Grand Prieur, dans les assemblées. Le Grand Prieur s'en irrite. Il prend dessein d'en faire un exemple. Il tuë Altovitis, qui le tuë aussi.

Aprez cela le Grand Prieur s'en revient à Aix. Il trouve que ses ennemis tenoient bien des discours, pour decrier sa conduite. J'apelle ses ennemis ceux qui tenoient le parti Catholique, atachez tous au Seigneur de Vins. Car comme le Seigneur de Vins, s'étoit ouvertement declaré contre luy, les autres se laissoient entrainer à ce premier mobile, ils affectent donc d'aller médire du Grand Prieur dans toutes les assemblées. Ils tournent ses plus belles qualitez en défauts. Ils apellent mollesse son affabilité. Ils disent qu'il à l'inclination d'un pedant, parce qu'il aime les belles lettres : que sa valeur n'est qu'une valeur d'ostentation : que dans le fonds tout son procedé ne tend qu'à la vengeance : qu'il à le naturel d'un tyran, tout doux, & tout affable qu'il paroit. Qu'enfin il n'est pas propre pour la Province. Qu'il faut faire tous ses efforts pour l'en chasser. Ils disent ces choses si souvent, & en tant de lieux, que ces discours viennent à ses oreilles. Ils aigrissent extremement son esprit. L'alteration alla bien si avant, qu'un matin qu'il vit à son lever quelques uns de ceux, qui publioient ces choses, il ne pût s'empêcher de dire tout haut : J'aprens qu'on se vante de me vouloir chasser de Provence; asseurement on n'aura pas cette joye, que je n'arrache auparavant la moustache à quelqu'un. A ces mots les Seigneurs de saint Canat, de la Molle, de saint Marc se regardent. Le premier dit à la Molle tout bas. Ces parolles s'addressent sans doute à vous, car pour moy je n'ay point de barbe. Cependant l'heure de la messe étant venuë, le Grand Prieur s'en alla aux Carmes pour l'oüir. La Molle l'accompagne comme pour l'observer. Avant que la messe se commençât. Il voit venir le Baron de Tourves, qui s'aproche du Grand Prieur, & luy rend tout bas une réponse entendant qu'il ajoûta, Monsieur commandez-lé & il sera fait, ne courez point ce danger vous même. Sur cela la Molle ne doute pas qu'il ne se trâme quelque chose. Il craint que la machine ne se dresse contre eux. Aussi-tôt il va le dire à ses amis, pour les obliger à se tenir sur leurs gardes. Je trouve encore dans mes memoires, que ce jour-là le Président Carriolis alla dîner avec le Grand Prieur. Qu'il affecta de le mettre sur le discours de ce qui se passoit. Qu'il luy dit qu'il faloit tuër de sa main quelqu'un de ceux qui osoient s'en prendre à luy, afin de faire peur à tous les autres. Le Grand Prieur animé par toutes ces choses, s'emporte à une terrible action. Il prend dessein de decharger sa colere sur Altovitis de Marseille, qui à cette heure-là se trouvoit à Aix. Altovitis étoit un Gentil-homme qui avoit témoigné dans plusieurs rencontres, qu'il n'étoit pas de ses amis. Car il fût des premiers qui porterent la Ligue à Marseille, qui y susciterent les meurtres & la sedition. Il fût des premiers qui écrivirent contre le Grand Prieur à la Cour, où il avoit quelque habitude. Il s'étoit marié avec une Damoiselle que le Roy avoit aimée, qui s'apelloit Renée de Rieux. On l'apelloit d'ordinaire la belle Chateau-neuf. Le Roy luy avoit donné la Terre de Castellanne. Comme son épouse étoit alors à la Cour, il luy écrivit en des méchans termes du Grand Prieur, qui vinrent à la connoissance du Roy. Par mal-heur cette lettre tomba dans les mains du Grand Prieur par le moyen du Colonel Alfonse. Ce Prince s'irrite si fort à cette lecture, qu'il se resout de faire sur Altovitis l'exemple qui devoit intimider tous ses ennemis. Ce fût le premier jour du mois de Juin que la chose arriva. Tout le matin il avoit fait chercher le logis d'Altovitis. On luy vient dire qu'il logeoit chez Jean Perrinet derriere les Carmes. Sur ce point on vint couvrir la table. Il dîne assez tranquilement. Aprez dîner il sort avec peu de ses domestiques. Il va dans le logis de Perrinet. Il rencontre sa femme sur les degrez, il luy demande où est la chambre d'Altovitis. Il y monte. Il trouve Altovitis assis sur son lit, avec d'Arene de Marseille. En même temps le Grand Prieur luy montre sa lettre. Il luy fait reconnoître son sein. Il luy reproche sa lâcheté d'avoir écrit ces impostures. Altovitis surpris avoüe sa faute. Il luy demande pardon de ce qu'il a fait. Mais le Grand Prieur n'étoit pas allé là pour recevoir des excuses. Il y étoit precisément allé pour se venger. Il luy passe son épée au travers du corps. Il veût redoubler. Altovitis qui se voit perdu previent le second coup, par un coup de rage. Il tire un poignard de dessous son chevet. Il le luy plonge dans le bas ventre. Le Grand Prieur ne fentit pas d'abord ce coup, tant il étoit tranfporté de colere. Mais comme il defcend les degrez & qu'il eft fur le pas de la porte, il commence à fentir quelque douleur. Il dit à fes gens, je fuis bleffé. A ces mots le Capitaine Seguiran remonte. Il entre dans la chambre, il acheve ce que le Grand Prieur avoit commencé. Altovitis eft tué. Son corps eft jetté par les fenêtres. Les Gardes du Grand Prieur le percent à la ruë de mille coups. Pour d'Arene qui étoit avec ce malheureux, dés qu'il vît entrer le Grand Prieur dans la chambre, il fe retira tout doucement. Etant au bas des degrez, un Garde le renverfe d'un coup de poitrinal qu'il luy lâche & le laiffe mort fur la place. Pendant que le Grand Prieur eft porté dans fon Palais, il s'éleve par la ville une rumeur étrange. On ferme les portes, on s'affemble en divers endroits, le peuple prend les armes. De tout cela l'on ne donne point d'autre raifon que de dire, Monfieur le Gouverneur eft bleffé, Altovitis & d'Arene ont été tuez. Ce peu de mots neanmoins fufit, pour donner par tout l'épouvante. Car Aix étoit rempli d'étrangers, par le concours des deputez des Communes, que le Grand Prieur avoit convoquez & cela donnoit une grande peur. On craignoit que cette occafion ne renouvelât les partis, qu'on ne vît renaître les noms de Rafats & de Carciftes, ou ceux de Catholiques & d'Huguenots, que de là, on ne prît fujet d'éclater, de faire revivre les premiéres haines & de tremper enfin les mains dans le fang. Dans cette crainte châcun penfe à foy. On ne fçait à quoy pourront aboutir les chofes. On fe barricade par tous les carre-fours. On met en divers endroits de corps de garde. Châcun fe defie de fon voifin qu'on voit armé. Sur cela pour éviter que la rumeur n'aille plus avant, le Prefident Carriolis & quelques Confeillers vont à cheval par la ville en robes rouges. Ils menent avec eux le Capitaine Seguiran, qui tenant d'une main le poignard fatal, dit au peuple, Meffieurs voici qui a bleffé Monfeigneur le Grand Prieur, & de l'autre montrant fon épée, il ajoûte & voici qui en a pris vangeance. On va par tout en cét état. A cette veüe le monde fe raffure. L'émotion fe calme, châcun fe retire dans fa maifon. Sur le foir les efprits commencent à fe ralumer, on fort par les ruës, on s'attroupe. Mais comme on n'a point de chef à fuivre, la chaleur fe diffipe facilement. Cependant on fonde la playe du Grand Prieur. La bleffure eft jugée mortelle. Il ne fe trouve neanmoins perfonne qui ofe luy annoncer la mort. Il avoit auprez de luy un Predicateur Cordelier, qui fe nommoit le Pere Pompée, homme rare par fon fçavoir, par fon éloquence & par l'amour qu'il avoit pour fon maître, qui l'aimoit auffi extremement. Ce Pere Pompée voyant que tous les autres reculoient dans cette occafion, crût qu'il étoit de fon devoir de faire fçavoir au Prince l'état où il fe trouve. Il prend le temps qu'on luy alloit prefenter un boüillon. Il tire le rideau de fon lit. Il luy dit, mon Prince on vous flate en vous donnant des efperances de vie. Il ne faut plus penfer qu'à la mort. A ces mots le Grand Prieur fans s'étonner, répond, hé bien, puifqu'il ne faut plus penfer à la vie, difpofez moy je vous prie à bien mourir! Il demande enfuite à fe confeffer, il fe confeffe avec une contrition admirable. Il reçoit le Viatique & l'Extreme-Onction tres-devotement. Il meurt environ vers le midy, justement vingt-quatre heures aprez sa blessure. Cette mort fût diversement receüe dans la Province, suivant que les esprits étoient partagez. Le Seigneur de Vins s'en rejoüit dans le cœur, ses amis n'eûrent pas tant de retenuë. Ils firent éclater leur joye en public. Mais ceux que les partialitez n'avoient point aigris firent plus de justice à sa memoire. Ils avoüerent que ce Prince meritoit d'être extremement regreté. On avoit bien raison de le dire ainsi. Car on n'a guere veu dans un seul homme, tant de si belles qualitez qu'il en avoit. Il possedoit toutes les vertus, qui donnent le plus de reputation dans la paix & dans la guerre. Il étoit vaillant & modeste tout ensemble, adroit dans tous les exercices convenables à la Noblesse & aux grands, genereux, liberal, debonnaire, amateur des sciances, des belles lettres, des beaux arts. Cette inclination grossissoit sa Cour de personnes de literature & de merite. Il en avoit même quelques uns dans sa maison. Il entretenoit commerce avec les plus beaux esprits du Royaume. Il s'en voit encore quelques restes, dans une lettre qu'il écrivit à Paquier. Elle est datée d'Aix & du huitiéme Juillet de l'année mil cinq cens quatre vingt-cinq. Dans cette lettre ce Prince se plaint de ne recevoir pas assez souvent de ses nouvelles. Il luy parle ensuite d'un livre que Paquier luy avoit envoyé. Sur quoy il dit ces propres mots. Je l'ay caressé de tout le meilleur accüeil qu'il „ m'a été possible, estimant tout ce qui procede de son Auteur digne „ de loüange & d'estime ; & moy & quelques uns qui en sont prés, „ avons contribué quelques fruits de nôtre Parnasse, afin de reconnoî- „ tre l'honneur que tous bons jugemens reconnoissent meriter. A cette lettre pleine d'honnêteté, Paquier fait cette réponse, qui confirme bien ce que je viens de dire. Ce n'est pas peu, disoit un Ancien, d'être „ loüé d'un homme loüé. Mais c'est chose sans comparaison de plus „ grande recommandation & merite d'être honnoré par un Grand Prince „ tel que vous, accompagné de toutes les vertus & parties que l'on peût „ desirer en ceux qui tiennent les grands & premiers lieux prés des „ Rois. Enfin ce Prince étoit si accompli, qu'il n'y eût eu rien à desirer en luy, s'il eût peu moderer sa colere.

Aussi-tôt qu'on eût sçeu qu'il étoit mort, il s'éleva tout à coup une emeute. Mais elle fût d'abord apaisée par la sagesse du Parlement, qui dés que le Grand Prieur fût blessé, prît en main le Gouvernement de la Province. Dans cette fonction le Parlement fit paroître une conduite admirable. Il donna les ordres avec tant de vigilence & tant d'uniformité, qu'on eût dit que la Province étoit reglée par un seul esprit & non par un corps à plusieurs têtes. On commît pour aller apaiser l'émeute, le President Carriolis, les Conseillers Bermond, Fabri, Spagnet, Foresta, Tressemanes & le Procureur General de Piolenc. On fit sçavoir ce qui se passoit aux Consuls des Villes. On les exhorta de veiller diligemment à tout. On envoya le President de Saint Jean, les Conseillers Vento & Foresta, & l'Avocat General Monier à Marseille. Aprez qu'on eût donné ces premiers ordres, on pourveût à la seureté de la

XIII.
Le Parlement prend le Gouvernement de la Province en main. Il nomme le Seigneur de Vins pour commander les armes sous deux Commissaires de la Cour. Le Seigneur de Vins se met en campagne. Les Huguenots s'y mettent aussi. Mais ils lâchent le pied

devant luy. Il
assiége le châ-
teau de la Ma-
non, où étoit
le Capitaine
Cartier, il le
prend. Cartier
est envoyé à
Aix. Il y porte
la peine de ses
crimes.

nuit. On distribua des Conseillers pour faire les rondes. On assigna une heure à châcun. Celle de neuf à dix fût assignée à Perier, celle de dix à onze à Olivier, celle de onze jusqu'à minuit à Tressemanes, celle de minuit jusqu'à une heure à F. de Foresta, celle d'une jusqu'à deux à Bompar; celle de deux jusqu'à trois à Reillane. Celle de trois jusqu'à quatre à l'Avocat general Laurens. On deputa pour le corps de garde de l'Hôtel de ville le President Chaine, les Conseillers Flote, Spagnet, Emenjaud & le Procureur general Rabasse. Aprez que le Grand Prieur fût mort, on renforça les corps de garde du jour precedant. On établit un bureau pour la police. On fit continüer l'assemblée des Communautez. La premiere chose qui se proposa dans cette assemblée, ce fût de reprimer les courses des Huguenots, de fermer les passages aux étrangers & de chasser ceux qui s'étoient saisis des places fortes. Car Digne se plaignoit que ceux de Seine & de Spinouse ravagoient incessamment tout leur quartier: Sisteron que ceux du Dauphiné venoient jusqu'à leurs portes: Tarascon que le Rône n'étoit pas une assez forte barriére pour arrêter ceux du Languedoc qui leur avoient enlevé plus de douze mille écus de butin. Pour remedier à toutes ces plaintes on resolut de mettre garnison à Digne & à Thoard, dans le château de Peipin, de Noyers, de Salignac, de Mison, de faire deux forts au bord du Rône, vis à vis de ceux qu'on avoit dressé du côté du Languedoc au quartier de Valabregue, où d'entretenir six fregates, pour défendre le passage aux ennemis. Ensuite on resolut de faire assiéger le château du Muy, que les Huguenots avoient pris sur le Seigneur de Vauclause, qui s'étoit jetté dans cette place avec cinq cens hommes de pied & cinquante chevaux. Quand on eût pourveu aux plaintes de tous, on écouta les offres que fit la Noblesse sur le sujet de la mort du Grand Prieur. Châque chef de parti les y fit faire avec apareil. Celles du Seigneur de Vins furent portées par les Seigneurs de Besaudun, de Ventabren, de S. Canat, de S. Marc, d'Ampus, de Greoux, de la Molle. Aprez qu'ils eurent rendu la lettre que le Seigneur de Vins écrivoit à l'assemblée, Besaudun dit que le Seigneur de Vins &
" la Noblesse qui suivoit ses armes se croyoient obligez de témoigner
" en cette rencontre à l'assemblée la passion qu'ils avoient de voir la
" Province purgée d'Huguenots. Que c'étoit pour cela qu'ils venoient luy
" offrir leurs biens, leurs personnes, leurs vies, celles de tous leurs pa-
" rens, de tous leurs amis. Qu'ils offroient en outre deux mille hommes
" de pied & deux cens chevaux sans qu'il en coûtat rien à la Province.
" Qu'ils croyoient bien que cela pouvoit suffire pour l'assurer de leur zele
" vers le public. Du reste que leurs actions seroient de bons garans, que
" personne n'avoit plus de passion qu'eux pour l'avantage & pour le bien
" de la patrie. Comme ils eurent fait ce compliment ils se retirerent.
Aprez entra le Seigneur de Valavoire de la part du Vicomte de Cade-
" net. Il étoit accompagné de Ridel & de Malespine. Il dit que le Vi-
" comte qui ne cedoit en zele pour la patrie à nul autre, envoyoit offrir
" toutes choses à l'assemblée, pour arrêter ceux qui avoient les armes à
" la main. Qu'on verroit par la chaleur avec laquelle il s'y porteroit,

combien

combien il avoit à cœur le soulagement de la Province. Qu'il prioit en tout cas l'Assemblée, de ne vouloir pas preferer à ses ofres, celles que luy faisoient ses ennemis, de considerer qu'on jeteroit dans le desespoir des gens, qui dans la conjoncture du temps pourroient se porter à tout entreprendre. Aprez que ce compliment fut achevé, on vint rendre à l'Assemblée une lettre de la part du Comte de Grignan. La lettre n'êtoit que pour ofrir sa mediation, & pour exhorter l'Assemblée à vouloir disposer toutes choses à l'union, & à la paix. Mais les esprits y êtoient peu portez, ou par le branle que donnoit la Noblesse qui êtoit en armes, ou par la disposition generale du Païs. Ainsi n'y ayant point de jour à la paix, l'Assemblée prend le parti du plus fort, elle resout d'accepter l'ofre que le Seigneur de Vins vient de faire. Elle l'accepte sous le bon plaisir du Parlement. A cette deliberation on en joint un autre. On resout d'écrire au Comte de Carces, pour l'obliger à s'en revenir. Ce jeune Seigneur êtoit alors en Guienne. Il aprenoit le métier de la guerre auprez du Duc de Mayenne, dans l'armée que ce Prince commandoit. On envoye donc vers luy un exprez, pour le prier de revenir où l'apeloit le besoin de la patrie; pour luy dire qu'elle atendoit de sa naissance & de son affection; le même apuy qu'elle avoit receu de son pere: pour le conjurer de ne le luy pas refuser dans cette occasion. Mais la deputation ne reussit pas. Le Comte n'êtoit plus en Guienne. Il en êtoit parti pour la Cour. Il n'aprit l'honneur qu'on luy avoit fait, que lors qu'il fut de retour en Provence. Cependant dans le temps que le Parlement deliberoit sur le chef qu'il devoit élire, le Seigneur de Vins ne demeuroit pas les bras croisez. Il fait agir ses amis de la ville. Il les exhorte à mettre tout en usage, pour faire que le choix tombât sur luy. Comme il aprend qu'il y avoit grand jour à cela, il vient luy même à Aix, pour hater la chose par sa presence. Il visite tous Messieurs du Parlement. Il leur rend de si grandes civilitez, qu'il les a tous également favorables. Avant neanmoins que de rien conclure, le Parlement use de cette formalité. Il veut avoir l'avis des Gentils-hommes qui se trouvent dans la ville: & il les veut avoir par écrit. On le donne. Il voit que le grand nombre aprouvoit la deliberation de l'Assemblée. Aussi-tôt il ratifie ce qu'elle avoit fait. Il ajoûte à cette deliberation, que suivant l'avis des Seigneurs d'Antibe, & de Beaujeu, le Seigneur de Vins commanderoit les armes, sous l'autorité des Commissaires de la Cour. Quelques jours aprez il nomme pour Commissaires, les Conseillers du Castelar & de Saint Cesaire. Cela fait, le Parlement écrit aux Gouverneurs des places, aux Consuls des villes, aux Commandans des troupes. Il les exhorte tous, à faire diligemment leur devoir. Il entreprend de mettre d'accord les Seigneurs de Vins & de Pontevez. Il propose même un accommodement general parmi la Noblesse. Il étoit dans cette bonne disposition, quand tout fut rompu par une subite avanture. Le Baron d'Allemagne alla passer comme par bravade avec trois cens chevaux devant les portes d'Aix. Cette action rompit toutes les mesures. On ne pense plus qu'à se metre aux champs. Le Seigneur de Vins s'y met dés le lendemain. Il prend le chemin de

Peiroles. Il fait deſſein d'aller vers Cadenet, & d'occuper le paſſage de la Durance. Pour cela le Seigneur de Saint Marc luy amene huit cens arquebuſiers. Les Huguenots prenent une autre route. Ils vont ſe joindre tous à Senas. Là ſe trouvent le Vicomte de Cadenet, les Barons d'Oraiſon, de Senas, de Vence, les Seigneurs de Pontevez, de Janſon, de Tourvez, de Bormes, de Soleillas. Comme ils voyent leurs troupes conſiderablement groſſies par leur jonction, ils prennent deſſein de faire une demarche qui étonne le monde. Ils font mine de vouloir aller à Aix. Le Seigneur de Vins eſt averti de leur contenance. Il s'aproche vers Peliſſane & Salon. Il avoit ſept regimens avec luy, les regimens de Saint Canat, de Ventabren, d'Ampus, de Greoux, de Saint Marc, de Mirabeau, de la Molle : il avoit ſi peu ſujet de rien craindre, qu'il s'avançoit à grands pas. Sa diligence étonna fort les Hugenots, qui ne vouloient pas hazarder la bataille. Cela fit que quelques uns paſſerent le Rône, les autres furent ſe jetter dans le château de Boulbon, dont le Seigneur de Pontevez êtoit Gouverneur. Cete retraite donne envie au Seigneur de Vins d'aller aſſieger le château de Boulbon. Auſſi-tôt il part, il va à Taraſcon, pour prendre le canon du château, que le Colonel Alfonſe Gouverneur de la place luy avoit promis. Mais le Lieutenant d'Alfonſe, le refuſe ſuivant l'ordre qu'il avoit receu de luy. Cela rompt le deſſein du ſiege. On ſe retire. On va regagner Salon. Dans le temps que le Seigneur de Vins êtoit à Taraſcon, le Lieutenant Biord va le voir, & ſous pretexte d'une viſite, il luy fait ouverture d'une
« entrepriſe. Il luy dit, que s'il vouloit il auroit un beau moyen de
« pouſſer ſa fortune, dans un temps où l'on ne penſoit qu'à ſe cantonner
« par tout. Qu'il pouvoit ſe rendre facilement maître d'Arles, ſe trouvant
« tout porté ſur le lieu. Qu'il ne faloit que ſe mettre ſur le Rône ſous
« pretexte d'aller faire une courſe en Languedoc. Qu'il pouvoit aller
« aborder ſa maiſon, qu'il ofroit de la luy ouvrir pour y introduire
« ſon monde, ſans que perſonne de la ville le pût voir. Qu'il pourroit
« faire dans le même temps, la même entrepriſe ſur le château de Taraſcon, qu'il êtoit fort aiſé de ſurprendre. Qu'avec ces deux villes, il
« pourroit donner la loy à tout le Païs. Qu'il pourroit ſe vanter d'être
« mieux poſté que nul autre Gentil-homme de France. Le Lieutenant fit
« ſi bien ſa propoſition, qu'il ne douta pas qu'elle ne fuſt bien receuë.
« Cependant le Seigneur de Vins fit une réponſe fort contraire à celle que
« le Lieutenant attendoit. Il luy dit que tenant de la Province les armes
« pour aller contre les Huguenots. Il ne devoit pas s'en ſervir contre les
« Catholiques. Qu'il ſe garderoit bien de donner ſujet au peuple de nommer cette année, l'année que Vins trahit le Païs. Le Lieutenant ſurpris
« de ce diſcours, repart qu'il le croioit trop habile homme, pour laiſſer
« échaper l'occaſion. Que s'il le faiſoit, il reconnoîtroit aſſurement bientôt, qu'elle êtoit la faute qu'il avoit faite. Qu'il ne manqueroit pas
« d'apeller cette année, l'année que Vins ne ſçût pas prendre un bon
« parti. A cela le Lieutenant ajoûte beaucoup d'autres perſuaſions. Mais il ne pût jamais le toucher. Il prefere l'honneur d'être fidele, à toutes les eſperances d'avancement qu'on luy pouvoit donner. Ainſi il reprend

le chemin de Salon. Dans sa marche, il luy prend envie d'assieger le château de Lamanon, qui étoit sur son chemin. Cette place étoit alors occupée par le Capitaine Cartier voleur insigne, qui avoit inventé le petard, avec quoy rien ne pouvoit être seur à la campagne. Aussi en saccagea-t-il beaucoup de maisons. Quand il se fût saisi de ce château, tout ce qu'il y avoit de méchans garçons dans le Païs le vint trouver, pour exercer avec luy toutes sortes de voleries. De là on tuë, ou du moins on rançonne tous les passans. On avoit pris depuis peu de jours trente mulets de Marseille chargez de marchandises. On avoit même tué le Conseiller de Mommiral qui passoit par là. Le Seigneur de Vins voyant qu'il feroit une chose agreable au Parlement, de venger la mort d'un de ses membres, prend dessein d'avoir ce voleur. Il met le Siege devant cette place, il la presse avec tant de chaleur, que Cartier est fort en peine de sa personne. Il demande à parlementer. Il sort luy-même pour cette conference, tant il se defie de tous ses gens. Il s'abouche avec le Seigneur de Vins. Il fait semblant de ne craindre rien. Il demande une composition avantageuse. Mais il ne reçoit point d'autre réponse, si ce n'est qu'on veut qu'il se rende à discretion. Cette réponse l'étonne extremement. Il dit que s'il ne s'agissoit que de sa personne, il se fieroit bien au Seigneur de Vins, puisqu'il étoit son serviteur. Mais qu'il étoit assûré que ses compagnons, ne voudroient pas prendre la même confiance. A cela le Seigneur de Vins replique, qu'il aille querir quelqu'un de ses compagnons. Cartier s'en retourne, peu aprez il revient avec un homme de Languedoc. Le Seigneur de Vins luy parle fierement, en public & avec menaces. Puis il tire doucement à part l'homme de Languedoc, & luy dit que s'il moyene que la place se rende, il luy sauvera la vie & à tous ses amis. Cartier épouvanté du discours du Seigneur de Vins, presse de capituler. On le renvoye au lendemain avec quelque esperance. Comme il est de retour dans la place, la garnison témoigne de s'impatienter. On luy déclare que s'il ne capitule bien-tôt, on ne souffrira pas qu'il les livre. Cartier se voyant en danger de part & d'autre, prend dessein de se rendre même à discretion. Il s'imagine qu'on ne le traitera pas autrement qu'on luy a dit qu'on traitera les autres. Dans cette esperance il se rend, il quite la place. Mais il ne voit pas le succez qu'il s'étoit promis. Le Seigneur de Vins congedie ceux de Languedoc. Il fait arréter Cartier luy douziéme. Il le fait conduire à Aix. Là Cartier est remis dans la prison. On luy fait son procez en diligence. Il porte la peine que ses crimes meritoient. Et comme ils surpassoient les crimes communs, ils furent punis par un suplice extraordinaire. Il fût tenaillé, puis tiré à quatre quartiers. Les autres ne reçûrent pas la même peine. Ils furent condamnez à divers autres genres de mort.

Durant que toutes ces choses se passoient, du Buisson Gentil-homme que la Province avoit envoyé vers le Roy, pour luy faire sçavoir la nouvelle de la mort du Grand Prieur, revint avec des lettres de creance. Sa creance neanmoins étoit redigée dans des memoires en forme d'instruction. Ils portoient que le Roy qui avoit honoré le Grand Prieur de nom de frere, ne pouvoit que recevoir un déplaisir tres-sensible de sa

XIV.
Le Roy fait sçavoir qu'il a nommé le Duc d'Epernon pour Gouverneur de la Pro-

vince. Le
Seigneur de Vins va mettre le siege devant le Château d'Allemagne. Les Huguenots le vont attaquer. Ils le batent.

« mort. Que Sa Majesté vouloit que cette mort fut vengée par la justice.
« Qu'elle prioit & admonetoit sa Cour de le faire diligemment. Qu'elle
« attendoit de recevoir ce service de son affection & de son integrité.
« Qu'elle s'assuroit aussi qu'on rendroit à la memoire du défunct cet hon-
« neur de luy faire des funerailles publiques. Qu'elle desiroit que le corps
« fut inhumé dans le lieu de l'Eglise Cathedrale le plus eminent. Du reste
« que Sa Majesté ne pouvoit pas mieux témoigner quel étoit l'amour
« qu'elle avoit pour la Province, qu'en luy envoyant le Duc d'Epernon,
« qu'elle avoit choisi pour Gouverneur. Que ce Duc partiroit au premier
« jour. Qu'il donneroit assûrement dans le Païs des marques effectives de
« sa bienveillance. Que cependant & jusqu'à cette arrivée, elle entendoit
« que sa Cour de Parlement commandât toûjours. Qu'elle exhortoit tous
« ses sujets, tant peuple que Noblesse de luy obeïr, comme ils obeiroient
« à Sa Majesté même. Que neanmoins elle ne pretendoit pas, qu'on in-
« novât rien à ce que le Grand Prieur avoit ordonné, pour le gouverne-
« ment de la Province. Aprez que toute l'instruction fut leuë, tout le
monde demeura dans un grand étonnement du choix du Duc d'Epernon
pour Gouverneur. Le Seigneur de Vins ne pût s'empêcher d'en faire paroître un deplaisir extreme. Car il attendoit toute autre chose des nouvelles que du Buisson devoit aporter. En effet il l'avoit fait envoyer vers
le Roy, pour avoir moyen de faire sçavoir plus sûrement l'état de la
Province au Duc de Guise. Comme du Buisson avoit été page de ce
Prince, il s'imagina que le Duc s'ouvriroit mieux à luy, qu'il ne con-
fieroit ses sentiments à des lettres; & que du Buisson les luy raporteroit
plus fidelement. Cependant il arriva le contraire de ce qu'il avoit crû.
Du Buisson au lieu de s'adresser au Duc de Guise, fit sçavoir au Roy sa
commission. il luy fit même voir la lettre que le Seigneur de Vins l'a-
voit chargé de rendre. Ensuite il luy montra aussi la réponse que le Duc
« de Guise faisoit au Seigneur de Vins. La rêponse portoit qu'il faloit
« s'oposer à l'entrée du Duc d'Epernon. Qu'il luy avoit fait faire la même
« chose en Normandie. Qu'assûrement le Roy n'en seroit pas beaucoup
« fâché; parce qu'Epernon luy étoit à charge. Que pour ce qui étoit des
« Huguenots, il ne les faloit pas pousser à outrance. Qu'il faloit seule-
« ment tenir les choses dans un équilibre, qui leur donnât un juste pre-
« texte d'être toûjours sous les armes. On a dit même que le Duc d'Epernon vit cette lettre. Qu'à cette veuë, il hesita de se mettre en chemin.
Qu'il craignit que le Seigneur de Vins, ne luy jouât quelque mauvais tour en Provence. Quoyqu'il en soit, quand on eut decouvert
la conduite que du Buisson avoit tenuë, on ne tarda pas de s'en vanger. Car Lamanon creature du Seigneur de Vins, l'ayant trouvé en
campagne peu de temps aprez, le tua sans mercy, quelques prieres que
l'autre luy pût faire de luy sauver la vie. Cependant ceux de Riez se
plaignent au Seigneur de Vins des courses que ceux du lieu d'Allemagne
faisoient dans leur terroir, ces plaintes l'obligent de s'avancer jusque-là. Il
prend dessein d'assieger la place. Le Château étoit gardé par le Seigneur
de Spinouse, brave & vaillant Gentil-homme; qui durant douze ou
quinze jours de siege exerça l'adresse du Seigneur de Vins; en effet ce ne

fût pas moins par sa valeur que le siege ne s'avança point par ses defenses, par ses sorties, que par la faute du canon, dont le Seigneur de Vins manqua, & par le besoin qu'il eut aussi de jetter de la cavalerie dans Riez, pour demeurer maître de cette ville. Pendant que le siege est en cet état, le Seigneur de Vins reçoit un avis de Digne. On luy écrit que les Seigneurs de Lesdiguieres & de Gouvernet, s'avançoient avec de la cavalerie : qu'on faisoit monter sa troupe à dix-sept cens chevaux. On asseuroit qu'elle avoit grossi en venant, par la jonction des Seigneurs d'Allemagne, du Muy, de Pontevez, de Tourvez, de Janson, du Bar, d'Oraison, du cadet de Spinouse. Sur cet avis, le Seigneur de Vins assemble son conseil de guerre. Tous opinent qu'il faut se retirer, ils se fondent sur ce que leur infanterie nouvellement levée, ne pouvoit tenir contre des gens aguerris, contre de la vieille cavalerie. Qu'il faloit craindre qu'à sa seule veuë, leur milice ne s'allarmât d'abord, & qu'elle ne prît aussi-tôt la fuite. Que pour le moins on avoit à craindre qu'elle ne refusât d'aller au combat. Que quand même on la resoudroit d'y aller, la partie étoit trop inégale. Qu'il valoit donc mieux gagner Riez & Montagnac. Que l'ennemi trouvant le siege levé, ne rencontrant personne à combatre, seroit contraint de s'en retourner. Que sa retraite leur donneroit moyen de venir remetre le siege. Qu'une aventure si bien menagée, & que la prise de la place, feroient assûrement tant de bruit, que le Duc d'Epernon se rebuteroit, qu'il perdroit l'envie de venir en Provence. Tandis qu'on opinoit ainsi dans le conseil, le Seigneur de Vins reçoit une seconde nouvelle. La nouvelle venoit de la part des Seigneurs de Lesdiguieres, & de Gouvernet. Ils luy faisoient sçavoir comme ses anciens amis, qu'ils avoient pris des engagemens avec le Baron d'Allemagne. Que cela les obligeoit de le prier de se vouloir retirer. Dans le même temps il reçoit encore une lettre des Conseillers du Castelar & de Saint Cesaire, qui s'étoient arretez à Riez. Cette lettre l'avertissoit de la même chose. On luy conseilloit aussi de se retirer. Cela fit entrer dans cette opinion tous les Capitaines. Mais le Seigneur de Vins prit la civilité des Seigneurs de Lesdiguieres & de Gouvernet pour une bravade, & le conseil des Commissaires pour un effet de timidité. Comme donc il croit que c'est de son honneur de ne se point retirer. Il dit qu'il seroit bien honteux que tant de gens armez pour la bonne cause, fissent le moindre semblant d'avoir peur. Que la Province auroit sujet de se plaindre d'eux, si étant comme ils étoient dans un quartier si favorable aux gens de pied, ils l'abandonnoient de leur propre mouvement, à de la cavalerie étrangere. Qu'enfin dans l'état où étoient les choses, il ne pouvoit se dispenser, avec honneur, de vaincre, ou de mourir pour leur patrie. Sur cela quelqu'un se mit à dire, qu'il seroit plus avantageux à la patrie de se conserver, que de mourir. Quoyqu'il en soit, repart le Seigneur de Vins, & quoy qu'on puisse dire sur ce sujet, je n'eus jamais plus d'envie de me faire casser la tête, je veux attendre & voir l'ennemi. Je me charge de l'evenement de cette journée. Aprez une repartie si precise, chacun cede & se prepare à tout. Aussi-tôt le Seigneur de Vins fait sortir des lignes toutes les troupes.

Hhhh iij

Il n'y laisse que le regiment d'Ampus. Il place ses troupes au pied d'une eminence, du côté de Riez apellé le cotau de Saint Marc. Il poste sur le sommet les arquebusiers, qui avoient laissé leurs chevaux à Valensole. Dés qu'il fut jour, il fit la reveuë de ses troupes. Il se trouva deux cens arquebusiers sur le cotau; l'infanterie de la plaine étoit au nombre de seise cens hommes. Elle étoit commandée par le Seigneur de Saint André de Sault. Aprez qu'il eut ainsi logé ses gens, il retourne seul au village d'Allemagne, d'où tout le monde avoit délogé. Il va voir ses chevaux dans l'écuirie, il trouve qu'ils étoient tout prêts. Tandis qu'il les examine en detail, il se sent tout-à-coup apesanti, par la grande fatigue qu'il avoit souferte, & par la veille de trois nuits. La pesanteur produit un grand assoupissement. Cela l'oblige de se jeter tout boté qu'il étoit sur du foin. Il s'endort dans la croïance que suivant sa coûtume, il se reveilleroit quand il voudroit. Mais sa coûtume le trompa dans cette occasion, ou du moins il prit de trop grandes mesures. Car il s'imagina qu'il avoit du temps de reste, parce que suivant la nouvelle qu'il avoit reçeuë, l'ennemi ne devoit arriver que vers le midi. Comme donc il croit avoir assez de temps pour tout, il s'endort pour revenir plus frais donner ses ordres. Mais il s'endort de telle maniere, qu'il n'eut plus loisir de pourvoir à rien. Cependant le soldat encore peu accoutumé à suporter le chaud & la faim, murmure de ne voir venir ni ordres ni vivres. Mais cette impatience, se convertit tout-à-coup en frayeur. Ceux qui étoient au plus haut du cotau, voyant de loin de la cavalerie & luire des armes, se metent aussi-tôt à crier d'une voix terrible, voicy l'ennemi. A ces mots le Seigneur de Saint André, envoye avertir le Seigneur de Vins. Il aproche du cotau son infanterie. Il n'a pas plûtôt abandonné la plaine, que le Baron d'Allemagne s'y vient poster. Il l'occupe avec deux cens chevaux. Aussi-tôt tous ses cavaliers metent l'épée à la main. Ils ne bougent point de cette posture, quoyqu'on leur tire une grele de coups. Aprés cela le Capitaine la Breole met pied à terre. Il mene à l'écarmouche deux cens arquebusiers. Il va contre ceux qui étoient du côté du village. Mais aprez quelque legere perte, il se retire sans pousser plus loin. Sur cela Lamanon va chercher le Seigneur de Vins. Il le trouve endormi dans l'écuirie, il l'eveille brusquement. Il lui dit, Monsieur tout est perdu, si vous n'allez promptement y metre ordre. L'ennemi arrive, on est aux mains. A ces mots le Seigneur de Vins monte à cheval. Il part. Il rencontre au sortir de l'écuirie deux cavaliers aux casaques rouges. Il reconnoît qu'ils sont de la compagnie du Seigneur de Gouvernet. Cela luy fait comprendre que la chose presse. Il n'a pas loisir de donner aucun ordre au Seigneur d'Ampus. Il s'avance au galop vers les siens, & leur fait signe de la main de gagner l'eminence. Il monte luy-même tout le premier. Comme il arrive sur le plus haut, il demande à Guillermin Sergent Major, qu'est-ce qu'il y avoit à faire, rien Monsieur, luy dit l'autre, si ce n'est qu'à se resoudre de mourir en gens d'honneur. Car assûrement nous sommes perdus d'une façon ou d'autre. A ces mots l'infanterie déja fort ébranlée, commence à s'alarmer tout de bon. Le Seigneur de la Molle, qui le voit en cet état, descend de cheval pour le rassurer. Il prend une pique. Il se met à sa tête. Cette action remit tout le monde en assiete. Le Seigneur de Vins se pouvoit librement arrêter sur ce cotau, jusqu'à la nuit sans rien craindre. Il n'avoit pas même sujet de craindre que l'ennemi, s'avançât pour l'ataquer, car il étoit dans une situation trop avantageuse. Cependant il arriva par un malheur étrange, qu'il demanda tout haut à un des chefs, qu'est-ce qu'il luy sembloit de tout cecy. Il me semble, luy répondit l'autre, qu'il seroit bon de se retirer. Le soldat qui entend ces mots, prend tout de nouveau l'épouvante. Il n'y a plus moyen de l'arrêter. Comme le Seigneur de Vins voit cela, qu'il entend de tous côtez de murmures, qu'il juge qu'il n'y a plus rien à menager, il dit au Seigneur d'Ampus & de Saint André, de se metre à leur tête & de se retirer au petit pas à Riez. Sur cet ordre ces Seigneurs se metent en chemin. Mais le soldat trouve la marche trop lente, dans l'aprehension qu'on ne luy coure sus. Cela fait qu'il se metent tous à courir. Ils courent avec tant de precipitation & tant d'ardeur, que les uns crevent sur le chemin, les autres tombent roides morts par la perte d'haleine, & de ceux qui arrivent à la ville, il y en a plusieurs qui perdent le sens. L'ennemi qui voit ce grand desordre, ne manque pas de prendre son temps. Il part de la main. Il se jete sur les fuyards. Il en fait un si furieux dégât, qu'il étend sept cens hommes sur la place, entre lesquels on trouva le Seigneur de Ventabren. Pendant que cette tuerie se fait, le Seigneur de Vins se retire avec le Seigneur de Saint Canat, Lamanon, Isambert & quelques autres. Cependant le Baron d'Allemagne poursuit sa victoire. Dans cette poursuite il donne son heaume à un des siens. Peut-être fut-ce pour se soulager dans la grande chaleur qu'il faisoit. Peut-être fut-ce pour pouvoir exercer plus librement sa vangeance. Quoyqu'il en soit, à peine eut-il quitté son heaume, qu'il reçoit un coup de mousquet à la tête, dont il est renversé sur le champ. D'autre côté le Seigneur de la Molle descend de l'éminence, en tête de cinq ou six cens hommes qu'il conduit. Il n'est pas plûtôt au pied du cotau, que sa troupe est investie, chargée & defaite. Dans cette melée il fait tout devoir de soldat & de Capitaine. Il se defend de la tête & de la main. Il ne peut se resoudre à se rendre, quoyque le Baron du Bar, qui l'avoit ataqué le presse fort. Enfin comme il voit que tout l'abandonne, il est contraint de ceder à la force du destin. Il se remet entre les mains du Baron du Bar. Il luy donne son épée, sa mandille. Le Baron du Bar le reçoit sur sa foy. Il le donne en garde à l'un des siens, à qui il commande de le mettre en croupe. Dans le temps que cét homme le méne, un cavalier de la compagnie d'Allemagne le reconnoît, & dit que puisque son Capitaine avoit été tué, il faloit faire main basse à tout ce qui venoit en rencontre. En même temps il s'en va contre le Seigneur de la Molle. Il le harcele, il le contraint de descendre de cheval, il luy porte divers coups d'épée. Dans cette attaque le Seigneur de la Molle n'avoit point d'armes. Il ne laissa pas de se défendre en homme de cœur. Il se défend jusqu'à ce qu'il reçoit trois ou quatre coups d'épée. Il tombe par terre, il est laissé pour mort. On le foüille. On le met en chemife. Pendant que tout cela fe paffe, le Baron d'Oraifon furvient. Il voit la Molle en cét état. Il ordonne à l'un des fiens de fe tenir prés de fa perfonne, afin de le garantir au moins du Soleil. Celuy-cy fait ce qui luy eft commandé. Le Seigneur de la Molle veut reconnoître fa peine. Il prend fa bague & fon pendant d'oreille qu'il avoit encore. Il les luy remet entre les mains. Auffi-tôt que le prefent eft fait, cét homme pour toute gratitude fe retire. Peu aprez furvient le Seigneur de Lefdiguiéres. Il voit la Molle en ce trifte état. Il ordonne qu'on le tire de là, qu'on le penfe. Mais la Molle prie qu'on le laiffe, quand même il devroit être tué. Cependant le Seigneur de Vins arrive à Riez. Il fe prefente à la porte. On la luy refufe, tant fa defaite avoit changé les efprits. Comme neanmoins la nouvelle fe publie, que le Baron d'Allemagne avoit été tué, on luy ouvre la porte d'abord. Il entre. On s'atroupe pour le recevoir avec plus d'honneur. Il fe retire dans fa chambre. Il y demeure enfermé durant deux ou trois heures. Aprez qu'il fe fût repofé quelque temps. Il fort, il prend deux cens chevaux pour efcorte. Il va recouvrer luy même les bleffez. Il les ramene tous à la ville. En revenant, il reçoit un nouveau refus à la porte. Mais on la luy ouvre prefqu'auffi-tôt. On s'atroupe pour le recevoir. L'atroupement fe fait avec tant de foule, que le Seigneur de la Molle faillit à être étouffé. Cependant quoyque la ville deût être fort feure par tant de braves gens qu'il y avoit dedans, on ne laiffoit pas de beaucoup craindre. On fût durant deux jours dans cette crainte, & jufqu'à ce qu'on eût nouvelles que le Seigneur de Lefdiguiéres avoit repris le chemin du Dauphiné. Alors le monde commença à fe raffurer, & à perdre le fouvenir de la grande perte qu'on venoit de faire. Il n'y eût que le Seigneur de Vins qui en parût toûjours inconfolable. Car & plus il penfoit à la chofe & plus fa faute luy venoit devant les yeux. Il s'affligeoit par fes propres reflexions. Il s'affligeoit par les difcours que tenoit le monde. Il s'affligeoit par les railleries que fes ennemis faifoient. Il aprit une partie de ce qui fe difoit, un jour qu'il alla voir penfer le Seigneur de la Molle. Car aprez que la playe fût penfée, il luy dit qu'eft ce que difent de moy les ennemis ; il difent répondit la Molle, que le matinier s'eft laiffé furprendre : qu'il a trouvé des gens plus matiniers encore que luy. Sur cela le Seigneur de Vins repart par un grand foûpir. On a dit même que ce fût par des larmes. Puis il ajoute ces mêmes paroles. Je reconnois que Dieu m'a voulu punir, d'avoir ofé plus donner à mon propre fens, qu'à celuy de tant de fages Capitaines. Aprez donc que les troupes defaires fe furent repofées durant trois jours, on s'aperçut que la pefte s'etoit gliffée dans cette ville. Cela les obligea de déloger auffi-tôt.

XV.
Le Duc d'Epernon vient en Provence. Il va affiéger Seine. Il la prend. Il affiége & prend le lieu de la

La défaite du Seigneur de Vins fembla n'arriver, que pour donner moyen au Duc d'Epernon d'entrer avec plus de fafte dans la Province. Car encore que fuivant l'état dreffé de fon armée, il vint avec dix mille hommes de pied & douze cens chevaux des meilleures troupes du Royaume. Encore qu'il eût plus de cent Seigneurs & leurs équipages avec luy ; il douta neanmoins s'il devoit fe hazarder dans un pays ou
le

De Provence. Liv. XIII. 619

où le Seigneur de Vins étoit armé, où il étoit maître des cœurs, des villes & de la campagne. Dans ce doute il n'oublia rien de toutes les chôses qui pouvoient attirer le Seigneur de Vins. Il menoit avec luy le Comte de Sault. Il luy faisoit souvent écrire par luy. Il luy faisoit faire toutes sortes d'offres. Le Comte de Sault degouté de la première ligue, s'étoit jetté du côté du Roy. Il ne manquoit pas de proposer au Seigneur de Vins son beau-frere les avantages qu'il trouveroit assurément à suivre son exemple. Mais quand le Duc eût apris la défaite d'Allemagne, il n'usa plus d'aucun ménagement. Il entra fierement dans la Province. Ce fût au contraire le Seigneur de Vins qui eût besoin de faire des avances ; de sçavoir si le Duc le recevroit de bon œil. Pour cela comme le Seigneur de Termes oncle du Duc, qui étoit Maréchal general de son armée, fût arrivé à Aix, le Seigneur de Vins l'alla visiter de nuit. Il luy demanda si le Duc auroit son compliment agreable. Le Seigneur de Termes l'asseure que le Duc le recevra de bon cœur. Aussi-tôt le Seigneur de Vins monte à cheval. Il va saluër le Duc à Salon. Le Duc le reçoit civilement. Il luy fait même mille caresses. Mais il ne veût pas qu'il l'accompagne à Aix. On a donné à ce refus une double cause. Les uns ont dit que le Duc ne voulut pas être témoin de l'affection que le peuple conservoit toûjours pour le Seigneur de Vins. Les autres ont asseuré qu'il le fit pour éviter qu'il n'arrivât point d'incident avec la Noblesse du parti contraire. Ainsi le Seigneur de Vins se retira dans sa Terre, & le Duc vint faire son entrée à Aix. Il y vint en apareil royal. On ne voyoit auprez de luy que foule de Noblesse, que Seigneurs, que grands Officiers. Son train étoit grand & magnifique. Son armée étoit la plus leste qui fût jamais. Elle étoit composée de l'élite des meilleures nations, François, Italiens, Lansquenets, Suisses. Enfin tout marquoit merveilleusement l'état de sa fortune. Tout répondoit parfaitement à son inclination. Car il étoit favori & glorieux au dernier point. Il venoit même avec des commissions extraordinaires. Il avoit pouvoir d'assembler & de suspendre les officiers de justice ; de commander non seulement les troupes de Provence, mais encore celles du Dauphiné : sa faveur alla bien si avant, qu'il l'emporta même sur le Duc de Joyeuse, tout beau-frere du Roy qu'il étoit. En effet ce Seigneur sembla borner son ambition dans l'honneur de cette alliance. Mais l'ambition de l'autre alla bien plus loin. Elle eût une étenduë si demesurée, qu'on eût dit qu'il n'y avoit pour luy ni d'assez belles charges, ni assez de Gouvernemens. Il eût non seulement le Gouvernement de Provence, mais il fût encore pourveu de ceux de Normandie, de Saintonge, d'Angoumois, du pays d'Aunis, de Mets, Toul, Verdun, de Caen, du Havre de Grace. Pour les charges sans parler de l'Amirauté du Levant, ni de celle de France. C'est tout dire qu'il fût creé pour luy tout exprez un Office de la Couronne. Ce fût la charge de Colonel de France. Cette charge considerable par elle même, fût renduë encore plus considerable par les attributs qu'on luy donna. Ce Colonel eût une justice pour les gens de guerre. Il eût le droit de remplir les chrages vaccantes dans les bandes Françoises. Le Mestre de camp du

Breole. Il va de là pour aider le Seigneur de la Valete son frere qui assiégeoit Chorges. On prend cette place.

regiment des Gardes même n'en fût pas excepté. Enfin ce Duc parvint à une si grande faveur, qu'à la Cour on l'apeloit Monsieur simplement, quoyque le Duc d'Alançon vecut encore, & que la coûtume de France ne donne ce titre qu'aux fils & aux freres des Roys. Aussi le Roy l'apelloit son fils aîné. Il venoit donc avec tout l'appareil dont la faveur & l'ambition flate la fortune. Mais le Ciel ne luy fût pas si favorable que les hommes. Il plût si fort dans Aix le jour qu'il y fit son entrée, que la ville en devint encore plus hideuse que la campagne, quoyque la face en fût tres-horrible, par la pluye continuelle de trois jours precedens. Ce mauvais temps n'empécha pas que le Duc ne fit son entrée ce jour là même. Quand il fût arrivé à la porte de saint Jean, il s'arrêta quelque temps pour attendre son monde & pour luy donner loisir de se ranger. Quelqu'un pourtant a dit qu'il s'arrêta moins par necessité que par complaisance. Qu'il s'arrêta pour regarder le grand tableau de l'arc triomphal qu'on y avoit dressé. Ce tableau representoit la Provence toute éplorée, elle avoit sa robe déchirée en plusieurs endroits. Elle l'avoit brulée en plusieurs autres. Dans cét état, oprimée, accablée, elle se jettoit entre les bras du Duc, le Duc la recevoit avec joye. Il luy promettoit toute seureté. Quand tout fût prêt & que le Duc alloit commencer sa marche, les Consuls luy presenterent le dais, il refusa de s'y mettre dessous, quelque mauvais temps qu'il pût faire. Les Consuls le porterent devant luy. Ils sont precedez des trompetes, des tambours, des timbales. Le Duc venoit aprez ayant à son côté les deputez du Parlement. Puis la Noblesse & ses troupes. En cét état on le conduit à l'Eglise de saint Sauveur. Les priéres s'y font suivant la coûtume. Puis il descend au Palais, où il logeat dans l'apartement des Gouverneurs. Là il reçoit les complimens de tous les corps. Le lendemain il entre dans le Parlement. Il y va avec les Seigneurs de la Guiche & de Termes, qui venoient pour l'assister à l'armée, & Antoine Seguier Conseiller d'Etat qui devoit être son conseil. Aprez dîné il assembla chez luy les Présidens & les gens du Roy. Il veût sçavoir d'eux l'état de la Province. Il demande leur avis sur les moyens de la pacifier. On le satisfait en l'une & en l'autre demande. Aprez qu'on luy eût representé l'état de la Province, on luy fait connoître que le moyen le plus seur d'y mettre la paix, c'étoit d'envoyer vers les chefs de part & d'autre, de sçavoir leurs sujets de mécontentement, & sur tout de solliciter le Vicomte de Cadenet, d'éfectuër la parole qu'il avoit donnée, de faire rendre les châteaux, d'Allemagne, de Spinouse & du Muy. Sur cét avis le Duc envoye vers le Vicomte de Cadenet, l'Evêque de Frejus son allié. Puis il envoye vers le Seigneurs de Vins, le Comte de Sault son beau-frere. Il donne à l'un & à l'autre un de ses Commissaires de guerre, qu'il charge de memoires & d'instructions. Cette negociation n'empéche pas que les courses à la campagne ne se continuënt: que dans les villes les brigues ne durent toûjours. Elles regnoient principalement à Aix, où l'élection des Consuls se devoit faire. Pour reprimer les courses de la campagne, le Duc fait avancer quelques troupes vers Spinouse, le Muy & Forcalquier. Puis comme il luy importe extremement que les Consuls d'Aix fussent des gens de sa dependance à cause de leur qualité de Procureurs du Pays, il moyenne au défaut des lettres patentes qu'il avoit demandées & qui tardoient à venir, que le conseil de ville luy nomme quatre hommes de chaque ordre, du nombre desquels il choisit un Consul de chaque rang. Aprez qu'il eût ainsi rempli le Consulat d'Aix, il alla faire son entrée à Marseille. Il trouve cette ville toûjours tres-fidelle, ce qu'il fait sçavoir au Roy par un exprez. Le retour de cét exprez qui fût dans peu de jours, aporta la reponse du Roy bien glorieuse pour cette ville. Je suis bien aise, dit le Roy, du contentement que vous avez eu de ceux de Marseille & vous prie les favoriser & traiter selon leur merite. Ils m'ont toûjours été tres-fidelles & affectionnez. Le Duc neanmoins n'y fit pas grand sejour. Il crût qu'il ne faloit pas laisser passer la belle saison, sans faire quelque exploit qui donnât de la reputation à ses armes & de la terreur aux Huguenots. Dans ce dessein, il tire trois canons de Marseille. Il en fait venir trois autres de Tarascon. Il se rend à Aix, où il avoit convoqué l'assemblée des Communes. Dans cette assemblée il demande que l'on fasse un effort pour faire reüssir une entreprise, qui devoit être de grande importance pour le Pays. Cette entreprise, c'étoit le siége de Seine, où les Huguenots s'étoient cantonnez, & d'où ils faisoient bien des ravages. Cette ville est à l'extremité de la Province. Elle est frontiére du Dauphiné. Elle est d'un abord inaccessible. Pour y aller il faut monter au haut d'une montagne durant une lieuë, puis descendre dans des valées, qui sont des precipices de pareille profondeur. La difficulté du dessein fit que pour l'executer, l'assemblée accorda au Duc toutes ses demandes, munitions de bouche, chevaux, mulets, pionniers. Aussi-tôt que cela fût deliberé, le Duc fit marcher son armée & prît le chemin de Sisteron. Cette marche étonne fort les Huguenots. Ils commencent à penser à leurs affaires. La Dame d'Allemagne remet au Duc ses châteaux d'Allemagne, de Vallerne, du Poil, de Vitroles. Le Duc se contente d'y mettre garnison. Il laisse à cette Dame les revenus de ses terres. Le Seigneur de Spinouse fait la même chose. Le Duc luy fait la même honeteté. Cependant ceux de Seine tiennent bonne mine. Ils s'imaginent que le canon ne peut aller jusqu'à eux. Une autre chose encore les rassure. Le Seigneur de Lesdiguiéres leur mene quelques cavaliers. Il leur promet que si le Duc vouloit s'avancer, il ira luy même le combatre. Cette offre leur fait d'abord mépriser tous les bruits qui courent dans la Province. Mais comme ils aprennent que le Duc estoit en marche, qu'on voyoit sur le haut de la montagne son canon, alors ils commencent à craindre. Ils envoyent demander composition. Cette peur ne leur dura pas long temps. Ils firent quelques reflexions qui les r'assurérent. Ils virent qu'il y avoit encore bien des mauvais pas pour le canon. Que la décente étoit encore plus dangereuse que la montée. Cela les fit tenir a des conditions si hautes, que le Duc ne voulut pas écouter les envoyez. Il leur dit que s'ils attendoient le canon, il n'y avoit plus pour eux nulle grace. Cependant pour décendre le canon on prend les mêmes mesures qu'on avoit prises pour les monter. On employe deux jours à la montée & à la décente. Durant ce temps le Duc va s'aboucher au lieu de Talard avec le Seigneur de la Valete son frere, qui étoit Gouverneur du Dauphiné. Dans cette entreveuë il fût resolu que le Seigneur de la Valete, iroit assiéger Chorges place de son gouvernement, non loin & au dessus de Seine. Au retour de cette conferance le Duc trouve des deputez de Seine, qui venoient faire des nouvelles propositions. Mais voyant que le canon étoit au pied de la montagne, il ne les voulut point écouter. Ainsi on fût obligé de se mettre à sa discretion. Aussi-tôt pour éviter les hostilitez on luy remet la grosse Tour. On envoye en ôtage le Capitaine Bougerel, Gouverneur de la ville & deux autres Capitaines. Le Duc reçoit toutes ces seuretez, quoyqu'il témoignât d'en avoir peu besoin. Cela fait il entre dans la place. Il renvoye les cavaliers du Dauphiné dans leur pays. Il met dehors les autres soldats avec un bâton blanc. Il les fait conduire jusqu'en Terreneuve. Il livre au prevôt deux apostats. L'un qui de Carme s'étoit fait ministre. L'autre qui s'étoit fait diacre, d'avocat qu'il étoit auparavant. Ces deux furent pendus le lendemain. Il arrête vingt des principaux habitans entre lesquels étoit Bougerel. Il pardonne au reste. Il fait gouverneur de la ville Jean Tornabon, Capitaine au regiment de Champagne. Il augmente sa compagnie de cent hommes. Il luy donne pouvoir de lever cinquante chevaux. Dans cette reddition, le Seigneur de Vins reçeut une mortification insigne. Le Duc l'avoit prié de l'accompagner à ce siége. Il y étoit avec bon nombre de ses amis. Il se trouva mal-heureusement pour luy, qu'on decouvrit dans la place trois de ses drapeaux, de ceux qui furent pris à la défaite d'Allemagne. Le Duc fit un grand trophée de cette prise, & l'ajoûtant au drapeau qu'on prît à Bougerel dans sa Compagnie, il envoya le tout avec grande fanfare au Roy. Aprez que le Duc eût mis ordre à tout, il prît dessein d'aller assiéger le lieu de la Breole, qui n'étoit qu'à deux lieuës de là. Aussi-tôt il envoye le Capitaine Bonouvrier, pour s'aller saisir des avenuës. Puis il fait filer les troupes & conduire l'artillerie, où il falut employer deux jours pour faire le chemin. La Breole est une place d'accez tres-difficile. Elle est sur un roc fort haut & fort écarpé. Ce rocher est batu par la riviére d'Ubaye qui se jette dans la Durance, non loin de là. Le Roy de Navarre qui voyoit que cette place étoit tres-necessaire pour la communication de la Provence avec le Dauphiné, s'en étoit saisi dés le commencement de cette année. Il y avoit envoyé le Capitaine la Breole, un des plus vieux soldats de France pour la fortifier. Cét homme se servant de toute son experience & de toute son affection pour son lieu natal, le fortifia le mieux qu'il se pouvoit faire. Il fit dresser quatre bastions dans les endroits les moins escarpés. Cela rendoit la place tres-forte & presque imprenable. Cependant le Duc y arrive devant. Il la reconnoît, il forme le siége. Il dresse la batterie. Puis il envoye un trompete aux assiégez. Le trompete les somme de se rendre. Il n'a pour toute réponse qu'un refus. A son retour le Duc fait commencer à bâtre la place. Il continuë la baterie durant quelques jours.

il abat deux tours. Il fait une bréche considerable. En même temps les assiégez reparent la bréche. Ils y travaillent sans se vouloir donner du repos. Mais le Duc ne leur donne pas le loisir d'achever, il commande qu'on aille à l'assaut sur l'heure. Il y eût neanmoins quelque dispute qui retarda l'execution du commendement. La dispute fût entre les Seigneurs de Crillon & de Tajan. Châcun vouloit monter le premier à la bréche. La dispute se decide en faveur de Crillon. Il va à l'assaut, avec sa bravoure ordinaire. Il est suivi de plusieurs braves comme luy. Tous suivent son exemple d'une ardeur pareille. Mais sans rien dissimuler, il faut dire qu'ils trouverent bien à qui parler. Les assaillis s'étoient partagez en trois, pour rendre la défence plus aisée. Il y avoit entr'autres cent soixante jeunes hommes, gens de merite & de qualité, qui s'étoient jettez dans la place par honneur. Il y avoit par-dessus cela une compagnie qu'y avoit jetté le Seigneur de Lesdiguières. Tous y firent également des merveilles. Ils avoient à leur tête le Capitaine Masse, qui y fût blessé. Pour la Breole il paroissoit par tout. Il faisoit faire un feu continuel sur la bréche. Il animoit de telle maniére tout le monde par son exemple, que le Seigneur de Crillon fût contraint de se retirer. Cependant nonobstant cette retraite, les assiégez se trouvent bien abatus. Ils restent presque sans munitions de bouche & de guerre. Le Duc au contraire abonde de tout. Il avoit reçeu sept ou huit cens boulets de Carmagnole. Ainsi les assiégez se voyant sur le point de manquer de tout, prétent l'oreille aux propositions que le Duc leur fait faire. Car le Duc aprehendoit extremement d'être surpris en ce quartier là par les pluyes. Et cette aprehension l'obligeoit de tenter tous les moyens pour s'en retirer. On parlemente donc. Mais on parlemente du commencement sans rien faire. Châcun de sa part se tient trop haut. Plus on s'abouche moins on avance. Enfin comme les assiégez voyent bien qu'ils ne peuvent tenir d'avantage, ils capitulent de se rendre, vies, armes & bagages sauves. Ils s'obligent de ne servir de trois mois contre le Roy. Aprez que le traité fût signé, le Capitaine la Breole sort avec sa suite. Le Duc le caresse extremement. Il vouloit par là l'attirer à luy. Mais la Breole s'en tient aux honétetez. Il se retire en Terre-neuve. Aussi-tôt le Duc entre dans la place. Il ne s'y arréte que pour y établir une garnison. Cela fait il méne ses troupes au Seigneur de la Valete, qui avoit mis le siége devant Chorges. Ce secours ne pouvoit asseurement venir plus à propos. Car sans cela il n'auroit pas été possible de donner atteinte à la place, qui ne laissa pas de tenir long-temps, le siége ayant duré prés de cinq semaines. Avec tout cela ce fût un grand bon-heur de venir à bout de cette entreprise, si l'on considere l'assiéte de la place, ses fortifications, les forces qu'il y avoit dedans. Elle étoit située dans un lieu marecageux. Elle étoit entourée de sept bastions. Elle étoit munie de sept cens hommes des meilleures troupes du Seigneur de Lesdiguières. Ces troupes étoient commandées par deux de ses neveux. D'ailleurs il fit un si grand froid durant tout ce temps, que les soldats ne pouvoient l'endurer dans la tranchée. On en trouva qui étoient morts en faction ; il y en eût d'autres à qui les mains, les pieds gelerent, qui resterent absolument estropiez. Il s'ajoûta beaucoup d'autres maux à ceux-là. Le camp s'infecta de la maladie contagieuse. On n'y avoit pas des vivres à demy. Il faloit les faire venir de Provence. Nonobstant toutes ces difficultez, le Duc ne laissoit pas de faire fort bonne mine. Il relevoit le courage des soldats par sa vigueur, il les animoit au travail par sa vigilance, par son exemple, se trouvant toûjours le premier à tout. Comme il vit son monde fort animé, il fit monter tous ses canons sur trois cavaliers pour bâtre la place. A cette veüe les assiégez qui commençoient à manquer de vivres, ausquels le vin même avoit déja manqué, prenent resolution de se rendre. Aussi-tôt sans atandre d'avantage, ils demandent à capituler. A la première conferance qu'on fait le Duc leur accorde tout ce qu'ils demandent à la reserve du tambour batant & de la méche allumée. Ils relâchent facilement à cét article d'ostentation & d'aparence, pour se conserver tout l'effectif. Ils sortent le vingt-quatriéme de decembre. Ils emportent avec leurs armes & leur bagage tout l'attirail, tous les chevaux qu'ils avoient. Avant même que de partir, ils voyent que l'on commence à demanteler la place, suivant qu'il leur avoit été promis. Car le Duc avoit encore accordé ce point, tant il avoit d'envie de voir la place soûmise, nonobstant la rigueur de la saison, nonobstant le voisinage du Seigneur de Lesdiguiéres, qui se croyoit tout asseuré de la pouvoir conserver. Aprez cela le Duc alla passer les festes de Noël à Talard. Ensuite il s'en revint à Sisteron, où peu de jours auparavant le Comte de Sault & le Seigneur de Termes étoient morts de maladie. Ce ne fût pas là le seul ravage que la maladie fit des siens : elle emporta un si grand nombre de soldats que son armée en fût étrangement affoiblie. Cêt affoiblissement en causa presque la dissipation.

XVI. Le Duc d'Epernon part pour la Cour. Avant que de partir il visite une partie de la Provence. Il convoque les Etats à Salon. Il fait les funerailles du Grand Prieur. Le Seigneur de la Valette vient commander en Provence. Il ne pût obtenir qu'on aille assiéger Montbrun. Il s'entourne en Dauphiné, où il aprend qu'il étoit entré quatre mille Suisses. Le Colonel Alfonse les défait.

Cependant il arrive un nouveau malheur à Aix. La peste y paroit de nouveau vers le mois d'octobre. Le Parlement cache le mal durant quelques jours, autant qu'il luy est possible. Puis comme il ne pût plus dissimuler la chose, il prend resolution de se retirer. Il delibere de se partager en trois chambres : d'en aller tenir une à Brignolle, l'autre à Pertuis, l'autre à Salon. En même temps il fait sçavoir au Duc d'Epernon la resolution qu'il vient de prendre. Le Duc témoigne que le service du Roy demande qu'il fasse son sejour à Salon. Sur cete réponse le Parlement delibere de ne faire que deux chambres. Il se depart à saint Maximin & à Pertuis. Aussi-tôt le Duc luy envoye les prisonniers de Seine. Ils sont presque tous condamnez à mort. Aprez cela le Duc se prepare pour le voyage qu'il meditoit depuis quelque temps de faire à la Cour. Il avoit obtenu du Roy la permission & le pouvoir de laisser en Provence le Seigneur de la Valete, pour commander en son absence. Avant neanmoins que d'entreprendre ce voyage, il fut bien aise de convoquer les Etats. Il voulut même visiter les endroits du Païs, qui avoient besoin de sa presence. Pour ne perdre point de temps, il assigne les Etats à Salon, au vingtiéme de janvier prochain, & attendant que le terme arrivât, il va faire un tour au quartier de Digne, de Frejus, de Moustiers, de Tolon, & d'Yeres, où il donna les ordres necessaires par tout. Entre-autre il ordonne que l'on rase le château du Muy, & celuy de Châteaudouble. Ces deux places apartenoient au Seigneur du Muy. Il avoit volontairement remis au Duc cete derniere. Mais pour l'autre le Duc l'avoit surprise par ses gens. Aussi il avoit sujet de craindre, que tandis qu'il seroit absent, le Seigneur du Muy ne se ressaisît de l'un & de l'autre, & qu'il ne ravageât le quartier comme il avoit fait. Neanmoins les habitans de ces lieux luy ayant fait connoître que la demolition de ces châteaux ne se pouvoit faire, sans atirer aprez elle leur propre ruïne, cela changea l'ordre qu'il avoit donné. Ainsi son voyage ne produisit point d'autre effet, que sa reconciliation avec le Colonel Alfonse. Car depuis le refus du canon de Tarascon, ils avoient toûjours été fort broüillez. Dés que le Duc fut arrivé à Salon, les Etats firent leur ouverture. La premiere proposition qui s'y fit, ce fût de prier le Duc de vouloir s'employer à la reconciliation de la Noblesse, & de moyener que les prevenus en justice n'eussent point de retraite dans les châteaux. Aprez cela le Duc representa, qu'on ne pouvoit se passer d'avoir quelques troupes sur pied, pour la sureté de la Province. Qu'il voyoit neanmoins que la chose ne se pouvoit faire comme le besoin le requeroit. Que desirant de soulager la Province autant qu'il pourroit, il se contentera qu'on entretienne sa compagnie de Gendarmes, cinquante cheveaux legers, une compagnie d'arquebusiers à cheval, treise cens hommes qu'il distribuera dans les places. Aussi-tôt la chose luy est accordée. Il fait la distribution suivant sa promesse. Puis pour témoigner qu'il compatissoit à la pauvreté du Païs, il refuse douze mille livres de present, que les Etats luy offrent. Autant en font les sieurs Seguiers & Revol, & même Roulhart Secretaire du Duc. Aprez que les Etats furent finis, le Duc vient prendre congé du Parlement, qui s'étoit retiré à Aix, par la cessation de la peste. Il ramenne dans cette ville la joye qui sembloit en être bannie depuis long-temps. Car soit que ce fut pour se delasser, soit qu'il voulût se rendre agreable au peuple, il ne passa le carnaval qu'en joûtes, qu'en courses de bague, qu'en bals, qu'en festins, qu'en toutes sortes de divertissemens. Mais comme tout est mêlé dans cette vie, un action lugubre suivit de bien prés tous ces plaisirs. Le Duc ne veut point partir du Païs, que les funerailles du Grand Prieur ne soient faites. Il les fait faire avec le plus de pompe qu'il se peut, suivant que le Roy témoignoit de le desirer. Comme le corps du Grand Prieur avoit été reposé dans la chapelle du Roy René, qui est dans l'Eglise des Carmes, la ceremonie commença là. Ce fut le seisieme de fevrier qu'elle se fit. Les Penitens blancs, compagnie où le defunt s'étoit fait enrôler en firent l'ouverture. Ils partirent de cete Eglise, suivis de deux cens pauvres vêtus de dueil. Chacun portant un flambeau aux armes du Roy. Aprez eux venoient tous les Convents. Ensuite marchoient tous les Officiers de la maison du Prince. Premierement cinquante Gentils-hommes avec leurs manteaux trainans. Aprez trois Mestres de Camp, l'un portant une lance, l'autre un guidon blanc, l'autre un guidon noir trainans. Aprez suivoient six chevaux bardez jusqu'à terre de velours noir, croisé d'une croix de satin blanc. Le premier portoit une trompete, le second les armes du Roy, le troisiéme le heaume du defunt, son manteau de velours violet semé de fleurs de lys d'or, & sa couronne, le quatriéme les éperons dorez, le cinquiéme l'épée à la garde d'or, le sixiéme les gantelets d'or. Toutes ses armes étoient couvertes de crepe. Il y avoit encore un septiéme cheval bardé jusqu'à terre de velours violet mené par deux pages, sur lequel on voyoit les armoiries du defunt. Ensuite paroissoit le corps dans un lit de velours porté par des Penitens, & par des Gentils-hommes. Aprez le corps marchoit l'Evêque de Frejus, puis le Duc menant le neveu du defunt. Le Parlement en corps, le corps du Siege, grand nombre de Noblesse. La pompe marcha toûjours dans cet ordre jusqu'à l'Eglise de Saint Sauveur. Là corps fut mis sous une chapelle ardante. Les chevaux chargez des armes passerent trois fois au tour du corps. Aprez quoy on remit sur le corps toutes les armes; & le service se commença. La Messe fut dite par l'Evêque de Frejus. L'oraison funebre fut faite par un Capucin nommé pere Basile. Quand tout fut fait, on inhuma le corps dans le tombeau des Archevêques. Les armes du defunt furent posées en trophée au dessus. On les y voit encore dans la même maniere qu'elles furent mises, heaume, écu, lances, manteau, gantelets. Tels furent les derniers honneurs que l'on rendit au Grand Prieur, l'un des Princes le plus accomplis, qui ayent jamais gouverné la Provence. L'aprés-dîné le Duc partit pour son voyage. Il eut bien voulu pouvoir atendre son frere, pour luy remetre le Gouvernement. Mais voyant qu'il tardoit trop à venir, il ne peut vaincre son impatience. Il est vray qu'il s'arrêta seize jours à Avignon; & qu'enfin le Seigneur de la Valete y arriva. Ils furent un jour entier en conference, aprez quoy châcun continua son chemin. Le Seigneur de la Valete entre dans la Provence. On luy prepare tous les honneurs des Gouverneurs, quoy qu'il ne vint qu'en qualité de Commandant. Il arriva neanmoins une contention à Aix, qui l'empêcha d'y faire son entrée solemnelle. Mes memoires n'expliquent pas ce que ce fût. Ils disent seulement qu'il y entra sans ceremonies. Aprez y avoir sejourné quelques jours, il alla tenir l'assemblée des Communes à Manosque. Il avoit principalement convoqué cette assemblée, pour faire resoudre le siége de Montbrun, place du Dauphiné, d'où l'on venoit faire des courses en Provence. Mais la pauvreté du Pays étoit si grande, qu'on n'eût pas moyen de faire cét effort. Cependant le Seigneur de la Valete, bien loin de se rebuter presse l'assemblée. Il promet que le Dauphiné suportera une bonne partie de la dépense qui se fera. La proposition ne reüssit pas. Il ne reçoit pour toute réponse, que l'offre qu'on luy fait faire de fournir quinze mille écus en tout. Cette offre n'étant pas suffisante de faire entreprendre un si grand dessein, on perd la pensée de l'entreprise. Cependant tout étoit paisible dans la Province, par l'absence des chefs de parti. Le Duc d'Epernon avoit mené le Vicomte de Cadenet avec luy. Le Seigneur de Vins étoit allé joindre l'armée du Roy, qui se devoit oposer à l'entrée des Reïtres en France. Ou plûtôt il étoit allé se rendre auprez du Duc de Guise, qui commendoit cette armée. L'engagement

qu'il

qu'il avoit pris avec ce Prince, l'obligea de l'aller trouver avec cent chevaux. Il se signala fort par sa valeur & par sa prudence. Car comme il commandoit la cavalerie legere, il ménagea le passage du Duc de Guise dans le château d'Auneau, où ce Prince tailla en piéces les Allemans & defit leur armée composée de quarante mille hommes qui venoit pour le secours des Huguenots. Cette victoire ne rejaillit asseurément pas peu sur le Seigneur de Vins, auteur & negociateur de l'entreprise, où le bras acheva ce que la tête avoit commencé. Dans le temps que cette armée des Reïtres entroit en France par la Lorraine, il entra dans le Dauphiné quatre mille Suisses par Geneve, qui avoient été detachez des Allemans. Ces Suisses alloient joindre le Seigneur de Lesdiguieres, qui les attendoit avec impatiance, pour pouvoir faire quelque dessein. Cette entrée obligea ceux du Dauphiné d'apeller le Seigneur de la Valete. Il part suivant qu'il leur avoit promis, de les aller joindre au premier besoin. Il trouve que le Colonel Alfonse veilloit tres diligemment à tout. Aussi-tôt il l'envoye reconnoître l'ennemi. Alfonse s'avance jusques vers l'Isere. Il y surprend les Suisses au depourveu. Il les ataque, il les charge avec tant de bon heur, qu'ils sont presque tous laissez sur la place. Il n'en reste que soixante seulement. Une nouvelle qui devoit être si agreable au Roy, fait que le Colonel Alfonse la luy porte luy même. Il va luy presenter les drapeaux qu'il avoit pris. Mais le Duc d'Epernon fâché que son frere n'eût pas l'honneur de cette action, employe tout pour étouffer la gloire du Colonel Alfonse. Il n'est pas reçeu comme il l'esperoit. On traite sa victoire de chose commune. On ne luy en témoigne pas beaucoup de gré. Il ne raporte pour tout fruit de ce qu'il a fait, que la reflexion qu'à la Cour sans l'apuy de la faveur, les gens de merite ne s'avançent guere.

Cependant la peste d'Aix se rallume. Elle se rallume aussi dans les villages voisins. Elle se decouvre même dans Marseille. Tout le monde en prend une si grande épouvante que chacun fuit le plus loin qu'il peut. La pauvreté qui regne par tout, n'empéche pas qu'on ne songe à vivre, & qu'on ne se veüille reserver à un meilleur temps. Le Parlement essaye d'arrêter cette grande frayeur, il continuë sa fonction. Il n'interrompt pas même ses audiances, quoyqu'on fût dans le temps des vacations. On ne laissa pas de travailler incessamment lors même qu'on pouvoit se dispenser, sous pretexte des affaires particuliéres. La presence du Parlement rassura pour quelque temps le peuple, que l'Hermite rasseuroit d'ailleurs. Car l'Hermite étoit toûjours l'oracle consulté de tous les endroits. Il étoit apellé même par les Provinces voisines, & on recouroit à luy de Montelimar & de Lion. Le Parlement s'arrêta donc toûjours à Aix, & la contagion ayant cessé dans le mois d'octobre, on en crût être redevable au bon ordre qu'il avoit donné. Mais les rechutes qui survinrent luy donnerent lieu de faire diverses reflexions. Il considere qu'il étoit impossible que cette maladie se promenât par la Province depuis sept ans, sans qu'on la portât ou qu'on l'entretint malicieusement. Il commence à soupçonner l'Hermite. Il observe ses dis-

XVII.
La peste se r'allume dans Aix. On se doute que l'Hermite ne la fomente. On l'arreste. On luy fait son procez. On decouvre sa malice & divers autres crimes. Le Parlement le condamne à être brûlé.

cours, ses actions. Ayant examiné ce qui s'étoit fait par ses ordres. On trouve que quand les Consuls de Draguignan l'apellerent dans leur ville pour sçavoir ce qu'ils avoient à faire, au sujet d'un accez de peste, qu'ils avoient decouvert, au lieu de leur conseiller d'user de precaution, il leur dit qu'il ne faloit rien craindre ; que l'air n'étoit nullement infecté. Qu'ils ne devoient pas interrompre leur commerce. Qu'ils pourroient même faire des priéres publiques & des processions aussi s'ils vouloient, pour rendre graces à Dieu, de ce que l'accez qui leur avoit fait tant de peur, n'avoit point eu de suite. Qu'asseurément il n'en auroit point. On decouvre qu'à Olioles où on l'appella pour le même sujet, comme on luy fit voir une fille ateinte de cette maladie, il dit que cela ne les devoit point allarmer. Qu'il sçavoit asseurément que le mal n'étoit pas dans la ville. Qu'il étoit à la campagne & dans les hardes qu'on avoit mises dans un tronc d'olivier. Qu'il faloit seulement les brûler, & que cela fait, ils n'auroient rien à craindre. On aprend que sur ces vaines aparences, sur ces promesses frauduleuses, & ceux de Draguignan, & ceux d'Olioles continuërent leur commerce : qu'ils s'infecterent eux mêmes & tous leurs voisins. On trouve encore pis que tout cela. L'on decouvre qu'ayant été consulté par des femmes atteintes de la peste, elles n'eurent pour toute réponse que des offres impudentes de service, que des propos mal honnêtes, que des discours libertins. Le Parlement ayant découvert toutes ces choses, entre dans l'opinion que cét Hermite étoit un fripon, & pour penétrer plus avant, il croit qu'il faut s'assurer de sa personne. On l'arrête, & la sainteté de cét homme disparoît à l'heure même qu'il est arrêté. Car on ne trouve par l'information qui est faite qu'impieté, que lâciveté, que sujets de scandale. On justifie outre la malice exercée à Draguignan & à Olioles, qu'il avoit fait donner l'entrée à Marseille, à Aulps, à Villecrose, à Cadenet, à la Cadiére, à la Ciotat, quoyqu'il sçeut que la contagion y étoit encore : qu'à Aix il avoit ordonné l'infirmerie fort prés de la ville : qu'il avoit fait transporter d'une Eglise à l'autre divers corps morts : qu'il avoit envoyé plusieurs personnes de l'infirmerie à la ville : qu'il y avoit même envoyé du linge, dont on avoit pensé les infectez : que tout cela s'étoit fait à dessein de fomenter & d'étendre la peste : qu'il l'avoit fait pour conserver son autorité, pour se rendre toûjours necessaire. On decouvrit que tous ceux dont il se servoit dans tous ses desseins, étoient des scelerats, gens qui avoient été condamnez à divers suplices. On decouvrit que ce malheureux entretenoit une femme apellée Jeanne Arnaude, avec laquelle il alloit souvent coucher. On aprît que quand il y alloit, il metoit en sentinelle son compagnon nommé Jean, sur les avenuës, pour empêcher qu'il ne fût surpris : qu'il avoit malicieusement fait prendre la peste à la mere & au frere de cette femme, les apellant à des lieux infectez : qu'enfin lorsqu'il étoit en particulier, on ne voyoit sortir de sa bouche que des discours scandaleux, que des sentimens d'athée & de libertin. Ces choses n'étoient que trop suffisantes pour montrer quel étoit le fonds de l'ame de ce malheureux. Cependant quand on poussa l'information, il se trouva bien de plus grands crimes. Un témoin homme de qualité depofa qu'il luy avoit oüi dire que dans fa jeuneffe, luy & trois de fes freres, pour une querelle de famille, s'étoient défaits de douze de leurs ennemis qu'ils trouverent affemblez. Que fes freres ayant été faits prifonniers, il alla brifer les prifons avec quelques uns de fes amis pour les delivrer. Qu'aprez cela il fervit quelque temps à la guerre. Qu'enfin il luy prît envie de fe faire Religieux, ou pour faire penitence de fes pechez, ou pour fe derober à la juftice. Qu'il s'alla jetter dans l'Ordre de faint François. Qu'il prît l'habit au convent de faint Jean Baptifte, dans le lieu de faint Colomban : qu'il y fit fa profeffion, puis il dit la meffe. Que le vent qu'il eût qu'on le cherchoit dans tout l'Etat de Milan, pour le punir de fes crimes, l'obligea de s'en aller à Rome, pour avoir fon abfolution. Qu'il fe jetta aux pieds du Pape Paul IV. Que le Pape prevenu par les Officiers de Milan, ne voulut point l'écouter. Qu'il reçut le même refus des Pape Pié IV. & V. Mais qu'enfin ayant gueri de la pefte l'Ambaffadeur d'Efpagne, il fût abfous à fa recommandation, par le Pape Gregoire XIII. à condition que d'orfenavant il ne diroit plus la meffe. Un autre témoin affeuroit qu'ayant été à Milan, à Naples, à Rome, il y avoit apris que l'Hermite paffoit pour un forcier, pour un affaffin, bref pour un homme noirci de tous crimes, ftipendié par le Roy d'Efpagne, pour porter la pefte en France, & pour l'y entretenir. Il refultoit encore par une information faite contre luy à Pavie, qu'on avoit envoyé querir, que l'Hermite ayant fervi en temps de pefte dans cette ville, demanda à l'Evêque une atteftation de fes bonnes mœurs & de fes fervices. Que l'Intendant de la fanté diffuada l'Evêque de la luy donner, difant que l'Hermite étoit un homme plein d'hypocrifie, & offrant de verifier par des gens dignes de foy, qu'ils l'avoient veu fe venter d'avoir commis deux homicides, de s'être marié au fortir de la Religion, d'avoir tranfmarché fa femme en de pays heretiques, où ils demeurerent affez long-temps. Voila quel étoit au vray cét homme que le peuple apelloit le faint Hermite, le Saint Pere, à qui l'on baifoit la robe, à qui l'on avoit déja dreffé des autels. Car on l'avoit peint à un autel de la chapelle de faint Eutrope. Voilà quel étoit ce grand fcelerat. Cét homme que tout le monde croyoit être envoyé du Ciel, pour le bien general des hommes. Cét homme couvert de tant de crimes, qu'une feule mort fembloit n'être pas capable de les expier tous. L'inftruction de fon procez étant achevée, inftruction qui dura plus d'un an, le mal-heureux fût condamné au feu. Ce fut le vingt-deuxiéme decembre mil cinq cens quatre-vingt-huit. Pour la femme qu'il entretenoit elle fût condamnée au foüet. On a remarqué qu'il alla affez conftamment au fuplice, que dans le chemin il avoüa fes crimes affez fincerement. Car on luy entendoit dire ces mots, *à peccato vecchio, penitentia nuova*. Mais quand il n'auroit rien avoüé du tout, quand les informations n'auroient pas été auffi fortes qu'elles furent, n'auroit-on pas été affez convaincu de la chofe, par la ceffation de la pefte, qui fe remarqua prefque dés qu'ils fût en prifon. Ainfi fe decouvrit l'impofture au grand étonnement des plus gens de bien. Ils

1588.

ne manquerent pas d'obſerver en cette occaſion, combien ils ſont ſujets à être les dupes de ceux qui ſe couvrent du manteau de devotion.

XVIII.
Le Seigneur de la Valete eſſaye d'entrer dans Aix. Il y va fort accompagné. On luy refuſe l'entrée. Mais il y entre le lendemain. Aprez y avoir demeuré deux ou trois jours, il va à Marſeille. Il en fait ſortir le Seigneur de Beſaudun. Il va viſiter la côte. Durant ſon abſence le Seigneur de Vins vient à Aix. Il ſe rend maître de cette ville. Le Seigneur de la Valete pour ſe faire craindre aſſiége & prend Lambeſc, où il fait une terrible execution. Le Comte de Carcès va à Marſeille. Sa preſence fortifie ſi bien ſon parti, qu'on pouſſe ceux qui tenoient pour le Gouverneur. On tuë même le ſecond Conſul, qui s'étoit ſauvé dans l'Egliſe.

La peſte n'a pas plûtôt ceſſé que la guerre civile prend ſa place. Elle acheve de tout deſoler. Ce furent les barricades de Paris qui la r'allumerent. Ces barricades que quelqu'un a nommées l'écuëil de l'autorité Royale, comme celuy de la fidelité des Pariſiens, ne mirent pas ſeulement le feu dans cette ville, elles le porterent dans toutes les Provinces de l'Etat, elles donnerent de nouvelles forces à la Ligue, elles redoublerent l'ardeur de ſes partiſans. Quelques jours avant que cette nouvelle arrivât en Provence, le Seigneur de la Valete étoit revenu avec les proviſions de Gouverneur. Il avoit mis garniſon dans pluſieurs places de la Province, à Siſteron, à Manoſque, à Forcalquier, à Apt, à Mouſtiers, à Salon, à Ventabren, à ſaint Paul, à Mirabeau, au Puy, à Berre, à Frejus, à Yéres. On ſe plaint de cette grande ſurcharge. On ſe plaint qu'on eût fait entrer ces troupes ſans l'atache des Procureurs du Pays, droit le plus jaloux de ces charges & le plus neceſſaire à la Province pour le ſoulagement du public. On ajoûte à ces plaintes, qu'on avoit rempli ces places de ſoldats Gaſcons, & qu'aux lieux où il n'y avoit point de château, l'on batiſſoit de nouvelles citadelles. Mais le Seigneur de la Valete ne s'arrêtoit pas pour toutes ces plaintes. Il ne laiſſoit pas de ſe fortifier. Durant qu'il pourſuivoit ce deſſein, il reçoit la nouvelle des barricades. La nouvelle luy en eſt aportée par le Capitaine Boyer, qui vint de la Cour. Il reconnût alors qu'il avoit bien fait de ſe precautionner de cette manière. Il le reconnut bien mieux encore, quand il aprit que dans les traitez qui ſe faiſoient pour pacifier le Royaume, le Duc de Guiſe demandoit qu'on éloignat le Duc d'Epernon. Car il n'ignoroit pas qu'on n'oſeroit rien demander ſur ce chef & qu'on n'accorderoit aucune demande, qnand on verroit ſon frere bien fort & bien apuyé. Mais ce n'étoit pas tout que ces citadelles & ces garniſons, il faloit être maître des grandes villes. Et c'étoit là ſon plus grand ſoucy. Il ne ſçavoit comment s'y prendre pour aller à Aix. Car quoyque le Seigneur de Vins en fût abſent, il ne laiſſoit pas d'y être le maître. Ses amis y tenoient toûjours le haut du pavé. Les principaux étoient le Chevalier de Chaſtuëil, de Becaris, le Capitaine Brun & le Capitaine Euſtache. Ceux-cy alloient toûjours fort accompagnez par la ville. Ils prenoient ſoin d'entretenir la jeuneſſe dans leur parti. Ils ſe ſervoient de cette occaſion, qui leur étoit la plus favorable du monde. La jeuneſſe avoit coûtume de s'aſſembler tous les Dimanches pour aller tirer au papegay. Châcun ſe trouvoit avec ſon arquebuſe dans un certain lieu aſſigné. L'heure de partir étant arrivée, ils marchoient deux à deux avec le tambour. Ils ſe rendoient au lieu deſtiné pour cét exercice. Il y avoit un prix pour le vainqueur. Les amis du Seigneur de Vins ne manquoient pas de s'y trouver des premiers. Ils y atiroient même bien du monde. On y voyoit pluſieurs chefs de maiſon, juſque là que l'on contoit quelque fois que l'aſſemblée étoit de trois ou quatre cens hommes. Cela donnoit ſujet de croire, que ceux qui paroiſſoient ſi ardens à s'aſſembler, étoient ſans doute reconnus pour les chefs & ils ſe rendoient redoutables par là. Ils n'oublioient rien pour ſe conſerver dans l'opinion qu'on avoit, qu'ils étoient abſolus dans la ville. Ce que le Seigneur de Vins faiſoit faire à Aix, le Comte de Carces le faiſoit faire par les ſiens à Marſeille. Il ſoûtient ſa faction par Nicolas de la Cepede premier Conſul & par Villecroſe. Il y envoye le Seigneur de Beſaudun qui y avoit un tres-grand credit. Beſaudun s'aplique à exhorter le peuple, à ſuivre l'exemple de ſes magiſtrats. Car outre le Conſul, on avoit pour Viguier le Seigneur de Montmeyan, tres-bien intentionné pour la Ligue. Il luy dit qu'on n'eût jamais plus de beſoin qu'on en avoit alors de redoubler ſon zele pour la Religion Catholique. Zele qu'on avoit ſi avantageuſement fait paroître de toute ancienneté. La même démarche qui ſe faiſoit à Marſeille & à Aix, ſe faiſoit auſſi dans le même temps à Arles. La Ligue y jettoit ſes ſemences par le miniſtere du Lieutenant Biord. Pierre Biord Lieutenant principal du Siége de cette ville, étoit un homme ardent & fougueux, qui donna dans la Ligue de tout ſon cœur. On ne l'entendoit jamais parler que de la ſainte Foy, jamais qu'exhorter le peuple à ſoûtenir la Religion Catholique, à la défendre contre l'entrepriſe abominable des Huguenots. Il uſoit toûjours de ces mêmes termes, & ſa maniére de les inſinuer dans les eſprits, étoit renduë plus efficace par l'autorité de ſa charge. Ainſi comme il tenoit en bride tout le monde, perſonne n'avoit garde de luy reſiſter. La diſpoſition de ces trois villes principales, toutes reduites ſous la main des ligueurs, metoit fort en peine le Seigneur de la Valette. Car il avoit beſoin qu'on le crût maitre ſur tout de ces villes, pour empêcher que les chefs de la Ligue n'inſiſtaſſent à ſa deſtitution, que l'on comprenoit dans celle de ſon frere. Pour faire qu'on eût cette opinion, il eſſaye de s'introduire dans la ville capitale. Il employe pour cela tout ſon art. Il prie le Parlement & la Chambre des Comptes d'envoyer quelques uns de leurs corps pour conferer avec luy. Il étoit alors à Pertuis. Il y fait venir les Procureurs du Pays. Il apelle quelques Gentils-hommes ſes meilleurs amis pour aſſiſter à cette aſſemblée. Dés que les deputez du Parlement & ceux de la Chambre des Comptes arriverent, il les aſſemble avec tous ceux qui s'étoient rendus prés de luy. Il leur dit qu'il aprenoit ,, avec un extreme deplaiſir, qu'il ſe faiſoit à Aix bien des menées. Que ,, ſa charge l'obligeoit d'y aller pour les diſſiper. Qu'il n'avoit pas neanmoins voulu s'y acheminer, ſans leur faire ſçavoir la choſe & ſans leur ,, demander leur avis; perſuadé qu'ils le luy donneroient ſincerement, ,, ſçachant quel étoit le zele qu'ils avoient pour le ſervice du Roy. Qu'il ,, leur promettoit de faire ſçavoir à Sa Majeſté les bons offices qu'il recevroit d'eux en cette rencontre, & la facilité qu'ils auroient aportée à ,, faire que tout ſe paſſât bien à Aix. A cela le Preſident Carriolis répondit, que ſon autorité ſeule étoit aſſez capable de contenir les factieux ,, en devoir. Que ſi neanmoins il avoit beſoin de celle du Parlement, il y ,, trouveroit toute la diſpoſition qu'il pouvoit atendre. Qu'aſſurement il ,, ſeconderoit ſes bons deſſeins autant qu'il pourroit. Tous les autres ,, l'assurent de leur part de la même chose. Sur ces asseurances le Seigneur de la Valete part avec trois ou quatre cens chevaux. Le Président Carriollis & le Conseiller du Castelar l'accompagnent. Cette escorte n'empéche pas qu'il n'aprehende quelque incident facheux arrivant à Aix. Il s'imagine qu'il pourra l'éviter, ne partant que tard de Pertuis, afin de n'arriver à Aix qu'à nuit close. Mais sa precaution ne luy servit guere. Car les amis du Seigneur de Vins étant avertis, que le Seigneur de la Valete venoit, se rendent à la porte de saint Jean en grande troupe. Le Seigneur de la Valete qui n'est point averti de la chose, ne laisse pas de poursuivre son chemin. Il arrive sur les dix heures de nuit. Comme il s'avance ceux qui le precedent sont bien étonnez, de voir qu'on leur presente la bouche des arquebuses & des pistolets. Ils sont obligez de tourner bride. Dans cette retraite si precipitée, on pousse le Seigneur de la Valete qui étoit déja sur le pont-levis. Son cheval qui se sent frapé se cabre. Il s'en faut peu qu'il ne le jette par terre ou dans le fossé. Sa troupe à cét abord se trouble & tout paroît en desordre. Il demeure luy même dans un étrange étonnement. Il ne sçait qu'elle resolution il doit prendre. Le Président Carriolis qui avoit conseillé le voyage, n'est pas moins étonné que luy. Enfin on ne trouve point d'autre remede que de luy aller faire passer la nuit dans la Commanderie de saint Jean. On luy dit qu'on verra le lendemain ce qu'il y aura à faire. Sur cét avis le Seigneur de la Valete envoye de ses gens pour faire ouvrir les portes de la Commanderie. On trouve qu'on s'étoit déja saisi de la maison. Qu'il n'y avoit pas moyen de la forcer. Il ne reste donc plus d'autre retraite que celle d'une hotelerie prés de là, que tenoit un nommé Mongardin. Le Seigneur de la Valete s'y jette dedans. Il y entre plûtôt pour être à couvert que pour s'y reposer. Car asseurement il n'eût jamais de nuit plus facheuse, plus pleine d'inquietude & de soucy. Mais aussi peut-on dire qu'il n'y eût jamais de nuit, où sa prudence parût avec plus d'avantage. Car dans ce grand sujet de deplaisir, on ne remarqua ni emportement ni foiblesse. On ne vît pas qu'il témoignât la moindre envie de se venger. Il passa toute la nuit à s'entretenir dans un grand sang froid qui étonnoit tout le monde. Le lendemain comme le jour commençoit à poindre, on luy vient dire qu'il n'y avoit plus personne dans la maison de saint Jean. Il y alla & en même temps grand nombre des Officiers du Parlement & de la Chambre des Comptes s'y rendent, luy témoignant tous le deplaisir qu'on a de ce qui étoit arrivé. Les Consuls viennent en suite, il le prient d'entrer dans la ville. Ils l'assurent qu'il y trouvera tout soûmis. Que ses gens y sont presque tous déja entrez. On luy fait tant de protestations, on luy donne tant d'asseurances de service, qu'il sort à pied, ayant à ses côtez le Président Carriolis & le Conseiller du Castelar. Il passe sur la lice le long des murailles. Il entre dans la ville par la porte des Augustins. Il va loger dans le convent des Augustins prés de cette porte, afin d'avoir une issuë en cas de besoin. Là comme il reçoit les complimens de tous les Corps, il fait paroître un esprit fort ouvert, & une contenance assez gaye & assez ferme. L'aprédiné, il va

DE PROVENCE. LIV. XIII. 635

se promener par la ville. Le peuple témoigne quelque allegresse de le voir. Mais l'allegresse n'étoit qu'aparente. Car le cœur étoit tout à fait pour le Seigneur de Vins. Cependant le Parlement fait tout ce qu'il peut pour le rassurer. Il fait arrest par lequel il défend le port des armes & l'entrée de la ville aux étrangers. Enfin il n'oublie rien pour luy faire voir, qu'on veut bien qu'il soit maître de la ville. Il y parut en effet absolu durant les deux ou trois jours qu'il y demeura. Rien ne se montroit à luy que d'ami. Ses ennemis étoient en retraite. Ils se tenoient enfermez dans leurs maisons. Comme tout sembloit le favoriser à Aix, ses amis de Marseille luy écrivent, qu'il seroit necessaire " qu'il y allât. Ils l'assurent que Besaudun n'aprendra pas si-tôt qu'il vient, " qu'il quitera la ville à l'heure même. Qu'il avoit compris que sa presence " seule pourroit l'obliger de sortir, ayant de leur part employé tout ce " qu'ils avoient d'industrie sans avoir rien avancé. Qu'il s'opiniatroit toû- " jours d'avantage à tenir en balance son parti. Qu'il y metoit tout ses " soins & toutes ses veilles. Qu'il ne se reposoit en effet ni jour ni nuit. " Sur cét avis qu'il reçoit fort souvent, il est bien en peine de ce qu'il " doit faire. Il trouve dans Aix les choses en si bon état pour luy, qu'il ne croit pas qu'il faille les exposer au changement que son absence y pourroit introduire. D'autre part on luy fait considerer que Marseille étoit d'une assez grande importance, qu'il ne devoit rien negliger de ce qui pouvoit la luy acquerir. On luy dit ces choses si souvent, qu'enfin il se resout d'aller à Marseille. Avant neanmoins qu'il y aille, il tire parole des principaux d'Aix, qu'ils conserveront la ville en l'état qu'elle se trouve. Il leur laisse sa femme pour leur être un gage de son retour. Cela fait il part, il arrive à Marseille. Aussi-tôt il ordonne au Seigneur de Besaudun de se retirer. Besaudun hesite du commencement. Mais enfin il voit bien, qu'il ne pût resister à l'autorité legitime. Il sort sans avoir loisir de visiter ses amis. Cela n'empécha pas que le jour mème de son depart, quelques seditieux ne se missent à dire ; on chasse " de la ville les Catholiques nous y laissons les Huguenots. Ces paroles " étant raportées au Seigneur de la Valete, il croit qu'il est de son autorité de les reprimer, & qu'il n'étoit pas bon de dissimuler en cette occasion. Ainsi pour contenir en devoir le peuple, il fait mettre en prison ceux qui avoient tenu ce propos. Mais la severité luy reüssit mal. Le lendemain le peuple se souleve. Il s'atroupe. Il apelle à soy les Preud-hommes, ce sont des gens que les pescheurs élisent pour leurs chefs & qui même leur rendent justice. Puis ils obligent le premier Consul de se joindre à eux. En cét état ils vont demander les prisonniers au Seigneur de la Valete. Le Seigneur de la Valete fait au commencement mine de les vouloir refuser, & joint au refus quelques paroles de menace. Mais voyant que ces gens au lieu de s'humilier, comme il avoit crû, s'en irritent encore d'avantage, il commande qu'on relâche les prisonniers. Puis pour ne pas hazarder son autorité, il sort de Marseille. Il va faire le tour de la côte pour s'asseurer des places. Il commence son voyage à Toulon. Dans le temps de ce voyage, les amis que le Seigneur de Vins avoit à Aix, ne manquent pas de luy faire sçavoir, qu'il devoit venir reprendre possession de la ville. Qu'il y trouveroit tout favorable, jusque même au premier President. En effet le premier President ne demandoit pas mieux, que de pouvoir choquer le Seigneur de la Valete, en veüe des méchans offices que le Duc d'Epernon luy avoit rendus à la Cour. Ce Duc avoit souvent écrit au Roy contre luy. Il avoit écrit aux Ministres que ce President étoit un homme incapable de servir utilement. Qu'il étoit mou & tiéde, & que les affaires du Roy ne se pouvoient avancer avec luy. Il avoit ses veües en écrivant cela. Il pretendoit que par ce decri, on obligeroit le premier President de se défaire de sa charge, & qu'on en pourroit faire revêtir Antoine Seguier son ami, qu'il avoit amené pour son conseil. Ces choses aigrissoient fort le premier President. Elles le rendoient l'un des principaux apuis de ceux qui vouloient pousser le Seigneur de la Valete. Aussi les amis du Seigneur de Vins, ne manquerent pas de recourir à luy dans cette rencontre. Il luy font sçavoir qu'on a écrit pour le faire venir. Le premier President leur promet toute assistance. Cette promesse hâte la venuë du Seigneur de Vins. Il vient. Il se presante à la porte de saint Jean. Ceux qui y étoient de garde font quelque difficulté de le laisser entrer, à cause de l'arrest de la Cour, qui défendoit qu'on admit les étrangers dans la ville. Le Seigneur de Vins dit qu'on n'avoit pas raison de le refuser. Que cét arrest ne pouvoit avoir été fait pour luy, puisqu'il étoit natif d'Aix. A ces mots personne ne s'opose plus. On ouvre la barriére. Il entre. On le reçoit même avec acclamations. La première chose qu'il fait aprez être entré, c'est d'aller visiter la Dame de la Valete. Cette Dame luy fait d'abord quelque plainte, de ce qu'il ne vouloit pas être ami de son mari. Le Seigneur de Vins luy répond d'un ton fort modeste, qu'il ne pouvoit pas servir à deux maîtres. Il en dit assez pour mettre en inquietude cette Dame, qui délors ne se crût plus en seureté dans Aix. Cependant le President Carriolis irrité de la venuë du Seigneur de Vins, fait faire arrest à la Chambre des Vacations, qui luy enjoint de vuider la ville. Le Seigneur de Vins témoigne d'abord qu'il veut obeïr à l'arrest de la Cour, il monte à cheval pour se retirer. Mais étant à la porte de saint Jean, il y trouve plusieurs de ses amis qui l'arrétent avec tumulte. Ils luy disent qu'il ne doit pas quitter la ville dans le besoin qu'elle avoit de luy. Qu'il faloit empêcher que les Bigarrats ne s'en emparassent, ce fût ainsi que l'on commença à apeler ceux du parti du Seigneur de la Valete. On leur donna ce nom sans doute, parce que c'étoient tous gens de diverse Religion, parti mêlé d'Hugenots & de Catholiques. A ces discours le Seigneur de Vins s'opiniâtre, ou fait semblant de s'opiniâtrer à vouloir sortir. Sa resolution fait qu'un de la troupe, l'arreste par la bride de son cheval & le ramene dans la ville. Tous les autres viennent aprez luy. Ils crient qu'on ne doit pas laisser sortir le défenseur de la sainte foy, le defenseur de la Religion Catholique, qui les apuyera contre les secousses des Bigarrats. Le bruit que font ces gens en revenant, oblige le President Carriolis, dont la maison étoit sur leur chemin de se mettre à la fenêtre pour voir ce que c'étoit. Il voit qu'on

ramene

ramene le Seigneur de Vins comme par force. Il luy offre sa maison pour se delivrer de ces importuns. Le Seigneur de Vins le remercie. Il dit qu'il aura plûtôt fait de se retirer en son logis. En effet dés qu'on l'y eût remis, châcun se retire sans faire autre chose que des menaces contre les Bigarrats. Aussi-tôt que le Seigneur de Vins fût libre chez luy, il alla visiter tous les Presidens & tous les Conseillers du Parlement. Il leur témoigna qu'il avoit tous les regrets du monde de n'avoir pû obeïr comme il le souhaitoit à l'arrest de la Cour. Il leur fait sur cela mille protestations de respect & de déferance. Ces complimens neanmoins n'ont pas le pouvoir de guerir les défiances du President Carriolis. Il juge qu'il ne fait pas seur pour luy dans la ville, où ses ennemis étoient les plus fors. Il prend resolution de se retirer. Il conseille à la Dame de la Valete de faire la même chose. Ils partent en même temps l'un & l'autre. Ils vont trouver le Seigneur de la Valete à Pertuis. Ainsi le Seigneur de Vins demeura maître dans Aix, où tous firent gloire de recevoir ses ordres. Le Seigneur de la Valete qui voit le changement arrivé à Aix, pense à intimider le peuple par un grand exemple. Il va d'abord assiéger Lambesc. Il le prend d'assaut. Il ne se contente pas de l'abandonner au pillage, il fait encore pendre trente des principaux habitans. Cette action ne fait pas neanmoins l'effet qu'il s'étoit promis. A la verité les villages voisins reçeurent bien garnison de sa part, mais la haine qu'on avoit contre luy se redouble. Elle établit encore mieux dans Aix le Seigneur de Vins, qui de là prend occasion de travailler à devenir maître de Marseille. Pour cela il fait fortement agir ses amis. Le Seigneur de la Valete de sa part écrit aux Consuls, de prendre bien garde à ne pas tomber dans la même faute où étoient tombez les gens d'Aix. Il les exhorte à conserver la fidelité, qui rendoit leur ville si recommandable dans tous les siécles. Sur cette lettre les Consuls assemblent le conseil de ville. On y propose de prendre la même resolution qu'on avoit prise à Aix. On resout de ne laisser entrer aucun Gentil-homme étranger dans la ville. Mais à peine ce réglement se publie, qu'on l'élude par une vaine interpretation. Le Comte de Carces qui étoit né à Marseille se presente à la porte. Ses amis soûtiennent qu'on ne peut le refuser. On le reçoit avec tant de joye, qu'on luy permet de faire entrer le Marquis de Trans, les Seigneurs de Besaudun & d'Ampus qui étoient avec luy. Sa presence affoiblit si fort le parti du Seigneur de la Valete, que quelque effort qu'il entreprit de faire, il ne pût mettre dehors le Seigneur de Besaudun. La tentative demeura courte, & il falut que l'on fît des excuses de ce qu'on avoit osé tenter. Les excuses sont admises. La reconciliation se fait. Mais elle ne dure pas long-temps. Elle se rompit trois jours aprez par une avanture tout-à-fait imprevüe. Quelques Procureurs passant sur le port, un deux se mit à dire tout en colere, *Maugré-blu tant de Bigarrats*. A ces mots sept ou huit hommes sortirent de la maison de Blancard l'épée à la main. Ils viennent vers les Procureurs, & leur disent, voici des Bigarrats, quelqu'un a-t-il à dire quelque chose contre eux. Aussitôt il se ramasse bien des gens en cét endroit. Les cadets, les artisans,

LIII

y accoûrent. Ils donnent fur ces fept ou huit avec tant de furie, qu'ils bleſſent dangereuſement un d'eux. Les autres font contraints de prendre la fuite. Ils vont s'enfermer dans la maiſon d'où ils étoient fortis. A ce bruit le Comte de Carces ne perd pas l'occaſion de pouſſer ſes ennemis. En qualité de Grand Senéchal, il ordonne à ſon Lieutenant d'informer contre ces gens qui ont voulu, dit-il, ſoulever le peuple. Il les traite de perturbateurs du repos public. Les Bigarrats intimidez par ces informations, font contraints de quiter la ville. Ils la laiſſent toute libre au contraire parti. Les Catholiques y reſtent les maîtres. Rien ne leur fait plus de l'ombrage qu'Antoine Lenche ſecond Conſul; homme ferme dans le ſervice du Roy, tout apliqué à la fonction de ſa charge, toûjours occupé à diſſiper les factions, toûjours plus ataché à ſon devoir, que plus on eſſayoit de l'en diſtraire. Sa fermeté faiſoit tant de peine aux Catholiques, que comme on eût inutilement tout tenté pour le gagner, on ſe reſolut de tout employer pour le perdre. Pour cela l'on fait pluſieurs conferences. On reſout enfin de s'en defaire à la premiére ronde où il paroîtra. La reſolution ne peut être ſi ſecrette que le Conſul n'en ſoit averti. Sur cét avis il dit tout haut & d'un air ferme, nous verrons juſqu'où ira l'audace. Auſſi-tôt il apelle ſes amis à luy. Il luy en vient environ cinquante. En cét état il s'en va vers le corps-de-garde de la Loge. Mais comme on s'étoit douté de ſa venuë, il trouve que le corps-de-garde étoit renforcé. Il voit tout le monde ſi reſolu à luy faire tête, qu'un jeune homme nommé Porcin oſe bien luy preſenter le piſtolet, luy dire mille paroles outrageantes; & le menacer enfin de tirer ſur luy, s'il ne ſe retire promptement. Lenche irrité par un affront ſi cruel, fait effort pour entrer dans le corps-de-garde. Il s'avance, tous viennent contre luy. L'un des ſiens eſt bleſſé dans cette mêlée. Il eſt luy même obligé de ſe retirer. En même temps l'allarme ſe donne par la ville. On publie que Lenche a voulu ſe ſaiſir du corps de garde, à deſſein de chaſſer de la ville les Catholiques & d'y introduire les Huguenots. A ces diſcours, le peuple s'échaufe. Il s'atroupe pour aller contre le Conſul. Les chefs de la ſedition qui ſoufloient au feu, prennent cette occaſion pour faire aſſembler le conſeil de ville. Ils y font reſoudre que Lenche ſera ſuſpendu. D'autre côté le Comte de Carces fait continuër l'information. Mais les ſeditieux s'impatiantent des longueurs qu'ils trouvoient dans les formalitez de la juſtice & n'en veulent point attendre la fin. Ils cherchent le Conſul. Et aprenant qu'il s'étoit refugié dans le convent des Obſervantins; ils le vont retirer de cét azile. On le prend on le traîne à la ruë. Dans ce temps un cardeur à laine luy donne un grand ſouflet & dés qu'on la mis dehors; on commence à le charger de coups d'épées. Mais tout accablé qu'il eſt d'une multitude furieuſe, il ne perd ni le cœur ni le jugement. Il ſe tire adroitement de leurs mains. Il ſe jette promptement dans l'Egliſe. La fureur neanmoins étoit trop grande, pour être retenuë par aucun remords ni par la crainte d'un ſacrilege. On entre dans l'Egliſe. On le pourſuit. On l'ateint. On le tuë prés du benaitier. On traine le corps hors de l'Egliſe, & on le livre enſuite aux enfans, qui le traînent par toute la ville, puis le vont reposer devant sa maison. Les domestiques du défunt le retirent & vont l'enterrer secrettement. Les gens de bien plaignent le sort d'un citoyen si genereux, & déplorent le malheur du tems qui fait que les mieux intentionnez pour le service du Roy trouvent si peu de seureté dans leur propre patrie. Cette action se commit sur la fin du mois d'aoust. Mais je ne crois pas pour cela, que ce soit interrompre l'ordre de l'Histoire, d'avancer le recit de cette avanture, pour la commodité de la narration.

Le Seigneur de la Valete voyant Aix & Marseille luy manquer, tourne toutes ses pensées vers Arles. Il prend soin de s'acquerir les principaux habitans. Il donne des commissions pour des levées à plusieurs. Entre autres il en donne à Marc Icard, aux Seigneurs de Beaujeu, de Mejanes, de Grille. Il leur fait même toucher de l'argent. Aussi-tôt ces Capitaines font batre le tambour. Comme ils ont les Consuls favorables, ils tiennent toute la ville en bride par-là. On voit leurs soldats aller par les ruës, rompre toutes sortes de conferences sous pretexte d'empêcher les atroupemens. Mais le Lieutenant Biord ne laisse pas pour cela d'agir. Il a le pouvoir de faire sortir de la ville le Seigneur d'Istres, que le Seigneur de la Valete avoit envoyé pour conferer avec ses amis. Le Seigneur de la Valete voyant qu'il n'y avoit pas plus de fondement à faire sur Arles que sur Marseille & sur Aix, pense à s'asseurer du moins autant qu'il pourra des meilleures places. Pendant qu'il confere avec ses amis sur les moyens d'executer la chose. Le Capitaine Rambert d'Aix, le vient voir à Pertuis, où il se tenoit ordinairement. Ce Capitaine Rambert commandoit dans la Tour de Bouc. On s'avise de commencer par luy la tentative projettée. Aussi-tôt on se saisit de sa personne. On le remet au Seigneur d'Istres Gouverneur de Berre, pour l'aller enfermer dans ce château. Istres part dés que la nuit arrive. Mais au lieu de conduire son prisonnier à Berre. Il le méne vers la Tour de Bouc. Il y arrive sur le point du jour. Aussi-tôt il demande à parler au neveu du Capitaine Rambert qui commandoit dans la place. Ce neveu se presente sur la muraille. Istres luy montre son oncle entre deux soldats qui luy tenoient le poignard levé sur le sein. Il luy dit que s'il n'ouvre la porte, sur le champ, il fera poignarder son oncle à sa veüe. Le neveu se trouble à ces paroles. La nature l'emporte sur l'interest. Il oublie tout autre devoir pour celuy de garantir son oncle. Il ouvre & Istres entre dans la place. Il met la garnison dehors. Il en introduit une nouvelle, & laisse d'Usane d'Arles pour la commander. Aprez qu'il à mis bon ordre à tout, il part, il va dîner au Martigues. Là par un procedé de jeune homme, il se vante de ce qu'il a fait. A son recit le peuple s'irrite. Il ne peut souffrir qu'une garnison étrangere le puisse inquieter à tout coups. Il s'atroupe. Il environne le logis où dinoit Istres. A ce bruit Istres commence à craindre. Il cherche comment il pourra s'évader. Mais on ne luy en donne pas le loisir. Le peuple monte en sa chambre. On le prend, on le méne à la Tour de Bouc. On le menace de l'égorger, s'il n'ordonne qu'on rende la place. On le montre à d'Usane dans la posture, qu'il s'étoit vanté d'a-

XIX.
Le Seigneur de la Valete fait dessein de se rendre maître des bonnes places. Pour cela il fait arrêter le Capitaine de la Tour de Bouc. Le Seigneur de Vins se déclare ouvertement pour la ligue. Le Roy se déclare aussi pour ce parti. Il fait expedier en sa faveur l'Edit de Juillet. L'Edit est reçeu en Provence. Le Seigneur de la Valete fait parler de paix. La chose ne réüssit pas. On fait des entreprises de part & d'autre.

voir montré le Capitaine Rambert. D'Ufane offre auffi-tôt de quiter, il fort, il remet la place. Mais il ne fe trouve pas hors de danger. On le faifit luy & fa garnifon. On le méne comme en trophée au Martigues. Là on luy fait mille indignitez. On le charge d'injures luy & fa troupe. On épargne feulement leur vie. Car on leur avoit promis feureté pour leurs perfonnes. Cela fit qu'on s'en tint aux paroles, & qu'aprez leur avoir fait tout craindre on les renvoya. Le Seigneur de la Valete eft averti de ce qui s'eft fait. Il écrit une lettre fulminante aux Confuls du Martigues. Il ne fçavoit pas encore qu'on eût relaché le Seigneur d'Iftres. Il leur mande que s'ils ofent le retenir encore, il ira faire ruïffeler le fang dans leur ville, qu'il n'épargnera ni hommes, ni femmes, ni enfans. Cette lettre irrita fi fort ces gens, qu'ils fe jeterent dans le parti de la Ligue. On envoye offrir la ville au Seigneur de Vins. A cette offre le Seigneur de Vins, prend un fi bon augure de fa caufe, qu'il commence à fe montrer ouvertement, & n'ufa plus des ménagemens qu'il avoit gardé jufqu'alors. Il ne s'étoit jamais expliqué qu'en termes couverts. Il ne s'étoit jamais figné dans fes lettres. Mais alors toutes les precautions cefferent. Il prit le ton de commandement, & le prit encore bien plus haut, quand il eût nouvelles du pouvoir qui venoit d'être donné au Duc de Guife, pouvoir qu'il raporta par cette adreffe. Aprez les barricades de Paris, le Roy s'en alla prendre retraite à Chartres. Mais cette ville n'étant pas trouvée affez confiderable, pour faire honneur à fon fejour, on penfe à fe retirer dans quelque autre de plus grand nom. Roüen étoit la plus proche & la plus celebre. On y jéte les yeux deffus. On envoye fonder les efprits, & tout ayant paru favorable, on s'y en va. Le Roy eft reçu, comme il le pouvoit fouhaiter. Cette reception donne de la jaloufie aux Parifiens. Il fe repentent des barricades. Ils deliberent d'en témoigner leur repentir au Roy. Ils le font par une grande deputation. Les deputez excufent la faute des barricades dans les termes du monde les plus foûmis. Ils fuplient le Roy de vouloir éprouver qu'elle eft l'obeïffance que les Parifiens defirent de luy rendre. Le Duc de Guife fait faire les mêmes proteftations. Le Roy qui voyoit le parti de la Ligue toûjours s'accroître, croit qu'il faut prendre cette occafion pour l'étouffer ou pour l'affoiblir, où du moins pour empêcher qu'il ne fe fortifie d'avantage. Il fait femblant d'aprouver la conduite des Parifiens & du Duc de Guife. Il protefte qu'il veut les apuyer de toute fon autorité. Pour les perfuader encore mieux, il
" figne une paix, où il leur promet toutes ces chofes. Qu'il fe declarera
" chef de la Ligue Catholique. Qu'il prendra les armes contre les Hu-
" guenots. Qu'il ne les pofera qu'aprez l'extinction entière de l'herefie.
" Qu'il obligera fes fujets de toutes conditions, à prêter ferment de faire
" la même chofe que luy. Qu'il exclurra les Huguenots à la fucceffion à
" la Couronne, & même de toutes fortes de charges & d'emplois. Que
" tous les excez qui s'étoient commis pour le foûtien de la Religion Ca-
" tholique, feront remis & oubliez. Qu'il fera dreffé deux armées, l'une
" en Poitou qu'il commandera, l'autre en Dauphiné commandée par le
" Duc de Mayene. Que le Concile de Trente fera reçeu, à la referve

de ce qui pourroit blesser les privileges de l'Eglise Gallicane. Que les „
Ligueurs retiendront encore pour six ans les places qu'on leur avoit „
accordées. Qu'ils auront en outre, Dourlans, Orleans, Bourges, Mon- „
tereau. Que le Duc de Guise aura privativement à tous, le comman- „
dement des armes par tout le Royaume. Qu'il sera convoqué des Etats „
Generaux à Blois, dans le mois d'octobre. Que dans ces Etats on aprou- „
vera l'Edit qui sera dressé, touchant cette paix. Qu'on y autorisera le „
Concile de Trente & le pouvoir que le Duc de Guise a reçeu. Cette „
paix se fit & signa de si bonne grace, que les Parisiens en furent tous ravis. Cependant le Roy n'eût point de repos qu'il n'eût fait expedier l'Edit, qu'il ne l'eût envoyé dans les Provinces. Cét Edit fût appellé l'Edit de Juillet. On le porta par tout avec les ordres pour deputer aux Etats Generaux. Il fût reçeu en Provence avec joye. Le Parlement le fit publier en audiance en robes rouges. Puis il s'en alla faire chanter le *Te Deum* en l'Eglise de S. Sauveur. Il ordonna une procession generale & des feux de joye. Il fit prêter serment à tous les officiers de justice de garder l'Edit. Il deputa des Commissaires à l'Hôtel de ville, pour faire prêter le serment à tous les habitans. Il fit arrest portant défenses sous peine de rebellion d'inquiéter les Catholiques. D'autre côté le Comte de Carces, à qui les ordres avoient été adressez en qualité de Grand Senechal, convoque les Etats à Aix, pour deputer aux Etats de Blois. On depute pour le Clergé l'Archeveque d'Aix, pour la Noblesse le Seigneur de Besaudun, pour le Tiers Etat Honoré Guiran, les Communes de Forcalquier & de Castellane. Aprez cela l'on dresse le cayer que les deputez devoient porter. Le cayer contenoit les plaintes & les demandes de la Province. Elles étoient principalement sur trois chefs, sur la Religion, sur la Justice, sur les Armes. Aprez les plaintes faites en general, on demanda que les ordonnances touchant l'Eglise fussent observées. Que les benefices fussent donnez à des gens du Païs. Que les Huguenots fussent chassez. Que les biens des opiniâtres servissent aux frais de la guerre. Que l'amande de cent mille écus adjugée au Païs sur les biens du Baron d'Allemagne fût executée. Que la venalité des offices fut bannie. Que les nouveaux officiers fussent suprimez. Que les alliances dans les mêmes compagnies de justice fussent retranchées. Que le droit des procez à l'extraordinaire fût aboli. Que la taxe des frais de justice fût diminuée. Que les citadelles & les fortifications nouvellement faites fussent demolies. Que les Gouverneurs des villes particuliéres fussent destituez. Que les impositions qu'ils avoient faites fussent revoquées. Que les garnisons hors des places frontiéres fussent cassées. Que les troupes étrangeres fussent licentiées. Et qu'enfin la garde de la Province fût commise à la fidelité de ses habitans. Aprez que les remontrances furent dressées, on les lut tout haut dans les Etats. Elles y furent generalement aprouvées. On ajoûta un desaveu de toutes autres assemblées, qui pouvoient être faites à pareille fin. On mit cette clause à dessein d'affoiblir l'assemblée qu'avoit fait faire le Seigneur de la Valete Car il n'avoit pas manqué d'en convoquer une à Pertuis, & de faire députer des gens de son haleine,

pour faire paroître à la Cour qu'il étoit puissant. Mais cette affectation luy fût inutile. On sçavoit assez qu'il n'avoit nul credit dans les bonnes villes. On sçavoit qu'à Aix ses amis avoient été contraints d'en sortir, par les insultes du parti contraire : qu'à Marseille on ne le reconnoissoit plus du tout : qu'à Arles le Lieutenant Biord soulevoit à toute heure le peuple contre les Consuls. Qu'enfin il avoit perdu tout son credit, dépuis le passage du Vibaillif de Montelimar qui parcouroit toutes les Provinces & faisoit signer la Ligue par tout. Ce Vibaillif avant que de passer en Languedoc, s'arrêta durant quelques jours à Arles, pour s'aboucher avec le Lieutenant Biord. Il luy decouvrit toutes les intrigues & tous les desseins de la Ligue. Il l'obligea d'aller faire tout sçavoir au Seigneur de Vins. Aprez cette conference le Lieutenant vient à Aix. Il ne veut pas neanmoins entrer dans la ville. Il apelle seulement au faux-bourg de saint Jean le Seigneur de Vins. Il le prie de mener avec luy l'Avocat General Laurens, qui étoit bien avant dans l'interest de la Ligue. Il leur fait sçavoir tout ce que le Vibaillif luy avoit dit. Aparemment ce Vibaillif decouvrit à Biord quelque secret, qui n'étoit pas ignoré du Seigneur de la Valete. Car il m'a paru que ce Seigneur se doutoit de quelque grand changement, & que ce fût ce qui l'obligea à convoquer à Pertuis une assemblée des Communes ; qu'il fit parler Balthazar Burle Consul d'Aix dans cette assemblée avec beaucoup de moderation de sa part. Ce Consul dit que le Seigneur de la Valete toûché des divisions de la Province, avoit en-
" core voulu tenter cette voye pour les faire cesser. Qu'il étoit prêt d'em-
" ployer de sa part tout ce qui étoit en sa puissance. Que si on vouloit
" dissiper les ombrages, qu'il avoit sujet de prendre du port des armes:
" Que si on vouloit rendre libre l'accez d'Aix, il licencieroit les troupes
" étrangeres, il metroit les autres en garnison, & qu'enfin pour tout com-
" prendre dans un mot, il donneroit volontiers la carte blanche. Sur
" cette proposition on delibere. On resout d'envoyer des deputez à Aix.
" On y envoye les deputez de Forcalquier, d'Yéres, de Grasse, de Draguignan, de Digne, de Lorgues. Ces deputez font sçavoir au Parlement, à la Chambre des Comptes, aux principaux de la ville l'état des choses. Ils prient les uns & les autres de vouloir deputer quelques uns d'entre eux, pour aller conferer à Pertuis, & de vouloir accorder les choses qui seroient raisonnables. Ils les prient encore de moyenner que le Seigneur de Vins se retirât d'Aix, afin d'oter tous les ombrages que donnoit sa presence. Ils les conjurent de luy vouloir faire comprendre qu'il est en son pouvoir de mettre la paix dans la Province, s'il veut en cette rencontre se contenir dans sa maison. A cela le Parlement répond, qu'on avoit plusieurs fois vainement tenté de pacifier la Province par des conferences. Qu'il n'y avoit plus lieu d'esperer que cela se peut faire par ce moyen. Qu'il ne restoit plus qu'à atendre le Seigneur d'Allen envoyé vers le Roy par la Province, & à executer ponctuellement les ordres qu'il aporteroit. Du reste qu'il trouvoit fort bon qu'on cherchât tous les moyens de pacification dont on pourroit s'aviser. Qu'il loüoit en cela le dessein de l'assemblée. Pour le Seigneur

de Vins il répondit, qu'il étoit prêt de se retirer si le Seigneur de la Valete vouloit donner deux ôtages pour l'observation de sa promesse. Que de sa part il donneroit deux Gentils-hommes & deux de ses fils, pour témoigner qu'il n'avoit rien plus à cœur, que de voir une bonne & ferme paix. Comme les deputez sont de retour à Pertuis, ils raportent la réponse qui leur avoit été faite. Aussi-tôt le Seigneur de la Valete declare qu'il n'a rien à traiter avec le Seigneur de Vins. Qu'il vouloit bien neanmoins luy promettre toute seureté, s'il se disposoit à quiter la ville. Mais qu'il traiteroit avec le Parlement. Que si le Parlement revoquoit les arrêts donnez contre son autorité; s'il declaroit nulle la derniére assemblée tenuë à Aix, comme convoquée sans son ordre, s'il luy donnoit en ôtage le premier & le tiers Presidens, pour asseurance qu'il ne s'innoveroit rien dans le païs, jusqu'à ce qu'on eût reçeu les ordres du Roy, il promettoit d'executer tout ce qu'il avoit avancé, qu'il remettroit toutes choses dans la Province au même état qu'elles étoient avant les barricades de Paris. Ces propositions faites de part & d'autre demeurerent sans aucun effet. Ou si elles en produisirent quelqu'un ce fût qu'on s'en irrita d'avantage. Le Seigneur de la Valete voyant toutes les negotiations inutiles, se met en campagne & fait mener le canon devant Valensole. Il l'assiége, il le prend. Dans ce siége il reçoit un coup d'arquebuse au dessous de l'aine, qui l'oblige de se faire porter à Manosque sur un brancard. Dans la prise de cette place il arriva une avanture assez remarquable. On avoit condamné le premier Consul à être pendu. Comme on l'alloit executer, sa femme transportée de rage, monte sur l'échelle. Elle jette en bas le bourreau & son mari. En même temps elle saute à terre & fait tous ses efforts pour delier son mari. Cette juste passion touche si fort le Commandant, qu'il donne la vie au Consul en consideration de sa femme. Pendant que le Seigneur de la Valete assiége Valensole, le Seigneur de Vins fait dessein de surprendre Pertuis. Il passe la Durance avec le Comte de Carces. Il entre dans la ville. Mais le château se défend & l'arrête tout court. Cette resistance luy fait connoître qu'il faloit pour cette prise plus de temps qu'il ne s'étoit imaginé. Il craint que s'il veut s'opiniâtrer, le Seigneur de la Valete ne survienne. Il juge qu'il vaut mieux se retirer. Sa retraite enfle si fort le cœur de ses ennemis, qu'aprez avoir mis bon ordre à Pertuis, ils vont assiéger & prendre Peiroles. Dans cette prise le Seigneur de Buoux eut la cuisse rompuë. En même temps le Seigneur de Pontevez s'assure de Brignole. Barjols, Rians, Jouques, Ansouis, Vitroles prenent ce parti. Ce changement met le Parlement en peine. Ou pour mieux dire il reveille la crainte que luy avoit déja donné la prise de Salon par le Baron de Senas qui y fût tué. Mais la reduction de ces villages comme plus voisins étonna encore Aix d'avantage. Pour empêcher qu'il n'y arrive rien de sinistre, on augmente le pouvoir du Seigneur de Vins. On luy permet de lever une compagnie de deux cens hommes. On permet aussi à châque Consul de prendre cinquante hommes pour leur seureté. Le Seigneur de la Valete aprenant ce qui se fait, se plaint que le Parlement empiéte sur sa charge. Il envoye dire à Aix, que si l'on n'en faisoit sortir le Seigneur de Vins, il lévera les armes ouvertement, & ne recevant point de bonne réponse, il fait faire le dégat du terroir par Montaud & par Ramefort. Ceux-cy prenent quatre cens chevaux avec eux. Ils courent jusqu'aux portes de la ville. A cette nouvelle le bourgeois & le peuple prenent l'épouvante. Le Seigneur de Vins fait une sortie pour les rassurer. On tire les canons qui étoient sur les murailles. Mais ce fût avec un méchant succez. Car l'éclat d'un des canons qui creva, tua le Capitaine Rambert, l'apotiquaire Roland & blessa diverses autres personnes. Il est vray que le Seigneur de Vins repoussa vigoureusement les courses, & qu'il obligea les coureurs de se retirer. Mais la retraite ne laissa pas de coûter cher. Car on emporta tout le butin qu'on pût prendre. Quelques jours aprez Beauregard Lieutenant de la compagnie du Seigneur de la Valete, passant de Pertuis à Salon, fit une course dans le terroir d'Aix. Il s'avança jusqu'à la chapelle de saint Eutrope. Il fit le Procureur Dise & plusieurs autres prisonniers. Il emporta beaucoup de bétail dans sa retraite. Sur ce bruit on prend de nouveau l'allarme. Le Seigneur de Vins se presente pour rasseurer ceux qui craignoient. Il sort avec le Comte de Carces, le Seigneur de Soliers & quelques autres. On va bien avant chercher l'ennemi. On l'ateind enfin sur le bord du terroir de Rougnes. Aussi-tôt le Seigneur de Vins se fait reconnoître. Il envoye le Capitaine Dedons. Dedons execute l'ordre exactement. Il revient, il raporte que ces gens s'étoient arrêtez. Qu'ils paroissoient fort resolus à l'atendre. A ces mots le Seigneur de Vins se met à luy dire Capitaine Dedons avez vous peur ? Je n'ay point de peur, Monsieur, luy répond Dedons. Vous le verrez bien par ma conduite. J'iray si avant dans l'occasion, que j'y resteray. Mais je dois vous raporter fidelement ce que j'ay veu ? Aussi-tôt on s'avance contre l'ennemi. Le Capitaine Dedons est des premiers qui s'avançent. Il reçoit un coup de pistolet dans la cuisse dont il mourut quelques jours aprez. Cependant Beauregard est ataqué. Il ne se trouve avoir que la cuirasse. Un revers de coutelas donné dans la gorge le fait tomber à terre roide mort. Sa chute abat si fort le cœur des siens, que presque tous se laissent tuër. Il y en eût quelques uns qui prirent la fuite. Cependant le cheval de Beauregard n'ayant plus de maitre, retourne sur ses pas, gaye la Durance & va se rendre aux portes de Pertuis. A cette veuë, le Seigneur de la Valete s'imagine que Beauregard avoit été fait prisonnier par ceux d'Aix. Aussi-tôt il y envoye un trompete. Il demande qu'on luy rende Beauregard. On luy répond que s'il veut r'avoir son corps on le luy rendra. Qu'on l'avoit enterré dans l'Eglise de la Magdelaine. Avant que cette réponse luy fût raportée, il aprît ce qui s'étoit passé.

XX.
Le Seigneur de la Valete convoque des Etats. Le Parlement en convoque des con-

Mais ce deplaisir n'arriva pas seul. Il fût accompagné d'un plus grand encore. On porte nouvelle au Seigneur de la Valete, qu'il venoit de perdre un gouvernement. C'étoit celuy du Marquisat de Saluces, dont le Duc de Savoye s'étoit emparé. Cela le touche d'autant plus sensiblement, que le Duc de Savoye pour justifier ce qu'il avoit fait, publioit

qu'il

qu'il ne s'étoit emparé du Marquisat de Saluces, que pour empêcher que le Seigneur de la Valete ne le livrât aux Huguenots. Que ce qu'il avoit fait ce n'étoit que pour conserver ce païs au Roy. Qu'il n'y faisoit que la fonction de Gouverneur, & que la justice s'y rendoit au nom du Roy. Le Seigneur de la Valete voyant que le Duc de Savoye faisoit tomber la chose sur luy, ne manque pas de sa part de publier que le Duc n'avoit fait ce pas, que pour avoir moyen de venir fondre plus facilement en Provence. Que c'étoit dans cette veuë qu'il avoit fait aprocher son armée, qu'il avoit fait construire des forts en Terre-neuve; dont le dernier n'étoit qu'à cinq lieües de Seine, & par-conséquent presque à l'entrée de ce païs. Aprez avoir semé ce bruit par tout, il convoque à Pertuis les Etats de la Province. Aussi-tôt le Parlement s'opose à cette convocation. Il fait défenses à toutes personnes de s'y trouver. Mais les amis du Seigneur de la Valete ne laissent pas de s'y rendre. Là comme tout y étoit de son haleine, il fait destituër tous les officiers du païs. Il en fait nommer d'autres à sa devotion; il se fait accorder six mille hommes de pied, six cens chevaux legers, deux cens arquebusiers à cheval & tous les frais de l'artillerie. Contre ces Etats le Parlement en convoque d'autres à Marseille. Dans ces Etats on delibere de faire une levée de six mille hommes de pied, quatre cens chevaux, trois compagnies de gendarmes de cinquante lances châcune. On donne le commandement du tout au Seigneur de Vins. Comme le Seigneur de la Valete voit son autorité si souvent ataquée, il craint que ces frequentes secousses ne le renversent enfin quelque jour. Il croit qu'il faut penser à sa seureté. Il fait une nouvelle tentative, pour en venir à un accommodement. Il prie le Marquis d'Oraison de s'en entremetre. Le Marquis écrit aux Consuls d'Aix. Il leur fait sçavoir qu'il voit quelque jour à terminer les affaires de la Province. Qu'il espere que quelques conferences, donneront moyen d'en venir à bout. Sur cét avis les Procureurs du païs accordent qu'il se fasse une entreveuë entre le Marquis d'Oraison & le Seigneur de Vins. L'entreveuë se fait, mais elle ne produit rien, que plus de resolution de faire la guerre. Châcun se munit de nouvelles forces. Le Seigneur de la Valete demande du secours au Seigneur de Lesdiguieres. Celuy-cy luy envoye quelques troupes conduites par les Seigneurs de Prunieres & de Gouvernet. Le Parlement accepte l'offre que luy avoit fait le Duc de Mayenne, qui commandoit l'armée du Dauphiné. Il l'exhorte même à venir en personne. Il écrit la même chose au Comte de Suse & au Colonel Alfonse. Il les prie de venir promptement. Comme châcun cherche ainsi d'apuyer ses armes, on a nouvelles que le Marquis de Trans a surpris Frejus. Cette ville avoit pour Gouverneur le Baron de Montaud & une garnison Gasconne. Mais le Marquis pour faire ce coup, prit le temps, où le Baron de Montaud étoit prés du Seigneur de la Valete. Dans ce temps il fait aprocher ses troupes de la ville. Il arrive au pied des murailles dans la nuit. On atend le lendemain que la porte s'ouvre. A cette ouverture on entre avec violence. On coupe la gorge au corps-de-garde encore endormi. Cette action se fait avec

traires. Sur cela le Marquis d'Oraison moyenne une entreveuë avec le Seigneur de Vins. L'entreveuë se fait inutilement. Le Marquis de Trans surprend Frejus. Le Seigneur du Muy est tué dans son Château par ses habitans. On tuë aussi le Commandeur de Roquemartine. Le Roy prend dessein d'ôter le Gouvernement de la Province au Seigneur de la Valete.

Mmmm

tant de bruit, que la garnison épouvantée, faute les murailles & s'enfuit. Le Marquis demeure maître de la place, au grand contentement des habitans. Cét évenement fût tres-heureux à la verité. Mais il fût cause d'une bien noire felonie. Le Seigneur du Muy avoit dans son village une compagnie de Gascons pour sa seureté. Car il n'avoit pas de pires ennemis que ses habitans. Les Consuls du lieu ayant apris ce qui se passoit à Frejus, croient que la conjoncture étoit favorable pour se delivrer de la garnison. Ils prient le Commandeur de Roquebrune de la maison de Roquemartine, qui étoit parent & ami de leur Seigneur, de moyener que ces gens se retirent. Ils le conjurent de luy faire considerer ce que vient de faire la garnison de Frejus; & qu'il n'y a pas lieu de compter avec plus de fondement sur la sienne, mais bien sur ses sujets qui devoient être sa plus sure garde. Le Commandeur bon & facile se rend à leurs priéres. Il persuade au Seigneur du Muy, de renvoyer cette garnison. Durant qu'il ménage l'esprit de son parent, les Consuls envoyent prier le Marquis de Trans, de vouloir s'aprocher avec des troupes. Ils l'asseurent qu'il sera maitre du lieu. Cependant le Seigneur du Muy congedie les Gascons. Comme ils sortoient, un soldat se mit à luy dire, Monsieur si vous ne sortez avec nous vous étes perdu. Le Seigneur du Muy ne tint pas grand compte de cela, croyant que la chose se disoit à l'avanture. Mais la suite fit assez connoître que le soldat avoit parlé de tres-bon sens. Car dés que les Gascons furent dehors, le Consul vient prier le Seigneur d'aller visiter le corps-de-garde, où il verroit quel soin il vouloit prendre pour sa seureté. Tandis que le Consul luy tient ce discours, un bourgeois envoye dire par sa servante à la Dame du Muy de ne pas souffrir que son mari sorte. Que s'il sortoit asseurément il luy mesarriveroit. Sur cét avis la Dame prie son epoux de ne pas sortir, elle ajoûte des pleurs à ses priéres. Mais le Consul qui craint que l'occasion ne luy échape luy dit, Madame il est necessaire que Monsieur voye, qu'elle est l'affection de ses sujets. Aussi-tôt le Seigneur du Muy part avec bon nombre d'habitans qui étoient venus comme pour l'escorter. Il décend l'escalier parmi cette foule, qui au dernier degré, se jette tumultuairement sur luy, & aprez l'avoir percé de cent coups de poignard se retire. Le pauvre Seigneur reduit à ce triste état, se traine jusqu'à l'écuirie, où il combat long-temps entre la vie & la mort. Son epouse qui n'ose sortir de peur d'un pareil traitement envoye souvent sçavoir de ses nouvelles. On luy raporte qu'il souffroit beaucoup, sans que pourtant il y eût esperance de vie. Elle mande vite qu'on luy ôte ce qu'on luy trouvera au tour du cou. A peine le commandement est-il executé, que ce Seigneur rend doucement l'ame. Pendant que cette action se commetoit, le Commandeur de Roquebrune avoit gagné une guerite voisine, où il atandoit qu'on ouvrit la porte du village, afin de se pouvoir sauver. Dans le temps qu'il montoit à cette guerite, une servante l'aperçut, elle le decouvre. Aussi-tôt on va pour l'arréter. Le Commandeur se voyant entre les mains de cette canaille, juge bien qu'il est perdu. Il demande qu'au moins on luy prolonge sa vie jusqu'à ce qu'il se soit confessé. La demande luy est accordée & on va d'abord luy querir un prêtre. Dés que le prêtre arrive le Commandeur se met à genoux. Il avoit sa cuirasse, son épée & son arquebuse. Cela luy donnoit encore quelque esperance. Il demande au prêtre s'il ne pourroit pas tuër quelqu'un pour se sauver. Le prêtre dit que non par ignorance ou par crainte. Sur cela le Commandeur détache sa croix. Il la donne au prêtre & luy dit, au moins vous prierez Dieu pour mon ame. Durant tout ce temps les seditieux s'impatientent. Ils disent au Commandeur de se depécher, & n'atandant pas même qu'il acheve, un nommé Ainesi son sujet de Roquebrune plus impatient que les autres se jette sur luy & le massacre brutalement. La Dame du Muy aprenant cette action & craignant pour sa personne, pense à se mettre à couvert. Pour cela elle saute sur le toit de la maison voisine. Mais il arrive mal-heureusement que sa jupe s'étant acrochée au canon d'une cheminée, elle demeura plus d'une heure suspenduë sans secours. Ses gens la cherchent par tout, & ne trouvent que son fils & sa fille. Aprez avoir parcouru toutes les chambres, on monte enfin au plus haut du château. On la trouve comme je le viens de dire. Les assassins de son mari qui étoient revenus dans le château pour faire main basse, sont touchez de compassion de la voir en cét état, & se contentent de la mettre elle & sa famille hors du village, puis on pille & on demolit le château. Cependant cette Dame se retire à pied à Draguignan. Le Marquis de Trans aprenant tout ce qui s'étoit fait, ne veut point aprocher, afin qu'on ne le croye auteur d'une action si noire. Il envoya faire compliment à la Dame du Muy, à qui son accident ou sa douleur fit faire à son arrivée une fausse couche. La nouvelle du Muy étant portée au Seigneur de la Valete, il en témoigne un grand deplaisir. Aussi-tôt il envoye vers la Dame du Muy un Gentil-homme, qui pour la soulager en quelque maniére dans ses pertes, luy porte une commission de Cornette de cavalerie pour son fils, quoy qu'il n'eut encore que deux ans. Quelques jours aprez la prise de Frejus, le Seigneur d'Ampus s'en va contre Jouques. Ayant pris la place d'assaut, il fait pendre le Capitaine Orgon Gouverneur avec cinquante soldats. Le Seigneur de la Valete qui voit ses ennemis prosperer si fort, songe à se bien tenir sur ses gardes. Dans cette pensée aprenant que le Capitaine d'Istres Gouverneur de Berre, s'amusoit à faire l'amour à Salon, il luy ôte ce Gouvernement. Il le donne au Seigneur de Mesplez: mais quelque diligent qu'il soit luy même dans sa charge, il ne pût se garantir d'y être ébranlé. Le Roy prend dessein de la luy ôter. On ne sçait point au vray qu'elle fût la cause de cette resolution. Peut-être fût-ce le deplaisir de la perte du Marquisat de Saluces. Peut-être arriva-t'elle par les plaintes que luy firent les deputez de Provence aux Etats Generaux. Quoy qu'il en soit quand on eût resolu de le rapeler, le Roy donne cét ordre à un maître des Requêtes nommé Pont-carré, & à un Gentil-homme de Dauphiné nommé sainte Marie. Cependant dans le temps que ceux-cy se preparent, le Seigneur d'Alen revient de la Cour. Il fait sçavoir la resolution qui s'étoit prise. La Comtesse de Sault étoit à Aix, quand cette nouvelle y fût aportée. Elle étoit déja melée bien avant dans les affaires de la Province. Elle sembloit y avoir été apellée par le rang qu'elle tenoit dans le païs. Mais c'étoit en effet son esprit avide du commandement qui l'y avoit fait entrer. Cette Dame se nommoit Chretienne d'Aguerre. Elle étoit fille de Claude d'Aguerre, Baron Lorrain. Elle s'établit en France par son mariage avec Antoine Sire de Crequi. Puis en Provence par celuy de François Louis, Comte de Sault son second mari, qu'elle venoit de perdre. Son fils aîné de ce lit, fût le pretexte de tout ce qu'elle fit en Provence. Car sous couleur de soûtenir son rang, ou d'avancer sa fortune, comme faisoit le reste de la Noblesse, elle entra si avant dans l'intrigue de ce temps que par son esprit & par ses grands biens, par son credit & par le grand nombre de ses creatures, elle se rendit tres-considerable, elle tint en cervelle tous les partis, elle se fit rechercher des uns & des autres, & par ses ménagemens & par ses adresses, elle les tint tous pour ainsi dire sous sa main. Elle s'en fit également rechercher & craindre ; femme hardie, entreprenante, toûjours ferme dans toute sorte d'état, toûjours prête à tout mettre en œuvre, pour se conserver le commandement ; semblable à cette autre de qui l'on a dit, que l'honneur, la reputation, la beauté ne luy étoient rien au prix de l'Empire. Le premier pas qu'elle fit vers les affaires, ce fût de se liguer avec le Seigneur de Vins. Comme il étoit beau-frere de son mari, cette alliance luy servit de pretexte pour se méler dans cét interest. Elle luy témoigne son atachement par l'offre qu'elle luy fait de ses creatures, par les discours qu'elle luy tient incessamment de penser à luy, de tourner ses veües sur la Lieutenance Generale de la Province. Elle luy dit qu'il avoit assez de reputation, assez de services pour y pouvoir aussi raisonnablement pretendre que nul autre. Elle entendoit parler du Comte de Carces pour qui le Seigneur de Vins sembloit s'empresser. Elle voyoit que si le Seigneur de Vins devenoit Lieutenant de Roy, elle auroit plus de moyen & plus de loisir de procurer cette charge à son fils qui ne pouvoit point y aspirer alors, à cause de sa grande jeunesse. Elle faisoit donc extremement l'empressée pour l'avancement du Seigneur de Vins. Elle sembloit avoir son fils en veüe. Mais & son fils & le Seigneur de Vins n'étoient que le pretexte. Son ambition seule étoit ce qui la faisoit agir. C'étoit le seul motif qui luy faisoit tout employer, pour pouvoir se rendre maitresse des affaires. Cependant je ne sçay si le Comte de Carces, ne se douta point du dessein de la Comtesse & du Seigneur de Vins ; mais je trouve qu'il s'ataccha plus à luy que de coûtume. Si le Seigneur de Vins faisoit la moindre entreprise, le Comte le vouloit toûjours accompagner. Il ne bougeoit presque d'auprez de luy, il luy rendoit toutes sortes de deferences, il l'apelloit son meilleur son plus cher parent.

XXI.
Il vient en Provence des Commissaires, qui signifient au Seigneur de

Durant que cette intrigue se lie, le Seigneur de la Valete prend des mesures pour pouvoir éluder l'ordre qui luy devoit venir. Il croit de le pouvoir faire tres-facilement, en se retirant dans une ville maritime. Cela l'oblige de penser à gaigner Toulon. Il s'imagine que sur son chemin, il pourroit bien trouver l'occasion de surprendre le château d'Yéres.

Dans cette veüe il prend une grande escorte. Il part avec quatre cens chevaux. Il arrive à Yéres. Il s'y arrête avec tout ce monde deux jours entiers pour prendre son temps. Mais le Baron de Meolhon Gouverneur du château, veille si bien à tout, que le Seigneur de la Valete, n'eût pas moyen de rien entreprendre. Un succez si contraire à son attante, le jette dans un grand étonnement. Il met en deliberation avec ses amis, s'il se saisira du convent des Observantins, pour en faire une citadelle. Le Capitaine Tornabon l'en dissuade. Il luy fait voir que cette citadelle seroit inutile, tant que le château demeureroit en état. Cét avis est aprouvé par le Seigneur de la Valete. Il dit qu'il ne faut rien faire en vain. Mais il ne laisse pas de faire entrevoir quelque chagrin d'avoir fait un voyage inutile. Car comme il ne sçait surquoy décharger sa bile, il se tourne enfin contre le Procureur du Roy. Il se plaint qu'il avoit fait publier l'arrêt du Parlement, qui condamnoit l'assemblée de Pertuis. Il le fait arrêter, & le detient quelques jours avec menaces. Ceux qui voyent le Seigneur de la Valete dans cette colere, proposent de changer ce Procureur du Roy avec le Capitaine Boyer. Je ne sçay pour quelle raison Boyer étoit detenu. Quoy qu'il en soit je trouve que la proposition n'eût point de suite. Car le Seigneur de la Valete se retira d'abord. Il alla prendre retraite à Brignole. Dans sa marche ses gens mirent le feu au lieu du Val. Cela fit grand bruit dans la Province. On se plaignit long-temps de ce procedé. On en avoit le cœur si outré, que ces plaintes se continuoient, quand les Seigneurs de Pont-carré, & de Sainte Marie arriverent. Ils venoient avec pouvoir d'affermir ou de destituër le Seigneur de la Valete, selon qu'ils trouveroient les esprits disposez à son égard. Comme ils voyent qu'on se plaignoit par tout, ils s'imaginent que sa destitution seroit bien receüe de tout le monde. Cela fait que sans s'informer d'avantage, de l'état des choses, ils s'en vont tout droit à Brignole, ils signifient au Seigneur de la Valete l'ordre du Roy qui revoque son pouvoir. A cette signification le Seigneur de la Valete se trouble, quoy-qu'il sçeut que cét ordre luy devoit venir. Il demande quelques jours pour répondre au commandement qui luy est fait. Les Commissaires luy accordent le delay qu'il demande, & vont passer tout ce temps à Aix. Aprez quoy ils le vont trouver à Pertuis où il est passé. Ils témoignent qu'ils desirent d'avoir sa réponse. Sur ces instances le Seigneur de la Valete les prie, de luy vouloir donner encore quelques jours pour se determiner. Quand ce nouveau terme fût passé, les instances se renouvelerent. Alors le Seigneur de la Valete dit aux Commissaires qu'asseurément on avoit surpris le Roy. Qu'il ne refuseroit pas d'entendre ses raisons, & qu'il les luy feroit sçavoir au plûtost. Que cependant il se croyoit obligé de ne point ceder aux calomnies de ses ennemis. Qu'il avoit besoin pour se défendre deux, de faire aprehender ses armes. Qu'il ne pouvoit s'en demettre sans s'exposer. Cette réponse si claire, fait que les Commissaires s'en vont en même temps à Aix. Ils remettent au Parlement les lettres patentes qui destituoient le Seigneur de la Valete du Gouvernement. Le Parlement venoit de perdre le premier President grand ennemy du

la Valete sa destitution de la part du Roy. Cela l'ébranle. Il prend neanmoins resolution de tenir ferme.

Signeur de la Valete. Il ne laiſſa pas d'agir vigoureuſement contre luy. Non ſeulement il fait publier ces lettres patentes en audiance, où l'Avocat general Laurens étala fort au long les violences de ſon Gouvernement ; mais il les fait publier par tous les carre-fours d'Aix, avec le plus d'apareil qu'il eſt poſſible. Le Viguier & les Conſuls y aſſiſtent à cheval, accompagnez des principaux de la ville. Le peuple ſuit, il augmente la feſte par les acclamations. Le bruit que fit la maniére de cette publication, fit bien perdre d'amis au Seigneur de la Valete. Ceux d'entre la Nobleſſe, qui en le ſervant croyoient de ſervir le Roy le quitent. Ceux d'Arles & de Marſeille en firent autant, ceux-cy pouſſez par le Lieutenant Biord, un des plus grands partiſans de la Ligue. Ceux de Marſeille entrainez par l'adreſſe de Caſaux, qui commençoit à les dominer. Ce fût en effet en ce temps-là que Caſaux jeta les fondemens d'une puiſſance qui devint formidable dans la ſuite. Il étoit déja devenu maître de l'élection Conſulaire. Il avoit fait premier Conſul Villecroſe ſon meilleur ami. Il s'empara ſi bien des affaires, que tout paſſa deſormais par ſon canal. Rien ne ſe fit plus que par ſes ordres. Les emplois, les charges ne ſe diſtribuërent qu'à ſa volonté. Il n'y eût plus d'honneurs ni de profit que pour ſes ſeules creatures. Enfin il ſe rendit ſi puiſſant dans cette ville, qu'il devint le tyran de ſa liberté. Tyran également redoutable à ſes citoyens, au Gouverneur de la Province, au Roy même. Ainſi le Seigneur de la Valete voyoit qu'il n'y avoit plus grand fonds à faire pour luy dans les grandes villes. Il ſe retranche à conſerver les autres qui étoient à ſa devotion. Il y en avoit aſſez pour ne perdre pas eſperance de ſe pouvoir ſoûtenir dans la Province. Car il étoit maître de toutes celles qui étoient audelà de la Durance. Il en avoit bon nombre au deça. Il y avoit entre autres Seine, Mouſtiers, Barjols, Riez, Draguignan, Berre, Salon, Brignole qui étoient les plus declarées. Il eſt vray que la publication faite à Aix, & la retraite de la Nobleſſe avoient fort ébranlé quelques unes de ces villes-là. Il n'y avoit que Brignole ſeule qui tint ferme.

XXII. Le Seigneur de Vins ſurprend & ſaccage Brignole. La mort du Duc & du Cardinal de Guiſe irrite les Ligueurs. Ils font du bruit à Aix, à Marſeille, à Arles. Ils font diverſes entrepriſes.

La fermeté de cette ville luy fût bien fatale. Elle irrita contre elle le Seigneur de Vins. Elle reveilla ſes ſujets de haine & de plainte. Car ſes habitans avoient fait une horrible depredation de ſes biens. Il en avoit pourſuivi la reparation en juſtice, & ſon procedé quoy que juridique avoit atiré bien des diſcours contre luy, qui le fachoient. Mais ce qui luy deplaiſoit le plus en cette ville, c'étoit d'y voir le Seigneur de Pontevez ſon ennemi capital, Gouverneur & abſolu. Tout cela qui luy vient alors dans la penſée, ſouleve également ſa bile & ſon chagrin, & luy fait chercher des moyens de ſatisfaire pleinement ſa vengeance. Il croit que le temps preſent luy en fournit un tres-facile dans l'état des affaires du Seigneur de la Valete. Là-deſſus il forme ſon deſſein. Il prend reſolution d'aller contre cette ville. Auſſi-tôt il part d'Aix ſur la fin du mois de Decembre, avec huit cens arquebuſiers & trois cens chevaux. Pour éviter que ceux de Brignole entrent en ombrage, il s'en va faire un grand circuit. Puis il ſe rend au lieu de Rians. Là il ſe munit d'écheles & de petards. Il part, & prend le chemin du Val. Il trouve que ses gens luy avoyent fait preparer les logemens suivant ses ordres. Dans cette marche, il reçeût un renfort de cinq cens hommes, trois cens hommes de pied & deux cens chevaux. A son arrivée au Val, il fit une reveüe de tout son monde. Cela fait il part sur l'entrée de la nuit. Et dans la même nuit il arrive auprez de Brignolle. Là il fait faire alte à ses troupes. Il s'avance seul avec quelques uns des siens. Il va faire les observations necessaires. Il observe l'heure des rondes, les lieux où les sentinelles étoient, les endroits par où se pouvoit donner l'escalade. Enfin il use de toute sa prudence pour faire que son entreprise reüssisse. Aprez avoir donc tout examiné, il ordonne qu'on plante les écheles. L'ordre s'execute sur l'heure ; mais cela ne se peut faire sans que le bruit reveille les sentinelles. On donne l'allarme. Les habitans se levent tout effrayez. Ils courent promptement sur les murailles. Ainsi l'entreprise étant découverte, les entrepreneurs se retirent doucement. On ne trouve que les marques où les écheles avoient été plantées. Sur cette avanture quelqu'un de ce temps a dit, que la chose ne fût pas decouverte par les sentinelles ; mais qu'elle se sçeut par quelques amis que les habitans avoient parmi les troupes du Seigneur de Vins, qui les avertirent d'ôter leurs meubles de la campagne. Que cela leur fit comprendre qu'il se tramoit quelque chose contre eux, & les obligea de se tenir sur leurs gardes, & de se lever au premier bruit. Quoyqu'il en soit il est vray que le Seigneur de Vins fit mine de ne penser plus à l'entreprise. Qu'il dit au Seigneur de saint André son beau-frere de remener les troupes à Aix. Pour luy il s'en va à sa terre de Forcalqueiret. Il méne six cens chevaux pour escorte, & passe à travers champ pour couper chemin. Etant arrivé à Forcalqueiret, il fait soigneusement fermer les portes & s'enferme dans son cabinet. Il écrit un billet au Seigneur de saint André. Il le luy envoye par un soldat qui a ordre de ne le luy rendre que sur l'entrée de la nuit. Le Seigneur de saint André avoit envoyé preparer les logemens à Pourcioux. Dés qu'il reçoit le billet, il se detourne de sa route. Il tire du côté de la Cassede. De-là il prend le chemin de Brignole. Il se rend où les troupes s'arrêterent la premiére fois, qui étoit le rendez-vous donné. Il trouve que le Seigneur de Vins y étoit déja. En arrivant le Seigneur de Vins dit à son monde, Messieurs, je suis bien faché „ de vous faire passer une mauvaise nuit, mais demain nous aurons de „ bon lits en recompense. Je vous assure que vous vous y reposerez bien. „ Cependant atendons le point du jour sans inquiétude. Pensons à donner une bonne étreine à nos ennemis ; c'étoit le premier jour de l'année „ que le lendemain. En la donnant vous ne manquerez pas de la recevoir. Vous trouverez une ville riche, des bourgeois qui abondent de „ tous biens ; du butin plus que vous ne pouvez vous en promettre, „ il ne faut que vous donner patience. Il ne faut que me suivre seulement. A ces mots tous se metent à dire, qu'ils le suivront quelque part qu'il les veüille méner. Qu'ils sont prêts d'executer tous ses ordres. Le Seigneur de Vins les remercie. Il leur dit de ne penser cependant qu'à se reposer. Pour luy il fût toute la nuit aux aguets, pour empécher

1589. qu'on eût avis de sa venuë. Dés que le jour commença à poindre, il s'avance avec quelques uns qu'il prend avec luy. Il donne ordre aux autres d'aprocher, lors qu'ils entendront tirer le premier coup des sentinelles de la ville, signe ordinaire qui marquoit qu'elles se retiroient. A ce signal on ne manque pas de faire l'aproche. Il arriva de bonne fortune, que le fossé fût trouvé sans eau, parce qu'on venoit de le netoyer. Ainsi l'on alla sans difficulté planter les échelles aux murailles. Aussi-tôt on monte sans nulle resistance. Cent hommes montent sans être aperçus. Ils vont pour ataquer le corps-de-garde. Comme ils s'avancent un jeune garçon de boulanger les decouvre; il se met à crier qu'on étoit perdu, & va ainsi donner l'allarme par toute la ville. Mais ceux qui étoient entrez ne laissent pas de suivre leur pointe. Ils vont tout droit vers le corps-de-garde. Et ne trouvant rien qu'il leur resistât, de-là ils vont vers la porte de la ville. Ils l'ouvrent à coups de haches & de marteaux. Tandis qu'ils s'occupent à ouvrir, les soldats & les habitans reveillez, accoûrent au bruit tous en chemise. Ils ne croyoient pas que l'occasion fût si perilleuse, qu'elle avoit été la première fois. Cela fait qu'ils vinrent avec fort peu de precautions. Mais leur peu de prevoyance leur coûta cher. Tout ce qui se presenta passa sans défense par le fil de l'épée. Dans le temps qu'on faisoit cette grande tuerie, le Seigneur de Vins arrive avec ses troupes. L'air se remplit du son des tambours, des trompetes, des hennissemens des chevaux. Ce bruit fait que châcun se renferme, châcun se barricade dans sa maison. Ceux qui ne s'y peuvent fortifier, jettent de grands cris, & font des hurlemens effroyables. Le son des cloches ajoûte une nouvelle terreur. Tous les bourgeois, tous les habitans se croient perdus sans ressource. Tous neanmoins ne perdent pas le cœur dans cette rencontre, il y en eût plusieurs qui comme les soldats, crioient vive Vins par la ville, répondirent, vive Pontevez nostre Gouverneur? Ils s'imaginerent que la resolution qu'ils faisoient paroître, obligeroit le Gouverneur de venir à eux. Mais il étoit luy même si embarrassé, qu'il ne pouvoit sortir de sa maison, luy ni ses deux freres, où l'on les tenoit enfermez. Ainsi se voyant sans chef, ils ne purent se défendre d'autre manière que de monter au plus haut de leurs maisons. De-là ils font pleuvoir sur les assaillans, tuilles, pierres & toute autre matière capable de les suplanter. A cette veüe le Seigneur de Vins, craint que ses gens ne lâchent le pied, où qu'ils ne cherchent à se mettre à couvert de l'orage. Cela l'oblige de défendre sur peine de la vie, que personne n'entre dans les maisons. Il craignoit d'ailleurs que l'avidité du butin, ne leur fit negliger leur propre défense. Le soldat qui voit éloigner l'esperance qu'on luy avoit donnée, songe à moyener qu'on ne la recule plus. Pour cela tous se ramassent, tous s'unissent. Ils font effort pour s'avancer jusqu'au devant du Palais. Là les cris des hommes, & les hennissemens des chevaux redoublent le tumulte. Les habitans perdant cœur, la plusparts se sauvent par dessus les murailles. Dans ce tumulte, le Seigneur de Pontevez & ses freres s'évadent de la maison où on les tenoit enfermez. Ils vont se jetter dans le plus prochain corps-de-garde, qui étoit celuy des

Cordeliers

Cordeliers. Il y entre plein d'esperance de relever le cœur de ses gens. Mais il arriva mal-heureusement pour luy, que le Seigneur de Vins étoit déja maître du corps de garde. Ainsi luy & ses freres furent contraints de se rendre à luy. Cette prise asseura la ville au Seigneur de Vins Il ne trouve plus personne qui luy resiste. Alors il lâche la main au soldat. Il luy donne la ville au pillage. Mais il luy défend de mettre la main au sang. Ceux qui ont voulu justifier cette permission, ont dit, qu'elle ne partit point d'aucun desir de vengeance; mais d'une pure necessité. Que le Seigneur de Vins avoit engagé les soldats par la promesse de leur donner la ville au pillage. Qu'il ne pouvoit se dispenser de tenir ce qu'il avoit promis, n'ayant d'ailleurs nul moyen de les satisfaire. Qu'il ne pouvoit les mécontenter en cette rencontre, sans se mettre luy même en danger. Que cette action se devoit d'autant moins attribuër à vangeance, que le Seigneur de Vins avoit été luy même tres-moderé. Car pouvant se defaire des trois freres les Pontevez ses ennemis, il les relâcha moyennant la rançon de trois mille écus, laquelle ne fût pas même payée. Que pouvant se vanger des habitans de cette ville qui l'avoient traité le plus cruellement, il en usa si genereusement à leur égard, qu'il reduisit à moins de la moitié les rançons qui luy parurent excessives; qu'il fit cesser les sujets qu'ils avoient de se plaindre des soldats. Qu'enfin il avoit reprimé tres-severement toutes les violences qu'on avoit voulu faire. Aussi dés que cette nouvelle fût portée à Aix, les Seigneurs de Pont-carré & de sainte Marie le feliciterent par lettre, le loüerent de la victoire qu'il avoit remportée sur luy même, plus grande que celle qui luy avoit soûmis ses ennemis. Quoyqu'il en soit je trouve que le Seigneur de Vins, jugeant bien que cette action pourroit être mal interpretée, écrivit au Parlement pour s'en justifier; qu'il rejetta toute la faûte sur les soldats dont-il disoit n'avoir jamais pû retenir la fougue. Cependant aprez quatre jours d'agitation, les choses commencerent à devenir calmes. Alors le Seigneur de Vins fit assembler un conseil general. Il pria le Seigneur de saint Marc d'y aller faire sçavoir ses intentions. Le Seigneur de saint Marc s'en va dans cette assemblée. A peine est-il assis que le Seigneur de Vins y vient. Sa venuë étonne tout le monde. Châcun craint de n'être pas hors d'affaires. Cette crainte devient encore plus grande, quand il ordonne qu'on fasse venir le Prevôt. Ce commandement leur fait craindre quelque chose détrange. Mais toutes ces frayeurs s'évanoüissent, quand on ne luy entend ordonner au Prevôt, que d'empécher qu'il n'arrive rien par la ville. Alors tout le monde se rassure. Le Seigneur de Vins commence à parler, il represente le tort qu'on avoit ,, de luy, il dit qu'on n'avoit pas deu ravager ses biens soûs pretexte qu'il ,, n'en payoit point les tailles. Qu'on sçavoit bien les offres qu'il avoit si sou- ,, vent faites de donner trois mille écus en dédommagement, de les faire ,, décharger de trois feux par la Province, suivant le don qu'il en avoit ,, eu du Roy, de s'en tenir à tous les autres expediens qu'ils voudroient pren- ,, dre. Mais qu'ils avoient toûjours rejetté toutes ses propositions. Qu'ils n'a- ,, voient jamais voulu goûter de luy en quelque sausse qu'il eut pû se met- ,,

« tre, ce sont les mêmes termes dont il se servit: Qu'ils avoient méprisé
« ses avertissemens, & ses remontrances pour suivre les conseils de certains
« esprits morfondus qui les avoient plongez dans l'abisme, & qui neanmoins
« s'étoient enrichis dans les procez, où ils les avoient jettez, qui avoient
« trouvé leur compte dans leurs députations & dans leurs parcelles. Qu'il
« regretoit extremement leur malheur; ou pour mieux dire qu'il plaignoit
« leur mauvaise conduite. Qu'il eut souhaité de tout son cœur, qu'ils ne se
« fussent point atirez son indignation, & sa colere: que tant de gens n'eussent
« pas souffert pour quelques mutins. Que c'étoit pour cette consideration,
« qu'il ne vouloit pas porter plus avant son ressentiment. Qu'il vouloit bien
« leur pardonner à tous, afin de ne pas enveloper l'innocent avec le cou-
« pable. Que cependant puisqu'ils avoient ravagé ses biens, il n'étoit pas
« juste qu'ils eussent profité de ses pertes. Qu'il ne pretendoit pas nean-
« moins de prendre avantage de l'état present des choses, ny de leur faire
« la loy dans ce qui pouvoit regarder ses interests. Qu'il sera bien aise de
« s'en remettre à des amis communs. Qu'il en passera volontiers par leurs
« avis, & n'appellera point de leur sentence. A ces mots toute l'assemblée
s'écrie qu'on ne pouvoit rien voir de plus moderé. Tous disent qu'ils pu-
blieront par tout sa maniere genereuse: tous consentent que l'affaire se
termine par arbitrage. Aussi-tôt on nomme des députez pour aller à Aix.
Tandis que les députez se disposent à partir, le Seigneur de Vins reçoit
nouvelle de la mort du Duc de Guise & du Cardinal son frere. Cette
nouvelle luy arrive le jour des Rois. Ces deux Princes furent tuez à Blois
par commandement du Roy, l'avant veille & la veille de Noël. Leur mort
sembloit devoir éteindre toute l'ardeur de la Ligue. C'étoit dans cette veüe
que le Roy fit faire ce coup, qui fit craindre à tous les chefs Ligueurs de
pareilles suites pour leurs personnes. Le Seigneur de Vins craignit ces suites comme les autres. Il juge d'abord qu'il ne s'en peut mieux deffendre,
qu'en gagnant Aix, le plus promptement qu'il pourra. Mais la question
étoit d'y pouvoir resoudre les soldats; qui se trouvoient si bien où ils
étoient. Neanmoins comme il ne manquoit jamais d'inventions, il use
de ce stratagême. Il publie que le Seigneur de la Valete fait une partie,
pour s'aller jetter dans Aix. Il dit qu'il luy faut aller rompre ses mesures,
qu'il faut prevenir ses mauvais desseins. A cette proposition ceux d'Aix,
qui l'avoient accompagné, ajoûtent qu'il ne faut pas tarder un moment,
pour aller au secours de ses parens, de sa patrie. En même temps le Seigneur de Vins releve la parole. Il loüe le zele qu'il voit par tout. Il ne
leur donne pas le loisir de se dedire. Il ne s'arreste qu'autant de temps qu'il
en faut pour donner des troupes au Seigneur de Saint Marc, qu'il laisse
Gouverneur de la ville. Il part, il arrive à Aix avant que la nouvelle du
Duc de Guise se sache. Il arrive si à propos, que la nouvelle y est portée
le même soir. Ce fut le Seigneur de Pontcarré qui le reçut par un billet
que luy écrivit le Seigneur de la Valete. Le lendemain la nouvelle fut
publique. Tout le monde en demeura fort surpris & fort étonné. Mais la
presence du Seigneur de Vins, rassura de l'étonnement & de la surprise.
On prit encore plus de courage, comme on vit que les chefs étoient
plus échauffez que jamais. On s'anime encore fort sur un discours que l'A-

vocat General Laurens fit en audience, ou au milieu du plaidoyé d'une cause particuliere, il prit occasion de parler de la mort des Princes Lorrains. Il traita cette actoin de cruel assassinat, de violence inoüie, de massacre horrible. Il poussa si avant l'invective, qu'elle fit un étrange impression sur les esprits. On n'entendit plus parler du Roy, que comme d'un Tyran. Ce fut le nom ordinaire que les Ligueurs luy donnerent. Le mépris & la haine qu'on eut pour ce Prince, passa jusqu'aux predicateurs. On ne pouvoit presque plus entendre aucun sermon, où l'on ne le traitât d'impie, d'athée, de monstre. Les plus moderez étoient ceux qui ne luy donnoient que la qualité seule d'ennemy des bons Chrétiens, des Fideles de l'Eglise Catholique. Tandis qu'on engage ainsi dans la Ligue le peuple d'Aix, le Comte de Carces va faire la même chose à Marseille. Peu de jours aprez le Seigneur de Vins y arrive. Il publie bien des nouvelles, pour raffermir les esprits dans son dessein. Il dit que les Parisiens ont reçu à bras ouverts le Duc de Mayenne. Que ceux d'Orleans ont jetté leur citadelle à bas. Que plusieurs bonnes villes se sont declarées pour la Ligue. Enfin il échauffe si fort le monde que le peuple l'accompagne par la ville avec des cris, de vive Vins, *Fouëro Bigarrats*. Comme il voit tout si bien disposé, il se retire. Il laisse le Comte de Carces. Quelques jours aprez le Seigneur de Besaudun vient en cette ville. Il revenoit des Etats de Blois. Dabord il confirme les nouvelles données par le Seigneur de Vins. Il ajoûte que la ville de Lion, s'étoit aussi declarée pour la Ligue : qu'on y avoit fait des barricades pour ce sujet. Cette nouvelle acheve de debaucher Marseille. Jusques là cette ville s'étoit ménagée. Elle avoit indifferemment suivi le party du plus fort. Mais alors elle commença à se declarer ouvertement. On ordonne une procession solemnelle. Le Comte de Carces y assiste avec le Viguier & les Consuls. Ils sont suivis de plus de vingt mille personnes. En cét état on s'en va à la porte Royale. On y pose un Crucifix au dessus. On dit que c'est là le seul Roy que l'on vouloit desormais reconnoître. En effet dés cette heure les criés se firent au nom du Viguier & des Consuls. Ce furent les seuls Magistrats ausquels ils obeïrent. Mais si la Ligue faisoit du progrez à Marseille, elle n'en faisoit pas à Arles si facilement. Car les Consuls y tenoient ferme pour le Roy. Leur autorité retenoit le peuple, qui d'ordinaire leur défere tout. Celà neanmoins n'empéchoit pas que le Lieutenant Biord n'agît avec sa chaleur ordinaire. Il exhortoit, il prioit, il caressoit le peuple, pour l'obliger à demeurer, disoit-il, dans le saint parti. Si quelqu'un de ceux qu'il avoit gagnez venoit à se relacher, il raffermissoit par l'argent, que le Seigneur de Vins luy envoyoit. Celà faisoit qu'il marchoit toûjours fort accompagné par la ville, qu'il y étoit toûjours en fort grand credit. Il y étoit bien si autorisé, qu'un jour il fit afficher des placards contre la personne du Roy, jusqu'à la porte même de l'Eglise. Cette insulte luy ayant reussi sans que personne luy ose rien dire, il continüe ses emportemens. Il fait querelle à l'escuyer de saint Andiol en haine de ce que son oncle qui étoit Juge de la ville, apuyoit les serviteurs du Roy plus qu'il n'eut voulu. Il souleve même le peuple contre le Juge, jusqu'à être l'auteur de sa mort. Car comme le Juge, c'étoit Pierre de Varadier, dans cette émeute, voulut quitter sa maison, qui étoit investie, & se sauver par dessus le toict de celle de son voisin, il fut tué par un cardeur à laine, qui se disoit son meilleur amy. Ainsi nonobstant le zele des Consuls, la ville étoit presque toute ligueuse.

XXIII.
Le Seigneur de la Valete demande à faire une conference. La conference ne produit rien. Des domestiques du Comte de Carces saccagent le Château de Borme. Le Seigneur de Borme & son frere sont assassinez. Le Côte de Carces entreprend inutilement de surprendre Berre. Montgaillard parent du Seigneur de la Valete est tué à Aix.

Tout cela faisoit voir au Seigneur de la Valete, que la disposition de la Province ne luy donnoit pas grande esperance de pouvoir rétablir son autorité. Il ne laisse pas neanmoins de se bien tremousser pour la recouvrer. Il témoigne ne desirer rien tant que la pacification de la Province. Il demande une conference, pour la moyenner. Le Parlement ne croit pas que l'offre se puisse refuser avec bien seance. Les Seigneurs de Pontcarré & de Sainte Marie sont aussi d'avis de l'accepter. On depute donc deux Conseillers, & l'Avocat General Laurens. Ces deputez se rendent à Merargues avec deux Procureurs du Païs. Le Seigneur de Pontcarré y alla avec eux. Mais on n'avoit garde de convenir de rien. Le Seigneur de la Valete vouloit demeurer. Il disoit que sa destitution, ne s'étoit accordée que par complaisance. Que ce n'étoit que pour avoir favorables les deputez aux Etats de Blois. Les deputez disoient que le Parlement aprez avoir verifié sa destitution, ne pouvoit plus desormais le reconnoître. Sur tout aprez la joye qui s'en étoit témoignée dans tout le Païs. La conference ne produisit donc rien. Seulement le Seigneur de la Valete arrêta le Seigneur de Pontcarré. Il l'obligea de s'en retourner vers le Roy, parmy mille dangers de sa personne. Cette nouvelle rupture augmenta l'animosité des esprits. Ils s'irritent. On ne pense qu'à faire des entreprises contre les ennemis; entr'autres, il s'en fit une terrible contre Pompée de Grasse, Baron de Bormes l'un des plus puissants du parti du Roy. Aigaud & Servile deux domestiques du Comte de Carces aidez des habitans du lieu de Bormes furent le surprendre dans son château où ils l'assassinerent avec son frere. Aprez ce meurtre horrible, ils sacagent, pillent le château & mettent hors la Dame de Bormes & ses filles. Ces Dames se retirerent à pied à Yeres ville voisine n'ayant ny hardes ny argent, soûtenües par leur seule constance & par leur courage qui fut admirable dans cette occasion. Le Comte de Carces voyant que ses gens reussissent si bien, pense à faire luy même une entreprise. Il tourne ses pensées vers Berre, cette ville étoit d'une importance à luy faire desirer de l'avoir. Il s'imagine qu'il peut facilement venir à bout de son dessein, en profitant de cette conjoncture, qui luy fait voir la chose facile. Il sçavoit que le Seigneur de Mesplez Gouverneur de la place, commandoit tous les soirs des soldats, pour aller garder les Sallins. Le Comte avoit quelques pêcheurs du Martigues à sa devotion. Il les envoye de nuit aux Sallins, sous pretexte d'aller derober du sel, mais en effet pour gagner les soldats qui étoient de garde. Les pêcheurs vont faire cette ouverture. Ils rapportent que les soldats promettoient d'ouvrir les portes. Sur cette promesse le Comte fait une autre pratique. Il moyenne d'avoir une porte sur la Mer. Il gagne Savaric Contrôlleur du sel, maître du grenier. Quand ces deux choses furent accordées, le Comte fait partir les pêcheurs. Ils vont tout de nuit décharger dans le grenier une barque chargée d'arquebuses. Aussi-tôt il arrive vingt Maîtres, qui passent à gué & vont joindre les soldats qui les attendoient. Mais à peine sont-ils tous entrez dans la place, que l'allarme se donne. A ce bruit Mesplez accourt avec dix ou douze hommes. Il charge ceux qu'il rencontre les premiers. Ceux-là lachent le pied, & tous se retirent au grenier, où Savaric les devoit recevoir. De là par la porte de la Mer, ils s'en retournent avec perte d'une quinzaine. Le Comte qui voit l'entreprise échoüée pense à empêcher du moins que cette garnison ne coure le païs d'alentour. Il munit de gens le château de la Fare, de Velaux, de Vitroles. Il fait deux forts pour les reprimer encore mieux, l'un aux Cabanes de Berre, où il loge la compagnie de Chevaux-Legers de Merargues, l'autre prés de Calissane, où il met celle de la Barben. Ce bon ordre qu'il mit pour conserver cette contrée, le consola du coup qu'il avoit manqué. Cependant le Seigneur de la Valete se plaint si haut à la Cour de l'injustice qui luy étoit faite, qu'il reçoit enfin des Lettres Patentes, qui le retablissent dans son gouvernement. Pour empêcher que le Parlement ne le traversât dans la verification, l'adresse en avoit été faite au Lieutenant du Senechal. Mais le Parlement ne voulut pas permettre que le Lieutenant les verifiât, sous pretexte que pareilles verifications ne sont pas de sa competence. Ce défaut de formalité ne diminua point la force de ces Lettres Patentes, ny l'autorité du Gouverneur. Car le Roy avoit écrit pour cela à la Noblesse & aux grandes villes. A ces précautions le Seigneur de la Valette ajoûte celle des troupes, qu'il fait venir du Languedoc & du Dauphiné. Ce renfort luy étant arrivé, il fait dessein de se mettre en campagne. Il medite de faire quelque action de vigueur. Pendant qu'il en fait les preparatifs, un jeune Gentil-homme son parent appellé Montgaillard sort de Pertuis luy neufiéme à dessein de s'avancer jusqu'aux portes d'Aix; pour faire, dit-il, un coup de pistolet. En entrant dans le terroir de cette ville, il rencontre le Procureur Dise qui alloit à sa bastide, l'arrête, le mene avec luy, s'avance, & dés qu'il approche de la chapelle de Saint Eutrope, la sentinelle qui étoit sur le clocher de Saint Sauveur crie qu'il apperçoit neuf ou dix cavaliers. A ce cri le peuple prend l'allarme, plus encore quand il apprend que le Procureur Dise a été fait prisonnier par ces Cavaliers. Aussi-tôt le Seigneur de Vins prend les armes. Il sort en nombre pareil des ennemis. Le Comte de Carces, le Seigneur de Besaudun, le Seigneur d'Ampus veulent être de la partie. Cependant comme Montgaillard entend sonner toutes les cloches de la ville, il juge que tout y est en peur. Cela luy fait craindre qu'on ne fasse une grande sortie, à laquelle il ne puisse resister. Cette apprehension fait qu'il tourne bride. Mais le Seigneur de Vins ne laisse pas d'aller aprez luy. Il le poursuit. Il l'atteint enfin auprez de Rougnes vers le côteau de Trevaresse. La troupe de Montgaillard voyant que le Seigneur de Vins approche, un d'eux se mit à dire par raillerie, venez, venez écritoires? A ces mots le Seigneur de Vins prend la parole. Il repond à l'autre, attends tu auras du canif? En même temps Montgaillard qui les voit approcher se retire à quartier. Il entre dans une vigne. Il y fait mettre ses gens en défense. Il les range tous sur une ligne ayans l'épée & le pistolet à la main. Le Seigneur de Vins de son côté fait serrer prés de luy ceux qui l'accompagnent. En cét état il s'en va contre l'ennemy tête baissée. L'ennemy l'attend ferme, jusqu'à ce que les chevaux viennent à se toucher. Alors on fait une décharge de part & d'autre. Montgaillard est atteint d'un coup de pistolet glissant vers le front. Ce coup l'ébranle dabord à la verité. Mais comme il voit ses gens tous rompus, il vient à la passade avec l'épée. Dans cette passade voulant éviter un coup qu'on luy porte au visage, il leve la tête, il reçoit le coup au gosier, qui luy separe la tête presque du corps. Sa mort est vengée par celle du Capitaine Dedons de Lambesc, qu'un coup de pistolet renversé par terre. Aprez cela l'on se retire de part & d'autre, la nuit ayant empêché que le combat se continuât. Le Seigneur de Vins revient avec des prisonniers & du butin, preuve certaine de la victoire, quoy que la mort égale de part & d'autre semblât avoir rendu le combat égal. Le Seigneur de Vins fut assés heureux pour s'en tirer sa personne sauve. Car son cheval blessé d'un coup d'estoc, fit assés paroître, le danger qu'il avoit luy-même couru. Cela neanmoins n'empêcha pas qu'on ne l'ait blâmé d'avoir manqué de prudence en cette rencontre, où il s'exposa trop avant avec peu d'hommes sans crainte de quelque embuscade qu'on luy pouvoit dresser fort facilement. Quoy qu'il en soit parmy les autres marques de sa victoire, il amena le corps de Montgaillard dans Aix. Le lendemain la Dame de la Valete le luy envoya demander. Le Seigneur de Vins le rend aussi-tôt, il dit galamment qu'au regard des Dames toute sorte d'hostilité doit cesser.

XXIV.
La grande Duchesse vient s'embarquer à Marseille pour passer à Florence. Elle offre inutilemêt d'accommoder tous les differents du Païs. Le Parlement de Paris écrit au Parlement d'Aix, pour l'obliger d'entrer dans la Ligue qu'on a signée. On la signe en Provence de la même façon. Les Officiers qui tenoient pour le Roy sortent d'Aix. Ils vont à Pertuis vers le Seigneur de la Valete. Il se forma par là deux Parlemés. On appelle l'un le Parlement du Roy, l'autre le Parlement de la ligue.

Durant toutes ces agitations, on a nouvelles que la grande Duchesse étoit arrivée à Avignon. Cette Princesse venoit s'embarquer à Marseille; & s'en alloit à Florence auprez du grand Duc Ferdinand, qui venoit de l'épouser. C'étoit Chrétienne Fille de Charles Duc de Lorraine & de Claude de France sœur du Roy. Le Parlement, le Seigneur de Vins, & la Comtesse de Sault luy font faire compliment. On envoye vers elle le Seigneur de la Molle. On la prie de vouloir passer par Aix. La Princesse demande à la Molle, si les chefs de son party, ne voudroient point entendre à un accommodement. Elle offre d'y employer sa mediation. Elle luy dit de l'aller sçavoir, & de luy en venir rendre reponse à Salon, où elle s'arrêtera. Elle luy fait donner pour sa seureté un passe-port du Seigneur de la Valete. Aussi-tôt le Seigneur de la Molle s'en retourne. Puis il est r'envoyé vers la Princesse pour luy dire, qu'un accommodement de sa main sera bien reçu. Mais la Princesse ne tarde pas de connoître, que ce n'étoit là qu'un pur compliment qu'on luy avoit fait. Car ayant envoyé à Aix Federic Ragueneau Evêque de Marseille, pour ébaucher l'affaire, on ne le voulut point recevoir, sous-pretexte qu'il soûtenoit trop ouvertement le parti du Roy. La Princesse s'irrite si fort de ce refus, qu'elle declare de ne vouloir point entrer dans la ville. On s'efforce en vain pour la radoucir de rejetter la chose sur le peuple, elle ne veut point entendre d'excuse. Elle dit que toute la faute vient des chefs. Pour luy ôter cette opinion, le Seigneur de Vins fait mille civilitez à l'Evêque. Il le prie d'aller à la Commanderie de Saint Jean. Là il le conjure d'écrire à la grande Duchesse, que s'il n'étoit pas dans la ville, il n'avoit tenu qu'à luy d'y entrer; qu'elle ne tirât nulle peine de luy. Ce billet fait resoudre la Princesse de venir à Aix. Les gens de qualité luy rendent tous les honneurs possibles. Mais le peuple qui craint que l'Evêque ne soûtienne le Seigneur de la Valete, croit de n'avoir pas assés fait d'empêcher qu'il entrât quand il étoit seul, il ne veut pas souffrir qu'il entre avec la Princesse. Il va fouïller dans tous les carrosses, de peur qu'il ne soit caché dans quelqu'un. On les perce tous avec des épées. Ce procedé déplut à la grande Duchesse. Elle proteste pour rassurer le monde, qu'elle ne faisoit rien par ordre du Roy, qu'elle n'agit que de son chef, & pour l'interêt des Provençaux, pour lesquels elle & sa maison avoient des considerations tres particulieres. Mais quelque affection qu'elle fit paroître, elle ne pût venir à bout de l'accommodement projeté. Les partis étoient trop irritez pour se pouvoir reunir dans peu de jours, & par des conferances faites à la hâte. Comme elle voit donc que sa mediation seroit inutile, elle part, elle monte en Mer. A peine cette Princesse étoit sortie d'Aix, qu'on reçoit nouvelle que la Ligue venoit de faire une plus forte union que jamais. Ce fût le Parlement de Paris qui donna cette nouvelle au Parlement d'Aix par la lettre qu'il luy écrivit, dont voicy les propres termes.

A MESSIEURS,

Messieurs tenant la Cour de Parlement de Provence.

MESSIEURS. Les dangers qui nous environnent de toutes parts, vous admonestent assez du hazard que court nôtre Religion Catholique, Apostolique & Romaine par les signes & desseins de ceux qui tendent à l'oprimer & subvertir, soit ouvertement, ou secretement, favorisans & fomentans en ce Royaume l'heresie, peste capitale de tout l'Etat. A quoy il est besoin vertueusement s'opposer, pour ne laisser pulluler ce mal, & jetter plus profondes racines. Et jaçoit que ne doutions de vôtre bon zele, & que sçachions combien avez toûjours l'honneur, & service de Dieu en singuliere recommandation, si est-ce que l'exemple qui doit sortir de nous, comme du premier Corps Souverain de la Justice, nous avons estimé être de nôtre devoir de vous semondre & convier d'entrer avec nous dans la sainte union qu'avons jurée, & de vous y obliger par même religion de serment, pour conjoindre tous nos moyens & autoritez, tant pour la manutention de nôtredite Religion, que conservation de l'Etat Royal, nous assurans qu'à nôtre imitation les Magistrats inferieurs, & tout le reste du peuple se rangeront aisément à la même resolution, & que par une bonne & fraternelle intelligence, & correspondance des Parlemens, Dieu nous fera la grace de nous preserver des orages & tempêtes dont nous sommes menacez. Embrassez doncques avec nous s'il vous plaît la défence d'une si juste & sainte cause, afin qu'unis de cœurs, esprits, & volontez, nous simbolisions non seulement en volontez, mais aussi en effets & actions. Et à ces fins nous vous envoyons tant le formulaire du serment par nous prêté, que extrait des registres de nos deliberations, afin que vous entendiez l'ordre qu'avons tenu, & aux occurences particulieres, nous vous ferons participans de nos deliberations pour entretenir un fraternel accord entre nous, en ce qui dépend de nos charges. Sur ce nous prierons le Créateur vous vouloir donner Messieurs tres-heureuse & longue vie. Ecrit à Paris en Parlement, ce sixiéme jour d'Avril mil cinq cens quatre-vingt-neuf. Vos bons amis & confreres. Les gens tenant la Cour de Parlement. Du Tillet. On peut assez juger par cette lettre de quelle force étoit cette union. Elle comprenoit & villes & Provinces. Ellle comprenoit les corps & les particuliers. Comme la manutention de la Religion Catholique étoit son pretexte c'étoit pour cela qu'on l'avoit nommée la sainte Union. Le Duc de Mayenne s'étoit jetté dans Paris, pour l'apuyer. Le Parlement avoit déclaré ce Duc Lieutenant Général de l'Etat & Couronne de France, il luy avoit donné un pouvoir si vaste, qu'il ne luy manquoit que le seul titre de Roy. Aussi-tôt que cette nouvelle est repanduë par la ville, on dit qu'il faut faire une pareille union. On le fait deliberer dans l'Hôtel de Ville. Il y a même des gens si emportez, qu'ils n'attendent pas que la deliberation se fasse. Ils vont faire signer cette Ligue à châque particulier dans sa maison, entr'autres le Seigneur de Vins va chez le President de Masan premier President de la Chambre des Comptes. Il luy presente l'écrite qu'on avoit fait, il le prie de la vouloir signer. Le President luy repond d'un ton ferme, qu'on avoit tort de l'aborder pour cela. Que pareilles propositions ne se faisoient pas à un chef d'une compagnie souveraine. Qu'on n'ignoroit pas que le devoir principal de ces charges, c'est de contenir les peuples dans l'obeïssance qu'ils doivent au Roy. Qu'il avoit plus de sujet de s'étonner encore que ce fût luy, qui luy fît cette proposition, luy qui par ces belles qualitez, pouvoit si bien meriter de son Prince. Il fit cette réponse avec tant de force, que le Seigneur de Vins se retire avec confusion. Cependant le Parlement qui apprend ce qui se fait, désaprouve cette conduite. Il envoye querir le Seigneur de Vins. Il luy remontre que pareils enrôlemens sentoient la sedition & la cabale. Il l'exhorte à s'en desister. Le Seigneur de Vins répond qu'ayant l'honneur d'être incorporé dans l'union des Princes Catholiques, il ne pouvoit s'opposer à son accroissement. Qu'il prioit la Cour de trouver bon qu'il ne prit pas ses ordres, en cette rencontre. Qu'il l'supplioit de se contenter de l'assurance qu'il tiendroit la main à ce qu'on n'attentât rien contre aucun du corps. Qu'aprez cela son premier soin seroit d'empêcher qu'il se commit aucune violence, à l'égard des autres. La même démarche que le Seigneur de Vins tient à Aix, le Comte de Cartes la fait à Marseille. Il propose l'union à l'Hôtel de Ville. Il en dresse les articles, il les fait jurer, & signer par les Officiers, puis par les bourgeois, & par les marchands. Ceux qui refusent sont contraints de quitter la ville. Le Seigneur de la Valete apprenant ce progrez, employe pour l'arrêter l'adresse & la force. Il envoye à Aix des lettres patentes par lesquelles le Roy commandoit à tous les Officiers de sortir des villes rebelles, & d'aller faire la fonction de leurs charges dans celles qui luy obeïssoient. D'autre côté, il se met en campagne avec du canon. Il intimide tous les lieux qu'il approche. Aussi-tôt on voit les lettres patentes faire un effet merveilleux sur bien des Officiers. Plusieurs se retirent secretement de la ville. Ils vont se rendre en divers temps à Pertuis. Ceux du Parlement furent le President Carriolis, les Conseillers Antelmi, d'Arcutia, de Bermond, Suffren, Dedons, Seguiran, Ollivier, Perier, Laidet, Guerin, & l'Avocat General Monier. Ceux de la Chambre des Comptes furent les Conseillers, Fabri, Garnier, & Albi; le Procureur General Boutin, les Auditeurs

teurs Malbec & Garron. Là ces Officiers commencerent à exercer la Jûstice châcun dans fa jurifdiction. Ils porterent les interêts du Roy si haut, qu'on les vit toûjours contraires à ceux d'Aix, toûjours appuyer aussi fortement la Royauté, que les autres foûtenoient chaudement la Ligue. Aussi comme on appelloit les Officiers qui resterent à Aix, le Parlement de la Ligue, on appella ceux de Pertuis le Parlement du Roy. Dans le temps que le Parlement de Pertuis s'établit, le Seigneur de la Valete fait un grand progrez par les armes. Il prend les lieux de Montjustin, de Beaumont, de la Tourdaigues, de Peiroles, de Saint Michel, de Lambefc, de Peliffane, d'Orgon, de Château-renard. Avant tout cela le Baron de Montaud avoit furpris Frejus. Il y avoit fait prifonnier le Marquis de Trans, qui perdit cette ville par le même artifice, qu'il l'avoit gagnée. A l'occasion de ces bons fuccez le Seigneur de Soliers, qui cherchoit à quitter la Ligue fe remet dans le party du Roy. Il medite aussi d'y ramener le lieu du Martigues, dont le Seigneur de Vins luy avoit donné le gouvernement. Dans le temps qu'il concerte avec le Seigneur de Valavoire, les moyens de pouvoir faire ce coup, son dessein est découvert par ceux du Martigues. Aussi-tôt ils l'obligent de fortir de la ville. Ils donnent avis de ce qui fe paffe au Seigneur de Vins. En même temps le Seigneur de Vins envoye quatre compagnies pour garder la place. Ainsi le Seigneur de Soliers ne porta dans le parti que fa perfonne. Il ne laiffa pas d'y être fort bien reçu de tous, & fur tout d'être fort careffé du Seigneur de la Valete.

Cependant il prend envie au Seigneur de la Valete, d'aller donner une allarme à Aix. Dans ce deffein il fait fortir le canon. Il marche avec environ trois mille hommes. Quand le peuple d'Aix apprend cét approche, il croit qu'on le trahit au dedans. Il s'imagine qu'il y a des Officiers dans la ville, qui foûtiennent fecretement le party du Roy. Il publie que ces Officiers doivent fe mettre fur le pavé, qu'ils doivent même paroître en robes rouges, pour introduire la Valete dans la ville. Ils difent qu'il fe faut défaire de tous ces Bigarrats. Comme le Seigneur de Vins entend ces murmures, il prend cette occasion pour fe rendre encore plus abfolu. Il fufcite un Gentil-homme appellé Lagremufe, & un Religieux Carme nommé frere André. Ces deux vont arrêter dans l'Archevêché, quelques Officiers du Parlement, & de la Chambre des Comptes. Ceux du Parlement furent, les Prefidens de Saint Jean & Chaine, les Confeillers, Aymars & Suffren. Ceux de la Chambre des Comptes furent, le Confeiller Gaufridi & l'Auditeur Garron. Pour éviter que le Parlement fe formalife d'une action qui fembloit bleffer fon autorité, il luy fait dire qu'il n'avoit fait la chofe que pour la feureté de ces Meffieurs. Que le peuple étoit fi animé contre eux, qu'il n'avoit point trouvé de plus prompt remede, que de feindre d'être encore plus irrité luy même. Le lendemain quelques païfans viennent dire que l'ennemi paroiffoit à la plaine de Puyricard. A cette nouvelle le peuple prend l'allarme. Le Seigneur de Vins qui le veut raffurer s'avance jufques fur la montée qui va vers Saint Canat. Delà il découvre l'ennemi dans la plaine. Il le fait reconnoître par quelques coureurs. Le Seigneur de la Valete voyant venir ces gens, envoye

XXV.
Le Seigneur de la Valete vient vers Aix. Le Seigneur de Vins échauffe le peuple côtre luy. Il fait arrêter des Officiers qu'il croit être de fon haleine. Il fait quelques forties contre le Seigneur de la Valete qui enfin fe retire & va s'affurer de Brignole d'Yeres de Toulon. Le Seigneur de Vins qui voit ces profperitez accepte le fecours du Duc de Savoye. Dâs le temps que ce traité s'execute, on a nouvelles de la mort du Roy.

vers eux quelques uns de ses gardes. Les coureurs & les gardes font une décharge de part & d'autre en s'aprochant. Dabord les coureurs renversent quelques gardes par terre. Mais les gens du Seigneur de Vins ne laissent pas de s'ébranler. Il voit ce trouble, & craignant qu'il ne s'augmente à l'aproche, il juge plus à propos de se retirer. La retraite neanmoins se faisant lentement. Il fût suivi de l'ennemi dans une même marche jusqu'à la descente. Il double le pas. A cette veüe l'infanterie d'Aix prend l'épouvante aprez avoir fait une décharge de leur arquebuses. L'ennemi repond à cette décharge, Vaquairas Capitaine de chevaux legers est tué par les siens. Comme le Seigneur de Gouvernet voit les gens d'Aix en desordre, il presse le Seigneur de la Valete de les charger. Il luy dit que s'il les pourfuivoit vivement, il se rendroit maître de la ville. Qu'assurement cette déroute mettroit une telle épouvante qu'on n'auroit ny la force, ny la resolution de luy resister. Mais le Seigneur de la Valete ne voulut point suivre son sentiment & se contenta de les pourfuivre jusque prés des murailles de la ville, & de faire le degât du terroir en s'en retournant. Cependant il est certain que s'il eut suivi le conseil du Seigneur de Gouvernet, il seroit infailliblement entré dans la ville ; où l'épouvante étoit si grande, que la Comtesse de Sault fut obligée d'aller elle même dans le corps-de-garde, pour y relever le cœur des soldats, & de parcourir la ville à pied, pour rassurer, & pour ranimer le peuple. Le lendemain de cette journée ceux d'Aix veulent tirer raison de l'affront. On fait une sortie considérable. On y tue Salles Lieutenant de la compagnie de Gouvernet, puis on se retire. Mais la mort de Salles ne demeure pas sans vengence. Les troupes Gasconnes & Dauphinoises ravagent de nouveau le terroir. On pille, on brule quelques maisons des champs. On donne sur quelques païsans, qui revenoient du travail. On pousse si bien l'hostilité que le Seigneur de Vins, ne peut s'empêcher de se plaindre. Il envoye un trompete au Seigneur de Gouvernet. Gouvernet ne répond autre chose, si ce n'est, qu'on ne doit pas s'addresser à luy. Qu'il ne fait qu'executer les ordres qu'on luy donne. Cette réponse ne satisfait pas le Seigneur de Vins, & elle irrite même si fort les choses, qu'on ne veut pas écouter la proposition de treve qui se fait. On continüe donc à courir le terroir. Qui fut souvent défendu par des sorties. Jusqu'à ce que le Seigneur de la Valete voyant que le peuple d'Aix ne se soulevoit point contre le Seigneur de Vins, comme on luy avoit dit qu'il arriveroit, & apprenant que le Comte de Carces étoit entré dans cette ville avec sa compagnie, quitte l'entreprise. Il va décharger sa colere sur les lieux de Bouc & de Cabriez; qui se rendent dabord. Delà il prend sa marche vers Saint Maximin. Le Seigneur d'Ampus qui commandoit dans Brignole s'allarme de son aproche. Il craint que l'occasion ne porte les habitans de cette ville à se venger du traitement que le Seigneur de Vins leur a fait. Il craint de se trouver au milieu de deux ennemis. Ceux de Brignole, & le Seigneur de la Valete. Il prend dessein de se mettre à couvert de surprise, en se retirant de la ville tout de nuit. Aussi-tôt ceux de Brignole ne manquent pas d'avertir le Seigneur de la Valete de cette sortie. Sur cét avis le Seigneur de la Valete s'avance. Il entre dans Brignole, & y met le Seigneur de Tourvez pour Gouverneur. Cela fait-il divise en deux corps son armée. Il en donne un au Marquis d'Oraison, qui s'en va prendre d'assaut le lieu du Luc. Il s'en va vers Toulon avec le reste. Dans son chemin il s'assure des lieux de la Valete, de la Garde de Soliers. Etant à la Valete, le Capitaine Berre Gouverneur de la Tour de Tolon, l'y vient saluer. Il luy dit qu'à Tolon tout luy sera favorable. Cela l'oblige de s'y en aller dabord. Il trouve que Berre luy avoit dit vray. On le reçoit si ageablement, qu'on ne fait point de difficulté d'accepter le Gouverneur qu'il leur donne. Ce fut Escaravaques qu'il leur donna. Mais ce n'étoit pas tout que d'avoir la ville. Il luy falloit encore avoir la Tour. On n'en pouvoit ce semble déposseder le Capitaine Berre qui témoignoit tant de respect & tant de defference au Seigneur de la Valete, & qui luy faisoit incessamment la cour. Cependant ses manieres si douces & si souples n'empêcherent pas qu'on ne travaillât à le tirer de là. On se servit pour y reussir de ce stratagême. Un jour que le Capitaine Berre étoit auprez du Seigneur de la Valete, le Baron de Montaud luy dit que les étrangers venant de si loin pour voir les ports & les citadelles de la Province, ce luy seroit une maniere de honte d'être à Toulon, & de n'avoir pas la curiosité de voir la Tour. Qu'il le prioit donc de trouver bon, que la chose ne luy fut pas reprochée. A cela Berre qui ne penetroit pas l'artifice, tourne la chose en civilité. Il dit qu'il ne tiendra qu'à luy de voir la place. Voila ma bague, ajoûte-t'il. A cette veüe mon Lieutenant ne manquera pas de vous ouvrir. Le Baron de Montaud saisi de la bague, s'en va avec quatre ou cinq de ses amis. Il montre la bague au Lieutenant. Aussi-tôt la porte luy est ouverte. Comme il est dedans, il met sans marchander l'épée à la main. Ses amis la mettent de même. Tout plie. Personne n'ose luy resister. Il devient d'abord maître de la place. En même temps il tire un coup de canon en signe que tout étoit fait. A ce signal le Seigneur de la Valete fait arrêter le Capitaine Berre. Il prend pretexte qu'il avoit intelligence avec le Duc de Savoye, dont il étoit sujet. Il dit qu'il avoit de fort bons avis que le Duc de Savoye faisoit quelque dessein sur la Province. Etant devenu par là maître de Toulon, sans qu'il eut rien à craindre pour cette ville, il marche ouvertement contre Yeres. Il fait battre le château, le château se rend ; & tout le voisinage plie dez qu'il se presente devant quelque place, on ne delibere pas. On se soûmet. Le Seigneur de Vins étonné d'un changement si rapide, ne sçait quel remede y apporter. De quelque côté qu'il se tourne il ne voit rien qui puisse le secourir. La Province est toute épuisée, les Provinces voisines sont encore en plus mauvais état. Le Duc de Mayene ne peut l'assister. Il ne peut que l'exhorter seulement à la défense de la sainte cause. Mais les exhortations ne suffisoient pas pour cette défense. Il falloit plus de forces effectives, que de bons souhaits, & des complimens. Il est vray qu'il ne tenoit qu'à luy de recevoir du secours du Duc de Savoye. Ce Prince l'un des plus politiques du monde, c'étoit Charles Emmanuel, voyant l'état miserable de la France, ne manquoit pas de penser à s'agrandir dans ces divisions. Cela luy avoit fait jetter les yeux sur la Provence. Il voyoit que cette acquisition l'accommoderoit merveilleusement. Que le Piedmont que Nice s'étoit acquis

dans des temps de confusions pareilles. Que les moyens qu'il avoit de tenter la chose, n'étoient asseurément pas moins favorables, que ceux que ses predecesseurs avoient eus. Qu'il pouvoit y avoir des prétentions plus colorées, si le Royaume de France venoit à se dechirer. Qu'enfin dans une generale dissipation, l'habileté tenoit souvent lieu de droit & de succession legitime. Ces pensées le rendoient attentif à observer ce qui se passoit en Provence. Il avoit donné ordre au Seigneur de Ligny Gouverneur de Nice de s'en instruire & de s'en informer incessamment. Pour cela le Seigneur de Ligny entretenoit un secret commerce avec les
" ligueurs. Sur tout avec leurs chefs principaux. Il leur insinuoit doucement,
" que le Duc son maître étant fils de France, il étoit fils de la Princesse
" Marguerite fille du Roy François I. étoit plus interessé que nul
" autre Prince dans la conservation de l'Etat François. Mais que la religion
" qu'il professoit, luy faisoit desirer aussi la manutention de la Foy Catho-
" lique. Que cette consideration l'avoit porté à luy donner ordre, de leur
" offrir de sa part toutes choses, pour appuyer leurs bons desseins. Qu'il
" leur offroit non seulement troupes & argent, mais sa propre personne, s'ils
" croyoient qu'elle leur fut necessaire. Que le secours qu'ils desiroient, se
" menageroit en maniere qu'il ne paroîtroit que le nom du Pape. Le Seigneur de Ligny renouvelloit si souvent ces offres, que le Seigneur de Vins se voyant pressé, croit que de les accepter, étoit le meilleur parti qu'il pouvoit prendre. Dans cette pensée il traite avec le Duc de Savoye. Le Duc luy promet douze mille écus par mois pour payer ses troupes, deux compagnies de chevaux legers, & une d'arquebusiers à cheval. Ce traité n'est pas plûtôt signé que le Duc de Savoye l'execute. Il envoye Alexandre Vitelli avec les douze mille écus du premier mois. Vitelli arrive à Aix vers le milieu du mois d'Aoust. Il y arrive aussi avec les trois compagnies promises. Quatre jours aprez son arrivée, on reçoit nouvelles de la mort du Roy. On apprend que ce Prince avoit été tué malheureusement par un Religieux Jacobin, qui prétendit se signaler par un si grand coup & servir la Religion Catholique, voyant que le Roy favorisoit les Huguenots. Le Seigneur de la Valete avoit reçu le premier cette nouvelle, qui l'avoit obligé de prendre quelques precautions, craignant fort un changement de fortune. Il se tint donc seulement sur ses gardes, sans rien entreprendre de nouveau. Les Ligueurs au contraire plus enflez que jamais ne pretendent pas moins de ce changement, que la destitution du Seigneur de la Valete. Ils croyent de l'obtenir au premier bruit qu'ils feront. Ainsi bien loin que la mort du Roy produisit aucun bon effet, elle plongea la Provence comme tout l'Etat dans les plus grandes confusions qui se fussent encore veües.

ARGUMENT
DU QUATORZIEME LIVRE.

I. HENRY IV. Roy de France de Jerusalem, de Sicile trente-deuxiéme Comte de Provence, reçoit des grandes oppositions à son avenement. Le Seigneur de Vins prend quelques châteaux. Le Seigneur de la Valete s'avance pour le combatre; mais ils se separent sans rien faire. Le Seigneur de Vins est refusé à Marseille. II. Le Duc de Mayene fait sçavoir en Provence, que le Cardinal de Bourbon a été declaré Roy. Qu'on luy a fait l'honneur à luy même de le créer Lieutenant General de la Couronne. Par son avis la Province prend le secours du Duc de Savoye. On députe vers luy pour cela. Le Seigneur de Vins s'avance vers la frontiere pour recevoir le secours. Le Comte de Carces va vers Tarascon, contre les Huguenots du Languedoc, qui veulent entrer dans la Province. Il les combat. Il les défait. Tarascon neanmoins refuse de luy ouvrir ses portes. On appelle du secours de Beaucaire, pour se maintenir en liberté. Le Seigneur de Peraut Gouverneur de Beaucaire envoye du monde, il devient par là maître de Tarascon, d'où il ne put être tiré que par un present de dix mille écus. Le Comte de Carces entre en ombrage que le Seigneur de Vins ne se rende trop puissant : il le croise dans l'election des Consuls de Marseille. Il fait nommer Caradet homme de sa faction. Ses amis tuent Villecrose. III. Le Parlement de Pertuis se retire à Manosque. Le Seigneur de Besaudun défait un secours du Languedoc qui venoit au Seigneur de la Valete. Le Seigneur de Vins assiege Grasse. Il est tué dans ce siége. Aprez sa mort la ville est contrainte de se rendre. IV. La faction de la Comtesse de Sault appelle le Duc de Savoye en Provence. Le Pape envoye un Bref au Parlement pour l'exhorter à tenir ferme contre les Huguenots. V. Le Comte de Carces suscite ses amis de Marseille, pour crier contre le parti Savoyard. Cela n'empêche pas que la Comtesse de Sault ne fasse resoudre dans les Etats qu'on appellera le Duc de Savoye. On députe vers ce Prince pour luy faire sçavoir cette deliberation. VI. Le Comte de Carces met tout en usage pour empêcher l'effet de la deliberation. Il fait resoudre à Marseille & à Arles qu'on recourira à la protection du Saint Siége. Il cabale contre la Comtesse dans Aix. Il essaye de luy jetter sur les bras le Parlement & le peuple. La Comtesse tourne tous ses efforts contre luy. Le peuple se souleve. Il assiege le Palais. On arrête quatre Conseillers du Parlement les plus affectionnez au parti du Comte. VII. Sur cela la Comtesse de Sault envoye un courrier au Duc de Savoye, pour l'obliger à venir dans le païs. Pour luy ôter l'envie de venir, les intrigues de Marseille, & d'Arles se continuent. Le Conseiller du Castellar prend Bariols. Le Seigneur de la Valete appelle le Seigneur de Lesdiguieres. VIII. Le Seigneur d'Ampus revient de Savoye. Il revient avec le Comte de Montueil, qui apporte de l'argent. Le Comte Martinengue vient aussi avec des troupes. Il reçoit toutes sortes d'honneurs. Il le fait sçavoir au Duc de Savoye; qui sur cette lettre se determine à partir. La Province, & le Parlement luy deputent. Les deputez vont jusqu'à Nice, pour luy faire leurs complimens. IX. Le Duc de Savoye arrive en Provence, avec l'equipage le plus magnifique qui se soit jamais veu. Il fait son entrée dans Aix, qui fut la plus superbe du monde. Le Parlement luy decerne tout le gouvernement. Le Duc fait une étroite union avec la Comtesse de Sault. X. Marseille & Arles deputent vers le Duc de Savoye. Le Duc fait dessein de s'assurer d'Arles. Il commence par assieger Salon. Il le prend. Il passe neanmoins au delà de la Durance. Le Marquis d'Oraison craint le dégât de ses terres. Cela luy fait faire quelque proposition d'accommodement. La proposition demeure inutile. Le Duc assiege & prend Grambois. Comme il veut assieger Pertuis, le grand froid l'empêche. Il se retire. Le Seigneur d'Ampus est tué devant Tarascon. Le Seigneur de Besaudun son frere, secourt heureusement le château de Meoüillon. XI. Le Duc de Savoye commence à manquer d'argent. Il prend dessein d'aller demander du secours au Roy d'Espagne. Les Marseillois aprez l'avoir une fois refusé, souffrent enfin qu'il monte en mer à Marseille. Il essaye de gagner le Capitaine Bausset Gouverneur du château Dif. Mais il l'essaye en vain. Il monte en mer avec les deputez de la Province, & ceux de Marseille qui l'accompagnent en Espagne. Le President Janin fait ce voyage avec luy. XII. Le Seigneur de la Valete appelle le Seigneur de Lesdiguieres à son secours. Tous deux ils battent les troupes du Duc de Savoye. Ils prennent deux des chefs. Le Duc de Savoye revient d'Espagne. Le grand Duc envoye du secours à Bausset. XIII. Le Duc de Savoye s'en vient à Aix. Il fait resoudre d'aller assieger Berre. Il va faire ce siege. Il prend cette place. Mais il n'en donne pas le gouvernement au Seigneur de Besaudun, comme il l'avoit promis. Cela fait murmurer la Comtesse. Elle entre en quelque froideur avec le Duc. Le Seigneur de la Valete prend Graveson. Le Duc de Savoye veut luy donner la bataille. Il en est empêché par divers avis qu'il reçoit. Le Seigneur de Lesdiguieres entre en Parlement. XIV. La Comtesse, & le Seigneur de la Valete s'approchent d'Arles. Ils se retirent comme ils voyent que personne ne les demandoit. Le Lieutenant Biord exerce bien de cruautez dans cette ville. Il y fait prisonniers plusieurs gens de qualité. Le Conetable se r'approche. La ville appelle le Duc de Savoye. XV. La Comtesse de Sault pour empêcher que le Duc aille à Arles, luy fait envoyer divers deputez d'Aix pour le rappeller. Le Duc ne veut pas rompre son voyage. Il entre dans Arles. Les femmes & les parens de ceux que le Lieutenant Biord persecutoit, se plaignent au Duc de ses traitemens. Le Duc fait arrêter le Lieutenant, puis il se retire. XVI. Le Duc entreprend le siege du Puy. Durant ce siege le château Dif se broüille avec Marseille. le Duc vient à Aix. Il fait arrêter la Comtesse de Sault. Marseille resout de ne le plus reconnoître. Cela fait que pour s'assurer d'Aix, il change les Consuls, & les autres Officiers de ville. Aprez quoy il s'en retourne au camp devant le Puy. La Comtesse prend l'occasion de son absence pour se mettre en liberté. Elle se sauve à Marseille. Le Duc leve le siege du Puy. XVII. Le Duc de Savoye s'unit avec le Comte de Carces. Ils poussent la Comtesse de Sault. Ils font faire des informations contre elle. Il va des Commissaires du Parlement à Saint Victor pour executer le decret. Marseille prend les armes. Les Commissaires sont contraints de se retirer. Le Seigneur de la Valete assiege Beines. Le Comte de Carces le fait decamper. Il le poursuit. Il luy tue quelques soldats dans sa retraite. XVIII. Le Seigneur de la Valete pour avoir sa revanche, presente la bataille au Duc à Vinon. Il le défait. Le Duc fait une tentative inutile sur Marseille & sur le Martigues. Il s'en va à Arles, où il reçoit de grands honneurs. Le Seigneur de la Valete s'en va vers Frejus. Il assiege le village de Roquebrune. Il y est tué. XIX. La nouvelle de cette mort est reçeüe avec joye dans les grandes Villes. Le parti du Seigneur de la Valete ne relache point pour cela. Il appelle le Seigneur de Lesdiguieres. A Arles le Consul la Riviere entreprend de faire garder les portes par des Espagnols. A cette veüe le peuple se souleve. On tue le Consul. On se declare contre le Duc de Savoye. Le Duc étonné de ce changement de fortune, envoye pour se retablir le Lieutenant Biord. Le Lieutenant est tué sur son chemin par des gens d'Arles. XX. Le Duc de Savoye tente de s'emparer du Martigues. Son dessein ne luy reussit pas. Comme il se voit malheureux de tous côtez, il se retire de Provence. La Noblesse du parti du Seigneur de la Valete demande au Roy le Duc d'Espernon pour Gouverneur. Le parti contraire rappelle le Duc de Savoye. Le Comte de Carces fait une entreprise sur Marseille qui échoüe. La Comtesse de Sault s'en va vers le Connetable, pour avoir du secours. A son retour à Marseille le peuple murmure contre elle. Elle se retire vers le Duc d'Epernon. XXI. Le Duc d'Epernon entre dans la Province. Il va contre Grasse. Il en est repoussé. Il prend Canes & quelques autres villages. Il tient les Etats à Brignole. On y resout d'entretenir son armée, & de députer au Roy, pour obtenir les provisions du gouvernement en sa faveur. Il pense à faire des citadelles à Saint Tropez & à Brignole. Il propose une treve, sur quoy on s'assemble à saint Maximin. Il fait une entreprise sur Marseille. L'entreprise manque. Elle suscite le peuple contre Casaux. Il demande secours au Roy d'Espagne. XXII. Le Comte de Carces demande aussi secours au Roy d'Espagne dans le grand besoin d'argent où l'on étoit. Le Duc d'Epernon s'approche d'Arles, où pour le favoriser, les armes du Connetable faisoient le dégât du terroir. Ceux d'Arles sont contraints de le reconnoître. Le Duc d'Epernon vient contre Aix. Il fait un fort sur la coline de Saint Eutrope. Le Comte de Carces qui étoit dans la ville fait un fort au quartier des Fourches, pour empêcher que le Duc ne s'empare de ce poste. On fait des conferances pour ajuster les choses, mais inutilement. Gilbert Genebrard est fait Archevêque d'Aix par le Pape, à la sollicitation des Ligueurs. Il vient à Aix. Il y soûtient le parti de la Ligue avec chaleur par ses predications. XXIII. Le Seigneur du Gaut Gouverneur de Grasse est assassiné. L'assassin est fait Gouverneur de Grasse. Casaux & Loüis d'Aix craignent cét exemple. Ils découvrent une conjuration qui se faisoit contre eux. Le Parlement empêche adroitement que Masparraut Maître des Requêtes n'aille à Marseille, où il devoit exercer la charge de Juge Mage. XXIV. Arles est asservi par deux tyrans, comme Marseille. Ce sont deux hommes de basse main. Le Duc de Savoye leur fournit de l'argent, pour essayer de regagner cette ville. La Noblesse du parti de la Ligue se declare pour le Roy. Elle fait declarer plusieurs villes.

HISTOIRE DE PROVENCE.

LIVRE QUATORZIE'ME.

ENRY étoit le legitime successeur à la Couronne, & toute fois, il n'y parvint qu'aprez avoir essuyé de terribles oppositions. La religion Huguenote que ce Prince professoit fut le pretexte dont on couvrit tant d'injustes traverses, mais la veritable cause en doit être raportée à l'ambition demesurée des Grands, qui leur fit rompre toutes mesures avec leur Prince. Ce qui donna sujet de le croire ainsi, c'est que si la religion eût fait seule tout l'obstacle, cét obstacle auroit sans doute cessé, dés que le Roy parvint à la Couronne ; car il protesta diverses fois qu'il se feroit instruire dans six mois en la Religion Catholique. Qu'il assembleroit même pour cela, s'il en étoit besoin, un Concile National. Que cependant il favoriseroit en tout l'Eglise Romaine. Qu'il ne donneroit les charges qu'à des Catholiques. Mais on fit peu de conte de tout cela, parce que les chefs avoient une autre veüe, que celle de se reduire à l'obeïssance. Ils tinrent donc une route toute contraire. Ils prirent le parti d'entretenir la guerre dans l'Etat. Ils prerendent que dans sa dissipation, il leur en tombera du moins quelque piece. Cela fait qu'ils mettent tout en œuvre, pour pouvoir decrediter le Roy. On parle par tout de luy avec mépris. On ne l'appelle que du nom de Bearnois. On le traite de relaps, d'heretique. Pour le rendre encore plus méprisable, on le peint en habit de soldat. On pretend de diminuer par là l'autorité qu'imprime le caractere de Roy dans l'esprit des peuples. C'étoit comme cela que je trouve qu'on

I.
Henri IV. Roy de France & de Navare, de Ierusalem de Sicile trente deuxiéme Comte de Provence reçoit de grandes oppositiós à son avenement. Le Seigneur de Vins préd quelques châteaux. Le Seigneur de la Valete s'avance pour le combatre. Mais ils se separent sans rien faire. Le Seigneur de Vins est refusé à Marseille. 1589.

le repréfentoit en Provence. On y a veu encore de nos jours des portraits tels que je les ay décrits. Pendant qu'on entretient les villes ligueufes dans cette averfion, le Seigneur de Vins penfe à faire quelque exploit qui retabliffe la reputation de fes armes. La prife du château de Bouc faite par le Seigneur de la Valete, interrompoit le commerce d'Aix à Marfeille, les courfes que l'on faifoit de cette place ruinoient abfolument les deux terroirs. Il prend deffein d'aller attaquer ce château. Pour cela il fort d'Aix, le troifiéme de Septembre, il y va mettre le fiege devant. Il ne craint plus que le Seigneur de la Valete l'interrompe ; parce qu'il étoit du côté de Frejus; & que pour luy il prétendoit d'emporter ce château dans deux jours. Je ne fçay neanmoins comme il l'entendoit. Car la place étoit prefque imprenable, affife fur un roc fort haut & fort écarpé, commandée par un tres-brave homme que l'on appelloit Capitaine Autric. Cependant tout cela ne l'arrête point. Il commence le fiege. Il dreffe la batterie. Il la fait joüer jufqu'à la nuit. Le lendemain il la fait recommencer dés le point du jour. Ce même matin les défenfes font toutes abbatües. On abbat jufqu'à la tour où étoit l'efcalier du château. Dés que la breche fut raifonnable, on ceffa la batterie. On ne voulut pas la continuer de peur d'abbattre une porte avancée au dehors du bâtiment qui devoit les mettre à couvert, durant qu'ils iroient à l'efcalade. Il ne reftoit donc plus qu'à faire cette tentative, & c'étoit là veritablement le grand peril. Car pour aller à la breche, il falloit monter fur le rocher par des échelles de plus de trente pieds de hauteur. Au deffus de cela il y avoit un paffage creufé dans le roc où à peine un homme pouvoit paffer, avant que d'aborder la porte. Ces difficultez neanmoins ne ralentirent point l'ardeur de l'attaque. On plante les écheles. On monte fur le roc. On paffe librement le defilé. On aborde fierement la breche. Mais ce fut alors que l'on commence à trouver le grand peril. Car les affaillis fe défendent vigoureufement. Ils repouffent l'attaque avec leurs piques, avec de grandes pieces de rochers, qu'ils font couler fur les affaillans. Le Gouverneur qui avoit mis le feu à l'autre endroit, par où la place pouvoit être abordée, étoit tout occupé vers le lieu où fe donnoit l'affaut. Il animoit les foldats par fes exhortations, & par fon exemple. Il foûtint l'attaque avec tant de courage & tant de jugement que le Seigneur de Vins defefpere d'en venir à bout aprez l'avoir tenté durant quatre heures. Une refiftance fi opiniatre, luy fait voir, qu'il ne peut rien gagner par la force. Il effaye d'avancer quelque chofe par la douceur. Il fait dire au Gouverneur que s'il veut fe rendre, on luy donnera toute feureté. Le Gouverneur refufe ce parti. A ce refus les affiegeans s'irritent. Ils vont à l'attaque avec plus d'ardeur encore qu'ils n'avoient fait. Mais le Seigneur de Vins voyant qu'ils ne font point de progrez, & que cependant le jour decline, prend deffein de fe retirer, de peur que le Seigneur de la Valete ne le vienne furprendre. Auffi-tôt il appelle Lamanon. Il luy dit à l'oreille d'aller faire retirer le canon. La chofe s'alloit executer quand un gendarme, s'apperçoit que le Gouverneur venoit fort fouvent vers la breche, pour remarquer la contenance des affaillans. Sur cette obfervation il s'avife qu'il feroit bon d'attendre qu'il revint, & de luy tirer dés qu'il le verroit dans cette pensée il appuye son pistolet contre une arcade, qui étoit au dessous de la breche. En cét état il attend que le Gouverneur revienne montrer le nez. Comme il le voit venir, il lâche le pistolet. Mais il ne sçait si le coup a eu bonne issue. Seulement observe-t'il que le Gouverneur ne revient plus. Il luy paroît qu'on se relâche dans la défense. Cela luy fait croire qu'il avoit tiré juste. Il dit à ceux qui étoient au tour de luy, qu'assurement le Gouverneur avoit été tué, qu'il falloit donner sans plus rien craindre. A ces mots tout le monde s'anime. On se dispose à redonner l'assaut. On veut monter tout d'une halaine à la breche. Mais on ny peut aller que deux à deux. Quand il y en eut six de montez, ceux-cy firent ferme pour attendre les autres. Puis comme la troupe fut un peu grossie, on s'avance sans plus perdre temps. On essuye quelques mousquetades. Aprez quoy tout plie. On se rend maître de la place sans difficulté. On apprend que le Gouverneur avoit été tué du coup du gendarme. Ainsi le Seigneur de Vins contre son attente, emporta fierement ce château. De là il s'en alla contre le château de Cabriez, qui ne fit pas tant de resistance. Car il se rendit presque aussi-tôt, qu'on l'eut investi. Aprez quoy le Seigneur de Vins marcha vers Aubagne, pour delivrer Marseille des courses que la garnison faisoit sur son terroir. Dans ce dessein il écrit aux Consuls de Marseille, pour avoir des troupes & du canon. Les troupes le vont joindre à une lieüe d'Aubagne. Mais apprenant que le Seigneur de la Valete approche, il mande à Marseille qu'on retiene le canon; parce qu'il ne veut pas le hazarder. Ensuite pour empêcher qu'il ne soit luy-même attaqué, il jette partie de son infanterie dans des vignes, il place le reste sur un côteau prochain, il range la cavalerie dans la plaine. Ses troupes étoient composées de douze cens hommes de pied, & de quatre cens maîtres. A peine a-t'il ainsi disposé les choses, qu'on voit le Seigneur de la Valete arriver. Il avoit cinq cens arquebusiers à cheval, & sept cents maîtres. Il vient avec une resolution entiere d'attaquer sans relâche le Seigneur de Vins. Il s'approche pour cela jusqu'à la portée du mousquet. Mais le voyant si bien posté, si bien retranché, il s'arrête. Il juge plus à propos de ne rien hazarder. Il voit que ses troupes sont fatiguées, qu'elles ne sont pas en état de tenir contre un ennemi frais & vigoureux. Cela le fait resoudre de se retirer dans Aubagne. Là comme il voit la place peu tenable, il la quitte aprez en avoir retiré la garnison. Aussi-tôt le Seigneur de Vins va l'occuper. Mais il en défend l'entrée à ses soldats. Il ne la permet qu'aux seuls Marseillois, voulant se faire auprez d'eux un merite, de ce qu'il refusoit l'entrée à tous les autres, & qu'il ne l'accordoit qu'à eux seuls. Quand les Marseillois furent dans le lieu, ils ne manquerent pas de se venger des courses qu'on avoit fait sur leurs terres. Ils pillerent ce village, durant huit jours entiers. Ils y commirent tant d'hostilitez, qu'on a cru devoir en éteindre la memoire, en suprimant le détail de ce qui s'y fit. Aprez cela le Seigneur de Vins se met en chemin pour retourner à Aix. Il dit qu'il falloit passer par Marseille pour se conjouir de la vengeance qu'on venoit de prendre, & de ce qu'on c'étoit defait de Gaspard de Villages, l'un des plus grands appuys des Bigarrats ; il étoit bien aife d'ailleurs de voir le Seigneur de Befaudun, qui étoit alors Viguier de cette ville. Il ne doutoit donc pas qu'on ne le reçût avec joye. Cependant comme il eft en chemin, on luy vient dire qu'une troupe de gens s'étoient ramaffez à la porte, qui faifoient mine de vouloir luy en empêcher l'entrée. Cét avis le furprend extremement. Il ne peut croire qu'il foit veritable. Pour s'informer plus au vray de la chofe, il prie l'Aumônier de Saint Victor qui étoit auprés de luy, de s'en aller éclaircir. L'Aumônier part & revient peu aprez. Il dit au Seigneur de Vins que l'avis n'étoit que trop veritable. Que s'il le croit il s'en ira droit à Aix. Qu'il fera courir adroitement le bruit qu'on l'y appelle, pour une affaire importante qui ne luy permet pas de s'arrêter nulle part. Le Seigneur de Vins approuve l'expedient. Il donne ordre qu'on aille à Aix d'une traite. Mais en paffant le long des murailles de Marfeille, il ne peut s'empêcher de dire à ceux qui font prés de luy. Ecrivez & marquez bien dans vos tabletes que ce peuple ne fe peut gagner ny par force ny par amour.

II.
Le Duc de Mayene fait fçavoir en Provence que le Cardinal de Bourbon a été declaré Roy. Qu'on luy a fait l'honneur à luy même de le créer Lieutenāt General de la Couronne. Par fon avis la Province prend le fecours du Duc de Savoye. On depute vers ce Duc pour cela. Le Seigneur de Vins s'avance vers la frontiere pour recevoir le fecours. Le Comte de Carces va vers Tarafcôn contre les Huguenots du Languedoc qui veulent entrerdans la Province. Il les combat. Il les défait. Tarafcon neanmoins refufe de luy ouvrir fes portes. On appelle du fecours de Beaucaire, pour fe maintenir en liberté. Le Seigneur de Peraut

Peu de jours aprez qu'il fut arrivé à Aix, on y reçût des lettres du Duc de Mayenne, qui faifoit fçavoir ce qui s'étoit paffé à Paris, que le Cardinal de Bourbon avoit été declaré Roy, & qu'on luy avoit fait à luy-même cette honneur de le créer Lieutenant General de l'Etat & Couronne de France, attandu la detention du Roy. Ces lettres étoient accompagnées d'un édit du Confeil General de l'Union, tendant à reunir dans un même efprit les Catholiques qui avoient fuivi le parti contraire. Le Parlement verifie auffi-tôt cét édit. Il ordonne en même temps que d'orfenavant toutes les expeditions de Juftice fe feront fous le nom du Roy Charles Dixiéme. Cette refolution fut tres-bien reçeüe. Elle caufa une grande joye dans Aix. Cette joye fe répandit dans toutes les villes de la Ligue. Mais au milieu même de cette joye les chefs ne laiffoient pas d'être en grand fouci. Ils prevoient que la guerre alloit s'allumer plus grande & plus facheufe. Qu'elle le feroit plus encore par la treve, qui venoit de fe faire en Languedoc & en Dauphiné. Qu'affurement le Seigneur de la Valete ne manqueroit pas de leur jetter fur les bras, tous les Huguenots de ces Provinces. Qu'il ne falloit pas attendre du fecours de la part du Duc de Mayene. Que ce Prince avoit affez befoin de fes troupes vers Paris pour ne les pouvoir pas divertir ailleurs. Auffi ne recevoit-on de luy que des lettres obligeantes, que des nouvelles de ce qui fe paffoit à Paris, que des témoignages de deplaifir, de ne pouvoir leur être effectivement utile, & leur envoyer du fecours. Il eft vray que ces lettres leur faifoient fçavoir qu'ils pouvoient avoir recours au Duc de Savoye. Que ce Prince étoit de tres-bonne intelligence avec le parti. Qu'il fe montroit fort affectionné pour la Religion Catholique. Cét avis avoit déja été donné de la même maniere, par une lettre de créance qu'il avoit écrit en faveur du Seigneur de Befaudun. Befaudun même du confentement du Seigneur de Vins avoit été vers le Duc de Savoye. Ce Duc avec fon adreffe ordinaire luy avoit offert, tout ce qu'on pouvoit defirer de luy, fans nulle condition ny referve. Ces offres étoient faites avec mille témoignages obligeans. Il avoit dit qu'il ne defiroit rien tant, que de se montrer bon voisin. Que cela le porteroit toûjours à ne rien oublier de ce qui pourroit faire connoître quelle étoit la consideration qu'il faisoit des Provençaux, & de la Provence. Comme donc on vit que le Duc de Mayene, persistoit à conseiller qu'on s'adressât au Duc de Savoye, on resoût de prendre ce Prince au mot. On fait pour cela dans Aix une assemblée qu'on appelle des Procureurs joints. Dans cette assemblée, & dans celle du Conseil de ville convoqué de l'autorité du Parlement il est resolu que sans entrer en nulle composition, on prendra secours du Duc de Savoye. Qu'on l'acceptera pour trois cens cinquante lances, deux mille hommes de pied, argent, munitions & canon. Que cela se fera pour la conservation de la Province dans la Religion Catholique sous l'obeïssance du Roy tres-Chrétien & non autrement. Que ce sera aussi à condition que ces troupes seront commandées par le General que la Cour a établi, & par les Gentils-hommes de la Province. Qu'elles ne seront pas logées dans des places fortes, afin d'ôter tout le soupçon que cela pourroit donner, & que quand la guerre aura fini, elles seront renvoyées au Duc avec de tres-forts témoignages de gratitude. La chose étant donc ainsi resolüe, le Parlement prit une autre précaution. Il voulut avoir par écrit l'avis des Seigneurs de Vins, de Besaudun, du Comte de Carces. Aprez quoy il confirme cette délibération. Cela fait la Province depute vers le Duc de Mayene, & vers le Conseil de l'Union pour leur donner connoissance de ce qu'on vient de faire. Les députez ont ordre de demander la déposition du Seigneur de la Valete, la revocation de tout ce qu'il avoit fait, la confirmation des arrêts du Parlement portant confiscation des biens des Huguenots, dont la vente devoit servir aux frais de la guerre. Dans le temps que cette députation se fait, on depute aussi vers le Duc de Savoye pour accepter ses offres & pour faire hâter le secours. Le Seigneur de Vins s'avance vers la frontiere pour le recevoir, resolu quand il l'aura reçu, d'assieger Grasse, Draguignan, Frejus, & les autres places de cette contrée. Sur son départ d'Aix, il recommande fort à la Comtesse de Sault, de menager le peuple avec toute son adresse. Il laisse auprez d'elle les Seigneurs de Besaudun, & d'Ampus pour l'affermir, & se l'assurer toûjours. Il leur donne partie de sa cavalerie pour empêcher que le Seigneur de la Valete ne les put surprendre, avec le secours qui luy devoit venir du Languedoc. Car quelque secrets que fussent les Huguenots, le Seigneur de Vins ne laissoit pas d'être averti de leurs negociations les plus cachées. Peu de jours aprez l'avis se trouva veritable. Il vient cent cinquante Maîtres envoyez par le Maréchal de Montmorenci. La troupe est conduite par Estampes qui vient passer le Rhône à Boulbon. Comme il s'avance pour venir à Aix, on luy rapporte que le Comte de Carces l'attandoit à Graveson sur son passage. Cela l'oblige de tourner vers Tarascon. Il pretend en tout cas de se refugier dans cette ville, qu'il croit luy être amie. Le Comte de Carces qui apprend sa marche va vers luy, il le poursuit, il l'atteint fort prez de Tarascon. Estampes veût se jetter dans cette ville. A son approche il en trouve les portes fermées. Ainsi les étrangers se trouvent entre les murailles de Tarascon, le Rhône, & les armes ennemies,

Gouverneur de Beaucaire envoye du monde. Il devient par là maître de Tarascon, d'où il n'en peut être tiré que par un present de dix mille écus. Le Comte de Carces entre en ombrage que le Seigneur de Vins ne se rende trop puissant. Il le croit se dans l'élection des Consuls de Marseille. Il fait nommer Caradet homme de sa faction. Ses amis tuent Villecrose.

fort en peine à prevoir ce qu'ils deviendroient. Sur cette entrefaite le Seigneur d'Ampus arrive. Le Comte luy propose d'aller tous ensemble à la charge. Ils partent. Ils vont donner sur les étrangers, qui tout étonnez ne sçachant quelle route prendre, vont se jetter précipitemment dans des batteaux, les autres entrent bien avant dans le Rhône. Mais la pluspart voyant peu de seureté dans cette retraite, ont honte de mourir en lâches. Ils prennent le parti de mourir en gens de cœur. Dans cette resolution ils rebroussent chemin. Ils se font tous mettre en pieces. Ceux qui resterent dans les batteaux perirent en diverses manieres. Les uns se noyerent, les autres allerent échoüer contre des rochers. Le Seigneur de Rognes fut de ce nombre. On compte aussi le Seigneur de Molegez. Celuycy fut écrasé dans un batteau, l'autre fut coulé à fond, par le grand nombre de ceux qui s'y jetterent dedans. Tout perit à la reserve d'Etampes, de Lussan, de Spondillan & des Champs, qui demeurerent prisonniers, avec quelques gendarmes, comme pour augmenter la gloire que le Comte de Carces remporta dans ce jour. Mais tout vainqueur que fut le Comte, Tarascon ne voulut point luy ouvrir ses portes. Cette ville voulant se rendre considerable par la neutralité qu'elle affecta, fut bien aise que l'on connût, qu'elle n'étoit d'aucun parti, qu'elle ne pensoit qu'à sa seule conservation. Comme les principaux habitans témoignent qu'on étoit dans cette resolution, ceux qui s'étoient cantonnez pour se défendre, en cas qu'on ouvrît les portes, rompent leurs barricades. Ils vont se joindre à ceux qui paroissoient si affectionnez pour le bien public. On eut dit à voir cette reunion que rien ne pourroit jamais la rompre. Cependant elle ne dura presque qu'un moment. Les amis du Comte de Carces agissent sourdement, pour moyener qu'on l'introduise dans la ville. La negociation ne peut être si secrete, que le Lieutenant du château n'en soit averti. Il en donne avis au Conseiller Antelmi, qui tenant le parti du Roy, s'étoit refugié dans cette ville. Il luy conseille d'éviter le danger, où il pourroit être. Il luy offre seureté dans le château. Mais il ne manque pas de faire sçavoir à ses amis quel étoit le sujet de sa retraite. Peut-être le leur dit-il par confidence. Peut-être fut-il bien aise d'éventer la chose, pour obliger ceux du parti du Roy à s'éveiller. Quoy qu'il en soit on avertit Clemens de ce qui se passe. Clemens étoit alors premier Consul. Aussi-tôt il assemble ses collegues. Ils cherchent quelque remede au mal qui approche, & qui étoit sur le point d'arriver. Ils n'en trouvent point de plus court que d'appeller du secours voisin, de recourir au Seigneur de Peraut Gouverneur de Beaucaire. En même temps on envoye vers luy. Le Seigneur de Peraut repond agréablement à la demande. Il dit qu'il a douze cens hommes au service des Consuls de Tarascon. Qu'il les tiendra prets pour aller à eux au premier signal qu'on luy voudra faire. Les Consuls ravis de cette réponse, ne pensent plus qu'à introduire dans la ville le secours promis, en quoy la difficulté n'étoit pas petite. Car la porte du Rhône étoit murée. Il falloit avoir des moyens pour la pouvoir ouvrir sans soupçon. Le Consul Clemens surmonte tout par ce stratagême. Il dit au peuple que dans l'état où se trouvoit la ville. Il étoit necessaire de la pourvoir de bled. Qu'il en

Le 14. Octobre.

avoit trois cens cetiers dans sa grange. Qu'il les offroit de bon cœur dans une necessité si pressente. Que pour éviter que les troupes de la campagne ne l'enlevassent, on pourroit le faire apporter par batteaux. Sur cette offre le peuple qui craint toûjours la famine, ne manque pas de remercier le Consul. Il le prend au mot avec une joye extreme. Aussi-tôt on ouvre la porte. On commence à apporter le bled. Il y avoit encore une autre chose à faire. Il falloit decharger la ville des gens oisifs, qui pouvoient découvrir ou traverser l'entreprise. Pour cela le Consul propose de couper le bois voisin qui étoit sur le bord du Rhône, afin qu'on n'eut point à craindre d'embuscade de ce côté là. Tout le monde approuve la proposition. Pour faire que la chose s'execute promptement, le Consul fait crier par la ville, que le bois étoit donné à ceux qui le couperoient les premiers. Sur ces cries le peuple se hâte. On quitte tout pour aller sur le lieu. Châcun jette à l'envi les arbres par terre. Tandis que le peuple s'amuse à couper, les Consuls vont à la porte de la ville. Ils font monter au plus haut un homme, qui mettant son châpeau sur une perche, fait signe à ceux de Beaucaire d'approcher. A ce signal Peraut fait tirer un coup de canon. Dabord les soldats courent à la riviere. Ils entrent dans des batteaux qu'on avoit arrêtez pour cela. Ils s'en viennent à toutes rames. Les Consuls les reçoivent à bras ouverts. Mais ils ne sont pas plûtôt dedans, qu'il se leve un bruit horrible, qui leur fait craindre de n'être pas trop en seureté. Ce bruit venoit des partisans du Comte de Carces, qui s'étoient retranchez dans un quartier, & qui voyant entrer ces étrangers, jugerent bien, qu'il leur falloit quitter la parade. Aussi sauterent-ils tous des murailles, & allerent chercher auprez du Comte la seureté, qu'ils ne pouvoient trouver dans leurs maisons. Ainsi la ville fut toute occupée par les étrangers. Aussi-tôt le Seigneur de Peraut y vient. Il demande qu'on luy donne les clefs des portes. Sur cette demande les Consuls voyent bien qu'ils ont fait une grande faute. Ils voyent bien qu'au lieu d'introduire un ami, l'on s'étoit soûmis à un facheux maître. Il fut en effet si bien maître, que six jours aprez le Maréchal de Montmorenci vint en cette ville, mit tout en usage pour avoir le château, offrit deux mille écus au Lieutenant qui y étoit dedans s'il vouloit le luy remettre. Le Lieutenant refuse l'offre tres-constamment. Cela neanmoins n'empêcha pas que le Seigneur de Peraut, ne fut absolument maître de la ville, qu'il n'y regnât six mois tous entiers, jusqu'à ce que pour le tirer de là on luy fit un present de dix mille écus. On a dit qu'il employa cét argent à l'achapt de la charge de Senechal de Beaucaire. Quoy qu'il en soit cette exemple fut une belle leçon à tous, de ne prendre jamais de secours qui soit plus fort que celuy qui l'appelle. Cependant comme tout se fait au nom du Seigneur de Vins, qu'il ne se parle que de luy sur le fait des armes, qu'il va luy-même recevoir les troupes que le Duc de Savoye envoyoit, tout cela donne de la jalousie au Comte de Carces. Il s'imagine que l'on croit dans le monde que le Seigneur de Vins est le seul puissant dans le païs. Pour empêcher qu'on ait cette opinion, il prend dessein de le traverser sur tout à Marseille; où il le pouvoit faire avec plus d'éclat. On a dit que la Comtesse de Sault luy suggera la chose, dans l'apprehenſion qu'elle eut que le Seigneur de Vins ne la mépriſât elle-même, s'il devenoit trop puiſſant. Quoy qu'il en ſoit, voicy ce qui ſe fit à Marſeille pour le faire échoüer dans ſes deſſeins. Il avoit écrit à Villecroſe qui étoit alors premier Conſul de travailler à faire que Caſaux luy ſuccedât en ſa charge. Il avoit auſſi prié le Seigneur de Beſaudun qui étoit Viguier de l'appuyer. Le Comte employe de ſon côté tous ſes amis, pour faire que Caſaux eut l'excluſive. La choſe luy étoit aſſez aiſée. Car outre que Caſaux n'étoit pas de la qualité requiſe, pour remplir le premier chaperon, il étoit d'ailleurs fort haï du peuple. Auſſi voyoit-on murmurer publiquement tout le monde, de ce qu'on deſtinoit à cette place, un homme ſans naiſſance, un brutal. Dans le temps qu'on travaille à exclure Caſaux, il ſurvient une conjonĉture favorable pour pouſſer Villecroſe. L'occaſion vint de ce que Porcin le jeune gendarme de la compagnie du Comte de Carces, fut arrêté priſonnier à Aix. Car ſon frere s'imaginant que Villecroſe luy avoit porté ce coup, prend deſſein de s'en venger ſur l'heure. Dans ce deſſein il ſort de ſa maiſon. Il s'en va publier à la Loge qu'il a nouvelle que Villecroſe traite de remettre Marſeille au Duc de Savoye, qu'il a deja tiré quatre mille écus pour cela. Ce bruit ſe répend par toute la ville. Villecroſe en eſt averti. Il craint que cela n'excite contre luy quelque tumulte. Pour l'éviter il ſe retire au quartier de Cavaillon. Auſſi-tôt ſes amis ſe rendent auprez de luy. Le Seigneur de Beſaudun y va des premiers. Il mene avec luy deux ou trois cens hommes. Ce renfort fait prendre deſſein à la troupe de deſcendre, pour aller chercher Porcin. Mais Porcin qui avoit bien preveu ce qui arriva, s'étoit déja rendu chez le Comte. Le lendemain la chaleur continüe. Châcun part de ſa maiſon armé. Beſaudun & les Conſuls paroiſſent même avec la cuiraſſe. Tout cela neanmoins n'a point de ſuite facheuſe. On en demeure aux menaces, ſans en venir aux mains. On ſe tient toûjours en cét état juſqu'à la fête de Saint Simon, jour de l'élection conſulaire. Il eſt vray que trois jours avant cette fête, le Seigneur de Beſaudun voulut éprouver ſes forces, & ſçavoir quelle créance il avoit dans le public. Il fait courir le bruit que les Bigarrats étoient rentrez dans la ville. Qu'ils ſe tenoient cachez dans leurs maiſons. Qu'ils ne manqueroient pas de ſe montrer quand il ſeroit temps, pour faire des Conſuls à leur poſte. Sur ce petexte luy, Villecroſe & Caſaux font une ronde avec la compagnie de Caſaux qu'ils avoient fait entrer peu à peu dans la ville. Ils viſitent les maiſons des Bigarrats, où il ne s'en trouve pas un ſeulement. Alors tout le monde jugea bien que cette ronde avoit une autre viſée. Qu'on prétendoit de faire voir qu'on étoit le plus fort. Mais on remarqua le contraire le jour de la veille de Saint Simon. Car les corps de garde ſe trouverent renforcez par un tres-grand nombre de Carciſtes. A cette veüe Beſaudun & Villecroſe ſe plaignent de la défiance qu'on avoit d'eux. Ils declarent qu'ils ne penſoient pas de mettre Caſaux dans aucune charge. Cependant comme on leur excud Caſaux, ils travaillent à exclure Caradet creature du Comte de Carces. Pour celà le jour de l'élection Beſaudun & les Conſuls entrent avec la cuiraſſe dans l'Hôtel de Ville. Ils y introduiſent Loüis d'Aix, avec quelques autres méchans garçons.

çons. D'autre côté Cafaux vient avec une grande fuite. Mais ceux du corps de garde qui le voyent approcher s'avancent. Ils l'obligent de fe retirer. Il tourne vers le logis du Seigneur de Befaudun. En y allant on luy tire un coup d'arquebufe qui le manque. Il double le pas, il fe retire precipitemment chez Befaudun qui fur les dix heures du foir fe rend à l'Hôtel de Ville où le confeil étoit affemblé pour l'élection. Il avoit droit de nommer les Confuls en qualité de Viguier; on le prie de nommer Caradet. Il le refufe quelques inftances que les amis du Comte de Carces luy en puiffent faire. A ce refus il fe leve un grand bruit. A ce bruit le corps de garde prend les armes, & Loüis d'Aix fe met en état à n'être point furpris. Ce tumulte oblige le Seigneur de Befaudun d'appeller fes amis prés de luy. Il prend une pique, puis il éteint toutes les lumieres. L'obfcurité ne ralentit point l'ardeur du parti contraire. On tire quelques moufquetades, pour montrer qu'on ne s'endormoit pas. Les uns s'en vont fonner le tocfain, les autres courent par la ville en armes. Tout le monde fe reveille & s'étonne de ce bruit. On fe va rendre où l'on voit le plus de peuple. Befaudun & Villecrofe voyant les chofes enflammées, ils fe refolvent de nommer Caradet. Auffi-tôt Caradet eft élu. Ceux qui le demandoient font fi ravis, qu'on laiffe à Befaudun à faire les autres Confuls. On luy abandonne même tout le refte, c'eft à dire la difpofition des bas officiers. Cela neanmoins ne raffure pas Befaudun ny Cafaux. Ils voyent que leurs ennemis reftent les plus forts. Ils prennent deffein de quitter la ville. Ils montent à cheval, ils s'en vont à Aix; ils laiffent dans le peril Villecrofe. Auffi Villecrofe payat-il pour tous. Car aprez la retraite de fes amis, on commence à luy dreffer divers pieges. On l'attaque. On le harcele. On l'outrage. Comme on voit qu'il plie à tout cela, on s'avife de luy faire une piece, dont il n'ait pas moyen de fe demêler. On publie qu'on a decouvert quatre-vingt échelles dans la boutique d'un menuifier, Qu'on a decouvert que Savine les faifoit faire, par ordre de Villecrofe. Que cela fe faifoit pour introduire le Savoyard. Sur ce bruit le peuple entre en fureur. Porcin fe met à fa tête. Tous les ennemis de Villecrofe fe joignent à luy. On le va chercher dans fa maifon. On le faifit. On le mene à la Tour de Saint Jean; comme pour affurer fa perfonne. On le conduit à travers d'une furieufe multitude, qui s'étoit affemblée, qui s'irrite de nouveau par fa veüe. On fe jette fur luy. On le perce de coups de piftolets, d'épées, de pertuifanes. On le traine par toute la ville. On l'accable enfin d'imprecations. Le peuple crie *foüero Savoyard*, à pleine tête, comme pour juftifier ce qu'il a fait contre ce malheureux. Cependant les Procureurs du Païs fe plaignent qu'on ait donné ce pretexte à ce maffacre. Ils difent que le Duc de Savoye s'offenfera fans doute du mépris qu'on a fait de fon nom. Que cela luy donnera fujet de retirer fon fecours & fes troupes. Qu'on doit craindre que la Province épuifée, abandonée, ne periffe par fes propres divifions. Pour éviter ce malheur qu'ils prevoyent, ils prient le Comte de Carces qui s'eft trouvé prefent à tout, de témoigner au Duc de Savoye, qu'il ne s'eft rien paffé à Marfeille, dont il ait fujet de s'offenfer. Que les gens de qualité ont défaprouvé ce que le peuple a fait dans cette rencontre. Que

III.
Le Parlement de Pertuis se retire à Manosque. Le Seigneur de Besaudun défait un secours du Languedoc qui venoit au Seigneur de la Valete. Le Seigneur de Vins assiege Grasse. Il est tué dans ce siege. Aprez sa mort la ville est contrainte de se rendre.

tous avoüent avec beaucoup de reconnoissance, qu'on luy a d'infinies obligations. Que ce sentiment est le sentiment general de la Province.

Durant ces tumultes de Marseille ; il y eut trois villages voisins de Pertuis, Saignon, Saint Martin, & Cucuron qui rentrerent dans le parti de la Ligue. Ce changement donne l'alarme au Parlement de Pertuis, Il apprehende la consequence d'un exemple, qui peut faire impression parmi les voisins. Il fait sçavoir son apprehension au Seigneur de la Valete. De son aveu il quitte Pertuis. Il va s'établir à Manosque. Ce ne fut pas neanmoins dans ce quartier seul, que les choses se tournerent pour la Ligue. Ses armes firent aussi du progrez dans le haut païs. Entr'autres je trouve que les troupes qu'avoit l'Evêque de Sisteron prirent Digne. Dautre côté le parti contraire essaye de se fortifier. Sur tout le Maréchal de Montmorenci desiroit fort de s'agrandir auprez de Tarascon qu'il tenoit par le moyen de Peraut sa creature. Dans ce dessein il fit sonder le Seigneur de Fos pour son château. Mais les Consuls d'Arles qui ont vent de la negociation la rompent adroitement pour éloigner d'eux un voisin qui auroit pu devenir leur maître. Ce n'est pas que s'ils n'eussent craint la domination du Maréchal, ils n'eussent eu besoin de son assistance, tenant comme il faisoit pour le Roy, & parconsequant étant bon ami avec le Seigneur de la Valete. Car le Lieutenant Biord les tenoit extremement bridez, dans la passion qu'il avoit d'avancer son parti. Cét homme dépuis la mort du Roy, étoit venu à un point d'audace, qu'il croyoit pouvoir tout entreprendre impunement. Car auparavant, le genre de mort du Duc de Guise étoit pour luy un terrible exemple. Il en craignoit les suites pour ses partisans. Et comme il étoit des plus notez, il apprehendoit fort pour sa personne. Mais quand la nouvelle de le mort du Roy fut arrivée, alors il se crut en toute seureté. Ce fut pour cela qu'il assembla ses amis chez luy. Qu'en leur presence il se mit à genoux, & remercia Dieu de la grace qu'il luy avoit fait d'affermir sa tête sur son cou. Car dit-il, prenant sa tête avec ses mains, je croyois ma tête peu ferme. Mais par la grace de Dieu, maintenant elle tient fort bien. Cét homme donc agissant toûjours avec chaleur, étouffoit le pouvoir des Magistrats politiques. Il empêchoit que l'on contât cette ville, parmi celles qui tenoient pour le Roy. Ainsi on peut dire que la Ligue regnoit par tout, puisqu'elle dominoit dans les grandes villes. J'ay remarqué cidevant que le Seigneur de Vins s'étoit avancé jusqu'à la frontiere pour recevoir les troupes que le Duc de Savoye devoit envoyer. Ces troupes luy furent remises par le Seigneur de Ligny, mais non pas telles qu'on luy avoit promises. Il s'en failloit bien que le nombre qu'on luy avoit fait esperer n'y fut. Cela neanmoins n'empêcha pas que le Seigneur de Vins, pour faire éclater ce secours, n'allât prendre divers villages aux environs d'Antibe. Saint Laurens & Valauris furent les premiers qu'il prit. Aprez cela il executa son premier projet. Il va mettre le siege devant Grasse. Cette place étoit défendüe par le Baron de Vence, à qui le gouvernement en avoit été donné par le Duc de la Valete. Quelques Seigneurs de la contrée s'y étoient jettez, entr'autres les Seigneurs de Montauroux, de Taneron & de Canaux, tous trois des maisons de Grasse Cabris ou Bar. Tous ces Seigneurs s'y signalerent, & firent dabord connoître aux assiegeans qu'ils avoient à faire à des gens resolus à se bien défendre. Cependant le Seigneur de la Valete, pour balancer le secours de Savoye recourt au Maréchal de Montmorenci. Il envoye vers luy le Seigneur d'Alen, qui amene treize cens hommes de pied, & cent cinquante maîtres. La cavalerie avoit été tirée des Regimens d'Aufemont, & de Rieux. Elle avoit à sa tête la Bertussiere, la Chate, Russac & Felice. L'infanterie étoit composée de dix compagnies de Fosseuse & de six compagnies de Cauvisson. Quand ces troupes eurent passé le Rhône, elles s'avancerent assez modestement. Elles vinrent à journées reglées jusqu'auprez de la Durance, que partie fut logée à Malemort, partie à Alen. Ceux qui furent logez à Alen, en userent si insolemment que le lendemain le Seigneur d'Alen pour tirer ses païsans de cette oppression, monta à cheval de grand matin, disant aux soldats qu'on ne pouvoit être trop diligent à passer la Durance. Par cette adresse il les retira doucement de ce lieu, il les mena droit à Malemort, où s'étant joint avec ceux qui y avoient couché, il les mena tous vers la riviere. Aussi-tôt les premiers se mettent dans l'eau, ils passent à gué sans nulle peine. Mais ceux qui les suivent n'en font pas de même. Ils trouvent le gué si profond à cause que le passage des autres avoit remué le gravier, ou pressé le limon que plusieurs sont contraints de rebrousser, & d'autres qui voulurent s'opigniatrer se noyerent. Cela fait que châcun se retire. On reprend le chemin de Malemort. Le Seigneur d'Alen les voyant ainsi resolus de n'avancer point va vers les chefs. Il leur dit que ce leur seroit assurement une grande honte, si venant comme ils faisoient pour secourir le Seigneur de la Valete, ils souffroient que son ennemi prit Grasse, eux étant entrez dans le païs. Ces mots obligent ceux qui les entendent à tourner bride. Les soldats même s'échauffent tout rebutez qu'ils étoient de cette premiere tentative. Ils reviennent, ils passent la riviere. Ils vont joindre à Cadenet, ceux qui avoient passé le jour precedant. Mais ce ne fut que le petit nombre qui passa la riviere. Les autres avoient regagné Malemort. Ils prirent leur chemin par deça. Ils vinrent passer par le fossé de Craponne. Cependant les Seigneurs de Besaudun & d'Ampus, apprenant qu'il étoit entré des troupes dans la Province, partent pour les aller attaquer. Ils prennent le chemin de Malemort, où on leur dit qu'elles ont couché. Ils n'avoient que deux cens quarante maîtres, & cent cinquante arquebusiers. Mais dans leur chemin il leur vint de nouvelles forces. Car les Seigneurs de la Barben, de Loriol, de Panisses, de Saint Maurice se joignent à eux. Tous ensemble ils s'avancent pleins d'esperance. Ils vont occuper un cotau joignant le bois de la Rouviere, entre la Roque & Malemort. Le bois empêcha que l'ennemi ne les vit si-tôt. Mais quand on les eut apperçus, en même temps tous les chefs s'assemblerent pour déliberer sur ce qu'on feroit. Comme le Seigneur d'Alen voit qu'il y a des avis qui vont à attendre l'ennemi de pied ferme, & qu'il juge que ce ne sont pas là les affaires du Seigneur de la Valete, qui avoit besoin qu'on s'avançât, il dit que c'étoit s'abuser que de croire que l'ennemi les osât aller attaquer. Qu'assurément il n'étoit pas assez fort pour l'entreprendre.

Qu'il n'avoit envie que de piller. Qu'on verroit qu'il ne faisoit dessein que sur le bagage. Qu'il falloit seulement l'en empêcher. Qu'il falloit mettre la cavalerie à l'arriere garde, & que l'infanterie fît son chemin. Aussi-tôt tous se declarent pour cét avis. Car les étrangers n'ayant point de chef general, ne vouloient pas se deferer l'un à l'autre. Ainsi on commence à marcher, on s'avance. Le Seigneur de Besaudun leur détache quelques coureurs. Mais l'infanterie ne se trouble point. Elle suit la route deja prise. Elle ne peut être retenüe par Fosseuse qui s'étoit avancé pour l'arrêter. Le Seigneur d'Ampus voyant ces gens toûjours marcher, s'imagine qu'ils n'ont pas envie de se battre. Il croit d'en avoir bon marché s'il va leur donner dessus. Ce qui le confirme dans cette opinion, c'est qu'un Capitaine qui avoit changé de cheval avoit causé quelque desordre dans les troupes. Tout cela luy fait juger que l'occasion étoit favorable. Il s'avance. Il va se jetter parmi les ennemis. Il s'y enfonce bien si avant, qu'il est dabord environné de pistolets & d'épées. On le blesse. On luy tüe son cheval. Le Seigneur de Besaudun qui voit son frere engagé dans la mêlée, s'avance à la tête de tout son monde pour l'aller secourir. A son approche, il se fait une décharge de part & d'autre. Châcun s'avance vers son ennemy. On se mêle avec tant de confusion, qu'on est plus de demi-heure sans se pouvoir reconnoître. Besaudun & les siens font des merveilles. Ils poussent si bien les étrangers, qu'ils les contraignent de lâcher le pied. Ceux-cy vont gagner un pont de Crapone. Ils passent au delà de ce fossé. Ils esperent que cét entredeux les mettra à couvert de toute poursuite. Mais Besaudun ne laisse pas de les poursuivre. Il les charge sans leur donner le loisir de se rallier. Il taille en pieces les premiers qu'il peut atteindre. Les autres n'attendent pas qu'il approche. Ils se sauvent precipitamment. Qui gagne Malemort, qui gagne Rognes. Il y en a qui se jettent dans la Durance, tant la frayeur les avoit saisis. Aussi-tôt le Seigneur de Besaudun fait sçavoir au Parlement sa victoire. Il luy en écrit les particularitez que je viens de remarquer. Il ajoûte qu'il est resté de la part des ennemis plus de huit cens hommes, que de son côté il ne s'en est trouvé à dire que dix ou douze. Qu'il est vray que les Seigneurs de la Barben, d'Ampus, de l'Oriol avoient été blessez. Cette victoire fut d'autant plus glorieuse au Seigneur de Besaudun, qu'il ne voulut pas pousser la tüerie, aussi avant qu'il le pouvoit faire. Il jugea sagement qu'il valloit mieux se contenter de l'honneur d'avoir défait avec une poignée de gens, un grand nombre de troupes choisies, que de mettre en balance sa victoire, en voulant faire tout perir par le fer. Je trouve que la pluspart des fuyards ne gagnerent pas trop dans leur fuite. Ils perirent presque tous diversement. Ceux que la nuit qui survient oblige de se retirer à Malemort, sont dabord enfermez dans l'Eglise, où l'on les égorge dans la même nuit. D'autres qui eurent moyen d'aller plus loin à la faveur des feux que le Capitaine Colin avoit allumez, se jetterent dans une vieille Abbaye appellée autre fois Sylvecane ou le Seigneur de Merargues les assiegea, les prit & les fit perir à la verité brutalement. Car il leur dit qu'en tout autre temps on les eût brûlez, mais que la saison le convioit à leur faire une autre chere, & que feulement ils feroient noyez. Cela dit-il les fait attacher deux à deux. En cét état on les jette dans la Durance. Merargues pouvoit bien se passer de railler en cette occasion. Mais comme l'hyver commançoit à être fort rude, il crût de dire un bon mot en disant cela, & suivant la coûtume de bien des gens, il aima mieux passer pour homme d'esprit, que pour un homme qui sçavoit bien user de sa victoire. L'hyver fut si rude en effet, qu'on vit le Rhône tout glacé. On y passoit dessus toutes sortes de voitures. Mulets, charretes, tout y passoit comme sur un chemin public. On y vit même rouller le canon par une épreuve que fit le Colonel Alfonse, voulant traiter le Maréchal de Montmorenci dans le château de Tarascon, pour le persuader qu'il pouvoit y venir à cheval sans aucun danger de sa personne, fit passer & repasser deux ou trois fois le canon, aprez quoy le Maréchal passa suivi de sa compagnie de gendarmes. Cependant comme les étrangers qui furent laissez sur le champ de bataille n'étoient pas tous morts, les païsans qui alloient pour les dépoüiller acheverent ceux qu'ils trouverent en vie. Ceux qui échaperent de cette journée, allerent joindre le Seigneur de la Valete. mais ils y arriverent bien délabrez. Le Seigneur de la Valete, s'étoit avancé jusqu'à Draguignan, pour essayer de secourir Grasse. Le Seigneur de Vins pressoit fort le siege. Il vouloit être present à tout pour faire qu'on obeït plus exactement, pour exciter les soldats par son exemple. Il arriva malheureusement qu'un matin allant visiter la batterie, il s'y arrêta quelque temps. Tandis qu'il s'empresse à la faire joüer, il est atteint d'un coup d'arquebuse à la temple, qui le renverse par terre. Il tombe & meurt dans le même moment. L'épaisseur de la fumée du canon empêcha de voir d'où l'arquebuse avoit été tirée. Cela fit qu'on a toûjours douté si ce fut de la ville ou du camp. Quoy qu'il en soit sa mort étonna terriblement son parti. Tous generalement crurent que ce coup étoit un coup mortel à la cause catholique: que cette perte ne se pouvoit reparer: qu'il étoit impossible de trouver un chef en qui les qualitez necessaires se rencontrassent telles qu'elles s'étoient rencontrées dans le Seigneur de Vins. Car on perdoit effectivement un chef d'un grand cœur, d'un grand esprit, d'une grande conduite. Tout cela se voyoit d'une seule veüe, quand on consideroit la créance qu'il avoit acquise auprez du peuple, de la Noblesse, du Parlement. Aussi sa reputation n'étoit elle pas toute enfermée parmi ceux de son parti. Ses ennemis même demeuroient d'accord qu'il étoit un des plus grands Capitaines du siecle. Il ne faut neanmoins pas dissimuler que c'est une tâche à sa gloire d'avoir pris les armes contre son Roy. Malheureux effet d'un faux zele de la religion ou emportement temeraire d'une vengeance aveugle. Je ne sçay si je dois croire comme bien d'autres l'ont cru, que ce fut l'ambition qui le jetta dans ce parti malgré tant d'offres que luy fit souvent le Seigneur de la Valete. Quoy qu'il en soit, il est certain que connoissant la faute qu'il avoit faite, il chercha souvent à rompre les engagemens qu'il avoit pris. Je trouve qu'il medita de le faire lors que le Duc de Guise luy écrivit de Blois qu'il s'étoit reconcilié avec le Roy. Qu'il prit cette occasion de se plaindre que ce Prince eut fait sa paix, sans y comprendre ses amis, & de dire que puisqu'il leur avoit fait

Le 20. Novembre.

ce tour, il ne devoit pas trouver mauvais qu'ils le quittassent, qu'ils prissent des mesures pour leur seureté. Qu'aussi étoit-il fort peu seur de s'appuyer sur la mollesse de Lorraine. Il dit assez hautement toutes ces choses, quand il reçut la lettre du Duc; mais il s'en expliqua plus au long encore avec le Seigneur de Saint Canat qu'il vouloit mener dans le parti du Roy. Comme donc ils cherchoient les moyens de se retirer avec honneur, survint la nouvelle de la mort du Duc de Guise. Cette nouvelle rompit le dessein. Car le Seigneur de Vins voyant qu'il n'y avoit point de seureté à quitter la Ligue pour suivre le Roy, dit à Saint Canat qu'il n'y avoit plus à deliberer. Qu'il falloit mourir dans le parti de la Ligue. Que le traitement fait au Duc de Guise leur devoit apprendre que tous ceux qui avoient favorisé ses armes devoient craindre un destin pareil. Lorsque la nouvelle de la mort du Seigneur de Vins fut répanduë dans la Province, elle fit ses effets ordinaires parmi les amis & les ennemis. Les ennemis en témoignerent de la joye. Les amis en eurent beaucoup de déplaisir. Les particuliers, les villes entieres s'en affligerent. Mais Aix surpassa tout ce que les autres firent dans cette occasion. Par dessus le duëil que châcun en fit: par dessus les obseques publiques, les oraisons funebres, les épitaphes, on luy dressa dans la grande Eglise un superbe tombeau à l'endroit le plus éminent. On y voit la statuë du défunt à genoux. Elle est sur le tombeau relevé dans une arcade grillée vis à vis de celle du dernier Comte de Provence de la maison d'Anjou. Son épitaphe gravée sur le marbre semble conserver encore de nos jours l'ardeur de la Ligue avec la memoire de ce grand homme. Cette mort mit une telle consternation parmi les soldats, qu'il s'en fallut peu que tous ne quittassent. Tant on avoit de creance au chef. Ce malheur neanmoins fut diverti par la sage resolution que prit la Noblesse. Car comme elle jugea que rien ne pouvoit mieux rassurer les affaires, que de la voir bien unie, elle fit dés le même jour une assemblée pour cela. Dans cette assemblée tous s'obligerent per écrit de deferer le commandement à Jacques Beaumont qui étoit auprez du Seigneur de Vins pour pourvoir à la subsistance des troupes. Cette deliberation reussit si bien que le siege se continuë avec le même ordre que le Seigneur de Vins l'avoit commencé. Le soldat obeït agreablement. La batterie joüe toûjours de même. Elle joüe durant sept jours tous entiers. Le huitiéme jour, il se fait une breche raisonable, en un endroit d'un accez malaisé. Cette difficulté neanmoins n'empêche pas qu'on ne prenne une vigoureuse resolution d'aller à l'assaut par cette breche. On y marche. On monte malgré toutes sortes d'oppositions. Mais comme on veut pousser plus avant, le Baron de Vence se presente. Il les repousse. Il les oblige de se retirer. Cette action combla les habitans de joye autant que le Baron de Vence d'honneur. Mais pour luy il ne crut pas que pour cela la ville fut plus en seureté. Il voyoit qu'il manquoit de forces pour la pouvoir défendre plus long-temps. Un coup de mousquet luy avoit fait perdre depuis trois jours le Seigneur de Taneron son plus cher ami qui l'avoit beaucoup aidé à soutenir le siege. Comme il craint une seconde attaque, il essaye de la prevenir par une honnête capitulation. Les Gens-hommes qui s'étoient jettez dans la place ne furent pas de cét avis. Leur opinion étoit de se deffendre jusqu'à l'extremité, & de faire voir aux assiegeans que les principales défenses des places consistoient en la resolution & en la force de ceux qui les défendoient. C'étoit là particulierement le sentiment du Seigneur de Canaux qui ne vouloit point entendre à aucune capitulation tant qu'on auroit suffisamment du monde. Les bourgeois n'étant pas plus rassurez par cette genereuse resolution, il fallut convenir avec eux de capituler. Pour cela on envoye le Consul dans le camp. Le Consul y va avec le Capitaine Hugolen. A leur arrivée la batterie cesse, on s'abouche. Dans une heure on convient de tout. Le Consul s'en retourne dans la ville pour faire signer la capitulation. Il revient quelques momens aprez avec la capitulation signée. La capitulation portoit que la ville feroit faire demi montre à l'armée. Que les troupes de la ville sortiroient avec armes & bagage & enseignes pliées, sans meche, sans batre le tambour. Qu'elles s'obligeroient de ne plus servir dans le parti du Seigneur de la Valete, & que la dépense que la ville avoit fait dans ce siege pourroit se rejetter sur le Païs. Pour l'assurance de cette capitulation on donna des ôtages de part & d'autre. Cela fait le Consul Beaumont entre le même jour dans la ville. Il y entre avec quatre compagnies entre lesquelles étoit celle du Seigneur de Vins. Ce fut cette compagnie qui empêcha que la capitulation ne fut entierement observée. Car le ressentiment de la mort du Seigneur de Vins luy fit faire quelques désordres. Entr'autres on tua quelques uns de ceux qui se retiroient. C'est ainsi que le Consul Beaumont l'écrivit au Parlement. Mais je trouve que d'autres ont écrit que la ville fut toute saccagée. Elle l'auroit été effectivement comme on l'avoit déja commencé, si le Seigneur de Canaux qui fut des derniers à sortir n'eut rassuré & les habitans & ce qui restoit des soldats de la garnison. Il fit faire ferme à tous, & empêcha par ce moyen que les assiegeans ne passassent les limites prescrites par la capitulation jusqu'à ce qu'on se fut mis en devoir d'executer de bonne foy ce qu'on avoit promis. Quoy qu'il en soit aprez qu'on eut appaisé toutes choses, on envoye le Seigneur de Saint Auban vers le Parlement pour avoir ses ordres. Le Baron de Meoillon écrivit en son particulier. Il écrivit dans la veüe de se faire nommer chef de l'armée. C'est pour cela qu'il remplit sa lettre de grands raisonnemens. Qu'il s'ingera même de donner conseil de ce qu'il falloit faire. Car il dit qu'il falloit pousser plus loin la victoire. Que l'on conserveroit par là la faveur des peuples. Qu'on ôteroit à l'ennemi toute l'esperance que la mort du Seigneur de Vins luy pouvoit donner. Enfin il raisonna si profondement sur ce sujet, qu'il étoit bien aisé de comprendre sa pensée. Le Parlement neanmoins fit semblant de ne la pas comprendre. Il vouloit se reserver toute l'autorité du commandement, sous pretexte de tenir toute la Noblesse unie. A ce sujet, il nomme le Conseiller du Castellar pour aller commander cette armée. Sa commission „ portoit qu'il commanderoit de l'avis des Gentils-hommes & des Capitai- „ nes sous l'obeïssance du Roy Charles Dixiéme & sous l'autorité de la Cour. „ Que neanmoins il ne pourroit rien traitter avec l'étranger, que la Cour „ ne luy en eut donné l'ordre. Dés que cette commission fut expediée, les Gentils-hommes qui avoient charge dans l'entrée & qui se trouverent à Aix, prêterent serment entre les mains du Parlement.

IV.
La faction de la Comtesse de Sault appelle le Duc de Savoye en Provence. Le Pape envoye un Bref au Parlemét pour l'exhorter à tenir ferme contre les Huguenots.

Durant toute cette negociation la Comtesse de Sault ne demeuroit pas inutile. Elle travailloit à reparer la perte de l'appuy qui venoit de luy manquer. Dez que le Conseiller du Castelar fut nommé pour commander l'armée, elle employa les Seigneurs de Besaudun & d'Ampus pour l'engager dans ses interêts. Elle luy fait offrir pour cela toutes choses. Elle oblige même Besaudun de l'accompagner comme par honneur. Le Comte de Carces apprenant ce qui se fait juge bien que l'intrigue le regarde, qu'elle ne se trame que pour le choquer. Dans cette opinion il pense à faire une intrigue qu'il puisse opposer à l'autre. Il y avoit aux environs d'Aix des troupes assez considerables. Il y avoit quinze cens hommes de pied, & deux cens chevaux. Il moyene que le Parlement les envoye à l'armée de Grasse, qu'il nomme le Conseiller Agar pour les y mener, & que celuy-cy partage avec le Conseiller du Castelar, le commandement de l'armée. Il s'offre même d'accompagner le Conseiller Agar. Comme il eut obtenu tout cela, il entreprit de mortifier les amis de la Comtesse. Il fait insulter le Seigneur de Besaudun à Marseille. Il l'oblige de se retirer sourdement. Il fait recevoir un pareil rebut au Seigneur d'Ampus. Il le fait échoüer au siege de Trets dont il croyoit la prise infaillible. Malheureux effet de la politique, qui souvent prevaut à l'interest de la religion. Durant que le Comte de Carces travaille à s'acrediter, le Conseiller du Castelar & le Seigneur de Besaudun arrivant à Grasse. Ils trouvent que pour tenir les troupes en haleine, on les avoit menées contre le château de Cahen. On ne fut pas long-temps en ce siege. Ce château se rendit dans peu de jours. Mais ils trouvent que les soldats n'étoient pas en meilleur état, pour avoir été toûjours à l'occasion en presence de leurs chefs. Ils étoient tous déchirez & à demi nuds. A les voir ils étoient assez aisé de juger que la paye étoit suprimée. Cette suppression étoit arrivée par l'artifice du Duc de Savoye qui devoit payer. Comme il avoit si bien menagé les esprits en Provence que de moyener qu'on luy demandât du secours, il pensa à les faire encore avancer d'un pas. Il prit dessein de se faire prier de venir secourir en personne la Province. Dans cette veüe il surprend toutes choses. On le plaint au Seigneur de Ligny. On dit que c'est contre le traité qu'on a fait de si bonne fois, que la Province supporte non seulement la dépense des troupes du païs, Mais qu'elle entretient celles de Savoye. A ces plaintes le Seigneur de Ligny répond froidement que son Maître avoit besoin de toute ses finances pour soûtenir la guerre qu'il avoit dans ses propres états,
" & pour survenir aux frais de la garde de sa propre personne. A cette ré-
" ponse si seiche il ajoûta qu'il s'assuroit neanmoins que si on prioit le Duc
" de secourir la Provence en personne, il quitteroit sans doute ses propres
" affaires, pour relever celles de ses voisins qu'il aimoit. Que c'étoit un
" Prince si genereux & si Catholique, qu'il se feroit un point de religion
" de les assister personnellement. Qu'il recevroit à bras ouverts l'occasion
" de purger la Province d'Huguenots, de la conserver saine & nette à la
" France. Qu'il ne falloit pas doûter que s'il venoit, il n'appliqua tous ses
soins

soins en leur faveur, quand il n'auroit en veüe que sa reputation & sa gloire. Que si on ne prenoit cét expedient, il étoit à craindre qu'il ne preferât l'obligation d'assurer le repos de ses peuples, à la bienseance d'assister ses voisins. Qu'aprez tout il ne falloit pas negliger un Prince qui avoit de si bonnes intentions. Qu'il ne falloit pas qu'il tint à un compliment, que la Province ne fut utilement secourüe. Ce discours devoit assez faire comprendre jusqu'où ce Prince portoit ses desseins. Il étoit bien aisé de juger que toutes ses veües n'aboutissoient qu'à se pouvoir emparer de la Provence. Cependant dans l'état où se trouvoit le parti, il ne se pouvoit faire autre chose que de passer par l'ouverture qu'avoit fait le Seigneur de Ligny. Ainsi on depute le Baron de Meoillon vers le Duc de Savoye. Ce député porte une lettre du Conseiller du Castelar, souscrite par tous les Gentils-hommes, & les Officiers de l'armée. Par cette lettre on supplie le Duc de vouloir continüer à la Province sa protection qu'il luy avoit donnée, jusque là: de vouloir l'augmenter s'il pouvoit en venant l'assister de sa personne. Il est vray que la députation fut si précipitamment resolüe, & la lettre fut écrite & signée si subitement, que ceux qui examinerent tout cela, connurent bien que c'étoit la faction de la Comtesse de Sault qui avoit fait la chose pour se mieux fortifier contre l'autre parti qui la croisoit. Cependant quand le Conseiller Agar & le Comte de Carces furent arrivez au quartier de Grasse, le Seigneur de Ligny ne laissa pas de prendre tous les soins possibles pour les attirer dans le même sentiment: il rend au Comte toutes sortes d'honneurs. Il luy communique toutes choses. Mais le Comte qui étoit dans les interests du Duc de Mayene, ne répond à cela que par ses honnêtetez. Il fait semblant de ne se pas appercevoir que l'autre le vouloit engager avec son Prince. Il en demeure aux simples complimens. Ce n'est pas que le Duc de Mayene improuvât qu'on eut pris le secours de ce Duc. Au contraire du commencement la chose se fit de son aveu. Il remercia par lettre le Duc de la protection qu'il donnoit à la Province. Il luy témoigna qu'il se chargeoit luy-même des obligations que les Provençaux luy avoient. Mais quelque mine qu'il fit sur ce sujet, on voyoit bien qu'il n'auroit pas desiré que le Duc vint luy-même en Provence. C'est pour cela que le Comte ne prêta pas fort l'oreille aux propositions du Seigneur de Ligny. Outre qu'il voyoit que le tout se faisoit à la suscitation du parti qui luy étoit contraire. Le Seigneur de Ligny ne recevant point de parole precise du Comte, essaye du moins d'engager quelques uns de ceux qui le suivoient. Il recherché d'avoir une conference avec le Seigneur de Saint Marc: Il luy fait tant d'offres de la part du Duc, que Saint Marc pour s'en défendre luy montre ses cheveux gris, & luy dit, croyez-vous bien, qu'ayant blanchi dans le service de mes Rois, je doive donner le peu de vie qui me reste à d'autre maître. A cela le Seigneur de Ligny repond, ce discours merite assurément que l'on vous estime? Je ne dois pas neanmoins laisser de vous dire que mes predecesseurs en ont usé, comme vous faites, avant que nos Ducs eussent le Piemont. Mais ensuite nous nous sommes accommodez, & vous voyez le rang que je tiens auprez du Prince. En disant cela il renouvelle ses offres. Il offre argent, emplois, &

tout ce qu'on pourroit defirer. Saint Marc refufe conftamment toutes ces offres. Enfin le Seigneur de Ligny fe retranche à demander qu'il figne l'écrite comme le refte de la Nobleffe a fait. A cette priere Saint Marc s'imagine qu'il ne fe pût défendre. Il figne & ternit fa conftance qu'il avoit témoignée jufque là. Cependant comme les troupes ne faifoient rien, on delibere de les employer à quelque prife de ville. On propofe d'aller vers Toulon, avant que les fortifications s'achevent. Quelques uns difoient qu'il falloit s'approcher d'Aix. Qu'affurément cét approche faciliteroit la refolution qui fe devoit prendre dans l'affemblée convoquée en forme d'Etats, d'appeller le Duc de Savoye. Auffi-tôt le grand nombre approuve l'avis. On fait prendre le chemin d'Aix aux troupes. Dans le temps que les troupes s'avancent, l'Archevêque d'Avignon arrive à Aix. Il y vient de la part du Cardinal Caëtan qui s'en alloit Legat en France. Ce Cardinal étoit chargé d'un Bref du Pape, & devoit le faire rendre au Parlement d'Aix. Il choifit pour cela l'Archevêque d'Avignon. L'Archevêque vient à Aix. Il y reçoit tous les honneurs qu'on peut luy rendre. Le Parlement le fait recevoir fur l'efcalier du Palais par deux Commiffaires, accompagnez d'un des gens du Roy. L'Archevêque entre dans la Grand-Chambre, où les Chambres étoient affemblées. Il fait fon compliment. Il rend le Bref. On répond au compliment avec une pareille civilité. On fait une réponfe au Bref pleine de zele pour la religion Catholique : Car c'étoit pour cela que le Bref s'étoit écrit. Le Pape témoignoit une extrême fatisfaction de l'appuy que le Parlement donnoit à la Religion Catholique, & l'exhortoit à continuer dans la même fermeté.

1590.
V.
Le Comte de Carces fufcite fes amis de Marfeille pour crier contre la parti Savoyard. Cela n'empêche pas que la Comteffe de Sault ne faffe refoudre dans les Etats qu'on apellera le Duc de Savoye. On depute vers ce Prince pour luy faire fçavoir cette deliberation.

Le 10. Janvier.

Peu de jours aprez que ce Bref fut rendu, on vit arriver à Aix les troupes qui venoient de Graffe. Elles y arriverent au commencement de la nouvelle année; juftement dix jours avant que l'affemblée s'ouvrit. Comme il arrivoit des gens de toutes parts, les chefs de parti commencerent leurs brigues, pour obtenir, ou pour empêcher que le Duc de Savoye vint dans le païs. La Comteffe de Sault qui fe voit fortifiée de troupes, fe déclare ouvertement pour l'afirmative. Elle met en jeu tous fes amis. Elle fait faire des querelles aux amis du Comte de Carces, afin que la crainte de quelque infulte les oblige de fe retirer. Le Comte de Carces de fon côté n'étant pas affez fort pour pouvoir tenir tête dans Aix à la Comteffe, penfe à faire du bruit ailleurs. Il fait agir fes amis à Marfeille. Ceux-cy fe mettent un aprez dinée à courir par la ville. Ils ont à leur tête Cefar de Villages, & le fils de l'Advocat Vias. Ils attroupent le plus de monde qu'ils peuvent. Ils font crier *vive la Meffe & les Fleurs de Lys, Foüero Savoyards*. Cette courfe neanmoins ne reuffit pas aux entrepreneurs. Le premier Conful qu'ils avoient creu de pouvoir attirer leur manque. Le Lieutenant de Viguier diffipe cét attroupement. Il arrête même quelques uns des attroupez. Il donne de la terreur à tous par la feverité de fa juftice. Cette nouvelle étant portée à Aix, on croit qu'il ne faut pas pouffer plus avant la chofe. Pour ôter donc tout pretexte aux partis, on prend deffein d'éloigner les troupes. On les fait partir pour aller affieger Salon. Dans le temps que cette diverfion fe fait, on fe prépare à tenir l'affemblée. Le Parlement qui avoit le gouvernement en main, commet le Conseiller du Castelar & l'Avocat General Laurens pour y presider. Le Conseiller en fait l'ouverture par une harangue assez succinte. Mais sa brieveté n'empêche pas qu'on ne remarque qu'il étoit tout dans les interests de la Comtesse de Sault. Car il dit que la guerre qui ravageoit depuis si long-temps cette pauvre Province, donnoit sujet à cette convocation. Qu'elle se faisoit pour chercher les moyens de se délivrer de tant de calamitez & de tant de miseres dont on étoit accablé de toutes parts, pour prendre des expediens capables de les maintenir dans la religion qu'ils avoient reçûë de leurs peres, pour se défendre des insultes qu'ils recevoient à toute heure des Huguenots ennemis de Dieu, du Roy, de l'Etat. Que pour secoüer le joug que les Huguenots leur vouloient imposer, il falloit recourir promptement à la protection d'un Prince non seulement Catholique, mais qui eut la Religion gravée dans le cœur. Que de là dépendoit le salut de la Province. Qu'elle ne pouvoit se sauver que par là; comme il assuroit que l'Assesseur le leur feroit éloquemment connoître. L'Assesseur c'étoit Honoré Guiran, Gentilhomme qui ayant pris le parti des lettres s'étoit fort accredité dans la profession d'Avocat où il excelloit. Quand le Conseiller du Castelar eut achevé, il prit la parole, & s'adressant à l'assemblée, il dit, Messieurs, Si nous n'avions pas ressenti tous les malheurs des guerres civiles, je prendrois soin de vous les representer ici pour vous porter par l'horreur que vous en recevriez à vouloir en délivrer vôtre patrie. Mais qui de nous ne connoît pas ces malheurs, par sa propre & triste experience ? Y a-t'il quelque famille qui n'en ait été frappée ? Y a-t'il quelque contrée où sa fureur n'ait point penetré ? Les villes & la campagne fument encore du sang de leurs habitans égorgez. Les châteaux ne sont plus des lieux de seureté pour les Gentilshommes à qui ils appartiennent. Les Magistratures ne mettent plus à couvert les officiers. Les Eglises ne sont plus des aziles pour les Catholiques. On ne voit plus nulle part qu'impietez, que sacrileges, que meurtres, que saccagemens. Tout cela vous fait assez voir si je ne me trompe, qu'il n'y a pas de genre de vie capable de nous mettre en seureté. Que les plus retirez, les plus reclus, courent autant fortune de leur vie, que les autres hommes. Que tous sont également exposez aux caprices des plus furieux. Je sçay bien neanmoins, que ces malheurs quelques grands qu'ils soient, n'ont point affoibli jusqu'ici nôtre constance : que nous nous soûtenons par la gloire d'appuyer le bon parti. Je sçay que rien n'est plus capable d'échauffer nôtre zele, que la pensée, que c'est pour la foy que nous souffrons, pour la manutention du Royaume tres-Chrétien, pour l'honneur de cette Province la plus chrétienne du monde. Que dans cette veüe, il n'est point de miseres, que nous ne supportions de bon cœur. Qu'il n'est point d'attaques, point de calamitez qui soient capables de nous abbatre. Qu'enfin nous pouvons nous promettre que nôtre courage sera toûjours plus grand que nos malheurs. Mais que nous servira nôtre cœur, à quoy nous peut porter nôtre constance, si les forces viennent à nous manquer. Nous soûtenons depuis un fort long-temps la guerre du monde la plus rude. Il n'est pas possible d'avoir tout à la fois plus d'ennemis que nous en avons. Nous avons sur les bras dans un même

« temps, toute la fureur des Heretiques, toute l'audace d'un faux Roy, tou-
« te la rage d'un Gouverneur injuste, plein de violence. Ces ennemis qui
« sont venus contre nous l'un aprez l'autre, se joignent maintenant en-
« semble pour nous perdre, pour nous engloutir. Ils nous trouvent denuez
« d'amis, prets à perir sous nôtre propre foiblesse. Quel moyen de pou-
« voir relever de tant de miseres, si nous ne pourvoyons à quelque secours.
« Mais n'esperons pas de trouver ce secours parmi nous, dans l'épuisement,
« dans l'accablement où nous sommes. Car où pourrions nous bien le trouver.
« Seroit-ce dans la bourse du Clergé, pressé comme nous le voyons depuis
« trente ans de decimes ordinaires, extraordinaires, de dons gratuits, de la
« vente de leur temporel, de l'indüe occupation de leurs benefices? Seroit-
« ce parmi la Noblesse apauvrie par la diminution de ses revenus, ruinée
« par la guerre continuelle qu'il luy faut soûtenir en personne? Espererions
« nous quelque subvention des marchands affoiblis par la cessation du com-
« merce, & par les impots excessifs sur ce qui leur reste de trafic? Atten-
« drions-nous quelque soulagement de la part des bourgeois détruits par
« les ravages faits à la campagne, par le logement des troupes qui ont vui-
« dé leurs maisons, qui n'y ont laissé que les murailles encore sont-elles à
« demi ruinées? Mais où pourrions-nous trouver ce secours, qui nous est si
« necessaire? Sera-ce parmi nos voisins? Nos ennemis les ont si bien suscitez
« contre nous, qu'on peut dire qu'ils ont conjuré tous ensemble nostre perte?
« Sera-ce en recourant au Duc de Mayene? Il nous a deja fait connoistre son
« impuissance. Il nous a écrit que nous ne devions attendre de luy que de
« bons souhaits. Toutes ces diverses reflexions avoient fait resoudre la No-
« blesse assemblée au quartier de Grasse, d'envoyer vers le Duc de Savoye
« pour le prier de venir en personne à leur secours. Cette resolution à été ge-
« neralement approuvée de tout le monde. Chacun la loüée en particulier.
« Mais ce n'est pas tout que de ce consentement universel. On a besoin d'un
« aveu plus autentique. Il a falu convoquer cette assemblée, pour avoir une
« plus formelle approbation. N'approuverez-vous pas, Messieurs, ce que
« tant d'hommes sages ont fait, ce que les plus interessez en la conservation
« de la Province jugent necessaire, ce que dans l'état où sont les choses, tout le
« monde estime l'unique remede de nos maux. Je sçay bien que si nous consul-
« tons l'Histoire sur ce sujet, elle nous découvrira combien les recherches
« du secours étranger, ont été funestes. Je sçay qu'elle nous montrera l'Italie
« occupée par les Lombards, l'Espagne envahie par les Sarrasins, la France
« usurpée par les Rois d'Angleterre. Mais quand nous aurions un pareil mal-
« heur à craindre, seroit-il comparable à ceux dont nous menacent les armes
« du pretendu Gouverneur, qui se veut signaler par ses cruautez, celles du Roy
« qui n'est connu que pour un excommunié, pour un heretique, pour un
« ennemi de l'Eglise nôtre sainte Mere. Et quel sujet avons nous, Messieurs
« de tomber dans ces apprehensions si vaines? Ne recourons nous pas au Prin-
« ce du monde le plus religieux, le plus jaloux de tenir sa parole? Vous sça-
« vez combien exactement il l'a tenuë, combien ponctuellement il nous a
« fourni troupes & argent, combien méme il a negligé ses interests pour sub-
« venir aux besoins de cette Province; oserez-vous bien douter aprez cela,

de l'execution de ses promesses ? Croiez-vous qu'en vous les faisant, il ait eu d'autre veuë, que celle qu'ont d'ordinaire les ames heroïques, qui se laissent toûjours toucher aux malheurs d'autruy. Que si quelqu'un étoit capable d'en douter, il n'auroit pour se guerir de cette opinion, qu'à jetter les yeux sur les actions de ce Prince. Il les trouveroit si pleines d'honneur, si tournées à la gloire, que c'est justement & à bon titre, que le consentement des peuples luy a donné le surnom de Grand. Et comment pourroit-il pretendre à ce nom sur ses predecesseurs, s'il ne les surpassoit en merite. Puis donc qu'il conte parmi ses illustres ancestres un Amedée, qui porta la guerre si loin de son païs, qui prit les armes contre les Bohemes heretiques, un Humbert second, un Amedée second, un Amedée troisiéme, un Comte Verd, qui s'armerent contre les Turcs, & porterent la guerre jusques dans la Grece, & dans la Palestine. Voudroit-il leur ceder la gloire d'avoir servi utilement l'Eglise, pouvant aquerir aux portes de ses Etats une reputation que les autres allerent chercher dans les Provinces les plus éloignées ? Luy qui sçait qu'Amedée second fut honoré du titre de fils de saint Pierre, que le Comte Verd fut appellé le défenseur des droits des Vicaires de Jesus-Christ ? Voudroit-il se montrer moins zelé qu'eux, pour la Religion Catholique. Voudroit-il ôter à la maison de Savoye, un caractere, qui la distingue si glorieusement des autres Princes souverains ? Non, Messieurs, n'ayons point une telle opinion d'un Prince si Religieux, si Catholique, d'un Prince si interessé d'ailleurs dans la conservation de la France, par l'honneur qu'il a d'appartenir de si prés à nos Roys, & par son étroite confederation, avec les chefs de nôtre sainte Ligue. Ainsi bien loin d'avoir sujet de rien craindre de ce Prince, tout nous assure de sa foy. Tout nous assure que c'est de luy seul, que doit venir le salut de cette Province. Tout nous assure qu'avec sa personne, il nous apportera un veritable bon-heur. Aprouvez donc, Messieurs, une si sage resolution. C'est par elle seule que nôtre patrie redeviendra libre, que tous les ordres reprendront leurs anciens honneurs, que vous-même assurerez vos biens, que vous remetrez le repos dans vos familles. Cette harangue fut si bien reçuë, que tout le monde en felicita l'Assesseur. Elle fit une si grande impression sur les esprits, qu'elle entraina dans ce sens, presque toute l'Assemblée. Mais l'Avocat General Laurens qui étoit un ligueur insigne, qui s'estoit joint au Comte de Carces, pour reprimer le parti Savoyard, fit un discours tout contraire à celuy qu'on venoit d'entendre. Ce discours neanmoins, quoy qu'animé de l'esprit de la Ligue, avoit toute l'apparence du service du Roy, du bien de l'Etat, de la grandeur, & de la dignité de la Couronne. Il fut enfin tourné de telle maniere, qu'on eut dit qu'un Avocat General du Roy ne pouvoit mieux parler. Et voici comment il parla. Messieurs, j'aurois bien desiré de ne me pas trouver dans cette Assemblée, sçachant ce qu'il s'y devoit traiter. J'aurois voulu reserver de dire mes sentimens à la Cour, quand on y portera la resolution que vous devez prendre. Mais puisque ma presence a été necessaire à la proposition qui s'est faite ici, je trahirois ma charge & mon devoir, si je pretendois de me taire, si je ne vous remontrois, ce que l'un & l'autre me suggerent en cette occasion. Recevez la chose je vous prie dans l'intention qui me fait vous le dire ici. Croyez, s'il vous-plaît qu'il vient d'un zele pour le bien public pareil à celuy, que

"Monsieur l'Assesseur vient de nous faire paroître. C'est beaucoup dire quand
"je vous parle de son zele. Ce n'est pas seulement d'aujourd'huy qu'il a paru
"par le discours éloquent que vous venez d'entendre. Toute la France en a
"rendu témoignage lors qu'il fut député aux Etats generaux. Elle a publié
"qu'on ne put avoir plus d'amour qu'il en a pour sa Religion, pour sa patrie.
"Il vous a si dignement representé les malheurs, & les calamitez, dont cette
"Province est affligée, que nous n'y pouvons ajouter, que nos soûpirs & nos
"gemissemens. Quelques grands neanmoins que soient les malheurs qu'il
"nous a décrits, nous en avons de bien plus facheux à craindre. Ce n'est rien
"que nos places occupées par nos compatriotes, que nos frontieres ataquées
"par nos voisins, que nos campagnes ravagées par les Catholiques. Ces maux
"sont toutes fois bien legers comparez à ceux qui doivent faire le sujet de nos
"apprehensions. Il nous paroît que Dieu a tourné contre nous sa colere. Nous
"voyons la Religion toûjours opprimée, l'heresie triompher en tous lieux, la
"sainte foy chassée de son plus ancien domicile, pour faire regner en sa place
"l'impieté, l'atheisme. Ne sommez-nous pas à ces marques, obligez de
"croire que Dieu s'est indigné contre nous, qu'il nous veut châtier, & nous
"faire porter la peine duë à nos pechez, qu'il apesantit sur nous son bras re-
"doutable, vengeur des crimes. Que s'il est vray que toutes ces choses nous
"marquent si visiblement sa colere, ne porterons-nous pas à nos maux le re-
"mede qu'il veut qu'on y apporte? Ne nous humilierons-nous pas devant luy,
"ne luy protesterons-nous pas que nous voulons mettre toute nôtre applica-
"tion à relever ses autels, à rétablir le culte de la Religion Catholique, Apos-
"tolique, & Romaine. Quand par une si genereuse resolution, nous-nous
"serons bien remis dans sa grace, comme il nous est garant luy-méme que
"nous le serons, ne craignons rien de la part des hommes. En vain nous ver-
"rons un gouverneur injuste, un Roy heretique, nous vouloir dompter &
"nous asservir. Dieu sçaura si bien combatre pour nous qu'asseurement la ty-
"rannie, & l'heresie ne feront pour nous nuire que de vains éforts. Purgeons
"seulement bien nos intentions, tournons le dos à nos propres interests, ne
"regardons purement que sa gloire. Je sçai-bien que pour faire reussir une
"si grande entreprise, il faut recourir aux moyens humains. Je sçay que
"quand nos forces nous ont manqué, nous avons recouru au Duc de Savoye.
"Que ce Prince a fourni son argent, ses troupes avec une extreme generosité.
"Qu'il a montré par son desinteressement, qu'elle est la grandeur de son ame.
"Mais, Messieurs, ne craignez vous point d'aller trop avant, en luy deman-
"dant sa protection personnelle. Avez-vous assez pesé ce mot de pro-
"tection. Avez-vous consideré que la protection & la sujetion, ont
"un raport entr'elles presque necessaire. Qu'en effet il ne faut presque
"rien à un protecteur pour se rendre souverain. Ne sçavez-vous pas
"que c'est pour cela que les Auteurs ont confondu la sujetion, la protection,
"le vasselage. Avez-vous consideré que ceux qui se metent en la protection
"d'autruy sont en pire état que les tributaires, puisque ceux-cy en payant
"leur tribut demeurent libres, & que les autres ne peuvent rien traiter sans
"l'approbation de leur protecteur, qu'ils cessent ainsi d'être maîtres de leurs
"actions & de leur conduite. Si vous faites toutes ces reflexions, voudrez-vous
"soûmetre à un Prince étranger une Province, l'une des plus importantes

d'un Royaume, qui ne releve que de Dieu seul: d'un Royaume qui a reçû ,,
sous sa protection, de grandes Republiques, d'autres Royaumes, & le Saint ,,
Siege méme. Vous qui composez l'une des plus belles pieces de cette cou- ,,
ronne, voudrez-vous ternir la gloire des fleurs de lys. Oserez-vous bien ,,
tourner la dependance qu'elles ont seulement du Ciel, à une lache soû- ,,
mission aux puissances de la terre. Ce que je dis n'est pas à dessein de ,,
blesser l'honneur d'un Prince tel qu'est le Duc de Savoye. Je n'ignore pas ,,
les grandes qualitez qui sont en luy. Je sçay les grands exemples qu'il a ,,
donné à la Chrerienté, de son zele pour la Religion catholique. Le siege ,,
de Geneve semble le publier encore. Les troupes envoyées en France, les ,,
secours que ce païs en a reçûs, en porteront d'eternels témoignages, ,,
jusqu'à la plus éloignée posterité. Mais la charge que j'ay l'honneur de ,,
remplir, tire ces reflexions de ma bouche. Elle m'oblige de vous repre- ,,
senter-ici, dequel prejudice cette resolution seroit pour l'Etat. L'Etat est ,,
soûs la juste obeïssance d'un Roy tres-chretien. Ce Roy est Charles Di- ,,
xiéme, que Dieu nous a conservé, qu'il nous conserve plein de santé ,,
au milieu de sa detention pour nous montrer quelque jour sa puissance. Car ,,
ne doutons pas, Messieurs, que Dieu qui dans l'ancienne loy delivra Jo- ,,
seph de la prison, qui défendit David contre Saul, que Dieu qui dans ,,
la loy nouvelle a rompu les chaines de saint Pierre, ne nous continuë ,,
quelque jour ses miracles pour la delivrance de sa Majesté. Comme sa ,,
main n'est point racourcie, esperons qu'il l'etendra sûr nous. Cependant, ,,
puisque l'Etat est gouverné par la sage direction du Duc de Mayene: ,,
puisque cét honneur a été deferé à ce Prince pour sa prudence autant que ,,
pour sa qualité: qu'une partie des grandes raisons de son établissement ,,
est venuë du sang de ses freres versé pour la défense de nôtre cause, ce ,,
seroit luy faire trop de tort que de rien conclurre en cette rencontre sans ,,
recevoir ses ordres, ou du moins sans avoir son aveu. D'ailleurs ne de- ,,
vez-vous pas vous ressouvenir, que par l'union que vous avez signée, ,,
vous vous etez obligez avec serment, de ne rien traiter sans la par- ,,
ticipation des Princes, & des villes catholiques. Quoy voudriez-vous ,,
bien paroître parjures en ce sujet? C'est bien plus, les Etats Generaux sont ,,
convoquez à Melun le dixiéme du mois de Fevrier prochain. Le Legat ,,
du Pape y doit assister. Les Ambassadeurs de tous les Princes s'y doi- ,,
vent rendre. Il s'y doit traiter du bien de l'Etat en general & en par- ,,
ticulier. On y doit deliberer d'etablir le repos dans chaque Province. ,,
Comme la nôtre est une des plus importantes, ce sera l'une aussi des ,,
premieres, ausquelles assurement on pourvoira. Ne doutez pas qu'aussi- ,,
tôt on n'y envoye pour gouverneur quelque Prince tres-considerable. ,,
Seriez-vous bien aises qu'il se dit dans ces Etats que par une impatiance ,,
Provençale, vous vous êtes detachez du corps de l'Etat. Que pour vos ,,
interests particuliers vous avez trahi la cause commune: que peu sensibles ,,
à l'honneur de la France, vous avez été chercher hors d'elle-même, un ,,
secours qu'elle étoit sur le point de vous donner: qu'enfin pouvant être ,,
libres sous la plus puissante couronne de la Chretienté, vous êtes tombez ,,
par une crainte hors de saison, dans une servitude volontaire. Ne sou- ,,
frez-pas, Messieurs, qu'on vous fasse si publiquement ces reproches. Me- ,,

" nagez mieux vôtre honneur & celuy de vôtre païs. Conservez-mieux
" l'opinion que vous avez donnée, que nôtre climat produit des gens aussi
" sages que spirituels. Il ne faut pour cela que se donner de la patiance
" quelques jours. On pourvoira sans doute si bien à tout, que vous au-
" rez sujet de vous loüer de ceux qui gouvernent. Cependant le secours de
" Savoye continuera toûjours de même. La venuë de ce Prince ne rebu-
" tera point ceux qui s'en pourroient offencer; vôtre conduite ne sera
" point blâmée, & vos affaires sans courir aucun risque, s'afermiront au-
" tant que vous le pouvez souhaiter. Quand cette harangue fut finie, elle
n'eut pas moins d'aplaudissement que celle de l'Assesseur. On l'auroit reco-
nu par le succez, si la partie n'eut été déja faite, pour appeller le Duc
de Savoye. Mais la chose ayant eté concertée par le plus grand nombre,
il fut resolu que conformement à la deliberation qu'avoit pris la Noblesse
se assemblée à Grasse, le Duc de Savoye seroit suplié de venir assister
en personne cette Province, & de trouver bon que l'infanterie fut toute composée des gens du païs. Qu'on l'assureroit que la Province atend
de luy, toute sorte de protection contre ses ennemis, sur tout contre le
Seigneur de la Valete, qui se fait fort de metre la Province en cendres,
par l'apuy qu'il a des heretiques du Languedoc & du Dauphiné. Qu'elle
croit aussi qu'il voudra bien la maintenir dans la Religion Catholique,
Apostolique & Romaine, sous l'obeissance du Roy Tres-Chretien, Charles
Dixiéme, & ses legitimes successeurs Chretiens, sous l'Etat & couronne
de France. Et qu'enfin pour des obligations si grandes, les Provençaux
ne manqueront pas d'avoir un ressentiment eternel. Qu'ils en feront passer la memoire de pere en fils dans tous les siecles. Aussi-tôt que cette
deliberation fut prise, on nomme des deputez pour la porter au Duc. Les
deputez furent l'Eveque de Riez, le Baron d'Oise, le Seigneur d'Ampus
premier Consul d'Aix & l'Avocat de Fabregues. Aprez cela comme la bienseance vouloit, qu'on fit part de ce qui se passoit au Duc de Mayene &
au Conseil de l'Union; on dépeche vers-eux le Capitaine Jaques Beaumont.

'VI.
Le Comte de Carces met tout en usage, pour empécher l'effet de la deliberation. Il fait refoudre à Marseille & à Arles qu'on prendra la protection du Saint Siege. Il cabale dans Aix contre la Comtesse. Il essaye de luy jetter sur les bras le Parlement & le peuple. La Comtesse tourne tous ses efforts contre luy. Le peu-

Des-que les Estats furent achevez chacun se retira dans sa contrée &
fit sçavoir ce qui s'étoit deliberé. A cette nouvelle tout le monde témoigne de la joye; soit qu'on s'imagine que la venuë du Duc de Savoye ap-
porteroit quelque soulagement à la Province, soit que chacun en atendit
quelque avantage en son particulier. Il n'y eut que le Comte de Carces,
qui en parut mal-content; Car il étoit dans les interests du Duc de Mayene.
Le Duc de Mayene luy avoit écrit de traverser cette resolution. Mais il ne fut
pas assez fort pour le faire utilement. Ainsi tout ce qu'il peut dans cette occasion, ce fut de prendre soin de détacher de cét interet Marseille & Arles.
Il fait agir les amis qu'il avoit dans cette ville. Par eux, il fait insinuer à
tout le monde, que s'il faloit prendre ouvertement quelque protection, il
valoit bien mieux prendre celle du Pape, que de recourir à aucun Prince
seculier. Qu'on auroit au moins cette satisfaction que leur conduite ne
pourroit étre trouvée suspecte. Comme on eut attiré le grand nombre dans
ce sentiment, le Comte appelle auprez de luy les principaux. Il les mene
à Cavaillon, où l'Archeveque d'Avignon se devoit rendre. Là on resout

de

de recourir à la protection du Pape. On cherche de quelle maniere il la faloit demander. On difcute tous les biais, par où il faloit s'y prendre. Aprez que toutes chofes furent concertées, le Comte de Carces vient executer le projet. Il va commencer par Marfeille. Dés-qu'il arrive, il fait femer parmi le peuple des ombrages, contre le parti Savoyard. Il fait remarquer combien il a toûjours été funefte. Il prouve par la mort de Villecrofe ce qu'il dit. Il difpofe fi bien les efprits, qu'il fait refoudre dans un confeil qui fe tient, qu'on prendra la protection du Saint Siege. Auffi-tôt il fait deputer à Rome le Chanoine de Paule, & l'Avocat Salomon. Dans le tems qu'on prend à Marfeille cette refolution, on en prend une pareille à Arles. Cela fe pratique par le Seigneur de Ventabren, qui étoit premier Conful. On a dit que ce Gentil-homme avoit quelque charge dans le Comtat, & que cela luy fit embraffer l'occafion qui fe prefentoit de fervir le Pape. Soit donc qu'il agit pour fe rendre agreable, ou qu'il eut envie de pouffer fa fortune plus avant, il affemble ceux qui le pouvoient ayder dans cette rencontre. Il leur découvre qu'il venoit de faire un voyage à Cavaillon. Il fait fçavoir la refolution qui s'y étoit prife. Il en montre fi bien les avantages, qu'il fait entrer tout le monde dans fon fentiment. Il y entraîne même le Lieutenant Biord, tout engagé qu'il étoit dans les interefts du Duc de Mayene. Aprez qu'il fe fut affuré de tous ceux qui pouvoient luy faire quelque obftacle. Il affemble un confeil general. Là il reprefente le grand danger dans lequel fe trouvoit la Province. Il fait voir qu'elle couroit fortune d'être ,, accablée par les Huguenots, ou ufurpée par les étrangers. Que le Seig- ,, neur de la Valete & le Duc de Savoye étoient également à craindre. ,, Que l'un travailloit à ruiner la Province, & l'autre à la demembrer du ,, corps de l'Etat. Que Marfeille s'étoit déja difpofée à prevenir le malheur ,, qui luy pouvoit arriver. Qu'elle avoit refolu pour cela, de prendre la pro- ,, tection du Saint Siege. Que fes deputez devoient partir au premier jour. ,, Qu'affurement on feroit fort bien de fuivre un exemple fi chrétien, & fi ,, loüable. A ces mots toute l'affemblée s'écrie qu'il faut aller de concert ,, avec Marfeille. On dit qu'il faut nommer des deputez, qui faffent le voyage avec les fiens. On prie le Conful de s'y vouloir difpofer. Ventabren s'en excufe d'abord. Il dit que l'affaire eft au deffus de fa portée. Il prie l'affemblée de donner à quelqu'autre cét employ. Mais le Lieutenant Biord, que Ventabren embarraffoit fort n'eut garde de perdre l'occafion de l'éloigner de la ville. Il voit qu'affurement cette abfence le rendra maître de l'election des Confuls. Cela fait qu'il preffe Ventabren d'aprouver fa deputation. Il luy fait comprendre qu'il feroit tort à fa charge, s'il fouffroit qu'un autre fut dans un employ qui luy étoit deu. Il fit fi bien enfin que Ventabren accepte la deputation. Auffi-tôt le Lieutenant Biord s'en va à Marfeille, pour hâter le depart des deputez. Il difpofe toutes chofes pour ce voyage. Le Comte de Carces dépêche Augier fon Secretaire vers le Pape pour luy faire fçavoir ce qu'il avoit moyenné. Cependant les deputez du Païs arrivent auprez du Duc de Savoye. Ils luy prefentent la deliberation des Etats. Le Duc ravi de voir les chofes au point qu'il defiroit, reçoit les deputez de la maniere du monde la plus

ple fe fouleve, Il affiege le Palais. On arrête quatre Confeillers du Parlement les plus affectionnez au parti du Comte.

S sss

obligeante. Ce ne sont que caresses, que festins, que presens. Car il n'atendoit pas moins de cette negociation, que de faire retablir en sa faveur le Royaume d'Arles. Aussi-tôt il écrit au Parlement en reponse de la lettre qu'il en avoit receuë. Il luy declare que puisque la Province desire la continuation de son secours, il veut employer tres-agreablement ses moyens, ses amis, sa personne, & sa vie même. Il témoigne qu'avec l'ayde & l'autorité de cette compagnie, avec sa prudence, il remetra certainement le repos par tout. Aprez avoir dit la même chose aux deputez. Il ordonne qu'on prepare tout pour son voyage. Sur cét ordre chacun pense à se mettre en état. Les Officiers renforcent les troupes, les domestiques disposent la maison. Le Duc écrit au Parlement qu'il va partir. Comme toutes choses alloient être pretes, il vint une nouvelle qui fallit à tout rompre. Ce fut la nouvelle de la deputation qu'Arles & Marseille avoient fait au Pape. Sur cela le Duc recrit au Parlement, il luy dit qu'aprenant que le Comte de Carces, poursuivoit pour avoir le gouvernement de la Province, il surciroit pour quelques jours son voyage, jusqu'à ce qu'il fut informé plus au vray de ce que c'estoit. Qu'il n'estoit pas juste qu'il fournit & troupes & argent, & qu'un autre eut tout l'honneur de la depense. Que pour luy quand il seroit dans la Province, il ne pretendoit reconnoître que le Parlement. Qu'il esperoit par les bons conseils de ce sage corps, de conduire les choses à l'honneur de Dieu, de les faire reussir au soulagement du peuple. En atendant la reponse à cette lettre, il tint toutes choses en suspens. Neanmoins afin que l'occasion ne luy échapât, il moyenna qu'on distribue quelque argent à Marseille. Le Comte de Carces qui étoit à Marseille aprenant la chose, cherche à emprunter de l'argent, pour le distribuer aussi. Mais il ne trouve personne qui luy en prete. Cela le reduit à ne pouvoir oposer au Duc de Savoye, que des discours qu'il seme pour le decrier. Il dit par tout qu'on doit se souvenir de la haine qu'on luy a témoignée. Qu'asseurement si on luy en donne le moyen, il ne manquera pas de s'en ressentir quelque jour. Aprez avoir fait tout ses éforts, pour ruiner ce parti dans Marseille, il fait faire la même chose dans Aix. Il essaye de détroner la Comtesse. Il prend le tems qu'Ampus & Besaudun luy manquoient, le premier étant auprez du Duc de Savoye, l'autre se faisant guerir chez luy d'une blesseure qu'il reçut au siege de Salon. Il est vray que la tentative étoit fort hardie. Car il ne se fondoit que sur l'esperance que les amis qu'il avoit dans le Parlement pourroient tourner en sa faveur cette compagnie. Au lieu que la Comtesse n'avoit qu'un seul homme, sur lequel elle peut comter seurement; C'estoit le Conseiller du Castelar. Pour luy il avoit à sa devotion les Conseillers de Chateau-neuf, Desideri, Puget, Agar, & l'Avocat General Laurens, tous gens hardis & intrepides. Mais la Comtesse étoit si bien fortifiée d'ailleurs, qu'il sembloit qu'on ne la pouvoit ébranler. Elle disposoit absolument des Consuls. Les Capitaines des quartiers étoient tous à elle. Elle avoit beaucoup de troupes dans la ville, la compagnie des chevaux legers de son fils, celle de Casaux qui composoient plus de trois cens hommes; la compagnie du jeune Seigneur de Vins. Cela neanmoins n'empeche pas que le Comte n'eſſaye de ſe rendre maître d'Aix. Comme il voit bien qu'il faut pour cela que les troupes ſortent de la ville, il s'aviſe de ce ſtratageme, pour executer ſon deſſein. Lamanon Lieutenant de la compagnie de chevaux legers du Seigneur de Vins, commandoit cette compagnie, à cauſe de la jeuneſſe de ſon Capitaine. Il trouvoit de grands avantages dans ce commandement. Ses cavaliers n'en trouvoient pas moins que luy, parcequ'étant preſque tous d'Aix, la paye leur étoit plus franche en ne bougeant point de leur maiſons. Le Comte pour broüiller Lamanon avec la Comteſſe, luy fait dire qu'elle vouloit loger ſa compagnie ailleurs, ſoûs pretexte de ſoulager la ville, mais en effet pour mettre plus à l'aiſe les autres compagnies en qui elle ſe fioit le plus. Cét avis irrite Lamanon, qui ſe plaignoit d'ailleurs de la Comteſſe. Auſſi-tôt ſans examiner la choſe, il fait offrir au Comte de Carces, tout le ſervice qu'il pouvoit deſirer de luy. Le Comte voyant ſi bien reüſſir ſon projet, dreſſe une autre baterie. Il dit que c'eſt une honte de voir que le Seigneur de la Valete aſſiege Soliers, ſans qu'on penſe à ſecourir cette place. Il ſuggere au Parlement par le moyen de ſes amis, d'y envoyer la compagnie de la Comteſſe que commandoit Merargues. Le Parlement trouve que l'avis eſt bien donné. Il fait dire au Seigneur de Merargues de partir avec ſa compagnie. Sur cét ordre la Comteſſe s'éveille. On luy dit que Lamanon ſe plaignoit. Tout cela la fait entrer en ombrage. Elle ſe doute de quelque complot. Elle dit à Merargues de ne point bouger d'auprez d'elle, & de témoigner au Parlement qu'il ne veut point partir. Merargues ne tarde pas de faire ce qui luy eſt preſcrit. Il s'en va au Palais le lendemain méme. Il prend avec luy quelques uns des ſiens. Il entre juſques dans la ſale de l'audiance. Là il parle d'un ton fort haut avec ſes gens, & juſqu'à faire du bruit. A ce bruit le Parlement envoye dans la ſale les Conſeillers de Château-neuf & Tourtour. Ces Conſeillers menent Merargues dans la chambre des bevetés. Ils luy demandent quel ſujet il a de crier ſi fort. Marargues ſe plaint qu'on veut le faire ſortir de la ville. On luy répond que la Cour a creu de luy faire honneur dans le commandement qu'elle luy a donné. A cette réponſe Merargues s'échaufe encore d'avantage. Il paſſe dans la ſale. Il crie aux armes mes amis. Les deux Conſeillers rentrent dans la chambre. Ils n'y trouvent plus que les Conſeillers Deſideri, & Agar, le reſte s'eſtant retiré. Cela neanmoins ne leur fait pas perdre courage. Ils ſe reſolvent tous quatre de ſoûtenir l'honneur du Parlement. Mais Merargues qui craint un coup d'autorité, n'oſe pas pouſſer plus loin, il ſe retire. L'aprédiné la querelle continuë. Le peuple paroit furieuſement émeu. L'Aſſeſſeur Guiran aſſemble ſes amis à l'Hôtel de Ville. Il tire deux couleuvrines de l'arcenal. A cette nouvelle le Parlement s'aſſemble. Il fait ſaiſir la place des Precheurs, par une compagnie de deux cens hommes. Il fait garder la conciergerie par la compagnie de Lamanon. Il prend toutes les precautions dont on peut s'aviſer, pour faire que l'autorité luy demeure. Cela neanmoins n'empéche pas que l'émotion ne s'augmente par la ville. Le peuple s'échaufe, on s'atroupe, on fait du bruit en divers quartiers. Le Parlement à qui l'on vient dire ce qui ſe paſſe, ſonge à avoir du moins un des Conſuls auprez de foy. Pour cela il envoye vers l'Affeffeur un Huiffier, qui luy dit que la Cour le demande. L'Affeffeur qui tenoit pour la Comteffe fait d'abord difficulté d'obeïr. Mais comme on luy fait dire que c'étoit pour le fait de fa charge qu'on le demande, qu'on l'affura qu'il n'avoit rien à craindre pour fa perfonne, il s'en va tout feul au Palais. Dés-qu'il arrive on le fait entrer dans la chambre. On luy demande le fujet de l'émotion. Il répond qu'il ne le fçait pas, qu'il a veu feulement le peuple en allarme, qu'on n'a fçû luy dire d'où cela provenoit. Comme on ne reçoit aucun éclairciffement, la Cour delibere de fortir en corps, pour aller diffiper l'émeute par fa prefence. L'Affeffeur fuit la Cour avec les marques Confulaires. On entre dans la place. On remontre au peuple qu'il doit fe retirer, qu'il doit éviter d'expofer la ville à quelque grand tumulte qui pourroit les ruiner tous. Pendant qu'on tâche d'adoucir les efprits, le Seigneur de Merargues arrive avec une groffe troupe. Auffi-tôt l'Affeffeur paffe de fon côté. A cette veuë le Parlement abandonné du Chaperon, fe diffipe. Chacun prend le chemin de fa maifon. Les Confeillers de Château-neuf, Defideri, Thomaffin reftent feuls dans la place, & voyant que chacun fe retire, ils gagnent vers la petite porte des Jacobins. Ils paffent fur la lice, & vont fe jetter parmi ceux qui gardoient la porte de Belegarde. Mais à peine y font-ils arrivez, qu'ils reconnoiffent par la froide mine de ceux qui les voyent, qu'il n'y avoit pas là trop de fureté pour eux. Cela les oblige d'aller chercher du refuge ailleurs. Ils enfilent la ruë de Bellegarde, & paffant au devant du logis de la cloche, dont-ils voyent la porte ouverte, ils entrent dedans. Mais ils trouvent qu'il y logeoit des Cavaliers Italiens, qui venoient au fecours de la Comteffe. Cette veuë les embarraffe encore davantage. Ils fe raffurent neanmoins quand ils voient, que les Cavaliers leur font honéteté. Il arrive heureufement pour eux que le Receveur des amendes nommé Roux furvient, & les voyant tous deconcertez, leur offre fa maifon, & les y mene. Le lendemain le Parlement fe raffemble. Il apprend que la Comteffe avoit un corps de garde à fa porte. Il depute le Confeiller de Château-neuf, pour le faire retirer. Le Confeiller fait fa commiffion fort heureufement. Quoyque ce fut un homme extremement fier, il parla neanmoins fi doucement à ceux qui étoient dans le corps de garde, que tous obeiffent, & fe retirent fur le champ. La Comteffe voit cette retraite avec chagrin. Elle craint que les chofes ne changent de face. Elle craint de fe voir abandonnée tout à coup. Pour éviter que ce malheur luy arrive, elle met en ufage toute fon adreffe. Elle fait prier Lamanon de l'aller voir. Elle luy parle d'un air fi touchant, que Lamanon fent reveiller toutes les efperances qu'elle luy avoit données pour fa fortune. Il promet de la fervir avec plus d'ardeur que jamais. La Comteffe voyant que cela luy a fi bien reuffi, continuë la negociation & les foupleffes. Elle fait agir fes amis dans le Parlement. Elle fait infinuer dans les efprits, que les armes ne s'accordoient jamais bien avec la robe. Que la robe n'eft jamais plus reverée, que dans le temps de calme & de repos. Que tant que le peuple demeure armé, les Magiftrats ont toûjours à craindre, que fes violences ne luy faffent perdre tout refpect. La negociation reüssit aussi-bien, que la conferance qu'elle avoit eu avec Lamanon. Le Parlement ou par persuasion ou par intrigue, se laisse vaincre à ce qu'on luy dit. Il depute le Conseiller Flote, pour aller dissiper cet atroupement. Le peuple obeït d'abord. Il dit qu'il n'est venu que pour preter main forte à la Justice. La Comtesse voyant que le Parlement relâche, croit que l'occasion est belle pour se relever, qu'il faut se mettre en état de ne plus rien craindre. Dans cette resolution elle appelle le Conseiller du Castelar & ses amis. Elle leur represente, que le Parlement ayant témoigné de la crainte dans cette occasion, il seroit bon de tourner sa timidité contre luy, pour faire voir au peuple, qu'il y avoit plus à gagner à la suivre, qu'à suivre des gens de robe, qui ne sçavent pas l'appuyer comme il faut. Le Conseiller du Castelar, qui prenoit toujours le parti le plus hazardeux, approuve la proposition. Il se charge de l'executer dés-laprédinée même. Dans le tems donc que le Parlement travailloit à l'expedition des procez, on entend tout à coup un grand bruit qui s'éleve dans la place des Précheurs. En même-tems on voit arriver le Conseiller du Castelar à la téte de trois cens arquebusiers, qu'il avoit tiré des quartiers des Augustins & de Nôtre-Dame. Il n'est pas plûtôt entré dans la place, qu'il se saisit des avenuës, il les fait garder par ses plus affidez. Aussi-tôt ses gens se mettent à crier, *vive la Messe & son Altesse*. Ce bruit est fortifié par l'arrivée de six cens hommes, qui viennent du quartier des Cordeliers, où ils s'étoient assemblez. Ils amenent avec-eux le canon que l'Asseffeur Guiran avoit fait tirer le jour precedant de l'Hôtel de Ville. Dabord on le pointe contre le Palais. Quelques uns s'avancent jusqu'à la porte. Ils y jettent du bois & du feu pour la brûler. Dans le tems que les uns entreprenent d'entrer par force dans le Palais, les autres essayent d'y entrer par adresse. Ils reussissent mieux que les premiers. Car ayant fait un petit detour, ils trouvent la porte de la Tresorerie ouverte. Ils entrent. Ils s'emparent des fenêtres, qui regardoient sur l'escalier du Palais. Ils font dabord une terrible décharge. Les tambours augmentent la terreur par leur bruit. On monte jusqu'à la sale de l'Audience. On y tuë Beaumont & un de ses cavaliers qu'on y trouve seuls. Lamanon qui dés-le jour precedent étoit dans la prison avec sa compagnie, n'eut garde de sortir à ce bruit. Comme il s'étoit rajusté avec la Comtesse, il fut bien aise de laisser agir ses gens. Cependant les Conseillers allarmez de voir le tumulte si proche, & qu'on a déja répandu du sang, pensent chacun à sa seureté. Les uns vont s'enfermer dans des cabinets. Les autres se vont cacher sous de la tapisserie. Il y en a qui descendent dans la prison. Les Consuls sçachant jusqu'où le desordre s'est porté, craignent d'être réponsables de tout. Ils font retirer le canon. Ils font ouvrir la porte, comme si tout alloit se calmer. Mais bien loin de là, le Palais n'est pas plûtôt ouvert, que tout le monde y entre en foule. On monte dans les chambres. On y enleve tout. On emporte meme les tapisseries. On fouille jusqu'aux moindres recoins. On trouve les Conseillers de Château-neuf, de Tourtour, Agar, Desideri. Comme ce sont les meilleurs amis qu'ait le Comte de Carces, on les mene tous quatre en prison. On les y mene avec mille irrisions, & mille oprobres. Durant la chaleur de ce tumulte, ceux qui avoient des ennemis particuliers, ne manquent pas de prendre cette occasion pour se venger. A cette veuë les Consuls prient, remontrent qu'on épargne le sang des citoyens. A leurs prieres la haine s'appaise. Le meurtre se change en emprisonnement. Je trouve que trois garantirent leur vie ; les deux Boyers, & un certain Estaci, que les Consuls menerent eux-méme en prison. Mais ils ne furent pas si heureux, en y conduisant le Capitaine Bastin : Car le peuple l'arracha de leurs mains, & le massacra méme en leur presence. L'émeute alloit prendre par là des nouvelles forces quand la nuit survint, qui l'arréta tout court. Ainsi le champ demeura pour ainsi dire à la Comtesse. Sur le soir elle eut à sa devotion la ville, d'où on auroit peu la chasser le matin si on eût voulu. Car il ne faloit que suivre l'ardeur des esprits, & profiter de la faveur du peuple, qui voyant sa bonne volonte negligée passa dans l'autre parti qui le rechercha. La Comtesse voyant que tout a plié pense à affermir ses affaires. Elle fait conduire dans le château de Merueil les quatre Conseillers arrétez. Elle fait condamner les autres prisonniers aux galeres. Ces malheureux eurent beau s'excuser, disant qu'ils n'avoient rien fait que par l'ordre de ceux qu'ils avoient pour juges. Cela ne fut pas capable de les garantir. Tant il est vray que les petits, qui ne font qu'executer, portent presque toûjours la peine des fautes que les Grands inspirent.

VII.
La Côtesse de Sault envoye un Courrier au Duc de Savoye pour l'obliger de venir. Pour lui ôter l'envie de venir, les intrigues de Marseille & d'Arles se continüent. Le Côseiller du Castelar prend par Jols. Le Seigneur de la Vallete apelle le Seigneur de Lesdiguieres.

La Comtesse fut bien aise de donner ce grand exemple, pour montrer qu'elle étoit maîtresse de la ville, & pour s'en faire honneur auprez du Duc. Aussi lui envoya-t-elle d'abord un courrier, pour lui donner connoissance de ce qui se passoit, pour le prier de venir, pour l'assûrer que tout est soumis, que le Comte de Carces a quité la ville, qu'il s'est allé confiner dans sa maison. Elle lui dit que tout le monde espere qu'aprez cela l'on aura la joye de le voir bien-tôt dans la Province. Que jamais personne n'y fut attendu plus impatiemment. Le Duc fut ravi d'aprendre ces nouvelles. Il avoit bien autant d'impatience que les autres. Mais il ne hâta pas plus son voyage pour cela. Il crût qu'avant que de s'engager plus loin, il faloit laisser affermir les choses. Cependant pour tenir le monde en haleine, il renvoye les députez tres-satisfaits. Il ne retient auprez de lui que l'Avocat de Fabregues. Il prie ceux qui partent d'assûrer en Provence, qu'il sera dans le païs presque aussi-tôt qu'eux. Il écrit au Parlement dans les mêmes termes. Il renouvelle ses lettres fort souvent. Il lui dit, qu'il fait tous ses efforts pour surmonter les obstacles qui se presentent, pour rompre ou pour retarder son départ. Ces lettres qu'on voit encore chez les curieux, montrent combien ce Prince étoit politique, & combien adroitement il s'insinuoit dans les esprits. Car il n'y parle que de son zele pour l'avancement de la Religion catholique; que de sa sincerité, pour la manutention du service du Roy Tres-Chrétien, que de son desir de procurer le repos de cette Province, que du dessein qu'il fait de ne se conduire que par les avis, & par les conseils du Parlement, qu'il reconnoît être le vrai dépositaire de l'autorité-Royale. Ces protestations qu'il renouvelle fort souvent font qu'on desire sa venuë avec impatience. Elles augmentent l'ardeur de ses partisans. La Comtesse en devient encore plus hardie. Mais sur tout elle tourne ses pensées à s'autoriser dans le

Parlement. Il se presenta bien-tôt une belle occasion pour cela. Marseille avoit besoin d'être pourvûë d'un Viguier. Cette charge étoit alors annuelle. Elle se remplissoit de cette maniere. La ville nommoit trois Gentils-hommes au Roy. C'étoient d'ordinaire des Gentils-hommes des plus qualifiez de la Province. Le Roy choisissoit un des trois pour être Viguier. Quand le tems de cette nomination fut venu, la Comtesse dit que de peur que ce choix ne tirât en longueur, il faloit que ce fût le Parlement qui le fît. Que Marseille étoit une ville d'une telle importance, qu'elle meritoit bien qu'on passât par dessus les loix ordinaires, pour la tenir en sûreté. Qu'enfin ce choix pouvoit être crû venir de la main du Roy, dans l'état où étoit la France. Qu'on pouvoit dire que l'autorité Royale étoit toute dans le Parlement. Cela dit, elle fait nommer le Seigneur de la Barben. Elle fait dépûter le Conseiller du Castelar pour aller instaler dans cette charge. Aussi-tôt le Conseiller s'en va à Marseille. Il veut executer sa commission. Les amis du Comte de Carces s'y oposent. Bourgogne premier Consul declare que ce seroit brécher les privileges de la ville, que d'admetre un Viguier venu d'autre main que de celle du Roy. Cette oposition fait murmurer bien des gens contre la nouveauté qu'on veut introduire. Le murmure est suivi de quelque bruit. Pour le dissiper on remet le bâton de Viguier à Bourgogne, qui s'en va ouïr la Messe en ceremonie, accompagné de tous ses fauteurs. Ceux de la Comtesse ne demeurent pas les bras croisez. Le Conseiller du Castelar les échauffe de si bonne maniere, que l'aprés-dîné ils s'atroupent au quartier de Cavaillon. La troupe grossit de moment à autre. Quand on la vit extrêmement grossie, on descend à l'Hôtel-de-Ville. Là ils declarent hautement les armes levées, qu'ils veulent obéir à la Cour. Ils prient le Conseiller d'autoriser leur protestation, & de vouloir ôter à Bourgogne, non-seulement le bâton, mais le chaperon. Ils disent que c'est un homme qu'il faut tuer. Qu'il étoit l'auteur de la mort de Villecrose. Que lui seul avoit fomenté toutes les emotions. Cela se dit parmi tant de tumulte, que Bourgogne est étourdi du bruit. Il remet au Conseiller le bâton & son chaperon. Il consent qu'on le mene en prison. Il espere que son procedé lui fera trouver de la sûreté pour sa personne. Ainsi le Seigneur de la Barben fut instalé dans sa charge, & la Comtesse eut Marseille à sa disposition. Il sembloit qu'un si favorable succez devoit porter la Comtesse à faire une pareille tentative sur Arles. Et neanmoins elle n'osa le faire, à cause que d'autres avoient pris les devants. Le Duc de Lorraine avoit fait offrir par son Secretaire, d'envoyer le Prince de Vaudemont son fils. Le Comte de Carces avoit fait proposer d'y aller demeurer quelques jours, pour pourvoir à la conservation de la ville. L'offre du Duc de Lorraine étoit soûtenuë par le Lieutenant Biord, qui agissoit en cette affaire avec tant de chaleur, que voulant faire comprendre au Secretaire combien il étoit puissant dans la ville, il le convia à dîner, & apella quelques-uns de ses amis, qu'il fit passer pour être des principaux Gentils-hommes. Mais la fourberie se découvrit bien-tôt. Car comme le Lieutenant se promenoit au Plan de la Cour, plusieurs Gentils-hommes aborderent le Secretaire, & lui parlerent en des termes si aigres, qu'il vit bien qu'il ne faisoit pas trop seur pour lui. Pour le Comte de Carces, c'étoit le Seigneur de Beaujeu qui le favorisoit,

& qui venant d'être fait premier Consul, employa tout son crédit pour faire trouver bon que le Comte allât en cette ville. Il dit qu'on doit d'autant plus aprouver sa pensée ; que la venuë du Comte dissiperoit tous les desseins des étrangers ; qu'elle feroit cesser toutes leurs brigues ; qu'enfin elle remettroit la ville dans l'assiéte où doivent être tous les bons François, de ne desirer pour se conserver à l'Etat, ni l'aide ni le secours de personne. Ces choses que le Consul insinuoit à toute heure, étoient bien aprouvées par ses amis, mais les autres ne les recevoient pas avec la même complaisance. Au contraire, tous se mettent à dire qu'il faloit bien se garder de recevoir aucun des chefs de faction, qu'il faloit conserver la ville dans la liberté où elle se trouve. Qu'il faloit se maintenir dans l'état où l'on étoit, pour se faire un honneur singulier de se mettre sous l'obéïssance du legitime successeur à la Couronne. Dans le tems que le gros du monde se confirmoit dans cette pensée, on voit arriver l'Archevêque d'Avignon. Cet Archevêque aportoit des nouvelles de Rome, & la réponse du Pape. Les nouvelles aprirent que le Seigneur de Ventabren avoit été fort bien reçû. Qu'on lui avoit promis du secours en toutes manieres. Que le Pape devoit envoyer vingt galeres à Marseille. Que de ces vingt galeres les Venitiens en fournissoient dix. Mais tout cela ne se faisoit pas pour la Provence seulement. C'étoit principalement le dessein que le Pape avoit sur le Royaume de Naples, qui le faisoit faire. Car on prétendoit que les galeres que l'on envoyeroit à Marseille, fermeroient le passage aux Espagnols, & rendroient l'execution plus aisée. Et neanmoins, comme tout cela dépendroit du tour que prendroient les affaires de Provence, ce grand dessein se suspendoit jusques à ce qu'on sçût à quoy les choses aboutiroient. Cependant le Pape pour tenir les esprits toûjours bien disposez, avoit renvoyé le Secretaire du Comte de Carces chargé de dépêches. Il ne manqua pas d'y avoir un Bref pour le Parlement. Celui d'Arles fut porté par l'Archevêque d'Avignon. Il fut lû dans le Conseil de Ville en sa presence. Ce Bref portoit que sur la suplication que le Seigneur de Ventabren avoit faite au Pape, sa Sainteté recevoit la ville d'Arles en sa protection. Qu'elle lui promettoit toute sorte d'assistance. A ce mot de protection les bons & veritables François se reveillent. Ils disent qu'ils n'ont jamais entendu de se soûmettre à la protection d'aucun étranger. Ils s'alterent si fort sur ce point, que l'Archevêque ne pût recevoir de bonne réponse. Tout ce qu'il peut obtenir, c'est qu'on lui declare qu'ils n'ont pas dessein de se détacher de la Couronne dont Dieu les avoit voulu rendre sujets. Qu'à la verité si elle venoit à se dissiper, ils auroient plûtôt recours à sa Sainteté qu'à nul autre Prince, étant, comme ils avoient toûjours fait gloire de l'être, bons Catholiques, Apostoliques Romains. Ainsi Arles étant dans cette disposition, la Comtesse de Sault n'avoit pas grand dessein à y faire. Il lui falut porter ailleurs sa vuë. Elle pense à mettre des troupes aux champs, à se rendre redoutable par les armes. Pendant qu'on prepare pour cela toutes choses ; le Parlement reçoit une lettre du Duc de Savoye, qui favorisa merveilleusement ce dessein. Le Duc prioit le Parlement de faire avancer l'armée jusques à Riez. Il l'assûre que vers le milieu du mois de May il l'à viendra joindre pour tenir le monde dans cette esperance, il envoye l'état des troupes qu'il doit

doit amener. Il envoye aussi quelque argent pour payer celles de Provence.
Cette lettre répand la nouvelle de cette venuë. Le Conseiller du Castelar,
qui tantôt étoit Commissaire de la Cour, tantôt étoit General de l'armée,
qui se montroit toûjours infatigable dans l'une & dans l'autre fonction,
mande la noblesse, assemble les troupes, se met en campagne, mene
cinq canons avec lui, étonne tous les lieux qu'il aproche. Enfin aprez
avoir alarmé bien du monde, il se fixe à assieger Barjols. Cette ville étoit
considerable par le nombre de ses habitans. Mais ce qui la rendoit plus
importante, c'est que le Seigneur de Pontevez tenoit le château dans lequel
il s'étoit jetté precipitamment avec cinq cens hommes des plus aguerris
qu'eût le Seigneur de la Valete. Cette garnison fit plus de mal que de bien
à la ville. Elle fut seule cause que l'on s'opiniâtra à soûtenir le siege,
pendant lequel on essuïa deux cens volées de canon. Cette resistance offensa
si fort les chefs des assiegeans, qu'ils ne voulurent accorder d'autre
capitulation à la garnison, que de sortir sans tambour, & les enseignes
pliées, ni pardonner à la ville, qu'en payant vingt-cinq mille écus. Encore
auroit-ce été peu de chose si on en fût demeuré là. Mais la victoire alla jusques
à l'insolence. Le soldat ne pût voir sortir la garnison, sans murmure. Du
murmure il passa à la voye de fait. Il va se jetter brutalement sur ceux qui
sortent. Il les met presque tous en pieces, sans que les chefs qui crient,
qui ménacent, soient capables de les arrêter. On trouve écrit que cette
brutalité fit perir plus de quatre cens hommes. Que plusieurs gens de
qualité furent envelopez dans ce malheur. Le Seigneur de Fos, le Chevalier
de Peipin furent de ce nombre. Le Seigneur de Pontevez en eut été comme
beaucoup d'autres, si la fougue de son cheval ne l'eût tiré du danger.
Le Conseiller du Castelar voyant cette fureur, s'irrite luy-même contre ses
troupes. Mais comme il voit que c'est inutilement qu'il se plaint de ce qu'on
viole sa parole; il met enfin l'épée à la main, & va droit contre les mutins:
Il frape, il pousse si fort, qu'il court luy-même fortune de la vie, un soldat
ayant tourné son épée contre luy. Ne jugeant pas que cette conduite le
justifie assez, il fait une exacte recherche des auteurs d'une action si horrible.
Cependant ce massacre intimide si fort toute la contrée, que les villes
voisines se rendirent au premier abord: entr'autres Aulps, Lorgues,
Draguignan. Il y eut même quelques villages qui previnrent l'aproche,
comme Cereste, Besse, Pignans. Le Seigneur de la Valete fortifioit le
château de Riez, quand cette nouvelle lui fut aportée. Aussi-tôt il envoye
vers le Seigneur de Lesdiguieres. Il le prie de vouloir venir à son secours. Il
redouble ses prieres & ses instances, quand il aprend que Cambaud, qui
luy amenoit des troupes des Cevenes, avoit été batu vers sainte Tulle par le
Seigneur d'Ampus. Mais il commence à se rassûrer par la nouvelle qui luy
fut aportée, que les troupes du Conseiller du Castelar s'étoient presque
toutes débandées: que les grandes pluyes, que la disete avoient obligé les
soldats à deserter. La Noblesse du parti Catholique jugeant que la principale
cause de cette desertion, venoit du defaut de paye, & du retardement du
Duc de Savoye, prie le Seigneur d'Ampus d'aller hâter ce départ, ou de
pourvoir du moins à la subsistance des troupes. Dans le tems que le Seigneur
d'Ampus fait ce voyage, le Seigneur de Lesdiguieres arrive à Cisteron. Il se

joint au Seigneur de la Valete. Cette venuë & cette jonction surprend fort les Catholiques, qui se voyent peu en état de resister. Leur foiblesse neanmoins n'affoiblit point leur courage. Ils se ralient. Ils font un dernier effort pour jetter quelques gens dans Digne, sur l'avis qu'on partoit pour l'assieger. Cela fait changer de dessein au Seigneur de la Valete. Il se tourne du côté de Riez. Il se va planter devant Montagnac méchant village, qui tout miserable qu'il peut être ne laisse pas de l'arrêter quelques jours. Ce retardement donna loisir à ses ennemis de reparer une faute qu'ils avoient faite. Ils avoient laissé leur canon à Pignans. Lamanon le va retirer, sous pretexte de courir la campagne. Il le conduit à Forcalqueret. La chose se fit si à propos, que le Seigneur de la Valete sur l'avis qu'on lui donna que le canon étoit à Pignans, partit aussi-tôt pour s'en aller emparer. Mais Lamanon l'avoit devancé. Neanmoins pour ne pas donner à ses ennemis l'avantage de rire de cette avanture, il marche du côté de Soliers, comme s'il n'étoit venu que pour prendre cette place ; il l'aborde, la place se rend aussi-tôt.

VIII.
Le Seigneur d'Ampus revient de Savoye. Il reviét avec le Comte de Montüeil, qui aporte de l'argent. Le Comte de Martinengue vient aussi avec des troupes. Il reçoit toutes sortes d'honneurs. Il le fait sçavoir au Duc de Savoye, qui sur cette lettre se détermine à partir. La Province & le Parlement luy députent. Les députez vont jusqu'à Nice, pour luy faire leurs complimens.

Durant que tout cela se passoit le Seigneur d'Ampus revient de Savoye. Il n'aporte neanmoins aucune nouvelle precise de la venuë du Duc. Deux choses arrêtoient son départ. L'entrée du Seigneur de Lesdiguieres dans la Province, & la saisie du passage de Barcelone, que le Seigneur de la Valete avoit fait occuper. Le Seigneur d'Ampus vient pourtant avec quelque argent que le Comte de Montueil escorta. Il assûra que dans peu de jours on verroit le Comte de Martinengue qui amenoit 300. chevaux & cinq cens arquebusiers. Le Seigneur de la Valete averti de ce qui se dit, fait dessein de surprendre Aix avant que le secours de Savoye arrive. Il fait sçavoir ce dessein à ses amis. On agit si bien que la partie se lie. On convient d'introduire des troupes dans la ville par une mine qui doit aboutir à la maison du Cabiscol de Saint Sauveur. Mais comme on est convenu du tout, un Prêtre va découvrir la chose. Aussi-tôt on fait une exacte recherche des auteurs & des complices de cette conspiration. On saisit le fils du Conseiller Rainaud & un Bourgeois qui se nommoit Saint Jacques. Le Parlement leur fait leur procez ; ils sont tous deux condamnez à la mort. L'un est pendu, l'autre a la tête tranchée. Il se passa dans la mort de Rainaud une avanture assez singuliere. Il avoit envelopé bien du monde dans ses réponses. Entr'autres il avoit nommé parmi les complices, Reinier homme de cœur & hardi. Reinier étoit absent lors que le procez se faisoit. Il arrive le jour que l'execution s'alloit faire. Comme on menoit Rainaud au suplice, un des Consuls rencontre Reinier. Il s'aproche de lui, & lui dit à l'oreille, qu'il ne faisoit là pas bon pour lui ; que Rainaud l'avoit découvert à la Justice ; qu'il fera bien de se retirer. Sur cet avis Reinier ne perd ni le tems, ni le jugement, il quite ses armes, il ne retient qu'un poignard à la main. il s'en va droit à la place des Prêcheurs où l'execution s'alloit faire. En abordant la place, il voit que le malheureux avoit les yeux bandez. En même tems il crie au bourreau d'attendre, qu'il avoit à parler au patient. Il fend la presse. Il monte sur l'échafaut. Il fait débander les yeux à Rainaud, il le fait lever, il lui demande s'il le connoît. Il l'interpelle de declarer s'il étoit vrai qu'il fût complice de son crime. A ces mots Rainaud se met à genoux. Il remercie Dieu de cette avanture. Il dit qu'elle arrive pour la décharge de sa conscience, & pour reparer ce qu'il a avancé sans une assûrance certaine de la verité. Il demande qu'on lui fasse venir le Greffier de la Cour. Il declare qu'il n'a jamais parlé à Reinier; qu'il n'a jamais eû avec lui aucune habitude; que Reinier n'a été compris dans l'affaire que par la malice de ses ennemis. Cela dit, le criminel est décapité, & Reinier va par tout faire parade de son innocence. La découvete de ce complot remplit Aix de tant de joye, qu'on resolut d'en remercier Dieu publiquement. On ordonne des processions. Les Predicateurs ne manquent pas de publier que Dieu s'étoit visiblement declaré pour la bonne cause. Cette allegresse que chacun témoigne est augmentée par l'argent de Savoye qu'on voit arriver. Aussi-tôt on fait faire montre aux Soldats. On les rallie par là sous leurs enseignes. Ils offrent tous gayement de servir. Ils donnent moyen à ceux d'Aix de retirer leurs bleds, & de les enfermer dans la ville. Ils le font en tenant l'ennemi éloigné. Tantôt ils font semblant de vouloir en venir à une bataille. Tantôt ils amusent le Seigneur de la Valete dans le siege de Pignans, qu'il avoit entrepris. Ils portent bien si loin l'amusement, que le Seigneur de Lesdiguieres s'impatientant persuade le Seigneur de la Valete de s'en retourner du côté de Riez. Comme ils furent en ce quartier là, il y laissa le Seigneur de la Valete, & reprit le chemin du Dauphiné. Cependant le Comte de Martinengue entre dans le Païs avec le secours promis. Il se joint aux troupes amies, qu'il trouve sur son passage. Comme il s'avance, Chambaud qui s'étoit jetté dans Saint Maximin, pour renforcer le Seigneur de Valavoire Gouverneur de cette ville, sort pour lui aller faire un défi. Martinengue le reçoit si vigoureusement, que Chambaud a sujet de se repentir de l'avoir attaqué. Il est enfin contraint par la fuite de ses gens, de lâcher le pied. Ce bon succez met Martinengue en goût. Il va mettre le siege devant Saint Maximin. L'entreprise ne lui réüssit pas. Chambaud qui est dedans joué de son reste, il l'oblige de quiter aprez une opiniâtreté de quinze jours. Martinengue s'en vient droit à Aix. Il y reçoit tous les honneurs qu'il pouvoit attendre. Le Parlement luy donne le commandement de l'armée. Les Consuls protestent de lui vouloit tout déferer. Ravi de cet accueil, il le fait sçavoir au Duc de Savoye. Il lui écrit que son nom étoit si reveré dans cette Province, qu'il est certain que s'il vient, tout se declarera pour lui. Cette lettre fut renduë au Duc, comme il venoit de recevoir réponse du Roy d'Espagne. Il avoit envoyé le Seigneur de Ligny vers ce Roy, pour aprendre ses intentions sur ce voyage, & pour retirer quelque promesse de secours. Cela fit qu'il parla plus clairement qu'il n'avoit fait jusques-là: Qu'il rompit ses ambiguitez, & ses incertitudes; & qu'il écrivit au Parlement en termes affirmatifs. Il écrivit qu'il avoit le pied à l'estrié. Que Fabregues partoit premier pour aller pourvoir au passage de ses troupes, & pour donner ordre à leur logement aux quartiers de Grasse & d'Antibe. Sur cette assurance tous les corps se preparent à le récevoir. Le Parlement députe les Conseillers du Castelar, Spagnet, & l'Avocat general Laurens. Le Païs nomme l'Evêque de Riez, & l'Aumônier de Saint Victor pour le Clergé; les Seigneurs d'Ampus & de Mauvans pour la Noblesse; Henri Rabasse pour les Communautez. Honoré Guiran,

Claude Seguiran Procureurs du Païs pour le Corps de la Province. Ces députez partent accompagnez presque de toute la cavalerie Italienne & Provençale, que le Comte Martinengue commandoit. Ils vont jusques à la frontiere, où ils croient de trouver le Duc. Mais comme ils ne le rencontrent point, & qu'ils aprennent qu'il étoit à Nice, ils se resolvent tous d'y aller. Là se firent tous les complimens, qui bien que faits par des genies divers, aboutissoient neanmoins tous à la même chose. Car ce n'étoit qu'actions de graces à ce Prince, pour les bontez, pour les complaisances qu'il témoignoit avoir pour les Provençaux. Les députez furent tous si bien reçûs que le Prince ne fit jamais plus de caresses qu'en cette rencontre. Les manieres obligeantes sont accompagnées de mille regales differents, & ce ne furent que festins. Les députez sont traitez splendidement durant quatre jours entiers.

Le 11. Octob.
IX.
Le Duc de Savoye arrive en Provence, avec l'équipage le plus magnifique qui se soit jamais vû. Il fait son entrée dans Aix, qui fut la plus superbe du monde. Le Parlement lui décerne tout le Gouvernement. Le Duc fait une étroite union avec la Côtesse de Sault.

Aprez cela on se mit en marche. Le Duc entre en Provence dans un apareil, qui faisoit bien comprendre avec quel dessein il y venoit. Car outre quatre mille arquebusiers, & dix-sept cens maîtres qu'on voyoit dans le meilleur ordre du monde. Il avoit cent Suisses de sa garde, tous vêtus de velours violet & blanc. Aprez eux venoient deux cens Gentils-hommes de sa maison, ils étoient couverts de casaques de velours violet, chargées de passemens d'or & d'argent. Il y avoit sur la manche gauche de ces casaques, le Sagitaire, avec le mot *Oportunè*, que le Duc avoit pris pour sa devise. Le reste de son train étoit de cette magnificence. La Noblesse qui l'accompagnoit, répondoit merveilleusement à tout l'apareil. Une chose donnoit plus encore dans la vûë que tout cela. C'étoit six-vingt mulets chargez de grands coffres tres-pesans. On disoit que ces coffres étoient pleins de l'argent qui se devoit répandre dans la Province. Aussi le Duc commença-t-il dés son entrée, à donner opinion de sa liberalité. Car je trouve qu'un des principaux Gentils-hommes qui l'apuyoient l'étant venu saluer, il lui envoya le lendemain deux mille écus, par son Secretaire. Le Gentil-homme surpris de cette avance, refusa fort civilement le present. Il dit qu'il suplie son Altesse de trouver bon que la recompense ne vienne qu'aprez les services. Sur cela le Secretaire se retira. Il vient raporter cette réponse au Duc. Le Duc renvoye le Secretaire avec trois mille écus. A cette recharge le Gentil-homme accepte la grace. Il voit bien que le Duc avoit voulu luy faire comprendre, que la generosité d'un particulier n'est pas bien fondée, d'oser disputer avec un Prince souverain. Cependant on ne tarda pas de voir, qu'en ce nombre specieux de coffres, il y avoit plus de montre que d'effets. Car le Duc fut bien-tôt réduit aux emprunts. De là la raillerie prit sujet de dire que ces coffres étoient pleins de pierres. Quand le Duc fut arrivé à Grasse, il pretendoit de s'en venir droit à Aix. Mais le Seigneur de Gault Gouverneur de Grasse, lui fit changer de dessein. Il lui dit qu'il devoit aller dompter le lieu de Monts village voisin qui tenoit pour le Seigneur de la Valete. Que cela feroit que dans la contrée tout demeureroit soûmis & uni. Qu'on n'auroit pas sujet d'aprehender que l'on y vint débaucher les peuples. Qu'il prendroit soin de les retenir tous dans leur devoir. Ce fut là le pretexte qu'il prit, pour porter le Duc à entreprendre la chose. Mais la veritable cause de la remontrance, c'est que les habitans du village étoient ennemis de son pere leur Seigneur. Quoy qu'il en soit, le Duc pour obliger le Seigneur de Gault, mene de ce côté là ses troupes. Il aproche, il assiege Monts. Les habitans osent bien attendre le canon. Ils soûtiennent deux jours le siege. Mais les forces leur manquent bien-tôt. Le troisiéme jour ils sont contraints de se rendre. Le Duc ordonne que pour l'exemple, on fasse pendre un ou deux des principaux du lieu. Le Seigneur de Gault, qui ne reduisoit pas sa vengeance à si peu de gens, prend soin d'empêcher que l'ordre se sçache. Il fait arrêter & pendre en même-tems tous ceux sur qui l'on peut mettre la main. Une quinzaine de ces malheureux ayant passé par cette rigueur, le Duc est averti de la chose. Aussi-tôt il fait cesser ces executions. Il part sur l'heure avec toutes ses troupes. Il ôte au Seigneur de Gault le moyen de se venger plus avant. Il s'en vient au lieu de Fayence. On l'y reçoit avec mille acclamations. L'air en retentit de tous côtez. On entend crier par tout : *Vive le Duc, vive son Altesse, vive la Messe.* Un Bourgeois apellé Sirlot, lui vient au devant monté sur des échasses en tête de la jeunesse du village. En cet état il lui fait compliment au nom de tous. Puis il lui met une couronne de papier sur la tête ; presage sans doute, de la durée & de l'issuë que devoit avoir son grand dessein. Le Duc neanmoins ne laissoit pas d'être bien persuadé, que son voyage seroit le plus heureux du monde. Il ne peut même s'empêcher d'en dire quelque chose quand il fut arrivé à Draguignan. Car comme on lui dit qu'on accouroit en foule des lieux voisins pour le voir, il répondit que ce lui étoit un grand plaisir de voir l'allegresse que le monde témoignoit de son arrivée. Que neanmoins on auroit tort de le prendre pour un Prince étranger, puis qu'il étoit fils d'une fille de France. Du reste qu'on ne devoit pas avoir ombrage de sa venuë. Qu'il n'étoit venu que pour conserver la Province dans sa Religion, dans ses libertez. Qu'il pretendoit d'employer ses moyens & sa personne, avec tant d'abandonnement, & tant de profusion, qu'il esperoit aprez cela que si la conjoncture des affaires le faisoit Roy, les Provençaux en seroient bien-aise. Ces paroles à quoy le gros monde ne prit pas garde, furent bien remarquées par les habiles gens, qui ne manquerent pas aussi de se confirmer dans l'opinion ; que le repos du Païs n'étoit pas le principal sujet de la venuë de ce Prince. Il continuoit à parler sur ce chapitre, quand le Seigneur de Ligny le vint avertir ; qu'il y avoit là un courrier de la part du Comte de Carces. Ce Comte desiroit sçavoir si le Duc auroit agreable qu'il lui fît la reverence. S'il vouloit que ce fût à Draguignan, ou sur son chemin, comme son Altesse passeroit prez de Carces. Sur cette proposition que le Comte fait, le Duc assemble la Noblesse qui étoit prez de sa personne. Il veut avoir ses avis là dessus. Plusieurs opinent assez ambiguëment. Mais le Seigneur de Besaudun leve le masque. Il dit qu'il ne faloit point voir le Comte. Qu'il étoit l'auteur de la journée du Palais. Qu'il n'agissoit que par les ordres du Duc de Mayene. Qu'il étoit aveuglement dans cet interêt. Qu'il ne faloit attendre de lui, que toutes sortes de mauvais offices. Qu'il valoit donc mieux l'avoir pour ennemi découvert, que pour ami non seulement douteux & incertain, mais dangereux & infidele. Le Duc voyant que le Seigneur de Besaudun parle contre son parent de cette maniere, juge qu'il étoit veritablement homme d'honneur. Il prend dessein de se l'acquerir encore davantage. Il luy promet le gouvernement de Berre, dés que cette place seroit en son pouvoir. Ainsi suivant l'avis du Seigneur de Besaudun, le Duc refusa de voir le Comte de Carces. Il s'en vint en droiture à Aix. Il y fit son entrée avec un si grand apareil, qu'on ne vit jamais plus de magnificence. Les cris d'allegresse n'y furent pas épargnez. On eût dit qu'ils vouloient disputer l'honneur du bruit aux arquebusades de la milice. Le Duc voyant de si grands témoignages de joye, s'imagine qu'il est déja le Souverain du Païs. Il ne laissa pas de faire deux actions qui firent fort loüer sa modestie. Il refusa le dais que les Consuls luy presenterent à la porte de la ville. Il renvoya le Clergé qui l'étoit venu recevoir avec la croix. Il refusa cela de la meilleure grace du monde. Il dit que l'un n'étoit dû qu'à Dieu, que l'autre n'étoit dû qu'au Roy. Mais il ne refusa pas les clefs des portes qu'on luy offrit dans un bassin d'argent. Quand on aprocha pour les luy presenter, il tira son mouchoir de la poche, comme pour les recevoir avec plus d'honneur. Ce mouchoir étoit rempli d'écus d'or. En l'ouvrant, les écus d'or se répandirent par terre. Le peuple se presse pour les ramasser. Sur cela on voit les cris se redoubler. On crie : *Vive l'Altesse, vive la Messe*. Plusieurs s'avancent pour baiser le bord de sa casaque. Les autres se pressent pour luy baiser le genouïl. Tous font paroître une joye extrême. Sa casaque étoit de velours noir, semée de fleurs de lys d'orfeverie. Il étoit aisé de voir par ce symbole, quel étoit l'objet que ce Prince avoit. En cet état il est conduit en l'Eglise de Saint Sauveur. L'Archevêque l'y reçoit en habits Pontificaux en tête de son Clergé. Il témoigne dans sa harangue la même joye que tous les autres Corps avoient fait paroître. Aprez que le *Te Deum* fut chanté, le Duc se retire dans le palais de l'Archevêque qui luy avoit été preparé. Dans ce même-tems la Comtesse de Sault y arrive. Elle vient faire son compliment au Duc. Le Duc luy témoigne sa reconnoissance de tout ce qu'elle a fait pour luy dans cette occasion. Il luy proteste qu'il veut se conduire par les avis qu'elle voudra luy donner. La Comtesse ne manque pas de réponse. Elle l'assûre qu'elle le servira de tout son pouvoir. Qu'elle employera pour cela ses amis, ses biens, tout ce qu'elle a dans le monde. Le lendemain elle commence à mettre la main à l'œuvre. Elle assemble dans sa maison les Procureurs joints ; ce sont des gens tirez du corps du Clergé, de la Noblesse & du Peuple, qui ont pouvoir d'ordonner des affaires de la Province, conjointement avec les Procureurs du Païs. Dans cette assemblée elle fait déliberer de donner au Duc le commandement des armes & de la police, sous le bon plaisir du Parlement. Le Duc avoit desiré que cela s'ordonnât ainsi. Car il avoit declaré même aux députez, qu'il ne vouloit rien faire que de l'agrément de cette Compagnie. Qu'il pretendoit de faire paroître par son respect, par sa deference, qu'il l'honoroit infiniment. Dés qu'on eut pris cette resolution, l'Archevêque d'Aix, les Evêques de Vence, de Riez, de Cisteron entrent dans le Parlement avec grande suite. Ils sont accompagnez des Consuls d'Aix, Procureurs du Païs nouveaux & vieux, des Députez du Clergé, de la Noblesse. Ils y font sçavoir ce qui venoit d'être arrêté. Ils

Le 19. Novëb.

repréfentent que cela n'étoit proprement que l'execution de la déliberation que les Etats avoient prife. Ils prient la Cour de la vouloir agréer. Cela dit les députez fe retirent. On délibere fur ce qui vient de fe propofer. Les opinions fe trouvent diverfes. Les amis qui reftoient au Comte de Carces ne fe veulent pas démentir. Entr'autres le Confeiller d'Arnaud foûtient que la Cour ne fe doit pas dépoüiller de la Police. Qu'elle doit fe referver cet article, comme étant fon plus pretieux attribut. Qu'en tout cas, il ne faloit pas s'avancer jufques-là, fans avoir l'aprobation du Duc de Mayene. Il porta fi avant fon opinion, qu'il embarraffa fort le parti contraire. Cela neanmoins n'empêcha pas que le parti de la Comteffe ne l'emportât de plufieurs voix. Le Parlement fait arrêt, par lequel il decerne au Duc le commandement des armes & de la police. Il ne fe referve que la fonction de juger les procez. Aprez que cet arrêt fut rendu, les députez de la Province, puis ceux du Parlement, vont prier le Duc de vouloir prendre le gouvernement qui luy eft offert par tous les Ordres. Le Duc répond qu'on le luy offroit de fi bonne grace, qu'il n'étoit pas en fon pouvoir de le refufer. Qu'il le prendroit donc pour l'aparence, mais qu'il pretendoit qu'il demeurât toûjours en leurs mains. Le lendemain il entre dans le Parlement. Il y va dans l'apareil le plus fuperbe du monde. Quatre Gentils-hommes marchent devant luy avec des baffins pleins de ducatons. Ils jettent ces ducatons au peuple. La Nobleffe de la Province & l'étrangere, vient immediatement aprez luy. Sa garde le fuit pour la parade. Il entre dans la Grand'Chambre, où toutes les Chambres étoient affemblées. Il y fait un compliment fort obligeant. Aprez quoy la Grand'Chambre alla tenir l'audiance. Elle fe tint en robes rouges, le Duc y affifta. Il s'affit en la place du Gouverneur, quoyque le Confeiller du Caftelar qui prefidoit le preffât fort de prendre le fiege du Roy, qu'il luy fit pour cela de grandes inftances. Quand il fut placé, l'audiance s'ouvrit. Le Confeiller du Caftelar prononça cet arrêt : La Cour a ordonné que fon Alteffe aura tout pouvoir, autorité & commandement fur les armes, état & police de cette Province, pour icelle conferver en l'union de la Religion Catholique, Apoftolique & Romaine, fous l'Etat & Couronne de France. Enfuite on fit apeller une caufe particuliere. La caufe plaidée & finie, la Cour rompit, & le Duc fe retira dans le même ordre qu'il étoit venu. Il fe retira fi content de cette journée, qu'il croyoit déja avoir tout gagné. Il s'imaginoit que la Provence luy étoit déja toute affûrée. Il fe met fi fort cela dans la tête, qu'il tranche déja du Souverain du Païs. Il propofe d'établir une fabrique de monoye au Martigues. Mais le Parlement luy declare, qu'il ne peut confentir qu'on porte ce coup à l'autorité du Roy. Le Duc diffimula ce rebut. Il ne laiffe pas de regaler l'un & l'autre fexe. Il paffe quelques jours dans ces divertiffemens. Il y ajoûte celuy des carroufels, & des courfes de bagues. La Comteffe fe trouve par tout. Le Duc luy rend mille honneurs. Il luy fait toutes fortes de deferences. L'Avocat Rabaffe qui étoit dans leur interêt commun, les lie encore plus étroitement. Il les prie de vouloir tenir fon fils fur les Fonts. Il cimente leur amitié, par cette alliance fpirituelle. Le Duc pour témoigner combien il confideroit l'alliance, &

combien il estimoit l'amitié, prend parmi ses Conseillers, trois des meilleurs amis de la Comtesse, Guiran, Rabasse, & Fabregues. Il les crée même tous trois Capitaines de Justice, pour leur donner la même part dans les armes, qu'il leur avoit donné dans ses conseils.

X.
Marseille & Arles députent vers le Duc. Le Duc fait dessein de s'assûrer d'Arles. Il commence par assieger Salon. Il le prend. Il passe neanmoins au-delà de la Durance. Le Marquis d'Oraisō craint le dégât de ses terres. Cela lui fait faire quelque propositiō d'accommodement. Le Duc assiege & prend Grambois. Cōme il veut assieger Pertuis, le grand froid l'en empêche, il se retire. Le Seig. d'Ampus est tué devant Tarascon. Le Seigneur de Besaudun son frere jette du secours dans le château de Meoillon.

L'éclatante reception qu'Aix fit au Duc, donna l'exemple aux autres villes de ce qu'elles devoient faire. Aussi-tôt Marseille & Arles lui députent, quoique le parti du Duc de Mayene y fût le plus fort. Le Duc reçoit les députez, & leurs soûmissions avec une joye extraordinaire. Mais pour montrer que tous ces honneurs n'étoient pas plus dûs à sa qualité qu'à sa personne, il médite de faire quelque action d'éclat, avant que l'hyver qui aprochoit l'en empêche. Pour cela, comme il faisoit dessein de s'assûrer d'Arles, il croit qu'il faut commencer par avoir Salon. Ce dessein n'est pas plûtôt formé qu'il est resolu. Or, prepare toutes choses pour ce siege. Avant que de partir, le Duc veut témoigner à la Noblesse de la Province, qu'il desire de mettre toute sa confiance en sa valeur & en sa fidelité, luy distribuë les grandes charges. Il donne au Baron d'Oise le commandement au-delà de la Durance. Au Seigneur de Vauclause, celuy du quartier de Draguignan. Il fait le Seigneur de Besaudun Maréchal de Camp; le Seigneur de Merargues, Grand Maître de l'Artillerie; le Seigneur d'Ampus, Colonel de l'Infanterie Provençale. Enfin il tâche de les acquerir tous le plus obligemment qu'il peut. Aprez cela, comme le bruit courut qu'il alloit monter à cheval, Sale Gascon Gouverneur de Rognes, luy vient offrir la place; le Duc l'accepte, & fait grande parade de cette remission. Il dit qu'elle est de bon augure pour son entreprise. Aussi-tôt il part avec toute la Noblesse & les troupes. Il va mettre le siege devant Salon. Ce siege ne l'occupa pas trop long-tems: car le faux-bourg fut emporté le troisiéme jour, d'abord la ville & le château se rendirent. On attribua la cause d'une redition si prompte, à un accident qui survint tout à coup. Un pan de muraille s'abatit, sans qu'il eût été touché de personne. Cette avanture fait un grand bruit dans la Province. Les Prédicateurs ne manquerent pas d'en faire une belle matiere pour exalter le Duc au dernier point. Ils l'apellent le nouveau Josué, l'invincible Protecteur du Peuple Fidele. Ils disent qu'il est bien plus heureux que l'autre, puis qu'il avoit abatu par son seul aproche, les murs de cette Jéricho. Dés que cette ville fut au Duc, il en fit sçavoir par tout la nouvelle. Il envoya un courrier au Parlement. Sa lettre marquoit le détail de ce qui s'étoit passé. Il y donnoit raison de sa conduite. Il disoit que s'il n'avoit pas pris la place par force, c'étoit pour ne point perdre de tems. Qu'il desiroit sur tout de ne l'employer, que pour le bien & pour l'avantage de la Province, & pour leur service particulier. Assûrement cela fait assez voir qu'il n'oublioit rien pour se maintenir dans les bonnes graces de cette Compagnie. Il se presenta peu de jours aprez une autre occasion, où cela se remarqua mieux encore. La redition de Salon fut suivie de celle de Miramas, de Merveilles, de Saint Chamas. Cette prosperité donne envie au Duc de passer au-delà de la Durance. Le Seigneur de la Valete s'allarme de cette resolution. Il fait retirer sa femme de Manosque, & le Parlement qui tenoit pour luy. Il les fait aller à Cisteron. Le Marquis

d'Oraison

d'Oraison voyant cette peur, craint qu'on ne ravage ses terres. Cela l'oblige de faire quelques propositions d'accommodement au Duc. Il est à croire que la proposition ne se fit pas sans le consentement du Seigneur de la Valete. Quoyqu'il en soit, la chose n'est pas rebutée. Le Duc répond qu'il desire d'avoir sur cela l'avis du Parlement, des Procureurs du Païs, & de la Noblesse. Aussi-tôt il en écrit au Parlement. Cette lettre étoit la plus obligeante du monde. Rien ne peut mieux montrer la deference que ce Prince avoit pour le Parlement: La voici telle qu'il l'écrivit.

A MESSIEURS,
Messieurs de la Cour de Parlement de Provence.

"MESSIEURS, Se presentant une occasion sur un traité que le Marquis d'Oraison m'a fait proposer; sçachant aussi l'honneur que je vous dois, je n'ay voulu faillir vous en donner avis; pour vous suplier que la resolution en puisse être faite avec vous & les Procureurs du Païs, ne m'étant point voulu engager de parole, jusques à ce que tous ensemblement ayons avisé ce qui sera de plus utile, pour le Païs & repos de tous les gens de bien; m'assûrant bien qu'y étant assisté de vos prudences, mes actions seront toûjours plus aprouvées; & pour ma part, outre l'honneur que je vous dois, je vous tiens encore comme mes Peres, me voulant conduire en toutes choses comme vous l'aurez agreable, vous supliant de vouloir députer tel de vous autres Messieurs que vous jugerez pour venir jusques icy; avec Messieurs les Procureurs du Païs, ausquels j'en écris pareillement, pour en prendre tous ensemble vôtre bonne resolution. Cependant je vous prieray me conserver en vos bonnes graces, & faire état de mon service, autant en general qu'en particulier, où je témoigneray toûjours avec beaucoup d'assûrance la puissance que vous avez sur moy: & prierai Dieu, Messieurs, vous donner en santé bonne & heureuse vie. Du Camp d'Allen le douze Decembre 1590. Vôtre plus affectionné à vous faire service Charles Emmanüel."

Aprez la lecture de cette lettre, le Parlement députa le Conseiller Spagnet vers le Duc. La ville d'Aix fit une députation pareille. Le député neanmoins n'avoit point d'autre ordre, que de dissuader au Duc l'accommodement, & de le suplier de faire valoir les arrêts de la Cour, contre les mauvais compatriotes. Quand le Duc entendit parler le député de cette maniere, il connut bien que la Comtesse n'aprouvoit pas l'accommodement. Ce fut en effet elle qui l'empêcha; elle ne vouloit pas que le Marquis d'Oraison remportât tout l'honneur de cette paix. Elle craignit que cela ne fît obstacle aux desseins qu'elle avoit formez, pour l'elevation de sa famille. Quoy qu'il en soit, dés que ce député se fut ouvert, le Duc ne voulut point faire de conference. Aussi-tôt il va vers Grambois. Il met le siege devant cette place. Les habitans ont bien l'audace de le soûtenir. Ils ne se rebutent point par sept canons qui tirent sans cesse. Ils tiennent ferme quatre jours entiers. Ils repoussent les assaillans d'une bréche qui s'est faite. Mais comme ils voient que le Seigneur du lieu les quite, & qu'il va se retirer dans le château, la peur les saisit à l'aproche de la nuit. Ils se sauvent tous du mieux qu'ils peuvent. Le Duc ne trouve en y entrant que de chetives maisons. Il ne laisse pas de mettre garnison dans la place, puis il déloge. Il part pour aller assieger Pertuis, quoique la saison ne fût pas fort propre pour un siege. Car on étoit sur la fin du mois de Decembre, & l'hyver étoit fort rigoureux. Cet obstacle neanmoins ne l'arrête pas. Il arrive, il va lui-même reconnoître la place. Il sçavoit qu'il s'y étoit jetté dedans, tout ce que le parti du Seigneur de la Valete avoit de braves. Cela faisoit que ce siege luy étoit fort à cœur. Il l'auroit commencé ce jour-là même, si le jour ne lui eût manqué. Il avoit resolu de le faire dans la nuit. Mais il tomba une si grande quantité de neige, qu'il n'y eut pas moyen de rien entreprendre, non pas même de tout le jour suivant, que la neige continua. Quand la neige eut tout-à-fait cessé, il se leva un si grand vent ; & ce vent produisit un froid si rude, qu'homme vivant n'avoit jamais vû de tems si cruel. Plusieurs soldats mouroient de froid dans la nuit. Des cavaliers qui étoient en faction, furent trouvez avoir les mains gelées. Le lendemain il manqua dans l'armée plus de douze cens soldats qui s'étoient débandez. Le Duc voyant l'impossibilité qu'il y avoit de commencer le siege, se resout d'abandonner ce dessein. Il quite donc. Il va reposer son canon à la Tour d'Aigues. A cette vûë, ceux qui s'étoient renfermez dans Pertuis, déliberent de le suivre. Ils font une partie pour l'aller attaquer. Ils sortent. Ils vont donner sur le canon : Mais le Duc faisant mine d'aller vers eux, ils craignent de s'engager dans un mauvais pas, ils se retirent. Ils laissent le Duc libre dans sa marche. Le Duc conduit son canon en sûreté, puis il met en quartier d'hyver ses troupes. Le mauvais succez de cette entreprise fut suivi d'un autre encore plus fâcheux. Le Duc avoit une intelligence dans Tarascon. Il esperoit par là d'ôter cette ville au Connétable, qui la tenoit depuis l'invasion du Seigneur de Peraut. Aprez avoir dressé sa partie, il envoye le Seigneur d'Ampus pour faire le coup. Le Seigneur d'Ampus s'y en va d'abord. Quand il fut dans le terroir de Tarascon, il s'arrêta la nuit dans une bastide, où il attendit que ceux de l'intelligence le fissent avertir de s'avancer. Il passe quelques heures dans une grande inquiétude ; sur quoy on vient lui dire que tout étoit découvert ; qu'on avoit arrêté les chefs principaux de l'entreprise. Cette nouvelle l'étonne étrangement. Il en demeure quelque tems tout étourdi. Puis pour ne se pas tenir à un simple avis, il veut s'assûrer mieux de la chose. Il va donc lui-même, il s'aproche. Mais il s'proche à son grand malheur. Car étant à la portée du mousquet, on lui fait une furieuse décharge. Il reçoit un coup au travers du corps. Un autre coup renverse son cheval par terre. Les siens ne le peuvent aller ôter de là. Le grand feu qui se fait, les en empêche. Ceux de la ville sortent, ils le retirent. Il meurt le lendemain entre les bras de ses ennemis. Cette mort fut une grande perte pour le parti Catholique. Car aucun chef ne l'apuya plus que ce Seigneur avoit fait. Il avoit utilement employé son esprit dans les negociations. Il avoit toûjours bien payé de sa personne, dans les occasions les plus perilleuses. Il étoit assûrement aussi illustre par les belles choses qu'il avoit exécutées, qu'il l'étoit par sa grande extraction. Son frere le Seigneur de Besaudun fut plus heureux que lui, dans l'expedition qui lui fut commise. Il y avoit dans la frontiere de Provence, Meoillon place du Dauphiné, qui troubloit les desseins du Seigneur de Lesdiguieres. Pour cela, le Seigneur de Gouvernet la tenoit bloquée. Il y avoit fait neuf forts tout autour. Le Baron de Meoillon Seigneur de ce lieu, n'étoit du tout point en état d'empêcher ce blocus. Il recourut à la protection du Duc. Le Duc fut bien-aise d'avoir cette occasion de l'obliger, à cause que le Baron de Meoillon lui avoit rendu de bons services. Il fut bien-aise aussi de faire comprendre au Seigneur de Lesdiguieres, qu'il le regardoit comme ennemi. La Comtesse de Sault fut bien-aise aussi de n'avoir pas un voisin tel que le Seigneur de Lesdiguieres; car le lieu de Meoillon est fort prez de Sault. Elle s'aida donc fort auprez du Duc à moyenner qu'il rendît ce bon office. Le Duc donne ordre au Seigneur de Besaudun d'aller secourir ce lieu. Besaudun part avec douze cens arquebusiers & cinq cens chevaux. Il s'avance à grandes journées, quelque méchant que fût le chemin. Dés qu'il arrive il prend un des forts. Il jette par là des munitions dans la place, pour plus de quatre mois. Cela fait, il se retire avec la même diligence qu'il étoit allé.

A son retour il trouve que le Duc n'avoit plus moyen de soûtenir sa dépense. Ses coffres étoient tout-à-fait à sec. Ses Etats étoient épuisez jusques à la misere. On n'en pouvoit rien esperer. Comme ce Prince étoit dans cette necessité, ses amis lui conseillerent de convoquer une assemblée, pour pourvoir à la subsistance des troupes. Ils disent que de là l'occasion pourroit bien se prendre de pourvoir à sa subsistance en particulier. Suivant cet avis qu'il se fit donner, il convoque à Aix une assemblée en forme d'Etats. Là il parle fort au long de sa passion pour le bien & pour le repos de la Province: il proteste que ses Estats ne lui estoient point plus chers. Il dit qu'il en a donné des preuves bien visibles; quitant comme il a fait le soin de ses peuples, pour venir assister ses voisins qu'il a toûjours fort considerez. L'assemblée répond à ce témoignage d'amitié, par la protestation qu'on fait au Duc, d'avoir une reconnoissance éternelle de ses bons offices. Aprez les complimens faits de part & d'autre, on vient traiter du sujet principal pour lequel la convocation s'étoit faite. C'étoit de chercher les moyens d'avoir de l'argent. On fit d'abord diverses propositions sur ce sujet. On proposa la vente des biens des Heretiques; la saisie des gages des officiers absens. Celle des revenus des gens d'Eglise du parti contraire. Ces propositions sont tres-bien reçûës. On délibere de les executer. Neanmoins, comme le secours n'étoit pas assez grand pour le besoin, on resout de recourir au Pape, & au Roy d'Espagne. Ensuite on fait diverses députations. On depute l'Evêque de Sisteron, les Conseillers du Castelar & Flote, pour aller assister aux

Le 23. Janv; XI.

Le Duc de Savoye commence à manquer d'argent. Il prend dessein d'aller demander secours au Roi d'Espagne. Les Marseillois aprez l'avoir refusé, souffrét enfin qu'il môte en mer à Marseille. Il essaye de gagner le Capitaine Bausset, Gouverneur du Châteaudif; mais il l'essaye en vain. Il monte en mer avec les Députez de la Province & ceux de Marseille, qui l'accompagnent en Espagne. Le President Janin fait ce voyage avec luy.

Etats generaux qui se doivent tenir à Orleans, & pour solliciter le Duc de Mayene d'envoyer quelque secours dans la Province. On députe l'Archevêque d'Aix & l'Avocat general Laurens à Rome. On députe en Espagne l'Evêque de Riez, le Seigneur de la Fare, & l'Avocat de Fabregues. Tous ces députez sont chargez de bien representer les miseres de cette Province, de faire voir que les longues dépenses, que les grandes foules l'avoient reduite à l'extrémité. Que le peuple gémissoit sous les plus grandes vexations du monde. Qu'il étoit à craindre que tant de calamitez, ne le fissent enfin tomber sous le joug des Huguenots, & que la Province du monde la plus chrétienne, ne fût infectée de l'heresie la plus ennemie de nôtre sainte Foy. Dans le tems qu'on dressoit les instructions des députez, le Duc s'avisa de faire trouver bon qu'il passât luy-même en Espagne, pour autoriser la députation. Il proposa cet expedient pour se retirer avec honneur de la Province, en cas qu'il ne pût rien obtenir, ou pour revenir avec plus d'éclat, s'il aportoit de l'argent d'Espagne. Sa proposition fut fort bien reçûe. On crût que sa presence aideroit fort aux députez. On trouve donc bon qu'il aille faire ce voyage. Mais ce n'étoit pas une petite affaire que de pouvoir monter en mer à Marseille, comme l'honneur de ce Prince sembloit le vouloir. Car il faloit bien que ce fût là qu'il s'embarquât, pour faire croire dans les Païs étrangers qu'il étoit maître de la Province, & que cette opinion lui donnât plus de crédit & d'autorité. Cependant ce n'étoit pas une petite difficulté que d'obtenir cela, que de pouvoir entrer dans Marseille. Cette ville n'étoit pas affectionnée au Duc. On y avoit souvent vû divers placards qui donnoient avis au peuple de se bien garder de la domination du Savoyard. Neanmoins pour lui ouvrir ce chemin, on moyene que Remezan premier Consul aille à Aix; qu'il lui fasse compliment au nom de la ville. On croit que par bienséance Remezan seroit obligé d'offrir au Duc s'y aller embarquer. Mais Remezan étant ami du Comte de Carces, dans le compliment qu'il vint faire, ne dit pas un mot de l'embarquement. Il falut donc prendre d'autres mesures, & chercher un nouvel expedient. Voici celui qui vint au secours: Casaux devoit faire les nôces d'une de ses filles. Il prie la Comtesse d'y vouloir assister. Aussi-tôt la Comtesse se rend à Marseille. Elle y reçoit de fort grands honneurs. Elle ne sort jamais de sa maison, sans que les plus aparens de la ville, & même sans que les Consuls l'accompagnent. Cela luy fait croire que sa propositon sera bien reçûë. Elle propose donc aux Consuls de trouver bon que le Duc aille monter en mer sur leur port. Pour l'obtenir, elle employe toute son adresse. Les Consuls n'ont garde d'aprouver la chose: car dans le tems qu'on leur faisoit cette proposition, ils travailloient à mettre dehors les partisans du Duc, & à rendre la ville neutre & indépendante. C'étoit le Comte de Carces qui leur avoit inspiré cette pensée, & qui n'oublioit rien pour faire échoüer le Duc. Pour faire que cette occasion ne luy échapât, il s'étoit avancé dans le terroir, il étoit venu dans une bastide, où ses amis l'alloient voir, & le consulter tous les jours. Il avoit même pris cette precaution de congédier plusieurs de ses gensdarmes qui étoient de Marseille, & qui s'y en allerent sur le pretexte qu'ils se retiroient dans leurs maisons. Ainsi la Comtesse voyant que sa negociation ne réüssit pas, prend congé de Casaux, & se retire. Mais à peine est-elle sortie de la ville, que le hazard fait ce que ne peut faire la negociation. Car comme les Consuls qui sont amis du Comte de Carces veulent executer ce qu'il leur inspire, ils paroissent tous ensemble en public, accompagnez de leurs amis en assez grand nombre. En cet état, ils parcourent la ville. Ils crient par tout : Vive France, *Foüero Savoyard.* A ce cri le peuple se ramasse. Il acourt pour voir ce que c'est. Il augmente le bruit suivant sa coûtume. Il crie comme les autres : *Foüero Sarvoyard.* On rencontre un nommé Rodigue, homme tout dévoüé pour ce parti. On va contre lui, on lui tire un coup de pistolet qui le jette par terre. Cette voye de fait donne bien à penser à tous ceux du parti de Savoye. Tous se disposent pour s'empêcher d'être surpris. Casaux se tient encore plus sur ses gardes que personne. Il songe à se fortifier en quelque endroit. On lui vient dire que la porte d'Aix est libre. Sans perdre de tems il va s'en emparer. Il se rend maître de cette porte, de la plate-forme, de la tour de l'Horloge, de celle de Sainte Paule. Il s'assûre par là de tout le quartier de Cavaillon. Cela se fait avec tant de celerité, que ses amis tout vigilans & affectionnez qu'ils étoient arrivent à œuvre faite. Ils trouvent qu'ils étoient plus en sûreté là que dans leurs maisons. Aussi y vient-on de toutes parts. Les Capitaines des quartiers qui qui étoient amis de Casaux, lui font couler autant de gens qu'ils peuvent. La troupe grossit extrêmement. Pendant que chacun se fortifie de son côté, la nuit arrive qui semble calmer toutes choses. Cela donne moyen à quelques Religieux, & à quelqu'autres gens d'Eglise, de s'entremettre pour réünir les esprits. Ils font pour ce sujet bien des allées & des venuës. Ils n'oublient rien pour porter les choses à un accommodement. Mais leur intervention n'opere rien. La nuit renforce le parti de Casaux, & ralentit l'ardeur du parti contraire. Le lendemain on ne voit plus le premier Consul, ni ceux de sa suite qui avoient paru les plus échauffez; & l'on voit le quartier de Cavaillon toûjours plus en feu, toûjours plus prêt à descendre pour faire main-basse. Ceux qui virent cet affoiblissement du parti du Comte de Carces, ne manquerent pas de remarquer que cela ne venoit que d'avoir souffert que Casaux s'emparât de la porte d'Aix, & de l'aprehension qu'on avoit, qu'il n'introduisît dans la ville le Duc avec son armée. Mais Casaux n'alla pas si avant. Il s'assûra seulement de la ville, en se rendant maître des corps-de-garde & des canons. Il fait la chose lui-même en personne, sans que rien ose lui resister. Il retient les Consuls qui sont demeurez, afin qu'on ne puisse lui imputer d'avoir agi sans autorité legitime. Estant ainsi devenu maître de la ville, il assemble deux jours aprez un conseil general. Là il fait voir l'interet qu'on avoit de

favoriser le Duc de Savoye, qui venoit sacrifier ses biens & sa vie pour mettre cette Province en sûreté. Il dit que ce Prince agissant d'aussi bonne foy qu'il faisoit, devoit bien pour le moins être reçû par tout avec honneur, avec joye. Cela dit, il fait resoudre qu'on députera vers lui pour le suplier de se venir embarquer à Marseille, pour l'assûrer qu'on lui rendra tous les honneurs possibles quand il y viendra. Il fait même déliberer, que l'on preparera toutes choses pour son entrée, qu'on n'épargnera ni peintures, ni inscriptions, ni arcs triomphaux. Quand on eut resolu tout ce qu'il vouloit pour ce chef, il fit resoudre qu'on feroit le procez à Remezan & à ses complices. Il fit lui-même divers prisonniers aprez que le conseil fut fini. Cette violence fait peur a bien du monde. Il y en eut qui aimerent mieux passer en Italie, & en Espagne, que de subir le joug de ce tyran. On peut dire en effet, que ce fut dés ce tems-là que Casaux commença d'exercer la tyrannie, qui enfin lui coûta la vie. Cependant la Comtesse ayant reçû avis de ce qui se passe à Marseille, y va d'abord pour accelerer l'entrée du Duc, & pour faire qu'elle soit la plus magnifique qu'on eût encore vûë. Dés qu'elle arrive elle tient si-bien la main à toutes choses, que tout fut prêt dans fort peu de jours. Aussi-tôt le Duc se met en chemin. Il va faire son entrée à cette ville, qui ne ceda point en magnificence à celle d'Aix. Là ce Prince qui sçavoit si-bien engager les cœurs, n'oublia rien de ses manieres ordinaires. L'accueil gratieux & favorable y fut mis en usage; les presens, les liberalitez s'y font sans mesure, quoique le Duc ne fût pas alors trop accommodé d'argent. Aussi jamais on ne vit à Marseille de changement plus subit & plus inopiné. Le Duc devient si-bien maître de tous les esprits, qu'il fait nommer des députez pour aller avec lui en Espagne. Tout cela se fait dans quatre jours de sejour. La facilité qu'il trouve à avoir Marseille, lui donne quelque esperance pour le Châteaudif: c'est une Isle dans le voisinage qui servoit merveilleusement à son dessein. Cette place étoit gardée par Nicolas Bausset, qui en étoit Gouverneur. Bausset étoit un homme de cœur & de tête; un homme d'ailleurs fort resolu à conserver la place à l'Etat. Il avoit avec lui le Président Chaîne son beau-pere, qui laissoit passer les orages de la Province, & attendoit que le calme y revinst pour se retirer dans sa maison. Le Duc voyant que cette place l'accommoderoit fort, envoye un Gentil-homme à Bausset: il lui fait proposer de prendre accommo-
" dement. Le Gentil-homme dit à Bausset: Que s'il veut recevoir garni-
" son de la main du Duc, pour conserver la place au Roy de Religion
" Catholique que les Estats generaux éliront, le Duc s'obligera de lui
" conserver tous ses biens, de lui faire payer le courant de ses apointe-
" mens, & les arrerages; & de lui faire de son chef une si grande libe-
" ralité, qu'il aura tout sujet de s'en loüer. Cette proposition qui auroit
" pû faire trébucher tout autre homme, ne touche pas Bausset. Il répond,
" qu'il n'ignoroit pas que son Altesse lui pouvoit faire de grands biens.
" Qu'il la suplioit neanmoins d'agréer qu'il osât lui dire, qu'il n'avoit
" ni assez de biens, ni assez de promesses pour ébranler sa fidelité,

Peu de jours aprez cette réponse, Bausset fut confirmé dans ce sentiment par le President Janin qui arriva tout exprez pour cela. Ce President alloit en Espagne de la part du Duc de Mayene. Il fut à Génes, où il prit une galere de la Republique pour ce voyage ; il prétendoit de là faire canal. Mais ayant apris que le Duc de Savoye étoit à Marseille, & qu'il y étoit le maître, il interrompit sa route pour venir en cette ville. Le Duc surpris de cette arrivée, fait neanmoins tres-bon accueil au President. Il prend soin qu'on le loge dans une des plus belles maisons de la ville, il le défraye, il le fait servir par ses Officiers. Le President répond à ces honnêtetez par toutes sortes de deferences. Mais il ne laisse pas d'aller à son but. Il s'abouche avec ceux qu'il aprend avoir plus de credit dans la ville. Il les exhorte de conserver l'affection qu'ils avoient pour la France, & à tenir ferme pour l'Estat Royal. Il leur represente " l'obligation qu'on avoit de ne se pas détacher du Duc de Mayene. Que " ce Prince travaillant comme il faisoit pour le bien commun avec une " aplication infatigable, devoit bien pour le moins être secondé des " bons François. Il leur represente que par ses soins, on étoit sur le point " de voir finir les miseres de la France. Que quand ces miseres seront " finies, il n'y aura plus de malheurs que pour ceux qui auront subi le " joug étranger. Aprez avoir parlé de cette maniere à ceux de la ville, il " fait dire la même chose à Bausset ; il louë sa fermeté, son courage. Il promet de faire valoir le tout en son tems. Il le prie de vouloir être toûjours le même. Le Duc aprenant ces negociations & ces conferences, aprehende qu'elles ne tournent Marseille contre lui. Cette aprehension l'oblige de partir sans differer davantage. Il ne veut pas même attendre que le tems se mette en beau. Il monte en mer avec les députez de la Province, & ceux de Marseille. Il avoit fait venir pour ce voyage une de ses galeres qui étoient au port de Villefranche. Le President Janin prend l'occasion d'aller avec lui. Les deux galeres partent de conserve. Elles vont attendre le beau tems à la Tour-de-Bouc. Elles sont là plus d'un mois dans cette attente. Comme le vent favorable se leve, on part, on fait son chemin sans s'arrêter. Dans ce même-tems, l'Avocat general Laurens part pour aller à Rome.

Le Duc avant que de partir, avoit pris quelques precautions pour avoir Berre. Deux choses lui faisoient desirer cette place. Sa situation avantageuse, qui par l'étang qu'elle domine, lui ouvre la porte de la mer : Ses salins qui sont en assez grande quantité pour donner un revenu considerable. Il ne pouvoit toutefois engager son armée dans ce siege, à cause qu'il en avoit besoin ailleurs. Cette consideration qui l'empêche d'esperer de la pouvoir prendre si-tôt, lui fait chercher les moyens de l'avoir du moins dans la suite. Il fait dresser trois forts tout au tour. Il met dans chaque fort six couleuvrines, & bonne garnison pour les garder. Ainsi Berre demeure bloquée. Mais autant que le Duc témoigne d'envie de l'avoir, autant le Seigneur de la Valete prenoit de précautions pour en demeurer maître. Il tenoit dans cette place un Gentil-homme Bearnois, apellé Mesplez, qui faisoit assurément toutes choses pour la conserver. Neanmoins, comme Mesplez com-

XII.
Le Seigneur de la Valete apelle le Seig. de Lesdiguieres à son secours. Tous deux ils batent les troupes du Duc de Savoye. Ils prennent deux des chefs. Le Duc de Savoye revient d'Espagne. Le Grand Duc envoye du secours à Bausset.

mençoit à manquer de vivres, il fit connoître qu'il ne pouvoit pas subsister long-tems. Sur cette nouvelle le Seigneur de la Valete apelle le Seigneur de Lesdiguieres à son secours. Lesdiguieres à son entrée dans la Province assiege le château de Beines. Mais voyant que cette place étoit mal-aisée à prendre, il la quite pour un autre dessein. Il tourne avec le Seigneur de la Valete sa marche vers Digne. Ils esperent de prendre cette ville facilement, ou qu'en tout cas elle ne sera plus en état de pouvoir soûtenir un long siege. Sur la nouvelle qu'en reçoit le Comte Martinengue, il s'avance pour prevenir ce dessein, pour jetter des troupes dans la ville. Il s'avance à si grandes journées, qu'il arrive à Aulps tout de nuit. Là il aprend que les ennemis avoient changé de route, qu'ils alloient assieger Vinon. Cette nouvelle le surprend bien plus, que celle du dessein qu'on avoit fait sur Digne. Car Vinon étoit une place tres-importante, & tres-necessaire à conserver. Comme elle étoit située sur la riviere du Verdon, sa prise auroit plus interrompu le commerce de la basse Provence, que celle de Digne, qui ne pouvoit incommoder que le haut Païs. Cela fait que le Comte Martinengue rebrousse chemin : mais quelque diligence qu'il puisse faire, le château de Vinon est pris avant qu'il puisse arriver. Il aprend qu'on alloit aprez cela à Ginaservis. Cet avis fait qu'il détache quelque infanterie, qui va se jetter dans ce château. Pour lui il se met en marche avec le reste de ses troupes pour aller couper chemin à l'ennemi. A peine a-t-il commencé sa marche, qu'on lui vient dire que l'ennemi ne bougeoit de Vinon. Cela lui donne moyen de faire reposer ses troupes, qui étoient fort fatiguées. Il en envoye une partie à Rians ; l'autre à Saint Martin, & à Sparron, villages assez proches. Comme on vient dire au Seigneur de la Valete, que les troupes de Martinengue sont dispersées, il part aussi-tôt avec toutes les siennes. Il va se poster dans la plaine qui est entre Rians & Saint Martin. De-là il détache quelques compagnies pour aller attaquer le lieu de Sparron. Les soldats qu'on avoit logez dans Saint Martin s'aperçoivent de cette marche. Aussi-tôt ils vont par une route détournée joindre leurs camarades à Sparron. Ils les trouvent qui se mettoient en état de se bien défendre, qui se barricadoient, afin de n'être pas forcez. Le Comte Martinengue étoit à Rians, où il ne pensoit qu'à se reposer. On lui vient dire ce qui se passe. A cette nouvelle il reconnoît bien qu'il a fait une grande faute de separer ses troupes. Mais il n'étoit plus tems de faire cette reflexion. Il part pour aller au secours des siens. A mesure qu'il aproche de Sparron, la cavalerie qui étoit dedans, sort pour le venir joindre. En même-tems le Seigneur de Lesdiguieres s'avance. Il va leur couper chemin, & leur donner dessus. La décharge se fait si à propos, que les attaquez prennent la fuite. Les chefs n'ont pas le pouvoir de les arrêter. On n'écoute ni prieres ni menaces. Ils se travaillent inutilement. Comme la cavalerie a lâché le pied, on va contre l'infanterie, qui estoit restée dans le village. On l'attaque. Elle se défend durant deux jours entiers. Mais enfin elle est contrainte de se rendre vie sauve. On ne laisse pas d'arrêter deux des chefs principaux, Saint Roman & Alexandre Vitelli. Cette

victoire

victoire fit un si grand bruit dans la Province, que les Ligueurs en demeurerent tous étourdis. Les particuliers, les villes entieres s'en ébranlent. Tout est dans une grande consternation. La Comtesse seule dans cette extrémité, conserve tout son cœur & tout son jugement. Elle fait paroître une presence d'esprit admirable. Elle donne ordre dans un même-tems à toutes choses. Elle moyene que le Parlement expedie plusieurs commissions pour lever des troupes, & que Marseille fournisse quelque argent pour payer celles qui restoient. Elle fait envoyer du secours aux villes qui avoient pris l'allarme. Par là, tout le monde reprend si-bien courage, que le parti se rafermit dans peu de jours. Dans le tems que cela se passoit, les Seigneurs de la Valete & de Lesdiguieres, se rafraîchissent à Brignole & à Saint Maximin. Quand ils s'y furent reposez quelque tems, ils prirent dessein d'aller jetter des vivres dans Berre. Ils le firent assez heureusement. Aprez quoy, craignant de n'avoir pas eux-mêmes dequoy subsister où ils étoient, ils vont promtement passer la Durance à Noves. Ils gagnent le quartier de Cisteron. De-là le Seigneur de Lesdiguieres se retire dans sa Province. Comme les chefs du parti Ligueur eurent nouvelles de cette retraite, ils resolurent de serrer Berre de plus prez. Aussi-tôt qu'on en a pris la resolution, on va construire un nouveau fort à la portée de la couleuvrine. On fait le dégât du terroir dans les lieux voisins. On tâche d'ôter aux enfermez, tous les moyens d'avoir de la subsistance. Tout cela se faisoit à la suscitation de la Comtesse, qui assurément étoit l'ame du parti; qui n'épargnoit pour le soûtenir, ni ses soins ni sa bourse. En effet, comme il y avoit long-tems que ses troupes n'avoient point eu de paye, elle fournit douze mille écus pour les tenir en état, faisant toûjours esperer qu'au retour du Duc l'argent verseroit de tous côtez dans la Province. Cependant le Duc ne donnoit point encore de nouvelles de sa venuë, dequoy l'on s'impatientoit extrêmement. On sçavoit seulement qu'il avoit été fort bien reçû du Roy d'Espagne. Que son entrée dans Marseille lui avoit donné beaucoup de reputation dans ce Païs-là. Qu'on avoit même relevé sa gloire par-dessus celle de Charles-Quint. Qu'on avoit dit de luy, qu'il avoit plus fait par son esprit, que l'autre par la force de ses armes. Toutefois ceux qui sçavoient les bonnes nouvelles, disoient que le Roy d'Espagne en particulier avoit fort improuvé le voyage de Provence. Qu'il avoit fait connoître au Duc qu'il s'y étoit engagé trop legerement. Qu'il y étoit allé, sans avoir ni places ni ports de mer; sans s'apuyer sur autre chose, que sur l'affection d'un peuple leger & volage. Il lui remontra que s'il vouloit reprendre le dessein qu'il avoit déja commencé, il faloit bâtir sur de meilleurs fondemens que sur des paroles. Qu'il faloit prendre de plus grandes sûretez qu'il n'avoit fait. Aprez qu'il lui eut ainsi parlé, les députez furent introduits à l'audiance. Le Roy leur répondit favorablement. Il leur donna de tres-bonnes esperances. Puis pour ajoûter l'effet aux paroles, il fait conter cinquante mille écus au Duc. Il promet de lui en fournir tous les mois soixante mille. Il lui donne en outre, mille hommes & quinze galeres pour le remener. Avec ces

promesses & ce secours, le Duc s'en revient plein de gloire. Dés que ces galeres commencerent à paroître à Marseille, les Consuls lui vont au devant. Ils sont étonnez à leur aproche, de voir le grand apareil avec lequel ce Prince vient. Ils témoignent quelque aprehension, que le peuple ne prenne ombrage de tant de galeres. Ils le suplient de vouloir entrer dans le port seulement avec celle qu'il montoit. Le Duc aprouve cette priere. Il dit aux Consuls qu'il veut les contenter en tout. Cependant il ne tient pas sa parole. Car comme à son aproche tous les canons tirent, sa galere entre dans le port. Toutes les autres la suivent à la file, à la faveur de la fumée qui empêche qu'on les puisse voir. Aprez que la fumée fut passée, les Marseillois voient avec étonnement tant de galeres. Ils témoignent d'en être offensez. Il y en eut même quelques-uns, qui tirerent du corps-de-garde de Saint Jean sur la galere du Duc, où deux soldats furent tuez en sa presence. Le Duc comprit assez par ces mousquetades, que les Marseillois étoient piquez de son procedé. Cela l'obligea de dire aux
,, Consuls : Qu'il les prioit de ne pas trouver mauvais, que toutes ces
,, galeres fussent entrées. Qu'il avoit été contraint de le faire ainsi;
,, parce que comme toutes ces galeres étoient de Génes, les Génois qui
,, ne lui étoient pas affectionnez, n'auroient pas manqué de publier, s'il
,, avoit fait autrement, qu'il n'avoit point d'autorité dans Marseille; qu'il
,, y étoit au contraire sous le joug des Consuls. Que son honneur l'avoit
,, obligé de montrer à ces étrangers, qu'il étoit assez autorisé dans cette
,, ville. Que bien-loin que le peuple y eût nul ombrage, il lui deferoit
,, tout agreablement. Qu'au reste, pour leur faire voir comment il vou-
,, loit vivre avec eux, ces galeres se retireroient le lendemain avec les
,, troupes qu'elles avoient portées. En effet, le lendemain les galeres se
,, retirerent. Elles allerent débarquer les troupes à la Ciotat. Ce procedé
rassûra si-fort les Marseillois, que le Duc eut deformais chez eux toute creance. Car ce peuple quoy-qu'il paroisse rude, se laisse neanmoins fort toucher à la sincerité. Dans le tems que les galeres de Génes se retiroient, il arrive au Châteaudif quatre galeres de Florence. Ces galeres portoient des munitions de bouche & de guerre. Elles portoient aussi des soldats pour renforcer la garnison. Le Grand Duc envoyoit tout cela pour croiser le dessein du Duc de Savoye. On a dit que le Capitaine Bausset avoit demandé ce secours au Grand Duc, & qu'il lui fut accordé par la médiation de la Grande Duchesse femme de ce Prince, qui fut bien-aise de conserver cette place au Duc de Mayene, pour qui Bausset declara la vouloir tenir. On a dit aussi que Bausset ne prit ce secours, qu'aprez que le Grand Duc eut declaré par écrit, qu'il n'avoit nulle prétention sur le Châteaudif; qu'il n'avoit seulement envoyé ce secours à Bausset, qu'afin qu'il pût conserver cette place à la France. Quoi-qu'il en soit, le Duc de Savoye irrité de ce que Bausset vient de faire, moyenne que la Justice l'ajourne pour venir rendre compte de cette action. Bausset refuse d'obéir. A ce refus, le Duc s'irrite encore davantage. Il fait qu'on declare Bausset rebelle. Il fait défendre sur peine de la vie, de lui rien porter dans le Châteaudif.

Cela fait le Duc se prepare pour aller à Aix. Avant neanmoins que de partir, il fait distribuer quelque argent aux seditieux pour les avoir toûjours favorables. La distribution se fait dans des gobelets de diverses sortes. Il y en avoit de vingt-cinq ducatons. Il y en avoit de quarante. Il y en avoit quelques-uns de cent. Ces presens ne se firent pas sans estre accompagnez de grandes promesses. La douceur de ces presens, & l'esperance de ces promesses, font qu'on reçoit le Duc à Aix avec de grands témoignages de joye, qu'on luy rend plus d'honneurs qu'on n'avoit encore fait. Mais il s'en faloit bien qu'on le trouvât si doux & si civil que dans le premier voyage. On le voit au contraire tout changé d'humeur. Il estoit grave, serieux, d'accez difficile. Il n'y avoit pas moyen de luy parler. Il s'emportoit pour les moindres choses. Avec la Comtesse même il faisoit le froid & le retenu. Ce changement que chacun remarqua, fut attribué par le gros du monde à l'humeur d'Espagne qu'il venoit de prendre. Mais les habiles gens jugerent que c'estoit toute autre chose, & que ce Prince se croyoit déja Souverain du Païs. Dans cette fierté dont il fait parade, à peine se donne-t-il la patience de recevoir les complimens des Corps. Il assemble le conseil de guerre. Il fait délibérer sur le chemin qu'il avoit à tenir. Tous opinent qu'il faut aller contre Berre. Cette place estoit toûjours bloquée. Les forts empêchoient toûjours qu'il n'y entrât rien. Cependant elle ne faisoit point mine de se rendre. Le Seigneur de la Valete estoit toûjours aux aguets pour la secourir. Sur la resolution qui fut prise de faire ce siege, le Duc veut aller reconnoître la place. Il visite tous les environs. Il remarque les endroits forts & les foibles. Il raisonne de tout avec les chefs. Il revient à Aix, il fait faire montre à son armée. Ensuite il la mene devant Berre. Il commence le siege projetté. A peine les travaux sont achevez, qu'on vient dire au Duc que le Seigneur de la Valete aproche. Il venoit en effet pour jetter du secours dans la place. Il avoit avec luy quinze cens hommes, tous gens d'élite, sept cens chevaux, & huit cens arquebusiers. La nuit l'ayant surpris à une lieuë du Camp, il s'arrêta dans un quartier nommé Vautubiere. De-là il fait quelque signal aux assiegez. A ce signal Mesplez qui attendoit impatiemment le secours, fait mettre pour le favoriser une couleuvrine à la porte de la place. Le lendemain le Seigneur de la Valete s'avance. Il s'aproche à deux mille prez du Camp. Il se poste dans la plaine du côté de la Fare. Il cherche de prendre son tems pour faire couler le secours. Mais toutes les avenuës estoient si-bien fermées, qu'il luy fut impossible de rien avancer. Comme il voit qu'il ne peut rien faire ouvertement, il s'avise de joüer d'adresse. Il fait demander la bataille, s'imaginant que le Duc quiteroit les rétranchemens, & que cela luy donneroit moyen de jetter du monde dans la place. Il s'en falut peu que sa conjoncture ne fût veritable. Car le Duc brave & genereux qu'il estoit l'alloit prendre au mot, quand son conseil luy representa qu'il s'en alloit faire une grande faute. Il luy dit que s'il quitoit la place sans la prendre, il perdroit asseurément la place, & peut-estre la bataille aussi. Que si au contraire il alloit à son but, il prendroit asseurément la place ; & qu'aprez

XIII. Le Duc de Savoye vient à Aix. Il fait resoudre d'aller assieger Berre. Il va faire ce siege. Il prend cette place : mais il n'en donna pas le gouvernement au Seigneur de Besaudun côme il avoit promis. Cela fait murmurer la Comtesse. Elle entre en quelque froideur avec le Duc. Le Seigneur de la Valete préd Graveson. Le Duc de Savoye veut luy donner bataille. Il en est empêché par divers avis qu'il reçoit. Le Seigneur de Lesdiguieres entre en Provence.

„ cela fes ennemis voyant fa fortune, fe garderoient bien de l'attaquer.
„ Cette remontrance obligea le Duc de répondre, qu'il ne pouvoit quitter
„ le fiege entrepris. Qu'il fatisferoit le Seigneur de la Valete dés qu'il
„ auroit pris la place. Qu'il efperoit que ce feroit dans peu de jours. Sur
„ cette réponfe, l'envoyé s'en retourne. Mais le Seigneur de la Valete n'a
garde d'attendre. Il voit bien qu'il ne s'eftoit que trop avancé. Qu'il
ne pouvoit s'arrêter fans un grand danger en vûë d'une armée au triple
plus forte que les troupes qu'il avoit menées. Il part fous pretexte qu'il
alloit attendre cinq cens maîtres que le Conétable luy devoit envoyer.
Cependant il envoye dire à Mefplez, qu'il le prie de tenir encore
quinze jours. Qu'il lui promettoit que dans ce tems il recevroit un fecours confiderable. Que s'il ne tenoit pas fa promeffe, il luy permettoit
aprez cela de prendre compofition. Comme Mefplez reçoit cet avis, le
chagrin le prend. Il s'inquiete qu'il faille encore attendre. Car il étoit
reduit au pain de graine de lin. Il eft affez aifé de juger par-là qu'il
manquoit déja de toutes chofes. Il ne laiffoit pas neanmoins de tenir
bonne mine pour avoir une bonne capitulation. Ainfi fe trouvant à la
faim, il n'attend pas que les quinze jours expirent. Il commence à
parlementer. Dés-lors il communique avec le Comte Martinengue.
Mais il fe tenoit à des conditions fi hautes, qu'on rompit d'abord fans le
vouloir plus écouter. On luy dit qu'il faudra bien qu'il fe radouciffe. Que
fa fierté ne fçauroit aller plus gueres loin. Qu'alors on luy fera bien
connoître qu'il n'a pas fçû prendre l'oecafion de fortir avec honneur.
Mefplez n'eft point touché de ces menaces. Il ne démord point des demandes qu'il a faites la premiere fois. Il y perfifte bien encore mieux,
quand il reçoit avis que les troupes du Languedoc & du Dauphiné fe
font jointes à celles de Provence ; qu'elles viennent faire lever le fiege
au premier jour. Cet avis eft fuivi d'un autre. Il aprend que le Seigneur
de la Valete eft en marche pour aller attaquer la Tour d'Aigues. Tout
cela redouble fon courage. D'un côté il attend du fecours. De l'autre,
il efpere que la confideration de la Comteffe de Sault à qui la Tour
d'Aigues apartenoit, obligera de faire diverfion d'armes pour fauver fa
terre. Mais il fe trompa dans fa conjoncture. Car le fiege continua
toûjours, & la Tour d'Aigues fut abandonnée au pillage. Ainfi on
peut dire que les longueurs du fiege rendoient inquiets les uns & les
autres. Les affiegez craignoient la famine. Les affiegeans aprehendoient
pour l'évenement. Cela faifoit qu'on eût efté bien en peine de dire qui
fouhaitoit plus paffionnement d'en eftre dehors. Cependant comme la
chofe regardoit principalement le Duc, il eft certain qu'il en eftoit
plus en fouci que perfonne autre. Auffi voyoit-on qu'il prenoit tous les
foins du fiege, qu'il cherchoit tous les moyens de le faire finir. Un
jour qu'il y penfoit plus profondement, il luy vint dans l'efprit de faire
le tour des murailles de la place. Dans ce tour il remarque un endroit
où la muraille paroiffoit plus foible. Auffi-tôt il fait mener le canon
de ce côté-là. Il y fait dreffer une baterie qui tire plus de mille coups
dans deux jours. Enfin il fe fait une bréche raifonnable. A cette vûë
Mefplez s'étonne : il voit bien qu'il ne fçauroit plus tenir. Il n'a pas

même des soldats pour mettre à la bréche. Il n'attend donc pas qu'on Le 20. Aoust. aille à l'assaut. Il demande à parlementer. Il fait une capitulation honorable. Voici ce qui luy est accordé : Qu'on sortira vies & bagues " sauves, tambour battant, enseignes déployées, balle en bouche, & " méche allumée des deux bouts. Que les soldats seront conduits à Per- " tuis par Saint Roman, & par Alexandre Vitelli. Que les habitans qui " voudront sortir auront passeport pour eux, pour leurs familles, & pour " leurs meubles. Que ceux qui voudront rester dans la place y seront en " toute sûreté. Dés qu'on eut signé cette capitulation, Mesplez sort. Le " Duc luy fait mille caresses. Il loue sa valeur, sa conduite. Il dit qu'il s'estimeroit trop heureux s'il avoit douze hommes de sa force. Mesplez meritoit assûrement ces éloges. Car on remarqua que quand il sortit de la place, il n'avoit plus que soixante soldats. Cela marque assez qu'il ne se rendit qu'aprez qu'il n'eut plus ni force ni vivres, & que l'esperance même du secours luy eût manqué. Il ne sortit avec luy qu'une soixantaine d'habitans. Les autres furent retenus par l'attache de leurs biens, & par les assûrances qu'on leur donna, qu'ils ne recevroient que toutes sortes de bons traitemens. Ce siege dura un mois tout entier. Le Duc y acquit bien de la gloire. Car quoiqu'il ne s'y passât rien d'extraordinaire, neanmoins l'aplication qu'il fit paroître jusqu'aux moindres choses, les soins qu'il prit d'ordonner tout, d'estre present à tout, augmenterent fort sa reputation. Aprez que tous ceux qui devoient sortir de la place eurent vuidé, le Duc fit entrer des compagnies Piemontoises, sous le commandement d'un Capitaine nommé Just. Il fit bien entrer aussi quelques troupes Provençales ; mais ce ne fut qu'en fort petit nombre, & pour empêcher les Provençaux de murmurer. Cela fit assez comprendre d'bord, qu'il ne pensoit point à observer la promesse qu'il avoit faite de donner ce gouvernement au Seigneur de Besaudun. Ce procedé choqua fort la Comtesse. Elle ne s'en explique neanmoins pas ouvertement. Seulement elle fait agir les Procureurs du Païs auprez de ce Prince. Elle fait intervenir aussi Fabregues & Guiran. Ceux-cy luy representent avec leur maniere assez libre, que cela pourroit aporter quelque alteration dans les esprits, & sur tout rebuter la Noblesse. Qu'aprez tout, quand on verroit qu'il manque de parole, le public s'en pourroit offenser. Que ses ennemis même ne manqueroient pas de publier que son procedé faisoit assez voir qu'il n'avoit d'autre but que d'envahir la Province. Les Procureurs du Païs luy disent presque la même chose. Ils le disent neanmoins en des termes un peu plus adoucis. Mais ni la franchise ni la moderation ne peuvent changer la chose faite. Seulement le Duc dit qu'il ne veut point toucher à cette affaire sans en avoir conferé avec le Parlement, la Comtesse, & les Procureurs du Païs. Qu'assûrement il ne se fera rien qu'au commun contentement de tout le monde. La Comtesse voyant que le Duc prenoit ce faux fuyant, s'avise de mettre en jeu Casaux, qui s'étoit fait premier Consul de Marseille. Casaux écrit au Duc que les Marseillois s'étoient étonnez de voir " qu'il eût mis dans Berre un autre homme que de la Province : que cela " les avoit fait murmurer sourdement. Que depuis ils s'étoient expliquez "

,, ouvertement. Qu'ils avoient dit que le Duc travailloit pour lui. Qu'il
,, ne penfoit qu'à fe rendre maître de la Province. Que même on lui
,, avoit reproché que ce n'étoit que pour avoir Marfeille, qu'il avoit fi
,, fort travaillé à le faire Conful. Que pour lui s'il voyoit qu'on murmu-
,, rât plus long-temps, comme il craindroit que le peuple s'échauffât, il
,, feroit obligé de quiter la ville. Qu'en cela fa plus grande peine feroit
de ne pouvoir plus fervir comme il avoit defiré. Il s'imagina qu'en
écrivant ainfi, le Duc aprehenderoit de perdre Marfeille, & qu'affûrement cette crainte l'obligeroit de changer auffi-tôt, Mais la prife de
Berre avoit rendu le Duc fi fier, que bien-loin de fe radoucir fur la
lettre de Cafaux, il lui fait la réponfe du monde la plus féche. Il lui
écrivit qu'il difpoferoit du gouvernement de Berre à l'avantage de la Province. Que pour ce qui eft de la crainte qu'il témoignoit dans Marfeille, s'il voyoit qu'on branlât le moins du monde, il pouvoit venir
chercher fa fûreté prez de lui. Du refte qu'il prétendoit deformais agir
en façon que les mutins n'avanceroient rien que leur perte. Pendant
qu'il écrivoit cette lettre, il fe mit à dire au Seigneur de Ligny : On
feroit affûrement un grand coup de pouvoir tirer cet homme de Marfeille ; mais il aime trop l'autorité Confulaire : on ne fçauroit jamais
l'en dégoûter. La Comteffe aprenant la réponfe que le Duc vient de
faire à Cafaux, s'en plaint en confidence parmi fes amis. Ses amis commencent à décrier la conduite de ce Prince. Ils difent qu'il la faut
veiller, qu'il faut s'en bien prendre garde. Que le Duc s'eft affez découvert. Qu'il ne tend qu'à s'emparer de la Province. Sur ces difcours
les gens du Duc fe levent. Ils parlent du même ton contre la Comteffe.
Ils difent qu'elle-même ne va qu'à fes propres fins. Qu'elle ne penfe
qu'à fe marier avec le Seigneur de la Valete ; qu'à faire époufer la fille
du Seigneur de Lefdiguieres à fon fils. Qu'elle ne fe met pas fort en
peine du danger qu'il y a que la Province ne tombe entre les mains des
Huguenots. Ces difcours fe tenoient de part & d'autre avec tant de
chaleur, qu'on paffa bien facilement aux invectives. Toutefois ni le Duc
ni la Comteffe n'agiffoient pas fi ouvertement que leurs gens. Ils fe
faifoient toûjours bonne mine, ils vivoient en grande civilité. Ils ren-
fermoient dans le cœur les fentimens que les autres faifoient fi fort paroître. Cependant le Seigneur de la Valete s'étoit avancé pour recevoir
deux fecours qui lui devoient arriver. L'un du Languedoc que le Connétable lui envoyoit ; l'autre du Dauphiné que lui amenoit le Colonel
Alfonfe. Il les attendoit l'un & l'autre à Barbentane. Comme il ne
fçavoit pas que Berre fût prife, il faifoit deffein de l'aller fecourir en
même-temps que ces troupes l'auroient joint. Le Duc n'attend pas que
ce fecours lui arrive ; il s'avance pour le défier. En arrivant à Grans,
on luy vient dire que le Seigneur de la Valete a reculé ; que fans attendre que le fecours arrivât, il a paffé au-delà de la Durance. Cette
nouvelle le fait auffi reculer. Il prend deffein d'aller rafraîchir fes troupes, & de fe rafraîchir lui-même à Salon. A peine eft-il entré dans Salon, qu'il aprend une nouvelle contraire à celle qu'on lui avoit donnée
à Grans. On l'affûre que le Seigneur de la Valete n'avoit pas bougé de

De Provence Liv. XIV. 721

Barbentane. Qu'il avoit reçû les deux secours qu'il y attendoit. Cette nouvelle reveille sa premiere envie. Il commande à Saint Roman de s'avancer du costé de Châteaurenard. Aussi-tôt Saint Roman se met en chemin. Dans sa marche, il apprend que Graveson étoit assiegé par le Seigneur de la Valete. Que les troupes qui étoient dans le village s'étoient retirées dans le château; qu'elles y étoient extrémement pressées. Aussi-tôt il en donne avis au Duc. Il lui fait sçavoir que ses gens assiegez ont grand besoin qu'on fasse diligence. Sur cet avis le Duc assemble le conseil de guerre. Il propose d'aller dégager ses gens. Il demande si en cas que l'ennemi s'opiniâtre à les vouloir tenir assiegez, on ne trouvera pas bon qu'il presente la bataille. Sur cette proposition, on opine. La chose n'est pas approuvée par la plûpart. On dit au Duc que les affaires ne sont pas dans une situation à devoir hazarder une bataille. Que le Seigneur de la Valete étoit trop picqué de la perte de Berre, pour ne donner sujet de croire qu'il joüeroit de son reste si on l'attaquoit. Qu'en tout tems on s'étoit mal trouvé de pousser trop avant les choses, de reduire ses ennemis au desespoir. Durant que ce conseil se tenoit, il survient divers avis d'Avignon & d'Arles. Ces avis aprennent que le Colonel Alfonse avoit amené sept compagnies, & huit cens arquebusiers à l'ennemi. Les Consuls d'Arles & le Vice-Legat d'Avignon conjurent le Duc de s'empêcher de surprise; mais aussi de ne rien entreprendre trop legerement. On le prie de considerer que le moindre accident qui arrivât, mettroit assûrement la Province en proye. Le Duc voyant que ces avis luy venoient l'un sur l'autre, perd l'envie de donner bataille. Il laisse prendre Graveson. Les assiegez, aprez avoir soûtenu le siege huit jours tous entiers, sont enfin contraints de se rendre vies sauves. Dans le tems que Graveson se rend au Seigneur de la Valete, le Seigneur de Lesdiguieres entre dans la Province par Cisteron. Il y vient avec quatre grands canons, qui font trembler toute la contrée. Il les vint pointer contre le château de Lurs, qui étoit bloqué depuis quelque tems. Il attaque si vigoureusement la place, que le Duc n'a pas le moyen de la secourir. La celerité de cette irruption, allarma terriblement tout le voisinage. Le Duc qui reçoit cette nouvelle, croit qu'il se faut avancer vers ce quartier pour le rassûrer. Il laisse le Seigneur de Besaudun dans Orgon pour défendre cette place contre les attaques du Seigneur de la Valete. Il part, il marche du côté de Lurs: mais il trouve que la place s'étoit déja renduë. Ce voyage neanmoins ne laissa pas d'être fort heureux; car le Duc eut moyen de jetter des troupes dans Digne, dont le Seigneur de Lesdiguieres faisoit contenance de se vouloir emparer. Le Seigneur de Lesdiguieres avoit en effet si-bien ce dessein, que dés que Digne eut reçû ce renfort, il part, il se retire de Provence. Le Duc qui voit sa retraite quite ce quartier. Il vient se délasser à Salon.

A peine le Duc est-il arrivé à Salon, que le Conétable & le Seigneur de la Valete se jettent dans le terroir d'Arles. Ils s'aprocherent de cette ville, dans la croyance que le peuple oprimé par le Lieutenant Biord, pourroit prendre l'occasion de les apeller pour se délivrer de sa tyrannie;

XIV.
Le Conétable & le Seigneur de la Valete s'aprochent

{d'Arles. Ils se retirent côme ils voyent que personne ne les demandoit.
Le Lieutenant Biord exerce bien des cruautez dans cette ville. Il y fait prisoniers plusieurs gens de qualité. Le Conétable se raproche. La ville apelle le Duc de Savoye.}

ou qu'en tout cas les gens de qualité qui souffroient une opression pareille, pourroient bien faire ce que le peuple ne feroit pas. Mais voyant que personne ne bougeoit, ils se mirent à courir la campagne; ils prirent Trinquetaille, & les châteaux de la Mote & du Baron. Tout cela se fit avec tant d'hostilitez, qu'il y eut pour cinq cens mille livres de dommages. Ces pertes obligerent les gens d'Arles de demander du secours au Duc. Le Duc qui n'attendoit que les occasions d'être recherché, ne manque pas de fournir les gens qu'on desire. Il envoye cent arquebusiers à cheval, & cent maîtres, sous la conduite de Saint Roman & de Lamanon. Le Conétable & le Seigneur de la Valete voyant que leur dessein étoit découvert, passent ensemble promptement le Rhône. De là le Seigneur de la Valete prend sa route du côté du Dauphiné; & sans s'arrêter nulle part, il vient vîte gagner la Provence. Il y revient du côté de Cisteron. Cependant le Lieutenant Biord ne se croit pas plus en sûreté, pour voir éloigner le Conétable & le Seigneur de la Valete. Il entend que le peuple murmure de ce qu'on l'accable de soldats: qu'on l'avoit nouvellement surchargé des garnisons sorties des places qu'on avoit prises. Il voit bien qu'il n'a pas besoin que le peuple s'irrite, puisque c'étoit son seul apuy contre les gens de qualité qu'il oprimoit: car il les traitoit de la maniere du monde la plus rude. Il venoit d'en mettre plusieurs en prison. Mais pour mieux faire connoître quel homme c'étoit, il faut prendre d'un peu plus haut sa conduite; il regnoit sur tout depuis un an dans Arles avec tant d'abandonnement & tant de licence, que bien des gens de la ville avoient été contraints de s'en absenter. Neanmoins leur éloignement ne laissoit pas de luy faire de la peine. Il s'imagina que cette absence rendroit ces gens encore plus hardis: que cela pourroit bien les porter à faire quelque conspiration contre sa personne. Il s'imprime si avant cette pensée, qu'il prend dessein de pourvoir à sa sûreté. Il n'importe que ce soit par calomnie & par imposture. Il suscite un artisan apellé Rasclet, qui accuse tous les absens de la ville d'avoir fait une conjuration contre lui. Il l'oblige même de nommer quelques-uns qu'il dit être les auteurs du crime. Sur cette accusation le Lieutenant feint d'être fort en colere. Il envoye à Fourques. Il fait arrêter deux freres, nommez Jean & Henry Bibion. Il fait arrêter aussi Vincent Aubert, & Robert Chavari, qui étoient dans leurs maisons aux champs. Il les fait amener en prison. Quand il les eut tous en son pouvoir, il envoya Boussicaut le manchot vers les Bibions. Boussicaut leur presente un écrit, dans lequel on avoit fabriqué l'histoire du complot, & inseré les noms des complices. Il leur dit au nom du Lieutenant, que le seul moyen de se garentir du suplice, c'étoit d'avoüer tout cela. Que s'ils refusoient de lui faire ce plaisir, il sçauroit bien leur faire dire tout ce qu'il souhaite. Les Bibions entendant la proposition qui leur est faite, témoignent en avoir de l'horreur; ils répondent qu'ils ne sont pas capables d'une telle perfidie; qu'ils aiment mieux mourir que d'enveloper tant d'innocens dans leur malheur. Ce refus irrite le Lieutenant. Il s'en va le lendemain dans la prison. Il fait apliquer Jean Bibion à la question: il l'y tient depuis six

heures

heures jufqu'à dix. Il ajoûte mille indignitez, & mille injures, aux tourmens qu'il luy fait fouffrir. Comme la queftion ne pût rien tirer de luy, il le laiffe en cét état, il fe retire. L'aprédiné il s'en retourne dans la prifon. Il trouve le malheureux toûjous plus conftant. Il luy fait attacher aux pieds une pierre pefant quatre-vingt-dix livres. Il luy pique luy-méme les cuiffes avec un poignard. Aprez avoir tenté vainement tout ce qu'a pû luy fuggerer fa cruauté, il le quite. Il attaque fon frere avec une fureur pareille. Mais ce frere ou plus foible, ou plus épouvanté que l'autre, ne pût fupporter de fi longs tourmens. Il eft contraint d'avoüer le crime. De là on fe tourne contre Robert de Chavari, qui n'eft pas traité plus humainement. Il eft vray qu'il évita la queftion. Mais ce fut par la diligence, & par le courage de fa femme. Car cette Dame dés qu'elle vît fon mari compris dans l'afaire : dés qu'elle vît qu'on l'avoit arreté, elle courut vitte au Parlement, elle obtint des défenfes de paffer outre. Elle s'en revint à Arles avec fon arreft. Elle ne trouve point d'Officier qui le veüille fignifier au Lieutenant. Elle le lui fignifie elle-méme. Elle arréte ainfi la rage de ce furieux. Mais ce que le Lieutenant ne pût faire de ce côté-là, il le fait d'une autre maniere prefque auffi rude. Il enferme ce malheureux Gentil-homme dans un cachot, dont la rigueur le jette dans une fievre quarte, qui le mit à deux doits de la mort. Quand il fut dans cette extremité, l'on permit bien à fa femme de le voir, & de luy faire des remedes. Mais à peine commençat-il d'entrer en convalefcence, qu'on luy refufa la confolation de continüer, fans que les larmes ni les fupplications puffent toûcher une ame auffi dure, qu'étoit celle du Lieutenant. Cette Dame voyant cette dureté, s'en va porter elle-méme fes plaintes au Parlement. Elle obtint un arreft de retenuë de la caufe. Auffi-tôt elle s'en retourne. Elle fignifie elle-méme cét arreft au Lieutenant, aprez que les Sergens ont refufé de le faire. Le Lieutenant ne veut point deferer à cet arreft. Il détient toûjours le prifonnier foûs fûre garde. Il ne veut fouffrir en nulle maniere qu'on le traduife à Aix, comme l'arreft l'ordonne. Tandis qu'il fe fait ainfi craindre à fes ennemis, il s'attache à fe conferver fes amis, par l'impunité, par la bonne chere. Il leur permet toute forte de licence, il les défraye dans les cabarets. Les cabaretiers ont ordre de ne rien refufer à ceux qui fe ferviront de fon nom, pour aller faire la débauche. Il tient par là les plus méchans garçons comme à fa folde. Il fe rend fi rédoutable par cette conduite, que perfonne n'ofe lui refifter. Il lui reftoit neanmoins une chofe à faire, pour dévenir encore plus abfolu. Il faloit fe rendre maître du Confulat. Car l'autorité des Confuls étoit la fûle qui lui faifoit de la peine. Cependant il n'avoit pas lieu de fe promettre d'avoir ces charges en fa difpofition, tant que les premieres feroient occupées, comme elles l'étoient par des Gentilshommes. Pour éluder les reglemens qui l'avoient établi de cette maniere, on fe fervit de cet ftratageme. Le jour qu'on devoit élire les Confuls, c'étoit le vingt-cinquiéme de Mars, une troupe de méchans garçons rencontrent par la ville, le Prédicateur qui s'en alloit faire felon la coûtume un difcours au Confeil affemblé fur le fujet de l'élection.

Ces gens arrétent ce Predicateur. Ils lui mettent entre les mains un papier, ou l'on avoit écrit les noms de ceux qu'ils veulent qu'on nomme. Ils déclarent que si on ne les accepte, ils fairont ruisseler le sang de tous côtez, qu'ils mettront le feu dans tous les coins de la ville. Le pauvre Predicateur épouvanté de cette menace, fait sa commission fort fidelement. Il remet le papier au Conseil. Il exhorte tout le monde à ceder au tems. Il montre que la prudence veut qu'on plie dans cette rencontre. Son discours ne roule sur autre chose, que sur la necessité de prendre ce parti. Le Conseil voyant qu'on ne pût user autrement, dans l'état où étoient les choses, déclare Consuls ceux dont les noms étoient écrits dans le bilet. Voici l'ordre dans lequel ces noms fûrent trouvez. Nicolas de la Riviere fils de Richard, & François du Port pour les Nobles, Jean Gros dit Boussicaut, & Gerard Chevalier pour l'état des Bourgeois. La nouvelle de ce qui s'étoit passé dans le Conseil, surprit tout le monde. Il n'y eût personne qui ne fût indigné de cette violence; qui ne murmurât contre le Lieutenant. On disoit que c'étoit trop de temerité, que d'avoir rempli la premiere charge de la personne d'un Bourgeois, d'un broüillon, d'un seditieux. L'indignation alla bien si avant contre le Lieutenant, qu'il y eut des gens qui crûrent de rendre un signalé service au public, que d'entreprendre sur sa vie. On l'empoisonne un jour dans un grand répas qu'il donne à ses amis. Mais il est si promtement secouru, que les remedes le reserverent pour être encore quelque tems le fleau de la ville, & sur tout le persecuteur des gens de qualité. En effet comme il s'imagine qu'ils étoient les auteurs de son empoisonnement, il les persecute avec plus de rage. Il invente de nouveaux moyens pour les oprimer. Il leur suscite des delateurs qui les accusent d'avoir voulu livrer la ville au Connétable. Il fabrique ainsi cette accusation. Il suggere à quelques uns de ses amis de dire qu'on a vent qu'il se trame quelque chose. Ceux-cy le disent à l'oreille à quelques uns comme un grand secret. Aussi-tôt le secret se publie. Le Lieutenant fait arréter le Capitaine Durand de Tarascon, qu'il avoit preparé pour cela. Il le fait conduire dans la Grande Eglise, où l'Archevéque se trouve au milieu du peuple qui acourt de toutes parts. L'Archevéque prend le Saint Sacrement à la main. Durand se jette à ses pieds, il avouë avec larmes le crime dont on l'accuse. Il nomme pour complices tous ceux qu'on lui avoit suggerez. En méme-tems le Lieutenant s'en va au Plan de la Cour. Il dit au peuple qu'il n'avoit pû entrer dans l'Eglise. Qu'on vient de découvrir une horrible trahison. Il envoye de tous côtez ses satelites, pour arréter ceux que Durand a nommez. Peu de tems après on voit qu'on mene en prison le Seigneur de Beaujeu, deux de ses fils, les Seigneurs de Roquemartine, & de Bouchon, & de Parade, Jerôme & Jean de Meyran, de Faraud, de Cabanis, Antoine, Guillaume, Pierre, & François d'Antonelle, Trophime d'Usane, François d'Avignon, le Chanoine Icard, & plusieurs autres. Le traitement le plus doux qu'ils reçoivent, c'est d'étre mis dans des cachots. Car du reste le Lieutenant les va voir le lendemain. Il fait donner la question aux uns, il menace les autres de la fureur du peuple. Il refuse les alimens & la confession à plusieurs, tant ce protecteur de la Religion étoit animé d'un veritable zele. Ces cruautez remplissoient de frayeur toute la ville. Les femmes, les parens des prisonniers, paroissoient par tout en habits de dueil. Cette veuë affligeoit tout le monde. Chacun craint un pareil traitement pour soy, pour les siens. Dans cette generale apprehension, on se met à faire des processions, & d'autres prieres publiques. Tout cela se faisoit dans un équipage si pitoyable, que la seule veuë fendoit les cœurs. Le Lieutenant n'osoit défendre ces choses, pour ne blesser la creance qu'il vouloit qu'on eût de son zele pour la Religion. D'autre-part craignant que le peuple ne s'irritât, il donne sa parole à l'Archevêque, qu'il n'usera plus de voye de fait : qu'il demandera seulement au Parlement d'envoyer une Chambre en cette ville, pour faire le procez aux criminels. Pour cela il écrit au Parlement. Il moyene que les Consuls écrivent dans les mêmes termes. Cette ville étoit ainsi toute troublée, quand on vint dire que le Conétable approchoit, qu'il étoit déja maître des places voisines. Cette nouvelle redouble l'étonnement & la peur. On dit qu'il faut appeller le Duc de Savoye. Le Lieutenant n'aprouve pas fort ce dessein, il craint que si le Duc vient à la suscitation de quelque autre que de luy, les parens des prisonniers ne lui joüent quelque mauvais tour, que le Consul de la Riviere ne l'abandonne. Car il ne le trouvoit, ni si dépendant ni si souple, qu'il s'étoit imaginé de le trouver. Pour empêcher donc que personne ne se vante d'être l'autheur de la venuë du Duc, il assemble un Conseil general. Il y fait déliberer qu'on supliera le Duc de vouloir venir dans la ville. Il fait faire une députation celebre. Il se met luy-même à la téte des députez. Il fait le compliment au Duc, au nom du public, sans se laisser neanmoins en arriere. Il fait si bien valoir l'autorité qu'il à dans la ville, qu'il promet au Duc de le rendre absolu. Il l'assûre que tout sera soûmis, quand on le verra prés de sa personne.

Cependant la Comtesse reçoit avis de la députation qui vient de se faire. Elle en témoigne un étrange étonnement. Elle craint qu'une telle avance faite au Duc, ne luy attire toute la Province, & que toutes les villes à l'exemple d'Arles, ne recourent à sa protection. Pour empêcher que la chose arrive, Elle croit qu'il faut tout tenter, pour détourner le Duc d'aller à Arles. Elle publie que ce voyage est tres-prejudiciable aux affaires d'Aix. Qu'il éloignoit le siege du Puy, que le Duc avoit promis de faire, pour mettre la ville en sûreté. Qu'avant que le Duc prit dessein de partir, il seroit bon de le faire souvenir de sa promesse, de luy envoyer même des députez pour cela. Elle n'a pas plûtôt fait cette proposition, qu'elle est generalement approuvée. Le Parlement, la Chambre des Comptes, le Païs, la ville nomment chacun des députez de son Corps. Pour faire que la députation ait un bon succez, la Comtesse veut être de la partie. Elle part avec les députez. Elle se fait écorter par deux cens chevaux. Mais comme elle aborde aux portes de Salon, elle connoît que le voyage n'aura pas

X V.
La Comtesse de Sault pour empêcher que le Duc aille à Arles, lui fait envoyer divers députez d'Aix, pour le rappeller. Le Duc ne veut pas rompre son voyage. Il entre dans Arles. Les femmes & les parens de ceux que le Lieutenant Biord persecutoit, se plaignent au Duc de ces traitemens. Le Duc fait arrêter le Lieutenant & se retire.

une trop bonne issuë. Car Elle ne trouve point la foule avec laquelle on avoit coûtume de la recevoir. Elle ne voit que les Consuls en Chaperon, qui luy témoignent qu'on est si pressé dans la ville, par les grands abords, & par les Officiers de l'Armée, qu'à peine trouvera-t'on à la loger. A cette belle protestation la Comtesse répond qu'elle ne veut point leur faire de la peine. Elle s'enva loger chez le Seigneur de Crequi son fils, qui accompagnoit le Duc par tout. Pour les Députez ils allerent descendre à la maison du premier Consul. Aprés qu'ils se fûrent un pû delassez, ils s'en allerent saluer le Duc. Les Députez du Parlement lui rendirent la lettre de leur Compagnie. Le Parlement luy témoignoit par cette lettre qu'il craignoit extremement que les affaires ne le tinsent éloigné d'Aix pour quelque tems. Que dans cette crainte il avoit crû, que le bien du peuple requeroit qu'il lui fût fait quelques remonstrances. Qu'on le supplioit de les recevoir en bonne part. Le lendemain les Députez lui firent leurs rémonstrances. Elles tendoient à lui faire comprendre, que le voyage d'Arles étoit bien moins necessaire que ne l'étoit le siege du Puy. Que rien n'importoit tant au Duc, que de rendre Aix sûr & libre. Que rien ne lui pouvoit donner plus de credit dans la Province, n'y plus de reputation parmi les étrangers. Aprés que le Duc ut entendu les Députez, il leur répondit qu'il étoit bien marri qu'ils ne fûssent venus de meilleure heure, mais qu'il avoit donné sa parole à Messieurs d'Arles : qu'il ne pouvoit la revoquer. Qu'il les assûroit neanmoins, qu'il abregeroit ce voyage, autant qu'il lui seroit possible. Qu'aprés cela il se rendroit en toute diligence à Aix. Qu'il y preparoit toutes choses pour le siege, dont il souhaitoit plus qu'eux de venir about. Il ajoûta à cette réponse, qu'il vouloit lui parler franchement, & à cœur ouvert. Qu'à son retour d'Espagne, il
" avoit trouvé un grand changement dans la disposition de la Province.
" Qu'il avoit remarqué que chacun y vouloit commander. Que Merar-
" gues & le Chevalier son Frere lui avoient joüé de mauvais tours. Que
" Besaudun lui avoit demandé le Gouvernement de Berre, avec mena-
" ces. Que Fabregues, & quelques autres, s'emportoient à toute heure
" à des discours seditieux. Qu'il ne falloit plus dissimuler que la Cour
" ne dût reprimer cette licence. Que la Comtesse portoit son ambition
" trop haut. Qu'il étoit resolu de ne plus souffrir qu'elle se mélât des
" affaires. Qu'il ne pretendoit pas qu'il soit dit qu'une femme gouverne,
" où il se trouve. Qu'il vouloit bien en son particulier lui faire toutes les
" faveurs possibles, mais qu'enfin il faloit contenir son ambition dans des
" bornes honétes. Que pour lui il avoit à répondre de la Province, au
" Roy que les Estats éliroient. Qu'il étoit obligé de prendre garde qu'il
" n'y s'y passât rien qui pût le faire blâmer. On pût juger assez facilement
" par ce discours, que la Comtesse ne rapporta pas grande satisfaction
" de ce voyage. Le Duc la traita bien avec ses civilitez ordinaires. Mais il y avoit bien à dire que ce fût avec la méme confidence d'auparavant. Elle s'en retourne donc si piquée, qu'elle proposa parmi ses amis d'appeller le Seigneur de la Valete à Aix. Mais le Duc étoit si puissant par ceux qu'il tenoit à sa solde, qu'on ne crût pas que la chose

se pût executer avec succez. Cela fit que les amis de la Comtesse lui conseillerent d'attendre une autre occasion. Ils lui disent que la raison politique veut qu'elle fasse semblant de ne se pas appercevoir du changement du Duc, quoyque tout le monde s'en aperçoive. Car on ne manque pas de remarquer, combien ses manieres étoient differentes à lors de celles de son premier voyage. Il ne l'accompagnoit plus par la ville. Il ne descendoit plus de cheval, comme il faisoit auparavant, quand il la rencontroit. Il ne tenoit plus de conseil chez Elle. Enfin il en usoit si diversement, qu'il sembloit affecter de faire paroître, qu'il n'avoit plus besoin de personne, qu'il pretendoit se soûtenir sans le secours d'autruy. Cependant pour ne pas differer le voyage qu'il doit faire à Atles, il part, il mene avec lui deux mille chevaux. Comme on le voit venir dans cét appareil, le Consul la Riviere qui lui étoit allé audevant, lui represente que cette grande suite, pourroit éfaroucher le peuple. Aussitôt le Duc lui fait connoître qu'il se contentera d'entrer avec trois cens chevaux. Il lui dit de faire passer le reste à Trinquetaille. Il proteste qu'il se fonde plus sur les cœurs des peuples, que sur la grande garde qu'il pourroit avoir. Que c'est-là qu'il veut établir sa sûreté. Cette action de sincerité fait qu'on le reçoit avec grande joye. Son entrée est aussi Magnifique que celle de Marseille & d'Aix. Le peuple fait retentir ses acclamations. On n'entend par tout, *que vive son Altesse, que vive la Messe.* La joye & les acclamations continuent par l'argent que le Duc répend au peuple le jour suivant, puis par la prise que font ses troupes des Châteaux de Fourques, du Baron, de la Mote. L'allegresse étoit si generale qu'il n'y avoit que les parens des exilez, & des prisonniers qui en fussent privez. Ceux-cy ne pouvoient s'empécher de faire paroître leur tristesse, dans le grand accablement où ils étoient. Mais comme on voit le tems propre pour agir, leurs femmes choisissent douze d'entre-elles, pour aller porter leurs plaintes au Duc. Les douze avoient à leur tête les Dames de Beaujeu, de Fos, de Bouchon. Elles vont se jetter aux pieds du Duc. Elles lui representent toutes les rigueurs qu'on exerce contre leurs maris, par la violence la plus insupportable du monde. Elles le supplient de leur vouloir faire cette grace qu'ils soient traduits dans les prisons du Parlement, qu'ils ayent le moyen de justifier devant la Cour leur innocence, & faire voir la malice de la calomnie. Le Duc répond fort honnetement aux Dames. Il leur dit qu'il leur faira donner satisfaction. En effet, il en parle au Lieutenant. Il lui dit qu'il doit se dépoüiller de cét affaire, qu'il la faut renvoyer au Parlement. Le Lieutenant s'offence de la proposition. Il dit qu'il lui importe d'étre saisi des personnes & des procedures, & comme il craint que le Duc ne le presse, il se resout d'en venir plûtôt à l'extremité, que de rélâcher, il prend dessein de mettre plûtôt le Duc hors de la ville, ou de lui faire refuser la porte à son retour de Fourques où il doit aller. Mais le Duc qui avoit par tout des Espions, ne manque pas d'étre averti de la chose. On lui va dire tous les discours que le Lieutenant avoit tenus. On lui rapporte qu'il avoit dit, qu'il ne souffriroit jamais que le Duc se rendit maître de la ville. Qu'il auroit bien à la verité cette complaisance, de lui laisser faire l'amour tant qu'il voudroit, mais qu'il ne permettroit jamais qu'il vint jusqu'à la consommation du mariage. Sur cet avis, le Duc se ressout lui même de s'assurer de la personne du Lieutenant. Pour cela il dit à ses gens de preparer tout pour le voyage de Fourques. Il fait mettre ses troupes en bataille au Plan de la Cour. Puis il envoye dire au Lieutenant, qu'avant que de partir, il faut qu'il lui communique une chose. Aussi-tôt le Lieutenant se rend chez le Duc avec ses principaux amis. Le Duc l'entretient long-temps en particulier, il lui fait confidence de plusieurs choses, & voyant approcher la nuit il le quitte. Comme il alloit donner les ordres pour son départ: à peine le Duc s'est-il retiré, que le Lieutenant est arrêté par quelques Gardes. A ce coup, il se met à faire un grand cry. Le cry s'entend même de la ruë. Neanmoins ses amis ne l'entendent pas, parce qu'on les amusoit dans un autre appartement, quand tout à coup ils furent arrêtez eux mêmes. Ils étoient au nombre de sept, les voicy: Boussicaut, Huan, Romani, Daguan, Jaquas, Pelet & Bardouche. De ces sept on en mene cinq dans le Château de Salon; les deux autres, Jaquas & Daguan sont retenus à Arles. On les va remettre en prison. On les accuse d'avoir assassiné un des Gendarmes du Comte de Suse. Cela fait, le Duc assemble l'Archevêque, le Clergé, les Consuls & les plus apparens de la ville. Il leur fait sçavoir ce qu'il vient de faire. Il leur dit qu'en l'état ou étoient les choses, ce coup étoit necessaire pour le bien public. Que pour lui, comme il n'a point d'autre objet, il n'a pas crû devoir perdre l'occasion de les délivrer de la tyrannie, sous laquelle le Lieutenant les tenoit asservis. A ces protestations l'Archevêque respond au nom de tous. Il remercie le Duc de ce qu'il a fait. Il le remercie aussi de ce qu'il a repris les Châteaux voisins, & rendu par là le commerce libre. Aprez cela, pour faire que la joye fut entiere, le Duc fait élargir les prisonniers que le Lieutenant detenoit. Cela lui acquit si bien tous les cœurs, qu'assurément il n'auroit rien eu de plus aisé, que de se rendre maître de cette ville. Mais on a dit qu'une chose l'empêcha de le faire. C'est qu'il avoit promis au Roy d'Espagne, en reconnoissance du secours qu'il lui avoit donné, de lui remettre les premieres places qu'il pourroit prendre. De sorte que de peur de la consequence, il aima mieux éviter l'occasion que d'en profiter. Seulement pour sauver les apparences, il assemble son conseil sur ce point. Il demande s'il doit s'emparer de cette ville. Il fait opiner les premiers ceux de ses amis qui avoient le plus de part dans la confidence. Ceux cy ne manquent pas d'opiner suivant son intention. Ils font voir qu'une action telle que celle là, étoit une veritable perfidie. Le Duc ayant témoigné d'aplaudir à cette opinion, tous les autres s'y rangerent; ce qui luy donna sujet de dire, qu'il ne faloit songer qu'à se retirer. Avant neanmoins que de partir, il pense à s'acquerir quelqu'un qui le puisse servir utilement dans cette ville. Il avoit déja jetté les yeux sur le Consul la Riviere. Il s'étoit attaché par des bienfaits depuis qu'il étoit Consul. Il lui fournissoit de quoy tenir table. Il lui avoit donné de la vaisselle d'argent. Il avoit tenu sur les Fonts un de ses enfans; il avoit fait des presens magnifiques à sa femme. Comme donc il fut sur le point de partir. Il le voulut attacher encore d'avantage. Il lui donne une Compagnie de chevaux-legers, & un Regiment d'Infanterie de cinq Compagnies de cent hommes chacune. Il le conjure de faire cas de sa protection. Il l'assure qu'il la lui donnera contre toutes sortes de personnes. Le Consul engagé par tant de bienfaits, par tant de promesses, témoigne au Duc, que c'est le moins qu'il doit attendre de sa gratitude, qu'une inviolable fidelité.

Aprez cela le Duc monte à cheval. Il laisse cette ville comblée d'admiration pour son esprit, toute charmée par sa clemence, toute penetrée de sa liberalité. Cette opinion s'étoit établie assez justement. Car le Duc repandit plus d'argent dans cette Ville, pendant dix jours qu'il y demeura, qu'on n'en avoit vû de plusieurs années. Il partit donc, mais ce ne fut qu'aprés avoir envoyé saint Roman à Fourques avec des troupes, & aprés avoir aussi mis à Trinquetaille bonne garnison. Il fit bien cela dans le dessein de conserver autant qu'il pourroit ces places; mais il eut principalement en vûë que la Riviere fut promptement secouru, s'il en étoit besoin. Comme il fut arrivé à Salon, il fit dessein de s'arrêter en cette ville. Surquoy, il dit à ceux qu'il avoit tirez des prisons d'Arles, de s'aller remettre dans celles du Parlement pour se purger. Mais dés qu'on eut appris à Aix qu'il ne venoit point, on lui fit une députation celebre pour le faire souvenir qu'il avoit promis de venir assieger le Puy à son retour. Le Duc sçavoit bien ce qu'il avoit promis. Mais il se soucioit peu de tenir parole. Car il étoit piqué de l'élection des Consuls qu'on avoit fait, tous creatures de la Comtesse. Ces Consuls étoient, Merargues, Rabasse, Gaspard Honorat, & Lieutaud. Aussi cela fit qu'il respondit assez froidement aux Députez. Il leur dit que les Procureurs du Païs devoient faire les preparatifs de ce siege. Qu'ils devoient pourvoir au payement des troupes. Qu'aussi-tôt que toutes choses seroient prêtes, il ira faire ce qu'il a promis. Cette réponse étant raportée à Aix, on vit bien d'où venoit la chose. Car le Duc avoit toûjours mis ordre à tout. Il avoit même payé les troupes. Neanmoins pour lui ôter tout pretexte, on resolut de se cottiser. Chacun fournit du bled, du vin, de l'argent. Cela se fit avec tant de gayeté, que dans peu de jours toutes choses furent prêtes. Aussi-tôt le Duc fait marcher son armée. Il se dispose d'aller faire lui-même le siege du Puy. Mais il y va si negligemment, qu'on vit bien qu'il n'en faisoit pas sa plus grande affaire. En effet, son soucy principal étoit du côté de Marseille. Il avoit nouvelles que le Châteaudif faisoit bien de la peine à cette ville. Que les Marseillois pour se délivrer une fois pour toutes, avoient envoyé des Fregates pour le bloquer. Sur cela, le Duc pour leur faire plaisir, envoye son Ingenieur à Ratoneau, Isle voisine du Châteaudif, pour voir si l'on pourroit la fortifier, s'il s'y pourroit loger une baterie. Ce que le Duc fait pour obliger Marseille, le Grand Duc le fait pour secourir le Châteaudif. Car dés qu'il aprend que des Fregates tiennent ce Château bloqué, il

XVI.
Le Duc entreprend le siege du Puy. Durant ce siege le Châteaudif se brouille avec Marseille. Le Duc vient à Aix. Il fait arrêter la Comtesse de Sault. Marseille resout de ne le plus reconnoître. Cela fait que pour s'assurer d'Aix, il change les Consuls & les autres Officiers de la Ville. Aprez quoy il s'en retourne au Camp devant le Puy. La Comtesse prend l'ocasion de son absence pour se mettre en liberté. Elle se sauve à Marseille. Le Duc leve le siege du Puy.

envoye ses galeres, qui d'abord dissipent le blocus; qui portent des materiaux, avec quoy l'on dresse quelques loges dans la place, ce qui fut d'un grand secours aux soldats. Il est vray que les galeres n'eurent pas plûtôt disparu, que les fregates vinrent réprendre leur premier poste. En y allant elles rencontrerent une barque qui portoit des rafraichissemens à ceux qu'ils alloient bloquer de nouveau. Ils l'arrêtent & prennent tout ce qu'ils y trouvent. Le Capitaine Bausset pour se venger de cette prise, saisit tous les timons, & toutes les voiles des vaisseaux de Marseille, qui s'étoient mis à l'abry de son port. Cela fait une si grande rumeur dans la ville, qu'on met en prison le neveu de Bausset. Sur ces prises, chacun s'irrite étrangement. Les Marseillois preparent toutes choses pour le siege. Casaux fait tout quitter pour cela. Comme on faisoit ces preparatifs, le Seigneur de Besaudun arrive. Il dit qu'ayant apris ce qui se passe dans la ville, il vient pour faire sa charge de Viguier, & pour se mettre à la tête du peuple. Pendant qu'il parle ainsi parmi le monde, il tient un autre langage à Casaux. Il luy dit que la prise du Châteaudif, nuiroit assûrement à la Comtesse. Que le Duc iroit à Marseille toutes les fois qu'il voudroit, au lieu que laissant dans cette place le Capitaine Bausset, il tiendroit le Duc en cervelle, il l'éloigneroit toûjours de la ville, & feroit qu'ils seroient libres chez eux. Casaux qui ne cherchoit pas mieux que d'être toûjours absolu, qui d'ailleurs étoit fort dans les interêts de la Comtesse, aprouve le sentiment de Besaudun. Il dit qu'il faut traiter avec Bausset. Il fait proposer à Bausset une conference. Bausset pour éviter qu'on l'assiege, accepte la proposition. On prend jour. On assigne le lieu. On va se rendre à l'Infirmerie. De la part de la ville il y va Besaudun, Casaux & un Consul. De l'autre côté, Bausset & le President Chaine son gendre. Là tous protestent par un même esprit, qu'ils n'ont d'autre vûë dans leur conduite, que de deffendre la Province de l'invasion de toutes sortes d'étrangers. Ils font une étroite union pour cela. Ils conviennent de rendre le commerce libre. Le Consul va ratifier ce traité dans le Châteaudif. Il ramene le fils de Bausset dans la ville, pour preuve que tout se reconcilioit de bonne foy. Ainsi cet accord si bien cimenté, comble de joye toute la ville. Mais la joye, & la sûreté de Marseille, donne beaucoup de chagrin au Duc. Il étoit alors au camp devant le Puy. Il aprenoit que dans Aix, la Comtesse continuoit toûjours ses pratiques, qu'elle mettoit tout en œuvre pour le décrediter, qu'elle traitoit même secretement avec le Seigneur de la Valete. Il s'imagina donc que ce qui se passoit à Marseille, seroit un sujet de le pousser encore plus loin. Pour empêcher qu'on prenne cette occasion, il se radoucit auprez de la Comtesse, il lui écrit la lettre du monde la plus obligeante. Il lui témoigne qu'il meurt d'envie de la voir. Que quelque gloire qu'il puisse esperer de ce siege, cela ne sçauroit réparer l'ennuy qu'il reçoit. Qu'enfin il est contraint d'avoüer, qu'il auroit bien de la peine à vivre loin d'elle. Cette lettre si douce & si tendre, est suivie d'un autre sorte d'empressement. Il fait agir ses amis dans le Parlement, qui font que l'on depute deux Conseillers, & un des Gens

du

du Roy, pour le suplier de venir dans la ville, où il ne s'étoit fait voir de long-tems. Les deputez n'ont pas grand peine à le persuader. Il témoigne qu'il veut le satisfaire. Il part avec quatre cent chevaux. Ce départ se fait si subitement, que l'on n'en aprend rien à la ville, que lors qu'on voit arriver la maison du Duc qui prit le devant. Les Consuls n'ayant pas le temps de monter à cheval, courent à la porte pour le recevoir. Comme il aproche ils s'avancent pour le saluer, mais ils n'ont pas plus de moyen de faire leur compliments, qu'ils en ont eu de luy aller à la rencontre. Car Alexandre Vitelli luy vient dire qu'on crioit par la ville, *foüero Savoyard*: que ce bruit ne se peut dissiper que lors qu'on le verra promptement paroître. On a crû que cela ne fût qu'un pretexte, pour donner sujet à ce que l'on fit. Car le Duc sans écouter les Consuls, pousse son cheval, entre dans la ville en grande hâte. Tous le suivent avec la même chaleur. Comme on recconnoît que la piece se joüoit contre la Comtesse, on se tourne contre ses amis. On poursuit Guiran & Rabasse. On tuë un capitaine de quartier mis de sa main. Dans ce même tems on voit venir un grand nombre de gens atroupez, conduits par Magnan, Rogiers, & le Chevalier de Chastueïl. Ces trois chefs avoient pour leur sûreté quelques Conseillers du Parlement à leur tête. A mesure que ces gens s'avancent, la troupe grossit extremement. En cet état on s'en va chez la Comtesse de Sault. On dit qu'on veut avoir ceux qu'elle cache. Sur ce pretexte on visite toute la maison. Il n'est point de recoin où l'on ne foüille. On entre jusques dans la chambre de la Comtesse, qui dans une avanture si subite, fait neanmoins paroître une grande fermeté. Elle s'avance vers Magnan & Chastueïl. Elle leur demande qu'est ce qu'ils veulent. Puis sans attendre qu'on lui responde, elle ajoûte; est ce icy le remerciement que me fait le Duc? est ce icy la reconnoissance de mes bons offices? N'avois je autre recompense à attendre que d'être livrée à mes ennemis? Faloit-il qu'il me fît ce traitement par des gens à qui j'ay si souvent sauvé la vie? Qui l'assûre qu'il ne courira pas quelque jour la même fortune par les mêmes gens qu'il employe aujourd'huy contre moy? A ces mots, Magnan tout transporté, dit à ses amis ; qu'attendons nous, que n'executons-nous nôtre ordre. En même temps la Comtesse se met à dire, faites, faites hardiment ce que vous voudrez. Assurément vous ne me trouverez pas si basse de cœur, que de vouloir tenir la vie de celuy qui vous envoye. J'ay assez de parens, assez d'amis, assez de liaison dans le monde, pour me promettre que ma mort ne demeurera pas sans ressentiment. Il tente en vain de m'ébranler, de m'intimider. Je resisterai toûjours de tout mon pouvoir aux entreprises qu'il fait pour envahïr la Province. Et vous, Messieurs, dit-elle, en se tournant vers les Conseillers qui étoient presens. Vous qui tenez du Roy vôtre autorité, qui ne l'avez que pour faire valoir la sienne, approuvez-vous un procedé si violent. Apuyez vous par vôtre presence, la voye de fait que vous voyez icy. Autorisez vous l'audace d'un étranger, qui met la main, ce semble, de vôtre consentement, sur le plus beau fleuron de la couronne. Elle dit tout cela d'un ton si ferme, que tout le monde

le 15. Octobre.

Zzzz

se retira. Tout ce qu'on fit en se retirant, ce fut qu'on mena l'Avocat Guiran, & qu'on le retint sous sûre garde. Il est vray qu'on vît revenir peu aprez le Chevalier de Chastueïl. Le Duc luy avoit donné quelques gardes, avec lesquels il arrêta la Comtesse, & le Seigneur de Crequy son fils. Pendant qu'il pourvoit à la sûreté de ces prisonniers, qu'il met par tout des gardes, afin qu'ils ne luy échapent, Alexandre Vitelli vient dire à la Comtesse, de la part du Duc, qu'il faloit qu'elle se preparât à sortir de la ville. La Comtesse ne se trouble pas fort à cette nouvelle. Mais quand on luy dit qu'il faut aller dans le château de Salon ; comme elle sçavoit qu'il n'y avoit là qu'une garnison Espagnole, elle respondit qu'assûrement elle n'y iroit point. Qu'avant que de se laisser livrer à des étrangers, elle se feroit mettre en pieces. Comme on la voit dans une resolution si ferme, on se tourne contre ses amis ; on cherche principalement Fabregues, & Rabasse. Fabregues est trouvé dans la maison du Seigneur de Cuges. On l'y laisse durant quelques jours, puis on le mene en prison avec du Villars. Aprez qu'on se fût bien assûré de tout, le Duc envoya Rides à Marseille, avec des lettres aux Consuls, à Besaudun, & à Casaux. La lettre des Consuls lui faisoit sçavoir, qu'une emotion soulevée contre la Comtesse, avoit mis sa vie dans un grand danger. Que le Duc avoit si bien étouffé ce feu, qu'il l'assûroit que cette Dame n'avoit rien à craindre pour sa personne ; que le peuple n'oseroit plus s'emporter aprez ce qu'il avoit fait. Les lettres écrites au Seigneur de Besaudun, & à Casaux, parloient d'une maniere
„ un peu plus seche. Elles disoient que la Comtesse avoit été dans un
„ grand danger. Qu'elle avoit couru grande fortune de sa vie. Qu'il
„ avoit falu que le Duc lui donnât des gardes pour la mettre en sûreté.
„ Qu'il avoit voulu leur donner cet avis, afin qu'ils prissent soin que rien
„ ne se passât de tumultueux à Marseille. Car si on en venoit en ces termes,
„ il y avoit des gens dans Aix qui pourroient bien le payer. Ces lettres neanmoins n'empêcherent pas qu'on ne tournât contre le Duc tout
„ Marseille. Le Seigneur de Besaudun retient l'envoyé dans sa maison,
„ afin qu'il ne puisse parler à personne. Il met par tout de bons corps
„ de garde ; il arrête la galere du Duc dans le port. Il prend toutes sortes
„ de sûretez, pour empêcher que personne bouge. Casaux agît aussi
„ puissamment de son côté. Le lendemain on assemble un Conseil general.
„ Besaudun y parle vigoureusement. Il dit, qu'on voyoit assez par
„ le procedé du Duc, qu'il se croyoit déja maître absolu de la Province.
„ Que du commencement qu'il avoit voulu gaigner les cœurs, ce n'étoit,
„ ce n'avoit été que douceurs, que souplesses. Qu'aujourd'huy qu'il
„ croyoit n'avoir plus besoin de personne, on ne voyoit que menaces,
„ qu'emportemens. Que l'emprisonnement du Lieutenant Biord, que la
„ detention de la Comtesse, que les persecutions des chefs Catholiques,
„ faisoient assez comprendre quel étoit son veritable dessein. Qu'enfin
„ puisqu'il s'étoit si ouvertement déclaré, on devoit s'oposer à une usurpation
„ si injuste. Qu'il étoit de la grandeur & de la fidelité de Marseille,
„ d'arrêter un attentat si pernicieux. Qu'elle ne pouvoit jamais se faire
„ plus d'honneur, que de conserver au Roy Catholique qui seroit élû,

la Province faine & entiere. La rémontrance est si bien reçûë, qu'on resolut unanimement, que la ville ne reconnoîtroit plus deformais le Duc. Que pour executer d'abord la resolution, on ne feroit point de réponse à sa lettre. Qu'on ne défereroit plus à autres ordres, qu'à ceux que le Duc de Mayene envoyeroit. Dans le temps qu'on prend cette resolution à Marseille, le Duc ne manque pas pour demeurer maître dans Aix, de rejetter tous les desordres sur la Comtesse. Pour tenir les gens dans cette croyance, le lendemain de la detention de la Comtesse, il entre dans le Parlement, il témoigne que ce qui s'est fait, n'est que pour rétablir la justice dans son lustre, pour bannir toutes sortes d'oppressions. Pour prouver qu'il vouloit mettre les choses sur ce pied, il fait déliberer que les Conseillers detenus dans le château de Merüeil seroient élargis, qu'on les rappelleroit dans leurs places. On retire même des galeres, Viveti, Estacy, & les Boyers. Cela fait il change les Officiers de la ville, sous pretexte qu'on n'avoit pas observé les reglemens dans la derniere élection. Il fait mettre des gens tous de son haleine. On fait Consuls, Lamanon, Audibert, Antoine Durand, Denis Bruis. On fait Capitaine des quartiers le Chevalier de Chastüeil, Magnan, Rogiers, Alferan, Mimata. Tandis qu'il bride ainsi le peuple d'Aix, en remplissant de ses creatures toutes les charges, Rides qu'il avoit envoyé à Marseille revient. Il lui fait sçavoir tout ce qui s'y passe. Le Duc en demeura bien étonné. Ce changement lui fait une grande peine. Car il n'avoit jamais rien tant aprehendé que cela. Pour éviter donc que les choses s'aigrissent d'avantage, il fait persuader la Comtesse d'écrire à Besaudun, & à Casaux. Il s'imagine qu'ils se laisseront toucher à l'état où la Comtesse se trouve. Pour cela, il fait dire à la Comtesse d'écrire en des termes les plus pressants. Il la menace, si ces lettres n'operent rien, de la faire conduire dans le château de Nice. La Comtesse écrit les lettres du monde les plus pressantes. Mais ses lettres ne font aucun effet. On ne veut relâcher en nulle maniere du dessein qu'on avoit déja pris. Cela fait que la Comtesse est plus resserrée. On la met sous la garde de Rogiers. Le Duc croyant d'avoir mis bon ordre à tout, s'en retourne dans le camp du Puy, resolu de bien pousser le siege. Mais à peine est-il sorti de la ville que la Comtesse songe à s'évader. Elle n'a pas plûtôt formé ce dessein, qu'elle en confere avec ses domestiques. Voicy de tous les moyens qu'on luy propose, celui qui lui paroît le plus aisé. Dépuis le jour de sa détention, elle avoit toûjours fait la malade, elle avoit même toûjours gardé le lit. Le Duc avoit donné ordre à son Medecin de la voir tous les jours, afin sans doute, que sous pretexte du soin de sa santé, il pût sçavoir ce qui se passoit chez elle. Comme donc la Comtesse vouloit passer pour être malade, un jour vers l'heure que le Medecin devoit arriver, elle se provoque à une grande suëur. Le Medecin qui la trouve en cet état lui dit qu'il faut prendre un remede. La Comtesse témoigne un rebut extreme pour toutes sortes de medicamens. Elle dit qu'à la reserve des lavemens, elle ne sçauroit se resoudre à rien prendre. Comme les Medecins pensent toûjours à se rendre agreables aux

le 22. Octobre.

malades, celui-cy dit, qu'il ne lui ordonnera qu'un lavement. Sur le soir, Berrier son Apotiquaire le lui aporte. A son arrivée tout le monde sort de la chambre. Quand il fut sorti, la Comtesse se leva d'abord. Elle fit mettre dans le lit Herbin, une de ses demoiselles. Elle prend un habit de Savoyard avec une fausse barbe. Le Seigneur de Crequy son fils se travestit en païsan. En cet état ils montent au plus haut de la maison, par une montée dérobée. Ils se jettent dans la maison voisine, dont le maître avoit été gaigné. De là, Fabrot leur domestique, les conduit à la porte de saint Jean. La nuit qui faisoit qu'on gardoit la porte negligemment, servit beaucoup à leur sortie. Il est vray que la Comtesse fut reconnuë, par un certain nommé capitaine Petit-Jean. Cet homme alloit ouvrir la bouche pour la découvrir, quand Fabrot s'aproche doucement de lui, & la lui ferme avec une bourse, qu'il lui met adroitement dans la main. Aprez avoir évité ce danger il passent outre, ils marchent à pied durant un quart de lieuë. Enfin ils trouvent un autre guide qui les attendoit avec deux chevaux. La Comtesse & son fils montent à cheval. Ils vont à Marseille par des routes détournées. Ils y arrivent environ à mi-nuit. Leur arrivée remplit de joye leurs amis. La joye se remarque, même parmi le peuple, qu'on avoit pris soin d'irriter contre le Duc. Cependant ceux qui étoient sortis de la chambre de la Comtesse, jugent à peu prez que le remede devoit avoir fait operation. Ils y entrent, presque tous en foule. Sur ce bruit, la demoiselle qui étoit dans le lit, pour donner plus de tems à la Comtesse, fait semblant de dormir profondement. Elle se met même à ronfler. Comme on s'imagine que la Comtesse dormoit, on sort de nouveau, pour ne pas troubler son repos, qu'ils jugent devoir être tres utile. Mais enfin, Lamanon s'impatiente d'être plus long-tems à la sale. Il entre dans la chambre, il tire le rideau du lit. La demoiselle faisant semblant de s'éveiller, se met à dire, qui sont ces insolens qui ont si peu de respect pour moy. A cette voix la fourbe se découvre. Lamanon se croit trompé le premier. Il appelle du monde. Le peuple accourt à lui de toutes parts. On cherche la Comtesse par tout. On va fouïller dans toutes les chambres, & comme on ne trouve personne, on pille tout. On emporte tout. Delà on va faire recherche dans les convents, dans les endroits les plus cachez des Eglises. On ouvre la plus part des tombeaux. Enfin la Comtesse ne se trouvant en nulle part, on menace de mettre le feu dans la maison, si ses domestiques ne decouvrent où elle est cachée. Marsan maître d'hôtel de la Comtesse, pour tirer de peine tous les autres domestiques, avoüe franchement comme elle a fuy. Il dit qu'il a contribué à son évasion de tout son zele. Cet aveu, tout à estimer qu'il étoit, ne plaît pas trop à la multitude. On s'emporte furieusement contre Marsan. On lui fait courir fortune de la vie. Le Duc à qui l'on va dire ce qui se passe, donne ordre qu'on arrête Marsan, afin de satisfaire en quelque maniere le peuple. Il le detient en prison plus de trois mois. Je ne voudrois pas neanmoins assûrer s'il ne fit pas cet emprisonnement aussi bien pour se satisfaire lui-même, que pour contenter le peuple, qui murmuroit,

Car en son particulier, il fut fort touché de cette occasion. Il juge bien que la Comtesse étant en liberté, ne manqueroit pas de lui tailler bien de besogne. En effet, il connoissoit si bien son humeur, qu'il disoit souvent à ses amis, & que même il avoit écrit à la Duchesse sa femme, en parlant de la Comtesse, *Donna più arrabiata non vidi giamai di questa.* Pour avoir donc moyen de se deffendre contre ses artifices, il presse le siege du Puy autant qu'il pût. Il fait redoubler la baterie. Il fait donner deux assauts dans six jours. La baterie fit un terrible effet. Elle mit presque toutes les maisons par terre. Elle fit une bréche si considerable, qu'elle donna lieu de tenter deux fois l'assaut. Mais les assauts ne furent pas si heureux. Car dans le premier il y resta plusieurs Capitaines Espagnols ; le Baron de Montfort, & quantité d'autres gens de marque. Dans le second, les Provençaux eurent du pire ; le Seigneur de Rogiers y fut tué. On voyoit par tout le Seigneur de saint Canat, qui tout Gouverneur de la place qu'il étoit, agissoit de la main comme de la tête. Il deffendoit la bréche ; il donnoit les ordres dans un même temps. Il animoit si fort les siens par son exemple, que deux cens cinquante arquebusiers qui lui restoient, sufisoient à soûtenir toutes les attaques, toutes les fatigues. Ainsi le Duc voyant peu de de jour à prendre la place, fut contraint de penser à se retirer. Ce qui le confirma dans ce dessein, ce fut la nouvelle qui courut que le Seigneur de la Valete & de Lesdiguieres s'en alloient vers Digne, que delà ils devoient venir contre lui. Que d'autre côté le Conêtable de Montmorency, venoit assieger le fort qu'on avoit dressé tout auprez d'Arles. Ces nouvelles & celle de l'évasion de la Comtesse, ne lui laissent pas déliberer long-temps. D'abord il leve le siege de devant le Puy. Il se rend aussi-tôt à Aix, pour y affermir ses affaires. Le lendemain il survint une si grande pluye, qu'on reconnût que le siege ne se pouvoit lever plus à propos. Car si on se fût opiniâtré jusqu'à ce jour, on auroit perdu le canon & l'armée. Ainsi le mauvais temps consola le Duc de sa disgrace, & détourna les discours, & les railleries, qu'on n'auroit pas manqué de faire sur ce sujet.

Comme le Duc pense à s'assûrer, il croit que cela ne se peut faire plus utilement, qu'en ôtant Marseille à la Comtesse. Car Marseille étoit la ville de la Province qui lui faisoit le plus de peine, & qu'il souhaitoit le plus d'avoir. Cependant il y trouvoit bien des difficultez. Casaux venoit d'être fait premier Consul. Il n'en faloit ce semble pas d'avantage, pour luy donner moyen de jetter les fondemens de sa tyrannie, pour empêcher qu'on n'osât rien entreprendre contre la Comtesse, pour faire que les portes de Marseille fussent toûjours fermées au Duc. Cette reflexion luy fait assez voir qu'il n'étoit pas temps de rien tenter à Marseille. Il pense donc à se fortifier d'une autre maniere. Il apelle le Comte de Carces auprez de lui. Il voit qu'en acquerant ce Seigneur, il acquiert un grand nombre de Noblesse. En effet, le Comte de Carces vient à Aix, accompagné de tous ses amis. Le Duc envoye au devant de lui le Marquis d'Este son neveu, suivi d'un grand cortege, avec ses Trompetes. Le peuple voyant entrer le Comte dans cette pompe, le

le 28. 29. 30 Octobre. 1. 2. 3. Novembre.

le 5. Novembre.

XVII.
Le Duc de Savoye s'unit avec le Comte de Carces. Ils poussent la Comtesse de Sault. Ils font faire des informations contre elle. Il va des Comissaires du Parlement à St Victor, pour executer le decret. Marseille préd les armes. Les Comissaires sont contraints de se retirer. Le Sei-

gneur de la Va-
lete assiege Bei-
nes. Le Comte
de Carces le
fait desempa-
rer. Il le pour-
suit. Il lui tuë
quelques sol-
dats dans sa
retraite.

reçoit avec acclamations. Le Duc lui fait aussi les plus grandes caresses du monde. Il le conjure de lui donner son amitié. Il l'assure qu'il peut conter sur la sienne. Puis connoissant par la réponse & par les manieres du Comte, qu'il est fort satisfait de son procedé, il entreprend enfin son grand dessein. Il se resolut de pousser la Comtesse. Aussi-tôt il publie qu'elle a voulu livrer Aix au Seigneur de la Valete. Que Montaud étoit venu conferer avec elle pour cela. Que la conference quoique faite de nuit, n'avoit pas laissé d'être decouverte. Il fait un si grand bruit de la chose, qu'il oblige le Parlement de prendre des informations. On informe donc contre la Comtesse, & contre les anciens Capitaines des quartiers qui l'avoient suivie. Aussi-tôt l'information est decretée. On laxe adjournement personel contre la Comtesse, & contre les autres prise de corps. Le Duc ne manque pas de prendre avidement cette occasion, sous pretexte de donner main forte à la justice. Il ordonne au Baron de Meoillon, Gouverneur de nôtre-Dame de la garde, de s'emparer du Monastere de saint Victor. Il s'imagine que les Marseillois pressez par cet endroit abandonneront infailliblement la Comtesse. En même temps que le Baron de Meoillon reçoit cet ordre, il choisit son monde pour l'execution. Il entre à la faveur de la nuit dans le Monastere. Il y jette quatre cens arquebusiers, & deux cent cuirassiers. Sur le matin on y voit arriver les Commissaires

le 8. Novêbre.

de la Cour, escortez par le Comte de Carces. En même temps le bruit se répand par la ville, que le Monastere a été saisi par des gens armez. Le peuple se trouble sur ce bruit. Il craint qu'il n'y ait quelque intelligence contre la ville. Casaux averti qu'il y a quelque murmure, prend la cuirasse, & met son chaperon par dessus. En cet état il parcourt la ville pour rassûrer tout le monde. Il fait tourner le canon contre le Monastere de saint Victor. Il fait ôter les rames de tous les bateaux, pour délivrer le peuple de l'ombrage qu'il pouvoit prendre qu'on eut quelque communication avec les Commissaires du Parlement. Aprez avoir mis bon ordre à tout, il envoye vers le Baron de Meoillon. Il lui demande pour qu'elle raison il s'est emparé du Monastere. Meoillon répond d'un ton ferme, que c'est pour faire valoir l'Arrêt de la Cour, qui laxoit adjournement personnel contre la Comtesse. Que si on la mettoit hors de la ville on verroit bien-tôt le Monastere vuide de soldats. A cela Casaux repart avec la même fierté, que pour executer un arrêt, il n'étoit pas besoin de tant de troupes. Que s'il ne quittoit sur le champ la place, on le traitteroit en ennemi. Pour montrer qu'il veut executer ce qu'il dit, on s'aprête à faire joüer le canon & toute l'artillerie. La Comtesse, Besaudun, & Casaux, voyant que la chose peut aller fort avant, écrivent au Seigneur de la Vallette, & au Connétable. Ils le suplient de les vouloir secourir. Cependant les Capitaines des quartiers, voyant qu'on preparoit le canon, demandent qu'on leur donne la garde des portes. Mais comme ils étoient suspects à la ville, on renvoye la chose au Conseil general. On assemble donc ce Conseil. Là avant que de porter l'affaire plus loin, on dit qu'il faut faire encore une tentative, qu'il faut sommer encore une fois le Baron de Meoillon, Auſſi-tôt on luy envoye un Trompete, accompagné de quelques habitans. Le Baron répond qu'il n'avoit plus aucun commandement dans la place, depuis que Meſſieurs du Parlement y étoient arrivez. En même temps le Greffier de la commiſſion paroît. Le Trompete lui expoſe ſa charge. Il lui dit que ſi on ne quitte le Monaſtere, on va le foudroyer à coups de canon. A ces mots le Greffier ſe tourne vers ceux qui étoient derriere lui. Il leur dit, Meſſieurs vous ſerez témoins qu'on menace d'abattre un lieu où la Cour à envoyé de Commiſſaires. Cela dit, chacun ſe retire. Le Trompete fait raport de tout ce qui s'eſt paſſé. Le Seigneur de Beſaudun juge bien qu'il faut de neceſſité en venir aux armes. Cela fait qu'il monte lui-même au plus haut de l'Hôtel de ville. Il arbore une banniere de damas cramoiſi, où ſe voyoient les armes de France. D'abord que le peuple voit ces armes, il connoît bien qu'on s'alloit déclarer contre le Savoyard. La joye lui fait jetter de ſi grands cris, qu'on les entend du Monaſtere. Les Marchands offrent ſoixante-quinze mille livres, pour faire que rien ne retarde le deſſein de remettre la ville ſous l'obeïſſance du Roy. En même temps le canon commence à joüer. On tourne toute l'artillerie contre le Monaſtere. Les Commiſſaires ſe trouvent bien embarraſſez dans ce lieu. Pour ne s'y pas engager plus avant, ils en ſortent le lendemain au point du jour. Ils s'en vont à Nôtre-Dame de la Garde. Delà ils donnent avis au Duc de ce qui ſe paſſe. Ils luy font craindre les ſuites que cela pût avoir, & qu'il ne perde Marſeille pour toûjours, s'il pouſſe plus avant les choſes. A cela le Duc ne fait autre réponſe, ſi ce n'eſt qu'il faut trouver les moyens de ſe retirer avec honneur. Qu'il eſtime que pour y reüſſir, il faut épouvanter le peuple, par le canon de Nôtre-Dame de la Garde. Que ſi l'on n'avance rien par cette voye, il en faut venir à la negociation. Dés qu'on aprend les ſentimens du Duc, on ſuit l'ouverture qu'il vient de faire. On répond au canon que la ville tire, par d'autres canonades de pareille vigueur. Mais ce canon ne fait point d'autre effet, que de bleſſer une fille. Comme on voit que le canon pour être trop élevé, ne pouvoit pas nuire à la ville, on ſe reſout à faire des propoſitions. On employe pour cela le Prieur de ſaint Victor, homme d'eſprit & d'experience. Le Prieur s'en va d'abord trouver les Conſuls. Il les prie d'agréer que l'on cherche les moyens de terminer ce different. Il les conjure de conſiderer qu'il s'agit tant du repos de la ville, que de la conſervation du Monaſtere. Les Conſuls agréent ſon entremiſe. En même temps le Prieur ſe met à negocier. Il fait diverſes allées & venuës. Il tourne ſi bien les uns & les autres, qu'enfin il les fait demeurer d'accord. On convient que le Baron de Meoillon déclarera qu'il ne s'eſt emparé du Monaſtere que dans la vûë du bien public. Que voyant les choſes ſucceder tout autrement qu'il l'avoit crû, il étoit bien aiſe de ſortir, pour éviter la ruïne de ce Monaſtere. Qu'il le laiſſoit avec bien de la joye au pouvoir du Prieur & des Religieux. Que la bonne intelligence qui a été juſqu'alors, entre la ville & le fort de Nôtre Dame de la Garde, ſe conſervera toûjours de même. Qu'on vivra de part & d'autre dans la même union qu'auparavant. Dés que ce traité

fut signé, toutes les troupes se retirerent, aprez un effort inutile de huit jours. Sur la nuit on vît la ville toute éclairée par les feux de joye. Ces feux furent suivis le lendemain d'une procession generale. La Comtesse y assista avec le Seigneur de Crequy son fils. Le Viguier, & les Consuls s'y trouverent, portant des flambeaux de cire blanche, entourez de branches de laurier. Aprez cela pour empêcher que le Monastere ne fût plus surpris, on y mit une garnison de cent hommes. On y établit le fils de Casaux pour Gouverneur. Ce mauvais succez du dessein du Duc donna commencement à la déroute de ses affaires. On fit mille railleries de cette avanture. La raillerie alla bien plus loin que du Païs. On remarqua que le Duc de Mayene dit un bon mot sur cela. Car comme la nouvelle luy en fut donnée, le Marechal de Brissac
„ qui se trouva present, dit fort serieusement, & qu'alloit faire à Mar-
„ seille le Duc de Savoye, puisque cette ville tient pour l'union ? Le Duc
„ de Mayene répondit fort agreablement, il y alloit pour manger des
„ figues. Du reste il fut si aise de la chose, qu'il felicita par lettre les Marseillois, & les loüa du zele qu'ils faisoient paroître à maintenir leur ville unie pour le bien de la Couronne. Cependant ce qu'on avoit fait à Marseille pour la Comtesse, sembloit mettre en plus grande consideration cette Dame, qu'elle ne l'étoit auparavant. Car par là on jugeoit qu'elle avoit tout pouvoir dans cette ville, qui seule étoit plus considerable que tout le reste du Païs. Aussi la Comtesse s'enfla si fort de ce bon succez, qu'elle se tenoit pour toute assûrée, que le Seigneur de la Valete l'épouseroit. Le Seigneur de la Valete de son côté ne s'éloignoit pas fort de ce mariage. Il voyoit que cela pouvoit avancer ses affaires dans la Province. Que la Comtesse lui aporteroit de grands biens. Aussi dit-on, qu'il écouta fort volontiers la proposition que le Seigneur de Besaudun lui en alla faire. Ce qui fit croire que cette ouverture lui fut tres-agreable, c'est qu'on remarqua qu'aprez cette conference, qui se fit dans la nuit à Pertuis, le Seigneur de la Valete parût fort gay, qu'il sembla reveiller ses esperances, qu'il se mit aux champs peu de jours aprez, qu'il alla mettre le siege devant Beines. Beines étoit une place à la verité fort petite, mais elle étoit d'une grande consideration dans le haut païs. Car elle est située sur la pointe d'une montagne fort haute. Non seulement elle commande tous les environs, mais elle empêche le passage de la riviere d'Asse, elle coupe le grand chemin qui va à Aix. Elle rompt enfin absolument tout le commerce de la haute Provence. Le Duc aprenant que ce siege se commence, prie le Comte de Carces de l'aller faire lever. Aussi-tôt le Comte part avec treize cents hommes, sçavoir mille hommes de pied, & trois cent chevaux. A son arrivée, au lieu de Vallansole, ses coureurs lui viennent dire que Dom Cesar d'Avallos passoit. C'étoit un Seigneur Napolitain, qui menoit au Duc un petit secours de trois cents hommes, parmi lesquels il y avoit deux cents bons chevaux. Sur cet avis, le Comte envoye faire compliment au Seigneur. Il le convie de venir prendre part à la gloire, de faire lever un siege. Dom Cesar reçoit de fort bonne grace le compliment. Il va se ranger fort agreablement

sous

sous les enseignes du Comte, quoy qu'il vint avec un si grand faste, que passant chez les Princes d'Italie, il leur disoit qu'il venoit en Provence, pour prendre *due pecorine*, Lesdiguieres & la Valete, qui ne pensoient à rien moins que cela. Le Comte se voyant fortifié d'une personne si considerable se met fierement en chemin. Il marche à enseignes déployées. En cet état il arrive à Stoblon, village à une lieuë de Beines. Là il commence à ranger sa cavalerie. Il la divise en trois escadrons. Il met au milieu les munitions & l'infanterie. Cela fait il se met en marche. Comme le Seigneur de la Valete aprend qu'il aproche, il reconnoît qu'il n'est pas assez fort pour lui resister. Il se croit obligé de lever le siege. Il le leve. Il va retirer son canon dans Mezel. Cependant le Comte de Carces s'avance, & trouvant qu'on a levé le siege, il jette du secours dans la place, & se retire sans se reposer. Tout cela se fit dans si peu de temps, qu'on a dit qu'il n'y fut pas employé quatre heures. On a dit aussi que le Seigneur de la Valete, pouvoit bien attaquer le Comte & le charger fort facilement à son retour. Car les troupes du Comte étoient extremement fatiguées, il leur faloit faire encore une grande traite pour gagner Valensole, seul village de la contrée qui tenoit pour lui. Cependant il ne s'avise pas d'aller aprez lui. Il est est vray que le Seigneur de Buous entreprit de reparer cette faute. Car il alla le lendemain fort matin à Valensole, esperant de surprendre le Comte infailliblement. Mais il trouve que le Comte avoit été plus diligent que lui. Tout ce qu'il pût faire ce fût de donner sur quelques soldats, qui s'étoient amusez derriere. Ainsi le Comte vint recevoir du Duc les eloges, que meritoient sa conduite & son cœur.

Cependant le Seigneur de la Valete piqué de cet échec, songe à en avoir sa revanche. Il en confere avec ses amis. Il cherche avec eux les moyens de pouvoir attirer le Duc en campagne. Ce n'étoit pas une chose trop aisée. Car l'hyver avoit déja commencé. On étoit dans le mois de Decembre. Et neanmoins nonobstant tous ces obstacles il ne laissa pas de venir à bout de ses desseins. Voicy comment il l'executa. Le village de Vinon est dans une situation, qui le rendoit encore plus considerable que Beines. Car il est sur un grand chemin, contre la Riviere de Verdon, qui peut ouvrir & fermer le commerce d'Aix. Comme le Seigneur de la Valete voit que ce village étoit pour Aix d'une si grande importance, il s'avise de l'occuper. Il s'imagine que le Duc ne souffrira pas une invasion qui pouvoit lui être si nuisible; ou qu'en tout cas le Comte de Carces voudra se signaler, par la délivrance de ce lieu. Il considere que si le Duc sortoit, la plaine de Vinon étoit la plus propre du monde pour une bataille: que c'étoit le meilleur endroit qu'il pût choisir. Car il avoit à deux lieuës de là Riez & Manosque, deux villes qui lui étoient assurées en cas de retraite, au lieu que le Duc n'avoit que saint Paul & Rians, deux villages, où il ne pourroit pas même être en sûreté. Ce raisonnement ne le trompa pas. Car dés que le Duc eut nouvelles que Vinon avoit été saisi, il s'enflamme de colere de cette entreprise. Il se délibere d'aller

XVIII.
Le Seigneur de la Valete pour avoir sa revanche, presente la bataille au Duc à Vinon. Il le défait. Le Duc fait une tentative inutile sur Marseille & sur le Martigues. Il s'en va à Arles, où il reçoit de grands honneurs. Le Seigneur de la Valete s'en va vers Frejus. Il assiege le village de Roquebrune, & il y est tué.

A a a a a

lui même réprimer l'audace d'un coup si hardi. Il prend pour pretexte de ce dessein, l'incommodité qu'Aix recevroit de cette entreprise. Mais ce dessein venoit d'une autre cause. Il venoit en verité du mépris qu'il crût qu'on faisoit de lui. Il se met donc en campagne aussi-tôt. Il marche avec deux canons & toutes ses troupes. Ses troupes n'étoient pas trop nombreuses. Elles étoient composées de deux mille hommes de pied & sept cens chevaux. Comme il fut à Rians, il fit une revûë generale. Le lendemain il alla droit à Vinon. Il aproche, il y met le siege. Il fait joüer le canon incessamment. Mesplez qui étoit dans la place, répond avec toute sa scopeterie. Il repare la breche tres-diligemment. Cela se continuë durant deux jours. Le troisiéme le Seigneur de la Valete part de Manosque, où le Seigneur de Gouvernet l'avoit joint. Il vient pour faire lever le siege. A peine a-t'il passé la

Le 16. Novembre.

Durance, que le Duc en est averti par ses coureurs. L'envie qu'il avoit d'en venir aux mains, fait qu'il assemble le conseil de guerre. On y resout que si l'ennemi paroît avant midy, on passera le Verdon pour l'aller combattre. Car on ne vouloit pas hazarder la bataille, s'il la faloit commencer sur la fin du jour. Neanmoins l'aprez-diné le Duc fut si ravi d'entendre qu'on voyoit paroître l'ennemi, qu'il fit passer la riviere à ses troupes. Quand elles furent toutes passées, il les fit mettre en bataille, quoique tout cela se fit sur l'heure que le soleil se couchoit. Il donne le commandement de l'aîle droite au Comte de Carces, avec cent cinquante chevaux. Celui de l'aîle gauche au Comte Vinceguerre, avec la cavalerie Espagnole & Italienne. Il se reserve le corps de bataille à lui & à Dom Cesar d'Avalos. Il met l'infanterie auprez du canon. Comme il voit que tout va fort bien, il se met à la tête de ses six-vingt Gentilshommes, qui tous avoient leurs casaques de velours. Mais à peine est-il parmi les siens, qu'il s'apperçoit que la Noblesse de Provence se rangeoit sous le Comte de Carces. Cela le choque il s'en formalise. Il ordonne qu'on diminuë cet escadron. Ce changement ne se peut faire sans quelque desordre. Le Seigneur de la Valete qui remarque la chose, prend dessein de se prevaloir de l'occasion. Il s'avance en ordre de bataille, car ses gens étoient tous rangez. Le Seigneur de saint Cannat commandoit les enfans perdus, où se voyoient quarante Gentilshommes ou Capitaines. Le Seigneur de Buous avoit l'avantgarde, composée de cent cinquante chevaux. Pour lui il avoit le corps de bataille avec le Seigneur de Gouvernet. Il avoit composé de valets l'arrieregarde, afin qu'on le crût plus fort qu'il n'étoit. Car il n'avoit que cinq cent chevaux, & six cents arquebusiers. Les deux armées marchant dans cet ordre, se virent bien-tôt en presence. Alors on sonne la charge des deux côtez. On y va de part & d'autre d'une ardeur égale. D'abord les lances Espagnoles & les Italiennes percent l'infanterie. Elle commence à lâcher le pied. Le Comte de Carces qui s'aide à la charger, entre si avant qu'il se met à crier *victoire victoire*. A ce cry le Seigneur de la Valete s'irrite. Il s'avance l'épée à la main. Il fait tourner visage aux fuyards. Il leur redonne le cœur par son exemple. Dans ce temps le Seigneur de saint Canat, puis le Seigneur de Buous viennent à la charge. Ils font si à propos cette attaque, que la cavalerie du Duc lâche le pied à son tour. Elle fuit avec tant de frayeur, qu'elle va se jetter aveuglement dans la riviere. On la poursuit. On tuë le Comte de Vinceguerre, cinquante ou soixante cavaliers y restent aussi, ou tuez ou noyez. Le Duc voit cette déroute avec une douleur mortelle. Pour l'arrêter il employe toute son adresse. Prieres, menaces, tout s'employe inutilement. Rien n'est capable de retenir les fuyards. A cete vûë il connoît assez que le mal n'a point de remede. Il repasse lui-même la riviere. Le Comte de Carces le laisse sauver à la faveur de la nuit qui survient. Cet avantage comble d'une si grande joye ceux de Vinon, qu'ils la portent bien avant au dehors, par des carillons de leurs cloches. On ajoûte une salve d'arquebuses aux carillons. Cependant le Seigneur de la Valete laisse retirer le Duc sans le poursuivre. Il se contente de l'honneur de l'avoir vaincu. Peut-être crût-il que c'étoit assez que cela, pour rélever la reputation de ses armes. Peut-être ne voulut-il point mettre sa gloire en danger. Quoy qu'il en soit, on ne laissa pas de trouver beaucoup à dire, qu'il ne poussât pas sa victoire plus avant. Car assûrement il l'auroit portée jusqu'au bout, dans l'épouvante qu'on avoit prise, & dans le peu de moyen qu'on avoit de se rallier. Cette fuite neanmoins & cette frayeur, n'empêcherent pas que le Duc ne conservât tout son jugement dans sa perte. Il fait crever son canon, il le fait enfoncer dans la terre, pour dérober à son ennemi l'avantage de l'emporter. Puis il se retire à onze heures de nuit, dans un si bon ordre, qu'il étoit impossible, en voyant sa marche, de croire qu'il eut été vaincû. Car comme ses troupes furent hors de danger, il les fit retirer en bataille. Il se mit à leur queuë armé de toutes pieces, suivi de la Noblesse dans le même état. Tandis que le Duc se retiroit plein de déplaisir, le camp du Seigneur de la Valete retentissoit d'allegresse. Tous loüoient la judicieuse conduite de leur General. Tous aplaudissoient à sa gloire. On remarque que la victoire a été plus illustre par la déroute que par le sang. Car on ne trouva sur le champ de bataille qu'une trenteine de morts. Le Chevalier de Buous en porta la nouvelle au Roy. Il lui presenta le casque du Duc, qui fut trouvé dans le champ de bataille. Ce casque étoit d'argent, sa figure étoit une tête de lion. Il avoit pour cimier un crucifix au milieu d'un grand bouquet de plumes blanches. Le Roy reçûc cette nouvelle avec bien de la joye. Le Duc de Mayene n'en fut pas moins aise que le Roy. Car il vit bien que cette défaite du Duc, alloit ruïner ses affaires en Provence. Il ne se trompa pas dans sa coniecture. Les armes du Duc commencerent à s'affoiblir si fort qu'il n'eut pas moyen d'aller secourir Digne, que le Seigneur de la Valete avoit attaquée quelques jours auparavant. Il souffrit aussi qu'on surprit Colmars, dont la prise rompit tout le commerce d'Aix avec la montagne. Depuis ce temps, le Duc vît ses affaires déchoir de jour à autre. Il vit tous ses desseins lui reüssir de travers. S'il essaya quelque-fois de les rélever, les tentatives se trouverent toutes vaines. A Marseille ses partisans entreprirent d'échauffer le peuple contre les Conſuls. Ils ſe plaignirent qu'on manquoit de bled, qu'on étoit ſur le point de voir une famine horrible. Mais cette plainte fut d'abord étouffée par le bled qui vint du Languedoc. On a dit qu'il en arriva quarante mille charges : que dans le même temps, le Grand Duc en envoya auſſi une tres-grande quantité. Le Duc ayant échoüé de ce côté-là, prit la choſe d'une autre maniere. Il eſſaya de ſe faire introduire dans la ville. Mais ce deſſein ne reüſſit pas mieux que l'autre. On ſurprend un de ſes eſpions, que l'on condamne à la mort. L'eſpion découvre tout allant au ſuplice. Il n'y a pas moyen de rien tenter ſur ce ſujet. Ainſi, Marſeille lui ayant manqué, le Comte de Ca. ces lui propoſe de tourner ſes penſées vers le Martigues. Il offre d'executer lui même le projet. A peine le Duc a-t-il aprouvé ſon deſſein, que le Comte va ſurprendre la Tour de Bouc. Il y met dedans un Luquois, nommé Capitaine Perin Cadela. Cela fait il veut aller au Martigues. Mais il prend trop de precautions pour y entrer. Les habitans prenent ombrage de ſes demandes. Ils lui refuſent tout ce qu'il demandoit. Ainſi ce deſſein echoüa, comme avoit fait celui de Marſeille. Le Comte perdit même la Tour de Bouc. On a dit que Cadela la vendit deux mille écus. Il eſt vray qu'il ne profita pas trop de ſa vente. Car comme il ſe retiroit vers le Comte, s'imaginant qu'il ne ſçavoit pas le ſecret de ſon procedé, le Comte lui reprocha d'avoir voulu livrer la place aux Luquois, & ſur ce pretexte, il le fit pendre ſur le champ à un arbre. Cette action fit beaucoup de bruit dans la Province. Les ennemis du Comte en parlerent peu favorablement. On dit que ce malheureux ne fut ainſi traité, que de peur qu'il ne découvrit l'engagement que le Comte venoit de prendre avec le Grand Duc, de qui il avoit déja tiré quelque argent. Mais comme ces diſcours venoient de la part de ſes ennemis, on ne leur donna pas trop de creance. Ils ſe diſſiperent auſſi-tôt. Quoy qu'il en ſoit, l'entrepriſe du Martigues, & celle de Marſeille ayant failli, le Duc tourna toutes ſes eſperances vers Arles. Il s'imagina que l'autorité du Conſul la Riviere pouvoit l'en rendre maître facilement. Cette ville à l'exemple de la Province & de Marſeille avoit deputé pour les Etats Generaux convoquez à Reims. Cette convocation ſe faiſoit pour proceder à l'élection d'un Roy Catholique. Le Duc pour empêcher que le depûté de cette ville ne portât quelques memoires contre lui, va diſſiper tout ce qui ſe pouvoit reſoudre en ſon

1592. abſence. Il voyoit que Marſeille avoit demandé le rétabliſſement du Juge Mage, en haîne du voyage des Commiſſaires du Parlement à ſaint Victor. Il craignoit que Arles ne lui ruat un coup ſemblable. Il va donc pour prevenir ou pour rompre ce qui ſe pouvoit tramer contre de lui. Auſſi-tôt qu'il eſt arrivé il tâche de ſe rendre agreable à tout le monde. Il ouvre le carnaval, par des bals, par des maſcarades, par des courſes de bague, par des feſtins. Cela lui reüſſit admirablement. Car il reçût toute ſorte d'honneurs de la Nobleſſe & du peuple. Sur tout les parens de ceux que le Lieutenant Biord perſecutoit, lui faiſoient la cour aſſidûement. La cauſe de ces incriminez s'étoit plaidée au Parlement dans le mois de Decembre. Elle avoit tenu ſept audiences

On ne manqua pas d'y étaler fort au long toutes les cruautez que ce Lieutenant avoit exercées. Le refus des alimens fait à Robert de Chavari, la question où l'on tint durant sept heures les Bibions, les coups de poignard qu'on leur donna dans les bras & dans les cuisses, les violences faites aux sergens qui réfusoient d'executer ses volontez; ne furent pas des circonstances oubliées. On vit encore une chose fort surprenante. Ce fut une déclaration du Capitaine Durand, qu'il avoit signée de son sang, par laquelle il desavoüoit tout ce que le Lieutenant lui avoit fait dire en presence du saint Sacrement devant l'Archevêque. Enfin on y representa si vivement ses inhumanitez & sa tyrannie, que toute l'audience en fremit d'horreur. Tous jugerent que la condamnation à la mort, étoit la seule peine qui devoit suivre ces crimes. Mais quand la Cour eut permis au Lieutenant de plaider sa cause, il se défendit avec tant d'eloquence, & tant de moderation, il couvrit son naturel violent, sous une modestie si touchante, qu'il ni eut personne qui ne changeât de sentiment, & les Juges tout éclairez qu'ils étoient ne pûrent jamais se determiner qu'à un simple interlocutoire. Il fut ordonné que pour mieux penetrer la chose, il seroit informé par un Commissaire de la Cour. Cependant le Lieutenant est mis aux arrêts de la ville, & les autres relaxez par tout, à l'exception de la ville d'Arles. Aussi-tôt que cet arrêt fut rendu, les incriminez aprochent d'Arles autant qu'ils peuvent, pour moyenner que les informations se fassent fidelement, & que le Duc leur soit toûjours favorable. C'est pour cela que leurs parens étoient toûjours à sa suite, qu'ils lui faisoient la cour jour & nuit. Pendant que le Duc travaille dans Arles à gagner les cœurs, le Seigneur de la Valete va s'assûrer d'une autre extremité de la Province. Il va pour reduire quelques villages aux environs de Frejus qui tenoit pour luy. Ce qui l'obligea d'aller en ce quartier là, ce fut que le Comte de Carces avoit surpris le château d'Ampus, qu'il pretendoit d'aller à Draguignan, & de se rendre maître de cette contrée. Ainsi le Comte de Carces marchant hostilement comme il faisoit, le Seigneur de la Valete n'epargna pas ses maisons dans sa route. Entre autres il se saisit du château de Flassans. Il est vray que ce château lui fut remis par la Comtesse de Carces. Aussi en usat-il fort honêtement. Car il combla cette Dame de civilitez. Il lui parla du Comte son mari avec beaucoup d'honneur & d'estime. On remarqua qu'il lui dit entre autres choses, que sa valeur lui déroba la victoire dans la journée de Vinon, qu'elle fit qu'au lieu de l'oiseau qu'il vouloit avoir, il lui falût se contenter de ses plumes. Delà il s'en alla mettre le siege devant Roquebrune, village à une lieuë de Frejus. Avant neanmoins qu'il y arrivât, le Comte averti de son dessein, jette deux cens hommes dans la place. Sur cela le Seigneur de la Valete arrive. Il aprend qu'on a fait entrer du secours dans le lieu, qu'on pretendoit de se bien deffendre. Ce qu'on lui dit le surprend & l'offense. Il ne croyoit pas qu'en l'état ou étoit ce village, on pût prendre une aussi forte resolution que celle là. Ce dessein l'oblige de mettre toute son aplication à ce siege. Il ordonne tout. Il est present à tout. Il arriva qu'un matin ayant Le 11. Février.

fait changer la batterie, & fait pointer lui même un canon, comme il se baisse pour voir si le canon est bien pointé, un coup d'arquebuse tiré du village le renverse par terre. En même temps, pour empêcher que le camp ne se trouble, on le fait porter à Frejus sur un brancar. Mais il n'y eut point de remede à sa blessure. Ce pauvre Seigneur mourut le soir. Cette mort priva le parti du Roy d'un grand chef, elle lui ôta presque toute sa force dans la Province. Car il le soûtint lui seul avec une poignée de troupes, contre les armes du Duc de Savoye, contre la plus grande partie du Païs soûlevé. Il se soûtint par son seul esprit, contre les artifices & contre l'envie. Enfin il resista par son cœur & par sa prudence, à tout ce qui osa se lever contre lui. Chef ferme, rigide, vigilant, amateur de l'ordre & de la discipline. Au reste on a remarqué qu'il étoit veritablement si bon catholique, qu'il n'alla jamais dans l'occasion sans s'être confessé, qu'il ne passa jamais un jour sans oüir la Messe. Il étoit d'ailleurs si fidele à son Roy, qu'il refusa l'offre que le parti ligueur lui fit de le laisser maître de la Provence. Car on a dit, que le Pere de Joyeuse, Capucin, lui vint faire une proposition, lorsque les Ligueurs l'envoyerent vers le Pape, pour lui faire aprouver que la France se divisât en plusieurs Etats. Mais parmi ses grandes vertus, il ne faut pas oublier son affabilité si merveilleuse, qu'on a remarqué que jamais personne ne sortit d'auprez de lui que trés satisfait.

XIX.
La nouvelle de la mort du Seigneur de la Valete est reçuë avec joye dans les grandes villes. Son parti ne relâche point pour cela. Il apelle le parti du Seigneur de Lesdiguieres. A Arles le Consul la Riviere entreprend de faire garder les portes par des Espagnols. A cette vûë le peuple se soûleve. On tuë le Consul, on se déclare contre le Duc de Savoye. Le Duc étonné de ce chãgement, envoye le Lieutenãt Biord pour se rétablir. Le Lieutenant est tué sur son chemin par des gens d'Arles.

Cependant les choses étoient disposées de maniere, que jamais nouvelle ne fut mieux reçuë, que celle de cette mort. Les grandes villes en firent des feux de joye. On en rendit à Dieu des graces publiques par des processions. A Marseille, la Comtesse même fut obligée d'assister à toutes ces ceremonies, quoyqu'affligée mortellement dans le cœur. Aussi dés qu'elle sortit de ces actions d'éclat, elle vint s'enfermer dans son cabinet, avec le Seigneur de Besaudun, & Casaux. Là ils se lamenterent tous trois d'avoir perdu le seul apuy, à l'ayde duquel ils pouvoient pousser le Duc & le chasser enfin de la Province. Pour Arles, comme le Duc y étoit quand cette nouvelle y fut portée, on n'y fit jamais plus de rejoüissances, n'y plus de festins. Aprez-quoy, suivant le desir du Duc, le Consul la Riviere assemble le Conseil de ville. Dans cette assemblée le Duc voulut faire le populaire. Il s'étendit à un grand compliment. Il témoigne combien il se sentoit obligé au bon accüeil que lui & les siens avoient reçû dans ce voyage. Il dit qu'il « ne desiroit rien tant que d'en faire paroître sa gratitude. Qu'il en « recherchera les occasions avec soin. Qu'il ne perdra pas un moment, « quand il s'agira de leur faire voir combien leur amitié leur étoit chere. « Qu'il vouloit leur en donner une marque presente & visible. C'est que « dans le besoin qu'il avoit d'aller en divers endroits de la Province, il « vouloit augmenter le pouvoir de leur premier Consul. Qu'il vouloit « lui donner le commandement des armes. Qu'il vouloit lui laisser par « dessus les troupes qu'il lui avoit données, quatre compagnies de gens « de pied. Qu'il fait avec plaisir tout cela, dans la connoissance qu'il « avoit du grand zele de ce Consul pour sa patrie. Que cependant il les «

conjuroit d'être aſſûrez, que perſonne ne les aimoit d'une amitié plus «
ſincere que lui. Qu'il n'avoit pas de paſſion plus forte que celle de «
leur faire paroître, que ſa conſervation lui étoit auſſi à cœur que celle «
de ſes Etats, de ſa femme, de ſes enfans. A ces belles paroles l'Avocat «
Cordurier répond au nom des Conſuls. La réponſe fut toute pleine d'actions
de graces auſſi tendres, que l'avoient été les aſſûrances du Duc. Aprez cela
l'on fait entrer les quatres compagnies. Le Duc croyant d'avoir bien aſſûré
toutes choſes part d'Arles. Il s'en vient à Aix. Il reçoit les felicitations
de la mort du Seigneur de la Valete. Il ſouffre auſſi qu'on le felicite
de la repriſe du lieu de Roquebrune, que le Comte de Carces venoit
d'enlever à ſes ennemis. Il écoute agreablement la flaterie, qui l'aſſûre
que la mort du Seigneur de la Valete, l'alloit bien tôt rendre maître
de tout le Païs. Mais quelques eſperances qu'on pût lui donner, le
parti contraire ne penſoit pas de relâcher, ni de ſe ſoûmettre. Bien loin
de là, on le vît agir avec plus de vigueur que jamais. Le Parlement
de Siſteron, prit le gouvernement en main. Il apella le Seigneur de
Leſdiguieres. La Nobleſſe écrivit au Roy pour avoir le Duc d'Epernon.
Ainſi le Duc reconût bien-tôt qu'on n'avoit rempli ſon eſprit que de
chimeres. Qu'il ne devoit pas même trop conter ſur Aix. Il voit qu'il
n'y avoit qu'Arles ſurqui il pût fonder quelque ſolide eſperance. Auſſi
tourne-t-il toutes ſes penſées de ce côté-là. Il penſe à y faire conduire
du canon, pour le joindre aux troupes qu'il avoit aux environs de cette
ville, afin qu'il n'eût beſoin de rien en ce quartier. Mais à peine
a-t-il formé ce deſſein, qu'il le voit d'abord aller en fumée. Car Arles
vient à lui manquer par l'avanture que je vay dire. Le Conſul la Riviere voulant aſſûrer cette ville au Duc, prend deſſein de faire entrer en
faction les compagnies Eſpagnoles, qui juſques là s'étoient tenuës enfer-
mées dans la Commanderie, ſans communiquer avec les habitans. Un jour
donc, ce fut le 12. de Mars, le Conſul commanda qu'on fit monter en garde à la porte de la Cavalerie, deux de ces compagnies, avec celle du Capitaine Conſtantin, & que les deux autres avec celle du Capitaine Buſin,
fuſſent miſes à la porte du Marché neuf. Sur cet ordre le monde prend
l'allarme. On publie que le Conſul veut livrer la ville au Savoyard.
On s'aſſemble en divers quartiers avec tumulte. Sur ce bruit le Conſul qui conferoit à l'Hôtel de Ville avec Rides Gentilhomme Savoyard,
qui commandoit les compagnies Eſpagnoles, eſt averti de ce qui ſe
paſſe. Auſſi-tôt il demande ſes armes. Il dit à Rides qu'il va diſſiper
cette chaleur. A cela Rides répond, monſieur le Conſul vous ne la
diſſiperez point, ſi vous ne tuez de vôtre main demy douzaine des ſeditieux. Ce diſcours anime le Conſul de telle maniere, qu'il ſort de
l'Hôtel de Ville tout échauffé. D'abord il rencontre un tailleur, qui
paſſe devant lui avec ſes armes. Il lui dit, coquin où vas-tu comme
cela, & ſans attendre que l'autre répondit, il lui décharge un coup
d'eſtramaſſon ſur la tête, qui le renverſe par terre. Cette action intimide ſi fort tous les autres, qu'un artiſan qui venoit avec ſa halebarde,
n'attendit pas d'être interrogé. Il dit au Conſul, monſieur le Conſul,
je viens vous trouver; ſur cela le Conſul s'en va tout droit à la porte de

la Cavalerie. Là il trouve une grande troupe de gens armez qui se barricadoient. Il leur dit d'un air furieux, qui vous a commandé de prendre les armes. A ces mots, un nommé Gaspard André, dit, tête de mort, par sobriquet, lui répond, monsieur, c'est la crainte d'être gardé par des Espagnols. On dit que vous voulez les mettre aux portes. Le Consul irrité de cette réponse, se tourne vers André, & lui demande, qui a dit cela. Un autre homme nommé Loüis Peiron, qui étoit derriere André, se met à dire, *tutti*. A cette parole le Consul s'irrite encore d'avantage. Il met l'épée à la main, il en décharge un grand coup sur l'un & sur l'autre. Il les blesse tous deux dangereusement. Il alloit pousser plus loin sa colere, quand le Capitaine Constantin paroît, il crie à ses gens, tire tire. Il se fait une grande décharge. Le Consul reçoit à la cuisse un grand coup, qui la lui casse. Il est mis en état à ne se pouvoir soûtenir. Ne pouvant se deffendre debout, il plie le genou malade, il le met à terre, il se deffend en cette posture le mieux qu'il pût. Il menace les seditieux de les faire pendre, & ne pouvant les retenir par la force, il tâche de les intimider par sa mine fiere, & par des reniemens du nom de Dieu, qui faisoient horreur. Mais tandis qu'il se tourmente si furieusement, il reçoit au travers du corps un autre coup de mousquet, qui le renverse mort par terre. Alors Rides veut faire l'intrepide. Il se met à crier à ceux qui ont fait le coup, vous avez tué vôtre Consul, canaille, dans peu d'heures vous serez tous pendus. A peine a-t'il achevé ces mots, qu'un coup de mousquet le jette par terre. Aussi-tôt, Piquet, Cornete d'une des compagnies du Consul, & le Maréchal de logis, Loüis de Monde, courent avec dix ou douze maîtres à la porte de la Cavalerie, pour la deffendre. Mais la trouvant déja saisie par le peuple, ils se retirent tout doucement. Dans cette retraite, Monde reçoit un coup d'arquebuse, dont il mourut deux jours aprez. Cependant, le tumulte qui n'étoit que dans ce quartier, se repand bien-tôt par toute la ville. On prend les armes. On fait des barricades. On crie vive la fleur de lis, point d'étrangers. On menace d'aller couper la gorge aux compagnies Espagnoles. Mais les gens de qualité empêchent que celà s'execute. Ils mettent seulement dehors les étrangers. Puis ils envoyent prier ceux que le Lieutenant avoit éloignez, de venir au secours de leur patrie. En même temps ceux-cy reviennent dans leurs maisons. Ils s'employent à calmer toutes choses. Leurs soins reüssissent admirablement. Car le jour même l'émeute s'apaise. Chacun s'en retourne chez soy. Le lendemain on fait les funerailles de la Riviere. On l'ensevelit avec toutes sortes de solemnitez. On le porte avec les marques Consulaires. On met sur son tombeau ses armes timbrées. On éleve en forme de trophée, sa casaque, un guidon, des enseignes, marque de tous les emplois qu'il avoit eû; sçavoir, de colonel, de capitaine de chevaux legers, & de capitaine d'infanterie. Aprez que la ceremonie fut achevée, on deputa deux Gentilshommes vers le Duc, pour lui faire des excuses des choses passées, pour lui témoigner quel étoit le déplaisir qu'en avoient les gens de qualité, pour lui remontrer que cette chaleur ne venoit

que

que du peuple, & pour l'affûrer que la ville étoit difposée à lui rendre tout l'honneur qu'on lui devoit. Le Duc vît bien que ce compliment ne fe faifoit que pour l'aparence : que dans le fonds il ne faloit pas s'y fier. Neanmoins pour ne rien negliger de ce qui le pouvoit rétablir dans cette ville, il envoye querir le Lieutenant Biord, qui étoit à Aix. Il lui dit qu'il faloit s'entr'ayder eux deux. Qu'il faloit qu'il lui donnât fes foins, & ceux de fes amis, pour rétablir fon autorité dans Arles. Il lui promet que s'il lui rend ce fervice, il employera de fa part tous fes moyens pour l'y rendre plus puiffant que jamais. Le Lieutenant reçoit avec joye la propofition. Il rend graces au Duc des belles offres qu'il y ajoûte de vouloir le combler de biens. Il l'affure qu'il n'a pas une goute de fang, qu'il ne veüille donner pour fon fervice. Il lui dit que n'ayant plus la Riviere à craindre, feul ennemi qui le pouvoit arrêter, affûrement fon Alteffe verra, jufqu'où il fçait porter le zele & la reconnoiffance. Sur ces affûrances, le Duc lui dit de partir vîte. Il lui donne Lamanon pour l'efcorter. Le Lieutenant part avec Lamanon dans la nuit même. Comme ils arrivent dans le terroir d'Arles, le Lieutenant dit à Lamanon qu'il s'alloit repofer à une grange qu'il avoit à la Crau ; il lui confeille cependant de gagner le devant, pour obferver toutes chofes. Dans le temps que Lamanon s'avance, il court un bruit fourd par la ville, que le Lieutenant alloit arriver. Auffi-tôt le Conful du Port monte à cheval. Il mene avec lui une vintaine de Gentilshommes, pour empêcher, ou par negociation, ou par force, que le Lieutenant aprochât. Dans fa marche il rencontre Lamanon à la Tour du pont de Crau. Il le prie de ne fe pas avancer d'avantage. Il lui dit que le peuple étoit tout émû, du bruit qui couroit que le Lieutenant venoit. Que cela le pourroit porter à quelque folie. Tandis que le Conful parle à Lamanon en ces termes, quelques uns de ceux qui l'accompagnent, queftionent le valet de Lamanon. Ce valet leur dit que le Lieutenant étoit à fa grange. Auffi-tôt fept ou huit d'entre eux fe détachent, ils vont vers la grange pour furprendre le Lieutenant. Comme le Lieutenant voit venir quelques chevaux, il dit à fon valet, courage, voicy mes amis qui viennent à ma rencontre. Dans cette croyance il monte à cheval, pour aller vers eux. Mais à peine a-t'il avancé quelques pas, qu'il reconnoît que la troupe n'eft pas amie. Cela fait qu'il s'ébranle, qu'il tourne bride, qu'il pouffe fi furieufement fon cheval, que l'haleine lui manque tout à coup. Les autres le voyant ainfi fuïr, Roquemartine, Mejanes, Couque, & Mandrin s'avancent. Ils le pourfuivent, ils l'ateignent, ils le tuënt. Quand le corps fut à terre, Le 16. Mars. on lui mit la bride du cheval autour du cou. Peut-être voulut-on fignifier par là, que ce malheureux avoit bien merité la corde. Ainfi mourut ce boutefeu, qui foula brutalement fous fes pieds, peuple, nobleffe, patrie, qui pour dominer dans fa ville, n'épargna ni meurtres, ni feditions, qui fe fit même de la religion, un pretexte pour affouvir fa rage.

Quand le Duc aprit cette nouvelle, il en fut terriblement étonné. X X. Il vît bien que puifque les grandes villes lui manquoient, il lui faloit Le Duc de Savoye, tente de s'emparer du

HISTOIRE

Martigues. Son deſſein ne luy reüſſit pas. Comme il ſe voit malheureux de tous côtez, il ſe retire de Provence. La Nobleſſe du parti du Seigneur de la Valete demande au Roy le Duc d'Epernon, pour Gouverneur. Le parti contraire rapelle le Duc de Savoye. Le Comte de Carces fait une entrepriſe ſur Marſeille, qui echoüe. La Côteſſe de Sault s'en va vers le Conêtable, pour avoir du ſecours. A ſon retour à Marſeille le peuple murmure côtre elle. Elle ſe retire vers le Duc d'Epernon.

prendre d'autres meſures, qu'il faloit ſe cantonner ailleurs : il jette pour cela les yeux ſur Berre. Il croit qu'avant que de rien tenter, il eſt neceſſaire de ſe ſaiſir du Martigues. Voicy comment il entreprit de s'en emparer. Il fait ſçavoir aux Conſuls du Martigues, qu'il avoit beſoin de faire paſſer quelques compagnies d'Iſtres à Marignane. Il les prie de leur vouloir donner libre paſſage. Les Conſuls qui ſe doutent de quelque ſurpriſe, aſſemblent le conſeil pour déliberer ſur cela. Le conſeil trouve bon de répondre au Duc qu'on donnera volontiers paſſage à ſes troupes, pourvû qu'elles paſſent par petits pelotons, à diverſes fois. Cependant on barricade toutes les ruës, hormis celle où les ſoldats devoient paſſer. Et voyant dans la ville plus d'étrangers qu'on n'avoit accoûtumé, on leur ôte adroitement les armes. Le Duc recevant cette réponſe, & aprennant le traittement fait aux étrangers, juge bien qu'on ſe doute de ſon deſſein. Il fait ſemblant neanmoins de ne s'en pas prendre garde. Puis pour faire voir que ſa demande n'étoit pas affectée, il fait paſſer ſes gens ſur des bateaux, & dans le même temps il détourne ſes armes contre Peiroles, que ceux du Puy avoient pris quelques jours auparavant. Mais ce ne luy fut pas un trop grand bonheur, que de prendre ce méchant village. Ainſi ſe voyant malheureux dans ces entrepriſes, voyant qu'il n'avoit plus de villes, qu'il n'avoit preſque perſonne avec luy, que tout l'abandonnoit inſenſiblement, que ſa bourſe diminuoit d'heure à autre, & qu'enfin elle alloit tarir, il conoît bien qu'il ſe faut deſentêter de ſon grand projet, qu'il faut perdre l'envie avec l'eſpoir de devenir Comte de Provence ; qu'enfin il ſe faut reſoudre de ſe retirer, tandis qu'il le peut faire avec honneur. Auſſi-tôt qu'il a formé ce deſſein, il s'aperçoit que l'occaſion de l'executer étoit belle. La Ducheſſe ſon épouſe s'étoit aprochée à Nice. Il prend pretexte d'aller juſques là pour la voir. Il dit qu'il ne ſera prez d'elle, que juſqu'à ce que tout ſoit preparé pour la campagne ; qu'ainſi il n'y ſera que fort peu de jours. Pour amuſer plus adroitement ce qui reſte de ſon parti, il laiſſe le Comte de Montueil avec quelques troupes. Mais comme on voit qu'il veut mener Guiran & Fabregues, qu'il tenoit en priſon depuis la détention de la Comteſſe de Sault : Comme on voit qu'il menace de vouloir ſe rembourſer ſur eux d'une partie de ſa dépenſe : Comme on voit qu'il fait preſſer le Concierge de les luy livrer pour de l'argent, & que le Concierge s'obſtine à le refuſer, on juge facilement, qu'il n'avoit point deſſein de revenir, & qu'il ne vouloit qu'amuſer le monde. Il partit d'Aix le trentiéme de Mars. Il eſt vray qu'en ſe retirant, il ne laiſſa pas d'attaquer quelques places qui étoient ſur ſa route. Entr'autres il prit le château de Moans. Cette maiſon qui n'étoit deſfenduë que par la Dame du lieu, l'arrêta pourtant trois jours. Cette courageuſe Dame étoit l'illuſtre Suſanne de Villeneuve, de la branche de Trans, dont j'ay remarqué cy-devant, que le mari Seigneur de Bormes, avoit été aſſaſſiné par ſes vaſſaux, à la ſollicitation des Ligueurs. Cette Dame ne ſe rendit qu'à condition que ſa maiſon ne ſeroit pas raſée. Le Duc la fit cependant démolir à la priere de ceux de Graſſe. Puis afin que cette voye de fait, & ſon manque de parole, ne chôquat le monde, il promit à la Dame de Moans quatre mille écus pour l'indemniser. Delà continuant son chemin, il dressa sa marche vers Antibe. Il croyoit d'en surprendre le fort. Mais le Seigneur du Bar, qui en étoit Gouverneur y avoit pourvû. Il s'étoit adroitement assûré de Dom Cesar d'Avalos, qu'il pretendit devoir être garent, qu'on ne le troubleroit point dans la place. La resistance du Comte du Bar, autant que le dessein d'affoiblir le parti du Roy, par la privation d'un fidele & genereux sujet, porterent le Duc à emmener le Seigneur de Canaux, frere du Comte, prisonnier en Piedmont. Il l'y retint pendant une année, c'est à dire pendant tout le temps qu'il conserva ses pretensions sur la Provence, pour n'avoir pas ce Seigneur sur les bras, qui luy avoit fait beaucoup de peine. C'est ce qu'il avoit éprouvé en bien des rencontres, & sur tout au siege de Grasse, & ensuite du château de Gourdon où il le fit prisonnier. Et certes on doit dire à la loüange des Seigneurs de cette maison, qu'ils ont toûjours été inviolablement attachez à leurs Princes, dépuis qu'ils furent soûmis comme les autres petits Souverains de la Provence, aux Comtes de Provence. Le Duc aprez avoir manqué Antibe, ne pensa plus qu'à continuër son chemin. Dans ce chemin, la Dame de Moans qui n'avoit point eu de remboursement, se présente devant luy. Elle le prie de se souvenir de la promesse qu'il luy avoit faite. Le Duc fait semblant de ne l'a pas entendre. Il poursuit son chemin sans s'arrêter. Comme la Dame se voit traitée ainsi, elle arrête le cheval du Duc par la bride, & régardant fixement ce Prince, elle lui dit : Monsieur, écoutez-moy s'il vous plaît, Dieu qui est plus grand que vous nous écoute quand nous le prions ; il exauce nos prieres quand elles sont justes ; vous connoissez la justice de la mienne, faites y attention je vous prie, & considerez combien il importe à un grand Prince, d'être inviolable dans sa foy. A ces paroles le Duc demeure comme interdit. Puis revenant de son étonnement, il commande que l'on compte les quatre mille écus à la Dame. Cela fait il tire vers Nice sans s'arrêter plus nulle part. Voila quelle fut l'issuë de ce grand dessein, qui donnoit au Duc de si belles esperances, qui pour le moins sembloit lui promettre que la Provence ne lui échaperoit pas. Assûrement on peut dire qu'il y eut eu bonne part, s'il eut conservé ses premieres manieres, qui le faisoient aimer de tous. Mais son voyage d'Espagne gâta tout. Car il en revint si fier & si dédaigneux, qu'il méprisa generalement tout le monde, jusqu'à la Comtesse de Sault, qui l'avoit le plus apuyé, jusqu'à manquer de parole au Seigneur de Besaudun, à qui il avoit promis le gouvernement de Berre. Aussi il s'aliena si fort tous les cœurs, que delà prit sans doute commencement la déroute de ses affaires. Que s'il eut suivi ses premieres traces, s'il eut continué d'honnorer le Parlement comme la premiere fois, s'il eut traité la Noblesse avec complaisance, s'il eut continué ses bien faits au peuple, assûrement dans le peu de forces qu'avoit le Seigneur de la Valete, il auroit pû détruire le parti du Roy. Mais ce changement de conduite, le precipita dans le malheur. Ce fut ce qui renversa le grand dessein de la royauté, dont sa vanité s'étoit flatée. Dessein dont divers dangers qu'il courut de sa personne, furent le seul fruit qu'il raporta. Ces dangers se remarquerent principalement dans trois occasions. L'une dans le siege de Salon, où s'étant mis auprez d'un grand arbre, & régardant la batterie, un coup de canon tiré da la ville, abattit l'arbre, & emporta plusieurs des siens qui étoient derriere lui. L'autre fut au siege de Berre, où faisant changer de nuit une baterie, il faillit a être pris dans une sortie, que les assiegez firent à cette heure là, & sans doute il ne s'en seroit jamais pû garentir, si le Seigneur de Corbons ne lui eut donné son cheval, qui étoit d'une vitesse étonnante. Enfin durant le siege du Puy, il faillit a être enlevé par le Comte du Bar, & par les Seigneurs de Merargues ses beaux freres, qui avoient tous ensemble comploté le coup. Ainsi on peut dire que ce Prince tout habile qu'il étoit, vit echoüer sa reputation en Provence, & sa politique se reduire en fumée. Aussi dit-on, que comme il fut de retour, il ne craignit pas de dire à la Princesse son épouse qu'il venoit de l'école. Surquoy la Princesse piquée de cette entreprise, se tourna contre le Seigneur de Ligny, qui en étoit l'auteur, & lui reprochant ce conseil, fit suivre ces reproches d'un souflet, dont ce Seigneur mourut de déplaisir. Cet endroit ne se doit pas passer ce me semble, sans faire observer, que plus ce Prince étoit grand en courage, en esprit, en politique, & plus les Provençaux qui le pousserent, ont aquis de gloire par cette action. Je dois remarquer aussi que le ressentiment du Seigneur de Besaudun fut bien favorable à la Province. Car il jetta sur les bras du Duc un homme, qui n'epargna ni la langue, ni la main, ni la negociation pour le détruire. On voit encore toute sa chaleur dans un manifeste qu'il fit, pour justifier son changement, & pour découvrir la veritable fin que le Duc se proposoit dans sa conduite. La mort du Seigneur de la Valete n'avoit pas absolument abattu son parti, quoyqu'elle l'eût frapé d'un terrible coup de foudre. Il reveille tout à coup ses esperances. Le Parlement de Sisteron apelle le Seigneur de Lesdiguieres. La Noblesse depute au Roy pour demander le Duc d'Epernon. Ce ne fut pas neanmoins pour l'affection qu'on lui portât, qu'on faisoit faire cette demande. C'étoit parce qu'on voyoit les meilleures places entre les mains des Gascons, & l'on craignoit de les irriter si on faisoit demander un autre. En effet, ces gens disoient hautement, qu'ils n'avoient pretendu de servir que le Seigneur de la Valete. Que leurs épées ne tranchoient point pour les Huguenots. Qu'enfin, s'ils ne servoient pas le Duc d'Epernon, assûrement ils n'auroient point de maître. Qu'ils sçauroient bien se faire valoir eux tous seuls. Qu'ils ne recevroient la loy de personne. Qu'ils n'étoient pas gens à devoir être méprisez. Ainsi l'interêt de la Province obligeant ce parti de passer par là, on écrit une lettre au Roy signée par tous les Gentilshommes. On la donne à Mesplez, qui se charge de la porter. On écrit aussi au Duc par la même voye. On lui témoigne l'impatience qu'on a de le voir bien-tôt dans le païs. Et neanmoins pour faire sçavoir au Roy le sujet qui les porte à lui faire cette demande, ils resolvent d'envoyer le Baron de Tourvez bien-tôt aprez. Mais les amis du Duc d'Epernon détournent le coup. Ils font tant que l'on va de longue, & que l'on n'agit qu'en sa faveur. En attendant donc que le Duc vienne, on divise le commandement en deux. On nomme le Marquis d'Oraison pour commander aux environs de la Durance, & le Baron de Montaud pour le quartier de Frejus. On fit choix d'un Provençal & d'un Gascon, afin que personne n'eût à se plaindre. Il est vray que leur commandement ne fut pas de longue durée. Car le Seigneur de Lesdiguieres vint bien-tôt aprez. Il entra dans la Province par Sisteron. Sur son chemin il prit Bras & Beines. Ces prises donnerent une si grande épouvante, que d'abord Antibe, Barjols & Draguignan porterent leurs clefs. Le Muy n'ayant pas voulu suivre cet exemple, fut enfin contraint de se rendre à discretion. Cela fit sage le lieu de la Coste, qui se rendit comme les autres avoient fait. Il est vray qu'il y eut plusieurs villages qui se conserverent libres pour de l'argent. Entr'autres, la Ciotat, le Castellet, Roquefort, la Cadiere, Cassis, Cereste; que même le lieu d'Evenos osa bien attendre le canon: mais on ne laissoit pas d'avoir par tout, belle peur d'une venuë si inopinée. Cependant le Colonel Alfonse qui avoit donné le premier avis au Roy de la mort du Seigneur de la Valete, reçût ordre du Roy de venir commander dans le païs. Dés que cet ordre fut expedié, il se mit en chemin, il se vint jetter dans le Château de Tarascon, il étoit déja Gouverneur de cette place. Mais il ne s'avança pas dans la Province, parce qu'il aprit que le Duc d'Epernon devoit venir. La nouvelle de la venuë du Duc d'Epernon excita parmi les Gascons & les Dauphinois une étrange émulation. Ils se disputerent les uns les autres à qui ravageroit la Province plus impitoyablement. Ces ravages obligerent le parti Ligueur de faire proposer une treve. On envoya pour cela des deputez vers le Seigneur de Lesdiguieres, & vers le Parlement de Sisteron. On répond par tout aux deputez assez seichement. On leur dit qu'on ne les pouvoit écouter, si ceux qui les avoient envoyez ne se resolvoient de reconnoître le Roy de Navarre. Sur cette réponse les Ligueurs déclarent qu'ils aimoient mieux perir que de reconnoître un Roy huguenot. Et pour desabuser ceux qui pouvoient se promettre de les ramener, ils deputent de nouveau vers le Duc de Savoye. Ils le supplient de les assister de sa personne & de ses moyens. Le Duc leur promet toute assistance. Mais dans le temps que les deputez venoient raporter cette nouvelle, ils trouvent que le Seigneur de Lesdiguieres se retiroit en Dauphiné. Il se retiroit precipitemment, pour soûtenir son parti, poussé par celuy de la Ligue. A peine est-il hors du païs, que le Comte de Carces se met en campagne. Dans peu de jours il prend Fuveau, Peinier, & Porrieres, villages autour d'Aix, dont le Seigneur de Lesdiguieres s'étoit saisi. Puis comme Marseille lui tenoit fort au cœur, il medite de surprendre cette Ville. Dans ce dessein il s'avance à Gardane avec douze cents arquebusiers, & quatre cent maîtres. Delà il fait partir saint Roman avec deux cent cinquante soldats; saint Roman a ordre de se rendre maître de la porte d'Aix. L'ordre est d'aborder le matin à neuf heures, parce qu'à cette heure là chacun quittoit le corps de garde pour aller dîner. Le Comte

Le 4. Aoust.

devoit s'avancer dans la nuit, afin de se trouver le lendemain prez de là pour le soûtenir, & pour entrer d'abord dans la ville. Sur cet ordre saint Roman part aussi-tôt. Il marche sans être aperçû de personne. il va passer la nuit dans un ravelin à cinq ou six cent pas de la porte d'Aix. D'abord qu'il voit paroître le jour, il commence à disposer la marche. Il fait distribuer la poudre aux soldats. Tandis que chacun reçoit sa portion on laisse tomber par mégarde une mêche allumée sur un des fournimens. Comme les soldats étoient fort serrez, le feu fit un fracas horrible. Il y en eut peu qui n'en demeurassent blessez. Tous furent presque jettez à terre. Les plus proches furent portez en l'air. Saint Roman bien étonné de ce malheur, va d'abord en donner avis au Comte, qui bien plus étonné que saint Roman ne le pouvoit être, est contraint de s'en retourner. Cependant Casaux qui étoit averti de ce dessein, avoit passé la nuit à faire des rondes. Quand le jour parût il envoya quelques uns pour voir s'ils ne découvroient rien. Ces gens s'avancent ils aperçoivent le desordre que la poudre avoit fait. Aussi-tôt ils reviennent sur leur pas, ils raportent à Casaux la chose. Casaux ne manque pas de se faire honneur de cet accident. Il attribuë à son adresse ce qui n'étoit qu'un effet de sa fortune. Il dit que c'est par une intelligence qu'il a fait echoüer ce dessein. Il fait rendre graces à Dieu pour le bonheur de cette journée, qui fût apellée la journée des brulez. Dans ce même temps le Duc de Savoye se voyant encore reclamé dans le païs, sent renaître ses premieres esperances. Ses esperances s'augmentent par la prise d'Antibe, qui lui coûta moins de poudre que d'argent. Mais la Comtesse de Sault n'étoit pas en cet état. Elle étoit si loin de bien esperer, que jamais elle ne fut plus en peine de sa personne. Elle étoit dans une ville ligueuse. Il faloit y faire mine d'être dans cet interêt, & toutefois elle n'avoit plus de liaison avec ce parti. Elle avoit tourné toutes ses esperances dans le parti contraire; quand tout à coup le sujet de ce changement vint à lui manquer. Ainsi étant obligé de chercher un apuy, elle croit qu'il n'y en a pas de plus sûr que celuy du Conêtable. Elle s'en explique à Casaux, & à Besaudun. Ils aprouvent tous deux cette pensée. Mais cette seule aprobation ne suffisoit pas. Il faloit pour executer ce dessein, avoir aussi l'agréement du peuple. Voicy donc comment la Comtesse tourna la chose pour obtenir ce qu'elle souhaitoit. Elle dit par tout, que dans la disette du bled qui regnoit, il faloit pourvoir à la necessité de la ville. Qu'il y faloit pourvoir de bonne heure. Qu'il ne faloit pas attendre le dernier besoin. Que pour cela il faloit s'ouvrir la porte du Languedoc. Qu'il faloit demander cette grace au Conêtable. Que si on la juge propre à faire cette demande, elle offre de bon cœur d'aller jusques là. Elle témoigne qu'il n'y a rien qu'elle ne fasse volontiers, pour rendre la ville sûre & tranquille. Ces belles paroles enchantent les marchands & le peuple. Les uns sont ravis de cette ouverture, qui leur est faite pour le retablissement du commerce. Les autres ne demandent pas mieux, que l'asûrance de ne pouvoir manquer de pain. Ils remercient tous ensemble la Comtesse, du soin qu'elle veut prendre pour le public. Ils témoignent qu'elle ne sçauroit les obliger dans une occasion plus importante. Mais ce n'étoit pas tout que cela. Il faloit encore avoir l'aprobation du conseil de ville. Cette aprobation étoit necessaire pour rendre le voyage plus utile & plus éclatant. Il ne fut pas difficile de l'obtenir. On met d'abord entre les mains de la Comtesse une délibération, par laquelle elle est priée d'aller en Languedoc, pour moyenner auprez du Conêtable la traite du bled, & la liberté du commerce. Dés que la Comtesse fut munie de ce pouvoir, elle monte en mer, parmi les acclamations de tout le monde. Elle va trouver le Conêtable à Agde. Le Conêtable la reçoit avec toute sorte de civilitez. Il la loge dans sa maison, il lui fait rendre tous les honneurs possibles. Enfin il la regale de tant de manieres, qu'on a dit qu'il y avoit plus que de la civilité dans son procedé, qu'il avoit envie d'engager cette Dame au mariage. On ajoûte, que cette pensée lui étoit venuë par ambition plûtôt que par interet, & qu'il s'imagina que ce mariage lui aqueroit Marseille, où il jugeoit par la délibération qu'on lui avoit montrée, que la Comtesse avoit tout pouvoir. Quoyqu'il en soit, quelque dessein que le Conêtable pût avoir, la Comtesse s'en retourna tres-satisfaite. Elle revint sur la galere du Conêtable, avec soixante mousquetaires qu'il lui donna. En cet état elle aborde à Marseille. Mais elle est bien étonnée en descendant à terre, de voir qu'on ne lui faisoit pas un trop grand accueil. Cette froideur vint de l'ombrage qu'on prit de la galere du Conêtable, d'en voir descendre des visages inconus. Le peuple naturellement soupçonneux se dit à l'oreille, qu'on ne doit pas bien augurer de cette galere. Qu'elle ne signifie rien de bon. Que sans doute la Comtesse avoit comploté de les livrer au Conêtable, & que le Conêtable étant partisan du Roy de Navarre, il les lui soûmettroit en même temps. Qu'il faloit prevenir un coup si funeste, un coup mortel à la religion comme à leur liberté. Ces discours étoient fomentez principalement par Loüis d'Aix. L'un des plus grands boutefeux de la ville. Cet homme alluma si bien les esprits contre la Comtesse, qu'elle fut obligée de penser à sa sûreté. Pour cela elle confere avec Casaux. On cherche les moyens de dissiper les ombrages. Mais dans le temps de cette conference le peuple s'échauffe encore plus fort. Casaux qui craint que la chaleur n'aille jusqu'à lui, dit à la Comtesse que dans la conjoncture presente elle ne sçauroit mieux faire, que de se retirer doucement. Sur cela le Seigneur de Besaudun qui ne se croyoit pas plus assûré, proteste à la Comtesse qu'il ne veut pas la quitter, qu'il est prêt de l'accompagner quelque part qu'elle aille. Durant cette conversation le tumulte augmente. La Comtesse & Besaudun en sont avertis. Ils montent à huit heures du soir sur deux Tartanes. Ils sortent du port sans sçavoir où aller. En cet état les gens de la Comtesse lui disent qu'il faudroit s'en retourner en Languedoc. Mais parceque Marseille venoit de lui manquer, elle voit bien que ce n'étoit pas un parti qu'il falût prendre. Quelques uns lui disent de s'en aller au Châteaud'if. Mais ce conseil n'étoit pas meilleur. Elle n'avoit garde de s'enfermer dans une place où elle seroit inutile. Dans cette incertitude & dans cette peine, elle s'avise de s'en aller à Tolon. Elle espere d'y être reçûë agreablement, par le souvenir du Seigneur de la Valete. Elle tire donc de ce côté là. Mais le succez ne répondit pas à son esperance. Car ceux de Tolon qui ne sçavoient rien de ses negotiacions avec le Seigneur de la Valete, s'étonnent de la voir aborder chez eux, & la croient la plus grande ennemie de leur parti, ils la traittent avec mépris, ils se moquent d'elle. Cela l'oblige de se tirer de là. Elle va chercher un'autre retraite. Elle va se jetter à Brignole entre les bras du Duc d'Epernon.

XXI. Le Duc d'Epernon entre dans la Province, il va contre Grasse. Il en est repoussé. Il prend Canes & quelques autres Villages. Il tiét les Etats à Brignole. On y resout d'entretenir son armée, & de députer au Roy pour obtenir les provisions du Gouvernement en sa faveur. Il pense à faire des Citadelles à S. Tropez, & à Brignole. Il propose une treve; surquoi on s'assemble à saint Maximin. Il fait une entreprise sur Marseille. L'entreprise manque. Elle suscite le peuple contre Casaux. Il demande secours au Roy d'Espagne.

Ce Duc resolu de ne point perdre le Gouvernement, étoit parti pour en venir reprendre possession, avant que d'en recevoir les ordres. Sa resolution donna de l'ombrage au Roy. Il craignit que le Duc ne se jettât dans le parti de la Ligue. Cela l'obligea de lui envoyer les expeditions. Ces expeditions neanmoins ne parloient point du Gouvernement. Elles ne lui donnoient pouvoir que de commander l'armée. Il les reçût étant à Avignon. Il entra sur la fin du mois d'Aoust dans la Province. Il y entra par le Languedoc. Il y vint avec d'excellentes troupes, accompagné de beaucoup d'amis. Ce nombre fut encore fort augmenté par ceux de son frere & de la Comtesse. On trouva que ses troupes alloient à dix mille hommes. La premiere chose qu'il fit en arrivant, ce fut d'aller visiter le Parlement, qui avoit repassé de Sisteron à Manosque. Aprez cela il pensa à donner de la reputation à ses armes. Il monta vers le quartier de Grasse, dans la resolution d'y faire quelque exploit signalé. Comme ce quartier tenoit presque tout pour le Savoyard. Il se tourne contre une des parties plus considerables. Il va vers Fayence avec dessein de l'emporter d'assaut. Dans sa marche il aprend qu'on y a jetté du secours. Cet avis lui fait changer de pensée. Il prend sa route vers le lieu de Montauroux, où il y avoit cinq ou six compagnies. Dés qu'il arrive devant cette place il la bat avec deux canons deux jours entiers. Cette vigueur contraint ceux de dedans de se rendre. Aussi-tôt le Duc entre dans la place. Il fait pendre tous les capitaines aux crenaux d'une vieille maison. Il fait étrangler soixante soldats par ses gardes. Puis jugeant qu'une si terrible execution donneroit à penser à tous les lieux qu'il aborderoit; il prend le chemin de Fayence. Il se presente avec ses canons. Ceux qui étoient dans la place voyent bien qu'il faut plier. Ils capitulent. Ils sortent avec armes & bagage. Ce succez persuade facilement au Duc que le reste de la contrée pliera de la même maniere. Dans cette opinion il marche vers Grasse, où commandoit le Seigneur du Gault. Mais à son aproche il est reçû si rudement, qu'aprez une escarmouche qui dura tout le jour, il fut contraint de se retirer avec perte. Il fut plus heureux du côté de Canes. Car dés qu'il aborda cette place, le Marquis de Trans qui y étoit dedans avec six compagnies de Cavalerie, se rendit sans attendre le canon. Cependant le Duc voyant aprocher le jour de l'ouverture des Etats, ne voulut pas manquer de s'y rendre. Ces Etats étoient convoquez à Brignole. Il n'avoit garde de ne s'y pas trouver, puisqu'il s'y devoit déliberer sur la subsistance de ses troupes, & pour son propre établissement. En effet, il fut resolu dans ces Etats qu'on pourvoiroit à

l'entretenement

l'entretenement de son armée, jusqu'à huit mille hommes de pied & douze cent chevaux, & que le Roy seroit suplié d'envoyer au Duc les provisions du gouvernement de la Province. Ce fut dans le temps que ces Etats se tenoient, que la Comtesse vint voir le Duc à Brignole. Le Duc la reçût tres civilement en aparence, mais elle ne laissa pas d'essuyer bien des mortifications. Tant il est vray, que les personnes de la plus grande consideration tombent dans le mépris dés qu'elles cessent d'être utiles. Mais la Comtesse faisoit semblant de ne pas voir ces choses. Au contraire elle témoignoit un grand empressement pour les affaires du Duc. Elle employoit un Augustin fort accredité à Aix, pour negocier qu'on reçoive le Duc dans la ville. Mais par malheur la negociation découverte, fut cause de la mort de l'entremeteur. Il fut condamné par le Parlement à avoir la tête tranchée. Cependant, comme le Duc usoit par tout d'une grande rigueur, les Ligueurs apellerent de nouveau le Duc de Savoye. Cela fait entrer le Duc d'Epernon dans soy-même. Il propose de faire des conferences pour la paix ou pour une treve. Sa proposition est bien reçûë. On arrête de faire la conference à Cavaillon. Neanmoins cette bonne disposition n'empêcha pas que le Duc d'Epernon n'allât contre Antibe. Il bat cette place durant huit jours. Ceux de dedans sont contraint de se rendre. Aussi-tôt le Commandant du Fort prend l'épouvante. Il demande à capituler. Ceux qui vont faire la capitulation, entrent dans la place. Il s'en rendent maîtres. Ils font pendre la plûpart des soldats. On envoye aux galeres ceux qui restent, fin ordinaire des expeditions du Duc. Par là le Duc de Savoye perdit tout ce quartier, à la reserve seule de Grasse. Ainsi le Duc d'Epernon revint plein de gloire. Il s'alla reposer à Tolon. En arrivant il aprit qu'il y avoit dans le port un vaisseau qui venoit du Levant, & qui apartenoit à des particuliers de Marseille. Il le fit arrêter en même-temps. Il fit cela pour mortifier Casaux, qui ne luy avoit point fait de compliment à son arrivée dans la Province. Casaux neanmoins n'étoit pas alors seul maître de Marseille. Il partageoit l'autorité avec Loüis d'Aix, qui de Lieutenant de Viguier qu'il étoit auparavant, devint Viguier en chef, par la sedition qu'il suscita contre la Comtesse. Mais quoyque l'autorité fut partagée, ils ne laissoient pas de regner tous deux tres fierement. On vit bien jusqu'où la fierté se portoit, quand les interessez du vaisseau luy demanderent une lettre pour obliger le Duc à le relâcher. Car d'abord ils refuserent d'écrire. Puis comme ils ne pûrent resister aux prieres, ils s'y rendirent, à condition neanmoins que dans la lettre, ils ne donneroient point au Duc du tres-humble serviteur. Il falut que ces gens se contentassent de la lettre, telle qu'on voulut la leur donner. Deux des interessez au vaisseau s'en vont à Tolon. Ils rendent cette lettre. Le Duc la lit, & voyant les termes de la souscription, vos bons amis les Consuls de Marseille, il se mit à rire, puis se tournant vers ceux qui étoient presens, il commence à leur dire, Messieurs, réjoüissez vous tous, j'ay de bons amis à Marseille. Neanmoins aprez cette raillerie, il ne poussa pas la chose plus loin, & connoissant

Ccccc

qu'il ne faloit pas effaroucher les Marseillois, il parla à ces gens d'une maniere tres-honnête. Il se fit même effort pour leur parler douce-
„ ment. Il leur dit que les Consuls de Marseille ne devoient pas en
„ user comme ils faisoient. Qu'ils devoient considerer que leur ville étoit
„ un membre de la couronne. Que par consequent, ils ne devoient pas
„ se gend'armer contre ceux qui venoient avec l'autorité du Roy. Qu'en
„ tout cas, sans témoigner tant de chaleur, ils devoient attendre la fin de
„ la guerre. Que s'ils vouloient en user de cette maniere, s'ils vouloient
„ luy promettre de ne point tant favoriser la Ligue, il auroit pour leur
„ ville toute sorte de consideration. Qu'il ne penseroit à rien plus qu'à
„ luy conserver tous ses privileges. Du reste qu'il faisoit réponse à leur
„ lettre, dés qu'il auroit nouvelles des Consuls sur cela. Que non seule-
„ ment il relaxeroit le vaisseau, mais qu'il le fairoit escorter à Mar-
„ seille. Ainsi les deux envoyez s'en retournerent, sans rien raporter que
ce beau discours. Cependant ils n'eurent pas besoin d'en venir à de
nouvelles instances. Car quelques jours aprez, comme on negligeoit
la garde du vaisseau, les mariniers prirent adroitement leur temps, ils
s'en revinrent droit à Marseille, dequoy le Duc fut extremement fâché. Ce déplaisir neanmoins s'effaça bien-tôt par le succez du dessein
qu'il prit au commencement de l'année, de dresser des citadelles à

1593.

Tolon, à Brignole, à Saint Tropez. Ce procedé, donne aux Provençaux de grands sujets de défiance. Ils ne peuvent comprendre à quel
dessein le Duc bride des villes toûjours fidelles dans le service du Roy.
Cette reflexion qui leur donne de grands ombrages, les fait douter
qu'il n'agisse plus pour son interêt que pour celuy du Roy. Cette
crainte fait que chacun va sur ses gardes, que la Noblesse garde avec
lui des mesures, que le peuple ne le regarde que comme ennemi, d'où
prend commencement la haine, qui dans la suite éclata si fort. Le
Duc qui s'en aperçoit, pense à couper le mal dans sa racine. Il dissimule le chagrin que le Comte de Carces venoit de luy donner, en
presentant au Parlement le pouvoir qu'il avoit reçû du Duc de Mayene
de commander dans le Païs. Il fait remettre sur le tapis la premiere
proposition de treve. Sur cette proposition, chaque parti nomme des
députez de tous les ordres. On convient de s'assembler à saint Maximin. Pendant que les députez se disposent à partir, le Duc qui est à
Tolon publie que si la treve ne s'accorde, il assiegera la Tour de Bouc.
Il semoit ce bruit pour éloigner les troupes ligueuses des environs d'Aix,
dans les desseins qu'il faisoit sur cette ville. Mais le Comte de Carces
qui s'y trouve, n'a garde de s'y laisser amuser. Au contraire, bien loin
de s'endormir, il veille avec plus de diligence. Il renforce les corps de
garde, il double les rondes, il est attentif jour & nuit à tout. On
connût bien-tôt qu'il avoit eu raison d'user de ces precautions. Car
peu de jours aprez tous ces bruits, on surprit deux hommes à une des
portes de la ville, qui essayoient de l'ouvrir avec de fausses clefs. L'un
se nommoit Capitaine Raguenau, l'autre Vincens le Maguin. Ils furent tous deux condamnez à la mort, & découvrirent tout le complot
avant qu'on les menât au suplice. Ils dirent entre autres choses, que

ces clefs leur avoient été données par Blacons, qui les avoit fait faire à Avignon. Ainsi l'entreprise du Duc d'Epernon sur Aix echoüa. Son déplaisir ne fut pas petit, mais il le dissimula si bien, qu'il ne parût jamais plus empressé pour la treve. Il vint pour cela lui même à saint Maximin. Il tâcha d'y concilier toutes choses. Il offrit de n'entrer dans Aix qu'aprez l'élection du Roy. Les autres offroient de leur coté de le reconnoître pour Gouverneur, en vertu des premieres provisions qu'il avoit euës. Quand on fut convenu de ces deux articles, le troisiéme arrêta la conference tout court. Cet article portoit que l'un & l'autre parti renonceroit à toutes sortes de ligues. Les Ligueurs refuserent d'accorder la chose. Ils offrirent seulement la ligue avec tous les étrangers. Le Duc d'Epernon vouloit comprendre celle du Duc de Mayene. La resistance qui se fit de part & d'autre, rompit absolument tout. Il n'y eut pas moyen de se rajuster, quelques soins que sçût prendre Bloüac entremeteur du traitté, qui passa tout le mois de Février en allées & venuës. Ainsi l'on ne pensa plus de part & d'autre qu'aux moyens de se fortifier. Pour cela chaque parti tint ses assemblées, où l'on fixa le nombre des troupes qu'il faloit entretenir. Les catholiques ayant fait leur compte, & connu que leurs ennemis seroient plus forts qu'eux, ils envoyerent de nouveau vers le Duc de Savoye. Dés que le beau temps fut revenu, le Duc d'Epernon se mit en campagne. Il alla assieger Auriol. Il le prit, il fit pendre les Capitaines, suivant sa coûtume. Delà il s'en va du côté de Roquevaire. Il aproche de ce village, il l'assiege. Il faisoit tous ces sieges pour avoir sujet de se tenir aux environs de Marseille. Car il méditoit de surprendre cette ville. Il avoit déja commencé à y travailler. Il avoit fait venir de Metz un frere de Casaux, qui commandoit une compagnie dans cette place. Il l'avoit fait aller à Marseille, ou sous pretexte d'y voir son frere, il devoit negocier de le rendre amy du Duc, ou de luy acquerir les principaux de la ville, ou en tout cas il devoit remarquer les endroits des murailles, qui étoient de plus facile abord. Dans le temps que le frere de Casaux travailloit dans Marseille, le Duc jetoit quelques carabins dans le terroir, afin d'obliger les païsans à se retirer, & leur ôter le moyen de donner avis à Casaux de son aproche. Son dessein lui réussit à merveilles. Il entre dans le terroir la veille du Dimanche des Rameaux. Le lendemain il s'avance vers la ville avec toute son armée, Le 12. Avril. composée de quatre mille arquebusiers & mille chevaux. Ceux qui ne se doutoient pas de son dessein, crûrent qu'il vouloit prendre la traverse pour aller executer quelque entreprise contre Aix. Mais comme il fut bien avancé dans le terroir, il assemble tous les Capitaines. Il leur dit qu'il ne trouve pas à propos d'aller plus avant. Qu'ils n'ont qu'à s'arrêter en ce lieu, qu'à faire reposer leurs gens. Qu'il leur donnera bien-tôt de ses nouvelles. Cela dit, comme la nuit aproche, il s'avance vers la porte d'Aix, où il fait poser le petard. Cette entreprise s'étoit conduite si secretement qu'on n'en avoit pas eu le moindre vent dans la ville, il n'y avoit dans le corps de garde que vingt-cinq ou trente hommes tous gens de métier mal armez. Cependant les sen-

Ccccc ij

tinelles qui étoient fur les murailles entendent le bruit de ceux qui aprochoient. A ce bruit ils crient *qui va là, qui vive*, quand tout à coup le petard faifant un fracas effroyable, fait fauter la porte du Ravelin. La chofe ayant fi bien reüffi, on aplique l'autre petard à la porte de la ville, qui fait encore une affez grande ouverture. Sur un fi beau commencement, le Duc commande que l'on continuë. On tarde d'aporter les petards. Le Duc s'impaciente, il pefte, il jure. Enfin on luy dit que le mulet qui les portoit n'étoit pas encore arrivé, qu'afsurement on n'avoit pas pris des bons guides, qu'il faloit qu'on fe fût égaré par les chemins. A ces mots le Duc s'emporte contre fes officiers. Il exclame contre la fortune. Mais tous ces emportemens n'avancent pas l'affaire. Il falut fe retirer promptement. Car les Marfeillois s'étant reveillés au bruit. On n'entendoit que fanfares des trompetes. Tout le monde couroit vers la porte d'Aix. Les amis de Cafaux & de Loüis d'Aix fe rendent prez de leurs perfonnes. Mais Cafaux à qui fa confcience reprochoit, d'avoir donné les mains à cet abord du Duc d'Epernon, étoit dans une étrange crainte. Il voyoit bien que l'arrivée de fon frere pouvoit faire naître de grands foupçons contre luy. On a dit même qu'il aprehendoit qu'on ne découvrit qu'il avoit reçû de blancs feings du Duc de Savoye, & qu'on ne luy reprochât d'avoir trahi de de tous cotez. Quoy qu'il en foit fon épouvante fût fi grande, qu'elle l'obligea de recourir à la protection de Loüis d'Aix. Il le conjure de la lui vouloir accorder. Il lui protefte qu'il reconnoîtra ce bien-fait par une gratitude eternelle. Qu'il avoüera tenir fon falut de lui. Loüis d'Aix promet de le fervir de toute fon affection. Et pour cela il monte vers le quartier de Cavaillon à caufe qu'il aprend qu'on s'y barricadoit, & qu'on difoit qu'il faloit aller tuer les deux freres, qui les avoient voulu livrer à Epernon. Comme il arrive dans ce quartier, tout le monde s'avance, on l'environne. Tous parlent de lui avec honneur. On dit qu'il eft le vray Pere de la patrie; le feul veritablement zelé pour la Religion. Le feu fe rallume contre les deux Cafaux. On crie, *foüere Carabin rouge*, à caufe que le Capitaine portoit un manteau d'écarlate. On menace de les aller égorger. Loüis d'Aix les laiffe crier tout leur foul, & exhaler toute leur bille. Aprés quoy il les ramenne. Il calme tout le bruit, puis il fe retire dans l'Hôtel de Ville. A fa venuë Cafaux fe raffure. Il dit que l'honneur l'oblige de fortir, de fe faire voir au corps de Garde de la Loge, & de la porte Royale. Qu'il lui faut même fe hâter pour cela. Dans cette refolution il prend deux cens hommes. Il fort avec fes armes & fon Chaperon. Mais il n'en eft pas mieux reçû pour avoir les Marques Confulaires, & grande fuite. On le regarde par tout avec mépris Il eft contraint de regagner l'Hôtel de Ville. Peu aprés une trenteine de Mulletiers, & de Cardeurs à laine defcendent du quartier de Cavaillon. Ils viennent tous échaufés & prefque furieux. Ils difent que c'eft avoir trop de patience, qu'il faut fe défaire de Cafaux. Comme ils approchent en cet état de la Loge, Loüis d'Aix fort, il s'en va vers-eux. Il leur parle, il les careffe, il les apaife. Il les oblige à fe retirer. Pour les contenter il met en prison quelques Bigarrats, qui seuls porterent la peine de cette journée. Ainsi finit cette grande émute, qui devoit aparemment abîmer Casaux, & que neanmoins Loüis d'Aix sçût détourner avec une adresse qui surpassoit son genie. Aussi en tira-t-il tant d'avantage qu'il eut non seulement comme Casaux une garde de Mousquetaires, mais il partagea dés-lors avec lui tous les honneurs, & tous les profits du Gouvernement, par où Marseille vît redoubler sa servitude. Cette élevation extraordinaire fut regardée de plusieurs avec quelque envie. Entre autres Porcin sentit son ambition s'en rallumer. Cet homme s'estoit absenté de la ville quelque tems, à cause qu'il étoit creature du Comte de Carces. La journée du Petard l'avoit ramené dans la ville ; où considerant combien les émûtes avoient élevé Casaux, & Loüis d'Aix, il s'étonne de se voir si bas, lui qui n'étoit pas moins seditieux que les autres, qui n'étoit pas de moindre qualité qu'eux. Cette reflexion l'enfle & l'irrite tout ensemble. Il se met dans la tête qu'on doit lui faire part du Gouvernement de Marseille. Que pour le moins il doit entrer en tiers avec Casaux & Loüis d'Aix. Enteté de cette opinion, il entreprend de faire une émûte. Il prend avec lui cinq ou six de ses amis. Il court par la ville, il publie qu'on y a laissé entrer l'enemi. Il s'imagenoit que ce bruit qui lui avoit reussi autre fois le fairoit infailliblement suivre du peuple. Mais il trouve que son credit étoit passé, que le peuple étoit las de tant d'émutes. Ainsi demeurant court dans son entreprise, voit bien qu'il lui faut éviter la colere des Tyrans. Cela l'oblige de quiter de nouveau la ville. Mais ny Casaux ny Loüis d'Aix ne croyent pas que sa retraite les assure, ils croyent au contraire que cette boutade les expose à toutes les fantaisies des mutins. Pour s'en délivrer une bonne fois, ils prenent dessein de recourir à la protection du Roy d'Espagne. Ils commencent à tenter cette voye par une demande de bled. Ils députent pour cela vers ce Roy. Mais le député ne s'étant pas expliqué sur ce chapitre, & n'ayant point parlé des Galeres qu'il avoit aussi ordre de demander, on ne lui donna que des lettres adressantes au Prince d'Oria & au Vice-Roy de Sicile, pour faire fournir tout le bled qu'on demandoit. Mais ces lettres s'écrivirent inutilement. Car le député s'en retourne sans les rendre, & Casaux ne voulut pas s'en servir.

Dans le méme-tems que Marseille envoya vers le Roy d'Espagne, la Province se resolut d'y envoyer aussi. Ce dessein fut inspiré par le Comte de Carces, à qui le Duc de Mayene en avoit écrit. Le Comte proposa d'envoyer le Pere de Veruins, inquisiteur de la Foy dans le Comtat, qui s'offrit de faire ce voyage. Il porta des lettres du Duc de Mayene au Roy, qui le supplioient de vouloir secourir la Province de ses forces, & cependant de lui vouloir fournir vingt-mille écus. Je ne doute pas que ceux qui liront ceci, ne traitent presque la demande de ridicule, dans la modicité de la somme qu'on demandoit. Mais assurement cela ne paroîtra pas tel à ceux qui sçavent quelle étoit la misere de ce siecle. Car l'argent étoit si rare dans

XXII. Le Comté de Carces demande aussi secours au Roy d'Espagne dâs le grâd besoin d'argent où l'on étoit. Le Duc d'Epernon s'aproche d'Arles, où les armes du Conétable pour le favoriser

la Province, que les especes étoient augmentées horriblement, elles étoient augmentées à ce point, que le teston valoit trois livres, la reale neuf livres, l'écu d'or douze livres. Ce débordement étoit si furieux, qu'il faloit chercher des moyens pour éviter la supercherie. Car on voyoit les creanciers & les debiteurs toûjours en querelle, toûjours en procez. Ceux-cy vouloient donner l'argent au prix courant, les autres vouloient la méme quantité d'especes qu'ils avoient données. La contestation produisit de si grandes plaintes, que les Procureurs du Païs furent obligez d'obtenir du Parlement un arrét qui condamne les debiteurs à payer les interêts des sommes dûës, & qui suspendit le payement du principal, jusqu'à ce que la monnoye fut remise à une juste valeur. L'arrêt ajoûtoit que si les creanciers pressoient pour étre payez, ils seroient obligez de recevoir la monnoye courante. Que si les debiteurs vouloient aquiter leurs dettes, ils feroient le payement en mémes especes qui se trouveroient énoncées dans les contrats. Mais pour revenir au Duc d'Epernon, comme l'entreprise de Marseille eut échoüé, il s'en alla prendre Roquevaire. Il fit pendre tout ce qui se trouva dans le Château. De là voulant aller faire la méme chose à Rognes, il part, & passant par le terroir d'Aix, on lui dit que dans le moulin qu'on apelloit le moulin fort, il y avoit dix où douze soldats qui gardoient ce poste. Sur cet avis il fait aprocher une couleuvrine. Il la presente devant ce moulin. Il contraint les soldats de se rendre, & suivant sa coûtume il les fait pendre sur le champ. Cette nouvelle étant portée à Aix, le Comte de Carces qui s'offense d'un procedé si violent, se résout à rendre la pareille au Duc, sur l'heure-méme, il tire des prisons sept ou huit de ses carabins, il les fait pendre à la vûë de son armée. Cela fait quitter au Duc le chemin de Rognes. Il tourne sa marche du coté de Salon qu'il pretend de surprendre. Il trouve en arrivant que ses gens avoient déja percé la muraille, & que le Seigneur de saint Canat devoit entrer par l'ouverture, il alloit executer la chose. Il étoit méme déja dedans, quand ceux de la ville y étant accourus, l'obligerent d'abandonner l'entreprise. Les armes du parti du Duc furent plus heureuses du coté d'Arles. Le Conétable de Montmoranci fit saisir le fort de Trinquetaille par Peraut, s'étant lui-méme avancé pour le soûtenir en cas de besoin. Ce coup étonne extremement les gens d'Arles. Ils avoient leur ville tout à fait bridée, & leur campagne absolument à la discretion de leurs ennemis. A cette vûë ils prennent resolution de ne rien oublier pour chasser d'auprez-d'eux de si méchans hôtes. Aussi-tôt ils arment toutes les fregates qu'ils trouvent: ils vont tout d'une halaine attaquer le fort. Mais ils sont vigoureusement répoussez. On les contraint de se retirer à la hâte. Cette retraite si precipitée, enorgueillit terriblement ceux du fort. Ils mettent leurs canons sur le bord du Rhone. Par là ils incommodent si fort la ville, qu'ils n'y laissent rien entrer dedans. Ceux d'Arles se voyant ainsi rencognez, vont faire un fort pour s'opposer à celuy de Trinquetaille.

faisoient le degât du terroir. Ceux d'Arles sont contraints de le reconnoitre. Le Duc d'Epernon vient contre Aix. Il fait un fort sur la coline de S. Eutrope. Le Comte de Carces qui étoit dans la ville, fait un fort au quartier des Fourches, pour empécher que le Duc ne s'en emparât. On fait des conferences pour ajuster les choses. Cela se fait inutilemét. Gilbert Genebrard est fait Archevéque d'Aix par le Pape, à la solicitation des ligueurs. Il vient à Aix. Il y soûtient le parti de la Ligue par ses predications, & par sa chaleur.

Ce fort fut dépuis apellé le fort de Pâques, à cause qu'on l'avoit commencé ce jour là. Ce fort leur fut de quelque commodité, mais non pas telle qu'ils l'avoient esperée. Car ils ne laissoient pas de manquer de vivres. Ils se voyoient même bien près de la faim. Cela les allarmoit étrangement, ils voyoient leur ruïne assurée par la durée de ce siege. Car leurs ennemis étant maîtres de la campagne, ils étoient maîtres de leurs bestiaux, enquoy consistoient leurs principaux biens. Pour éviter un si grand mal-heur, ils députent vers le Duc d'Epernon, qui étoit venu jusqu'à Tarascon. Les députez le suplient de vouloir conserver à leur ville ses privileges & la Religion. Le Duc leur témoigne qu'il n'a point dessein de toucher n'y à l'un n'y à l'autre. Qu'il desiroit seulement de se faire reconnoître dans l'étenduë de son Gouvernement. Que quand Arles se sera mis dans son devoir, il aura pour cette ville tous les égards que merite son importance. Les deputez raportent cette reponse. Comme on voit qu'il faut necessairement plier, on envoye des deputez qui disent au Duc, que la ville est prête de lui rendre toute obeïssance. A cela le Duc répond qu'il est prét de sa part, de maintenir la ville dans ses libertez, & dans ses franchises. Sur cette declaration reciproque, il fut aisé de jetter les fondemens de la paix. La paix se fit le premier jour de Juin, sous ces conditions. Que « le Duc d'Epernon conserveroit en paix la ville d'Arles. Qu'il la « maintiendroit dans ses privileges, dans ses franchises, dans ses liber- « tez. Que la ville de sa part reconnoîtroit le Duc pour Gouverneur, « suivant son pouvoir. Qu'elle se desisteroit de toutes les ligues, & « associations étrangeres. Qu'elle s'oposeroit avec le Duc à tous ceux « qui voudroient troubler son repos. Qu'elle lui remettroit les châ- « teaux du Baron de la Mote avec six ôtages. Aussi-tôt que cette « paix fut signée, le Duc partit pour le Languedoc. Il voulut aller remercier le Conétable de ses bons offices. On a dit que cette visite, ne fut pas pour un simple compliment. Mais que le Duc eut en veüe de consulter de qu'elle maniere, il se devoit conduire, pour se pouvoir rendre maître d'Aix. Que l'on fut d'avis que c'étoit par un blocus qu'il falloit brider cette ville. Qu'elle étoit trop grande pour un siege formé. On resout donc de faire divers forts. Le Duc s'en revient, le Conétable lui donne ses meilleures troupes. Il s'aproche d'Aix avec environ neuf mille hommes, sçavoir sept mille arquebusiers, & dix-huit cens chevaux. Il se saisit de la Tour d'Entremont. Ce fut le jour de la Féte-Dieu qu'il arriva. On s'étonne si pû dans la ville de son arrivée, qu'on fait la procession comme de coûtume, qui fut suivie de toutes les choses qui s'y pratiquent d'ancienneté. Le Comte de Carces qui y commandoit avoit déja fait abatre les maisons de la campagne les plus proches. Il avoit mis un fort bon ordre au dedans. Le lendemain du jour que le Duc parût, il se fit divers partis, pour l'aller harceler dans ce poste. Quatre gens-darmes lui enleverent une sentinelle. Ils vinrent le presenter au Comte de Carces, qui recompensa cette action. Cependant le Duc tout bien posté qu'il étoit, considere qu'il est trop loin de la ville, qu'il ne sçauroit de là faire de grand progrez. Cela fait qu'il pense à s'aprocher. Il envoye Mesplez avec quelque infanterie pour se saisir du couvent des Capucins, ou de l'Hôtel-Dieu. Comme ceux de la ville voyent avancer des troupes, on donne l'allarme par tout, & toutefois personne ne bouge, soit que chacun fût à ses affaires, soit qu'on n'eût pas loisir de s'assembler. C'étoit sur les neuf heures du matin que cette allarme se donna. Quoyqu'il en soit. Comme Mesplez voit que personne ne vient à lui, il se persuade qu'il ne trouvera point de resistance. Il vient en droiture à l'Hôtel-Dieu. Il croyoit d'y entrer de plein pied, quand tout à coup deux compagnies qui étoient dedans le repoussent & soûtiennent si vigoureusement l'attaque, que ceux de la ville ont le temps de les secourir. La Sale & Lamanon sortent avec quelques compagnies. Ils s'oposent à l'attaque avec tant de bonheur, qu'aprez un combat qui dura jusques vers le soir, Mesplez lâcha le pied & fit retraite. Le Comte conut assez par cette démarche, que le Duc vouloit se poster en ce quartier. Sa conjecture se trouva veritable. Car ses espions vinrent justement lui donner cette nouvelle, lorsqu'il faisoit cette reflexion. Ils lui dirent que le Duc venoit faire son fort à la coline de saint Eutrope. C'est l'endroit de tous les environs de la ville qui la domine le plus. Le Comte pour ôter à l'ennemi ses commoditez, fait couper tous les arbres de la coline. Mais le Duc ne rompt pas pour cela son dessein. Il vient pour occuper le côtau. Sur cette nouvelle le Comte sort fort accompagné. Il lui dispute le terrein jusqu'au dernier pouce. Ce combat dura tout le jour. Il fut tres sanglant & tres opiniâtre. Il s'y perdit de fort braves gens de deux côtez. Mais l'avantage demeura tout entier au Duc qui s'empara de la coline. Aussi-tôt qu'il s'en fût rendu maître, il y traça un fort extrememement grand. Ce fort fut si grand en effet, qu'on l'apelloit d'ordinaire la contre ville. On l'entoura de sept bastions en tenaille. On le munit de douze canons. Tous les jours on y voyoit faire quelque fortification nouvelle, & on y voyoit porter toutes les munitions necessaires. Le Duc faisoit couper tous les bleds de la campagne. Il les faisoit porter dans le camp. Tout cela neanmoins ne se faisoit pas sans beaucoup de dangers & de troubles. Car le Comte de Carces faisoit des sorties à toute heure, qui incommodoient extremement le Duc. On lui enlevoit souvent des officiers de grande importance. Par la premiere, il perdit Mesplez, par la seconde, il perdit le Baron de Montaud, gens dont le merite signalé lui rendoit la perte tres sensible. Mais ce n'étoit pas seulement par ces sorties que le Comte de Carces incommodoit le Duc. Il l'incommodoit encore extremement par le bon ordre qu'il avoit mis dans la ville. Entre autres il avoit fait monter sur le clocher de saint Sauveur deux couleuvrines, qui tiroient sans cesse dans le fort. Elles y faisoient de si grands ravages, que le Duc envoya dire de les ôter de là, qu'autrement il jetteroit l'Eglise par terre. Enfin le Comte usoit d'une si grande prevoyance, qu'il ne vouloit souffrir dans les sorties aucun bourgeois, de peur que s'ils venoient à être

tuez

riez ou bleſſez, leurs femmes, leurs enfans, ou leurs parens n'aportaſſent par leurs plaintes & par leurs pleurs, quelque trouble dans la ville. Le Duc aprenant qu'il y avoit au dedans un ſi bon ordre, commença à douter du ſuccez de ſon deſſein. On a crû que dans cette incertitude & cette crainte il fit faire des propoſitions de paix par le Recteur de Carpentras. Il eſt vray que ce Recteur venant de Rome, & paſſant aux portes d'Aix, y fit ſçavoir qu'il avoit ordre du Pape de pacifier toutes choſes. Qu'il avoit auſſi la carte blanche de la part du Duc. Qu'il alloit attendre à Pertuis la reſolution qu'on voudroit prendre. Cela dit, il pourſuivit ſa route, & alla s'arrêter à Pertuis. Il attendit là durant quelques jours la réponſe qu'on luy avoit fait eſperer, qui porta qu'on ne pouvoit accorder de conference, que le Duc n'eût avant cela levé ſon camp & quitté le fort. D'autres ont dit que la propoſition ne fut qu'un artifice dont le Duc ſe ſervit pour gagner temps, & pour ſe pouvoir mieux fortifier. Quoyqu'il en ſoit, ce pourparler bien loin de produire rien de bon, ne ſervit qu'à aigrir d'avantage les choſes. En effet, la haine s'augmenta ſi fort de part & d'autre, qu'on en vint juſqu'à la ſupercherie, juſqu'à manquer de reſpect pour les chefs. On vit venir vers la ville un tambour du Duc, qui ſous pretexte d'avoir des lettres à rendre, attira dehors quelques uns pour les recevoir, quand tout à coup une volée de canon tiré du fort, tua le nommé Brignol, & emporta à Eſprit Marrot une jambe. D'autre côté on vit venir à la ville un priſonnier, que les gens du Duc avoient mis à une enorme rançon, qui indiqua l'endroit où étoit la tente du Duc, & montra que la pointe de ſon pavillon ſe découvroit de deſſus les murailles. Sur cet avis on pointe le canon de la plate-forme vers l'endroit que le ſoldat avoit marqué, on prit ſi juſtement ſon temps, que cela ſe fit lorſque le Duc joüoit à la Prime. C'étoit vers les deux heures aprez midy que le coup ſe tira. Coup qui fit un ſi terrible fracas, qu'il tua les Seigneurs de Mompeſat, de Saint-Vincens, du Poüet, de Torretes qui joüoient avec le Duc, le Duc même ne fut pas exempt. Car l'éclat des os briſez le jetta par terre, dont il demeura quelques heures comme mort. Pluſieurs ſoldats qui le virent en cet état coururent auſſi-tôt vers la ville. Ils y vinrent donner cette nouvelle, dans l'eſperance qu'on les recompenſeroit. On n'a point dit quelle fut la recompenſe qu'on leur donna. Mais ſeulement, que jamais nouvelle ne fut reçûë avec plus de joye, que jamais mort ne rejoüit plus le public que celle du Duc. Le peuple dit ſur cela milles bonnes choſes. Ses brocards ne furent point oubliez & ſes bons mots font rire le bourgeois de tout ſon cœur. Enfin, on étoit ſi aiſe de cette avanture, qu'on ne pût ſouffrir celuy qui vint dire que le bruit de la mort du Duc étoit faux, que le Duc n'étoit que bleſſé. A peine pût-il garentir ſa vie. La nouvelle trouva ſi peu de creance, que pluſieurs ſoûtinrent que l'avis étoit faux. Ils firent même ſur cela diverſes gageures. Cependant le Comte pour profiter de la conjoncture, ſoit que le Duc fut mort, où bleſſé, fait de frequentes & de grandes ſorties. Il attaque le fort par divers endroits.

Le 9. Juillet.

Mais la blessure du Duc n'aporta point de desordre parmi ses troupes. On en donne le commandement à deux Gentilshommes, nommez Passage & Castillon. Ceux-cy pourvûrent si bien à tout, que quoy qu'attaquez de divers côtez, ils soûtinrent toutes les attaques avec tant de cœur, que les pertes furent égales de toutes parts. Ainsi le blocus demurant toûjours dans le même état, on commença à manquer des vivres dans la ville, & les troupes y manquerent aussi d'argent. L'Evêque de Vence étoit venu de la part du Duc de Savoye, & avoit offert la vaisselle d'argent de ce Prince & ses pierreries qui étoient à Marseille. Mais Casaux ne voulut rien laisser sortir. Par là l'offre fut renduë inutile. Il falut envoyer tout de nouveau vers le Duc. Pendant que tout cela se passoit, on avoit fort souvent des nouvelles des negociations de Paris, au sujet de l'élection d'un nouveau Roy. On aprenoit aussi dans le même temps ce qui se faisoit auprez du Roy pour l'obliger de se rendre Catholique. Parmi ces nouvelles differentes les esprits étoient extremement en suspens. Cette incertitude donnoit souvent sujet de faire des propositions de tréve. Ceux d'Aix en pressoient fort la conclusion, dans l'esperance que la tréve les délivreroit de leurs miseres. Le Duc d'Epernon la reculoit au contraire, dans l'envie qu'il avoit de les dompter. Cela fit qu'il les amusa en des conferences presque un mois entier sans neanmoins rien conclure. Mais il rompit ces menagemens sur une difficulté qu'on fit naître. On accordoit à la verité de le reconnoître. Mais on ne le vouloit pas recevoir de quelque temps. Cela le fit échaper jusqu'à dire comme en menaçant, dans peu vous me verrez bien plus proche. Ce discours fit connoître au Comte de Carces, que l'avis qu'on luy avoit donné n'étoit que trop vray. On l'avoit averti que le Duc devoit aller occuper une autre hauteur que l'on apelloit le quartier des fourches. Pour éviter qu'il ne prene ce poste, il va luy même s'en saisir. En même temps il y fait dresser un fort, qui fut apellé le fort de saint Roch, à cause du jour qu'on y mit la premiere pierre. Il l'environne de quatre bastions. Dans quatre jours il le met en deffense. La diligence dont il usa dans cette rencontre étoit d'une grande prevoyance, mais plusieurs attribuerent à son ambition, le soin qu'il prenoit pour la deffense de son parti. Les païsans n'oublierent pas leurs bons mots dans cette occasion. Ils dirent, faisant allusion au nom d'Aix, qu'Aix étoit une si bonne bête, que chacun se pressoit pour la monter. Que pour cela, lorsque l'un vouloit la brider l'autre luy mettoit la croupiere. Cependant, tandis que le Comte éleve son fort, le Duc de Mayene luy fait sçavoir que le Roy s'est rendu Catholique, qu'il avoit fait une treve de trois mois avec luy. Il le prie de faire publier cette tréve. Cette nouvelle éclaircit le Comte d'une chose qui l'avoit fort mis en peine le jour precedent. On avoit vû divers feux allumez dans le camp du Duc. On y avoit tiré tous les canons. Il s'y étoit fait deux ou trois salves de mousqueterie. Le Comte ne pouvoit deviner ce que c'étoit, quand la lettre du Duc de Mayene l'éclaircit. Aussi-tôt que le Comte eut reçû l'ordre qui luy fut adressé, il l'alla porter dans le Parlement. Le Parlement le fit publier en audience. Enfuite, la publication fe fit par la ville, qui fur le foir fut remplie de mille feux. Le lendemain de cette ceremonie le Comte envoye un trompette vers le Duc, pour lui faire fçavoir l'ordre qu'il a eu. Il luy demande s'il vouloit executer la tréve. Le Duc répond qu'il n'a point encore aucun ordre, qu'il ne peut defferer à ce qui vient de la part des ennemis : Mais fur la fin du mois d'Aouft, Pluvinel arrive de la part du Roy. Il luy remet l'ordre d'executer la tréve. Le Duc qui reçoit cet ordre fort à regret, cherche divers pretextes pour demeurer fous les armes. Tantôt il ouvre des tranchées, tantôt il fait couper du bois pour fon fort. Ce procedé oblige le Comte de fe plaindre. Le Duc répond qu'il a fon droit par l'épée, que perfonne ne le luy peut ôter, & que le Comte ayant fi fouvent refufé la paix, ne doit pas trouver mauvais fi on ne fe confie pas trop à la tréve. Cette réponfe faifoit affez connoître ce que le Duc avoit fur le cœur. Il le cachoit neanmoins avec tant de foin qu'il témoignoit ne defirer rien tant que de voir la tréve bien obfervée. Il l'a fait publier dans fon camp avec toutes les ceremonies requifes. Il avertit les Chefs, qu'ils répondront eux mêmes de toutes les contraventions qui fe feront. Enfin, il n'oublie rien au dehors de tout ce qui pouvoit fauver les aparences. Mais fa réponfe ayant découvert au Comte fa fourberie, l'oblige de deffendre aux fiens de fe communiquer avec l'ennemi. Pluvinel de fon côté fait fon poffible pour porter les chofes à quelque ajuftement, & par fes allées & venuës, il moyenne même quelque conference entre les deux Chefs. Mais tout cela fe fit inutilement. Les conferences fe rompirent fans rien produire que beaucoup d'aigreur des deux côtez. Comme Pluvinel voit qu'il ne lui refte rien à executer, il va rendre conte au Roy de fon voyage. Le Comte le fait accompagner par Bonet, fon Secretaire, pour fçavoir ce que devoit devenir le fort, pour recevoir fur cela les ordres. Mais tandis que le Comte eft dans cette attente, qui ne le met pas peu en peine, il recouvre un apuy tres confiderable par l'arrivée de Gilbert Genebrard, qui avoit été fait Archevêque d'Aix, qui venoit prendre poffeffion de fa prelature. Il y avoit été nommé par le Pape à la folicitation des Ligueurs, & le Pape avoit eu ce droit par la mort d'Alexandre Canigeani, arrivée en Cour de Rome. Ainfi Genebrard ayant été pourvû par la faveur de la Ligue, vint en Provence plein de cet efprit. Cet efprit neanmoins n'empêchoit pas que la droiture de fes mœurs & l'excellence de fa doctrine ne le rendiffent bien digne d'occuper cette place. Ce qui joint à une eloquence finguliere, fit dire de lui que fa langue étoit plus redoutable au parti contraire à la ligue, que les moufquets & que les canons. En effet, cet Archevêque enchanta fi bien le peuple par fes predications, qu'il luy fit oublier & paix & tréve. Il lui fit prendre des refolutions contre le Roy, malgré fon changement de religion.

Dans le temps que l'on couroit à Aix aprez les fermons de l'Archevêque Genebrard, il fe commet à Graffe une action horrible. Le Seigneur du Gault étoit toûjours Gouverneur de cette ville. Il la confervoit dans le parti Savoyard. Il tenoit en bride toute la contrée par

XXIII.
Le Seigr. du Gault Gouverneur de Graffe eft affaffiné. L'affaffin eft

fait gouverneur de Grasse. Casaux & Loüis d'Aix craignent cet exemple. Ils découvrent une conjuration qui se faisoit contre eux. Le Parlement empêche adroitement que Masparant Maître des Requêtes aille à Marseille, où il devoit exercer la charge de Juge Mage.

ses courses, & il l'oprimoit par des extorsions. Il avoit auprez de lui un homme fort propre à seconder ses desseins. C'étoit un certain Esperit Perreimond de Draguignan, dit capitaine la Plane. Cet homme commandoit une compagnie. Il étoit fort homme de cœur. Le Seigneur du Gault l'employoit souvent à faire des courses. Il prenoit toute confiance en lui, quand tout à coup cette bonne intelligence se rompit. Cette occasion fut la cause de sa rupture. Un jour les soldats de la Plane étant sortis hors de la ville, ils volerent sur le chemin un passant. A leur retour ils ne parlerent point du tout du butin qu'ils venoient de faire. Ils vouloient priver le Seigneur de son droit de dix pour cent. Mais la chose fut bien-tôt découverte. L'homme volé fit faire des plaintes de la violence qui lui avoit été faite sur le grand chemin. En même temps le Seigneur du Gault leur confronte celuy qu'ils ont volé. Sur cette confrontation ils avoüent la chose. Ils offrent de rendre ce qu'ils ont pris. Le Seigneur du Gault ne se contente pas de cette offre. Il commande qu'on chasse les soldats. La Plane étoit present à tout. Il avoit tout écouté sans rien dire. Mais voyant l'ordre qui se donne il rompt le silence. Il dit d'une maniere fiere je ne souffrirai pas que mes soldats aillent servir l'ennemi. A ces mots le Seigneur du Gault replique avec émotion. Quoy a-t-on deux Gouverneurs à Grasse? Ah je ne souffrirai pas qu'un autre que moy y commande. Ces paroles dites avec chaleur, font connoître à la Plane sa faute. Il veut se justifier, il se radoucit. Il met son épée sur la table. Mais le Seigneur du Gault prend cette épée. Il la jette tout en colere sous le lit. Il tire la sienne de son côté. Puis prenant la Plane par la barbe, il lui donne cent coups de pommeau sur le visage. Il lui tire la barbe & la lui arrache. Il le fait traîner en prison, & l'y tient durant vingt-quatre heures. Dans ce temps là sa colere se calme. Il reconnoît qu'il s'est trop emporté, & considerant que ce traittement offensoit tous les officiers, dans la personne de la Plane. Il pense à reparer sa faute sur le champ. Il assemble tous les Capitaines, devant lesquels il fait venir la Plane, il se met à genoux devant lui, & pleurant à chaudes larmes, il le conjure de lui vouloir pardonner son emportement. La Plane paroît touché de cette conduite. Il embrasse le Seigneur du Gault en pleurant, & l'ayde à se relever. Le Seigneur du Gault pour mieux cimenter l'accommodement l'arrête à dîner. Il lui donne cinq cents écus que les Consuls de Moans lui avoient aporté pour la fortification de Grasse. Il croyoit que toutes les choses qu'il avoit faites éfaceroient de l'esprit de la Plane la memoire de ce qui s'étoit passé. Mais il éprouve le contraire. La Plane qui ne se laisse toucher ni à son repentir, ni à ses bienfaits, dissimule son ressentiment pour mieux assûrer sa vengeance, & tandis que le Seigneur du Gault est dans une pleine confiance, il dresse une partie secrete pour l'assassiner. Quand tout fut prêt pour executer le coup, il sort un matin de son logis avec quelques uns de ses gendarmes. Il dit qu'il faut aller donner le bon jour au Seigneur du Gault. Il y va, il trouve le Seigneur du Gault qui se peignoit se promenant dans sa chambre. En entrant il leve la main comme pour tirer son chapeau, au lieu de la porter à la tête il la porte à sa ceinture, où il prend un pistolet qu'il lâche au travers du corps du Seigneur du Gault. Le Seigneur du Gault qui se sent blessé, se jette en même temps sur la Plane. Il luy dit, ah traître, à ton maître, à ton Gouverneur? Il s'avance vers une fenêtre où son épée étoit pendue. Comme il la veut prendre les conjurez entrent, ils se jettent sur luy, ils lui enfoncent tous leurs épées dans le corps. Le malheureux tombe, & les assassins se retirent. Le grand bruit qui se fait dans cette action éveille le cadet du Gault, frere du Gouverneur, qui couchoit dans une maison voisine. Il va pour voir quelle en étoit la cause. En montant à la chambre de son frere, il trouve sur les degrez un des assassins qui lui porte un grand coup d'épée, ce coup fait reculer le Gentilhomme. Il veut se sauver dans quelque maison & entre dans la premiere qu'il trouve ouverte. C'étoit la maison du Chanoine Barriere. Mais on le poursuit, on le tuë brutalement. Aussi-tôt la Plane depêche un des siens vers le Duc de Savoye. Il lui fait sçavoir tout ce qui se passe. Il l'assure qu'il conservera la ville pour son service. Que rien ne s'y fera qu'à sa volonté. Le Duc pour le tenir dans cette disposition, le fait Gouverneur de cette ville. Il lui donne de bonne grace ce qu'il voit ne lui pouvoir ôter sans danger pour lui. Il témoigne qu'il se repose sur lui de la conduite de Grasse & de sa contrée. Il l'assure que tous ses services seront reconus. La Plane transporté de joye d'une si bonne réponse, ne manque pas d'agir fortement pour le Duc. Cependant, la nouvelle de ce qui s'est fait à Grasse étonne étrangement tous les Gouverneurs particuliers. Les Tyrans de Marseille en prenent l'allarme. Les frequentes menaces qu'on leur avoit faites, leur donnent sujet de craindre les exemples voisins. Ils régardoient avec d'autant plus d'horreur celuy-cy, qu'ils découvroient tous les jours quelque conspiration nouvelle. Le jour avant que le blocus d'Aix se fit, ils en découvrirent une, qu'on pourroit croire s'être découverte d'une maniere miraculeuse, si les miracles se faisoient pour les méchans. C'étoit Porcin qui l'avoit tramée. Voicy comment elle se devoit executer. Porcin qui venoit fort souvent en habit déguisé dans la ville, aprend que tous les soirs Casaux & Loüis d'Aix se promenoient à la place neuve. Il avoit un amy qui logeoit au bout de la place. Sa maison qui étoit au coin y régardoit à plein. Cela luy fait venir une pensée qu'il communique à tous ceux de son haleine. Aprez quoy il met dans cette maison par la permission du maître, un de ses freres, & trois de ses camarades. Ceux-cy doivent attendre que les Tyrans arrivent à la place, & tirer sur eux dés qu'ils paroîtront. Ces quatre se mettent deux à deux. Les premiers doivent tirer sur Casaux. Les deux autres sur Loüis d'Aix, afin que le coup soit plus infaillible. Porcin devoit soûtenir cette action, avec un gros de ses amis qu'il auroit auprez de sa personne. Avec eux il devoit faire le hola. Il se promettoit de se rendre maître de la ville. La chose concertée avec grande prudence, fut conduite avec un grand secret. Et neanmoins il courut un bruit sourd, que Casaux & Loüis d'Aix devoient être tuez à la place neuve

Ce bruit paſſa ſi bien d'une oreille à l'autre, qu'enfin il vint à celle des Tirans. Cela fait qu'ils quittent la place. Ils choiſiſſent un autre quartier pour ſe promener. Ils vont du côté de la porte Royale. Un ſoir qu'ils étoient à cette promenade, on leur vient dire qu'on avoit arrêté un ſoldat. Qu'on ſe doutoit qu'il ne fut un de ceux de l'entrepriſe. Auſſi-tôt que cette nouvelle leur eſt donnée ils s'en vont tous deux au Palais. Ils interrogent le ſoldat. Le ſoldat découvre que ceux qui les devoient tuër, s'étoient enfermez dans une maiſon à la place neuve. Mais il ne ſçavoit preciſément qu'elle maiſon c'étoit. Sur cette expoſition Caſaux s'en va vers la Place neuve. Il y regarde attentivement toutes les maiſons. Puis en montrant une avec le doit, il dit, c'eſt là ſans doute où ſe ſont enfermez les traîtres. A peine a-t-il dit cela, qu'on tire quatre coups de mouſquet de cette maiſon. Un de ce coups renverſe un des couſins de Caſaux par terre. Auſſi-tôt les gardes que Caſaux avoit auprez de lui vont enfoncer la porte. Ils la trouvent ſi bien barricadée, qu'il n'y eut pas moyen de la forcer. On va donc entrer dans la maiſon par le toit. On fait main baſſe ſur les quatre aſſaſſins que l'on trouve. Leurs corps furent jettez par les fenêtres. Et laiſſez expoſez ſur la place tout le lendemain, jour de la fête Dieu. Cependant, il court un bruit par tout que Caſaux venoit d'être tué, qu'on alloit traîner ſon corps par la ville. Sur ce bruit, Loüis d'Aix prend l'allarme. Il va s'enfermer avec ſes gardes dans le Palais. Mais comme on luy vient dire que Caſaux n'avoit point de mal, il ſort auſſi-tôt. Il s'en va le joindre. Dés que leurs amis les voyent enſemble il les viennent trouver. On fait mettre le peuple ſous les armes, aprez quoy on va chercher Porcin, ſur ce qu'on dit qu'il étoit l'auteur de la conjuration. Mais on n'avoit garde de le trouver. Car dés qu'il eut manqué ſon coup, il ſe ſauva par deſſus les murailles de la ville. Sa fuite neanmoins ne ralentit pas la colere de ceux qui le cherchoient. Ils arrêtent diverſes perſonnes qu'ils croyent envelopez dans la conjuration. On en fait pendre deux, on detient en priſon les autres, d'où ils ſe ſauvent huit mois aprez. La découverte de cette conjuration ne raſſûra pas les Tirans. Ils craignent que le peuple ne faſſe ce que n'a pû faire un particulier. Leur crainte s'augmente par la nouvelle de ce qui venoit d'arriver à Lion. Le peuple ayant découvert que le Duc de Nemours leur Gouverneur pretendoit de ſe cantonner dans cette Province, s'étoit ſaiſi de ſa perſonne, pour ſe conſerver ſous une legitime autorité. Cet exemple fit peur aux Tirans. Ils aprehendent qu'il n'anime le peuple de Marſeille, qui n'avoit pas trop beſoin d'être échauffé. Dans cette aprehenſion, ils prennent toutes les precautions dont ils ſe peuvent aviſer. Ils deffendent toutes ſortes d'aſſemblées. Ils empêchent qu'on ait communication avec ceux de dehors. Ils ne ſouffrent pas même qu'on les viſite. Tandis qu'ils ſont dans ces craintes mortelles, ils ont nouvelles qu'il leur venoit un maître des requêtes, nommé Maſparaut. Le Duc de Mayene l'envoyoit à Marſeille pour exercer la charge de Juge Mage. Cette nouvelle les comble de joye, à cauſe que la juriſdiction du Juge Mage rompoit tout commerce avec Aix, d'où ils croyoient que leur venoit tout le mal. Mais comme ils attendent impatiemment sa venuë, ils ont nouvelle qu'il étoit tombé dans un piege que le Parlement lui avoit dressé. Le Parlement qui voyoit son autorité se diminuër de moitié, si la jurisdiction de Marseille lui étoit ôtée, prie le Comte de Carces d'envoyer son capitaine des gardes à Salon, pour obliger Masparaut de venir à Aix. Masparaut prend l'envoy du capitaine des gardes pour un honneur qui lui étoit fait. Il croit qu'il en doit aller remercier le Comte de Carces. Peut-être voulut-il interpreter ainsi la chose pour éviter qu'on ne le forçat d'aller à Aix s'il le refusoit. Quoy qu'il en soit, il témoigne d'y aller fort agreablement. Il y arriva sur l'entrée de la nuit. Le lendemain le Parlement le manda, il y alla. Dés qu'il eut pris sa place dans la grand chambre. Il lui fut dit, que la Cour avoit sçû le sujet de sa venuë. Qu'il étoit tres prejudiciable à son autorité. Que sans la blesser extremement, on ne pouvoit lui ôter Marseille, puisque ce seroit la diminuër de moitié. Qu'autrefois pareilles tentatives s'étoient faites, sous les Rois François I. & Henry II. Mais qu'elles s'étoient faites inutilement. Qu'on avoit reconnu qu'il est du bien de l'Etat, que les Parlements conservent dans leurs ressorts leur jurisdiction toute entiere. Que c'est assez d'avantage à Marseille, que tous les ans la Cour y aille tenir de grands jours. Introduction également avantageuse pour tous, puisqu'ils conservoient toute l'autorité de la Cour & tous les privileges de Marseille. Du reste, qu'il étoit de l'ordre que sa commission parût à la Cour. Que c'étoit là la pratique ordinaire. Que tous ceux qui étoient venus avec de commissions, l'avoient toûjours suivie. Que le President des Arches, le Cardinal d'Armagnac, les Seigneurs de Pontcarré, & de sainte Marie, en avoient usé ainsi, & qu'enfin, on croyoit qu'il se feroit un honneur de suivre les ordres de la Cour & ne les interompre pas. Masparaut répond à cette remonstrance du mieux qu'il peut. Il dit que sa commission ne portoit que de pacifier Marseille. Que s'il eût creu qu'il eût été necessaire de la representer à la Cour il l'auroit aportée. Mais que ne le jugeant pas ainsi, il l'avoit envoyée avec ses hardes à Marseille. A ce refus le Parlement retient Masparaut & ne veut pas souffrir qu'il passe outre. Il écrit à l'Avocat Général Laurens, qui étoit auprez du Duc de Mayene, & lui donne ordre de representer à ce Prince, les mauvais effets que pouvoit produire cette commission. Combien la justice souveraine du Parlement perdroit de son lustre. Combien cela l'affoibliroit parmi le public. Combien la depression de son autorité la rendroit impuissante à contenir les peuples dans l'obeïssance. Cependant, Casaux & Loüis d'Aix confirmez dans leurs charges par le conseil de ville, s'irritent de ce procedé du Parlement. Ils voyent bien que tout cela ne se fait que pour avoir moyen de brider Marseille. Pour se délivrer de cette sujetion, ils s'avisent de faire exercer la justice du Juge Mage par commission. Ils nomment pour cela des Avocats. Ils leur font faire cette fonction, sous le nom de conseil de la justice souveraine. Mais ils n'ont pas plûtôt assûré leurs affaires de ce coté là, qu'ils se voyent attaquez par un autre endroit. Plusieurs de ceux qui s'étoient retirez aux champs, pretendent de rentrer dans la ville. Pour cela ils se reunissent tous & se donnent un rendez-vous, de là ils se vont presenter à la porte. Ils avoient tous de grands manteaux qu'on appelloit cabans, dont ils se couvroient le visage, afin de n'être pas connus. Mais le corps de garde qui les voit aborder les repousse vigoureusement & les constraint de se retirer. Ainsi s'évanoüit leur dessein, & l'entreprise n'eut rien de plus memorable que le nom qu'on luy donna d'entreprise de la porte d'Aix. Mais quelque mauvais succez qu'eût ce projet, les Tyrans ne laissoient pas d'être fort en peine de voir renaître si souvent les dangers qui menaçoient leur vies & d'avoir toûjours à se deffendre des parties qui se faisoient contre eux. Ils ne voyoient point neanmoins d'autre remede à leur sûreté que de veiller soigneusement à tout comme ils faisoient, que de se montrer fermes dans leur conduite.

XXIV. Arles est asservi par deux Tirans comme Marseille. Ce sont deux hômes de fort basse main. Le Duc de Savoye leur fournit de l'argent, pour essayer de regagner cette Ville. La Noblesse du parti de la Ligue se déclare pour le Roy. Elle fait déclarer plusieurs villes.

A l'exemple des Tirans qui regnoient à Marseille, il se trouva deux hommes dans Arles, qui eurent une pareille ambition, qui rechercherent même l'apuy des autres. Les habitans d'Arles s'étoient persuadez qu'aprez la paix faite avec le Duc d'Epernon il n'y avoit plus rien à craindre. Ils s'imaginent qu'il ne leur restoit plus rien à faire qu'à se laisser conduire aux Consuls. Pour avoir des Consuls qui demeurassent bien unis entr'eux, ils nommerent le Seigneur de Ventabren pour premier Consul. Ils luy laisserent choisir ses collegues. Le Seigneur de Ventabren apelle à ces charges ceux qu'il estime ses meilleurs amis. C'étoient Charles de Piquet, Marc Gallon, & Vincens Aubert. Ce témoignage de confiance envers leur Consul leur faisoit esperer une année tranquille, & qu'on vivroit dans une parfaite union. Mais la chose succeda tout autrement. Car le Seigneur de Ventabren au lieu de traitter les autres Consuls en collegues, il en use avec eux de maître à valet, il n'eut pour eux ni consideration ni estime. Il regarda le gouvernement de la ville comme une dépendance de son propre bien. Et disoit, ma ville, mes canons, mes fregates. Il se porta jusqu'à ce point d'aveuglement, que de faire dresser son lit dans l'Hôtel de Ville, d'y aller coucher toutes les nuits, de ne vouloir conferer avec ses collegues, que quand la fantaisie lui en prenoit. Ce procedé piqua les autres Consuls de telle maniere, qu'ils lui mirent le peuple sur les bras. Ventabren voyant que l'on s'irrite contre lui, & craignant les suites de cette chaleur, pense à se mettre en lieu de sûreté, & va se retirer au Comtat. Le Consul Piquet aprenant qu'il s'est retiré, sent reveiller son ancienne amitié & entreprend de parler en faveur de son amy. Mais le peuple s'en émut d'avantage, & tourne son chagrin contre lui. On murmure. On dit qu'il n'a pas de meilleures intentions que Ventabren. Cela l'oblige de quitter la ville & d'aller prendre retraite à saint Remy. Par la sortie des deux premiers Consuls les Consuls bourgeois demeurent maîtres de la ville. Mais ils ne furent pas plus absolus. Ils eurent sur les bras deux seditieux qui leur firent bien de la peine. L'un se nommoit la Touche, l'autre Couque, tous

deux

deux gens de basse extraction. Car avant que la confusion du temps les élevât comme elle fit, ils gaignoient miserablement leur vie ; le premier à garnir des chapeaux, l'autre à pécher du poisson. Ces professions ne les contentant pas, ils en chercherent dans la guerre civile une plus favorable. Ils s'erigerent en chefs des seditieux. On les voyoit allumer par tout le desordre. Ils se signalerent si bien dans ce genre de vie, que le premier fut fait Gouverneur du Château du Baron, & l'autre lui fut donné pour collegue. Cet employ les rendit tous deux tres considerables. Il leur donna moyen d'attirer à eux tous les plus méchans garçons. Aprez les avoir engagez à les servir, ils les envoyoient d'abord à la ville, où ceux-cy ne manquerent pas de grossir extremement leur parti. Quand ils se furent bien fortifiez, la Touche & Couque témoignerent de vouloir venir dans la ville. Les Consuls n'y voulurent pas consentir, & sur ce refus ils y entrent de nuit, l'un aprez l'autre. Le lendemain il paroissent en public accompagnez de tous leurs amis. Les Consuls s'irritant de cette impudence, menacent de les mettre dehors. Mais ceux-cy joüent de tant d'adresse, ils font tant d'excuses aux Consuls, ils donnent de si specieux pretextes à leur venuë, que les Consuls sont contraints de s'adoucir. La Touche leur dit qu'on lui traittoit un mariage de si grande importance, que cela l'avoit obligé d'entrer precipitemment comme il avoit fait. Qu'il avoit crû que la necessité de venir rendroit son excuse tres recevable. Du reste, qu'il esperoit faire voir par sa conduite, que les Consuls n'avoient pas de meilleur amy que lui. Il fait si souvent ces protestations, & use de tant de souplesses qu'il endort les Consuls. Cependant pour toute preuve d'amitié sincere, les Consuls ne recevoient que trahison de sa part. Il ne pense qu'à s'établir lui même, qu'à jetter les fondemens d'une tirannique domination. Cela parût d'abord par les grands presens qu'il fit à diverses personnes, par le soin qu'il prit, de tenir table. Il soûtenoit du commencement cette dépense par les contributions & par les pillages, secours qu'il tiroit de son gouvernement. Mais il trouva peu de temps aprez le moyen de puiser dans un plus grand fonds. Ce secours lui vint d'Espagne, ou de Savoye. On ne pût d'abord le découvrir precisement, mais seulement qu'il entretenoit deux intelligences, une avec un certain Pere Archange, Capucin de Messine, l'autre avec un maître de la monoye, apellé Jean-Baptiste Lazare Piémontois. Mais on connût bien que de quelque part que vint le secours, il venoit d'une grande bourse. Car dés lors la Touche commença à faire une dépense de Prince. Il tint chez lui une table de trente couverts, pour les officiers & les gens de qualité. Il en fit tenir une au cabaret d'autant de couverts pour les soldats. Enfin, il faisoit de si grandes profusions, qu'on accouroit à lui de toutes parts. Chacun se presse pour lui offrir son service, & le grand monde qui l'aborde, fait que quand il va par la ville il est plus accompagné que les Consuls, quoyqu'ils eussent des soldats entretenus pour la garde de leurs personnes. On a dit qu'aprez s'être ainsi établis dans la ville, lui & Couque se liguerent avec Casaux & Loüis d'Aix.

On vit par là dans un même temps les deux plus importantes villes de la Province asservies, chacune sous le joug de deux Tirans. Etrange malheur de ce temps là, que tant de gens de bien, tant de gens d'honneur & de qualité, dont ces deux villes étoient remplies, fussent exposées à la fureur, à la rage de deux hommes sans naïssance, sans foy, sans humanité, sans raison! Tandis que la dépense de la Touche étonne tous les habitans d'Arles, le Consul Aubert découvre son intelligence avec le Duc de Savoye. Il aperçût parmi ceux qui suivoient la Touche, un homme de Nice qui s'apelloit Audifred. Cet homme étoit venu à Arles pour y voir son frere, à ce qu'il disoit. Le Consul le fait venir dans sa maison. Il l'interroge, il le tourne de tant de côtez, qu'enfin celuy-cy avoüe le sujet de sa venuë. Il lui dit qu'il étoit venu là de la part du Duc de Savoye. Qu'il venoit pour voir si la Touche étoit aussi puissant dans la ville qu'il se vantoit de l'être. Qu'ayant reconnu la chose au vray, on le verroit apuyé d'une façon qui donneroit de la poussiere à bien du monde. Que ce n'étoit rien de dire qu'assûrément on le verroit Consul, mais qu'il recevroit au premier jour un mulet chargé d'argent, afin qu'il eut encore plus de moyen de s'affermir par des largesses. Ce que cet homme dit au Consul fut bien verifié dans la suite. Car on vit la Touche & Couque faire des liberalitez si grandes, que leur orgueil s'en augmente de moitié, & va jusqu'à les rendre tout à fait insuportables. Cependant les Consuls n'étoient pas assez forts pour pouvoir reprimer leurs insolences. Ils étoient assez empêchez pour eux mêmes, bien loin de pouvoir deffendre le public. A peine pouvoient-ils se garentir des pieges qu'on leur tendoit à toute heure. Car s'ils pensoient diminuër le prix des denrées, les autres faisoient gronder les bourgeois contre eux. S'ils parloient de suprimer partie des soldats qu'on entretenoit, ils faisoient mutiner toutes les troupes. Ensorte que quelque oprimé que fût le peuple, les Consuls étoient encore plus mal traittez. Tandis que Marseille & Arles gemissoient ainsi, on voyoit Aix joüir d'une liberté toute entiere. C'étoit la presence du Comte de Carces qui lui procuroit un aussi grand bien que celuy là. J'entends par ce mot de liberté, l'absoluë & libre disposition de la police. Car c'étoit seulement dans l'enceinte de leurs murailles, que ceux d'Aix se pouvoient croire libres absolument. Du reste la tréve se gardoit si mal par les étrangers, qu'on n'osoit pas aller à la campagne. On ne pouvoit cultiver ses terres. On ne pouvoit recueillir ses fruits. Dans ce point où les choses étoient, le Comte de Carces se croit obligé de faire quelque action éclatante. Dés que cette pensée lui est venuë, il sort avec ses troupes & son canon. Il va attaquer un fort flanqué de quatre bastions que le Duc avoit fait faire au Pont de Beraud. Il le prend quoy qu'avec perte considerable. Le Duc étoit parti pour le Languedoc. Il devoit passer le temps de la tréve avec le Conêtable. Il avoit nommé dans la Province des gentilshommes qui devoient prendre garde que la tréve s'observât des deux côtez. Le Seigneur de Saint Canat étoit un de ces inspecteurs. Comme il aprit la sortie que le Comte de Carces avoit faite, il ne manqua pas de venir à Aix. Il se plaint de cette contravention, qu'il dit être de tres mauvais exemple. Elle ne fut neanmoins que le pretexte du voyage, car il venoit pour découvrir au Comte ce qui se negocioit de la part du Roy, & pour le faire entrer dans la partie. Il dit, « que le Marquis d'Oraison, les Seigneurs de Buous, de Valavoire, de « Crotes & lui, avoient reçû des lettres du Roy, portant creance au Sei- « gneur de Lesdiguieres. Que cette creance leur avoit été envoyée par « le Seigneur de Janson, qui la leur avoit même donnée par écrit. Qu'elle « contenoit que le Roy desiroit qu'ils se levassent contre le Duc d'Eper- « non. Qu'ils fissent contre lui du pis qu'ils pourroient. Qu'ils n'eussent « point d'égard, ni pour son autorité ni pour sa personne. Que Sa Majesté « ne vouloit pas qu'il demeurât en ce païs de frontiere, pour les preu- « ves qu'il avoit eües de sa mauvaise intention. Il lui dit encore, que « le Seigneur de Buous n'avoit pas voulu recevoir la lettre, pour n'être « obligé de quitter le Duc d'Epernon. Mais que les autres aprez s'être « assemblez, avoient examiné les difficultez de l'entreprise. Qu'à la verité « ils avoient balancé quelque temps avant que de se determiner. Mais « qu'enfin, la gloire d'entrer les premiers dans le service du Roy, l'avoit « emporté sur toutes les considerations qu'ils avoient pû faire. Que pour « executer ce qui s'étoit resolu, le Baron de Tourves devoit aprocher « avec deux cents chevaux que lui fournissoit le Seigneur de Lesdiguie- « res. Qu'il devoit arriver le vingtiéme du mois, c'étoit le mois de « Novembre. Qu'en même temps, les villes dont ils étoient gouver- « neurs, Saint Maximin, Digne, Pertuis, Manosque, devoient lever l'é- « tendart pour le Roy. Qu'avant neanmoins que de rien executer, on « lui avoit voulu donner connoissance de toutes choses, & lui offrir d'y « prendre sa part. Qu'on s'assûroit que l'amour de la gloire qui lui « étoit si naturel, lui fairoit embrasser l'occasion d'une si belle entrepri- « se. Que s'il vouloit lui donner sa parole d'être de la partie, ses com- « pagnons lui avoient donné charge de l'assûrer, qu'ils le reconnoîtroient « pour leur chef. Qu'ils fairoient instances pour lui obtenir la Lieute- « nance de la Province. Le Comte écouta ce discours avec grand plai- « sir. Car comme il étoit mal content du Duc de Mayene, il lui faloit necessairement prendre des mesures avec le Duc d'Epernon ou avec le Roy. Aussi dés que le Seigneur de Saint Canat lui eut découvert tout le mystere, il témoigne d'être ravi de trouver une si belle occasion. Il lui dit qu'il secondera leur zele, de maniere qu'il faira paroître qu'il « n'a pas moins passion que tous eux pour le service du Roy. Le Sei- « gneur de Saint Canat ravi de cette réponse, le prie de vouloir la lui donner par écrit. Aussi-tôt le Comte demande du papier. Il fait la déclaration qu'on desire. Aprez quoy le Seigneur de Saint Canat se retire. Il s'en va à Pertuis, dont il étoit Gouverneur. Là sans attendre le jour assigné, il met la compagnie des gendarmes du Duc d'Epernon hors de la ville. Il fait crier par tout vive le Roy. Deux jours aprez le Marquis d'Oraison fait la même chose à Manosque, Crottes, à Digne, Valavoire, à Saint Maximin. Le lendemain le Seigneur de Soliers se rend à Tolon. Il parle à Esgarravaques son gendre, Gou-

Le 19. Novembre.

Eeeee 2

verneur de cette Ville. Il l'exhorte à se declarer contre le Duc d'Epernon. Il l'assûre qu'il ne lui manquera pas de troupes pour se soûtenir ; qu'on lui fournira douze cens hommes, qui sont en marche, & qui arriveront au premier jour. Esgarravaques étoit Gouverneur de la part du Duc; mais il ne laissoit pas de s'en plaindre. Ainsi, on le prit dans une conjoncture où il ne fut pas difficile de le tourner contre lui. Le peuple irrité de la citadelle que le Duc avoit fait, voyant le Gouverneur dégoûté du Duc, prend les armes, se saisit des portes, se barricade contre la citadelle, & la bat avec quatre canons. Du côté de la citadelle on ne manque pas de faire grand feu. Esgarravaques reçoit un coup d'arquebuse à la jambe. Sa blessure, qui parut assez legere, fut negligée du commencement, mais dans la suite elle empira si fort, qu'enfin elle devint mortelle. Esgarravaques en mourut le dix-septiéme jour. Cependant la baterie continuoit toûjours. On ne donnoit point de relâche à l'entreprise, quand le Seigneur de Soliers reçût nouvelles qu'il venoit du secours aux assiegez. Sur cet avis, il crût que pour voir la fin de la chose, il faloit donner un assaut general. Son dessein lui réüssit si bien, que dans peu d'heures la citadelle fut emportée. On trouve que Signac, qui y commandoit, avoit esté tué ; que plusieurs soldats estoient aussi restez sur la place. Aussi-tôt que le peuple fut entré dans la citadelle, tous s'employerent pour la mettre à bas. Dans peu de jours elle fut par terre. Aprez cela le Seigneur de Saint Canat alla commander dans la ville, & le Seigneur de Soliers s'en vint à Aix, faire sçavoir le tout au Comte de Carces. A cette nouvelle le Comte commence à se mettre en campagne. Il va prendre les lieux d'Aiguilles, de Gardane, de Bouc. Ces prises firent un si grand bruit, que Marignane traita pour se rendre. Ceux du Martigues neanmoins, ne suivirent pas cet exemple. Ils fermerent les portes au Comte. Sur ce refus le Comte demande secours à Alexandre Vitelli, qui estoit à Berre. Vitelli qui sçavoit le dessein qu'avoit pris le Comte, de se tourner du côté du Roy, bien loin de lui rien accorder envoye son billet à ceux du Martigues. Il les exhorte de lui resister de tout leur pouvoir. Ils le font aussi avec tant de vigueur, que le Comte pour se retirer avec quelque pretexte, est contraint de recourir au Parlement. Le Parlement envoye des Commissaires au Martigues. Les Commissaires sont les Conseillers Agar, & de Châteauneuf. Ils vont sur le lieu : ils negocient quelque accommodement du mieux qu'ils peuvent. Tout ce qu'ils obtiennent de ceux du Martigues, c'est qu'ils promettent au Comte de lui rendre la Tour-de-Bouc pour quelques jours seulement. L'Auteur de sa vie dit, que ce fut alors que le Comte donna le gouvernement à Perrin Cadela ; mais il ne remarque pas le traitement qu'il lui fit pour sa trahison. Du reste, aprez que le Comte fut sorti de ce mauvais pas, il revint à Aix. Il fit rafraîchir ses troupes. Ses amis le féliciterent de son retour. Il oublia, par le bon accueil qu'il reçût de tous, le mauvais succez de l'entreprise du Martigues.

Le 26 Novembre.

ARGUMENT
DU QUINZIEME LIVRE.

I. *LA Noblesse & la ville d'Aix se déclarent pour le Roy. Le Parlement d'Aix ordonne de le reconnoître. L'arrêt se publie avec grande solemnité. Le Parlement, la Province, la Noblesse envoyent des députez au Roy. L'Archevêque Genebrard & Masparaut quittent Aix, ils vont à Marseille. Ils y soûtiennent le parti de la Ligue avec chaleur. Le Duc d'Epernon entre dans ce parti. Il se ligue avec Marseille.* II. *La Ville d'Arles est oprimée par la Touche & Couque, deux Tyrans qui se levent contre les Consuls & qui les font prisonniers. Mais enfin les Consuls demeurent les maîtres. La Touche est condamné à mort, & Couque s'enfuit.* III. *La Noblesse qui s'étoit déclarée pour le Roy fait convoquer des Etats à Aix. On y délibere de lever des troupes contre le Duc d'Epernon. On prie le Seigneur de Lesdiguieres de les venir commander. Sur cela le Duc d'Epernon convoque d'autres Etats. Il apelle en duel le Seigneur de Lesdiguieres. Il lui va au devant. Ses gens prenent le Seigneur de Besaudun, qui est assassiné en sa présence.* IV. *Le Duc d'Epernon medite de surprendre Aix. On apelle le Seigneur de Lesdiguieres. La chambre du Parlement de Manosque s'en revient à Aix. Elle se reünit au corps. On publie l'Edit de pacification. Le fort d'Aix est demoli. Le Conêtable s'irrite de cette démolition. Il essaye d'apaiser les troubles de Provence. Comme il n'en peut venir à bout, il fait une ordonnance attendant que le Roy dispose de tout. La Province depute au Roy qui doit venir à Lion.* V. *Le Duc d'Epernon traitte avec le Duc de Mayene. Marseille & ceux qui tenoient en Provence pour la Ligue, traittent avec le Duc d'Epernon. Ensuite ce Duc se met en campagne. Mais le Parlement se plaignant qu'il rompt la trêve, le Duc la confirme jusqu'à la fin de l'année.* VI. *Genebrard assemble à Marseille les Etats du parti de la Ligue. Il s'y prend des resolutions qui demeurent sans effet. Marseille & le Châteaudif entrent en mesintelligence. Casaux surprend le fort de Nôtre-Dame de la Garde. Il se fait un dessein de le tuër, lui & Loüis d'Aix. La conspiration se découvre. Elle est punie.* VII. *Arles est troublé par le premier Consul Nicolas Jean, qui tente de se rendre maître de la ville. Le Comte de Carces veut pousser St. Roman. Il fait pour cela diverses entreprises. Le Duc d'Epernon veut avoir Toulon.*

il fait ravager le terroir. VIII. Le Comte de Carces prend Salon, où Saint Roman s'étoit fortifié. IX. Le Roy envoye le Secretaire d'Etat du Frene vers le Duc d'Epernon, pour le porter à quitter le Gouvernement & l'obliger de prendre recompense. Le Duc ne veut entendre aucune proposition. Il rompt la tréve. Il se fait des infractions de part & d'autre. Le Comte de Carces essaye de surprendre le Martigues. X. Le Duc d'Epernon reçoit ordre du Roy de se rendre à Lion. Il y envoye par avance les deputez des Etats de son parti. Il part. Il arrive à Valence. On lui offre de lui donner le Gouvernement du Poitou. Il se rebute de cet offre. Il revient en Provence. XI. La Ville d'Arles se declare pour le Roy. Beaucoup d'autres lieux font la même chose. On publie à Aix la destitution du Duc d'Epernon. Casaux & Loüis d'Aix deputent en Espagne, pour avoir du secours de ce Roy. Ils ne veulent point écouter l'Envoyé du Duc de Mayene qui vouloit faire leur paix auprez du Roy. XII. Le Duc de Guise est fait Gouverneur de Provence. Il y vient. A son arrivée, Grasse & Sisteron se remettent sous l'obeïssance du Roy. Grasse s'y remet aprez qu'on à tué la Plane, qui commandoit dans cette ville pour le Duc de Savoye. Aprez cela le Duc vient faire son entrée à Aix. Delà il va surprendre le Martigues. On entreprend contre la vie du Duc d'Epernon. Un païsan fait sauter le plancher de la sale où il dîne. XIII. Charles Doria amene douze galeres à Marseille avec des troupes. Cela fait que le Roy d'Espagne croit déja de tenir cette ville. Il reçoit tres favorablement les deputez qu'elle lui avoit envoyez. Il leur fait accorder tout ce qu'ils demandent. XIV. Pierre de Libertat prend dessein de délivrer Marseille des Tyrans qui l'opriment. Il demande secours au Duc de Guise. Le Duc y fait difficulté, à cause des mauvais succez qu'avoient eu diverses entreprises qu'on luy avoit fait faire. Enfin il accorde de donner des troupes. Il arrive des incidens qui empéchent les troupes de se trouver au jour assigné. XV. Libertat ne voyant venir personne a son ayde, prend dessein de poignarder les Tyrans. Comme le secours arrive, il reprend sa premiere pointe. Mais l'entreprise étant découverte, il tuë lui-même Casaux. XVI. Les troupes du Duc de Guise aprochent de Marseille. Libertat en laisse d'abord entrer qu'autant de gens qu'il luy en faut pour s'assurer de la ville. Enfin tout entre, le Duc de Guise arrive. Il fait mille caresses à Libertat, il donne à son action mille éloges. Les Marseillois témoignent une grande joye de se voir remis sous l'obeïssance du Roy. Le secours qui venoit d'Espagne s'en retourne. Les deputez de Casaux qui venoient avec le secours s'en retournent aussi. XVII. Le Duc de Guise recouvre Saint Tropez. Le Roy recompense Libertat. Libertat meurt. Marseille lui dresse une statuë. Le Roy établit une Chambre souveraine à Marseille. XVIII. Le Duc d'Epernon se retire de Provence. Les Provençaux témoignent une grande joye de son depart. Le Duc de Guise fait le tour de la Province avec une Chambre du Parlement. Guillaume du Vair, est fait President de la Chambre de Marseille. Le Duc de Guise va faire son entrée dans cette ville. XIX. La Noblesse demande qu'un de son corps ait la Lieutenance de Roy. Elle prie le Gouverneur & le Parlement de l'appuyer dans cette demande. Le President du Vair vient établir la Chambre souveraine de Marseille. Il y donne une grande opinion de sa probité. Les Etats de la Province se tiennent à Marseille. Le Grand Duc se saisit du Châteaudif & de l'Isle de Pomegue. XX. Le Roy reprend Amiens sur les Espagnols. Le Grand Duc témoigne de lui vouloir rendre les Isles qu'il avoit saisies. Les Procureurs du Païs confirment la tréve avec le Duc de Savoye. La paix generale se fait. Arnaud d'Ossat traite avec le Grand Duc pour la restitution des Isles. La paix se raffermit dans la Province par l'union du Gouverneur & du Parlement.

HISTOIRE DE PROVENCE.

LIVRE QUINZIEME.

ES Gafcons fe voyant chaffez de par tout, ne manquent pas de faire fçavoir au Duc l'état où ils fe trouvent. Le Duc eftoit toûjours en Languedoc. Il paffoit les jours à vifiter les Dames. Cette nouvelle, quoyque fâcheufe, n'interrompit pas neanmoins fon divertiffement. Il ne voulut pas rompre la partie qu'il avoit faite, pour aller vifiter les Dames d'Agde ; mais on le preffe par tant de courriers l'un fur l'autre, qu'enfin il fe refout de venir. Il revient donc, il aborde Tarafcon. Cette ville lui ferme fes portes. Il paffe outre, il vient droit au fort d'Aix. * Il avoit le Seigneur de Peraut avec lui, & quatre cens chevaux d'efcorte. A fon arrivée le camp fe remplit d'allegreffe. L'air retentit des cris des foldats. Les moufquets & les canons font un bruit horrible. Cela neanmoins n'empêche pas que le Comte de Carces n'attaque le fort en s'en allant à Pertuis. Il l'attaque par deux divers endroits : mais il fe contente de donner l'allarme au Duc, sans aller plus avant. Aprez cette attaque il fe retire, il pourfuit fon chemin. Il trouve à Pertuis le Marquis d'Oraifon, & la Comteffe de Sault. Ils fe reconcilient tous enfemble. Ils prennent une refolution vigoureufe de pouffer les Gafcons jufqu'au bout. Auffi-tôt on execute la refolution. La Nobleffe de ce parti fe rend à Aix, au commencement de la nouvelle année. * Elle refout de reconnoître le Roy. Les Confuls font refoudre la même chofe au confeil de ville. On fe remet pour les particularitez, à ce que fera le Parlement. Ce confeil fe tint la veille des

I. La Nobleffe, & la ville d'Aix fe declarent pour le Roy. Le Parlement ordonne de le recomnoître. L'arreft fe publie avec grande folemnité. Le Parlement, la Province & la Nobleffe envoyét des députez au Roy. L'Archevêque Genebrard & Maf-parant quitent Aix ; ils vont à Marfeille. Ils y foûtiennent le parti de la Ligue avec chaleur. Le Duc d'Epernon entre dans ce parti. Il fe ligue avec Marfeille.
* Le 10. Decembre.

* 1594.

Rois. Le même jour les trois chambres du Parlement s'assemblent. On confirme les resolutions qu'avoient prises la Noblesse, & les Consuls d'Aix. Mais parce qu'on fut long-temps dans les opinions, chacun se voulant faire honneur d'opiner avec appareil, & avec emphase, l'arrest ne pût se publier le même jour. Le lendemain l'Archevêque Genebrard ne manque pas de monter en chaire; il exclame, il tonne contre cette resolution. Il fait voir par divers passages de l'Ecriture, qu'on n'avoit pû la prendre legitimement. Qu'on ne pouvoit en conscience l'executer, sans l'exprez consentement du Pape. Il allegua ces autoritez avec tant de vehemence, que le peuple en fut ébranlé. Mais l'arrest que le Parlement fit le lendemain, rassûra generalement tout le monde; sur tout quand on en entendit la publication, qui se fit ce même jour. La publication se fit par toute la ville, au son des trompettes & des tambours. Les Consuls y assisterent à cheval, accompagnez des principaux de la ville. Cet arrest faisoit commandement à toutes personnes d'obéïr au Roy Henry IV. Aprez que cette publication fut faite, on vit la ville éclairée de mille feux. On vit l'allegresse publique se répandre au dehors, au bruit des canons, des tambours, & des trompettes. Mais ce qui rendoit la chose plus parfaite, c'est qu'elle partoit du plus profond des cœurs. Cela se remarquoit principalement aux éloges que chacun essayoit de donner au Roy. Les uns ne pouvoient assez élever sa valeur, ni les grandes & signalées victoires qu'il avoit remportées. Les autres exaltoient sa clemence. Ils parloient de son oubli des choses passées, comme de la qualité qui faisoit le mieux connoître qu'il étoit le vrai pere de ses sujets. La renommée leur avoit apris que les villes soumises, étoient les villes de France les plus heureuses. Que la Religion Catholique y étoit maintenuë. Que les Ecclesiastiques y étoient favorisez. Que les garnisons en étoient bannies. Qu'enfin on voyoit sur toutes choses l'abondance & le repos y rentrer. Et l'esperance de jouïr bien-tôt de ces mêmes biens, tiroit à tout le monde des larmes de joye. C'est donc ce Prince, disoit-on, que nous avons si offensé, qui nous doit rendre si heureux. C'est ce Roy, que nous avons si persecuté, qui nous doit aporter tous ces avantages. Pour tant d'injures qu'il a reçûës, il nous doit combler de tant de biens. Pour tant de hazards qu'il a courus, il doit nous rendre nôtre sûreté, nôtre tranquilité premiere. O que vive le Grand Henry le pere, & le restaurateur de ses peuples, plus grand mille fois par sa clemence, qu'il ne l'est par ses victoires, par sa valeur! Tandis que chacun témoigne ainsi sa passion, le Parlement dresse ses remonstrances. Il les fait porter au Roy par le Conseiller de Châteauneuf. Ces rémontrances contenoient divers chefs. Les principaux étoient pour demander l'amnistié des choses passées, la manutention de la Religion Catholique. La confirmation des lettres-patentes données par le Duc de Mayene, qui avoient été verifiées, & qui avoient eu leur effet. La supression de l'office de Juge Mage, qu'on avoit fait exercer à Marseille. Aprez que ces remonstrances furent dressées, la Province fit dresser les siennes. Elle les envoye par ses députez. Ces remonstrances contenoient presque les mêmes choses que les autres.

Mais

Mais elles demandoient en outre la revocation du Duc d'Epernon, celle de la venalité des offices, & la réformation des abus, que la licence de la guerre avoit malheureusement introduits. Dans le même temps la Noblesse assûre le Roy de son obeïssance par un député particulier. Ce fut le Seigneur de Janson qu'elle envoya. Le Clergé fut le seul corps de la Province, qui ne deputa point en cette occasion. Assûrement il pretendit par là de témoigner qu'il ne vouloit se separer qu'à l'extremité des interests de la Ligue, quoyque mourante. Aprez que le Parlement eut envoyé ses remonstrances, il congedia le Maître des Requêtes Masparaut. Il ne le fit neanmoins qu'aprez avoir tiré parole de luy qu'il n'iroit point du tout à Marseille. Qu'il se retireroit vers le Duc de Mayene qui l'avoit envoyé. L'Archevêque Genebrard qui le voit partir, prend occasion de là de quitter la ville. Il prend pour pretexte qu'il a une affaire qui l'oblige d'aller à Avignon. Il part avec le Maître des Requêtes. Ils vont tous deux se jetter dans Berre. Delà ils vont à Marseille par mer. Casaux & Loüis d'Aix le reçoivent avec toutes sortes d'honneurs, jusqu'à faire tirer le canon à leur arrivée. Ils avoient bien raison de leur rendre ces defferences, puisqu'ils venoient pour autoriser leur Gouvernement. En effet, le jour aprez qu'ils sont arrivez, Masparaut s'en va dans l'Hôtel de Ville. Il fait sçavoir au peuple le sujet de sa venuë. Il déclare que l'intention du Duc de Mayene est qu'on obeïsse à Casaux & à Loüis d'Aix. Il convie, il exhorte, il prie de perseverer constamment dans le parti de l'Union. Il assure que dans peu de jours on aura toutes bonnes nouvelles. Cela fait, lui & l'Archevêque prennent dessein, de convoquer une assemblée à Salon. Ils font sçavoir leur resolution aux Consuls d'Arles. Ils déclarent par cette « lettre que l'arrêt que vient de faire le Parlement, est contraire aux in- « tentions du saint Pere. Qu'il sera desavoüé par tous les Catholiques « de la sainte Union. Que l'assûrance qu'ils avoient de cela, les avoit « obligez de convoquer à Salon, une assemblée des fideles. Que là se « trouveront les députez de Marseille & ceux des autres villes bien inten- « tionnées, & tous les Gentilshommes du parti. Ils les prient d'y vou- « loir envoyer les leurs, pour concourir à une si bonne œuvre, où il « s'agit du salut commun. Quand cette lettre fut luë dans le conseil on « nomma d'abord deux députez, un gentilhomme & un bourgeois. Les députez s'en vont à Salon. L'assemblée ressout unanimement de faire une ligue offensive & deffensive contre tous ceux qui voudroient reconnoître le Roy de Navarre. Elle resout aussi de faire une levée de troupes pour s'entre-secourir dans le besoin. Il est vray que les députez d'Arles n'ayant pas le pouvoir de souscrire cette ligue, se retirerent sans opiner. A leur retour, la ville resolut seulement d'avertir du tout le Duc de Mayene & de suspendre toutes choses jusqu'à ce qu'on eût apris sa volonté. Mais les liguez ne laisserent pas d'agir chaudement, quoyque les principaux fussent étrangers. C'etoient, Saint Maurice, Saint Marcelin, Saint Roman, & Vitelli, qui tenoient Salon, Berre & Pelissane. Le Comte de Suse qui les soûtenoit, fit tous ses efforts pour retenir le Comte de Carces dans ce parti. Mais il le fit inutilement;

il n'eut plus moyen d'animer les siens, que par l'esperance du changement des affaires. Cependant il survenoit tous les jours des nouvelles qui découvroient que tout empiroit pour eux. On aprend que Meaux, Bourges, Lion, Orleans, s'étoient declarées pour le Roy, quand enfin, la déclaration de Paris, l'entrée du Roy dans cette ville, la sortie du Legat, & des Ambassadeurs d'Espagne leur donnerent le coup mortel. Ainsi, les Ligueurs de Provence commencerent à reconnoître qu'il faloit se resoudre à plier, comme les autres faisoient. Avant neanmoins que de s'y determiner tout à fait, ils font encore une tentative. Le Duc d'Epernon s'étoit mis en campagne. Il avoit pris plusieurs villages au tour d'Aix. Il publioit qu'il avoit reçû des lettres du Roy, qui lui ordonnoient de faire la guerre. Sur ce pretexte il se fait suivre à bien du monde. Car le nom du Roy commençoit à s'imprimer dans les cœurs. Les Ligueurs qui voyent son autorité se rélever, aprehendent que pour la fortifier encore mieux, il ne s'unisse avec le Comte de Carces, & qu'ils ne viennent tous ensemble contre eux. Le Duc d'Epernon de son côté craint que les Ligueurs ne recherchent le Comte de Carces. Il voit que cette jonction le ruïneroit entierement. Comme les uns & les autres sont dans ces aprehensions, ils se font des propositions mutuelles. Casaux & Loüis d'Aix sont les premiers à conclure leur traitté. Cela se fit par le ministere du nommé Mongin, serviteur du Duc d'Epernon, qui s'étoit venu retirer à Marseille. Dés lors les amis du Duc d'Epernon allerent librement en cette ville. Non seulement ils étoient bien venus du peuple, mais l'Archevêque Genebrard & Masparaut tenoient presque tous les jours conseil avec les officiers qui s'y trouvoient. Ces conseils se tenoient, principalement pour maintenir autant qu'on pourroit le parti de la Ligue, qui s'affoiblissoit à toute heure. Durant que Genebrard, & Masparaut s'occupent aux affaires generales, Casaux & Loüis d''Aix travaillent à celles de Marseille en particulier. Ils étoient alors dans un grand soucy. La bourse étoit tout à fait épuisée. Ils cherchoient tous les moyens possibles pour trouver quelque secours present. Comme tout avoit été déja pratiqué, on ne voit rien surquoy l'on puisse avoir quelque prise legitime. Il falut en venir à la fraude, dans la necessité qui les pressoit. Pour cela Casaux & Loüis d'Aix font semblant qu'on les a priez pour faire un batême. Ils convient dix ou douze marchands des plus riches pour leur faire honneur. Ceux-cy se rendent à l'assignation. On part pour aller à l'Eglise. Dans leur marche on les met en prison. On les y detient un mois tout entier, sans qu'on veüille leur en dire la cause. Enfin, ils prient, ils pressent qu'on leur dise pour quelle raison on les traitte ainsi. On leur dit à l'oreille, que c'est pour avoir de l'argent, que l'argent seul peut leur ouvrir la porte. Sur ce discours, ils jugent bien qu'ils n'ont rien autre à faire qu'à payer la somme qu'on leur demandoit. Ils payent, qui neuf mille livres, qui douze mille livres, chacun à proportion de ses facultez. Voilà comment Marseille étoit gouvernée.

Le même traittement que souffroit Marseille, Arles le recevoit de ses Tirans. On eût dit à les voir agir ainsi, qu'ils alloient de concert avec les autres. On ne voyoit que violences, que supercheries, les Consuls étoient ceux que les Tirans traittoient le plus mal. En effet, si les Consuls pensoient à soulager le peuple; s'ils parloient de diminuër les impôts, les Tirans suscitoient d'abord les soldats contre eux. Ils leur disoient que la solde seroit mal payée. S'ils entreprenoient de payer en bled, en danrées, les autres soulevoient le peuple en lui faisant craindre que cette dissipation du bled l'affameroit. Enfin il pressoient si fort les pauvres Consuls, que si Galon eût voulu croire Aubert, ils se seroient défaits d'eux, dans quelqu'une de leurs conferences. Car quelque autorité qu'eussent ces Tirans, ils gardoient neanmoins cette aparence de se servir du nom des Consuls. Mais Galon eut bien-tôt sujet de se repentir de son peu de hardiesse. Car lui & son collegue coururent fortune d'être egorgez dans une sedition. Ce furent la Touche & Couque qui la susciterent. Ils souleverent les soldats contre les Consuls. Ils leur firent croire que les Consuls divertissoient l'argent de leur paye. Qu'ils l'employoient à tout ce que bon leur sembloit, à des usages mêmes inutiles. Ils ajoutent que s'ils ne s'en plaignent, assûrement l'abus est pour durer. Qu'il n'y aura que le bruit que l'on fera, qui puisse arrêter la licence qu'on se donne de divertir les deniers qui ne sont destinez que pour eux. Que s'ils ont besoin de leur secours en cette rencontre, ils sont prêts de le leur donner tel qu'ils voudroient. Ce discours échauffe si fort les soldats, que d'abord ils s'en vont vers les Consuls. Ils demandent leur paye avec menaces. Les Consuls intimidez de cette boutade, promettent qu'ils s'assembleront aprez dîné pour leur donner contentement. Mais les Tirans qui craignent de perdre l'occasion, disent aux soldats qu'on ne faisoit que les amuser; qu'on ne vouloit que les mener par paroles; que s'ils ne songeoient à se faire craindre, assûrement ils ne seroient jamais payez. A ces mots les soldats prenent feu. Ils crient qu'il se faut aller faire payer. Les Tirans se mettent à lur tête. Ils les conduisent au Plan de la Cour. Là il les rangent en bataille. Ils se saisissent des maisons les plus proches de l'Hôtel de Ville. Ils bloquent ainsi les Consuls, lors même qu'ils déliberent de satisfaire les soldats. On peut juger que tout ce tumulte ne se passa pas sans beaucoup de bruit. Cependant, ni ce tumulte, ni ce bruit, ni le danger que couroient les Consuls dans l'Hôtel de Ville, ne furent pas capables de toucher les bourgeois. Personne ne sort pour les deffendre, tant les Tirans étoient redoutez. Il n'y eût que les Peres Fouque & Blesus Observantins, qui prêchoient alors le Carême, qui osassent paroître: Ces Religieux vont où le bruit étoit le plus grand. Ils fendent la presse, ils abordent la Touche & Couque. Ils leur demandent ce que c'est que tout cela. Les autres répondent qu'on s'échauffoit contre les Consuls Bigarrats, qu'on avoit resolu de mettre en pieces. A ce discours ces bons Peres connoissent que les Consuls étoient en tres grand danger. Ils essayent de divertir l'orage par leurs remonstrances, & voyant qu'elles étoient inutiles, ils deman-

II.
La ville d'Arles est oprimée par la Touche & Couque, deux Tyrans qui se levent contre les Consuls & qui les font prisonniers. Mais enfin les Consuls demeurent les maîtres. La Touche est côdamné à mort, & Couque s'enfuit.

Le 21. Février.

dent que pour le moins on leur permette d'aller preparer les Confuls à la mort. On leur accorde ce qu'ils demandent. Auſſi-tôt ils s'en vont vers l'Hôtel de Ville. Ils y entrent par la porte de derriere. Ils abordent les Confuls dans un état qui marquoit aſſez qu'ils n'avoient point de bonne nouvelle à leur donner. Comme ils s'en expliquent, les Confuls témoignent que leurs ennemis n'en étoient pas où ils croyoient. Que pour eux ils pretendoient de leur vendre cherement leur vie. Sur cela les Religieux les prient de leur vouloir donner quelqu'un qui aille avec eux, qui ait pouvoir de traitter & de donner quelque parole. Aubert leur donne un de ſes parens. Ces Religieux s'en retournent avec cet homme. Ils repreſentent à la Touche & à Couque le tort qu'ils ſe font d'attenter à la vie des Confuls. Ils leur diſent que ce procedé leur pourroit attirer ſur les bras le peuple. Qu'il pourroit même faire tourner contr'eux toutes les armes de la province, dans l'intereſt commun à tout le monde d'apuyer les Confuls qui ſont les legitimes magiſtrats. Ils leur repreſentent les autres mauvais effets que pourroit produire cette violence, la haine qui pourroit s'élever contr'eux & rendre leur gouvernement execrable, au lieu qu'une honnête compoſition pouvoit le rendre doux & le faire accoûtumer peu à peu. Ils les conjurent de vouloir faire reflexion ſur ce qu'ils leur diſoient, & de conſiderer qu'ils n'auroient jamais de plus belle occaſion de devenir maîtres de la ville au gré même du peuple. Ils leur repreſentent ſi vivement ces choſes, qu'enfin les Tirans ſe mettent à dire, qu'ils laiſſeront les Confuls en liberté, s'ils leur remettent l'Hôtel de Ville & le fort de Pâques. Sur cette ouverture les Religieux s'en retournent à l'Hôtel de Ville. Ils raportent aux Confuls ce qu'ils ont avancé. Galon ne peut conſentir à remettre le fort de Pâques. Ce Gouvernement lui valoit de l'argent. Il ne peut ſouffrir qu'on l'en depoüille. Sur ſa reſiſtance, Aubert lui remontre qu'il n'y avoit pas lieu de balancer dans le peril où l'on étoit. Que pour ſe tirer de ce mauvais pas il faloit tout accorder & tout faire. Que l'aſſûrance de la vie, meritoit bien d'être preferée à la poſſeſſion de tout autre bien. Que le fort qu'on demandoit n'étoit pas à lui. Qu'enfin il devoit conſiderer que leur mort rendroit leurs ennemis ſeuls maîtres de toutes choſes. Aubert n'avoit pas beſoin d'en tant dire, pour perſuader Galon à relâcher. Le peril où l'on ſe trouvoit étoit une perſuaſion aſſez preſſante. Ainſi ils conſentent à la capitulation. Ils ſe mettent entre les mains de la Touche & Couque. Ils eſſuyent beaucoup de boutades des ſeditieux. Mais la Touche impoſe ſilence à tous. Il paſſe la nuit avec les Confuls dans l'Hôtel de Ville. Le lendemain ils conviennent avec Couque que chacun ſe chargera d'un Conſul. Il prend Aubert, il lui remet l'autre. Ils s'en vont chacun dans ſa maiſon. Comme la Touche mene Aubert, Aubert lui repreſente les ſuites facheuſes que ſa detention pouvoit cauſer, les mauvais effets que cela pourroit produire parmi le peuple. Il lui dit qu'il peut s'aſſûrer de lui d'une autre maniere auſſi facile que celle d'être maître de ſa perſonne, qu'il peut retenir ſon fils s'il le veut. La Touche aprouve l'expedient. Il retient le fils au lieu du pere. Aubert ſort. Sa ſortie réjoüit le peuple. Sa vûë donne du repentir aux soldats de ce qu'ils ont fait. Aubert les voyant ainsi touchez, les attendrit encore d'avantage. Il leur fait expedier du bled pour ce qu'on leur doit. Il témoigne le regret qu'il a de ne les pouvoir payer en argent. Il proteste que c'est ce qu'il trouve de plus rude dans le temps present & dans la necessité publique. Ces honêtetez font que les soldats trouvent leur faute encore plus grande. Ils déclarent qu'ils se garderont bien à l'avenir de se laisser débaucher. Cette disposition des soldats, porte Aubert à faire demander son fils à la Touche. Il l'assûre qu'il tiendra ponctuellement ce qu'il a promis. La Touche qui n'ignore pas que les soldats commençoient à se tourner pour Aubert, & qui d'ailleurs meditoit de devancer le temps de l'élection des Consuls pour gaigner la premiere place, se laisse aller à cette priere. Il renvoye civilement le fils d'Aubert. Mais si la Touche s'étoit adouci, Couque étoit bien devenu d'autant plus severe. Il fait lui même la ronde au tour des murailles. Il frape sans distinction tous ceux qu'il trouve negligens. Il fait tirer le canon contre Trinquetaille, & parce qu'on ne lui rend pas le fort de Pâques, il menace Galon de le faire pendre aux crenaux du château du Baron. Ces menaces faites avec une grande hauteur, obligent Aubert de se hâter dans l'execution qu'il projette. Il avoit fait sur cela diverses conferences avec un nommé Nicolas Jean, homme fort acredité dans la ville, fort zelé pour le rétablissement de l'autorité des Consuls. Il avoit même porté le Pere Fouque à parler en chaire contre les violences qu'on lui avoit faites. Ce predicateur ne manqua pas de le faire de la belle maniere. Le jour de saint Mathias, sur la fin de son sermon, il se plaint de ce qu'il ne voyoit point les Consuls comme de coûtume. Il en raporte la cause à leur detention. Il exclame contre cet attentat horrible. Il l'agrave en representant que ceux qui l'avoient commis étoient des gens à qui l'honneur des Consuls devoit être la chose du monde la plus chere. Il dit que la ville avoit tout à craindre, dépourvûë qu'elle étoit de magistrats. Que le peuple ne sçauroit éviter la punition que meritoit sa tiédeur & sa negligence. Que l'une & l'autre feront horreur à la posterité. Qu'elle les traittera de grands crimes. A ces mots, Couque qui ne manquoit pas un sermon, pour faire le bon catholique, se leve, & se mordant le doit, il se met à dire, ah cagot, tu me la payeras, puis il sort. Ceux qui se prirent garde de cette action, eurent une si grande indignation contre Couque, que rencontrant Aubert comme ils sortoient de l'Eglise, ils l'aprochent, ils lui font mille civilitez, ils lui offrent tous leurs services. Aubert répond fort civilement à ces honnêtetez. Il prie ceux qui l'avoient abordé, de se vouloir trouver chez lui l'aprez dinée. Mais la Touche & Couque n'eurent garde de tant attendre. Car jugeant que le discours du predicateur ne s'étoit pas fait à l'aventure, ils s'aviserent de prendre leurs precautions. Aussi-tôt ils assemblent leurs amis. Ils prenent les armes. Ils vont se saisir sur l'heure de l'Hôtel de Ville, & du Plan de la Cour. Ils font des barricades aux avenuës. Cela fait ils vont pour forcer Aubert dans sa maison. Durant que ce tumulte s'élevoit, un des amis d'Aubert s'en va faire sçavoir à Nicolas Jean ce qui se passe. Nicolas Jean ne perd point de temps sur cet avis. Il apelle Jean & Claude Constantin, ses beaufreres. Il court au corps de garde où il commandoit. Il va de là se saisir de l'Eglise de saint George. Il fait deux barricades sur les avenuës, l'une du côté de l'Eglise de saint Trophime; l'autre qui regarde au Plan de la Cour. Comme le Consul Aubert entend tout ce bruit, il sort avec son chaperon sur la cuirasse. Il va par la ville pour animer les bons citoyens. Le peuple qui le voit en cet état se ramasse auprez de sa personne. Plusieurs gens de qualité se joignent à lui. Robert de Chavari lui amene quatre cents arquebusiers. Le visiteur Escofier s'aproche aussi avec une grande troupe. Enfin, on vient à son secours de toutes parts. Dans peu d'heures il se trouve avoir plus de mille hommes. Avec cette troupe il prend deux petites couleuvrines. Il marche vers l'Eglise de saint George. Sa venuë redonne le cœur à tous les siens. Aussi-tôt on commence à tirer contre le Plan de la Cour, d'où l'on répond avec une ardeur pareille. Tandis qu'on étoit dans cette escarmouche, on vient dire au Consul Aubert qu'on faisoit une barricade au quartier du port. Sur cet avis il part avec quelques uns des siens. Il va vers cette barricade. Il remontre à ceux qui la dressent le tort qu'ils se faisoient de soûtenir deux infames Tyrans, qui déchiroient cruellement la ville. Qu'ils devoient considerer combien leur procedé nuisoit à leur patrie, & combien au contraire il y avoit de gloire à seconder l'entreprise des Consuls, qui n'alloit qu'à les délivrer d'opression. Ce peu de mots fit un si grand effet, que ces gens quitterent d'abord l'ouvrage, ils se déclarerent pour les Consuls. A cette vûë, Leucate qu'ils reconnoissoient pour leur chef, prend la fuïte. Il va se jetter dans le convent des Prêcheurs. Cependant, le Seigneur de Beaujeu se rend avec quelques uns de ses amis au Plan de la Cour. Il essaye d'apaiser les choses. Il trouve la Touche & Couque disposez à mettre les armes bas. Aussi-tôt il va le faire sçavoir à Nicolas Jean. Nicolas Jean dit qu'il ne faut pas laisser la chose en si beau chemin, qu'il ne faut pas abandonner sa patrie à des nouveaux ravages, qu'il faut la délivrer de ses Tirans. Comme le Seigneur de Beaujeu voit Nicolas Jean éloigné de rien relâcher, il s'adresse à Aubert. Il lui dit qu'il peut mettre en repos la ville. Que la Touche & Couque sont prêts à plier. Aubert dit qu'il n'a point de réponse à faire, qu'avant toutes choses, on ne mette son collegue en liberté, qu'on ne remette l'Hôtel de Ville. Que que quand on aura executé l'un & l'autre, il souffrira que la Touche & Couque se retirent dans la maison de celuy d'eux qu'ils voudront. Comme il demeure ferme dans cette resolution, la Touche & Couque ne pouvant mieux faire, sont contraints d'accepter le parti. Ils capitulent; ils se retirent. Mais ils ne trouvent pas que cette retraite les mette pour cela trop en sûreté. Ils voyent qu'ils sont exposez comme auparavant à tout ce que l'on voudroit entreprendre. Cela les oblige de se saisir des maisons voisines, & de percer pour aller de l'une à l'autre. Aubert est averti de ce qui se fait. Il va bloquer ceux qui percent ces maisons. Dans sa marche on lui donne une mauvaise nouuvelle. On lui dit que son fils vient d'être tué. Cela l'irrite encore d'avantage. Il prend resolution de tout tuër. Dés qu'il arrive devant la maison de la Touche. Il y fait pointer le canon au devant. Il tire. Du premier coup la porte est brisée. Couque qui s'étoit posté derriere un pilier de la cour demeure tout étourdi. A ce bruit la Touche veut descendre. Lorsqu'il est sur l'escalier, on lui tire un coup de mousquet de la plus proche maison, coup qui lui casse les deux jambes, & le met hors de combat. On le va jetter sur un lit, d'où il entend que les siens tout effrayez crioyent misericorde. Il se fait descendre à la cour ou Couque étoit. Il voit que tout étoit desesperé pour les siens. Il suplie le Consul Aubert de leur faire grace, ou de les livrer à la justice. Le Consul accorde le second point, & voulant s'avancer pour recevoir les prisonniers, Galon qui n'étoit pas trop favorable à son parti, le prie de n'y pas aller, de peur qu'étant suivi d'une multitude, on ne fît main basse sur les prisonniers, sans qu'il le peut empêcher. Aubert s'arrête & y envoye quelques uns des siens. Cependant la nuit aprochoit. Couque prend ce temps pour s'evader. Il monte sur le toit de la maison & se sauve. La Touche est saisi, porté dans la prison, mis dans les cachots avec trente-trois autres complices. Dans le temps que les uns conduisent la Touche les autres s'étoient arrêtez pour faire la recherche de Couque. Ils rencontrent son frere cadet, qui descendoit du toit d'une maison. Cet homme voyant venir cette troupe, l'arrête par une merveilleuse presence d'esprit. Il dit tout tremblant & tout effrayé, que son frere va venir, qu'il est là tout proche. Chacun s'avance pour avoir part à cette capture. Dans ce temps le cadet descend & s'evade. Ceux qui font la recherche, bien étonnez de s'être laissé surprendre, vont à la maison de Benin, Avocat du Roy, où ils sçavent que Couque étoit. Mais leur chaleur leur fit faire une seconde faute. Car encore que ce fut de nuit, ils y vont sans lumiere & en desordre. Couque qui les entend venir, se glisse adroittement au derriere de la porte. Il sort dés que tous les autres sont entrez. En même temps il gagne à toutes jambes le boulevard. Il se jette en bas des murailles. Il s'enfuit à travers champs. Dans sa fuite il rencontre un jardinier qui le reconnoît & qui lui presente la pointe de sa halebarde. Couque s'arrête. Il se baisse, comme pour se mettre à ses pieds. Il lui dit d'un ton fort radouci, ah mon ami, que veux-tu faire, je ne t'ay offensé de ma vie? Puis il se réleve avec une pierre qu'il avoit prise. Il l'a lui jette contre si heureusement, qu'il le renverse & gagne païs. Le lendemain, les Consuls assemblent *Le 25. Février.* le conseil de ville pour faire aprouver leur conduite, & faire ordonner que les poursuites des coupables se feront aux dépens du public. Cela leur est accordé avec éloges & remerciemens. On nomme des députez pour prendre soin que les procedures se fassent en diligence. Le Lieutenant particulier instruit le procez. La Touche seul n'est point oüy ni confronté, parce qu'on ne pouvoit le conduire à l'auditoire, ayant les jambes brisées. On va dans la prison lui lire toutes les procedures qu'on a faites, & voyant que ses affaires alloient tres mal, il recuse pour differer sa mort, tous les Juges & tous les Avocats de la ville. Il dit que ce sont des Bigarrats, tous ennemis des bons Catholiques. Il demande des Juges étrangers. Il s'imagina qu'il se rencontreroit assez de longueurs à faire venir des Juges des autres provinces. Que cela fairoit que les Consuls seroient hors de charge, avant que les Juges fussent en état de partir. Il croyoit que les Consuls qu'on devoit élire dans une quinzaine de jours, pourroient n'entrer pas dans les sentimens d'Aubert, qui n'agissoit avec tant de chaleur, que pour venger la mort de son fils qui avoit été tué dans le tumulte. Qu'il pourroit même arriver quelque desordre en la creation des Consuls qui feroit oublier celuy-cy. Mais Aubert trouve bien le moyen d'éluder toutes ces vaines esperances. Car sans rien dire à Galon son collegue, dont il se défioit, il envoye un exprez à Avignon à N. de Sabatier, qui y étoit alors, & le prie d'obtenir du Vicelegat, le nombre d'Avocats necessaire pour le jugement des criminels, & les faire partir en diligence. Sabatier travaille à la chose avec tant de soin, que dans deux jours les Avocats se rendent à Arles. Ils vont le lendemain au Palais où étoit le Lieutenant particulier. Les délats sont deboutez de la recusation du Lieutenant qu'ils avoient avancée, parce qu'ils l'avoient reconnu pour juge. Aprez cela on visite le procez. La Touche & cinq autres sont condamnez à être pendus, on condamne le reste aux galeres. Il falut porter la Touche au lieu du suplice, où lui & les autres furent executez. Cette journée qui donna grande satisfaction aux gens de bien, devoit servir d'un exemple redoutable aux seditieux. Elle devoit les instruire dans tous les siecles. Cependant Couque ne s'en amende pas. Car quoy qu'il eût été executé en effigie, il s'alla jetter dans le fort du Baron, où commandoit le pere de la Touche. Là il fit de si terribles courses dans le terroir d'Arles, qu'il acheva ce que Saint Roman Gouverneur de Salon, n'avoit fait que commencer. Ils allerent alors tous deux de conserve. Chacun d'eux s'ayda de sa part à tout desoler. Cela servoit à augmenter dans la ville la reputation du Consul Aubert. On ne pouvoit se lasser de le loüer, d'avoir entrepris de défaire le public, de deux Tirans insuportables. On étoit si satisfait de son zele & de sa conduite, qu'on proposa de le confirmer dans le consulat. Mais il refusa d'accepter cet honneur. Il protesta que ce luy en étoit un assez grand, que d'avoir délivré sa patrie de l'opression qu'elle avoit soufferte. Son refus fut trouvé si honnête, que pour répondre à son honnêteté, on lui permit & à son collegue, à sa consideration, d'élire leurs successeurs dans ces charges. Ils élurent pour l'état des Nobles, Jean de Bindrai, & Guillaume d'Antonelle, Nicolas Jean & Jean du Monde, pour celuy des bourgeois. Ceux-cy furent acceptez agreablement, venant comme ils faisoient d'une main amie.

Le xj. Mars.

Cependant les troubles de Marseille & d'Arles, rendoient ce semble plus doux le calme, dont Aix commençoit de joüir. Ce calme se rétablissoit peu à peu, par les soins des principaux gentilshommes. Le Marquis d'Oraison, les Seigneurs de Soliers, d'Oise de Janson, de Crose, de Merargues, employoient tout leur credit à faire subsister les troupes,

III. La Noblesse qui s'étoit déclarée pour le Roy, fait convoquer des Etats à Aix. On

sans

sans que le bourgeois en fût foulé. Pour cela la Comtesse de Sault avoit engagé ses pierreries. Elle avoit recouvré la faveur du peuple par là. Mais comme ce secours ne pouvoit durer guere long-temps, on convoqua les Etats à Aix, pour chercher les moyens d'affermir les choses. Dans ces Etats on resolut de revoquer les députez qui étoient auprez du Duc de Savoye, & ceux qu'on avoit envoyez au Duc de Mayene: d'entretenir huit mille hommes de pied, douze cent chevaux, cent arquebusiers, & de prier le Seigneur de Lesdiguieres de venir commander ces troupes; d'envoyer vers lui des députez pour cela. On nomma même le Seigneur du Revest & un des Procureurs du païs. Aprez quoy l'on resout de faire deux bons forts sur le bord de la Durance, pour rendre les passages libres. Ces resolutions fortes & hardies, irriterent extremement le Duc d'Epernon. Il pense d'abord à les faire échoüer. Il convoque pour cela des Etats à Riez, pour renverser tout ce que les autres venoient de faire. Comme il étoit maître de la campagne, il s'y rendit grand nombre de Noblesse & des députez des communautez. Là pour engager le monde dans ses interests, il rend raison de ses actions passées. Il dit qu'elles n'avoient jamais eu d'autre but que le soulagement de la province. Qu'il n'avoit fait aboutir tous ces avantages, qu'à proposer incessamment, qu'à offrir la paix. Qu'on l'avoit toûjours refusée. Que ceux qui avoient fait un refus si peu raisonable, faisoient assez connoître, qu'ils n'étoient pas plus les amis du public que les siens. Mais qu'il se confioit si fort en la sincerité de ses intentions, qu'il s'assûroit que Dieu continueroit à prendre sa deffense. Qu'il la rendroit visible par ses prosperitez. Il prit soin dans tout ce discours, de garder le plus de moderation qu'il lui fut possible. Mais elle ne peut être si grande, que les vanteries ne s'y mêlassent un peu. Mais cette moderation s'échapa bien-tôt, quand il aprit l'aproche du Seigneur de Lesdiguieres. Car cette nouvelle ralluma sa colere. Il fait le brave plus qu'il n'avoit jamais fait. Il traitte d'usurpateur le Seigneur de Lesdiguieres. Il menace de se venger par un combat singulier. Il lui écrit enfin ce billet, qui marque combien il avoit l'ame ulcerée; je le mets icy dans les mêmes termes que je le trouve, pour ne rien alterer à l'original : Monsieur, je vous ay discouru fort au long par mes precedentes, le peu d'occasion & de sujet que les nouveaux revoltez de Provence ont eu de s'oposer au commandement qu'il a plû à nos Rois me donner sur eux, pour faire malheureusement renaître la guerre, la nourrir & la perpetuer en leur propre patrie, preferant leur ambition particuliere à l'honneur de Dieu, service du Roy & repos du peuple, que je leur avois assuré par la perte de mon sang & plus singuliers amis, estimant être de mon devoir éclaircir tout le monde de mon droit & justice, & principalement vous, Monsieur, à qui les susdits ont tâché en toute façon rendre leur cause sainte & juste. Vous revestir fauteur de leur rebellion, & en apuyer sur vous leurs plus mauvais & pernicieux desseins. Je ne pensois point que leur persuasion eut tant de pouvoir que de vous ployer à une requête si injuste, me representant plusieurs choses là dessus. Enfin, j'ay reconnu que ce n'est point le service du

y délibere de lever des troupes contre le Duc d'Epernon. On prie le Seigneur de Lesdiguieres de les venir commander. Sur cela le Duc d'Epernon convoque d'autres Etats. Il apelle en duël le Seigneur de Lesdiguieres. Il lui va au devant. Ses gens prenent le Seigneur de Besaudun, qui est assasiné en sa presence.

Ggggg

„ Roy qui vous a porté dans mon gouvernement avec une armée, comme
„ si c'étoit un païs de conquête plein de Sarrasins. Nous sommes tous Fran-
„ çois, serviteurs du Roy, & avons tres-tous cet honneur d'être ses sujets.
„ Ne deviez vous pas aprehender l'innocence de ce pauvre peuple, qui est
„ tant desolé par la continuation de ses malheureuses guerres civiles ? Que
„ si c'est à moy à qui vous en voulez; c'est à vous à qui j'en veux. Mais
„ je ne voudrois pas que l'innocent y souffrît, ains que ce fut de vous à
„ de moy avec une épée; à pied ou à cheval. Si vous continuez en cette
„ volonté, que les effets m'assûrent tres mauvaise en mon endroit, je vous
„ prie vous representer là dessus la desolation qui sera en cette pauvre
„ province, s'il faut que deux armées y regnent, ou au contraire, le grand
„ bien si ce feu qui commence à s'allumer s'éteint par la preuve de nos
„ personnes, que je vous offre & vous prie d'y entendre sans aucun sub-
„ terfuge. Ce sera de vous & de moy, ou bien deux à deux, vingt à
„ vingt, cent à cent, comme vous voudrez; en lieu qui ne sera suspect
„ ny à l'un ny à l'autre, & nous purgerons toutes nos passions, & verrons
„ à qui le droit & la valeur prolongera la vie. De Riez, le
„ 1594. *Jean-Loüis de la Valete.* Quand le Seigneur de Lesdiguieres eut lû
ce cartel, il répondit d'un sang froid le plus grand du monde, que le
Duc d'Epernon n'avoit pas sujet de se gendarmer. Qu'étant fidele serviteur du Roy, comme il le disoit, il ne devoit pas aprehender de le
voir entrer dans la province. Qu'il devoit attendre au contraire toutes
sortes de services de sa part. Que pour preuve du dessein avec lequel
il venoit, il offroit une suspension d'armes, si le Duc vouloit rendre les
places qu'il avoit prises dépuis qu'Aix avoit reconnû le Roy, comme
aussi s'il démollissoit le fort par lequel il tenoit encore la ville bridée.
La réponse du Seigneur de Lesdiguieres ne fut pas trop agreable au Duc,
qui brave & fougueux qu'il étoit, auroit bien voulu terminer sur le champ
cette guerre. Mais l'autre, sans se fort mettre en peine de sa fougue, entre
dans la Province à petit pas. Il vient saluër le Parlement à Manosque.
Delà il se rend à Pertuis. Il avoit avec lui cinq cents chevaux, & quinze
cents hommes de pied. Le jour même qu'il arriva à Pertuis, il tomba
malade d'une fievre chaude, dont il faillit à être emporté. Sa fortune
neanmoins le réleva dans peu de jours. Aprezquoy il passe la Durance,
il vient joindre le Comte de Carces qui s'étoit avancé à Orgon. Dans
ce même temps, le Duc d'Epernon part de Riez. Il vient prendre son
poste à Peiroles. Dans sa marche, ses troupes ne manquent pas de pratiquer les violences qui leur étoient ordinaires. Ils laissent par tout de
tristes marques de leur humeur. Il se passa sur tout à Rians une chose
étrange. La compagnie des carrabins du Duc logeoit dans ce lieu.
Quelques uns de ses gens rencontrerent une jeune demoiselle à la ruë.
C'étoit la fille d'Honoré Gautier, Conseiller au Parlement. Ils la prennent. Ils la menent dans une maison, où elle est violée. La fille ou-
trée de douleur & de rage, mais pleine d'une noble fierté, ne laisse pas
le crime impuni. Elle prend un couteau, qu'elle avoit sur soy. Elle le
plonge dans l'estomac du violateur. Elle venge son honneur sur le
champ, elle le repare. D'autres on dit, que pour ne pas survivre à sa

perte, elle se plongea ce couteau dans le sein. Quoy qu'il en soit, il est certain que dans le temps des Romains, cette action n'auroit pas manqué d'eloges. Cependant, le Duc n'arrive pas plûtôt à Peiroles, qu'il vient voir en quel état est le fort d'Aix. D'abord qu'il y est, il change toute la garnison. Il y met vingt-cinq compagnies nouvelles. Il y établit Bellot pour commandant. Cela fait, comme il aprend que le Seigneur de Lesdiguieres étoit à Senas, il part pour lui aller à la rencontre, il prend le chemin de Lambesc. En y allant, on entend le bruit de quelques chevaux dans la marche. A ce bruit les Soldats prenent l'allarme. Ce trouble oblige le capitaine Boyer de s'avancer. Il voit venir un gros d'environ trente chevaux. Il remarque parmi les premiers, Morges, Besaudun, Grainbois, Buisson, Crotes, Merargues. Ceux-cy qui venoient pour reconnoître chargent Boyer, qui se presente le premier à eux. Boyer est contraint de reculer. Mais dans sa retraite, trouvant de la cavalerie qui venoit à son secours, il tourne bride, il la mene à la charge, il rencontre l'ennemi dans un chemin fort étroit, ce qui les embarrasse tous également. Dans cet embarras, le cheval du Seigneur de Besaudun se cabre. Il le renverse, il tombe sur lui, Besaudun est pris. On le mene au Duc d'Epernon, on le lui presente. Le Duc ravi d'avoir en son pouvoir son plus grand ennemi, ne peut dissimuler sa passion, il ne peut retenir sa colere. Il lui dit d'un air fier, d'un ton aigre, ah traitre, je te tiens, tu mourras! A ces mots, Besaudun suplie le Duc de lui vouloir donner la vie. Il promet de reparer ses fautes passées par des services les plus importans. Cette priere irrite encore plus le Duc. Il lui repart, non rien que ta mort ne me peut satisfaire. On lui tire deux coups de pistolet. Ces coups, ne font que des blessures legeres. Tout cela redouble l'impatience. On se jette sur lui pour l'achever. Il ne meurt pas neanmoins sur le champ. On a loisir de le porter à Senas, où l'on a permission de penser ses playes. La permission ne fut pas fort utile, car il mourut dans la même nuit. Cette action fut si mal reçûë, même par les plus échauffez du parti du Duc, qu'on voyoit tout le monde en murmurer. La Noblesse menace de le quitter. Elle fait pour cela quelques conferences. Le Duc à qui l'on vient dire ce qui se passe, prend dessein de se justifier. A ce sujet, dés qu'il arrive à Lambesc, il apelle le Seigneur de Saint Marc dans sa chambre, il lui dit: Je sçay qu'on se plaint de la mort de Besaudun, qu'on me blame, qu'on traitte cette action d'inhumaine. Il n'est pas juste de laisser les esprits en cet état. Il faut que je vous dise les raisons que j'ay euës. Vous jugerez, par ce que je vous dirai si j'ay dû tenir une autre conduite. Besaudun avoit tué dans Aix Etampes mon parent. Il avoit servi le Duc de Savoye avec chaleur. Aprez cela il étoit venu vers moy. J'avois promis d'oublier toutes choses. Je lui avois même donné plusieurs charges. Il avoit sujet de tout atendre de moy. J'avois toutes les dispositions du monde à lui être favorable. Cependant, pour tout repentir, & pour toute reconnoissance, il s'est absolument tourné contre moy. Il a fait un manifeste au nom de la Noblesse. Il a bien osé l'envoyer lui-même au Roy. Ce

Le 27. Avril.

n'est pas tout que d'avoir agi sourdement, il a affecté de paroître mon ennemi découvert. Il s'est déclaré tel lui-même. Il a dit à un des miens qui passoit par Aix, vôtre maître se plaint de moy, ditez-lui, que je n'oublie rien dans sa vie. Je l'ay écrite, il y verra fort bien ses veritez. Il y a plus encore que tout cela. Comme il disoit ces mots, il tire un papier de sa poche & dit: Voila qui a été trouvé sur Besaudun quand on l'a pris. Il alloit ouvrir le papier, quand il entra du monde dans la chambre. Cela fût cause que le discours n'alla pas plus avant. Mais quoyque pût dire le Duc pour se justifier, son action ne sçauroit jamais être excusable; & tous les siecles la blameront assurément. Car qu'elle est l'inimitié qui ne doive se desarmer, quand on voit l'ennemi demander grace. Ainsi mourut l'illustre Besaudun, qui fut également redouté par son esprit, & par son épée. Le Duc eut assûrement beaucoup de sujet de trouver son esprit redoutable: Car il est vray, que son manifeste conservera toûjours la memoire des extorsions qu'il a fait dans ce païs. On y voit ses violences fort bien décrites. Il découvre même les desseins que le Duc avoit contre la Royauté. Ce manifeste touche les choses si délicatement, il les décrit avec tant de netteté, tant de politesse, qu'il y a sujet d'admirer qu'un gentilhomme de cette qualité, sçût à ce point l'art de bien écrire, art qui paroît aussi tres-avantageusement dans l'apologie qu'il fit contre le Duc de Savoye. Car on voit dans cet écrit, qu'il sçavoit aussi bien se défendre, qu'on voit dans le manifeste qu'il sçavoit bien attaquer. Que s'il nous restoit encore de ses vers, aprez avoir vû combien il étoit solide, on verroit combien il étoit galant. Mais la fortune nous a ravi cette partie de son esprit, qui ne nous est connuë que sur le raport des autres. Quoyqu'il en soit, je trouve que sa prudence le fit autant regreter que sa valeur. Car son parti n'agissoit presque que par son conseil. On se trouvoit merveilleusement bien de le suivre. On voyoit succeder à souhait tout ce qu'il inspiroit, tant il avoit de jugement & de conduite, qualitez qui ne le distinguoient pas moins que son grand cœur.

I V.
Le Duc d'Épernon medite de surprendre Aix. On apelle le Seigneur de Lesdiguieres. La Chambre du Parlement qui étoit à Manosque s'en revient à Aix. Elle se reunit au corps. On publie l'Édit de pacification. Le fort d'Aix est demoli. Le Conétable s'irrite sur cela contre Lafin. Il essaye d'apaiser les

Le genre de mort du Seigneur de Besaudun, altera si fort les esprits qu'on étoit sur le point d'en venir à une bataille. On cherchoit tous les moyens de s'en venger. Pendant qu'on étoit dans cette disposition, Lafin arrive de la Cour avec des ordres. Le Roy l'envoyoit en cette Province, pour voir en quel état les affaires y étoient, pour s'informer quel étoit le parti le plus fort, pour faire pancher de ce côté la balance. Pour cela, Lafin déclare à son arrivée, qu'il vient pour mettre la paix en ce païs. Il fait sur ce pretexte diverses allées & venuës vers l'un & vers l'autre parti. Il trouve que le Duc d'Epernon étoit le plus foible. Il agit secretement contre lui. Il visite les gentilshommes qui le poussoient. Il les affermit dans cette resolution. Il les assure que le Roy les apuyera, il leur rend même des lettres du Roy, qui leur promettent une protection entiere. D'autre côté il rend au Duc une lettre, par laquelle le Roy lui témoigne qu'il est tres satisfait de lui. Qu'il veut le recompenser d'un autre gouvernement, afin qu'il y soit plus en repos qu'en Provence. Sur cette offre, le Duc répond qu'il vouloit bien déferer aux ordres du Roy, que neanmoins il defiroit que ce fut son honneur fauve; qu'il fe remettroit au Conétable du tout. Sur cette réponfe Lafin va en Languedoc. Il fait fçavoir au Conétable ce qui fe paffe. Il execute precifement l'ordre que le Roy lui avoit donné de faire tout paffer par la negociation, d'éloigner autant qu'il pourroit la force. Pour avoir des témoins de fa conduite, ou pour agir avec plus de formalité, il mene des députez de la Chambre du Parlement de Manofque & de la Province. Les députez étoient les confeillers Suffren, Agar, & le Seigneur de Greoux. Lafin raporte en leur prefence au Conétable tout ce qu'il a fait dans la Province, & l'état où les chofes y étoient. Auffi-tôt le Conétable le renvoye avec ces ordres. Que le Duc d'Epernon remettra le fort entre fes mains; pour le garder jufqu'à ce qu'on ait apris l'expreffe volonté du Roy. Que la tréve fera continuée tout le mois de May. Que les troupes du Languedoc & du Dauphiné, fe retireront dans leurs provinces. Lafin ayant reçû ces ordres, s'en retourné, & les prefenté au Duc d'Epernon. Le Duc y obeït fur le champ. Il remet le fort au Seigneur de Peraut, pour le rendre à Lafin quand il y viendra. Il en retire tous fes canons. La garnifon qui fort les conduit à Rognes, puis fe retire. Dans fa retraite, elle commet mille hoftilitez. Le Duc neanmoins témoignoit avoir quitté l'efprit d'ennemi. Il difoit qu'il vouloit oublier les chofes paffées, qu'il pretendoit de venir à Aix, qu'il defiroit d'y traitter les Dames. Il y faifoit même faire des preparatifs pour cela. Mais on reconnût bien-tôt que tous ces difcours ne fe faifoient que pour endormir le monde. On découvre qu'il avoit toute autre penfée, qu'il tramoit une intelligence dans Aix. Cela ne fe découvre pas plûtôt, que les gens qu'il avoit envoyez font mis hors de la ville, & les bourgeois qui agiffoient fecrettement pour lui font arrêtez. Ce procedé du Duc irrite de nouveau les efprits. On ne peut prendre de fûreté dans la tréve. On dit qu'il fe faut toûjours tenir fur fes gardes, qu'il faut toûjours fe défier du Duc. Pour diffiper ces aprehenfions, le Parlement prie le Seigneur de Lefdiguieres de venir à Aix. Le Seigneur des Lefdiguieres y vient feulement avec fes gardes & fa compagnie d'ordonnance. On le reçoit avec toutes fortes d'honneurs. Les Confuls luy portent les clefs des portes. Il les réfufe fort honnêtement. On fe fert de fon fejour dans Aix, pour demander au Conétable la prolongation de la tréve. La province députe le Seigneur de Greoux pour cela. On charge ce deputé de quelques autres demandes; fçavoir, que les troupes foient retranchées, qu'Aix foit foulagé pour le payement de la garnifon du fort. Cependant, comme on penfe venir librement à Aix, on y court de tous les endroits de la Province. La Comteffe de Sault qui depuis fon évafion n'y étoit point rentrée, y vient dans un tres grand apareil. Elle fe reconcilie avec la Comteffe de Carces. La Nobleffe celebre cette reunion par de grands feftins, par des courfes de bague, & par d'autres galanteries, qui fembloient toutes prefager la paix. La province la defiroit extrémement. Pour l'obtenir elle ne ceffoit d'envoyer vers le Conétable. Le Parlement & la Chambre des Comptes, joignent leurs députez à ceux du

troubles de Provence. Côme il n'en peut venir à bout il fait une ordonnance, attendant que le Roy difpofe de tout. La Province depute au Roy qui doit venir à Lion.

Le 4. May.

Le 12. May.

país : Mais quoyque le Conétable eût tout pouvoir pour donner la paix, il avoit de la peine à s'y resoudre. Il voyoit par là, la chûte du Duc d'Epernon infaillible. Il lui fâchoit de prononcer contre son allié, contre son amy. Cependant, cela ne se pouvoit éviter. Il avoit des lettres-pattentes du Roy, qui rapelloient le Duc d'Epernon, qui donnoient pouvoir au Seigneur d'Amvile, frere du Conétable, de venir commander en Provence. Mais le Conétable differoit autant qu'il pouvoit de mettre ces lettres-patentes au jour. Le Parlement qui voit ses longueurs, s'impatiente, & pense à y aporter quelque remede. Il voit que sa separation de la Chambre de Manosque peut faire un mauvais effet dans le public. Qu'on peut douter qu'il soit bien intentioné pour le Roy, tant qu'on verra loin d'Aix ceux qui sont toûjours demeurez fermes dans son service. Ces reflexions l'obligent d'exhorter la Chambre de Manosque, à venir se réjoindre au corps. On lui depûte les conseillers de Villeneuve & Agar. On prie même Lasin d'y aller, dans l'opinion que la qualité d'homme du Roy, faira plus d'effet que rien autre. Lasin accompagne les députez. Tous ensemble ils conjurent ceux de cette Chambre de quitter Manosque. Ceux-cy s'excusent sur ce qu'ils n'ont point d'ordre du Roy. Lasin se rend garent que le Roy aura cette resolution fort agreable. Sur cette assûrance ils font arrét, ils partent tous ensemble. A cette nouvelle, le Seigneur de Lesdiguieres, le Comte de Carces, & tout ce qu'il y avoit de Noblesse dans Aix, monte à cheval pour leur aller au devant. Les Consuls d'Aix y vont aussi fort accompagnez. Cette Chambre entre dans la ville, parmi les acclamations du peuple. On n'entend que cris de vive le Roy. Tout le monde celebre cette fête. On s'assûre que ce retour affermira la paix. Le lendemain le Parlement étant assemblé, le conseiller Agar fit sçavoir que Messieurs qui tenoient la Chambre de Manosque, étoient revenus dans la ville. Il dit, qu'il seroit bon de leur faire entendre que la Cour est assemblée pour les recevoir. Le Président Chaine ordonne au greffier de leur aller dire, que s'il leur plaît de venir, ils seront reçûs à bras ouverts. Le greffier trouve ces Messieurs assemblez chez le conseiller Antelmi, & leur ayant raporté ce qu'il avoit ordre de leur dire, en même temps il partent, precedez de leurs huissiers. Ils trouvent dans les rües un peuple infini, qui les suit avec acclamations, qui les comble de loüanges. Quoyque leurs noms soient consignez à l'immortalité dans les regîtres du Parlement & dans l'histoire de la Province, & qu'ainsi l'on ne puisse rien ajoûter à leur gloire, je dois pourtant rendre cette justice à ces grands hommes, que d'en renouveller la memoire icy. Voicy donc les noms de ces illustres Magistrats, qui se signalerent par leur fermeté digne d'eternelle loüange. Loüis Antelmi Doyen de la Cour, Antoine Suffren, Boniface Bermond, Guillaume de Cadenet, Jean d'Arcutia, Antoine de Reillane, Pierre Dedons, François de Foresta, Jean-Pierre Olivier, Jean-Loüis Laidet, Antoine Seguiran, Marc Antoine de Scalis, Balthazar Perier, Alexandre Guerin. Quand ces conseillers furent entrez dans le Palais & qu'ils eurent pris leurs places, le Président Chaine

La femme du Duc d'Epernon étoit niéce du Conétable, fille de sa sœur.

Le 7. Juin.

leur dit, que la Cour étoit tres aise de leur retour. Qu'elle esperoit que leur reunion feroit desormais regner un même esprit dans la distribution de la justice. A ce compliment, le conseiller Antelmi répondit, qu'aprez que cette compagnie eût reconnû l'autorité du Roy, ils furent recherchez de se venir rejoindre au corps, par les Procureurs du Païs & par la Noblesse. Qu'ils firent d'abord difficulté de s'y rendre, parce qu'ils desiroient d'avoir un ordre exprez du Roy. Qu'ils avoient deputé à Sa Majesté pour cela. Mais que le sieur de Lafin leur ayant expliqué sa volonté sur ce sujet, & d'ailleurs Messieurs les conseillers Agar & Thoron, leur ayant déclaré l'intention de la Cour, ils firent hier arrêt, portant qu'ils reviendroient en cette ville, arrêt qu'ils ont executé tres agreablement, comme n'ayant rien plus à cœur que de continuër dans ce corps les services qu'ils lui ont voüé pour toute leur vie. Aprez ces complimens de part & d'autre, ceux de Messieurs qui étoient demeurez à Aix, prêterent serment de fidelité, les autres reçûrent par leur exemption un témoignage glorieux, qu'ils avoient toûjours été fideles. Dés que la nouvelle de cette reunion fut répanduë, on vit bien-tôt revenir les officiers qui s'étoient retirez en divers endroits. Mais le Duc d'Epernon en fût si piqué, qu'il fit deffendre à tous ceux des villes & des lieux où il commandoit, d'aller plaider à Aix, sous peine de la vie. Pour satisfaire encore mieux sa vengeance, il fait observer Lafin sur son passage de Toulon à Aix. Il le fait arrêter à Roquevaire. On le lui mene à Brignole. Mais craignant que le Roy ne se fachât, s'il traittoit Lafin rigoureusement, il se contente de lui avoir fait peur, il le renvoye aprez quelques menaces. Ce procedé n'est pas aprouvé par les siens même. Ils jugent par là, que le Duc n'étoit pas trop bon serviteur du Roy, puisqu'il avoit si peu de consideration pour ceux qui venoient de sa part dans la province. Pendant que les membres du Parlement se reünissent, le Conseiller de Châteauneuf & l'Avocat de Fabregues arrivent de la Cour. Ils aportent les dépêches du Roy qu'ils avoient demandées, à la reserve de la revocation du Duc d'Epernon. Trois jours aprez le Parlement verifie le tout, le rétablissement de toutes les justices dans Aix, la reünion de la procuration du païs au consulat de cette ville. L'edit de pacification portant amnistie, la confirmation de tous les privileges. Tout cela se verifie tres facilement. Il n'y eut que l'article de l'amnistie qui reçût quelque obstacle. Car l'Avocat Claude de Cormis, en qualité de Procureur des trois Etats, s'oposa à cette verification. Mais son oposition fut bien-tôt vuidée, il en fut débouté le même matin qu'il la fit. Dans ce jour on publia l'edit, avec les solemnitez accoûtumées. Cette publication neanmoins, n'empêcha pas que le Parlement ne craignit une nouvelle rupture. Il se défioit extremement du Duc d'Epernon. Il aprehendoit qu'il ne survint quelques mesintelligence entre le Comte de Carces & le Marquis d'Oraison, quoyque leur commandement fut separé, que l'un commandat deça, l'autre delà la Durance. Pour empêcher que la chose arrive, le Parlement prend le gouvernement en main. Il fait deffenses aux Procureurs du Païs de rien expedier que par ses ordres. Ce remede

Le 24. Juin.

fût à la verité fort utile, pour retenir le Comte de Carces & le Marquis d'Oraison. Mais il ne peut arrêter le Duc d'Epernon, qui bouillant & fougueux qu'il étoit, sans se soucier guere de la tréve, alla donner sur de la cavalerie, logée dans des méchans villages, sur la foy qu'elle y seroit en sûreté. Cette action fit murmurer bien des gens. Surtout elle irrita forr le Seigneur de Lesdiguieres, qui pour ne pas rompre la treve, demeuroit à Aix les bras croisez. Mais il ne tarda pas d'avoir sa revanche. Il prit pour cela cette occasion. Il dit à quelques officiers du Parlement qu'il y a trop long-temps que le fort incommode la ville. Que si leur compagnie ordonne de l'abattre, il sera le premier qui s'y aydera. Aussi-tôt la chose est raportée. Le Parlement veut avoir l'avis du Seigneur de Lesdiguieres par écrit. Il le donne, dés qu'on le lui demande. Le Parlement le fait coucher sur le regiftre. Le Seigneur de Lesdiguieres le signe tres volontiers. Aussi-tôt le Parlement fait arrêt, par lequel il ordonne que le fort sera demoli. Le Seigneur de Lesdiguieres pour executer l'arrêt fait armer les quartiers de la ville, puis il sort comme par s'aller promener. Il prend sa promenade vers le fort, où il y avoit déja plusieurs gens de son haleine. A son aproche, ceux qui l'attendoient le saluënt. Il entre dans le fort, il s'en saisir. Le peuple y accourt de tous côtez. Il y va avec les outils necessaires. Il se met à démolir le fort. Il y travaille avec tant d'ardeur, que dans trois jours il fut tout par terre. Il n'en resta plus pour tous vestiges, que divers monceaux de pierres, de thuiles, & de bois. Le peuple d'Aix se voyant libre, se déchaine contre le Duc d'Epernon. On n'entend partout que des chansons contre lui, que de bons mots des railleries. Le Parlement resout de ne plus entendre à rien qui le puisse maintenir dans le païs. Durant que tout cela se passoit, Lafin étoit auprez du Conétable, il y continuoit de negocier, quand la nouvelle de la démolition du fort arrivant, non seulement toutes les negociations se rompirent, mais il tomba luy-même dans un grand peril. Le Conétable irrité de la démolition du fort, s'emporta dans une étrange colere, il menaça Lafin plusieurs fois. Il dit qu'il lui avoit donné le fort à garder, & que sa tête lui en répondroit. A cela, Lafin repart en tremblant, mais il ne donne point d'excufe valable. Sa peur irrite encore d'avantage le Conétable. Il s'imagine que cela fait assez connoître que Lafin a eu quelque part à la démolition du fort. Sur ce soupçon, il le fait mettre dans la tour de Pezenas. Il le fait garder si étroitement, qu'il sembloit lui vouloir faire courir fortune de la vie, si Lafin n'eut pas eu le bonheur de se sauver quelques jours aprez. Cependant, comme le Roy vouloit en toute façon, que les affaires de Provence s'accommodassent, le Conétable y travailla serieusement. Pour moyener que ce fut au contentement du Duc d'Epernon, il fit cette derniere tentative. Il convoqua une assemblée des deux partis à Beaucaire. Chaque parti y envoya ses deputez. Le Parlement deputa le President Corriolis, le Conseiller Bermond & l'Avocat general Monier. L'Evêque de Sisteron, le Baron de Crofes, l'Avocat Maynier, Procureurs du Païs y allerent pour la Province. Le Comte de Carces s'y rendit aussi. Le Marquis d'Oraison, y envoya de sa

part

part les Seigneurs de Grambois, & de Valavoire. D'autre côté, le Duc d'Epernon ne manqua pas de s'y trouver avec ses députez de tous les ordres. Là il mit toutes choses en usage pour faire que le gouvernement luy demeurât. Il n'épargne ny civilitez, ny promesses. On a crû qu'il gagna le Comte de Carces, en lui faisant esperer la Lieutenance de Roy, & toutesfois il n'avança rien. Il trouva tout le monde contraire. Les Procureurs du Païs firent toûjours instances, qu'on executât les ordres du Roy, que selon l'expresse volonté de Sa Majesté, le Maréchal d'Amville vint commander dans la Province. Le Conétable voyant qu'il n'avance rien, aprez dix-huit jours de conferences, & qu'on s'opiniâtre toûjours d'avantage à ne reconnoître ny le Duc, ny ses députez, se resout à établir du moins quelque égalité dans les deux partis par cette ordonnance qu'il dresse. Il déclare qu'aprez une si longue aplication que celle qu'il avoit donnée pour terminer les troubles de Provence, il reconnoissoit que cela ne se pouvoit faire, que par l'autorité souveraine du Roy. Qu'en attendant qu'il plût à Sa Majesté d'y mettre la main, il ordonne que la tréve se continuera jusqu'au dernier jour du mois de Novembre. Que durant ce temps chacun conservera ses places, sans qu'on puisse changer de parti. Que toutes les troupes quitteront la campagne. Qu'il sera sursis à toutes contributions. Que toutes les assignations particulieres seront revoquées; & qu'à la reserve des impositions ordinaires, chacun joüira plenement de ses biens. Que les prisonniers faits durant la tréve seront relaxez. Que le labourage demurera libre. Que chaque parti reglera ses troupes. Que le Parlement ne connoîtra des procez, ny des particuliers ny des villes, qui suivent le Duc d'Epernon. Que les receveurs du parti du Duc ne seront tenus de porter à Aix les deniers de leur recette. Que le Duc d'Epernon, le Comte de Carces, le Marquis d'Oraison, prometront par écrit, d'observer cette ordonnance. Que le Parlement donnera arrêt pour la faire observer. Que le tout sera par provision, jusqu'à ce que le Roy ait reglé toutes choses. Que pour cela toutes les parties seront assignées de comparoître devers Sa Majesté par tout le mois de Septembre. Comme cette ordonnance fut signifiée aux uns & aux autres, le Duc d'Epernon y donna son acquiescement par écrit. Il fit même signer tous ses députez. Mais ceux du Parlement refuserent de le faire. Ils dirent qu'ils n'avoient aucun pouvoir de signer. Les autres, bien loin de vouloir signer, firent des rémontrances sur plusieurs articles. Ils se plaignirent entre autres choses, de ce que dans cette ordonnance on les traittoit de parti recentement remis en l'obeïssance du Roy. Qu'on mettoit en paralelle avec eux les députez du parti contraire, quoyqu'ils ne pussent passer pour des députez legitimes. Qu'on deffendoit aux villes de changer de parti durant la tréve. Qu'on interdisoit au Parlement la connoissance des procez de son ressort. Et parcequ'on ne fit point droit à ces remontrances, on se retira sans rien accorder. Le Duc d'Epernon regagna Brignole, les autres revinrent à Aix. Aprez que les députez furent arrivez à Aix, le Duc y envoya, pour sçavoir si on vouloit executer l'ordonnance du Conêtable. Pour se determiner sur la réponse qu'on avoit à faire, le Parlement convoqua une assemblée en forme d'Etats. Cette assemblée dura tout le mois de Septembre, tant on eut de peine à se determiner. On balançoit principalement sur deux points, qu'on desiroit de retrancher de l'ordonnance. On vouloit que le pouvoir des Procureurs du Païs, ne se partageât point avec ceux du parti contraire. On vouloit que le Parlement conservât son autorité sans restriction. Pour obliger le Duc à relâcher dans ces deux points, les Etats lui écrivirent une lettre fort respectueuse. Mais le Duc étoit d'une humeur trop altiere, pour se laisser toucher à rien qui vint de ses ennemis. Il répondit fierement à son ordinaire. Qu'il faloit tout accepter ou tout refuser. Cette réponse embarrassa fort l'assemblée. On ne sçait à quoy se determiner. D'un côté le Parlement affoibli, la procuration du païs partagée, sembloient devoir fermer la porte à des consequences. Mais de l'autre, les miseres du peuple, l'épuisement où tout le monde étoit, enfin l'impuissance de la province, firent prendre resolution de ceder à tout. On répond donc au Duc d'Epernon qu'on desire de joüir du benefice de la tréve. Qu'on veut executer l'ordonnance du Conétable en tous ses chefs. Cette réponse se fit fort à propos. Elle prevint un orage qui sembloit aller naître, de la mesinteligence qui survint entre le Comte de Carces, & la Comtesse de Sault. De là les esprits commencerent à se partager. Chacun apelloit ses amis prez de sa personne, quand le Parlement interposa sagement son autorité, pour empêcher que la chose allât plus avant. Aprez que cette ordonnance fût reçuë des deux partis, il fût necessaire de députer au Roy, pour faire regler toutes choses. On choisit à ce sujet quatre personnes de chaque ordre, pour aller vers le Roy qui devoit arriver à Lion. On nomma pour le Clergé, les Evêques de Sisteron & de Digne, le Vicaire de l'Archevêque d'Aix & le Prevôt de saint Sauveur ; pour la Noblesse, le Comte de Carces, le Marquis d'Oraison & les Seigneurs de Soliers & d'Oise ; pour le tiers État, le Seigneur de Croses & Christophle Maynier Procureurs du Païs, les députez des communautez de saint Remi & de Digne. Le Parlement deputa le Conseiller de Bras. Cependant dans le temps que le Duc d'Epernon paroissoit si jaloux de faire observer la tréve, ses gens étoient les premiers qui la violoient. Car Vitelli & Saint Roman, avec lesquels il étoit ligué, prirent la Tour de Bouc. Le Gouverneur du Puy qui étoit son domestique, faillit à prendre le Seigneur de Soliers dans une embuscade, & luy-même ne cessoit de broüiller. Il avoit des intelligences avec le parti de la ligue.

Le 9. Septébre.

V. Le Duc d'Epernon traitte avec le Duc de Mayene. Marseille & ceux qui tenoient en Provence pour la ligue, traitent avec le Duc

Le parti de la ligue sembloit être aux abois, par l'état où se trouvoit le Duc de Mayene. Ce Prince abandonné presque de tous, étoit rencogné dans son gouvernement de Bourgogne. Tous les jours quelqu'un se détachoit de lui. Cela neanmoins n'empêcha pas que le Duc d'Epernon ne persistât dans l'union qu'il avoit faite avec lui. Il survint même un sujet de s'y confirmer plus que jamais. Ce fut la nouvelle que le Duc de Guise qui venoit de faire sa paix avec le Roy, avoit été fait Gouverneur de Provence. Cette nouvelle le piqua si fort, qu'elle luy fit conclure avec le Duc de Mayene, le traitté qui se negocioit dépuis quelque temps, & qu'il avoit differé de signer, pour voir quel évenement prendroient les affaires. Mais alors, sans plus rien menager il éclate. Il signe le traitté qui lui est porté par Cornac, Abbé de Chateliers, dont les principaux articles, furent: Que le Duc d'Epernon se départira du service du Roy. Que dans un mois il se déclarera pour la ligue. Qu'il reconnoîtra le Duc de Mayene en qualité de Lieutenant general de l'Etat Royal & Couronne de France. Qu'il moyenera que les gouverneurs, lieutenans, capitaines, que les provinces, les villes, les forteresses où il avoit pouvoir, qu'enfin tous ceux de sa dépendance reconnoîtront ce Duc. Qu'il prendra de lui en qualité de Lieutenant general, lettres de provision du gouvernement de Provence. Qu'il les faira verifier au Parlement qui sera erigé à Brignole, puisque celuy d'Aix avoit quitté ce parti. Que ce Parlement sera composé de deux Presidens, de douze Conseillers, d'un Avocat & d'un Procureur generaux, d'un Greffier civil & d'un criminel, sauf à augmenter le nombre selon les occurences. Que ceux des officiers d'Aix qui voudront y entrer y seront reçûs. Que s'il ne se presente des officiers anciens, jusqu'à ce nombre, ce nombre sera rempli par ceux que le Duc d'Epernon nommera, ausquels on donnera les provisions necessaires. Que le Duc de Mayene faira que les villes de Marseille, d'Arles, de Salon, du Martigues & les autres du parti de la ligue, obeïront au Duc d'Epernon, qu'elles le reconnoîtront pour Gouverneur sous son autorité. Que tous les gentilshommes & les officiers des troupes du parti, fairont la même chose. Qu'ils preteront serment entre ses mains. Que les Gouverneurs des places & les villes qui se gouvernent par leurs Consuls, dresseront des articles pour ce qui les regarde chacun en son particulier. Que le Duc de Mayene reduira tous ces articles, au plus prez de l'intention du Duc d'Epernon, lequel de sa part promet de les accorder & de tenir la main à ce qu'ils s'observent. Aprez que le Duc d'Epernon eut signé le traitté, l'Abbé de Chateliers alla à Marseille. Il en donna connoissance à Casaux & à Loüis d'Aix. Il leur dit qu'assurement ce traitté donneroit de grands avantages au parti de la ligue. Que c'en étoit un tres grand, de n'avoir plus le Duc d'Epernon sur les bras. Que desormais on pourroit prendre en lui toute confiance. Que si neanmoins ils avoient besoin de quelques precautions, soit pour eux en leur particulier ou pour leur ville, ils pourroient faire un traitté separé. Que le Duc d'Epernon accorderoit tout. Qu'il ne desiroit principalement que d'être reconnu Gouverneur de la Province. Sur cette proposition Casaux assemble ses amis pour déliberer de ce qu'il doit faire. Tous trouvent bon de faire un traitté particulier avec le Duc. Il le fait sous ces conditions, qui lui sont facilement accordées. Que le Duc d'Epernon sera reconnu Gouverneur de la Province dans Marseille. Qu'il aura tout pouvoir sur les reglemens generaux, sans que neanmoins il puisse toucher à l'état de la ville, ny de la police. Que les criées & les

d'Epernon. Ce Duc se met en campagne. Mais sur ce que le Parlement se plaint qu'on rompt la trève, il la confirme jusqu'à la fin de l'année.

„ proclamations se feront au nom du Duc de Mayene, Lieutenant gene-
„ ral de l'Etat Royal; & du Duc d'Epernon, Gouverneur de la Province
„ sous lui. Que pour maintenir les ordres toûjours observez, qui ne se
„ pourroient rompre sans troubler la ville, le Duc trouvera bon de n'y
„ point venir. Que neanmoins les gentilshommes & les domestiques de sa
„ maison & les gens de guerre de ses troupes y pourront venir au nom-
„ bre de trois à la fois. Que les habitans des villes & des lieux qui re-
„ connoissent le Duc ne faisant point la guerre, pourront venir sejourner
„ & negocier dans Marseille. Que le Duc de Mayene sera suplié de de-
„ clarer que la transference du Parlement à Brignole, ne derogera point à
„ l'établissement de la justice souveraine de Marseille. Que le Juge Mage
„ continuëra de l'exercer, sans qu'on puisse lui donner aucun trouble, ni
„ qu'on soit tenu de se pourvoir au Parlement. Aprez que Marseille eut
fait ce traitté, le Martigues en voulut faire de même. On luy accorda
tout ce qu'on avoit accordé à Marseille, avec cette seule restriction,
que le Duc pourroit entrer dans la ville avec son train, qui n'excede-
roit soixante chevaux, & que les habitans se pourvoiroient en dernier
ressort au Parlement de Brignole. Aprez cela, le Comte de Suse, Ma-
zan avec son frere, & Sainte Jalle, qui avoient des compagnies de cavalerie, firent leur traitté chacun en particulier. Saint Roman & Vitelli traiterent pour Salon, Berre & Pelissane. Il ne restoit plus en arriere
qu'Arles. Surquoy l'on faisoit naître mille difficultez. Dans ces longueurs,
l'Abbé de Chateliers s'impaciente, car il étoit pressé de s'en retourner. Et
voyant que le traitté ne se peut achever, il part, il laisse à Masparaut le soin
de conclure toutes choses. Cependant, le Duc d'Epernon attend pour se
déclarer que tout s'acheve. Mais quelque froideur qu'il affecte, il ne
peut s'empêcher de faire voir ce qu'il a dans l'esprit. Car comme le
Seigneur de Lesdiguieres eût obtenu du Parlement la permission de ramasser & de passer des troupes en Provence, pour aller secourir Briquieras,
place de Piedmont, qu'il avoit aquise à la France, le Duc alla charger
ces troupes vers Sisteron. Il demonta la cavalerie, il les dévalisa toutes,
par où l'on peut assez connoître quels étoient les sentimens qu'il avoit
pour le Roy. Peu de jours aprez il fit une autre action fort semblable à celle qu'il venoit de faire. Il fit courir sur les gens d'Aix,
& sur ceux de Toulon. Il en fit autant à ceux des autres villes qui
ne lui étoient pas affectionnées. Ses gens pillent, ils détroussent ceux
de ces villes là, ils n'ont aucun égard à la tréve. Il fait lui même
rouler le canon. Il va se joindre aux troupes de Savoye, & de la
Ligue déja unies. Il fait main basse dans toute la campagne. On
court, on saccage, on tuë. Enfin il fait tous les maux possibles.
Il fait tout cela pour obliger le Seigneur de Lesdiguieres à ramener les
troupes qu'il avoit conduit en Piedmont. Ces ravages faisoient tant
de peur & tant de bruit, que la province en étoit toute allarmée. Le Parlement fût obligé de reprother au Duc l'infraction qu'il faisoit de la
tréve. Surquoy, le Duc pour sauver les aparences, proroge la tréve
jusqu'à la fin de l'année.

Durant tous ces démelez, la Ligue faisoit ses derniers efforts à Marseille. Pour les soûtenir, le Duc de Mayene oblige Masparaut de s'y arrêter. Afin qu'il s'y arrête agreablement, il commuë en sa faveur l'office de Juge Mage. Il le lui fait exercer sous le nom de President, il s'imagine que ce titre pompeux flateroit mieux son ambition que l'autre. Genebrard voyant que Masparaut demeure, convoque à Marseille les Etats du parti, en qualité de premier Procureur du Païs. Dans ces Etats il s'y trouva peu de monde. Car le parti étoit fort reduit. Il ne s'y trouva que lui pour l'Eglise. Saint Roman & Vitelli pour la Noblesse, les députez de Salon, de Berre, du Martigues, d'Eiragues & de Monpavon pour le tiers Etat. Dans cette assemblée il fut resolu que l'Archevêque Genebrard seroit reconnû pour le chef du parti de la sainte Ligue. Qu'on leveroit cinq cents chevaux & quatre mille hommes, pour reduire Aix, Toulon & tout ce qui voudroit resister. Ces resolutions furent si mal executées, qu'on peut dire qu'elles se noyerent dans les brindes qui se firent à la cloture de ces beaux Etats. Neanmoins le capitaine Bausset aprenant ce qui se passoit, retira son fils de Marseille, afin que rien ne le peut aliener de son devoir. Mais on ne laissa pas de lui faire du déplaisir par moyen des autres gages qu'il avoit dans la ville. Le sujet s'en prit sur un certain impost que Casaux avoit mis sur toutes les marchandises qui devoient entrer. Un marchand étranger pour s'exempter de cette surcharge, avoit mis son vaisseau à l'abri du Châteaudif. Casaux qui fut averti de la chose ne voulut pas être privé de ce droit. Il envoye son fils avec une galere, pour amener ce vaisseau dans le port. Bausset voyant que la galere aborde le vaisseau, comprend bien qu'il y va de son honneur de ne pas souffrir qu'on fasse violence à ceux qui sont sous la protection de sa forteresse. Cela l'oblige d'envoyer dire au jeune Casaux, que s'il ne se retire, il coulera sa galere à fond à coups de canon. Cette menace oblige Casaux de se retirer. Il vient faire sçavoir à son pere ce qui se passe. Casaux & Loüis d'Aix s'emportent furieusement contre Bausset. Pour se venger de son procedé, ils arrêtent le Prevôt de la Major son frere. Ils le font conduire dans la Tour de Saint Jean. Ils arrêtent aussi la belle-fille de Bausset. Ils la tiennent prisonniere dans sa maison. Il est vray que quelques jours aprez le Prevôt fut mis en liberté, par les instances du Legat d'Avignon. Mais lui & sa niéce s'étant dépuis sauvez de nuit, la ville & le Châteaudif rentrerent dans leur premiere mesintelligence. Cependant, la fête de saint Simon arrive. Casaux est nommé Consul pour la quatriéme fois, & Loüis d'Aix est confirmé dans la charge de Viguier. Ce consulat commença par un évenement fort heureux. Ce fût l'aquisition du fort de Nôtre-Dame de la Garde, qui se fit de cette maniere : Le Baron de Meoüillon gouverneur de ce fort, y avoit mis pour lieutenant un prêtre nommé Tornatoris, homme hardi & déterminé. Quelque temps aprez, soit qu'il eût pris quelque ombrage de lui, soit qu'il voulût se faire un merite auprez du Duc de Savoye, il apelle un capitaine Savoyard. Il lui donne en mariage une sienne sœur bâtarde. Il veut qu'il ait tout pouvoir dans le fort. Il

VI.
Genebrard assemble à Marseille les Etats du parti de la Ligue. Il s'y prend des resolutions qui demeurent sans effet. Marseille & le Châteaudif entrent en mesintelligéce. Casaux surprend le fort de Nôtre Dame de la garde. Il se fait une partie pour le tüer, luy & Loüis d'Aix. La conspiration se découvre, elle est punie.

laisse le vain nom de lieutenant à Tornatoris. Tornatoris qui voit qu'on le dépoüille, ne peut souffrir de rester sans autorité. Il s'imagine que son honneur l'oblige de tout faire pour le reprendre. Il communique son dessein à deux prêtres, dont l'un s'apelloit Trabuc. Il le communique encore à deux soldats, dont l'un apellé du Pin, étoit si fort à Casaux, qu'il ne l'apelloit que du nom de maître. Comme ces gens eurent communiqué tous ensemble, qu'ils eurent resolu de se rendre maîtres du fort, ils arrêtent le jour de l'entreprise. Ce jour là les deux prêtres vont dans le fort pour dire la Messe. Le dernier l'y disoit ordinairement. Peu aprez les deux soldats arrivent. Ils portent du poisson & du muscat. Ils disent qu'ils viennent déjuner avec Tornatoris. D'abord qu'ils arrivent dans la place, ils observent la contenance du Savoyard. Cependant, Trabuc va dire la Messe. Il avoit la cuirasse sur le dos, couverte neanmoins de la sotane. Cabot sert la Messe avec grande attention. Aprezquoy il entre dans la chambre des armes, pour empêcher que le Savoyard s'en emparât. Aussi-tôt Tornatoris, Trabuc, du Pin & l'autre soldat, y vont prendre des armes. Et d'un même temps ils chargent le Savoyard & les siens. Le capitaine se deffend en homme de cœur. Il blesse du Pin & Tornatoris. Trabuc ne s'étonne pas pour voir ses amis blessez. Il pousse si bien que le Savoyard est tué. La pluspart de ceux qui le soûtienent sont tuez de même. Le reste est contraint de se rendre & de sortir du fort. Alors Tornatoris voyant qu'il n'a plus d'ennemis sur les bras, va se jetter sur un lit pour s'y reposer. Il demande un chirurgien pour voir ses blessures. Mais il étoit bien loin de son compte. Car dans le temps qu'il se croit maître de la place, & dans une pleine sûreté, Trabuc & du Pin viennent sur lui, ils le tuënt. Cela fait, du Pin qui n'agissoit que par l'ordre de Casaux, persuade à Trabuc de lui livrer la place. Il l'assûre que Casaux le recompensera fort amplement. Trabuc se laisse persuader. Sur cela du Pin tire un coup de canon, pour marquer à Casaux que tout étoit fait. Il met sur le haut du fort une banniere. Ce signal fait neanmoins quelque peine à Casaux. Car il n'avoit rien dit du tout à Loüis d'Aix de l'affaire, & il craignoit que son silence ne fût mal pris. Mais enfin comme il falut se découvrir, il lui fait sçavoir la negociation qu'il a faite. Il lui ôte tous les ombrages que cette negociation lui pouvoit donner. Il lui dit que ce qu'il a fait pour avoir ce fort, ce n'a été que pour le lui remettre, ou pour lui donner le choix de celui là ou de saint Victor. Qu'il ne vouloit pas neanmoins lui dissimuler, qu'il lui feroit plaisir de lui laisser celuy qu'on venoit de prendre, à cause qu'il pourroit le faire passer à son fils. Loüis d'Aix trouve tant de franchise dans le discours de Casaux, qu'il voit bien que tout s'est fait sans artifice. Cela fait qu'il répond à Casaux fort honnêtement. Il lui dit qu'il pouvoit disposer du fort comme il voudroit. Aussi-tôt Casaux va dans le fort. Il y établit son fils pour gouverneur, il y met une garnison considerable. Il fait mille caresses à du Pin. Il lui fait esperer recompense. Il ordonne qu'on le panse avec soin. Aprez avoir mis dans ce fort tout le bon ordre qui s'y pouvoit mettre, il s'en retourne, il remet saint Victor à Loüis d'Aix. Loüis d'Aix y met garnison de sa main. Il donne le gouvernement à un de ses beaufreres. Cet homme étoit capitaine de la porte Royale, & ne pouvant exercer les deux charges, Loüis donne celle de la porte Royale à Pierre de Libertat, qui dans la suite fera glorieusement parler de lui. Cependant l'aquisition du fort donne aux Tyrans une joye extreme. Se voyant maîtres de la ville & de tous les lieux qui la dominent, ils croyent que rien ne les peut ébranler, qu'ils sont au dessus des atteintes de la fortune. Leur croyance paroissoit bien fondée, quand on consideroit comme tout leur succedoit à souhait, & comme leur bonheur faisoit echoüer tout ce qui s'entreprenoit contre eux, quoyque le mieux concerté du monde. De cela l'on en vit une belle preuve peu de jours aprez que le fort fût pris. Ceux que les Tirans tenoient hors de leurs maisons, pensoient incessamment aux moyens de s'en défaire. Ils voyoient neanmoins bien des difficultez dans cette entreprise. Les Tirans avoient des espions par tout, qui ne leur laissoient rien ignorer. Ils étoient toûjours environnez de leurs gardes. Il étoit impossible de rien conspirer, & de rien tenter. Cela leur fait quitter la voye de la conspiration & de la force. On s'avise de joüer d'adresse seulement. La pensée vient d'un des malcontents. Il ne la communique a personne. Il veut lui tout seul avoir la gloire d'executer le dessein le plus hardi qui se puisse concevoir. Ce dessein fût conçû dans le temps que les fêtes de Noël aprochoient. Il sçavoit que suivant l'ancienne coûtume, le Viguier & les Consuls alloient saluër le Saint Sacrement tous les trois jours sur le soir dans l'Eglise des Prêcheurs. Il voit que le banc des consuls étoit apuyé contre une muraille. Que cette muraille se pourroit facilement creuser par une allée qui conduit à l'Eglise. Qu'on pourroit faire une saucice dans cette muraille & la remplir de poudre à quelque heure qu'on ne s'en apercevroit pas. Ayant fait ces diverses reflexions, il songe à les rendre utiles à sa patrie, ou à satisfaire sa passion. Il n'eut garde d'en faire une qui l'auroit infailliblement arrêté, s'il eut consideré que l'action qu'il meditoit se devoit faire en presence du Saint Sacrement, qu'elle étoit pour envelope beaucoup d'innocens parmi deux coupables. Peut-être ne laissa-t-il pas de la faire, mais qu'il jugea que les grands coups ont toûjours de grands inconveniens, & qu'on n'executeroit jamais rien de beau, si l'on ne passoit par dessus bien des choses qui pourroient faire obstacle. Quoyqu'il en soit, pour venir à bout de l'entreprise, il faloit avoir une intelligence dans le convent. L'entrepreneur, dont le nom ne se trouve pas dans mes memoires, ne manque pas de chercher à y faire quelque connoissance. Il y avoit dans ce convent un jeune frere parent de Casaux, mais fort mal content de lui. Ce religieux s'apelloit Brancoli. Le sujet de son mécontentement venoit de ce que Casaux ne s'étoit pas employé à sauver son frere, condamné pour avoir tué un chanoine de Saint Martin, où ce frere étoit Vicaire. Cet homme va voir ce religieux. Il fait amitié avec luy. Il lui rend de frequentes visites. Quand l'amitié fut bien formée, il met sur le tapis le gouvernement present. Il déplore le malheur de la ville. Il blame la conduite des Tirans. Il dit entre autres choses, qu'au lieu d'avancer leurs parens, il les sacrifioient souvent sans misericorde. A ces mots le religieux soûpire. Il répond que ce qu'il dit est bien vray. Qu'il a reconnu que Casaux est le plus méchant parent du monde. De là l'autre prend occasion de luy dire, que s'il veut il lui donnera moyen de se venger. Qu'en se vengeant il obligera bien des gens qui sçauront bien l'apuyer & le reconnoître. Au nom d'apuy & de reconnoissance, le religieux sent reveiller son ressentiment. Il demande qu'est ce qu'il faut faire. Il promet de s'y porter fidelement & avec ardeur. L'autre le voyant dans cette disposition, lui découvre son projet. Il lui nomme ceux qu'il pouvoit obliger & qui ne le laisseroient pas sans recompense. Cette promesse l'échauffe encore davantage. Il confirme ce qu'il a promis. Il témoigne qu'il est prêt à tout faire. Alors l'autre lui fait sçavoir ce qu'il y a à faire. Brancoli dit qu'il faut avoir un autre religieux son ami pour les ayder. Cet autre Religieux s'apelloit Antoine d'Atrie. Il étoit Napolitain, homme fort simple & fort naïf. Quand Brancoli se fût assûré de ce religieux. Il fait achetter un sac de peau. Il y met dedans un quintal de poudre & treize cent bales d'arquebuses. Il lie le sac fort étroitement. Cela fait, ils portent tous deux le sac sous le banc des Consuls. Quand il fût nuit, Brancoli fait un trou dans la muraille. Il y passe la saucice, puis il ferme le trou, sans que personne s'aperçoive de rien. Car frere Antoine étoit en sentinelle. L'auteur de ce dessein voyant les choses en ce bon état, ne peut s'empêcher de s'en découvrir à ses amis, qui ne cherchoient qu'une occasion pareille pour détruire les Tyrans. Ils promettent tous de lui donner toute sorte d'assistance. Ils se preparent tous pour cela. Ils essayent d'attirer avec eux le plus de gens qu'ils peuvent. Chacun communique la chose à ses amis. Cette communication la rend presque publique. Tout le monde parle de ce qui doit arriver. Les Tirans même sont avertis qu'il s'entreprend contre eux quelque chose. Qu'ils aillent bien en garde dans les fêtes de Noël. On ne sçavoit rien neanmoins du détail de l'entreprise. On ignoroit en quel endroit elle se devoit executer. Pour pouvoir découvrir ce secret, ils mettent tous leurs espions en campagne. Aussi-tôt ceux-cy vont par tout. Ils se mélent dans toutes les compagnies. Ils furetent en public & en particulier. Mais tout ce qu'ils peuvent raporter, c'est qu'on disoit qu'aux fêtes de Noël les Tirans devoient être enlevez dans l'Eglise. Cet avis bien loin d'éclaircir le doute, ne faisoit que de donner plus de chagrin aux Tirans. Ils sont plus en peine que jamais. Ils s'informent, ils recherchent, ils foüillent. Leurs amis agissent de toutes parts. Ils sont eux même toûjours aux écoutes. Quoyqu'ils ne puissent découvrir la chose, ils font semblant d'avoir tout découvert. Ils arrêtent quelques Bigarrats. Ils font massacrer la Garciniere dans sa maison de campagne. Mais aprez tout, l'entreprise leur est si cachée, qu'il leur est impossible de rien penetrer. Le jour de Noël étant venu sans avoir découvert aucune chose, ils s'avisent en tout cas d'aller avec precaution. Comme ils ne peuvent se dispenser

d'oüir

d'oüir la grand Meſſe en ceremonie, ſuivant la coûtume, à l'Egliſe de la Major, ils vont fort accompagnez. Ils avoient devant eux une compagnie de mouſquetaires, ſuivie de deux cents arquebuſiers. Ce nombre étoit groſſi par cent parens des Conſuls, tous ayant le piſtolet à la main, & tous armez de leurs cuiraſſes. Aprez cela, marchoient Loüis d'Aix, Caſaux & ſes collegues. Ils avoient auſſi leurs cuiraſſes. Ils étoient environnez de bien des gens, qui portoient au tour d'eux toutes ſortes d'armes, pour s'en ſervir en cas de beſoin. Aprez eux il y avoit trois cents hommes armez comme ceux qui les precedoient. En cet état ils vont à la Major. Pour uſer de plus de precaution, ils laiſſent leurs places ordinaires. Ils vont prendre celles des Chanoines dans le chœur. La grand Meſſe ſe dit avec toutes les ſolemnitez qui ſe pratiquent aux grandes fêtes. Les Tirans y aſſiſtent fort tranquillement. La Meſſe dite, ils ſe retirent dans le même ordre. Ils ne viſitent point d'autre Egliſe de tout ce jour. Ceux qui les accompagnent étant libres, un d'eux apellé Bequet alla viſiter ſon beau-frere Brancoli. Il lui alla ſouhaiter bonnes fêtes ſuivant la coûtume. Dans la converſation, Brancoli lui demande comment-il a paſſé ce jour là. Bequet répond qu'il a accompagné Caſaux & Loüis d'Aix à la Meſſe. L'autre lui dit de n'aller pas avec ces gens là, ſur tout les jours de devotion. Bequet demande la raiſon de cela. Brancoli dit qu'il veut venger la mort de ſon frere. Bequet ne pouſſe pas plus loin la converſation. Il fait ſemblant de ne pas entendre ce que Brancoli vient de lui dire. Mais le lendemain il ne manque pas d'aller à la hâte dire à Loüis d'Aix ce qu'il a oüy. Avant neanmoins que de lui rien découvrir, il dit qu'il avoit une grande choſe à lui dire. Qu'on auroit moyen par là de ſçavoir tout ce qui ſe tramoit contre eux. Mais qu'avant que de s'expliquer, il le prioit de vouloir aſſûrer qu'on ſauveroit la vie à ſon beau frere. Que c'eſt de lui qu'on pourroit tout ſçavoir. Loüis d'Aix recevant cet avis, ne veut neanmoins rien promettre, ſans conferer de la choſe avec Caſaux. Pour cela il s'en va le trouver. Il lui fait ſçavoir tout ce que Bequet vient de lui dire. Caſaux répond qu'il faut tout promettre, pour découvrir ce qu'il leur importe ſi fort de ſçavoir. On aſſure donc Bequet, que ſon beau frere ne doit rien craindre ; qu'il peut dire librement tout ce qu'il ſçait. Sur cette aſſûrance, ils envoyent querir Brancoli. Brancoli vient, il nie d'abord de rien ſçavoir de ce qu'on l'interroge. On ne laiſſe pas de le queſtionner. On l'ébranle par de grandes menaces. On le tourne de tant de manieres, qu'enfin il dit que frere Antoine d'Atrie découvrira tout. En même temps on envoye au Convent. On ſe ſaiſit de ce frere Antoine. On l'amene, on le met en priſon. On l'interroge, il nie tout comme avoit fait l'autre. Mais l'aprés dîné ſa conſtance relâche, il dit tout le détail de ce qu'il ſçait. Dece pas Loüis d'Aix & Caſaux vont à l'Egliſe des Prêcheurs. Ils trouvent que l'on commençoit Vêpres. Il entrent dans une chapelle pour attendre qu'on eut achevé. Mais à peine y ont-ils demeuré un demy quart d'heure, que l'impatience les prend. Ils ſe levent, ils s'en vont vers leurs bancs, il les font ouvrir à coups de hache. D'abord on voit le sac de poudre, on découvre la saucice qui devoit les enlever, il se leve un grand bruit dans l'Eglise. Le peuple en sort tout épouvanté, il craint que la saucice ne joüe toute découuerte qu'elle est. Loüis d'Aix & Casaux tâchent de rassûrer le monde. Ils disent que le danger est passé, qu'il ne reste plus qu'à remercier Dieu d'une grace si signalée. A ces mots tous se mettent en prieres. Ils remercient Dieu de ce bien fait. On prend le sac, on le va montrer par toute la ville. A cette veuë tout le monde se tourne. On est touché du mauvais traittement qu'on a voulu faire aux Consuls. On arrête une trentaine de personnes. Il n'y eut toutesfois de tout ce grand nombre que deux sur qui la foudre tomba, frere Antoine d'Atrie & un marinier. Celuy-là fut condamné à être brûlé, l'autre à perir par la corde. L'argent ou les amis, sauverent les autres, instrumens ordinaire des temps pervertis.

VII. Arles est troublé par le premier Consul Nicolas Jean, qui tente de se rendre Tyran de la ville. Le Comte de Carces veut pousser Saint Roman. Il fait pour cela diverses entreprises. Le Duc d'Epernon veut avoir Toulon. Il fait ravager le terroir.

Pendant que Marseille étoit si troublée par ses Tirans, Arles se croyoit absolument délivrée de la tirannie. Mais elle se trouve bien loin de son compte. Car Aubert & Galon sortant de charge, ne sçûrent pas tant prendre de precautions, que leur prevoyance ne se trouvât courte. Ils avoient eux même choisi leurs successeurs. Ils avoient par consequent apellé leurs meilleurs amis, gens qu'ils croyoient les mieux intentionnez pour la ville. Ils avoient même usé de cette precaution, que de les faire jurer qu'ils vengeroient les outrages faits à l'autorité Consulaire dans la journée de saint Mathias. Qu'ils executeroient à toute rigueur les jugemens déja rendus sur cette affaire. Qu'ils seroient implacables contre les condamnez. Cependant plus ils avoient pris de soins, plus ces soins se trouverent inutiles. Car Nicolas Jean qui avoit paru si zelé pour le bien public, qui avoit deffendu le Consul Aubert avec tant de gloire, trompa dés le premier jour de sa charge Aubert & trahit le public. Bien loin de pousser les auteurs de la sedition, il se les acquiert, on les voit toûjours à sa suite. Il fait même sortir de prison ceux qui y étoient encore detenus. Ceux-cy viennent se joindre aux autres, ils grossissent le nombre de ses clients. Ce nombre s'augmente de tout ce qu'il y avoit de gens chargez de crimes. On ne voit au tour de lui que mêchans garçons. Pour tout dire, il marche sur le pas de ses devanciers, la Touche & Couque. Il imite leur conduite en toutes choses. Il souffre tout ce qu'ils ont souffert. Il permet & le libertinage & la licence. Tout ce que font ses gens est bien fait. On les aplaudit, on leur donne des eloges. Le Consul aprouve les actions même qu'il eût dû reprimer tres severement. Entre autres il en souffrit une, que les gens de bien ne peurent voir sans horreur. Quelques soldats tumultuairement atroupez, trouvent par les ruës un asne. Un d'eux le prend, il y monte dessus. Les autres luy font faire le tour de la ville. En cet état ils disent à l'asne, *marche Navarre*. L'allusion se fait au mépris du Roy. Tout le monde en rit. Le Consul devant lequel ils passent, en rit lui même autant que les autres. Au lieu de châtier une insolence si scandaleuse, il la traitte de bagatelle, dont il se divertit. Il est vray qu'on ne pouvoit, ce semble, attendre autre chose d'un chef seditieux tel qu'étoit ce Consul, & dans une ville ligueuse. Cependant quoyque la ville fut presque toute ligueuse, il ne laissa pas de se trouver des gens qui blamerent fort le Consul en cette occasion. Il y en eut même qui prirent sujet de là de conspirer contre sa personne. Les premiers qui proposerent la chose, furent le Seigneur de Chantercier, Robert de Chavari, Antoine d'Antonelle, Claude Constantin. Ces quatres conferent tous ensemble. Ils cherchent le moyen d'executer le dessein. Ils attirent le Consul d'Antonelle, en lui representant le mépris que son collegue faisoit de sa qualité, de son rang. Quand ils furent assûrez de ce Consul, ils resolurent de s'assembler dans la maison du Seigneur de Chantercier. Ils y firent porter de nuit des armes dans des corbeilles. Ils y donnent rendez-vous à leurs amis. Ils prennent heure pour aller contre le Tiran, qui s'élevoit à la faveur de gens de sac & de corde. A l'heure assignée on va se rendre dans la maison du Seigneur de Chantercier. On entre dans la chambre où étoient les armes. Chacun en choisit comme il lui plaît. Alors la Dame de Chantercier se presente à eux. Elle les exhorte avec tant de vigueur à cette entreprise, que ceux-cy pour ne pas ceder à une femme, redoublent leur zele & leur chaleur. Ils s'impatientent de mettre la main à l'œuvre. Ils se hâtent donc autant qu'ils peuvent, quand on vient leur dire que tout est découvert. Ce fut aux amis de Nicolas Jean qu'on découvrit la chose. On l'alla dire à l'un d'eux à l'oreille, dans le temps qu'il joüoit au balon, au plan de la Cour. Cela passe d'une oreille à l'autre. En même temps ils rompent la partie, ils vont à l'Hôtel de Ville. Ils font sçavoir à Nicolas Jean ce qu'ils ont apris. Nicolas Jean étoit avec deux de ses collegues, quand cette nouvelle lui fut donnée. Il la leur communique, il sort avec eux. Ils s'en vont tous trois chez Antonelle, pour lui ôter le moyen d'aller joindre les conjurez. Ils trouvent qu'il étoit armé de sa cuirasse, que son valet étoit armé comme lui. A cette veuë, il lui demandent d'où vient cela. L'autre répond qu'il est averti que ses soldats menacent d'attenter sur sa vie, qu'il est bien aise qu'ils sçachent qu'il prend ses precautions, qu'ils se tient fort-bien sur ses gardes. Sur ce discours, les autres lui font connoître, qu'il n'est pas temps de leur rien déguiser. Ils disent qu'ils sont informez de ce qui se passe, que les seditieux veulent abuser de sa facilité, pour mettre la ville à feu & à sang. Qu'ils veulent se servir de son autorité pour cela. Ils le prient de vouloir considerer que ce lui seroit quelque jour un grand reproche, d'avoir usé de sa charge contre le public & contre eux. Ils le conjurent d'éviter ce blâme, de maintenir l'union si necessaire entre des collegues, pour repousser l'injure qu'on veut faire au Consulat. Ils ajoutent à ce discours tant de civilitez, tant de témoignages de defference, qu'Antonelle se laisse gagner. Il s'en va dans l'Hôtel de Ville avec eux. Sa femme enragée de ce changement, va le faire sçavoir à ceux qui l'attendent. A cette nouvelle, la plus part quitent l'assemblée. Ils se retirent, pour n'être pas surpris. Cependant les Consuls croyant de faire une grande prise, envoyent investir la maison du Seigneur de Chantercier. Mais aprenant que la plufpart s'étoient retirez, ils se contentent de commander à

Chantercier de quitter la ville. Chantercier qui craignoit une plus facheuse insulte, se dispose volontiers à obeïr. Il sort aprez la promesse qui lui est faite, qu'il ne lui feroit méfait ny aux siens. Dés que Nicolas Jean à dissipé la nuée qui s'alloit décharger sur lui, il commence à pousser Antonelle. Il lui fait des pieces sanglantes, il cherche toutes les occasions de le fâcher, il l'insulte en toutes les rencontres. Antonelle voyant qu'il n'a point d'amis qui le soûtiennent, pense à se mettre en sûreté. Il sort, il se retire à la campagne. Mais la campagne n'étoit pas trop sûre. On y faisoit des courses assez souvent. Car Saint Roman & Vitelli s'étoient saisis d'un vieux château de Montpavon, place tres considerable pour son assiette. A cette nouvelle, le Comte de Carces part avec deux cents arquebusiers & six cents maîtres. Saint Roman & Vitelli reçoivent cet avis. Ils n'attendent pas que le Comte les surprenne dans la place. Ils sortent, ils vont au devant de lui. Ils s'avancent avec cinq cents arquebusiers, & deux cent cinquante maîtres. A leur abord le Comte les attaque, & assûrement il les auroit défaits, si les Consuls d'Arles lui eussent tenu parole. Car ils avoient promis de demeurer neutres. Cependant ils avoient mis sur le pont de Barbegau un capitaine qui ouvrit le passage aux fuyards, & ne voulut pas le donner au Comte. De sorte que tout ce qu'il peut faire, ce fut de charger les derniers qui fuyoient. Il est vray que quelques jours aprez la place fut abandonnée. Mais le Comte ne laissa pas de se plaindre des Consuls. Aussi témoigna-t-il qu'il étoit tres mal satisfait d'eux, par la licence que prirent ses gens de ravager toute la campagne. Le Comte avoit aussi bien sujet de se plaindre de Saint Roman. Il lui avoit confié Salon, comme l'homme du monde le plus fidelle. Cependant pour toute gratitude, Saint Roman se cantonne dans cette place contre lui. Ce procedé le piqua si fort, qu'il cherchoit tous les moyens de le pousser & de le détruire. Il tenta pour cela diverses voyes. Il fit mesurer la hauteur des murailles de Salon, il se munit d'échelles pour surprendre cette ville. Mais la saison ne se trouva pas propre. Il fit apeller en duël Saint Roman. Mais Saint Roman s'en deffendit par respect. De sorte que plus il desiroit de se venger, & plus il voyoit reculer sa vengeance. Cependant la rupture de la tréve faite du côté d'Arles, s'étendit tout à coup jusqu'aux portes d'Aix. On ne voyoit que courses dans le terroir, qu'enlevement de bestiaux, de grains, de meubles. Cela donna bien des sujets de plaintes. Il se fit pourtant diverses allées & venuës pour les apaiser. L'Auditeur Garron alla à Aix de la part du Duc; Dufort alla vers le Duc de la part de la ville. Par la negociation de ces envoyez, la tréve fut renouvellée. Ce ne fut neanmoins que pour les derniers quinze jours de l'année qui restoient.

1595.

Il est vray qu'au commencement de la suivante, on proposa de la continuër. Durant que cette proposition se faisoit, Lafin, ce grand negociateur, vient de la Cour. Il aporte des ordres qui prorogent la tréve pour trois mois. Mais le Duc d'Epernon ne fait pas mine de s'y vouloir tenir. Il craint que le Duc de Mayene ne se plaigne, s'il demeure si long-temps sans se remuër. Pour lui montrer qu'il étoit toûjours armé, que même ses armes étoient toûjours redoutables, il envoye Belloc avec son regiment vers Toulon. Belloc sur son passage prend le château de Soliers. Il arrête la Dame de Soliers & sa fille prisonnieres. Il s'imagine qu'il tiendroit par là bien en bride le Seigneur de Soliers, qui étoit Gouverneur de Toulon. Mais il se trompa fort dans cette opinion. Car le Seigneur de Soliers se laissa si peu toucher à la tendresse, qu'aussi-tôt que Belloc commença à ravager la campagne, il fit courir sur lui sans merci, il l'arrêta par plusieurs sorties. Ces sorties se faisoient d'heure à autre. C'étoit le Seigneur de Saint Canat, fils du Seigneur de Soliers qui les faisoit. Il s'y portoit avec tant d'ardeur, qu'il étoit bien facile de voir qu'il agissoit par une double raison, celle de deffendre son gouvernement & celle de venger sa famille. Le Duc d'Epernon aprenant que Belloc a souvent du pire, se prepare à l'aller soûtenir. Il assemble pour cela ses troupes. Il fait un grand amas de haches, pour intimider d'avantage ceux de Toulon, comme si la guerre devoit commencer par couper les oliviers & leurs vignes.

Mais tous ces grands preparatifs s'évanoüirent à la nouvelle qui lui fut aportée que Salon venoit d'être surpris. Cette ville fut surprise de cette maniere. Comme le Comte de Carces cherchoit à se venger de Saint Roman, il eut moyen de gagner un de ses soldats, qui promit de le faire avertir quand il seroit en sentinelle sur les murailles. Le soldat tint exactement parole. Il fait sçavoir au Comte l'heure qu'il devoit entrer en faction. Le Comte environ cette heure là, qui étoit à deux heures aprez minuit, se rend à l'endroit des murailles qu'on lui indique. Il plante les écheles où le soldat lui faisoit signe de les planter. Aussi-tôt le capitaine Dumas monte avec plusieurs autres. Tous ont des marteaux à la ceinture & des armes à la main pour se deffendre ou pour attaquer. On ne peut s'empêcher en executant cet ordre, de faire quelque bruit. Ce bruit oblige les autres sentinelles de crier, & de tirer leurs mousquets. L'allarme se répand par la ville. Cependant ceux qui étoient entrez s'en vont tous ensemble droit à la porte. Ils y font une ouverture à coups de marteaux. Les Seigneurs de la Barben & de Sainte Croix, qui étoient dehors à la tête de l'infanterie, voyant qu'on pouvoit entrer par cette ouverture, y entrent. Mais ils reçoivent chacun une arquebusade. Le premier a le coup à la jambe, l'autre à la main. En même temps, Cordes qui étoit auprez d'eux, se met en leur place. Il pousse si vigoureusement, qu'avant que la porte soit toute ouverte, l'infanterie se trouve dedans. Le Comte de Carces voyant ce bon succez s'avance avec sa cavalerie. Il en laisse à la garde du quartier déja pris une partie. Il va s'assûrer du corps de la ville, avec ce qu'il se reserve pour le soûtenir. Il promet à tous les habitans qu'il rencontre toute sûreté pour leurs biens & pour leurs personnes. Sa parole assûre tout le monde. Elle ôte la defiance qu'on pouvoit prendre de le voir entrer comme il faisoit. Mais ce n'étoit pas tout que d'avoir gagné les habitans, il falloit se rendre maître de deux postes considerables, la Tour d'Arlatan, & la maison de Tripoli. Saint Roman en se retirant de ce château, avoit laissé garnison dans l'un & dans

VIII.
Le Comte de Carces prend Salon, ou Saint Roman étoit fortifié.

Le 22. Février.

l'autre. Aussi-tôt le Comte va investir la maison, qui étoit tout joignant les murs. Il bouche si bien les avenuës, que les vivres manquent dans deux jours. La garnison est contrainte de se rendre. Durant que la maison étoit bloquée, on ne laissoit pas de presser la Tour d'Arlatan. Elle paroissoit plus difficile à prendre. Car outre qu'elle n'étoit dominée que du château, d'ailleurs ceux de dedans la deffendoient bien. Ils étoient animez par quelques soldats du Duc d'Epernon qui étoient accourus au fossé sur la nouvelle de cette surprise, & qui leur crioient qu'on les alloit secourir. Le Comte sans se rebuter de les voir se deffendre si bien, prend sujet au contraire de se roidir par leur resistance. Et voyant que les mousquets & que les arquebuses sont inutiles, il met d'autres armes aux mains des siens, il envoye querir à la Crau quantité de pierres, il les met dans la maison plus proche de la Tour. Il fait découvrir une partie du toit. De là sans que les siens pussent être endommagez, il fait jetter si continuellement de pierres contre ceux de la Tour, qui se montrent pour la deffendre, qu'ils sont contraints de se renfermer, & de demander capitulation. Aussi-tôt leur demande est accordée. Ainsi le Comte devenu maître de toute la ville, n'eut plus rien à faire qu'à aller contre le château. Saint Roman s'y étoit fortifié comme dans le dernier retranchement de ses esperances. Il en avoit barricadé les avenuës. Il avoit mis bonne garde par tout. Mais nonobstant toutes ses precautions, il ne laissoit pas de craindre beaucoup pour sa personne. Car il n'ignoroit pas que le Comte feroit tous ses efforts pour l'avoir. Cela faisoit qu'à tous momens il jettoit des billets à la campagne avec des arbalêtes. Il s'imagina que les soldats qui rodoient au tour de la place, les porteroient au Duc d'Epernon, & que le Duc aprenant l'état où il étoit, se hâteroit de le venir deffendre. Il ne se trompa pas dans son esperance. Au premier avis qu'eut le Duc que Salon avoit été surpris, il assemble ses troupes, il accepte les offres de Marseille & de Berre. Il reçoit les munitions & le canon qu'on lui envoya. Ce secours & l'assûrance que Casaux lui donna, qu'il l'assisteroit de toutes ses forces, lui enflerent si fort le cœur, qu'il croyoit déja de tenir la victoire dans ses mains. En effet, il écrivit à tous ses amis de venir assister aux funerailles du Comte de Carces. A ce convi, tous se rendent prez de sa personne. Il assemble ses troupes à Lambesc. Il en part, il marche vers Salon. Il y

Le 26. Février. arrive le quatriéme jour aprez la prise de cette ville. Aussi-tôt il saisit les avenuës. Il assiege le Comte de Carces. Il l'enferme entre lui & Saint Roman. Cela le confirme encore plus dans l'opinion, que la victoire étoit toute assûrée. Il étoit si persuadé de la chose, qu'il écrit à Casaux & à Loüis d'Aix, de preparer les galeres à la chiourme, qu'il va leur envoyer dans peu de jours. Mais il reconnût bien-tôt qu'il s'étoit trompé, que la victoire n'étoit ny proche ny aisée. Car comme il avoit pris un fort bon poste, apellé la Tour des Juifs, vis à vis du château; le Comte s'en voyant fort incommodé, fait tous ses efforts pour le chasser. Il le chasse. Le Duc va planter sa baterie dans un endroit qu'on apelloit la Tour de Tabarin. Delà il fait joüer le canon contre la ville. Mais plus il s'empresse plus il s'échauffe, & plus il semble que la fortune prend plaisir à le mortifier. Car dans le temps qu'il croyoit de bien avancer, il survient au Comte un nombre de Noblesse, avec un renfort de cinq cents arquebusiers, & de cent cinquante maîtres, il reçoit d'Aix quantité de munitions. Avec ce secours le Comte se trouve si fort, qu'il se dispose en même temps à tenir tête à Saint Roman & au Duc. Dans cette occasion le Parlement ne manque pas de l'apuyer fortement de ses armes. Il fait arrêt, par lequel il ordonne qu'il seroit informé sur les déportemens du Duc, que l'information seroit envoyée au Roy. Cependant il fait deffenses à toutes personnes de l'assister. Il enjoint à ceux qui le suivent de le quitter & de se ranger sous le Comte de Carces. Il ordonne que les sieurs d'Ornano & de Lesdiguieres seroient requis de venir en ce païs. Que le Conétable seroit averti de ce qui se passe. Le Duc aprenant que cet orage se leve, ne relâche toutefois en rien. Il semble au contraire que son courage redouble. Il fait une breche considerable. Il fait donner plusieurs fois l'assaut. Mais la fortune lui est toûjours contraire. Dans cette tentative il perd de fort braves gens. Il perd entre autres, Alexandre Vitelli, qui va mourir à Berre de sa blessure. Aprez avoir abordé trois fois inutilement la breche, il s'opiniâtre à tenter un quatriéme assaut. Il veut que ce soit un assaut general. Il fait preparer toutes choses pour cela. Pendant que chacun se prepare, on lui vient dire, que sans hazarder tant de monde, il peut venir à bout de son dessein, par un chemin plus facile & plus court. Qu'on avoit découvert un vieux aqueduc, qui portoit de l'eau dans deux Eglises, celle de saint François & celle de saint Laurens. On ne lui a pas plûtôt donné cet avis, qu'il fait dessein d'entrer par cet aqueduc dans ces deux Eglises. Il jette des soldats dans l'aqueduc. En même temps le Comte est averti de ce qui se trame. Sur cet avis, il met des gens pour garder l'aqueduc. Mais comme il ne songe qu'à l'aqueduc & à la breche, le Duc fait canoner le clocher de saint Laurens, afin que le monde se retire. Puis il fait escalader les deux Eglises environ vers dix heures de nuit. Il les prend. Il y met autour cinq bons corps de garde. Cela fait que personne n'ose aprocher. Mais le Comte ne s'arrête point pour cela. Sans attendre que le Duc se fortifie, il va l'attaquer sur le champ. Il lui enleve ses corps de garde. Il lui tuë cent ou six-vingt hommes, il se trouve cinq capitaines parmi les morts. Belloc, mestre de camp, fût un de ceux qui y resterent. Dans tous ces exploits, le Seigneur de la Barben se trouva toûjours à la tête ou dans la mêlée. Le Comte le voit toûjours dans l'action. Aussi comme tout fut achevé, voulant reconnoître ses services, il le fit gouverneur de la ville, en la prise de laquelle il avoit tant de part. Mes memoires marquent en general, que dans cette attaque, une quarantaine de Provençaux firent des merveilles. Si ces memoires leur avoient fait justice, je la leur rendrois icy moy-même aprez eux. Mais ne s'y trouvant que fort peu de nommez, je ne puis me satisfaire qu'en partie. Ce furent les Chevaliers de Merargues, de Montmeyan, de Cuges, Allamanon,

Le 4. Mars.

Le 21. Mars.

Sainte Croix, Reinier, Rambert, Michaëlis, qui se signalerent. Ils pousserent si avant la bravoure, que si le Comte l'eût voulû permettre, on seroit allé donner jusqu'à saint Laurens. On auroit remporté la victoire entiere. Mais sa moderation lui fit perdre cet avantage. Peut-être que la nuit lui donna sujet de craindre. Peut-être qu'il voulût s'en tenir à la maxime qu'il faut toûjours éviter le desespoir de son ennemi. Quoyqu'il en soit, il parût quelques jours aprez que sa conduite fût tres judicieuse. Car on vît venir sur la fin du mois, le Secretaire du Conétable, qui aporta ordre aux uns & aux autres de se retirer sur le champ, de remettre la place à l'un de ses gentilshommes apellé la Motte, qui la garderoit jusqu'à ce qu'on eût apris l'expresse volonté du Roy. Dés que cet ordre est remis au Duc, il témoigne toute sorte de defference. Il se met en état d'y obeïr. Mais le Comte n'y veut pas defferer. Il dit que c'est un ordre mandié par le Duc, pour se pouvoir tirer du mauvais pas où il se trouve. Qu'aprez tout, puisque le Duc s'est si fort déclaré pour la Ligue, qu'il s'est mis sous la protection d'un Prince ligueur; qu'il a grossi ses troupes des forces ligueuses; qu'il s'est fortifié du secours des villes de ce parti; l'on ne doit pas trouver mauvais qu'on rejette un ordre qui vient de sa part, & dont le service du Roy recevroit un notable prejudice. Le Duc voyant que son dessein s'élude, est bien en peine de se determiner. Il voit que les munitions commencent à lui manquer, que toutes ses troupes se dissipent, qu'il a tiré deux cents volées de canon inutilement, qu'il a perdu plus de quatre cents hommes, beaucoup de chefs de grande consideration, que ce qui lui reste de soldats est épouvanté par la venuë du Seigneur de Lesdiguieres. En cet état il craint qu'il ne lui arrive quelque evenement sinistre, quelque accident à quoy il ne se puisse remedier. Car comme il assiegeoit le Comte, que le Comte assiegeoit Saint Roman, il craignoit que le Seigneur de Lesdiguieres ne le vint assieger lui-même & le mettre entre le Comte & lui. Il prevoyoit que si la chose arrivoit, il seroit perdu sans ressource. Pour prevenir un malheur, qu'il devoit craindre avec tant d'apparence, il prend dessein de se retirer. Mais pour se retirer avec honneur, il publie qu'il veut aller combatre Lesdiguieres. Aussi-tôt il fait conduire son canon à Rognes. Il laisse deux cents hommes dans les Eglises; puis déloge en même temps. Aprez que le Duc se fut retiré, l'on trouva parmi les champs une fleche où l'on avoit attaché un billet. En même temps la fleche est portée au Comte. Il lit le billet, & voit que le Duc écrivoit en ces termes: Monsieur de Saint Roman, Ayant entendu que les huguenots de Dauphiné descendent en faveur de vos ennemis & des miens, j'ay déliberé de leur aller au devant; & pour cela j'ay estimé devoir retirer mon canon en lieu de sûreté. Tachez donc de vous conserver jusqu'à mon retour, & je vous recommande que le service du Roy vous soit à cœur. Comme le Comte eut lû ce billet, il envoye Lamanon vers Saint Roman, & lui fait dire qu'il a surpris un billet que le Duc d'Epernon lui écrivoit. Qu'il a vû que le Duc l'exhorte à demeurer ferme dans le service du Roy. Que s'il étoit vray qu'il fût serviteur du Roy,

Le 17. Mars.

Roy, mais je le suis fort aussi de Monsieur de Mayene. Sur cette réponse Lamanon le quitte. Il vient raporter au Comte ce qu'il a oüy. Le Comte fait publier cette réponse, afin que l'on connût dans la province par quel esprit le Duc & ses amis agissoient. Cependant le Seigneur de Lesdiguieres vient, il jette d'abord du secours dans Salon, puis il se retire à la hâte. Le Comte n'a pas moyen de l'arrêter. Il le prie bien autant qu'il peut de l'aider à prendre les Eglises, ou d'aller en tout cas contre le Duc, qu'il trouvera en tres mauvais état. Mais il ne peut rien avancer. Le Seigneur de Lesdiguieres lui fait connoître que sa presence étoit necessaire à Cahours, pour faire que le Duc de Savoye quitte le siege de cette place. Le Comte ne se paye pas trop de cette réponse. Il voit bien que la veritable cause de ce refus, vient de la Comtesse de Sault. Que c'est elle qui lui a fait la piece. Qu'il étoit bien facile à la Comtesse de la lui faire, puisque le mariage du Seigneur de Crequi son fils, qui venoit d'épouser la fille de Lesdiguieres, lui donnoit tout pouvoir sur son esprit. Mais le Comte ne laissa pas de se fâcher du procedé du Seigneur de Lesdiguieres. Il témoigna d'en être si fort piqué, qu'il ne pût s'empêcher de faire des railleries de ce voyage, disant que la province ne lui en devoit pas sçavoir du gré. Car il n'avoit fait qu'amener l'épousée. Il vient lui même publier à Aix la chose, pour faire éclater d'avantage son ressentiment. Cependant Saint Roman est toûjours fort pressé. Ses affaires empirent d'heure à autre. Ce qui l'embarrasse plus dans l'état où il se trouve; c'est que le Comte ne le veut recevoir qu'à discretion. Il voit bien que la discretion d'un homme offensé, ne peut rien produire qui ne le fâche. Cela lui fait rechercher tous les moyens possibles de se retirer de ce mauvais pas. Il n'en trouve point de meilleur que celui de s'évader. Car n'ayant plus que soixante soldats c'eût été trop de temerité, que d'entreprendre une sortie qui l'exposeroit au danger qu'il vouloit fuïr. Dans le temps qu'il fait ces reflexions, il découvre un vieux tuyau qui regne tout le long d'une muraille. Il s'imagine qu'il ne faut pas autre chose pour mettre son dessein à execution. Il le communique à quatre de ses amis les plus intimes, avec lesquels il pretend de se sauver. Tous trouvent le dessein le meilleur du monde. Aprezquoy pour endormir les soldats, il leur témoigne qu'il est dans une grande impatience de ne voir point venir le Duc comme il l'a promis. Il dit que peut-être il ne viendra jamais, s'il ne va lui même le presser. Qu'il est aussi tout resolu d'y aller. Cependant il les prie de vouloir toûjours tenir bon. Il les assure qu'il viendra les délivrer dans peu d'heures. Qu'il fera reconnoître au Duc un aussi grand service que sera celuy qu'ils rendront. Aussi-tôt pour profiter de l'obscurité de la nuit & de l'occasion de la neige qui tomboit fort épaisse, il entre avec ses amis dans le tuyau. On descend jusqu'aux murailles de la ville. Comme il fut question de sauter ces murailles, Saint Roman se rompt une cuisse en les sautant. D'abord ceux qui l'accompagnoient le recevant, le portent à l'Eglise de saint François. Ils le font panser avec le plus de secret qu'il est possible. Le secret ne peut être si grand, que le Comte ne soit averti de

Le 17. Avril.

l'accident de Saint Roman. A cette nouvelle il court à Salon. Il offre à la garnison du château une composition honnête. La garnison se rend dix jours aprez. Il ne restoit plus que les deux Eglises. Le Comte gagne par argent ceux qui les gardoient. Ainsi se termina cette entreprise, à la gloire du Comte & à la confusion du Duc.

IX.
Le Roy envoye le Secretaire d'Etat du Frene vers le Duc d'Epernon pour le porter à quitter le Gouvernement, & l'obliger de prendre recompense. Le Duc ne veut entendre aucune proposition. Il rompt la trêve. Il se fait des infractions de part & d'autre. Le Comte de Carces essaye de surprendre le Martigues.

Le Duc neanmoins ne rebattoit rien de sa fierté. Rien ne pouvoit le faire relâcher de l'entêtement qu'il avoit pour le gouvernement de cette province. En vain le Roy lui envoya le Secretaire d'Etat du Frene pour le porter à quelque accomodement, & à prendre une autre recompense. Il ne pût jamais rien obtenir de luy. On a dit que cette grande rigidité toute naturelle qu'elle étoit en lui, venoit neanmoins en cette occasion d'une autre cause; qu'elle procedoit de la disposition où Marseille se trouvoit. Car cette ville étoit toûjours plus asservie à ses Tyrans. Elle voyoit tous les jours empirer sa servitude. Cela rendoit le Duc plus fier au double, parce qu'il étoit joint avec les Tyrans, & les Tyrans regnoient si absolument, qu'ils exterminoient les familles entieres, sans que personne osât remuër. Ils en donnerent alors un terrible exemple. Loüis d'Aix haïssoit mortellement un nommé Vesque. Il lui fit cette piece, pour le perdre lui & les siens. Il observa dans les fêtes de Pâques qu'un gueux, jeune & niais, l'aborda plusieurs fois en divers endroits. Cela lui fait dire à ceux qui l'accompagnoient, qu'il y avoit là quelque mystere. Sur ce pretexte il fait mettre ce miserable en prison. Il l'oblige de dire qu'il l'a suivi par ordre de Vesque, que Vesque l'avoit pratiqué pour le tuër. Sur cette exposition Loüis d'Aix fait arrêter Vesque. Il fait arrêter aussi tous ceux de sa maison. Il le fait condamner lui & son fils aux galeres. Il fait condamner sa femme & le gueux à la mort. Ce jugement fut executé sans merci, quoyque le gueux pût protester qu'il ne sçavoit rien de tout ce qu'on lui avoit fait dire. Qu'il avoit dit le tout, sous la promesse qu'on lui avoit faite de le mettre d'abord en liberté. Quelques jours aprez cette belle action, Loüis d'Aix en fit une autre bien insolente. Du Frene avoit aporté des lettres du Roy pour la Noblesse & pour les villes. Il envoya celle de Marseille par un trompette d'Aix. Le trompette allant faire sa commission rencontre Loüis d'Aix qui venoit de sa maison des champs & s'en retournoit à la ville. Aussi-tôt il se met à faire la chamade ordinaire, puis il va rendre la lettre à Loüis d'Aix. A cette vûë Loüis d'Aix pâlit de colere. Il s'emporte contre le trompette. Il ordonne qu'il soit pendu sur le champ. Ceux qui sont au tour de lui, essayent de luy dissuader cette voye de fait. Ils lui disent qu'elle le fera blâmer de tout le monde; & voyant qu'il s'irrite toûjours d'avantage, ils le prient, ils le conjurent d'avoir plus de soin de sa reputation. Ils en disent tant, qu'ils l'adoucissent un peu. Il fait seulement couper les oreilles au trompette. Le trompette revient en cet état. Du Frene fait des plaintes au Parlement de cette injure. Le Parlement informe contre Loüis d'Aix. Loüis d'Aix aprend qu'on procede contre lui. Il fait informer de sa part contre du Frene. Il lui fait laxer une prise de corps. Il le fait crier à trois briefs jours. Il le traitte comme le plus grand criminel du monde, tant la passion l'avoit aveuglé. Le Duc voyant par ce qui se passoit, & par une infinité d'autres exemples, que les Tyrans étoient absolus à Marseille, en étoit devenu plus altier, qu'il ne l'étoit par son naturel, quoyqu'il fut naturellement presque insuportable. Du Frene avoit beau lui representer avec ses manieres douces & insinuantes, qu'il trouveroit en la bonté du Roy des recompenses plus solides que dans un poste où il recevoit tant de contradictions. Il répondoit qu'on n'auroit son gouvernement qu'avec sa vie. Que rien ne s'étoit jamais aquis à meilleur titre. Qu'il lui coûtoit son sang, celuy de son frere, celuy de ses meilleurs amis. Qu'il lui coûtoit des sommes immenses qu'il y avoit employées. Qu'il y alloit de son honneur de ne point quitter. Qu'il mettroit plûtôt le feu dans tout le païs, que de souffrir qu'un autre vint occuper sa place. Cette réponse fait connoître à du Frene que c'étoit perdre le temps, & se tourmenter en vain de lui parler. Il ne laisse pas pourtant d'agir suivant ses ordres. Il traitte. Il negocie toûjours. Il continuë si bien ses negociations, il fait tant d'allées & de venuës d'Aix à Brignole, qu'enfin il moyene une tréve jusqu'au commencement de Juillet. Il est vray que cette tréve fut tres mal observée. Car le Duc fit ravager le terroir d'Aix, & en revanche le Comte de Carces courut celuy d'Arles. Il sembloit que les uns & les autres n'avoient les armes à la main que pour butiner. Cependant comme Genebrard sortant d'Aix, y avoit laissé Garandel pour son grand Vicaire; le Parlement ne voulut pas souffrir Garandel. Il nomma Matal en la place de l'autre. Durant que ceux-cy disputoient leur droit, Matal est excommunié par une bulle du Pape. Le Parlement ne veut pas déferer à cette bulle. Il fait arrêt, par lequel il interdit Garandel de toute fonction. Garandel veut soûtenir la bulle. Matal s'y opose. Mais cette contestation ne fut pas longue. Elle finit par l'arrivée de Paul Huraut de l'Hôpital, que le Roy avoit nommé pour Archevêque, connû sous le nom de Valegrand. Ce Prelat qui vint pour se mettre en possession, calma d'abord les esprits par sa presence. Puis il acheva de les soûmettre par les excellens sermons qu'il fit, par la probité qu'on voyoit en lui, qui jointe à mille autres qualitez, rendoient sa personne tres considerable. Cependant quoyque les ravages continuassent toûjours de la même force, on ne laissoit pas de publier la continuation de la tréve tous les mois. Belloy la vint faire proclamer sur le commencement de Juillet. Il assûra de la part du Roy, que par tout ce mois on auroit mis ordre absolument aux affaires de la province. Le Duc reçût d'abord la nouvelle à sa maniere accoûtumée; c'est à dire avec beaucoup de fierté. Mais il commença à se radoucir, quand il aprit ce qui s'étoit passé en Bourgogne. Le Conêtable de Castille étoit entré dans cette province. Aprez avoir chassé les François de la Franche-Comté, il s'étoit joint avec le Duc de Mayene. Il n'attendoit pas moins d'une jonction si heureuse, que d'acquerir tout le païs au parti. Mais il fut bien-tôt desabusé de cette opinion. Car *Le dernier Juin.* le Roy vient au devant de lui; il le rencontre vers le village de Fontaine Françoise. A son aproche le Duc de Mayene s'avance. Il donne sur les troupes du Roy. Le Roy le reçoit vigoureusement. Il se défend. Il pousse le Duc. Le Duc recule. Il prie le Conêtable de le soûtenir. Le Conêtable refuse de s'avancer. Le Duc se retire plein d'un déplaisir mortel du refus qui lui est fait. Ce déplaisir produit une étrange haine, que le Duc conçoit contre les Espagnols. Le Roy se sert de cette occasion pour attirer le Duc à l'obeïssance. Il lui fait comprendre combien il y a peu à gagner avec l'Espagne, & combien il étoit facile d'entrer dans ses bonnes graces qu'il lui offroit. Sur cette ouverture le Duc accorde de se retirer à Châlons. Il promet d'y demeurer jusqu'à ce qu'on ait nouvelles de Rome, que le Roy avoit été abfous. Ce traitté se fit si secretement, que le Conêtable tout soupçonneux qu'il étoit, n'en eut point de connoissance. Le Duc le quitte. Il l'endort sur le pretexte, qu'il alloit secourir le château de Dijon. Aprez avoir pris cet écart, il part, il se jette dans Châlons, il écrit au Comte de Tavanes de faire rendre le château de Dijon au Roy. Cette nouvelle vole dans les provinces. Le Duc d'Epernon en reçoit le premier avis. Sur cet avis sa fermeté s'ébranle. Il craint d'être abandonné même des siens. Cela l'oblige de prendre des precautions, avant que la nouvelle soit publique. Il demande aux Tyrans de Marseille, quel état il pourroit faire d'eux en cas que le Duc de Mayene prit accommodement avec le Roy. Loüis d'Aix répond qu'ils ne pouvoient pas s'expliquer là dessus. Qu'ils ne vouloient pas mettre en doute la fermeté du Duc de Mayene. Le Duc peu satisfait de cette réponse, se resout enfin d'obeïr à l'ordre qu'il avoit eu de se rendre à Lion. Il dit à Belloy la resolution qu'il en avoit prise. Il reconnût alors combien il avoit failli, de ne s'être pas plûtôt déclaré pour la Ligue, de n'avoir pas pris ce parti du commencement. Car il auroit retenu par là la ville d'Aix & le Parlement, il auroit merveilleusement fortifié le Duc de Mayene, il auroit conservé tous ses amis, au lieu qu'un trop long menagement luy fit perdre ses amis, son credit, & enfin le gouvernement de la province. Cependant quoyqu'il fut contraint de plier, il ne se pouvoit resoudre à observer la tréve. Il la rompit par tout à tous momens. Il continuoit ses courses & ses pillages. Il reprit la Dame de Soliers prisonniere, quoyqu'il l'eut relâchée quelques jours auparavant, il ravagea tout de nouveau sa terre. Le Comte de Carces qui voit une infraction si manifeste, se resout à faire quelque dessein pour ne pas demeurer spectateur. Il medite de surprendre le Martigues. Il communique sa pensée à quelques uns de ses amis. Sur cette ouverture, il y en eut un qui lui donne avis qu'il pourroit aborder Ferrieres, une des trois parties de cette ville, par un endroit qui se gayoit fort facilement. Sur cet avis le Comte forme son entreprise. Il assemble son monde. Il entre de nuit dans le gué qu'on lui avoit indiqué. Mais il trouve qu'il n'avoit pas bien pris ses mesures. Car il s'avança dans un endroit si profond, que plusieurs furent obligez de reculer, pour éviter le danger de se perdre. Il n'y eut que le Seigneur de la Martre & deux autres qui passerent heureusement avec le Comte. Il aborde Ferrieres; mais c'est avec si peu de gens, qu'il est contraint de se retirer.

Dans sa retraite une barque qu'il rencontre va dire dans la ville qu'il y a quelque dessein de la surprendre, qu'on a découvert quelques cavaliers dans l'eau. Cet avis donne une si grande allarme, que les habitans prenent desormais tous les soins possibles pour empêcher qu'on ne les surprenne.

Cependant comme les hostilitez continuoient, Belloy revient avec de nouveaux ordres. L'un s'adressoit au Duc d'Epernon, qui lui enjoignoit de se rendre à Lion, où le Roy devoit être environ vers la fin d'Aoust, l'autre portoit qu'au cas qu'il refusât d'obeïr, on apellât le Seigneur de Lesdiguieres. Le Duc se voyant pressé de cette maniere, se trouve étrangement ébranlé. Il doute si dans l'état où il est, la fermeté ne doit pas ceder à la souplesse; s'il ne vaut pas mieux obeïr, que s'opiniâtrer. Il craint que l'opiniâtreté ne suscite contre lui toute la province, que Marseille ne lui tourne le dos, que même ses plus chers amis ne l'abandonnent. Cela fait qu'enfin il se determine de dire à Belloy qu'il obeïra. Quand Belloy eut reçû la parole du Duc, il alla porter cette nouvelle au Conêtable, avec l'ordre du Roy, qui lui enjoignoit de se rendre à Valence. Cependant dans le temps que le Duc meditoit de partir, il fait une course vers Toulon & vers Grasse. Ces villes lui pouvoient beaucoup nuire, pour leur importance & pour leur situation. Il alla donc essayer de les surprendre, afin de pouvoir faire son voyage avec moins de regret. Mais il n'y eut pas moyen de rien avancer. Il trouva qu'elles étoient trop bien sur leurs gardes. Cela fit qu'il tira du côté de Riez, où il se prepara pour son voyage. Il convia tous ses amis à l'accompagner. Il y convia même les Officiers. Il leur permit de lever des contributions, pour leur donner moyen de dresser de grands equipages. Car comme il étoit fort magnifique, il étoit bien aise que les siens le fussent aussi. Tous ces preparatifs se faisoient avec grand empressement; quoyque le Duc n'eut pas grande envie de trop hâter son voyage. Car il vouloit voir partir le Comte de Carces, afin de n'avoir rien à craindre dans le païs. Cependant pour témoigner qu'il marcheroit bien-tôt, il fait partir ses députez, il leur recommande la diligence. Ces députez étoient l'Evêque de Sisteron, le Baron des Arcs, le Chevalier de Buoux, Pierre de Trichaud, Seigneur de Saint Martin. J'apelle ces députez, les députez du Duc, parce que les états de son parti les nommerent, & qu'il prenoit toute confiance en eux. C'est pour cela qu'il fût bien aise qu'ils le devançassent. Il s'imagina que leur témoignage ne pourroit faire qu'un tres bon effet. Surtout je trouve qu'il se fioit fort en Saint Martin. Que l'ayant reconnû plein d'esprit & de probité, il lui fit confidence de toutes choses. Qu'il n'eut point de secret pour lui, qu'il se servit toûjours de ses conseils. Qu'il le trouva toûjours si sincere & si fidele qu'il le voulut mener avec lui quand il quitta le païs. Mais Saint Martin le refusa fort honnêtement. Il fonda ce refus sur l'obligation de sa charge de Procureur general en la Chambre des Comptes. Le Duc pour luy ôter ce pretexte, offrit de lui donner un plus grand employ, de le faire Maître des Requêtes. Mais il ne pût jamais le vaincre. Saint Martin ayma

X.
Le Duc d'Epernon reçoit ordre du Roy de se rendre à Lion. Il envoye premier les députez des Etats de son parti. Il part. Il arrive à Valence. On lui offre de lui donner le Gouvernement de Poitou. Il se rebute de cette offre. Il revient en Provence.

mieux demeurer, que de se laisser flater à des esperances. Cependant il faut remarquer à sa loüange, que jamais estime ne fut mieux fondée que celle du Duc. Car Saint Martin s'aquita si dignement de l'Intendance, que le Duc lui avoit donnée, qu'il passoit les nuits entieres dans cette fonction. Il répondoit gratuitement les requêtes. Il donnoit les expeditions sans frais, cette conduite fit bien-tôt remarquer la difference qu'il y avoit de lui aux Secretaires, qui avant cela se faisoient payer des trente & quarante écus d'une expedition, qui en délivroient chaque jour pour le moins une quarantaine. Aussi reconnoissoit-on si bien son merite, que les ennemis même du Duc avoient du respect pour lui. Car je trouve que le Marquis d'Oraison parlant de Saint Martin, disoit, qu'il auroit volontiers échangé les deux meilleurs bras & les deux meilleures épées de son parti pour cette plume & pour cette tête. Quand le Duc vit que ses députez étoient en chemin, il ne douta pas que Saint Martin n'agit vigoureusement pour lui, qu'il n'en usât comme s'il étoit lui même present à tout. Il ne se trompa pas dans son attente. Car comme les députez furent arrivez à Lion, Saint Martin fit tant pour avoir audience, que n'en pouvant avoir de reglée, il obtint du moins que l'on vit le Roy. Du Frene l'introduisit lui & ses collegues. Il moyenna que le Roy les vit chez la Duchesse de Beaufort. Le Roy étant entré dans Lion sans ceremonie & sans bruit, étoit allé comme inconnu voir la Duchesse de Beaufort sa maîtresse. Ce fût là que du Frene prit son temps, pour faire que les députez le vissent; ils les introduisit dans une petite chambre où le Roy étoit debout, apuyé contre une fenêtre. Dés que les députez eurent eu l'honneur de lui faire la reverence, le Roy leur dit vous ne me voyez pas icy comme Roy, mais comme un soldat qui vient voir sa maîtresse. Au reste ne me parlez pas d'affaires. Je n'en veux point entendre parler, avant que mon compere Monsieur le Conétable arrive, parcequ'il est pleinement informé du tout. Saint Martin voyant qu'il n'y a pas moyen d'entrer en discours, essaye de tourner autant qu'il peut les choses sur la Provence. Le Roy s'aperçoit de son dessein, il lui parle bien de la Provence, mais il ne lui parle que des fruits. Il demande si l'on pouvoit lui en fournir de rares. Saint Martin offre des poires & des pommes tres exquises, car pour d'autres fruits, dit-il, il n'y en a pas de fort singuliers. Alors le Roy dit comment va cela, le soleil est si chaud en ce païs là, pourquoy le païs ne porte-t-il pas des fruits les plus rares? Sur cela Saint Martin se met à dire : Sire, ce n'est que sur les cerveles que le soleil agit principalement. Le Roy qui voit bien que Saint Martin cherchoit occasion d'entrer en matiere, l'élude par le tour du monde le plus galant. Il répond à Saint Martin, oüy vrayment, nous autres qui avons le nez pointu, nous avons les cervelles bien chaudes. Sur cela l'on vient dire au Roy que les députez de Normandie étoient là pour avoir l'honneur de le saluër. D'abord il commande qu'on les fasse entrer. Il fut bien aise de trouver moyen de rompre le discours de Saint Martin. Mais si Saint Martin ne pût rien faire dans cette occasion, il n'oublia pas dans toutes les autres, de parler du Duc d'Epernon & de ses services, de la justice qu'il y avoit à lui conserver son gouvernement, du prix par lequel il l'avoit aquis. Il disoit qu'il l'avoit aquis par son sang, par celuy de ses plus proches, par des dépenses excessives, employées à soûtenir le service du Roy. Il ajoûtoit que le Duc venoit se jetter aux pieds de Sa Majesté, qu'il y venoit accompagné de quatre cent gentilshommes. Qu'il esperoit que tant de personnes considerables rendroient témoignage de sa fidelité. Ces discours apuyez par ceux du Chevalier de Buoux, faisoient tant d'impression sur les esprits, que si le Duc fut arrivé dans ce temps, sans doute il auroit raporté toute la satisfaction qu'il pouvoit attendre. Saint Martin connoissoit si bien la chose, qu'il ne cessoit de lui envoyer courier sur courier pour le faire hâter à venir. Il l'assûroit qu'il emporteroit tout par sa presence. En effet, tout lui étoit si favorable, que les députez de la province ny ceux du Parlement ne pûrent être oüis, quelques instances qu'ils pûssent faire pour avoir audience & pour être promtement dépêchez. On suspendit même durant quelques jours de sceller les provisions du Duc de Guise. Tant l'apareil avec lequel le Duc venoit de Provence, avoit fait tant de bruit à la Cour, tant il avoit étonné le Roy même. Ses ennemis qui remarquoient toutes choses, n'avoient pas manqué d'observer cela. Il avoient même observé que dans l'audience publique qu'eurent les députez du Duc, le Roy avoit écouté Saint Martin avec une attention extraordinaire qu'il fut touché de son discours, qu'il s'en falut peu qu'il n'accordât tout au Duc. Pour empêcher que le Roy ne se laissât entraîner, il n'est point de moyen qu'ils ne tentent. Ils solicitent, ils remontrent, ils prient. Ils s'adressent à tous ceux qui pouvoient avoir accez auprez du Roy. Tandis qu'ils cherchent par tout un apuy, la fortune leur presente l'occasion du monde la plus favorable. On reçoit de mauvaises nouvelles de Picardie. On aprend que les affaires du Roy empirent de jour à autre. Que la pluspart de la Noblesse a peri. Que le Seigneur de Humieres & l'Amirail de Villars ont été tuez. Que Dourlens a été pris. Que Cambray est sur le point de se rendre. Sur ces nouvelles, il ne fut pas difficile au Seigneur de Lesdiguieres de tourner les pensées du Roy de ce côté là. D'abord il lui dit qu'il n'y avoit pas d'aparence qu'une simple querelle le dût arrêter au prejudice du bien de l'Etat. Qu'il ne faloit pas hesiter de quitter tout pour aller secourir la Picardie. Qu'il ne faloit que considerer l'importance de cette province pour se determiner promptement. Le Roy voyoit aussi-bien que Lesdiguieres, la necessité qu'il y avoit d'aller de ce côté là. Aussi ne fut il pas trop necessaire à Lesdiguieres qu'il achevât son raisonnement. Car le Roy ne se resolut pas seulement de partir, mais il prit même la poste. La Cour le suivit peu de jours aprez. Il partit huit jours avant que le Duc d'Epernon arrivât à Valence, où il devoit se rendre. Avant neanmoins que de partir, il laissa charge au Conétable d'accommoder l'affaire du Duc d'Epernon. Le Conétable voulut avoir l'ordre par écrit. Dés que l'ordre lui fut expedié, il s'en alla sans perdre temps à Valence. Il y arriva presque en même temps que le Duc d'Epernon. Il entre en conference avec lui. Il lui montre son ordre.

Puis il lui represente qu'il est temps enfin de prendre parti. Le Duc lisant cet ordre, voit qu'on lui offre le gouvernement de Poitou pour celuy de Provence. A cette vûë il ne peut s'empêcher de dire, voilà un bon parallele, une belle proportion. Puis il se laisse emporter à ses fougues ordinaires. Le Conêtable attend que la fougue passe. Aprezquoy il lui dit que l'affaire est d'assez grande importance pour ne se devoir pas conseiller de lui seul. Qu'il devoit prendre l'avis de ses amis. Qu'assurément ils lui étoient trop affectionnez pour lui donner d'autre conseil que celuy de ne se pas attirer une plus mauvaise affaire que celle qu'il avoit sur les bras. Le Duc goute la raison du Conêtable. Aussi-tôt il assemble ses amis. Tous sont du sentiment qu'il doit accepter l'échange. Qu'il doit tout faire pour conserver les bonnes graces du Roy. Qu'assurément cela valoit mieux que tous les gouvernements de France. Comme Saint Martin voit cette uniformité d'opinions, il exhorte le Duc à les suivre. Il lui dit qu'il est vray que le Poitou n'est qu'une poignée de mouches en comparaison de la Provence, qu'il doit neanmoins en accepter le gouvernement. Qu'il le doit accepter comme une grace, sans qu'il se parle de composition. Qu'il n'est jamais bien de traiter avec son maître. Qu'il faut qu'il presse lui même l'execution de ce qu'on lui a promis. Que sans doute il ne manquera pas de s'y trouver bien des difficultez. Que peut-être les chefs huguenots refuseroient de rendre les places. Que cela pourra faire qu'on aura besoin de lui pour les avoir. Qu'il pourroit bien lui procurer un gouvernement de plus grande importance, au lieu qu'un réfus pourroit attirer sa disgrace. Qu'enfin il n'avoit rien plus à craindre que de tomber dans l'indignation du Roy. Qu'il se tromperoit fort s'il faisoit quelque fondement sur les amis qu'il avoit en Provence. Que ces amis n'étoient attachez à sa personne, qu'autant qu'ils esperoient que le Roy l'apuyeroit. Mais qu'ils ne l'en verroient pas plûtôt abandonné, qu'assurément ils l'abandonneroient eux-mêmes. Qu'aprez tout ce qu'on venoit de lui dire, s'il ne se resolvoit à rélâcher, il pouvoit s'assurer que sa fermeté ne lui serviroit à autre chose, qu'à le faire punir de ses pechez. Cette remontrance ne déplût pas au Duc, parce que celui qui la lui faisoit, étoit un homme pour qui il avoit bien de l'estime. Et sans doute que si Saint Martin fût demeuré prez de sa personne, il auroit porté le Duc à obeïr. Mais comme il eut ordre de suivre le Roy, cela fit que le Duc devint toûjours plus opiniâtre. Il dit librement au Conêtable que son honneur ne lui permet pas de quitter si facilement. Qu'il se croit obligé de retourner en Provence. Que de là il lui fera sçavoir la resolution qu'il pourra prendre. Cela dit, il reprend en même temps le chemin de Provence. Il y vient fort resolu de s'y maintenir. Il visite les villes de sa dependance. Il assûre à tout le monde que les choses s'y disposeront en sa faveur. Tandis qu'il amuse son parti par ces discours, les députez du Parlement & ceux de la province reviennent. Ils donnent la nouvelle que le Duc de Guise a reçû ses provisions de Gouverneur, que le Seigneur de Lesdiguieres a eu la Lieutenance de la province. Ils disent qu'on a donné ces deux

charges

charges pour chasser absolument le Duc d'Epernon. Qu'on a voulu apuyer la jeunesse du Gouverneur, qui n'avoit encore que seize ans, de l'experience d'un vieux capitaine, qui poussera plus encore le Duc qu'il n'a fait jusqu'icy, par l'interêt qu'il prendra pour la province, par l'honneur qu'il se faira de reconnoître le bien-fait qu'il vient de recevoir, d'obliger le Roy dans l'abattement d'un sujet qui a bien l'audace de lui tenir tête. Cette nouvelle aigrit les esprits d'une étrange maniere. Les amis du Duc font mine de le vouloir quitter. Ils se confirment dans cette resolution, par une autre nouvelle qui arrive.

XI. La ville d'Arles se déclare pour le Roy. Beaucoup d'autres lieux font la même chose. On publie à Aix la destitution du Duc d'Epernon. Casaux & Loüis d'Aix bien loin de suivre cet exemple, députent en Espagne pour demander du secours. Ils ne veulêt point écouter l'envoyé du Duc de Mayene qui vouloit les reconcilier avec le Roy.

Le Cardinal d'Aquaviva, Legat d'Avignon, reçoit un courrier de Rome, qui lui fait sçavoir que le Pape a reçu le Roy dans le giron de l'Eglise, qui lui porte l'ordre de faire en cette occasion tout ce qui peut témoigner la plus grande joye, que les peuples la témoignent aussi avec le plus d'apareil qu'il se pourra. Sur cet ordre, le Cardinal fait la chose suivant l'esprit du Pape. Jamais fête ne fut plus magnifique que celle là. Le bruit s'en repend dans tous les environs. Il passe bien-tôt en Provence. Il est vray que sans attendre que le bruit commun l'aprenne, le Cardinal fait sçavoir au Clergé d'Arles la nouvelle que le courrier lui a aportée. Il l'exhorte à faire éclater sa joye. Mais le Chapitre ne le pouvoit faire, la ville étant aussi fort engagée qu'elle l'étoit dans les interêts du Duc d'Epernon. Car le Duc avant que d'entreprendre le voyage de Lion, avoit fait un nouvel accord avec la ville. Par cet accord les Consuls promettoient entre autres choses, de l'assister contre tous ses ennemis. On avoit donc besoin de se menager en cette occasion. Il est vray que Nicolas Jean étoit déja gagné pour le Roy, par la promesse de seize mille écus qu'on lui avoit faite. Mais cela n'étoit pas encore fort connu. Lui-même se menageoit fort adroitement. Il attendoit que le temps de se déclarer fût plus favorable, qu'il eût dans la ville un parti qui le peut soûtenir. Ainsi les Chanoines ne trouvant pas lieu d'agir comme ils souhaitoient, ils se contenterent d'avertir leurs parens de ce qui se passoit, & de faire courir secretement la lettre du Legat d'Avignon d'une main à l'autre. Quand cette nouvelle fût publique, plusieurs allerent exhorter les Chanoines de vouloir faire leur procession. Ils disoient que le monde s'animeroit par leur exemple. Sur ces instances, qui leur sont faites par bien du monde, les Chanoines prennent heure pour la procession. A l'heure assignée les Seigneurs de Beines & de Beaujeu se rendent les premiers à l'Eglise. Ils paroissent avec l'écharpe blanche. Bien d'autres gens de qualité s'y rendent aussi. Comme la procession est en marche, il se trouve quelques uns parmi le peuple, qui disent aux enfans de crier *vive le Roy*. Aussi-tôt tous ces enfans se mettent à crier. Le monde reçoit si bien ces cris, que chacun se met à crier de même. Tous ouvrent en même temps leur cœur au Roy. Mais pour faire la chose avec plus d'ordre, le lendemain les Consuls assemblent le conseil general. On y resout tout d'une voix, de rentrer dans le service du Roy, de deputer vers Sa Majesté pour lui rendre hommage, & de témoigner l'allegresse publique par des processions & par des feux. Dès qu'on eut pris cette resolution, on l'executa sur l'heure même. La joye fût bien si grande & si veritable, que les processions & les feux se continuërent durant trois jours, que dans tout ce temps les boutiques demeurerent toûjours fermées, en signe de fête. D'abord ceux que la misere du temps tenoit éloignez, reviennent à la ville. Ils sont reçûs de tous à bras ouverts, tant on avoit d'envie d'oublier les choses passées. Les forts des environs sont rendus, & la campagne reste toute libre. Le Duc d'Epernon aprend cette nouvelle avec un extreme déplaisir. Il fait toutefois ce qu'il peut pour la dissimuler ; & pour ne pas faire si fort paroître qu'il aille contre le service du Roy, il fait rendre le fort de Trinquetaille. Il fait dire dans la ville qu'il est tres aise que l'on ait reconnu son devoir. Cependant pour empêcher que les autres villes en fassent autant, il va les rassûrer toutes par sa presence. Il commence par Saint Maximin. Delà il monte vers Sisteron. Il rencontre le Chevalier de Buoux sur son passage, qui s'en alloit à Moustiers, dont il étoit Gouverneur. Il l'arrête, il confere avec lui. Il essaye de le réchauffer par mille caresses. Car il avoit reconnu bien de la froideur à son égard dans sa conduite, depuis le voyage de Lyon. Mais il s'aperçût encore mieux de son changement à la fin de la conference. Car quand le Chevalier prit congé de lui, le Duc lui dit, courage Chevalier. Au retour nous boirons au grand verre ? Le Chevalier lui répond d'une contenance assez froide, Monsieur le grand verre est cassé ? Peu de jours aprez, ce changement éclata de bien de manieres. Le Chevalier n'arrive pas plûtôt à Moustiers, qu'il fait d'abord déclarer la ville. Il fait crier par tout *vive le Roy*. Puis sans se reposer un moment, il va faire la même chose à Riez, à Aulps, à Castellane. Ce que le Chevalier fait à la montagne, Boyer le fait le long de la côte & au plat païs. Il fait crier *vive le Roy*, dans les lieux d'Olioles, de saint Nazaire, du Baussset, de Gemenos, de Cereste. Aussi-tôt le Parlement fait expedier un ordre par lequel il lui donne le commandement dans tous ces lieux.

Le 10. Novembre.

Tandis que le Duc d'Epernon se voit affoiblir, l'Archevêque de Vallegrand aporte sa ruïne entiere. Il arrive de la Cour avec les lettres de sa destitution, avec les provisions du Duc de Guise. Aussi-tot que le Parlement reçoit ces lettres il les fait publier solemnellement. La publication se fait le matin à l'audience. L'aprez dîné on la fait par la ville avec grand bruit. On y observa toutes les ceremonies qui se pratiquent ordinairement dans les publications de la paix. Car on voyoit des conseillers de la Cour à la tête de la cavalcade qui suit toûjours les consuls en ces occasions. Cela rejoüit autant le public, qu'il releva l'éclat de la fête. On étoit ravi de voir que des commissaires assûrassent la destitution du Duc, que l'on desiroit si fort. Mais on fût encore plus ravi, quand on aprit l'arrêt que le Parlement fit ensuite, par lequel il enjoignoit au Duc d'Epernon de se retirer de la province dans huit jours, & à tous ses adherans de le quitter, sous peine d'être déclarez rebelles. Dés que cet arrêt fut envoyé dans tous les Sieges pour en faire la publication ; Belloy vient porter au Duc l'ordre du Roy, par lequel il lui est ordonné de se retirer. Mais le Duc ne

Le 17. Novembre.

veut déferer ny à l'arrêt ny à l'ordre. Il dit qu'il ne souffrira jamais qu'on se vante de l'avoir fait sortir de Provence à coups de bâton. Qu'on lui arrachera plûtôt la vie, qu'on ne lui fera perdre son honneur. Ce réfus faisoit beaucoup de peine au Roy, quoyque le parti du Duc fût reduit à fort peu de chose, ou que pour mieux dire, il n'y eut plus de parti pour lui. Car on n'en vouloit plus entendre parler à Marseille. Casaux & Loüis d'Aix se passoient bien de lui. Cependant le Roy craignoit toûjours cette jonction. Il aprehendoit que le desespoir ne portât le Duc à s'aller jetter dans Marseille, qu'il ne se liguât encore avec les Tyrans. Cela faisoit qu'il étoit bien aise qu'on prit des mesures avec le Duc, qu'on entrât en quelque negociation, afin qu'on pût l'éloigner de Marseille, qu'on pût même ôter aux Tyrans toute esperance de se fortifier. Car le Roy sçavoit qu'ils faisoient toûjours plus les insolens, qu'ils faisoient toûjours plus de rodomontades, qu'ils venoient d'en faire une contre le grand Duc, sur ce qu'il avoit jetté du secours dans le Châteaudif. Dans le temps que le grand Duc envoye ce secours, l'Archiduc Albert passa vers la mer de Marseille. Les Tyrans l'allerent visiter sur son passage. Ce Prince les reçût tres civilement. La civilité alla jusqu'aux caresses, car les Tyrans étoient en grande consideration. Aprez qu'ils eurent fait leur compliment, le Prince Doria prit occasion de les sonder, par ce que le grand Duc venoit de faire. Il leur dit que le grand Duc a eu bien de l'audace d'entreprendre de secourir à leur barbe le Châteaudif. Que s'ils veulent tirer raison de cet affront, le Roy son maître sera ravi de leur rendre office. Qu'il leur fournira les galeres qu'ils voudront. Les Tyrans goûtent si bien la proposition, qu'il prennent dessein de faire venir Charles Doria de Génes avec des galeres, & d'envoyer des députez vers le Roy d'Espagne, pour lui demander sa protection. Ce dessein étant aussi hardi & aussi dangereux qu'il étoit, Casaux fût en peine quelque temps, & balança fort avant que de s'y resoudre. Il disoit que c'étoit aller trop avant que d'entreprendre une telle chose. Mais enfin il se determina tout à fait, sur la nouvelle qui vint que les Espagnols avoient pris Cambray, que le Roy s'étoit retiré à Paris dans un grand desordre. Aussi-tôt ils cherchent des gens pour envoyer en Espagne. Ils choisissent Mathieu Mongin, Nicolas David, & François Casaux. Les députez partent en grande diligence. Ils s'en vont avec un ample pouvoir de traitter. Cependant les Tyrans songent à se fortifier. Ils veulent se precautioner contre le peuple. Loüis d'Aix fait un fort prez de saint Victor. Il le dresse sur l'embouchure du port, en l'endroit qu'on apelle *tête de more*. Casaux agrandit celuy de Nôtre-Dame de la Garde. Il tire un grand éperon vers la ville. Tout cela ne se fait pas sans de grands frais. Ils font une dépense si excessive, que la bourse publique commence à tarir. Il faut venir à des voyes extraordinaires. Il faut penser à mettre des nouveaux imposts. On en établit un qu'on nomme de cinq pour cent. Mais la misere étoit effectivement si grande, qu'on ne peut rien avoir que par force. Il en falut venir aux emprisonnemens. A peine peut-on lever cinquante mille écus, avec les plus grandes violences du monde. Pendant qu'on est dans cette disette, la fortune leur offre un present, que l'honneur vouloit bien qu'ils refusassent, mais que leur luxe & que leur dépense ne leur permit pas de refuser. Le Seigneur de Gondy faisoit venir de riches meubles de Florence. Les galeres qui porterent ces meubles, les déchargerent vers la mer de Marseille, sur des bateaux qui devoient les porter à Lion. Les Tyrans ont avis que ces bateaux alloient passer. Ils les font gueter, ils les arrêtent, ils se partagent les meubles. On a dit que ces meubles valloient quatre-vingt mille écus. Cela fait, ce me semble, assez voir que la misere étoit grande dans Marseille, & que l'on y desiroit fort la paix. Si les Tyrans y eussent été disposez autant que le peuple, assurément il leur auroit été facile de l'avoir. Car le Duc de Mayene avoit fait son traité secret avec le Roy. Il y avoit compris Arles & Marseille. Pour faire que la proposition en fut bien reçuë dans Arles, il avoit moyené qu'on offrit à Nicolas Jean seize mille écus dont j'ay parlé. Comme il faloit menager Marseille plus adroitement, il prit aussi une autre route pour faire reussir la chose. Il y envoya un Conseiller au Parlement de Dijon, apellé Bernard. Ce Conseiller vient pour exercer en la place de Masparaut, la charge de President de la Chambre souveraine. C'étoit là le pretexte de sa venuë. Mais la veritable cause du voyage, c'étoit pour disposer Casaux & Loüis d'Aix à prendre parti. Ce Conseiller étoit un homme fort insinuant. Ainsi les Tyrans furent ravis de l'avoir en la place de Masparaut. Ils prennent plaisir de conferer avec lui. Ils lui font mille honnêtetez. Ils le regalent de plusieurs manieres. Cela lui donne une grande esperance de reussir. Il s'imagine qu'il a beaucoup fait d'être reçû dans leur confidence. Il tâche de s'y fortifier par mille témoignages d'amitié. Lors qu'il croit d'être bien établi dans leurs esprits, il commence à entrer en matiere. Il leur parle des douceurs de la paix, des avantages qu'il y a d'être bien avec le Roy, de l'empressement que témoigne pour cela toute la France. Il dit franchement qu'il n'y a plus de salut hors de là. Sur ces discours, Casaux fronce le nez, & comme l'autre continuë, la patience lui échape. Il dit à Bernard que s'il n'est à Marseille que pour cela, il peut librement se retirer. Qu'on ne pretend pas de souffrir dans la ville aucun traitre. Il dit cela d'un ton de voix si aigre, que Bernard voit bien qu'il lui faut penser à sa sûreté. Il part dés le lendemain même.

XII.
Le Duc de Guise est fait Gouverneur de Provence. Il y vient. A son arrivée, Sisteron & Grasse se remettent sous l'obeissance du Roy. Grasse s'y remet aprez qu'on a tué la Plane, qui commandoit dans

Cependant on aprit avec un grand étonnement, que le Chancelier avoit fait de grandes rémontrances au Roy, pour le dissuader de pourvoir le Duc de Guise du gouvernement de Provence. Il lui avoit representé que c'étoit livrer cette province aux pretensions que le Duc y avoit par ses ayeuls. Que le moindre orage de l'Etat, pourroit lui donner moyen de s'en rendre maître. On craignoit fort que ces remontrances ne fissent changer la resolution, quoyqu'elle eût été executée par l'enregistrement des provisions. Mais cette aprehension cessa bien-tôt. Car on vît venir le Duc dans la province. Il y vint dans un superbe apareil. Par dessus son train le plus grand qui se fut jamais vû. On voyoit les officiers de son armée couvers d'écarlate & de

DE PROVENCE. LIV. XV. 823

broderie. Tous les équipages étoient magnifiques. Son armée étoit composée de cinq mille hommes de pied, de neuf cent carrabins, & de cinq cent maîtres. Dés qu'il entra dans la province, l'armée grossit de deux mille hommes de pied & de trois cent maîtres que la province tenoit sur pied. Ces forces jointes à la qualité de sa personne, à la haute opinion qu'on avoit de lui, au grand bruit que son nom faisoit dans le monde, à l'autorité legitime avec laquelle il venoit, firent un effet bien subit. Car le Seigneur de Lesdiguieres ne s'avança pas plûtôt vers Sisteron, que Ramefort gouverneur de la citadelle, tout Gascon qu'il étoit, offre de se rendre, pourvû qu'on lui conserve l'honneur de presenter lui-même les clefs de la place au Duc de Guise. Cela donne sujet au Duc d'aller jusques là, & d'abord Ramefort rend la place. Dans le temps que Sisteron se soûmet au Duc de Guise, Grasse se met en devoir d'en faire autant. Cette ville avoit toûjours la Plane pour gouverneur. L'assassinat qu'il avoit fait du Seigneur du Gault, l'avoit fait succeder à sa charge. Car le Duc de Savoye le croyant plus puissant dans cette ville, voulut se la conserver par son moyen. La Plane commandoit donc au nom du Duc. Mais il commandoit si tiranniquement, que la ville gemissoit sous ses violences. Les autres chefs, quoyque ses amis, les voyoient avec regret. Ils voyoient qu'un homme aussi brutal qu'il étoit, ne pouvoit que leur donner tout sujet de craindre. Qu'ils se devoient principalement deffendre d'être traittez comme le Seigneur du Gault. Pour se délivrer une bonne fois d'une si juste aprehension, il se resolvent de ce défaire de cet homme. Ils croyent de faire un grand service au public. Ceux qui prennent cette resolution, ce sont les Capitaines Jean Claude & Jean Robert freres, Antoine Sufroin de Riez, Cesar de Pumoisson, les nommez Granier & Sauvaire. Dés que cette resolution fut prise, voicy comment on l'executa: Jean Robert qui étoit son intime amy, l'alla voir un soir aprez souper. Il lui dit qu'il venoit coucher avec lui. La Plane témoigne d'en être bien aise. Dans ce temps, Granier vient trouver la Plane. Il lui demande congé pour aller faire une course le lendemain. La Plane lui accorde ce qu'il demande. Granier se retire sous pretexte qu'il va se preparer. Comme la Plane & Robert sont couchez, Granier vient avec les autres de la conjuration. Il entre dans la chambre, il se plaint à la Plane que les soldats ne veulent pas lui obeïr. Aussi-tôt la Plane se met sur son seant. Il dit qu'on apelle ces soldats, qu'il veut leur faire une grande reprimende. Sur cela Granier le prend par la barbe. Il lui dit, compagnon il faut mourir, il lui donne deux coups de poignard dans la poitrine. En même temps la Plane se leve. Il saute sur l'épée d'un de ceux qui étoient au tour de lui. Mais Jean Robert lui ôte le moyen de s'en servir. Il le prend par le pied, & le renverse la tête contre terre. Les autres le massacrent, le percent de mille coups. A ce bruit le corps de garde qui étoit à la porte s'allarme. Mais les conjurez y avoient prevû. Ils y avoient envoyé un d'entre eux, qui se mit à dire, oyez comme le gouverneur étrille les soldats qui refusent d'obeïr à Granier? Ces mots assûrerent la plûpart des soldats.

cette ville pour le Duc de Savoye. Aprez cela, le Duc vint faire son entrée à Aix. Ensuite il va surprendre le Martigues. On entreprend côtre la vie du Duc d'Epernon. Un païsan fait sauter le plancher de la sale où il dîne.

Il y en eût neanmoins quelques uns qui ne furent pas si credules. Ils voulurent aller voir ce que c'étoit que ce bruit. En entrant dans la maison ils furent si épouvantez de ce massacre, que la peur d'être traittez comme la Plane, les fit retirer sans dire mot. Cela fit que les conjurez allerent eux mêmes faire sçavoir aux Consuls ce qu'ils venoient de faire pour la ville. Ils les exhortent à faire crier *vive le Roy*. Les Consuls ravis de se voir délivrez, publient cette bonne nouvelle par toute la ville. Ils apellent, eux & les conjurez, le Duc de Guise. Le Duc plein de joye va dans cette ville. Il y met le Chevalier de Buoux pour Gouverneur. Aprez avoir fait deux si grands coups, que ceux d'aquerir Sisteron & Grasse, le Duc part, il vient faire son entrée à Aix. Jamais entrée ne donna plus de joye au peuple. Jamais on ne reçût Gouverneur avec plus d'acclamations. Aussi avoit-on une double raison de le faire. Car on perdoit un Gouverneur pour qui on avoit une grande haine, on en recouvroit un de qui on esperoit beaucoup. Cependant le Duc sans s'arrêter à ces aplaudissemens, quitte la ville. Il se met en campagne, il medite de faire quelque coup surprenant. Il prend sa marche vers Marignane, pour faire reussir un dessein qui se faisoit en ce quartier là. C'étoit une intelligence dans le Martigues. La chose fût si bien conduite, que le Duc entra dans la ville, sans que personne se doutât de rien. Aussi-tôt il fait crier par tout *vive le Roy*. Il assûre le monde par sa presence. Tout plie si bien à sa seule vûë, qu'il soûmet jusqu'à la Tour de Bouc. Cette nouvelle étant portée à Casaux & à Loüis d'Aix, ils craignent fort un exemple si prez de Marseille. Ils se fâchent de perdre une ville sur laquelle ils faisoient de grands fondemens. Car ils avoient chargé leur députez qui allerent en Espagne de l'offrir pour la sûreté du secours que ce Roy leur donneroit, ils prenoient un si grand soin de se la conserver, qu'ils lui envoyerent une galere pour s'en servir en cas de besoin, qu'ils ne perdoient aucune ocasion de témoigner qu'ils seroient bien aises d'aller de conserve avec elle, & de vivre dans une étroite union. Cette perte n'auroit pas moins été sensible au Duc d'Epernon qu'à Casaux & qu'à Loüis d'Aix, si la nouvelle n'en fut pas venuë dans un temps, où il avoit assez à faire à penser à soy. Car étant enfermé dans Brignole, ses ennemis ne manquoient pas de lui dresser bien des pieges pour l'embarrasser ou pour le faire perir. On lui en fit un entre autres, qui fut bien terrible. Un païsan du lieu du Val, apellé Bergue, apuyé sans doute de quelque puissance, qu'on n'a pû neanmoins jamais découvrir, en fût l'auteur. Il entreprit de faire sauter avec de la poudre, la maison où le Duc logeoit. Il ne craignit point de faire perir beaucoup de gens, pourvû qu'il pût ensevelir le Duc sous ces ruïnes. Le Seigneur de Soliers a remarqué dans ses memoires, que cet homme vint s'adresser à lui, qu'il lui demanda de la poudre, qu'il refusa de lui en donner, qu'il eut même une grande horreur d'une proposition si lâche. Qu'a son réfus le païsan alla à Aix. Qu'il confera avec le Seigneur de Lesdiguieres, la Comtesse de Sault, l'Avocat de Fabregues. Mais il n'éclaircit pas la chose plus avant que cela. Il ne dit pas precisément à

Le 14. Decêbre.

Le 21. Decêbre.

qui des trois le païsan s'adressa. Quoyqu'il en soit, le païsan conduisit admirablement la chose. Il sçavoit que la Communauté du Val devoit deux charges de bled au nommé Roger, dans la maison duquel le Duc logeoit. Il va dire à la femme de Roger qu'il étoit là pour aquiter cette dette. Cela dit, il va querir le bled au logis, où il l'avoit reposé. Il en aporte sur le dos un grand sac. Son valet le suit qui en porte un autre. En cet état il entre dans la maison. Il dit aux Suisses qui étoient à la porte, qu'il venoit payer une dette de bled au maître du logis. Les Suisses lui font jour. Il va reposer le bled dans le vestibule, justement sous la sale où le Duc dînoit. Puis il sort, il dit qu'il va querir le reste. Neanmoins au lieu de retourner au logis, il reprend le chemin de la campagne. Il n'a pas fait cent pas hors de la porte de la ville, qu'il dit à son valet qu'il a laissé quelques chemises dans les sacs, qu'il a oublié de les prendre. Il lui dit de les aller retirer. Le valet qui ne sçavoit rien du dessein, va vîte faire ce que son maître lui ordonne. Il met la main sur le sac pour le délier. Les sacs étoient tous remplis de poudre. Il y avoit seulement au dessus un peu de bled. Entre la poudre & le bled il y avoit deux roüets de pistolet dans chaque sac. Ces roüets devoient joüer par une ficelle attachée d'un côté au ressort, & de l'autre aux chemises que le valet alloit prendre. Ainsi dés que le valet eut ouvert le sac, qu'il voulût retirer les chemises, les roüets se debandent. On vît sortir un gran feu, qui tuë le valet & quelques Suisses, qui fait sauter en l'air le vestibule, qui fait un si terrible fracas, que le Duc qui voit ce feu, qui entend ce bruit, prend l'allarme & tombe à la renverse. Mais il est si heureux dans sa chûte, qu'il demeure quitte par une partie de la barbe, que le feu lui brûla. Cependant comme le païsan entend le bruit, il ne doute pas de l'heureux effet de sa machine. Cela fait qu'il vient à toutes jambes en aporter la nouvelle à Aix. Il publie que le Duc d'Epernon a peri, qu'il est enseveli sous des ruïnes, qu'il est enterré dans sa maison. Cette nouvelle se croit aisément, parce qu'elle étoit extremement desirée. Mais la joye fût de courte durée. Car on vint bien-tôt dire que le Duc avoit été sauvé, qu'il faisoit des railleries de son avanture. En effet je trouve que non seulement il parloit de cette aventure en ces termes, mais qu'il en écrivit de même à ses amis. C'est ce qui se voit dans une lettre qu'il écrivit à Casaux & à Loüis d'Aix. Il leur dit, samedy mes ennemis me voulurent faire manger de la saucisse, mais je suis trop bon catholique pour en avoir seulement voulu goûter.

Peu de jours aprés le Duc de Guise convoque les Etats à Aix, où l'on fixa le nombre de ses troupes. Mais tandis qu'on travaille à la sûreté de la province, il survint une chose à Marseille, qui faillit à la perdre absolument. Charles Doria y envoye quatre galeres. * Il y en amene lui même huit autres chargées de mille soldats, tous gens bien choisis. Ce secours éleve si fort le cœur aux Tyrans, que dés lors ils ne voulurent plus écouter les propositions que le Roy leur faisoit faire; le Roy leur offroit de les laisser Gouverneurs de Marseille & du fort de Nôtre-Dame de la Garde, de leur donner galeres, pensions, & cent mille écus

Le 23. Decembre.

* Le 27. Decembre.
XIII.
Charles Doria amene douze galeres à Marseille avec des troupes. Cela fait que le Roy d'Espagne étoit déja de tenir cette ville.

Il reçoit favorablement les députez qu'elle lui avoit envoyé. Il leur accorde tout ce qu'ils demandent.

à chacun. Leurs amis les exhortoient fort à prendre ce parti. Entre autres Robert de Ruffi, l'un des plus sages citoyens de la ville, & qui avoit la fleur de lis fort avant dans le cœur, essayoit souvent de les y porter, & de les détourner de l'entêtement où il étoient, d'ériger Marseille en republique. Il sollicitoit même leurs autres amis à l'ayder dans ce dessein. Mais l'arrivée des galeres d'Espagne, les changea si subitement, que Ruffi voulant renouveller ses exhortations, Casaux tira son poignard de son côté & le menaça de le lui enfoncer dans le corps, s'il lui parloit jamais de se donner à la France. Il lui dit qu'il vouloit avoir l'honneur de rendre sa patrie libre, qu'il s'étoit trop avancé pour faire autrement. Ce discours va aux oreilles des gens de bien. Ils sont dans un abattement extreme. Ils croyent qu'il n'y a plus esperance d'y établir le service du Roy, que Marseille étoit perduë sans ressource pour la France. Ils s'imaginent que l'arrivée de ces galeres est l'effet de la negociation des députez. Ils disent entre eux, que ce commencement aura sans doute des suites tres facheuses. Ils se tromperent neanmoins dans cette creance. Car les députez n'avoient encore rien fait. Seulement ils avoient été reçûs avec grande ceremonie. On les traittoit même d'Ambassadeurs, tant le nom de Marseille sonnoit haut dans cette Cour. En effet, cette ville y étoit si considerée, que le jour que les députez eurent leur audience, le Roy leur envoya le carrosse des Ambassadeurs. Il les reçût en l'apareil du monde le plus superbe, environné de toute sa Cour. Il fit une réponse tres civile à leur harangue. Il leur dit de s'adresser pour les affaires au Comte de Castel Rodrigo, à Dom Joan de Idiaques son secretaire d'Etat. Aprez avoir eu audience du Roy, ils allerent faire leurs complimens à l'Infant & à l'Infante. Ils reçûrent par tout tant d'honneurs, qu'on les fit même asseoir parmi les Grands. Dans le temps que le traitté se faisoit, arrive la nouvelle de l'entrée des douze galeres dans le port de Marseille. Cette nouvelle remplit de joye la Cour d'Espagne. Le Roy même en est si transporté, qu'il remercie le Prince Doria, de ce que son fils a fait. Il l'assûre qu'il ne pouvoit pas lui rendre un plus grand service. En même temps il commande que le traitté s'acheve, qu'on renvoye les députez avec toute satisfaction. Cet ordre n'est pas plûtôt donné, que les Ministres accordent aux députez tout ce qu'ils demandent. On ar-

1596.
„ rête. On signe le traitté, dont les articles étoient, que le but princi-
„ pal des parties, tendant à la conservation de la sainte Foy, l'on ne
„ souffriroit dans Marseille ny dans son terroir, autre Religion que la
„ Catholique. Que cette ville ne reconnoîtroit point Henry de Bourbon
„ pour Roy, mais bien celuy qui seroit élû du consentement general de
„ la France. Que Marseille tiendroit ses portes ouvertes aux armées du
„ Roy Catholique. Qu'elle les fermeroit à ses ennemis. Qu'enfin elle
„ ne fairoit nul accord ny confederation sans le consentement de sadite
„ Majesté. Que moyennant cela, le Roy prendroit la ville de Marseille
„ en sa protection. Qu'il envoyeroit ordre au Prince Doria de lui don-
„ ner tout secours & assistance. Qu'il fourniroit à cette ville six mille écus
„ par mois, & cinq cent cinquante quintaux de poudre. Qu'il lui per-
metroit

metroit de se pourvoir de bleds en Sicile ou ailleurs. Qu'enfin, ceux « de Marseille auroient leur commerce libre & seroient bien reçûs dans les « Etats de sa Majesté. Qu'ils seroient compris dans les traittez qu'elle « pourroit faire. Voila en substance ce que contint le traitté. Mais « comme je le trouve tout au long dans mes memoires, dans la langue qu'il fût fait, je ne veux pas priver le public d'une piece qu'assûrement on trouvera tres curieuse. La voicy donc telle que je l'ay:

    Haviendo la villa de Marsella dado quenta à su Magestad, por « medio de Matheo Mongin, Francisco de Casaux, y Nicolin David, « sus diputados del Estado, en que se haillan sus cosas, y de que como « villa tan Catholica y antigua en nostra santa Fée, y zelosa de conser- « varse en ella, ha resuelto de padescer qualquier travajos que le venga « à truc que de defenderse del peligro de las heregias, y que par esto, « y las fuerças que sus contrarios iuntan contra los de la dicha villa, « han sido constreñidos de recorrer à la protection de su Magestad, como « à verdadero refugio y defensor de los Catholicos, que injustamente « padescen, y haviendo tambien su Magestad oydo a los dichos depu- « tados, y entendido lo que le han representado de parte de la dicha « villa de Marsella. Atenso el servicio di nuestro Señor, que d'ello « puede resultar, se ha contentado, y tiene por bien de recebir la di- « cha villa debaxo do su protection, paraloquel cometio à Don Christora « de Mora, Conde de Castel Rodrigo, Comendador mayor de Alcantara, « y à Don Juan de Idiaques, Comendador mayor de Leon, ambos de « sus conseios d'Estado, el capitular y assentar con los dichos deputados « las conditiones que mediante esta protection se han de guardar, y assi « se ha concertado, y capitulan entre los dichos Conde de Castel Rodrigo « y Don Juan de Idiaques en nombre de su Magestad, y los dichos Ma- « theo Mongin, Francisco de Casaux, y Nicolin David, deputados de « Marsella, en virtud de su carta de creentia y comission, les articulos « seguientes. *Primeramente*, que esta confederation se entienda que tiene « porfin el servitio de nuestro Señor y augmento de nuestra santa Fee Ca- « tholica y conservation de Marsella, donde non se advertira ny consen- « tira pour ningun caso ny de su territorio y dominio, otro exercitio que « el Catholico. Que la dicha villa de Marsella no recoñoscera à Henrico « de Borbon en nigun tiempo, antes se conservara libra y entera para el « Rey Christianissimo, amigo y confederado de su Magestad, que se es- « pere daradios à la Francia. Que ternen al puerto de Marsella y los « demas que viniessen à su dominio, y mando abiertos y seguros à las « galeras y naos, y otros baxeles y armadas de su Magestad Catholica, « y por el contrario ternun los mismos puertos serrados a los que fueren « diffidentes y contrarios à su Magestad. Que en efeto saran buenos « amigos de los amigos, y enemigos de los enemigos de su Magestad « Catholica, y noharan pactos y conciertos ny confederation ion otro, « s'in expresso consentimiento y voluntad de su Magestad. Que su Ma- « gestad con lo dicho tomara la ville de Marsella à su protection, acudira « à su defensa, contra losque la quisieren ofender. Que embiara orden «

„ al Principe Doria su Capitan General de la mar, paraque los socorra y
„ ayuda con las galeras y gente que segun las ocasiones le pidieren, y se
„ les pudierendar, y que assimissimo los assista para el armamento de las
„ galeras de aquella villa. Que par ayuda de sus fortificationes y guastos
„ de la guerra, les mandara su Magestad ayudar tambien con dinero, a
„ razon de seys mil escudos por mes, que se quenten desde el principio
„ d'esto anno de nonenta y seys, por el tiempo que durare la necessidad
„ presente, y la defensa que prometen y la paga se aya de hazer por
„ quarteles de tres en tres meses, declarando que la primera sara luego
„ que se aye ratificado esta escritura en Marsella, y de dos quarteles
„ juntos que montan treinta y seys mil escudos, comprehendendo en esta
„ suma qualquier otra que pour quenta de su Magestad se les huiesse
„ dado hasta el dia de la ratificacion, y que de alli adelante se aya de
„ acudir con lo que se montare cada quartel a sus tiempos. Pero co-
„ metera al Principe Doria, per cuya mano se les ha de acudir con el
„ dinero, que quando convenga dar les segun fueren les ocasiones, en-
„ junto algunos meses o parte d'esta suma lopueda hazer hallando secon
„ comodidad pour ello que las mandara proveer con la brevedad que se
„ poudieres, quinientos quintales de polvere, alguna peloteria de gratia. Que
„ quando en Marsella ayan menester proveer se detrigo, les mandara su
„ Magestad conceder las tratas que se pudiere de Sicilia en la forma
„ acostumbrada en a quel Regno, y de otros Regnos y Estados de su
„ Magestad. Lo mismo y agora les ha mandado despachar los recados
„ necessarios para los de Sicilia. Que los de Marsella saran bien vistos y
„ recebidos en todos los puertos y tierras de qualesquier Regnos y Estados
„ de su Magestad, y ternan su comercio libre, y se les hara toda buena
„ acogida y correspondencia, y en los puertos de su Magestad que se
„ vuiere acostumbrado se permitira à la dicha villa tener Consules de su
„ nacion, presentan do se primero con la nomination y despachos que
„ de qui adelante les diere à quella villa ante su Magestad. Que se si
„ ofresciere caso de liga o confederation de su Magestad con otros Prin-
„ cipes y Potentados, incluira à la dicha Marsella come su confederada,
„ y que esta de baxo de su amparo. Que el mismo amparo y protection
„ que terna su Magestad Catholica por sus largos y felices annos de la
„ dicha villa de Marsella terna tambien su Alteza y à la dicha Coronna
„ de Españe. Los capitulos arriba escritos, que son los concertados y
„ concluidos, permieteron y firmaron por parte de su Magestad los dichos
„ Don Christoval de Mora, Conde de Castel Rodrigo, y Don Juan
„ Idiaques, y por la dicha villa de Marsella, los dichos Matheo Mongin,
„ Francisco de Casaux, y Nicolin David sus deputados. Los quales se obli-
„ garon que la dicha villa de Marsella ratificara y confirmara estos arti-
„ culos dentro de dos meses primeros seguientes del die de la data d'esta,
„ y los dichos Don Christoval, y Don Juan prometieron en nombre de
„ su Magestad, que venida la ratification de la dite ville de Marsella, se
„ les embiara otra tal ratification de su Magestad. Y todos ellos firmaron
„ la presente escritura, quo se ha de escrivir y firmar tres vezes, paraque
" la una que de en poder de los nombrados par su Magestad, y las otras

dos felleven à Marfella, paraque la una buelue ratificada conforme à la promeſſa de arriba y a eſto ſe ſigalo de mas de la miſma forma y y manera que à qui queda aſſentado. Facha en Madrid, à veinte de Enero de mil y quinientos y noventa y ſeys annos. El Commendador mayor Don Juan de Idiaques, Mongin, de Caſaux, David.

Aprez que ce traitté fût ſigné, les députez s'en retournerent comblez de careſſes. Quand ils fûrent arrivez à Colioures, il falut attendre le vent favorable pour monter en mer; mais il ſe paſſoit alors des choſes à Marſeille, qui leur étoient bien contraires. Le Duc de Guiſe mediroit de ramener cette ville. Il cherchoit tous les moyens poſſibles d'en venir à bout. Les exilez ne manquoient pas de lui en ſugerer de toutes manieres. Chacun lui conſeilloit d'uſer d'adreſſe ou de force, ſuivant qu'il avoit d'eſprit ou de cœur. Parmi tant d'expediens qu'on lui offre, il choiſit celuy-cy, qui lui aquit une grande gloire, & releva fort ſa reputation. Il y avoit à Marſeille un Notaire apellé du Pré, homme de cœur & fort affectionné pour le ſervice du Roy. Cela faiſoit qu'il haïſſoit mortellement les Tyrans, que leur domination lui étoit inſuportable. Il étoit fort amy de Libertat, qui avoit été fait capitaine de la porte Royale. Cette amitié pouvoit être fort utile au deſſein qui ſe faiſoit. On ne ſçait neanmoins ſi ce fut de ſon propre mouvement que du Pré agit, ou s'il fut pratiqué par le Duc de Guiſe. Quoyqu'il en ſoit, il s'attacha ſi fort à Libertat, qu'il entra dans ſa plus étroite confidence. Il s'apliqua ſur tout à bien penetrer ſon humeur. Mais comme il ne ſe voit pas aſſez fort pour conduire une affaire d'auſſi grande importance, que celle qu'il avoit projettée, il prit deſſein d'avoir un conſeil. Il chercha quelque homme habile & fidele. Il jetta d'abord les yeux ſur un avocat, fort homme d'honneur. C'étoit Nicolas Bauſſet, homme intelligent, qui d'ailleurs n'avoit pas moins de paſſion que du Pré, de ſecoüer le joug de la tyrannie. Du Pré recherche ſa connoiſſance. Il le va ſouvent viſiter en priſon, où les Tyrans le détenoient, il ſe lie à lui par mille offices. Enfin il ſe reſout un jour de ſe découvrir, il lui communique tout ſon deſſein. Bauſſet ne manque pas de l'aprouver. Il l'aprouve avec beaucoup d'éloges. Mais il dit qu'il faut attendre que l'occaſion ſoit propre, que Libertat ſe deſabuſe du parti qu'il a pris. Que c'étoit par un eſprit de pieté qu'il s'étoit engagé dans le parti de la Ligue. Qu'ainſi tant que le Roy ne ſeroit point reconnu par le Pape, il ſeroit inutile de le tenter. Qu'il faloit ſe donner patience que le Roy reçût ſon abſolution. Quand la nouvelle de cette abſolution arriva, Bauſſet dit à du Pré qu'il étoit temps d'executer la choſe. Auſſitôt du Pré met la main à l'œuvre. Il commence à parler ouvertement à Libertat. Il lui parle en des termes ſi touchans du ſervice qu'il peut rendre en même temps à Dieu, au Roy, à ſa patrie, qu'il le pique de l'envie du monde la plus grande de ſe ſignaler par ce coup. Du Pré ne manque pas de lui faire remarquer que Dieu le deſtine à cette gloire, par le ſimbole du nom qu'il portoit. Que ſon nom lui doit faire voir en effet, qu'à lui ſeul eſt reſervé l'hon-

XIV.
Pierre de Libertat prend deſſein de délivrer Marſeille des Tyrans qui l'opriment. Il demande ſecours au Duc de Guiſe. Le Duc fait dificulté d'y dóner les mains à cauſe du mauvais ſuccez qu'avoient eu diverſes entrepriſes qu'on lui avoit fait faire à même deſſein. Enfin il accorde de donner des troupes. Il arrive des incidens qui empêchent les troupes de ſe trouver au jour aſſigné.

M m m m m 2

neur de mettre en liberté sa patrie. Comme il le voit extremement animé par l'esperance de la gloire, il fait sçavoir à Bausset ce qu'il a fait. Bausset s'étoit évadé de prison. Il avoit pris retraite à Aubagne. Dés qu'il reçoit la nouvelle que du Pré lui envoye, il s'aproche & va à une maison dans le terroir de Marseille pour conferer plus commodement avec lui. La conference se fait le jour de saint Simon, durant que Loüis d'Aix & Casaux se faisoient confirmer dans leurs charges, pour la cinquiéme & derniere fois. Bausset aprenant que Libertat est tout resolu, dit à du Pré que pour ne rien precipiter, il faut le bien laisser confirmer dans cette pensée. Qu'il faut pour cela lui en jetter quelques propos de temps en temps. Du Pré s'en retourne avec ce conseil. Il le met dans la suite si bien en pratique, qu'enfin il determine Libertat à faire le coup. Cette resolution se prit la veille de Noël, entre du Pré, Libertat & son frere. Aussi-tôt du Pré court à Aubagne. Il donne cette nouvelle à Bausset. Il lui fait sçavoir tout le détail de la demarche qui se va faire. Il lui dit que comme le Duc de Guise avoit jetté des troupes dans le terroir, on pretendoit se servir de cette occasion. Qu'un matin que Casaux & Loüis d'Aix viendroient à la Porte Royale pour aller faire reconnoître si les chemins étoient seurs, Libertat feroit abattre sur eux le trebuchet de la porte. Qu'alors les troupes qu'il auroit fait aprocher dans la nuit, se saisiroient de leurs personnes. Que la chose seroit d'autant plus aplaudie, qu'il ne faloit point répandre de sang en l'executant. Que tout cela se feroit tres facilement sans aucun bruit, sans que personne s'en prit garde. Que si quand la chose seroit faite, Charles Doria où les Espagnols osoient remuër, Libertat ouvriroit la porte aux troupes du Duc, & que le peuple joint avec elles, reprimeroit assez ces gens. Qu'il ne restoit plus pour l'execution, qu'à faire sçavoir la chose au Duc de Guise, & lui demander son apuy. Bausset trouve la chose bien imaginée. Il voit neanmoins qu'il y aura beaucoup de dificulté à l'executer. Il considere qu'il faloit tenir les Tyrans dehors, se saisir du corps de garde qui étoit sur les murailles, entreprendre enfin une chose qui pouvoit mettre en grand danger les entrepreneurs. Tout cela l'oblige de dire à du Pré que pour éviter tant d'inconveniens, il y auroit un expedient à prendre aussi facile que l'autre & beaucoup plus sûr. Que Libertat ayant toutes les nuits la garde de la porte du Plan Fourniguier, pouvoit introduire par là le Duc de Guise dans la ville. Qu'il le pourroit faire sans qu'on s'en aperçût. Du Pré répond que cela s'étoit proposé dans la conference. Mais que Libertat ne l'avoit pas aprouvé. Qu'il avoit dit, qu'il y avoit dans cet expedient moins d'honneur à gagner pour luy, & plus de danger à craindre pour la ville. Bausset voyant que la resolution est tout à fait prise, s'oblige d'avoir l'aprobation & l'apuy du Duc. Il part, il vient lui faire sçavoir à Aix ce qui se projette à Marseille. Le Duc n'en fait pas d'abord trop de compte, soit qu'il eut les oreilles batuës de tant de pareilles resolutions qui avoient mal reüssi, soit qu'il n'esperât pas mieux de celle-cy, qui lui étoit faite par un homme de robe. Mais quand Bausset lui eut assûré que Libertat étoit un homme en qui l'on pouvoit se confier absolument, il lui dit de demander tout ce qu'il voudroit. Sur cela Bausset lui demande d'envoyer le Capitaine Boyer à saint Julien, village à une lieuë & demy de Marseille, de l'envoyer avec sa compagnie de chevaux legers & son regiment d'infanterie, de lui donner ordre de courir la campagne, pour empêcher les païsans de sortir, d'assigner le jour qu'il lui plairoit pour l'execution, d'aller lui même, s'il le juge à propos, dresser l'embuscade avec cinquante maîtres & voir prendre en sa presence les Tyrans. Aussi-tôt le Duc donne l'ordre à Boyer. Il fait expedier à Bausset toutes les declarations qu'il demande. Il assigne le huitiéme de Janvier prochain pour l'execution. Bausset muni de tout ce qu'il demandoit s'en retourne. Il va faire sçavoir à du Pré ce qu'il à fait. Du Pré le va dire à Libertat, qui d'abord dispose toutes choses. Le Duc n'étoit pas trop persuadé ce semble que l'entreprise dût reussir. Car je trouve qu'avant que le jour prescrit arrivât, il essaya de surprendre Marseille par escalade, qu'il partit avec le Seigneur de Lesdiguieres & toutes ses troupes. Mais que tout cela fut conduit avec si peu de secret, que trois jours avant qu'on partit on sçavoit à Marseille tout ce qui se devoit faire, qu'on sçavoit jusques l'endroit par où l'on devoit attaquer. Ainsi comme on se tenoit prêt pour le recevoir, ce fut un grand bonheur pour lui, que l'accident qui survint. Il se leva une si grande pluye, & un si horrible tourbillon, que cet orage écarta les troupes & fit perdre les écheles. Cependant le mauvais succez de cette entreprise, ne fit point rompre au Duc son dessein. Il le conçût d'une autre maniere. Il pretendit d'attaquer un bastion qui pouvoit le rendre maître de la porte d'Aix, & lui donner moyen d'introduire son armée dans la ville. Cette opiniâtreté donna lieu de croire qu'il avoit quelque intelligence, puisque ny le malheur de l'autre entreprise, ny même le départ du Seigneur de Lesdiguieres qui retira ses troupes, ne furent pas capables de le rebuter. Quoyqu'il en soit, le Duc plus resolu que jamais, se met à la tête de quatre cent arquebusiers & quatre cent maîtres, muni de petard & d'écheles. En cet état il marche vers la ville. Il s'en aproche sur l'entrée de la nuit. Il se dispose à commencer l'attaque. Mais il trouve que les Tyrans étoient tres bien preparez. Car ils firent d'abord allumer mille feux sur la courtine du bastion. On vît paroître un grand nombre de soldats qui firent une décharge horrible. Cette vigueur & cette vigilance n'empêchent pas que le Duc ne fasse attaquer le bastion trois diverses fois. Mais il en est toûjours repoussé. Son malheur l'oblige de quitter l'entreprise. Il se retire avec tant de precipitation, qu'on laisse les écheles contre les murailles. Le lendemain elles sont retirées par les Tyrans, qui deviennent par là plus glorieux & plus redoutables. Le Duc se rebute si fort de toute entreprise, qu'il ne veut plus entendre parler de rien. Mais Bausset ne laisse pas d'aller à Aix. Il lui represente que ,, ce qu'il propose est beaucoup plus facile à executer que tout ce qu'il a ,, tenté. Qu'icy l'on n'a pas besoin qu'il hazarde sa personne. Qu'on ,, n'a seulement besoin que de son nom, & de peu de temps. Qu'avec ''

Le 5. Janvier.

„ cela on pretendoit de faire un coup qui tourneroit tout à son honneur,
„ qui lui donneroit une reputation immortelle. Que s'il negligeoit de
„ prendre au mot ceux qui venoient lui offrir leur vie pour sa gloire, il
„ étoit à craindre qu'il ne perdit une occasion qui ne reviendroit jamais.
Ce discours ébranle fort le Duc. Il balance quelque temps sur ce
qu'il doit faire. Il ne sçait à quoy se determiner. Il ne peut se resoudre à se laisser vaincre. Il craint que ce dessein ne soit aussi chimerique que les autres. Il s'imagine que c'est une vision d'un particulier, qui seul sans apuy, sans amis, se confie en sa seule audace, & pretend de faire reussir une entreprise ou toutes ses forces ont échoüé; &
toutesfois ne voulant pas rebuter Bausset, il lui dit qu'il est obligé d'aller assieger le lieu de la Garde, pour délivrer Toulon des incommoditez qu'il reçoit de là. Qu'en passant il laissera Boyer avec des troupes
& avec ordre d'executer tout ce qu'on voudra. Qu'en s'en retournant
il peut assûrer ses amis qu'on n'aportera plus de longueurs dans cette
affaire. Bausset contraint de se payer de cette monoye, va la debiter
du mieux qu'il peut à ses gens. On attend donc que le voyage de
Tolon se fasse. Comme ils sont dans cette attente, ils aprenent que ce
voyage est retardé pour quelques jours. Cette nouvelle les afflige mortellement. Elle les fait tomber dans mille craintes. Ils s'imaginent
que dans les longueurs, l'entreprise ne peut demeurer secrete; que les
Tyrans veilloient trop à tout pour n'en avoir pas quelque vent. Qu'en
ce cas, il n'est point de suplice qu'ils n'ayent à craindre. Pendant que
ces pensées les inquietent, on aprend que le voyage de Tolon se fait.
Bausset ne manque pas de voir le Duc sur son passage à Aubagne. Il
le fait souvenir de la promesse qu'il lui a faite. Il le prie de vouloir
laisser le capitaine Boyer. Le Duc répond qu'il a besoin de Boyer,
qu'il lui est necessaire pour le siege de la Garde. Qu'il sçait si bien le
fort & le foible de cette contrée, qu'il ne peut se passer de lui. Que
neanmoins il l'envoyera dés que la batterie sera dressée. Sur cette assûrance Bausset s'en revient. Il donne à ses gens les meilleures esperances du monde. Il leur dit qu'on aura bien-tôt des troupes, que le
capitaine Boyer les amenera. Cependant parmi tant de longueurs,
l'entreprise prend une mauvaise pente. D'un côté les conjurez s'impacientent, de l'autre les Tyrans ne vont plus ensemble à la Porte Royale
tous les matins comme ils fasoient. Ils n'y alloient plus qu'alternativement. Cela sembloit faire changer de face à l'entreprise. Aussi Libertat étoit fort rebuté par ce changement. Il témoigne son dégoût à
du Pré. Du Pré vient aussi-tôt raporter à Bausset ce qui se passe. Bausset au desespoir de voir perdre une si belle occasion s'en va vers le Duc

Le 3. Février. de Guise. En y arrivant il trouve trois grands obstacles au dessein qui
l'amene. Il voit le Duc fort engagé dans le siege de la Garde, fort
peu en état de lui fournir des gens dans la necessité où il étoit d'envoyer
des troupes à Draguignan, à Saint Tropez, à Yeres, où l'on avoit
abandonné le Duc d'Epernon. Il trouve que le capitaine Boyer pouvoit encore moins le servir, étant blessé d'un coup d'arquebuse à la
cuisse. Ces incidens faillirent à tout perdre. Il s'en falut peu que Bausset

ne quitât & ne s'en revint. Comme neanmoins c'étoit un homme de cœur & de tête il se servit de l'un & de l'autre en même temps. L'un l'empêche de se rebuter, l'autre lui inspire d'avoir patience. Il se menage auprez du Duc, sans rien presser. Il témoigne qu'il attendra sans s'inquieter, que l'occasion si desirée arrive. Il ne languit pas trop dans cette attente. Car quelques jours aprez, Boyer fut sur pied. Cela fait Le 10. Février. que le Duc se resout tout de bon à executer l'entreprise. Aussitôt il donne ordre à Boyer de partir avec sa compagnie de chevaux-legers & celles qui lui restoient de son regiment d'infanterie. Il dit à Bausset de s'en retourner. Il l'assûre que Boyer sera dans deux jours à saint Julien. Que dés le lendemain de son arrivée il commencera à courir le terroir. Qu'il continuera ses courses toute la semaine. Qu'à la fin de la semaine, il se trouvera lui même avec cent maîtres prez de Marseille, pour donner la derniere main à l'execution. Comme Bausset reçoit cette parole du Duc, il s'en retourne tout joyeux à Aubagne. Il fait sçavoir à Libertat & à du Pré, tout ce qu'il a negocié. Il les exhorte à tenir toutes choses prêtes. Cependant comme tout se prepare, Bausset ne voit point venir Boyer. Cela lui fait croire que le Duc ne cherche dans cette occasion qu'une défaite, pour le pouvoir renvoyer honnêtement. Cette pensée le jette dans un grand déplaisir. Il se fache d'avoir été si credule, aprez avoir été si souvent abusé. Sa credulité le fache encore davantage, quand il considere que ses amis auront sujet de se plaindre de lui. Qu'ils auront sujet de lui reprocher qu'il leur ait fait prendre si souvent de fausses mesures. Comme il se plonge dans cette pensée, il s'abandonne à un étrange chagrin, lorsque tout à coup on le vient avertir que Lamanon arrive avec onze compa- Le 13. Février. gnies de cavalerie. Cette nouvelle arrête sa tristesse. Il ne lui reste de regret que pour Libertat. Il juge bien qu'il s'inquiete fort de ne voir encore venir personne, qu'il le traitte d'homme incapable de negociation & d'affaires, d'homme né seulement pour le cabinet. Cependant Lamanon n'avoit point perdu de temps. Mais la grande diligence qu'il avoit fait, l'obligea de faire reposer ses troupes. Cela fut cause qu'il ne parût que le lendemain du jour assigné. Car l'assignation étoit au mardy, treiziéme du mois de février, & l'on ne pût se mettre en marche pour aprocher que le quatorziéme. Encore arrivat-il un contretemps ce jour là qui empêcha de s'aprocher. Ils rencontrerent sur leur chemin l'Archevêque de Valegrand qui les oblige de l'escorter durant quelques lieuës. Ainsi Libertat ne voyant rien paroître commence à desesperer d'être secouru. Ses amis lui disent qu'il ne faut plus se confier à personne. Qu'il faut se resoudre à faire le coup eux tout seuls. Qu'aussi bien leur gloire en sera plus grande. Qu'il ne faut plus penser à la partager. Qu'il faut se la reserver toute. Que Dieu ne manquera pas de les apuyer dans une si juste entreprise. Qu'il faut tout attendre de sa part. Ils essayoient de s'échauffer par ces discours, pour supléer au deffaut des troupes. Ils ne sçavoient pas que le Marquis d'Oraison & le Seigneur de Buoux étoient arrivez à Aubagne avec leurs compagnies, qu'il y avoit environ huit cents chevaux, qu'il y avoit à Cassis cinq cents carrabins.

XV.
Libertat ne voyant venir personne à son ayde, prend dessein de poignarder les Tirans. Comme le secours arrive, il reprend sa premiere pointe. Mais l'entreprise étant découverte, il tuë luy-même Casaux.

Ainsi Libertat & ses amis croyant de n'être point secourus, & voyant que l'affaire ne dependoit plus que de la resolution qu'ils prendroient ensemble, ils se resolvent de faire un coup de desespoir, de se munir chacun d'un poignard, d'aller poignarder les Tyrans au milieu de leurs gardes. On jugera combien l'entreprise étoit hazardeuse, quand on sçaura que les conjurez n'étoient qu'au nombre de huit. Aussi ne se confioient-ils pas tant en eux, qu'en la protection que Dieu donne toûjours aux bonnes causes. Un jour qu'ils alloient demander à Dieu cette protection, & faire leurs prieres dans l'Eglise des Religieuses de Sion, tandis qu'ils étoient devant le Saint Sacrement, ils entendent tout à coup un grand bruit. Cela les oblige de sortir hors de l'Eglise. Ils vont voir d'où venoit ce bruit. Ils trouvent le peuple fort en allarme. On se retiroit precipitemment. Ils demandent la cause de cette frayeur. On leur répond que des troupes avoient couru jusqu'aux portes de la ville, qu'on avoit même tué quelques païsans. Cela leur fait juger que le secours étoit arrivé, qu'on executeroit bien-tôt l'entreprise, comme elle s'étoit projettée. Mais ils ne laisserent pas de la tenter de la maniere qu'ils venoient de le déliberer. Ils s'avançent tous vers la Porte Royale, sur ce qu'on leur dit que les Tyrans y étoient. Chacun avoit son poignard dans son manchon. Mais il étoit accouru tant de gens en cet endroit, il y avoit une si grande foule & tant de tumulte, qu'il leur fut impossible d'aller jusqu'à eux. Ils furent seulement spectateurs de la confusion la plus étrange qui se soit jamais vûë. Ce n'est de tous cotez que plaintes, que cris, qu'hurlemens. Comme on étoit dans cette desolation, on vît une chose qui rendit le spectacle encore plus digne de pitié. On porte les corps d'une quinzaine de païsans qui avoient été tuez à la campagne. A cette vûë la frayeur redouble. On redouble aussi les gemissemens. Les Tyrans pour menager les esprits, font bien repousser ces coureurs par des troupes étrangeres. Mais comme c'étoient des troupes Espagnoles, au lieu d'apaiser les gens, cela ne fait que les irriter. On ne peut souffrir de se voir deffendre par des Espagnols, qui effectivement n'étoient là que pour oprimer la liberté de la ville, que pour prendre leur temps pour l'asservir. Dans ce tumulte & dans cet embarras, Casaux est saisi de sa migraine. Il est contraint de s'aller mettre dans le lit. Aussi-tôt il envoye querir son medecin. C'étoit Fontaine, homme de merite, qui d'ailleurs étoit son intime amy. On a dit aussi que ce fut en cette qualité qu'il l'envoya querir, & qu'il vouloit conferer avec lui sur toute autre chose que sur sa maladie, qui n'avoit en effet rien de dangereux. Il avoit dessein de lui faire confidence de l'accommodement qu'on lui proposoit de la part du Roy, de l'envie qu'il avoit de se tirer d'affaires. Mais sa migraine le pressa de telle maniere, qu'il lui fut impossible de parler. Il falut renvoyer au lendemain la conference. Cependant du Pré reçoit une lettre qui marque que ceux de dehors s'impatientoient. Cette lettre venoit de la part de Bausset, qui le conjuroit de presser l'entreprise. Il disoit qu'on devoit craindre qu'elle ne s'évantât. Qu'il étoit assez aisé de voir par ce qui se passoit à la campagne qu'elle ne

pouvoit

pouvoit plus guere être cachée. Pour faire que la chose se presse, il le prie de se rendre à la maison de campagne de Libertat. Il lui dit que dés qu'il y sera, on envoyera querir Libertat de nuit, pour determiner où se doit faire l'embuscade, & qu'on lui remetra les troupes pour la dresser où l'on conviendra. Du Pré n'a pas plûtôt lû sa lettre, qu'il va la montrer à ses amis. Cela les oblige de quitter le poignard, & de poursuivre la premiere pointe. Sur cette resolution, du Pré va faire réponse. Il écrit à Bausset, qu'il va se rendre où il lui dit. Qu'il le prie de ne l'y pas faire aller, si on n'a dessein d'executer de bonne foy les choses promises. Dans ce temps Boyer arrive à Aubagne. Il y arrive à dix heures du matin. En même temps il assemble le conseil, il fait resoudre ce que l'on doit faire. On resout qu'on prendra dix maîtres de chaque compagnie pour composer cent cinquante chevaux. Qu'on faira semblant de renvoyer le reste, afin que les Tyrans ne s'allarment. Que Beaulieu menera à pied deux cent de ses carrabins le long des montagnes de Cassis. Que Doria viendra du côté d'Alauch avec ses compagnies. Qu'ils se rendront tous au logis de la Pomme, à une lieuë de Marseille, pour aller ensemble où il sera commandé. Comme on a convenu de tout ce qui se devoit faire, Boyer s'en vint à saint Julien avec Bausset. Ils y arrivent à nuit close, afin que personne ne les pût voir. Aussi-tôt ils envoyent querir du Pré. On luy envoye six soldats pour escorte. Du Pré vient sur les dix heures du soir. Il assure Boyer que toutes choses étoient prêtes. Que Libertat & ses compagnons étoient aussi fort resolus. Qu'il ne restoit plus qu'à leur donner l'heure. Boyer dit qu'on n'a point de temps à perdre. Il les fait monter à cheval avec lui. Il va joindre les troupes au logis de la Pomme. La pluye toute grande qu'elle est n'empêche pas qu'il ne fasse toute diligence. Il arrive vers le minuit. Mais il est bien étonné de voir que la cavalerie n'étoit pas encore arrivée. Cela l'inquiete furieusement, dans l'envie qu'il avoit d'avancer les choses. Il attend neanmoins encore une heure. Mais comme il voit qu'on ne venoit point, il laisse Bausset, il lui dit d'attendre que la cavalerie arrive. Pour lui il s'avance avec trente maîtres. Du Pré s'en va lui montrer l'endroit ou l'embuscade se devoit faire. Boyer en partant donne ordre à l'infanterie de le suivre. Cependant une heure aprez que Bausset est parti la cavalerie arrive à saint Julien. Elle ne s'y arrête que pour se reposer un moment. Aprezquoy on part, on joint l'infanterie dans la marche. Puis de peur qu'une si grande multitude ne donne de l'ombrage on se separe en deux. On va se rendre par des chemins détournez aux deux endroits ou se devoit dresser l'embuscade. Il est vray que tous ne pûrent pas suivre, plusieurs étant arrêtez par la grande pluye qu'il faisoit, & que les troupes se trouverent notablement diminuées, mais cette perte fut peu considerée dans la bonne nouvelle qu'on reçut en arrivant. Car Libertat leur depêcha le beaufrere de du Pré, nommé de Rains, qui passe le port à la nage, pour leur dire que tout alloit le mieux du monde, que les Tyrans ne se doutoient de rien, qu'ils s'étoient allé coucher fort tranquilles. A cette nouvelle, on augure bien de l'entreprise. On passe le reste de

Nnnnn

la nuit fort joyeusement. Le lendemain vers le point du jour, Boyer fait avancer quelques sentinelles, pour prendre garde quand on abatra le trebuchet. C'étoit le signal sur lequel on devoit s'avancer. Il met entre autres du Rains prez de l'Oratoire, qui étoit à la descente de la plaine de saint Michel, & cela faillit à tout ruïner. Car Libertat avoit fort recommandé à du Rains de lui venir dire quand l'embuscade seroit dressée, & ne le voyant point revenir, il s'imagina qu'il n'y avoit encore rien de fait. Cela fit qu'il s'alla coucher chez lui. Il laissa seulement son jeune frere pour se trouver à l'ouverture de la porte. Cependant il étoit deja grand jour & personne ne bougeoit encore. Ce retardement paroît à plusieurs de mauvais augure. On commence à se moquer du projet. On dit qu'il est encore trop matin pour prendre Marseille. Qu'il faut que le soleil éclaire cette belle action. Qu'on voye prendre une ville de cette importance, avec cent cinquante maîtres & deux cent arquebusiers. Mais on n'avoit pas raison de faire ces railleries, car il n'y avoit encore rien de gâté. Si l'on n'avoit pas encore ouvert la porte, c'étoit pour empêcher les païsans de sortir, de peur que s'ils alloient trop matin au travail, ils ne reçussent une nouvelle insulte. D'ailleurs il tomboit une si grande pluye, que cela rendoit le monde fort paresseux & fort endormi. Les choses étant en cet état & la campagne paroissant tranquille, on entend du Convent des Minimes quelques henissemens de chevaux. Les embuscades en étoient fort proches. Ce bruit donne à un Religieux la curiosité d'aller voir d'où il vient. Il sort, il va vers l'endroit où il a oüy le bruit. Il trouve les deux embuscades dressées. Aussi-tot il court tout allarmé vers la ville. Il dit au jeune Libertat ce qu'il a veu. Sur cet avis, Libertat fait avertir son frere. Il fait avertir aussi Loüis d'Aix & Casaux. Libertat s'habille en diligence. Il court à la porte le premier. Il y trouve une infinité de gens qui n'osoient sortir de peur de tomber dans l'embuscade. Dans le même temps Loüis d'Aix arrive avec toute sa garde & tous ses amis. Il s'aproche de Libertat, il lui dit que cette embuscade n'est pas sans grand mystere, puis qu'on l'a fait par un si mauvais temps. Puis sans attendre que Libertat lui répondit, il se tourne vers un des siens. Il lui commande d'aller faire sçavoir à Casaux qu'il est à la porte, qu'il le prie d'y venir avec les Espagnols. Comme Libertat entend qu'on parle des Espagnols, il juge bien qu'on veut leur faire garder la porte, & qu'en ce cas, il ne sçauroit faire ce qu'il a projetté. Cela lui fait assurement bien de la peine. Car il ne voyoit rien de plus facile, que lorsque Casaux & Loüis d'Aix sortiroient pour faire reconnoître l'embuscade, de faire abatre le trebuchet sur eux. Mais ce dessein étoit éludé, si les Espagnols devoient absolument garder la porte. Et neanmoins il ne perd pas courage. Il conserve son jugement. Il espere de trouver dans l'occasion quelque conjoncture favorable. Il se resout de l'observer attentivement. Cependant Loüis d'Aix envoye quelques uns de ses gens pour reconnoître les avenuës. A leur aproche les sentinelles crient, & Lamanon les fit charger par le Lieutenant de Boyer. Ces gens voyant qu'on vient à eux, tournent bride. Ils se retirent du

Le Samedy 17. Février.

côté de la porte, sur un bastion qui n'étoit pas encore achevé. Sur cela Libertat, voyant que Loüis d'Aix est dehors, prend dessein de commencer la tragedie. Il fait signe à son frere d'abatre le trebuchet. Loüis d'Aix qui voit le trebuchet abatu, s'imagine qu'on a pris l'allarme de ce que ses gens revenoient. Il s'aproche pour rassûrer le monde. Il dit qu'on n'a pas sujet de fermer la porte. Que le danger n'est pas si grand qu'on le croit. Mais personne ne bouge & ne vient à lui. La porte demeure toûjours fermée. Cela lui fait croire qu'il y a quelque partie liée, qu'on trame de se défaire de lui. Pour se garentir de ce danger il monte vîte sur la courtine. Il tourne du côté de l'Hôtel de Meoüillon, où les Espagnols étoient logez. Mais aprés avoir beaucoup couru, il trouve une muraille au bout de la course qui l'empêche d'aller plus avant, comme il cherche à pouvoir monter, il voit un Patron qui racommodoit sa barque. Il le prie de le vouloir ayder. Le Patron lui jette une corde. Loüis d'Aix rentre dans la ville par ce moyen. Pendant que Loüix d'Aix se sauvoit, les sentinelles de l'embuscade s'aperçoivent que le trebuchet est abatu. Aussi-tôt ils crient d'une voix terrible, *voilà le signal, voilà le signal*. A ce cry toute l'embuscade sort. On va tous ensemble vers la porte. Ceux de la ville tirent sur eux de toutes parts. Tous les forts déchargent leur artillerie. Tout cela fait un bruit effroyable, & ce bruit oblige le Lieutenant de Boyer de s'avancer à grands pas. Il vient se presenter à la porte. Mais on ne l'épargne pas plus que les autres. Ceux qui étoient sur les murailles font une terrible décharge sur lui. On lui tuë quelques uns des siens, même son cornete. Cette reception si contraire à celle qu'on s'étoit promise, oblige ce Lieutenant de réculer. On se repent de s'être engagé trop legerement à cette entreprise. On murmure contre ceux qui en étoient les auteurs. On menace de leur faire porter la peine que merite leur temerité. On s'emporte avec tant de chaleur, qu'il s'en faut peu qu'on ne se déchaine, qu'on n'aille se jetter sur eux. Cependant Libertat n'est pas dans un petit embarras. Il avoit bien prevû que le corps de garde qui étoit sur les murailles lui fairoit de la peine. Aussi avoit il fait dessein de le débusquer de là. Mais avant que d'entreprendre cette attaque il faloit que le trebuchet fut abatu, que même la porte fut fermée. Dans ce temps quelqu'un des siens lui vient dire que le trebuchet étoit abatu. D'abord il court lui & son frere pour fermer la porte. Ils s'apliquent tous deux si fort à la chose, qu'ils n'entendent point le bruit que Casaux fait en arrivant. Car il vient avec une grande suite. Cela fait qu'un de ses soldats s'avance. Il lui dit, mon capitaine, voicy monsieur le Consul Casaux qui vient. Aussi-tôt Libertat quitte la porte. Il met l'épée à la main, il va vers Casaux ; pour aller à lui, il faloit percer la grande foule des mousquetaires qui devançoit le Consul. Le sergent qui étoit à leur tête lui presente la pointe de la halebarde & le fait arrêter. Libertat ne peut souffrir cette insolence. Il décharge un grand coup d'épée sur la tête du sergent. Il l'étourdit. Il poursuit sa pointe. Sur son chemin on lui tire cinq ou six coups de mousquet. Cela lui sert au lieu de lui nuire. Car il trouve

Cafaux fi étourdi du bruit & de la fumée, qu'il ne fçavoit où il en étoit. Mais Cafaux tout étourdy qu'il étoit, voyant venir Libertat l'épée à la main, ne laiffe pas de fe mettre en état de tirer la fienne. Il ne peut neanmoins la tirer du fourreau qu'à demy. Puis il lui dit, monfieur Libertat que faut-il faire? A cela Libertat rébond d'une voix ferme, il faut crier *vive le Roy*. En difant cela il lui paffe fon épée au travers du corps. Il la lui enfonce jufqu'à la garde. Il la retire, il redouble le coup. Auffi-tôt Cafaux tombe fur fes genoux. Il fait effort pour fe relever. Mais le jeune Libertat luy porte un coup de pique dans le cou qui l'acheve. A cette vûë tous le fatellites de Cafaux fe troublent. Ces braves qui faifoient trambler tout le monde, reftent immobiles & perclus. Ils fe laiffent defarmer par un petit nombre prefque fans armes. Car on remarqua, que lors qu'on alla contre le corps de garde, ceux qui l'aborderent n'étoient que fix. Il y avoit les trois Libertas, Pierre Matalian leur coufin, Jean Laurens & Jacques Martin. Il eft vray que la mort de Cafaux rendoit ces gens prefque invincibles. Du moins les rendoit-elle fi hardis, qu'ils ne croyoient pas que rien leur pût refifter. Ce qui les rendoit bien hardis encore, c'eft que bien des chofes leur avoient reuffi avant la mort de Cafaux. Car dans le temps que Libertat l'abordoit, Jacques Martin étoit monté fur la muraille pour attaquer le corps de garde. A fon aproche, un foldat s'étoit avancé contre lui pour l'arrêter. Il avoit repouffé fi rudement le foldat, qu'il l'avoit jetté en bas des murailles. D'autre côté, Matalian avoit renverfé mort par terre le fergent que Libertat avoit bleffé. Tout cela relevoit fi fort le cœur de ces gens, qu'ils faifoient tout plier à leur feule vûë. En effet, dés qu'ils aprocherent du corps de garde, le capitaine qui y commandoit, crie à Libertat qu'eft ce qu'il vouloit. Libertat lui dit, je veux que tu reconnoiffes le Roy nôtre maître. Sur cela le capitaine lui demande affûrance. Libertat lui donne fa foy. Le capitaine defcend du corps de garde, & Libertat va s'en emparer. Il ferme les avenuës, il s'y barricade.

XVI.
Les troupes du Duc de Guife aprochent de Marfeille. Libertat ne laiffe entrer d'abord qu'autant de gens qui lui en faut pour l'affûrer de la ville. Enfin tout entre. Le Duc de Guife entre. Il fait mille careffes à Libertat. Il releve fon action par mille eloges. Les Marfeillois témoignent une grande joye de fe voir remis

Mais Libertat avoit fi peu de gens avec lui, que tout fon apuy confiftoit en neuf hommes. Il eut donc befoin de tout fon courage, pour fe pouvoir foûtenir en l'état qu'il étoit. Il n'eut auffi pas moins befoin de fon jugement. Car comme il ne vît plus que le peuple fe déclarât pour lui, qu'il craignit que les Efpagnols ne l'attaquaffent, il ne fût pas dans un petit embarras. Pour empêcher les Efpagnols de remuër, il s'avife de ce ftratageme. Il envoye un de fes parens nommé Jean Viguier vers les galeres d'Efpagne, qui fe met à crier en Efpagnol, traitres Caftillans, vous avez tué nôtre Conful Cafaux, mais vous en porterez la peine. Affûrement ce coup vous coûtera cher. Ces menaces metent une extreme frayeur parmi les Efpagnols. Ils craignent que le peuple ne fe fouleve, ou que du moins les amis de Cafaux ne viennent fur eux. Ce qui augmente encore leur frayeur, c'eft qu'on leur dit qu'il y a du bruit à la porte de la Cavalerie, qu'il y a des troupes qui veulent entrer. Dans ces divers fujets d'aprehenfion, ils fe preparent à partir à la premiere allarme. Cependant Viguier aprés avoir intimidé les Espagnols, va de ruë en ruë pour exciter le peuple. Il dit par tout que Casaux a été tué. Il s'imagine que cette nouvelle fera remuër le monde. Et toutefois personne ne bouge. Le peuple ne sçait que croire de ce coup. Il ne sçait s'il est fait pour le délivrer, ou pour l'asservir davantage. Il attend d'en juger par l'évenement. Cependant Loüis d'Aix se joint avec le fils aîné de Casaux. Ils gagnent tous deux le corps de garde de la Loge. Ils ramassent trois ou quatre cents hommes, ils se preparent d'aller contre Libertat. Libertat en ayant avis, ne se trouve pas dans une petite peine. Car il ne voit venir personne à lui. Il n'a point de nouvelles des troupes. Il ne sçait que croire de cet abandonnement. Pour ne demeurer plus long-temps en cet état, il envoye Jean Laurens vers ses troupes, pour lui faire sçavoir la mort de Casaux, & pour les prier de venir. Aussi-tôt Laurens part à toute bride. Il trouve que les troupes s'en retournoient. Les derniers qui le voyent venir, croyent que c'est pour leur donner quelque bonne nouvelle. Cela les oblige de faire alte. Laurens aproche, il leur demande pour quel sujet on se retiroit. Il leur dit qu'on n'en avoit pas raison, puisque Libertat a tué Casaux, qu'il les attend impatiemment pour les rendre maîtres de la ville. Il les conjure de tourner visage de ne pas perdre une si belle occasion, de se souvenir qu'on rendoit au Roy le service le plus grand du monde. A cette nouvelle tous les chefs aprochent. Ils ne peuvent croire ce que Laurens leur dit. Sur cela, Bausset qui étoit present, les assûre que Laurens est un homme de fort bonne foy, qu'il merite bien qu'on le croye, qu'il est parfaitement homme d'honneur, qu'il est même un de ceux qui ont le plus avancé l'entreprise. Sur cette assûrance on s'en retourne. On suit Laurens, qui leur dit comme tout s'étoit passé. Lamanon, Boyer, Doria, Beaulieu, sont les premiers qui s'avancent avec leurs compagnies. Mais ils ne peuvent venir si vîte, que Loüis d'Aix n'ait moyen de tenter un dernier effort. Il part lui & les deux fils de Casaux, avec trois ou quatre cents soldats, pour venir regagner la porte. Il ne faloit pour cela que se rendre maître du corps de garde, qui consistoit en dix hommes seulement. Mais il prit un mauvais chemin pour l'aborder. Car au lieu de venir par les trois ruës où il aboutissoit, il voulut y aller par la courtine. Il esperoit que ceux du corps de garde qui étoient sur les murailles lui feroient jour & l'apuyeroient. Mais Libertat le prevint dans son dessein. Il monte avec Matalian sur la muraille. Il occupe si bien le passage, que Loüis d'Aix est contraint de rebrousser. Il va pour attaquer le corps de garde du côté des ruës. Comme il descend de la courtine, il découvre les troupes qui aprochent. Cette vûë le trouble extremement. Il voit par là sa perte toute assûrée. Que s'il y a quelque remede, c'est à se deffendre seulement. Cela fait qu'il gagne la loge. Qu'il se barricade dans le corps de garde qui est au devant. Qu'il fait tout ce qu'il peut pour y attirer du monde. Pendant qu'il s'y fortifie, les troupes arrivent à la porte. Libertat fait entrer environ trente maîtres & quatre-vingt arquebusiers, aprezquoy il ferme la porte à tous les autres. Il craint que la multitude n'expose la ville

sous l'obeïssance du Roy. Le secours qui venoit d'Espagne s'en retourne. Les députez de Casaux qui venoient avec ses troupes s'en retournent aussi.

au pillage. Il veut éviter que l'action qu'il vient de faire ne soit obscurcie par quelque autre qui en terniſſe l'éclat. Il pretend que l'honneur d'aquerir cette ville au Roy, ſoit exempt de toute tâche, & de tout reproche, & qu'enfin on l'eſtime autant par ſa conduite, qu'il à ſujet de croire qu'on l'eſtimera pour ſon cœur. Auſſi-tôt que ces gens ſont entrez, tout le quartier retentit des cris d'allegreſſe. De là l'allegreſſe ſe repand par tout. Les trompettes annoncent la nouvelle par toute la ville. Le peuple remplit les ruës. On crie par tout *vive le Roy*. Il court une infinité de monde au corps de garde de la Porte Royale. Il s'y trouve juſqu'à cinq cents hommes en armes. Quand tout fut affermy dans cet endroit, chacun va voir le corps de Caſaux qui eſt étendu à la ruë. On aproche tout autour. On le regarde attentivement. Puis on voit s'élever tout à coup une infinité de voix confuſes, qui chargent ſa memoire d'imprecations & d'oprobres. L'un blâme ſes opreſſions, ſes violences, l'autre exagere ſon avidité, ſon ambition. L'un rit de voir le Tyran renverſé, l'autre dit qu'il faut faire les funerailles qu'il merite. Aprez que chacun a dit ſa penſée, on abandonne le corps aux jeunes enfans. Les enfans le traînent par les ruës avec mille oprobres. Les uns lui arrachent la mouſtache. Les autres lui coupent le bout du nez, les autres le roulent dans la boüe. Enfin il n'eſt petit ny grand, qui ne faſſe gloire d'inſulter au corps ou à la memoire du Tyran ; punition ordinaire de la tyrannie. Loüis d'Aix pouvoit voir aiſement toutes ces choſes. Car le corps fût traîné juſqu'au quartier où il étoit. Ce bruit le faiſoit fremir d'horreur & trembler de peur tout enſemble. Cependant dans l'état où il ſe trouvoit, il lui faloit neceſſairement faire bonne mine. Il paroît donc dans une contenence intrepide, tant qu'il n'y eut que le bruit des voix. Mais quand il entendit celuy des trompettes, il ne peut ſe contraindre davantage. Il va ſe jetter dans ſaint Victor. Les fils de Caſaux gaignent Nôtre-Dame de la Garde. Chacun conſulte comment on pourra ſe ſauver. Dans le temps qu'ils penſent à leur ſûreté, les galeres d'Eſpagne font la même choſe. Dés qu'on aprend que la cavalerie qui eſt entrée aborde la Place Neuve, elles ſe détachent, elles ſortent precipitamment hors du Port. Elles vont attendre ceux de leurs gens qui leur manquent, à l'abri du fort de Tête de More, où elles s'arrêterent quelque temps. Cependant le Duc de Guiſe qui n'eſt encore averti de rien, part de Toulon pour venir apuyer l'entrepriſe. Il arrive à Aubagne. Il s'y arrête deux heures pour ſe repoſer. Aprez il ſe remet en chemin. Dans ſa marche on lui dit que l'entrepriſe eſt faillie, que ſes gens ont été repouſſés. Cette nouvelle ne le rebute point. Il paſſe outre, il vient juſques aux portes de Marſeille. Là il aprend que Caſaux a été tué. Cela lui donne une grande joye. Sans s'informer plus avant de l'état des choſes, il s'en va vers l'Hôtel de Meoüillon. Il attaque les Eſpagnols, qui ne s'attendoient pas à ſa venuë. Auſſi furent-il ſurpris de cette attaque, qu'ils en demeurarent tout êtourdis. Ils ſe retirent. Ils laiſſent leur enſeigne colonelle ; trophée qui fit grand honneur au Duc. Comme ces deux galeres voyent venir leurs gens en deſordre, qu'ils aprenent que le Duc les a chaſſez, ils jugent bien qu'il n'y a plus rien à faire pour eux dans Marſeille, qu'il faut ſe retirer promptement, que de s'arrêter plus long temps ce ſeroit ſe perdre. Cela fait que dés qu'ils ont recouvré tout leur monde, ils ſe metent en mer, ils s'en vont. Dans leur retraite, le canon du Châteaudif augmente leur deſordre. Mais enfin, ils évitent le peril. Aprez que le Duc de Guiſe eut chaſſé les Eſpagnols, il entra tout glorieux dans la ville. Le peuple le reçoit avec des grandes acclamations. Libertat qui le reçoit à la porte, le prie avant que d'entrer, de vouloir jurer de conſerver à Marſeille tous ſes privileges, comme tous les Gouverneurs ſes devanciers avoient fait. Auſſi-tôt le Duc ſe met à genoux. Il fait le ſerment qu'on lui demande. Puis il ſe releve, il embraſſe pluſieurs fois Libertat. Il exalte l'action glorieuſe qu'il vient de faire. Il le nomme le Liberateur de ſa patrie, le plus genereux ſerviteur qu'ait le Roy dans ſon Etat. Cela fait il le met à ſon côté. Il va viſiter avec lui le corps de garde. Il trouve que la faction en étoit bannie, que tout étoit occupé par les ſerviteurs du Roy. Tous viennent lui faire la reverence. Il les embraſſe tous. Il prend leur ſerment de fidelité. Cela fait, il va comme en triomphe à la grande Egliſe, ayant toûjours Libertat à ſon côté. Il trouve un ſi grand concours de peuple par tout, qu'à peine peut-on fendre la preſſe. Dans cette preſſe, on voit le monde pleurer de joye, combler le Duc de benedictions, celebrer ſa gloire par mille éloges. Il y en a qui tous tranſportez de joye, s'avancent pour lui baiſer la main, d'autres lui vont embraſſer le genou. Là tous témoignent une allegreſſe extreme. Hommes, femmes, enfans, tous font retentir l'air de mille cris. On n'entend par tout que *vive le Roy*, *vive le Duc de Guiſe*, *vive Libertat*. Ce bruit ſe mêle avec celuy des trompettes & des cloches. On a dit même qu'il les ſurpaſſoit. Quoyqu'il en ſoit, le zele étoit ſi grand, qu'on voyoit chacun avec la fleur de lis ſur le chapeau, ou paré de l'écharpe blanche. On voyoit auſſi dans toutes les ruës, qu'on avoit étalé les portraits du Roy, qu'on celebroit par tout ſes loüanges. Enfin il n'y eut jamais de plus grande joye, que celle que Marſeille fit voir en cette occaſion. Auſſi n'en eut elle jamais plus de ſujet. Elle ſe voyoit délivrée de ſes Tyrans. Elle voyoit ſon ancienne fidelité rétablie; honneur qui l'a ſi fort ſignalée dans tous les temps. Aprez que le *Te Deum* fut chanté, le Duc ſe retire dans ſa maiſon qu'on lui avoit preparée, ſuivi de la même foule de gens. En ſe retirant il dit à Libertat qu'il faloit pourvoir à la ſûreté de la ville, que le danger n'étoit pas tout paſſé, puiſque les galeres d'Eſpagne n'étoient pas loin, & que les traîtres occupoient encore les forsereſſes. Libertat va faire le tour de la ville. Dans ce temps, un beau-frere de Loüis d'Aix, apellé Mouton, qui commandoit le fort de Tête de More, prie Bauſſet de moyenner qu'on lui permete de ſe pouvoir retirer en ſûreté. Bauſſet obtient fort facilement la choſe. Mouton ſe retire. Le Duc envoye de ſes gardes dans le fort. Cependant la nuit aproche, qui ſemble aller donner le repos à tous. En effet, les fatigues ſe terminerent par des grands feux de joye qui s'allumerent, comme pour joüir plus long-temps de ce jour. Journée heureuse pour cette Province, autant que glorieuse au Duc & à Libertat. On doit compter pour un grand bonheur, que l'action ne coûta que trois hommes, le cornette de Boyer, un carabin, un chevauleger. Le lendemain tous les Ordres de la ville rendirent graces à Dieu de l'heureux succez de cette journée. On fit une procession generale. Le canon & la mousqueterie tirerent plusieurs fois. Aprezquoy le peuple, les artisans vont dansant par la ville. Le bourgeois leur donne à boire & à manger. Il se dresse des fontaines de vin dans les ruës. La joye est d'autant plus universelle & plus grande, qu'on ne craignoit plus rien, comme on craignoit le jour precedent. On goûtoit les douceurs de l'évenement, dont étoit auparavant si fort en peine. On se felicitoit les uns les autres de se voir hors de la tirannie, de se voir rétablis dans leur liberté, de ne devoir ce rétablissement qu'à eux-mêmes, de n'avoir pour auteurs & pour executeurs de ce grand projet, que leurs citoyens, d'avoir assûré par là toute la Province au Roy, d'avoir aquis à leur Gouverneur une si belle matiere de gloire, d'avoir enfin fait renouveller par un coup si memorable tous les éloges dont la fidelité de Marseille a été honorée de tout temps. Le même jour le Duc pourvût à la police de la ville. Il fit des Consuls, il crea même tout le conseil. Il mit Libertat à la tête. Il lui donna la charge de Viguier. Il fit cela sous le bon plaisir du Roy. Il les mit tous en possession de leurs charges. Tout cela se fit en grand apareil. Car le Duc alla dans l'Hôtel de Ville, accompagné de toute la Noblesse, en tête de laquelle on voyoit le Comte de Carces, les Marquis de Trans & d'Oraison. Il y avoit encore un concours infini de peuple. Il sembloit que personne n'étoit resté dans les maisons. Le lendemain le Duc fit ouvrir toutes les portes de la ville. Il entra plus de deux mille personnes que les Tyrans tenoient éloignez. Ces gens entrent parmi les embrassades de leurs citoyens, de leurs amis de leurs parens. Tous en les voyant plûrent de joye. Tous renouvellent les imprecations contre les Tyrans & la tirannie. Leur entrée sembla ramener l'abondance. Car le bled diminua d'abord de prix de plus de moitié. Le jour precedent, la charge de bled se vendoit douze écus. Le lendemain elle ne se vendit que cinq écus, prix ordinaire dans les saisons tranquilles. Dans le temps que la joye regnoit ainsi par tout, on découvrit douze galeres d'Espagne. Ces galeres venoient de Barcelone. Elles portoient l'argent que les députez de Casaux avoient obtenu, & douze cents soldats pour renforcer la garnison de Marseille. Mais elles ne vinrent pas jusqu'à la ville. Car elles aprirent ce qui se passoit. Et cette nouvelle leur fit bien tôt reprendre la route de Barcelone. En se retirant, elles rencontrerent les autres galeres qui avoient quitté Marseille. Cette jonction fit qu'elles s'arrêterent quelques jours en cette mer, pour essayer de faire quelque prise. Mais enfin elles se retirerent, sans avoir moyen d'exercer leur vengeance, ny de témoigner leur dépit. Quand ces galeres furent arrivées à Barcelone, les députez de Casaux s'en retournerent à Madrid. Là quoyque malheureux & inutiles, ils ne laisserent pas d'être toûjours consiterez. Le Roy les

soûtint

soûtint par ſes bien-faits, pour les conſoler de l'éloignement de leur patrie. Je trouve que Mongin eut une aſſignation de quarante écus par mois.

Cependant quoyqu'on vécut à Marſeille avec toute ſorte de ſûreté, le Duc neanmoins voyoit bien, qu'il y avoit encore deux choſes à faire. Il faloit avoir le fort de Nôtre-Dame de la Garde, & le Monaſtere de Saint Victor. Comme il penſoit aux moyens de le recouvrer, Loüis d'Aix lui en donne lui-même un bien facile. Il voit que les ſoldats le regardent ſur l'épaule. Il juge qu'ils ſont fort las de lui. Il craint qu'ils ne méditent quelque choſe contre ſa perſonne. Qu'ils ne ſe faſſent auprez du Duc un merite de ſe défaire de lui. Cela l'oblige de ſe derober à leur deſſein, de prevenir le mauvais tour qu'ils lui pourroient faire, non ſeulement avec impunité, mais même avec recompenſe. Il choiſit donc un tems fort obſcur. Il ſort de Saint Victor dans la nuit. Il deſcend des murailles par une corde. Il mene deux des ſiens avec lui. Il s'en va tout droit à Nôtre-Dame de la Garde. Il demande à parler à Fabi, fils aîné de Caſaux. Il le prie de lui vouloir donner retraite. Il le conjure de la plus tendre maniere du monde de ne pas permettre qu'il tombe entre les mains de leurs ennemis. Fabi dit qu'il ne peut rien faire, ſans prendre l'avis de ſon conſeil. Il y va propoſer la choſe. Il revient luy dire, que ſon conſeil ne trouve pas bon qu'il entre. Ce réfus le jette dans le deſeſpoir. Il part, il court à travers champs, du côté du village de Mazargues. Il trouve vers la mer une caverne, il y entre, il y demeure trois jours entiers. Il n'a dans tout ce tems pour tout aliment qu'un mourceau de pain qu'un berger lui donne, le voyant aller avec tant de hâte. Le quatriéme jour il voit au bord de la mer un bâteau de peſcheur. Il approche. Il entre dedans. Il va ſe jetter dans les galeres d'Eſpagne. Cependant le lendemain de ſon évaſion, le Lieutenant de la place ſe trouvant libre, s'en va vers le Duc, il lui en remet les clefs. Le Duc fait ſortir tous les ſoldats du Monaſtere. Il y remit en même-tems le Prieur, qui rappellant les Moines de chez leurs parens, où il s'étoient retirez, rétablit bien-tôt le culte divin, & la dignité de cette Abbaye. Il reſtoit le fort de Nôtre-Dame de la Garde qui faiſoit de la peine. Le Duc fait approcher le regiment de Monplaiſir & de Moüy pour l'inveſtir. Mais dans le tems qu'il en approchoit, il reçoit nouvelles que le Duc d'Epernon alloit ſecourir la Citadelle de Saint Tropez, que Meſplez avoit aſſiegée. Sur cet avis il lui prend envie d'aller ataquer le Duc d'Epernon. Il part, il fait une extreme diligence. Mais il s'en falût peu que ſon depart ne fut bien funeſte à Marſeille. Car il y ſurvint un accident qui faillit à la broüiller plus que jamais. Ceux qui étoient revenus dans leurs maiſons, pretendoient qu'on leur reſtituât leurs meubles, qu'on les dedommageât de tout ce qu'ils avoient perdu. Ces pretentions & les menaces qu'on faiſoit en cas de refus, ne mirent pas le Viguier dans une petite peine. Les Conſuls n'étoient pas moins embarraſſez que luy. Cependant comme les eſprits s'échauffoient,

XVII. Le Duc de Guiſe recouvre Saint Victor & Nôtre-Dame de la Garde. Il bat le Duc d'Epernon, & prend la citadelle de Saint Tropez; le Roy recompenſe l'action de Libertat. Libertat meurt. Marſeille luy dreſſe une ſtatuë. Le Roy établit une chambre ſouveraine à Marſeille. Le 21. Février.

on s'avise d'y apporter ce remede. On fait dresser un reglement provisionel. On le dresse conformement aux Edits du Roy, faits en la reduction des autres villes. On le fait lire le matin, en l'audience publique. L'aprezdînée on le publie, par tous les carrefours. Ainsi par cet expedient judicieux, Libertat sauva Marseille une seconde fois. Tout s'apaisa. On ne pensa plus qu'à r'avoir Nôtre-Dame de la Garde. Ce n'étoit pas neanmoins une petite difficulté, que de se rendre maître de cette place. L'entreprise étoit d'une grande dépense, & il faloit même employer bien du tems. Avec tout cela, l'on ne pouvoit s'assûrer d'avoir un succez favorable. Pour se délivrer de toutes ces peines on cherche quelque expedient plus court. On s'avise d'employer l'adresse au lieu de la force. Il y avoit dans la ville un jeûne-homme dont le pere avoit suivi Fabi Casaux. Il étoit avec lui dans Nôtre-Dame de la Garde. Cet homme s'appelloit Darbon. On prend dessein de s'adresser à lui. On envoye vers lui un de ses amis qui déplore l'aveuglement de son pere, dans l'engagement au parti qu'il a pris. Cet ami lui fait voir aprez cela, le danger qu'il y a qu'il ne tombe dans la peine des traîtres. Il lui dit qu'il y auroit encore moyen de l'éviter. Que les choses étant encore en leur entier, il pourroit facilement obtenir sa grace. Qu'il ne faloit pour cela que s'ayder. Que s'il travailloit à faire que la place se rendit au Roy, non seulement il auroit son abolition, mais qu'on lui donneroit une grande recompense. Il le conjure de rendre ce bon office à son pere & à sa patrie, d'obliger le Viguier & les Consuls dans cette occasion, en les tirant de l'embarras où ils se trouvent. Sur cette ouverture Darbon se rend facile à ce qu'on desire de lui & offre de faire tout ce qu'on lui sugerera. Cet amy va faire sçavoir à ceux qui l'ont employé l'état des choses. Bausset ravi de cette conjoncture, dresse un traitté qu'il fait signer au Viguier & aux Consuls, & le donne pour le remetre à Darbon. Darbon muni de ce traité, monte d'abord à Nôtre-Dame de la Garde. Il dit à Fabi Casaux & à son pere, qu'il s'est tiré miraculeusement des mains de ses ennemis. Qu'on l'avoit arrêté prisonnier le jour de la reduction de la ville. Mais que par bonheur il avoit rompu ses liens, & s'étoit sauvé. En disant cela il montroit ses bras, où l'on voyoit quelques impressions de corde, qu'il avoit fait lui-même. Par ce discours il s'aquiert une si grande creance, que Casaux le reçoit à bras ouverts. Il lui dit qu'il peut rester dans le fort avec son pere. Quand le pere & le fils furent seuls, le fils decouvre à son pere le veritable sujet qui l'amenoit. Il lui fait voir le traité qu'on lui a remis. Il lui represente que l'ocasion ne se doit pas perdre, qu'elle ne se recouvrera jamais. Il le prie de considerer qu'il s'agit ou de son salut, ou de sa perte, que le temps de choisir ne reviendra plus. Le pere ravi de l'ouverture que son fils lui vient faire, prend conseil de cinq ou six de ses amis. Il leur demande ce qu'il doit faire. Ces gens aussi ravi que lui de cette avanture, disent qu'il ne la faut pas negliger. Qu'il faut tout faire pour obtenir sa grace. Aussitôt ils deliberent ensemble ce qu'il y a à faire. Un matin ils se saisissent des deux Casaux. Ils les metent hors de la citadelle. Les Cafaux tombent entre les mains de quelques soldats, des mains defquels ils fe delivrent par quelque argent qu'ils leur donnent. Ils vont de part & d'autre chercher quelque abry. Ceux qui reftent dans le fort y arborent l'étendart blanc. A ce fignal Libertat y court. On lui ouvre la porte. Mais il réfufe d'entrer dans la place. Il dit que c'eft au Duc de Guife, qu'on doit referver l'honneur d'y entrer le premier. En atendant que le Duc y puiffe venir, ceux de la place donnent quatre ôtages. Libertat y envoye fon frere pour leur feureté. Comme on aprend à Aix que tout étoit reduit à Marfeille, le Parlement fait chanter le Te Deum, fait faire des proceffions, ordonne des feux de joye. Tout cela fe fait d'une maniere, qui fait bien connoître combien cette reduction étoit neceffaire pour le bien public. Cependant comme le Duc d'Epernon prevint le Duc de Guife par fa diligence, il jetta du fecours dans faint Tropez. Le Duc de Guife qui n'avoit pû l'ateindre en allant, l'atendit au retour de pied ferme, prés de Vidauban. Comme il le voit venir, il le va charger fi vigoureufement que le Duc d'Epernon fut contraint de prendre la fuite. Il fe jette dans la riviere d'Argens, où fes chevaux ont de l'eau jufqu'à la felle. La plufpart de fes gens perdent leurs manteaux, quelques-uns même fe precipitent & jamais on ne vît plus de confufion. Le Duc de Guife le veut pouffer & le fuivre. Mais il eft fuivi de peu de gens. Car les manteaux qui flotoient fur la riviere, découragerent tout le monde. Ainfi le Duc de Guife fe trouvant au dela de la riviere prefque feul, n'eût pas moyen de pourfuivre fa pointe. Cela fauva le Duc d'Epernon. Il perdit toutefois cinq cens chevaux & fon bagage. Il gagna bien vîte Barjols, feulement avec une trentaine de gendarmes. Le Duc de Guife ne voulut pas le pourfuivre. Il crût qu'il valoit mieux s'aller affurer de la citadelle de faint Tropez. Il y alla & s'en rendit le maître, à la referve du donjon, qu'il ne pût avoir. Aprez un exploit fi glorieux, le Duc s'en revient à Marfeille. Le peuple le reçoit avec de grandes aclamations, & ce ne furent que fêtes, que feux de joye. La premiere chofe qu'il fait en arrivant, c'eft d'aller prendre poffeffion du fort de Nôtre Dame de la Garde. Il en donne le Gouvernement à Libertat. Ce fut là la feconde recompenfe, qui fut fuivie peu de jours aprez de celle que le Roy lui donna de l'affranchiffement de toutes tailles pour lui & pour fes deux freres, & l'honneur de porter dans fes armoiries deux fleurs de lis. Marfeille de fon côté ne voulut pas laiffer Libertat fans lui donner des marques de fa reconoiffance. Elle ordonna que l'on graveroit fa genereufe action fur un marbre qui fe metroit dans l'Hôtel de Ville, pour être confervé éternellement. Mais Libertat ne joüit pas long-temps de cet honneur. Il mourut l'année fuivante. Sa mort au lieu d'éteindre la gratitude de Marfeille, la lui fit encore porter bien plus loin. Car il fut ordonné qu'on lui dreſſeroit une ftatuë de marbre qui feroit placée en un lieu éminent. Que tous les ans on feroit un fervice au défunt aux dépens du public. Que le Viguier & les Confuls affifteroient à ce fervice en memoire d'un fi grand bienfait. Aprez la mort de Libertat, Barthelemi son frere entra dans sa charge. Il eut aussi l'exemption des tailles. On fut ravi de voir continuër les bienfaits du Roy dans une personne qui s'étoit signalée. Car on demeura d'accord que dans la grande journée, son frere ne se signala guere plus que lui. On disoit qu'il étoit juste de relever un nom si fatal aux destructeurs de leur patrie. Surquoy on remarquoit que Bayon leur tris-ayeul, fit une action pareille, qu'il délivra la ville de Calui capitale de l'isle de Corse, en tuant ses deux Tyrans, de sa propre main, d'où le nom de Libertat lui fut donné. Cependant dans la joye qu'on avoit par tout de la reduction de Marseille, il n'en parût pas tant à Aix, qu'on en devoit attendre. Cela vint de ce que Marseille demandoit d'avoir une Chambre souveraine. On voyoit bien que dans la consideration où étoit cette ville, rien ne lui pouvoit être refusé. Ainsi la crainte de ce démembrement donnoit du chagrin aux particuliers & au Parlement, qui se voyoit sur le point de perdre une notable partie de son autorité, qui devoit s'étendre sur toute la province. Les particuliers voyoient qu'une separation si facheuse, alloit faire diminuër leurs revenus de plus de moitié. Pour se garantir d'un si mauvais coup, le Parlement envoye des remontrances & la ville depute vers le Roy. Tous ces éforts neanmoins furent vains. Aprez le service que Marseille venoit de rendre, il étoit impossible qu'on lui refusa ce qu'elle demandoit. Le Parlement connoissoit si bien de quelle importance étoit alors Marseille qu'il n'osa faire executer l'arrêt qu'il avoit fait contre l'Archevêque Genebrard, seulement parce qu'il avoit pris retraite dans cette ville. Il donna cet arrêt au sujet d'un livre que Genebrard avoit fait contre l'autorité Royale. Il ordonna que ce livre seroit brûlé par la main du bourreau ; que son auteur seroit banni du Royaume. Mais aprez que Marseille fut reduite dans l'obeïssance, & que tout fut pacifié, le Parlement fit valoir son arrêt, & fit brûler publiquement le livre. Le Roy commüa le bannissement en une espece de relegation à Semur, ou Genebrard avoit un benefice, & où il lui fut permis de finir ses jours. Il y mourut environ un an aprez, également reveré pour ses mœurs & pour sa doctrine. Ce fut en éfet un prelat de vie exemplaire, un homme d'un trés-profond sçavoir, ses vertus se seroient remarquées sans tache en lui, si l'ardeur de son naturel ne l'eût emporté dans un zéle trop opiniâtre, défaut dans lequel tombent quelquefois les grands hommes, qui déferent trop à leur propre sens. Dans le tems que Genebrard fut condamné de se retirer, le President Bernard étoit encore à Marseille. Mais dépuis l'accommodement du Duc de Mayene, il avoit cessé d'être ligueur. Aussi fit-il tout le devoir d'un bon François le jour de la reduction de Marseille. Car dés qu'il aprit qu'il étoit entré des troupes Françoises, il sortit de sa maison avec une demi-pique à la main, & suivi de quelques-uns, que son zéle obligea d'aller avec lui, il parcourut la ville, & fit crier à tout le monde, *vive la France*, *vive le Roy*. Mais ce zele qui le fit paroître si bon François, le rendit plus redoutable au Parlement. On pensa que le Roy pourroit bien aprouver l'établissement de la Chambre souveraine, quand ce ne seroit que pour conserver l'office d'un homme qui avoit dignement servi. Quoi qu'il en soit, tandis qu'Aix étoit dans cette aprehension, le courrier du Duc de Guise arrive. Il aporte la réponse du Roy, sur la reduction de Marseille. La lettre que le Roy écrivoit à cette ville, fit assez conoître combien cette reduction le touchoit. Car elle étoit pleine de remerciemens aux Marseillois, pleine d'éloges de la fidelité qu'ils avoient fait paroître, & du memorable service qu'ils avoient rendu. Les Marseillois prenant de ce témoignage de satisfaction, un nouveau sujet d'augmenter leur zéle, font une celebre députation au Roy. Ils choisissent six ou sept des principaux de la ville pour lui aller rendre leur hommage.

Comme le Duc d'Epernon voit qu'il n'y a plus rien à faire pour lui dans la province, il cherche avec ses amis un moyen d'en pouvoir sortir avec honneur, il les consulte tous pour cela. Par leur inspiration le Conestable moyenne, que le Roy lui envoye le Seigneur de Roquelaure, afin de faire accroire au monde, que le meilleur de ses amis l'avoit persuadé de se retirer. Le Seigneur de Roquelaure vient en ce païs. Il arrive à Aix. Le Duc de Guise s'y rend presque à la même heure. Mais en y allant, il se trouva en grand danger de sa personne. Il tomba sur son chemin dans une embuscade que la garnison de Marignane lui avoit dressée, dont il eût bien de la peine à se démêler. Il s'en tira neanmoins si heureusement, qu'il laissa six soldats sur la place, & en amena six autres prisoniers à Aix. A peine est-il entré dans sa maison, que le Seigneur de Roquelaure va le voir. Il entra d'abord en conference, & ce pourparler dura deux jours entiers. Aprez cela il va voir le Duc d'Epernon à Brignole. Il lui fait sçavoir tout ce qui s'est passé dans les conferences avec le Duc de Guise. Mais il arrive que tandis qu'on parle de paix, il se fait mille hostilitez à la campagne, où on entend des plaintes de tous côtez. On aprend entre autres que ceux de Lambesc sont aux mains avec ceux de Rognes. Qu'on s'acharne si furieusement, qu'on ne veut ni demander quartier ni le faire. Le Seigneur de Roquelaure aprenant cela, voit bien que la negociation doit commencer, par proposer une suspension d'armes. La proposition se fait & elle est accordée de part & d'autre. Le Seigneur de Roquelaure la fait publier par tout. Il sembloit neanmoins que le Ciel n'avoit pas cette negociation agreable, & que la guerre lui plaisoit bien plus que la paix. Car il parût une comete terrible, dont la queuë étoit d'une éfroyable longueur. Il plût terriblement durant plusieurs jours. La pluye fut suivie de neige, de grêle, de tonerres. On eût dit à voir un tems si épouvantable, que tout alloit r'entrer dans le cahos. Il regna des fiévres si malignes, qu'elles emporterent un nombre infini des gens. Tout sembloit enfin ne predire rien que de funeste. Cependant nonobstant tous ces presages, le Seigneur de Roquelaure travailloit avec succez. Il faisoit sans intermission ses allées & venuës. Il fit convoquer à Aix une assemblée des communautez. Là il exposa le sujet de sa venuë. Il témoigne qu'il sera bien aise de rendre ce service à la Province, de moyener que le Duc d'Epernon s'en retire volontairement. Il dit que pour l'y faire consentir, il faloit le dédommager de ses per-

XVIII.
Le Duc d'Epernon se retire de Provence. Les Provençaux témoignent une grande joye de ce départ. Le Duc de Guise fait le tour de la Province avec une Chambre du Parlement. Guillaume du Vair est fait Président de la Chambre de Marseille. Le Duc de Guise va faire son entrée dans cette ville. Son entrée est la plus magnifique qui se vit jamais.

Le 14. Mars.

Ooooo iij

tes. Sur cela le Duc donne son état. Il fait monter la somme à deux cens mille écus. La demande est trouvée excessive. Enfin aprez bien de menagemens sur ce point, on accorde cinquante mille écus de dedommagement pour le Duc, & trente mille écus pour les Gouverneurs des places. Dés que ces sommes furent fixées, on passa contract pour les seuretez du Duc. Cela fait il se dispose à quitter la province. Il part au grand contentement des Provençaux. Son procedé les avoit si fort irritez, qu'il avoit attiré toute leur haine. Ils firent assez paroître combien elle étoit grande, par la façon de parler qu'ils introduisirent dans le païs. Car encore aujourd'huy, quand on y parle des ravages que quelqu'un a fait, on dit qu'il a fait plus de maux qu'Epernon. Il est vray que le Duc de son côté n'emporta pas une moindre haine contre tous les Provençaux. Car s'il arrivoit que quelqu'un lui donnât sujet de se facher, il le renvoyoit avec ses mots, *va Provençal, que pis je ne te puis dire*. Ainsi le sujet de la joye faisoit de si grands effets sur tous, qu'il n'y eut personne qui ne la témoignât hautement. Le peuple fait sur cela mille vaux-deville. Ce ne sont que plaisanteries, que bons mots. Les gens de qualité passerent plusieurs jours en fêtes. Ils donnerent le bal aux Dames. Ils firent des courses de bague, des carrousels. Ce n'étoit partout que danses & que jeux. Mais parmy tous ces divertissemens, les actions serieuses ne furent pas oubliées. On rendit pour ce départ de grandes actions de graces à Dieu. Il se fit à ce sujet une si belle procession, que l'on n'en vit jamais de pareille. Il y eut un concours de Religieux en si grand nombre, qu'ils vinrent de tous les endroits de la province pour s'y trouver. Les Evêques de Riez & de Sisteron y assisterent. Trois gentilshommes alloient aprez eux. Puis venoit le Parlement en corps de cour. Où l'on voyoit entre deux Presidens le Duc de Guise, qui rendoit la fête plus illustre. Aprez que la joye se fut satisfaite, on pensa à soulager le païs. On rasa les forts. On retrancha les troupes. On ne pût les casser absolument toutes, parce que tout n'étoit pas encore reduit, que Berre étoit occupée par une garnison du Duc de Savoye. Cela fit qu'on en conserva quelques unes, qu'on délibera de bloquer Berre par des forts. On laissa faire le reste au temps, car on vît bien qu'il faloit qu'enfin, Berre se reduisît comme le reste. Cependant pour assurer le calme de la province, le Duc de Guise prend dessein de la parcourir. Il espere que sa presence affermira mieux les choses. Il croit même que pour le bien de la justice, il doit mener avec lui une Chambre du Parlement. Qu'il importe au service du Roy de rétablir le lustre de la justice souveraine. Car elle s'étoit fort obscurcie par la licence de la guerre. Les mutins croyoient que c'étoit foiblesse de la redouter. Afin donc qu'on la reverât desormais autant qu'on devoit, il veut la faire paroître avec éclat dans toutes les villes. Il espere que cette seule vûë fera rentrer volontairement le monde dans son devoir. Mais tandis qu'on travaille à mettre le calme par tout, il ne laisse pas de s'élever en divers endroits quelques nuages. Entre autres on en vît naître un à Marseille, qui d'abord fit de la peine à bien des gens. Comme depuis sa reduction les portes de la ville & la chaîne du port étoient restez fermées, plusieurs disoient qu'il faloit tout ouvrir, qu'il faloit que le monde connut qu'il n'y avoit plus rien à craindre dans Marseille: que tout y étoit affermi pour jamais. D'autres étoient d'un contraire avis. Ils disoient que quoique toutes choses fussent pacifiées en aparence, on ne pouvoit s'assurer qu'elles le fussent en effet. Que l'esprit de Casaux pouvoit renaître. Qu'il faloit que le tems leur fit connoître, si cet esprit étoit tout à fait mort. Sur cette contestation on s'échaufe de part & d'autre. On s'aigrit si fort, qu'on en vient aux mains. Dans ce debat sept ou huit personnes resterent sur la place. Le Duc de Guise y acourt aussi-tôt, & par sa presence il apaise le tumulte. Tout se remet comme auparavant. Peu de jours aprez on receut nouvelles que les deputez avoient été tres-bien receus à la Cour. Que le Roy tout occupé qu'il étoit aux affaires de la Picardie, les avoit fait aller à Amiens, où les grandes occupations n'empêcherent pas qu'il ne leur donnât des audiences publiques & particulieres: Qu'il leur fit par tout de si grandes caresses, que cela seul signaloit leur fidelité. Car il remercia en leurs personnes les Marseillois, & loüa l'action glorieuse qu'ils avoient renduë. Il dit publiquement qu'elle étoit si fort au dessus de tout exemple, qu'il n'étoit pas en son pouvoir de la recompenser dignement. Qu'il en donneroit neanmoins autant qu'il pourroit les marques les plus visibles & les plus durables. Cela dit il leur fait expedier de Lettres patentes, qui portent en tête des éloges de l'ancienne fidelité des Marseillois. Par ces lettres il donne le gouvernement de la ville aux Consuls. Il accorde aux habitans une Chambre souveraine. Il est vrai qu'afin que cette chambre ne portât au Parlement le moindre prejudice qu'il se pourroit, il voulut qu'elle fut remplie des Conseillers de ce corps; & declara que cet établissement ne se faisoit que pour quelques années, jusqu'à ce que les esprits fussent entierement calmez. Aprez cela tous les Conseillers furent nommez. Le Roy choisit Guillaume du Vair pour President de cette chambre. C'étoit un homme qui avoit tres-bien merité du Roy dans les charges qu'il avoit exercées. Il avoit été conseiller au Parlement de Paris, puis maître des Requêtes. Et dans l'une & dans l'autre charge, jamais homme ne porta l'autorité Royale si haut qu'il fit. Jamais homme n'usa mieux que lui de la creance que lui donna sur le peuple, son eloquence son sçavoir sa probité. Tandis que les deputez de Marseille procurent ainsi à leur ville tous les avantages qu'ils peuvent, le Duc de Guise ne pense & ne travaille qu'à tenir la province en paix. Je ne sçai si ce ne fut point sous l'ombre de cette paix, que ceux qui gardoient les forts de Berre se negligerent. Mais je trouve qu'en une sortie que firent ceux de cette place, ils couperent la gorge aux autres de ces garnisons. Cette action quoique faite fortuitement, ne laissa pas de remplir les esprits d'une opinion contraire. On s'imagina que c'étoit par l'apui de quelque puissance, que s'étoit fait un coup si hardi. On ne peut croire que cela se soit fait à l'avanture. On dit que des étrangers enfermez dans la Province n'auroient eu garde d'entreprendre d'eux-mê-

Le 13. Juin.

En Juillet.

mes, un coup qui leur pouvoit jeter tout le païs sur les bras. Ce qui les fortifioit dans ces raisonemens ; c'est qu'on voyoit paroître tous les soirs une grande comete que l'on croit presager ordinairement de grands malheurs. Mais enfin toutes ces aprehensions cesserent bien-tôt. Le Duc de Guise accorda pour quelques mois la trêve à ceux de Berre, & la renouvella de tems en tems. Ainsi comme on n'eut plus de sujet de craindre, on commença à goûter les douceurs de la paix. La paix qui s'afermissoit dans ce Païs, sembloit passer de province en province, elle avoit été receuë agreablement de plusieurs. Il n'y avoit que la Bretagne qui lui fermoit ses portes. Cette province étoit toûjours troublée par les pretentions du Duc de Mercœur. Il n'y avoit pas moyen que ce Prince perdit l'esperance, que la Ligue lui avoit donnée. Il s'imaginoit toûjours que le tems de se rendre maître de cette province reviendroit ; & s'etoit si fort entêté de cette opinion, que rien ne l'en pouvoit desabuser. Ce n'étoit pas seulement de ce côté-là que le Roy craignoit, la Picardie ne lui faisoit pas moins de peine. Les Espagnols y avoient pris des villes tres-importantes le Cattellet, la Capelle, Dourlens, Ardres, Cambray, Calais. Cela faisoit que le Roy mettoit toute son aplication à conserver ce qui lui restoit de ce côté-là. Pendant que le Roy s'ocupoit à fortifier ses places, il eut nouvelles que le Legat du Pape arriveroit bien-tôt. Ce Legat étoit Alexandre de Medicis apellé le Cardinal de Florence. La principale cause de sa legation, c'étoit pour traiter la paix des deux couronnes. Quand on vint dire au Roy que le Legat étoit arrivé à Montleri, il quite tout, il part en diligence. Il court avec cent chevaux pour l'aller voir. Ce qui l'obligea d'en user ainsi, ce fut qu'il voulut faire conoître à Rome, & à tout le monde qu'il s'étoit veritablement converti. Pour fare voir que sa conversion étoit sincere, il mena le Duc de Mayene avec lui. Il pretendoit aussi de faire comprendre par là, qu'il avoit oublié toutes choses. Mais ces pretentions sembloient inutiles pour faire paroître sa bonne foi. Mille ocasions en avoient donné autant de preuves. Quoiqu'il en soit l'entrée du Legat dans Paris fut si magnifique, le peuple l'honnora d'un si grand concours, que la foule mit en danger sa personne. Il falut que le Duc d'Epernon & le Duc de Mayene missent l'épée à la main pour faire retirer les gens. Ce concours & cette foule fut suivie de tres-grands honneurs qui lui furent faits. Jamais Legat n'en receut davantage. Il en receut de si extraordinaires, que le Parlement n'insera point dans son arrêt la clause de sans aprobation du Concile de Trente. Il est vrai qu'il n'omit cette clause qu'aprez diverses jussions. Je ne sçai si les grands honneurs qu'on rendit à ce Legat, lui furent un engagement à travailler pour le repos de la France. Mais je trouve qu'il prit de grands soins pour cela ; qu'il envoya même le General des Cordeliers, pour aller voir quelle étoit la disposition de la Cour d'Espagne, au sujet de cette paix. Cependant le Roy pour ne pas demeurer en arriere, convoque une assemblée de Notables à Roüen. Cette convocation se fait pour trouver les moyens de pouvoir reformer l'Etat & pour pouvoir avoir de l'argent, en cas qu'on fut contraint

traint de faire la guerre. Ce que le Roy faisoit pour tout son Royaume, le Duc de Guise le faisoit pour son Gouvernement. Il prenoit tous les soins dont il pouvoit s'aviser, pour bien affermir la paix dans la province. Il se privoit de ses plaisirs, pour ne travailler qu'en faveur du public, qu'à faire regner le repos & l'abondance dans les villes. Marseille étoit sur tout sa grande affaire. Les deputez étoient revenus de la Cour. Ils avoient raporté toutes les choses qu'ils avoient demandées, & ces graces rendoient toûjours cette ville plus affectionée pour le service du Roy. Le Duc fût bien aise de prendre ce temps là, pour y aller faire son entrée. Le temps n'avoit pas été propre jusqu'alors. Cette entrée fut toute semblable aux autres, par les arcs de triomphe, par les inscriptions. Mais elle eut cela de fort singulier, que les acclamations & la joye du peuple la rendirent plus éclatante, que les entrées ordinaires. On n'entendoit que ce cris, de *vive le Duc de Guise, nôtre Liberateur, vive le restaurateur de la liberté de Marseille, vive le destructeur de ses Tyrans.* Cependant quelque grand que fût cet appareil, y eut bien des gens qui prefererent la premiere entrée du Duc à cette derniere. Ils disoient que celle-cy n'étoit qu'une vaine montre de la grandeur de Marseille, de la magnificence d'un jeune Prince. Mais que l'autre fût le vray triomphe de la prudence, de la valeur, où l'on vît le vainqueur couronné dans le moment de sa victoire, dans le temps qu'il chassoit les ennemis de la France, qu'on voyoit le Tyran renversé, & la province délivrée de toute crainte. Qu'on voyoit enfin un jeune Prince, égaler dans le commencement de sa vie, les plus belles actions de ses illustres ayeuls. On disoit enfin, que cette derniere entrée, étoit l'entrée ordinaire des Gouverneurs, qu'on n'y remarquoit rien que ce qui se remarque toûjours dans pareilles rencontres. Mais ceux qui avoient cette pensée, ne penetroient pas fort avant dans les choses. Ils ne distinguoient gueres les singularitez de ce jour. Ils ne prenoient pas garde asûrément, à ce que les gens de reflexion aperçûrent. Ceux-cy virent que les acclamations du peuple partoient du cœur. Que les meres montroient le Duc à leurs enfans. Qu'elles leur disoient, que c'étoit l'ange tutelaire de la ville. Que le peuple dans l'excez de sa joye, l'appelloit le protecteur de sa liberté. Qu'enfin, on celebroit de tous côtez cette grande action, qui ne pouvoit être trop celebrée. Dépuis ce temps, le Duc fût en une si grande consideration dans la province, qu'il étoit l'arbitre de tout. Rien ne se faisoit sans son aprobation. Il étoit le maître de toutes choses, tant il avoit gagné le cœur de tous.

Peut être fût ce cette grande autorité, qui lui fit desirer de se debarasser du Seigneur de Lesdiguieres. Car on a remarqué qu'il disoit quelques fois à ses amis, qu'il croyoit d'être toûjours en tutelle, tant qu'il l'auroit pour Lieutenant de Roy. Il s'en expliquoit si librement à ses familiers, que delà la Noblesse prit sujet de se plaindre, que cette charge fut occupée par un étranger. * Cette plainte se lit dans les registres du Parlement. On y voit que le Comte de Carces, les Seigneurs de Crose & de Buous, demanderent de parler à la Cour, comme deputez de la Noblesse. Sur cette demande, le Parlement s'assemble. On fait entrer

XIX.
La Noblesse demande qu'un de son corps, ait la Lieutenance de Roy. Elle prie le Gouverneur & le Parlemât de l'apuyer dans cette demande. Le President du Vair, vient établir la

Chambre souveraine à Marseille. Il y dône une grāde opinion de sa probité. Les Etats de la Province se tiennent à Marseille, Le Grand Duc se saisit du Châteaudif & de l'Isle de Pomegue.
* Le 2. Octob.

les députez. On leur donne place au bureau. Le Comte de Carces porte la parole. Il dit que dans les derniers troubles, la Noblesse ayant veu des étrangers commander dans le Païs, elle se croyoit extremement maltraitée. Qu'elle voyoit par là sa fidelité méprisée, & son zele fort peu consideré. Que ce malheur luy arrivoit, pour n'avoir pas fait faire ses remontrances au Roy. Qu'elle desire de reparer cette faute. Qu'elle est resoluë de representer à Sa Majesté, qu'étant devoüée, comme elle l'est, à verser pour son service le sang qu'elle a dans ses veines, elle à sujet d'esperer que Sa Majesté ne voudra pas réfuser de luy donner part dans les grandes charges, ou d'ailleurs la naissance leur donne lieu d'aspirer. Que neanmoins avant que de rien entreprendre, la Noblesse a voulu faire sçavoir son dessein à la Cour. Qu'elle les a députez pour cela. Qu'elle leur a aussi donné ordre de suplier la Cour de vouloir favoriser ses poursuites. Le Parlement se sentit fort obligé de ce compliment. Il ne voulut pas neanmoins répondre sans communiquer avec le Duc de Guise. Il envoye vers lui les gens du Roy qui le prient de venir prendre sa place. Le Duc y va. Le President Carriolis qui se trouve à la tête de la compagnie, lui fait sçavoir ce que la Noblesse desire. Le Duc répond qu'elle lui a déja demandé la même chose, par une pareille députation. Ainsi il fut bien facile de resoudre, qu'on écriroit de concert au Roy, pour apuyer une si juste demande. On peut remarquer en passant, avec quelle intelligence vivoient le Gouverneur & le Parlement. On peut aussi remarquer en même temps, dans quelle consideration étoit cette compagnie. Consideration qui paroissoit tres-bien fondée, puisque c'étoit pour les grands soins que le Parlement prenoit pour le bien public. Cependant le President du Vair arrive. Il vient à Aix pour presenter au Parlement l'edit de l'établissement de la

Le 18. Decem.

Chambre souveraine. Il ne manqua pas d'exalter la prudence du Roy dans cette rencontre, ou s'agissant de favoriser la ville du monde qui l'avoit le plus sensiblement obligé, il l'avoit fait neanmoins d'une façon qui n'ôtoit rien au Parlement de son lustre, qui lui conservoit toute son autorité, toute sa jurisdiction, lorsque Marseille avoit cet honneur
" de se voir distinguée par ses grands services. Que cette distinction mê-
" me ne s'étoit faite que pour quelques années seulement, & pour donner
" moyen aux esprits aigris de se radoucir, de se remetre d'eux mêmes dans
" l'union, sans l'entremise de personne. Qu'enfin Sa Majesté avoit eu de
" si grands égards pour le Parlement en cette rencontre, qu'elle espe-
" roit que cette compagnie penetrée de ses graces employeroit tous
" ses soins, pour executer ses volontez, sur tout voyant qu'elles n'abou-
" tissoient qu'à lui conserver sa dignité toute entiere. Qu'il lui pro-
" testoit de sa part, que bien loin d'avoir dessein de la retraindre, Sa
" Majesté desiroit de l'étendre & de l'augmenter. Aprez cela on lût la lettre du Roy. Elle étoit conçuë en des termes pareils à ceux de la harangue. Ensuite de quoy l'edit fut verifié. Les Conseillers qui s'y trouverent remplis, pour aller tenir cette Chambre, étoient, Antoine Suffren, Loüis Bermond, Claude Arnaud, Paul Chailan, Pierre Puget, Pierre Dedons, Marc Antoine de Scalis, Jean Pierre Olivier, Antoine Segui-

ran, Alexandre Guerin. Aprez que l'edit fut verifié, le President du Vair mena les Conseillers à Marseille. Il trouva que l'élection des Consuls avoit été differée jusqu'à son arrivée, par ordre du Roy. Son premier soin fut d'y proceder. Il assemble pour cela le conseil de ville. Dans cette assemblée il representa vivement tous les maux que Marseille avoit soufferts. Il fit voir que ces maux ne se pouvoient entierement guerir, « que par l'union de tous les citoyens, & par l'oubly des choses passées. « Qu'inutilement on cherchoit d'autres remedes. Qu'il n'y en avoit point « d'infaillible que celuy là. Que ce qui s'étoit passé parmi eux, pouvoit assez « le leur faire connoître. Que s'ils vouloient en avoir d'autres exem- « ples, ils n'avoient qu'à considerer la conduite du Roy, qui en oubliant « ce qui s'étoit fait de plus horrible contre sa dignité, contre sa personne, « & en pardonnant à ses ennemis, par une clemence d'eternelle memoi- « re, avoit établi la paix dans son état, & l'alloit rendre le plus florissant « du monde. Le President leur insinua ces raisons avec tant de grace « & tant d'eloquence, qu'il fût bien facile aux Marseillois de connoître qu'ils avoient recouvré un grand tresor, un homme d'un merite infini, par les sages avis duquel leur ville alloit être restaurée. Ils furent confirmez dans cette pensée, par le discours qu'il fit dans l'ouverture de la Chambre souveraine. Il parla si dignement de la justice, que son seul discours en imprima bien mieux la veneration dans les esprits, que ny la pourpre des Magistrats, ny la presence du Comte de Carces & celle de l'Evêque, ny le concours de la Noblesse & du peuple, qui donnerent à cette ceremonie un si grand éclat. Dans ce discours il ne fit pas moins admirer son eloquence que sa probité. Car ce ne fût proprement qu'une grave exhortation aux Officiers, pour les avertir de leur devoir, & de l'obligation qu'ils avoient de veiller incessamment à leurs charges. Il fit paroître en le prononçant, tant de zele, on remarqua dans ses manieres, un si grand caractere d'honneur, que tout le monde avoüa d'abord que ce President seroit assûrement le pere & le protecteur de la justice. On fut bien-tôt confirmé dans cette creance, quand on vît comment la justice se rendoit. Car c'étoit avec tant d'aplication, tant d'assiduité, que tout se faisoit dans la plus grande droiture du monde. Les procez se terminoient sans longueurs, la police se regloit sans brigues. Tout alloit de droit fil au bien, enfin tout étoit si justement ordonné, qu'on vivoit en cette ville dans une tranquillité merveilleuse. Le Duc de Guise ne manquoit pas de son côté de tenir le même ordre dans la province, il travailloit jour & nuit pour y établir une eternelle paix. Mais quelques soins qu'il pût prendre à ce sujet, il ne luy fut pas possible de remedier si tôt aux maux qu'avoit fait la guerre. Celuy dont on se ressentoit le plus, c'étoit le défaut d'argent & le manque de bled. Le remede de deux maux si facheux, étoit au dessus du pouvoir des hommes. On ne laissoit pas d'essayer d'y en aporter quelqu'un. Dés l'année auparavant, on avoit diminué les interêts des sommes que les corps des Communautez devoient. On leur avoit même donné quelque delay, pour payer le capital de leurs dettes. Le hazard adoucit l'autre maladie. Il jetta vers le port de Marseille, six vaisseaux tous chargez de bled.

Ce secours fût si considerable qu'il reduisit la charge de bled à quatre écus au lieu de douze qu'il se vendoit auparavant. Cependant les états avoient été convoquez à Aix. La Noblesse trouva à propos de prier le Duc de Guise, de les vouloir transferer à Marseille. Ce qui donna sujet de lui faire cette priere, ce fût la crainte que la Noblesse eut du Parlement. Elle craignoit que la rigidité qu'il y observoit depuis la paix, ne lui fut un sujet de rechercher ce qui s'étoit passé durant la licence de la guerre. Il est vray qu'il y avoit abolition de ces choses. Mais comme l'abolition n'étoit que pour certains cas, chacun craignoit de n'être pas compris dans la grace. On étoit si épouvanté du funeste exemple de deux gentilshommes, Beauregard Provençal, & la Sale Gascon, qui venoient d'être décapitez, que personne ne se croyoit assûré. Chacun craignoit de n'être pas assez innocent, pour se pouvoir garentir de recherche. Ainsi personne ne voulut rien hazarder. Le Duc de Guise qui ne cherchoit rien tant que de pouvoir obliger la Noblesse, fût bien aise de trouver une occasion à lui faire plaisir. Il transfera donc les Etats à Marseille. Il fut aussi fort aise d'obliger par là le President du Vair, qui devoit assister à ces Etats, en qualité de Commissaire pour le Roy. Cette transference fit neanmoins quelque embarras. Car comme Marseille n'étoit pas du corps du Païs, les députez des autres Communautez faisoient difficulté de s'y rendre. Les Procureurs du Païs resistoient encore d'avantage, à cause qu'ils ne pouvoient paroître dans cette ville avec les marques de leur magistrature. Mais enfin on surmonta toutes ces difficultez par cet expedient. Que l'ouverture des Etats se fairoit dans la Ville. Que les Consuls de Marseille y assisteroient avec leur chaperon. Mais que pour les affaires, on iroit tenir les sceances à saint Victor, qui se trouve dans les terres de la Province, où les Procureurs du Païs assisteroient en chaperon, sans que ceux de Marseille y parussent. Aprez qu'on eut ainsi reglé les choses, on commença à travailler à l'affermissement de la paix. Pour cela on resolut d'assieger Berre, afin d'ôter toutes les semences des troubles; & qu'il ne restât rien dans la province qui ne fût paisible. Mais tandis qu'on pense à s'assûrer d'un côté, on voit renaître de nouvelles craintes. Durant la guerre Bausset Gouverneur du Châteaudif, pour se garentir des pieges d'Espagne & de Savoye, s'étoit mis sous la protection du Grand Duc. Il l'avoit fait avec ce temperament, que les soldats qu'il devoit recevoir n'entreroient point dans sa forteresse. Qu'ils ne fairoient qu'en garder les dehors seulement. Sous cette condition, il reçût des munitions & des troupes. Ces soldats vivoient avec ceux de dedans, dans une si bonne intelligence, qu'on ne vît jamais gens de meilleur accord. Ils avoient fait de petits logemens dans l'Isle, comme s'ils devoient y demeurer toûjours, quoyque leur demeure ne fût que passagere. Il est vray que Bausset leur laissa faire un fort dans l'Isle de Pomegue, où il n'y en avoit point auparavant. Il voulut bien leur donner cette satisfaction, voyant que comme cette Isle étoit sans couleurine, il pourroit les en chasser quand il lui plairoit, & ils vivoient d'ailleurs avec tant de modestie, qu'ils n'avoient garde de s'imaginer qu'ils les pûssent jamais troubler. Dans cette confiance, comme il se crût obligé d'aller saluër le Roy, aprez la reduction de Marseille, il partit, laissant seulement dans la place son fils pour y commander, durant qu'il seroit absent. Mais son peu de precaution luy coûta bien cher, & lui fit même perdre la place. Car son fils, jeune qu'il étoit & sans experience, s'étant allé divertir à Marseille, les Florentins se saisirent de la forteresse, ou à force ouverte, ou par artifice. Car on ne demeure pas d'accord comment cela se passa. On convient neanmoins que ce coup se fit par ordre, & que ce fut le Grand Duc qui le commanda. Ce qui donna sujet de le croire ainsi, c'est que Dom Jean, frere bâtard du Grand Duc, s'aprocha du Châteaudif avec cinq galeres, qu'il arrêta les fregates de Marseille, & qu'il fit mettre à la chaîne tous ceux qu'il y trouva. Cette action surprit extremement les Marseillois. Comme ils ne s'attendoient pas à rien de pareil, cet accident leur donna une grande allarme. Le President du Vair plus étonné que personne, veut sçavoir si la chose s'étoit faite par ordre du Grand Duc. Il s'en va parler à Dom Jean, auquel il témoigne un grand étonnement de l'action qui vient d'être faite. Il lui dit, que pour lui il n'auroit jamais crû, que le Grand Duc eut donné cet ordre. Que n'y ayant point de rupture entre la France & lui, le Roy trouveroit assûrement tres mauvais, qu'on maltraitât ainsi ses sujets, qu'on surprit ainsi ses places. Il le conjure avant que la plainte s'en fasse, d'en ôter la cause, en rétablissant tout dans le premier état. Il le prie d'étouffer un attentat qui peut donner un mauvais jour à sa conduite. A celà le bâtard répond assez seichement, que ces Isles apartenoient au Grand Duc, & qu'il pretendoit de les lui conserver. Cette réponse fit assez voir au President, que l'action avoit été fort premeditée. Dabord il jugea bien qu'on ne manqueroit pas de raisons pour la deffendre, si les choses venoient à se broüiller. Qu'assûrement on la soûtiendroit par les droits de Chrestienne de Lorraine, épouse du Prince, dont la maison avoit roûjours ses pretensions sur ce païs. Celà fit aussi que le Duc de Guise ne s'amusa pas à demander de conferer avec le bâtard. Au contraire il se fortifie contre lui. Il dresse un fort dans l'Isle de Ratoneau, & le remplit de munitions de bouche & de guerre, puis il se mit en mer. Il attaque le bâtard si vigoureusement, qu'il en rabatit de beaucoup son audace. On ne peut neanmoins empêcher qu'il ne continuât son dessein. Il fortifia l'Isle de Pomegue, qui est entre celle Dif, & de Ratoneau, & y fit travailler avec tant de diligence, qu'il fût fort aisé de connoître qu'il n'agissoit pas de son seul mouvement, mais par quelque ordre exprez. La conjecture n'étoit pas fausse. Car comme le Grand Duc eut nouvelles que les Espagnols avoient surpris Amiens, il s'imagina que la France s'alloit déchirer tout de nouveau. Celà lui fit former le dessein de s'emparer de quelque piece importante, d'où il pût s'étendre avec le temps.

La prise d'Amiens donna tant d'épouvante par tout, qu'on crût tout de nouveau la France perduë, & que l'Espagnol se jetteroit du premier saut dans Paris. Ce qui donnoit sujet de le croire ainsi, c'est qu'il ny avoit point de place forte entre deux, & que l'Espagnol enflé de son adresse, n'en demeureroit pas en si beau chemin. L'Espagnol avoit bien sujet en effet de se glorifier du succez d'Amiens. Car jamais entreprise

Le 20. Avril.

XX.
Le Roy reprend Amiens sur les Espagnols. Le Grand Duc témoigne de lui vouloir rendre les Isles

qu'il avoit sai-
sies. Les Pro-
cureurs du Païs
confirment la
tréve avec le
Duc de Savoye.
La paix gene-
rale se fait.
Arnaud d'Ossat
traite avec le
Grand Duc pour
la restitution
des Isles. La
paix se raffer-
mit dàs la Pro-
vince par l'u-
nion du Gou-
verneur & du
Parlement.

ne fut mieux conduite, aussi fut ce un amoureux qui en fut le conducteur. C'étoit Porto Carrero, Gouverneur de Dourlans, qui recherchoit une Dame Françoise en mariage. Cette Dame étoit dans le voisinage d'Amiens. Elle étoit fort riche & fort bien faite, & ses richesses n'enflamoient pas moins l'Espagnol que sa beauté. Ainsi desirant ce mariage avec une grande ardeur, il en fit faire la proposition à la Dame. La Dame répond qu'il est impossible qu'un Espagnol & une Françoise se puissent aimer sincerement. Que pour la guerir de cette opinion, il n'a qu'à faire une seule chose, ou d'ôter Amiens à la France, ou de rendre Dourlans à son legitime Roy. L'Espagnol répond, que puisque c'est au mary de se faire suivre à sa femme, il sçaura bien trouver le moyen de l'attirer. Celà dit, il se met dans la tête de surprendre Amiens. Il execute son dessein de cette maniere. Il fait travestir quinze ou seize soldats en païsans. Il les envoye à Amiens avec des sacs de noix, comme pour les vendre. Ces gens arrivant à la porte, un d'eux répand quelques noix, afin d'amuser les soldats du corps de garde. Un autre embarrasse la porte par un chariot chargé de foin. Dans le temps que l'un ramasse ses noix avec empressement, que l'autre témoigne de tirer une grande peine de voir son chariot arrêté comme il est, les troupes Espagnoles entrent dans la ville. Le bourgeois surpris, n'a pas le temps de s'assembler. Il est contraint de ceder à la force. A la nouvelle de la prise d'Amiens, toute la France se trouble. On craint de retomber dans les premieres confusions, dont à peine on venoit de sortir. Mais la peur de toute la France ensemble, n'égaloit pas celle de Paris. Les Parisiens ne pouvoient se rassûrer de voir que leur ville étoit devenuë frontiere. La pluspart du monde s'en retire. Dans cette generale consternation, le Roy pour arrêter la frayeur, monte à cheval, il court du côté de la Picardie, il assemble son armée, & va mettre le siege devant Amiens. Dans ce siege, il fit paroître tant de cœur & tant de jugement, que l'Archiduc Albert, qui venoit pour secourir la place se retira, que les assiegez même voyant leur resistance inutile, se rendirent, qu'enfin tout plia sous la valeur du Roy. Ainsi cette ville possedée six mois par l'Espagnol, revint à son Roy legitime, retour qui augmenta merveilleusement la gloire de ce Prince, & releva fort sa reputation. Le Marquis de Montanegre, Gouverneur d'Amiens, en donna un glorieux témoignage en partant de cette place. Car comme il sortoit à la tête de ses troupes, il descendit de cheval dés qu'il vit le Roy, il aprocha, il lui baisa le genou. Puis il lui dit qu'il remettoit la place à un Roy soldat, puisque le Roy son maître, n'avoit pas voulu la deffendre par des capitaines. Comme la prise d'Amiens avoit donné l'envie au Grand Duc de s'aproprier les Isles de Marseille, sa reprise la lui fit perdre aussi-tôt. Tous les preparatifs, toutes les hostilitez cesserent dés cette heure. Dom Jean revenant de Florence, envoya faire compliment au Duc de Guise, & lui fit dire, que si le Grand Duc s'étoit emparé de ces Isles, c'étoit seulement pour s'assûrer des sommes que le Roy lui devoit. Du reste, qu'il étoit prêt de les remetre, si le Duc le desiroit ainsi. Ce compliment fut d'abord suivi des visites que le Duc & Dom Jean se rendirent, des témoignages qu'ils se donnerent d'une sincere amitié, des presens même qu'ils se firent. Tout celà se passa de si bonne grace, qu'on ne douta pas que ce ne fut un signe d'une ferme paix. Cette nouvelle s'étant repanduë par la province, y rassura les esprits que la prise du Châteaudif avoit épouvantez. On vît bien qu'il n'y avoit plus de guerre à craindre. Ce qui le persuada encore mieux, ce furent les precautions que l'on prit pour conserver la paix. On arma quatre galeres pour tenir la mer nette de Corsaires. On renforça la côte par diverses garnisons qu'on y mit. Dans le temps qu'on se munit ainsi contre le dehors, on repare le dedans par de bons reglemens qui se font en toutes les villes. On réleve les brêches, que la licence du temps confus avoit faites. On suprime les abus, que les mœurs gâtées avoient produits. Aix sur tout, fait des reglemens tres salutaires. On y rétablit la police que le temps avoit toute dereglée. Ses Magistrats ne travaillent qu'à celà. Mais pendant qu'on s'occupe à cette loüable réformation, pour l'affermissement de la paix, il vient du côté de Paris diverses allarmes de guerre. On aprend que le Roy veut récouvrer le Marquisat de Saluces. Que pour le r'avoir, il pretendoit de faire la guerre au Duc de Savoye. Qu'il avoit fait entrer le Seigneur de Lesdiguieres dans ses Etats. Que le Seigneur de Lesdiguieres avoit occupé saint Jean de Maurienne & sa valée. Que delà il avoit passé dans le Piemont. Que d'autre part le Chevalier de Mirabeau & son frere, attaquoient les Etats de ce Prince du côté de Nice. Sur cette rupture, ceux de Terreneuve se reveïllent. Ils entrent en Provence. Ils troublent la frontiere par leurs irruptions. Les Provençaux s'allarment de voir ces commencemens de guerre. Ceux de la frontiere en furent plus que tous épouvantez. Tandis que la crainte éroit generale dans la Province, les Procureurs du Païs prient le Duc de Guise de trouver bon, qu'ils aportent quelque remede à ce mal. Du consentement donc du Gouverneur, ils députent vers le Duc de Savoye. Le député renouvelle la tréve. Par là, l'année finit en paix. Cette paix neanmoins n'assûroit pas trop les gens. On la voyoit assez mal apuyée, tandis que la paix generale ne l'affermiroit pas. C'étoit donc le souhait de tous, que de voir cette paix generale, quand la nouvelle année aporta ce bien si desiré. Ce fût par les soins du Legat, que la paix se fit. Il y avoit travaillé long-temps. Il y reüssit enfin, aprez des peines presqu'infinies. Le General des Cordeliers, qu'il avoit envoyé en Espagne, avoit puissamment agy sur l'esprit de ce Roy. Il n'avoit oublié nulle des raisons, qui le devoient obliger de faire cesser la guerre. Il n'avoit pas manqué de lui representer que les affaires de la Flandre étoient abandonnées, que le manque d'argent avoit affoibli son credit, que son âge & l'état où il se trouvoit, lui devoit faire aprehender d'exposer son fils, aussi jeune qu'il étoit, à un Roy plein de vigueur & de force, qu'enfin le répos de sa conscience le devoit obliger de restituër les places qu'il detenoit injustement. Le Legat n'avoit pas agy lui même moins fortement auprez du Roy. Il lui avoit insinué fort souvent, qu'il ne pouvoit mieux couronner ses belles actions, qu'en donnant le répos à ses peuples, que c'étoit là la seule chose qui manquoit à sa gloire, & la seule que la renommée attendoit pour la consigner à l'immortalité. Le Legat & le General, presserent

1598

si vivement les deux Roys, il les prierent par tant de biais, & en tant de manieres, qu'enfin ils consentirent qu'on travaillât à la paix. Cette bonne disposition n'étoit traversée que par le Duc de Savoye. Ce Prince, voyant qu'infailliblement il lui faudroit rendre le Marquisat de Saluces, ne pouvoit se resoudre à la paix. Il falût bien neanmoins qu'il y consentit, & qu'il se laissât entraîner à l'autorité superieure. Ainsi dans cette generale disposition, on accorda de faire des conferences. Chacun envoya des Ambassadeurs à Vervins, ville de Picardie, convenuë par les parties. Ces Ambassadeurs commencerent leurs assemblées sur le milieu du mois de Février. Ils travaillerent avec tant d'aplication, qu'ils surmonterent toutes les difficultez qu'on fit naître, & convinrent de tout dans moins de trois mois, Aprezquoy la paix fût signée. La restitution de Berre fût un des articles à quoy le Duc de Savoye fût obligé. Peu aprez son château fut rasé, sur les remontrances de la province, portées au Roy par Jacques de Clapiers, Seigneur de Colongue, & Arnaud Gauffridi ses députez, qui étoient alors Procureurs du Païs. Dans le temps que ce traité se faisoit, Arnaud d'Ossat, qui negocioit à Rome de la part du Roy, alla vers le Grand Duc, pour conferer sur l'affaire du Châteaudif. La conference aboutit à un traité, par lequel le Grand Duc s'obligea de laisser les Isles Dif & de Pomegue, & d'Ossat promit que le Roy payeroit les frais de toutes les fortifications qu'on avoit faites, & deux cent mille écus d'assignations. Il est vray que le Grand Duc insista quelque temps pour retenir l'Isle de Pomegue, dont il sçavoit que le port étoit meilleur que de celle Dif. Mais sur l'instance que d'Ossat fit de son côté, & sur ce qu'il lui fit comprendre, qu'il n'étoit pas possible que le Roy souffrit aucun voisin en cet endroit, le Grand Duc relâcha de sa pretension. Ainsi la Provence fût affranchie de tout joug & de toute crainte. Les étrangers en sortirent absolument. Elle joüit par là de tous les fruits de la paix, qui s'y publia le dixiéme de Juillet. La publication se fit à Aix, suivant la coûtume en l'audience du Parlement, où le Gouverneur assista, la Cour étant en robes rouges. L'aprez dîné, elle fût solemnelement publiée par la ville. Celà se fit par une cavalcade, qui avoit à la tête les Greffiers de la Cour en robes rouges, le Viguier & les Consuls fort accompagnez. Celà fût suivi des feux de joye, & le lendemain d'une procession generale. Demonstrations ordinaires de la joye publique. Mais dans celle cy il y eut celà de propre, que la joye en fût plus entiere, parceque la paix parût plus affermie & plus sincere. On ne craignoit plus que ce fût icy quelque paix fourrée, ou quelque accommodement platré, que ce ne fût quelque piege pour surprendre les malcontents, ou quelque lenitif pour adoucir, non pour guerir les playes. On voyoit au contraire que par cette paix, la ligue étoit entierement éteinte, les Huguenots absolument abattus, les étrangers hors d'état, par leur foiblesse, de la pouvoir rompre. Ces reflexions rendoient la joye si grande, qu'il sembloit qu'on eut dessein d'éfacer en peu d'heures le souvenir d'une guerre de quarante ans. Neanmoins les maux qu'elle avoit causez, ne pouvoient se guerir par des simples rejoüissances. Il faloit des remedes plus solides, & plus effectifs. Quel moyen de rétablir autrement, que dans la suite du temps, les villes affoiblies, épuisées, la campagne presqu'en friche partout, les

maisons

Le 5. May.

maisons rasées, les familles aneanties, les particuliers abimez par mille impôts, par mille rançonnemens, par des ravages continuels, par des violences infinies. Il n'y avoit assûrement rien que la police & que l'ordre qui pût remetre ces choses dans leur premier état, qui pût ramener le repos & l'abondance. Aussi cela se fit-il insensiblement. Mais rien ne contribua tant à ce rétablissement, que la bonne intelligence avec laquelle vécurent le Gouverneur & le Parlement. Car l'un & l'autre ne s'occupa qu'à faire revenir l'abondance dans la province. Le Gouverneur obtint du Roy, le retranchement des garnisons & des forteresses. Le Parlement obligea les villes à demander compte de leurs deniers aux comptables, & de payer leurs creanciers. Ainsi peu à peu toutes choses se rétablirent, chacun eut moyen de se reparer. La campagne, les villes, reprirent leur premiere face. On cultive les champs sans crainte. on r'ouvre le commerce sans danger. Tout enfin reprend son train ordinaire. Celà se fait par la vigilance avec laquelle le Parlement fait observer ses arrêts & ses reglemens. On voit bien par les soins qu'il prend à se faire obeïr, que c'est principalement dans la paix, que la justice regne avec plus de lustre. Il y avoit encore quelque reste de licence, par la liberté qu'on se donnoit de parler des officiers. Quelques uns qui se plaignoient d'avoir perdu leurs procez, disoient que les divisions qu'il y avoit eu dans le Parlement, y restoient toûjours, qu'on n'avoit pas encore repris l'esprit de droiture & celuy d'indifference pour les parties. Qu'enfin on ne jugeoit que par cabale & par passion. Ces discours obligerent le Parlement de faire une chose qui fût de grand exemple. Il resout d'envoyer les gens du Roy dans les Etats, qui se tenoient à Aix. Les gens du Roy y vont le lendemain. Ils remontrent à cette assemblée; qu'ils ont eu connoissance de « certains discours qui se faisoient en divers endroits de la province, contre « l'honneur de Messieurs de la Cour. Que ces discours pouvant être con- « traires au service du Roy, puisqu'ils tendoient à decrediter les Ministres « de sa justice souveraine, on les devoit aprofondir. Que s'ils avoient « quelque fondement, si les Magistrats ne rendoient pas bonne justice, « s'il y avoit de la passion dans leurs jugemens, c'est ce qu'il ne faloit ny dis- « simuler ny taire. Qu'il faloit moins encore en parler à l'oreille & en secret. « Qu'au contraire, il faloit s'en plaindre hautement. Qu'il faloit du moins « leur en venir faire leurs plaintes à eux, qui étoient les hommes du Roy. « Qu'il faloit leur donner le moyen de faire informer, pour réprimer ces « choses, pour abolir un si grand abus. Que c'etoit pour cela qu'ils ve- « noient s'adresser aux Etats, compagnie illustre, composée de tant de per- « sonnes qualifiées de tous les ordres. Qu'ils les prioient, s'ils avoient « quelque sujet de plainte, de s'en expliquer ouvertement. Que pour eux « ils procederoient si exactement contre toutes sortes d'officiers, que tout « le monde connoîtroit, qu'ils n'avoient pas de plus grande passion, que « de remplir parfaitement le devoir de leurs charges, sans exception de « personnes, sans déguisement, sans connivence. Mais que si ces discours « n'étoient que des impostures, des contes faits à plaisir par des ennemis; il « étoit bien juste que ces gens qui les publioient portassent la peine d'un si « grand crime, tel qu'est celuy d'enerver la justice du Roy, qui seule par son «

,, autorité maintient le repos dans la Province. Ainsi le Parlement prenoit soin de se rétablir dans l'esprit des peuples, & d'effacer l'opinion qu'on pouvoit avoir euë, qu'il y avoit de la partialité dans son corps. Mais il ne prenoit pas le même soin de dissimuler sa mesintelligence avec la Chambre de Marseille. Car on ne voyoit que piquoterie de part & d'autre, que procedez, que formalitez peu dignes de Magistrats, & de fort méchant exemple parmi le peuple. Il est vray que comme on vit cesser le sujet de la jalousie, le mauvais exemple cessa bien-tôt aussi. Cela arriva par la revocation de la Chambre de Marseille, qui fit que les Conseillers revinrent bien-tôt reprendre leur seance à Aix. Pour le President du Vair, comme il ne lui resta plus rien à faire, il s'en retourna d'abord à Paris. Mais il s'étoit trop bien aquitté de son employ pour demeurer sans recompense. Aussi la reçût-il quelques mois aprez. Car comme la charge de premier President du Parlement d'Aix, vaquoit depuis onze ans, le Roy la luy donna fort obligemment, parmi mille témoignages d'estime de sa personne, & de reconnoissance des grands services qu'il avoit rendus. Il revint donc en ce païs. Sa venuë combla de joye toute la province. On espera de joüir par son moyen, de tous les fruits de la paix, & elle fût régardée comme le retour du siecle d'or. On vît bien-tôt que cette esperance n'étoit pas vaine, par ce qui se passa dans le Parlement. Tous les esprits se reunirent d'abord. On quitta tous les sentimens de division. On ne pensa qu'à distribuër sincerement la justice, tant l'exemple d'un chef a de pouvoir. Ce fût cet exemple en effet qui rétablit parfaitement l'ordre dans cette compagnie. Car quoyque depuis la paix, elle se fût réformée en bien des choses, il y avoit neanmoins toûjours de partialitez dans ce corps. On y voyoit pancher les esprits suivant les mouvemens de l'amour ou de la haine qui les avoit prevenus. Peut-être même que la grande suffisance empêchoit plusieurs de ceder à leurs égaux. Mais quand on vît à sa tête un homme du poids du President du Vair, qui sembloit avoir ramassé toutes les vertus en sa personne, alors on ceda volontiers à l'autorité soûtenuë de tant de merite. On connût que le bien de la justice vouloit qu'on lui defferât tout. On ne tarda pas de reconnoître que l'on avoit pris le bon parti. Car comme le President étoit homme de belles lettres, versé dans les sciences & dans le droit, ses connoissances se répandirent bien-tôt parmi les Conseillers qui le converserent. Chacun essaya de se signaler auprez de lui, & cette loüable émulation produisit de tres grands personnages. Elle fit voir aussi que les Provençaux n'ont besoin pour se rendre parfaits que de bons exemples. Le droit fût l'étude où ils excellerent. La theorie qu'ils aprirent leur reussit si bien, que jamais la justice ne se rendit avec plus de clairvoyance, avec plus de droiture qu'elle se fit dans le Parlement. Aussi voyoit-on les parties y venir de tous les endroits de la France, & tout le monde demander d'y être renvoyé. On y vît des personnes de la premiere qualité supliantes. On les vît se retirer avec une extreme satisfaction. On pourroit neanmoins douter avec quelque raison, si cette grande opinion de suffisance & de doctrine, procedoit effectivement toute du chef. Car aprez tout, il trouva de grands sujets en y arrivant. Il trouva plusieurs officiers pleins d'autant d'erudition, qu'il y en eut en France, gens de la derniere probité. Mais on ne peut dissimuler que la reputation de ce President, n'ait relevé celle de tous les autres. Jusques là les plus habilles & les mieux intentionez, étoient demeurez comme dans l'obscurité. Les divisions & l'envie qui regnoient dans cette compagnie, avoient étouffé le merite de tous ses membres. Mais le President faisant cesser l'une & l'autre, mit en lumiere ce que la confusion du temps tenoit caché, ce que l'émulation des parties suprime ou déguise d'ordinaire. Delà vint la grande reputation que ce Parlement aquit dans le monde, & la veneration qu'on eut pour tous ceux de ce corps. Les arrêts celebres & équitables qu'il rendit en ce temps là, montrent encore que jamais reputation ne fût mieux fondée. On en juge encore par les memoires, que plusieurs en ont laissé à leurs enfans. On y voit tant d'erudition & tant de doctrine, qu'assûrement ils sont comparables aux arrêts generaux que le premier President prononça, qui font un si grand honneur à sa memoire, & qui relevent si fort celuy de ce Parlement. Il est assûrement assez aisé de juger par cette ressemblance de doctrine, que c'étoit la communication que les Conseillers avoient avec leur chef qui le produisoit : qu'elle se nourrissoit dans leurs frequentes conferences : qu'une étude assidüe & continuelle la fortifioit. Aussi ces grands travaux ne manquerent pas de porter des fruits dignes d'eux. Par dessus la reputation que ces grands hommes aquirent au Parlement, d'être la compagnie de France la plus integre & la plus éclairée, plusieurs passerent dans les premieres charges de la robe. Entre autres le premier President fût fait Garde des Sceaux, le President de Bras, fût fait premier President en sa place, le Conseiller de Seguiran, passa peu de temps aprez d'une charge de President du Parlement, à celle de premier President de la Chambre des Comptes. Cette élevation si honorable aux gens de robe, ne fût pas moins glorieuse à tout le Païs. Car elle fit voir par le propre témoignage du Roy, que la Provence abonde en gens de merite, comme en plusieurs choses rares. Elle fit remarquer qu'elle n'est pas moins considerable, par la sagesse, par la droiture, par la politesse de ses Magistrats, que par la pieté de ses Prelats, & par la generosité de sa Noblesse, qui tant de fois l'a conservée à ses Princes legitimes, contre les entreprises de ceux qui vouloient l'envahir.

Fin du quinzieme & dernier Livre.

Messire JEAN FRANCOIS DE GAUFRIDI, Baron de Tretz, Conseiller du Roy en la Cour de Parlement de Provence, mourut dans Aix, le second Novembre mil six cent quatre-vingt-neuf. Il fut ensevely en l'Eglise des Cordeliers de cette ville, & dans la Chapelle de St. Antoine de Padoüe, autrefois St. Jacques des Pelerins. Les curieux y verront le buste de ce Seigneur, & liront au dessous cette Epitaphe, moins riche que l'eloge qu'il s'est luy-même dressé par cette histoire, qui le faira connoitre malgré les revolutions des siecles, jusques à la plus reculée posterité.

SISTE VIATOR
IN CONSPECTU ILLIUS,
ANTE QUEM SCRIBENTEM STETIT MORS,
STETERE ET PRÆTERITA SÆCULA;
ET EX ILLIS, CALAMO IPSIUS APPARUERE
QUÆ VOLUIT.
IS EST TANTUS SCRIPTOR

JOANNES FRANCISCUS GAUFRIDI,

MILES, BARO DE TRITIS,
IN CURIA PARLAMENTI
SENATOR ERUDITISSIMUS ET INTEGERRIMUS.
PROVINCIÆ SALYORUM HISTORIA
AB ILLO CONDITA, VIVET AD POSTEROS;
VIVENT EX COMPROVINCIALIBUS EJUS
ILLUSTRES INNUMERI,
EX OBLIVIONE EXTRACTI,
VEL LUCE FACTIS CONDIGNA DONATI:
GAUDEBIT ET PATRIA EJUS
SUO QUEM DESIDERABAT LIVIO,
VEL THUCIDIDA.
TANTO EXPLETO OPERE,
EXIMIUS ILLE OPIFEX
MIGRAVIT EX HAC VITA AD ÆTERNAM
QUA TENDEBAT.
IV. NON. NOVEMB. ANNO SAL. M. DC. LXXXIX;
ÆTATIS SUÆ LXVII.
MARITO DILECTISSIMO, CONJUX DEVOTISSIMA;
PATRI OPTIMO, FILII PIENTISSIMI;
FRATRI CARISSIMO, FRATER OBSERVANTISSIMUS, P. P. P.
ABI VIATOR,
ET BENEMERENTI HISTORICO BENE APPRECARE.

P. J. H. PP. V.

TABLE ALPHABETIQUE DES NOMS ET DES FAITS PLUS REMARQUABLES CONTENUS EN L'HISTOIRE DE PROVENCE De Monsieur de GAUFRIDI.

A

ABAYES de Provence, 87.
ABDERAME Roi des Sarrasins, est defait par Charles Martel, 26.
ABOT, Guillaume, Conseiller au Parlement de Paris, un des Commisseres pour tenir le Parlement d'Aix pendant son interdiction, 525.
D'ACIGNE', Pierre, Senechal de Provence, a ordre de Louis II. de conduire deux mille hommes à Naples, 274.
ADALAYX femme de Guillaume I. Comte de Provence, 63.
ADALASIE, fille d'Hugues Geofroi II. Vicomte de Marseille, épouse Raimond des Baux 109.
ADALGARDE, femme de Guillaume le Jeune Vicomte de Marseille, 68.
ADELASIE, Vicomtesse d'Avignon, une des Dames Presidentes dans les Cours d'amour. 105.
ADELAYS heritiere de Forcalquier, épouse Hermengaud Comte d'Urgel, 68.
ADELBERT Gouverneur de Provence, avec titre de Comte, 57.
ADHEMAR, Gerard, vend à la Comunauté de Marseille, la portion que sa femme avoit dans la Vicomté de cette ville, 351.
Rend hommage à Charles d'Anjou, pour sa Terre de Grignan, 144.
ADHEMAR, Guillaume, un des illustres Poëtes Provençaux, 105.
ADHEMAR, Louis, Seigneur de Grignan, Lieutenant de Roi en Provence, 463.
Reçoit des ordres pressans pour s'employer à l'extirpation des Vaudois, 463.
Est fait Gouverneur de la Province, 471.
Est destitué du Gouvernement, 483.
Est accusé d'avoir eu commerce avec les ennemis de l'Etat,
Est fait prisonnier, 484.
Est absous de la propre bouche du Roi, 486.
Des ADRETS amene des troupes en provence, pour soutenir le parti huguenot, 510.
Bat le Comte de Sommerive à la rencontre de St. Gilles, 521.
ADRIEN III. Pape, fait un decret portant attribution de l'Empire aux Princes d'Italie, aprez la mort de Charles le Gros, 37.
ÆTIUS delivre Arles du siege de Theodoric, 18.

Defait Atila Roi des Huns, en la bataille de Châlons, 18.

AFFUVEL, Hugues, & Jacques, deux des illustres gentilshommes Provençaux qui passerent en Italie pour le Roi Robert, contre l'Empereur Louis de Baviere, 208.

AGAR, Jean, Conseiller en Parlement; choisi pour aller commander, conjointement avec le Conseiller du Castelar, les troupes de la Ligue, 682.

Est fait prisonnier en la journée du Palais par la faction de la Comtesse de Sault, 695.

Est élargi & retabli par le Duc de Savoïe, 737.

Est député pour aller exhorter Messieurs les Oficiers de la Chambre de Manosque, à venir se rejoindre au corps du Parlement, 792.

AGOUT. Souche de cette maison, 132.

AGOUT, d'Agout, arme pour Benoît XIII. Pape, 168.

AGOUT, Amelin & Raimond, deux des cent Chevaliers, pour estre du duël de Charles I. contre le Roi d'Aragon, 180.

AGOUT, Balthazard, Seigneur d'Olieres, est fait Viguier de St. Maximin par Palamedes Fourbin Gouverneur de Provence, 359.

AGOUT, Beatrix, une des Dames de la Cour d'amour de Romanil, 106.

AGOUT, Bertrand, suit le parti des Berangers contre les Baux, 37.

AGOUT, Bertrand, Seigneur de Cabriez, Marechal de camp dans la guerre contre Raimond de Turenne, 261.

AGOUT, Briande, une des Dames de la Cour d'amour de Romanil, 106.

AGOUT, Fouquet, Senechal de Provence prend le chateau des Baux, où des factieux s'étoient cantonez, 223.

Est du parti d'Anjou contre celui de Duras, 249.

AGOUT, Guillaume, un des illustres Poëtes Provençaux, 105.

AGOUT, Imbert, un des illustres gentilshommes Provençaux qui servirent le Roi Robert en Italie, contre l'Empereur Loüis de Baviere, 208.

AGOUT, Isnard, surnommé d'Entravenes, fait hommage à Charles II. 189.

AGOUT, Loup, negocie une entrevenë entre Idelfons & Guillaume Comte de Forcalquier, 112.

AGOUT, Raimond, des principaux Seigneurs de la Cour du Comte de Forcalquier, 116.

AGOUT, Raimond, Senechal de Provence, fait preter homage à Louis mari de la Reine Jeanne, 222.

Assiste au couronement de l'Empr. Charles IV. 226.

AGOUT, Raimond, Seigneur de Sault, emploié par Louis I. pour porter les Provençaux à la reconnetre, 245.

Emploié dans la guerre contre Raimond de Turenne, 261.

Envoié en ambassade vers le Roi d'Aragon, pour lui demander au nom du Roi Louïs II. sa niepce en mariage, 271.

AGOUT, Raimond, Seigneur de Cipieres, est pourveu de l'ofice de Visiteur general des gabeles, par Palamedes Fourbin Gouverneur de Provence, 359.

AGOUT, Reforciat, Seigneur de Vergons, commande les arbaletriers dans la guerre contre Raimond de Turenne. 261.

Député vers le Pape Clement, au sujet de cette guerre, 262.

A la tête tranchée, 283.

AGOUT, Rossolin, un des illustres Seigneurs Provençaux qui passerent en Italie pour servir le Roi Robert contre l'Empereur Louis de Baviere, 208.

D'AGUERRE, Chretienne, Comtesse de Sault. Voi ce qui regarde cette Dame sous le nom de Sault, qu'elle a rendu fameux en cette province.

AIGUIERES, Chevalier, complote pour remetre Arles au Marechal de d'Amville, 606.

Est surpris dans son dessein, arreté, condamné à mort & executé, 606.

AILLANE, plaine où Charles V. avoit dressé son camp, 451.

AIMAR, Guillaume, Conseiller en Parlement, arreté dans Aix pour être du parti du Roi, 659.

AIMINI, Bertrand, un des illustres gentilshommes de Provence, qui marcherent sous les enseignes du Duc de Calabre fils du Roi Robert, pour s'oposer aux entreprises de l'Empereur Louis de Baviere en Italie, 208.

AISSELENE, premiere femme de Guillaume II. Vicomte de Marseille, 65.

AIX, sa fondation par Sextius, Proconsul Romain, 6.

Est du partage de Sigebert Roi de Mets, 22.

Est desolé par les Lombards, 22.

Se ressent des courses des Sarrasins, 36.

On y tient un Concile, 53.

Son Prieuré de saint Jean, est le second benefice de l'Ordre de saint Jean de Jerusalem, 73.

La fabrique de la monnoïe y est établie par l'Empereur Conrad, 78.

Est la capitale sous les Berangers, 80.

Les Etats de la Province y sont convoquez par Raimond Beranger le jeune. 101.

Ses environs sont ravagez par Raimond des Baux 116.

Se defend à merveille contre ce Seigneur, & ses habitans le font prisonnier, 116.

L'action est recompensée du privilege de la coupe du bois & du paturage à cinq lieües à la ronde, 116.

Fournit mille florins pour la depense des habits roïaux, lors du couronement de la Reine Jeanne avec Louis de Tarante son second mari, 118.

Son union pour Charles de Duras, 249.

Sa reünion sous Louïs II. 225.

Voit par là confirmer ses privileges, 255.

Fondation de son Université, 277.

Prête sa grosse bombarde pour forcer les Catalans qui tenoient le palais d'Avignon, 277.

Louïs II. y établit un Parlement, 284.

Secourt ceux de Marseille & les delivre de la possession des Aragonois, 293.

Ce service est reconnu par le Prince, par une adition glorieuse à ses armories, 294.

Son quartier apellé la Ville des Tours est abandonné, 295.

Son terroir est declaré libre & allodial par le Roi René, 346.

Obtient le titre de Consul pour ses Sindics, 369.

Le Parlement de Provence y est établi par Louis XII. 388.

Le Parlement jure de maintenir ses privileges, 392.

Sa politesse & sa magnificence, 392.

Partagé d'opinion sur le sujet de la reception du Duc de Bourbon, 417.

Prent

Prent le parti de le recevoir, ne pouvant lui resister, 418.
Erection de son Siege general du Senechal, 434.
Ses Consuls faits Procureurs du païs, 436.
Avantages de cette procure, 436.
Depuis quel tems son premier chaperon est rempli de la personne d'un gentilhomme de la province possedant fief, 437.
Ses Consuls étoient en droit de porter leurs plaintes à la Cour par remontrance, 437.
Loüables soins de ses Consuls pour conserver la province libre & pour defendre le peuple de l'opression des Juges, 437.
Resolution de ses Consuls pour le fortifier contre l'Empereur Charles Quint, 440.
On ne l'estime pas tenable, 441.
Generosité de ses habitans à faire le degat de leurs biens, pour en priver l'armée de Charles Quint, 441.
Changement de tout son ordre politique par Charles Quint, 451.
Le Duc de Savoie fait metre le feu à son palais, 455.
Son entiere devastation par les Imperiaux en se retirant, 456.
Reformation de son luxe, 468.
Est afligé de la peste, 482.
Entreprise de Mauvans pour le surprendre, decouverte, 498.
On y publie l'edit de Janvier en faveur des huguenots; & on leur assigne deux lieux pour leur preche. On y casse les Consuls, & on desarme ses habitans, 509.
S'allarme du passage du Baron des Adrets; & pour cela se fortifie, 519.
Ses Consuls s'oposent à la verification de l'edit d'Amboise, qui étoit en faveur des huguenos, 523.
Ceux du parti huguenot en sortent pour se metre en campagne avec armes, 533.
Fait des grandes rejouïssances pour la revocation de l'edit de Janvier qui étoit tout favorable aux huguenos, 540.
Le Marechal de Rais y entre sans bruit, & y fait tenir les Etats de la province, 564.
Tient pour le parti Carciste, & pour cela refuse les clefs de ses portes au Colonel d'Ornano, 577.
Est delivré de la garnison Corse par la liberalité du Grand Prieur, 588.
Son pitoïable état, pendant la contagion de 1580. 593.
On y tient les Etats pour reünir les partis de la province, 596.
Est tout en rumeur pour la mort du Grand Prieur, 608.
Le Duc d'Epernon y fait son entrée avec un apareil tout-à-fait magnifique, 620.
Son election consulere faite suivant le choix du Duc d'Epernon, 621.
La peste s'y r'allume, & on decouvre qui l'entretenoit, 627.
Fait une union semblable à celle de Paris & la fait signer à chaque particulier, 658.
Son terroir est ravagé par le Duc de la Valete, 660.

Reconet Charles X. 670.
Delibere de prendre le secours du Duc de Savoie, 671.
Le commandement des armes de la province, est donné à ses Consuls dans la rencontre de la mort du General, 680.
Ses regrets à la mort du Seigneur de Vins, 680.
Preservé d'une conspiration, en fait grand fête, 700.
Entrée magnifique, qu'y fait le Duc de Savoie, 704.
Fait une cotisation pour faire les frais du siege du Pui sainte Reparade, 729.
Preservé d'une conspiration conduite par un Religieux Augustin, 755.
Preservé d'une autre conspiration tramée par le Capitaine Raguenau, 756.
Repond à la bravade que lui fait le Duc d'Epernon, 760.
Assiegé par le Duc d'Epernon: se defend vigoureusement contre toutes ses attaques, 761.
Attaqué par un fort dressé sur la coline saint Eutrope, 762.
Tire sur le fort saint Eutrope, & y fait courir au Duc d'Epernon grand danger pour sa personne, 763.
Construit un fort sur le cotau des fourches, apellé le Fort de saint Roch. Bons mots du peuple là-dessus. 764.
Est delivré du siege, 765.
A seul la liberté de sa police, entre les trois villes principales de la province, 772.
Se declare pour le Roi Henri IV. 777.
Se repand dans les eloges de ce Prince, 778.
Le Duc d'Epernon tache en vain de le surprendre, 791.
Le Parlement roïal ou de Manosque y revient, 792.
Le retablissement de toutes les justices lui est accordé, aussi bien que l'union de la procuration du païs à son consulat, 793.
Demolition du fort saint Eutrope, 794.
Son terroir ravagé par le Duc d'Epernon au mepris de la treve, 806.
Ses rejouïssances pour la destitution du Duc d'Epernon, 820.
Reçoit le Duc de Guise avec des grands aplaudissemens, 824.
Ses rejouïssances pour la reduction de Marseille, 845.
Depute au Roi pour empecher l'etablissement d'une Chambre souveraine de justice à Marseille, 846.
Fait de rejouïssances extraordineres pour la sortie du Duc d'Epernon hors de la province, 848.
Fait de reglemens tres-salutaires pour la police, 857.
D'AIX, Louïs, suscité dans Marseille par Besaudun, pour soutenir le parti du Seigneur de Vins, 674.
Aigrit les esprits des Marseillois contre la Comtesse de Sault, 753.
Commencement de son autorité tirannique dans Marseille, 755.
Sa fierté à l'endroit du Duc d'Epernon, 755.
Garantit Casaulx d'un grand danger, & parta-

b

ge ensuite l'autorité avec lui, 758.
Conjuration faite pour le tuër, tramée par Porcin, 759.
Prend dessein avec Casaux de recourir au Roi d'Espagne, 759.
Traite avec le Duc d'Epernon, 780.
Exactions tiranniques qu'il exerce sur les marchands de Marseille, 780.
Son union avec le Duc d'Epernon concluë, 797.
Donne le commandement de la porte roiale à Libertat, 801.
Le Monastere saint Victor lui est remis par Casaux, 801.
Conjuration pour le faire perir avec Casaux, dans une Eglise, 802.
Deportemens insolens & cruëls de ce tiran contre l'Evêque & un trompete de la ville d'Aix, 812.
Dresse un fort à l'embouchure du port de Marseille, à l'endroit qu'on apele Tête de More, 821.
Est chassé de Marseille, 840.
Abandonne saint Victor & se retire miserablement sur les galeres d'Espagne, 843.
ALACTE, Dame d'Ongle, l'une des dames qui presidoient aux Cours d'amour, 105.
ALARIC, Roi des Gots ravage l'Empire, 17.
Prent Rome & la sacage, 17.
Meurt, 17.
ALARIC, Roi des Visigots, est defait par Clovis, 18.
ALAYRIS, seconde femme de Guillaume I I. Comte de Forcalquier, 65.
ALBE, Charles, emploié dans la guerre contre Raimond de Turenne, 261.
ALBE, Jacques, un des illustres Provençaux qui passerent en Italie pour le Roi Robert, contre l'Empereur Louïs de Baviere, 208.
ALBE, Jean, du nombre des cent Chevaliers pour le duël de Charles I. contre le Roi d'Aragon, 180.
ALBERIC, Bertrand, de Tarascon, un des genereux Provençaux qui passerent les Monts pour servir le Roi Robert contre l'Empereur Louïs de Baviere, 208.
ALBERT, Archiduc d'Autriche, caresse les tirans de Marseille, 821.
ALBERTAS, signalez pour avoir utilement servi à la defense de Marseille, contre les attaques du Duc de Bourbon, 419.
ALBERTAS, Gaspard, seigneur de Villecrose, entretient la Ligue à Marseille, 631.
Est assassiné par les Carcistes, 674.
ALBERTET de Sisteron, un des fameux poëtes Provençaux, 106.
ALBI, François, seigneur de Brez, Conseiller en la Chambre des Comptes, un de ceux qui tenoient le parti du Roi, du tems de la Ligue, 658.
ALBIGEOIS, leur heresie & les maux qu'ils causerent en Languedoc, & aux Princes de ce païs, 125
ALBIQUES, peuples de Provence, temoignent beaucoup de valeur à la defense de Marseille, contre Cesar, 13.
D'ALBIS, Antoine, Conseiller en Parlement, compris dans la plainte formée par le Procureur du dernier Concile de Latran, 402.
De ALBIS, Peregrin, un des quatre Grefiers de la Cour de Parlement dans son institution, 388.
ALBOD, gentilhomme de Provence, se signale dans le dessein de faire perir Charles Quint, 447.
D'ALEN, seigneurs de ce lieu. Voi sous le nom de Reinaud qui est celui de leur famille,
ALEXANDRE V. Pape, accorde les bulles de fondation d'une Université pour la ville d'Aix, 277.
ALFERAN, est fait Capitaine de quartier d'Aix, par la faction du Duc de Savoie, 733.
ALFONSE, Roi d'Aragon, adopté par Jeannelle Reine de Naples, 287.
Son adoption est revoquée, 289.
Surprend & saccage Marseille, 290.
Est fait prisonnier devant Gaïete, 305.
Est mis en liberté par le Duc de Milan, 306.
Suscite le Concile de Bâle, contre Eugene I V. 306.
S'empare du roïaume de Naples, 310.
Assiege le Roi René dans Naples & lui enleve cette ville, 311.
Y fait son entrée en superbe apareil, 312.
Obtient du Pape l'investiture du roïaume de Naples, 313.
ALFONSE Jourdain, Comte de Toulouse, fait un accord avec Raimond Beranger, Comte de Barcelone, 94
ALLAGONIA, Artaluche, suit le Roi René, qui lui donne la Terre de Merargues, 313.
ALLAGONIA, Claude, seigneur de Merargues, fait perir brutalement un reste de troupes defaites, 678.
Fait bruit dans le Parlement à la suscitation de la Comtesse de Sault, 693.
Est fait Grand Maître de l'artillerie par le Duc de Savoie, 706.
Est fait premier Consul d'Aix, 729.
Entreprend d'enlever le Duc de Savoie,
ALLAMANON, Bertrand & Ollebert, entre les nobles du parti des Berangers contre les Baux, 97.
ALLAMANON, autre Bertrand, du parti des Baux contre les Berangers, 97.
ALLAMANON, Bertrand, un des celebres poëtes Provençaux, 106.
ALLAMANON, Bertrand, du nombre des cent Chevaliers pour se batre avec Charles I. contre le Roi d'Aragon, 180.
ALLAMANON, Pons, un des illustres gentilshommes Provençaux en l'armée du Roi Robert, contre l'Empereur Louïs de Baviere, 208.
ALLAMANON, Ricard, un des cent Chevaliers choisis par Charles I. pour être de son duël contre le Roi d'Aragon, 180.
ALLEMAGNE. Genealogie des Rois d'Allemagne & de Provence, 31.
ALLEMAGNE, lieu de Provence, connu par la bataille qu'y fut donnée, 615.
ALQUIER, Pierre, un des illustres Provençaux qui porterent les armes en Italie, pour soûtenir le Roi Robert, contre l'Empereur Louïs de Baviere. 208.
ALTOVITIS de Marseille, se firent remarquer dans la défense de cette ville contre le Duc de Bourbon. 419.
ALTOVITI, un des premiers ligueurs de Marseille. 607
Ecrit contre le Grand-Prieur, qui en aïant été in-

formé le blessé à mort. 607

AMALASONTE Reine des Ostrogots, cede la Provence aux François. 19

AMALRIC, comment entré dans la maison de Pontevez. 507

AMALRIC, Durand, est fait heritier des grands biens de Jean-Baptiste de Pontevez. 507

AMALRIC, Roi des Visigots se rajuste avec les enfans de Clovis qui lui avoit enlevé ses Etats. 19

Epouse Clotilde leur sœur. 19

AMAT Patrice de Provence est défait & tüé par les Lombards, ausquels il vouloit défendre l'entrée du païs. 22

D'AMBOISE, Georges, Archevêque de Roüen, & Loüis son frere Evêque d'Albi, deux des Commissaires pour examiner les pretentions du Duc de Loraine sur la Provence. 365 & 383

AMBROIS, Remi, Avocat des pauvres, condamné en quarante livres d'amende, pour avoir voulu eluder quelques procedures de justice. 434

Devenu second President en Parlement, est commis pour retrancher les abus de sa compagnie. 489

AMBRONS, défaits par Marius, 8.

Generosité de leurs femmes. 10

AMEDE'E, Duc de Savoie s'assure de Nice par une transaction. 288

AMIC, Geraud, du parti des Berangers contre les Baux. 97

Est conté entre les principaux Seigneurs de la Cour du Comte de Forcalquier, 116

Epouse Adelaïs sœur de Guillaume VI. Comte de Forcalquier. 134

AMIC, nom Patronimique de la maison de Sabran. 133

AMIENS, prise de cette ville par un amoureux. 856

AMON, chef des Lombards ravage la Provence & assiege Aix. 22

AMPUS, Balthasard de Castelane Seigneur de ce lieu, prend Jouques d'assaut & fait pendre le Capitaine Orgon qui en étoit Gouverneur. 645

A grand part à la victoire remportée sur les huguenots du Languedoc prés Tarascon. 672

Acquiert beaucoup de gloire à la victoire de Malemort. 677

Bat, prés Sainte Tulle, les troupes des Cevenes qui venoient au secours de la Valete. 699

Est fait Colonel de l'Infanterie Provençale par le Duc de Savoie. 706

Est tüé en voulant surprendre Tarascon. 708

Eloges de ce Seigneur. 709

ANCESUNE, Antoine, Grand Ecuïer, convoque la Noblesse de Provence pour se rendre prés du Roi Charles VIII. 366

D'ANDREA, Emeri, est rempli de la charge de Conseiller Garde sceau dans l'institution du Parlement. 388

Est fait President de la Chambre des Comptes. 391

ANDRE', fils de Carobert Roi de Hongrie, épouse Jeanne petite fille du Roi Robert. 210

Tâche de s'établir à Naples en donnant les charges aux Hongrois. 210

Son Gouverneur remuë en vain diverses machines pour le faire déclarer Roi. 213

Est assassiné par la jalousie des Italiens. 216

Première vengence de sa mort. 217

Sa mort est de nouveau vengée par son frere, sur ceux qu'on en croyoit auteurs. 218

ANDRE', frere Laïque Carme, arrête dans Aix les Officiers des compagnies superieures qui étoient du parti du Roi. 659

D'ANGELO, Jacques, un des Procureurs Generaux en Parlement, de l'institution 388

Député vers le Vicelegat sur le fait de l'annexe. 395

ANGENOUST, Jerôme, Conseiller au Parlement de Paris, du nombre des Commisseres pour tenir le Parlement de Provence pendant son interdiction. 525

ANGLETERRE, revolutions étranges qu'y causa l'heresie. 460

ANGOULEME, Henri, Grand-Prieur de France; vrai nourrisson des Muses. 198

Est fait Commandant en Provence. 570

Assiege Menerbe, & abandonne ensuite l'entreprise. 571

Fait assassiner le Comte de Montasier. 571

Refuse un present considerable d'argent que la province lui faisoit. 574

Apellé à la Cour, refuse d'y aller. 575

Obtient le Gouvernement de Provence. 586

Païe les Corses de ses deniers, pour les obliger de se retirer d'Aix. 588

Etablit son sejour à Marseille 588

Apaise une sedition à Manosque. 589

Accomode le diferent d'entre la province & le Parlement, au sujet des tailles. 590

Termine les contestations d'entre le Parlement & la Chambre des Comptes. 591

Ces accomodemens le mettent en grande reputation. 591

Parcourt la province avec des Commisseres du Parlement pour rendre justice sur les lieux. 594

Fait pendre Daries & Cabanes à Marseille, qui souslevoient le peuple de cette ville en faveur de la Ligue. 603

Fait faire le procez au Seigneur de Vins absent. 604

Sa mort déplorable. 606

Belles qualitez de ce Prince. 609

On lui fait de magnifiques obseques. 625

ANJOU, armoiries de cette maison & leur brisure. 153

Princes de cette maison Comtes de Provence. Voi ce qui en est dit sous les noms de Charles, de Robert, de Loüis & de René.

ANNEXE. Le Parlement, en conserve le droit. 394

Reglement sur ce sujet aprouvé par le Concile de Latran. 408

ANSELME, de Moustiers, un des celebres Poëtes Provençaux. 106

ANSELME, Capitaine, arrêté comme fauteur de seditieux, conduit au Château d'If & là étranglé par un forçat. 596

ANTELMI, Loüis, un des Conseillers du Parlement qui suivirent le parti du Roi du tems de la Ligue. 658

Empêche que Tarascon n'ouvre ses portes aux Ligueurs. 672

ANTIBE est fondée par les Marseillois 6.
Prise par le Duc de Savoie avec moins de poudre, que d'argent. 752
Reprise par le Duc d'Epernon sur le Savoiard. 755
D'ANTONELLE, Antoine, François, & Pierre, emprisonez sur des fausses accusations suscitées par le Lieutenant Biord, 724.
Elargi par ordre du Duc de Savoie, 728.
Un de ceux qui avoient resolu de delivrer Arles de la tirannie de Nicolas Jean, 805.
D'ANTONELLE, Guillaume, emprisoné par le commandement du Lieutenant Biord, sur des fausses accusations, 724.
Delivré de prison par autorité du Duc de Savoie, 728.
Est fait second Consul d'Arles, 786.
Est contraint d'abandonner la ville par les violences de Nicolas Jean, 806.
APEAUX, Juges d'Apeaux, leur supression, 434.
APOTIQUERES, interdits de la vente du poison, 52.
APT, Concile tenu en cette ville, 53.
Repousse les Seigneurs d'Allemagne & de Cereste, 605.
AQUEVILLE, Nicole, President aux Enquetes du Parlement de Paris, un des commissaires pour examiner les pretentions du Duc de Lorraine sur la Provence, 365 & 380.
Des ARCHES, President. *Voi sous le mot de Mesmes*,
ARCHEVECHEZ de Provence, 80.
ARCHIPRETRE, surnom d'un fameux chef de brigands, qui ravagerent la Provence, 223.
ARCUSSIA, Francesquin, Seigneur de Tourvez, deputé vers le Pape Clement au sujet de la guerre de Raimond de Turenne, 262.
ARCUSSIA, Jacques, Chevalier, emploié par Louis I. pour porter les Provençaux à le reconnetre, 245.
ARCUSSIA, Jean, Conseiller en Parlement, s'enfuit d'Aix pour être du parti huguenot, 516.
Suit le parti du Roi du tems des divisions de la Ligue, 658.
D'ARDILLON, André, seigneur de Monmirail, Conseiller en Parlement, excepté pour quelque tems du benefice du retablissement de ses collegues, 530.
Est assassiné par des gens de la bande du capitaine Cartier, 613.
Les ARENES de Marseille se font remarquer à la defense de cette ville, contre le Duc de Bourbon, 419.
D'ARENE tué par les gens du Grand Prieur, 608.
ARIANISME, favorisé par Saturnin, Archeveque d'Arles, 47.
ARISTARQUE, guide les fondateurs de Marseille, 4.
ARISTOXENE, fille de Nanus Roi des Segoregiens ? Pourquoi ainsi apellée. 4.
ARLES, favorisé par l'Empereur Constantin, qui le rend une des plus florissantes villes du monde, 15.
Cet Empereur lui donne son nom, 16.
Surnom d'Arles, donné au fils de cet Empereur, 16.

Est choisi pour la demeure du Prefet des Gaules. 16
On y établit la fabrique de la monóie. 16
La manufacture des draps d'or pour les habits des Empereurs y est établie. 16
Est choisi pour le siege des assemblées annüeles des sept provinces voisines. 16
Est assiegé inutilement par Theodoric Roi des Visigots. 18
Resiste à Torismond & à Theodoric Rois des Visigots. 18
Est pris par Euric leur successeur. 18
Devient la capitale du roïaume des Visigots. 18
Est assiegé par les François qui sont contrains d'en lever le siege. 19
Ses murs sont rebatis par Theodoric Roi des Ostrogots. 19
Childebert fils de Clovis afecte d'en avoir le domaine. 21
Surpris par Sigebert Roi de Mets. 22
Repris par le Patrice Celse. 22
Tombe en partage à Gontran Roi d'Orleans. 22
Est occupé deux fois par les Sarrasins & delivré par Charles Martel, & ensuite par Charlemagne. 16. & 27.
Conciles qui y ont été tenus. 48. 49. 50.
Primatie de son Eglise sur toutes les Gaules ; & son anciéneté. 48
La Primatie est ôtée à son Eglise sous l'Episcopat de St. Hilaire. 48
En obtient la restitution sous celui de Ravenius, 49
En a la confirmation par l'autorité d'un Concile. 49
En raporte une nouvelle confirmation sous l'Episcopat de Sapaudus. 50
Se la fait confirmer une troisiéme fois sous l'Episcopat de Virgilius, par le Pape St Gregoire le Grand. 50
Se rend Republique. 51
Est la capitale de Provence sous les Bosons. 62
Refuse de se declarer pour le Pape contre Henri Roi de Germanie. 68
Est excommunié par le Pape. 68
On y retablit la fabrique de la monoie. 78
Le Vicariat de l'Empire est donné à son Archevêque par l'Empereur Frideric. 113
Grandeur de cette ville. 118
S'érige en Republique. 118
Se met sous la protection de Raimond Beranger. 128
Se remet à l'obeïssance sous Charles I. 140
Resiste à Loüis Duc d'Anjou. 228
Se broüille avec Marseille sur le sujet des represailles. 237
Entreprise sur cette ville par Ferragut. 247
Tient le parti de Charles de Duras, 249
Reçoit magnifiquement Martin Roi d'Aragon. 265
Les armes de l'Empire en sont ôtées. 276
Erection de son Siege de Senéchal. 434
Est muni d'une garnison pour resister aux attaques de l'Empereur Charles Quint. 441
Ardeur generale de ses habitans en cette occasion, jusqu'à faire prendre la hote aux Dames pour fortifier leur ville. 445
Empêche les troupes de Charles Quint de s'aprocher de ses murailles. 453

entreprise

Entreprise des Huguenots du Languedoc pour s'en emparer, éludée avec beaucoup de peine. 565
Deuxième entreprise sur cette ville par le Maréchal de Damville, qui est découverte. 605
La Ligue y est introduite par le Lieutenant Biord. 631
Se met sous la protection du Pape. 691
Le Duc de Lorraine lui offre son fils pour y commander pendant la Ligue. 697
La protection du Pape y est rejettée par les bons François. 698
Dégat considerable fait dans son terroir par le Seigneur de la Valette. 722
Est asservi sous la tirannie du Lieutenant Biord, 722
Appelle le Duc de Savoïe, qui y est reçû magnifiquement. 725
Met dehors les troupes du Duc pour ne le plus reconnetre. 747
Fait faire des forts pour défendre son terroir. 761
Est contraint de reconnetre le Duc d'Epernon. 761
Est de nouveau asservi par deux hommes de basse main, Couque & la Touche. 770 & 781
Est delivré de cette sujetion par le suplice qu'on prend de l'un des Tiranneaux, & par la fuite qu'on donne à l'autre. 783
Est asservi une troisième fois par Nicolas Jean un de ses Consuls. 804
Se declare pour le Roi Henri IV. & en fait de grandes réjoüissances. 819
D'ARMAGNAC, Cardinal Collegat d'Avignon, élude une entreprise des Huguenots sur cette ville. 532
Est fait Commandant dans la Province. 582
Vient dans Aix, y fait quelque sejour assez inutilement, puis se retire. 583
ARMOIRIES. Celles des Comtes de Provence étoient premièrement la croix vüidée, clechée & pometée. 59
Leur variété dans une même famille. 133
ARNAUD, Claude, Conseiller en Parlement, soûtient que sa compagnie ne doit pas se démancher de la connestance de la Police. 705
Un des oficiers choisis pour aller tenir la Chambre souveraine de Marseille. 852
ARNAUD de Cotignac, un des celebres Poëtes Provençaux. 106
ARNAUD, Daniel, honore son pais par ses vers. 103
Imité par Petrarque. 105
ARNAUD, Guillaume de Belafaire. 208
ARNAUD de Villeneuve, celebre Medecin, envoié par le Roi d'Aragon vers le Roi Robert. 203
ARNAUDE, Jeanne, femme entretenuë par celui qu'on apelloit le saint Hermite. 628
ARRET de Merindol contre les heretiques de ce lieu. 461
Execution crüele de cet arret. 474
ARSINNE, femme de Guillaume I. Comte de Forcalquier. 59
ARTICHE, Mathieu, d'Aix, un des illustres Gentilshommes qui marcherent sous les enseignes du Duc de Calabre, pour faire tête en Italie à l'Empereur Loüis de Baviere. 208
ASSASSINAT, de Rincon & de Fregose, sujet de rupture entre François Premier & Charles Quint. 464

ASTOAUD, Bertrand & Poncet retenus dans le Palais d'Avignon par les Catalans. 277
ASTOAUD, Jean, Conseigneur de Riez, est investi de la Terre de Rauville. 359
ASTROLOGIE judiciaire combien estimée. 527 & 528
ATAULPHE, Roi des Gots, épouse Placidie sœur d'Honorius. 17
Sauve Rome à la priére de sa femme. 17
Se retire en Espagne & l'occupe. 17
Est tué en haine de son alliance avec les Romains. 17
ATILA, Roi des Huns, est défait dans les Chams Catalauniques. 18
S. AUBAN, Guillaume, choisi pour être des cent Chevaliers du düel de Charles I. contre le Roi d'Aragon. 189
AUBERT, Vincens, bourgeois d'Arles, emprisonné par le Lieutenant Biord. 712
Est fait Consul d'Arles, du second ordre. 770
Est arrêté par la Couque & Touche. 781
Mis en liberté, delivre sa patrie de l'opression de ces deux Tiranneaux. 783
Sa modestie à refuser la continuation du Consulat. 786
S. AUBIN trame quelque entreprise contre Marseille, qui est découverte. 188
AUDEBERT, Michel, un des Conseillers du Parlement au tems de l'institution. 388
AUDIBERT, Nicolas, est fait Assesseur d'Aix par la faction du Duc de Savoïe. 733
AUGIER, Secretere du Comte de Carces dépêché par lui à Rome, pour faire sçavoir au Pape qu'il avoit moïené qu'on recourut à sa protection. 691
AUGUSTINS, en quel tems fondez en Provence. 87
AVIGNON tombe au partage de Sigebert Roi de Metz. 22
Occupé par les Sarrasins, est delivré par Charles Martel. 26
Conciles qui y ont été tenus. 52
Cedé à moitié à Raimond Beranger III. 95
Se fait Republique. 120
Est contraint à reconnetre ses Souverains. 127.
Se soûmet à Charles I. 142
Acquis entierement par Charles II. 189
Vendu au Pape par la Reine Jeanne. 219
Construction de ses belles murailles. 223
Son palais tient ferme durant dix-neuf mois de siége. 277
Le feu s'y met & consume tout un quartier. 282
Les Papes refusent de l'échanger pour d'autres villes en Italie. 326
Consideré par les Papes comme leur retraite plus assurée. 326
Entreprise des Huguenots sur cette ville, découverte. 532
D'AVIGNON, François, emprisonné sur des fausses accusations par le Lieutenant Biord. 724
Elargi par ordre du Duc de Savoïe. 728
Les AURIAS se font remarquer à la défense de Marseille pendant le siége du Connétable de Bourbon. 419
AURIOL pris par le Duc d'Epernon. 757
AYCARD Archevêque d'Arles, excom-

t

muni par le Pape, n'eſt point ébranlé par cette fulmination. 68
AZON, Marquis d'Eſte, épouſe Beatrix fille de Charles II. 194

⚜⚜⚜⚜⚜⚜⚜⚜⚜⚜⚜⚜⚜⚜⚜⚜⚜

B

De BACQUEMARE, Jeſſé, Conſeiller au Grand Conſeil, un des Commiſſeres pour tenir le Parlement de Provence pendant l'interdiction de ſes oficiers. 525
BADET, Bernard, Conſeiller au Parlement, un des trois Commiſſeres deputez pour faire executer l'arrêt contre Merindol. 474
BAILLAGES de Provence. 80
BAILET, Thibaud, ſecond Preſident au Parlement de Paris, un des Commiſſeres pour examiner les pretentions du Duc de Lorraine ſur la Provence, 365 & 380
BALB, Emmanuel, choiſi par Charles I. pour être des cent Chevaliers de ſon duël contre le Roi d'Aragon 180
BALB, Pierre, tige de la maiſon de Glandevez. 133
Pris par Charles I. pour être de ſes cent Chevaliers qui devoient ſe battre contre pareil nombre de ceux du Roi d'Aragon. 180
Paſſe ſous les enſeignes du Roi Robert en Italie, pour s'opoſer aux entrepriſes de l'Empereur Loüis de Baviere. 208
BALB, un des cinq Gentilshommes qui ſe ſignalerent dans le deſſein de faire perir Charles-Quint lors de ſon irruption en Provence. 447
BAN & Arriereban, les Gentilshommes de Marſeille n'y ſont point ſujets. 366
BARBESIEUX, Ricard, un des illuſtres Poëtes de Provence. 106
BARBES, nom que les heretiques donnoient à leurs Miniſtres. 459
BARCELONE, origine de ſes Comtes. 91
BARDOUCHE un des partiſans du Lieutenant Biord, arrêté par le commandement du Duc de Savoie. 728
De BARGEMONT, Guillaume, celebre entre les Poëtes Provençaux. 106
BARJOLS pris & ſacagé par les Huguenos. 510
Cruautez & profanations étranges commiſes dans cette ville. 511
Aſſiegé & pris par le Conſeiller du Caſtelar Commandant l'armée de la Ligue en Provence. 699
De BARJOLS, Elzear, un des illuſtres Poëtes Provençaux. 105
Le BARON, Château aſſiegé par les Huguenos. 566 & 567
BARRAL des Vicomtes de Marſeille fils d'Hugues Geofroi III. 110
Eſt fait Gouverneur de Provence par Idelfons. 110
De BARRAS, Antoine, Seigneur de la Robine, reçoit la haute Juſtice des lieux de la Robine & de Mirabel, par le don qu lui en fait Palame des Fourbin Gouverneur de Provence. 359
De BARRAS, Bertrand, un des Gentilshommes Provençaux qui paſſerent armez en Italie pour ſoûtenir le Roi Robert contre l'Empereur Loüis de Baviere. 208

De BARRAS, Guillaume, un des genereux Provençaux qui marcherent ſous le commandement du Duc de Calabre en Italie, pour y faire tête à l'Empereur Loüis de Baviere. 208
De BARRAS, Jean, choiſi par Charles I. pour être avec cent autres Chevaliers de ſon combat ſingulier contre le Roi d'Aragon. 180
BARRAS, Raimond, un des illuſtres Provençaux qui parurent en Italie avec le Duc de Calabre fils du Roi Robert, pour s'opoſer aux entrepriſes de l'Empereur Loüis de Baviere. 208
BARRAS, bâtard, creé Vicomte dans Aix par l'Empereur Charles-Quint. 451
S. BARTHELEMI, journée fameuſe par le maſſacre des Huguenos. 545
BARTHELEMI Roſlin, Seigneur de Sainte Croix, deputé de la Province vers Charles VIII. pour y détruire la faction Lorraine. 367
BASTIN, Capitaine, maſſacré à Aix dans l'émûte de la journée du Palais. 696
BATAILLE, d'Agnadel, gagnée par Loüis XII. ſur les Venitiens. 397
D'Aix, remportée par les Romains ſur les Theutons & les Ambrons. 9
D'Allemagne, perduë par les Ligueurs de Provence. 616
De Benevent, glorieuſe à Charles I. par la défaite & la mort de Mainfroi uſurpateur du Roiaume de Sicile. 155
De Bulleneville, fatale à René d'Anjou par ſa défaite & par la perte de ſa liberté. 302
De Fontenai, ſanglante entre les enfans de Loüis le Debonaire. 27
De Fornoüe, remarquable par la victoire qu'y remporta Charles VIII. ſur tous les Potentats d'Italie & de l'Empire. 379
De Lagran en Dauphiné ou d'Orpiere, où les Catholiques de Provence commandez par le Comte de Suſe furent victorieux des huguenos. 519
De Malemort, où les huguenos du Languedoc furent défaits par les Catholiques de Provence commandez par les deux freres Belaudun & Ampus. 677
De Marignan, trés-fameuſe par l'inſigne victoire de François I. ſur les Suiſſes. 409
De Muret, acquiſe aux Catholiques croiſez, par la défaite des heretiques Albigeois. 126
De Palence, memorable par la victoire de Charles I. ſur Conradin. 161
De Pavie, funeſte à la France par la défaite & par la priſe de François I. 424
De Roche-ſeiche, où Loüis II. mit en fuite Ladiſlas Roi de Naples. 278
De Sarne, où Jean Duc de Calabre fils du Roi René défit Ferdinand de Naples. 323
De Sparron, où les Savoïards & les Ligueurs de Provence furent mis en déroute par les Roïaliſtes. 714
De Stoblon où l'on fit perdre aux Saxons & aux Lombards l'envie de revenir ravager la Provence. 22
De Troïe dans la Poüille, où Ferdinand de Naples batit le Duc de Calabre. 324
De Ste. Tulle, dans laquelle le Seigneur d'Ampus fut victorieux des Cevenos qui venoient au ſecours de la Valete. 699
De Vidauban, où le Duc d'Epernon fut batu par le Duc de Guiſe Gouverneur de Provence. 845

De Villademar, où Jean Duc de Calabre vainquit Ferdinand fils de Jean Roi d'Aragon. 331
De Vinon, que le Duc de Savoie perdit contre le Seigneur de la Valete. 739
BAUDRICOURT, Jean, mandé en Provence pour informer contre le Seigneur de Soliers, change toute la face de la Province. 361
Ste BAUME, lieu où la Madeleine fit son admirable penitence. 173
Visitée par Loüis Dauphin de France. 315
Visitée par François I. en 1516. 410
Visitée par Charles IX. 530
Saisie par le Capitaine Raberi, suivant les ordres du Seigneur de Vins. 570
La BAUME, François, Comte de Suse. *Voi sous le mot de Suse, ce qui regarde ce Seigneur.*
BAUSSET, Barthelemi, Prevôt de la Major de Marseille, arrêté par Casaux, puis élargi à l'instance du Legat d'Avignon. 799
BAUSSET, Nicolas, Gouverneur du Château d'If ; sa fidelité & sa generosité pour conserver cette place à l'Etat. 712
Est secouru par le Grand Duc de Toscane. 716
La reception de ce secours est cause que le Duc de Savoie lui fait faire son procez, & le fait declarer rebelle. 716
Se broüille avec Marseille. 729
Son different avec cette ville est accommodé. 730
Son absence donne lieu aux Florentins de surprendre sa place. 854
BAUSSET, Nicolas, Avocat, aprouve, fomente & favorise le dessein de faire perir les Tirans de Marseille. 829
BAUX, les Seigneurs de cette Terre se rendent Souverains. 44
Son château est pris par force & rasé par le Comte de Barcelone. 99
De BAUX, Barral, fait hommage à Charles I. pour toutes ses Terres, sans exception. 142
A commission de ce Prince de reduire Marseille par la voïe des armes. 144
De BAUX, Berard, un des illustres Poëtes Provençaux. 106
De BAUX, Bertrand, assassiné le jour de Pâques par le commandement du Comte de Toulouse. 113
De BAUX, Bertrand, ne peut souffrir que Charles I. use de mesure pour recompenser ses Capitaines. 158
Maniere genereuse de ce Seigneur pour partager des tresors. 159
De BAUX, Bertrand, Comte d'Avelin, secourt Charles I. pour équiper sa flote. 159
De BAUX, Bertrand & Raïmond, deux des cent Chevaliers choisis par Charles I. pour se batre contre le Roi d'Aragon. 180
De BAUX, Bertrand, un des illustres Provençaux qui marcherent en Italie sous les enseignes du Roi Robert pour s'opposer aux desseins de l'Empereur Loüis de Baviere. 209
Est creé Grand Justicier par la Reine Jeanne. 214
De BAUX, Guillaume & Hugues, deux des principaux Seigneurs de la Cour du Comte de Forcalquier. 116
De BAUX, Guillaume, Prince d'Orange, fait hommage à Charles I. 140
De BAUX, Hugues, est investi de la Comté de Provence par l'Empereur Frideric I. 99
Renouvelle la guerre Baussenque. 99
Est contraint de faire hommage à Beranger. 99
De BAUX, Hugues, commis par Idelfons I. pour porter le Comte de Forcalquier à lui prêter hommage. 112
De BAUX, Hugues, Prince d'Orange, se fait declarer Roi d'Arles par l'Empereur Frideric II. 122
De BAUX, Hugues, Comte d'Avelin, choisi pour recevoir les hommages en Provence, au nom de la Reine Jeanne. 212
De BAUX, Jeanne, une des Dames de la Cour d'amour de Romanil. 106
De BAUX, Isbert, un des illustres Gentilshommes Provençaux qui se rendirent en Italie prés du Duc de Calabre fils du Roi Robert, pour repousser l'Empereur Loüis de Baviere. 208
De BAUX, Isnard, un des illustres Seigneurs Provençaux qui furent de l'expedition du Duc de Calabre contre l'Empereur Loüis de Baviere. 208
De BAUX, Raïmond, mari de Stephanie de Provence, reçoit de l'Empereur Conrad l'investiture de Provence. 78 & 98
Reçoit du même Empereur le droit de faire batre monnoie. 78
Querele la Provence à Beranger Raïmond, d'où nait la guerre Baussenque. 96
Son investiture de la Provence est revoquée en la personne d'Hugues des Baux son fils par l'Empereur Frideric I. 101
De BAUX, Raïmond, épouse Adelasie fille de Geofroi II. Vicomte de Marseille. 109
Vend à la Communauté de Marseille la portion que sa femme avoit dans la Vicomté de cette ville. 110
Ravage les environs d'Aix par ordre du Comte de Forcalquier. 116
Est fait prisonnier par les habitans d'Aix. 116
De BAUX, Raïmond, Prince d'Orange, rend hommage à Charles I. 145
De BAUX, Raïmond, Prince d'Orange, ravage la Provence, avec Robert de Duras ; mais il est aussi-tôt reprimé. 222
Perd ses Terres par confiscation, puis les recouvre. 226
De BAUX, Reïnaud, Comte d'Avelin, est tué. 222
De BAUX, Roger, un des genereux Seigneurs Provençaux qui passerent les Monts, pour rendre leurs services au Roi Robert contre l'Empereur Loüis de Baviere. 208
BAYONNE. Conference faite en cette ville entre les Ministres de France & d'Espagne sur le sujet des Huguenos. 531
BEATRIX, femme de Beranger Raïmond Comte de Provence. 97
BEATRIX, deuxiéme fille de Raines de Castelar & de Garcende de Forcalquier, épouse Gui André de Bourgogne Dauphin, & porte par ce moïen le Gapençois & l'Embrunois dans la Maison des Dauphins de Viennois. 109. & 116
BEATRIX de Savoïe épouse Raïmond Beranger III. 122
BEATRIX, quatriéme fille de Raïmond Beranger III. & heritiere de Provence, épouse Charles d'Anjou. 139

Porte son époux à accepter l'offre du Roïaume de Sicile. 150
Suit son époux dans l'expedition de la conquête de ce Roïaume. 151
Est couronnée Reine de Sicile. 152
Sa mort & ses vertus. 159
BEATRIX fille de Charles II. est mariée à Azon Marquis d'Este. 194
BEAUJEU, Anne, Dame de ce lieu, tutrice du Roi Charles VIII. soûtient le Duc de Lorraine dans ses pretentions sur la Provence. 365
Succede à ces pretentions & en est deboutée. 383
De BEAUMONT, Gervais, Premier President du Parlement d'Aix. 395
Reçoit la commission de la taxe des neophites. 386. 387 & 388
Est cité en personne au Concile de Latran. 404
BEAUMONT, Jacques, dernier Consul d'Aix: on lui defere le commandement de l'armée de la Ligue aprez la mort du Seigneur de Vins. 680
Est mandé vers le Duc de Maïenne, pour lui donner connessance de la resolution prise d'apeller le Duc de Savoïe. 690
Est tué à la journée du Palais, en le défendant contre ceux du parti de la Comtesse de Sault. 695
De BEAUNE, Jacques, Tresorier General, un des députez du Parlement vers le Vicelegat sur le diferant de l'annexe. 395
BEAUVOISIN, bastide prés d'Aix, où se fit l'accommodement des Rasas & des Carcistes en presence de la Reine Catherine de Medicis. 586
De BECARIS, partisan du Seigneur de Vins, entretient le peuple d'Aix dans les interêts de ce Seigneur. 630
De BELAFAIRE, Arnaud, un des Gentilshommes Provençaux qui furent de l'expedition du Roi Robert en Italie, contre l'Empereur Loüis de Baviere. 208
De BELAFAIRE, Guillaume, un des illustres de cette Province qui suivirent le Duc de Calabre en Italie, pour s'oposer à l'Empereur Loüis de Baviere. 208
BELIELDIS premiére femme de Guillaume I. Vicomte de Marseille. 65
BELIELDIS, sœur de Guillaume II. & de Fouquet Vicomte de Marseille, entre dans le partage de la Vicomté. 65
BELIEVRE, Jean, President du Parlement de Dauphiné, est fait Chef d'une Chambre de Justice pour juger des diferans survenus à l'occasion des troubles des Rasas & des Carcistes. 588
De BELVESER, Aimeric, un des illustres Poëtes de Provence. 106
De BENAUD, Jean, est arrêté pour être du parti Lorrain. 360
BENEDICTI, Loüis, Procureur des pauvres dans l'institution du Parlement. 388
BENEFICIERS quotisez pour la guerre de Raimond de Turenne. 262
BENOIT Evêque de Marseille prête son ministere à Raimond Beranger III. pour obliger les Marseillois à se soûmetre à ce Prince. 123
BENOIT XIII. Pape à Avignon, refuse de renoncer à la Thiare, comme il l'avoit promis. 267
Est assiegé dans son palais par le peuple de cette ville. 267

Se sauve pour éviter sa fureur. 273
Se rétablit en credit, & fait diverses démarches pour éteindre le schisme. 274
BERANGERS Comtes de Provence, leur genealogie. 88
Voi ce qui les concerne en particulier sous leurs noms propres de Raimond, de Berangers Raimonds, & d'Idelfons.
BERANGER, Bertrand, un des Gentilshommes de Provence qui se firent remarquer, pour avoir passé en Italie au service du Roi Robert contre l'Empereur Loüis de Baviere. 208
BERANGER Raimond dixiéme Comte de Provence. 96
Fait la guerre à Raimond des Baux. 96
Est tué au port de Melgueïl. 97
Son corps est porté à Arles dans l'Eglise des Hospitaliers. 97
BERANGER, Duc de Frioul, connive à l'enlevement d'Hermengarde fille de l'Empereur Loüis, fait par Boson 28
Se partage l'Empire & l'Etat François avec Gui Duc de Spolete. 37
S'établit Roi d'Italie; ses quereles avec Gui & Lambert Ducs de Spolete. 37
Renvoi genereusement Loüis Boson Roi d'Arles, qu'il avoit fait prisonnier, sous la parole qu'il ne retourneroit plus en Italie. 39
Le fait de nouveau prisonnier en Italie, & le fait aveugler pour le punir de son parjure. 39
Sa mort. 39
BERANGER, Rostain, un des illustres Poëtes Provençaux. 106
De BERMOND, Boniface, un des Conseillers du Parlement, qui suivirent le parti du Roi du tems de la Ligue. 658
De BERMOND, Loüis, Conseiller en Parlement, un des Oficiers de la Chambre souveraine de Marseille. 852
BERNARD, Abé de S. Victor sert trés-utilement l'Eglise. 69
BERNARD, Conseiller au Parlement de Dijon, vient à Marseille pour porter Casaux & d'Aix Tirans de cette ville, à reconnetre le Roi. 822
Se signale le jour de la reduction de Marseille. 846
BERRE assiegée par le Duc de Savoïe. 717
Se rend aprez une longue resistance. 719
Restituée à la France par la paix de Vervins, & son château rasé. 858
De BERRE, Honoré, Seigneur d'Entravenes, est recompensé d'une pension de cent florins par Charles VIII. 364
De BERRI, Philippe, Conseiller au Parlement de Paris, un des Commisseres pour examiner les droits du Duc de Lorraine sur la Provence. 365 & 380
De BERRUYER, Nicolas, Conseiller au Parlement de Paris, un des Commisseres pour tenir le Parlement de Provence pendant l'interdiction de ses oficiers. 525
BERTE, niéce d'Hugues, veuve de Boson Gouverneur de Provence, se remarie à Raimond Comte de Toulouse. 43
BERTRAND sixiéme Comte de Provence. 68

Se

Se declare pour le Pape contre Honoré IV. Roi de Germanie. 68
 Fait hommage au Pape. 68
 Sa femme, sa mort, & le tems de son regne. 69
BERTRAND, ou Guillen Bertrand, quatriéme Comte de Forcalquier. *Voi sous le mot de* Guillaume.
BERTRAND II. huitiéme Comte de Forcalquier. 95
 Sa femme & ses enfans. 109
BERTRAND III. dixiéme Comte de Forcalquier. 109
BERTRAND Geofroi, ou Bertrand de Marseille, Vicomte de cette ville. 109
BERTRAND de Pesenas, un des illustres Poëtes Provençaux. 106
BERTRANDE, Dame de Signe, une des Dames presidentes dans les cours d'amour. 105
BERTRANDE, Dame d'Orgon, une des Dames qui presidoient aux Cours d'amour. 105
De BESANÇON, Guillaume, Conseiller au Parlement de Paris, l'un des arbitres pour terminer le diferant du Roi de France & du Duc de Lorraine sur la Provence. 380
De BESAUDUN, ou Loüis Honoré de Castelane, excellent Poëte. 108
 Grand Capitaine. 353
 Etale les ofres du Seigneur de Vins à l'assemblée des Etats de la Province.
 Deputé pour la Noblesse aux Etats Generaux de Blois. 629
 Est en grand credit dans Marseille. 631
 Negocie auprès du Duc de Savoïe l'octroi de son secours pour les Ligueurs. 670
 Defait les Languedociens près Malemort. 677
 Est fait Maréchal de Camp par le Duc de Savoïe. 706
 Secourt le château de Meolhon. 709
 Fait declarer Marseille contre le Duc de Savoïe. 732
 Est pris par un parti du Duc d'Epernon, qui le fait tuer de sang froid en sa presence. 789
 Causes de sa mort. 790
 Qualitez de ce Seigneur, également recommandable par son esprit & par son épée. 790
BESOUSSÉ, Audibert, deputé d'Arles pour porter les soumissions de cette ville à Charles I. 141
BIBIONS, Henri & Jean, cruellement traitez par le Lieutenant Biord. 722
BIENFAITS immortalisent les Grands. 67
BIGARRAS, quand ce nom commença d'être en usage & pourquoi. 634
De BINDRAI, Jean, élû premier Consul d'Arles. 786
BIORD, Pierre, Lieutenant du Senéchal à Arles, tâche, mais inutilement, de persuader au Seigneur de Vins de s'emparer de cette ville & de celle de Tarascon. 612
 Caractere de ce Magistrat. 631
 Donne de tout son cœur dans la Ligue, dont il est fait chef dans Arles. 631
 Ses menées pour établir la Ligue dans Arles. 653
 Devient extrêmement hautain par la mort d'Henri III. 676
 Concourt à porter ses concitoïens à recourir à la protection du S. Siege. 691
 Appuie dans Arles les ofres de secours du Duc de Lorraine. 697
 Détail des cruautez qu'il exerça dans cette ville. 722
 Porte ses concitoïens à appeller le Duc de Savoïe. 725
 Est arrêté par ordre de ce Prince. 728
 Sa cause est portée en Parlement. 742
 Défend si bien sa cause qu'il évite par là le châtiment de ses cruautez. 743
 Le Duc de Savoïe tâche de se l'acquerir. 747
 Est renvoyé à Arles par le Duc, pour y rétablir son autorité. 747
 Ses ennemis le tuent en chemin. 747
BIRON vient en Provence pour faire executer l'interdiction du Parlement. 524
BITUIT, Roi des Auvergnacs, défait par Domitius. 7
 Est contraint de se rendre à Rome, où il est retenu. 7
BLACAS, un des illustres Poëtes de Provence. 106
BLACAS, donné pour conseil à Raïmond Beranger Comte Commandatere. 110
BLACAS, armoiries de cette maison. 134
BLACAS, un des cent Chevaliers pris par Charles I. pour se batre en sa compagnie contre le Roi d'Aragon. 180
BLACAS d'Aulps, un des illustres Gentilshommes Provençaux qui suivirent le Duc de Calabre en Italie pour s'oposer aux entreprises de l'Empereur Loüis de Baviere. 209
BLANCHE, Reine de France, Gouvernante de Provence, pendant le voïage de Charles I. son fils en la Terre sainte. 140
BLED, quel est son prix ordinere dans les saisons tranquilles. 842
BLESUS, Religieux Observantin, empêche que les tirans la Couque & Touche ne fissent main-basse sur les Consuls d'Arles. 781
BLIEUX, Requiston, est du nombre des cent Chevaliers choisis par Charles I. pour se batre contre le Roi d'Aragon. 180
BOMPAR, Hercules, Conseiller en Parlement, un des Commisseres pour faire les rondes de la nuit le jour de la mort du Grand Prieur. 610
De BONIFACE, Antoine, Seigneur de la Mole, Colonel des Legioneres. 518
De BONIFACE .... Seigneur de la Mole, blessé à la bataille d'Allemagne. 617
BONIFACE, Claude, dit Cabanes, se joint à Daries Consul de Marseille pour rendre cette ville ligueuse. 602
De BONIFACE, Jean, Baillif de Manosque, apaise une sedition dans son Ordre de S. Jean de Jerusalem. 74
De BONIFACE, Joseph. *Voi sous le mot de* la Mole.
De BONIFACE, Pierre, un des illustres Poëtes Provençaux. 106
De BONIFACE, un des cinq Gentilshommes conjurez pour tüer Charles-Quint pendant son irruption dans la province. 447
BORDON Viguier d'Aix. 580
 Est fait Gouverneur de cette ville en tems de peste. 591
 Se signale dans cet emploi. 593
BORMES échangé pour Yeres par Charles I. 145

BOS, un des Tribuns du peuple creés dans Aix par l'Empereur Charles-Quint. 451
BOSON Gouverneur de Bourgogne & ensuite de Provence. 28
Enleve & épouse Hermengarde fille & heritiere de l'Empereur Loüis. 28
Ses qualitez roïales. 28
Defraïe splendidement le Pape Jean VIII. 29
Sa genealogie. 31
Est élû Roi d'Arles par le Concile de Mantale. 34
Batu & assiegé dans Vienne par les Rois de France Loüis & Carloman. 64
Se sauve vers l'Empereur Charles le Gros, & lui rend hommage. 35
Est rétabli par cet Empereur devenu Roi de France. 35
Sa mort, ses vertus, ses vices, & ses enfans. 35
BOSON I. du nom, Comte de Provence. 57
Son origine. 58
BOSON II. du nom, deuxiéme Comte de Provence. 58
A trois enfans qui se partagent la Provence. 59
Illustre par ses bienfaits envers l'Eglise. 61
Accompagne l'Empereur Othon I. en Italie. 61
Fait restituer les biens d'Eglise. 61
Sa mort, sa femme & ses enfans. 61
BOUC, assiegé & pris par le Seigneur de Vins. 668
BOUC, la tour qui porte ce nom recouvrée de la même façon qu'elle avoit été enlevée aux Ligueurs. 637
De BOUCHON emprisonné sur des fausses accusations, par le Lieutenant Biord. 724
BOUGEREL, Capitaine, arrêté par le Duc d'Epernon aprez la redition de Seine. 622
De BOULIERS, François, Evêque de Frejus, fait la ceremonie aux funerailles du Grand Prieur. 626
De BOULIERS, Loüis, Vicomte de Reillane, Viguier d'Aix, conduit le secours de cette ville aux Marseillois, & les delivre des Aragonois. 293
Est envoïé en ambassade vers le Duc de Milan, pour moïener son alliance à la Reine Isabeau de Lorraine. 304
BOUQUENEGRE, Capitaine, pris & pendu par les Huguenots de Sisteron. 517
BOUQUIER, François, conserve Marseille contre les entreprises des Ligueurs. 603
Arrête Cabanes & Daries Consul de Marseille. 603
BOURBON, Charles, Connétable de France, se tourne contre le Roi & se retire vers l'Empereur. 413
Vient avec une armée en Provence, sur laquelle il pretendoit droit. 413
Son entrée dans la province inquietée par la Noblesse du païs. 415
Redition de plusieurs villes, & même d'Aix, sous son obeïssance. 417
Assiege Marseille & est ensuite contraint de lever le siege. 419
Se retire avec son armée toute deperie. 421
Gagne la bataille de Pavie sur François I. qui y est fait prisonnier. 424
Le Roi dans le traité qu'il fait pour sa liberté lui permet de poursuivre en Justice son droit sur la Provence. 425
Est tué devant Rome. 427
BOURBON, Jacques, Comte de la Marche, mari de Jeannelle, Reine de Naples, fait arrêter son épouse à cause de sa vie desordonnée. 286
Est ensuite lui-même arrêté par les ordres de sa femme. 286
Se retire en France & se fait Religieux. 286
De BOURBON, Marguerite, femme de Guillaume le jeune Comte de Forcalquier. 109
BOURGOGNE, premier Consul de Marseille, s'opose d'abord assez vigoureusement aux desseins de la Comtesse de Sault, sur le sujet de la nomination du Viguier faite par le Parlement à la sollicitation de cette Dame. 697
Son ardeur relache & se laisse emprisonner par les partisans de la Comtesse. 697
BOURGUIGNONS, peuples, d'où sortis. 18
Ocupent une partie de la Provence. 18
Elisent un Roi. 20
Succession de leurs Princes, & leurs diverses avantures. 20
BOURGUIGNONS, famille de Marseille. Ceux de cette maison se font remarquer à la défense de leur ville contre le Duc de Bourbon. 419
BOUSSICAUT, Maréchal de France, vient en Avignon pour obliger Benoit XIII. à tenir sa parole sur la cession du Pontificat. 267
Tâche d'accommoder Raïmond de Turenne son beau-pere avec ceux contre qui il étoit en guerre, mais c'est inutilement. 269
A la concession des Terres de Pertuis, des Penes, de S. Remi, de Pelissane & de Merargues. 270
BOUSSICAUT d'Arles, un des partisans du Lieutenant Biord, est arrêté par le Duc de Savoïe. 728
BOUTIN, Pierre, Procureur General en la Chambre des Comptes, un de ceux qui sortirent d'Aix au tems de la Ligue, pour suivre le parti du Roi 658
BOYER, Guillaume, un des illustres Poëtes Provençaux. 106
BOYER Capitaine, ses qualitez. 583
Fait surprendre le lieu de Cuers, & fait faire main-basse sur les Carcistes qui l'occupoient. 583
Bat le Seigneur de Vins. 583
Prent les lieux du Canet & de Pierre-feu. 583
Fait declarer beaucoup des lieux de la côte & du plat païs pour le Roi, contre le Duc d'Epernon. 820
Sert utilement au dessein de la delivrance de Marseille. 835
Les BOYERS parmi les grands Capitaines de Provence. 353
De BRANCAS, Baptiste, est avantagé d'une pension de cent florins par Palame des Fourbin, en qualité de Gouverneur de Provence. 359
De BRANCAS, Nicolas, Cardinal d'Albanie, fait la ceremonie des épousailles de Loüis II. avec Yoland d'Aragon. 272
BRANCOLI, Religieux Dominiquain, entre dans la conjuration qui se fait pour tuer Casaulx. 801
De BRANDIS, Pierre, l'un des quatre Conseillers Clercs dans l'institution du Parlement. 388
Est cité en personne au Concile de Latran. 404
La BREOULE assiegée & prise par le Duc d'Epernon. 622
La BREOULE, fameux Capitaine, défend la place de la Breoule avec beaucoup de valeur. 622
BRICARDS de Marseille acquierent beaucoup

de gloire à la défense de cette ville contre le Duc de Bourbon. 419

BRIGNOLE se glorifie annuellement de la naissance de S. Loüis Evêque de Toulouse. 206

Ferme ses portes au Connêtable de Bourbon; mais elle est ensuite contrainte de se rendre. 417

Est apellée Nicopolis par Charles-Quint. 451

Est surprise & sacagée par le Seigneur de Vins. 648

BRIGNOLE, Geofroi, un des illustres Provençaux qui marcherent en Italie sous les enseignes du Duc de Calabre, pour faire tête à l'Empereur Loüis de Baviere. 208

BRIGNOLE, Jean, creé Tribun du peuple dans Aix par Charles-Quint. 451

BRUIS, Denis, est fait Consul d'Aix par la faction du Duc de Savoïe. 733

BRUN, Capitaine, partisan du Seigneur de Vins, lui procure de plus en plus l'afection du peuple d'Aix. 630

BRUNET, Fonque, Capitaine huguenot, conduit adroitement le dessein de surprendre Menerbe. 549

BRUNET, Hugues, un des illustres Poëtes Provençaux. 106

De BRUNSVIC, Othon, mari de la Reine Jeanne. 230

Est fait prisonnier dans un combat, voulant delivrer la Reine son épouse. 234

Est mis en liberté ensuite des bons avis donnez à Charles de Duras qui l'avoit fait prisonnier. 246

BRUTUS, Lieutenant de Cesar, défait les Marseillois dans un combat naval. 12

BUEIL, Pons, un des illustres Poëtes Provençaux. 106

BUFIN, Capitaine, commandé par le Consul la Riviere pour la garde des portes d'Arles. 745

Du BUISSON est tué par Lamanon, pour avoir decouvert les lettres du Seigneur de Vins. 614

BUOUX, Seigneur de ce lieu, défend courageusement la ville d'Apt. 605

Commande l'avant-garde de l'armée de la Valete à la journée de Vinon. 740

BUOUX, Chevalier, fait declarer Moustiers, Riez, Castelane & Aulps pour le Roi Henri IV. contre le Duc d'Epernon. 810

Est fait Gouverneur de Grasse. 824

Les BUOUX parmi les grands Capitaines de Provence. 353

BURGONDION de Tretz, des Vicomtes de Marseille, souche des Barons d'Olieres, qui sont par consequent d'une maison plus illustre que celle d'Agout. 109

Choisi pour être du nombre des cent Chevaliers qui devoient se batre pour Charles I. contre le Roi d'Aragon. 180

BURLE, Balthasard, Consul d'Aix, parle dans l'assemblée de Pertuis suivant les intentions du Seigneur de la Valete. 640

C

De CABANES, Guillaume, un des illustres Provençaux qui passerent en Italie contre l'Empereur Loüis de Baviere. 208

De CABANES, Raimond, mari de la Cathenoise. 214

De CABANIS emprisonné sur des fausses acusations, par le Lieutenant Biord. 724

Est mis en liberté par ordre du Duc de Savoïe. 728

De CABANIS, Jacques, un des illustres Provençaux qui servirent le Roi Robert en Italie contre l'Empereur Loüis de Baviere. 208

De CABANIS, Vidal, fort afectionné pour le Roi René. 303

Donne de bons avis à ce Prince qui l'apelle son fidele Conseiller. 304

Est envoié en ambassade vers le Duc de Milan. 304

Est encore envoié vers les Princes d'Italie. 313

CABANS de Provence redoutables aux huguenos. 499

De CABASSOLE, Antoine, Chevalier de Rhodes, General des Galeres de la Religion de S. Jean de Jerusalem. 74

De CABASSOLE, Jean & Loüis, retenus dans le palais d'Avignon par la garnison Catalane. 277

De CABASSOLE, Philippe, Evêque de Cavaillon, établi par le Roi Robert pour être le premier du Conseil de la Reine Jeane sa fille, aprez la Reine Sance son épouse. 211

Est fait Chancelier du Roïaume de Naples. 214

Est fait Regent du même Roïaume. 215

Est envoié en Allemagne par le Pape, pour faire contribuer ce pais à la dépense des fortifications d'Avignon. 223

De CABESTAN, Guillaume, un des illustres Poëtes Provençaux. 106

CABRIERES, le premier lieu du Comté Venaissin, infecté de l'heresie. 458

Est cruellement traité pour le fait de l'heresie. 478

CABRIERES d'Aiguez sacagée comme un lieu infecté de l'heresie. 475

De CADENET, Antonete, une des Dames de la Cour d'amour de Romanil. 106

CADENET, un des illustres Poëtes de Provence. 106

De CADENET, Bertrand & Elzear, deux des cent Chevaliers pour se batre en compagnie de Charles I. contre le Roi d'Aragon. 180

De CADENET, Bertrand, Gerard & Guillaume, trois des illustres de Provence qui passerent en Italie pour le Roi Robert, contre l'Empereur Loüis de Baviere. 208

De CADENET, Guillaume, secourt Charles I. 165

Du nombre des cent Chevaliers, pour être du fameux duël de Charles I. contre le Roi d'Aragon. 180

De CADENET, Pierre, Chevalier, choisi pour recevoir les hommages en Provence, au nom de la Reine Jeanne. 212

De CADENET, Vicomte de ce lieu, commande dans Aix. 509

CALAS, ses habitans se soulevent contre leur Seigneur, l'assassinent avec ses enfans, pillent & rasent son château. 583
CALDORE, Jacques, des cent Chevaliers pour se batre contre pareil nombre de ceux du Roi d'Aragon. 180
CALVE, Boniface, un des illustres Poëtes Provençaux. 106
CALVIN, Jean, un des quatre Grefiers du Parlement, de la première institution. 388
S. CANAT, Fourbin, fait merveille de sa personne à la défense du Puy contre le Duc de Savoïe. 735
CANDOLE, Jacques, Assesseur de Marseille, député pour assister au mariage de Charles VIII. soûtient cette deputation avec un train d'Ambassadeur. 362
Les CANDOLES se signalent dans Marseille pour la défendre contre le Connétable de Bourbon. 419
CANIGIANI, Alexandre, Archevêque d'Aix, tient un Concile dans cette Ville. 53 & 605
Nommé par les Etats de la province pour un des arbitres à terminer les diferans des Rasas & des Carcistes. 596
Député pour le Clergé de la province aux Etats generaux de Blois. 639
Député par les Ligueurs à Rome, pour en retirer du secours. 710
CAPRAISE, Saint & fameux Abé de Lerins. 84
CARADETS se signalent en défendant Marseille durant le siége du Duc de Bourbon. 419
CARBO, Consul Romain, défait par les Cimbres. 8
CARBONEL, Gerard, Guillaume & Pierre, trois des illustres Provençaux qui passerent en Italie pour soûtenir le parti du Roi Robert contre l'Empereur Loüis de Baviere. 208. & 209
De CARCES. *Voi tout ce qui regarde les Seigneurs de cette Terre sous le mot de* Pontevez, *qui est le nom moderne de leur famille.*
CARCISTES, origine de ce nom de parti. 565
Ouverture de la guerre entre les Carcistes & les Rasas. 565
Villes & Noblesse du parti Carciste. 565
Prenent les armes à la venuë du Comte de Suse, pour dégouter ce Seigneur du Gouvernement de la province. 576 & 577
CARDENAL, Pierre, illustre parmi les Poëtes Provençaux. 106
CARDINAUX maltraitez par le Legat d'Urbain VI. 235
CARLE, Jean, Marseillois, fait President du Senat creé par Charles-Quint dans Aix. 451
CARMES en quel tems venus en Provence. 87
CARME, frere André, Religieux de cet Ordre, arrête dans Aix les oficiers des Compagnies souveraines qui étoient du parti du Roi. 659
CARNOLA chef de bandis qui ravagent la Provence. 223
Ce Capitaine est Robert Knole, Seigneur bas-Breton. qui courut la France avec des troupes débandées.
CAROBERT fils de la Reine Jeanne & d'André d'Hongrie. 217
CARPENTRAS, Concile tenu en cette ville. 49

CARRIOLIS, Loüis, President au Parlement, député de sa Campagnie vers le Comte de Suse nouveau Gouverneur, pour retarder sa venuë dans la province. 576
Contient le peuple d'Aix lors de la mort du Grand Prieur. 608
Abandonne cette ville, crainte des Ligueurs. 635
Un de ceux qui suivirent le parti du Roi du tems de la Ligue. 658
CARRIOLIS, Toussaint, Conseiller en Parlement. 402
Cité en personne au Concile de Latran. 404
CARTIER, s'empare de Colmars & le rend pour de l'argent. 599
Est pris par le Seigneur de Vins, & livré à la justice, qui le condamne à une mort rigoureuse. 613
CASAUX, Charles. Commencement de son autorité dans Marseille. 648
Est exclus du Consulat & obligé de quitter la ville. 674
Commence d'usurper la tirannie. 711
Se fait donner le premier chaperon. 719
Fait donner à son fils le gouvernement de S. Victor. 738
Implore la protection de Loüis d'Aix dans une émute qui s'eleve contre lui. 758
Conjuration faite pour le tuer, conduite par Porcin. 767
Emprisonne des Marchands & les met à rançon. 780
Fait entrer Marseille en ligue avec le Duc d'Epernon. 780
Traite de nouveau avec le Duc d'Epernon. 797
Surprend le fort de Nôtre-Dame de la Garde. 799
Recourt au Roi d'Espagne. 821
Est en grande consideration chez les étrangers. 821
Traite avec le Roi d'Espagne par ses deputez. 826
Derniere conspiration faite contre lui par du Pré & Libertat. 829
Est tué par Libertat. 838
Devient aprez sa mort le sujet de l'indignation & de l'horreur publique. 840
CASAUX, Fabi, refuse l'entrée du fort de Nôtre Dame de la Garde à Loüis d'Aix. 843
CASAUX, François, un des trois deputez des Tirans de Marseille vers le Roi d'Espagne. 821
CASENEUVE, Guiran, un des cent Chevaliers pour être du duël entre Charles I. & le Roi d'Aragon. 180
CASSIAN fonde l'Abaïe S. Victor de Marseille. 85
CASTELANE. Les Seigneurs de ce lieu se rendent Souverains. 44
Cette Terre est acquise au Domaine Comtal par la rebellion & la fuite de Boniface de Castelane. 144
De CASTELANE, Berrtrand, tient pour les Berangers contre les Baux. 97
De CASTELANE, Bonifacé, tient pour les Baux contre les Berangers. 97
De CASTELANE, Boniface, un des Seigneurs de la Cour d'Idelfons, qui furent garans du traité de paix que ce Prince accorda aux Niçards. 112
Est contraint de faire hommage à Idelfons. 113
Illustre parmi les Poëtes Provençaux. 106
De CASTELANE, Boniface, dit de Galbert, tige de la branche de Castelane la Verdiere. 133

De

De CASTELANE, Boniface, surnommé de Riez, fait la souche de la branche de Castelane Grignan. 133

De CASTELANE, Boniface, fomente & apuïe la rebellion des Marseillois contre Charles I. 144

Est poursuivi par ce Prince, qui le contraint de tout abandonner pour se sauver. 144

De CASTELANE, Boniface, du nombre des cent Chevaliers qui devoient servir de seconds à Charles I. contre le Roi d'Aragon. 180

De CASTELANE, Boniface, Seigneur de Fos, est fait Viguier de Barjols par Palamedes Fourbin Gouverneur de Provence. 359

Est rétabli dans l'ofice de Capitaine & Bailli de Barjols, dont il avoit été privé; & est encore avantagé d'une pension de quatre cens florins. 364

De CASTELANE, Boniface, Seigneur d'Allemagne, est pourvû de la part de Palamedes Fourbin Gouverneur de Provence, des ofices de Clavaire & de Juge de Moustiers. 359

De CASTELANE, Honoré, Seigneur de Besaudun. *Voi ce qui regarde ce Seigneur sous le mot de* Besaudun.

De CASTELANE, Honoré, Seigneur de la Val de Chanan, est recompensé d'une pension de quatre cens florins, qui lui est assignée par Palamedes Fourbin Gouverneur de Provence. 359

De CASTELANE, Huguet, un des illustres Provençaux qui passerent en Italie pour servir le Roi Robert contre l'Empereur Loüis de Baviere. 208

De CASTELANE, Jean, Seigneur de la Verdiere, fait toute la negociation pour faire tomber la Lieutenance generale de la province sur le Comte de Sommerive. 512

Est tué à la défense du camp du Comte de Sommerive. 518

Du CASTELAR, Conseiller en Parlement. *Voi ce qui le regarde sous le nom de* Sommat, *qui est celui de sa famille.*

Du CASTELAR, Raines. *Voi ce qui le regarde sous le nom de* Sabran, *qui est celui de sa maison.*

De CASTILLON, Charles, Chancelier de l'Ordre de Chevalerie du Croissant. 317

Qualitez, emplois & services de ce Seigneur. 317

De CASTILLON, Cola, envoié vers les Princes d'Italie pour moïener une ligue entre eux & le Roi René. 313

De CASTILLON, Seigneur de Beines, un des deux Gentilshommes d'Arles qui les premiers prirent l'écharpe blanche, lorsque cette ville se declara pour le Roi Henri IV. 819

CASTONEL, Guillaume, un des illustres Provençaux qui servirent le Roi Robert dans la guerre qu'il eut contre l'Empereur Loüis de Baviere en Italie. 208

CATAMANDUS, entreprend inutilement de surprendre Marseille. 6

CATHENOISE, femme d'une ambition extraordinere. 213

Entretient la mesintelligence entre la Reine Jeanne & le Roi son époux. 213

Condamnée à un suplice horrible, pour avoir trempé dans la mort de ce Prince. 217

CATHERINE d'Autriche, première épouse de Jean Duc de Calabre fils du Roi Robert. 209

CATHERINE de Bourgogne, fiancée à Loüis III. 279

Son mariage ne s'acheve pas, elle est renvoïée. 282

CATHERINE de Medicis épouse le Duc d'Orleans. 431

Son adresse pour avoir la regence du Roïaume. 504

Excellentes instructions qu'elle donne à Charles IX. son fils. 553

Vient en Provence pour accommoder les diferens entre les Rasas & les Carcistes. 585

Ste CATHERINE de Sienne écrit contre la Reine Jeanne. 232

CAVAILLON, ville du Comté Venaissin, où le parti Ligueur contraire au Savoïard tient une assemblée pour resoudre de recourir à la protection du Pape. 690

De CAVAILLON, Pierre, un des illustres Provençaux qui passerent en Italie pour le service du Roi Robert contre l'Empereur Loüis de Baviere. 208

CECILE, femme d'Hugues Geofroi III. Vicomte de Marseille. 110

CECILIUS étoufe une rebellion en Provence. 12

CELSE Patrice reprend Arles pour le Roi Gontran. 22

CENTAL, la Dame de ce lieu se plaint à François I. des violences du premier President de Mainier. 481

Les CEPEDES de Marseille se distinguent en défendant leur ville contre les attaques du Duc de Bourbon. 419

CEPEDE, Nicolas, premier Consul de Marseille, y soûtient le parti de la Ligue. 631

CEPION défait par les Cimbres. 8

De CERE, Rance, se signale à la défense de Marseille contre le Duc de Bourbon. 419

CERESTE, un des Seigneurs de ce lieu, emploié dans la guerre contre Raimond de Turenne. 261

CESAIRE, Evêque d'Arles convoque le second Concile d'Orange contre les Pelagiens. 50

Zele incomparable de ce Prelat pour la discipline de l'Eglise. 50

Avoit été Moine à Lerins. 84

De S. CESAIRE, Hugues, ou le Moine de Monmajor, un des illustres Poëtes de Provence. 107

CESAR assiege Marseille. 12

Prend la place & mortifie les habitans. 15

CHAILAN, Paul, Conseiller en Parlement, un des oficiers choisis pour tenir la Chambre souveraine de Marseille. 852

Du CHAINE, Loüis, Conseiller en Parlement, Commissere pour prendre des informations par toute la province à la requête des Etats. 594

Devenu President est arrêté dans Aix comme Roïaliste. 659

Assiste de son conseil Nicolas Bausset son beaupere Gouverneur du Château d'If, & le confirme dans la resolution de ne prendre aucune liaison avec les ennemis de la Couronne. 750

De CHALON, Guillaume, Prince d'Orange, raporte la faculté d'user dans ses lettres du terme de *par la grace de Dieu*, & de faire batre monnoïe,

& c'est par concession de Loüis XI. Roi de France. 342

CHANDON, Arnaud, Conseiller au Parlement de Paris, un des Commisseres pour tenir le Parlement de Provence pendant l'interdiction. 525

CHANTERCIER entreprend de se défaire de Nicolas Jean qui vouloit asservir Arles, mais son dessein est découvert. 805

CHAPUIS, Galart, retenu dans le palais d'Avignon par les Catalans. 277

CHARLES-MARTEL défait les Sarrasins à Tours. 26
Les chasse d'Avignon, d'Arles & de Provence. 26
CHARLEMAGNE chasse les Sarrasins d'Arles. 27
Y laisse des monumens de sa victoire. 27
Ses pressentimens sur les incursions des Normans. 27
Convoque le sixiéme Concile d'Arles. 50
Doute sur la verité de l'inscription de Monmajor, touchant sa victoire sur les Sarrasins. 86

CHARLES Constantin, fils de Loüis Boson, n'est que Prince de Vienne. 40

CHARLES le Chauve est couronné Empereur. 28
S'empare de la Provence. 28

CHARLES, troisiéme fils de Lothaire Empereur, est donataire de la Provence de la part de son pere. 28
Meurt neuf ans aprez cette donation. 28

CHARLES d'Anjou, I. du nom, épouse la Princesse Beatrix heritiere de Provence; & devient par là le quinziéme Comte de ce païs. 139
Reduit Guillaume des Baux à l'hommage. 140
Accompagne le Roi Loüis son frere au voïage de la Terre sainte. 140
Va contre Arles qui se remet à l'obeïssance. 140
Recouvre la ville d'Avignon. 142
Reçoit l'hommage de l'Abé de Monmajor & de Barral des Baux. 142
Secourt Marguerite Comtesse de Flandres. 142
Contraint par deux fois les Marseillois de se soumettre à ses ordres. 143
Oblige le Prince d'Orange de renoncer au titre de Roi d'Arles, & de lui prêter hommage. 143
Met en fuite Boniface de Castelane & lui confisque sa Terre, pour avoir excité les Marseillois à la revolte. 144
Afoiblit ceux de la race des Vicomtes de Marseille. 144
Reünit au domaine Yeres & Toulon. 145
Se fait rendre hommage à Gui Dauphin pour le Gapançois & l'Embrunois. 145
Oblige ce Prince de quiter la qualité de Comte de Forcalquier. 145
Plusieurs villes étrangeres recourent à sa sauvegarde. 145
La couronne de Sicile lui est oferte par Urbain IV. 145 & 149
Se laisse persuader par ses freres & par la Comtesse son épouse d'accepter l'ofre. 150
Part pour la conquête de cette Couronne. 151
Reçoit l'investiture du roïaume de Sicile. 152
Est fait Vicaire de l'Empire. 152
Est couronné Roi avec la Comtesse Beatrix. 152
Se met en campagne, & prend plusieurs places. 153
Défait Mainfroi en bataille. 155
Son entrée dans Naples. 158
Monumens de sa victoire. 159
Reçoit tres-favorablement Henri de Castille. 159
Les Gibelins lui suscitent des afaires, ils apellent Conradin en Italie. 160
Défait Conradin, le prend prisonnier, lui fait trancher la tête & à Federic d'Autriche. 161
Va en Afrique au secours du Roi Loüis son frere. 166
Contraint le Roi de Tunis à lui payer tribut. 166
Sa reputation fait que plusieurs villes se mettent sous sa protection. 166
Acquiert droit sur le roïaume de Jerusalem. 168
En fait prendre possession par Roger de S. Severin; mais il ne lui en reste que le titre honoraire. 171
Est privé des charges de Senateur de Rome & de Vicaire de l'Empire. 171
Termine la pretention que la Reine Marguerite avoit sur la Provence. 172
Revolte des Siciliens contre lui. 175
Refuse avec mépris l'alliance de Nicolas III. 176
Ses sujets François massacrez aux Vêpres Siciliennes. 177
Tente de recouvrer la Sicile. 178
Accepte de vuider le diferent par le düel avec le Roi d'Aragon fauteur des Vêpres. 179
Est joué par ce Roi sous le leurre du düel proposé. 181
Meurt de chagrin. 184
Ses éloges. 184

CHARLES II. pour lors Prince de Salerne, fait la découverte du corps de Ste Madelene. 172
Est fait prisonnier dans un combat naval. 183
Evite la mort par une genereuse repartie. 183
Son avenement à la couronne pendant sa prison. 185
Traite pour sa delivrance. 186
Est élargi en donnant trois de ses fils & cinquante Gentilshommes Provençaux en ôtage pour l'assurance du traité. 187
Passe en Italie. 187
Accorde aux Florentins la faculté de porter des fleurs de lis dans leurs enseignes, en reconnessance de la bonne reception qu'ils lui avoient faite. 187
Est couronné Roi de Sicile. 188
Fait couronner son fils aîné Charles-Martel Roi de Hongrie. 188
Extrêmement jaloux de garder la foi donnée. 188
Marie sa fille Marguerite à Charles de Valois. 189
Acquiert le domaine entier d'Avignon. 189
Reçoit l'hommage du Comte de Sault. 189
Rebâtit le château de Tarascon. 190
Fonde les Religieuses de Nôtre-Dame de Nazareth de la ville d'Aix. 190
Fait des loix contre les parjures, les faux nobles & les usuriers. 190
Marie sa fille Blanche au Roi d'Aragon. 191
Ses troupes battent Frideric Roi de Sicile. 193
Fait la paix avec ce Roi. 194
Prend le titre de Comte de Piemont, ensuite de la donation volontere de quelques villes de ce païs. 195

Unit le Piemont à la Provence & le donne à Robert son fils. 195
Divise la charge de Senêchal de Provence. 195
Sa mort & ses éloges. 198
CHARLES III. dit du Maine, Roi de Jerusalem & de Sicile, vingt-troisi me Comte de Provence, succede au Roi René son oncle. 349
Envoïe des Ambassadeurs au Pape, pour lui demander l'investiture de Naples. 350
Ses desseins pour la conquête de ce roïaume, rompus par la mort de la Reine son épouse. 350
Institué heritier Loüis XI. Roi de France & les Rois successeurs en cette couronne. 351
Sa mort, ses obseques & son tombeau. 351
CHARLES Huitieme Roi de France & IV. du nom Roi de Jerusalem & de Sicile, Comte de Provence. 363
Revoque les dons faits aux Eglises par Loüis onziéme. 363
Revoque toutes les alienations du domaine. 363
Explique & modifie cette revocation. 364
Rétablit le privilege pour l'administration des charges en faveur des Provençaux. 364
Donne des pensions à plusieurs Gentilshommes. 364
Separe la charge de Gouverneur de celle de Senechal. 365
Accorde le titre de Consuls aux Sindics d'Aix. 369
Reünit les charges de Gouverneur & de Senechal. 371
Sa passion pour le voïage de Naples. 371
Ecoute divers avis sur cela. 372
Conclut enfin cette entreprise. 374
Passe en Italie & soumet d'abord le roïaume de Naples. 374
A son aproche les murs de Rome s'abattent d'eux-memes. 374
Revient en France. 378
Bat les ennemis sur son chemin à la journée de Fournouë. 379
Pert tout à coup le roïaume de Naples. 379
Fait dessein d'y retourner. 379
Sa mort, ses vertus & ses vices. 379
CHARLES Neuviéme Roi de France & V. du nom Roi de Jerusalem & de Sicile, Comte de Provence. 503
Sa jeunesse fomente les divisions du roïaume. 504
Vient en Provence. 526
Visite les villes & les lieux sains de la province. 530
Fait une entrevûë avec la Reine d'Espagne, où l'on resout d'exterminer les huguenos. 531
Sa douceur admirable pour ramener les huguenos. 541
Sa mort. 553
CHARLES Cardinal de Bourbon, declaré Roi de France par les Ligueurs sous le nom de Charles Diziéme, & Comte de Provence sous celui de Charles VI. 670
CHARLES Quatriéme, Empereur, fait d'actes de haut Souverain en Provence. 225
Cede tous les droits de l'Empire sur le roïaume d'Alles à Loüis Duc d'Anjou, pour le regale d'un repas reçû. 226
CHARLES-QUINT invective contre le Roi François I. dans un discours en presence de la Cour Romaine. 439
Ses rodomontades entrant dans la province. 446
Son crüel ressentiment contre des païsans qui s'étoient genereusement défendus. 447
Conjuration pour le tuer sur son passage. 447
A du bonheur dans une rencontre, il s'en glorifie extraordinairement. 450
Tranche du Souverain de Provence, en en changeant la face politique par des nouveaux établissemens. 451
Se fait couronner Roi d'Arles. 452
Echoüe devant Marseille & Arles. 453
Est batu en divers partis par ceux du païs. 454
Est obligé de se retirer; mais en se retirant il reçoit de nouvelles pertes. 455
Son armée se trouve deperie de plus de la moitié. 456
N'emporte de son entreprise sur la Provence que le nom d'Arlequint. 456
Fait une trêve avec le Roi pour dix ans. 457
Son entrevûë avec le Roi à Aigues-mortes. 457
CHARLES Martel, Roi de Hongrie, va à Naples pour succeder à Charles II. son pere. 193
Meurt avant que de pouvoir recüeillir cette succession. 193
CHARLES Duc de Calabre, fils du Roi Robert, est fait Gouverneur de Florence. 207
Marche avec des belles troupes contre l'Empereur Loüis de Baviere. 208
Meurt à Naples plein de gloire & de reputation. 209
CHARLES Prince de Tarante, frere de Loüis II. a le commandement de l'armée contre Raïmond de Turenne. 261
Le défait & le met en fuite. 268
Sa mort & ses éloges. 274
CHARLES de Duras s'arme contre la Reine Jeanne. 233
Qualitez de ce Prince. 233
Pourquoi surnommé de la paix. 233
Est couronné Roi de Sicile par le Pape Urbain VI. 234
Bat Othon mari de la Reine Jeanne, & le prend prisonnier. 234
Assiege la Reine, qui est obligée de se rendre. 234
Fait mourir cette Princesse. 235
Institüe l'ordre du Navire, pour faire oublier la cruauté qu'il venoit d'exercer contre sa bienfaitrice. 236
Devient, par cette action crüele & d'ingratitude, le sujet de la haine publique. 236
Detient le Pape Urbain VI. jusqu'à ce qu'il ait revoqué les dures conditions imposées à l'investiture de Naples. 246
Se défait du Roi Loüis I. & de son armée par des subterfuges & des amusemens. 247
Est assassiné en Hongrie & meurt de la même façon qu'il avoit fait mourir la Reine Jeanne. 253
CHARLES Comte du Maine. frere de Loüis III. Gouverneur de la province, soulage autant qu'il peut les Marseillois aprez le saccagement de leur ville. 294
Epouse Isabeau de Luxembourg. 314
CHARLES de Valois est investi du roïaume d'Aragon par le Pape Martin IV. 178
On travaille pour le mettre en possession de ce

roïaume. 188
Est apellé par le Pape Boniface VIII. en Italie, pour s'opofer aux entreprifes de Frideric Roi de Sicile. 193
Est fait Vicaire de l'Empire. 194
Moïene une paix affez avantageufe au Roi Charles II. 194
Projete la conquête de l'Empire de Conftantinople. 194
Est rapellé en France par le Roi Philippes le Bel aprez la perte de la bataille de Courtrai. 194
CHARLES, dernier Duc de Bourgogne, entretient beaucoup des Princes dans fes interêts, fous l'efperance du mariage de fa fille. 335
Cultive le Roi René pour avoir fa fucceffion. 340
CHARLOT, Etienne, Prefident aux Enquêtes de Paris, un des Commifferes pour tenir le Parlement de Provence pendant fon interdiction. 525
CHARRIER, Jean, Procureur General au Parlement, partie intervenante en la fameufe caufe de l'arrêt de Merindol. 486
Député en qualité d'Avocat General vers le Roi, pour tâcher d'empecher l'attribution des Aides à la Chambre des Comptes. 491
CHARTES anciennes, leurs diverfes foufcriptions. 45
Soufcrites du nom des Empereurs. 45
Autres avec le nom de Jefus-Chrift. 45
Quelques-unes datées du regne des Rois de France. 46
On en trouve avec la date du Pontificat des Papes. 46
Utilité des Chartes. 64
CHASSANE'E, Barthelemi, Prefident du Parlement de Provence, accufé, puis abfous. 433
Fait tranfporter tous les titres des archives d'Aix dans le château des Baux, afin qu'ils ne fuffent pas expofez aux ravages de l'armée de Charles-Quint. 455
Le CHAT, Jean, Theologien de l'Ordre des Freres Prêcheurs eft commis pour prendre des informations fur les mœurs & la religion de ceux qui étoient foupçonnez d'herefie. 472
CHATEAUDIF occupé par les Florentins. 854
Reftitué par le Grand Duc. 858
De CHATEAUNEUF, Charles, Confeiller en Parlement, fort d'Aix, comme étant du parti huguenot. 516
De CHATEAUNEUF, Pierre, un des illuftres Poëtes Provençaux. 106
De CHATEAUNEUF, un des cinq Gentilshommes de la conjuration pour faire perir Charles-Quint lors de fon irruption en Provence. 447
De CHAVARI, Robert, raffure par fon exemple & par fes exhortations la garnifon du château du Baron contre les attaques des huguenos. 568
Est loüé publiquement par le Comte de Carces, en reconneffance de cette action. 569
Est cruellement traité par le Lieutenant Biord d'Arles. 722
Amene quatre cens arquebufiers à Aubert Conful d'Arles, pour pouffer les deux tiranneaux la Couque & Touche. 784
Entreprend de delivrer fa patrie de la fervitude du Conful Nicolas Jean, mais fon deffein eft découvert. 805

CHEVALIER, Gerard, eft fait Conful d'Arles par la faction du Lieutenant Biord. 724
CHEVALIERS de S. Jean de Jerufalem, leur inftitution. 71
Gloire de leurs exploits militeres. 71 & 72
CHIENE. Fable de la fourberie de la chiene à l'endroit du berger. 5
CHILDEBERT Roi de France fe referve Arles en cedant le refte de la province à fon frere. 21
Fonde l'Abaïe de Monmajor. 86
CHILDEBERT Roi de Metz feul maître de la Provence par la mort de Gontran Roi d'Orleans. 24
CHRETIENE de Lorraine, Grand-Ducheffe de Tofcane, ofre inutilement d'accommoder les diferens entre les Ligueurs & les Roïaliftes. 656
S. CIBOIRE preferé miraculeufement du feu. 485
CIBO, Poëte Provençal, connu fous le nom de Moine des Ifles d'Or. 107
CIGALE, Lanfranc, un des illuftres Poëtes Provençaux. 106
CIMBRES, leur irruption. 8
CIPIERES, fecond fils du Comte de Tende, emporte l'amitié de fon pere. 505
Se joint avec des troupes au parti huguenot. 510
Se met en campagne à la tête de fix cens hommes, & donne l'alarme à tout le quartier de S. Maximin. 533
Secourt Sifteron affiegé par le Comte de Sommerive. 535
Est tué dans Frejus. 538
Ste CLAIRE, fondation de fon Monaftere dans Aix. 212
De CLAPIERS, Jacques, premier Conful d'Aix, deputé par les Etats pour porter au Roi les remontrances de la province au fujet de la demolition du fort de Berre. 858
De CLAPIERS, Nicolas, Avocat des pauvres dans l'inftitution du Parlement. 388
De CLARET, Pierre, un des illuftres Provençaux qui pafferent en Italie pour fervir le Roi Robert contre l'Empereur Loüis de Baviere. 208
CLAVAIRES, leur fupreffion. 434
CLAUDIUS Empereur reprime l'audace des Gots, & en remporte une fignalée victoire. 16
De CLAUSTRAL, Jaufferande, une des Dames Prefidentes des Cours d'amour. 105
CLEMENS, premier Conful de Tarafcon, empeche que cette ville ne reçoive les Ligueurs. 672
Y introduit des Languedociens qui s'en emparent. 672
CLEMENT VII. eft élû Pape par les Cardinaux qui n'avoient pas été libres au Conclave d'Urbain VI. 231
Transfere le Siege à Avignon. 231
Refufe d'autorifer la fubvention fur les biens des Ecclefiaftiques, pour la guerre contre Raimond de Turenne. 262
Est d'intelligence avec Raimond. 263
Sa mort. 264
CLEMENT VII. à Rome, eft fait prifonnier par l'armée de Charles-Quint. 426
Marie Catherine fa niece au Duc d'Orleans. 431
Sa mort. 432

CLERGE'

CLERGE' de la province ne depute point au Roi Henri IV. 779

CLODOMIR Roi d'Orleans fait mourir Sigifmond Roi de Bourgogne. 21

CLOTAIRE, fils de Clovis, reünit la Provence à la Couronne de France. 21

CLOVIS Roi de France defait Alaric Roi des Visigots. 18 & 19

Oblige Gondebaud Roi de Bourgogne à lui abandonner les Etats. 21

Les reftituë à Sigifmond fon fils. 21

Laiffe quatre fils, Childebert, Clotaire, Clodomir & Tierri, qui fe partagent le roïaume. 21

De COEURS, Jean, Prevôt de l'Eglife de Marfeille, Confeiller Clerc dans l'inftitution du Parlement. 388

COMANUS entreprend en vain de détruire Marfeille dans fa naiffance. 5

COMMISSERES qui viennent exercer la Juftice aprez l'interdiction du Parlement. 525

Diftribuent la Juftice gratuitement & font des beaux reglemens. 525

COMPTES, Chambre des Comptes comprife dans l'excommunication du Parlement au fujet des annexes. 404

Releve fa juridiction qui étoit fubalterne à celle du Parlement. 490

Obtient la juridiction des Aides. 491

Origine des contentions entre cette Chambre & le Parlement. 491

Origine des Chambres des Comptes. 492

Lifte des oficiers de cette compagnie qui fortirent d'Aix pour fuivre le parti du Roi. 658

De COMS, Raimond Roux, du nombre des cent Chevaliers qui fe devoient batre pour Charles I. contre le Roi d'Aragon. 180

COMTE, Pierre, un des Confuls de Marfeille dans le tems du fiege du Duc de Bourbon. 419

COMTES de Provence de la premiere race acquierent la fouveraineté peu à peu. 75 & 76

Leurs diverfes qualifications, & leur modeftie fur ce fujet. 77

Prennent indiferemment le titre de Comtes, de Marquis & de Ducs. 77

N'ont jamais ofé faire battre monnoïe. 77

COMTE' VENAISSIN acquis par dot aux Comtes de Touloufe. 64

CONCILES de Provence. 46

D'Aix pour la difcipline & la foi. 53

D'Apt pour la difcipline & pour la défenfe des Ecclefiaftiques. 53

1. d'Arles contre les Donatiftes. 46
2. d'Arles pour le même fujet. 47

Conciliabule d'Arles contre S. Athanafe. 47

3. d'Arles pour terminer le diferent d'entre Theodore Evêque de Frejus, & Faufte Abé de Lerins. 49

4. d'Arles pour la difcipline de l'Eglife. 49
5. d'Arles pour la difcipline Ecclefiaftique. 50
6. d'Arles pour le même fujet. 50
1. d'Avignon pour la correction des mœurs. 52
2. d'Avignon pour la difcipline & pour les mœurs. 52

De Carpentras pour la difcipline au fujet de la diftribution des dons faits aux Eglifes. 49

De Mantale pour l'élection de Bofon Roi d'Arles. 34

Ses admirables admonitions à Bofon. 34 & 52

1. d'Orange pour les droits & pour la difcipline de l'Eglife. 48
2. d'Orange contre les Pelagiens. 50

Admirables decifions de ce Concile touchant la grace. 50

1. de Riez fur l'ordination irreguliere d'Armantere Evêque d'Embrun. 48
2. de Riez pour la difcipline Ecclefiaftique. 52
1. de Vaifon pour le rétabliffement des droits & de la difcipline de l'Eglife. 48
2. de Vaifon pour la difcipline. 50
1. de Valence pour la difcipline & pour la correction des mœurs. 47
2. de Valence pour confirmer des dons faits à l'Eglife. 48
3. de Valence contre les Predeftinez. 51

Belles decifions de ce Concile fur ce fujet. 51

4. de Valence pour l'élection de Loüis Bofon Roi d'Arles. 36 & 52

De Vienne pour pourvoir à la feureté des Ecclefiaftiques. 52

De CONDE', Loüis de Bourbon, Prince de Condé I. du nom; fon premier deffein touchant fa jonction avec les huguenos. 496

Fait un traité avec les huguenos, d'où ont pris naiffance les guerres civiles pour la religion. 496

Eft fait prifonnier & condamné à mort. 500

CONRAD d'Antioche défait & pendu en Sicile. 165

CONRAD le Pacifique, cinquiéme Roi de Provence ou d'Arles, fon regne & fa mort. 43

CONRAD le Salique, Empereur, feptiéme Roi d'Arles. 44

Défait & tuë Eudes neveu de Raoul, qui lui difputoit la fucceffion de ce Prince. 44

CONRAD Duc de Sueve prend le titre de Roi d'Arles. 44

CONRAD Duc de Zeringen prend le titre de Roi d'Arles. 45

CONRADIN paffe en Italie pour difputer le roïaume de Sicile à Charles d'Anjou. 160

Eft excommunié par le Pape. 160

Perd la bataille contre Charles. 161

Eft fait prifonnier & decapité. 164

CONSEIL. Erection du Grand Confeil ou de l'Eminent Confeil. 295

CONSTANCE Empereur affemble un conciliabule à Arles en faveur des Arriens. 47

CONSTANCE, Folcoare, femme de Bofon II. 61

CONSTANCE, fille de Guillaume Comte de Provence, époufe Robert Roi de France. 63

Mene des Poëtes Provençaux au Roi fon mari. 64

CONSTANCE Reine d'Aragon, fa genereufe repartie en confervant la vie à Charles Prince de Salerne. 183

CONSTANTIN repare les ruines de la ville d'Arles, & l'embelit en diverfes manieres. 15

Donne fon nom à cette ville. 16

Veut que fon fils prenne le furnom d'Arles. 16

Fait alliance avec les Gots. 16

CONSTANTIN, Claude, d'Arles, eft commandé par le Conful la Riviere pour la garde des

f

portes de cette ville. 745
Fait tirer sur le Consul qui vouloit lui donner des compagnies Espagnoles pour adjointes. 746
Est du nombre des conjurez qui avoient resolu de faire perir Nicolas Jean Tiran d'Arles. 805
COQUELET, Claude, Evêque de Digne, deputé pour le Clergé de la province pour aller vers le Roi à Lyon poursuivre un reglement sur les diferans du païs avec le Duc d'Epernon. 796
De CORDES, Jacques, se signale à la prise de Salon. 807
CORDURIER, Avocat d'Arles, répond au nom des Consuls de cette ville aux complimens d'honêteté du Duc de Savoïe. 745
CORSES s'emparent d'un quartier de la ville d'Aix. 577
Favorisent la reception du Comte de Suse dans cette ville. 577
Sortent de la ville. 588
COSSE, Jean, Seigneur Napolitain, suit le Roi René en Provence, où ce Prince lui donne la Baronie de Grimaut, & le fait Senéchal de Provence. 313
Tuë Fregose, autrefois Duc de Genes, de deux coups d'estramaçon. 323
Son hardiesse à parler au Roi Loüis XI. 341
La COSTE, un des lieux de la province qui furent les premiers infectez de l'heresie. 458
Est saccagé par les troupes qui revenoient d'executer l'arrêt contre Merindol. 479
De COTIGNAC, Guillaume, commis par Raïmond Beranger pour gouverner la Provence pendant la minorité de Beatrix sa fille. 130
Choisi pour arbitre du diferent entre Raïmond Beranger & Guillaume de Sabran. 134
Un des cent Chevaliers pour être du duël entre Charles I. & le Roi d'Aragon. 180
COUQUE, un de ceux qui tuërent le Lieutenant Biord. 747
Acquiert une grande autorité dans Arles, & s'y eleve en Tiran. 770
Pousse les Consuls de cette ville, & les fait prisonniers. 781
Sa tirannie est repoussée, il est poursuivi par un des Consuls, est fait prisonnier, puis mis en liberté & contraint de sortir de la ville. 783
COURS d'amour, où se tenoient. 104
COURTIN Huissier deputé en Cour pour conserver au Parlement sa juridiction sur les heretiques. 473
CRANCE à la grand barbe entreprend de surprendre Metz, mais il se perd dans l'entreprise. 336
CRASSUS demande à triompher des Provençaux. 12
CRILLON, Seigneur de ce nom, tué dans un combat devant Menerbe. 550
CRILLON.... dispute l'honneur de monter le premier à l'assaut au siege de la Breole & l'obtient. 623
CROCUS Roi des Allemans ravage la Provence. 15
Est défait & tué devant Arles. 15
CROISSANT, institution de l'Ordre des Chevaliers qui portoient ce nom. 316
CROIX vuidée, clechée & pometée est le blason des premiers Comtes de Provence. 59 & 60
Mal à propos apellée *Croix de Toulouse*. 60
D'où les Comtes de Toulouse ont pris sujet de la prendre. 60 & 62
De CROSE, Pierre, Archevêque d'Arles, Cardinal & Camerier de l'Eglise, reçoit les protestations contre les violences faites aux Cardinaux dans le Conclave d'Urbain VI. 231
De CROTES, Gouverneur de Digne, fait entrer cette ville en l'obeïssance d'Henri IV. 773
CRUSSOL mandé en Provence avec deux Commisseres, pour faire executer l'Edit de Janvier. 508
Fait faire la publication de cet Edit dans Aix. 509
Marche avec des troupes contre le Seigneur de Flassans. 510
Prend & saccage Barjols. 510
De CUCURON, Robert, un des illustres Provençaux qui passerent en Italie contre l'Empereur Loüis de Baviere. 208
CUCURON, village. La Chambre des Vacations s'y retire à cause de la peste qui étoit dans Aix. 591
De CUGES, Commandeur de ce nom. Voï sous le mot de Glandeves.
De CUPIS, Antoine, Evêque de Sisteron, un des deputez de la province aux Etats generaux d'Orleans. 709
Deputé pour le païs pour assister à l'assemblée de Beaucaire, pour y regler les diferans de la province contre le Duc d'Epernon. 794
Deputé vers le Roi à Lyon pour le même sujet. 796
CURAT, Aïme, un des deux Procureurs Generaux dans l'institution du Parlement. 588

D

DAGUAN, un des partisans du Lieutenant Biord, arrêté par les ordres du Duc de Savoïe. 728
DANIEL, Arnaud, Poëte Provençal loüé par Petrarque. 103
DARBON s'emploïe utilement pour la reduction du fort de Nôtre-Dame de la Garde. 844
DARIES, Consul de Marseille, tâche de livrer cette ville aux Ligueurs. 602
Son entreprise est découverte, il est arrêté. 603
Son procez lui est fait, il est condamné à la mort & executé sur l'heure. 603
DAVID, Nicolas, deputé par Casaulx vers le Roi d'Espagne. 821
DECIUS Empereur est défait & tué avec son fils par les Gots. 16
DEDONS, Capitaine sous le Seigneur de Vins, tué dans une rencontre en campagne. 642
DEDONS, Pierre, Conseiller en Parlement, un de ceux qui suivirent le parti du Roi du tems de la Ligue. 658
Rempli dans l'Edit de l'érection de la Chambre souveraine de Marseille. 851
De DEMANDOLS, un des cent Chevaliers pour être du combat singulier de Charles I. contre

le Roi d'Aragon. 180

De DEMANDOLS, Antoine, est pourvû de l'ofice de Clavaire de Castelane par Palamedes de Fourbin Gouverneur de Provence. 359

DESIDERI, Melchior, Conseiller en Parlement, est fait prisonnier par le parti de la Comtesse de Sault en la journée du Palais. 695

Est élargi & rétabli par le Duc de Savoïe. 733

S. DIDIER, Guillaume, un des illustres Poëtes Provençaux. 105

DIGNE, érection de son siege de Senéchal. 434

DISE, Procureur, fait prisonnier par des troupes du Seigneur de la Valette. 642

DOLLE de Frejus, député de la province vers le Roi Henri III. pour obtenir la destitution du Comte de Suse Gouverneur. 576

DOMAINE roïal, revocation de ses alienations par le Roi Robert, sur un tres-loüable fondement. 210

Ses alienations par la Reine Jeanne declarées nulles par le Pape, & ensuite revoquées par cette Princesse. 220

Autre revocation de ses alienations par le Roi Charles VIII. 363

Modifications aportées à cette revocation. 363

Revocation de la declaration portant reünion de ses alienations, par François I. 430

DOMITIUS Enobarbus défait les Allobroges & les Auvergnacs. 7

DOMITIUS, Lieutenant de Pompée, se jette dans Marseille. 12

Est défait par deux fois sur mer. 13 & 14

Abandonne la ville. 15

DONATISTES condamnez dans le I. Concile d'Arles. 46

DORIA, Perceval, un des illustres Poëtes Provençaux. 106

Du nombre des cent Chevaliers qui se devoient battre pour Charles I. contre le Roi d'Aragon. 180

DORIA ofre le secours du Roi d'Espagne aux Tirans de Marseille. 821

DOUCE, premiere femme de Guillaume II. Comte de Forcalquier. 65

DOUCE, fille de Gilbert Comte de Provence, donnée en mariage à Raïmond Beranger Comte de Barcelone. 92

DOUCE de Moustiers une des Dames de la Cour d'amour de Romanil. 106

DOUCE, fille d'Idelfons promise à Raïmond Comte de Tolouse. 101

DOUCE, fille de Raïmond Beranger le jeune, meurt dans le tems qu'elle alloit épouser le Comte de Tolouse. 111

DRAGUIGNAN, érection de son siege de Senechal. 434

DREUX, bataille donnée prés de cette ville, où les Catholiques furent victorieux. 522

DROGOL, Jean, maître Rational, envoïé en Aragon pour faire valoir les droits de la Reine Yoland sur ce Roïaume. 282

DUEL fameux ofert à Charles I. par le Roi d'Aragon. 179

Reflexions sur ce combat. 180

DUFORT député d'Aix vers le Duc d'Epernon pour lui porter plainte de l'infraction de la trève. 806

DULCELINE, femme de Hugues Geofroi Vicomte de Marseille, fait le voïage de Jerusalem avec son mari. 75

DURAND, Antoine, est fait Consul d'Aix, par la faction du Duc de Savoïe. 733

DURAND, Bertrand, un des Conseillers du Parlement dans l'institution. 388

DURAND, George, Conseiller en Parlement, deputé pour aller autoriser de sa presence les instructions de l'Evêque de Cavaillon dans Merindol. 465

DURAND, Guillaume, un des illustres Poëtes Provençaux. 106

DURANTI, Bertrand, un des illustres Provençaux qui passerent en Italie pour le service du Roi Robert contre l'Empereur Loüis de Baviere. 208

DURANTI, Jean, premier Consul d'Aix, avance des fortes raisons pour soûtenir l'érection du Parlement. 390

DYNAMIUS Gouverneur de Marseille remet cette ville à Gontran. 23

E

EDIT de Juillet défend l'exercice de la nouvelle Religion. 507

EDIT de Janvier permet l'exercice de la nouvelle religion hors des villes. 508

Publication de cet Edit dans Aix avec apareil. 509

Sa revocation solemnellement publiée dans cette ville. 540

EDIT d'Amboise permet l'exercice de la nouvelle Religion en certains lieux. 522

EDIT de Juillet revoque tout ce qui s'étoit fait en faveur des huguenots, & ne permet point d'autre exercice de religion que de la Catholique. 605

Publié en audiance en robe rouge. On en chante le Te Deum, & on en rend à Dieu des actions de graces par une procession solemnele. 659

EGINE femme de Loüis Boson. 40

Enfans qu'elle eut de ce Prince. 40

EGLISE. Ses biens obligez à une subvention pour repousser une guerre civile, encore que le Pape ne l'eût point voulu accorder. 262

Le Parlement de Paris s'opose à la verification de l'Edit, portant injonction aux Oficiers roïaux d'executer, nonobstant apel, les sentences des Juges d'Eglise en fait d'heresie. 393

EIGUIERES, Guillaume, du nombre des cent Chevaliers choisis par Charles I. pour se battre contre pareil nombre d'Aragonois. 180

EIGUIERES, Hugues, un des illustres Provençaux qui porterent les armes en Italie pour soûtenir le Roi Robert contre l'Empereur Loüis de Baviere. 208

ELDAJARDA EBESA premiere femme de Guillaume Bertrand Comte de Forcalquier. 66

ELION de Villeneuve. Voi sous le mot de Villeneuve.

ELZEAR, Guillaume, du nombre des cent Chevaliers pour seconder Charles I. dans son duel contre le Roi d'Aragon. 180

S. ELZEAR de Sabran, Gouverneur du Duc de Calabre, sa mort. 209

EMBRUNOIS porté dans la maison des Dauphins de Viennois, par le mariage de Beatrix de Sabran Comtesse de Forcalquier, avec Gui André de Bourgogne. 109

EME de Provence porte le Venaissin en dot aux Comtes de Touloufe. 64

EMENJAUD, Antoine, Conseiller en Parlement, un des Commisseres pour la garde de l'Hôtel de ville, le jour de la blessure du Grand Prieur. 610

EMENJAUD, Nicolas, Juge-mage condamné en deux cens livres d'amende, pour avoir voulu éluder quelques procedures de Justice. 434

EMENJAUD, Nicolas, Conseiller en Parlement, excepté de la grace du rétablissement de sa Compagnie. 530

EMPEREURS d'Occident tiennent le droit qu'ils ont sur la Provence de la donation de Raoul le Faineant. 45

Quelle a été la transmission de ce droit pour les successeurs à l'Empire depuis cette cession. 46

EMPIRE, ses armes qui étoient à Arles sont abatuës. 276

EMPRISES de la gueule ou du pas du dragon, & du Château de la joïeuse garde; Tournois celebres du Roi René en consideration de Jeanne de Laval. 230

ENQUETES, érection d'une de ce nom dans le Parlement. 490
Supression de cette Chambre. 562
Rétablissement de cette Chambre. 562

ENTRAVENES, Isnard, Senechal de Provence reçoit les hommages de la Noblesse de la province au nom de Charles II. 185
Prete hommage à ce Prince pour la terre de Sault. 189

EPERNON est fait Gouverneur de Provence. 614
Entre dans la province accompagné de plus de douze mille hommes. 618
Fait son entrée à Aix par un tems tout à fait désagréable. 619
On creé pour lui un ofice nouveau, qui est la charge de Colonel de France. 619
Est en grande faveur à la Cour. 619
Choisit les Consuls d'Aix. 621
Seine se rend à son seul aproche. 622
Assiege la Breole & la prend. 625
Refuse un present de douze mille livres que les Etats de la province lui ofrent. 625
Retourne à la Cour. 626
Est redemandé par la Noblesse pour Gouverneur de la province, aprez la mort du Duc de la Valete son frere. 745 & 750
Revient dans la province & force d'abord les lieux de Montauroux, de Fayence & de Canes; mais il est repoussé devant Grasse. 754
Fait dresser des citadelles en plusieurs endroits de la province. 756
De-là commence la haine qui dans la suite éclata contre lui. 756
Manque Marseille qui vouloit surprendre. 757
Prend Roquevaire. 760
Se fait reconnetre dans Arles. 761
Assiege Aix. 761

Construit un fort devant cette ville. 762
Y court grand danger de sa personne. 763
Reçoit ordre du Roi pour faire treve avec les Provençaux ligueurs, mais il execute mal cet ordre. 765
S'unit avec les Ligueurs de Marseille. 780
Apelle en düel le Seigneur de Lesdiguieres. 787
Fait tüer en sa presence de sang froid le Seigneur de Besaudun. 789
Cette action le decredite extrêmement. 789
Remet le fort d'Aix comme en depôt par ordre du Connetable. 791
Essaïe inutilement de surprendre Aix. 791
Traite avec le Duc de Maïenne. 796
Pretend d'établir un Parlement à Brignole. 797
Traite de nouveau avec les Ligueurs de Marseille, & s'unit avec Casaulx. 797
Traite avec les Ligueurs du Martigues. 798
Tâche mais en vain de secourir St Roman dans Salon. 808
Menace de metre le feu dans tout le païs plûtot que de quiter la province. 813
A ordre du Roi de se rendre à Lyon prez sa personne. 815
Refuse l'échange du gouvernement de Poitou pour celui de Provence. 818
Est destitué du gouvernement. 820
Refuse de sortir de la province. 820
Court grand risque de perir à Brignole par l'entreprise d'un paisan. 824
Est batu par le Duc de Guise à Vidauban. 845
Traite avec la province pour s'en retirer. 848
Sort de la province moïennant une somme d'argent. 848
Son départ donne lieu à des grandes rejoüissances jusques à en rendre à Dieu d'actions de graces. 848
Autant haï des Provençaux qu'il les haïssoit. 848

EPINARS journée funeste aux huguenots. 513

ERMENGAUD d'Urgel Comte de Forcalquier. 68 & 69

L'ESCALE village de Provence prez duquel le Comte de Sommerive s'étoit retranché, & où il fut forcé. 518

ESCRAGNOLE, un Seigneur de ce lieu, du nombre des cinq genereux conjurez pour faire perir Charles Quint lors de son irruption dans la province. 447

ESCARAVAQUES Gouverneur de Toulon est blessé mortellement au siege de la citadelle de cette ville. 774

ESPARRON, François & Fouquet, deux des illustres Provençaux qui servirent le Roi Robert en Italie dans la guerre contre l'Empereur Loüis de Baviere. 208

De L'ESTANG, François, Vicelegat se broüille avec le Parlement au sujet de l'annexe. 394

S. ESTEVE, Chevalier est decapité. 561

L'ETANDART, Guillaume, un des commandans de l'Armée de Charles I. en la bataille contre Conradin. 161
Choisi par Charles I. pour être des cent Chevaliers du düel contre le Roi d'Aragon. 180

ETATS de la province commencez à Marseille & continüez à S. Victor. 854

ETIENNE III. Pape écrit aux Evêques de France pour l'élection de Loüis fils du Roi Boson. 36

D'ETIENNE,

D'ETIENNE, François, Président de S. Jean, Commissere député pour prendre des informations par toute la province contre les malfaiteurs. 594
Arrêté prisonnier dans Aix, pour être du parti du Roi contre la Ligue. 659
EVANGILE en quel tems reçû en Provence. 83
S. EUCHER, Evêque de Lyon, avoit été Moine de Lerins. 84
EUDES, Duc d'Aquitaine, est qualifié du titre de Roi par les Provençaux. 25 & 174
EUDES, neveu de Raoul le faineant, dispute la succession de son oncle à l'Empereur Conrad le Salique. 44
Est defait & tué par cet Empereur. 44
EVECHEZ de Provence. 80
EVEQUES confirmez par les premiers Comtes. 75
L'EVEQUE, Jean, Seigneur de Rougiers, premier Consul d'Aix, un des deputez de la province pour obtenir quelque diminution de taille, aprez la retraite de l'Empereur Charles-Quint hors de la province. 456
EUGENE IV. veut disposer du roïaume de Naples, par l'extinction des Princes de la maison d'Anjou. 302
Secourt la Reine Isabelle. 306
Donne l'investiture du roïaume de Naples à Alphonse d'Aragon, crainte qu'il ne prit le parti de Felix V. 313
EURIC, Roi des Visigots, assiege & prend les villes d'Arles & de Marseille. 18
Fait Arles capitale de son roïaume. 18
EUXENUS fonde Marseille. 4
EXCOMMUNICATION, ses abus reprimez. 53

F

FABIUS defait les Auvergnacs. 7
FABIUS Valens, Lieutenant de Vitellius en Provence, la défend contre les Othoniens. 15
Est chassé par Valerius Paulinus ami de Vespasien. 15
FABREGUES, Avocat, est un des deputez des Etats de Provence, pour aller suplier le Duc de Savoïe de venir assister en personne la province. 690
Est fait Conseiller du Duc de Savoïe, avec titre de Capitaine de Justice. 706
Un des deputez de la province en Espagne, pour y demander du secours. 710
Est arrêté par ordre du Duc de Savoïe. 732
FABRI, Claude, Conseiller en Parlement, un des deputez de sa compagnie, pour apaiser l'émûte causée dans Aix par la mort du Grand Prieur. 609
FABRI, Fouques, Seigneur de Calas, s'eleve en soûtenant la province. 399
Egalement illustre dans la magistrature politique & de justice, aïant esté fait Conseiller en Parlement aprez divers Consulats. 399
Fait le dégat de ses propres biens, pour en priver les troupes de Charles-Quint. 442
FABRI, Nicolas, sieur de Peyresc. Voi sous le mot de Peyresc.
FABRI, Rainaud, Seigneur de Calas, Conseiller en la Chambre des Comptes, un de ceux qui suivirent le parti du Roi du tems de la Ligue. 658
FABROT, domestique de la Comtesse de Sault, favorise son évasion. 734
De FALCON, Hugues & Reinaud, deux des illustres Provençaux qui passerent en Italie pour défendre les interets du Roi Robert, contre l'Empereur Loüis de Baviere. 208
De FARAUD emprisonné sur des fausses accusations, par le Lieutenant Biord. 724
De FARE, Beranger, un des illustres Provençaux qui porterent les armes en Italie pour soûtenir le parti du Roi Robert, contre l'Empereur Loüis de Baviere. 208
De la FARE, un des deputez de la province en Espagne pour en retirer de secours, du tems de la Ligue. 710
FATIN, seditieux d'Arles, pendu. 567
FAUSTUS, Abé de Lerins; ses diferens avec Theodore Evêque de Frejus, terminez par les Peres du III. Concile d'Arles. 49
Devenu Evêque de Riez tombe dans l'erreur des Pelagiens, voulant les combatre. 50
Ses eloges. 84
FAYDET, Anselme, un des illustres Poëtes Provençaux. 106
FAYENCE. On y reçoit plaisamment le Duc de Savoïe. 703
La FAYETE, Amiral, remporte sur mer des avantages considerables sur les Espagnols. 415
Prend le Prince d'Orange. 415
FEMMES, constance admirable d'une femme. 15
Leur courage & leur zele pour la défense de leur patrie dans les occasions de guerre. 414 & 445
FERAUD, du nombre des cent Chevaliers choisis par Charles I. pour être de son duël contre le Roi d'Aragon. 180
FERAUD, Isnard, un des illustres Provençaux qui passerent en Italie pour soûtenir le parti du Roi Robert contre l'Empereur Loüis de Baviere. 208
FERAUD, Raimond, un des illustres Poëtes de Provence. 106
FERAUD, nom patronimique de la maison de Glandevez. 133
FERRAGUT veut surprendre Arles. 247
FERRIER, Jean, Conseiller en Parlement s'enfuit d'Aix, pour être du parti huguenot. 116
FETE-DIEU. Institution des representations qui se font en ce jour dans Aix, & ses loüables motifs. 346
FEU, Jean, President au Parlement de Roüen, fait publier en Provence, par ordre du Roi, l'Edit de la reformation de la Justice. 436
FIGUIERE, Guillaume, un des illustres Poëtes de Provence. 106
FILHOL, Antoine, Archevêque d'Aix, President des Etats. 436
FILHOL, Pierre, Archevêque d'Aix, est arrêté dans le Comtat par les oficiers du Pape. 398
FILLE. Action genereuse d'une fille pour venger son honneur. 788
FIRMIN, Comte d'Auvergne, surprend Arles pour Sigibert Roi de Metz. 23

De FLASSANS, Blanche, une des Dames de la Cour d'amour qui se tenoit à Romanil. 106

FLASSANS, Durand de Pontevez, Seigneur de ce lieu. *Voi sous le nom de Pontevez ce qui regarde ce Seigneur.*

De FLASSANS, Raimond, du nombre des cent Chevaliers qui se devoient battre contre le Roi d'Aragon. 180

FLORENCE obtient de Charles II. le privilege de porter des fleurs de lis dans ses armes. 187

FLORENCE, Duchesse de cet Etat, ofre inutilement d'accommoder les diferens de la Ligue. 656

FLORENTINS s'emparent du château d'If. 854

S. FLORENTIN premier Abé de Monmajor. 86

FLOTE, Arnaud, suit le parti de Beranger, contre Raimond des Baux. 97

Est considéré entre les principaux de la Cour de Guillaume VI. Comte de Forcalquier. 116

FLOTE, Nicolas, Conseiller en Parlement, un des Commisseres pour la garde de l'Hôtel de ville, le jour de la blessure du Grand Prieur. 610

Est un des deputez de la province pour aller assister aux Etats generaux d'Orleans. 709

FLOTES sont Seigneurs de S. Auban & de Cuebris avant le treiziéme siecle. 133

FONTAINE medecin de Casaulx. 834

FONTEIUS, Preteur, fait baisser les armes aux Provençaux. 12

FORCALQUIER, Comté & ville. Origine de ses Comtes. 59

La ville a donné le nom à la Comté. 61

Hommageable de la Comté de Provence. 101

Reüni par le mariage de Garcende, à la Comté de Provence. 112 & 118

Erection de son siege de Senechal. 434

De FORCALQUIER, Agnete, une des Dames de la Cour d'amour de Romanil. 106

De FORCALQUIER, Bertrand, un des illustres Provençaux qui prirent les armes pour le Roi Robert, contre l'Empereur Loüis de Baviere. 208

De FORESTA, Christophle, Conseiller en Parlement, un des deputez de sa compagnie, pour apaiser dans Aix l'émûte causée par la mort du Grand Prieur. 606

De FORESTA, François, sieur de Peiruis, Conseiller en Parlement, un des Commisseres pour faire les rondes de la nuit le jour de la blessure du Grand Prieur. 610

De FORESTA, Jean-Augustin, Baron de Tretz, est fait premier President. 494

Tranquilité de sa vie tres-remarquable. 494

Est excepté pour quelque tems de la grace du rétablissement de sa Compagnie. 530

Favorise les interets du Seigneur de Vins. 634

Le Duc d'Epernon tâche de lui faire perdre sa charge. 634

Sa mort. 647

FOS, village, d'où prend son nom. 9

De FOS, Bertrand, Roger d'Yeres, & Mabile freres & sœurs, échangent leur portion d'Yeres pour d'autres terres avec Charles d'Anjou. 145

De FOS, Guillaume & Roger, deux des illustres Provençaux qui passerent genereusement en Italie pour s'oposer aux entreprises de l'Empereur Loüis de Baviere. 208 & 209

De FOS, Raimond Geofroi, du parti des Berangers contre les Baux. 97

De FOS, Roger & Rostain, deux des cent Chevaliers du duël de Charles I. contre le Roi d'Aragon. 180

FOSSE', Mariane, ouvrage de Marius. 9

FOUQUES, Vicomte de Marseille, enrichit le Monastere de S. Victor. 65

FOUQUES de Marseille, un des illustres Poëtes de Provence. 106

FOUQUES, Religieux Observantin, empêche que les tirans Couque & la Touche ne fassent main-basse sur les Consuls d'Arles. 781

Invective en chaire contre les violences faites aux Consuls d'Arles. 783

FOURBIN, Jacques, reçoit en don de son frere Palamedes Gouverneur de Provence, les maisons du Roi à Marseille, & la Terre ou le château de Gardane. 360

FOURBIN, Jean, Seigneur de la Barben, a en don de Palamedes son frere la Terre d'Alen, la charge de Capitaine & Garde du château & ville de Lambesc, avec tous les revenus de son domaine; & l'office de Conservateur des Juifs. 360

FOURBIN, Loüis, est fait premier Maître Rational par Palamedes son pere. 360

Est un des Conseillers du Parlement, de l'institution. 391

Est un des deputez de son corps pour aller traiter quelque accord avec le Vicelegat au sujet de l'annexe. 395

Est un des Ambassadeurs de Loüis XII. au Concile de Latran. 401

Moïenne la reconciliation du Roi avec le saint Siege. 402

Donne avis à sa Compagnie des plaintes qu'on avoit portées contre elle dans le Concile. 403

Accommode le diferent de sa Compagnie avec le S. Siege, au sujet de l'annexe. 408

Reçoit les eloges publics de cette negociation. 409

FOURBIN, Michel, Palamedes & Jean, vont à l'arriereban convoqué par Charles VIII.

FOURBIN, Palamedes I. est en grand credit auprés de Charles dernier Comte de Provence. 350

Porte ce Prince à laisser ses Etats au Roi Loüis XI. 350

Est fait Gouverneur de Provence, avec le pouvoir le plus ample qu'ont ait jamais donné à cette charge. 358

Reçoit la Vicomté du Martigues en don. 358

Degrez par où il étoit parvenu à cette elevation. 358

Se pare contre l'envie par les bienfaits qu'il procure à la Noblesse du païs. 359

Pousse ceux qui soûtenoient le parti Lorrain. 360

Le Roi entre en ombrage contre lui. 361

Est disgracié. 361

Sa constance admirable dans cet état. 362

De FOURBIN, Palamedes II. Seigneur de Soliers, abandonne la Ligue & se remet dans le parti du Roi. 659

Fait que Toulon se declare pour le Roi Henri IV. contre le Duc d'Epernon. 773

Sa constance dans le parti du Roi, est à l'épreuve de l'arrêtement de la Dame son épouse & de sa fille, fait par le Duc d'Epernon. 807

De FOURBIN .... Seigneur de la Barben,

se signale à la prise de Salon. 807 & 809

De FOURBIN, Seigneur de S. Canat, défend le Pui contre un siege opiniâtre mis par le Duc de Savoïe. 735

Commande les enfans perdus de l'armée du Roi à la journée de Vinon. 740

Moïenne que le Comte de Carces reconnesse Henri IV. 772

Est le premier qui fait crier *Vive le Roi Henri IV.* 773

FOURBINS, la Barben, Gardanne & Soliers, vont à l'arriere ban, nonobstant qu'ils en fussent exems par le privilege de Marseille dont ils étoient natifs. 366

Les FOURBINS de Marseille distinguez par les services qu'ils rendirent dans cette ville pendant le siege du Duc de Bourbon. 419

FRANCE acquiert des grands avantages par l'acquisition de la Provence. 351

FRANCISCAINS en quel tems leur Ordre établi en Provence. 87

FRANÇOIS acquierent partie de la Provence par la cession des Ostrogots & des Empereurs. 19 & 20

En prennent lieu de faire battre le monnoie d'or. 20

Occupent l'autre partie de la Provence par la déstruction de l'Empire des Bourguignons. 21

FRANÇOIS I. Roi de France, de Jerusalem, de Sicile, vingt-septiéme Comte de Provence. 487

Va à la conquête de Milan. 407

Gagne la bataille de Marignan sur les Suisses. 409

Se rend maître de la Duché de Milan. 409

Fait le celebre concordat avec le Pape sur le sujet des benefices. 410

Passe par la Provence. 410

Action memorable d'une fille de Manosque à l'arrivée du Roi en cette ville. 410

Prétend à l'Empire. Charles-Quint lui est preferé. De là prit naissance la grande guerre, qui fut entre ces deux Princes. 411

Se broüille avec l'Empereur qui lui enleve le Milanez. 412

Se dispose de passer en Italie. 412

Vient en Provence pour faire tête au Connetable de Bourbon. 422

Fait décapiter dans Aix le premier Consul de Pras. 423

Passe en Italie. 423

Assiege Pavie; est fait prisonnier en bataille devant cette ville. 424

Recouvre sa liberté. 425

Envoïe une armée à Naples. Elle y est malheureuse. 427

Fait la paix avec l'Empereur. 428

Son desinteressement. 430

Atire le Pape dans son parti par le mariage d'Henri Duc d'Orleans son fils avec Catherine de Medicis niece du Pape. 431

Vient à Marseille où sa magnificence éclata dans la celebration de la fête de ce mariage. 432

Demande au Duc de Savoie plusieurs Terres, le Piemont, Villefranche & Nice. 433

Envoïe des Commisseres en Provence pour informer des malversations des oficiers, & pour reformer la Justice. 433

Fait porter par Jean Feu President du Parlement de Roüen, l'Edit de la reformation de la Justice. 436

Envoïe une armée contre le Duc de Savoïe pour recouvrer les Terres qui lui apartenoient. 438

S'attire par là les armes de l'Empereur qui veut défendre le Duc. 438

Fait preparer quantité des troupes sur la nouvelle que l'Empereur devoit venir en Provence. 440

Ses troupes obligent l'Empereur de rebrousser chemin en Italie, aprez lui avoir fait souffrir des grandes pertes. 455

Visite Marseille & Arles, & fait separer Aix. 456

Convient d'une treve avec l'Empereur pour dix ans. 457

Fait une entrevûë avec l'Empereur à Aiguemortes. 457

Se sert des voïes de douceur pour ramener les heretiques. 459

Se sert de la rigueur ne pouvant autrement reduire ces devoïez. 460

Donne passage à l'Empereur par son roïaume, pour aller châtier la rebellion des Gantois. 464

Rompt avec l'Empereur pour vanger la mort de ses Ambassadeurs. 464

Sa mort & ses éloges. 482

FRANÇOIS II. Roi de France, de Jerusalem, de Sicile, vingt-neuviéme Comte de Provence. 495

Est gouverné par la Reine sa mere qui s'associe les Guises. 495

Conjuration des huguenos pour se saisir de sa personne. 497

Sa mort: son regne tout à fait contraire aux huguenos. 500

FRAXINET, fort dont les Sarrasins s'emparent. 35

Est délivré de la possession de ses infideles 62

FREJUS son Evêque chassé pas Idelfons. 114

Sa juridiction donnée à son Evêque.

Le Pape pourvoit à son Evêché par vacance de mort en sa Cour. 398

Est nommé Charleville par Charles-Quint. 452

Est surpris par le Marquis de Trans. 645

Repris sur les Ligueurs par le Baron de Montaud. 659

Du FRENE Secretere d'Etat, envoïé par le Roi vers le Duc d'Epernon, ne put porter ce Seigneur à quitter le gouvernement de la province. 812 & 813

FRIDERIC Barberousse cultive la poësie Provençale. 101 & 106

Vient à Arles où il se fait couronner Roi; & y fait plusieurs actes de haut souverain. 113

FRIDERIC II. fait expedier des bulles de roïauté en faveur d'Hugues des Baux en qualité de Roi d'Arles. 122

Revoque quelques donations faites en Provence par Raïmond Beranger. 122

Declare Beranger III. criminel, & donne la Comté de Forcalquier au Comte de Toulouse. 128

FRIDERIC, Roi de Sicile ou de Trinacrie, est battu. 205

Fait la paix. 206

Meurt. 210

FRIDERIC Duc de Sueve, neveu d'Henri

prend le titre de Roi d'Arles. 45
FROID rigoureux.
FULVIUS Flaccus subjugue les Liguriens, les Saliens & les Voconciens. 6
FUME'E, Antoine, Conseiller au Grand Conseil, Commissere pour venir faire executer en Provenc l'Edit de Janvier. 508

G

GABELE du sel cause une grande émeute à Bourdeaux. 484
GALAUP, François, Sieur de Chastueil, grand astrologue. 530
GALLON, Marc, est fait Consul d'Arles, du rang de bourgeois. 770
De GAMBATEZA, Charles, gendre de la Catenoise, est fait grand Amiral. 214
GAMEL Gouverneur d'Arles pour Theodoric. 19
GANDULFE S'empare adroitement de Marseille pour le Roi Childebert. 23
GANTELME Dame de Romanil, tenoit Cour d'amour. 106
GANTELMI, Audibert & Hugues deux des illustres Provençaux qui passerent en Italie pour le Roi Robert, contre l'Empereur Louis de Baviere. 208
GANTELMI, Guillaume, donné pour conseil à Raimond Beranger Gouverneur de Provence. 110
GANTELMI, Jacques, envoïé par Charles I. pour prendre possession en son nom, de la charge de Senateur de Rome. 151
Secourt Charles I. assisté de Bertrand son frere. 165
Est du nombre des cent Chevaliers choisis par Charles I. pour être de son combat contre le Roi d'Aragon. 180
GANTELMI, Rostain, est des cent Chevaliers du düel de Charles I. contre le Roi d'Aragon, 180
GANTELMI, Raimond, donné pour Conseiller à Raimond Beranger Comte Commandatere de Provence. 110
GAP, ville, sa Juridiction donnée à son Evêque.
Refuse un secours d'argent au Roi René. 325
GAPENÇOIS porté dans la maison des Dauphins de Viennois, par le mariage de Garcende de Sabran avec Gui André de Bourgogne. 109
Les Dauphins en font hommage aux Rois Charles I. & Robert. 145 & 207
Raisons qui prouvent que cette contrée étoit membre de l'ancienne Comté de Provence. 325
GARANDEL Grand Vicaire de l'Archevêque d'Aix, un des deputez du Clergé de la province, pour aller vers le Roi à Lyon, pour y faire regler les differens du païs avec le Duc d'Epernon. 796
Est interdit de ses fonctions par le Parlement. 813
GARCENDE fille de Guillaume Comte de Forcalquier, épouse Raines de Castelar de Sabran. 109
GARCENDE fille de Raines de Gastelar & de Garcende de Forcalquier aporte cette Comté en dot à Idelfons II. Comte de Provence 109 & 114
La GARCINIERE tué, dans sa maison de campagne par ordre de Casaulx. 802
GARDE, Fort de Nôtre-Dame de la Garde surpris par Casaulx. 799
Recouvré par le Duc de Guise. 844
De la GARDE, Baron de la Garde; où le Capitaine Paulin : *Voici ce qui le regarde sous le mot de Paulin.*
De la GARDE, Gaspard, Seigneur de Vins, est excepté de la grace du rétablissement de sa Compagnie. 530
De la GARDE, Guillaume, Archevêque d'Arles, couronne l'Empereur Charles IV. en qualité de Roi d'Arles. 226
De la GARDE, Hubert, Seigneur de Vins: *Voi ce qui regarde ce Seigneur sous le nom de* Vins.
GARNIER, François, Abé de Valsainte, Seigneur de Monfuron, excellent poëte. 108
GARNIER, Marc-Antoine Seigneur de Monfuron, Conseiller en la Chambre des Comtes, un de ceux qui suivirent le parti du Roi du tems de la Ligue. 658
GARRON Jean Auditeur, arreté dans Aix comme roïaliste. 659
De GASNAY, Jean, quatriéme President au Parlement de Paris, un des Commisseres pour examiner les pretentions du Duc de Lorraine sur la Provence. 365 & 380
GASSENDI combat l'astrologie judiciere. 528
De GASSIN, Raoul, un des illustres Poëtes de Provence. 106
GAUDI, seditieux d'Arles, pendu. 567
GAUFRIDI, ou Geofroi, Alexis, Consul d'Aix, moïenne en Cour l'union de la Procuration du païs au Consulat de cette ville. 436
Ofre de faire fortifier cette ville contre l'Empereur Charles-Quint. 440
Fait faire un reglement pour reformer le luxe des habits. 468
GAUFRIDI, Antoine, Procureur du païs, un des deputez de la province pour faire rétablir l'annualité des ofices de Viguier. 429
Est deputé comme Conseiller en Parlement, vers les huguenos atroupez, pour leur promettre toute sûreté suivant les intentions du Roi. 533
GAUFRIDI, Arnaud, Consul d'Aix, porte au Roi les remontrances de la Province, au sujet de la demolition de la citadelle de Berre. 858
GAUFRIDI, Claude, Conseiller en la Chambre des Comptes, arreté dans Aix pour être du parti du Roi. 659
GAUFRIDI, Isnard Gaufridi des Tours d'Aix, un des illustres Provençaux qui passerent en Italie pour le service du Roi Robert contre Louis de Baviere Empereur. 208
GAUT, le Seigneur de ce lieu, fait que le Duc de Savoye va prendre Mons. 702
Est tué dans Grasse, dont il étoit Gouverneur. 766
De GAUTIER, Honoré, action genereuse de sa fille pour venger son honneur. 788
De GENAS, François, Conseiller en Parlement, sort d'Aix, comme étant du parti huguenot. 516

De

GENEBRARD, Gilbert, est fait Archevêque d'Aix. 765
Soûtient le parti de la Ligue, & tâche inutilement qu'on ne reconnesse Henri IV. 778
Sort d'Aix & se retire à Marseille. 779
Tâche d'y soûtenir les restes de la Ligue mourante. 779
Y assemble les Etats de ce parti, & en est fait chef. 799
Est condamné au bannissement du roïaume, & son livre contre l'autorité roïale à être brûlé publiquement. 846
Sa mort, & ses qualitez. 846
GENES étrangement divisée par les factions des Guelfes & des Gibelins.
Soûtient un siege de dix ans. 207
Se met sous la protection du Roi Robert. 206
Jette les premiers fondemens de sa republique. 306
Se donne à Charles VII. Roi de France, qui y envoïe le Duc de Calabre pour Gouverneur. 321
Remise sous l'obeïssance de Loüis XII. 397
De GENOUARDIS, Jean, Ambassadeur de Loüis II. pour susciter les Florentins & les Siennois contre Ladislas Roi de Naples. 277
GENTILSHOMMES se rendent souverains dans leurs Terres. 44
GEOFROY, septiéme Comte de Provence. 67
Sa femme, ses enfans, sa mort & son regne. 67
GEOFROY I. Vicomte de Marseille, fils d'Hugues Geofroi I. 68
Ses actions pieuses & liberales. 68
Ses enfans. 68
Source du surnom de Geofroy pris par ses Successeurs. 68
GEOFROY II. Vicomte de Marseille. 96
GEOFROY de Marseille. 96
Du parti des Baux contre les Berangers. 97
Ses enfans. 109
GEOFROY, Hugues, Grand Maître des Templiers, un des quatre arbitres pour regler les démêlez d'entre Ildefons I. & le Comte de Toulouse. 111
GEOFROY, Hugues, Seigneur de Toulon, est fait prisonnier par les Maures de Majorque.
GEOFROY fils de Pons de Peinier Vicomte de Marseille. 96
GEOFROY, le Velu, Vicomte de Barcelone. 91
GEOFROY, Jean, du nombre des cent Chevaliers, pour se battre dans le combat d'entre Charles I. & le Roi d'Aragon. 180
GEOFROY du Luc, fameux Poëte Provençal. 106
GEOFROY, Pierre, l'un des deputez d'Arles pour le corps de la Noblesse, pour soumettre cette ville à Charles I. 141
GEOFROY, Raïmond, Seigneur de Fos, est du parti des Berangers contre les Baux. 97
GERARD du Martigues, fondateur de l'Ordre des Hospitaliers de S. Jean de Jerusalem. 71. 72 & 73
GERARD de Roussillon, Gouverneur de Provence, ses qualitez & ses alliances. 28
GERBERGE, femme de Guillaume II. du nom Comte de Provence. 65
GERBERGE, fille de Geofroi & sœur de Bertrand Comtes de Provence, aporte la Provence en dot à Gilbert Vicomte de Millau son epoux. 69
Donne à sa fille Douce la Comté de Provence en dot. 70
De GERENTE, Baltasard, Evêque de Vence, President de la Chambre des Comptes, condamné en quatre cent livres d'amende. 434
Fait transporter les papiers des archives dans le château des Baux, pour les garentir des armes de Charles-Quint. 455
Est un des deputez de la province vers le Roi, pour avoir quelque soulagement, aprez la retraite des Imperiaux. 456
De GERENTE, François, President de la Chambre des Comptes, un des deputez de Provence, pour poursuivre la revocation de la declaration portant reünion des alienations du domaine. 430
Est condamné en deux cent livres d'amende, pour avoir voulu éluder quelque procedure de Justice. 434
De GERENTE, François, Baron de Senas, tué au siege de Menerbe. 571
De GERENTE, Guigonet, Seigneur de Monclar, fait un beau discours pour exciter le peuple & reünir la Noblesse contre Raïmond de Turenne. 259
Est apellé l'oracle de la Provence. 260
Son afection pour le bien public. 261
Voï le reste de ceux de cette maison sous le mot de Jarante.
De GIAN, George, retenu dans le palais d'Avignon par les Catalans. 277
GIGNAC, un Seigneur de cette Terre, emploié pour cuëillir les deniers destinez à la guerre contre Raïmond de Turenne. 262
GILBERT Comte de Provence. Digression sur le sujet de son mariage. 69
De GISVALD, Mathieu, Senechal de Provence. 228
GLANDEVEZ. Tige de cette maison. 133
Son nom patronimique. 133
De GLANDEVEZ, Antoine, Seigneur de Cuges, Viguier de Marseille pendant le siege de cette ville par le Duc de Bourbon. 419
De GLANDEVEZ, Fouquet, du nombre des cent Chevaliers du duël de Charles I. contre le Roi d'Aragon. 180
De GLANDEVEZ, George, Seigneur de S. Martin, tué le Comte de Montafier. 572
De GLANDEVEZ, Honoré, Seigneur de Greoulx, rétabli dans l'ofice de Viguier de Marseille, avec deux cens florins de pension. 364
De GLANDEVEZ, Jean, Seigneur de la Garde, est pourvû de la charge de Capitaine de Bregançon par Palamedes Fourbin Gouverneur de Provence, avec une pension de cent florins. 359
De GLANDEVEZ, Isnard, Seigneur de Cuers, commandé dans la guerre contre Raïmond de Turenne. 261
Chasse ce rebelle des quartiers de Colmars, avec autant de valeur que de celerité. 263
De GLANDEVEZ, Pierre, Seigneur de Cuges, est fait Viguier de Nôtre-Dame de la mer par Palamedes Fourbin Gouverneur de Provence. 359
De GLANDEVEZ, Raïmond, Seigneur de Faucon, est fait Senechal de Provence par Palamedes Fourbin Gouverneur de Provence. 360
De GLANDEVEZ .... ou le Commandeur de Cuges, un des chefs des Catholiques dans Aix. 515

h

GODEFROY de Boüillon, premier Roi de Jerusalem. 168
GONDEBAUT, fils aîné de Gundioche Roi de Bourgogne, est défait prez d'Autun par ses freres Chilperic & Godemar. 20
Assiege & prend deux de ses freres dans Vienne, & les fait mourir. 20
S'atire la vengeance de Godegesil le dernier de ses cadets. 20
Fait hommage à Clovis pour en être protegé. 21
Atrape Godegesil, le prend & le fait mourir. 21
S'enfuit chez les Ostrogots, dans l'aprehension des armes de Clovis. 21
GONDEBAUT, se disant fils de Clotaire, est reçû dans Marseille. 23
Est obligé d'en sortir, est défait & tué dans Comminges, par les troupes du Roi Gontran. 23
GONTRAN, Roi d'Orleans, maître de la Provence. 21
Est obligé d'en faire part à son frere Sigebert Roi de Metz. 21 & 22
Use de supercherie contre son frere par maniere de represailles, & surprend Avignon. 22
Se broüille avec Childebert Roi de Metz son neveu, & ensuite l'adopte. 23
Sa mort, & sa constance dans ses promesses. 24
GORDES, un des lieux de la province qui furent les premiers infectez de l'heresie. 458
GOTS. Leur origine, & les diverses attaques qu'ils donnerent à l'Empire Romain. 16 & 17
GOULT, un des lieux de la province qui furent les premiers infectez de l'heresie. 458
Un des Seigneurs de ce lieu étale les plaintes des Carcistes dans l'assemblée des Etats de la province, pour les porter à faire destituer le Comte de Suse du Gouvernement. 581
GOUVERNEURS usurpent la souveraineté dans leurs Gouvernemens. 44
Leur charge en Provence reduite à l'instar des autres Gouverneurs de France. 365
Unie avec celle de Senechal. 371
La verification de leurs lettres appartient au Parlement. 655
De GRACE, Nôtre-Dame de Grace, lieu celebre de devotion, visité par Charles IX. 530
GRANIER, un de ceux qui tuërent la Plane Gouverneur de Grasse. 823
GRASSE assiegée par le Seigneur de Vins, est contrainte de se rendre aprez la mort de ce Seigneur. 676 & 679
Son Gouverneur est tué. 766
Un autre de ses Gouverneurs est assassiné. 823
De GRASSE, Bar. Les Seigneurs de cette maison souverains dans leurs Terres. 44
Leur pieuse magnificence envers le Monastere de Lerins. 85
Leur attachement inviolable à leurs Princes. 749
De GRASSE, Charles, est fait Viguier de Grasse par Palamedes Fourbin, en qualité de Gouverneur. 359
De GRASSE, Charles, Seigneur du Bar, Gouverneur d'Antibe, garentit cette place contre les desseins du Duc de Savoie. 749
De GRASSE, Georges, Seigneur du Mas, est avantagé de la franchise de tous ses biens par Palamedes Fourbin, aïant le Gouvernement absolu de la province.
De GRASSE, Henri, Seigneur de Canaux, se distingue à la défense de Grasse. 359 681
Est fait prisonnier, & detenu long-tems en Savoie, à cause du zele qu'il avoit témoigné pour le parti du Roi. 749
De GRASSE, Loüis, Seigneur du Mas, Lieutenant du Comte de Tende, bat les troupes du Duc de Bourbon. 415
Est un des Commandans dans Marseille, pendant le siege du Duc de Bourbon. 419
Est le premier des Seigneurs de la province, qui fait le dégat de ses propres biens pour en priver l'armée de Charles-Quint. 442
De GRASSE, Pompée, Seigneur de Bormes, est assassiné dans son château par des domestiques du Comte de Carces. 654
De GRASSE, Raimbaud, l'un des principaux Seigneurs de la Cour d'Idelfons, qui fut caution de la parole de ce Prince. 112
De GRASSE, Raimbaud, un des illustres Provençaux qui passerent les Alpes pour servir le Roi Robert contre l'Empereur Loüis de Baviere. 209
De GRASSE, Raimbaud, Seigneur du Bar, est commandé dans la guerre contre Raïmond de Turenne. 261
De GRASSE Cabris.... Seigneur de Taneron, se rend maître de Greolieres avec une troupe d'huguenos. 560
Est fait prisonnier par le Seigneur de Vauclause. Son procez lui est fait. Blanchit dans une nuit, crainte de la mort. Le Roi lui fait grace. 560 & 561
Est tué au siege de Grasse.
De GRASSE .... Seigneur de Montauroux, se jette dans la ville de Grasse pour la défendre contre les Ligueurs. 676
De GRASSE, un des cent Chevaliers pour seconder Charles I. dans son fameux combat contre le Roi d'Aragon. 180
GRAVESON assiegé & pris par le Duc de la Valete. 721
S. GREGOIRE le Grand, Pape, s'opose aux conversions forcées des Juifs. 23
Confirme les privileges de l'Eglise d'Arles. 50
GREGOIRE X. Pape, porte le Roi Philippe le Hardi à restituer le Comté Venaissin à l'Eglise. 167
GRIFON, Joseph, Sieur de S. Cesaire, Conseiller en Parlement, un des deux Commisseres generaux sur les armes. 611
GRIGNAN, Adhemar. Les Seigneurs de ce lieu souverains dans leur Terre. 44
Font hommage à Charles I. 144
GRIGNAN, Castelane, descendus de Boniface de Riez. 133
De GRIMALDIS, Augustin, fait unir le Monastere de Lerins à la Congregation du Mont-Cassin. 84
De GRIMALDIS, Giballin. Sa valeur à chasser les Sarrasins du Fraxinet. 63
Est recompensé du don du golfe de Sambracie, qui a porté depuis le nom de Grimaut. 63
De GRIMALDIS, Raïnier, Seigneur de Monaco, Senechal de Provence. 225
Refuse genereusement une pension du Duc d'Anjou, qui vouloit par là tenter sa fidelité. 228
GRIMAUT, golfe, d'où a pris ce nom. 63

De GRIMAUT, André, Evêque de Grasse, deputé vers Charles VIII. s'acquite glorieusement de sa commission à l'avantage du païs. 363
De GRIMAUT, Gaspard, Seigneur d'Antibe, est accusé d'avoir intelligence avec les ennemis de l'Etat. 484
Est absous & élargi par lettres patentes. 489
De GRIMAUT, Luc, un des illustres Poëtes de Provence. 106
GROS, Jean, dit Boussicaut, est fait Consul d'Arles par la faction du Lieutenant Biord. 724
De GUERIN, Alexandre, Conseiller en Parlement, un de ceux qui suivirent le parti du Roi du tems de la Ligue. 658
Rempli dans l'Edit de l'établissement de la Chambre souveraine de Marseille. 852
De GUERIN, Guillaume, Avocat general, requiert de proceder à l'execution de l'arret contre Merindol. 474
A ordre de se rendre instigateur contre ceux qu'on soupçonnoit d'infidelité. 484
Commence l'instigation par le Baron de la Garde, le Seigneur de Grignan, & y envelope Gaspard de Grimaut Seigneur d'Antibe. 484
Est accusé de concussion & de calomnie. 488
En est convaincu & condamné à mort. 489
De GUERIN, Jacques, pourvû le premier de l'office de Lieutenant general du Senechal. 437
Remarque honorable pour cette maison. 438
GUERRE Baussenque, son origine. 69
Son execution. 96
Sa fin. 98 & 99
GUERRE civile au sujet de la Religion. Idée juste qu'en donne l'auteur de l'histoire. 503
Commencement de cette guerre. 507
GUERREJADE, femme de Pons de Peinier, Vicomte de Marseille. 75
De GUERY, Raimondon, retenu dans le palais d'Avignon par les Catalans. 277
Du GUESCLIN, Bertrand, sa reputation oblige ceux de Tarascon à se rendre à Loüis d'Anjou. 228
GUIGUES, Comte de Forcalquier, donne la ville de Manosque aux Hospitaliers. 95
GUILLAUME I. du nom, troisieme Comte de Provence. 62
Chasse les Sarrasins du Fraxinet & de la Provence. 62 & 63
Se fait Moine & meurt en odeur de sainteté. 63
Sa femme, le nom & le nombre de ses enfans. 63
GUILLAUME II. du nom, quatrieme Comte de Provence. 65
Son regne pacifique. 65
Sa femme, ses enfans, sa mort, & le tems de son regne. 65
GUILLAUME III. du nom, cinquieme Comte de Provence. 66
Erreur des Historiens en lui donnant le nom de Bertrand. 66
Sa femme, ses enfans, sa mort, & son regne. 66
GUILLAUME I. Comte de Forcalquier. 59
Donne Pertuis à l'Abaïe de Monmajor. 59
GUILLAUME II. Comte de Forcalquier, sa femme & ses enfans. 65
GUILLAUME, Bertrand, quatrieme Comte de Forcalquier. 66

Ses divers mariages, ses enfans, & le tems de sa mort & de son regne. 67
Preuves de sa filiation & des diferens noms qu'il a pris. 67
GUILLAUME III. du nom, cinquieme Comte de Forcalquier. 68
Marie sa fille dans la maison d'Urgel. 68
GUILLAUME IV. ... Comte de Forcalquier. 75
Fait des grands biens à l'Evêque & aux Consuls d'Avignon. 75
Meurt dans cette ville, & y veut être enterré. 75
GUILLAUME V. du nom, Comte de Forcalquier. 109
GUILLAUME VI. du nom, Comte de Forcalquier, est contraint à prêter hommage à Idelfons. 112
Marie sa petite-fille à Idelfons II. 114
Se défend à merveille contre les attaques de son gendre. 116
GUILLAUME I. du nom, Vicomte de Marseille, succede à Pons son pere. 64
Fait plusieurs dons au Monastere de S. Victor. 65
Y prend l'habit de Moine. 65
Ses diferens mariages, ses enfans, le tems de sa mort & de son regne. 65
GUILLAUME II. du nom, Vicomte de Marseille, surnommé le Vieux, ou le Gros. 65
Ses liberalitez envers le Monastere de S. Victor. 65
Ses femmes & ses enfans. 65
GUILLAUME le Jeune, III. du nom, Vicomte de Marseille. 68
Regne conjointement avec Geofroi son frere. 68
Recommandable par ses bienfaits envers le monastere de S. Victor. 68
Sa femme & ses enfans. 68
GUILLAUME de Marseille, Vicomte de cette ville, fils d'Hugues Geofroi. 96
GUILLAUME le Gras, Vicomte de Marseille, fils d'Hugues Geofroi III. 96
GUILLAUME Taillefer, Comte de Toulouse, acquiert le Venaissin par son mariage avec Eme de Forcalquier. 64
GUILLERMIN, Sergent Major. Sa genereuse repartie au Seigneur de Vins. 616
GUIRAMAND, Antoine, Evêque de Digne, envoié en ambassade vers Sixte IV. 350
GUIRAMAND, Marcellin, Conseiller en Parlement. 403
GUIRAN, Honoré, Assesseur d'Aix pendant la peste de 1580. se signale dans l'exercice de sa charge. 593
Est deputé pour le Tiers Etat aux Etats generaux de Blois. 639
Fait une belle harangue dans l'assemblée des Etats, pour y faire resoudre qu'on appelleroit le Duc de Savoïe. 685
Fait rouler le canon contre le palais, pour dissiper le Parlement assemblé. 693
Est fait Conseiller & Capitaine de Justice du Duc de Savoïe. 706
Est arrêté par le commandement du Duc de Savoïe. 732
GUIRAN, Jean, Maître Rational, un des deputez pour faire des remontrances au Roi Charles VIII. contre les entreprises des Gouverneurs sur les fonctions de la robe. 371

Un des deputez vers le Vicelegat, pour l'afaire de l'annexe. 395

GUIRAN, Melchior, se met à la tête d'un parti de Catholiques, & avec cet apui il chasse de la ville d'Aix le Capitaine Tripoli qui y commandoit les troupes huguenotes. 514

GUIRANS conservent de pere en fils un ofice de Conseiller aux Comptes, durant plus de cent ans. 438

De GUISE, François de Lorraine Duc de Guise, s'empare des afaires de France. 496
Est fait Lieutenant de Roi par tout le roïaume. 499
Dissipe la conjuration d'Amboise. 499
Gagne la bataille de Dreux. 522
Est assassiné par Poltrot au siege d'Orleans. 522

De GUISE, Henri de Lorraine Duc de Guise, auteur de la Ligue. 600
Est tué avec le Cardinal son frere par le commandement du Roi. 652
Sa mort irrite furieusement les Ligueurs. 652 & 653

De GUISE, Charles de Lorraine, est pourvû du gouvernement de Provence. 818
Y vient avec grand apareil. 822
Gagne au Roi, en arrivant, Sisteron & Grasse. 823
Fait son entrée à Aix avec des acclamations extraordineres. 824
Se rend adroitement maître du Martigues. 824
Apuïe la conjuration qui se fait pour tuer Casaulx. 830 & 831
Chasse les Espagnols de Marseille. 840
Entre dans cette ville avec une joïe indicible des habitans. 841
Donne mille éloges à Libertat. 841
Recouvre le monastere de S. Victor. 843
Recouvre le fort de Nôtre-Dame de la Garde. 844
Met en fuite le Duc d'Epernon prez Vidauban. 845
Prend la citadelle de S. Tropez. 845
Visite la Provence avec une Chambre du Parlement, pour rétablir les choses en état. 848
Travaille beaucoup pour y faire regner le repos & l'abondance. 851
Fait une magnifique entrée à Marseille. 851
Eloges qu'il y reçoit. 851
Sa grande reputation & son credit extraordinere. 851
Vit dans une grande intelligence avec le Parlement. 859

GUNDIOCHE premier Roi des Bourguignons. 20
Se signale dans la défaite d'Atila Roi des Huns. 20
Laisse quatre enfans qui se déchirerent. 20

GUY Duc de Spolete. Ses diferens avec Beranger Roi d'Italie. 37
Est fait Roi d'Italie & ensuite Empereur. 37

GUY, Dauphin de Viennois, prête hommage à Charles d'Anjou pour le Gapençois & l'Embrunois. 145

GUY-PAPE, Conseiller au Parlement de Dauphiné, soûtient que la ville de Gap relevoit du Roi René, comme Comte de Provence. 326

GUY d'Usez illustre Poëte Provençal. 166

H

HABITS, reglement pour en reprimer le luxe. 468

De HARLAY, Achilles, Conseiller au Parlement de Paris, est du nombre des Commisseres deputez par le Roi, pour tenir le Parlement de Provence pendant l'interdiction des anciens oficiers. 525

HECTOR, Patrice de Marseille, tué par le commandement de Childebert. 25

HENRI II. Roi de France, de Jerusalem, de Sicile, vingt-huitiéme Comte de Provence. 483
Fait examiner l'afaire de l'execution de l'arrêt contre Merindol. 483
Reprime une revolte en Guïenne. 484
Secourt le Pape Paul IV. 492
Sa mort & son éloge. 495

HENRI III. Roi de France, de Jerusalem, de Sicile, vingt-neuviéme Comte de Provence; n'étant encore que Duc d'Anjou, Nostradamus predit qu'il seroit Roi de France. 526
Parvient à la Couronne par le decez de son frere. 559
Vient à Avignon pour regler les affaires de la province. 560
Defend toute autre Religion que la Catholique. 605
Envoïe des ordres pour venger la mort du Grand Prieur son frere, & pour honorer sa memoire. 614
Se declare pour la Ligue. 638
Fait tuer le Duc & le Cardinal de Guise. 652
Est mortelement haï des Ligueurs. 653
Est tué. 662
Sa mort plonge la Provence & l'Etat dans la confusion. 662

HENRI IV. Roi de France & de Navarré, de Jerusalem, de Sicile, trentiéme Comte de Provence. Son avenement à la Couronne de France est predite par Nostradamus aprez l'avoir vû tout nud. 526
Reçoit des grandes oposicions au commencement de son regne. 667
On le represente indignement. 667
Fait abjuration, & cause par là une grande joïe à tous les François. 764
Ecrit aux Gentilshommes de Provence de chasser le Duc d'Epernon. 773
Est reconnu dans Aix. 777
Est reçu par le Pape au giron de l'Eglise. 819

HENRI V. Empereur prend le titre de Roi d'Arles. 45

HENRI VI. Empereur, épouse Constance heritiere de la Sicile. 147

HENRI VIII. Roi d'Angleterre change la religion de son Roïaume. 459

HENRI de Castille est reçu favorablement de Charles I. 159
Se ligue avec les ennemis de son bien-faiteur. 160
Est pris & confiné dans une prison. 163

HERESIE, ses commencemens en Provence. 457
Voïes de douceur dont on se servit pour l'extirper dans

dans sa naissance. 459
On prend les voïes de la rigueur pour en venir about. 461
On reprend de nouveau les voïes de la douceur pour la ramener. 463
On recourt une seconde fois à la force pour l'abattre. 463
On essaie pour la troisiéme fois les voïes douces pour tâcher de la gagner. 465
Elle reprend par là son premier orgüeil. 465
Fait prendre les armes à ses adherans, pour secourir ceux de Cabrieres qui en étoient infectez. 465
La voïe de la douceur est mise en usage pour la quatriéme fois, s'il étoit possible de vaincre par là son obstination. 465
Elle pousse de nouveau ses adherans à ravager la campagne, & à faire prêcher publiquement ses erreurs. 466
On informe contre elle par ordre du premier President de Mainier. 470
Fait porter plainte au Roi contre ce magistrat. 472
On exécute contre elle le fulminant arrêt de Merindol. 474
Cruautez étranges exercées contre les suspects dans l'execution de cet arrêt. 480
Voi le reste qui regarde l'heresie sous le mot de Lutheriens ou d'Huguenos.
HERMENGARDE, femme de Boson Roi d'Arles, de qui étoit fille. 28
Pousse son époux à se faire Roi. 33
Est faite prisonniere avec ses enfans par Carloman Roi de France. 35
Est redonnée à son mari par Charles le Gros. 35
Fait élire son fils Loüis pour Roi. 36
Belles qualitez de cette Princesse. 36
HERMENGARDE fille de Guillaume I. Comte de Provence. 63
Ses diferens mariages. 63
HERMENGARDE fille de Roubaud I. du nom Comte de Forcalquier. 64
HERMENGARDE femme de Guillaume Vicomte de Marseille. 65
HERMENGAUD, Comte d'Urgel, épouse Adelaïs heritiere de Forcalquier. 68
HERMESINDE, Dame de Posquieres, une des Dames Presidentes dans les Cours d'amour. 105
HERMITE sert les pestiferez dans Aix avec une grande reputation de sainteté. 595
Acquiert une grande autorité dans cette ville. 595
Est soupçoné d'entretenir la peste: on l'arrête: on lui fait son procès. 627
Sa malice est découverte : il est condamné au feu & executé. 628
HILAIRE, Evêque d'Arles, convoque les Conciles d'Orange & puis celui de Vaison. 48
Souscrit le premier au Concile de Riez. 48
Soûtient fortement les droits de la Primatie de son Eglise. 48
Depose Chelidonius & Projectus ; celui-là Evêque de Vienne, & celui ci de Besançon. 48
Est dépoüillé du droit de Primatie. 49
Avoit été Moine de Lerins. 84
HISTOIRE doit également remarquer les faits de paix & de police, comme ceux de guerre. 435
De HOCBERT, Philippe, Gouverneur & Senéchal de Provence. 371

HOMMAGES, ancienne maniere de les rendre. 92
S. HONORAT fondateur du Monastere de Lerins. 83
Jette dans l'Occident les fondemens de la vie monastique. 83
Ses éloges. 84
HONORAT, Gaspard, est fait second Consul d'Arles. 729
HONORIUS Empereur, sous qui l'Empire commença à se dissiper. 16
De l'HOPITAL, Paul-Huraut, Archevêque d'Aix. *Voi ce qui regarde ce Prelat sous le mot de Vallegrand.*
S. HOSTIE preservée miraculeusement du feu. 449
Accident merveilleux par la vertu de la sainte hostie. 485
HUAN, un des partisans du Lieutenant Biord, arrêté par les ordres du Duc de Savoïe. 728
HUGOLEN, du nombre des cent Chevaliers qui se devoient battre en compagnie de Charles I, contre le Roi d'Aragon. 180
HUGUENOS entreprennent d'enlever le Roi à Blois. 497
L'entreprise est découverte. 497
Ceux de Provence ne se trouverent point au rendez-vous pour l'execution de la conspiration, ayant été occupez à ravager la province. 499
Exercent des cruautez inoüies dans Barjols. 511
Inquietent & se mocquent des Catholiques dans la devotion du pelerinage de S. Marc. 513
Sont chassez d'Aix ensuite de la journée des Epinars. 514
Sont de nouveau persecutez dans Aix & pendus au pin, en haine du sacagement de Barjols. 515
S'enorgueillissent par la mort du Duc de Guise, & s'emportent même jusques à la fureur. 522
Se plaignent du Parlement, & ont même assez de credit pour le faire interdire. 524
Calomnient de nouveau le Parlement, mais leur malice est découverte. 531
Se soulevent par les ordres de l'Amiral de Châtillon. 532
Entreprennent contre la personne du Roi. 533
Leurs biens sont vendus pour leur faire la guerre. 540
Sont traitez avec la derniere douceur. 541
Sont massacrez à la journée de S. Barthelemi, mais non pas en Provence. 545
Se plaignent une troisieme fois contre le Parlement. 564
Prennent les armes pour empêcher l'execution de l'Edit de Juillet, & entreprennent inutilement sur diverses places. 605
HUGUES, Marquis de Provence, sa genealogie. 31
Succede à Loüis Boson au roïaume d'Arles, sous le titre de Comte de cette ville. 40
Est apellé en Italie, y est proclamé Roi. 41
Ses loüables déportemens. 41
Epouse la fameuse Marosie. 42
Fait échange avec Raoul, de la Provence & du roïaume d'Arles pour l'Italie. 42
Lâche la bride à son naturel impetueux. 42

Est chassé d'Italie, meurt en Provence. 42 & 43
HUGUES Geofroi I. Vicomte de Marseille. 68 & 75
Fait le voïage de la Terre sainte. 75
Ses enfans. 96
HUGUES Geofroi II. & ses fils, Vicomtes de Marseille. 96
HUGUES Geofroi III. Vicomte de Marseille. 109
HYVER extrêmement rude. 369 & 679

I

De la JAILLE, Tristan, Senechal de Provence, enleve toutes les places que Geofroi le Maingre possedoit en Provence, à cause que ce Seigneur faisoit l'independant. 295
JANIN, President, confirme les Marseillois à ne point prendre d'engagement avec les étrangers. 713
Ne peut être gagné par toutes les honêtetez du Duc de Savoïe. 713
JAQUAS, partisan du Lieutenant Biord, est arrêté par commandement du Duc de Savoïe. 728
JAQUES, Roi de Sicile, défait par Charles II. 187
JAQUES, Infant de Maïorque, épouse la Reine Jeanne. 224
Se retire de dépit de ce qu'on lui refuse le titre de Roi. 225
Est fait prisonnier en guerre, & délivré par la Reine Jeanne qui lui fait payer sa rançon. 225
Sa mort. 229
JAQUES de Bourbon, Comte de la Marche, épouse Jeannelle Reine de Naples. 286
Se fait declarer Roi. 286
Fait mourir le galant de la Reine, & la met elle-même en prison. 286
Est arrêté prisonnier. 286
Sort de sa prison, quitte le monde & se fait Religieux. 287
S. JAQUES, Bourgeois d'Aix, pendu pour avoir conspiré de livrer cette ville au Seigneur de la Valette. 700
JARANTE, Claude, Conseiller en Parlement. 402
JARANTE, Jean, Chancelier de Charles dernier Comte de Provence, est envoïé en ambassade vers Sixte IV. 350
S. JAUME, mal S. Jaume. Sacagement apellé de ce nom. 248
JAUSSERANDE femme de Bertrand II. Comte de Forcalquier. 95
ICARD, Antoine, un des conjurez pour surprendre la ville d'Arles & la livrer aux huguenots. 566
ICARD, Chanoine d'Arles, est mis en prison par le Lieutenant Biord, sur des fausses accusations. 724
Est élargi par les ordres du Duc de Savoïe. 728
IDELFONS Roi d'Aragon, douzieme Comte de Provence, cultive la poësie Provençale. 104 & 106
Succede à Raimond Beranger le Jeune, Comte de Provence. 110
S'établit dans la province avec beaucoup d'adresse. 110
Elude les pretentions du Comte de Toulouse. 110
Laisse la Provence en commande à Raimond Beranger son frere. 110
Contraint les Niçards à l'obeïssance. 111
Reduit le Comte de Forcalquier à l'hommage. 112
S'empare du Roussillon. 112
Fait la guerre au Comte de Toulouse, pour venger la mort de Bertrand des Baux. 113
Reduit Boniface de Castelane à l'hommage. 114
Marie, Idelfons son second fils avec l'heritiere de Forcalquier. 114
Meurt. 115
Tems de son regne : gloire de ce Prince : nombre de ses enfans. 115
IDELFONS II. treizieme Comte de Provence. 115
Fait la guerre au Comte de Forcalquier, ensuite il s'accommode avec son voisin. 115
Rompt de nouveau avec ce Prince, & est fait prisonnier. 117
Sa mort & ses enfans. 117
S. JEAN de Jerusalem. Institution de l'Ordre qui porte ce nom. 71
Ses éloges. 72
Son institution, son élevation & sa restauration sont dûes aux Provençaux. 72 & 73
JEAN Duc de Calabre, fils du Roi Robert, est fait Gouverneur de Florence. 207
Sa mort & ses justes éloges par Petrarque. 209
JEAN Duc de Calabre, fils de René, est demandé par les Florentins pour gouverner leur ville. 320
Est fait Gouverneur de Genes. 321
Belles qualitez de ce jeune Prince, & ses loüables déportemens. 321
Passe dans le roïaume de Naples, y défait Ferdinand en bataille. 323
Est ensuite défait par Ferdinand. 324
Sa mesintelligence avec le Roi Loüis XI. 328
Entre dans la Ligue du bien public contre ce Roi. 329
Se signale dans cette guerre. 329
Passe en Catalogne pour faire valoir l'élection que les Catalans avoient faite du Roi son pere pour Roi d'Aragon. 330
Remporte deux victoires sur le Roi Jean & sur Ferdinand son fils. 331
Meurt à Barcelone, y est enterré. 332
Eloges de ce Prince. Regrets universels pour sa perte. 332 & 333
JEAN nouveau Duc de Calabre, sa mort. 334
JEAN, Claude, un de ceux qui firent perir la Plane Gouverneur de Grasse. 823
JEAN, Nicolas, Bourgeois d'Arles, zelé pour l'autorité des Consuls de sa patrie. 783
Est fait Consul pour l'état des bourgeois. 786
Tente de s'ériger en Tiran ; & oblige d'Antonelle son collegue de vuider la ville. 804
Gagné pour le Roi par un present de seize mille écus. 819
JEAN, Robert, un de ceux qui firent perir la Plane Gouverneur de Grasse. 823
JEANNE, petite-fille du Roi Robert, mariée à André fils du Roi de Hongrie. 210
Son avenement à la Couronne de Sicile & au rang

de dix-huitieme Comtesse de Provence. 212
Commencement de sa desunion avec André son mari. 212
Dispose des charges en faveur de ses domestiques, pour s'opposer aux desseins d'André son époux. 214
Se fait couronner seule. 215
Action pieuse de cette Princesse, pour tâcher d'apaiser la colere de Dieu. 215
Se justifie de la mort d'André, & en fait punir les auteurs. 216
S'acouche d'un fils. 217
Se remarie avec Loüis de Tarante. 217
Vient en Provence. 218
Se purge de la mort d'André en plein Consistoire. 219
Vend Avignon au Pape. 219
Repasse à Naples. 220
Est declarée innocente de la mort d'André par jugement. 221
Fait paix avec le Roi de Hongrie. 221
Est couronnée avec Loüis son époux. 221
Epouse Jaques Infant de Maïorque, aprez la mort de Loüis de Tarante. 224
Confisque les Terres de Raïmond Prince d'Orange. 226
Reçoit du Pape Urbain V. la rose d'or & l'épée benite. 226
Epouse Othon de Brunsvick ensuite de son troisieme veuvage. 230
Favorise le parti de Clement VII. 231
S'attire la haine d'Urbain VI. 232
Adopte Loüis Duc d'Anjou. 233
Est mise à mort par ordre de Charles de Duras. 235
Divers jugemens sur la vie & sur la mort de cette Princesse. 236

JEANNE de Laval, seconde épouse du Roi René. 320
Le Roi lui donne la Baronie des Baux. 321

JEANNE de Lorraine, femme de Charles du Maine dernier Comte de Provence ; sa mort. 350

JEANNELLE succede à Ladislas son frere, au roïaume de Naples. 283
Ses déportemens déreglez. 283
Se marie avec Jaques de Bourbon Comte de la Marche. 286
Adopte Alfonse Roi d'Aragon. 287
Revoque cette adoption. 289
Adopte Loüis d'Anjou, & ensuite René son frere. 289 & 302
Sa mort & ses derniers sentimens. 302

JERUSALEM. Le roïaume en est donné à Charles I. 168
Digression sur l'histoire de ce roïaume. 168

JESUS-CHRIST. Ce sacré nom mis en souscription des chartes. 45

IF, château prez de Marseille, surpris par des troupes du Grand Duc de Florence. 854
Restitué par la negociation de d'Ossat. 858

IMAGES brisées dans Marseille par l'Evêque Serenus. 24

INGELBERGE, fille de Boson Roi d'Arles, mariée à Guillaume I. Comte d'Auvergne. 35

INTENDANT de la Justice, le premier qui est venu en Provence. 564

JOANNIS, Arnoul, Seigneur de Châteauneuf, Conseiller en Parlement, est fait prisonnier à la journée du palais, par le parti de la Comtesse de Sault. 695

JONAS fait dessein de livrer Marseille à Charles-Quint : il est decouvert & puni de mort. 432

JOUCAS, un des lieux de la province qui furent les premiers infectez de l'heresie. 458

De JOUQUES, Beranger, un des illustres de Provence qui passerent en Italie pour le service du Roi Robert, contre l'Empereur Loüis de Baviere. 208

De JOUQUES, François, un des Gentilshommes de Provence signalez dans l'expedition contre l'Empereur Loüis de Baviere. 208

JOURDAN de Querci, Raïmond, un des illustres poëtes en rime Provençale. 106

De JOYEUSE, Capucin, vient faire quelque proposition au Seigneur de la Valete, touchant le demembrement de l'Etat François. 744

ISABEAU de Lorraine, épouse de René, est faite Lieutenante generale dans le roïaume de Naples & dans tous les Etats du Roi son époux. 304
Est reçuë dans Naples avec acclamations. 304
Sa mort, & ses rares qualitez. 318

D'ISIA, Rostain, un des cent Chevaliers pris par Charles I. pour se battre contre le Roi d'Aragon. 180

ISNARD, du nombre des cent Chevaliers pour le fameux combat de Charles I. contre le Roi d'Aragon. 180

ISNARD d'Entravenes, souche de la maison d'Agout. 132

ISTRES. Le Seigneur de ce lieu se voit enlever la Tour de Bouc, de la même façon qu'il s'en étoit emparé. 637

ITALIE. Plusieurs de ses villes tombent sous la domination de leurs principaux citoïens.

JUBILE', son institution par Boniface VIII. 193

JUGES d'Apeaux, leur supression. 434

JUGE-MAGE, sa supression. 284 & 434

JUIFS se refugient à Marseille & à Arles. 23
On les veut contraindre de se faire Chrétiens. Le Pape S. Gregoire s'y opose. 23
Sont interdits de la frequentation des Chrétiens. 52
Distinguez par une marque de couleur jaune vers la poitrine. 190
Plaintes faites contre eux en Provence. 386
De quelle maniere ils y vivoient. 386
On les veut obliger de se faire Chrétiens ou de vuider le roïaume. 387
On fait une imposition sur eux. 388

JULES II. excommunie Loüis XII. Animosité de ce Pape contre ce Prince. Mort de ce Pontife. Eloges qu'il a meritez de la posterité. 400

JUSTICE. Les Provençaux se plaignent au Roi des longueurs qui l'accompagnent ; à quoi le Roi pourvoit par un Edit de reformation. 433

JUSTINIEN Empereur donne la Provence aux François. 29

L

LADISLAS, fils de Charles de Duras, est couronné aprez la mort de son pere. 254
Ses vertus & ses vices. 275
Sa vanité extraordinere. 276
Est défait par Loüis II. 278
Est déclaré schismatique & ennemi de l'Eglise. 282
Sa mort. 283
LAFIN envoïé du Roi pour s'informer de l'état de la province, & pour favoriser le parti le plus fort. 790
Est arrêté par le Connétable de Monmoranci, à cause de la démolition du fort S. Eutrope. 794
LAFONT, François, Président au Parlement, un des Commisseres pour l'execution du fameux arrêt de Merindol. 474
Est députe au Roi pour lui faire sçavoir l'expedition contre les heretiques, & en raporter l'aprobation. 481
LAGREMUSE suscité par le Seigneur de Vins, pour arrêter dans Aix les oficiers de Justice roïalistes. 659
De LAINCEL, Lambert, un des illustres de Provence qui passerent les Alpes pour soûtenir le Roi Robert contre l'Empereur Loüis de Baviere. 208
LAMANON, Honoré, est fait premier Consul d'Aix par la faction du Duc de Savoïe. 733
LAMBESC pris d'assaut par la Valete, & rigoureusement traité. 635
De LAMBESC, Pierre, un des illustres de Provence qui traverserent les Alpes pour le service du Roi Robert contre Loüis de Baviere. 208
LANCE celebre de Constantin, faite d'un des clous qui avoient servi à la passion de Jesus-Christ, combien estimée par un autre Empereur. 43
LANGEY mandé par François I. pour visiter la ville d'Aix, aprez la retraite des Imperiaux. 456
A ordre de s'informer de l'état de la province, sur le sujet des troubles causez par les heretiques. 462
LANGUE de Provence, la premiere des nations qui composent l'Ordre des Chevaliers de S. Jean de Jerusalem, est auteur du reglement qui porte les preuves de noblesse jusques aux bisaïeuls. 74
De LASCARIS, fameux entre les Poëtes Provençaux. 106
De LAVAL, Jeanne, seconde épouse du Roi René. Voi sous le mot de Jeanne.
De LAVAL. Un Seigneur de ce nom emploïé dans la guerre contre Raïmond de Turenne.
De LAVENE, Philipes, un des cent Chevaliers destinez pour seconder Charles I. dans son fameux duël contre les Chevaliers Aragonois. 180
LAUGIER, Antoine, Avocat general en Parlement. 403
Accuse le President Chassanée, mais il est condamné comme calomniateur à la privation de sa charge & à l'amende. 433
LAUGIER, Honoré, Conseiller en Parlement, excepté de la grace du rétablissement de sa compagnie. 530
LAURE, illustre & sçavante Dame : ses éloges. 106
Du LAURENS, Avocat general parle contre le Seigneur de la Valete. 648
Declame sur la mort des Princes Lorrains. 653
Nommé pour être un des Presidens en l'assemblée des Etats de la province. 685
Harangue avec beaucoup de force pour dissuader qu'on appellât le Duc de Savoïe. 687
Est députe à Rome pour en retirer quelque secours pour la défense de la sainte union. 710
Du LAURENS, Jaques, retenu dans le palais d'Avignon par les Catalans. 277
LAURENS, Jean, un de ceux qui firent remarquer en la journée de la delivrance de Marseille. 838
LAURIS, Alfant, un des cent Chevaliers pour seconder Charles I. dans son celebre combat contre le Roi d'Aragon. 180
LAUSE, Mathieu, un des Consuls de Marseille, dans le tems du siege de cette ville par le Duc de Bourbon. 419
LAYDET, Jean-Loüis, Conseiller en Parlement, un de ceux qui suivirent le parti du Roi du tems de la Ligue. 658
LAZARE, un des premiers Apôtres de Provence. 83
LEIBULFE Comte ou Gouverneur de Provence. 57
LENCHE, second Consul de Marseille, témoigne une grande fermeté pour le service du Roi. 636
Est tué dans l'Eglise, & cruëlement traité aprez sa mort. 636
LEONCE, Evêque de Frejus, porte S. Honorat à s'arrêter en Provence. 83
LEONINS, vers, en quel tems leur invention, & par qui. 102
LERINS. La reforme de son monastere est commise à S. Maieul. 63
Fondation & éloges de son Abaïe. 83
Pris par l'armée navale de l'Empereur Charles-Quint, & saccagé ensuite. 415
Pris une deuxième fois par l'armée de cet Empereur. 446
LESDIGUIERES defait le Seigneur de Vins à la bataille d'Allemagne. 615
Vient au secours du Seigneur de la Valete. 699
Revient au secours de la Valete, bat les Savoïards & les Ligueurs à Sparron. 714
Retourne pour une troisième fois en Provence, assiege & prend Lurs. 721
Est appellé par le Parlement de Sisteron, aprez la mort de la Valete. Prend Bras & Beïnes, & repand une si grande épouvante, qu'il oblige Antibe, Barjols & Draguignan de lui porter leurs clefs. 751
Est rappellé par les Etats de la province, & y rentre avec des belles troupes. 787
Est convié de venir dans Aix, il y vient & refuse fort honêtement les clefs des portes. 791
Porte les habitans d'Aix à la démolition du Fort S. Eutrope. 794
Est appellé par le Parlement pour jetter du secours dans Salon. 811
Est fait Lieutenant de Roi en Provence. 818
LESTANG de Pertuis, Guillaume, un des cent

cent Chevaliers du combat de Charles I. contre le Roi d'Aragon. 180

LEUDEGESIL Patrice de Provence. 818

De LEVE, Antoine, un des Lieutenans generaux de Charles-Quint, meurt pendant l'expedition de cet Empereur en Provence. 454

De LIBERTAT, Barthelemi, succede aux honneurs de son frere. 846

Origine de son nom de Libertat fatal aux Tirans. 845

De LIBERTAT, Pierre, est fait Capitaine de la porte roïale de Marseille. 801

Entre dans le dessein de delivrer la ville de ses Tirans, en les mettant dehors. 830

Le retardement de l'execution de ce dessein, lui en fait prendre un autre avec ses amis, qui étoit de poignarder les Tirans. 834

Tue enfin Casaulx, l'un des deux Tirans. 838

Son courage merveilleux le fait resister aux attaques de Loüis d'Aix & du jeune Casaulx. 839

Son action est generalement exaltée. 841

Est fait Viguier de Marseille. 842

Reçoit le gouvernement de Nôtre-Dame de la Garde. 845

Reçoit encore, pour recompense, l'affranchissement de ses tailles. 845

On l'honore de la concession de porter deux fleurs de lis dans ses armoiries. 845

Honneurs que Marseille lui fait pendant son vivant & aprez sa mort. 845

LIBERTE'. Les Provençaux aiment mieux mourir que la perdre. 7

Si grande à Marseille, qu'il étoit permis de se faire mourir. 120

LIEUTAUD .... est fait dernier Consul d'Aix. 729

LIGNY, Seigneur de ce nom, persuade aux chefs des Ligueurs Provençaux, d'accepter le secours du Duc de Savoïe. 662

Reçoit des sanglans reproches de la part de la Duchesse de Savoïe, sur le sujet du voïage du Duc en Provence, dont il meurt de déplaisir. 750

LIGUE entre les trois provinces, de Provence, Languedoc & Dauphiné, pour se secourir mutuelement contre les huguenos.

Commencement de la fameuse Ligue, à qui on donna le nom de sainte Union. 600

Publiée & jurée solemnelement en Provence. 658

On tâche de la relever, comme elle tend à sa fin, par une assemblée que les derniers Ligueurs tiennent à Salon. 779

LION s'interesse pour les huguenos de Provence. 523

LOMBARDS ravagent la Provence. 22

Sont defaits prez de Stoblon & du Rhône. 22

LOMBARD, Bertrand, un des illustres Provençaux qui passerent en Italie pour servir le Roi Robert contre l'Empereur. 208

De LORIA, Roger, fait prisonnier Charles Prince de Salerne. 183

LORRAINE. Brigues faites en Provence en faveur du Duc de Lorraine. 343 & 360

Son Prince debouté de ses pretentions sur la Provence. 381

Ofre de son Duc à ceux d'Arles, du tems de la Ligue, pour leur envoïer le Prince de Vaudemont son fils en qualité de Gouverneur. 697

LOTAIRE, fils aîné de Loüis le Debonaire, lui succede à l'Empire & au domaine de Provence. 27

S'abdique lui-même de toute principauté, pour faire penitence des opressions faites à son pere. 27

LOUIS-BOSON est élû Roi d'Arles. 36

Est appellé en Italie. 38

Est contraint de revenir en Provence. 39

Repasse en Italie. 39

Est couronné Empereur. 39

Est surpris dans Verone, & aveuglé par le commandement de Beranger. 39

Retourne en Provence. 40

Ses actions de pieté & sa mort. 40

LOUIS le Debonaire succede aux dignitez & aux Etats de son pere. 27

Est malheureux par le méchant naturel de ses enfans. 27

LOUIS, fils aîné de Lotaire Empereur, a la Provence en partage aprez la mort de Charles son cader. 28

LOUIS le Begue laisse, par sa mort, la France & la Provence en confusion. 33

LOUIS, fils de Loüis le Begue regne sur la Provence aprez la mort de son pere. 33

Defait Boson en bataille, & l'assiege dans Vienne. 34

Bat les Normans. 35

Sa mort. 35

LOUIS de Tarante épouse la Reine Jeanne. 217

Est couronné avec la Reine son épouse. 221

Institué l'Ordre de Chevalerie du Nœud d'or. 221

Ses freres conspirent contre lui. 222

On lui prête hommage en Provence. 222

Sa mort & ses qualitez. 224

LOUIS Duc d'Anjou, I. du nom, entreprend sur la Provence, en vertu de la cession à lui faite des droits que l'Empereur y avoit. 227

Qualitez de ce Prince. 227

Assiege & prend Tarascon. 228

Assiege Arles, & puis il abandonne l'entreprise. 228

Acquiert droit sur le Roussillon. 229

Est adopté par la Reine Jeanne. 233

Est couronné Roi de Sicile par le Pape. 244

Est reconnu par quelques-uns pour Comte de Provence. 244

Soûmet les Provençaux qui avoient fait quelque contenance de lui vouloir resister, à l'exception de ceux de l'Union d'Aix. 245

Passe à Naples où il est reçû à bras ouverts. 245

Se laisse duper par les finesses de Charles de Duras, qui l'amuse en procedez qui font que son armée se dissipe. 247

Meurt de chagrin. Ses éloges. 247

LOUIS II. Roi de Jerusalem, de Sicile, vingtiéme Comte de Provence, est couronné par le Pape. 249

Est reçû à Arles & à Marseille avec beaucoup de zele. 252

Reçoit les hommages de toute la province. 253

Confirme tous les privileges, & en donne tant de nouveaux, que cette saison est appellée le tems des bienfaits & des privileges. 253

Est reconnu à Naples pour Roi, par le moyen d'Othon de Brunsvick & de Thomas de S. Severin. 254

Paffe en ce roïaume-là, & y eft reçû avec acclamations. 256
Revient en France. 257
Raimond de Turenne fe revolte contre lui. 257
Repaffe à Naples. 268
Continuë la batiffe du château de Tarafcon. 271
Se marie avec Yoland d'Aragon. 271
Eft invefti du roïaume de Sicile par le Pape Alexandre V. 277
Procure la fondation d'une Univerfité pour la ville d'Aix. 277
Chaffe Ladiflas des Terres de l'Eglife. 277
Conduit à Rome le Pape Jean XXIII. 278
Defait Ladiflas en bataille. 279
Revient en France extrèmement dégoûté des Italiens. 279
Pourfuit les droits de fon époufe fur le roïaume d'Aragon. 280
Erige un Parlement à Aix. 284
Meurt. Eloges de ce Prince. 285
LOUIS III. Roi de Jerufalem, de Sicile, vingt-unième Comte de Provence. 286
Reçoit la confirmation de l'infeodation du roïaume de Sicile par le Concile de Conftance. 287
Va à Naples. Affiege cette ville. 287
Eft adopté par la Reine Jeannelle. 289
Chaffe Jean-Antoine Urfin de la principauté de Tarante. 296
Sa mort, & fes loüables qualitez. 297
LOUIS Onzième Roi de France. Ses défiances contre Nicolas Duc de Calabre. 334
Fait échoüer les deffeins du Roi René fur la conquête de l'Aragon. 337
Pretend la Provence & fe fert de rufes pour faire réüffir fes deffeins. 338
Fait faifir toutes les terres, qui étoient à fa bienfeance, appartenantes au Roi René. 338
Donne des ombrages de René, au Duc de Lorraine. 339
Sufcite le Duc de Lorraine contre le Duc de Bourgogne. 339
Fait accufer le Roi René de felonie pardevant le Parlement de Paris. 339
Recherche enfuite fon amitié par les voïes de douceur. 340
Ses menées pour éloigner René de Lorraine de la fucceffion de René d'Anjou. 342
Eft fait heritier de Charles du Maine dernier, Comte de Provence. 351
Son avenement à la Comté, en rang de vingt-quatrième Comte & IV. du nom. 357
Donne le gouvernement de la province au Seigneur de Soliers. 351
Fonde le Chapitre de l'Eglife de Tarafcon. 360
Prend ombrage contre le Seigneur de Soliers, & fait informer contre lui. 361
Ses égards pour les Marfeillois, en les conviant à la nopce du Dauphin fon fils. 362
Sa mort. 363
LOUIS Douzième Roi de France & V. du nom Roi de Jerufalem, de Sicile, vingt-fixième Comte de Provence. 380
Fait venir à la Cour René Duc de Lorraine, pour comprometre à des arbitres le jugement de leur diferant fur la Provence. 380
Raifons alleguées de part & d'autre. 381

La Provence eft adjugée au Roi. 383
Va en Italie, & fe rend maître de la Duché de Milan. 384
Perd cette Duché & enfuite la recouvre. 385
Entreprend la conquête de Naples. 385
Se ligue avec Ferdinand Roi d'Aragon, pour mieux réüffir dans fon deffein. 385
Chaffe les Juifs de Provence. 386
Erige le Parlement d'Aix. 388
Repaffe en Italie. 392
Renonce à fes droits fur Naples, en mariant Germaine de Foix fa niéce avec Ferdinand Roi d'Aragon. 393
Remet Genes fous fon obeïffance. 397
Se ligue avec le Pape & l'Empereur contre les Venitiens, & defait leur armée en la bataille d'Agnadel. 397
Se ligue avec l'Empereur contre le Pape Jules II. 398
Procure la convocation d'un Concile, pour s'opofer aux entreprifes de ce Pontife. 398
Eft excommunié par Jules. 400
Eft abfous par Leon X. 402
Meurt, fes éloges. 404
LOUIS Neuvième, Roi de France, tâche de porter Charles fon frere à accepter le roïaume de Naples & la défenfe du Pape. 150
Paffe en Afrique, y meurt. 165
LOUIS, fils du Roi Charles II. renonce au monde & fe fait tonfurer. 192
Prend l'habit de S. François. 192
Eft fait Evêque de Touloufe. 192
Sa mort & fes vertus. 192
Sa canonifation. 206
Ses reliques enlevées par Alphonfe Roi d'Aragon. 295
Sont redemandées, mais en vain, par les Marfeillois. 295
La permiffion de les garder eft refufée au Roi d'Aragon, par Martin V. Pape. 295
LOUIS Roi d'Hongrie vient à Naples pour venger la mort d'André fon frere. 218
Fait faire quelques executions, & enfuite fe retire. 219
Retourne pour foûtenir fa conquête. Fait un accord avec la Reine & fe retire. 220
Eft de nouveau follicité par le Pape Urbain VI. de repaffer à Naples. 232
Envoïe Charles de Duras, pour executer fes vengeances. 232
LOUP, Jean, Avocat fifcal du Roi René, fomme le Duc de Savoïe de reftituer à fon Prince la Comté de Nice & la vallée de Barcelonete. 327
LOURMARIN, village de la province, brûlé comme infecté d'herefie. 476
LOUVET, Jean, Préfident de la Chambre des Comptes. 361
De LUBIERES, Hugues, un des illuftres Poëtes Provençaux. 106
Un des Gentilshommes de Provence qui fe diftinguerent dans la guerre qu'eut le Roi Robert contre l'Empereur Loüis de Baviere. 208
De LUBIERES, Jean, Seigneur du Brueïl, eft gratifié d'une penfion de quatre cens florins par Charles VIII. 364
Eft fait Confeiller d'Etat, pour avoir foûtenu les

droits de la France sur la Provence. 384
De LUBIERES, Loüis, est recompensé d'une pension de deux cens florins par Charles VIII. 364
Le LUC, village, refuse de faire le dégat des biens avant la venuë de Charles-Quint ; mais on l'y force par un détachement de cinq cens hommes. 442
LUCIA, femme de Guillaume III. du nom Comte de Provence. 66
LUTHER. Commencement des erreurs de cet heresiarque. 411
LUTHERIENS se prevalent de la guerre contre l'étranger pour se rétablir. 493
Essaient encore de s'étendre, sous le nom plausible de reformation. 493
*Voi le reste qui les concerne sous le mot d'*Huguenot.
De LUXEMBOURG, François, Vicomte du Martigues, Gouverneur de Provence. 370

M

MABILE, Dame d'Yeres, une des Dames qui presidoient aux Cours d'amour de Signe & de Pierrefeu. 105
S. MADELENE premiere Apôtre de Provence. 83
Invention de ses reliques. 172
Digression sur la certitude de ses reliques. 173
Ses reliques visitées par Loüis XI. Dauphin de France. 315
Examinées par ordre du Roi René. 315
Guetées inutilement par les huguenots. 533
MAGNAN, partisan du Duc de Savoie, arrête la Comtesse de Sault. 731
MAINFROY, fils bâtard de l'Empereur Frideric, Roi de Sicile. 148
Est défait par Charles I. en bataille, & meurt dans le combat. 155
Le MAINGRE, Geofroi : ses terres de Provence lui sont confisquées. 295
Le MAITRE, Jean, Avocat general au Parlement de Paris, un des Commisseres pour examiner les droits du Duc de Lorraine sur la Provence. 365 & 380
MALBEC, Bertrand, Auditeur, un de ceux qui sortirent d'Aix du tems de la Ligue, pour suivre le parti du Roi. 659
MALEMORT lieu où se donna une bataille gagnée par les Catholiques. 677
MALESPINE, Hugues, retenu dans le Palais d'Avignon par les Catalans. 277
MALHERBE, François, excellent poëte. 108
MANASSEZ, Archevêque d'Arles est pourvû tout à la fois des Evêchez de Veronne, de Trente & de Mantoüe, par Hugues Roi d'Italie. 42
Se declare contre Hugues pour lui avoir refusé l'Archevêché de Milan. 42
MANDRIN un de ceux qui tuerent le Lieutenant Biord. 747
MANLIUS Consul Romain défait par les Cimbres. 8
MANOSQUE donnée aux Hospitaliers par Guigues Comte de Forcalquier. 95

De MANTIS, Etienne, Commandant dans Aix pour le Comte de Sommerive. 516
MARADE Gouverneur de Marseille pour le Roi Theodoric. 19
S. MARC. Chapelle en l'honneur de ce Saint, à une lieuë d'Aix, où l'on alloit en chemise nuds pieds & sans parler. 513
S. MARCEL, sa relique profanée, & ensuite brulée par les huguenos. 511
MARCELLUS se signale dans la défaite des Teutons. 10 & 11
MARCHEBRUSE un des illustres Poëtes Provençaux. 106
MARGUERITE, Reine de France, fille aînée de Raimond Beranger III. pretend que la Provence lui doit appartenir, & veut empêcher que Beatrix sa sœur épouse Charles d'Anjou. 139
Demande de nouveau la Provence. Le diferant s'accomode. 172
Meurt aussi saintement que son époux. 185
MARGUERITE de Savoie épouse Loüis III. 282
MARGUERITE de Tonnerre seconde femme de Charles I. 185
Vertus singulieres de cette Princesse. 185
MARGUERITE, fille du Roi René, épouse Henri VI. Roi d'Angleterre. 314
Ses malheurs. 332 & 334
MARIAGE, combien le choix en étoit libre aux filles. 4
SS. MARIES, Jacobé & Salomé. Invention de leurs reliques. 315
Ste MARIE Gentilhomme du Dauphiné, mandé par le Roi en Provence pour signifier au Seigneur de la Valete sa destitution du gouvernement de la province. 645
MARIE, de Blois épouse de Loüis I. mene Loüis II. son fils en Provence. 249
Son adresse pour gagner les peuples. 255
Pacifie la Provence. 255
Pacifie de nouveau la province par des menagemens admirables. 270
Sa mort. Sa memoire en veneration dans cette province. 274
MARIE de Hongrie épouse de Charles II. nommée Regente des Etats de son mari par le Pape Martin IV. 185
MARIE de Valois deuxiéme épouse de Jean I. Duc de Calabre. 209
MARIE petite fille du Roi Robert, épouse Charles de Duras. 214
MARIN Evêque d'Arles, Prelat tres-exemplere, & d'une profonde erudition. 47
MARIUS combien necessaire à la Republique, & redoutable à ses ennemis. 8
Defait les Teutons & les Ambrons en Provence, prez de la ville d'Aix. 9
MARLE, George, conseille judicieusement la Reine Marie. 255
Est fait Lieutenant general dans la guerre contre Raimond de Turenne. 255
MARQUISAT, quel est le premier en Provence. 378
MARSEILLE sa fondation. 4
Donne de la jalousie à ses voisins. 5
On tâche de la détruire dans sa naissance. 5
Sa destruction empêchée par l'amour. 5

Fait la guerre à ses voisins. 5
Contraint les Cartaginois à lui demander la paix. 5 & 6
Sa fidelité & sa generosité convie les Espagnols à rechercher son alliance. 6
Secourt la ville de Rome, en fournissant ce qui manquoit à sa rançon. 6
Est en vain attaquée par Catamandus. 6
Son gouvernement aristocratique se fait admirer. 6
Etablit diverses colonies, & entr'autres, Nice, Antibe, Yeres & Toulon. 6
Est continuelement harcelée par ses voisins. 6
A recours aux Romains, en est secouruë, & gratifiée du don des terres de ses ennemis vaincus. 6
Se declare pour Pompée contre Cesar. 12
Est prise par Cesar aprez un siege opiniâtre. 15
Favorisée par Theodoric Roi des Ostrogots. 19
Declarée commune entre les Rois d'Orleans & de Mets. 22
Surprise par Gandulse au nom de Childebert Roi de Mets. 23
Troublée au sujet de la veneration des images. 24
Genealogie de ses Princes. 54
Ses premiers Vicomtes. 59
Acquiert les portions de souveraineté de quelques-uns de ses Vicomtes. 110
Grandeur de cette ville. 120
S'érige en Republique. 121
Se met sous la protection des Comtes de Toulouse. 124
Se maintient en état de Republique, malgré les attaques de Raimond Beranger III. 126
Ses derniers Vicomtes. 135
Contrainte par deux fois de rentrer dans l'obeïssance de Charles I. 143 & 144
Se brouille avec Arles pour des represailles. 237
Tient le parti d'Anjou contre Charles de Duras. 249
Est saccagée par Alphonse Roi d'Aragon. 290
Saccagée de nouveau par les Mascarats. 293
Ses Sindics, par un zele de charité tres-louable, donnent en engagement les chasses des saintes reliques, pour avoir moïen de donner secours à leurs pauvres concitoïens, aprez les sacagemens. 294
Fait des grands honneurs au Dauphin. 315
Ses habitans invitez par Loüis XI. à la nopce du Dauphin. 362
Sa noblesse exemte de l'arriereban. 366
Reglement pour son conseil de ville, contesté entre le Senéchal & le Gouverneur de la Province. 370
Se fortifie contre la venuë du Connetable de Bourbon. 414
Est assiegée par ce Prince, & se defend si bien qu'il l'oblige de lever le siege. 419
Sa fidelité loüée par François I. 423
Temoigne une grande joie à la délivrance de ce Prince. 426
Est honorée de la celebration du mariage d'Henri fils de ce Roi, avec Catherine de Medicis. 431
Conspiration pour la livrer à l'Empereur, tramée par le Capitaine Jonas, decouverte. 432
Empressement general de ses habitans pour la fortifier contre la venuë de Charles-Quint. Les Dames partagent le travail & prenent la hôte. 445
Empêche l'Empereur de s'approcher seulement de ses murailles. 452
Conspiration de S. Aubin pour la surprendre, découverte. 488
Contoit parmi ses privileges, celui d'avoir des grands jours de Parlement. 490
Importance de cette ville. 490
Affligée de la contagion, qui y fait un grand ravage. 589
Appellée, par les Rois, du titre de tres-bonne ville, en reconnoissance de sa fidelité. 602
Loüée, recommandée par Henri III. 621
Se declare entierement pour la Ligue. 653
Jure & signe la sainte Union. 658
Refuse ses portes au Seigneur de Vins. 670
Son peuple ne se peut gagner ni par amour ni par force. 670
Son élection consulere cause des broüilleries. 674
Se met sous la protection du Saint Siege, du tems des guerres de la Ligue. 691
Son Viguier comment élu. 697
S'opose à la nomination que le Parlement fait de ce magistrat; & ensuite elle y acquiesce. 697
Refuse de recevoir le Duc de Savoïe. 711
Se laise entraîner, par les intrigues de la Comtesse de Sault, à recevoir ce Prince. 712
Resout de ne le plus reconnetre. 733
Vaine entreprise du Duc d'Epernon pour la surprendre. 757
Ses Tirans la font entrer en ligue avec le Duc d'Epernon. 797
Est en grande consideration en Espagne. 821 & 826
Ses Tirans traitent avec le Roi d'Espagne. 827
Delivrée de la tirannie de Casaulx & de Loüis d'Aix. 829
Sa fidelité exaltée par le Roi Henri IV. 849
Son gouvernement est donné à ses Consuls. 849
On y établit une Chambre souveraine de Justice. 849
Supression de cette Chambre. 860
De MARSEILLE, Raimond, un des illustres Provençaux qui se signalerent pour servir le Roi Robert contre l'Empereur Loüis de Baviere. 108
MARTIEN Evêque d'Arles engagé dans l'heresie des Novatiens. 47
MARTIGUES se jette dans le parti de la Ligue & du Seigneur de Vins. 638
Rompt les mesures que le Duc de Savoïe prenoit pour s'en rendre maître. 742
Se ligue avec le Duc d'Epernon. 798
S. MARTIN de la Brusque, village de la province, sacagé comme infecté d'heresie. 475
MARTIN Roi d'Aragon va voir Benoît XIII. Sa reception passant par Arles. 265
MARTIN Guillaume, un des illustres de Provence, qui rendirent leurs services au Roi Robert, contre l'Empereur Loüis de Baviere. 109
MARTIN, Jaques, l'un des six Marseillois qui prirent le plus de part dans la defaite de Casaulx. 838
MARTIN, Jean, Chancelier du Roi René. Qualitez de ce magistrat. Charges par lui exercées. 324
De quelle maniere le Duc de Calabre lui écrivoit. 324

MARTIN,

MARTIN, Jean, un des Tribuns du peuple creez dans Aix par Charles-Quint. 451
De S. MARTIN, Nicolas, Avocat general au Parlement, dans l'inſtitution de cette compagnie. 391
MARTINENGUE, Lieutenant du Duc de Savoïe, entre en Provence & aſſiege inutilement la ville de S. Maximin. 701
Le Parlement lui donne le commandement de l'armée. 701
Eſt battu à Sparron. 714
MARTIUS Rex fonde la ville de Narbonne. 7
Du MAS, Jean, Baron d'Allemagne, tué en bataille devant ſon château. 617
MASCARATS ſacagent & pillent Marſeille. 293
MASPARAUT, Maître des Requêtes, vient en Provence pour exercer la charge de Juge-Mage dans Marſeille. 768
Eſt arrêté par ordre du Parlement. 769
Congedié par le Parlement, ſe retire à Marſeille, où il exhorte le peuple à tenir ferme dans l'Union. 779
MASSE, Antoine, découvre la conjuration des huguenos contre Arles. 566
MASSE, Capitaine, bleſſé à la défenſe de la Breole. 623
MATAL, nommé Grand Vicaire par le Parlement, eſt excommunié par le Pape. 813
MATALIAN, Pierre, couſin de Libertat, l'un de ceux qui ſe ſignalerent en la mort de Caſaulx. 838
MATHEI, Pierre, Seigneur du Revelt, un des Conſeillers de l'inſtitution du Parlement. 388
Eſt convaincu de malverſation & puni de la confiſcation de ſa charge. 433
MATHERON, Jean, eſt privé de ſon ofice pour être du parti Lorrain. 360
MATHERON, Jean, Seigneur de Salignac, Preſident du Grand Conſeil de Provence, député pour faire des remontrances contre les entrepriſes du Gouverneur ſur les fonctions de la robe. 371
Eſt envoié en ambaſſade vers les Florentins, par Charles VIII. 375
Illuſtre dans la robe & dans les fonctions de paix. 378
Eſt fait Grand Preſident en la Chambre des Comptes. 378
Défend les droits de Loüis XII. ſur la Provence. 384
MATHILDE, femme de Bertrand Comte de Provence. 69
MAURES ravagent la côté de Provence & ſacagent Toulon. 113
MAURONCE, Gouverneur d'Avignon & de Marſeille, introduit les Sarraſins dans la premiere de ces villes. 26
Eſt chaſſé de Provence par Charles-Martel. 26
MAUVANS, Paulon de Richieu, Seigneur de Mauvans, choiſi pour conduire les huguenos de Provence qui devoient être de la conjuration d'Amboiſe. 497
Caractere de ce Seigneur. 497
Ravage la province pour venger la mort de ſon frere. 498
Se retire à Geneve. 499

Secourt les heretiques de Pragelas contre le Duc de Savoïe. 500
Aſſiſte dans Aix à la publication de l'Edit de Janvier favorable aux huguenos. 509
Tuë le Seigneur de la Verdiere dans la journée de l'attaque du camp du Comte de Sommerive, prez de l'Eſcale. 518
Se ſignale à la défenſe de Siſteron. 520
Sa retraite memorable de Siſteron. 520
S. MAXIMIN un des premiers Apôtres de Provence. 83
S. MAXIMIN ville. Ses Conſuls s'arment pour défendre les reliques de Ste Madelene, contre les inſultes des huguenos. 533
Sert de retraite à la Grand' Chambre du Parlement, pendant la contagion de 1580. 591
Sert encore de retraite à un des Corps du Parlement, pendant une autre contagion. 624
Aſſiegée par Martinengue, l'oblige de lever le ſiege. 701
MAXIME, Evêque de Riez, avoit été Moine de Lerins. 84
MAYENNE, Duc, Lieutenant general de l'Etat & Couronne de France. 658
Conſeille aux Ligueurs de Provence de prendre le ſecours du Duc de Savoïe. 670
S. MAYEUL, Abé de Cluni, familier avec Guillaume I. Comte de Provence. 63
Eſt commis pour la reforme du monaſtere de Lerins. 63
Donne l'habit de Moine à Guillaume I. 63
S. MAYME, Pierre, un des illuſtres de cette province, diſtinguez dans le ſervice qu'ils rendirent au Roi Robert contre l'Empereur Loüis de Baviere. 208
Du MAYNE, Charles, Gouverneur de Provence, ſoulage les Marſeillois, aprez le ſaccagement de leur ville par les Aragonois. 294
MAYNIER, Accurſe, Conſeiller au Grand Conſeil & Juge-Mage de Provence, un des arbitres pour juger ſur les pretentions de la France & de la Lorraine ſur la Provence. 380
Eſt honorablement recompenſé pour avoir ſoûtenu les droits de la France, aïant été fait ſucceſſivement Maître Rational, Juge-Mage & Conſeiller au Grand Conſeil. 384
Eſt fait premier Preſident au Parlement. 395
Un des deputez vers le Vicelegat pour terminer le diferent de l'annexe. 395
Eſt fait tiers Preſident du Parlement de Touloufe. 395
Tâche inutilement, par toute ſorte de voïe, de ſe maintenir dans la premiere Preſidence. 396
MAYNIER, Chriſtophle, Avocat, Aſſeſſeur d'Aix, député pour le païs à l'aſſemblée de Beaucaire, où ſe devoient regler les diferens de la province avec le Duc d'Epernon. 794
Deputé enſuite vers le Roi à Lyon, pour y faire regler les mêmes diferens. 796
MAYNIER, Jean, premier Preſident au Parlement de cette province. Caractere de ce magiſtrat. 470
Fait des informations contre les heretiques. 470
Eſt fait Lieutenant de Roi. Sentimens du public ſur cette élevation. 471
Fait executer le celebre arrêt contre le lieu de

Merindol infecté d'heretiques. 474
Donne secours au Vicelegat pour reduire ceux de Cabrieres. 478
Eloges qu'il reçoit de cette expedition. 481
Reconnoissance du Saint Siege à son égard, en l'honorant de la Chevalerie de S. Jean de Latran & du titre de Comte Palatin 481
Plaintes de la Dame de Cental contre lui au sujet de cette execution. 482
Va en Cour pour se justifier. 482
Renouvellement de ces plaintes sous le regne d'Henri II. 483
Sa cause est renvoiée aux Commisseres de la Chambre de la Reine, pour y être jugée. 483
Est arrêté prisonnier. 484
Sa cause est ensuite attribuée au Parlement de Paris, où elle tient cinquante audiances. 487
Est innocenté 489
Revient en Provence. 489
Est député de sa compagnie vers le Roi, pour empêcher l'attribution des Aides à la Cour des Comptes. 491
Meurt. Diversité de jugement sur les actions de sa vie. 494
Sa mort contée parmi les malheurs publics. 494
De MEDICIS, Alexandre, Cardinal Legat en France. Honneurs qu'il y reçoit. 850
Moïenne la paix entre la France & l'Espagne, qui fut concluë à Vervins. 857
MEJANES, un de ceux qui tuèrent le Lieutenant Biord. 747
De MEMES, Jean-François, President au Grand Conseil, appellé le President des Arches, mandé en Provence en qualité de sur-Intendant de la Justice. 564
Refuse un present d'argent de la province. 574
Est insulté dans Aix, & court même fortune de sa vie. Sort de la province. 584
MENERBE surpris par le Seigneur de Valavoire. 549
MENTALE, lieu où se tint le Concile qui élût Boson Roi d'Arles. 34 & 52
MERARGUES assiégé. 266
De MERARGUES, Seigneur de ce lieu. Voi sous le nom d'Allagonia.
MERINDOL, lieu de la province, s'érige en chef de parti en faveur des heretiques. 456
Est le principal fort de l'heresie en Provence. 459
Arrêt fulminant contre ce lieu. 461
Ses habitans refusent d'entendre leur Evêque, & s'elevent insolemment. 465
Est appellé, par les heretiques, la ville de Dieu, la ville benite, la ville sainte. 466
Terrible execution faite contre ce lieu. 477
Se repeuple d'heretiques. 481
Fameuse plaidoirie sur l'afaire de l'execution contre ce lieu. 486
Est assigné pour l'exercice de la nouvelle religion. 523
De MERUEIL, Arnaud, un des illustres poëtes Provençaux. 106
De MESPLEZ, Anchot, Baron d'Esquiule en Bearn, défend genereusement Berre. 717
S'acquiert beaucoup d'honneur par la composition qu'il obtient du Duc de Savoïe. 719
Défend Vinon contre le même Duc de Savoïe. 740

Tué au siege d'Aix. 761
METS, entreprise sur cette ville, qui tourne mal contre l'entrepreneur. 336
De MEYRAN, Jerôme & Jean, emprisonnez sur des fausses accusations, par le Lieutenant Biord. 724
Mis en liberté par ordre du Duc de Savoïe. 728
De MEYSTRAL, Paul, Baron de Croses, premier Consul d'Aix, deputé pour le païs pour assister à l'assemblée de Beaucaire, où se devoient regler les diferens de la province avec le Duc d'Epernon. 794
Deputé vers le Roi à Lyon pour le même sujet. 796
MICHAELIS, Claude, Assesseur d'Aix, ofre de faire fortifier cette ville contre les attaques de Charles-Quint. 440
MICHAELIS se signale au siege de Salon. 810
MIMATA est fait Capitaine de quartier de la ville d'Aix, par la faction du Duc de Savoïe. 733
De MIREVAUX, Raïmond, un des illustres poëtes Provençaux. 106
MISTRAIL, André, excellent Poëte latin. 108
MOANS. Le Duc de Savoïe fait abattre son château, à la priere de ceux de Grasse, en haine de sa Dame roïaliste. 748
Fermeté de la Dame de ce lieu pour poursuivre auprez de ce Prince l'indemnité de cette démolition. 749
MOINE des Isles d'Or, excellent Poëte Provençal. 107
MOINE de Monmajor. Voi S. Cesaire.
La MOLE, Joseph de Boniface, comdamné à mort, pour avoir été de la conjuration du Duc d'Alençon. 552
La MOLE témoigne son courage en la bataille d'Allemagne. 617
MONASTERES soûmis à la juridiction des Evêques. 50
Leur premiere regle en Provence. 87
De MONCADE, Raïmond, un des arbitres pour ajuster les diferens d'Idelfons I. avec le Comte de Toulouse. 111
De MONCAL, Robert, President au Parlement, deputé de sa compagnie pour aller informer sur une émûte arrivée à Manosque. 589
De MONCEAUX, Jean, Conseiller au Parlement de Paris, un des Commisseres pour tenir le Parlement de Provence, pendant l'interdiction de ses anciens oficiers. 525
De MONDE, Jean, élû Consul d'Arles pour l'Etat des Bourgeois. 786
MONGIN, Mathieu, fait liguer Casaulx avec le Duc d'Epernon. 780
Est deputé vers le Roi d'Espagne pour demander du secours, pour les Titans de Marseille. 821
S'arrête en Espagne aprez la mort de Casaulx. 842
MONIER, Manaud, Avocat General en Parlement, un des deputez de sa compagnie, pour aller à Marseille contenir le peuple, afin que la mort du Grand Prieur n'y causât quelque émûte. 609
Un de ceux qui suivirent le parti du Roi du tems de la Ligue. 658
MONJOYE, Viceroi de Naples, malheureux

dans le maniment des afaires de Loüis II. en ce Roïaume. 254

MONNOYE. Les Rois de France n'entreprenent d'en faire battre d'or, qu'ensuite de l'acquisition de la Provence. 78
Il n'y en a eu en Provence que de celle de l'Empire, pendant la premiere race des Comtes. 78
Les deux premieres fabriques établies à Aix & à Arles. 78
En quel tems il y en a eu de particuliere en Provence. 78
Diverses especes qu'il y en a eu en cette province, & leur valeur. 78
Le Parlement refuse au Duc de Savoïe la liberté de faire battre monnoïe en Provence. 705
Debordement des monnoïes. 760
MONPELIER acquis aux Rois d'Aragon, par le mariage de l'heritiere de Monpelier avec Pierre Roi d'Aragon. 117
MONTAFIER tué par ordre du Grand Prieur. 571
De MONTAUBAN, Pierre, un des illustres de cette province qui se firent remarquer pour secourir le Roi Robert en Italie, contre l'Empereur Loüis de Baviere. 208
De MONTAUBAN surprend Menerbe.
De MONTAUD choisi par les roïalistes pour commander dans le quartier de Frejus. 751
MONTAUROUX, lieu de la province assiegé & pris par le Duc d'Epernon. 754
MONTEJAN fait une entreprise contre les troupes de Charles-Quint, qui lui succede mal. 450
De MONTFORT, Philipe, Commandant l'armée de terre que Charles envoit en Italie pour la conquête de la Sicile. 151
Commande le bataillon des Provençaux à la bataille de Benevent. 155
De MONTFORT, Simon, General de l'armée contre les Albigeois. 125
MONTMAJOR, fondation de ce monastere. 86
Celebrité de cette fameuse maison religieuse. 86
Acquiert le domaine de Pertuis. 59
Confirmation de cette acquisition. 64
Son Abé fait hommage à Charles I. pour Pertuis. 142
MONMORANCI, Connetable, prisonnier en la bataille de Dreux. 522
MONMORANCI envoie du secours au Seigneur de la Valete.
Court la campagne d'Arles avec des troupes ; & prend la Mote & le Château du Baron. 721
Convoque une assemblée à Beaucaire pour terminer les troubles causez par le Duc d'Epernon. 794
MONTOLIEU, Bertrand, un des deputez d'Arles pour remettre cette ville à Charles Premier. 141
Un des illustres Provençaux qui passerent genereusement les Monts pour rendre leurs services au Roi Robert, contre l'Empereur Loüis de Baviere. 208
MONTOLIEU de Montolieu, un des mêmes illustres Provençaux, qui servit le Roi Robert dans cette guerre contre Loüis de Baviere. 208
Ceux de cette famille se distinguent à la défense de Marseille contre le Connetable de Bourbon. 419

MONTREDON, Guillaume, Grand Maître des Templiers, à la direction du jeune Beranger III. 118
MORIN, Guillaume, un des quatre Grefiers du Parlement dans son institution. 388
MORSAN, President au Parlement de Paris, chef des Commisseres envoyez en Provence pour exercer le Parlement. 525
Fait faire d'excelens reglemens. 525
Laisse un honorable souvenir de sa conduite. 532
La MOTE d'Aigues, village de la Province, sacagé comme infecté de l'heresie. 475
MOUSTIERS. Ceux de cette famille se font remarquer en defendant Marseille contre les ataques du Duc de Bourbon. 419
MOUTON, beau-frere de Loüis d'Aix tiran de Marseille, livre le fort de Tête de More au Duc de Guise. 841
MULET, Antoine, President au Parlement de Provence ; le premier qui a exercé cette charge. 391
Deputé pour aller traiter un accord avec le Vicelegat sur le fait de l'annexe. 395
Est fait President au Parlement de Dauphiné. 395
MUMMOL, Patrice ou Gouverneur de Provence, defait les Lombards & les Saxons. 22
Ses divers faits en cette province. 22
Sa mort. 23
MUROT, Jean, un des trois Huissiers de la Cour de Parlement dans son institution. 388
MURRI, Antoine, Avocat General en Parlement ; le premier qui a exercé cette charge. 388
MUS, village de Provence. Il s'y fait d'étranges hostilitez en haine des heretiques. 479
MUY, sa tour arrête l'armée de l'Empereur Charles-Quint. 448
Cruauté de ses habitans envers leur Seigneur. 644

N

NANUS Roi des Segoregiens fait un accüeil favorable aux Phocéens. 4
NAPLES, Roïaume, ofert à Charles I. par le Pape Urbain IV. 149
Brieve narration de l'ancienne histoire de ce roïaume. 145
Conquis par Charles premier. 158
Conquis par le Roi René. 308
Perdu par ce Prince. 312
Conquis par Charles VIII. 374
Perdu par ce Prince. 379
Conquis par Loüis XII. 385
Le Roi renonce au droit qu'il y avoit. 393
NARBONNE, sa fondation. 7
NASIDIUS envoié par Pompée au secours de Marseille. 13
NAZARET. Nôtre-Dame de Nazaret, monastere de filles, établi dans le terroir d'Aix par Charles II. 190
NICE fondée par les Marseillois. 6 & 122
Refuse de reconnetre Raïmond Beranger le jeu-

ne. 102
Est assiegée par ce Prince qui y est blessé à mort. 102
Contrainte de se soûmettre à Idelfons Premier. 111
S'érige en republique. 122
Remise sous l'obeïssance des Comtes de Provence. 127
Se donne au Duc de Savoïe. 255
Legereté des titres du Savoïard sur cette place. 255
Assurée au Savoïard par transaction. 288
Redemandée par le Roi René, fondé sur l'invalidité de cette transaction. 326
La restitution en est demandée par François Premier. 433
Son Château resiste à Barberousse. 466
Est sacagée par ce Barbare. 467
NICOLAS III. Pape, tâche d'affoiblir Charles I. & de le détruire. 171
Fait cesser la demande que la Reine Marguerite faisoit de la Provence. 172
Etrange antipatie de ce Pontife contre Charles Premier. 176
Entre dans la conspiration des Vépres Siciliennes. 176
NICOLAS, Duc de Calabre, petit fils du Roi René, fiancé avec Anne de France fille aînée de Loüis XI. 334
Abandonne cette alliance pour celle du Duc de Bourgogne. 335
Sa mort. 337
NOBLESSE. Ses diverses qualifications. 130
Son excellence. 132
Loix contre les faux Nobles. 190
Doit se ranger prez du Senéchal dans un jour de bataille.
Celle de Marseille exemte de l'arriereban. 366
Celle de Provence s'accomode par la mediation & les ordres de la Reine Catherine de Medicis. 586
Se declare pour Henri IV. 773 & 777
Demande la revocation de la venalité des ofices. 779
Demande que la Lieutenance de Roi lui soit destinée. 851
NOEUD D'OR, Ordre de Chevalerie. 221
NOMS. En quel tems les patronimiques ont commencé. 66
Leur varieté dans les familles. 132 & 134
NORMANS, leurs premieres incursions sur les côtes de France, donnent lieu à Charlemagne de pressentir les maux qu'ils causeroient à l'avenir. 27
Fondent le roïaume de Naples. 145
NOSTRADAMUS, Michel, grand Astrologue. 526
Visité par Charles IX. 526
Predit secretement au Duc d'Anjou & au Roi de Navarre qu'ils seroient Rois de France. 526
Divers jugemens qu'on a faits de lui. 527
NOTRE-DAME de la mer étoit autrefois Vigueriat. 359

O

ODILE fille de Guillaume I. Comte de Provence. 63
ODILE femme de Fouquet Vicomte de Marseille. 65
OFICES. Ceux de Viguier & autres annuels en Provence. 428
Leur venalité.
La supression de leur venalité est demandée. 639 & 779
Le retranchement des alliances parmi les oficiers, est aussi demandé. 639
OFICIERS huguenos retablis dans le Parlement. 523
OISE, le Baron de ce lieu reçoit du Duc de Savoïe le commandement de la province d'au-delà de la Durance. 706
OLIERES. Souche des Barons de ce lieu. 109
Le Seigneur de ce lieu vient à Aix pour servir le Parlement. 519
OLIOULES. Düel celebre d'un Seigneur de ce lieu. 229
OLIVIER, Jean-Pierre, Conseiller en Parlement, un des Commisseres pour faire les rondes de la nuit dans Aix, le jour de la blessure du Grand Prieur. 610
Un de ceux qui suivirent le parti du Roi dans tems de la Ligue. 658
Rempli dans l'Edit de l'établissement de la Chambre souveraine de Marseille. 852
OPEDE, Jean de Maynier, Baron de ce lieu. Voi tout ce qui le concerne sous le nom de Maynier.
D'ORAISON, Jacques, un des illustres Gentilshommes de cette province, distinguez par le service rendu au Roi Robert contre l'Empereur Loüis de Baviere. 208
D'ORAISON, Vicomte de Cadenet, un des deputez des Etats de Provence pour obtenir la revocation de la reunion des biens du Domaine. 430
D'ORAISON, Marquis de ce lieu, choisi par les Roïalistes pour commander aux environs de la Durance. 751
Un des trois premiers Seigneurs de la province, qui se declarerent pour le Roi Henri IV. contre le Duc d'Epernon. 773
ORANGE. Les Seigneurs de cette ville se rendent souverains. 44
Concile tenus en cette ville. 48 & 50
Prise par Raoul de Gaucourt Gouverneur du Dauphiné, & remise à Loüis III. 296
Reünie à la Provence.
D'où ses Princes ont eu droit d'user du terme de par la grace de Dieu, de faire battre monnoïe, & d'accorder des graces. 342
Prise & sacagée par les Catholiques. 515
D'ORANGE, Guillaumme, fait hommage à Charles I. 140
D'ORANGE, Guillaume de Châlon, Prince de cette ville, fait hommage à Loüis XI.
D'ORANGE, Raimond, Prince de cette ville, fait hommage à Charles I. 143
Renonce au titre de Roi d'Arles. 144

ORANGER

ORANGER glorieux de la ville d'Yeres. 530
ORDRES Religieux en quel tems reçûs en Provence. 87
D'ORNANO, Alphonse, Colonel des Corses, s'enferme dans la ville des Maries, pour la défendre contre les huguenots. 567
Bat les Suisses prez de l'Isere. 627
D'OSSAT, Arnaud, moïenne que le Grand Duc restituë les Isles d'If & de Pomegues. 858
OTHON I. Empereur, entreprend de chasser les Sarrasins du Fraxinet. 60
OTHON de Brunsvic, quatriéme mari de la Reine Jeanne. 230
Est fait prisonnier combatant pour la Reine son épouse. 234
Conseille judicieusement Charles de Duras, qui en reconnoissance le met en liberté. 246
Se declare pour Loüis II. & ensuite de dépit de se voir méprisé, se range du parti de Ladislas fils de Charles de Duras; & le sert avec chaleur. 254
D'OURCIERE, Lantelme, Seigneur du Baron, premier Procureur du Païs, un des députez vers François I. pour demander le rétablissement de l'annualité des ofices de Viguier. 429

P

PAIX generale faite à Vervins & publiée à Aix, avec des grandes solemnitez & des témoignages extraordineres de joïe. 858
PALAIS. Journée appellée de ce nom, où la Comtesse de Sault se rendit absoluë dans Aix, en détruisant l'autorité du Parlement. 693
PALS d'Aragon, leur origine. 91
PAPEGEAY. Coûtume dans Aix de tirer à cet oiseau, tous les Dimanches. 91
PAPE, Gui, est du sentiment que le Gapançois est de la Provence. 326
Probité de ce sçavant magistrat. 326
PAPES. Leurs emportemens comment reprimez par les Rois de France. 401
De PARADE emprisonné, sur des fausses accusations, par le Lieutenant Biord. 724
Mis en liberté par ordre du Duc de Savoïe. 728
De PARASOL, un des illustres poëtes Provençaux. 106
PARISII, Esprit, Conseiller en Parlement. 402
PARLEMENT de Paris, combien digne par son équité, d'être l'arbitre des plus grands diferens arrivez dans l'Europe. 340
PARLEMENT de Loüis II. 284
Titre honorable donné à ses oficiers. 284
Est suprimé par l'établissement de l'Eminent Conseil. 295
PARLEMENT d'Aix ou de Provence erigé par Loüis XII. 388
On s'opose à son établissement. 389
L'oposition est rejettée par le Roi. 391
Est installé à Brignole, à cause de la peste qui étoit à Aix. 391
Vient à Aix, & jure de conserver les privileges de cette ville; comme aussi des autres villes de la province. 392

Maintient le droit d'annexe. 394
Fait saisir les revenus de l'Archevêque d'Avignon, & d'autres benefices possedez par d'étrangers. 399
Plainte contre les grands droits qu'il prenoit pour le jugement des procez. 399
Ses droits reglez par lettres patentes. 399
Plaintes faites contre lui dans le Concile de Latran. 402
Ses oficiers sont excommuniez par le Pape. 403
Sa fermeté en cette rencontre. 404
Leur absolution suit l'accommodement de l'afaire de l'annexe. 408
Reformation du Parlement. 433
Depute des Commisseres pour assister aux élections consuleres. 437
Se retire au Pont S. Esprit lors de la venuë de l'Empereur Charles-Quint. 445
Pousse vigoureusement les heretiques. 461
Fait un arrêt fulminant contre ceux de Merindol. 461
Modestie de ses oficiers. 468
Obtient permission d'executer son arrêt contre les heretiques de Merindol. 473
Est divisé en deux Chambres, Grand' Chambre & Chambre criminelle. 467
Sa procedure contre Merindol est approuvée. 481
Se retire à Pertuis pendant la peste. 482
Est recherché au sujet de l'execution de son arret contre Merindol. 485
Sa cause est solemnellement plaidée en l'audiance du Parlement de Paris. 486
Establissement de sa Chambre des Enquêtes. 490
A la superiorité sur la Chambre des Comptes. 490
Tient des grands jours à Marseille & en chaque Senechaussée, à tour de rôle. 490
Se broüille avec la Chambre des Comptes, Origine de ces contestations. 490
Refuse de verifier l'Edit de Janvier, touchant le libre exercice de la nouvelle religion. 508
Fait arrêt que tous les oficiers de Justice fairoient profession de foi. 520
Delibere d'aller tenir sa seance à Marseille, crainte des huguenots. 522
A le gouvernement de la province en absence du Gouverneur. 522
Refuse de verifier l'Edit d'Amboise touchant l'exercice de la nouvelle religion, en certains lieux. 523
Est interdit à cause de ce refus. 524
Est regi par des Commisseres, qui font d'excellens reglemens & rendent tres-bonne Justice. 525
Est rétabli aprez une information prise par des Maîtres de Requête. 530
Trois de ses Oficiers dans chaque Chambre peuvent être recusez par les huguenots. 542
Rétablissement de la Chambre des Enquêtes qui avoit été suprimée. 562
Traverses données à cet établissement. 563
Le gouvernement de la province lui est remis par le grand Prieur. 575
Prend le gouvernement de la province aprez le départ du Cardinal d'Armagnac Commandant. 584
Chambre établie pour juger les procez survenus pendant les troubles. 588
Accommode le procez qu'il avoit avec la province pour raison de la taille. 589

Sort d'Aix à cause de la peste, & se partage en trois Chambres qui vont tenir leurs seances en trois diferens lieux. 591

Permet au peuple dans un tems soupçonné de peste de manger tous les jours de la viande. 591

Depute des Commisseres pour aller rendre la justice sur les lieux à ceux qui étoient dans l'impuissance de la venir reclamer dans son tribunal. 594

Fait prêter serment qu'on ne professera que la religion Catholique. 605

Reprend le Gouvernement de la province aprez la mort du Grand Prieur ; & s'en acquite tres-bien. 609

Donne le commandement des armes au Seigneur de Vins sous l'autorité de deux Commisseres de la Cour. 611

L'exercice du gouvernement lui est confirmé par le Roi 614

Convoque d'Etats pour les oposer à ceux du Seigneur de la Valete. 643

Fait publier avec grand apareil la destitution du Seigneur de la Valete. 648

Reçoit lettre du Parlement de Paris pour entrer dans le parti de la Ligue. 657

Rôle de ses oficiers qui suivirent le parti du Roi du tems de la Ligue. 658

Se divise en deux corps. L'un qui tenoit pour le Roi, se retire à Pertuis ; & l'autre reste dans la Ville. 659

On appelle le Parlement de Pertuis le Parlement du Roi, & celui d'Aix le Parlement de la Ligue. 659

Nombre des oficiers arrêtez dans Aix comme roialistes. 659

Le Parlement de la Ligue ordonne que toutes les expeditions se fairont au nom de Charles X. 670

Aprouve la deliberation que la province fait de reclamer le secours du Duc de Savoïe. 671

Le Parlement du Roi se retire à Manosque. 676

Le Parlement de la Ligue est loüé par le Pape à cause de son zele pour la religion Catholique. 684

Est assiegé dans le Palais par la faction de la Comtesse de Sault. 693

Deference du Duc de Savoïe à son égard. 696

Decerne au Duc de Savoïe le Gouvernement des armes & de la police. 705

Ne veut consentir que le Duc de Savoïe établisse une fabrique de monnoie. 705

Le Parlement du Roi quitte Manosque, pour aller à Sisteron crainte des armes du Duc de Savoïe. 706

Prend en main le gouvernement de la province, aprez la mort du Seigneur de la Valete. 745

Le Parlement de la Ligue empêche l'établissement d'un Juge-Mage dans Marseille. 769

Verifie les Commissions de tous ceux qui viennent dans la province avec autorité. 769

Ordonne de reconnetre le Roi Henri IV. 778

Demande la supression du Juge-Mage de Marseille. 778

Est rejoint par les Oficiers du Parlement qui tenoient leur seance à Manosque. 792

Noms des oficiers qui étoient du Parlement Royal. 792

Formalitez qui furent gardées en la reception de ces oficiers. 793

Ordonne que le fort d'Aix sera demoli. 794

Ordonne de faire informer sur les déportemens du Duc d'Epernon, avec defenses à toute personne de l'assister. 809

Interdit le grand Vicaire établi par Genebrard, & nomme Matal à sa place. 815

Tâche mais inutilement d'empêcher l'établissement d'une Chambre souveraine à Marseille. 846

Cette Chambre est tirée de son corps. 849

On medit de ceux de son corps ; cela l'oblige d'en faire porter plainte aux Etats de la province. 859

Est en reputation d'être la compagnie de France la plus integre & la plus éclairée. 861

PARSIMONIE, tres-grande parmi les anciens Comtes de Provence. 469

PAUL III. moïenne une treve pour dix ans, entre François I. & Charles-Quint. 457

PAUL IV. implore le secours d'Henri II. contre les Espagnols. 492

De PAULE Chanoine de Marseille, un des deputez de cette ville vers le Saint Pere, pour lui demander d'être mis sous sa protection. 691

Les PAULES se signalent à la défense de Marseille, pour en repousser le Duc de Bourbon. 419

PAULIN, Baron de la Garde, fameux Capitaine, emploié contre les heretiques rebelles de Merindol. 474

Exerce de crueles hostilitez sur plusieurs lieux suspects d'heresie. 475 & 477

Est instigué à la poursuite de l'Avocat General Guerin. 484

Est fait prisonnier, & ensuite innocenté par declaration solemnelle de la propre bouche du Roi. 486

Acourt à Aix pour secourir cette ville contre l'entreprise de Mauvans. 498

Continue le siege de la Rochelle par mer. 547

Sa mort. 575

PELAGIENS heretiques condamnez dans le second Concile d'Orange. 50

PELET, un des partisans du Lieutenant Biord, arrêté par les ordres du Duc de Savoïe. 728

PELICOT, Boniface, Président au Parlement, un des deputez de sa compagnie vers le Comte de Suse pourvû du Gouvernement de la province, pour tâcher de retarder sa venuë. 576

PENA, Chevalier de S. Jean de Jerusalem, chef d'escadre, pendant le siege de Rhodes. 74

PENA, André, Conseiller en Parlement s'enfuit d'Aix, pour être du parti huguenot. 516

Eloge de ce savant magistrat. 528

PENA, Boniface, un des cent Chevaliers choisis par Charles I. pour être du dûel contre le Roi d'Aragon. 180

PENA, Hugues, un des illustres poëtes de Provence. 106

Est pris par Charles I. pour être de son combat contre le Roi d'Aragon. 180

PENA, Jean, grand & celebre Mathematicien. Son éloge. 528

PENA, Pierre, Medecin secret du Roi Henri III. meurt riche, & dans un haute reputation. 529

PERAULT, Gouverneur de Beaucaire, s'empare de Tarascon, sous pretexte de secours ; & n'en sort que par un present de dix mil écus. 672

PERAULT est depositére du fort St. Euttrope,

par le Duc d'Epernon. 791
PERDIGON de Gévaudan, illustre parmi les Poëtes Provençaux. 106
Du PERIER Baltazard, Conseiller en Parlement, un des Commisseres pour faire les rondes de la nuit dans Aix, le jour de la blessure du grand Prieur. 610
Un de ceux qui suivirent le parti du Roi du tems de la Ligue. 658
Du PERIER, Gaspard, un des Conseillers du Parlement, du tems de l'institution. 388
PERPIGNAN, étrange aversion des habitans de cette ville, qui aiment mieux manger les François que de les reconnetre. 337
De PERPIGNAN, Aimeric, a rang parmi les fameux Poëtes Provençaux. 106
PERRIN, Cadela pendu pour avoir livré la Tour de Bouc à prix d'argent. 742
PERROT, Nicolas, Conseiller au Parlement de Paris, un des Commisseres pour tenir le Parlement d'Aix pendant l'interdit. 525
PERTUIS, son domaine donné à l'Abaïe de Monmajor. 59
Confirmation de cette donation. 64
Une des Chambres du Parlement y va tenir sa seance pendant la contagion de 1580. 591
Un des corps du Parlement s'y retire pendant la contagion de 1587. 624
Le Seigneur de Vins tente inutilement de le surprendre. 641
Sert de premiere retraite au Parlement du Roi, du tems de la Ligue. 659
Le Parlement en sort pour se retirer à Manosque. 676
Est assiegé par le Duc de Savoïe, & defendu également par la garnison & par le froid. 708
De PERUSSIS, François, Baron de Lauris, President, moïenne la jonction du Comte de Sommerive avec Serbellon pour la prise d'Orange. 515
PESTE dans Aix en 1580. memorable par ses diverses reprises. 590 593 627 629
En tems soupçonné de peste, le Parlement permet l'usage de la viande pour tous les jours. 591
PEYPIN village de la province sacagé, comme infecté d'heretiques. 475
PEYRESC, Nicolas Fabri sieur de Peyresc Conseiller en Parlement, combien profond dans ses recherches. 67
Ses éloges. 399
S. PHALEZ, village du Comté Venaissin, un des forts des heretiques. 459
PHAVORIN combat l'astrologie judiciere. 528
PHILIPEAUX, Jacques, Conseiller au Grand Conseil, un des Commisseres pour tenir le Parlement de Provence pendant l'interdit. 595
PHILIPES le hardi, Roi de France, marche à la conquête de l'Aragon avec le plus superbe apareil du monde. 185
Meurt de maladie dans cette expedition. 185
PHILIPES le Bel Roi de France donne sa moitié d'Avignon au Roi Charles II. 189
PHOCEENS leur arrivée en Provence. 4
PIEMONT. Plusieurs de ses villes se donnent à Charles I. 166

Les autres se donnent à Charles II. qui de là prend le titre de Comte de ce païs. 195
Union de cette Comté à la Provence. 195
Entreprises faites sur cette Province par les Ducs de Milan & de Savoïe. 225
Redemandé par François I. 433
PIERRE II. Roi d'Aragon moïenne la paix entre Idelfons II. son frere & le Comte de Forcalquier. 116
Se declare tuteur de Beranger III. son neveu. 118
PIERRE III. Roi d'Aragon est fait heritier du roïaume de Sicile par Conradin. 164
Les Vêpres Siciliennes s'executent sous ses ordres. 176
Ofre à Charles d'Anjou de vuider leur diferent par le duël. 179
Manque à l'assignation du combat. 180
Meurt. 186
PIERRE d'Auvergne fameux parmi les poëtes Provençaux. 106
PIERRE de S. Remi un des illustres poëtes de Provence. 106
PIERREFEU, où se tenoit une Cour d'amour. 104
PIETE' des Grands envers l'Eglise, combien leur est profitable. 61
PIN arbre funeste dans Aix, portant d'étranges fruits. 516
PIOLENC, Raimond, Procureur General, deputé du Parlement pour sçavoir la cause des attroupements des huguenos. 539
De PIQUET, Charles, second Consul d'Arles est contraint de vuider la ville pour avoir voulu soûtenir son collegue Ventabren dans ses airs de hauteur. 770
La PLANE, Capitaine, tuë le Seigneur du Gaut Gouverneur de Grasse. 766
Lui succede au Gouvernement. 767
Est tué par ses propres soldats. 823
PODESTAT, Magistrat, chef des republiques d'Arles & d'Avignon. 119
Sa dignité & ses titres. 119 & 120
POETES Provençaux. Voi sous le mot de Troubadours.
POISON défendu aux Apotiqueres. 52
De POITIERS, Aimar, Seigneur de S. Vallier, est fait Grand Senêchal de Provence. 365
Fait un reglement pour le Conseil de Marseille. 370
Se broüille avec le Gouverneur. 370
Est mandé en Cour. 371
POMPE'E attire Marseille dans son parti. 12
PONAT, André, Conseiller au Parlement du Dauphiné, un des Commisseres pour l'execution de l'Edit de Janvier, en Provence. 508
PONCHET, Etienne, President aux Enquêtes du Parlement de Paris, un des Commisseres pour examiner les pretentions du Duc de Lorraine sur la Provence. 365 & 380
PONS, fils de Boson II. premier Vicomte de Marseille. 59
PONS de Peinier Vicomte de Marseille. 59
Est excommunié, puis se fait absoudre. 75
Ses enfans. 96
PONS, Evêque de Marseille, partage la Vicomté avec ses freres. 65

PONTCARRE' vient en Provence de la part du Roi. 645
Signifie au Seigneur de la Valette sa destitution. 647
PONTEVEZ. Origine de cette famille. 507
De PONTEVEZ, Durand, Seigneur de Flassans, premier Consul d'Aix, grand fauteur des Catholiques. 508
   Caractere de ce Seigneur. 508
   Se fait appeller le Chevalier de la foi. 509
   Se met en campagne avec des troupes, & fait main-basse sur les huguenos de Tourvez. 509
   Est poursuivi par les Comtes de Tende & de Crussol. 510
   Est contraint de sortir de Barjols. 510
   Se refugie dans le château de Carces. 511
   Se va fermer dans le château de Porqueiroles. 512
   Rentre dans Aix & renouvelle la persecution contre les huguenos. 515
   Abandonne la ville d'Aix, crainte d'être recherché comme fauteur des Catholiques. 516
De PONTEVEZ, Fouquet, un des cent Chevaliers pris pour le duël de Charles I. contre le Roi d'Aragon. 180
De PONTEVEZ, Fouquet, Seigneur de Cotignac, emploié dans la guerre contre Raimond de Turenne. 261
De PONTEVEZ, Gaspard, Comte de Carces, est appellé par la province. 611
   Se fait accorder l'entrée de Marseille par le droit de naissance. 635
   Manque Berre qu'il veut surprendre. 654
   Fait jurer dans Marseille l'union de la Ligue. 658
   Défait les huguenos du Languedoc vers Tarascon. 671
   Croise le Seigneur de Vins à Marseille. 673
   Traverse la Comtesse de Sault, en faisant donner le Conseiller Agar pour adjoint au Conseiller de Castelar, dans le commandement des troupes. 682
   Moïenne que Marseille & Arles demandent la protection du S. Siege. 690
   S'unit avec le Duc de Savoïe. 735
   Fait lever le siege de Beines au Seigneur de la Valette. 738
   Commande l'aile droite de l'armée du Duc de Savoïe à la bataille de Vinon. 740
   Manque de Martigues. 742
   Fait pendre Petrin Cadela qui avoit livré la Tour de Bouc à prix d'argent. 742
   Loüé par le Seigneur de la Valette, pour la valeur qu'il avoit fait paretre à la journée de Vinon. 743
   Prend Fuveau, Peinier & Porrieres, dont Lesdiguieres s'étoit emparé. 751
   Fait un dessein sur Marseille qui échoüe. 751
   Est fait Commandant dans le païs par le Duc de Maïenne. 756
   Défent Aix contre le Duc d'Epernon qui l'avoit bloqué. 762
   Fait construire le fort des Fourches ou de Saint Roch. 764
   Enleve le fort du Pont de Beraud. 772
   Entre dans la negociation qui se fait pour reconnetre Henri IV. 773
   Se met aux chams pour reduire quelques places, & prend Aiguilles, Gardanne & Bouc. 774
   Est deputé de la Noblesse vers le Roi à Lyon, pour avoir un reglement sur les diferens de la province avec le Duc d'Epernon. 796
   Bat S. Roman & Vitelli prés de Monpavon. 806
   Prend Salon aprez un siege opiniâtre. 807
   Fait une entreprise sur le Martigues qui ne reüssit pas. 814
De PONTEVEZ, Guillaume, suit le parti de Beranger contre Raimond des Baux. 97
De PONTEVEZ, Honoré, un des Gentilshommes de la province qui s'oposerent au Duc de Bourbon. 415
De PONTEVEZ, Jean Baptiste, Seigneur de Cotignac, deputé vers Charles VIII. pour détruire la faction Lorraine. 367
   Fait heritier de ses grands biens Durand d'Amalric. 507
De PONTEVEZ, Jean, est fait Viguier d'Aix, par Palamede Forbin Gouverneur de Provence. 359
De PONTEVEZ, Jean, marche contre le Connetable de Bourbon qui étoit entré en Provence. 416
   Bat ce Prince rebelle dans sa retraite. 422
   Fait le dégât de ses propres biens pour en priver les troupes de l'Empereur Charles-Quint. 442
   Chasse Gonzague un des Lieutenans de Charles-Quint qui s'étoit emparé du Château de Lourmarin. 454
   Fait souffrir des escornes considerables à Charles-Quint dans sa retraite. 455
   Est fait chef du parti catholique. 505
   Parêt à la Cour avec une suite de soixante Gentilshommes. 506
   Refuse la charge de General des armées des Venitiens. 506
   Ses qualitez & ses exploits militeres. 506
   Moïenne que la Lieutenance generale de la province soit donnée au Comte de Sommerive fils du Comte de Tende, pour être le contre-tenant de son pere qui favorisoit les huguenos. 512
   Assiste les Catholiques d'Aix, & fait reüssir la journée des Epinars. 513
   Est appellé dans Aix par le Parlement, pour commander dans la ville. 522
   Est fait Lieutenant de Roi en Provence. 532
   Fait une retraite honorable devant Sisteron. 537
   Belle remontrance qu'il fit à un Gentilhomme qui fuïoit dans un jour de combat, à la veille d'aller recevoir le collier de l'ordre du Roi. 537
   Remporte une glorieuse victoire sur les huguenos qui le poursuivoient. 538
   Use d'une grande prudence pour éviter le massacre des huguenos. 545
   Fait rompre tous les ports de la Durance, pour empêcher la décente des huguenos dans la basse province. 547
   Elude les desseins des huguenos sur plusieurs villes de la province. 548
   Prend les châteaux de Spinouse & de Montfort occupez par les huguenos. 562
   Prend de même Monjustin, S. Martin, Lourmarin & Gignac. 563
   Donne la chasse au Seigneur de Gouvernet par un subtil stratageme, & par là il se rend maître du Poët. 563
   Visite le Maréchal de Rais accompagné de cinq cens Gentilshommes. 564

L'apui

L'apui qu'il donne aux Catholiques, fait qu'on les appelle Carcistes. 565
Chasse les Huguenos de devant le château du Baron, & rend par là la ville d'Arles libre. Eloges qu'il reçoit de cette expedition. 567
Passe en Languedoc contre les huguenos, & en raporte un gros butin. 569
Se retire dans sa maison ; mais on travaille pour le mettre dans les affaires. 573
Il se fait diverses parties contre lui. 585
Donne son fils au Roi pour gage de sa fidelité. 588
Meurt dans la plus grande reputation qu'ait jamais eu homme du monde. 597
Détail de ses éloges. 597
De PONTEVEZ, Pierre, signalé par le secours qu'il rendit à Charles I. 165
De PONTEVEZ, Reforciat, tué par le Chevalier du Revest. 603
PONTIA, femme de Raïmond Geofroi I. Vicomte de Marseille. 109
PORCELET, des Porcelets, est du parti des Berangers contre les Baux. 97
PORCELET d'Arles, est donné pour conseil à Raïmond Beranger Comte Commandatere. 110
Est caution pour Idelfons, du traité de paix que ce Prince accorda aux Niçards. 112
PORCELET, Guillaume, suit le parti des Berangers contre les Baux. 97
PORCELET, Guillaume, autre Seigneur du même nom, suit le parti des Baux contre les Berangers. 97
PORCELET, Guillaume, secourt Charles I. 165
Garanti des Vêpres Siciliennes. 178
Du nombre des cent Chevaliers choisis pour se conder Charles I. dans son duel contre le Roi d'Aragon & ses cent Chevaliers. 180
PORCELET, Hugues, est du parti des Baux contre les Berangers. 97
PORCELET, Hugues, un des illustres Provençaux qui s'armerent pour le Roi Robert contre l'Empereur Loüis de Baviere. 208
PORCELET, Jacobello, est gratifié d'une pension de cent florins par Palamedes Fourbin Gouverneur de Provence. 359
PORCELET, Raïmond, un des cent Chevaliers choisis par Charles I. pour son combat contre le Roi d'Aragon. 180
PORCELET, Rostain, son seing paret dans les chartes de Geofroi Comte de Provence. 68
Est du parti des Berangers contre les Baux. 97
PORCEL, Robert, un des illustres Provençaux qui prirent les armes pour soutenir le Roi Robert contre l'Empereur Loüis de Baviere. 208
PORCIN ligueur de Marseille s'éleve contre le Consul Lenche, & le fait massacrer par la populace. 636
Excite une sedition contre Villecrose, où ce malheureux Gentilhomme perit. 675
Entreprend de faire perir Casaulx & Loüis d'Aix: mais son entreprise ne reüssit pas. 767
Du PORT, François, est fait Consul d'Arles par la faction du Lieutenant Biord. 724
De PRAS : *Voi sous le mot de Puget, ce qui regarde un Seigneur de ce lieu.*

Du PRE' Maître des Requétes, Commissere pour prendre des informations en Provence, sur les plaintes des heretiques contre le Parlement. 471
Du PRE', auteur du dessein qui délivra Marseille de la tirannie de Casaulx. 829
PRECHEURS, en quel tems leur Ordre introduit en Provence. 87
PREDESTINEZ, leur heresie condamnée dans le Concile de Valance. 51
PREVOT, Bernard, Seigneur de Morsan : *Voi sous le mot de Morsan.*
PRIMATIE d'Arles, *Voi sous le mot d'Arles tout ce qui concerne cette dignité.*
PRIVILEGES. Tems appellé des bienfaits & des privileges. 253
PROCEZ, la province demande l'abolition des droits du jugement des procez à l'extraordinaire. 639
PROCHITE, Jean, auteur des Vêpres Siciliennes. 175
PROCUREURS du Païs, leur attache necessere au logement des gens de guerre. 630
Ne peuvent parêtre à Marseille avec leur chaperon. 854
PROVENCE, ses premiers habitans furent les Liguriens & les Celtes. 4
Est appellée du nom singulier de Provence ; & pourquoi. 4
Est subjuguée par les Romains 4
Comprise sous le nom de Gaule Narbonnoise. 7
Ses habitans aiment mieux mourir que de vivre en servitude. 7
Se signale dans la défaite des Gimbres & des Teutons. 11
Essaie souvent de secoüer le joug des Romains. 12
Se declare pour Vitellius contre Othon. 15
Prend le parti de Vespasien contre Vitellius. 15
Est ravagée par les Allemans ; sous leur Roi Crocus. 15
Occupée en partie par les Visigots, & partie par les Bourguignons. 18
Sa partie inferieure tenuë par les Visigots passe aux Ostrogots. 19
Est cedée aux François par les Ostrogots & par l'Empereur Justinien. 19
Sa haute partie tenuë par les Bourguignons est acquise par les Rois de France. 21
Son acquisition donne lieu aux François de faire battre monnoie d'or. 20
Fait partie du Roïaume François d'Austrasie. 21
Est ravagée par les Lombards & par les Saxons. 22
Est partagée entre les Roïaumes d'Orleans & de Mets. 22
Troublée par les dissensions des Rois de France de la premiere race. 22 & 23
Reünie à la Couronne de France. 24
Est ravagée par les Sarrasins. 26 & 27
Diversement possedée par les fils & petits fils de Loüis le Debonaire. 27 & 28
Se signale dans le secours qu'elle donne aux Rois d'Espagne contre les Sarrasins. 29
Devient membre du Roïaume d'Arles. 34
Est donnée aux Empereurs d'Occident par Raoul le Faineant Roi d'Arles & de Bourgogne. 44

D'où vient qu'elle est païs de droit écrit, 46
Passe sous des Comtes Proprieteres. 57
Sa situation ; ses limites lors qu'elle commença d'être regardée comme un état particulier. 58
Son premier partage en Comtez d'Arles & de Forcalquier. 59
Repartagée en trois portions entre les trois enfans de Boson II. Comte proprietere. 59
Armoiries de ses Comtes. 59
Ses habitans se signalent dans l'Ordre de Saint Jean de Jerusalem. 72 & 73
En quel tems elle a été principalement appellée du nom de Provence. 79
Sa description. 80
Mœurs de ses habitans. 81
La premiere Province de l'Europe qui a reçû l'Evangile. 83
La premiere qui a reçû la vie monastique. 83
Pieté singuliere de ses Comtes. 87
Fournit soixante de ses habitans pour être du nombre des cent Chevaliers d'élite, qui devoient seconder Charles I. dans le duel qui lui fut ofert par le Roi d'Aragon. 180
Cinquante de ses Gentilshommes sont donnez en ôtage pour l'assurance du traité de la délivrance de Charles II. 186
Mille de ses habitans choisis par le Roi Robert pour la garde de sa personne. 203
Est unie inseparablement avec le Roïaume de Naples par le testament du Roi Robert. 211
Plusieurs fois ravagée par Servole & par les Tuchins. 223
Partagée entre le parti d'Anjou & celui de Duras. 244 & 249
Négociation pour la faire tomber és mains de Charles VI. Roi de France. 250
Afection de ses habitans pour le Roi René. 307
Ses habitans recommandez par le Roi René à Charles du Maine son successeur, en des termes tres-obligeans. 344
Autre pressante recommandation en leur faveur par Charles dernier Comte dans son testament. 351
Avantages de la Provence à l'égard de la France. 352
Eloge de cette province. 352
Ses habitans rétablis dans le privilege de l'administration de toutes les charges dans leur païs. 364
Se donne à la France pour y être inseparablement unie. 367
Ses habitans s'employent glorieusement dans la conquête de Naples par Charles VIII. 375
Est adjugée à la France par sentence d'arbitres dont le Duc de Lorraine qui y prétendoit droit, étoit convenu, aprez avoir oüi les raisons des parties. 381
Ses habitans fournissent les raisons victorieuses qui obtinrent gain de cause à Loüis XII. contre le Duc de Lorraine. 384
S'opose vigoureusement à l'entrée du Duc de Bourbon, & l'oblige de se retirer avec perte. 414 & 422
Fait de grandes réjoüissances pour la délivrance de François I. 425
Generosité de ses habitans à faire le dégât de leurs biens pour en priver l'armée de l'Empereur Charles-Quint. 442
Sa face est toute changée par des nouvelles loix, par de nouvelles charges, par de nouvelles érections des Fiefs, faites par Charles-Quint. 451
La resistance de ses habitans contre l'irruption de Charles-Quint, oblige cet Empereur de se retirer avec honte. 456
Fait trouver à François I. sa plus grande gloire. 483
Envoïe trois mille hommes à Charles IX. sous la conduite du Comte de Sommerive Gouverneur. 540
Demande que les Benefices soient donnez à ceux du païs. 639
Demande la supression de la venalité des ofices, & le retranchement des alliances dans les mêmes compagnies de Justice. 639
Demande encore l'abolition du droit des procez à l'extraordinaire. 639
Ses Procureurs joins deliberent d'accepter le secours du Duc de Savoïe. 671
Delibere d'appeller le Duc de Savoïe en personne pour la secourir. 690
Est ravagée par les Gascons & les Dauphinois. 751
Son parti ligueur a recours au Roi d'Espagne. 759
Est des premieres provinces du Roïaume à reconnêtre le Roi Henri IV. 777
Dernier éloge de cette province tiré de l'excellence de tous ses Etats. 861
PUGET, Bertrand secourt Charles I. 165
Un des cent Chevaliers du même Prince pour son duel contre le Roi d'Aragon. 180
De PUGET, Emmanuël, Viguier d'Arles, est tué dans cette ville, comme il en vouloit chasser ceux du parti de Duras. 244
De PUGET, Guillaume, Prevôt de l'Eglise d'Aix, un des Conseillers clercs dans l'institution du Parlement. 388
De PUGET, honoré, Seigneur de Pras, décapité par raison d'Etat, pour n'avoir pû refuser l'entrée d'Aix au Duc de Bourbon. 422
De PUGET, Jean, Avocat General en Parlement, s'enfuit d'Aix, pour être du parti huguenot. 516
De PUGET, Loüis, President au Parlement. 524
De PUGET, Pierre, Seigneur de Tourtour, Conseiller en Parlement, est fait prisonnier en la journée du Palais, par le parti de la Comtesse de Sault. 695
Est un des oficiers, choisis pour tenir la Chambre souveraine de Marseille.
De PUGET, Seigneur de S. Marc, sa genereuse réponse au Seigneur de Ligni qui vouloit l'engager dans le parti du Duc de Savoïe. 683
De PUYCIBOT, Gasbert, renommé parmi les Poëtes Provençaux. 106
De PUYLOBIER, Jacques, un des illustres Provençaux qui passerent les Mons, pour servir le Roi Robert, contre l'Empereur Loüis de Baviere. 208
PUYPIN, Village surpris par le Seigneur de Gouvernet, n'est évacué que par argent. 595
De PUYRICARD, Falcon, distingué pour

le secours qu'il donna à Charles I. 165
PUY Ste Reparade village, assiegé par le Duc de Savoïe. 729
Resiste à toutes les attaques de ce Prince, & le contraint à lever le siege. 735
De PUYVERD, Rixande, une des Dames de la Cour d'amour de Romanil. 106

⚜⚜⚜⚜⚜⚜⚜⚜⚜⚜⚜⚜⚜⚜⚜

Q

S. QUENTIN lieu d'une bataille perduë par les François. 493
De QUIQUERAN, Balthazard Seigneur de Ventabren, moïenne qu'Arles recoure à la protection du St Siege. 691
Est fait premier Consul d'Arles, mais il exerce sa charge avec tant d'hauteur qu'il s'attire l'indignation du peuple qui le contraint de quitter la ville. 770
De QUIQUERAN, Gaucher, Seigneur de Beaujeu, député vers le Roi Charles VIII. 363
Procure des avantages considerables à la Province. 364
De QUIQUERAN, Robert, Seigneur de Beaujeu, premier Consul d'Arles, se signale dans la chasse donnée aux huguenots devant le château du Baron. 568
Est emprisonné sur des fausses accusations par le Lieutenant Biord. 724
Est mis en liberté par ordre du Duc de Savoïe. 728
Est des premiers qui prirent l'écharpe blanche, lors qu'Arles se declara pour Henri IV. 819

⚜⚜⚜⚜⚜⚜⚜⚜⚜⚜⚜⚜⚜⚜⚜

R

RABASSE, Henri, Avocat est député pour les Communautez de la Province, pour aller complimenter le Duc de Savoïe à son entrée dans le païs. 701
Obtient du Duc l'honneur de lui faire tenir son fils sur les fonds de Baptême. 705
Est fait Conseiller de ce Prince, avec titre de Capitaine de Justice. 706
Est Assesseur d'Aix. 729
RABASSE, Jacques, Procureur General en Parlement, est excepté pour quelque tems de la grace du rétablissement de sa compagnie. 530
Est un des Commisseres pour la garde de l'hôtel de ville d'Aix, le jour de la blessure du Grand Prieur. 610
RABERI se saisit de la Sainte Baume, pour le Seigneur de Vins. 570
RAGUENAU, Frideric, Evêque de Marseille, soûtient ouvertement le parti du Roi. 656
RAIBAUD, Bertrand, appellé à la Seigneurie de Manosque, en cas qu'on eut voulu en priver les Hospitaliers. 96
RAIBAUD nom patronimique de la maison de Simiane. 133
RAIMBAUD, Archevêque d'Arles assiste au I. Concile d'Avignon. 52

RAIMOND Beranger I. du nom, neuviéme Comte de Provence, épouse Douce heritiere de ce païs. 91 & 92
Reçoit l'hommage de la Noblesse de Provence. 92
Va contre les Maures de Maïorque. 93
Cede à Alton la ville de Carcassonne sous l'hommage. 94
Fait un celebre accord avec Alfonse Comte de Touloufe, touchant la Provence & le Venaissin. 94
Prend l'habit des Templiers. 95
Meurt. Le nombre de ses femmes, & de ses enfans. 95
RAIMOND Beranger II. du nom, dit le jeune, dixiéme Comte de Provence. 97
Reste sous la tutelle du Comte de Barcelone son oncle. 97
Epouse Richilde Niece de l'Empereur Frideric Barberousse. 100
Va visiter l'Empereur, duquel il reçoit l'investiture de la Provence & l'hommage sur la Comté de Forcalquier. 100
Presente les Poëtes Provençaux à cet Empereur. 100
Se ligue avec le Comte de Touloufe contre celui de Forcalquier. 101
Assiége Nice, & est tué devant cette place. 102
Son corps est porté à Aix. 102
RAIMOND Beranger III. du nom, quatorziéme Comte de Provence, demeure sous la tutelle de Pierre Roi d'Aragon son oncle. 117
Est conté parmi les illustres Poëtes Provençaux. 106
Est élevé par le Grand Maître des Templiers, & par S. Raimond de Penafort. 118
Vient en Provence & essaie de reduire Arles, Avignon, Marseille & Nice qui s'étoient renduës Republiques. 122
Epouse Beatrix fille de Thomas Comte de Savoïe. 122
Assiege Marseille aprez s'être servi d'adresse pour la reduire à l'obeïssance, mais c'est en vain. 127
Contraint Avignon & Nice à le reconnêtre. 127
Reçoit Arles en sa protection. 128
Cette action le fait declarer criminel de leze Majesté par l'Empereur Frideric II. 128
Marie trois de ses filles. La premiere, qui étoit Marguerite, avec Loüis IX. Roi de France. La seconde appellée Eleonor, avec Henri III. Roi d'Angleterre : & la troisiéme nommée Sance, avec Richard Comte de Cornüaille. 128 & 129
Ne peut obtenir la dispense de marier Beatrix, qui étoit la quatriéme, avec le Comte de Toulouse. 129
Reçoit la Rose d'or du Pape Innocent IV. & en fait present à l'Eglise Saint Sauveur d'Aix. 129
Meurt. Tems de son regne ; & ses éloges. 129
RAIMOND Beranger Comte de Barcelone, prend la tutelle de Raimond Beranger le jeune son neveu Comte de Provence. 97 & 98
Poursuit & finit heureusement la guerre Buissenque. 98 & 99
Suit le parti de l'Empereur Frideric Barberousse, contre le Pape Alexandre III. 100

Sa mort & ses éloges. 100
RAIMOND Beranger, frere d'Idelfons I. Comte Commandatere ou Gouverneur de Provence. 110
Reçoit une seconde fois cette charge. 112
Est tué à Maguelone. 111
RAIMOND Vicomte de Marseille, fils d'Hugues Geofroi. I. 96
RAIMOND Geofroi I, du nom Vicomte de Marseille. 109
RAIMOND Geofroi II, Vicomte de Marseille & ses fils. 109
RAIMOND Geofroi des Vicomtes de Marseille, fils de Geofroi de Marseille. 109
RAIMOND Comte de Toulouse épouse Berthe niéce d'Hugues Roi d'Arles. 43
RAIMOND le vieux Comte de Toulouse, prend la protection des Marseillois. 125
Est dépoüillé de ses Etats. 125
Refuse la Comté de Forcalquier. 128
Veut épouser une des filles de Raimond Beranger III. mais il n'en peut obtenir la dispense. 129
RAIMOND, Beranger, un des illustres Provençaux qui joignirent le Duc de Calabre en Italie pour s'oposer à l'Empereur Loüis de Baviere. 209
RAIMOND des Baux querelle la Provence à Raïmond Beranger, d'où naît la guerre Baussenque: Voi sous le nom des Baux.
RAIMOND, Guillaume, un des genereux Provençaux qui passerent en Italie pour servir le Roi Robert contre l'Empereur Loüis de Baviere. 208
S. RAIMOND de Penafort, un des Gouverneurs du jeune Beranger III. 118
RAIMOND, Pierre un des illustres Poëtes Provençaux. 106
RAIMOND de Turenne ofre de remettre toutes les places qu'il tenoit en Provence, à Charles VI. Roi de France. 251
Origine de son établissement en cette province. 257
Excite une cruelle guerre en Provence contre Loüis II. 257
Sujet de cette guerre, le tems de sa durée qui fut de dix ans, & les maux qu'elle causa. 258
Est declaré pertubateur du repos public. 259
Est poussé à bout par ordre des Etats de la Province. 261
Tout contribuë pour cette guerre, sans exception. 262
Son procez lui est fait, & condamné par les formes judiciéres. 264
Sa téte est mise à prix. 265
Son obstination dans la revolte. 269
Est défait, mis en fuite, & se noïe dans le Rhône. 270
RAINAUD, François retenu dans le Palais d'Avignon par les Catalans. 277
De RAINAUD, Jacques, Seigneur d'Alen dissuade le President Chassanée de faire executer le fulminant arrêt contre Merindol. 462
RAINAUD fils du Conseiller de ce nom est décapité pour avoir conspiré d'introduire la Valete dans Aix. 700
RAINIER assassiné dans Aix par les Corses. 580
RAINIER, action hardie qu'il fit pour s'innocenter. 700
RAINIER, Pierre, un des illustres Provençaux qui s'armerent pour le Roi Robert contre l'Empereur Loüis de Baviere. 208
RAIS, Maréchal de ce nom est fait Gouverneur de Provence. 561
Prend Riez & quelqu'autres places. 561
Panche du côté des huguenos. 564
Sa prudence lui fait afecter d'être sourd. 567
Devient paralitique, ce qui l'oblige d'aller aux bains de Lucques. 567
Traite de son Gouvernement avec le Comte de Suse. 573
Le Gouvernement lui est rendu. 582
Est obligé de s'en demettre en faveur du Grand Prieur, qui pour le dedommager lui resigne le Generalat des Galeres. 586
RAMBAUD d'Orange, un des illustres poëtes de Provence. 106
RAMBERT Capitaine Commandant dans la Tour de Bouc, est arrêté par le Seigneur de la Valete. 637
Est tué d'un éclat de canon. 642
RAMBERT se signale au siege de Salon. 810
De RAME, Isnard, un des illustres de cette province qui prirent les armes pour servir le Roi Robert en Italie, contre l'Empereur Loüis de Baviere. 209
RAOUL Roi de Bourgogne Transjurane est appellé en Italie, où il est couronné Roi. 40
Echange l'Italie pour la Provence avec Hugues Comte d'Arles. 42
Prend le titre de Roi d'Allemagne & de Provence, ensuite du present qu'il fit à l'Empereur de la lance celebre de Constantin, faite d'un des clous qui avoient servi à la Passion de Jesus-Christ. 43
Sa mort & la durée de son regne. 43
RAOUL le Faineant sixiéme Roi d'Arles. 44
Sa mollesse donne lieu aux Gouverneurs & aux Grands, de se rendre Souverains. 44
Donne le Roïaume d'Arles à Conrad le Salique Empereur. 44
Meurt. 44
RAPHELON, ou Pierre Raphel insigne Rasat, Viguier de Draguignan, prend & saccage le lieu & château de Trans. 584
RASAS. Origine du parti qui portoit ce nom. 565
Desordres que ce parti & celui des Carcistes causerent à la province. 565
Chefs & villes du parti Rasat. 565
Prennent les armes à la venuë du Comte de Suse. 577
Commencement de leur guerre avec les Carcistes. 577
RASCAS, Bernard, conté parmi les poëtes Provençaux. 106
RASCAS, François, Juge d'Apeau, condamné en deux cens livres d'amende, pour avoir voulu éluder quelques procedures de justice. 434
RASCAS, François, Conseiller en Parlement, excepté de la grace du rétablissement de sa compagnie. 530
De RASTELIS, Elzear, Evêque de Riez, nommé arbitre par les Etats de la province, pour terminer

terminer les différens des Rafas & des Carcistes. 596

Un des deputez des Etats de la province pour porter au Duc de Savoïe la délibération qu'on avoit prise de le fupplier de venir fecourir la Province en perfonne. 690

Deputé par le Clergé pour aller complimenter le Duc de Savoïe à fon entrée dans la province. 701.

Un des deputez de la province en Efpagne pour y demander du fecours. 710

RATEAU de gueules ajoûté aux armes de Sicile. 153

RAVENIUS Evêque d'Arles, eft rétabli dans la Primatie des Gaules acquife d'anciennété à fon Eglife. 49

Convoque le troifiéme Concile de cette ville. 49

RAURUS, Guillaume, un des cent Chevaliers pour feconder Charles I. dans fon combat accepté contre le Roi d'Aragon. 180

De REILLANE, Aimar, un des illuftres Provençaux qui traverferent les Monts pour fervir le Roi Robert contre l'Empereur. 208

De REILLANE, Antoine, Sieur de Ste Croix, Confeiller en Parlement, un des Commifferes pour faire les rondes de la nuit, le jour de la bleffure du Grand Prieur. 610

De REILLANE, Philipe, un des genereux Gentilshommes de Provence qui pafferent en Italie fous les enfeignes du Duc de Calabre pour foûtenir le parti du Roi Robert contre l'Empereur. 208

RELIGIEUX en quel tems établis en Provence. 8 387

RELIQUES de Ste Madelene, leur invention. 172

Celles des Maries Jacobé & Salomé cherchées par ordre du Roi René. 315

REMESAN premier Conful de Marfeil, tâche inutilement qu'on n'y reçoive le Duc de Savoïe. 710

Eft fait prifonnier par Cafaulx. 712

RENE' d'Anjou, excellent poëte Provençal. 107

Eft adopté par Loüis Cardinal de Bar. 294

Epoufe Ifabeau heritiere de Lorraine. 294

Se declare pour le Dauphin de France contre le Duc de Bourgogne. 294

Défait mille Anglois, au lieu de la Croifette, prez de Chaalon en Champagne. 296

Eft adopté par Jeanne la Reyne de Naples. 297

Succede à fon frere aux Roïaumes de Jerufalem, de Sicile, & à la Comté de Provence. 301

Eft adjudicatere de la Lorraine par decret du Concile de Bâle. 301

Eft fait prifonnier dans une bataille par le Comte de Vaudemont. 302

Fait la Reine fa femme Lieutenante Generale dans tous fes Etats. 304

Traite pour fa liberté & fort de prifon. 307

Vient en Provence, où il eft reçû avec acclamation, & avec des témoignages d'une affection extraordinere. 307

Paffe à Naples avec le fecours qu'il tire des Provençaux. 308

Eft reçû à Naples avec joye, & gagne generalement tous les cœurs. 308

Pouffe le Roi d'Aragon ufurpateur de ce Roïaume. 309

Soûtient le fiége dans Naples avec beaucoup de valeur. 310

Eft rebuté de la fortune; perd Naples malgré les merveilles qu'il fit pour le conferver. 311

Eft contraint de quitter ce Royaume; vient en Provence, & aborde Marfeille. 311

Va en France, & Marie fa fille Marguerite au Roy d'Angleterre. 314

Marie Yoland fon autre fille à Ferri de Vaudemont. 314

Son adreffe dans les joûtes & les tournois. 315

Revient en Provence, où il fait chercher les corps des Maries, Jacobé & Salomé, qu'il trouve; & fait ouvrir la chaffe de celui de la Madelene. 315

S'en va en Angers où il inftituë l'Ordre des Chevaliers du Croiffant. 316

Perd la Reine fon époufe. 317

Se fignale dans le fecours qu'il donna à Charles VII. Roy de France dans la reprife de la Normandie. 317

Son extrême fenfibilité à la mort de la Reine fon époufe. 318

Paffe en Italie pour fecourir les Florentins. 318

A fon retour il fe marie avec Jeanne de Laval. 320

Tournois qu'il fit en faveur de fa nouvelle époufe. 320

Lui donne la Baronnie des Baux. 321

Mene quelques galeres à Naples au fecours de fon fils, mais ayant été fracaffées par les Genois, il eft obligé de s'en revenir. 326

Fait faire fommation au Duc de Savoïe de lui rendre Nice. 326

Va en France à l'avenement de Louïs XI. à la Couronne. 327

Eft élû Roi d'Aragon par les Catalans. 330

Leur envoïe le Duc de Calabre fon fils. 330

Eft gratifié par le Roi Loüis XI. de la faculté de féeller en cire jaune. 331

Son abatement à la mort du Duc de Calabre, Prince incomparable. 333

Touché de mêmes fentimens pour la mort de Nicolas fon petit fils. 337

Son armée de Catalogne fe diffipe. 337

Eft accufé de felonie par le Roi Loüis XI. devant le Parlement de Paris. 339

Voit avec une conftance admirable la plûpart de fes Etats enlevez par Loüis XI. 340

N'eft point ébranlé par toutes les perfecutions qu'il reçoit de la part de ce Prince. 340

Eft convié de l'aller voir à Lyon, où il lui fait parler hautement. 341

Se reconcilie avec lui enfuite de cette entrevûë. 341

Fait heritier Charles du Maine fon neveu. 341

Le fait reconnêtre comme tel en Provence. 342

Tombe malade & meurt. 344

Regrets extrêmes des Provençaux. 347

Son corps eft porté en Anjou. 348

Son tombeau. 349

RENE' Duc de Lorraine, petit fils du Roi René eftimé pour fa valeur.

Perd la fucceffion de fon aïeul pour avoir refufé de porter le nom & armes d'Anjou. 343

Vient en Provence. Il en fort furtivement. 344

Belles qualitez de ce Prince. 365

Eft appellé en France où on lui donne des Com-

ministres pour examiner son droit sur la Provence. 365
Poursuit inutilement cette affaire. 368
Est appellé à la conquête de Naples, mais ses longueurs lui en font manquer l'occasion. 369
Convient de nouveau d'arbitres pour juger ses prétentions sur la Provence. 380
Est entierement debouté. 383
RENE' Batard de Savoïe est fait Gouverneur & Senéchal de Provence. 408
Suit le Roi François I. en Italie. 425
RENE', Jean, est fait Avocat Fiscal. 362
REPRESAILLES. L'usage de ce droit cause beaucoup de troubles entre les villes d'Arles & de Marseille. 237
REVAULIN, Notere, retenu dans le Palais d'Avignon par les Catalans. 277
RHONE glacé porte des charretes, & on y fait roüler le canon. 679
RICARD de Noves, illustre poëte Provençal. 106
RICARD, Raimond, Prieur de Trabain, un des quatre Conseillers Clercs dans l'institution du Parlement. 388
RICHARD Roi d'Angleterre, du nombre des Poëtes Provençaux. 106
RICHARD Comte d'Autun, a le soin de la continuation du siége de Vienne. Prend la place, & la femme de Boson avec ses enfans qui y étoient enfermez. 31
RICHELIN, Jacques, un des quatre Grefiers du Parlement dans son institution. 388
RICHIEU Seigneur de Mauvans. *Voi ce qui regarde les deux fameux freres de cette famille, sons le nom de* Mauvans.
RICHILDE niece de l'Empereur Frideric, & veuve de l'Empereur Alphonse, épouse Raimond Beranger le jeune Comte de Provence. 100
RIEZ, Conciles tenus en cette ville. 48 & 52
Est pris par le Maréchal de Rais. 561
RIQUIER, Guillaume, Commandant dans le château neuf de Naples, est loüé dans sa conduite. 272
RIS, Antoine un des trois Huissiers de la Cour dans l'institution du Parlement. 388
RIS, Michel, Président du Parlement en sa premiere institution. 388
N'exerce pas cette charge ayant été fait oficier à Naples. 391
RIVIERE, Denis, Conseiller au Parlement de Paris, un des Commisseres pour tenir le Parlement de Provence pendant l'interdit. 525
La RIVIERE, Nicolas, est fait premier Consul d'Arles. 724
Reçoit de grandes liberalitez de la part du Duc de Savoïe qui tient même un de ses enfans sur les fonds de Baptême. 729
Entreprend de faire garder les portes d'Arles par des Espagnols. 745
Le peuple se souleve contre lui & le tuë. 746
On lui fait de magnifiques obseques. 746
ROBERT, fils de Charles II. épouse Yoland d'Aragon. 192
Est déclaré successeur du Roy son pere en tous ses Etats, par un bref du Pape. 192
Ses premiers exploits de guerre en Sicile. 193

Epouse en seconde nopce Sance de Maïorque. 195
Entre en possession du Royaume de Sicile & de la Comté de Provence. 201
Son avenement à la Couronne est contesté par Carobert son neveu Roi de Hongrie. 201
Raisons alleguées de part & d'autre. 202
Obtient gain de cause par jugement de Clement V. 203
Choisit mille Provençaux pour sa garde. 203
Passe à Naples, est reçu en Italie par les Guelfes avec empressement. 203
Est condamné par l'Empereur Henri VII. comme criminel de leze Majesté. 204
Les Florentins se donnent à lui. 205
Est fait Vicaire de l'Empire par le Pape. 106
Passe en Sicile & y fait un horrible dégât. 106
Délivre Genes d'un siege qui avoit duré dix ans. 107
Vient en Provence où Gui Dauphin lui prête hommage pour le Gapançois. 107
Est extraordinairement touché de la mort du Duc de Calabre son fils. 109
Marie ses petites filles, Jeanne & Marie, celle-là a André de Hongrie, & l'autre à Loüis frere aîné d'André. 110
Revoque les alienations de son domaine, par une loüable pensée. 110
Veut quiter le monde & entrer dans l'Ordre des Freres Mineurs: mais il en est détourné par les remontrances de la Noblesse. 110
Passe en Sicile, où il fait d'abord de grands progrez. Sa lenteur lui fait ensuite perdre l'occasion de se rendre maître de ce Royaume. 210
Tombe malade à Naples. 211
Remontrances qu'il fit à sa petite fille Jeanne avant que de mourir. 211
Sa mort & ses éloges. 211
ROBERT Roi de France épouse Constance de Provence. 63
Donne d'illustres témoignages de son amour pour son épouse. 64
ROBERT Gouverneur d'André d'Hongrie. 213
De ROCHECHOUAR, Loüis, Vice-Legat d'Avignon, se broüille avec le Parlement au sujet des annexes. 394
De ROCHECHOUARD, Jean, Archevêque d'Arles fait la ceremonie en la reception qu'on fit en cette ville à Martin Roi d'Aragon. 265
La ROCHE du Maine, ses judicieuses reparties à Charles-Quint. 439
ROCHEFOUCAUD, Antoine, Seigneur de Barbesieux, commande dans Marseille, pour la défendre contre l'Empereur Charles-quint. 440
ROGER, Pierre, un des illustres poëtes Provençaux. 106
ROGIERS partisan du Duc de Savoïe, arrête la Comtesse de Sault. 731
ROLIN Drapier, Sindic de Marseille, conclut le traité de paix de cette Ville avec Charles I. 143
ROMAINS viennent au secours des Marseillois. 6
Subjuguent les Liguriens, les Saliens & les Vocontiens. 6
Fondent la Ville d'Aix. 6
Vainquent les Allobroges & les Auvergnacs. 7

ROMAN I un des partisans du Lieutenant Biord arrêté par ordre du Duc de Savoye. 728
ROMANIL, petit lieu de cette province où se tenoit une Cour d'amour. 106
S. ROMAN est fait prisonnier à la journée d'Sparron. 714
Assiste aux Etats de la Ligue mourante. 799
Se saisit du château de Monpavon. 806
Est batu & mis en fuite par le Comte de Carces. 806
Refuse le duel qui lui étoit ofert par ce Seigneur. 806
Est assiegé dans Salon ; s'y défend vigoureusement. 807
Est obligé de sortir de Salon en cachette : mais en sortant il se casse une cuisse. 811
ROME. Ses murailles tombent à l'aproche de Charles VIII. 374
Est sacagée par l'armée de l'Empereur Charles-Quint. 427
ROME'E de Villeneuve : *Voi sous le mot de Villeneuve, tout ce qui regarde cet illustre Seigneur.*
RONCELIN un des Vicomtes de Marseille, fils d'Hugues Geofroi III. 110
ROQUEBRUNE assiegée par le Duc de la Valete, fait perir ce Seigneur d'un coup d'arquebuse tiré de ses murailles. 743
De ROQUEFORT, Beranger & Hugues, deux des illustres de Provence qui se signalerent par le service qu'ils rendirent au Roi Robert en Italie contre l'Empereur. 208
La ROQUE Gontard, village de la province, brûlé comme infecté de l'heresie. 476
De ROQUEFUEIL, Isoarde une des Dames de la Cour d'amour de Romanil. 106
ROQUELAURE vient en Provence pour moïenner une sortie honorable au Duc d'Epernon. 847
De ROQUEMARTINE Commandeur de ce nom, tué par des villageois soulevez.
De ROQUEMARTINE emprisonné sur des fausses accusations par le Lieutenant Biord. 724
Est mis en liberté par ordre du Duc de Savoïe. 728
Un de ceux qui firent perir le Lieutenant Biord. 747
De ROQUEMAURE, Audibert, un des illustres Provençaux qui servirent le Roi Robert dans la guerre contre l'Empereur Loüis de Baviere. 208
ROQUEVAIRE pris par le Duc d'Epernon. 760
De ROSSETO, Bertrand, un des illustres de cette province qui se rendirent prez du Duc de Calabre en Italie pour faire tête à l'Empereur Loüis de Baviere. 208
ROSTAGNE Dame de Pierrefeu, une des Dames Presidentes des Cours d'Amour. 105
ROSTAGNI, Bertrand, Conseiller au Parlement. 402
ROUBAUDS Comtes imagineres de Provence. 58
ROUBAUD I. du nom Comte de Forcalquier. 59
Fait des dons à l'Eglise. 64
Confirme la donation de Pertuis en faveur du Monastere de Montmajor. 64
Marie sa fille Eme à Guillaume Taillefer Comte de Toulouse ; & lui donne la Comté de Venaissin en dot. 64
Sa femme, ses enfans & son regne. 64
La ROUSIERE, Jean, Conseiller au Parlement de Paris, un des Commisseres pour tenir le Parlement de Provence pendant l'interdit. 525
De ROUSSET, Rostain, un des illustres Provençaux qui prirent les armes pour le Roi Robert contre l'Empereur. 208
RUDEL, Geofroi, un des illustres poëtes Provençaux. 105
De RUER, Pierre, un des fameux poëtes Provençaux. 106
De RUFI, Robert, tâche de detourner Casaulx du dessein d'ériger sa patrie en republique. 828

S

SABATERIS, Assesseur de Marseille dans le têms que cette ville étoit assiegée par le Duc de Bourbon. 419
De SABATIER, Jean Consul d'Arles se met en campagne pour empêcher les huguenos de s'emparer de la ville des Trois Maries. 568
De SABRAN, Guillaume, Comte de Forcalquier. 134
Renonce au droit qu'il avoit sur cette Comté, en faveur de Beranger. 134
Fait hommage à Charles I. pour Pertuis. 142
De SABRAN, Guillaume, Comte d'Arian, choisi pour un de ceux qui devoient recevoir les hommages en Provence au nom de la Reine Jeanne. 212
De SABRAN, Raines, de Castelar, épouse Garcende de Forcalquier qui lui aporte cette Comté. 109
De SABRAN, Rostain, un des principaux de la Cour de Roubaud I. Comte de Forcalquier. 64
De SABRAN, Rostain & Guillaume, du parti des Baux contre les Berangers. 97
De SABRAN. Pourquoi ceux de cette maison portent la croix dans leurs armoiries. 59. & 61
De SADE, Jean, Seigneur de Gout, commis pour commander dans le Château du Baron. 567
Porte la parole pour les Carcistes dans une assemblée contre le Comte de Suze. 580
De SADE, Jean, Seigneur de Masan, premier Président de la Chambre des Comptes, refuse genereusement de signer la Ligue. 658
De SALA, Rossolin, un des illustres de Provence qui rendirent service au Roi Robert dans la guerre contre l'Empereur Loüis de Baviere 208
SALOMON, Jean, Conseiller en Parlement, massacré comme huguenot. 516
SALOMON, Jean, est fait Juge-mage & Maître Rational. 361
SALOMON Avocat de Marseille, un des députez de cette ville pour aller vers le S. Pere lui demander sa protection. 691
SALON. Une des Chambres du Parlement y va tenir sa seance pendant la contagion de 1590. 624
Sert de lieu d'assemblée à la Ligue mourante. 779

Affiegé & pris par le Duc de Savoïe. 706
Repris par le Comte de Carces aprez un fiege opiniâtre. 807
De SALON, Madelene, une des Dames de la Cour d'amour de Romanil. 106
SALVIEN un des illuftres Moines de Lerins. 84
SANCE frere d'Idelfons Comte Commandatere de Provence. 111
SANCE époufe du Roi Robert, fonde les Religieufes de fainte Claire d'Aix. 212.
Se rend Religieufe aprez la mort du Roi. 212
De SANGUINETO, Philipe, Senechal de Provence. 241
SAPAUDUS Archevêque d'Arles fait rendre cette ville à Gontran Roi d'Orleans. 242
Eft declaré Vicaire du faint Siege dans les Gaules. 50
Reçoit la confirmation de la Primatie de fon Eglife. 50
De SAQUENAY, Loüis, l'un des trois Huifiers de la Cour dans l'inftitution du Parlement. 388
SARRASINS, fujet de leur irruption en Efpagne. 25
Ravagent la Provence. 25
Paffent en France, ravagent l'Aquitaine. 26
Sont défaits à Tours par Charles Martel. 26
Décendent en Provence, la ravagent; en font chaffez par le même Prince. 26
Y reviennent une troifiéme fois; en font de nouveau chaffez par Charlemagne. 27
S'emparent du Fraxinet. 35
S'y maintiennent contre l'Empereur Othon. 60
En font chaffez par Guillaume I. Comte de Provence. 62
SATURNIN, Archevêque d'Arles grand fauteur des Ariens. 47
SAVARIC de Mauleon Anglois, illuftre parmi les Poëtes Provençaux. 106
SAULT. Les Seigneurs de ce lieu ce rendent Souverains. 44
Rendu hommageable. 189
SAULT, Chrétienne d'Aguerre, Comteffe de ce lieu. Son origine, fon caractere. Elle commence à fe mêler des affaires de la province. 646.
Entre bien avant dans les intrigues de Provence. 646
Se broüille avec le Comte de Carces. 682
Fait déliberer d'appeller le Duc de Savoïe. 684
Fait affieger le Palais pour arrêter les Officiers qui lui étoient contraires. 695
Ecrit au Duc de Savoïe de venir. 696
Fait donner au Duc tout le gouvernement dans la province. 704
Se rend la plus forte dans Marfeille. 710
Soûtient fortement le patti de la Ligue, aprez la perte de la bataille de Sparron. 715
Eft l'ame du parti ligueur. 715
Se plaint du manque de parole du Duc de Savoïe, fur le refus du Gouvernement de Berre promis à Befaudun. 719
Veut détourner le Duc de Savoïe d'aller à Arles. 725
Eft arrêtée par le commandement de ce Prince. 730
Sa generofité & fon courage en cette rencontre. 731
Trouve moïen de s'evader & fe retire à Marfeille.

Le Parlement informe contre elle & députe des Commifferes qui vont prendre les informations à St. Victor. 733
Ses amis fe mettent en campagne & obligent les Commifferes à s'en retourner. 736
Fait propofer au Seigneur de la Valete de fe marier avec lui. 736
Les Marfeillois entrent en foupçon contr'elle. 738
Va trouver le Connétable de Monmoranci en Languedoc pour avoir fon apui. 752
A fon retour eft obligée de quitter Marfeille, & de fe retirer vers le Duc d'Epernon, où elle eft froidement reçûë. 752
Se reconcilie avec le Comte de Carces. 753
Engage fes pierreries pour faire fubfifter les troupes dans Aix. 777
Se broüille de nouveau avec le Comte de Carces. 787
SAVOIE. Charles Emmanuel Duc de Savoïe, fait deffein fur la Provence; pour cela il fait offre de fecours aux Ligueurs de cette province. 796
Reïtere fes offres plus magnifiques & plus obligeamment. 661
Ses offres font acceptées. 662
Sufpend la continuation de fon fecours pour obliger les Provençaux à l'appeller en perfonne. 671
Eft invité par les Chefs de l'armée Catholique, de venir en perfonne fecourir la Provence. 682
On delibere dans les Etats de la province de le fuplier de venir en Provence porter lui-même le fecours. 683
Ecrit fouvent au Parlement des lettres tres-obligeantes. 690
Tous les corps députent vers lui. 696
Accorde la priere du fecours en perfonne & arrive en Provence avec l'équipage le plus magnifique qu'on eut encore vû. 701
Donne des marques d'une grande liberalité. 702
Prend Mons en entrant dans la province. 702
Eft reçû plaifamment dans Faïence. 703
Refufe de voir le Comte de Carces. 703
Fait fon entrée dans Aix avec une magnificence qui n'avoit pas encore eu de femblable. 704
Reçoit tout le gouvernement de la province par arrêt du Parlement. 705
Diftribuë les principales charges aux Provençaux. 705
Affiége & prend Salon, dont la prife lui moïenne la redition de Miramas, Merveilles & S. Chamas. 706
Affiege & prend Granbois. 707
Ufe de grande deference envers le Parlement. 708
Affiege Pertuis, mais le grand froid l'oblige de fe retirer. 708
Manquant d'argent, fait refondre d'envoyer des deputez à Rome & en Efpagne pour en tirer du fecours. 709
Ses partifans lui moïenent une magnifique entrée à Marfeille. 710
Paffe lui même en Efpagne pour faciliter le fecours qu'on en attendoit. 713
Son voïage de Provence eft improuvé par le Roi d'Efpagne. 715
Revient d'Efpagne avec grand apareil. 716
Vient

Vient à Aix, mais avec une humeur hautene, bien diferente de la premiere fois. 717

Assiege & prend Berre. 717

Son manque de parole envers Besaudun, à qui il avoit promis le Gouvernement de cette place, lui aliene la Comtesse de Sault & beaucoup des principaux Ligueurs. 719

Envoie du secours à Arles. 722

Est apellé à Arles. Il y va, & y fait arrêter le Lieutenant Biord, & met en liberté les Gentilshommes que ce Lieutenant avoit fait emprisonner. 725

Assiege le Puy Ste Reparade. 729

Fait arrêter la Comtesse de Sault. 730

Perd Marseille en haïne de cet arrêtement. 732

Est contraint de lever le siége du Puï. 735

S'unit avec le Comte de Carces contre la Comtesse de Sault. 735

Fait informer contre la Comtesse de Sault. 736

Fait surprendre le Monastere S. Victor, pour obliger les Marseillois à abandonner la Comtesse qui s'étoit retirée dans leur ville. 736

Est obligé de faire évacuer la place. 737

Est défait en bataille prés de Vinon. 739

Y perd son casque qui est ensuite porté au Roi. 741

Ses afaires vont en deroute. 742

Met tous ses soins à conserver Arles. 744

Tente inutilement de surprendre le Martigues. 747

Se retire de Provence. 748

Dans sa retraite fait démolir le Château de Moans. 748

Causes du malheureux succez de ses afaires en cette province. 749

Dangers qu'il courut en Provence. 750

On tâche de le rapeller. 751

Prend Antibe avec moins de poudre que d'argent. 752

Ofre sa vaisselle & ses pierreries à ceux d'Aix, pour en faire des sommes dont ils avoient grand besoin ; mais Casaulx retient le tout. 764

SAUSET surprend Cuers suivant les ordres du Capitaine Boyer : & fait main basse sur les Carcistes qui y étoient. 583

De SAUTEYRE, Hugues, illustre parmi les poëtes Provençaux. 106

SAXONS entrent en Provence, & y sont défaits. 22

d'SCALIS, Marc-Antoine, Baron de Bras, Conseiller en Parlement, est député vers le Roi à Lyon, pour faire regler les differents de la province avec le Duc d'Epernon. 796

Est rempli dans l'Edit de l'érection de la Chambre souveraine de Marseille. 852

Est fait premier President en la place de Guillaume du Vair. 861

SCALIS ou Leonard de Aflicto Juge-Mage de Provence. 237

SCANDERBERG passe en Italie pour secourir Ferdinand de Naples contre le Duc de Calabre. 324

SCAURUS Consul Romain défait par les Cimbres. 8

SCHISME d'Occident, son commencement. 230

SEGUIER, Antoine, Conseiller d'Etat, vient en Provence pour servir de conseil au Duc d'Epernon. 620

Refuse genereusement un present de la province. 625

SEGUIRAN, Antoine, Conseiller en Parlement, un de ceux qui suivirent le parti du Roi du têms de la Ligue. 658

Est nommé pour un des Officiers de la Chambre souveraine de Marseille. 852

Est fait President au Parlement, puis premier President en la Cour des Comptes. 861

SEGUIRAN, Claude, un des Procureurs du pais, député pour le Corps de la province pour aller complimenter le Duc de Savoie à son entrée en Provence. 702

SEGUIRAN, Melchior, écrit pour soûtenir les droits de la France sur la Provence. 384

Est honorablement recompensé d'un ofice de Conseiller dans l'institution du Parlement. 384 & 388

Est député de son corps pour aller traiter un accomodement avec le Vicelegat sur le sujet des annexes. 394

De SEGUIRAN, Pierre, Seigneur d'Auribeau, Conseiller en Parlement, un des deputez de sa compagnie vers le Comte de Suze Gouverneur de la province, pour le porter à diferer son entrée dans le païs. 576

SEINE, ville de Provence, assignée aux huguenots pour l'exercice de leur Religion. 523 & 564

Se rend au Duc d'Epernon à son seul aproche. 621

SEISSEL, Claude, Evêque de Marseille, Ambassadeur de Loüis XII. au Concile de Latran. 401

SENECHAL. Erection des Siéges du Senéchal. 80

Division de cette charge, l'une pour la Comté de Provence, & l'autre pour celle de Forcalquier. 195

Est chef du Parlement. 388

Son nom est mis en tête des arrêts. 388

Perd l'honneur d'être le chef du Parlement. 434

Erection des Sieges particuliers dont il est maintenant le chef. 434

La Noblesse doit se ranger au tour de lui dans un jour de bataille.

S. SEPULCHRE acquis aux Religieux de S. François par le moïen du Roy Robert. 212

SERBELON, Fabrice, General des armées de l'Eglise, dans le Venaissin, prend & saccage Orange. 515

SERENUS Evêque de Marseille, fait briser les images dans son Eglise. 24

Son zele est improuvé, quoique le motif en fut loüable. 24

SERON Prêtre sert utilement au Seigneur de Valavoire pour lui faire surprendre Menerbe. 549

SERVOLA, Arnaud, ravage la Provence avec une troupe de brigands. 223

S. SEVERIN, Roger, est mandé pour prendre possession du Royaume de Jerusalem, au nom de Charles I. 171

SEXTIUS Calvinus fondateur d'Aix. 6

SFORCE, François, victorieux de quarante combats, & ne fut jamais vaincu. 384

SIBILE femme d'Hugues Geofroi II. Vicomte de Marseille. 109

P

SICILE, Roïaume donné à Charles I. par le Pape. 145 & 149
Commencement de ce Roïaume. 145
Cruelle célebration des vêpres qu'on a depuis appellées Siciliennes. 177
Ses habitans sont excommuniez. 178
Font tout ce qu'ils peuvent pour ne pas tomber sous la domination Françoise. 191
Leur incompatibilité avec l'humeur Françoise. 207
Souffrent d'être excommuniez plûtôt que de se soûmettre à la domination Françoise. 210
S. SIEGE, Marseille & Arles ont recours à sa protection du tems des guerres de la Ligue 691
SIEGE general du Seréchal, son établissement. 434
Etablissement des particuliers. 434
SIGEBERT Roi de Mets, partage la Provence avec Gontran son frere. 21 & 22
Use de superchérie contre Gontran, & lui prend Arles. 22
Sa prise lui est enlevée. 22
SIGERIC Roi des Gots est tué à cause qu'il inclinoit à l'alliance des Romains. 17 & 18
SIGISMOND Roi de Bourgogne recouvre amiablement les Etats de son pere. 20
Fait mourir Sigeric son fils du premier lit. 21
S'attire par la la vengeance de Clodomir Roi d'Orleans. 21
Est pris & precipité dans un puits, avec toute sa famille. 21
SIGNE lieu où se tenoit une Cour d'Amour. 104
De SIGNE, Bertrand, est du parti des Berangers contre les Baux. 97
SIGNES épouventables. 847
SILLANUS Consul Romain défait par les Cimbres. 8
SIMEONIS, Jean, Jurisconsulte de Vence chasse les troupes de Carnole, & merite par là d'être recompensé de la charge de President en la Chambre Rigoureuse. 223
SIMEON de Monfort chef de la Croisade contre les Albigeois. 125
Sa mort. 126
SIMEON, Philipe, Conseiller au Parlement de Paris, est un des Commissaires pour examiner les droits du Duc de Lorraine sur la Provence. 365 & 380
De SIMIANE, Balthasar, Chevalier, témoigne beaucoup de valeur au siége de Malte, & en moïenne par là la levée. 74
De SIMIANE, Barthelemi, Seigneur de la Coste, est fait Viguier d'Apt, par Palamedes Fourbin Gouverneur de Provence. 359
De SIMIANE, Guillaume, est du parti des Berangers contre les Baux. 97
De SIMIANE, Guiran, est appellé au domaine de Manosque, en cas qu'on en voulut priver les Hospitaliers. 96
Est du parti des Baux contre les Berangers. 97
De SIMIANE, Guiran, Seigneur de Casenueve, emploïé dans la guerre contre Raimond de Turenne. 261
SIMIANE. Ceux de cette maison étoient parens des Comtes de Forcalquier. 96
Son nom patronimique. 133

Ses anciennes armoiries étoient un Belier, & quelquefois de pals ondez au chef ondé de besans. 134
Ses modernes qui sont semé de tours & de lis, d'où venues. 153
SIMONIE reprimée par Geofroi Comte de Provence. 67
SINANQUE Abaïe saccagée par les heretiques. 466
SIRLOT bourgeois de Faïence complimente le Duc de Savoïe pour le corps de sa Communauté, & le couronne d'une couronne de papier. 706
SISTERON. Son Evêque renonce, en faveur de Charles I aux privileges que lui & ses devanciers avoient obtenu des Empereurs. 142
Occupé par les huguenots par le moïen du Comte de Tende. 514
Sa situation & son importance. 514
Assiégé par le Comte de Sommerive. 517
Delivré du siége. 518
Rassiégé par le même Seigneur. 519
Pris d'assaut. 520
Assiégé une deuxiéme fois par le Comte de Sommerive, qui est contraint d'en lever le siége. 534
Sert de retraite au Parlement du Roi. 706
Se rend au Duc de Guise Gouverneur de Provence. 823
De SOLIERS, Alfant, un des illustres de Provence qui allerent en Italie pour soûtenir le Roi Robert contre l'Empereur Loüis de Baviere. 208
SOLOCRAT Comte ou Gouverneur de Provence. 57
SOMMAT (Honoré) Seigneur du Castelar, Conseiller en Parlement d'Aix, abandonne la ville d'Aix, soupçoné d'Huguenotisme. 516
Est choisi pour être un des deux Commissaires Generaux sur les armes, dans la Province. 611
Nommé par le Parlement pour commander les troupes, aprez la mort du Seigneur de Vins. 681
Nommé pour presider en l'assemblée des Etats, convoquée, sur la proposition d'appeller le Duc de Savoïe en Provence. 685
Prête son ministere à la Comtesse de Sault, pour forcer le Palais, & arrêter ceux d'entre ses collegues qui étoient de contraire parti au Savoyard. 695
Fait soulever Marseille pour maintenir l'élection du Viguier faite par le Parlement. 697
Assiege & prend Barjols. 699
Se rend maître à l'abord d'Aulps de Lorgues, de Draguignan, de Cereste, de Besse & de Pignans. 699
Sa vigueur & son courage pour reprimer l'insolence des gens de guerre. 699
Est un des députez de la province pour assister aux Etats generaux d'Orleans. 709
De SOMMERIVE, Honoré, est fait Lieutenant de Roi en Provence. 512
Ses provisions sont verifiées par le Parlement. Ensuite dequoi il met sur pied six vingt compagnies de trois cens hommes chacune. 515
Secourt le General des armes de l'Eglise pour prendre Orange. 515
Assiege Sisteron. 517
Est contraint de lever le siege. 518
Est forcé dans son Camp de l'Escale par le Comte de Tende son pere. 518

Remet le siege devant Sisteron. 519
Prend cette place d'assaut. 520
Est batu par le Baron des Adrets vers S. Gilles. 521
Succede au nom & à la charge du Comte de Tende son pere Gouverneur de la province. 532
Tente inutilement de secourir le château de Nismes. 533
Fait une entrevûë à Barbantane avec le Cardinal d'Armagnac Collegat pour se défendre mutuellement en cas d'attaque de la part des Huguenos. 534
Assiege une troisiéme fois Sisteron. 534
Fait une entrevûë avec le Seigneur de Cipieres son frere, qui tenoit le parti des Huguenos. 535
Est contraint de lever le siege. 536
Secourt Serbelon General du Pape pour prendre Tuilette, Mornas & Aramon. 538
Conduit des troupes Provençales au Roi Charles Neuviéme. 540
Meurt à Avignon. 546
SORDEL de Mantoüe rangé parmi les poëtes de rime Provençale. 106
SPAGNET, Antoine, Conseiller en Parlement, un des deputez de son corps pour apaiser dans Aix l'émeute causée par la mort du Grand Prieur. 609
SPARRON. Défaite des troupes de Savoie proche de ce lieu. 714
SPINELLI, Baltazar, Senechal de Provence pour Charles de Duras. 249
Convoque à Tarascon les Etats du parti de l'Union d'Aix. 250
Elude adroitement les pretentions du Roi de France sur la Provence. 251
STEPHANIE seconde femme de Guillaume II. Vicomte de Marseille. 65
STEPHANIE surnommée Douce femme de Geofroi Comte de Provence. 67
STEPHANIE fille aînée de Gilbert Comte de Provence, est mariée à Raymond des Baux. 69 & 70
Dispute la possession de la Provence à Raimond Beranger qui avoit épousé Douce sa sœur cadete. 96
Renonce à ses pretentions sur la Provence. 99
Est une des Dames qui presidoient dans les Cours d'amour. 104
STOBLON. Défaite des Saxons prés de ce lieu. 550
Le Seigneur de ce lieu défait le Seigneur de Crillon dans la plaine de Menerbe & le tuë. 550
Serprend Riez. 560
Se saisit de Digne. 561
Est chassé par le Seigneur de Vins. 561
S'empare du Château de Courbons. 570
Est tué devant le Château de Trans. 584
Son frere le Chevalier a la tête tranchée à cause de ses ravages dans les environs de Riez. 561
STROZI Cardinal Archevêque d'Aix entre en Parlement pour opiner sur la sortie des huguenots hors la Ville. 533
Accompagne le Comte de Somerive au secours du château de Nismes. 533
De SUFREN, Antoine, Conseiller en Parlement, Commissaire pour informer sur une émeute arrivée à Manosque. 589
Un de ceux qui suivirent le parti du Roi du tems de la Ligue. 658
Est prisonnier dans Aix par les Liguëurs. 659
SURNOMS depuis quel tems pris. 132

De SUSE. François de la Baume Comte de Suse contribuë à la prise d'Orange. 515
Bat le Seigneur de Monbrun au combat de Lagran. 519
Est fait Gouverneur de Provence, ensuite d'un traité fait avec le Maréchal de Rais. 573
Sa venuë peu agreable aux principaux de la Province. 575
On tâche de le faire rapeller. 575
On depute vers lui pour le dissuader d'entrer dans la province. 576
Entre tout à coup dans Aix. 577
Convoque une assemblée pour tâcher de gagner les esprits. 578
Sort d'Aix aussi precipitemment qu'il y étoit entré ; mais il y laisse une grande opinion de sa prudence. 579
Plaintes des Carcistes contre lui. 580 & 581
Le Gouvernement lui est ôté. 582

T

TAILLES étoient accidenteles, & quel étoit le sujet de leur levée. 262
Procez & reglemens sur ce sujet entre le Parlement, la Cour des Comptes & la Province. 589
De TALARD, Anne, Vicomtesse de ce lieu, une des Dames de la Cour d'Amour de Romanil. 106
De TANERON Honoré de Grasse Cabris Seigneur de ce lieu : *Voi ce qui le regarde au mot de* Grasse.
De TARANTE, Philipe, frere de Loüis époux de la Reine Jeanne, Gouverneur de Provence. 223
Prend le titre d'Empereur de Constantinople. 225
TARASCON choisi pour être le lieu de la celebre assemblée touchant l'execution du traité de la délivrance de Charles II. 188
Son château rebati par Charles II. 190
Est assiegé par le Duc d'Anjou, & ne se rend qu'aprez une forte resistance. 228
Continuation de la batisse de son Château par Loüis II. 271
Incendie arrivée dans cette ville. 276
Fondation du Chapitre de son Eglise par Loüis XI. 360
Reçoit une garnison de cinq cens hommes pour s'opoter aux armes de l'Empereur Charles-Quint. 441
Tâche de se conserver neutre entre les partis du Roi & de la Ligue. 671
Est surpris par le Seigneur de Perault sous ombre de secours. 672
Donne dix mille écus pour se délivrer de la sujetion de ce Seigneur. 673
De TARASCON, Bertrand Alberic, & Galfin, deux des illustres Provençaux qui sortirent de leur pais pour aller servir le Roi Robert en Italie contre l'Empereur Loüis de Baviere. 208
TARAUDET de Flassans, un des fameux poëtes Provençaux. 106
De TAVANES Maréchal de France est fait

Gouverneur de Provence, & meurt sans avoir pris possession du gouvernement. 561

TAXIL, Guillaume, Cordelier, se met à la tête des troupes Catholiques avec le Crucifix à la main. 509

TEMPLIERS Chevaliers, suppression de leur Ordre. 195

De TENDE du nombre des cent Chevaliers choisis pour le duël de Charles I. contre le Roi d'Aragon. 180

De TENDE, Claude de Savoïe Comte de Tende Gouverneur de Provence. 432

Fait porter tous les titres des Archives dans le château des Baux pour empêcher qu'ils ne fussent enlevez ou brûlez par Charles-Quint. 455

Bat souvent les troupes de Charles-quint dans sa retraite hors la province. 455

Elude pour quelque tems l'execution du celebre arrêt contre Merindol. 462

Se broüille pour ce sujet avec le Parlement. 462

On envoit un Lieutenant de Roi pour commander en sa place. 463

Est remis dans l'exercice de sa charge. 483

Contraint Mauvans d'abandonner son entreprise sur Aix. 498

Incline secretement pour le parti huguenot. 498

Se declare pour les huguenots, & se fait leur chef. 505

Fait publier l'Edit de Janvier favorable aux heretiques. 509

Prend & saccage Barjols, à cause que le Seigneur de Flassans chef des Catholiques s'y étoit refugié. 510

Assiege en vain Pertuis. 514

Se retire à Sisteron. 514

Force le Camp du Comte de Sommerive son Fils, mais ne sçait pas profiter de ses avantages. 518

Se retire à Turin aprez la prise de Sisteron. 520

Revient en Provence pour y faire executer l'Edit d'Amboise en faveur des huguenots. 523

A ordre de faire executer l'interdiction du Parlement. 524

Sa mort. 532

TEUTOMALIUS Roi des Saliens, est défait par les Romains. 6 & 7

TEUTONS leur irruption dans les terres des Romains. 8

Defaits par Marius. 10 & 11

THEOBALD Roi de Mets paisible possesseur de la Haute Provence. 21

THEODEBERT Roi de Mets, acquiert la Provence par la cession que lui en fait Amalasonte Reine des Ostrogots. 19

Fait une furieuse irruption en Italie. 19

Est possesseur paisible de la Provence d'au-de-là de la Durance. 21

THEODORE, Evêque de Marseille, persuade le Roi Gontran à faire raison à son neveu Childebert de la portion de Marseille qui lui appartenoit. 23

Reçoit Gondebaud qui se disoit fils de Clotaire. 23

Est contraint de vuider la ville. 23

Est cité par le Roi Gontran. Se presente & se disculpe par la force de son sçavoir & de son éloquence. 23

Veut contraindre les Juifs à se faire Chrétiens. 23

THEODORIC Roi des Ostrogots, acquiert partie de la Provence. 23

Ses doux & loüables déportemens au commencement de son regne. 19

Favorise Arles & Marseille. 19

Fait mourir le Pape Jean, Simmaque & Boëce. 19

THEODORIC. I. Roi des Visigots, assiege inutilement Arles. 18

THEODORIC. II. Roi des Visigots, assiege aussi inutilement Arles. 18

THEODOSE renoüe l'alliance des Gots. 17

THERESE d'Aragon, femme de Guillaume Bertrand Comte de Forcalquier. 67

THIERRI Roi de Mets, acquiert la Provence, par la cession que lui en firent ses freres. 21

THIERRI fils de Childebert Roi de Mets eut la Provence dans son partage. 24

Pousse les Evêques. 24

Repudie sa femme. 24

Est puni dés cette vie. 24

TIBURGE femme de Gilbert Comte de Provence. 69

Favorise sa fille Douce pour la succession de la Provence. 70

De TIGNAC Robert, Conseiller au Parlement de Chamberi, un des Commisseres pour tenir le Parlement de Provence pendant l'interdition de ses oficiers. 525

TORISMOND Roi des Visigots assiege inutilement Arles. 18

TORNABON, Jean, est fait Gouverneur de Seine par le Duc d'Epernon. 622

TORNATORIS, Jean, Conseiller en Parlement. 402

La TOUCHE s'acquiert une grande autorité dans Arles. 770

Est secouru de l'argent du Duc de Savoye qui le porte à faire une dépense de Prince. 771

S'éleve en tiran, excite une sedition contre les Consuls, & les fait prisonniers. 781

On s'opose vigoureusement à ses entreprises. On le poursuit. On le prend. On le met entre les mains de la Justice. Est condamné à mort & executé. 783

TOULON. Sa fondation par les Marseillois. 6

Est sacagé par les Maures. 113

Est échangé pour Trets par Isnard d'Entravenes. 145

Sa tour prise par les troupes du Duc de Bourbon. 420

Tient pour le parti du Roi du tems des guerres de la Ligue. 661

Se reduit à l'obeïssance d'Henri IV. contre la faction du Duc d'Epernon. 774

TOULOUSE est faite la capitale du Roiaume des Visigots. 18

D'où les Comtes de cette ville ont pris la Croix dans leurs armoiries. 60 & 62

TOUR de Bouc. Stratageme pratiqué pour la surprendre.

De TOURREVEZ, Beranger du nombre des Nobles qui furent pour les Berangers contre les

Baux

Baux. 97
De TOURREVEZ Geofroi, est du parti des Baux contre les Berangers. 97
TOURVEZ. On y fait main basse sur les huguenots qui s'y trouvent. 109
TRABAUD, muletier de Draguignan, rachete pour cinq sols le fils du Seigneur de Trans. 585
TRAJAN défait les Gots en bataille. 16
TRANS premier Marquisat de Provence. 378
Pris & sacagé par l'armée de Charles-Quint. 439
Le fils du Seigneur de ce lieu vendu pour cinq sols. 585
TREBONIUS reçoit de Cæsar le commandement du siege de Marseille. 12
TRESEMINES village de la province, brûlé comme infecté de l'h: resie. 476
De TRESSEMANES, Jean-Baptiste, sieur de Chastëuil & de Brunet, Conseiller en Parlement, un des députez de sa compagnie pour apaiser dans Aix l'emeute causée par la mort du grand Prieur. 609
De TRESSEMANES où le Chevalier de Chastëuil partisan du Duc de Savoie, arrête la Comtesse de Sault. 731
TRETS échangé pour Toulon, par Charles I. 145
Donné au pillage, pour n'avoir pas voulu faire le dégat des biens, avant l'arrivée de l'armée de Charles-Quint. 432
Voit le Seigneur d'Ampus échoüer devant ses murailles. 682
De TRETS, Burgondion, un des cent Chevaliers combatans pour Charles I. contre pareil nombre de ceux d'Aragon. 180
De TRETS, Capris, un des illustres Provençaux qui s'armerent pour le Roi Robert contre l'Empereur Loüis de Baviere. 208
De TRIBUTIIS, Honoré, Conseiller en Parlement, un des Commissaires pour faire executer le celebre arrêt contre Merindol. 474
Est excepté de la grace du rétablissement de ses collegues. 530
de TRIBUTIIS, Simon, un des Conseillers du Parlement, au tems de l'institution. 388
TRICHAUD, Pierre, Seigneur de S. Martin, Procureur Général en la Chambre des Comptes, son adresse, sa probité, & l'excellence de son genie. 815
Parle au Roi Henri IV. avec beaucoup d'esprit & de jugement. 816
Tache, mais en vain de persuader au Duc d'Epernon d'obeïr au Roi. 818
TRINQUETAILLE, son château donné à Raimond des Baux. 99
Assiégé & rasé par le Comte de Barcelone. 99
TRIPOLI est introduit dans Aix avec des troupes huguenotes. 509
Est mis hors la Ville. 514
S. TROPHIME établi par S. Paul, pour premier Evêque d'Arles. 119
TROUBADOURS Poëtes Provençaux, menez à Robert Roi de France par Constance de Provence son épouse. 64
Presentez à l'Empereur Frideric par Raimond Beranger le jeune. 101
Histoire de leur commencement & de leur progrez. 102
Origine de leur nom. 103
Détail des illustres Troubadours. 105

TUCHINS troupes de voleurs, ravagent la Provence. 224
Ste TULLE, village, près duquel le Seigneur d'Ampus batit les troupes des Cevenes qui venoient au secours de la Valete. 699

V

De VACHERES, Rambaud, un des illustres Poëtes Provençaux. 106
Du VAIR, Guillaume, suivant son avis le Roi fait rendre arrêt en son Conseil pour regler les differans entre le Parlement & la province au sujet de la taille. 590
Est fait Président de la Chambre Souveraine de Marseille. 849
Qualitez de ce grand personnage. 849
Donne une grande opinion de sa probité. 853
Tâche, mais en vain, de porter le bâtard du Grand Duc à rendre le Château d'If qu'il avoit surpris. 855
Est fait premier Président au Parlement de cette province. 860
Procure l'union de tous les membres de cét auguste Corps. 860
En releve merveilleusement le lustre. 860
Est fait Garde des Sceaux, ce qui l'oblige de quitter la province. 861
VAISON. Conciles tenus en cette ville. 48 & 50
Le VAL village, brûlé par les troupes du Seigneur de la Valete. 647
VALAVOIRE, Scipion, se saisit de Menerbe. 549
Vn des trois Seigneurs de la province, qui les premiers se declarerent contre le Duc d'Epernon pour obeïr au Roi Henri IV. 773
Fait entrer la ville de Saint Maximin dans l'obeïsance du Roi. 773
De VALBELLE, Geofroi, un des illustres Gentils-hommes de Provence qui joignirent le Duc de Calabre fils du Roi Robert, pour s'oposer à l'Empereur Loüis de Baviere. 208
VALBELLES se distinguent à la défense de Marseille contre le Duc de Bourbon. 419
VALEGRAND, Paul Hurault de l'Hôpital, Archevêque d'Aix. Le Roi suit son avis pour faire rendre dans son Conseil un arrêt de reglement sur les differens de la province avec le Parlement, au sujet de la taille. 590
Est nommé Archevêque d'Aix. 813
Belles qualitez de ce Prélat. 813
Son arrivée trés-agreable en cette province, en ce qu'il aporta les provisions du gouvernement en faveur du Duc de Guise. 820
VALENCE. Conciles tenus en cette ville. 47 48. 51. & 52.
VALENS Empereur défait & brûlé par les Gots. 16 & 17
VALENSOLE. Action courageuse de la femme du premier Consul de cette ville pour tirer son mari de la potence. 641
VALERIUS Paulinus de Frejus, acquiert à Vespasien la Provence, les Gaules, l'Espagne, & l'Angleterre. 15
De VALESGIERE, Jacques, retenu dans le

Origine de leur nom.	103
Détail des illustres Troubadours.	105

Valette, est envoyé pour commander en Provence, à la place du Duc d'Epernon son frere. 626
Est pourvû du Gouvernement de cette province. 630
Remplit les garnisons de Gascons. 630
Vient à Aix. Il y est refusé. Témoigne une grande prudence dans cette rencontre. Ensuite il y entre. 631
Ses gens sont obligez d'en sortir par une emeute qui s'eleve dans cette ville. 635
Tente inutilement de se rendre maître d'Arles. 637
Est blessé devant Valensole, qu'il prend. 641
Convoque des Etats, à quoi le Parlement en opose d'autres. 643
Est destitué du Gouvernement, mais il refuse d'obeïr à l'ordre qui lui en est envoyé de la part du Roi. 647
Sa destitution est publiée dans Aix avec apareil. 648
Est rétabli dans le Gouvernement. 655
Son ressentiment contre cette ville, par des courses qu'il fait dans son teroir. 660
S'assure de plusieurs places tout d'une suite & entr'autres de Brignole, de Toulon, & d'Yeres. 661
Prent Vinon. Bat prés d'Esparron les troupes du Comte de Mattinengue Lieutenant du Duc de Savoïe. 714
Prent Graveson. 721
Défait le Duc de Savoïe en bataille dans la plaine de Vinon. 740
Est tué d'un coup d'arquebuse devant Roquebrunc. 744
Qualitez loüables de ce Seigneur. 744
Se mort aprise avec joie dans les grandes villes de la province. 744
VALLIA Roi des Gots, le menage adroitement entre les siens & les Romains. 18
Etablit le Roïaume des Visigots en Aquitaine. 18
VANDILE Gouverneur d'Avignon pour le Roi Theodoric. 19
VAQUIERES, Hugues, un des Gentils-hommes de cette Province qui se firent remarquer dans la suite du Duc de Calabre, dans la guerre contre l'Empereur Loüis de Baviere. 208
VARADIER, Pierre, Juge d'Arles, est tué par les Ligueurs, parcequ'il apuioit les serviteurs du Roi. 653
VAUCLAUSE prend le Château de Greolieres sur les huguenots & y fait prisonnier le Seigneur de Taneron. 560
Reçoit du Duc de Savoïe le commandement dans le quartier de Draguignan. 706
VAUDOIS Heretiques. De quelle maniere ils se conserverent en Provence. 457
Leur nom est donné aux premiers Calvinistes & Lutheriens qui parurent en cette province. 461
Sont grands ennemis de Jean Maïnier premier Président. 494
VELAUX. Son Château est saisi par le Comte de Minerbin. 228
VENAISSIN, en quel têms a pris ce nom. 64
Acquis par les Comtes de Toulouse, ensuite du mariage d'Eme de Forcalquier. 64
Remis au saint Siege par Philipes le Hardi Roi de France. 167
Est d'un grand secours aux Papes. 167
VENCE. Inféodation de cette Terre en faveur de Romée de Ville-neuve. 127
Le Baron de ce lieu défent vigoureusement Grasse contre les Ligueurs. 676
VENERIEN. Commencement de ce mal en France. 379
De VENTADOUR, Bertrand, un des illustres Poëtes en rime Provençale. 106
VENTO, Oger, Ambassadeur des Génois vers le Roi Idelfons. 110
VENTO, Pierre, premier Consul de Marseille dans le têms du Siege de cette ville par le Duc de Bourbon. 419
VENTO, Pierre, Conseiller en Parlement, un des députez de sa Compagnie, pour aller contenir le peuple à Marseille, afin que la mort du grand Prieur n'y causât quelque emeute. 609
Du VERNEGUE, Pierre, un des illustres poëtes de Provence. 105
De VERVINS, Religieux de l'Ordre des Freres Prêcheurs s'ofre d'aller en Espagne pour moïenner quelque secours à la province. 759
VERVINS lieu où la paix entre la France, l'Espagne & la Savoïe fut concluë. 858
VESC, Etienne, fait comprendre à Charles VIII. de quelle importance lui étoit la provence pour la conquête de Naples. 368
Tâche de porter ce Prince à la conquête de ce Roïaume. 372 & 374
VETERIS, Henri, Conseiller en Parlement, Commissère pour informer sur le meurtre d'Antoine Mauvans. 498
VIANDE. L'usage en est permis tous les jours par le Parlement en têms soupçoné de peste. 591
S. VICTOR. Fondation de ce celebre Monastère. 85
Digression sus ses loüanges. 85 & 86
Surpris par le Baron de Meolhon. 736
Remis en son premier état de liberté. 737
On y tient les Etats de la province, comme étant de ses Terres. 854
VIDAL, Pierre, un des illustres poëtes Vençaux. 106
VIDAUBAN lieu de la défaite du Duc d'Epernon par le Duc de Guise. 845
VIEILLEVILLE, Maréchal, envoïé en Provence pour faire executer l'Edit d'Amboise.
VIENNE. En quel têms son Eglise faite Metropolitaine. 49
Concile tenu en cette Ville. 52
De VIENS, Philipe, un des illustres de Provence qui suivirent le Duc de Calabre fils du Roi Robert, pour s'oposer aux entreprises de l'Empereur Loüis de Baviere. 208
VIFRET Abé de S. Victor, restaurateur de ce Monastere. 85
VIGUERIES de Provence. 80
VIGUIERS rétabli annuels. 428
Suprimez. 434
Rétablis en chaque ville, & leurs fonction. 464
VIGUIER, Jean, favorise autant qu'il peut l'action de Libertat pour achever la délivrance de seille. 838
De VILLAGES, Cesar, s'eleve publiquement dans Marseille contre le Duc de Savoïe. 684
De VILLAGES, Gaspard, un des grands apuis des Bigarras, c'est à dire des Roïalistes. 669

De VILLAMULIO, Arnaud, un des quatre arbitres, pris pour terminer les diferant d'Idelfons I. avec le Comte de Toulouse. 111

De VILLANO, Bertrand, un des illustres Provençaux, qui se rangerent sous le Duc de Calabre, fils du Roi Robert pour le soutenir contre les desseins de l'Empereur Loüis de Baviere. 208

VILLELAURE lieu de la province, brûlé cominfecté d'herefie. 476

VILLECROSE affaffiné à Marseille par les

De VILLENEUVE, Arnaud, reçoit de Raimond Beranger la proprieté de Trans & des Arcs. 127

Tige de la branche de Villeneuve Trans. 127

De VILLENEUVE, Elion, grand Maître des Chevaliers de S. Jean de Jerusalem, également illustre ar son œconomie & par sa magnificence. 73

De VILLENEUVE, Elion Seigneur de Trans, & Antoine Seigneur de Barreme freres, employez dans la guerre contre Raimond de Turenne. 261

Est fait Maréchal de Camp. 263

De VILLENEUVE, Elion, Seigneur d'Espinouste est fait Viguier de Sisteron, de la part de Palamedes Fourbin Gouverneur de Provence. 359

De VILLENEUVE, Guillaume, du nombre des cent Chevaliers pour remplir le fameux düel de Charles I. contre le Roi d'Aragon. 180

De VILLENEUVE, Jean, choisi pour le düel des cent Chevaliers de Charles I. contre ceux du Roi d'Aragon. 180

De VILLENEUVE, Jean, Seigneur de Mons, Conseiller en Parlement, député de sa compagnie pour aller exhorter les Oficiers de la Chambre de Manosque à venir réjoindre leur corps. 792

De VILLENEUVE, Leon, un des illustres de Provence qui firent compagnie au Duc de Calabre pour faire tête à l'Empereur Loüis de Baviere. 209

De VILLENEUVE, Loüis, Seigneur de Flaiosc, est pourveu de l'Ofice de Viguier de Draguignan par Palamedes Fourbin Gouverneur de Provence. 359

De VILLENEUVE, Loüis, Seigneur de Serenon est gratifié par Charles VIII. d'une pension de mille florins. 364

Est un des chefs de l'armée navale pour la conqueste de Naples, sous Charles VIII. 375

Acquiert par son merite la charge de Chambellan du Roi. 375

Se signale dans l'expedition de Naples, sous Charles VIII. 377

Merite, auprez de Loüis XII. la concession de porter en abime dans ses armes, un écu d'azur à la Fleur-de-lis d'or. 378

A l'avantage de voir eriger Trans, l'une de ses Terres, en Marquisat, le plus ancien de la province & l'un des premiers de France. 378

Raporte par ses merites le surnom glorieux de riche d'honneur. 378

Porte les opositions de la Noblesse contre l'érection du Parlement. 389

De VILLENEUVE, Mabile, une des Dames de la Cour d'amour de Romanil. 106

De VILLLENEUVE, Pierre, un des illustres Provençaux qui combatirent sous les enseignes du Duc de Calabre en Italie, pour faire tête à l'Empereur Loüis de Baviere. 208

De VILLENEUVE, Raimond, est du parti des Baux contre les Berangers. 97

De VILLENEUVE, Raimond, emploïé pour porter Guillaume Comte de Forcalquier à prêter hommage au Comte de Provence. 112

De VILLENEUVE, Romée, reçoit en proprieté la ville de Vence. 127

Fait la tige de la branche de Ville-neuve Vence. 127

Est fait Gouverneur de Provence. 130

Se signale dans le maniment des finances du Prince. 130

Favorise le mariage de Beatrix de Provence avec Charles d'Anjou. 139

De VILLENEUVE, Romée, un des genereux Seigneurs Provençaux qui prirent les armes pour le Roi Robert contre l'Empereur Loüis de Baviere. 208

De VILLENEUVE, Susanne, Barone de Durans, somme hardiment le Duc de Savoïe de tenir sa parole sur l'indemnité promise pour la demolition de son Château de Moans, & l'oblige par sa fermeté à lui faire justice. 749

VILLENEUVE. Ses anciennes armoiries étoient freté. 134

VINON, village où le Duc de Savoïe fut battu par le Seigneur de la Valete. 739

VINS, Hubert Garde Seigneur de Vins, est arreté prisonnier dans Aix comme fauteur des Catholiques, & ensuite transmarché au Château de Meirüeil.

Est blessé à la bataille de Jarnac où il porta la Cornete blanche. 540

Se trouve à celle de Moncontour faisant la même fonction. 540

Est fait Ecuier du Duc d'Anjou. 540

Est en credit auprez de Charles IX. 546

Sauve la vie au Duc d'Anjou, par l'exposition de la sienne. 548

Surprend les Seigneurs de Monbrun, de Lesdiguieres, de Gouvernet & de Champoleon; & les défait. 561

Dissipe les troupes commandées par le Seigneur d'Stoblon, & le chasse de son fort. 561

Enleve tout à coup dans Oraison le Seigneur de Torretes. 563

Surprent de même le Seigneur de l'Isle dans Majastres.

Chasse avec la même celerité l'Espagnolet du château de Tartone. 563

Sa vigilance lui fait donner le surnom de matinier. 563

Prent les armes pour s'oposer à la venüe du Comte de Suze Gouverneur de Provence. 575

Bat le Capitaine la Burliere, & lui tuë quatre cens hommes. 577

Est battu par le Capitaine Boïer. 583

Défend le parti Carciste auprez de la Reine Catherine de Medicis, avec tant d'esprit & de jugement que cette Princesse en est charmée. 586

Fait tuër Nicolin Batard de Lascaris. 591

Ofre de remettre le jugement de tous es diferans aux Etats de la province. 595

Est fait chef des Catholiques. 598

Ses belles qualitez. 598

Origine de sa famille. 599

S'assure d'Aix & de Marseille. 599

Se jette dans le parti de la Ligue. 600

Leve des troupes & se met en campagne. 601
Son procez lui est fait par le Parlement à la suscitation du grand Prieur. 604
Est choisi par la province & par le Parlement pour commander les troupes Catholiques aprez la mort du grand Prieur. 611
Sa contenance ferme & resoluë fait lâcher le pied aux huguenots. 612
Belle réponse qu'il fit au Lieutenant Biord qui vouloit lui persuader de s'emparer d'Arles & de Tarascon. 612
Prent le château de Lamanon & le Capitaine Cartier qui s'y étoit cantonné. 613
Assiège le château d'Allemagne. 614
S'opiniâtre devant cette place contre le sentiment des principaux oficiers. 615
Est battu & ses troupes sont défaites. 616
Se signale à la bataille d'Auneau & contribuë beaucoup au gain de cette journée. 627
Est appellé & receu dans Aix comme enfant de la ville. 634
Y est retenu par force suivant les desirs du parti Ligueur qui le vouloit à sa tête. 634
Se déclare hautement pour la Ligue. 638
Tente inutilement de prendre Pertuis. 641
Défait Beauregard Lieutenant du Seigneur de la Valete dans un combat particulier. 642
Surprent & sacage Brignole. 648
Fait une sortie hardie hors d'Aix, mais imprudente, contre Mongaillard. Il s'en retire pourtant avec honneur. 655
Fait signer la Ligue dans Aix. 658
Accepte l'ofre du secours du Duc de Savoie. 662
Prent le château de Bouc contre son attente. 668
Prent le château de Cabriez. 669
Moïenne que les Marseillois se vangent de ceux d'Aubagne. 669
Est refusé à Marseille. 670
Assiège la ville de Grasse. 676
Est tüé d'un coup d'arquebuse devant cette place. 679
Suite de ses éloges. 679
Est extrêmement regreté. 680
Honneurs dont on accompagna ses obseques. 680
VINTIMILLE. Constance admirable d'une famme de ce lieu. 15
De VINTIMILLE, du nombre des cent Chevaliers pour se batre dans le duël de Charles I. contre le Roi d'Aragon. 180
De VINTIMILLE, Antoine, Seigneur du Revest, complice de l'assassinat de Nicolin bâtard de Lascaris; est ensuite massacré par le peuple de Pignans. 592
De VINTIMILLE, Bertrand, Seigneur d'Olioles, tuë le Comte de Minerbin. 229
Est fait Maréchal de Provence & ensuite Amiral. 229
De VINTIMILLE, François, Seigneur de Turriez, envoyé vers le Roi Charles VIII. procure d'avantages considerables à la province. 363

Est fait Président de la Chambre des Comptes. 364
De VINTIMILLE, Guillermin, échange le lieu de Vintimille avec Charles d'Anjou pour d'autres places. 145
DE VINTIMILLE, Imbert, un des illustres Provençaux qui passerent en Italie pour suivre le Duc de Calabre contre l'Empereur Loüis de Baviere. 208
VIRGILIUS Archevêque d'Arles, obtient du Pape S. Gregoire le Grand, la confirmation de la Primatie des Gaules. 50
Vit cent vingt-sept ans. 84
Est mis au nombre des illustres Moines de Lerins. 84
VITALIS, Esprit, Conseiller en Parlement, un des Commisseres pour prendre l'information du meurtre d'Antoine Mauvans. 498
VITALIS, Pierre, Maître Rational, condamné en deux cens livres d'amende pour avoir voulu éluder quelques procedures de justice. 434
VITELLI, Alexandre, Baron Romain oficier dans les troupes du Duc de Savoie, est fait prisonnier à la journée d'Esparron. 714
Est blessé au siege de Salon : va mourir à Berre. 809
VITIGES Roi des Ostrogots donne la Provence aux François. 20
VIVAUD, Guillaume, un des illustres de Provence qui parurent dans l'armement du Roi Robert contre l'Empereur Loüis de Baviere. 208
VIVAUD, Jean, un des gentils-hommes de la province qui prirent les armes pour servir le Roi Robert contre l'Empereur. 208
UNION d'Aix contre Loüis d'Anjou. 246
Depute au Roi Charles VI. pour se plaindre des infractions de la treve par ceux du parti d'Anjou. 250
Se soumet à Loüis II. 255
UNIVERSITE' d'Aix, sa fondation. 277
Des VOISINS. Pierre & Thibaud, deux des cent Chevaliers choisis pour entrer dans le duël de Charles I. contre le Roi d'Aragon. 180
De VOLAND, Antoine, action memorable de sa fille. 410
VOLSQUES subjuguez par le Consul Martius Rex. 7
URBAIN IV. ofre le roïaume de Naples à Charles I. 145
URBAIN V. insigne bienfaiteur du Monastere de S. Victor. 86
Donne la rose & l'épée benite à la Reine Jeanne. 126
URBAIN VI. Son election cause un grand schisme. 231
Entreprend de pousser la Reine Jeanne, lui suscite le Roi d'Hongrie. 232
d'USANE, Trophime, emprisonné sur des fausses acusations par le Lieutenant Biord. 724
Est élargi par commandement du Duc de Savoie. 728
d'USEZ, Raimond, partisan de Charles de Duras dans Arles. 247

Y

YERES. Sa fondation par les Marseillois. 6
Echangée pour Bormes, par Bertrand de Fos & Mabile sa sœur. 145
Ses odeurs & ses parfums. 352
YOLAND d'Aragon épouse Loüis II. 271
Reception qu'on lui fit à Arles. 271

Ses droits sur le roïaume d'Aragon sont discutez. 280
Acquiesce par transaction à l'alienation de Nice en faveur du Duc de Savoye. 288
Est trés-puissante dans la Cour de France. Sa mort. 315
YOLAND fille du Roi René épouse Fery de Vaudemont. 315
Celebrité de ses nopces. 315

Z

S. ZACHARIE, village, fondation de son Monastere de Cassianites. 88
De ZERINGEN, Bertold, reçoit la petite Bourgogne, pour le titre de Roi d'Arles qui lui est ôté. 45

De ZERINGEN Conrad, est cessionere du titre de Roï d'Arles. 45
ZOZIME Pape, honore la Primatie d'Arles du privilege des *Exeat*, ou *Lettres formées*, pour tous les Ecclesiastiques qui voudroient sortir des Gaules. 48

Fin des matieres de la Table.

PRIVILEGE DU ROY.

LOUIS PAR LA GRACE DE DIEU ROY DE FRANCE ET DE NAVARRE: A nos amez & feaux Conseillers les Gens tenans nos Cours de Parlement, Maîtres des Requêtes ordinaires de nôtre Hôtel, Prévôt de Paris, Baillifs Sénéchaux leurs Lieutenants Civils, & tous autres nos Officiers & Justiciers qu'il apartiendra. SALUT, nôtre cher & bien amé Jean François Gaufridi, Conseiller en nôtre Cour de Parlement de Provence, Nous a fait remontrer qu'il a composé un Livre intitulé *Histoire de Provence*, qu'il desireroit faire imprimer & donner au public sous nôtre permission qu'il Nous a fait suplier lui vouloir octroïer: A CES CAUSES, voulans favorablement traiter ledit exposant, Nous lui avons permis & octroïé, permettons & octroïons par ces presentes de faire imprimer ledit Livre par tel Libraire où Imprimeur, en tel volume, marge, caracteres, & autant de fois que bon lui semblera, pendant le tems de douze années consecutives, à commencer du jour qu'il sera achevé d'imprimer, icelui vendre & distribuer par tout nôtre Roïaume. Faisons défenses à tous Libraires Imprimeurs & autres d'imprimer; faire imprimer, vendre & distribuer ledit Livre, sous quelque pretexte que ce soit, même d'impression étrangere & autrement, sans le consentement dudit exposant, ou de ses ayans cause, sur peine de confiscation des exemplaires contrefaits, trois mil livres d'amende, aplicable un tiers à Nous, un tiers à l'Hôpital general, & l'autre tiers audit Sieur exposant, & de tous dépens, dommages & interêts: A la charge d'en mettre deux exemplaires en nôtre Bibliotéque publique, un autre en nôtre Cabinet des Livres de nôtre Château du Louvre, & un en celle de nôtre trés-cher & feal Chevalier, Chancelier de France le sieur Boucherat: Comm'aussi de faire imprimer ledit Livre sur de bon papier & en beaux carracteres, suivant les reglemens faits pour l'Imprimerie les années 1618. & 1686. Que l'Impression s'en fera dans nôtre Roïaume & non ailleurs, & de faire enregistrer ces presentes sur le registre de la Communauté des Marchands Libraires & Imprimeurs de nôtre bonne ville de Paris; le tout à peine de nullité des presentes; du contenu desquelles, vous mandons & enjoignons faire joüir l'exposant où ses ayans cause plainement & paisiblement, cessant & faisant cesser tous troubles & empêchemens au contraire. Voulons qu'en mettant au comment ou à la fin dudit Livre l'extrait des presentes, elles soient tenuës pour bien & deuëment signifiées, & qu'aux copies collationnées par l'un de nos amez & feaux Conseillers Secretaires, foi soit ajoûtée comme à l'original. Mandons au premier nôtre Huissier ou Sergent faite pour l'execution des presentes toutes significations, défenses, saisies & autres actes requis & necessaires, sans demander autre permission. CAR tel est nôtre plaisir. Donné à Versailles le sixiéme jour de Septembre l'an de grace mil six cens quatre-vingt-huit, & de nôtre Regne le quarante-sixiéme.
Par le Roi en son Conseil, BOUCHER.

Registré sur le Livre de la Communauté des Imprimeurs & Libraires de Paris le 22. Septembre 1688. suivant l'Arrêt du Parlement du 8. Avril 1653. celui du Conseil Privé du Roi du 27. Février 1665. & l'Edit de Sa Majesté donné à Versailles au mois d'Août 1686. Le présent enregistrement fait à la charge que le debit dudit Livre se fera par un Imprimeur ou Libraire suivant l'Edit, Statuts & Reglemens. Signé, J. B. COIGNARD, Sindic.

Achevé d'Imprimer le dernier Decembre 1693.

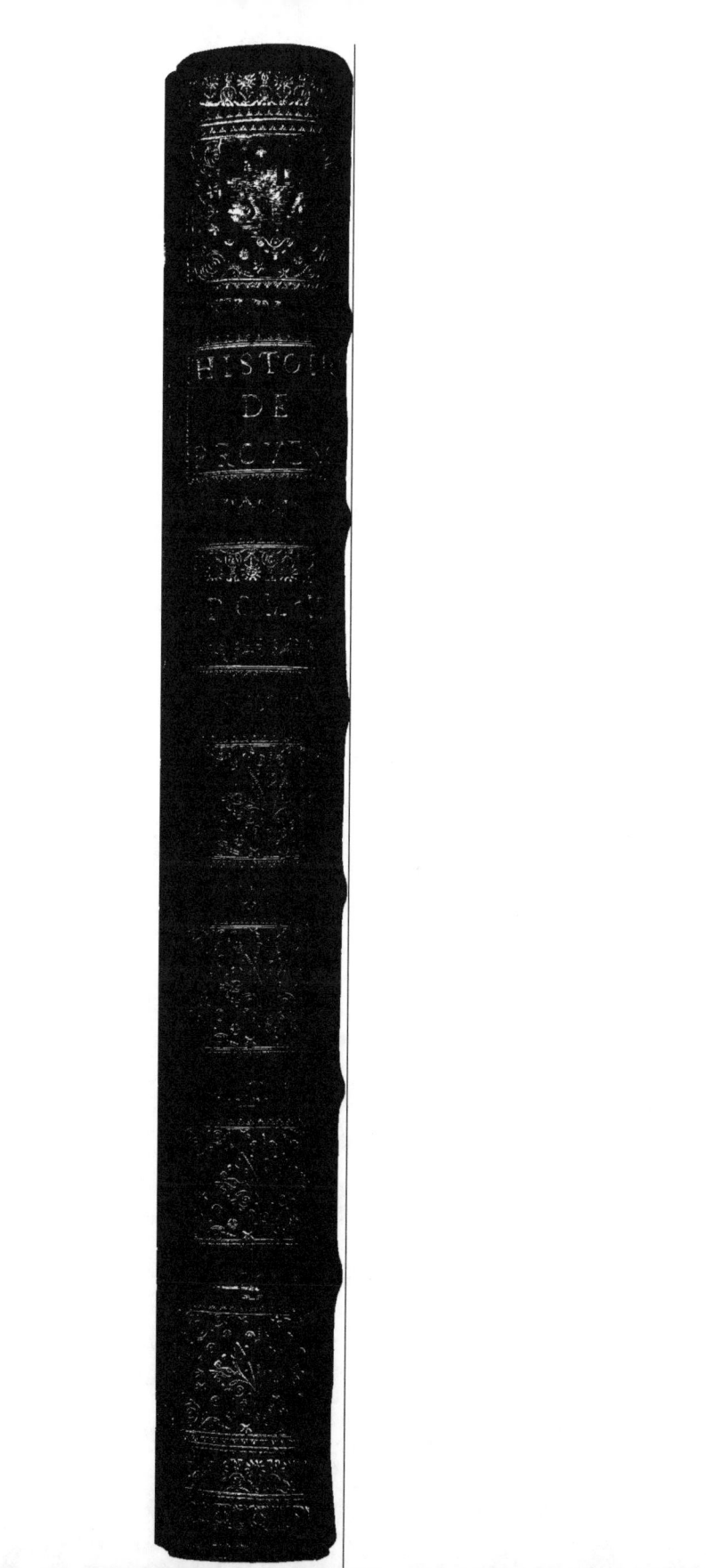

www.ingramcontent.com/pod-product-compliance
Lightning Source LLC
Chambersburg PA
CBHW050600230426
43670CB00009B/1197